2023年版 建築基準法令集

オーム社 編

Ohmsha

序

　建築基準法をはじめとする多くの法律は，慣例として縦書きで公布されているため，法令集のほとんどは縦組で編集されています．しかし，数式や数値・数表・単位などは横書きの方が見やすく，表現上の冗長さが整理されて簡潔となり，正確を期しうるのではないかと確信し，横組版で，しかも，取り扱いやすいコンパクトサイズの法令集を発刊する次第です．

　横組とするからには，法文上の表現と表記上の点で多少の合意が必要となります．それを示したのが「凡例」ですが，いずれも常識的なもので，特に誤解を生ずるものではありません．要は正確さですが，これについては万全を期しました．

　また，ご承知のように，法文には他の法令や政令に及ぶ条文や，全体として関係する法文がありますが，これらについては読者にとって重要と思われる部分を「関連」として抽出し，それを〈　〉内に示しました．したがって，この〈　〉内の文言は，実際の法文中には表記されておりませんが，索引的に活用していただきたいと思います．

　このたびの 2023 年版では，令和 4 年 6 月 17 日公布　法律第 69 号による建築基準法，令和 4 年 9 月 2 日公布　政令第 295 号による建築基準法施行令，令和 4 年 5 月 27 日公布　国土交通省令第 48 号による建築基準法施行規則の改正条文等を編集し，収録しました．

　今後も毎年定期的に見直しを図り，年度版としてその都度最新で正確な内容で提供する所存です．法の構成や内容等について読者のご叱正をいただき，より使いやすく親しみやすい法令集として努力していきたいと考えております．

　本書が建築関係者の日常の業務，教育にと，読者各位に何らかのお役に立つならば幸いです．

2022 年 11 月

オーム社編集局

凡例

本法令集には，令和4年11月18日までに公布・施行された改正分を収録しました．

1. 本文中に用いた単位は，次のとおりとした．

mm	ミリメートル	V	ボルト
cm	センチメートル	kW	キロワット
m	メートル	MW	メガワット
km	キロメートル	lx	ルクス
cm^2	平方センチメートル	dB	デシベル
m^2	平方メートル	%	パーセント
m^3	立方メートル	N	ニュートン
mg	ミリグラム	rad	ラジアン
g	グラム	L	リットル
kg	キログラム	kg/cm^2	1平方センチメートルにつきキログラム
t	トン	kg/m^2	1平方メートルにつきキログラム
ha	ヘクタール	N/m^2	1平方メートルにつきニュートン
s	秒	cm/m^2	1平方メートルにつきセンチメートル
h	時間	mg/L	1リットルにつきミリグラム
kcal	キロカロリー	mg/m^3	1立方メートルにつきミリグラム
Hz	ヘルツ	kg/h	1時間につきキログラム
A	アンペア	m/s	1秒間につきメートル

2.「割合」の表示は分数の表記にした．
   二分の一 → 1/2　　百分の一 → 1/100

3. 本書は横組である関係上，「左の……」とあるのを「次の……」と表記した．同様に，表の項や欄を指定する「上欄」，「下欄」は「左欄」，「右欄」と表記した．

CONTENTS

学校・医療・民法関係

第1編 建築基準法関係法令

建築基準法

昭和 25 年 5 月 24 日　法律第 201 号
最終改正　令和 4 年 6 月 17 日　法律第 69 号

第 1 章　総則

第 2 章　建築物の敷地，構造及び建築設備

第 3 章　都市計画区域等における建築物の敷地，構造，建築設備及び用途

第 1 節　総則

第4章　建築協定

第4章の2　指定建築基準適合判定資格者検定機関等

第1節　指定建築基準適合判定資格者検定機関

第 1 節の 2　指定構造計算適合判定資格者検定機関

第 2 節　指定確認検査機関

第 3 節　指定構造計算適合性判定機関

第4節　指定認定機関等

第5節　指定性能評価機関等

第4章の3　建築基準適合判定資格者等の登録

第1節　建築基準適合判定資格者の登録

第7章　罰則

第1章 総則

[目的]

第1条 この法律は，建築物の敷地，構造，設備及び用途に関する最低の基準を定めて，国民の生命，健康及び財産の保護を図り，もって公共の福祉の増進に資することを目的とする．

[用語の定義]

第2条 この法律において次の各号に掲げる用語の意義は，それぞれ当該各号に定めるところによる． 〈関連：令第1条【p.169】〉

一　建築物　　土地に定着する工作物のうち，屋根及び柱若しくは壁を有するもの（これに類する構造のものを含む．），これに附属する門若しくは塀，観覧のための工作物又は地下若しくは高架の工作物内に設ける事務所，店舗，興行場，倉庫その他これらに類する施設（鉄道及び軌道の線路敷地内の運転保安に関する施設並びに跨線橋，プラットホームの上家，貯蔵槽その他これらに類する施設を除く．）をいい，建築設備を含むものとする．

二　特殊建築物　　学校（専修学校及び各種学校を含む．以下同様とする．），体育館，病院，劇場，観覧場，集会場，展示場，百貨店，市場，ダンスホール，遊技場，公衆浴場，旅館，共同住宅，寄宿舎，下宿，工場，倉庫，自動車車庫，危険物の貯蔵場，と畜場，火葬場，汚物処理場その他これらに類する用途に供する建築物をいう． 〈関連：法別表第一【p.148】〉

三　建築設備　　建築物に設ける電気，ガス，給水，排水，換気，暖房，冷房，消火，排煙若しくは汚物処理の設備又は煙突，昇降機若しくは避雷針をいう．

四　居室　　居住，執務，作業，集会，娯楽その他これらに類する目的のために継続的に使用する室をいう．

五　主要構造部　　壁，柱，床，はり，屋根又は階段をいい，建築物の構造上重要でない間仕切壁，間柱，付け柱，揚げ床，最下階の床，回り舞台の床，小ばり，ひさし，局部的な小階段，屋外階段その他これらに類する建築物の部分を除くものとする． 〈関連：令第1条第三号【p.169】〉

六　延焼のおそれのある部分　　隣地境界線，道路中心線又は同一敷地内の2以上の建築物（延べ面積の合計が500 m² 以内の建築物は，一の建築物とみなす．）相互の外壁間の中心線（ロにおいて「隣地境界線等」という．）から，1階にあっては3 m以下，2階以上にあっては5 m以下の距離にある建築物の部分をいう．ただし，次のイ又はロのいずれかに該当する部分を除く．

　イ　防火上有効な公園，広場，川その他の空地又は水面，耐火構造の壁その他これらに類するものに面する部分

　ロ　建築物の外壁面と隣地境界線等との角度に応じて，当該建築物の周囲において発生する通常の火災時における火熱により燃焼するおそれのないものとして国土交通大臣が定める部分 〈関連：令2告示第197号〉

七　耐火構造　　壁，柱，床その他の建築物の部分の構造のうち，耐火性能（通常の火災が終了するまでの間当該火災による建築物の倒壊及び延焼を防止するために当

該建築物の部分に必要とされる性能をいう.）に関して政令で定める技術的基準に適合する鉄筋コンクリート造，れんが造その他の構造で，国土交通大臣が定めた構造方法を用いるもの又は国土交通大臣の認定を受けたものをいう.

〈関連：令第 107 条【p.229】，平 12 告示第 1399 号〉

七の二　準耐火構造　　壁，柱，床その他の建築物の部分の構造のうち，準耐火性能（通常の火災による延焼を抑制するために当該建築物の部分に必要とされる性能をいう．第九号の三ロにおいて同じ.）に関して政令で定める技術的基準に適合するもので，国土交通大臣が定めた構造方法を用いるもの又は国土交通大臣の認定を受けたものをいう.　　　　　　　〈関連：令第 107 条の 2【p.229】，平 12 告示第 1358 号〉

八　防火構造　　建築物の外壁又は軒裏の構造のうち，防火性能（建築物の周囲において発生する通常の火災による延焼を抑制するために当該外壁又は軒裏に必要とされる性能をいう.）に関して政令で定める技術的基準に適合する鉄網モルタル塗，しっくい塗その他の構造で，国土交通大臣が定めた構造方法を用いるもの又は国土交通大臣の認定を受けたものをいう.

〈関連：令第 108 条【p.230】，平 12 告示第 1359 号〉

九　不燃材料　　建築材料のうち，不燃性能（通常の火災時における火熱により燃焼しないことその他の政令で定める性能をいう.）に関して政令で定める技術的基準に適合するもので，国土交通大臣が定めたもの又は国土交通大臣の認定を受けたものをいう.　　　　　　　　　　〈関連：令第 108 条の 2【p.230】，平 12 告示第 1400 号〉

九の二　耐火建築物　　次に掲げる基準に適合する建築物をいう.

イ　その主要構造部が(1)又は(2)のいずれかに該当すること.

(1)　耐火構造であること.

(2)　次に掲げる性能（外壁以外の主要構造部にあっては，(i)に掲げる性能に限る.）に関して政令で定める技術的基準に適合するものであること.

〈関連：令第 108 条の 3【p.230】〉

(i)　当該建築物の構造，建築設備及び用途に応じて屋内において発生が予測される火災による火熱に当該火災が終了するまで耐えること.

(ii)　当該建築物の周囲において発生する通常の火災による火熱に当該火災が終了するまで耐えること.

ロ　その外壁の開口部で延焼のおそれのある部分に，防火戸その他の政令で定める防火設備（その構造が遮炎性能（通常の火災時における火炎を有効に遮るために防火設備に必要とされる性能をいう．第 27 条第 1 項において同じ.）に関して政令で定める技術的基準に適合するもので，国土交通大臣が定めた構造方法を用いるもの又は国土交通大臣の認定を受けたものに限る.）を有すること.

〈関連：令第 109 条【p.233】，令第 109 条の 2【p.233】，平 12 告示第 1360 号〉

九の三　準耐火建築物　　耐火建築物以外の建築物で，イ又はロのいずれかに該当し，外壁の開口部で延焼のおそれのある部分に前号ロに規定する防火設備を有するものをいう.

イ　主要構造部を準耐火構造としたもの　　　〈関連：令第 109 条の 2 の 2【p.233】〉

ロ　イに掲げる建築物以外の建築物であって，イに掲げるものと同等の準耐火性能を有するものとして主要構造部の防火の措置その他の事項について政令で定める

技術的基準に適合するもの　　　　　　　　　　　　〈関連：令第109条の3【p.234】〉

十　設計　　建築士法（昭和25年法律第202号）第2条第6項に規定する設計をいう.

十一　工事監理者　　建築士法第2条第8項に規定する工事監理をする者をいう.

十二　設計図書　　建築物，その敷地又は第88条第1項から第3項までに規定する工作物に関する工事用の図面（現寸図その他これに類するものを除く.）及び仕様書をいう.

十三　建築　　建築物を新築し，増築し，改築し，又は移転することをいう.

十四　大規模の修繕　　建築物の主要構造部の1種以上について行う過半の修繕をいう.

十五　大規模の模様替　　建築物の主要構造部の1種以上について行う過半の模様替をいう.

十六　建築主　　建築物に関する工事の請負契約の注文者又は請負契約によらないで自らその工事をする者をいう.

十七　設計者　　その者の責任において，設計図書を作成した者をいい，建築士法第20条の2第3項又は第20条の3第3項の規定により建築物が構造関係規定（同法第20条の2第2項に規定する構造関係規定をいう.第5条の6第2項及び第6条第3項第二号において同じ.）又は設備関係規定（同法第20条の3第2項に規定する設備関係規定をいう.第5条の6第3項及び第6条第3項第三号において同じ.）に適合することを確認した構造設計一級建築士（同法第10条の3第4項に規定する構造設計一級建築士をいう.第5条の6第2項及び第6条第3項第二号において同じ.）又は設備設計一級建築士（同法第10条の3第4項に規定する設備設計一級建築士をいう.第5条の6第3項及び第6条第3項第三号において同じ.）を含むものとする.

十八　工事施工者　　建築物，その敷地若しくは第88条第1項から第3項までに規定する工作物に関する工事の請負人又は請負契約によらないで自らこれらの工事をする者をいう.

十九　都市計画　　都市計画法（昭和43年法律第100号）第4条第1項に規定する都市計画をいう.

二十　都市計画区域又は準都市計画区域　　それぞれ，都市計画法第4条第2項に規定する都市計画区域又は準都市計画区域をいう.

二一　第一種低層住居専用地域，第二種低層住居専用地域，第一種中高層住居専用地域，第二種中高層住居専用地域，第一種住居地域，第二種住居地域，準住居地域，田園住居地域，近隣商業地域，商業地域，準工業地域，工業地域，工業専用地域，特別用途地区，特定用途制限地域，特例容積率適用地区，高層住居誘導地区，高度地区，高度利用地区，特定街区，都市再生特別地区，居住環境向上用途誘導地区，特定用途誘導地区，防火地域，準防火地域，特定防災街区整備地区又は景観地区
　　　　それぞれ，都市計画法第8条第1項第一号から第六号までに掲げる第一種低層住居専用地域，第二種低層住居専用地域，第一種中高層住居専用地域，第二種中高層住居専用地域，第一種住居地域，第二種住居地域，準住居地域，田園住居地域，近隣商業地域，商業地域，準工業地域，工業地域，工業専用地域，特別用途地区，

特定用途制限地域, 特例容積率適用地区, 高層住居誘導地区, 高度地区, 高度利用地区, 特定街区, 都市再生特別地区, 居住環境向上用途誘導地区, 特定用途誘導地区, 防火地域, 準防火地域, 特定防災街区整備地区又は景観地区をいう.

三　地区計画　都市計画法第 12 条の 4 第 1 項第一号に掲げる地区計画をいう.

三　地区整備計画　都市計画法第 12 条の 5 第 2 項第一号に掲げる地区整備計画をいう.

三四　防災街区整備地区計画　都市計画法第 12 条の 4 第 1 項第二号に掲げる防災街区整備地区計画をいう.

三五　特定建築物地区整備計画　密集市街地における防災街区の整備の促進に関する法律（平成 9 年法律第 49 号. 以下「密集市街地整備法」という.）第 32 条第 2 項第一号に規定する特定建築物地区整備計画をいう.

三六　防災街区整備地区整備計画　密集市街地整備法第 32 条第 2 項第二号に規定する防災街区整備地区整備計画をいう.

三七　歴史的風致維持向上地区計画　都市計画法第 12 条の 4 第 1 項第三号に掲げる歴史的風致維持向上地区計画をいう.

三八　歴史的風致維持向上地区整備計画　地域における歴史的風致の維持及び向上に関する法律（平成 20 年法律第 40 号. 以下「地域歴史的風致法」という.）第 31 条第 2 項第一号に規定する歴史的風致維持向上地区整備計画をいう.

三九　沿道地区計画　都市計画法第 12 条の 4 第 1 項第四号に掲げる沿道地区計画をいう.

四十　沿道地区整備計画　幹線道路の沿道の整備に関する法律（昭和 55 年法律第 34 号. 以下「沿道整備法」という.）第 9 条第 2 項第一号に掲げる沿道地区整備計画をいう.

四一　集落地区計画　都市計画法第 12 条の 4 第 1 項第五号に掲げる集落地区計画をいう.

四二　集落地区整備計画　集落地域整備法（昭和 62 年法律第 63 号）第 5 条第 3 項に規定する集落地区整備計画をいう.

四三　地区計画等　都市計画法第 4 条第 9 項に規定する地区計画等をいう.

四四　プログラム　電子計算機に対する指令であって, 一の結果を得ることができるように組み合わされたものをいう.

四五　特定行政庁　建築主事を置く市町村の区域については当該市町村の長をいい, その他の市町村の区域については都道府県知事をいう. ただし, 第 97 条の 2 第 1 項又は第 97 条の 3 第 1 項の規定により建築主事を置く市町村の区域内の政令で定める建築物については, 都道府県知事とする.

〈関連：法第 4 条【p.18】, 令第 2 条の 2【p.171】〉

[適用の除外]

第 3 条　この法律並びにこれに基づく命令及び条例の規定は, 次の各号のいずれかに該当する建築物については, 適用しない.

一　文化財保護法（昭和 25 年法律第 214 号）の規定によって国宝, 重要文化財, 重要有形民俗文化財, 特別史跡名勝天然記念物又は史跡名勝天然記念物として指定され, 又は仮指定された建築物

二　旧重要美術品等の保存に関する法律（昭和8年法律第43号）の規定によって重要美術品等として認定された建築物

三　文化財保護法第182条第2項の条例その他の条例の定めるところにより現状変更の規制及び保存のための措置が講じられている建築物（次号において「保存建築物」という。）であって，特定行政庁が建築審査会の同意を得て指定したもの

〈関連：法第2条第三五号【p.16】，法第5章【p.120】〉

四　第一号若しくは第二号に掲げる建築物又は保存建築物であったものの原形を再現する建築物で，特定行政庁が建築審査会の同意を得てその原形の再現がやむを得ないと認めたもの

〈関連：法第2条第三五号【p.16】，法第5章【p.120】〉

2　この法律又はこれに基づく命令若しくは条例の規定の施行又は適用の際現に存する建築物若しくはその敷地又は現に建築，修繕若しくは模様替の工事中の建築物若しくはその敷地がこれらの規定に適合せず，又はこれらの規定に適合しない部分を有する場合においては，当該建築物，建築物の敷地又は建築物若しくはその敷地の部分に対しては，当該規定は，適用しない．

〈関連：法第86条の7【p.128】，令第137条【p.328】～第137条の4【p.329】，第137条の4の3【p.330】～第137条の12【p.333】〉

3　前項の規定は，次の各号のいずれかに該当する建築物，建築物の敷地又は建築物若しくはその敷地の部分に対しては，適用しない．

一　この法律又はこれに基づく命令若しくは条例を改正する法令による改正（この法律に基づく命令又は条例を廃止すると同時に新たにこれに相当する命令又は条例を制定することを含む．）後のこの法律又はこれに基づく命令若しくは条例の規定の適用の際当該規定に相当する従前の規定に違反している建築物，建築物の敷地又は建築物若しくはその敷地の部分

二　都市計画区域若しくは準都市計画区域の指定若しくは変更，第一種低層住居専用地域，第二種低層住居専用地域，第一種中高層住居専用地域，第二種中高層住居専用地域，第一種住居地域，第二種住居地域，準住居地域，田園住居地域，近隣商業地域，商業地域，準工業地域，工業地域若しくは工業専用地域若しくは防火地域若しくは準防火地域に関する都市計画の決定若しくは変更，第42条第1項，第52条第2項第二号若しくは第三号若しくは第8項，第56条第1項第二号イ若しくは別表第三備考3の号の区域の指定若しくはその取消し又は第52条第1項第八号，第2項第三号若しくは第8項，第53条第1項第六号，第56条第1項第二号ニ若しくは別表第三（に）欄の5の項に掲げる数値の決定若しくは変更により，第43条第1項，第48条第1項から第14項まで，第52条第1項，第2項，第7項若しくは第8項，第53条第1項から第3項まで，第54条第1項，第55条第1項，第56条第1項，第56条の2第1項若しくは第61条に規定する建築物，建築物の敷地若しくは建築物若しくはその敷地の部分に関する制限又は第43条第3項，第43条の2，第49条から第50条まで若しくは第68条の9の規定に基づく条例に規定する建築物，建築物の敷地若しくは建築物若しくはその敷地の部分に関する制限に変更があった場合における当該変更後の制限に相当する従前の制限に違反している建築物，建築物の敷地又は建築物若しくはその敷地の部分

三　工事の着手がこの法律又はこれに基づく命令若しくは条例の規定の施行又は適用

の後である増築，改築，移転，大規模の修繕又は大規模の模様替に係る建築物又は
その敷地

四　前号に該当する建築物又はその敷地の部分

五　この法律又はこれに基づく命令若しくは条例の規定に適合するに至った建築物，
建築物の敷地又は建築物若しくはその敷地の部分

[建築主事]

第4条　政令で指定する人口25万以上の市は，その長の指揮監督の下に，第6条第
1項の規定による確認に関する事務をつかさどらせるために，建築主事を置かなけ
ればならない．　　　　　　　　〈関連：「人口25万人以上の市を指定する政令」昭45政令第271号〉

2　市町村（前項の市を除く．）は，その長の指揮監督の下に，第6条第1項の規定
による確認に関する事務をつかさどらせるために，建築主事を置くことができる．

3　市町村は，前項の規定により建築主事を置こうとする場合においては，あらか
じめ，その設置について，都道府県知事に協議しなければならない．

4　市町村が前項の規定により協議して建築主事を置くときは，当該市町村の長は，
建築主事が置かれる日の30日前までにその旨を公示し，かつ，これを都道府県知
事に通知しなければならない．

5　都道府県は，都道府県知事の指揮監督の下に，第1項又は第2項の規定によっ
て建築主事を置いた市町村（第97条の2を除き，以下「建築主事を置く市町村」
という．）の区域外における建築物に係る第6条第1項の規定による確認に関する
事務をつかさどらせるために，建築主事を置かなければならない．

6　第1項，第2項及び前項の建築主事は，市町村又は都道府県の職員で第77条の
58第1項の登録を受けた者のうちから，それぞれ市町村の長又は都道府県知事が
命ずる．

7　特定行政庁は，その所轄区域を分けて，その区域を所管する建築主事を指定す
ることができる．　　　　　　　　　　　　　　　　〈関連：法第2条第三五号 **【p.16】**〉

[建築基準適合判定資格者検定]

第5条　建築基準適合判定資格者検定は，建築士の設計に係る建築物が第6条第1
項の建築基準関係規定に適合するかどうかを判定するために必要な知識及び経験に
ついて行う．

2　建築基準適合判定資格者検定は，国土交通大臣が行う．

3　建築基準適合判定資格者検定は，一級建築士試験に合格した者で，建築行政又
は第77条の18第1項の確認検査の業務その他これに類する業務で政令で定めるも
のに関して，2年以上の実務の経験を有するものでなければ受けることができない．

〈関連：令第2条の3 **【p.171】**〉

4　建築基準適合判定資格者検定に関する事務をつかさどらせるために，国土交通
省に，建築基準適合判定資格者検定委員を置く．ただし，次条第1項の指定建築基
準適合判定資格者検定機関が同項の建築基準適合判定資格者検定事務を行う場合に
おいては，この限りでない．

5　建築基準適合判定資格者検定委員は，建築及び行政に関し学識経験のある者の
うちから，国土交通大臣が命ずる．

6　国土交通大臣は，不正の手段によって建築基準適合判定資格者検定を受け，又

は受けようとした者に対しては，合格の決定を取り消し，又はその建築基準適合判定資格者検定を受けることを禁止することができる．

7　国土交通大臣は，前項又は次条第2項の規定による処分を受けた者に対し，情状により，2年以内の期間を定めて建築基準適合判定資格者検定を受けることができないものとすることができる．

8　前各項に定めるものを除くほか，建築基準適合判定資格者検定の手続及び基準その他建築基準適合判定資格者検定に関し必要な事項は，政令で定める．

〈関連：令第3条～第8条の2【p.172】〉

[建築基準適合判定資格者検定事務を行う者の指定]

第5条の2　国土交通大臣は，第77条の2から第77条の5までの規定の定めるところにより指定する者（以下「指定建築基準適合判定資格者検定機関」という．）に，建築基準適合判定資格者検定の実施に関する事務（以下「建築基準適合判定資格者検定事務」という．）を行わせることができる．　　　　　〈関連：機関省令第2条【p.547】〉

2　指定建築基準適合判定資格者検定機関は，前条第6項に規定する国土交通大臣の職権を行うことができる．

3　国土交通大臣は，第1項の規定による指定をしたときは，建築基準適合判定資格者検定事務を行わないものとする．

[受検手数料]

第5条の3　建築基準適合判定資格者検定を受けようとする者（市町村又は都道府県の職員である者を除く．）は，政令で定めるところにより，実費を勘案して政令で定める額の受検手数料を，国（指定建築基準適合判定資格者検定機関が行う建築基準適合判定資格者検定を受けようとする者にあっては，指定建築基準適合判定資格者検定機関）に納めなければならない．　　　　　〈関連：令第8条の3【p.172】〉

2　前項の規定により指定建築基準適合判定資格者検定機関に納められた受検手数料は，当該指定建築基準適合判定資格者検定機関の収入とする．

[構造計算適合判定資格者検定]

第5条の4　構造計算適合判定資格者検定は，建築士の設計に係る建築物の計画について第6条の3第1項の構造計算適合性判定を行うために必要な知識及び経験について行う．

2　構造計算適合判定資格者検定は，国土交通大臣が行う．

3　構造計算適合判定資格者検定は，一級建築士試験に合格した者で，第6条の3第1項の構造計算適合性判定の業務その他これに類する業務で政令で定めるものに関して，5年以上の実務の経験を有するものでなければ受けることができない．

〈関連：令第8条の4【p.172】〉

4　構造計算適合判定資格者検定に関する事務をつかさどらせるために，国土交通省に，構造計算適合判定資格者検定委員を置く．ただし，次条第1項の指定構造計算適合判定資格者検定機関が同項の構造計算適合判定資格者検定事務を行う場合においては，この限りでない．

5　第5条第5項の規定は構造計算適合判定資格者検定委員に，同条第6項から第8項までの規定は構造計算適合判定資格者検定について準用する．この場合において，同条第7項中「次条第2項」とあるのは「第5条の5第2項において準用す

る第5条の2第2項」と読み替えるものとする.

[構造計算適合判定資格者検定事務を行う者の指定等]

第5条の5　国土交通大臣は，第77条の17の2第1項及び同条第2項において準用する第77条の3から第77条の5までの規定の定めるところにより指定する者（以下「指定構造計算適合判定資格者検定機関」という.）に，構造計算適合判定資格者検定の実施に関する事務（以下「構造計算適合判定資格者検定事務」という.）を行わせることができる.　　　　　　　　　〈関連：機関省令第13条の2【p.547】〉

2　第5条の2第2項及び第5条の3第2項の規定は指定構造計算適合判定資格者検定機関に，第5条の2第3項の規定は構造計算適合判定資格者検定事務に，第5条の3第1項の規定は構造計算適合判定資格者検定について準用する.この場合において，第5条の2第2項中「前条第6項」とあるのは「第5条の4第5項において準用する第5条第6項」と，同条第3項中「第1項」とあるのは「第5条の5第1項」と，第5条の3第1項中「者（市町村又は都道府県の職員である者を除く.）」とあるのは「者」と読み替えるものとする.　　　　　〈関連：令第8条の6【p.173】〉

[建築物の設計及び工事監理]

第5条の6　建築士法第3条第1項（同条第2項の規定により適用される場合を含む.以下同じ.），第3条の2第1項（同条第2項において準用する同法第3条第2項の規定により適用される場合を含む.以下同じ.）若しくは第3条の3第1項（同条第2項において準用する同法第3条第2項の規定により適用される場合を含む.以下同じ.）に規定する建築物又同法第3条の2第3項（同法第3条の3第2項において読み替えて準用する場合を含む.以下同じ.）の規定に基づく条例に規定する建築物の工事は，それぞれ当該各条に規定する建築士の設計によらなければ，することができない.

2　建築士法第2条第7項に規定する構造設計図書による同法第20条の2第1項の建築物の工事は，構造設計一級建築士の構造設計（同法第2条第7項に規定する構造設計をいう.以下この項及び次条第3項第二号において同じ.）又は当該建築物が構造関係規定に適合することを構造設計一級建築士が確認した構造設計によらなければ，することができない.

3　建築士法第2条第7項に規定する設備設計図書による同法第20条の3第1項の建築物の工事は，設備設計一級建築士の設備設計（同法第2条第7項に規定する設備設計をいう.以下この項及び次条第3項第三号において同じ.）又は当該建築物が設備関係規定に適合することを設備設計一級建築士が確認した設備設計によらなければ，することができない.

4　建築主は，第1項に規定する工事をする場合においては，それぞれ建築士法第3条第1項，第3条の2第1項若しくは第3条の3第1項に規定する建築士又は同法第3条の2第3項の規定に基づく条例に規定する建築士である工事監理者を定めなければならない.

5　前項の規定に違反した工事は，することができない.

[建築物の建築等に関する申請及び確認]

第6条　建築主は，第一号から第三号までに掲げる建築物を建築しようとする場合（増築しようとする場合においては，建築物が増築後において第一号から第三号ま

でに掲げる規模のものとなる場合を含む．），これらの建築物の大規模の修繕若しく
は大規模の模様替をしようとする場合又は第四号に掲げる建築物を建築しようとす
る場合においては，当該工事に着手する前に，その計画が建築基準関係規定（この
法律並びにこれに基づく命令及び条例の規定（以下「建築基準法令の規定」とい
う．）その他建築物の敷地，構造又は建築設備に関する法律並びにこれに基づく命
令及び条例の規定で政令で定めるものをいう．以下同じ．）に適合するものである
ことについて，確認の申請書を提出して建築主事の確認を受け，確認済証の交付を
受けなければならない．当該確認を受けた建築物の計画の変更（国土交通省令で定
める軽微な変更を除く．）をして，第一号から第三号までに掲げる建築物を建築し
ようとする場合（増築しようとする場合においては，建築物が増築後において第一
号から第三号までに掲げる規模のものとなる場合を含む．），これらの建築物の大規
模の修繕若しくは大規模の模様替をしようとする場合又は第四号に掲げる建築物を
建築しようとする場合も，同様とする．

〈関連：令第9条【p.173】，規第1条の3【p.358】，規第3条の2【p.461】〉

一　別表第一（い）欄に掲げる用途に供する特殊建築物で，その用途に供する部分の
床面積の合計が$200 \, \mathrm{m}^2$を超えるもの

二　木造の建築物で3以上の階数を有し，又は延べ面積が$500 \, \mathrm{m}^2$，高さが13m若し
くは軒の高さが9mを超えるもの

三　木造以外の建築物で2以上の階数を有し，又は延べ面積が$200 \, \mathrm{m}^2$を超えるもの

四　前3号に掲げる建築物を除くほか，都市計画区域若しくは準都市計画区域（いず
れも都道府県知事が都道府県都市計画審議会の意見を聴いて指定する区域を除く．）
若しくは景観法（平成16年法律第110号）第74条第1項の準景観地区（市町村長
が指定する区域を除く．）内又は都道府県知事が関係市町村の意見を聴いてその区
域の全部若しくは一部について指定する区域内における建築物

2　前項の規定は，防火地域及び準防火地域外において建築物を増築し，改築し，
又は移転しようとする場合で，その増築，改築又は移転に係る部分の床面積の合計
が$10 \, \mathrm{m}^2$以内であるときについては，適用しない．

3　建築主事は，第1項の申請書が提出された場合において，その計画が次の各号
のいずれかに該当するときは，当該申請書を受理することができない．

一　建築士法第3条第1項，第3条の2第1項，第3条の3第1項，第20条の2第
1項若しくは第20条の3第1項の規定又は同法第3条の2第3項の規定に基づく
条例の規定に違反するとき．

二　構造設計一級建築士以外の一級建築士が建築士法第20条の2第1項の建築物の
構造設計を行った場合において，当該建築物が構造関係規定に適合することを構造
設計一級建築士が確認した構造設計によるものでないとき．

三　設備設計一級建築士以外の一級建築士が建築士法第20条の3第1項の建築物の
設備設計を行った場合において，当該建築物が設備関係規定に適合することを設備
設計一級建築士が確認した設備設計によるものでないとき．

4　建築主事は，第1項の申請書を受理した場合においては，同項第一号から第三
号までに係るものにあってはその受理した日から35日以内に，同項第四号に係る
ものにあってはその受理した日から7日以内に，申請に係る建築物の計画が建築基

準関係規定に適合するかどうかを審査し，審査の結果に基づいて建築基準関係規定に適合することを確認したときは，当該申請者に確認済証を交付しなければならない．

〈関連：規第2条第1項【p.442】〉

5　建築主事は，前項の場合において，申請に係る建築物の計画が第6条の3第1項の構造計算適合性判定を要するものであるときは，建築主から同条第7項の適合判定通知書又はその写しの提出を受けた場合に限り，第1項の規定による確認をすることができる．

6　建築主事は，第4項の場合（申請に係る建築物の計画が第6条の3第1項の特定構造計算基準（第20条第1項第二号イの政令で定める基準に従った構造計算で同号イに規定する方法によるものによって確かめられる安全性を有することに係る部分に限る．）に適合するかどうかを審査する場合その他国土交通省令で定める場合に限る．）において，第4項の期間内に当該申請者に第1項の確認済証を交付することができない合理的な理由があるときは，35日の範囲内において，第4項の期間を延長することができる．この場合においては，その旨及びその延長する期間並びにその期間を延長する理由を記載した通知書を同項の期間内に当該申請者に交付しなければならない．

〈関連：規第2条第2項【p.443】，第3項【p.443】〉

7　建築主事は，第4項の場合において，申請に係る建築物の計画が建築基準関係規定に適合しないことを認めたとき，又は建築基準関係規定に適合するかどうかを決定することができない正当な理由があるときは，その旨及びその理由を記載した通知書を同項の期間（前項の規定により第4項の期間を延長した場合にあっては，当該延長後の期間）内に当該申請者に交付しなければならない．

〈関連：規第2条第4項【p.443】，第5項【p.444】〉

8　第1項の確認済証の交付を受けた後でなければ，同項の建築物の建築，大規模の修繕又は大規模の模様替の工事は，することができない．

9　第1項の規定による確認の申請書，同項の確認済証並びに第6項及び第7項の通知書の様式は，国土交通省令で定める．

〈関連：規第1条の3【p.358】～第2条【p.442】〉

［国土交通大臣等の指定を受けた者による確認］

第6条の2　前条第1項各号に掲げる建築物の計画（前条第3項各号のいずれかに該当するものを除く．）が建築基準関係規定に適合するものであることについて，第77条の18から第77条の21までの規定の定めるところにより国土交通大臣又は都道府県知事が指定した者の確認を受け，国土交通省令で定めるところにより確認済証の交付を受けたときは，当該確認は前条第1項の規定による確認と，当該確認済証は同項の確認済証とみなす．　　〈関連：規第3条の4第1項【p.465】〉

2　前項の規定による指定は，2以上の都道府県の区域において同項の規定による確認の業務を行おうとする者を指定する場合にあっては国土交通大臣が，一の都道府県の区域において同項の規定による確認の業務を行おうとする者を指定する場合にあっては都道府県知事がするものとする．

3　第1項の規定による指定を受けた者は，同項の規定による確認の申請を受けた場合において，申請に係る建築物の計画が次条第1項の構造計算適合性判定を要するものであるときは，建築主から同条第7項の適合判定通知書又はその写しの提出

を受けた場合に限り，第1項の規定による確認をすることができる．

4　第1項の規定による指定を受けた者は，同項の規定による確認の申請を受けた場合において，申請に係る建築物の計画が建築基準関係規定に適合しないことを認めたとき，又は建築基準関係規定に適合するかどうかを決定することができない正当な理由があるときは，国土交通省令で定めるところにより，その旨及びその理由を記載した通知書を当該申請者に交付しなければならない．

〈関連：規第3条の4第2項【p.466】〉

5　第1項の規定による指定を受けた者は，同項の確認済証又は前項の通知書の交付をしたときは，国土交通省令で定める期間内に，国土交通省令で定めるところにより，確認審査報告書を作成し，当該確認済証又は当該通知書の交付に係る建築物の計画に関する国土交通省令で定める書類を添えて，これを特定行政庁に提出しなければならない．

〈関連：規第3条の5【p.466】〉

6　特定行政庁は，前項の規定による確認審査報告書の提出を受けた場合において，第1項の確認済証の交付を受けた建築物の計画が建築基準関係規定に適合しないと認めるときは，当該建築物の建築主及び当該確認済証を交付した同項の規定による指定を受けた者にその旨を通知しなければならない．この場合において，当該確認済証は，その効力を失う．

7　前項の場合において，特定行政庁は，必要に応じ，第9条第1項又は第10項の命令その他の措置を講ずるものとする．

［構造計算適合性判定］

第6条の3　建築主は，第6条第1項の場合において，申請に係る建築物の計画が第20条第1項第二号若しくは第三号に定める基準（同項第二号イ又は第三号イの政令で定める基準に従った構造計算で，同項第二号イに規定する方法若しくはプログラムによるもの又は同項第三号イに規定するプログラムによるものによって確かめられる安全性を有することに係る部分に限る．以下「特定構造計算基準」という．）又は第3条第2項（第86条の9第1項において準用する場合を含む．）の規定により第20条の規定の適用を受けない建築物について第86条の7第1項の政令で定める範囲内において増築若しくは改築をする場合における同項の政令で定める基準（特定構造計算基準に相当する基準として政令で定めるものに限る．以下「特定増改築構造計算基準」という．）に適合するかどうかの確認審査（第6条第4項に規定する審査又は前条第1項の規定による確認のための審査をいう．以下この項において同じ．）を要するものであるときは，構造計算適合性判定（当該建築物の計画が特定構造計算基準又は特定増改築構造計算基準に適合するかどうかの判定をいう．以下同じ．）の申請書を提出して都道府県知事の構造計算適合性判定を受けなければならない．ただし，当該建築物の計画が特定構造計算基準（第20条第1項第二号イの政令で定める基準に従った構造計算で同号イに規定する方法によるものによって確かめられる安全性を有することに係る部分のうち確認審査が比較的容易にできるものとして政令で定めるものに限る．）又は特定増改築構造計算基準（確認審査が比較的容易にできるものとして政令で定めるものに限る．）に適合するかどうかを，構造計算に関する高度の専門的知識及び技術を有する者として国土交通省令で定める要件を備える者である建築主事が第6条第4項に規定する審査をする

場合又は前条第1項の規定による指定を受けた者が当該国土交通省令で定める要件を備える者である第77条の24第1項の確認検査員に前条第1項の規定による確認のための審査をさせる場合は、この限りでない。

〈関連：令第9条の2〜第9条の3【p.174】，規第3条の7【p.467】，規第3条の13【p.470】〉

2　都道府県知事は、前項の申請書を受理した場合において、申請に係る建築物の計画が建築基準関係規定に適合するものであることについて当該都道府県に置かれた建築主事が第6条第1項の規定による確認をするときは、当該建築主事を当該申請に係る構造計算適合性判定に関する事務に従事させてはならない。

3　都道府県知事は、特別な構造方法の建築物の計画について第1項の構造計算適合性判定を行うに当たって必要があると認めるときは、当該構造方法に係る構造計算に関して専門的な識見を有する者の意見を聴くものとする。

4　都道府県知事は、第1項の申請書を受理した場合においては、その受理した日から14日以内に、当該申請に係る構造計算適合性判定の結果を記載した通知書を当該申請者に交付しなければならない。　〈関連：規第3条の9第1項【p.469】〉

5　都道府県知事は、前項の場合（申請に係る建築物の計画が特定構造計算基準（第20条第1項第二号イの政令で定める基準に従った構造計算で同号イに規定する方法によるものによって確かめられる安全性を有することに係る部分に限る。）に適合するかどうかの判定の申請を受けた場合その他国土交通省令で定める場合に限る。）において、前項の期間内に当該申請者に同項の通知書を交付することができない合理的な理由があるときは、35日の範囲内において、同項の期間を延長することができる。この場合においては、その旨及びその延長する期間並びにその期間を延長する理由を記載した通知書を同項の期間内に当該申請者に交付しなければならない。

〈関連：令第36条第2項【p.194】，令第81条第2項【p.212】，令第129条の2の4【p.270】，規第3条の9第2項〜第3項【p.469】〉

6　都道府県知事は、第4項の場合において、申請書の記載によっては当該建築物の計画が特定構造計算基準又は特定増改築構造計算基準に適合するかどうかを決定することができない正当な理由があるときは、その旨及びその理由を記載した通知書を同項の期間（前項の規定により第4項の期間を延長した場合にあっては、当該延長後の期間）内に当該申請者に交付しなければならない。

〈関連：規第3条の9第4項【p.469】〉

7　建築主は、第4項の規定により同項の通知書の交付を受けた場合において、当該通知書が適合判定通知書（当該建築物の計画が特定構造計算基準又は特定増改築構造計算基準に適合するものであると判定された旨が記載された通知書をいう。以下同じ。）であるときは、第6条第1項又は前条第1項の規定による確認をする建築主事又は同項の規定による指定を受けた者に、当該適合判定通知書又はその写しを提出しなければならない。ただし、当該建築物の計画に係る第6条第7項又は前条第4項の通知書の交付を受けた場合は、この限りでない。

〈関連：規第3条の12【p.470】〉

8　建築主は、前項の場合において、建築物の計画が第6条第1項の規定による建築主事の確認に係るものであるときは、同条第4項の期間（同条第6項の規定によ

り同条第4項の期間が延長された場合にあっては，当該延長後の期間）の末日の3日前までに，前項の適合判定通知書又はその写しを当該建築主事に提出しなければならない．

9　第1項の規定による構造計算適合性判定の申請書及び第4項から第6項までの通知書の様式は，国土交通省令で定める．

〈関連：規第3条の7【p.467】，規第3条の9【p.469】，規第3条の11【p.469】～第3条の13【p.470】〉

[建築物の建築に関する確認の特例]

第6条の4　第一号若しくは第二号に掲げる建築物の建築，大規模の修繕若しくは大規模の模様替又は第三号に掲げる建築物の建築に対する第6条及び第6条の2の規定の適用については，第6条第1項中「政令で定めるものをいう．以下同じ」とあるのは，「政令で定めるものをいい，建築基準法令の規定のうち政令で定める規定を除く．以下この条及び次条において同じ」とする．　〈関連：令第10条【p.174】〉

一　第68条の10第1項の認定を受けた型式（次号において「認定型式」という．）に適合する建築材料を用いる建築物

二　認定型式に適合する建築物の部分を有する建築物

三　第6条第1項第四号に掲げる建築物で建築士の設計に係るもの

2　前項の規定により読み替えて適用される第6条第1項に規定する政令のうち建築基準法令の規定を定めるものにおいては，建築士の技術水準，建築物の敷地，構造及び用途その他の事情を勘案して，建築士及び建築物の区分に応じ，建築主事の審査を要しないこととしても建築物の安全上，防火上及び衛生上支障がないと認められる規定を定めるものとする．　〈関連：令第9条【p.173】〉

[建築物に関する完了検査]

第7条　建築主は，第6条第1項の規定による工事を完了したときは，国土交通省令で定めるところにより，建築主事の検査を申請しなければならない．

〈関連：規第4条【p.476】〉

2　前項の規定による申請は，第6条第1項の規定による工事が完了した日から4日以内に建築主事に到達するように，しなければならない．ただし，申請をしなかったことについて国土交通省令で定めるやむを得ない理由があるときは，この限りでない．　〈関連：規第4条の3【p.477】〉

3　前項ただし書の場合における検査の申請は，その理由がやんだ日から4日以内に建築主事に到達するように，しなければならない．

4　建築主事が第1項の規定による申請を受理した場合においては，建築主事又はその委任を受けた当該市町村若しくは都道府県の職員（以下この章において「建築主事等」という．）は，その申請を受理した日から7日以内に，当該工事に係る建築物及びその敷地が建築基準関係規定に適合しているかどうかを検査しなければならない．　〈関連：規第4条の3の2【p.478】〉

5　建築主事等は，前項の規定による検査をした場合において，当該建築物及びその敷地が建築基準関係規定に適合していることを認めたときは，国土交通省令で定めるところにより，当該建築物の建築主に対して検査済証を交付しなければならない．　〈関連：規第4条の4【p.478】〉

[国土交通大臣等の指定を受けた者による完了検査]

第7条の2　第77条の18から第77条の21までの規定の定めるところにより国土交通大臣又は都道府県知事が指定した者が，第6条第1項の規定による工事の完了の日から4日が経過する日までに，当該工事に係る建築物及びその敷地が建築基準関係規定に適合しているかどうかの検査を引き受けた場合において，当該検査の引受けに係る工事が完了したときについては，前条第1項から第3項までの規定は，適用しない．

2　前項の規定による指定は，2以上の都道府県の区域において同項の検査の業務を行おうとする者を指定する場合にあっては国土交通大臣が，一の都道府県の区域において同項の検査の業務を行おうとする者を指定する場合にあっては都道府県知事がするものとする．

3　第1項の規定による指定を受けた者は，同項の規定による検査の引受けを行ったときは，国土交通省令で定めるところにより，その旨を証する書面を建築主に交付するとともに，その旨を建築主事に通知しなければならない．

〈関連：規第4条の5【p.478】〉

4　第1項の規定による指定を受けた者は，同項の規定による検査の引受けを行ったときは，当該検査の引受けを行った第6条第1項の規定による工事が完了した日又は当該検査の引受けを行った日のいずれか遅い日から7日以内に，第1項の検査をしなければならない．

5　第1項の規定による指定を受けた者は，同項の検査をした建築物及びその敷地が建築基準関係規定に適合していることを認めたときは，国土交通省令で定めるところにより，当該建築物の建築主に対して検査済証を交付しなければならない．この場合において，当該検査済証は，前条第5項の検査済証とみなす．

〈関連：規第4条の6【p.478】〉

6　第1項の規定による指定を受けた者は，同項の検査をしたときは，国土交通省令で定める期間に，国土交通省令で定めるところにより，完了検査報告書を作成し，同項の検査をした建築物及びその敷地に関する国土交通省令で定める書類を添えて，これを特定行政庁に提出しなければならない．

〈関連：規第4条の7【p.479】〉

7　特定行政庁は，前項の規定による完了検査報告書の提出を受けた場合において，第1項の検査をした建築物及びその敷地が建築基準関係規定に適合しないと認めるときは，遅滞なく，第9条第1項又は第7項の規定による命令その他必要な措置を講ずるものとする．

[建築物に関する中間検査]

第7条の3　建築主は，第6条第1項の規定による工事が次の各号のいずれかに該当する工程（以下「特定工程」という．）を含む場合において，当該特定工程に係る工事を終えたときは，その都度，国土交通省令で定めるところにより，建築主事の検査を申請しなければならない．

〈関連：規第4条の8【p.479】〉

一　階数が3以上である共同住宅の床及びはりに鉄筋を配置する工事の工程のうち政令で定める工程

〈関連：令第11条【p.175】〉

二　前号に掲げるもののほか，特定行政庁が，その地方の建築物の建築の動向又は工

事に関する状況その他の事情を勘案して，区域，期間又は建築物の構造，用途若しくは規模を限って指定する工程

2　前項の規定による申請は，特定工程に係る工事を終えた日から4日以内に建築主事に到達するように，しなければならない．ただし，申請をしなかったことについて国土交通省令で定めるやむを得ない理由があるときは，この限りでない．

〈関連：規第4条の3【p.477】〉

3　前項ただし書の場合における検査の申請は，その理由がやんだ日から4日以内に建築主事に到達するように，しなければならない．

4　建築主事が第1項の規定による申請を受理した場合においては，建築主事等は，その申請を受理した日から4日以内に，当該申請に係る工事中の建築物等（建築，大規模の修繕又は大規模の模様替の工事中の建築物及びその敷地をいう．以下この章において同じ．）について，検査前に施工された工事に係る建築物の部分及びその敷地が建築基準関係規定に適合するかどうかを検査しなければならない．

5　建築主事等は，前項の規定による検査をした場合において，工事中の建築物等が建築基準関係規定に適合することを認めたときは，国土交通省令で定めるところにより，当該建築主に対して当該特定工程に係る中間検査合格証を交付しなければならない．

〈関連：規第4条の10【p.480】〉

6　第1項第一号の政令で定める特定工程ごとに政令で定める当該特定工程後の工程及び特定行政庁が同項第二号の指定と併せて指定する特定工程後の工程（第18条第22項において「特定工程後の工程」と総称する．）に係る工事は，前項の規定による当該特定工程に係る中間検査合格証の交付を受けた後でなければ，これを施工してはならない．

〈関連：令第12条【p.175】〉

7　建築主事等又は前条第1項の規定による指定を受けた者は，第4項の規定による検査において建築基準関係規定に適合することを認められた工事中の建築物等について，第7条第4項，前条第1項，第4項又は次条第1項の規定による検査をするときは，第4項の規定による検査において建築基準関係規定に適合することを認められた建築物の部分及びその敷地については，これらの規定による検査をすることを要しない．

8　第1項第二号の規定による指定に関して公示その他の必要な事項は，国土交通省令で定める．

〈関連：規第4条の11【p.480】〉

【国土交通大臣等の指定を受けた者による中間検査】

第7条の4　第6条第1項の規定による工事が特定工程を含む場合において，第7条の2第1項の規定による指定を受けた者が当該特定工程に係る工事を終えた後の工事中の建築物等について，検査前に施工された工事に係る建築物の部分及びその敷地が建築基準関係規定に適合するかどうかの検査を当該工事を終えた日から4日が経過する日までに引き受けたときについては，前条第1項から第3項までの規定は，適用しない．

〈関連：規第4条の12の2【p.481】〉

2　第7条の2第1項の規定による指定を受けた者は，前項の規定による検査の引受けを行ったときは，国土交通省令で定めるところにより，その旨を証する書面を建築主に交付するとともに，その旨を建築主事に通知しなければならない．

〈関連：規第4条の12【p.480】〉

3 第7条の2第1項の規定による指定を受けた者は，第1項の検査をした場合において，特定工程に係る工事中の建築物等が建築基準関係規定に適合することを認めたときは，国土交通省令で定めるところにより，当該建築主に対して当該特定工程に係る中間検査合格証を交付しなければならない．

〈関連：規第4条の13【p.481】〉

4 前項の規定により交付された特定工程に係る中間検査合格証は，それぞれ当該特定工程に係る前条第5項の中間検査合格証とみなす．

5 前条第7項の規定の適用については，第3項の規定により特定工程に係る中間検査合格証が交付された第1項の検査は，それぞれ，同条第5項の規定により当該特定工程に係る中間検査合格証が交付された同条第4項の規定による検査とみなす．

6 第7条の2第1項の規定による指定を受けた者は，第1項の検査をしたときは，国土交通省令で定める期間内に，国土交通省令で定めるところにより，中間検査報告書を作成し，同項の検査をした工事中の建築物等に関する国土交通省令で定める書類を添えて，これを特定行政庁に提出しなければならない．

〈関連：規第4条の14【p.481】〉

7 特定行政庁は，前項の規定による中間検査報告書の提出を受けた場合において，第1項の検査をした工事中の建築物等が建築基準関係規定に適合しないと認めるときは，遅滞なく，第9条第1項又は第10項の規定による命令その他必要な措置を講ずるものとする．

［建築物に関する検査の特例］

第7条の5 第6条の4第1項第一号若しくは第二号に掲げる建築物の建築，大規模の修繕若しくは大規模の模様替又は同項第三号に掲げる建築物の建築の工事（同号に掲げる建築物の建築の工事にあっては，国土交通省令で定めるところにより建築士である工事監理者によって設計図書のとおりに実施されたことが確認されたものに限る．）に対する第7条から前条までの規定の適用については，第7条第4項及び第5項中「建築基準関係規定」とあるのは「前条第1項の規定により読み替えて適用される第6条第1項に規定する建築基準関係規定」と，第7条の2第1項，第5項及び第7項，第7条の3第4項，第5項及び第7項並びに前条第1項，第3項及び第7項中「建築基準関係規定」とあるのは「第6条の4第1項の規定により読み替えて適用される第6条第1項に規定する建築基準関係規定」とする．

〈関連：規第4条の15【p.481】〉

［検査済証の交付を受けるまでの建築物の使用制限］

第7条の6 第6条第1項第一号から第三号までの建築物を新築する場合又はこれらの建築物（共同住宅以外の住宅及び居室を有しない建築物を除く．）の増築，改築，移転，大規模の修繕若しくは大規模の模様替の工事で，廊下，階段，出入口その他の避難施設，消火栓，スプリンクラーその他の消火設備，排煙設備，非常用の照明装置，非常用の昇降機若しくは防火区画で政令で定めるものに関する工事（政令で定める軽易な工事を除く．以下この項，第18条第24項及び第90条の3において「避難施設等に関する工事」という．）を含むものをする場合においては，当該建築物の建築主は，第7条第5項の検査済証の交付を受けた後でなければ，当該新築に

係る建築物又は当該避難施設等に関する工事に係る建築物若しくは建築物の部分を使用し，又は使用させてはならない．ただし，次の各号のいずれかに該当する場合には，検査済証の交付を受ける前においても，仮に，当該建築物又は建築物の部分を使用し，又は使用させることができる． 〈関連：令第13条〜第13条の2【p.176】〉

一　特定行政庁が，安全上，防火上及び避難上支障がないと認めたとき．

〈関連：規第4条の16第1項【p.482】〉

二　建築主事又は第7条の2第1項の規定による指定を受けた者が安全上，防火上及び避難上支障がないものとして国土交通大臣が定める基準に適合していることを認めたとき． 〈関連：規第4条の16第2項【p.482】，平27告示第247，248号〉

三　第7条第1項の規定による申請が受理された日（第7条の2第1項の規定による指定を受けた者が同項の規定による検査の引受けを行った場合にあっては，当該検査の引受けに係る工事が完了した日又は当該検査の引受けを行った日のいずれか遅い日）から7日を経過したとき．

2　前項第一号及び第二号規定による認定の申請の手続に関し必要な事項は，国土交通省令で定める． 〈関連：規第4条の16【p.482】〉

3　第7条の2第1項の規定による指定を受けた者は，第1項第二号の規定による認定をしたときは，国土交通省令で定める期間内に，国土交通省令で定めるところにより，仮使用認定報告書を作成し，同号の規定による認定をした建築物に関する国土交通省令で定める書類を添えて，これを特定行政庁に提出しなければならない． 〈関連：規第4条の16の2【p.483】〉

4　特定行政庁は，前項の規定による仮使用認定報告書の提出を受けた場合において，第1項第二号の規定による認定を受けた建築物が同号の国土交通大臣が定める基準に適合しないと認めるときは，当該建築物の建築主及び当該認定を行った第7条の2第1項の規定による指定を受けた者にその旨を通知しなければならない．この場合において，当該認定は，その効力を失う． 〈関連：規第4条の16の3【p.483】〉

[維持保全]

第8条　建築物の所有者，管理者又は占有者は，その建築物の敷地，構造及び建築設備を常時適法な状態に維持するように努めなければならない．

2　次の各号のいずれかに該当する建築物の所有者又は管理者は，その建築物の敷地，構造及び建築設備を常時適法な状態に維持するため，必要に応じ，その建築物の維持保全に関する準則又は計画を作成し，その他適切な措置を講じなければならない．ただし，国，都道府県又は建築主事を置く市町村が所有し，又は管理する建築物については，この限りでない．

一　特殊建築物で安全上，防火上又は衛生上特に重要であるものとして政令で定めるもの

二　前号の特殊建築物以外の特殊建築物その他政令で定める建築物で，特定行政庁が指定するもの

3　国土交通大臣は，前項各号のいずれかに該当する建築物の所有者又は管理者による同項の準則又は計画の適確な作成に資するため，必要な指針を定めることができる． 〈関連：昭60告示第606号〉

[違反建築物に対する措置]

第9条　特定行政庁は，建築基準法令の規定又はこの法律の規定に基づく許可に付した条件に違反した建築物又は建築物の敷地については，当該建築物の建築主，当該建築物に関する工事の請負人（請負工事の下請人を含む．）若しくは現場管理者又は当該建築物若しくは建築物の敷地の所有者，管理者若しくは占有者に対して，当該工事の施工の停止を命じ，又は，相当の猶予期限を付けて，当該建築物の除却，移転，改築，増築，修繕，模様替，使用禁止，使用制限その他これらの規定又は条件に対する違反を是正するために必要な措置をとることを命ずることができる．

〈関連：法第92条の2【p.136】〉

2　特定行政庁は，前項の措置を命じようとする場合においては，あらかじめ，その措置を命じようとする者に対して，その命じようとする措置及びその事由並びに意見書の提出先及び提出期限を記載した通知書を交付して，その措置を命じようとする者又はその代理人に意見書及び自己に有利な証拠を提出する機会を与えなければならない．

3　前項の通知書の交付を受けた者は，その交付を受けた日から3日以内に，特定行政庁に対して，意見書の提出に代えて公開による意見の聴取を行うことを請求することができる．

4　特定行政庁は，前項の規定による意見の聴取の請求があった場合においては，第1項の措置を命じようとする者又はその代理人の出頭を求めて，公開による意見の聴取を行わなければならない．

5　特定行政庁は，前項の規定による意見の聴取を行う場合においては，第1項の規定によって命じようとする措置並びに意見の聴取の期日及び場所を，期日の2日前までに，前項に規定する者に通知するとともに，これを公告しなければならない．

6　第4項に規定する者は，意見の聴取に際して，証人を出席させ，かつ，自己に有利な証拠を提出することができる．

7　特定行政庁は，緊急の必要がある場合においては，前5項の規定にかかわらず，これらに定める手続によらないで，仮に，使用禁止又は使用制限の命令をすることができる．

8　前項の命令を受けた者は，その命令を受けた日から3日以内に，特定行政庁に対して公開による意見の聴取を行うことを請求することができる．この場合においては，第4項から第6項までの規定を準用する．ただし，意見の聴取は，その請求のあった日から5日以内に行わなければならない．

9　特定行政庁は，前項の意見の聴取の結果に基づいて，第7項の規定によって仮にした命令が不当でないと認めた場合においては，第1項の命令をすることができる．意見の聴取の結果，第7項の規定によって仮にした命令が不当であると認めた場合においては，直ちに，その命令を取り消さなければならない．

10　特定行政庁は，建築基準法令の規定又はこの法律の規定に基づく許可に付した条件に違反することが明らかな建築，修繕又は模様替の工事中の建築物については，緊急の必要があって第2項から第6項までに定める手続によることができない場合に限り，これらの手続によらないで，当該建築物の建築主又は当該工事の請負

人（請負工事の下請人を含む.）若しくは現場管理者に対して，当該工事の施工の停止を命ずることができる. この場合において，これらの者が当該工事の現場にいないときは，当該工事に従事する者に対して，当該工事に係る作業の停止を命ずることができる.

11　第1項の規定により必要な措置を命じようとする場合において，過失がなくてその措置を命ぜられるべき者を確知することができず，かつ，その違反を放置することが著しく公益に反すると認められるときは，特定行政庁は，その者の負担において，その措置を自ら行い，又はその命じた者若しくは委任した者に行わせることができる. この場合においては，相当の期限を定めて，その措置を行うべき旨及びその期限までにその措置を行わないときは，特定行政庁又はその命じた者若しくは委任した者がその措置を行うべき旨をあらかじめ公告しなければならない.

12　特定行政庁は，第1項の規定により必要な措置を命じた場合において，その措置を命ぜられた者がその措置を履行しないとき，履行しても十分でないとき，又は履行しても同項の期限までに完了する見込みがないときは，行政代執行法（昭和23年法律第43号）の定めるところに従い，みずから義務者のなすべき行為をし，又は第三者をしてこれをさせることができる.

13　特定行政庁は，第1項又は第10項の規定による命令をした場合（建築監視員が第10項の規定による命令をした場合を含む.）においては，標識の設置その他国土交通省令で定める方法により，その旨を公示しなければならない.

〈関連：法第9条の2【p.31】，規第4条の17【p.483】〉

14　前項の標識は，第1項又は第10項の規定による命令に係る建築物又は建築物の敷地内に設置することができる. この場合においては，第1項又は第10項の規定による命令に係る建築物又は建築物の敷地の所有者，管理者又は占有者は，当該標識の設置を拒み，又は妨げてはならない.

15　第1項，第7項又は第10項の規定による命令については，行政手続法（平成5年法律第88号）第3章（第12条及び第14条を除く.）の規定は，適用しない.

［建築監視員］

第9条の2　特定行政庁は，政令で定めるところにより，当該市町村又は都道府県の職員のうちから建築監視員を命じ，前条第7項及び第10項に規定する特定行政庁の権限を行わせることができる.　〈関連：令第14条【p.177】〉

［違反建築物の設計者等に対する措置］

第9条の3　特定行政庁は，第9条第1項又は第10項の規定による命令をした場合（建築監視員が同条第10項の規定による命令をした場合を含む.）においては，国土交通省令で定めるところにより，当該命令に係る建築物の設計者，工事監理者若しくは工事の請負人（請負工事の下請人を含む. 次項において同じ.）若しくは当該建築物について宅地建物取引業に係る取引をした宅地建物取引業者又は当該命令に係る浄化槽の製造業者の氏名又は名称及び住所その他国土交通省令で定める事項を，建築士法，建設業法（昭和24年法律第100号），浄化槽法（昭和58年法律第43号）又は宅地建物取引業法（昭和27年法律第176号）の定めるところによりこれらの者を監督する国土交通大臣又は都道府県知事に通知しなければならない.

〈関連：規第4条の19【p.484】〉

2　国土交通大臣又は都道府県知事は，前項の規定による通知を受けた場合においては，遅滞なく，当該通知に係る者について，建築士法，建設業法，浄化槽法又は宅地建物取引業法による免許又は許可の取消し，業務の停止の処分その他必要な措置を講ずるものとし，その結果を同項の規定による通知をした特定行政庁に通知しなければならない．

[保安上危険な建築物等の所有者等に対する指導及び助言]

第9条の4　特定行政庁は，建築物の敷地，構造又は建築設備（いずれも第3条第2項の規定により次章の規定又はこれに基づく命令若しくは条例の規定の適用を受けないものに限る．）について，損傷，腐食その他の劣化が生じ，そのまま放置すれば保安上危険となり，又は衛生上有害となるおそれがあると認める場合においては，当該建築物又はその敷地の所有者，管理者又は占有者に対して，修繕，防腐措置その他当該建築物又はその敷地の維持保全に関し必要な指導及び助言をすることができる．

[著しく保安上危険な建築物等の所有者等に対する勧告及び命令]

第10条　特定行政庁は，第6条第1項第一号に掲げる建築物その他政令で定める建築物の敷地，構造又は建築設備（いずれも第3条第2項の規定により次章の規定又はこれに基づく命令若しくは条例の規定の適用を受けないものに限る．）について，損傷，腐食その他の劣化が進み，そのまま放置すれば著しく保安上危険となり，又は著しく衛生上有害となるおそれがあると認める場合においては，当該建築物又はその敷地の所有者，管理者又は占有者に対して，相当の猶予期限を付けて，当該建築物の除却，移転，改築，増築，修繕，模様替，使用中止，使用制限その他保安上又は衛生上必要な措置をとることを勧告することができる．

<関連：令第14条の2【p.177】>

2　特定行政庁は，前項の勧告を受けた者が正当な理由がなくてその勧告に係る措置をとらなかった場合において，特に必要があると認めるときは，その者に対し，相当の猶予期限を付けて，その勧告に係る措置をとることを命ずることができる．

3　前項の規定による場合のほか，特定行政庁は，建築物の敷地，構造又は建築設備（いずれも第3条第2項の規定により次章の規定又はこれに基づく命令若しくは条例の規定の適用を受けないものに限る．）が著しく保安上危険であり，又は著しく衛生上有害であると認める場合においては，当該建築物又はその敷地の所有者，管理者又は占有者に対して，相当の猶予期限を付けて，当該建築物の除却，移転，改築，増築，修繕，模様替，使用禁止，使用制限その他保安上又は衛生上必要な措置をとることを命ずることができる．

4　第9条第2項から第9項まで及び第11項から第15項までの規定は，前2項の場合に準用する．

[第3章の規定に適合しない建築物に対する措置]

第11条　特定行政庁は，建築物の敷地，構造，建築設備又は用途（いずれも第3条第2項（第86条の9第1項において準用する場合を含む．）の規定により第3章の規定又はこれに基づく命令若しくは条例の規定の適用を受けないものに限る．）が公益上著しく支障があると認める場合においては，当該建築物の所在地の市町村の議会の同意を得た場合に限り，当該建築物の所有者，管理者又は占有者に対して，

相当の猶予期限を付けて，当該建築物の除却，移転，修繕，模様替，使用禁止又は使用制限を命ずることができる．この場合においては，当該建築物の所在地の市町村は，当該命令に基づく措置によって通常生ずべき損害を時価によって補償しなければならない．

2　前項の規定によって補償を受けることのできる者は，その補償金額に不服がある場合においては，政令の定める手続によって，その決定の通知を受けた日から1月以内に土地収用法（昭和26年法律第219号）第94条第2項の規定による収用委員会の裁決を求めることができる．　　　　　　　　　　〈関連：令第15条【p.177】〉

[報告，検査等]

第12条　第6条第1項第一号に掲げる建築物で安全上，防火上又は衛生上特に重要であるものとして政令で定めるもの（国，都道府県及び建築主事を置く市町村が所有し，又は管理する建築物（以下この項及び第3項において「国等の建築物」という．）を除く．）及び当該政令で定めるもの以外の特定建築物（同号に掲げる建築物その他政令で定める建築物をいう．以下この条において同じ．）で特定行政庁が指定するもの（国等の建築物を除く．）の所有者（所有者と管理者が異なる場合においては，管理者．第3項において同じ．）は，これらの建築物の敷地，構造及び建築設備について，国土交通省令で定めるところにより，定期に，一級建築士若しくは二級建築士又は建築物調査員資格者証の交付を受けている者（次項及び次条第3項において「建築物調査員」という．）にその状況の調査（これらの建築物の敷地及び構造についての損傷，腐食その他の劣化の状況の点検を含み，これらの建築物の建築設備及び防火戸その他の政令で定める防火設備（以下「建築設備等」という．）についての第3項の検査を除く．）をさせて，その結果を特定行政庁に報告しなければならない．　　　　　　〈関連：令第16条【p.177】，規第5条【p.484】〉

2　国，都道府県又は建築主事を置く市町村が所有し，又は管理する特定建築物の管理者である国，都道府県若しくは市町村の機関の長又はその委任を受けた者（以下この章において「国の機関の長等」という．）は，当該特定建築物の敷地及び構造について，国土交通省令で定めるところにより，定期に，一級建築士若しくは二級建築士又は建築物調査員に，損傷，腐食その他の劣化の状況の点検（当該特定建築物の防火戸その他の前項の政令で定める防火設備についての第4項の点検を除く．）をさせなければならない．

　　ただし，当該特定建築物（第6条第1項第一号に掲げる建築物で安全上，防火上又は衛生上特に重要であるものとして前項の政令で定めるもの及び同項の規定により特定行政庁が指定するものを除く．）のうち特定行政庁が安全上，防火上及び衛生上支障がないと認めて建築審査会の同意を得て指定したものについては，この限りでない．　　　　　　　　　　〈関連：令第16条【p.177】，規第5条の2【p.485】〉

3　特定建築設備等（昇降機及び特定建築物の昇降機以外の建築設備等をいう．以下この項及び次項において同じ．）で安全上，防火上又は衛生上特に重要であるものとして政令で定めるもの（国等の建築物に設けるものを除く．）及び当該政令で定めるもの以外の特定建築設備等で特定行政庁が指定するもの（国等の建築物に設けるものを除く．）の所有者は，これらの特定建築設備等について，国土交通省令で定めるところにより，定期に，一級建築士若しくは二級建築士又は建築設備等検

査員資格者証の交付を受けている者（次項及び第12条の3第2項において「建築設備等検査員」という。）に検査（これらの特定建築設備等についての損傷，腐食その他の劣化の状況の点検を含む。）をさせて，その結果を特定行政庁に報告しなければならない。　　　　　　　　　　　　　　　　　　　　　　　〈関連：規第6条【p.485】〉

4　国の機関の長等は，国，都道府県又は建築主事を置く市町村が所有し，又は管理する建築物の特定建築設備等について，国土交通省令で定めるところにより，定期に，一級建築士若しくは二級建築士又は建築設備等検査員に，損傷，腐食その他の劣化の状況の点検をさせなければならない。ただし，当該特定建築設備等（前項の政令で定めるもの及び同項の規定により特定行政庁が指定するものを除く。）のうち特定行政庁が安全上，防火上及び衛生上支障がないと認めて建築審査会の同意を得て指定したものについては，この限りでない。　　　〈関連：規第6条の2【p.486】〉

5　特定行政庁，建築主事又は建築監視員は，次に掲げる者に対して，建築物の敷地，構造，建築設備若しくは用途，建築材料若しくは建築設備その他の建築物の部分（以下「建築材料等」という。）の受取若しくは引渡しの状況，建築物に関する工事の計画若しくは施工の状況又は建築物の敷地，構造若しくは建築設備に関する調査（以下「建築物に関する調査」という。）の状況に関する報告を求めることができる。

一　建築物若しくは建築物の敷地の所有者，管理者若しくは占有者，建築主，設計者，建築材料等を製造した者，工事監理者，工事施工者又は建築物に関する調査をした者

二　第77条の21第1項の指定確認検査機関

三　第77条の35の5第1項の指定構造計算適合性判定機関

6　特定行政庁又は建築主事にあっては第6条第4項，第6条の2第6項，第7条第4項，第7条の3第4項，第9条第1項，第10項若しくは第13項，第10条第1項から第3項まで，前条第1項又は第90条の2第1項の規定の施行に必要な限度において，建築監視員にあっては第9条第10項の規定の施行に必要な限度において，当該建築物若しくは建築物の敷地の所有者，管理者若しくは占有者，建築主，設計者，建築材料等を製造した者，工事監理者，工事施工者又は建築物に関する調査をした者に対し，帳簿，書類その他の物件の提出を求めることができる。

7　建築主事又は特定行政庁の命令若しくは建築主事の委任を受けた当該市町村若しくは都道府県の職員にあっては第6条第4項，第6条の2第6項，第7条第4項，第7条の3第4項，第9条第1項，第10項若しくは第13項，第10条第1項から第3項まで，前条第1項又は第90条の2第1項の規定の施行に必要な限度において，建築監視員にあっては第9条第10項の規定の施行に必要な限度において，当該建築物，建築物の敷地，建築材料等を製造した者の工場，営業所，事務所，倉庫その他の事業場，建築工事場又は建築物に関する調査をした者の営業所，事務所その他の事業場に立ち入り，建築物，建築物の敷地，建築設備，建築材料，建築材料等の製造に関係がある物件，設計図書その他建築物に関する工事に関係がある物件若しくは建築物に関する調査に関係がある物件を検査し，若しくは試験し，又は建築物若しくは建築物の敷地の所有者，管理者若しくは占有者，建築主，設計者，建築材料等を製造した者，工事監理者，工事施工者若しくは建築物に関する調査を

した者に対し必要な事項について質問することができる．ただし，住居に立ち入る場合においては，あらかじめ，その居住者の承諾を得なければならない．

8　特定行政庁は，確認その他の建築基準法令の規定による処分並びに第1項及び第3項の規定による報告に係る建築物の敷地，構造，建築設備又は用途に関する台帳を整備し，かつ，当該台帳（当該処分及び当該報告に関する書類で国土交通省令で定めるものを含む．）を保存しなければならない．　〈関連：規第6条の3【p.487】〉

9　前項の台帳の記載事項その他その整備に関し必要な事項及び当該台帳（同項の国土交通省令で定める書類を含む．）の保存期間その他その保存に関し必要な事項は，国土交通省令で定める．　〈関連：規第6条の3【p.487】〉

[建築物調査員資格者証]

第12条の2　国土交通大臣は，次の各号のいずれかに該当する者に対し，建築物調査員資格者証を交付する．

一　前条第1項の調査及び同条第2項の点検（次項第四号及び第3項第三号において「調査等」という．）に関する講習で国土交通省令で定めるものの課程を修了した者

〈関連：平28告示第483号〉

二　前号に掲げる者と同等以上の専門的知識及び能力を有すると国土交通大臣が認定した者

2　国土交通大臣は，前項の規定にかかわらず，次の各号のいずれかに該当する者に対しては，建築物調査員資格者証の交付を行わないことができる．

一　未成年者

二　建築基準法令の規定により刑に処せられ，その執行を終わり，又はその執行を受けることがなくなった日から起算して2年を経過しない者

三　次項（第二号を除く．）の規定により建築物調査員資格者証の返納を命ぜられ，その日から起算して1年を経過しない者

四　心身の故障により調査等の業務を適正に行うことができない者として国土交通省令で定めるもの

3　国土交通大臣は，建築物調査員が次の各号のいずれかに該当すると認めるときは，その建築物調査員資格者証の返納を命ずることができる．

一　この法律又はこれに基づく命令の規定に違反したとき．

二　前項第三号又は第四号のいずれかに該当するに至ったとき．

三　調査等に関して不誠実な行為をしたとき．

四　偽りその他不正の手段により建築物調査員資格者証の交付を受けたとき．

4　建築物調査員資格者証の交付の手続その他建築物調査員資格者証に関し必要な事項は，国土交通省令で定める．

[建築設備等検査員資格者証]

第12条の3　建築設備等検査員資格者証の種類は，国土交通省令で定める．

2　建築設備等検査員が第12条第3項の検査及び同条第4項の点検（次項第一号において「検査等」という．）を行うことができる建築設備等の種類は，前項の建築設備等検査員資格者証の種類に応じて国土交通省令で定める．

3　国土交通大臣は，次の各号のいずれかに該当する者に対し，建築設備等検査員資格者証を交付する．

一 検査等に関する講習で建築設備等検査員資格者証の種類ごとに国土交通省令で定めるものの課程を修了した者

〈関連：平28告示第483号〉

二 前号に掲げる者と同等以上の専門的知識及び能力を有すると国土交通大臣が認定した者

4 前条第2項から第4項までの規定は，建築設備等検査員資格者証について準用する．この場合において，同条第2項中「前項」とあるのは「次条第3項」と，同項第四号及び同条第3項第三号中「調査等」とあるのは「次条第2項に規定する検査等」と読み替えるものとする．

［身分証明書の携帯］

第13条 建築主事，建築監視員若しくは特定行政庁の命令若しくは建築主事の委任を受けた当該市町村若しくは都道府県の職員が第12条第7項の規定によって建築物，建築物の敷地若しくは建築工事場に立ち入る場合又は建築監視員が第9条の2（第90条第3項において準用する場合を含む．）の規定による権限を行使する場合においては，その身分を示す証明書を携帯し，関係者に提示しなければならない．

〈関連：規第7条【p.500】〉

2 第12条第7項の規定による権限は，犯罪捜査のために認められたものと解釈してはならない．

［都道府県知事又は国土交通大臣の勧告，助言又は援助］

第14条 建築主事を置く市町村の長は，都道府県知事又は国土交通大臣に，都道府県知事は，国土交通大臣に，この法律の施行に関し必要な助言又は援助を求めることができる．

2 国土交通大臣は，特定行政庁に対して，都道府県知事は，建築主事を置く市町村の長に対して，この法律の施行に関し必要な勧告，助言若しくは援助をし，又は必要な参考資料を提供することができる．

［届出及び統計］

第15条 建築主が建築物を建築しようとする場合又は建築物の除却の工事を施工する者が建築物を除却しようとする場合においては，これらの者は，建築主事を経由して，その旨を都道府県知事に届け出なければならない．ただし，当該建築物又は当該工事に係る部分の床面積の合計が10 m²以内である場合においては，この限りでない．

2 前項の規定にかかわらず，同項の建築物の建築又は除却が第一号の耐震改修又は第二号の建替えに該当する場合における同項の届出は，それぞれ，当該各号に規定する所管行政庁が都道府県知事であるときは直接当該都道府県知事に対し，市町村の長であるときは当該市町村の長を経由して行わなければならない．

一 建築物の耐震改修の促進に関する法律（平成7年法律第123号）第17条第1項の規定により建築物の耐震改修（増築又は改築に限る．）の計画の認定を同法第2条第3項の所管行政庁に申請する場合の当該耐震改修

二 密集市街地整備法第4条第1項の規定により建替計画の認定を同項の所管行政庁に申請する場合の当該建替え

3 市町村の長は，当該市町村の区域内における建築物が火災，震災，水災，風災その他の災害により滅失し，又は損壊した場合においては，都道府県知事に報告し

なければならない。ただし、当該滅失した建築物又は損壊した建築物の損壊した部分の床面積の合計が $10 \, \text{m}^2$ 以内である場合においては、この限りでない。

4　都道府県知事は、前3項の規定による届出及び報告に基づき、建築統計を作成し、これを国土交通大臣に送付し、かつ、関係書類を国土交通省令で定める期間保存しなければならない。

5　前各項の規定による届出、報告並びに建築統計の作成及び送付の手続は、国土交通省令で定める。　　　　　　　　　　　　　　〈関連：規第8条【p.500】〉

[報告，検査等]

第15条の2　国土交通大臣は、第1条の目的を達成するため特に必要があると認めるときは、建築物若しくは建築物の敷地の所有者、管理者若しくは占有者、建築主、設計者、建築材料等を製造した者、工事監理者、工事施工者、建築物に関する調査をした者若しくは第68条の10第1項の型式適合認定、第68条の25第1項の構造方法等の認定若しくは第68条の26の特殊構造方法等認定（以下この項において「型式適合認定等」という。）を受けた者に対し、建築物の敷地、構造、建築設備若しくは用途、建築材料等の受取若しくは引渡しの状況、建築物に関する工事の計画若しくは施工の状況若しくは建築物に関する調査の状況に関する報告若しくは帳簿、書類その他の物件の提出を求め、又はその職員に、建築物、建築物の敷地、建築材料等を製造した者の工場、営業所、事務所、倉庫その他の事業場、建築工事場、建築物に関する調査をした者の営業所、事務所その他の事業場若しくは型式適合認定等を受けた者の事務所その他の事業場に立ち入り、建築物、建築物の敷地、建築設備、建築材料、建築材料等の製造に関係がある物件、設計図書その他建築物に関する工事に関係がある物件、建築物に関する調査に関係がある物件若しくは型式適合認定等に関係がある物件を検査させ、若しくは試験させ、若しくは建築物若しくは建築物の敷地の所有者、管理者若しくは占有者、建築主、設計者、建築材料等を製造した者、工事監理者、工事施工者、建築物に関する調査をした者若しくは型式適合認定等を受けた者に対し必要な事項について質問させることができる。ただし、住居に立ち入る場合においては、あらかじめ、その居住者の承諾を得なければならない。

2　前項の規定により立入検査をする職員は、その身分を示す証明書を携帯し、関係者に提示しなければならない。

3　第1項の規定による権限は、犯罪捜査のために認められたものと解釈してはならない。

[国土交通大臣又は都道府県知事への報告]

第16条　国土交通大臣は、特定行政庁に対して、都道府県知事は、建築主事を置く市町村の長に対して、この法律の施行に関して必要な報告又は統計の資料の提出を求めることができる。

[特定行政庁等に対する指示等]

第17条　国土交通大臣は、都道府県若しくは市町村の建築主事の処分がこの法律若しくはこれに基づく命令の規定に違反し、又は都道府県若しくは市町村の建築主事がこれらの規定に基づく処分を怠っている場合において、国の利害に重大な関係がある建築物に関し必要があると認めるときは、当該都道府県知事又は市町村の長に

対して，期限を定めて，都道府県又は市町村の建築主事に対し必要な措置を命ずべきことを指示することができる．

2　国土交通大臣は，都道府県の建築主事の処分がこの法律若しくはこれに基づく命令の規定に違反し，又は都道府県の建築主事がこれらの規定に基づく処分を怠っている場合において，これらにより多数の者の生命又は身体に重大な危害が発生するおそれがあると認めるときは，当該都道府県知事に対して，期限を定めて，都道府県の建築主事に対し必要な措置を命ずべきことを指示することができる．

3　都道府県知事は，市町村の建築主事の処分がこの法律若しくはこれに基づく命令の規定に違反し，又は市町村の建築主事がこれらの規定に基づく処分を怠っている場合において，これらにより多数の者の生命又は身体に重大な危害が発生するおそれがあると認めるときは，当該市町村の長に対して，期限を定めて，市町村の建築主事に対し必要な措置を命ずべきことを指示することができる．

4　国土交通大臣は，前項の場合において都道府県知事がそのすべき指示をしないときは，自ら同項の指示をすることができる．

5　都道府県知事又は市町村の長は，正当な理由がない限り，前各項の規定により国土交通大臣又は都道府県知事が行った指示に従わなければならない．

6　都道府県又は市町村の建築主事は，正当な理由がない限り，第1項から第4項までの規定による指示に基づく都道府県知事又は市町村の長の命令に従わなければならない．

7　国土交通大臣は，都道府県知事若しくは市町村の長が正当な理由がなく，所定の期限までに，第1項の規定による指示に従わない場合又は都道府県若しくは市町村の建築主事が正当な理由がなく，所定の期限までに，第1項の規定による国土交通大臣の指示に基づく都道府県知事若しくは市町村の長の命令に従わない場合においては，正当な理由がないことについて社会資本整備審議会の確認を得た上で，自ら当該指示に係る必要な措置をとることができる．

8　国土交通大臣は，都道府県知事若しくは市町村の長がこの法律若しくはこれに基づく命令の規定に違反し，又はこれらの規定に基づく処分を怠っている場合において，国の利害に重大な関係がある建築物に関し必要があると認めるときは，当該都道府県知事又は市町村の長に対して，期限を定めて，必要な措置をとるべきことを指示することができる．

9　国土交通大臣は，都道府県知事がこの法律若しくはこれに基づく命令の規定に違反し，又はこれらの規定に基づく処分を怠っている場合において，これらにより多数の者の生命又は身体に重大な危害が発生するおそれがあると認めるときは，当該都道府県知事に対して，期限を定めて，必要な措置をとるべきことを指示することができる．

10　都道府県知事は，市町村の長がこの法律若しくはこれに基づく命令の規定に違反し，又はこれらの規定に基づく処分を怠っている場合において，これらにより多数の者の生命又は身体に重大な危害が発生するおそれがあると認めるときは，当該市町村の長に対して，期限を定めて，必要な措置をとるべきことを指示することができる．

11　第4項及び第5項の規定は，前3項の場合について準用する．この場合におい

て，第5項中「前各項」とあるのは，「第8項から第10項まで又は第11項において準用する第4項」と読み替えるものとする．

12　国土交通大臣は，都道府県知事又は市町村の長が正当な理由がなく，所定の期限までに，第8項の規定による指示に従わない場合においては，正当な理由がないことについて社会資本整備審議会の確認を得た上で，自ら当該指示に係る必要な措置をとることができる．

[国，都道府県又は建築主事を置く市町村の建築物に対する確認，検査又は是正措置に関する手続の特例]

第18条　国，都道府県又は建築主事を置く市町村の建築物及び建築物の敷地については，第6条から第7条の6まで，第9条から第9条の3まで，第10条及び第90条の2の規定は，適用しない．この場合においては，次項から第25項までの規定に定めるところによる．

2　第6条第1項の規定によって建築し，又は大規模の修繕若しくは大規模の模様替をしようとする建築物の建築主が国，都道府県又は建築主事を置く市町村である場合においては，当該国の機関の長等は，当該工事に着手する前に，その計画を建築主事に通知しなければならない．ただし，防火地域及び準防火地域外において建築物を増築し，改築し，又は移転しようとする場合（当該増築，改築又は移転に係る部分の床面積の合計が10 m²以内である場合に限る．）においては，この限りでない． 〈関連：規第8条の2【p.500】〉

3　建築主事は，前項の通知を受けた場合においては，第6条第4項に定める期間内に，当該通知に係る建築物の計画が建築基準関係規定（第6条の4第1項第一号若しくは第二号に掲げる建築物の建築，大規模の修繕若しくは大規模の模様替又は同項第三号に掲げる建築物の建築について通知を受けた場合にあっては，同項の規定により読み替えて適用される第6条第1項に規定する建築基準関係規定．以下この項及び第14項において同じ．）に適合するかどうかを審査し，審査の結果に基づいて，建築基準関係規定に適合することを認めたときは，当該通知をした国の機関の長等に対して確認済証を交付しなければならない． 〈関連：規第8条の2【p.500】〉

4　国の機関の長等は，第2項の場合において，同項の通知に係る建築物の計画が特定構造計算基準又は特定増改築構造計算基準に適合するかどうかの前項に規定する審査を要するものであるときは，当該建築物の計画を都道府県知事に通知し，構造計算適合性判定を求めなければならない．ただし，当該建築物の計画が特定構造計算基準（第20条第1項第二号イの政令で定める基準に従った構造計算で同号イに規定する方法によるものによって確かめられる安全性を有することに係る部分のうち前項に規定する審査が比較的容易にできるものとして政令で定めるものに限る．）又は特定増改築構造計算基準（同項に規定する審査が比較的容易にできるものとして政令で定めるものに限る．）に適合するかどうかを第6条の3第1項ただし書の国土交通省令で定める要件を備える者である建築主事が前項に規定する審査をする場合は，この限りでない． 〈関連：規第8条の2【p.500】〉

5　都道府県知事は，前項の通知を受けた場合において，当該通知に係る建築物の計画が建築基準関係規定に適合するものであることについて当該都道府県に置かれた建築主事が第3項に規定する審査をするときは，当該建築主事を当該通知に係る

構造計算適合性判定に関する事務に従事させてはならない.

6　都道府県知事は，特別な構造方法の建築物の計画について第4項の構造計算適合性判定を行うに当たって必要があると認めるときは，当該構造方法に係る構造計算に関して専門的な識見を有する者の意見を聴くものとする.

7　都道府県知事は，第4項の通知を受けた場合においては，その通知を受けた日から14日以内に，当該通知に係る構造計算適合性判定の結果を記載した通知書を当該通知をした国の機関の長等に交付しなければならない.

〈関連：規第8条の2【p.500】〉

8　都道府県知事は，前項の場合（第4項の通知に係る建築物の計画が特定構造計算基準（第20条第1項第二号イの政令で定める基準に従った構造計算で同号イに規定する方法によるものによって確かめられる安全性を有することに係る部分に限る.）に適合するかどうかの判定を求められた場合その他国土交通省令で定める場合に限る.）において，前項の期間内に当該通知をした国の機関の長等に同項の通知書を交付することができない合理的な理由があるときは，35日の範囲内において，同項の期間を延長することができる.この場合においては，その旨及びその延長する期間並びにその期間を延長する理由を記載した通知書を同項の期間内に当該通知をした国の機関の長等に交付しなければならない.〈関連：規第8条の2【p.500】〉

9　都道府県知事は，第7項の場合において，第4項の通知の記載によっては当該建築物の計画が特定構造計算基準又は特定増改築構造計算基準に適合するかどうかを決定することができない正当な理由があるときは，その旨及びその理由を記載した通知書を第7項の期間（前項の規定により第7項の期間を延長した場合にあっては，当該延長後の期間）内に当該通知をした国の機関の長等に交付しなければならない.

〈関連：規第8条の2【p.500】〉

10　国の機関の長等は，第7項の規定により同項の通知書の交付を受けた場合において，当該通知書が適合判定通知書であるときは，第3項の規定による審査をする建築主事に，当該適合判定通知書又はその写しを提出しなければならない.ただし，当該建築物の計画に係る第14項の通知書の交付を受けた場合は，この限りでない.

〈関連：規第8条の2【p.500】〉

11　国の機関の長等は，前項の場合において，第3項の期間（第13項の規定により第3項の期間が延長された場合にあっては，当該延長後の期間）の末日の3日前までに，前項の適合判定通知書又はその写しを当該建築主事に提出しなければならない.

12　建築主事は，第3項の場合において，第2項の通知に係る建築物の計画が第4項の構造計算適合性判定を要するものであるときは，当該通知をした国の機関の長等から第10項の適合判定通知書又はその写しの提出を受けた場合に限り，第3項の確認済証を交付することができる.

13　建築主事は，第3項の場合（第2項の通知に係る建築物の計画が特定構造計算基準（第20条第1項第二号イの政令で定める基準に従った構造計算で同号イに規定する方法によるものによって確かめられる安全性を有することに係る部分に限る.）に適合するかどうかを審査する場合その他国土交通省令で定める場合に限る.）において，第3項の期間内に当該通知をした国の機関の長等に同項の確認済

証を交付することができない合理的な理由があるときは，35日の範囲内において，同項の期間を延長することができる．この場合においては，その旨及びその延長する期間並びにその期間を延長する理由を記載した通知書を同項の期間内に当該通知をした国の機関の長等に交付しなければならない．　　〈関連：規第8条の2【p.500】〉

14　建築主事は，第3項の場合において，第2項の通知に係る建築物の計画が建築基準関係規定に適合しないことを認めたとき，又は建築基準関係規定に適合するかどうかを決定することができない正当な理由があるときは，その旨及びその理由を記載した通知書を第3項の期間（前項の規定により第3項の期間を延長した場合にあっては，当該延長後の期間）内に当該通知をした国の機関の長等に交付しなければならない．　　〈関連：規第8条の2【p.500】〉

15　第2項の通知に係る建築物の建築，大規模の修繕又は大規模の模様替の工事は，第3項の確認済証の交付を受けた後でなければすることができない．

16　国の機関の長等は，当該工事を完了した場合においては，その旨を，工事が完了した日から4日以内に到達するように，建築主事に通知しなければならない．
〈関連：規第8条の2【p.500】〉

17　建築主事が前項の規定による通知を受けた場合においては，建築主事等は，その通知を受けた日から7日以内に，その通知に係る建築物及びその敷地が建築基準関係規定（第7条の5に規定する建築物の建築，大規模の修繕又は大規模の模様替の工事について通知を受けた場合にあっては，第6条の4第1項の規定により読み替えて適用される第6条第1項に規定する建築基準関係規定．以下この条において同じ．）に適合しているかどうかを検査しなければならない．
〈関連：規第8条の2【p.500】〉

18　建築主事等は，前項の規定による検査をした場合において，当該建築物及びその敷地が建築基準関係規定に適合していることを認めたときは，国の機関の長等に対して検査済証を交付しなければならない．　　〈関連：規第8条の2【p.500】〉

19　国の機関の長等は，当該工事が特定工程を含む場合において，当該特定工程に係る工事を終えたときは，その都度，その旨を，その日から4日以内に到達するように，建築主事に通知しなければならない．　　〈関連：規第8条の2【p.500】〉

20　建築主事が前項の規定による通知を受けた場合においては，建築主事等は，その通知を受けた日から4日以内に，当該通知に係る工事中の建築物等について，検査前に施工された工事に係る建築物の部分及びその敷地が建築基準関係規定に適合するかどうかを検査しなければならない．　　〈関連：規第8条の2【p.500】〉

21　建築主事等は，前項の規定による検査をした場合において，工事中の建築物等が建築基準関係規定に適合することを認めたときは，国土交通省令で定めるところにより，国の機関の長等に対して当該特定工程に係る中間検査合格証を交付しなければならない．　　〈関連：規第8条の2【p.500】〉

22　特定工程後の工程に係る工事は，前項の規定による当該特定工程に係る中間検査合格証の交付を受けた後でなければ，これを施工してはならない．

23　建築主事等は，第20項の規定による検査において建築基準関係規定に適合することを認められた工事中の建築物等について，第17項又は第20項の規定による検査をするときは，同項の規定による検査において建築基準関係規定に適合すること

を認められた建築物の部分及びその敷地については，これらの規定による検査をすることを要しない．

24　第6条第1項第一号から第三号までの建築物を新築する場合又はこれらの建築物（共同住宅以外の住宅及び居室を有しない建築物を除く．）の増築，改築，移転，大規模の修繕若しくは大規模の模様替の工事で避難施設等に関する工事を含むものをする場合においては，第18項の検査済証の交付を受けた後でなければ，当該新築に係る建築物又は当該避難施設等に関する工事に係る建築物若しくは建築物の部分を使用し，又は使用させてはならない．ただし，次の各号のいずれかに該当する場合には，検査済証の交付を受ける前においても，仮に，当該建築物又は建築物の部分を使用し，又は使用させることができる．

一　特定行政庁が，安全上，防火上又は避難上支障がないと認めたとき．

二　建築主事が，安全上，防火上及び避難上支障がないものとして国土交通大臣が定める基準に適合していることを認めたとき．　　　〈関連：規第8条の2【p.500】〉

三　第16項の規定による通知をした日から7日を経過したとき．

25　特定行政庁は，国，都道府県又は建築主事を置く市町村の建築物又は建築物の敷地が第9条第1項，第10条第1項若しくは第3項又は第90条の2第1項の規定に該当すると認める場合においては，直ちに，その旨を当該建築物又は建築物の敷地を管理する国の機関の長等に通知し，これらの規定に掲げる必要な措置をとるべきことを要請しなければならない．

［指定構造計算適合性判定機関による構造計算適合性判定の実施］

第18条の2　都道府県知事は，第77条の35の2から第77条の35の5までの規定の定めるところにより国土交通大臣又は都道府県知事が指定する者に，第6条の3第1項及び前条第4項の構造計算適合性判定の全部又は一部を行わせることができる．

2　前項の規定による指定は，2以上の都道府県の区域において同項の規定による構造計算適合性判定の業務を行おうとする者を指定する場合にあっては国土交通大臣が，一の都道府県の区域において同項の規定による構造計算適合性判定の業務を行おうとする者を指定する場合にあっては都道府県知事がするものとする．

3　都道府県知事は，第1項の規定による指定を受けた者に構造計算適合性判定の全部又は一部を行わせることとしたときは，当該構造計算適合性判定の全部又は一部を行わないものとする．

4　第1項の規定による指定を受けた者が構造計算適合性判定を行う場合における第6条の3第1項及び第3項から第6項まで並びに前条第4項及び第6項から第9項までの規定の適用については，これらの規定中「都道府県知事」とあるのは，「第18条の2第1項の規定による指定を受けた者」とする．

［確認審査等に関する指針等］

第18条の3　国土交通大臣は，第6条第4項及び第18条第3項（これらの規定を第87条第1項，第87条の4並びに第88条第1項及び第2項において準用する場合を含む．）に規定する審査，第6条の2第1項（第87条第1項，第87条の4並びに第88条第1項及び第2項において準用する場合を含む．）の規定による確認のための審査，第6条の3第1項及び第18条第4項に規定する構造計算適合性判定，第7条第4項，第7条の2第1項及び第18条第17項（これらの規定を第87条の

4並びに第88条第1項及び第2項において準用する場合を含む.）の規定による検査並びに第7条の3第4項，第7条の4第1項及び第18条第20項（これらの規定を第87条の4及び第88条第1項において準用する場合を含む.）の規定による検査（以下この条及び第77条の62第2項第三号において「確認審査等」という.）の公正かつ適確な実施を確保するため，確認審査等に関する指針を定めなければならない.

2　国土交通大臣は，前項の指針を定め，又はこれを変更したときは，遅滞なく，これを公表しなければならない.　　　　　　　　　　　　　〈関連：平19告示第835号〉

3　確認審査等は，前項の規定により公表された第1項の指針に従って行わなければならない.

第2章　建築物の敷地，構造及び建築設備

[敷地の衛生及び安全]

第19条　建築物の敷地は，これに接する道の境より高くなければならず，建築物の地盤面は，これに接する周囲の土地より高くなければならない．ただし，敷地内の排水に支障がない場合又は建築物の用途により防湿の必要がない場合においては，この限りでない．

2　湿潤な土地，出水のおそれの多い土地又はごみその他これに類する物で埋め立てられた土地に建築物を建築する場合においては，盛土，地盤の改良その他衛生上又は安全上必要な措置を講じなければならない．

3　建築物の敷地には，雨水及び汚水を排出し，又は処理するための適当な下水管，下水溝又はためますその他これらに類する施設をしなければならない．

4　建築物ががけ崩れ等による被害を受けるおそれのある場合においては，擁壁の設置その他安全上適当な措置を講じなければならない．

[構造耐力]

第20条　建築物は，自重，積載荷重，積雪荷重，風圧，土圧及び水圧並びに地震その他の震動及び衝撃に対して安全な構造のものとして，次の各号に掲げる建築物の区分に応じ，それぞれ当該各号に定める基準に適合するものでなければならない．

一　高さが60mを超える建築物　　当該建築物の安全上必要な構造方法に関して政令で定める技術的基準に適合するものであること．この場合において，その構造方法は，荷重及び外力によって建築物の各部分に連続的に生ずる力及び変形を把握することその他の政令で定める基準に従った構造計算によって安全性が確かめられたものとして国土交通大臣の認定を受けたものであること．

〈関連：令第36条【p.194】〜第80条の3【p.211】，第129条の2の4【p.270】〉

二　高さが60m以下の建築物のうち，第6条第1項第二号に掲げる建築物（高さが13m又は軒の高さが9mを超えるものに限る．）又は同項第三号に掲げる建築物（地階を除く階数が4以上である鉄骨造の建築物，高さが20mを超える鉄筋コンクリート造又は鉄骨鉄筋コンクリート造の建築物その他これらの建築物に準ずるものとして政令で定める建築物に限る．）　　次に掲げる基準のいずれかに適合するものであること．

〈関連：令第36条の2【p.194】〉

イ　当該建築物の安全上必要な構造方法に関して政令で定める技術的基準に適合すること．この場合において，その構造方法は，地震力によって建築物の地上部分の各階に生ずる水平方向の変形を把握することその他の政令で定める基準に従った構造計算で，国土交通大臣が定めた方法によるもの又は国土交通大臣の認定を受けたプログラムによるものによって確かめられる安全性を有すること．

〈関連：令第36条【p.194】，令第81条【p.211】，令第129条の2の4【p.270】，平19告示第592号〉

ロ　前号に定める基準に適合すること．

三　高さが60m以下の建築物のうち，第6条第1項第二号又は第三号に掲げる建築物その他その主要構造部（床，屋根及び階段を除く．）を石造，れんが造，コンク

リートブロック造，無筋コンクリート造その他これらに類する構造とした建築物で高さが13m又は軒の高さが9mを超えるもの（前号に掲げる建築物を除く.）次に掲げる基準のいずれかに適合するものであること.

イ　当該建築物の安全上必要な構造方法に関して政令で定める技術的基準に適合すること.この場合において，その構造方法は，構造耐力上主要な部分ごとに応力度が許容応力度を超えないことを確かめることその他の政令で定める基準に従った構造計算で，国土交通大臣が定めた方法によるもの又は国土交通大臣の認定を受けたプログラムによるものによって確かめられる安全性を有すること.

〈関連：令第36条【p.194】，令第81条【p.211】，令第129条の2の4【p.270】，平19告示第592号〉

ロ　前二号に定める基準のいずれかに適合すること.

四　前三号に掲げる建築物以外の建築物　　　次に掲げる基準のいずれかに適合するものであること.

イ　当該建築物の安全上必要な構造方法に関して政令で定める技術的基準に適合すること.　　　　　　　　〈関連：令第36条【p.194】，令第129条の2の4【p.270】〉

ロ　前三号に定める基準のいずれかに適合すること.

2　前項に規定する基準の適用上一の建築物であっても別の建築物とみなすことができる部分として政令で定める部分が2以上ある建築物の当該建築物の部分は，同項の規定の適用については，それぞれ別の建築物とみなす.

〈関連：令第36条の4【p.195】〉

[大規模の建築物の主要構造部等]

第21条　次の各号のいずれかに該当する建築物（その主要構造部（床，屋根及び階段を除く.）の政令で定める部分の全部又は一部に木材，プラスチックその他の可燃材料を用いたものに限る.）は，その主要構造部を通常火災終了時間（建築物の構造，建築設備及び用途に応じて通常の火災が消火の措置により終了するまでに通常要する時間をいう.）が経過するまでの間当該火災による建築物の倒壊及び延焼を防止するために主要構造部に必要とされる性能に関して政令で定める技術的基準に適合するもので，国土交通大臣が定めた構造方法を用いるもの又は国土交通大臣の認定を受けたものとしなければならない.ただし，その周囲に延焼防止上有効な空地で政令で定める技術的基準に適合するものを有する建築物については，この限りでない.　　　〈関連：令第109条の4【p.234】〜第109条の6【p.235】，令元告示第193号〉

一　地階を除く階数が4以上である建築物

二　高さが16mを超える建築物

三　別表第一（い）欄（五）項又は（六）項に掲げる用途に供する特殊建築物で，高さが13mを超えるもの

2　延べ面積が3000m²を超える建築物（その主要構造部（床，屋根及び階段を除く.）の前項の政令で定める部分の全部又は一部に木材，プラスチックその他の可燃材料を用いたものに限る.）は，次の各号のいずれかに適合するものとしなければならない.

一　第2条第九号の二イに掲げる基準に適合するものであること.

二　壁，柱，床その他の建築物の部分又は防火戸その他の政令で定める防火設備（以

下この号において「壁等」という.）のうち，通常の火災による延焼を防止するために当該壁等に必要とされる性能に関して政令で定める技術的基準に適合するもので，国土交通大臣が定めた構造方法を用いるもの又は国土交通大臣の認定を受けたものによって有効に区画し，かつ，各区画の床面積の合計をそれぞれ 3 000 m² 以内としたものであること.

〈関連：令第 109 条【p.233】，令第 109 条の 7【p.235】，平 27 告示第 230 号〉

[屋根]

第 22 条 特定行政庁が防火地域及び準防火地域以外の市街地について指定する区域内にある建築物の屋根の構造は，通常の火災を想定した火の粉による建築物の火災の発生を防止するために屋根に必要とされる性能に関して建築物の構造及び用途の区分に応じて政令で定める技術的基準に適合するもので，国土交通大臣が定めた構造方法を用いるもの又は国土交通大臣の認定を受けたものとしなければならない.ただし，茶室，あずまやその他これらに類する建築物又は延べ面積が 10 m² 以内の物置，納屋その他これらに類する建築物の屋根の延焼のおそれのある部分以外の部分については，この限りでない.〈関連：令第 109 条の 8【p.235】，平 12 告示第 1361 号〉

2 特定行政庁は，前項の規定による指定をする場合においては，あらかじめ，都市計画区域内にある区域については都道府県都市計画審議会（市町村都市計画審議会が置かれている市町村の長たる特定行政庁が行う場合にあっては，当該市町村都市計画審議会.第 51 条を除き，以下同じ.）の意見を聴き，その他の区域については関係市町村の同意を得なければならない.

[外壁]

第 23 条 前条第 1 項の市街地の区域内にある建築物（その主要構造部の第 21 条第 1 項の政令で定める部分が木材，プラスチックその他の可燃材料で造られたもの（第 25 条及び第 61 条において「木造建築物等」という.）に限る.）は，その外壁で延焼のおそれのある部分の構造を，準防火性能（建築物の周囲において発生する通常の火災による延焼の抑制に一定の効果を発揮するために外壁に必要とされる性能をいう.）に関して政令で定める技術的基準に適合する土塗壁その他の構造で，国土交通大臣が定めた構造方法を用いるもの又は国土交通大臣の認定を受けたものとしなければならない.〈関連：令第 109 条の 7【p.235】，平 12 告示第 1362 号〉

[建築物が第 22 条第 1 項の市街地の区域の内外にわたる場合の措置]

第 24 条 建築物が第 22 条第 1 項の市街地の区域の内外にわたる場合においては，その全部について同項の市街地の区域内の建築物に関する規定を適用する.

[大規模の木造建築物等の外壁等]

第 25 条 延べ面積（同一敷地内に 2 以上の木造建築物等がある場合においては，その延べ面積の合計）が 1 000 m² を超える木造建築物等は，その外壁及び軒裏で延焼のおそれのある部分を防火構造とし，その屋根の構造を第 22 条第 1 項に規定する構造としなければならない.

[防火壁等]

第 26 条 延べ面積が 1 000 m² を超える建築物は，防火上有効な構造の防火壁又は防火床によって有効に区画し，かつ，各区画の床面積の合計をそれぞれ 1 000 m² 以内としなければならない.ただし，次の各号のいずれかに該当する建築物について

は，この限りでない． 〈関連：令第 112 条【p.238】，令第 113 条【p.243】〉

一　耐火建築物又は準耐火建築物

二　卸売市場の上家，機械製作工場その他これらと同等以上に火災の発生のおそれが少ない用途に供する建築物で，次のイ又はロのいずれかに該当するもの

　イ　主要構造部が不燃材料で造られたものその他これに類する構造のもの

　ロ　構造方法，主要構造部の防火の措置その他の事項について防火上必要な政令で定める技術的基準に適合するもの 〈関連：令第 115 条の 2【p.245】〉

三　畜舎その他の政令で定める用途に供する建築物で，その周辺地域が農業上の利用に供され，又はこれと同様の状況にあって，その構造及び用途並びに周囲の状況に関し避難上及び延焼防止上支障がないものとして国土交通大臣が定める基準に適合するもの 〈関連：令第 115 条の 2【p.245】，平 6 告示第 1716 号〉

［耐火建築物等としなければならない特殊建築物］

第 27 条　次の各号のいずれかに該当する特殊建築物は，その主要構造部を当該特殊建築物に存する者の全てが当該特殊建築物から地上までの避難を終了するまでの間通常の火災による建築物の倒壊及び延焼を防止するために主要構造部に必要とされる性能に関して政令で定める技術的基準に適合するもので，国土交通大臣が定めた構造方法を用いるもの又は国土交通大臣の認定を受けたものとし，かつ，その外壁の開口部であって建築物の他の部分から当該開口部へ延焼するおそれがあるものとして政令で定めるものに，防火戸その他の政令で定める防火設備（その構造が遮炎性能に関して政令で定める技術的基準に適合するもので，国土交通大臣が定めた構造方法を用いるもの又は国土交通大臣の認定を受けたものに限る．）を設けなければならない． 〈関連：令第 109 条【p.233】，令第 110 条【p.236】，平 27 告示第 255 号〉

一　別表第一（ろ）欄に掲げる階を同表（い）欄（一）項から（四）項までに掲げる用途に供するもの（階数が 3 で延べ面積が 200 m² 未満のもの（同表（ろ）欄に掲げる階を同表（い）欄（二）項に掲げる用途で政令で定めるものに供するものにあっては，政令で定める技術的基準に従って警報設備を設けたものに限る．）を除く．）

二　別表第一（い）欄（一）項から（四）項までに掲げる用途に供するもので，その用途に供する部分（同表（一）項の場合にあっては客席，同表（二）項及び（四）項の場合にあっては 2 階の部分に限り，かつ，病院及び診療所についてはその部分に患者の収容施設がある場合に限る．）の床面積の合計が同表(は)欄の当該各項に該当するもの

三　別表第一（い）欄（四）項に掲げる用途に供するもので，その用途に供する部分の床面積の合計が 3 000 m² 以上のもの

四　劇場，映画館又は演芸場の用途に供するもので，主階が 1 階にないもの（階数が 3 以下で延べ面積が 200 m² 未満のものを除く．）

2　次の各号のいずれかに該当する特殊建築物は，耐火建築物としなければならない．

一　別表第一（い）欄（五）項に掲げる用途に供するもので，その用途に供する 3 階以上の部分の床面積の合計が同表（は）欄（五）項に該当するもの

二　別表第一（ろ）欄（六）項に掲げる階を同表（い）欄（六）項に掲げる用途に供するもの

3　次の各号のいずれかに該当する特殊建築物は，耐火建築物又は準耐火建築物（別

表第一（い）欄（六）項に掲げる用途に供するものにあっては，第2条第九号の三ロに該当する準耐火建築物のうち政令で定めるものを除く.）としなければならない.

〈関連：令第115条の4【p.246】〉

一　別表第一（い）欄（五）項又は（六）項に掲げる用途に供するもので，その用途に供する部分の床面積の合計が同表（に）欄の当該各項に該当するもの

二　別表第二（と）項第四号に規定する危険物（安全上及び防火上支障がないものとして政令で定めるものを除く. 以下この号において同じ.）の貯蔵場又は処理場の用途に供するもの（貯蔵又は処理に係る危険物の数量が政令で定める限度を超えないものを除く.）

〈関連：令第116条【p.246】〉

［居室の採光及び換気］

第28条　住宅，学校，病院，診療所，寄宿舎，下宿その他これらに類する建築物で政令で定めるものの居室（居住のための居室，学校の教室，病院の病室その他これらに類するものとして政令で定めるものに限る.）には，採光のための窓その他の開口部を設け，その採光に有効な部分の面積は，その居室の床面積に対して，住宅にあっては1/7以上，その他の建築物にあっては1/5から1/10までの間において政令で定める割合以上としなければならない. ただし，地階若しくは地下工作物内に設ける居室その他これらに類する居室又は温湿度調整を必要とする作業を行う作業室その他用途上やむを得ない居室については，この限りでない.

〈関連：令第19条【p.179】，令第20条【p.180】〉

2　居室には換気のための窓その他の開口部を設け，その換気に有効な部分の面積は，その居室の床面積に対して，1/20以上としなければならない. ただし，政令で定める技術的基準に従って換気設備を設けた場合においては，この限りでない.

〈関連：令第20条の2【p.181】〉

3　別表第一（い）欄（一）項に掲げる用途に供する特殊建築物の居室又は建築物の調理室，浴室その他の室でかまど，こんろその他火を使用する設備若しくは器具を設けたもの（政令で定めるものを除く.）には，政令で定める技術的基準に従って，換気設備を設けなければならない.　　〈関連：令第20条の3【p.183】〉

4　ふすま，障子その他随時開放することができるもので仕切られた2室は，前3項の規定の適用については，1室とみなす.

［石綿その他の物質の飛散又は発散に対する衛生上の措置］

第28条の2　建築物は，石綿その他の物質の建築材料からの飛散又は発散による衛生上の支障がないよう，次に掲げる基準に適合するものとしなければならない.

一　建築材料に石綿その他の著しく衛生上有害なものとして政令で定める物質（次号及び第三号において「石綿等」という.）を添加しないこと.

〈関連：令第20条の4【p.184】〉

二　石綿等をあらかじめ添加した建築材料（石綿等を飛散又は発散させるおそれがないものとして国土交通大臣が定めたもの又は国土交通大臣の認定を受けたものを除く.）を使用しないこと.　　〈関連：平18告示第1172号〉

三　居室を有する建築物にあっては，前二号に定めるもののほか，石綿等以外の物質でその居室内において衛生上の支障を生ずるおそれがあるものとして政令で定める物質の区分に応じ，建築材料及び換気設備について政令で定める技術的基準に適合

すること. 〈関連：令第20条の5【p.184】，第20条の9【p.188】〉

[地階における住宅等の居室]

第29条　住宅の居室，学校の教室，病院の病室又は寄宿舎の寝室で地階に設けるものは，壁及び床の防湿の措置その他の事項について衛生上必要な政令で定める技術的基準に適合するものとしなければならない. 〈関連：令第22条の2【p.188】〉

[長屋又は共同住宅の各戸の界壁]

第30条　長屋又は共同住宅の各戸の界壁は，次に掲げる基準に適合するものとしなければならない.

一　その構造が，隣接する住戸からの日常生活に伴い生ずる音を衛生上支障がないように低減するために界壁に必要とされる性能に関して政令で定める技術的基準に適合するもので，国土交通大臣が定めた構造方法を用いるもの又は国土交通大臣の認定を受けたものであること.

二　小屋裏又は天井裏に達するものであること.

2　前項第二号の規定は，長屋又は共同住宅の天井の構造が，隣接する住戸からの日常生活に伴い生ずる音を衛生上支障がないように低減するために天井に必要とされる性能に関して政令で定める技術的基準に適合するもので，国土交通大臣が定めた構造方法を用いるもの又は国土交通大臣の認定を受けたものである場合においては，適用しない. 〈関連：令第22条の3【p.189】，昭45告示第1827号〉

[便所]

第31条　下水道法（昭和33年法律第79号）第2条第八号に規定する処理区域内においては，便所は，水洗便所（汚水管が下水道法第2条第三号に規定する公共下水道に連結されたものに限る.）以外の便所としてはならない.

〈関連：令第28条【p.190】〜第35条【p.193】〉

2　便所から排出する汚物を下水道法第2条第六号に規定する終末処理場を有する公共下水道以外に放流しようとする場合においては，屎尿浄化槽（その構造が汚物処理性能（当該汚物を衛生上支障がないように処理するために屎尿浄化槽に必要とされる性能をいう.）に関して政令で定める技術的基準に適合するもので，国土交通大臣が定めた構造方法を用いるもの又は国土交通大臣の認定を受けたものに限る.）を設けなければならない. 〈関連：令第32条【p.191】，昭55告示第1292号〉

[電気設備]

第32条　建築物の電気設備は，法律又はこれに基づく命令の規定で電気工作物に係る建築物の安全及び防火に関するものの定める工法によって設けなければならない.

[避雷設備]

第33条　高さ20mを超える建築物には，有効に避雷設備を設けなければならない. ただし，周囲の状況によって安全上支障がない場合においては，この限りでない.

〈関連：令第129条の14【p.282】〜第129条の15【p.283】〉

[昇降機]

第34条　建築物に設ける昇降機は，安全な構造で，かつ，その昇降路の周壁及び開口部は，防火上支障がない構造でなければならない.

〈関連：令第129条の3【p.273】〜第129条の13の3【p.280】〉

2　高さ 31 m を超える建築物（政令で定めるものを除く．）には，非常用の昇降機
を設けなければならない．

〈関連：令第 129 条の 13 の 2【p.280】〜第 129 条の 13 の 3【p.280】〉

[特殊建築物等の避難及び消火に関する技術的基準]

第 35 条　別表第一（い）欄（一）項から（四）項までに掲げる用途に供する特殊建築物，
階数が 3 以上である建築物，政令で定める窓その他の開口部を有しない居室を有す
る建築物又は延べ面積（同一敷地内に 2 以上の建築物がある場合においては，その
延べ面積の合計）が 1 000 m^2 を超える建築物については，廊下，階段，出入口そ
の他の避難施設，消火栓，スプリンクラー，貯水槽その他の消火設備，排煙設備，
非常用の照明装置及び進入口並びに敷地内の避難上及び消火上必要な通路は，政令
で定める技術的基準に従って，避難上及び消火上支障がないようにしなければなら
ない．　　　　〈関連：令第 116 条の 2【p.248】，令第 117 条【p.248】〜第 128 条の 3【p.259】〉

[特殊建築物等の内装]

第 35 条の 2　別表第一（い）欄に掲げる用途に供する特殊建築物，階数が 3 以上で
ある建築物，政令で定める窓その他の開口部を有しない居室を有する建築物，延べ
面積が 1 000 m^2 を超える建築物又は建築物の調理室，浴室その他の室でかまど，
こんろその他火を使用する設備若しくは器具を設けたものは，政令で定めるものを
除き，政令で定める技術的基準に従って，その壁及び天井（天井のない場合におい
ては，屋根）の室内に面する部分の仕上げを防火上支障がないようにしなければな
らない．　　　　　　　　　〈関連：令第 128 条の 3 の 2【p.261】〜第 129 条【p.266】〉

[無窓の居室等の主要構造部]

第 35 条の 3　政令で定める窓その他の開口部を有しない居室は，その居室を区画す
る主要構造部を耐火構造とし，又は不燃材料で造らなければならない．ただし，別
表第一（い）欄（一）項に掲げる用途に供するものについては，この限りでない．

〈関連：令第 111 条【p.237】〉

[この章の規定を実施し，又は補足するため必要な技術的基準]

第 36 条　居室の採光面積，天井及び床の高さ，床の防湿方法，階段の構造，便所，
防火壁，防火床，防火区画，消火設備，避雷設備及び給水，排水その他の配管設備
の設置及び構造並びに浄化槽，煙突及び昇降機の構造に関して，この章の規定を実
施し，又は補足するために安全上，防火上及び衛生上必要な技術的基準は，政令で
定める．　　　　　　　　　〈関連：令第 19 条【p.179】〜129 条の 15【p.283】〉

[建築材料の品質]

第 37 条　建築物の基礎，主要構造部その他安全上，防火上又は衛生上重要である政
令で定める部分に使用する木材，鋼材，コンクリートその他の建築材料として国土
交通大臣が定めるもの（以下この条において「指定建築材料」という．）は，次の
各号のいずれかに該当するものでなければならない．〈関連：令第 144 条の 3【p.346】〉

一　その品質が，指定建築材料ごとに国土交通大臣の指定する日本産業規格又は日本
農林規格に適合するもの　　　　　　　　　　　　〈関連：平 12 告示第 1446 号〉

二　前号に掲げるもののほか，指定建築材料ごとに国土交通大臣が定める安全上，防
火上又は衛生上必要な品質に関する技術的基準に適合するものであることについて
国土交通大臣の認定を受けたもの　　　　　　　　〈関連：平 12 告示第 1446 号〉

[特殊の構造方法又は建築材料]

第38条 この章の規定及びこれに基づく命令の規定は, その予想しない特殊の構造方法又は建築材料を用いる建築物については, 国土交通大臣がその構造方法又は建築材料がこれらの規定に適合するものと同等以上の効力があると認める場合においては, 適用しない.

[災害危険区域]

第39条 地方公共団体は, 条例で, 津波, 高潮, 出水等による危険の著しい区域を災害危険区域として指定することができる.

2 災害危険区域内における住居の用に供する建築物の建築の禁止その他建築物の建築に関する制限で災害防止上必要なものは, 前項の条例で定める.

[地方公共団体の条例による制限の附加]

第40条 地方公共団体は, その地方の気候若しくは風土の特殊性又は特殊建築物の用途若しくは規模に因り, この章の規定又はこれに基づく命令の規定のみによっては建築物の安全, 防火又は衛生の目的を充分に達し難いと認める場合においては, 条例で, 建築物の敷地, 構造又は建築設備に関して安全上, 防火上又は衛生上必要な制限を附加することができる.

[市町村の条例による制限の緩和]

第41条 第6条第1項第四号の区域外においては, 市町村は, 土地の状況により必要と認める場合においては, 国土交通大臣の承認を得て, 条例で, 区域を限り, 第19条, 第21条, 第28条, 第29条及び第36条の規定の全部若しくは一部を適用せず, 又はこれらの規定による制限を緩和することができる. ただし, 第6条第1項第一号及び第三号の建築物については, この限りでない.

第3章　都市計画区域等における建築物の敷地，構造，建築設備及び用途

第1節　総則

[適用区域]

第41条の2　この章（第8節を除く.）の規定は，都市計画区域及び準都市計画区域内に限り，適用する.

[道路の定義]

第42条　この章の規定において「道路」とは，次の各号のいずれかに該当する幅員4m（特定行政庁がその地方の気候若しくは風土の特殊性又は土地の状況により必要と認めて都道府県都市計画審議会の議を経て指定する区域内においては，6m. 次項及び第3項において同じ.）以上のもの（地下におけるものを除く.）をいう.

一　道路法（昭和27年法律第180号）による道路

二　都市計画法，土地区画整理法（昭和29年法律第119号），旧住宅地造成事業に関する法律（昭和39年法律第160号），都市再開発法（昭和44年法律第38号），新都市基盤整備法（昭和47年法律第86号），大都市地域における住宅及び住宅地の供給の促進に関する特別措置法（昭和50年法律第67号）又は密集市街地整備法（第6章に限る. 以下この項において同じ.）による道路

三　都市計画区域若しくは準都市計画区域の指定若しくは変更又は第68条の9第1項の規定に基づく条例の制定若しくは改正によりこの章の規定が適用されるに至った際現に存在する道

四　道路法，都市計画法，土地区画整理法，都市再開発法，新都市基盤整備法，大都市地域における住宅及び住宅地の供給の促進に関する特別措置法又は密集市街地整備法による新設又は変更の事業計画のある道路で，2年以内にその事業が執行される予定のものとして特定行政庁が指定したもの

五　土地を建築物の敷地として利用するため，道路法，都市計画法，土地区画整理法，都市再開発法，新都市基盤整備法，大都市地域における住宅及び住宅地の供給の促進に関する特別措置法又は密集市街地整備法によらないで築造する政令で定める基準に適合する道で，これを築造しようとする者が特定行政庁からその位置の指定を受けたもの　　　〈関連：令第144条の4【p.346】，規第9条【p.503】，第10条【p.503】〉

2　都市計画区域若しくは準都市計画区域の指定若しくは変更又は第68条の9第1項の規定に基づく条例の制定若しくは改正によりこの章の規定が適用されるに至った際現に建築物が立ち並んでいる幅員4m未満の道で，特定行政庁の指定したものは，前項の規定にかかわらず，同項の道路とみなし，その中心線からの水平距離2m（同項の規定により指定された区域内においては，3m（特定行政庁が周囲の状況により避難及び通行の安全上支障がないと認める場合は，2m）. 以下この項及び次項において同じ.）の線をその道路の境界線とみなす. ただし，当該道がその中心線からの水平距離2m未満で崖地，川，線路敷地その他これらに類するも

のに沿う場合においては，当該崖地等の道の側の境界線及びその境界線から道の側に水平距離4mの線をその道路の境界線とみなす.

3 特定行政庁は，土地の状況に因りやむを得ない場合においては，前項の規定にかかわらず，同項に規定する中心線からの水平距離については2m未満1.35m以上の範囲内において，同項に規定するがけ地等の境界線からの水平距離については4m未満2.7m以上の範囲内において，別にその水平距離を指定することができる.

4 第1項の区域内の幅員6m未満の道（第一号又は第二号に該当する道にあっては，幅員4m以上のものに限る.）で，特定行政庁が次の各号の一に該当すると認めて指定したものは，同項の規定にかかわらず，同項の道路とみなす.

一 周囲の状況により避難及び通行の安全上支障がないと認められる道

二 地区計画等に定められた道の配置及び規模又はその区域に即して築造される道

三 第1項の区域が指定された際現に道路とされていた道

5 前項第三号に該当すると認めて特定行政庁が指定した幅員4m未満の道については，第2項の規定にかかわらず，第1項の区域が指定された際道路の境界線とみなされていた線をその道路の境界線とみなす.

6 特定行政庁は，第2項の規定により幅員1.8m未満の道を指定する場合又は第3項の規定により別に水平距離を指定する場合においては，あらかじめ，建築審査会の同意を得なければならない. 〈関連：法第78条～第83条【p.120】〉

第2節 建築物又はその敷地と道路又は壁面線との関係等

［敷地等と道路との関係］

第43条 建築物の敷地は，道路（次に掲げるものを除く．第44条第1項を除き，以下同じ.）に2m以上接しなければならない.

〈関連：規第10条の3【p.504】～第10条の4【p.505】〉

一 自動車のみの交通の用に供する道路

二 地区計画の区域（地区整備計画が定められている区域のうち都市計画法第12条の11の規定により建築物その他の工作物の敷地として併せて利用すべき区域として定められている区域に限る.）内の道路

2 前項の規定は，次の各号のいずれかに該当する建築物については，適用しない.

一 その敷地が幅員4m以上の道（道路に該当するものを除き，避難及び通行の安全上必要な国土交通省令で定める基準に適合するものに限る.）に2m以上接する建築物のうち，利用者が少数であるものとしてその用途及び規模に関し国土交通省令で定める基準に適合するもので，特定行政庁が交通上，安全上，防火上及び衛生上支障がないと認めるもの

二 その敷地の周囲に広い空地を有する建築物その他の国土交通省令で定める基準に適合する建築物で，特定行政庁が交通上，安全上，防火上及び衛生上支障がないと認めて建築審査会の同意を得て許可したもの

3 地方公共団体は，次の各号のいずれかに該当する建築物について，その用途，規模又は位置の特殊性により，第1項の規定によっては避難又は通行の安全の目的を十分に達成することが困難であると認めるときは，条例で，その敷地が接しなけ

ればならない道路の幅員，その敷地が道路に接する部分の長さその他その敷地又は建築物と道路との関係に関して必要な制限を付加することができる．

一　特殊建築物

二　階数が3以上である建築物

三　政令で定める窓その他の開口部を有しない居室を有する建築物

〈関連：令第144条の5【p.347】〉

四　延べ面積（同一敷地内に2以上の建築物がある場合にあっては，その延べ面積の合計．次号，第4節，第7節及び別表第三において同じ．）が1 000 m² を超える建築物

五　その敷地が袋路状道路（その一端のみが他の道路に接続したものをいう．）にのみ接する建築物で，延べ面積が150 m² を超えるもの（一戸建ての住宅を除く．）

[その敷地が4 m 未満の道路にのみ接する建築物に対する制限の付加]

第43条の2　地方公共団体は，交通上，安全上，防火上又は衛生上必要があると認めるときは，その敷地が第42条第3項の規定により水平距離が指定された道路にのみ2 m（前条第3項各号のいずれかに該当する建築物で同項の条例によりその敷地が道路に接する部分の長さの制限が付加されているものにあっては，当該長さ）以上接する建築物について，条例で，その敷地，構造，建築設備又は用途に関して必要な制限を付加することができる．

[道路内の建築制限]

第44条　建築物又は敷地を造成するための擁壁は，道路内に，又は道路に突き出して建築し，又は築造してはならない．ただし，次の各号のいずれかに該当する建築物については，この限りでない．

一　地盤面下に設ける建築物

二　公衆便所，巡査派出所その他これらに類する公益上必要な建築物で特定行政庁が通行上支障がないと認めて建築審査会の同意を得て許可したもの

三　第43条第1項第二号の道路の上空又は路面下に設ける建築物のうち，当該道路に係る地区計画の内容に適合し，かつ，政令で定める基準に適合するものであって特定行政庁が安全上，防火上及び衛生上支障がないと認めるもの

〈関連：令第145条【p.347】〉

四　公共用歩廊その他政令で定める建築物で特定行政庁が安全上，防火上及び衛生上他の建築物の利便を妨げ，その他周囲の環境を害するおそれがないと認めて許可したもの

〈関連：令第145条【p.347】〉

2　特定行政庁は，前項第四号の規定による許可をする場合においては，あらかじめ，建築審査会の同意を得なければならない．

[私道の変更又は廃止の制限]

第45条　私道の変更又は廃止によって，その道路に接する敷地が第43条第1項の規定又は同条第3項の規定に基づく条例の規定に抵触することとなる場合においては，特定行政庁は，その私道の変更又は廃止を禁止し，又は制限することができる．

2　第9条第2項から第6項まで及び第15項の規定は，前項の措置を命ずる場合に準用する．

[壁面線の指定]

第46条 特定行政庁は，街区内における建築物の位置を整えその環境の向上を図るために必要があると認める場合においては，建築審査会の同意を得て，壁面線を指定することができる．この場合においては，あらかじめ，その指定に利害関係を有する者の出頭を求めて公開による意見の聴取を行わなければならない．

2 前項の規定による意見の聴取を行う場合においては，同項の規定による指定の計画並びに意見の聴取の期日及び場所を期日の3日前までに公告しなければならない．

3 特定行政庁は，第1項の規定による指定をした場合においては，遅滞なく，その旨を公告しなければならない．

[壁面線による建築制限]

第47条 建築物の壁若しくはこれに代る柱又は高さ2mを超える門若しくはへいは，壁面線を越えて建築してはならない．ただし，地盤面下の部分又は特定行政庁が建築審査会の同意を得て許可した歩廊の柱その他これに類するものについては，この限りでない．

第3節　建築物の用途

[用途地域等]

第48条 第一種低層住居専用地域内においては，別表第二（い）項に掲げる建築物以外の建築物は，建築してはならない．ただし，特定行政庁が第一種低層住居専用地域における良好な住居の環境を害するおそれがないと認め，又は公益上やむを得ないと認めて許可した場合においては，この限りでない．

2 第二種低層住居専用地域内においては，別表第二（ろ）項に掲げる建築物以外の建築物は，建築してはならない．ただし，特定行政庁が第二種低層住居専用地域における良好な住居の環境を害するおそれがないと認め，又は公益上やむを得ないと認めて許可した場合においては，この限りでない．

3 第一種中高層住居専用地域内においては，別表第二（は）項に掲げる建築物以外の建築物は，建築してはならない．ただし，特定行政庁が第一種中高層住居専用地域における良好な住居の環境を害するおそれがないと認め，又は公益上やむを得ないと認めて許可した場合においては，この限りでない．

4 第二種中高層住居専用地域内においては，別表第二（に）項に掲げる建築物は，建築してはならない．ただし，特定行政庁が第二種中高層住居専用地域における良好な住居の環境を害するおそれがないと認め，又は公益上やむを得ないと認めて許可した場合においては，この限りでない．

5 第一種住居地域内においては，別表第二（ほ）項に掲げる建築物は，建築してはならない．ただし，特定行政庁が第一種住居地域における住居の環境を害するおそれがないと認め，又は公益上やむを得ないと認めて許可した場合においては，この限りでない．

6 第二種住居地域内においては，別表第二（へ）項に掲げる建築物は，建築してはならない．ただし，特定行政庁が第二種住居地域における住居の環境を害するおそれがないと認め，又は公益上やむを得ないと認めて許可した場合においては，こ

の限りでない.

7　準住居地域内においては，別表第二（と）項に掲げる建築物は，建築してはならない．ただし，特定行政庁が準住居地域における住居の環境を害するおそれがないと認め，又は公益上やむを得ないと認めて許可した場合においては，この限りでない.

8　田園住居地域内においては，別表第二（ち）項に掲げる建築物以外の建築物は，建築してはならない．ただし，特定行政庁が農業の利便及び田園住居地域における良好な住居の環境を害するおそれがないと認め，又は公益上やむを得ないと認めて許可した場合においては，この限りでない.

9　近隣商業地域内においては，別表第二（り）項に掲げる建築物は，建築してはならない．ただし，特定行政庁が近隣の住宅地の住民に対する日用品の供給を行うことを主たる内容とする商業その他の業務の利便及び当該住宅地の環境を害するおそれがないと認め，又は公益上やむを得ないと認めて許可した場合においては，この限りでない.

10　商業地域内においては，別表第二（ぬ）項に掲げる建築物は，建築してはならない．ただし，特定行政庁が商業の利便を害するおそれがないと認め，又は公益上やむを得ないと認めて許可した場合においては，この限りでない.

11　準工業地域内においては，別表第二（る）項に掲げる建築物は，建築してはならない．ただし，特定行政庁が安全上若しくは防火上の危険の度若しくは衛生上の有害の度が低いと認め，又は公益上やむを得ないと認めて許可した場合においては，この限りでない.

12　工業地域内においては，別表第二（を）項に掲げる建築物は，建築してはならない．ただし，特定行政庁が工業の利便上又は公益上必要と認めて許可した場合においては，この限りでない.

13　工業専用地域内においては，別表第二（わ）項に掲げる建築物は，建築してはならない．ただし，特定行政庁が工業の利便を害するおそれがないと認め，又は公益上やむを得ないと認めて許可した場合においては，この限りでない.

14　第一種低層住居専用地域，第二種低層住居専用地域，第一種中高層住居専用地域，第二種中高層住居専用地域，第一種住居地域，第二種住居地域，準住居地域，田園住居地域，近隣商業地域，商業地域，準工業地域，工業地域又は工業専用地域（以下「用途地域」と総称する．）の指定のない区域（都市計画法第7条第1項に規定する市街化調整区域を除く．）内においては，別表第二（か）項に掲げる建築物は，建築してはならない．ただし，特定行政庁が当該区域における適正かつ合理的な土地利用及び環境の保全を図る上で支障がないと認め，又は公益上やむを得ないと認めて許可した場合においては，この限りでない.

15　特定行政庁は，前各項のただし書の規定による許可（次項において「特例許可」という．）をする場合においては，あらかじめ，その許可に利害関係を有する者の出頭を求めて公開により意見を聴取し，かつ，建築審査会の同意を得なければならない.

16　前項の規定にかかわらず，特定行政庁は，第一号に該当する場合においては同項の規定による意見の聴取及び同意の取得を要せず，第二号に該当する場合においては同項の規定による同意の取得を要しない.

一　特例許可を受けた建築物の増築，改築又は移転（これらのうち，政令で定める場合に限る．）について特例許可をする場合　　　　　　〈関連：令第130条【p.284】〉

二　日常生活に必要な政令で定める建築物で，騒音又は振動の発生その他の事象による住居の環境の悪化を防止するために必要な国土交通省令で定める措置が講じられているものの建築について特例許可（第1項から第7項までの規定のただし書の規定によるものに限る．）をする場合

17　特定行政庁は，第15項の規定により意見を聴取する場合においては，その許可しようとする建築物の建築の計画並びに意見の聴取の期日及び場所を期日の3日前までに公告しなければならない．

[特別用途地区]

第49条　特別用途地区内においては，前条第1項から第13項までに定めるものを除くほか，その地区の指定の目的のためにする建築物の建築の制限又は禁止に関して必要な規定は，地方公共団体の条例で定める．

2　特別用途地区内においては，地方公共団体は，その地区の指定の目的のために必要と認める場合においては，国土交通大臣の承認を得て，条例で，前条第1項から第13項までの規定による制限を緩和することができる．

[特定用途制限地域]

第49条の2　特定用途制限地域内における建築物の用途の制限は，当該特定用途制限地域に関する都市計画に即し，政令で定める基準に従い，地方公共団体の条例で定める．　　　　　　　　　　　　　　　　　　　〈関連：令第130条の2【p.284】〉

[用途地域等における建築物の敷地，構造又は建築設備に対する制限]

第50条　用途地域，特別用途地区，特定用途制限地域，都市再生特別地区，居住環境向上用途誘導地区又は特定用途誘導地区内における建築物の敷地，構造又は建築設備に関する制限で当該地域又は地区の指定の目的のために必要なものは，地方公共団体の条例で定める．

[卸売市場等の用途に供する特殊建築物の位置]

第51条　都市計画区域内においては，卸売市場，火葬場又はと畜場，汚物処理場，ごみ焼却場その他政令で定める処理施設の用途に供する建築物は，都市計画においてその敷地の位置が決定しているものでなければ，新築し，又は増築してはならない．ただし，特定行政庁が都道府県都市計画審議会（その敷地の位置を都市計画に定めるべき者が市町村であり，かつ，その敷地が所在する市町村に市町村都市計画審議会が置かれている場合にあっては，当該市町村都市計画審議会）の議を経てその敷地の位置が都市計画上支障がないと認めて許可した場合又は政令で定める規模の範囲内において新築し，若しくは増築する場合においては，この限りでない．

〈関連：令第130条の2の2【p.284】〜第130条の2の3【p.285】〉

第4節　建築物の敷地及び構造

[容積率]

第52条　建築物の延べ面積の敷地面積に対する割合（以下「容積率」という．）は，次の各号に掲げる区分に従い，当該各号に定める数値以下でなければならない．ただし，当該建築物が第五号に掲げる建築物である場合において，第3項の規定によ

り建築物の延べ面積の算定に当たりその床面積が当該建築物の延べ面積に算入されない部分を有するときは，当該部分の床面積を含む当該建築物の容積率は，当該建築物がある第一種住居地域，第二種住居地域，準住居地域，近隣商業地域又は準工業地域に関する都市計画において定められた第二号に定める数値の1.5倍以下でなければならない．

〈関連：令第2条【p.169】〉

一　第一種低層住居専用地域，第二種低層住居専用地域又は田園住居地域内の建築物（第六号及び第七号に掲げる建築物を除く．）

　　5/10，6/10，8/10，10/10，15/10又は20/10のうち当該地域に関する都市計画において定められたもの

二　第一種中高層住居専用地域若しくは第二種中高層住居専用地域内の建築物（第六号及び第七号に掲げる建築物を除く．）又は第一種住居地域，第二種住居地域，準住居地域，近隣商業地域若しくは準工業地域内の建築物（第五号から第七号までに掲げる建築物を除く．）

　　10/10，15/10，20/10，30/10，40/10又は50/10のうち当該地域に関する都市計画において定められたもの

三　商業地域内の建築物（第六号及び第七号に掲げる建築物を除く．）

　　20/10，30/10，40/10，50/10，60/10，70/10，80/10，90/10，100/10，110/10，120/10又は130/10のうち当該地域に関する都市計画において定められたもの

四　工業地域内の建築物（第六号及び第七号に掲げる建築物を除く．）又は工業専用地域内の建築物

　　10/10，15/10，20/10，30/10又は40/10のうち当該地域に関する都市計画において定められたもの

五　高層住居誘導地区内の建築物（第七号に掲げる建築物を除く．）であって，その住宅の用途に供する部分の床面積の合計がその延べ面積の2/3以上であるもの（当該高層住居誘導地区に関する都市計画において建築物の敷地面積の最低限度が定められたときは，その敷地面積が当該最低限度以上のものに限る．）

　　当該建築物がある第一種住居地域，第二種住居地域，準住居地域，近隣商業地域又は準工業地域に関する都市計画において定められた第二号に定める数値から，その1.5倍以下で当該建築物の住宅の用途に供する部分の床面積の合計のその延べ面積に対する割合に応じて政令で定める方法により算出した数値までの範囲内で，当該高層住居誘導地区に関する都市計画において定められたもの

〈関連：令第135条の14【p.303】〉

六　居住環境向上用途誘導地区内の建築物であって，その全部又は一部を当該居住環境向上用途誘導地区に関する都市計画において定められた誘導すべき用途に供するもの

　　当該居住環境向上用途誘導地区に関する都市計画において定められた数値

七　特定用途誘導地区内の建築物であって，その全部又は一部を当該特定用途誘導地区に関する都市計画において定められた誘導すべき用途に供するもの

　　当該特定用途誘導地区に関する都市計画において定められた数値

八　用途地域の指定のない区域内の建築物

　　5/10，8/10，10/10，20/10，30/10又は40/10のうち，特定行政庁が土地利用の状況等を考慮し当該区域を区分して都道府県都市計画審議会の議を経て定めるもの

2　前項に定めるもののほか，前面道路（前面道路が2以上あるときは，その幅員の最大のもの．以下この項及び第12項において同じ．）の幅員が12m未満である建築物の容積率は，当該前面道路の幅員のメートルの数値に，次の各号に掲げる区分に従い，当該各号に定める数値を乗じたもの以下でなければならない．

一　第一種低層住居専用地域，第二種低層住居専用地域又は田園住居地域内の建築物4/10

二　第一種中高層住居専用地域若しくは第二種中高層住居専用地域内の建築物又は第一種住居地域，第二種住居地域若しくは準住居地域内の建築物（高層住居誘導地区内の建築物であって，その住宅の用途に供する部分の床面積の合計がその延べ面積の2/3以上であるもの（当該高層住居誘導地区に関する都市計画において建築物の敷地面積の最低限度が定められたときは，その敷地面積が当該最低限度以上のものに限る．第56条第1項第二号ハ及び別表第三の四項において同じ．）を除く．）

　　　4/10（特定行政庁が都道府県都市計画審議会の議を経て指定する区域内の建築物にあっては，6/10）

三　その他の建築物

　　　6/10（特定行政庁が都道府県都市計画審議会の議を経て指定する区域内の建築物にあっては，4/10又は8/10のうち特定行政庁が都道府県都市計画審議会の議を経て定めるもの）

3　第1項（ただし書を除く．），前項，第7項，第12項及び第14項，第57条の2第3項第二号，第57条の3第2項，第59条第1項及び第3項，第59条の2第1項，第60条第1項，第60条の2第1項及び第4項，第68条の3第1項，第68条の4，第68条の5（第二号イを除く．第6項において同じ．），第68条の5の2（第二号イを除く．第6項において同じ．），第68条の5の3第1項（第一号ロを除く．第6項において同じ．）第68条の5の4（ただし書及び第一号ロを除く．），第68条の5の5第1項第一号ロ，第68条の8，第68条の9第1項，第86条第3項及び第4項，第86条の2第2項及び第3項，第86条の5第3項並びに第86条の6第1項に規定する建築物の容積率（第59条第1項，第60条の2第1項及び第68条の9第1項に規定するものについては，建築物の容積率の最高限度に係る場合に限る．第6項において同じ．）の算定の基礎となる延べ面積には，建築物の地階でその天井が地盤面からの高さ1m以下にあるものの住宅又は老人ホーム，福祉ホームその他これらに類するもの（以下この項及び第6項において「老人ホーム等」という．）の用途に供する部分（第6項の政令で定める昇降機の昇降路の部分又は共同住宅若しくは老人ホーム等の共用の廊下若しくは階段の用に供する部分を除く．以下この項において同じ．）の床面積（当該床面積が当該建築物の住宅及び老人ホーム等の用途に供する部分の床面積の合計の1/3を超える場合においては，当該建築物の住宅及び老人ホーム等の用途に供する部分の床面積の合計の1/3）は，算入しないものとする．　〈関連：令第1条【p.169】〉

4　前項の地盤面とは，建築物が周囲の地面と接する位置の平均の高さにおける水平面をいい，その接する位置の高低差が3mを超える場合においては，その高低差3m以内ごとの平均の高さにおける水平面をいう．

5　地方公共団体は，土地の状況等により必要と認める場合においては，前項の規

定にかかわらず，政令で定める基準に従い，条例で，区域を限り，第3項の地盤面を別に定めることができる． 〈関連：令第135条の15【p.303】〉

6　第1項，第2項，次項，第12項及び第14項，第57条の2第3項第二号，第57条の3第2項，第59条第1項及び第3項，第59条の2第1項，第60条第1項，第60条の2第1項及び第4項，第68条の3第1項，第68条の4，第68条の5，第68条の5の2，第68条の5の3第1項，第68条の5の4（第一号ロを除く．），第68条の5の5第1項第一号ロ，第68条の8，第68条の9第1項，第86条第3項及び第4項，第86条の2第2項及び第3項，第86条の5第3項並びに第86条の6第1項に規定する建築物の容積率の算定の基礎となる延べ面積には，政令で定める昇降機の昇降路の部分又は共同住宅若しくは老人ホーム等の共用の廊下若しくは階段の用に供する部分の床面積は，算入しないものとする． 〈関連：令第135条の16【p.303】〉

7　建築物の敷地が第1項及び第2項の規定による建築物の容積率に関する制限を受ける地域，地区又は区域の2以上にわたる場合においては，当該建築物の容積率は，第1項及び第2項の規定による当該各地域，地区又は区域内の建築物の容積率の限度にその敷地の当該地域，地区又は区域内にある各部分の面積の敷地面積に対する割合を乗じて得たものの合計以下でなければならない．

8　その全部又は一部を住宅の用途に供する建築物（居住環境向上用途誘導地区内の建築物であってその一部を当該居住環境向上用途誘導地区に関する都市計画において定められた誘導すべき用途に供するもの及び特定用途誘導地区内の建築物であってその一部を当該特定用途誘導地区に関する都市計画において定められた誘導すべき用途に供するものを除く．）であって次に掲げる条件に該当するものについては，当該建築物がある地域に関する都市計画において定められた第1項第二号又は第三号に定める数値の1.5倍以下で当該建築物の住宅の用途に供する部分の床面積の合計のその延べ面積に対する割合に応じて政令で定める方法により算出した数値（特定行政庁が都道府県都市計画審議会の議を経て指定する区域内にあっては，当該都市計画において定められた数値から当該算出した数値までの範囲内で特定行政庁が都道府県都市計画審議会の議を経て別に定めた数値）を同項第二号又は第三号に定める数値とみなして，同項及び第3項から前項までの規定を適用する．ただし，当該建築物が第3項の規定により建築物の延べ面積の算定に当たりその床面積が当該建築物の延べ面積に算入されない部分を有するときは，当該部分の床面積を含む当該建築物の容積率は，当該建築物がある地域に関する都市計画において定められた第1項第二号又は第三号に定める数値の1.5倍以下でなければならない． 〈関連：令第135条の14【p.303】〉

一　第一種住居地域，第二種住居地域，準住居地域，近隣商業地域若しくは準工業地域（高層住居誘導地区及び特定行政庁が都道府県都市計画審議会の議を経て指定する区域を除く．）又は商業地域（特定行政庁が都道府県都市計画審議会の議を経て指定する区域を除く．）内にあること．

二　その敷地内に政令で定める規模以上の空地（道路に接して有効な部分が政令で定める規模以上であるものに限る．）を有し，かつ，その敷地面積が政令で定める規模以上であること． 〈関連：令第135条の17【p.303】〉

9　建築物の敷地が，幅員 15 m 以上の道路（以下この項において「特定道路」という．）に接続する幅員 6 m 以上 12 m 未満の前面道路のうち当該特定道路からの延長が 70 m 以内の部分において接する場合における当該建築物に対する第 2 項から第 7 項までの規定の適用については，第 2 項中「幅員」とあるのは，「幅員（第 9 項の特定道路に接続する同項の前面道路のうち当該特定道路からの延長が 70 m 以内の部分にあっては，その幅員に，当該特定道路から当該建築物の敷地が接する当該前面道路の部分までの延長に応じて政令で定める数値を加えたもの）」とする．

〈関連：令第 135 条の 18【p.304】〉

10　建築物の敷地が都市計画において定められた計画道路（第 42 条第 1 項第四号に該当するものを除くものとし，以下この項において「計画道路」という．）に接する場合又は当該敷地内に計画道路がある場合において，特定行政庁が交通上，安全上，防火上及び衛生上支障がないと認めて許可した建築物については，当該計画道路を第 2 項の前面道路とみなして，同項から第 7 項まで及び前項の規定を適用するものとする．この場合においては，当該敷地のうち計画道路に係る部分の面積は，敷地面積又は敷地の部分の面積に算入しないものとする．

11　前面道路の境界線又はその反対側の境界線からそれぞれ後退して壁面線の指定がある場合において，特定行政庁が次に掲げる基準に適合すると認めて許可した建築物については，当該前面道路の境界線又はその反対側の境界線は，それぞれ当該壁面線にあるものとみなして，第 2 項から第 7 項まで及び第 9 項の規定を適用するものとする．この場合においては，当該建築物の敷地のうち前面道路と壁面線との間の部分の面積は，敷地面積又は敷地の部分の面積に算入しないものとする．

一　当該建築物がある街区内における土地利用の状況等からみて，その街区内において，前面道路と壁面線との間の敷地の部分が当該前面道路と一体的かつ連続的に有効な空地として確保されており，又は確保されることが確実と見込まれること．

二　交通上，安全上，防火上及び衛生上支障がないこと．

12　第 2 項各号の規定により前面道路の幅員のメートルの数値に乗ずる数値が 4/10 とされている建築物で，前面道路の境界線から後退して壁面線の指定がある場合又は第 68 条の 2 第 1 項の規定に基づく条例で定める壁面の位置の制限（道路に面する建築物の壁又はこれに代わる柱の位置及び道路に面する高さ 2 m を超える門又は塀の位置を制限するものに限る．）がある場合において当該壁面線又は当該壁面の位置の制限として定められた限度の線（以下この項及び次項において「壁面線等」という．）を越えないもの（ひさしその他の建築物の部分で政令で定めるものを除く．）については，当該前面道路の境界線は，当該壁面線等にあるものとみなして，第 2 項から第 7 項まで及び第 9 項の規定を適用することができる．ただし，建築物の容積率は，当該前面道路の幅員のメートルの数値に 6/10 を乗じたもの以下でなければならない．

〈関連：令第 135 条の 19【p.305】〉

13　前項の場合においては，当該建築物の敷地のうち前面道路と壁面線等との間の部分の面積は，敷地面積又は敷地の部分の面積に算入しないものとする．

14　次の各号のいずれかに該当する建築物で，特定行政庁が交通上，安全上，防火上及び衛生上支障がないと認めて許可したものの容積率は，第 1 項から第 9 項までの規定にかかわらず，その許可の範囲内において，これらの規定による限度を超え

るものとすることができる.

一　同一敷地内の建築物の機械室その他これに類する部分の床面積の合計の建築物の延べ面積に対する割合が著しく大きい場合におけるその敷地内の建築物

二　その敷地の周囲に広い公園，広場，道路その他の空地を有する建築物

15　第44条第2項の規定は，第10項，第11項又は前項の規定による許可をする場合に準用する.

[建蔽率]

第53条　建築物の建築面積（同一敷地内に2以上の建築物がある場合においては，その建築面積の合計）の敷地面積に対する割合（以下「建蔽率」という.）は，次の各号に掲げる区分に従い，当該各号に定める数値を超えてはならない.

〈関連：令第2条【p.169】〉

一　第一種低層住居専用地域，第二種低層住居専用地域，第一種中高層住居専用地域，第二種中高層住居専用地域，田園住居地域又は工業専用地域内の建築物
　　3/10，4/10，5/10又は6/10のうち当該地域に関する都市計画において定められたもの

二　第一種住居地域，第二種住居地域，準住居地域又は準工業地域内の建築物
　　5/10，6/10又は8/10のうち当該地域に関する都市計画において定められたもの

三　近隣商業地域内の建築物
　　6/10又は8/10のうち当該地域に関する都市計画において定められたもの

四　商業地域内の建築物
　　8/10

五　工業地域内の建築物
　　5/10又は6/10のうち当該地域に関する都市計画において定められたもの

六　用途地域の指定のない区域内の建築物
　　3/10，4/10，5/10，6/10又は7/10のうち，特定行政庁が土地利用の状況等を考慮し当該区域を区分して都道府県都市計画審議会の議を経て定めるもの

2　建築物の敷地が前項の規定による建築物の建蔽率に関する制限を受ける地域又は区域の2以上にわたる場合においては，当該建築物の建蔽率は，同項の規定による当該各地域又は区域内の建築物の建蔽率の限度にその敷地の当該地域又は区域内にある各部分の面積の敷地面積に対する割合を乗じて得たものの合計以下でなければならない.

3　前2項の規定の適用については，第一号又は第二号のいずれかに該当する建築物にあっては第1項各号に定める数値に1/10を加えたものをもって当該各号に定める数値とし，第一号及び第二号に該当する建築物にあっては同項各号に定める数値に2/10を加えたものをもって当該各号に定める数値とする.

一　防火地域（第1項第二号から第四号までの規定により建蔽率の限度が8/10とされている地域を除く.）内にあるイに該当する建築物又は準防火地域内にあるイ若しくはロのいずれかに該当する建築物

　イ　耐火建築物又はこれと同等以上の延焼防止性能（通常の火災による周囲への延焼を防止するために壁，柱，床その他の建築物の部分及び防火戸その他の政令で定める防火設備に必要とされる性能をいう.ロにおいて同じ.）を有するものと

して政令で定める建築物（以下この条及び第67条第1項において「耐火建築物等」という.）

 ロ 準耐火建築物又はこれと同等以上の延焼防止性能を有するものとして政令で定める建築物（耐火建築物等を除く．第8項及び第67条第1項において「準耐火建築物等」という.）

二 街区の角にある敷地又はこれに準ずる敷地で特定行政庁が指定するものの内にある建築物

4 隣地境界線から後退して壁面線の指定がある場合又は第68条の2第1項の規定に基づく条例で定める壁面の位置の制限（隣地境界線に面する建築物の壁又はこれに代わる柱の位置及び隣地境界線に面する高さ2mを超える門又は塀の位置を制限するものに限る.）がある場合において，当該壁面線又は壁面の位置の制限として定められた限度の線を越えない建築物（ひさしその他の建築物の部分で政令で定めるものを除く．次項において同じ.）で，特定行政庁が安全上，防火及び衛生上支障がないと認めて許可したものの建蔽率は，前3項の規定にかかわらず，その許可の範囲内において，前3項の規定による限度を超えるものとすることができる.

〈関連：令第135条の20【p.305】〉

5 次の各号のいずれかに該当する建築物で，特定行政庁が安全上，防火上及び衛生上支障がないと認めて許可したものの建蔽率は，第1項から第3項までの規定にかかわらず，その許可の範囲内において，これらの規定による限度を超えるものとすることができる.

一 特定行政庁が街区における避難上及び消火上必要な機能の確保を図るため必要と認めて前面道路の境界線から後退して壁面線を指定した場合における，当該壁面線を越えない建築物

二 特定防災街区整備地区に関する都市計画において特定防災機能（密集市街地整備法第2条第三号に規定する特定防災機能をいう．次号において同じ.）の確保を図るため必要な壁面の位置の制限（道路に面する建築物の壁又はこれに代わる柱の位置及び道路に面する高さ2mを超える門又は塀の位置を制限するものに限る．同号において同じ.）が定められた場合における，当該壁面の位置の制限として定められた限度の線を越えない建築物

三 第68条の2第1項の規定に基づく条例において防災街区整備地区計画の区域（特定建築物地区整備計画又は防災街区整備地区整備計画が定められている区域に限る.）における特定防災機能の確保を図るため必要な壁面の位置の制限が定められた場合における，当該壁面の位置の制限として定められた限度の線を越えない建築物

6 前各項の規定は，次の各号のいずれかに該当する建築物については，適用しない.

一 防火地域（第1項第二号から第四号までの規定により建蔽率の限度が8/10とされている地域に限る.）内にある耐火建築物等

二 巡査派出所，公衆便所，公共用歩廊その他これらに類するもの

三 公園，広場，道路，川その他これらに類するものの内にある建築物で特定行政庁が安全上，防火上及び衛生上支障がないと認めて許可したもの

7 建築物の敷地が防火地域の内外にわたる場合において，その敷地内の建築物の全部が耐火建築物等であるときは，その敷地は，全て防火地域内にあるものとみな

して，第3項第一号又は前項第一号の規定を適用する．

8 　建築物の敷地が準防火地域と防火地域及び準防火地域以外の区域とにわたる場合において，その敷地内の建築物の全部が耐火建築物等又は準耐火建築物等であるときは，その敷地は，全て準防火地域内にあるものとみなして，第3項第一号の規定を適用する．

9 　第44条第2項の規定は，第4項，第5項又は第6項第三号の規定による許可をする場合に準用する．

[建築物の敷地面積]

第53条の2 　建築物の敷地面積は，用途地域に関する都市計画において建築物の敷地面積の最低限度が定められたときは，当該最低限度以上でなければならない．ただし，次の各号のいずれかに該当する建築物の敷地については，この限りでない．

一 　前条第6項第一号に掲げる建築物

二 　公衆便所，巡査派出所その他これらに類する建築物で公益上必要なもの

三 　その敷地の周囲に広い公園，広場，道路その他の空地を有する建築物であって，特定行政庁が市街地の環境を害するおそれがないと認めて許可したもの

四 　特定行政庁が用途上又は構造上やむを得ないと認めて許可したもの

2 　前項の都市計画において建築物の敷地面積の最低限度を定める場合においては，その最低限度は，$200\,m^2$ を超えてはならない．

3 　第1項の都市計画において建築物の敷地面積の最低限度が定められ，又は変更された際，現に建築物の敷地として使用されている土地で同項の規定に適合しないもの又は現に存する所有権その他の権利に基づいて建築物の敷地として使用するならば同項の規定に適合しないこととなる土地について，その全部を一の敷地として使用する場合においては，同項の規定は，適用しない．ただし，次の各号のいずれかに該当する土地については，この限りでない．

一 　第1項の都市計画における建築物の敷地面積の最低限度が変更された際，建築物の敷地面積の最低限度に関する従前の制限に違反していた建築物の敷地又は所有権その他の権利に基づいて建築物の敷地として使用するならば当該制限に違反することとなった土地

二 　第1項の規定に適合するに至った建築物の敷地又は所有権その他の権利に基づいて建築物の敷地として使用するならば同項の規定に適合するに至った土地

4 　第44条第2項の規定は，第1項第三号又は第四号の規定による許可をする場合に準用する．

[第一種低層住居専用地域等内における外壁の後退距離]

第54条 　第一種低層住居専用地域，第二種低層住居専用地域又は田園住居地域内においては，建築物の外壁又はこれに代わる柱の面から敷地境界線までの距離（以下この条及び第86条の6第1項において「外壁の後退距離」という．）は，当該地域に関する都市計画において外壁の後退距離の限度が定められた場合においては，政令で定める場合を除き，当該限度以上でなければならない．

〈関連：令第135条の21【p.305】〉

2 　前項の都市計画において外壁の後退距離の限度を定める場合においては，その限度は，1.5 m 又は1 mとする．

[第一種低層住居専用地域等内における建築物の高さの限度]

第55条 第一種低層住居専用地域，第二種低層住居専用地域又は田園住居地域内においては，建築物の高さは，10 m 又は 12 m のうち当該地域に関する都市計画において定められた建築物の高さの限度を超えてはならない．

〈関連：令第2条【p.169】〉

2 前項の都市計画において建築物の高さの限度が 10 m と定められた第一種低層住居専用地域，第二種低層住居専用地域又は田園住居地域内においては，その敷地内に政令で定める空地を有し，かつ，その敷地面積が政令で定める規模以上である建築物であって，特定行政庁が低層住宅に係る良好な住居の環境を害するおそれがないと認めるものの高さの限度は，同項の規定にかかわらず，12 m とする．

〈関連：令第130条の10【p.295】〉

3 前2項の規定は，次の各号の一に該当する建築物については，適用しない．

一 その敷地の周囲に広い公園，広場，道路その他の空地を有する建築物であって，低層住宅に係る良好な住居の環境を害するおそれがないと認めて特定行政庁が許可したもの

二 学校その他の建築物であって，その用途によってやむを得ないと認めて特定行政庁が許可したもの

4 第44条第2項の規定は，前項各号の規定による許可をする場合に準用する．

[建築物の各部分の高さ]

第56条 建築物の各部分の高さは，次に掲げるもの以下としなければならない．

一 別表第三（い）欄及び（ろ）欄に掲げる地域，地区又は区域及び容積率の限度の区分に応じ，前面道路の反対側の境界線からの水平距離が同表（は）欄に掲げる距離以下の範囲内においては，当該部分から前面道路の反対側の境界線までの水平距離に，同表（に）欄に掲げる数値を乗じて得たもの

二 当該部分から隣地境界線までの水平距離に，次に掲げる区分に従い，イ若しくはニに定める数値が 1.25 とされている建築物で高さが 20 m を超える部分を有するもの又はイからニまでに定める数値が 2.5 とされている建築物（ロ及びハに掲げる建築物で，特定行政庁が都道府県都市計画審議会の議を経て指定する区域内にあるものを除く．以下この号及び第7項第二号において同じ．）で高さが 31 m を超える部分を有するものにあっては，それぞれその部分から隣地境界線までの水平距離のうち最小のものに相当する距離を加えたものに，イからニまでに定める数値を乗じて得たものに，イ又はニに定める数値が 1.25 とされている建築物にあっては 20 m を，イからニまでに定める数値が 2.5 とされている建築物にあっては 31 m を加えたもの

イ 第一種中高層住居専用地域若しくは第二種中高層住居専用地域内の建築物又は第一種住居地域，第二種住居地域若しくは準住居地域内の建築物（ハに掲げる建築物を除く．） 1.25（第52条第1項第二号の規定により容積率の限度が 30/10 以下とされている第一種中高層住居専用地域及び第二種中高層住居専用地域以外の地域のうち，特定行政庁が都道府県都市計画審議会の議を経て指定する区域内の建築物にあっては，2.5）

ロ 近隣商業地域若しくは準工業地域内の建築物（ハに掲げる建築物を除く．）又

は商業地域，工業地域若しくは工業専用地域内の建築物　　2.5

　ハ　高層住居誘導地区内の建築物であって，その住宅の用途に供する部分の床面積
　　　の合計がその延べ面積の 2/3 以上であるもの　　2.5

　ニ　用途地域の指定のない区域内の建築物　　1.25 又は 2.5 のうち，特定行政庁
　　　が土地利用の状況等を考慮し当該区域を区分して都道府県都市計画審議会の議を
　　　経て定めるもの

三　第一種低層住居専用地域，第二種低層住居専用地域若しくは田園住居地域内又は
　　第一種中高層住居専用地域若しくは第二種中高層住居専用地域（次条第 1 項の規定
　　に基づく条例で別表第四の二の項に規定する（一），（二）又は（三）の号が指定さ
　　れているものを除く．以下この号及び第 7 項第三号において同じ．）内においては，
　　当該部分から前面道路の反対側の境界線又は隣地境界線までの真北方向の水平距離
　　に 1.25 を乗じて得たものに，第一種低層住居専用地域，第二種低層住居専用地域
　　又は田園住居地域内の建築物にあっては 5 m を，第一種中高層住居専用地域又は
　　第二種中高層住居専用地域内の建築物にあっては 10 m を加えたもの

2　前面道路の境界線から後退した建築物に対する前項第一号の規定の適用につい
　　ては，同号中「前面道路の反対側の境界線」とあるのは，「前面道路の反対側の境
　　界線から当該建築物の後退距離（当該建築物（地盤面下の部分その他政令で定める
　　部分を除く．）から前面道路の境界線までの水平距離のうち最小のものをいう．）に
　　相当する距離だけ外側の線」とする．　　　　　　〈関連：令第 130 条の 12【p.295】〉

3　第一種中高層住居専用地域，第二種中高層住居専用地域，第一種住居地域，第
　　二種住居地域又は準住居地域内における前面道路の幅員が 12 m 以上である建築物
　　に対する別表第三の規定の適用については，同表（に）欄中「1.25」とあるのは，
　　「1.25（前面道路の反対側の境界線からの水平距離が前面道路の幅員に 1.25 を乗じ
　　て得たもの以上の区域内においては，1.5）」とする．

4　前項に規定する建築物で前面道路の境界線から後退したものに対する同項の規
　　定の適用については，同表中「前面道路の反対側の境界線」とあるのは「前面道路
　　の反対側の境界線から当該建築物の後退距離（当該建築物（地盤面下の部分その他
　　政令で定める部分を除く．）から前面道路の境界線までの水平距離のうち最小のも
　　のをいう．以下この表において同じ．）に相当する距離だけ外側の線」と，「前面道
　　路の幅員に」とあるのは「，前面道路の幅員に，当該建築物の後退距離に 2 を乗じ
　　て得たものを加えたものに」とすることができる．　〈関連：令第 130 条の 12【p.295】〉

5　建築物が第 1 項第二号及び第三号の地域，地区又は区域の 2 以上にわたる場合
　　においては，これらの規定中「建築物」とあるのは，「建築物の部分」とする．

6　建築物の敷地が 2 以上の道路に接し，又は公園，広場，川若しくは海その他こ
　　れらに類するものに接する場合，建築物の敷地とこれに接する道路若しくは隣地と
　　の高低の差が著しい場合その他特別の事情がある場合における前各項の規定の適用
　　の緩和に関する措置は，政令で定める．

　　　　　　　　　　〈関連：令第 131 条【p.296】～第 135 条の 4【p.297】〉

7　次の各号のいずれかに掲げる規定によりその高さが制限された場合にそれぞれ
　　当該各号に定める位置において確保される採光，通風等と同程度以上の採光，通風
　　等が当該位置において確保されるものとして政令で定める基準に適合する建築物に

ついては，それぞれ当該各号に掲げる規定は，適用しない．

〈関連：令第135条の6【p.298】～第135条の8【p.300】〉

一　第1項第一号，第2項から第4項まで及び前項（同号の規定の適用の緩和に係る部分に限る．）

　　前面道路の反対側の境界線上の政令で定める位置　〈関連：令第135条の9【p.300】〉

二　第1項第二号，第5項及び前項（同号の規定の適用の緩和に係る部分に限る．）

　　隣地境界線からの水平距離が，第1項第二号イ又はニに定める数値が1.25とされている建築物にあっては16 m，第1項第二号イからニまでに定める数値が2.5とされている建築物にあっては12.4 mだけ外側の線上の政令で定める位置

〈関連：令第135条の10【p.301】〉

三　第1項第三号，第5項及び前項（同号の規定の適用の緩和に係る部分に限る．）

　　隣地境界線から真北方向への水平距離が，第一種低層住居専用地域，第二種低層住居専用地域又は田園住居地域内の建築物にあっては4 m，第一種中高層住居専用地域又は第二種中高層住居専用地域内の建築物にあっては8 mだけ外側の線上の政令で定める位置　〈関連：令第135条の11【p.301】〉

［日影による中高層の建築物の高さの制限］

第56条の2　別表第四（い）欄の各項に掲げる地域又は区域の全部又は一部で地方公共団体の条例で指定する区域（以下この条において「対象区域」という．）内にある同表（ろ）欄の当該各項（四の項にあっては，同項イ又はロのうちから地方公共団体がその地方の気候及び風土，当該区域の土地利用の状況等を勘案して条例で指定するもの）に掲げる建築物は，冬至日の真太陽時による午前8時から午後4時まで（道の区域内にあっては，午前9時から午後3時まで）の間において，それぞれ，同表（は）欄の各項（四の項にあっては，同項イ又はロ）に掲げる平均地盤面からの高さ（二の項及び三の項にあっては，当該各項に掲げる平均地盤面からの高さのうちから地方公共団体が当該区域の土地利用の状況等を勘案して条例で指定するもの）の水平面（対象区域外の部分，高層住居誘導地区内の部分，都市再生特別地区内の部分及び当該建築物の敷地内の部分を除く．）に，敷地境界線からの水平距離が5 mを超える範囲において，同表（に）欄の（一），（二）又は（三）の号（同表の三の項にあっては，（一）又は（二）の号）のうちから地方公共団体がその地方の気候及び風土，土地利用の状況等を勘案して条例で指定する号に掲げる時間以上日影となる部分を生じさせることのないものとしなければならない．ただし，特定行政庁が土地の状況等により周囲の居住環境を害するおそれがないと認めて建築審査会の同意を得て許可した場合又は当該許可を受けた建築物を周囲の居住環境を害するおそれがないものとして政令で定める位置及び規模の範囲内において増築し，改築し，若しくは移転する場合においては，この限りでない．

2　同一の敷地内に2以上の建築物がある場合においては，これらの建築物を一の建築物とみなして，前項の規定を適用する．

3　建築物の敷地が道路，川又は海その他これらに類するものに接する場合，建築物の敷地とこれに接する隣地との高低差が著しい場合その他これらに類する特別の事情がある場合における第1項本文の規定の適用の緩和に関する措置は，政令で定める．

〈関連：令第135条の12【p.302】〉

4 対象区域外にある高さが 10 m を超える建築物で，冬至日において，対象区域内の土地に日影を生じさせるものは，当該対象区域内にある建築物とみなして，第1項の規定を適用する．

5 建築物が第1項の規定による日影時間の制限の異なる区域の内外にわたる場合又は建築物が，冬至日において，対象区域のうち当該建築物がある区域外の土地に日影を生じさせる場合における同項の規定の適用に関し必要な事項は，政令で定める．

〈関連：令第 135 条の 13【p.302】〉

[高架の工作物内に設ける建築物等に対する高さの制限の緩和]

第 57 条 高架の工作物内に設ける建築物で特定行政庁が周囲の状況により交通上，安全上，防火上及び衛生上支障がないと認めるものについては，前3条の規定は，適用しない．

2 道路内にある建築物（高架の道路の路面下に設けるものを除く．）については，第 56 条第1項第一号及び第2項から第4項までの規定は，適用しない．

[特例容積率適用地区内における建築物の容積率の特例]

第 57 条の 2 特例容積率適用地区内の2以上の敷地（建築物の敷地となるべき土地及び当該特例容積率適用地区の内外にわたる敷地であってその過半が当該特例容積率適用地区に属するものを含む．以下この項において同じ．）に係る土地について所有権若しくは建築物の所有を目的とする地上権若しくは賃借権（臨時設備その他一時使用のため設定されたことが明らかなものを除く．以下「借地権」という．）を有する者又はこれらの者の同意を得た者は，1人で，又は数人が共同して，特定行政庁に対し，国土交通省令で定めるところにより，当該2以上の敷地（以下この条及び次条において「特例敷地」という．）のそれぞれに適用される特別の容積率（以下この条及び第 60 条の2第4項において「特例容積率」という．）の限度の指定を申請することができる．

〈関連：規第 10 条の4の4【p.508】〉

2 前項の規定による申請をしようとする者は，申請者及び同項の規定による同意をした者以外に当該申請に係る特例敷地について政令で定める利害関係を有する者があるときは，あらかじめ，これらの者の同意を得なければならない．

〈関連：令第 135 条の 22【p.305】〉

3 特定行政庁は，第1項の規定による申請が次の各号に掲げる要件のいずれにも該当すると認めるときは，当該申請に基づき，特例敷地のそれぞれに適用される特例容積率の限度を指定するものとする．

一 申請に係るそれぞれの特例敷地の敷地面積に申請に係るそれぞれの特例容積率の限度を乗じて得た数値の合計が，当該それぞれの特例敷地の敷地面積に第 52 条第1項各号（第五号から第七号までを除く．以下この号において同じ．）の規定によるそれぞれの建築物の容積率（当該特例敷地について現に次項の規定により特例容積率の限度が公告されているときは，当該特例容積率．以下この号において「基準容積率」という．）の限度を乗じて得た数値の合計以下であること．この場合において，当該それぞれの特例敷地が基準容積率に関する制限を受ける地域又は区域の2以上にわたるときの当該基準容積率の限度は，同条第1項各号の規定による当該各地域又は区域内の建築物の容積率の限度にその特例敷地の当該地域又は区域内にある各部分の面積の敷地面積に対する割合を乗じて得たものの合計とする．

二　申請に係るそれぞれの特例容積率の限度が，申請に係るそれぞれの特例敷地内に現に存する建築物の容積率又は現に建築の工事中の建築物の計画上の容積率以上であること．

三　申請に係るそれぞれの特例容積率の限度が，申請に係るそれぞれの特例敷地における建築物の利用上の必要性，周囲の状況等を考慮して，当該それぞれの特例敷地にふさわしい容積を備えた建築物が建築されることにより当該それぞれの特例敷地の土地が適正かつ合理的な利用形態となるよう定められていること．この場合において，申請に係る特例容積率の限度のうち第52条第1項及び第3項から第8項までの規定による限度を超えるものにあっては，当該特例容積率の限度に適合して建築される建築物が交通上，安全上，防火上及び衛生上支障がないものとなるよう定められていること．

4　特定行政庁は，前項の規定による指定をしたときは，遅滞なく，特例容積率の限度，特例敷地の位置その他国土交通省令で定める事項を公告するとともに，国土交通省令で定める事項を表示した図書をその事務所に備えて，一般の縦覧に供さなければならない．〈関連：規第10条の4の5【p.508】〜第10条の4の6【p.509】〉

5　第3項の規定による指定は，前項の規定による公告によって，その効力を生ずる．

6　第4項の規定により特例容積率の限度が公告されたときは，当該特例敷地内の建築物については，当該特例容積率の限度を第52条第1項各号に掲げる数値とみなして，同条の規定を適用する．

7　第4項の規定により公告された特例敷地のいずれかについて第1項の規定による申請があった場合において，特定行政庁が当該申請に係る第3項の指定（以下この項において「新規指定」という．）をしたときは，当該特例敷地についての第3項の規定による従前の指定は，新規指定に係る第4項の規定による公告があった日から将来に向かって，その効力を失う．

[指定の取消し]

第57条の3　前条第4項の規定により公告された特例敷地である土地について所有権又は借地権を有する者は，その全員の合意により，同条第3項の指定の取消しを特定行政庁に申請することができる．この場合においては，あらかじめ，当該特例敷地について政令で定める利害関係を有する者の同意を得なければならない．

〈関連：令第135条の23【p.305】〉

2　前項の規定による申請を受けた特定行政庁は，当該申請に係るそれぞれの特例敷地内に現に存する建築物の容積率又は現に建築の工事中の建築物の計画上の容積率が第52条第1項から第9項までの規定による限度以下であるとき，その他当該建築物の構造が交通上，安全上，防火上及び衛生上支障がないと認めるときは，当該申請に係る指定を取り消すものとする．

3　特定行政庁は，前項の規定による取消しをしたときは，遅滞なく，国土交通省令で定めるところにより，その旨を公告しなければならない．

〈関連：規第10条の4の8【p.509】〉

4　第2項の規定による取消しは，前項の規定による公告によって，その効力を生ずる．

5　前2項に定めるもののほか，第2項の規定による指定の取消しについて必要な事項は，国土交通省令で定める．　　　　　　　　〈関連：規第10条の4の7【p.509】〉

[特例容積率適用地区内における建築物の高さの限度]

第57条の4　特例容積率適用地区内においては，建築物の高さは，特例容積率適用地区に関する都市計画において建築物の高さの最高限度が定められたときは，当該最高限度以下でなければならない．ただし，特定行政庁が用途上又は構造上やむを得ないと認めて許可したものについては，この限りでない．

2　第44条第2項の規定は，前項ただし書の規定による許可をする場合に準用する．

[高層住居誘導地区]

第57条の5　高層住居誘導地区内においては，建築物の建蔽率は，高層住居誘導地区に関する都市計画において建築物の建蔽率の最高限度が定められたときは，当該最高限度以下でなければならない．

2　前項の場合において，建築物の敷地が高層住居誘導地区の内外にわたるときは，当該高層住居誘導地区に関する都市計画において定められた建築物の建蔽率の最高限度を，当該建築物の当該高層住居誘導地区内にある部分に係る第53条第1項の規定による建築物の建蔽率の限度とみなして，同条第2項の規定を適用する．

3　高層住居誘導地区に関する都市計画において建築物の敷地面積の最低限度が定められた場合については，第53条の2（第2項を除く．）の規定を準用する．この場合において，同条第1項中「用途地域」とあるのは，「高層住居誘導地区」と読み替えるものとする．

4　高層住居誘導地区内の建築物については，第56条の2第1項に規定する対象区域外にある建築物とみなして，同条の規定を適用する．この場合における同条第4項の規定の適用については，同項中「対象区域内の土地」とあるのは，「対象区域（高層住居誘導地区を除く．）内の土地」とする．

[高度地区]

第58条　高度地区内においては，建築物の高さは，高度地区に関する都市計画において定められた内容に適合するものでなければならない．

[高度利用地区]

第59条　高度利用地区内においては，建築物の容積率及び建蔽率並びに建築物の建築面積（同一敷地内に2以上の建築物がある場合においては，それぞれの建築面積）は，高度利用地区に関する都市計画において定められた内容に適合するものでなければならない．ただし，次の各号のいずれかに該当する建築物については，この限りでない．

一　主要構造部が木造，鉄骨造，コンクリートブロック造その他これらに類する構造であって，階数が2以下で，かつ，地階を有しない建築物で，容易に移転し，又は除却することができるもの

二　公衆便所，巡査派出所その他これらに類する建築物で，公益上必要なもの

三　学校，駅舎，卸売市場その他これらに類する公益上必要な建築物で，特定行政庁が用途上又は構造上やむを得ないと認めて許可したもの

2　高度利用地区内においては，建築物の壁又はこれに代わる柱は，建築物の地盤面下の部分及び国土交通大臣が指定する歩廊の柱その他これに類するものを除き，高

度利用地区に関する都市計画において定められた壁面の位置の制限に反して建築してはならない。ただし、前項各号の一に該当する建築物については、この限りでない。

3　高度利用地区内の建築物については、当該高度利用地区に関する都市計画において定められた建築物の容積率の最高限度を第52条第1項各号に掲げる数値とみなして、同条の規定を適用する。

4　高度利用地区内においては、敷地内に道路に接して有効な空地が確保されていること等により、特定行政庁が、交通上、安全上、防火上及び衛生上支障がないと認めて許可した建築物については、第56条第1項第一号及び第2項から第4項までの規定は、適用しない。

5　第44条第2項の規定は、第1項第三号又は前項の規定による許可をする場合に準用する。

[敷地内に広い空地を有する建築物の容積率等の特例]

第59条の2　その敷地内に政令で定める空地を有し、かつ、その敷地面積が政令で定める規模以上である建築物で、特定行政庁が交通上、安全上、防火上及び衛生上支障がなく、かつ、その建蔽率、容積率及び各部分の高さについて総合的な配慮がなされていることにより市街地の環境の整備改善に資すると認めて許可したものの容積率又は各部分の高さは、その許可の範囲内において、第52条第1項から第9項まで、第55条第1項、第56条又は第57条の2第6項の規定による限度を超えるものとすることができる。　　　　　　　〈関連：令第136条【p.306】〉

2　第44条第2項の規定は、前項の規定による許可をする場合に準用する。

[特定街区]

第60条　特定街区内においては、建築物の容積率及び高さは、特定街区に関する都市計画において定められた限度以下でなければならない。

2　特定街区内においては、建築物の壁又はこれに代わる柱は、建築物の地盤面下の部分及び国土交通大臣が指定する歩廊の柱その他これに類するものを除き、特定街区に関する都市計画において定められた壁面の位置の制限に反して建築してはならない。

3　特定街区内の建築物については、第52条から前条まで並びに第60条の3第1項及び第2項の規定は、適用しない。

第4節の2　都市再生特別地区、居住環境向上用途誘導地区 及び特定用途誘導地区

[都市再生特別地区]

第60条の2　都市再生特別地区内においては、建築物の容積率及び建蔽率、建築物の建築面積（同一敷地内に2以上の建築物がある場合においては、それぞれの建築面積）並びに建築物の高さは、都市再生特別地区に関する都市計画において定められた内容に適合するものでなければならない。ただし、次の各号のいずれかに該当する建築物については、この限りでない。

一　主要構造部が木造、鉄骨造、コンクリートブロック造その他これらに類する構造であって、階数が2以下で、かつ、地階を有しない建築物で、容易に移転し、又は

除却することができるもの

二　公衆便所，巡査派出所その他これらに類する建築物で，公益上必要なもの

三　学校，駅舎，卸売市場その他これらに類する公益上必要な建築物で，特定行政庁が用途上又は構造上やむを得ないと認めて許可したもの

2　都市再生特別地区内においては，建築物の壁又はこれに代わる柱は，建築物の地盤面下の部分及び国土交通大臣が指定する歩廊の柱その他これに類するものを除き，都市再生特別地区に関する都市計画において定められた壁面の位置の制限に反して建築してはならない．ただし，前項各号のいずれかに該当する建築物については，この限りでない．

3　都市再生特別地区に関する都市計画において定められた誘導すべき用途に供する建築物については，第48条及び第49条の2までの規定は，適用しない．

4　都市再生特別地区内の建築物については，当該都市再生特別地区に関する都市計画において定められた建築物の容積率の最高限度を第52条第1項各号に掲げる数値（第57条の2第6項の規定により当該数値とみなされる特例容積率の限度の数値を含む．）とみなして，第52条の規定を適用する．

5　都市再生特別地区内の建築物については，第56条，第57条の4，第58条及び第60条の3第2項の規定は，適用しない．

6　都市再生特別地区内の建築物については，第56条の2第1項に規定する対象区域外にある建築物とみなして，同条の規定を適用する．この場合における同条第4項の規定の適用については，同項中「対象区域内の土地」とあるのは，「対象区域（都市再生特別地区を除く．）内の土地」とする．

7　第44条第2項の規定は，第1項第三号の規定による許可をする場合に準用する．

[居住環境向上用途誘導地区]

第60条の2の2　居住環境向上用途誘導地区内においては，建築物の建蔽率は，居住環境向上用途誘導地区に関する都市計画において建築物の建蔽率の最高限度が定められたときは，当該最高限度以下でなければならない．ただし，次の各号のいずれかに該当する建築物については，この限りでない．

一　公衆便所，巡査派出所その他これらに類する建築物で，公益上必要なもの

二　学校，駅舎，卸売市場その他これらに類する公益上必要な建築物で，特定行政庁が用途上又は構造上やむを得ないと認めて許可したもの

2　居住環境向上用途誘導地区内においては，建築物の壁又はこれに代わる柱は，居住環境向上用途誘導地区に関する都市計画において壁面の位置の制限が定められたときは，建築物の地盤面下の部分及び国土交通大臣が指定する歩廊の柱その他これに類するものを除き，当該壁面の位置の制限に反して建築してはならない．ただし，前項各号のいずれかに該当する建築物については，この限りでない．

3　居住環境向上用途誘導地区内においては，建築物の高さは，居住環境向上用途誘導地区に関する都市計画において建築物の高さの最高限度が定められたときは，当該最高限度以下でなければならない．ただし，特定行政庁が用途上又は構造上やむを得ないと認めて許可したものについては，この限りでない．

4　居住環境向上用途誘導地区内においては，地方公共団体は，その地区の指定の目的のために必要と認める場合においては，国土交通大臣の承認を得て，条例で，

第48条第1項から第13項までの規定による制限を緩和することができる.

5　第44条第2項の規定は,第1項第二号又は第3項ただし書の規定による許可をする場合に準用する.

[特定用途誘導地区]

第60条の3　特定用途誘導地区内においては,建築物の容積率及び建築物の建築面積(同一敷地内に2以上の建築物がある場合においては,それぞれの建築面積)は,特定用途誘導地区に関する都市計画において建築物の容積率の最低限度及び建築物の建築面積の最低限度が定められたときは,それぞれ,これらの最低限度以上でなければならない.ただし,次の各号のいずれかに該当する建築物については,この限りでない.

一　主要構造部が木造,鉄骨造,コンクリートブロック造その他これらに類する構造であって,階数が2以下で,かつ,地階を有しない建築物で,容易に移転し,又は除却することができるもの

二　公衆便所,巡査派出所その他これらに類する建築物で,公益上必要なもの

三　学校,駅舎,卸売市場その他これらに類する公益上必要な建築物で,特定行政庁が用途上又は構造上やむを得ないと認めて許可したもの

2　特定用途誘導地区内においては,建築物の高さは,特定用途誘導地区に関する都市計画において建築物の高さの最高限度が定められたときは,当該最高限度以下でなければならない.ただし,特定行政庁が用途上又は構造上やむを得ないと認めて許可したものについては,この限りでない.

3　特定用途誘導地区内においては,地方公共団体は,その地区の指定の目的のために必要と認める場合においては,国土交通大臣の承認を得て,条例で,第48条第1項から第13項までの規定による制限を緩和することができる.

4　第44条第2項の規定は,第1項第三号又は第2項ただし書の規定による許可をする場合に準用する.

第5節　防火地域及び準防火地域

[防火地域及び準防火地域内の建築物]

第61条　防火地域又は準防火地域内にある建築物は,その外壁の開口部で延焼のおそれのある部分に防火戸その他の政令で定める防火設備を設け,かつ,壁,柱,床その他の建築物の部分及び当該防火設備を通常の火災による周囲への延焼を防止するためにこれらに必要とされる性能に関して防火地域及び準防火地域の別並びに建築物の規模に応じて政令で定める技術的基準に適合するもので,国土交通大臣が定めた構造方法を用いるもの又は国土交通大臣の認定を受けたものとしなければならない.ただし,門又は塀で,高さ2m以下のもの又は準防火地域内にある建築物(木造建築物等を除く.)に附属するものについては,この限りでない.

〈関連:令元告示第194号〉

[屋根]

第62条　防火地域又は準防火地域内の建築物の屋根の構造は,市街地における火災を想定した火の粉による建築物の火災の発生を防止するために屋根に必要とされる性能に関して建築物の構造及び用途の区分に応じて政令で定める技術的基準に適合

するもので，国土交通大臣が定めた構造方法を用いるもの又は国土交通大臣の認定
を受けたものとしなければならない．

〈関連：令第136条の2の2【p.308】，平12告示第1365号〉

[隣地境界線に接する外壁]

第63条　防火地域又は準防火地域内にある建築物で，外壁が耐火構造のものについ
ては，その外壁を隣地境界線に接して設けることができる．

[看板等の防火措置]

第64条　防火地域内にある看板，広告塔，装飾塔その他これらに類する工作物で，
建築物の屋上に設けるもの又は高さ3mを超えるものは，その主要な部分を不燃
材料で造り，又は覆わなければならない．

[建築物が防火地域又は準防火地域の内外にわたる場合の措置]

第65条　建築物が防火地域又は準防火地域とこれらの地域として指定されていない
区域にわたる場合においては，その全部についてそれぞれ防火地域又は準防火地域
内の建築物に関する規定を適用する．ただし，その建築物が防火地域又は準防火地
域外において防火壁で区画されている場合においては，その防火壁外の部分につい
ては，この限りでない．

〈関連：令第113条【p.243】〉

2　建築物が防火地域及び準防火地域にわたる場合においては，その全部について
防火地域内の建築物に関する規定を適用する．ただし，建築物が防火地域外におい
て防火壁で区画されている場合においては，その防火壁外の部分については，準防
火地域内の建築物に関する規定を適用する．

第66条　第38条の規定は，その予想しない特殊の構造方法又は建築材料を用いる
建築物に対するこの節の規定及びこれに基づく命令の規定の適用について準用する．

第5節の2　特定防災街区整備地区

[特定防災街区整備地区]

第67条　特定防災街区整備地区内にある建築物は，耐火建築物等又は準耐火建築物
等としなければならない．ただし，次の各号のいずれかに該当する建築物について
は，この限りでない．

一　延べ面積が50㎡以内の平家建ての附属建築物で，外壁及び軒裏が防火構造のも
の

二　卸売市場の上家，機械製作工場その他これらと同等以上に火災の発生のおそれが
少ない用途に供する建築物で，主要構造部が不燃材料で造られたものその他これに
類する構造のもの

三　高さ2mを超える門又は塀で，不燃材料で造られ，又は覆われたもの

四　高さ2m以下の門又は塀

2　建築物が特定防災街区整備地区と特定防災街区整備地区として指定されていな
い区域にわたる場合においては，その全部について，前項の規定を適用する．ただ
し，その建築物が特定防災街区整備地区外において防火壁で区画されている場合に
おいては，その防火壁外の部分については，この限りでない．

3　特定防災街区整備地区内においては，建築物の敷地面積は，特定防災街区整備
地区に関する都市計画において定められた建築物の敷地面積の最低限度以上でなけ

ればならない．ただし，次の各号のいずれかに該当する建築物の敷地については，この限りでない．

一　公衆便所，巡査派出所その他これらに類する建築物で公益上必要なもの

二　特定行政庁が用途上又は構造上やむを得ないと認めて許可したもの

4　第53条の2第3項の規定は，前項の都市計画において建築物の敷地面積の最低限度が定められ，又は変更された場合に準用する．この場合において，同条第3項中「第1項」とあるのは，「第67条第3項」と読み替えるものとする．

5　特定防災街区整備地区内においては，建築物の壁又はこれに代わる柱は，特定防災街区整備地区に関する都市計画において壁面の位置の制限が定められたときは，建築物の地盤面下の部分を除き，当該壁面の位置の制限に反して建築してはならない．ただし，次の各号のいずれかに該当する建築物については，この限りでない．

一　第3項第一号に掲げる建築物

二　学校，駅舎，卸売市場その他これらに類する公益上必要な建築物で，特定行政庁が用途上又は構造上やむを得ないと認めて許可したもの

6　特定防災街区整備地区内においては，その敷地が防災都市計画施設（密集市街地整備法第31条第2項に規定する防災都市計画施設をいう．以下この条において同じ．）に接する建築物の防災都市計画施設に係る間口率（防災都市計画施設に面する部分の長さの敷地の当該防災都市計画施設に接する部分の長さに対する割合をいう．以下この条において同じ．）及び高さは，特定防災街区整備地区に関する都市計画において建築物の防災都市計画施設に係る間口率の最低限度及び建築物の高さの最低限度が定められたときは，それぞれ，これらの最低限度以上でなければならない．

7　前項の場合においては，同項に規定する建築物の高さの最低限度より低い高さの建築物の部分（同項に規定する建築物の防災都市計画施設に係る間口率の最低限度を超える部分を除く．）は，空隙のない壁が設けられる等防火上有効な構造としなければならない．

8　前2項の建築物の防災都市計画施設に係る間口率及び高さの算定に関し必要な事項は，政令で定める．　　　　　　　　　　〈関連：令第136条の2の4【p.309】〉

9　前3項の規定は，次の各号のいずれかに該当する建築物については，適用しない．

一　第3項第一号に掲げる建築物

二　学校，駅舎，卸売市場その他これらに類する公益上必要な建築物で，特定行政庁が用途上又は構造上やむを得ないと認めて許可したもの

10　第44条第2項の規定は，第3項第二号，第5項第二号又は前項第二号の規定による許可をする場合に準用する．

[第38条の準用]

第67条の2　第38条の規定は，その予想しない特殊の構造方法又は建築材料を用いる建築物に対する前条第1項及び第2項の規定の適用について準用する．

第6節　景観地区

第68条　景観地区内においては，建築物の高さは，景観地区に関する都市計画にお

いて建築物の高さの最高限度又は最低限度が定められたときは，当該最高限度以下又は当該最低限度以上でなければならない．ただし，次の各号のいずれかに該当する建築物については，この限りでない．

一　公衆便所，巡査派出所その他これらに類する建築物で，公益上必要なもの

二　特定行政庁が用途上又は構造上やむを得ないと認めて許可したもの

2　景観地区内においては，建築物の壁又はこれに代わる柱は，景観地区に関する都市計画において壁面の位置の制限が定められたときは，建築物の地盤面下の部分を除き，当該壁面の位置の制限に反して建築してはならない．ただし，次の各号のいずれかに該当する建築物については，この限りでない．

一　前項第一号に掲げる建築物

二　学校，駅舎，卸売市場その他これらに類する公益上必要な建築物で，特定行政庁が用途上又は構造上やむを得ないと認めて許可したもの

3　景観地区内においては，建築物の敷地面積は，景観地区に関する都市計画において建築物の敷地面積の最低限度が定められたときは，当該最低限度以上でなければならない．ただし，次の各号のいずれかに該当する建築物の敷地については，この限りでない．

一　第1項第一号に掲げる建築物

二　特定行政庁が用途上又は構造上やむを得ないと認めて許可したもの

4　第53条の2第3項の規定は，前項の都市計画において建築物の敷地面積の最低限度が定められ，又は変更された場合に準用する．この場合において，同条第3項中「第1項」とあるのは，「第68条第3項」と読み替えるものとする．

5　景観地区に関する都市計画において建築物の高さの最高限度，壁面の位置の制限（道路に面する壁面の位置を制限するものを含むものに限る．）及び建築物の敷地面積の最低限度が定められている景観地区（景観法第72条第2項の景観地区工作物制限条例で，壁面後退区域（当該壁面の位置の制限として定められた限度の線と敷地境界線との間の土地の区域をいう．）における工作物（土地に定着する工作物以外のものを含む．）の設置の制限（当該壁面後退区域において連続的に有効な空地を確保するため必要なものを含むものに限る．）が定められている区域に限る．）内の建築物で，当該景観地区に関する都市計画の内容に適合し，かつ，敷地内に有効な空地が確保されていること等により，特定行政庁が交通上，安全上，防火上及び衛生上支障がないと認めるものについては，第56条の規定は，適用しない．

6　第44条第2項の規定は，第1項第二号，第2項第二号又は第3項第二号の規定による許可をする場合に準用する．

第7節　地区計画等の区域

[市町村の条例に基づく制限]

第68条の2　市町村は，地区計画等の区域（地区整備計画，特定建築物地区整備計画，防災街区整備地区整備計画，歴史的風致維持向上地区整備計画，沿道地区整備計画又は集落地区整備計画（以下「地区整備計画等」という．）が定められている区域に限る．）内において，建築物の敷地，構造，建築設備又は用途に関する事項で当該地区計画等の内容として定められたものを，条例で，これらに関する制限と

して定めることができる.

2　前項の規定による制限は,建築物の利用上の必要性,当該区域内における土地利用の状況等を考慮し,地区計画,防災街区整備地区計画,歴史的風致維持向上地区計画又は沿道地区計画の区域にあっては適正な都市機能と健全な都市環境を確保するため,集落地区計画の区域にあっては当該集落地区計画の区域の特性にふさわしい良好な居住環境の確保と適正な土地利用を図るため,それぞれ合理的に必要と認められる限度において,同項に規定する事項のうち特に重要な事項につき,政令で定める基準に従い,行うものとする.　　　　〈関連：令第136条の2の5【p.310】〉

3　第1項の規定に基づく条例で建築物の敷地面積に関する制限を定める場合においては,当該条例に,当該条例の規定の施行又は適用の際,現に建築物の敷地として使用されている土地で当該規定に適合しないもの又は現に存する所有権その他の権利に基づいて建築物の敷地として使用するならば当該規定に適合しないこととなる土地について,その全部を一の敷地として使用する場合の適用の除外に関する規定(第3条第3項第一号及び第五号の規定に相当する規定を含む.)を定めるものとする.

4　第1項の規定に基づく条例で建築物の構造に関する防火上必要な制限を定める場合においては,当該条例に,第65条の規定の例により,当該制限を受ける区域の内外にわたる建築物についての当該制限に係る規定の適用に関する措置を定めるものとする.

5　市町村は,用途地域における用途の制限を補足し,当該地区計画等(集落地区計画を除く.)の区域の特性にふさわしい土地利用の増進等の目的を達成するため必要と認める場合においては,国土交通大臣の承認を得て,第1項の規定に基づく条例で,第48条第1項から第13項までの規定による制限を緩和することができる.

[再開発等促進区等内の制限の緩和等]

第68条の3　地区計画又は沿道地区計画の区域のうち再開発等促進区(都市計画法第12条の5第3項に規定する再開発等促進区をいう.以下同じ.)又は沿道再開発等促進区(沿道整備法第9条第3項に規定する沿道再開発等促進区をいう.以下同じ.)で地区整備計画又は沿道地区整備計画が定められている区域のうち建築物の容積率の最高限度が定められている区域内においては,当該地区計画又は沿道地区計画の内容に適合する建築物で,特定行政庁が交通上,安全上,防火上及び衛生上支障がないと認めるものについては,第52条の規定は,適用しない.

2　地区計画又は沿道地区計画の区域のうち再開発等促進区又は沿道再開発等促進区(地区整備計画又は沿道地区整備計画が定められている区域のうち当該地区整備計画又は沿道地区整備計画において6/10以下の数値で建築物の建蔽率の最高限度が定められている区域に限る.)内においては,当該地区計画又は沿道地区計画の内容に適合する建築物で,特定行政庁が交通上,安全上,防火上及び衛生上支障がないと認めるものについては,第53条第1項から第3項まで,第7項及び第8項の規定は,適用しない.

3　地区計画又は沿道地区計画の区域のうち再開発等促進区又は沿道再開発等促進区(地区整備計画又は沿道地区整備計画が定められている区域のうち20m以下の

高さで建築物の高さの最高限度が定められている区域に限る.）内においては，当該地区計画又は沿道地区計画の内容に適合し，かつ，その敷地面積が政令で定める規模以上の建築物であって特定行政庁が交通上，安全上，防火上及び衛生上支障がないと認めるものについては，第55条第1項及び第2項の規定は，適用しない.

〈関連：令第136条の2の6【p.314】〉

4　地区計画又は沿道地区計画の区域のうち再開発等促進区又は沿道再開発等促進区（地区整備計画又は沿道地区整備計画が定められている区域に限る．第6項において同じ.）内においては，敷地内に有効な空地が確保されていること等により，特定行政庁が交通上，安全上，防火上及び衛生上支障がないと認めて許可した建築物については，第56条の規定は，適用しない.

5　第44条第2項の規定は，前項の規定による許可をする場合に準用する.

6　地区計画又は沿道地区計画の区域のうち再開発等促進区又は沿道再開発等促進区内の建築物に対する第48条第1項から第13項まで（これらの規定を第87条第2項又は第3項において準用する場合を含む.）の規定の適用については，第48条第1項から第11項まで及び第13項中「又は公益上やむを得ない」とあるのは「公益上やむを得ないと認め，又は地区計画若しくは沿道地区計画において定められた土地利用に関する基本方針に適合し，かつ，当該地区計画若しくは沿道地区計画の区域における業務の利便の増進上やむを得ない」と，同条第12項中「工業の利便上又は公益上必要」とあるのは「工業の利便上若しくは公益上必要と認め，又は地区計画若しくは沿道地区計画において定められた土地利用に関する基本方針に適合し，かつ，当該地区計画若しくは沿道地区計画の区域における業務の利便の増進上やむを得ない」とする.

7　地区計画の区域のうち開発整備促進区（都市計画法第12条の5第4項に規定する開発整備促進区をいう．以下同じ.）で地区整備計画が定められているものの区域（当該地区整備計画において同法第12条の12の土地の区域として定められている区域に限る.）内においては，別表第二（か）項に掲げる建築物のうち当該地区整備計画の内容に適合するもので，特定行政庁が交通上，安全上，防火上及び衛生上支障がないと認めるものについては，第48条第6項，第7項，第12項及び第14項の規定は，適用しない.

8　地区計画の区域のうち開発整備促進区（地区整備計画が定められている区域に限る.）内の建築物（前項の建築物を除く.）に対する第48条第6項，第7項，第12項及び第14項（これらの規定を第87条第2項又は第3項において準用する場合を含む.）の規定の適用については，第48条第6項，第7項及び第14項中「又は公益上やむを得ない」とあるのは「公益上やむを得ないと認め，又は地区計画において定められた土地利用に関する基本方針に適合し，かつ，当該地区計画の区域における商業その他の業務の利便の増進上やむを得ない」と，同条第12項中「工業の利便上又は公益上必要」とあるのは「工業の利便上若しくは公益上必要と認め，又は地区計画において定められた土地利用に関する基本方針に適合し，かつ，当該地区計画の区域における商業その他の業務の利便の増進上やむを得ない」とする.

9　歴史的風致維持向上地区計画の区域（歴史的風致維持向上地区整備計画が定め

られている区域に限る.）内の建築物に対する第48条第1項から第13項まで（これらの規定を第87条第2項又は第3項において準用する場合を含む.）の規定の適用については，第48条第1項から第11項まで及び第13項中「又は公益上やむを得ない」とあるのは「公益上やむを得ないと認め，又は歴史的風致維持向上地区計画において定められた土地利用に関する基本方針に適合し，かつ，当該歴史的風致維持向上地区計画の区域における歴史的風致（地域歴史的風致法第1条に規定する歴史的風致をいう.）の維持及び向上を図る上でやむを得ない」と，同条12項中「工業の利便上又は公益上必要」とあるのは「工業の利便上若しくは公益上必要と認め，又は歴史的風致維持向上地区計画において定められた土地利用に関する基本方針に適合し，かつ，当該歴史的風致維持向上地区計画の区域における歴史的風致（地域歴史的風致法第1条に規定する歴史的風致をいう.）の維持及び向上を図る上でやむを得ない」とする.

[建築物の容積率の最高限度を区域の特性に応じたものと公共施設の整備の状況に応じたものとに区分して定める地区計画等の区域内における建築物の容積率の特例]

第68条の4 次に掲げる条件に該当する地区計画，防災街区整備地区計画又は沿道地区計画（防災街区整備地区計画にあっては，密集市街地整備法第32条第2項第一号に規定する地区防災施設（以下単に「地区防災施設」という.）の区域が定められているものに限る. 以下この条において同じ.）の区域内にある建築物で，当該地区計画，防災街区整備地区計画又は沿道地区計画の内容（都市計画法第12条の6第二号，密集市街地整備法第32条の2第二号又は沿道整備法第9条の2第二号の規定による公共施設の整備の状況に応じた建築物の容積率の最高限度（以下この条において「公共施設の整備の状況に応じた建築物の容積率の最高限度」という.）を除く.）に適合し，かつ，特定行政庁が交通上，安全上，防火上及び衛生上支障がないと認めるものについては，公共施設の整備の状況に応じた建築物の容積率の最高限度に関する第二号の条例の規定は，適用しない.

一　地区整備計画，特定建築物地区整備計画，防災街区整備地区整備計画又は沿道地区整備計画が定められている区域のうち，次に掲げる事項が定められている区域であること.

　イ　都市計画法第12条の6，密集市街地整備法第32条の2又は沿道整備法第9条の2の規定による区域の特性に応じたものと公共施設の整備の状況に応じたものとに区分した建築物の容積率の最高限度

　ロ　(1)から(3)までに掲げる区域の区分に従い，当該(1)から(3)までに定める施設の配置及び規模

　　(1)　地区整備計画の区域　都市計画法第12条の5第2項第一号に規定する地区施設又は同条第5項第一号に規定する施設

　　(2)　防災街区整備地区整備計画の区域　密集市街地整備法第32条第2項第二号に規定する地区施設

　　(3)　沿道地区整備計画の区域　沿道整備法第9条第2項第一号に規定する沿道地区施設又は同条第4項第一号に規定する施設

二　第68条の2第1項の規定に基づく条例で，前号イに掲げる事項に関する制限が定められている区域であること.

[区域を区分して建築物の容積を適正に配分する地区計画等の区域内における建築物の容積率の特例]

第68条の5 次に掲げる条件に該当する地区計画又は沿道地区計画の区域内にある建築物については，当該地区計画又は沿道地区計画において定められた建築物の容積率の最高限度を第52条第1項第一号から第四号までに定める数値とみなして，同条の規定を適用する．

一 地区整備計画又は沿道地区整備計画（都市計画法第12条の7又は沿道整備法第9条の3の規定により，地区整備計画又は沿道地区整備計画の区域を区分して建築物の容積率の最高限度が定められているものに限る．）が定められている区域であること．

二 前号の建築物の容積率の最高限度が当該区域に係る用途地域において定められた建築物の容積率を超えるものとして定められている区域にあっては，地区整備計画又は沿道地区整備計画において次に掲げる事項が定められており，かつ，第68条の2第1項の規定に基づく条例でこれらの事項に関する制限が定められている区域であること．

  イ 建築物の容積率の最低限度

  ロ 建築物の敷地面積の最低限度

  ハ 壁面の位置の制限（道路に面する壁面の位置を制限するものを含むものに限る．）

[区域を区分して建築物の容積を適正に配分する特定建築物地区整備計画等の区域内における建築物の容積率の特例]

第68条の5の2 次に掲げる条件に該当する防災街区整備地区計画の区域内にある建築物（第二号に規定する区域内の建築物にあっては，防災街区整備地区計画の内容に適合する建築物で，特定行政庁が交通上，安全上，防火上及び衛生上支障がないと認めるものに限る．）については，当該防災街区整備地区計画において定められた建築物の容積率の最高限度を第52条第1項第一号から第四号までに定める数値とみなして，同条の規定を適用する．

一 特定建築物地区整備計画及び防災街区整備地区整備計画（いずれも密集市街地整備法第32条の3第1項の規定により，その区域をそれぞれ区分し，又は区分しないで建築物の容積率の最高限度が定められているものに限る．）が定められている区域であること．

二 前号の建築物の容積率の最高限度が当該区域に係る用途地域において定められた建築物の容積率を超えるものとして定められている区域にあっては，特定建築物地区整備計画において次に掲げる事項が定められており，かつ，第68条の2第1項の規定に基づく条例でこれらの事項に関する制限が定められている区域であること．

  イ 建築物の容積率の最低限度

  ロ 建築物の敷地面積の最低限度

  ハ 壁面の位置の制限（道路に面する壁面の位置を制限するものを含むものに限る．）

[高度利用と都市機能の更新とを図る地区計画等の区域内における制限の特例]

第68条の5の3 次に掲げる条件に該当する地区計画又は沿道地区計画の区域内にある建築物については，当該地区計画又は沿道地区計画において定められた建築物の容積率の最高限度を第52条第1項第二号から第四号までに定める数値とみなして，同条の規定を適用する．

一　都市計画法第12条の8又は沿道整備法第9条の4の規定により，次に掲げる事項が定められている地区整備計画又は沿道地区整備計画の区域であること．

　　イ　建築物の容積率の最高限度

　　ロ　建築物の容積率の最低限度（沿道地区整備計画において沿道整備法第9条第6項第二号の建築物の沿道整備道路に係る間口率の最低限度及び建築物の高さの最低限度が定められている場合にあっては，これらの最低限度），建築物の建蔽率の最高限度，建築物の建築面積の最低限度及び壁面の位置の制限（壁面の位置の制限にあっては，市街地の環境の向上を図るため必要な場合に限る．）

二　第68条の2第1項の規定に基づく条例で，前号ロに掲げる事項（壁面の位置の制限にあっては，地区整備計画又は沿道地区整備計画に定められたものに限る．）に関する制限が定められている区域であること．

2　前項各号に掲げる条件に該当する地区計画又は沿道地区計画の区域内においては，敷地内に道路に接して有効な空地が確保されていること等により，特定行政庁が，交通上，安全上，防火上及び衛生上支障がないと認めて許可した建築物については，第56条第1項第一号及び第2項から第4項までの規定は，適用しない．

3　第44条第2項の規定は，前項の規定による許可をする場合に準用する．

[住居と住居以外の用途とを区分して定める地区計画等の区域内における建築物の容積率の特例]

第68条の5の4 次に掲げる条件に該当する地区計画，防災街区整備地区計画又は沿道地区計画の区域内にあるその全部又は一部を住宅の用途に供する建築物については，当該地区計画，防災街区整備地区計画又は沿道地区計画において定められた建築物の容積率の最高限度を第52条第1項第二号又は第三号に定める数値とみなして，同条（第8項を除く．）の規定を適用する．ただし，当該建築物が同条第3項の規定により建築物の延べ面積の算定に当たりその床面積が当該建築物の延べ面積に算入されない部分を有するときは，当該部分の床面積を含む当該建築物の容積率は，当該建築物がある地域に関する都市計画において定められた同条第1項第二号又は第三号に定める数値の1.5倍以下でなければならない．

一　次に掲げる事項が定められている地区整備計画，特定建築物地区整備計画，防災街区整備地区整備計画又は沿道地区整備計画の区域であること．

　　イ　建築物の容積率の最高限度（都市計画法第12条の9，密集市街地整備法第32条の4又は沿道整備法第9条の5の規定により，それぞれ都市計画法第12条の9第一号，密集市街地整備法第32条の4第一号又は沿道整備法第9条の5第一号に掲げるものの数値が第52条第1項第二号又は第三号に定める数値以上その1.5倍以下で定められているものに限る．）

　　ロ　建築物の容積率の最低限度

　　ハ　建築物の敷地面積の最低限度

ニ　壁面の位置の制限（道路に面する壁面の位置を制限するものを含むものに限る.）

二　第68条の2第1項の規定に基づく条例で，前号ロからニまでに掲げる事項に関する制限が定められている区域であること.

三　当該区域が第一種住居地域，第二種住居地域，準住居地域，近隣商業地域，商業地域又は準工業地域内にあること.

[区域の特性に応じた高さ，配列及び形態を備えた建築物の整備を誘導する地区計画等の区域内における制限の特例]

第68条の5の5　次に掲げる条件に該当する地区計画等（集落地区計画を除く. 以下この条において同じ.）の区域内の建築物で，当該地区計画等の内容に適合し，かつ，特定行政庁が交通上，安全上，防火上及び衛生上支障がないと認めるものについては，第52条第2項の規定は適用しない.

一　次に掲げる事項が定められている地区整備計画等（集落地区整備計画を除く.）の区域であること.

　　イ　都市計画法第12条の10，密集市街地整備法第32条の5，地域歴史的風致法第32条又は沿道整備法第9条の6の規定による壁面の位置の制限，壁面後退区域（壁面の位置の制限として定められた限度の線と敷地境界線との間の土地の区域をいう. 以下この条において同じ.）における工作物の設置の制限及び建築物の高さの最高限度

　　ロ　建築物の容積率の最高限度

　　ハ　建築物の敷地面積の最低限度

二　第68条の2第1項の規定に基づく条例で，前号イ及びハに掲げる事項（壁面後退区域における工作物の設置の制限を除く.）に関する制限が定められている区域であること.

2　前項第一号イ及びハに掲げる事項が定められており，かつ，第68条の2第1項の規定に基づく条例で前項第一号イ及びハに掲げる事項（壁面後退区域における工作物の設置の制限を除く.）に関する制限が定められている地区計画等の区域内にある建築物で，当該地区計画等の内容に適合し，かつ，敷地内に有効な空地が確保されていること等により，特定行政庁が交通上，安全上，防火上及び衛生上支障がないと認めるものについては，第56条の規定は，適用しない.

[地区計画等の区域内における建築物の建蔽率の特例]

第68条の5の6　次に掲げる条件に該当する地区計画等（集落地区計画を除く.）の区域内の建築物については，第一号イに掲げる地区施設等の下にある部分で，特定行政庁が交通上，安全上，防火上及び衛生上支障がないと認めるものの建築面積は，第53条第1項及び第2項，第57条の5第1項及び第2項，第59条第1項，第59条の2第1項，第60条の2第1項，第68条の8，第86条第3項及び第4項，第86条の2第2項及び第3項，第86条の5第3項並びに第86条の6第1項に規定する建築物の建蔽率の算定の基礎となる建築面積に算入しない.

一　地区整備計画等（集落地区整備計画を除く.）が定められている区域のうち，次に掲げる事項が定められている区域であること.

　　イ　その配置が地盤面の上に定められている通路その他の公共空地である地区施設

等（第 68 条の 4 第一号ロに規定する施設，地域歴史的風致法第 31 条第 2 項第一号に規定する地区施設又は地区防災施設をいう．以下同じ．）

　　ロ　壁面の位置の制限（イの地区施設等に面する壁面の位置を制限するものを含むものに限る．）

二　第 68 条の 2 第 1 項の規定に基づく条例で，前号ロに掲げる事項に関する制限が定められている区域であること．

[道路の位置の指定に関する特例]

第 68 条の 6　地区計画等に道の配置及び規模又はその区域が定められている場合には，当該地区計画等の区域（次の各号に掲げる地区計画等の区分に応じて，当該各号に定める事項が定められている区域に限る．次条第 1 項において同じ．）における第 42 条第 1 項第五号の規定による位置の指定は，地区計画等に定められた道の配置又はその区域に即して行わなければならない．ただし，建築物の敷地として利用しようとする土地の位置と現に存する道路の位置との関係その他の事由によりこれにより難いと認められる場合においては，この限りでない．

一　地区計画　　再開発等促進区若しくは開発整備促進区（いずれも都市計画法第 12 条の 5 第 5 項第一号に規定する施設の配置及び規模が定められているものに限る．）又は地区整備計画

二　防災街区整備地区計画　　地区防災施設の区域又は防災街区整備地区整備計画

三　歴史的風致維持向上地区計画　　歴史的風致維持向上地区整備計画

四　沿道地区計画　　沿道再開発等促進区（沿道整備法第 9 条第 4 項第一号に規定する施設の配置及び規模が定められているものに限る．）又は沿道地区整備計画

五　集落地区計画　　集落地区整備計画

[予定道路の指定]

第 68 条の 7　特定行政庁は，地区計画等に道の配置及び規模又はその区域が定められている場合で，次の各号の一に該当するときは，当該地区計画等の区域において，地区計画等に定められた道の配置及び規模又はその区域に即して，政令で定める基準に従い，予定道路の指定を行うことができる．ただし，第二号又は第三号に該当する場合で当該指定に伴う制限により当該指定の際現に当該予定道路の敷地となる土地を含む土地について所有権その他の権利を有する者が当該土地をその権利に基づいて利用することが著しく妨げられることとなるときは，この限りでない．

〈関連：令第 136 条の 2 の 7【p.314】〉

一　当該指定について，当該予定道路の敷地となる土地の所有者その他の政令で定める利害関係を有する者の同意を得たとき．　　〈関連：令第 136 条の 2 の 8【p.315】〉

二　土地区画整理法による土地区画整理事業又はこれに準ずる事業により主要な区画道路が整備された区域において，当該指定に係る道が新たに当該区画道路に接続した細街路網を一体的に形成するものであるとき．

三　地区計画等においてその配置及び規模又はその区域が定められた道の相当部分の整備が既に行われている場合で，整備の行われていない道の部分に建築物の建築等が行われることにより整備された道の機能を著しく阻害するおそれがあるとき．

2　特定行政庁は，前項の規定により予定道路の指定を行う場合（同項第一号に該当する場合を除く．）においては，あらかじめ，建築審査会の同意を得なければな

らない.

3 第46条第1項後段, 第2項及び第3項の規定は, 前項に規定する場合について準用する.

4 第1項の規定により予定道路が指定された場合においては, 当該予定道路を第42条第1項に規定する道路とみなして, 第44条の規定を適用する.

5 第1項の規定により予定道路が指定された場合において, 建築物の敷地が予定道路に接するとき又は当該敷地内に予定道路があるときは, 特定行政庁が交通上, 安全上, 防火上及び衛生上支障がないと認めて許可した建築物については, 当該予定道路を第52条第2項の前面道路とみなして, 同項から同条第7項まで及び第9項の規定を適用するものとする. この場合においては, 当該敷地のうち予定道路に係る部分の面積は, 敷地面積又は敷地の部分の面積に算入しないものとする.

6 第44条第2項の規定は, 前項の規定による許可をする場合に準用する.

[建築物の敷地が地区計画等の区域の内外にわたる場合の措置]

第68条の8 第68条の2第1項の規定に基づく条例で建築物の容積率の最高限度又は建築物の建蔽率の最高限度が定められた場合において, 建築物の敷地が当該条例による制限を受ける区域の内外にわたるときは, 当該条例で定められた建築物の容積率の最高限度又は建築物の建蔽率の最高限度を, それぞれ当該建築物の当該条例による制限を受ける区域内にある部分に係る第52条第1項及び第2項の規定による建築物の容積率の限度又は第53条第1項の規定による建築物の建蔽率の限度とみなして, 第52条第7項, 第14項及び第15項又は第53条第2項及び第4項から第6項までの規定を適用する.

第8節 都市計画区域及び準都市計画区域以外の区域内の建築物の敷地及び構造

第68条の9 第6条第1項第四号の規定に基づき, 都道府県知事が関係市町村の意見を聴いて指定する区域内においては, 地方公共団体は, 当該区域内における土地利用の状況等を考慮し, 適正かつ合理的な土地利用を図るため必要と認めるときは, 政令で定める基準に従い, 条例で, 建築物又はその敷地と道路との関係, 建築物の容積率, 建築物の高さその他の建築物の敷地又は構造に関して必要な制限を定めることができる. 〈関連：令第136条の2の9【p.316】〉

2 景観法第74条第1項の準景観地区内においては, 市町村は, 良好な景観の保全を図るため必要があると認めるときは, 政令で定める基準に従い, 条例で, 建築物の高さ, 壁面の位置その他の建築物の構造又は敷地に関して必要な制限を定めることができる. 〈関連：令第136条の2の10【p.316】〉

第 3 章の 2 　型式適合認定等

[型式適合認定]

第 68 条の 10　国土交通大臣は，申請により，建築材料又は主要構造部，建築設備その他の建築物の部分で，政令で定めるものの型式が，前 3 章の規定又はこれに基づく命令の規定（第 68 条の 25 第 1 項の構造方法等の認定の内容を含む.）のうち当該建築材料又は建築物の部分の構造上の基準その他の技術的基準に関する政令で定める一連の規定に適合するものであることの認定（以下「型式適合認定」という.）を行うことができる.　〈関連：令第 136 条の 2 の 11【p.318】，令第 144 条の 2【p.344】〉

2　型式適合認定の申請の手続その他型式適合認定に関し必要な事項は，国土交通省令で定める.　〈関連：規第 10 条の 5 の 2【p.509】〉

[型式部材等製造者の認証]

第 68 条の 11　国土交通大臣は，申請により，規格化された型式の建築材料，建築物の部分又は建築物で，国土交通省令で定めるもの（以下この章において「型式部材等」という.）の製造又は新築（以下この章において単に「製造」という.）をする者について，当該型式部材等の製造者としての認証を行う.

〈関連：規第 10 条の 5 の 4【p.510】〉

2　前項の申請をしようとする者は，国土交通省令で定めるところにより，国土交通省令で定める事項を記載した申請書を提出して，これを行わなければならない.

〈関連：規第 10 条の 5 の 5～第 10 条の 5 の 6【p.511】〉

3　国土交通大臣は，第 1 項の規定による認証をしたときは，国土交通省令で定めるところにより，その旨を公示しなければならない.

〈関連：規第 10 条の 5 の 7【p.512】〉

[欠格条項]

第 68 条の 12　次の各号のいずれかに該当する者は，前条第 1 項の規定による認証を受けることができない.

一　建築基準法令の規定により刑に処せられ，その執行を終わり，又は執行を受けることがなくなった日から起算して 2 年を経過しない者

二　第 68 条の 21 第 1 項若しくは第 2 項又は第 68 条の 23 第 1 項若しくは第 2 項の規定により認証を取り消され，その取消しの日から起算して 2 年を経過しない者

三　法人であって，その役員のうちに前二号のいずれかに該当する者があるもの

[認証の基準]

第 68 条の 13　国土交通大臣は，第 68 条の 11 第 1 項の申請が次に掲げる基準に適合していると認めるときは，同項の規定による認証をしなければならない.

一　申請に係る型式部材等の型式で型式部材等の種類ごとに国土交通省令で定めるものが型式適合認定を受けたものであること.　〈関連：規第 10 条の 5 の 8【p.512】〉

二　申請に係る型式部材等の製造設備，検査設備，検査方法，品質管理方法その他品質保持に必要な技術的生産条件が国土交通省令で定める技術的基準に適合していると認められること.　〈関連：規第 10 条の 5 の 9【p.512】〉

第 68 条の 14　第 68 条の 11 第 1 項の規定による認証は，5 年以上 10 年以内におい
て政令で定める期間ごとにその更新を受けなければ，その期間の経過によって，そ
の効力を失う．　　　　　　　　　　　　　　　　〈関連：令第 136 条の 2 の 12【p.319】〉

2　第 68 条の 11 第 2 項及び前 2 条の規定は，前項の認証の更新の場合について準
用する．

［承継］

第 68 条の 15　第 68 条の 11 第 1 項の認証を受けた者（以下この章において「認証型
式部材等製造者」という．）が当該認証に係る型式部材等の製造の事業の全部を譲
渡し，又は認証型式部材等製造者について相続，合併若しくは分割（当該認証に係
る型式部材等の製造の事業の全部を承継させるものに限る．）があったときは，そ
の事業の全部を譲り受けた者又は相続人（相続人が 2 人以上ある場合において，そ
の全員の同意により当該事業を承継すべき相続人を選定したときは，その者．以下
この条において同じ．），合併後存続する法人若しくは合併により設立した法人若し
くは分割によりその事業の全部を継承した法人は，その認証型式部材等製造者の地
位を承継する．ただし，当該事業の全部を譲り受けた者又は相続人，合併後存続す
る法人若しくは合併により設立した法人若しくは分割により当該事業の全部を承継
した法人が第 68 条の 12 各号のいずれかに該当するときは，この限りでない．

［変更の届出］

第 68 条の 16　認証型式部材等製造者は，第 68 条の 11 第 2 項の国土交通省令で定め
る事項に変更（国土交通省令で定める軽微なものを除く．）があったときは，国土
交通省令で定めるところにより，その旨を国土交通大臣に届け出なければならな
い．　　　　　　　　　　　　〈関連：規第 10 条の 5 の 10【p.514】～第 10 条の 5 の 11【p.514】〉

［廃止の届出］

第 68 条の 17　認証型式部材等製造者は，当該認証に係る型式部材等の製造の事業を
廃止しようとするときは，国土交通省令で定めるところにより，あらかじめ，その
旨を国土交通大臣に届け出なければならない．　　〈関連：規第 10 条の 5 の 12【p.515】〉

2　前項の規定による届出があったときは，当該届出に係る第 68 条の 11 第 1 項の
規定による認証は，その効力を失う．

3　国土交通大臣は，第 1 項の規定による届出があったときは，その旨を公示しな
ければならない．

［型式適合義務等］

第 68 条の 18　認証型式部材等製造者は，その認証に係る型式部材等の製造をすると
きは，当該型式部材等がその認証に係る型式に適合するようにしなければならな
い．ただし，輸出のため当該型式部材等の製造をする場合，試験的に当該型式部材
等の製造をする場合その他の国土交通省令で定める場合は，この限りでない．

〈関連：規第 10 条の 5 の 13【p.515】〉

2　認証型式部材等製造者は，国土交通省令で定めるところにより，製造をする当
該認証に係る型式部材等について検査を行い，その検査記録を作成し，これを保存
しなければならない．　　　　　　　　　　　　〈関連：規第 10 条の 5 の 14【p.515】〉

［表示等］

第 68 条の 19　認証型式部材等製造者は，その認証に係る型式部材等の製造をしたときは，これに当該型式部材等が認証型式部材等製造者が製造をした型式部材等であることを示す国土交通省令で定める方式による特別な表示を付することができる．

〈関連：規第 10 条の 5 の 15【p.516】〉

2　何人も，前項の規定による場合を除くほか，建築材料，建築物の部分又は建築物に，同項の表示又はこれと紛らわしい表示を付してはならない．

［認証型式部材等に関する確認及び検査の特例］

第 68 条の 20　認証型式部材等製造者が製造をするその認証に係る型式部材等（以下この章において「認証型式部材等」という．）は，第 6 条第 4 項に規定する審査，第 6 条の 2 第 1 項の規定による確認のための審査又は第 18 条第 3 項に規定する審査において，その認証に係る型式に適合するものとみなす．

2　建築物以外の認証型式部材等で前条第 1 項の表示を付したもの及び建築物である認証型式部材等でその新築の工事が国土交通省令で定めるところにより建築士である工事監理者によって設計図書のとおり実施されたことが確認されたものは，第 7 条第 4 項，第 7 条の 2 第 1 項，第 7 条の 3 第 4 項，第 7 条の 4 第 1 項又は第 18 条第 17 項若しくは第 20 項の規定による検査において，その認証に係る型式に適合するものとみなす．

〈関連：規第 10 条の 5 の 16【p.516】〉

［認証の取消し］

第 68 条の 21　国土交通大臣は，認証型式部材等製造者が次の各号のいずれかに該当するときは，その認証を取り消さなければならない．

一　第 68 条の 12 第一号又は第三号に該当するに至ったとき．

二　当該認証に係る型式適合認定が取り消されたとき．

2　国土交通大臣は，認証型式部材等製造者が次の各号のいずれかに該当するときは，その認証を取り消すことができる．

一　第 68 条の 16，第 68 条の 18 又は第 68 条の 19 第 2 項の規定に違反したとき．

二　認証型式部材等の製造設備，検査設備，検査方法，品質管理方法その他品質保持に必要な技術的生産条件が，第 68 条の 13 第二号の国土交通省令で定める技術的基準に適合していないと認めるとき．

三　不正な手段により認証を受けたとき．

3　国土交通大臣は，前 2 項の規定により認証を取り消したときは，国土交通省令で定めるところにより，その旨を公示しなければならない．

〈関連：規第 10 条の 5 の 17【p.516】〉

［外国型式部材等製造者の認証］

第 68 条の 22　国土交通大臣は，申請により，外国において本邦に輸出される型式部材等の製造をする者について，当該型式部材等の外国製造者としての認証を行う．

2　第 68 条の 11 第 2 項及び第 3 項並びに第 68 条の 12 から第 68 条の 14 までの規定は前項の認証に，第 68 条の 15 から第 68 条の 19 までの規定は同項の認証を受けた者（以下この章において「認証外国型式部材等製造者」という．）に，第 68 条の 20 の規定は認証外国型式部材等製造者が製造をする型式部材等に準用する．この場合において，第 68 条の 19 第 2 項中「何人も」とあるのは「認証外国型式部材等

製造者は」と、「建築材料」とあるのは「本邦に輸出される建築材料」と読み替えるものとする。

[認証の取消し]

第68条の23　国土交通大臣は、認証外国型式部材等製造者が次の各号のいずれかに該当するときは、その認証を取り消さなければならない。

一　前条第2項において準用する第68条の12第一号又は第三号に該当するに至ったとき。

二　当該認証に係る型式適合認定が取り消されたとき。

2　国土交通大臣は、認証外国型式部材等製造者が次の各号のいずれかに該当するときは、その認証を取り消すことができる。

一　前条第2項において準用する第68条の16、第68条の18又は第68条の19第2項の規定に違反したとき。

二　認証に係る型式部材等の製造設備、検査設備、検査方法、品質管理方法その他品質保持に必要な技術的生産条件が、前条第2項において準用する第68条の13第二号の国土交通省令で定める技術的基準に適合していないと認めるとき。

三　不正な手段により認証を受けたとき。

四　第15条の2第1項の規定による報告若しくは物件の提出をせず、又は虚偽の報告若しくは虚偽の物件の提出をしたとき。

五　第15条の2第1項の規定による検査若しくは試験を拒み、妨げ、若しくは忌避し、又は同項の規定による質問に対して答弁をせず、若しくは虚偽の答弁をしたとき。

六　第4項の規定による費用の負担をしないとき。

3　国土交通大臣は、前2項の規定により認証を取り消したときは、国土交通省令で定めるところにより、その旨を公示しなければならない。

〈関連：規第10条の5の17【p.516】〉

4　第15条の2第1項の規定による検査又は試験に要する費用（政令で定めるものに限る。）は、当該検査又は試験を受ける認証外国型式部材等製造者の負担とする。

〈関連：令第136条の2の13【p.319】〉

[指定認定機関等による認定等の実施]

第68条の24　国土交通大臣は、第77条の36から第77条の39までの規定の定めるところにより指定する者に、型式適合認定又は第68条の11第1項若しくは第68条の22第1項の規定による認証、第68条の14第1項（第68条の22第2項において準用する場合を含む。）の認証の更新及び第68条の11第3項（第68条の22第2項において準用する場合を含む。）の規定による公示（以下「認定等」という。）の全部又は一部を行わせることができる。　〈関連：機関省令第42条〉

2　国土交通大臣は、前項の規定による指定をしたときは、当該指定を受けた者が行う認定等を行わないものとする。

3　国土交通大臣は、第77条の54の規定の定めるところにより承認する者に、認定等（外国において事業を行う者の申請に基づき行うものに限る。）の全部又は一部を行わせることができる。

［構造方法等の認定］

第68条の25　構造方法等の認定（前3章の規定又はこれに基づく命令の規定で，建築物の構造上の基準その他の技術的基準に関するものに基づき国土交通大臣がする構造方法，建築材料又はプログラムに係る認定をいう．以下同じ．）の申請をしようとする者は，国土交通省令で定めるところにより，国土交通省令で定める事項を記載した申請書を国土交通大臣に提出して，これをしなければならない．

〈関連：規第10条の5の21【p.517】〉

2　国土交通大臣は，構造方法等の認定のための審査に当たっては，審査に係る構造方法，建築材料又はプログラムの性能に関する評価（以下この条において単に「評価」という．）に基づきこれを行うものとする．

3　国土交通大臣は，第77条の56の規定の定めるところにより指定する者に，構造方法等の認定のための審査に必要な評価の全部又は一部を行わせることができる．

4　国土交通大臣は，前項の規定による指定をしたときは，当該指定を受けた者が行う評価を行わないものとする．

5　国土交通大臣が第3項の規定による指定をした場合において，当該指定に係る構造方法等の認定の申請をしようとする者は，第7項の規定により申請する場合を除き，第3項の規定による指定を受けた者が作成した当該申請に係る構造方法，建築材料又はプログラムの性能に関する評価書（以下この条において「性能評価書」という．）を第1項の申請書に添えて，これをしなければならない．この場合において，国土交通大臣は，当該性能評価書に基づき構造方法等の認定のための審査を行うものとする．

6　国土交通大臣は，第77条の57の規定の定めるところにより承認する者に，構造方法等の認定のための審査に必要な評価（外国において事業を行う者の申請に基づき行うものに限る．）の全部又は一部を行わせることができる．

7　外国において事業を行う者は，前項の承認を受けた者が作成した性能評価書を第1項の申請書に添えて構造方法等の認定を申請することができる．この場合において，国土交通大臣は，当該性能評価書に基づき構造方法等の認定のための審査を行うものとする．

［特殊構造方法等認定］

第68条の26　特殊構造方法等認定（第38条（第66条及び第67条の2において準用する場合を含む．）の規定による認定をいう．以下同じ．）の申請をしようとする者は，国土交通省令で定めるところにより，国土交通省令で定める事項を記載した申請書を国土交通大臣に提出して，これをしなければならない．

〈関連：規第10条の5の23【p.517】〉

第4章　建築協定

[建築協定の目的]

第69条　市町村は，その区域の一部について，住宅地としての環境又は商店街としての利便を高度に維持増進する等建築物の利用を増進し，かつ，土地の環境を改善するために必要と認める場合においては，土地の所有者及び借地権を有する者（土地区画整理法第98条第1項（大都市地域における住宅及び住宅地の供給の促進に関する特別措置法第83条において準用する場合を含む．次条第3項，第74条の2第1項及び第2項並びに第75条の2第1項，第2項及び第5項において同じ．）の規定により仮換地として指定された土地にあっては，当該土地に対応する従前の土地の所有者及び借地権を有する者．以下「土地の所有者等」と総称する．）が当該土地について一定の区域を定め，その区域内における建築物の敷地，位置，構造，用途，形態，意匠又は建築設備に関する基準についての協定（以下「建築協定」という．）を締結することができる旨を，条例で，定めることができる．

[建築協定の認可の申請]

第70条　前条の規定による建築協定を締結しようとする土地の所有者等は，協定の目的となっている土地の区域（以下「建築協定区域」という．），建築物に関する基準，協定の有効期間及び協定違反があった場合の措置を定めた建築協定書を作成し，その代表者によって，これを特定行政庁に提出し，その認可を受けなければならない．

2　前項の建築協定書においては，同項に規定するもののほか，前条の条例で定める区域内の土地のうち，建築協定区域に隣接した土地であって，建築協定区域の一部とすることにより建築物の利用の増進及び土地の環境の改善に資するものとして建築協定区域の土地となることを当該建築協定区域内の土地の所有者等が希望するもの（以下「建築協定区域隣接地」という．）を定めることができる．

3　第1項の建築協定書については，土地の所有者等の全員の合意がなければならない．ただし，当該建築協定区域内の土地（土地区画整理法第98条第1項の規定により仮換地として指定された土地にあっては，当該土地に対応する従前の土地）に借地権の目的となっている土地がある場合においては，当該借地権の目的となっている土地の所有者以外の土地の所有者等の全員の合意があれば足りる．

4　第1項の規定によって建築協定書を提出する場合において，当該建築協定区域が建築主事を置く市町村の区域外にあるときは，その所在地の市町村の長を経由しなければならない．

[申請に係る建築協定の公告]

第71条　市町村の長は，前条第1項又は第4項の規定による建築協定書の提出があった場合においては，遅滞なく，その旨を公告し，20日以上の相当の期間を定めて，これを関係人の縦覧に供さなければならない．

[公開による意見の聴取]

第72条　市町村の長は，前条の縦覧期間の満了後，関係人の出頭を求めて公開による意見の聴取を行わなければならない．

2 　建築主事を置く市町村以外の市町村の長は，前項の意見の聴取をした後，遅滞なく，当該建築協定書を，同項の規定による意見の聴取の記録を添えて，都道府県知事に送付しなければならない．この場合において，当該市町村の長は，当該建築協定書の内容について意見があるときは，その意見を付さなければならない．

[建築協定の認可]

第73条　特定行政庁は，当該建築協定の認可の申請が，次に掲げる条件に該当するときは，当該建築協定を認可しなければならない．

一　建築協定の目的となっている土地又は建築物の利用を不当に制限するものでないこと．

二　第69条の目的に合致するものであること．

三　建築協定において建築協定区域隣接地を定める場合には，その区域の境界が明確に定められていることその他の建築協定区域隣接地について国土交通省令で定める基準に適合するものであること．　　　　　　　　　〈関連：規第10条の6【p.518】〉

2 　特定行政庁は，前項の認可をした場合においては，遅滞なく，その旨を公告しなければならない．この場合において，当該建築協定が建築主事を置く市町村の区域外の区域に係るものであるときは，都道府県知事は，その認可した建築協定に係る建築協定書の写し1通を当該建築協定区域及び建築協定区域隣接地の所在地の市町村の長に送付しなければならない．

3 　第1項の規定による認可をした市町村の長又は前項の規定によって建築協定書の写の送付を受けた市町村の長は，その建築協定書を当該市町村の事務所に備えて，一般の縦覧に供しなければならない．

[建築協定の変更]

第74条　建築協定区域内における土地の所有者等（当該建築協定の効力が及ばない者を除く．）は，前条第1項の規定による認可を受けた建築協定に係る建築協定区域，建築物に関する基準，有効期間，協定違反があった場合の措置又は建築協定区域隣接地を変更しようとする場合においては，その旨を定め，これを特定行政庁に申請してその認可を受けなければならない．

2 　前4条の規定は，前項の認可の手続に準用する．

第74条の2　建築協定区域内の土地（土地区画整理法第98条第1項の規定により仮換地として指定された土地にあっては，当該土地に対応する従前の土地）で当該建築協定の効力が及ばない者の所有するものの全部又は一部について借地権が消滅した場合においては，その借地権の目的となっていた土地（同項の規定により仮換地として指定された土地に対応する従前の土地にあっては，当該土地についての仮換地として指定された土地）は，当該建築協定区域から除かれるものとする．

2 　建築協定区域内の土地で土地区画整理法第98条第1項の規定により仮換地として指定されたものが，同法第86条第1項の換地計画又は大都市地域における住宅及び住宅地の供給の促進に関する特別措置法第72条第1項の換地計画において当該土地に対応する従前の土地についての換地として定められず，かつ，土地区画整理法第91条第3項（大都市地域における住宅及び住宅地の供給の促進に関する特別措置法第82条において準用する場合を含む．）の規定により当該土地に対応する従前の土地の所有者に対してその共有持分を与えるように定められた土地としても

定められなかったときは，当該土地は，土地区画整理法第103条第4項（大都市地域における住宅及び住宅地の供給の促進に関する特別措置法第83条において準用する場合を含む．）の公告があった日が終了した時において当該建築協定区域から除かれるものとする．

3　前2項の場合においては，当該借地権を有していた者又は当該仮換地として指定されていた土地に対応する従前の土地に係る土地の所有者等（当該建築協定の効力が及ばない者を除く．）は，遅滞なく，その旨を特定行政庁に届け出なければならない．

4　特定行政庁は，前項の規定による届出があった場合その他第1項又は第2項の規定により建築協定区域内の土地が当該建築協定区域から除かれたことを知った場合においては，遅滞なく，その旨を公告しなければならない．

[建築協定の効力]

第75条　第73条第2項又はこれを準用する第74条第2項の規定による認可の公告（次条において「建築協定の認可等の公告」という．）のあった建築協定は，その公告のあった日以後において当該建築協定区域内の土地の所有者等となった者（当該建築協定について第70条第3項又はこれを準用する第74条第2項の規定による合意をしなかった者の有する土地の所有権を承継した者を除く．）に対しても，その効力があるものとする．

[建築協定の認可等の公告のあった日以後建築協定に加わる手続等]

第75条の2　建築協定区域内の土地の所有者（土地区画整理法第98条第1項の規定により仮換地として指定された土地にあっては，当該土地に対応する従前の土地の所有者）で当該建築協定の効力が及ばないものは，建築協定の認可等の公告のあった日以後いつでも，特定行政庁に対して書面でその意思を表示することによって，当該建築協定に加わることができる．

2　建築協定区域隣接地の区域内の土地に係る土地の所有者等は，建築協定の認可等の公告のあった日以後いつでも，当該土地に係る土地の所有者等の全員の合意により，特定行政庁に対して書面でその意思を表示することによって，建築協定に加わることができる．ただし，当該土地（土地区画整理法第98条第1項の規定により仮換地として指定された土地にあっては，当該土地に対応する従前の土地）の区域内に借地権の目的となっている土地がある場合においては，当該借地権の目的となっている土地の所有者以外の土地の所有者等の全員の合意があれば足りる．

3　建築協定区域隣接地の区域内の土地に係る土地の所有者等で前項の意思を表示したものに係る土地の区域は，その意思の表示があった時以後，建築協定区域の一部となるものとする．

4　第73条第2項及び第3項の規定は，第1項又は第2項の規定による意思の表示があった場合に準用する．

5　建築協定は，第1項又は第2項の規定により当該建築協定に加わった者がその時において所有し，又は借地権を有していた当該建築協定区域内の土地（土地区画整理法第98条第1項の規定により仮換地として指定された土地にあっては，当該土地に対応する従前の土地）について，前項において準用する第73条第2項の規定による公告のあった日以後において土地の所有者等となった者（当該建築協定に

ついて第2項の規定による合意をしなかった者の有する土地の所有権を承継した者及び前条の規定の適用がある者を除く.)に対しても,その効力があるものとする.

[建築協定の廃止]

第76条 建築協定区域内の土地の所有者等（当該建築協定の効力が及ばない者を除く.）は,第73条第1項の規定による認可を受けた建築協定を廃止しようとする場合においては,その過半数の合意をもってその旨を定め,これを特定行政庁に申請してその認可を受けなければならない.

2 特定行政庁は,前項の認可をした場合においては,遅滞なく,その旨を公告しなければならない.

[土地の共有者等の取扱い]

第76条の2 土地の共有者又は共同借地権者は,第70条第3項（第74条第2項において準用する場合を含む.）,第75条の2第1項及び第2項並びに前条第1項の規定の適用については,合わせて一の所有者又は借地権者とみなす.

[建築協定の設定の特則]

第76条の3 第69条の条例で定める区域内における土地で,一の所有者以外に土地の所有者等が存しないものの所有者は,当該土地の区域を建築協定区域とする建築協定を定めることができる.

2 前項の規定による建築協定を定めようとする者は,建築協定区域,建築物に関する基準,協定の有効期間及び協定違反があった場合の措置を定めた建築協定書を作成し,これを特定行政庁に提出して,その認可を受けなければならない.

3 前項の建築協定書においては,同項に規定するもののほか,建築協定区域隣接地を定めることができる.

4 第70条第4項及び第71条から第73条までの規定は,第2項の認可の手続に準用する.

5 第2項の規定による認可を受けた建築協定は,認可の日から起算して3年以内において当該建築協定区域内の土地に2以上の土地の所有者等が存することとなった時から,第73条第2項の規定による認可の公告のあった建築協定と同一の効力を有する建築協定となる.

6 第74条及び第76条の規定は,前項の規定により第73条第2項の規定による認可の公告のあった建築協定と同一の効力を有する建築協定となった建築協定の変更又は廃止について準用する.

[建築物の借主の地位]

第77条 建築協定の目的となっている建築物に関する基準が建築物の借主の権限に係る場合においては,その建築協定については,当該建築物の借主は,土地の所有者等とみなす.

第4章の2　指定建築基準適合判定資格者検定機関等

第1節　指定建築基準適合判定資格者検定機関

[指定]

第77条の2　第5条の2第1項の規定による指定は，一を限り，建築基準適合判定資格者検定事務を行おうとする者の申請により行う．

[欠格条項]

第77条の3　次の各号のいずれかに該当する者は，第5条の2第1項の規定による指定を受けることができない．

一　一般社団法人又は一般財団法人以外の者

二　建築基準法令の規定により刑に処せられ，その執行を終わり，又は執行を受けることがなくなった日から起算して2年を経過しない者

三　第77条の15第1項又は第2項の規定により指定を取り消され，その取消しの日から起算して2年を経過しない者

四　その役員のうちに，イ又はロのいずれかに該当する者がある者

　イ　第二号に該当する者

　ロ　第77条の6第2項の規定による命令により解任され，その解任の日から起算して2年を経過しない者

[指定の基準]

第77条の4　国土交通大臣は，第5条の2第1項の規定による指定の申請が次に掲げる基準に適合していると認めるときでなければ，その指定をしてはならない．

一　職員（第77条の7第1項の建築基準適合判定資格者検定委員を含む．），設備，建築基準適合判定資格者検定事務の実施の方法その他の事項についての建築基準適合判定資格者検定事務の実施に関する計画が，建築基準適合判定資格者検定事務の適確な実施のために適切なものであること．

二　前号の建築基準適合判定資格者検定事務の実施に関する計画を適確に実施するに足りる経理的及び技術的な基礎を有するものであること．

三　建築基準適合判定資格者検定事務以外の業務を行っている場合には，その業務を行うことによって建築基準適合判定資格者検定事務の公正な実施に支障を及ぼすおそれがないものであること．

[指定の公示等]

第77条の5　国土交通大臣は，第5条の2第1項の規定による指定をしたときは，指定建築基準適合判定資格者検定機関の名称及び住所，建築基準適合判定資格者検定事務を行う事務所の所在地並びに建築基準適合判定資格者検定事務の開始の日を公示しなければならない．　　　　　　　　　　　　　　　〈関連：機関省令第13条〉

2　指定建築基準適合判定資格者検定機関は，その名称若しくは住所又は建築基準適合判定資格者検定事務を行う事務所の所在地を変更しようとするときは，変更し

ようとする日の2週間前までに，その旨を国土交通大臣に届け出なければならない．　　　　　　　　　　　　　　　　　　　　　　〈関連：機関省令第3条〉

3　国土交通大臣は，前項の規定による届出があったときは，その旨を公示しなければならない．　　　　　　　　　　　　　　　　　　〈関連：機関省令第13条〉

[役員の選任及び解任]

第77条の6　指定建築基準適合判定資格者検定機関の役員の選任及び解任は，国土交通大臣の認可を受けなければ，その効力を生じない．　〈関連：機関省令第4条〉

2　国土交通大臣は，指定建築基準適合判定資格者検定機関の役員が，第77条の9第1項の認可を受けた建築基準適合判定資格者検定事務規程に違反したとき，又は建築基準適合判定資格者検定事務に関し著しく不適当な行為をしたときは，指定建築基準適合判定資格者検定機関に対し，その役員を解任すべきことを命ずることができる．

[建築基準適合判定資格者検定委員]

第77条の7　指定建築基準適合判定資格者検定機関は，建築基準適合判定資格者検定の問題の作成及び採点を建築基準適合判定資格者検定委員に行わせなければならない．

2　建築基準適合判定資格者検定委員は，建築及び行政に関し学識経験のある者のうちから選任しなければならない．

3　指定建築基準適合判定資格者検定機関は，建築基準適合判定資格者検定委員を選任し，又は解任したときは，国土交通省令で定めるところにより，その旨を国土交通大臣に届け出なければならない．　　　　　　　　　〈関連：機関省令第5条〉

4　国土交通大臣は，建築基準適合判定資格者検定委員が，第77条の9第1項の認可を受けた建築基準適合判定資格者検定事務規程に違反したとき，又は建築基準適合判定資格者検定事務に関し著しく不適当な行為をしたときは，指定建築基準適合判定資格者検定機関に対し，その建築基準適合判定資格者検定委員を解任すべきことを命ずることができる．

[秘密保持義務等]

第77条の8　指定建築基準適合判定資格者検定機関の役員及び職員（建築基準適合判定資格者検定委員を含む．第3項において同じ．）並びにこれらの職にあった者は，建築基準適合判定資格者検定事務に関して知り得た秘密を漏らしてはならない．

2　前項に定めるもののほか，建築基準適合判定資格者検定委員は，建築基準適合判定資格者検定の問題の作成及び採点に当たって，厳正を保持し不正な行為のないようにしなければならない．

3　建築基準適合判定資格者検定事務に従事する指定建築基準適合判定資格者検定機関の役員及び職員は，刑法（明治40年法律第45号）その他の罰則の適用については，法令により公務に従事する職員とみなす．

[建築基準適合判定資格者検定事務規程]

第77条の9　指定建築基準適合判定資格者検定機関は，建築基準適合判定資格者検定事務の実施に関する規程（以下この節において「建築基準適合判定資格者検定事務規程」という．）を定め，国土交通大臣の認可を受けなければならない．これを

変更しようとするときも，同様とする． 〈関連：機関省令第7条〉

2 建築基準適合判定資格者検定事務規程で定めるべき事項は，国土交通省令で定める． 〈関連：機関省令第6条〉

3 国土交通大臣は，第1項の認可をした建築基準適合判定資格者検定事務規程が建築基準適合判定資格者検定事務の公正かつ適確な実施上不適当となったと認めるときは，その建築基準適合判定資格者検定事務規程を変更すべきことを命ずることができる．

[事業計画等]

第77条の10 指定建築基準適合判定資格者検定機関は，毎事業年度，事業計画及び収支予算を作成し，当該事業年度の開始前に（指定を受けた日の属する事業年度にあっては，その指定を受けた後遅滞なく），国土交通大臣の認可を受けなければならない．これを変更しようとするときも，同様とする． 〈関連：機関省令第8条〉

2 指定建築基準適合判定資格者検定機関は，毎事業年度，事業報告書及び収支決算書を作成し，当該事業年度の終了後3月以内に国土交通大臣に提出しなければならない．

[帳簿の備付け等]

第77条の11 指定建築基準適合判定資格者検定機関は，国土交通省令で定めるところにより，建築基準適合判定資格者検定事務に関する事項で国土交通省令で定めるものを記載した帳簿を備え付け，これを保存しなければならない．

〈関連：機関省令第9条〉

[監督命令]

第77条の12 国土交通大臣は，建築基準適合判定資格者検定事務の公正かつ適確な実施を確保するため必要があると認めるときは，指定建築基準適合判定資格者検定機関に対し，建築基準適合判定資格者検定事務に関し監督上必要な命令をすることができる．

[報告，検査等]

第77条の13 国土交通大臣は，建築基準適合判定資格者検定事務の公正かつ適確な実施を確保するため必要があると認めるときは，指定建築基準適合判定資格者検定機関に対し建築基準適合判定資格者検定事務に関し必要な報告を求め，又はその職員に，指定建築基準適合判定資格者検定機関の事務所に立ち入り，建築基準適合判定資格者検定事務の状況若しくは設備，帳簿，書類その他の物件を検査させ，若しくは関係者に質問させることができる．

2 第15条の2第2項及び第3項の規定は，前項の場合について準用する．

[建築基準適合判定資格者検定事務の休廃止等]

第77条の14 指定建築基準適合判定資格者検定機関は，国土交通大臣の許可を受けなければ，建築基準適合判定資格者検定事務の全部又は一部を休止し，又は廃止してはならない． 〈関連：機関省令第11条〉

2 国土交通大臣が前項の規定により建築基準適合判定資格者検定事務の全部の廃止を許可したときは，当該許可に係る指定は，その効力を失う．

3 国土交通大臣は，第1項の許可をしたときは，その旨を公示しなければならない． 〈関連：機関省令第13条〉

[指定の取消し等]

第 77 条の 15　国土交通大臣は，指定建築基準適合判定資格者検定機関が第 77 条の
3 第一号，第二号又は第四号のいずれかに該当するに至ったときは，その指定を取
り消さなければならない．

2　国土交通大臣は，指定建築基準適合判定資格者検定機関が次の各号のいずれか
に該当するときは，その指定を取り消し，又は期間を定めて建築基準適合判定資格
者検定事務の全部若しくは一部の停止を命ずることができる．

一　第 77 条の 5 第 2 項，第 77 条の 7 第 1 項から第 3 項まで，第 77 条の 10，第 77
条の 11 又は前条第 1 項の規定に違反したとき．

二　第 77 条の 9 第 1 項の認可を受けた建築基準適合判定資格者検定事務規程によら
ないで建築基準適合判定資格者検定事務を行ったとき．

三　第 77 条の 6 第 2 項，第 77 条の 7 第 4 項，第 77 条の 9 第 3 項又は第 77 条の 12
の規定による命令に違反したとき．

四　第 77 条の 4 各号に掲げる基準に適合していないと認めるとき．

五　その役員又は建築基準適合判定資格者検定委員が，建築基準適合判定資格者検定
事務に関し著しく不適当な行為をしたとき．

六　不正な手段により指定を受けたとき．

3　国土交通大臣は，前 2 項の規定により指定を取り消し，又は前項の規定により
建築基準適合判定資格者検定事務の全部若しくは一部の停止を命じたときは，その
旨を公示しなければならない．　　　　　　　　　　　　　　〈関連：機関省令第 13 条〉

[国土交通大臣による建築基準適合判定資格者検定の実施]

第 77 条の 16　国土交通大臣は，指定建築基準適合判定資格者検定機関が第 77 条の
14 第 1 項の規定により建築基準適合判定資格者検定事務の全部若しくは一部を休
止したとき，前条第 2 項の規定により指定建築基準適合判定資格者検定機関に対し
建築基準適合判定資格者検定事務の全部若しくは一部の停止を命じたとき，又は指
定建築基準適合判定資格者検定機関が天災その他の事由により建築基準適合判定資
格者検定事務の全部若しくは一部を実施することが困難となった場合において必要
があると認めるときは，第 5 条の 2 第 3 項の規定にかかわらず，建築基準適合判定
資格者検定事務の全部又は一部を自ら行うものとする．

2　国土交通大臣は，前項の規定により建築基準適合判定資格者検定事務を行い，
又は同項の規定により行っている建築基準適合判定資格者検定事務を行わないこと
としようとするときは，あらかじめ，その旨を公示しなければならない．

　　　　　　　　　　　　　　　　　　　　　　　　　　　　〈関連：機関省令第 13 条〉

3　国土交通大臣が，第 1 項の規定により建築基準適合判定資格者検定事務を行う
こととし，第 77 条の 14 第 1 項の規定により建築基準適合判定資格者検定事務の廃
止を許可し，又は前条第 1 項若しくは第 2 項の規定により指定を取り消した場合に
おける建築基準適合判定資格者検定事務の引継ぎその他の必要な事項は，国土交通
省令で定める．　　　　　　　　　　　　　　　　　　　　〈関連：機関省令第 12 条〉

[審査請求]

第 77 条の 17　指定建築基準適合判定資格者検定機関が行う建築基準適合判定資格者
検定事務に係る処分又はその不作為については，国土交通大臣に対し，審査請求を

することができる.

　この場合において，国土交通大臣は，行政不服審査法（平成26年法律第68号）第25条第2項及び第3項，第46条第1項及び第2項，第47条並びに第49条第3項の規定の適用については，指定建築基準適合判定資格者検定機関の上級行政庁とみなす.

第1節の2　指定構造計算適合判定資格者検定機関

第77条の17の2　第5条の5第1項の規定による指定は，一を限り，構造計算適合判定資格者検定事務を行おうとする者の申請により行う.

2　第77条の3，第77条の4及び第77条の5第1項の規定は第5条の5第1項の規定による指定に，第77条の5第2項及び第3項並びに第77条の6から第77条の16までの規定は指定構造計算適合判定資格者検定機関に，前条の規定は指定構造計算適合判定資格者検定機関が行う構造計算適合判定資格者検定事務について準用する.　この場合において，第77条の16第1項中「第5条の2第3項」とあるのは，「第5条の5第2項において準用する第5条の2第3項」と読み替えるものとする.

第2節　指定確認検査機関

[指定]

第77条の18　第6条の2第1項（第87条第1項，第87条の4又は第88条第1項若しくは第2項において準用する場合を含む.　以下この項において同じ.）又は第7条の2第1項（第87条の4又は第88条第1項若しくは第2項において準用する場合を含む.　以下この項において同じ.）の規定による指定（以下この節において単に「指定」という.）は，第6条の2第1項の規定による確認又は第7条の2第1項及び第7条の4第1項（第87条の4又は第88条第1項において準用する場合を含む.）の検査並びに第7条の6第1項第二号（第87条の4又は第88条第1項若しくは第2項において準用する場合を含む.）の規定による認定（以下「確認検査」という.）の業務を行おうとする者の申請により行う.

〈関連：機関省令第14条【p.548】，第22条〉

2　前項の申請は，国土交通省令で定めるところにより，国土交通省令で定める区分に従い，確認検査の業務を行う区域（以下この節において「業務区域」という.）を定めてしなければならない.　〈関連：機関省令第15条【p.549】〉

3　国土交通大臣又は都道府県知事は，指定をしようとするときは，あらかじめ，業務区域を所轄する特定行政庁（都道府県知事にあっては，当該都道府県知事を除く.）の意見を聴かなければならない.

[欠格条項]

第77条の19　次の各号のいずれかに該当する者は，指定を受けることができない.

一　未成年者

二　破産手続開始の決定を受けて復権を得ない者

三　禁錮以上の刑に処せられ，又は建築基準法令の規定により刑に処せられ，その執行を終わり，又は執行を受けることがなくなった日から起算して5年を経過しない

者

四　第77条の35第1項又は第2項の規定により指定を取り消され，その取消しの日から起算して5年を経過しない者

五　第77条の35の19第2項の規定により第77条の35の2第1項に規定する指定を取り消され，その取消しの日から起算して5年を経過しない者

六　第77条の62第2項（第77条の66第2項において準用する場合を含む．）の規定により第77条の58第1項又は第77条の66第1項の登録を消除され，その消除の日から起算して5年を経過しない者

七　建築士法第7条第四号又は第23条の4第1項第三号に該当する者

八　公務員で懲戒免職の処分を受け，その処分の日から起算して3年を経過しない者

九　心身の故障により確認検査の業務を適正に行うことができない者として国土交通省令で定めるもの

十　法人であって，その役員のうちに前各号のいずれかに該当する者があるもの

十一　その者の親会社等（その者の経営を実質的に支配することが可能となる関係にあるものとして政令で定める者をいう．以下同じ．）が前各号のいずれかに該当する者 〈関連：令第136条の2の14【p.320】〉

［指定の基準］

第77条の20　国土交通大臣又は都道府県知事は，指定の申請が次に掲げる基準に適合していると認めるときでなければ，指定をしてはならない．

一　第77条の24第1項の確認検査員（常勤の職員である者に限る．）の数が，確認検査を行おうとする建築物の種類，規模及び数に応じて国土交通省令で定める数以上であること． 〈関連：機関省令第16条【p.550】〉

二　前号に定めるもののほか，職員，確認検査の業務の実施の方法その他の事項についての確認検査の業務の実施に関する計画が，確認検査の業務の適確な実施のために適切なものであること．

三　その者の有する財産の評価額（その者が法人である場合にあっては，資本金，基本金その他これらに準ずるものの額）が国土交通省令で定める額以上であること． 〈関連：機関省令第17条【p.551】〉

四　前号に定めるもののほか，第二号の確認検査の業務の実施に関する計画を適確に実施するに足りる経理的基礎を有するものであること．

五　法人にあっては役員，法人の種類に応じて国土交通省令で定める構成員又は職員（第77条の24第1項の確認検査員を含む．以下この号において同じ．）の構成が，法人以外の者にあってはその者及びその職員の構成が，確認検査の業務の公正な実施に支障を及ぼすおそれがないものであること． 〈関連：機関省令第18条【p.552】〉

六　その者又はその者の親会社等が第77条の35の5第1項の指定構造計算適合性判定機関である場合には，当該指定構造計算適合性判定機関に対してされた第18条の2第4項の規定により読み替えて適用される第6条の3第1項の規定による構造計算適合性判定の申請に係る建築物の計画について，第6条の2第1項の規定による確認をしないものであること．

七　前号に定めるもののほか，その者又はその者の親会社等が確認検査の業務以外の業務を行っている場合には，その業務を行うことによって確認検査の業務の公正な

実施に支障を及ぼすおそれがないものであること.

八　前各号に定めるもののほか，確認検査の業務を行うにつき十分な適格性を有するものであること.

[指定の公示等]

第77条の21　国土交通大臣又は都道府県知事は，指定をしたときは，指定を受けた者（以下「指定確認検査機関」という.）の名称及び住所，指定の区分，業務区域並びに確認検査の業務を行う事務所の所在地を公示しなければならない.

2　指定確認検査機関は，その名称若しくは住所又は確認検査の業務を行う事務所の所在地を変更しようとするときは，変更しようとする日の2週間前までに，その指定をした国土交通大臣又は都道府県知事（以下この節において「国土交通大臣等」という.）にその旨を届け出なければならない.　　　　〈関連：機関省令第19条〉

3　国土交通大臣等は，前項の規定による届出があったときは，その旨を公示しなければならない.

[業務区域の変更]

第77条の22　指定確認検査機関は，業務区域を増加しようとするときは，国土交通大臣等の認可を受けなければならない.　　　　〈関連：機関省令第20条〉

2　指定確認検査機関は，業務区域を減少したときは，国土交通省令で定めるところにより，その旨を国土交通大臣等に届け出なければならない.

〈関連：機関省令第21条〉

3　第77条の18第3項及び第77条の20第一号から第四号までの規定は，第1項の認可について準用する.　この場合において，第77条の18第3項中「業務区域」とあるのは，「増加しようとする業務区域」と読み替えるものとする.

4　国土交通大臣等は，第1項の認可をしたとき又は第2項の規定による届出があったときは，その旨を公示しなければならない.

[指定の更新]

第77条の23　指定は，5年以上10年以内において政令で定める期間ごとにその更新を受けなければ，その期間の経過によって，その効力を失う.

〈関連：令第136条の2の15【p.320】〉

2　第77条の18から第77条の20までの規定は，前項の指定の更新の場合について準用する.

[確認検査員]

第77条の24　指定確認検査機関は，確認検査を行うときは，確認検査員に確認検査を実施させなければならない.

2　確認検査員は，第77条の58第1項の登録を受けた者のうちから，選任しなければならない.

3　指定確認検査機関は，確認検査員を選任し，又は解任したときは，国土交通省令で定めるところにより，その旨を国土交通大臣等に届け出なければならない.

〈関連：機関省令第24条〉

4　国土交通大臣等は，確認検査員の在任により指定確認検査機関が第77条の20第五号に掲げる基準に適合しなくなったときは，指定確認検査機関に対し，その確認検査員を解任すべきことを命ずることができる.

[秘密保持義務等]

第77条の25　指定確認検査機関（その者が法人である場合にあっては，その役員．次項において同じ．）及びその職員（確認検査員を含む．次項において同じ．）並びにこれらの者であった者は，確認検査の業務に関して知り得た秘密を漏らし，又は盗用してはならない．

2　指定確認検査機関及びその職員で確認検査の業務に従事するものは，刑法その他の罰則の適用については，法令により公務に従事する職員とみなす．

[確認検査の義務]

第77条の26　指定確認検査機関は，確認検査を行うべきことを求められたときは，正当な理由がある場合を除き，遅滞なく，確認検査を行わなければならない．

[確認検査業務規程]

第77条の27　指定確認検査機関は，確認検査の業務に関する規程（以下この節において「確認検査業務規程」という．）を定め，国土交通大臣等の認可を受けなければならない．これを変更しようとするときも，同様とする．〈関連：機関省令第25条〉

2　確認検査業務規程で定めるべき事項は，国土交通省令で定める．

〈関連：機関省令第26条〉

3　国土交通大臣等は，第1項の認可をした確認検査業務規程が確認検査の公正かつ適確な実施上不適当となったと認めるときは，その確認検査業務規程を変更すべきことを命ずることができる．

[指定区分等の掲示]

第77条の28　指定確認検査機関は，国土交通省令で定めるところにより，指定の区分，業務区域その他国土交通省令で定める事項を，その事務所において公衆に見やすいように掲示しなければならない．〈関連：機関省令第27条〉

[帳簿の備付け等]

第77条の29　指定確認検査機関は，国土交通省令で定めるところにより，確認検査の業務に関する事項で国土交通省令で定めるものを記載した帳簿を備え付け，これを保存しなければならない．〈関連：機関省令第28条〉

2　前項に定めるもののほか，指定確認検査機関は，国土交通省令で定めるところにより，確認検査の業務に関する書類で国土交通省令で定めるものを保存しなければならない．〈関連：機関省令第29条〉

[書類の閲覧]

第77条の29の2　指定確認検査機関は，国土交通省令で定めるところにより，確認検査の業務を行う事務所に次に掲げる書類を備え置き，第6条の2第1項の規定による確認を受けようとする者その他の関係者の求めに応じ，これを閲覧させなければならない．〈関連：機関省令第29条の2〉

一　当該指定確認検査機関の業務の実績を記載した書類

二　確認検査員の氏名及び略歴を記載した書類

三　確認検査の業務に関し生じた損害を賠償するために必要な金額を担保するための保険契約の締結その他の措置を講じている場合にあっては，その内容を記載した書類

四　その他指定確認検査機関の業務及び財務に関する書類で国土交通省令で定めるも

の

〈関連：機関省令第 29 条の 2〉

[監督命令]

第 77 条の 30　国土交通大臣等は，確認検査の業務の公正かつ適確な実施を確保するため必要があると認めるときは，その指定に係る指定確認検査機関に対し，確認検査の業務に関し監督上必要な命令をすることができる．

2　国土交通大臣等は，前項の規定による命令をしたときは，国土交通省令で定めるところにより，その旨を公示しなければならない．　　〈関連：機関省令第 29 条の 3〉

[報告，検査等]

第 77 条の 31　国土交通大臣等は，確認検査の業務の公正かつ適確な実施を確保するため必要があると認めるときは，その指定に係る指定確認検査機関に対し確認検査の業務に関し必要な報告を求め，又はその職員に，指定確認検査機関の事務所に立ち入り，確認検査の業務の状況若しくは帳簿，書類その他の物件を検査させ，若しくは関係者に質問させることができる．

2　特定行政庁は，その指揮監督の下にある建築主事が第 6 条第 1 項の規定による確認をする権限を有する建築物の確認検査の適正な実施を確保するため必要があると認めるときは，その職員に，指定確認検査機関の事務所に立ち入り，確認検査の業務の状況若しくは帳簿，書類その他の物件を検査させ，又は関係者に質問させることができる．

3　特定行政庁は，前項の規定による立入検査の結果，当該指定確認検査機関が，確認検査業務規程に違反する行為をし，又は確認検査の業務に関し著しく不適当な行為をした事実があると認めるときは，国土交通省令で定めるところにより，その旨を国土交通大臣等に報告しなければならない．　　〈関連：機関省令第 29 条の 4〉

4　前項の規定による報告を受けた場合において，国土交通大臣等は，必要に応じ，第 77 条の 35 第 2 項の規定による確認検査の業務の全部又は一部の停止命令その他の措置を講ずるものとする．

5　第 15 条の 2 第 2 項及び第 3 項の規定は，第 1 項及び第 2 項の場合について準用する．

[照会及び指示]

第 77 条の 32　指定確認検査機関は，確認検査の適正な実施のため必要な事項について，特定行政庁に照会することができる．この場合において，当該特定行政庁は，当該照会をした者に対して，照会に係る事項の通知その他必要な措置を講ずるものとする．

2　特定行政庁は，前条第 2 項に規定する建築物の確認検査の適正な実施を確保するため必要があると認めるときは，指定確認検査機関に対し，当該確認検査の適正な実施のために必要な措置をとるべきことを指示することができる．

[指定確認検査機関に対する配慮]

第 77 条の 33　国土交通大臣及び地方公共団体は，指定確認検査機関に対して，確認検査の業務の適確な実施に必要な情報の提供その他の必要な配慮をするものとする．

[確認検査の業務の休廃止等]

第 77 条の 34　指定確認検査機関は，確認検査の業務の全部又は一部を休止し，又は

廃止しようとするときは，国土交通省令で定めるところにより，あらかじめ，その旨を国土交通大臣等に届け出なければならない． 〈関連：機関省令第30条〉

2　前項の規定により確認検査の業務の全部を廃止しようとする届出があったときは，当該届出に係る指定は，その効力を失う．

3　国土交通大臣等は，第1項の規定による届出があったときは，その旨を公示しなければならない．

［指定の取消し等］

第77条の35　国土交通大臣等は，その指定に係る指定確認検査機関が第77条の19各号（第四号を除く．）のいずれかに該当するに至ったときは，その指定を取り消さなければならない．

2　国土交通大臣等は，その指定に係る指定確認検査機関が次の各号のいずれかに該当するときは，その指定を取り消し，又は期間を定めて確認検査の業務の全部若しくは一部の停止を命ずることができる．

一　第6条の2第4項若しくは第5項（これらの規定を第87条第1項，第87条の4又は第88条第1項若しくは第2項において準用する場合を含む．），第7条の2第3項から第6項まで（これらの規定を第87条の4又は第88条第1項若しくは第2項において準用する場合を含む．），第7条の4第2項，第3項若しくは第6項（これらの規定を第87条の4又は第88条第1項において準用する場合を含む．），第7条の6第3項（第87条の4又は第88条第1項若しくは第2項において準用する場合を含む．），第18条の3第3項，第77条の21第2項，第77条の22第1項若しくは第2項，第77条の24第1項から第3項まで，第77条の26，第77条の28から第77条の29の2まで又は前条第1項の規定に違反したとき．

二　第77条の27第1項の認可を受けた確認検査業務規程によらないで確認検査を行ったとき．

三　第77条の24第4項，第77条の27第3項又は第77条の30第1項の規定による命令に違反したとき．

四　第77条の20各号に掲げる基準に適合していないと認めるとき．

五　確認検査の業務に関し著しく不適当な行為をしたとき，又はその業務に従事する確認検査員若しくは法人にあってはその役員が，確認検査の業務に関し著しく不適当な行為をしたとき．

六　不正な手段により指定を受けたとき．

3　国土交通大臣等は，前2項の規定により指定を取り消し，又は前項の規定により確認検査の業務の全部若しくは一部の停止を命じたときは，その旨を公示しなければならない． 〈関連：機関省令第30条の2〉

第3節　指定構造計算適合性判定機関

［指定］

第77条の35の2　第18条の2第1項の規定による指定（以下この節において単に「指定」という．）は，構造計算適合性判定の業務を行おうとする者の申請により行う． 〈関連：機関省令第31条の3【p.552】〉

2　前項の申請は，国土交通省令で定めるところにより，構造計算適合性判定の業

務を行う区域（以下この節において「業務区域」という.）を定めてしなければならない.

3　国土交通大臣は，指定しようとするときは，あらかじめ，業務区域を所轄する都道府県知事の意見を聴かなければならない.

[欠格条項]

第77条の35の3　次の各号のいずれかに該当する者は，指定を受けることができない.

一　未成年者

二　破産手続開始の決定を受けて復権を得ない者

三　禁錮以上の刑に処せられ，又は建築基準法令の規定により刑に処せられ，その執行を終わり，又は執行を受けることがなくなった日から起算して5年を経過しない者

四　第77条の35第2項の規定により第77条の18第1項に規定する指定を取り消され，その取消しの日から起算して5年を経過しない者

五　第77条の35の19第1項又は第2項の規定により指定を取り消され，その取消しの日から起算して5年を経過しない者

六　第77条の62第2項（第77条の66第2項において準用する場合を含む.）の規定により第77条の58第1項又は第77条の66第1項の登録を消除され，その消除の日から起算して5年を経過しない者

七　建築士法第7条第四号又は第23条の4第1項第三号に該当する者

八　公務員で懲戒免職の処分を受け，その処分の日から起算して3年を経過しない者

九　心身の故障により構造計算適合性判定の業務を適正に行うことができない者として国土交通省令で定めるもの

十　法人であって，その役員のうちに前各号のいずれかに該当する者があるもの

十一　その者の親会社等が前各号のいずれかに該当する者

[指定の基準]

第77条の35の4　国土交通大臣又は都道府県知事は，指定の申請が次に掲げる基準に適合していると認めるときでなければ，指定をしてはならない.

一　第77条の35の9第1項の構造計算適合性判定員（職員である者に限る.）の数が，構造計算適合性判定を行おうとする建築物の規模及び数に応じて国土交通省令で定める数以上であること.　　　　〈関連：機関省令第31条の3の2【p.553】〉

二　前号に定めるもののほか，職員，設備，構造計算適合性判定の業務の実施の方法その他の事項についての構造計算適合性判定の業務の実施に関する計画が，構造計算適合性判定の業務の適確な実施のために適切なものであること.

三　その者の有する財産の評価額（その者が法人である場合にあっては，資本金，基本金その他これらに準ずるものの額）が国土交通省令で定める額以上であること.　　　　〈関連：機関省令第31条の3の3【p.553】〉

四　前号に定めるもののほか，第二号の構造計算適合性判定の業務の実施に関する計画を適確に実施するに足りる経理的基礎を有するものであること.

五　法人にあっては役員，第77条の20第五号の国土交通省令で定める構成員又は職員（第77条の35の9第1項の構造計算適合性判定員を含む.以下この号において

同じ.）の構成が，法人以外の者にあってはその者及びその職員の構成が，構造計算適合性判定の業務の公正な実施に支障を及ぼすおそれがないものであること.

六　その者又はその者の親会社等が指定確認検査機関である場合には，当該指定確認検査機関に対してされた第6条の2第1項の規定による確認の申請に係る建築物の計画について，第18条の2第4項の規定により読み替えて適用される第6条の3第1項の規定による構造計算適合性判定を行わないものであること.

七　前号に定めるもののほか，その者又はその者の親会社等が構造計算適合性判定の業務以外の業務を行っている場合には，その業務を行うことによって構造計算適合性判定の業務の公正な実施に支障を及ぼすおそれがないものであること.

八　前各号に定めるもののほか，構造計算適合性判定の業務を行うにつき十分な適格性を有するものであること.

[指定の公示等]

第77条の35の5　国土交通大臣又は都道府県知事は，指定をしたときは，指定を受けた者（以下この節及び第100条において「指定構造計算適合性判定機関」という.）の名称及び住所並びに業務区域を公示しなければならない.

2　指定構造計算適合性判定機関は，その名称又は住所を変更しようとするときは，変更しようとする日の2週間前までに，その指定した国土交通大臣又は都道府県知事（以下この節において「国土交通大臣等」という.）にその旨を届け出なければならない.　　　　　　　　　　　　　　　　　　　　〈関連：機関省令第31条の4〉

3　国土交通大臣等は，前項の規定による届出があったときは，その旨を公示しなければならない.

[業務区域の変更]

第77条の35の6　指定構造計算適合性判定機関は，業務区域を増加し，又は減少しようとするときは，国土交通大臣等の認可を受けなければならない.

〈関連：機関省令第31条の4の2〉

2　国土交通大臣は，指定構造計算適合性判定機関が業務区域を減少しようとするときは，当該業務区域の減少により構造計算適合性判定の業務の適正かつ確実な実施が損なわれるおそれがないと認めるときでなければ，前項の認可をしてはならない.

3　第77条の35の2第3項及び第77条の35の4第一号から第四号までの規定は，第1項の認可について準用する.　この場合において，第77条の35の2第3項中「業務区域」とあるのは，「増加し，又は減少しようとする業務区域」と読み替えるものとする.

4　国土交通大臣等は，第1項の認可をしたときは，その旨を公示しなければならない.

[指定の更新]

第77条の35の7　指定は，5年以上10年以内において政令で定める期間ごとにその更新を受けなければ，その期間の経過によって，その効力を失う.

〈関連：令第136条の2の16【p.320】〉

2　第77条の35の2から第77条の35の4までの規定は，前項の指定の更新の場合について準用する.

[委任の公示等]

第77条の35の8　第18条の2第1項の規定により指定構造計算適合性判定機関に
その構造計算適合性判定を行わせることとした都道府県知事（以下「委任都道府県
知事」という．）は，当該指定構造計算適合性判定機関の名称及び住所，業務区域
並びに当該構造計算適合性判定の業務を行う事務所の所在地並びに当該指定構造計
算適合性判定機関に行わせることとした構造計算適合性判定の業務及び当該構造計
算適合性判定の業務の開始の日を公示しなければならない．

2　国土交通大臣の指定に係る指定構造計算適合性判定機関は，その名称又は住所
を変更しようとするときは委任都道府県知事に，構造計算適合性判定の業務を行う
事務所の所在地を変更しようとするときは関係委任都道府県知事に，それぞれ，変
更しようとする日の2週間前までに，その旨を届け出なければならない．

〈関連：機関省令第31条の6第1項〉

3　都道府県知事の指定に係る指定構造計算適合性判定機関は，構造計算適合性判
定の業務を行う事務所の所在地を変更しようとするときは，変更しようとする日の
2週間前までに，その旨を委任都道府県知事に届け出なければならない．

〈関連：機関省令第31条の6第2項〉

4　委任都道府県知事は，前2項の規定による届出があったときは，その旨を公示
しなければならない．

[構造計算適合性判定員]

第77条の35の9　指定構造計算適合性判定機関は，構造計算適合性判定を行うと
きは，構造計算適合性判定員に構造計算適合性判定を実施させなければならない．

2　構造計算適合性判定員は，第77条の66第1項の登録を受けた者のうちから選
任しなければならない．

3　指定構造計算適合性判定機関は，構造計算適合性判定員を選任し，又は解任し
たときは，国土交通省令で定めるところにより，その旨を国土交通大臣等に届け出
なければならない．　　　　　　　　　　　　　　　　〈関連：機関省令第31条の7〉

4　国土交通大臣等は，構造計算適合性判定員の在任により指定構造計算適合性判
定機関が第77条の35の4第五号に掲げる基準に適合しなくなったときは，指定構
造計算適合性判定機関に対し，その構造計算適合性判定員を解任すべきことを命ず
ることができる．

[秘密保持義務等]

第77条の35の10　指定構造計算適合性判定機関（その者が法人である場合にあっ
ては，その役員．次項において同じ．）及びその職員（構造計算適合性判定員を含
む．次項において同じ．）並びにこれらの者であった者は，構造計算適合性判定の
業務に関して知り得た秘密を漏らし，又は盗用してはならない．

2　指定構造計算適合性判定機関及びその職員で構造計算適合性判定の業務に従事
するものは，刑法その他の罰則の適用については，法令により公務に従事する職員
とみなす．

[構造計算適合性判定の義務]

第77条の35の11　指定構造計算適合性判定機関は，構造計算適合性判定を行うべ
きことを求められたときは，正当な理由がある場合を除き，遅滞なく，構造計算適

合性判定を行わなければならない．

[構造計算適合性判定業務規程]

第77条の35の12 指定構造計算適合性判定機関は，構造計算適合性判定の業務に関する規程（以下この節において「構造計算適合性判定業務規程」という．）を定め，国土交通大臣等の認可を受けなければならない．これを変更しようとするときも，同様とする．　　　　　　　　　　　　　　　　〈関連：機関省令第31条の8〉

2　構造計算適合性判定業務規程で定めるべき事項は，国土交通省令で定める．
　　　　　　　　　　　　　　　　　　　　　　　　　　　　〈関連：機関省令第31条の9〉

3　国土交通大臣等は，第1項の認可をした構造計算適合性判定業務規程が構造計算適合性判定の公正かつ適確な実施上不適当となったと認めるときは，その構造計算適合性判定業務規程を変更すべきことを命ずることができる．

[業務区域等の掲示]

第77条の35の13 指定構造計算適合性判定機関は，国土交通省令で定めるところにより，業務区域その他国土交通省令で定める事項を，その事務所において公衆に見やすいように掲示しなければならない．　　　　〈関連：機関省令第31条の9の2〉

[帳簿の備付け等]

第77条の35の14 指定構造計算適合性判定機関は，国土交通省令で定めるところにより，構造計算適合性判定の業務に関する事項で国土交通省令で定めるものを記載した帳簿を備え付け，これを保存しなければならない．
　　　　　　　　　　　　　　　　　　　　　　　　　　　〈関連：機関省令第31条の10〉

2　前項に定めるもののほか，指定構造計算適合性判定機関は，国土交通省令で定めるところにより，構造計算適合性判定の業務に関する書類で国土交通省令で定めるものを保存しなければならない．　　　　　　　　　〈関連：機関省令第31条の11〉

[書類の閲覧]

第77条の35の15 指定構造計算適合性判定機関は，国土交通省令で定めるところにより，構造計算適合性判定の業務を行う事務所に次に掲げる書類を備え置き，構造計算適合性判定を受けようとする者その他の関係者の求めに応じ，これを閲覧させなければならない．

一　当該指定構造計算適合性判定機関の業務の実績を記載した書類

二　構造計算適合性判定員の氏名及び略歴を記載した書類

三　構造計算適合性判定の業務に関し生じた損害を賠償するために必要な金額を担保するための保険契約の締結その他の措置を講じている場合にあっては，その内容を記載した書類

四　その他指定構造計算適合性判定機関の業務及び財務に関する書類で国土交通省令で定めるもの　　　　　　　　　　　　　　　　　〈関連：機関省令第31条の11の2〉

[監督命令]

第77条の35の16 国土交通大臣等は，構造計算適合性判定の業務の公正かつ適確な実施を確保するため必要があると認めるときは，その指定に係る指定構造計算適合性判定機関に対し，構造計算適合性判定の業務に関し監督上必要な命令をすることができる．

2　国土交通大臣等は，前項の規定による命令としたときは，国土交通省令で定め

るところにより，その旨を公示しなければならない．

〈関連：機関省令第 31 条の 11 の 3〉

[報告，検査等]

第 77 条の 35 の 17　国土交通大臣等又は委任都道府県知事は，構造計算適合性判定の業務の公正かつ適確な実施を確保するため必要があると認めるときは，国土交通大臣等にあってはその指定に係る指定構造計算適合判定機関に対し，委任都道府県知事にあってはその構造計算適合性判定を行わせることとした指定構造計算適合性判定機関に対し，構造計算適合性判定の業務に関し必要な報告を求め，又はその職員に，指定構造計算適合性判定機関の事務所に立ち入り，構造計算適合性判定の業務の状況若しくは設備，帳簿，書類その他の物件を検査させ，若しくは関係者に質問させることができる．

2　委任都道府県知事は，前項の規定による立入検査の結果，当該指定構造計算適合性判定機関（国土交通大臣の指定に係る者に限る．）が，構造計算適合性判定業務規程に違反する行為をし，又は構造計算適合性判定の業務に関し著しく不適当な行為をした事実があると認めるときは，国土交通省令で定めるところにより，その旨を国土交通大臣に報告しなければならない．　〈関連：機関省令第 31 条の 11 の 4〉

3　前項の規定による報告を受けた場合において，国土交通大臣は，必要に応じ，第 77 条の 35 の 19 第 2 項の規定による構造計算適合性判定の業務の全部又は一部の停止命令その他の措置を講ずるものとする．

4　第 15 条の 2 第 2 項及び第 3 項の規定は，第 1 項の場合について準用する．

[構造計算適合性判定の業務の休廃止等]

第 77 条の 35 の 18　指定構造計算適合性判定機関は，国土交通大臣等の許可を受けなければ，構造計算適合性判定の業務の全部又は一部を休止し，又は廃止してはならない．

〈関連：機関省令第 31 条の 12〉

2　国土交通大臣は，指定構造計算適合性判定機関の構造計算適合性判定の業務の全部又は一部の休止又は廃止により構造計算適合性判定の業務の適正かつ確実な実施が損なわれるおそれがないと認めるときでなければ，前項の許可をしてはならない．

3　国土交通大臣は，第 1 項の許可をしようとするときは，関係委任都道府県知事の意見を聴かなければならない．

4　国土交通大臣等が第 1 項の規定により構造計算適合性判定の業務の全部の廃止を許可したときは，当該許可に係る指定は，その効力を失う．

5　国土交通大臣等は，第 1 項の許可をしたときは，その旨を公示しなければならない．

[指定の取消し等]

第 77 条の 35 の 19　国土交通大臣等は，その指定に係る指定構造計算適合性判定機関が第 77 条の 35 の 3 各号（第五号を除く．）のいずれかに該当するに至ったときは，その指定を取り消さなければならない．

2　国土交通大臣等は，その指定に係る指定構造計算適合性判定機関が次の各号のいずれかに該当するときは，その指定を取り消し，又は期間を定めて構造計算適合性判定の業務の全部若しくは一部の停止を命ずることができる．

一　第18条の2第4項の規定により読み替えて適用される第6条の3第4項から第6項まで若しくは第18条第7項から第9項までの規定又は第18条の3第3項，第77条の35の5第2項，第77条の35の6第1項，第77条の35の8第2項若しくは第3項，第77条の35の9第1項から第3項まで，第77条の35の11，第77条の35の13から第77条の35の15まで若しくは前条第1項の規定に違反したとき．

二　第77条の35の12第1項の認可を受けた構造計算適合性判定業務規程によらないで構造計算適合性判定を行ったとき．

三　第77条の35の9第4項，第77条の35の12第3項又は第77条の35の16第1項の規定による命令に違反したとき．

四　第77条の35の4各号に掲げる基準に適合していないと認めるとき．

五　構造計算適合性判定の業務に関し著しく不適当な行為をしたとき，又はその業務に従事する構造計算適合性判定員若しくは法人にあってはその役員が，構造計算適合性判定の業務に関し著しく不適当な行為をしたとき．

六　不正な手段により指定を受けたとき．

3　国土交通大臣等は，前2項の規定により指定を取り消し，又は前項の規定により構造計算適合性判定の業務の全部若しくは一部の停止を命じたときは，その旨を公示するとともに，国土交通大臣にあっては関係都道府県知事に通知しなければならない．

〈関連：機関省令第31条の13〉

[構造計算適合性判定の委任の解除]

第77条の35の20　委任都道府県知事は，指定構造計算適合性判定機関に構造計算適合性判定の全部又は一部を行わせないこととするときは，その6月前までに，その旨を指定構造計算適合性判定機関に通知しなければならない．

2　委任都道府県知事は，指定構造計算適合性判定機関に構造計算適合性判定の全部又は一部を行わせないこととしたときは，その旨を公示しなければならない．

[委任都道府県知事による構造計算適合性判定の実施]

第77条の35の21　委任都道府県知事は，指定構造計算適合性判定機関が次の各号のいずれかに該当するときは，第18条の2第3項の規定にかかわらず，当該指定構造計算適合性判定機関が休止し，停止を命じられ，又は実施することが困難となった構造計算適合性判定の業務のうち他の指定構造計算適合性判定機関によって行われないものを自ら行うものとする．

一　第77条の35の18第1項の規定により構造計算適合性判定の業務の全部又は一部を休止したとき．

二　第77条の35の19第2項の規定により構造計算適合性判定の業務の全部又は一部の停止を命じられたとき．

三　天災その他の事由により構造計算適合性判定の業務の全部又は一部を実施することが困難となった場合において委任都道府県知事が必要があると認めるとき．

2　委任都道府県知事は，前項の規定により構造計算適合性判定の業務を行い，又は同項の規定により行っている構造計算適合性判定の業務を行わないこととしようとするときは，あらかじめ，その旨を公示しなければならない．

3　委任都道府県知事が第1項の規定により構造計算適合性判定の業務を行うこととし，又は国土交通大臣等が第77条の35の6第1項の規定により業務区域の減少

を認可し，第77条の35の18第1項の規定により構造計算適合性判定の業務の廃止を許可し，若しくは第77条の35の19第1項若しくは第2項の規定により指定を取り消した場合における構造計算適合性判定の業務の引継ぎその他の必要な事項は，国土交通省令で定める． 〈関連：機関省令第31条の14〉

第4節　指定認定機関等

[指定]

第77条の36　第68条の24第1項（第88条第1項において準用する場合を含む.）の規定による指定（以下この節において単に「指定」という.）は，認定等を行おうとする者（外国にある事務所により行おうとする者を除く.）の申請により行う． 〈関連：機関省令第32条【p.555】〉

2　前項の申請は，国土交通省令で定めるところにより，国土交通省令で定める区分に従い，認定等の業務を行う区域（以下この節において「業務区域」という.）を定めてしなければならない． 〈関連：機関省令第33条【p.556】〉

[欠格条項]

第77条の37　次の各号のいずれかに該当する者は，指定を受けることができない.

一　未成年者

二　破産手続開始の決定を受けて復権を得ない者

三　禁錮以上の刑に処せられ，又は建築基準法令の規定により刑に処せられ，その執行を終わり，又は執行を受けることがなくなった日から起算して2年を経過しない者

四　第77条の51第1項若しくは第2項の規定により指定を取り消され，又は第77条の55第1項若しくは第2項の規定により承認を取り消され，その取消しの日から起算して2年を経過しない者

五　心身の故障により認定等の業務を適正に行うことができない者として国土交通省令で定めるもの

六　法人であって，その役員のうちに前各号のいずれかに該当する者があるもの

[指定の基準]

第77条の38　国土交通大臣は，指定の申請が次に掲げる基準に適合していると認めるときでなければ，指定をしてはならない.

一　職員（第77条の42第1項の認定員を含む.第三号において同じ.），設備，認定等の業務の実施の方法その他の事項についての認定等の業務の実施に関する計画が，認定等の業務の適確な実施のために適切なものであること.

二　前号の認定等の業務の実施に関する計画を適確に実施するに足りる経理的及び技術的な基礎を有するものであること.

三　法人にあっては役員，第77条の20第五号の国土交通省令で定める構成員又は職員の構成が，法人以外の者にあってはその者及びその職員の構成が，認定等の業務の公正な実施に支障を及ぼすおそれがないものであること.

四　認定等の業務以外の業務を行っている場合には，その業務を行うことによって認定等の業務の公正な実施に支障を及ぼすおそれがないものであること.

五　前各号に定めるもののほか，認定等の業務を行うにつき十分な適格性を有するも

のであること.

[指定の公示等]

第77条の39 国土交通大臣は，指定をしたときは，指定を受けた者（以下この節，第97条の4及び第100条において「指定認定機関」という.）の名称及び住所，指定の区分，業務区域，認定等の業務を行う事務所の所在地並びに認定等の業務の開始の日を公示しなければならない.

2 指定認定機関は，その名称若しくは住所又は認定等の業務を行う事務所の所在地を変更しようとするときは，変更しようとする日の2週間前までに，その旨を国土交通大臣に届け出なければならない. 〈関連：機関省令第34条〉

3 国土交通大臣は，前項の規定による届出があったときは，その旨を公示しなければならない.

[業務区域の変更]

第77条の40 指定認定機関は，業務区域を増加し，又は減少しようとするときは，国土交通大臣の許可を受けなければならない. 〈関連：機関省令第35条〉

2 第77条の38第一号及び第二号の規定は，前項の許可について準用する.

3 国土交通大臣は，第1項の許可をしたときは，その旨を公示しなければならない.

[指定の更新]

第77条の41 指定は，5年以上10年以内において政令で定める期間ごとにその更新を受けなければ，その期間の経過によって，その効力を失う.

〈関連：令第136条の2の17【p.320】〉

2 第77条の36から第77条の38までの規定は，前項の指定の更新の場合について準用する.

[認定員]

第77条の42 指定認定機関は，認定等を行うときは，国土交通省令で定める方法に従い，認定員に認定等を実施させなければならない. 〈関連：機関省令第37条〉

2 認定員は，建築技術に関して優れた識見を有する者として国土交通省令で定める要件を備える者のうちから選任しなければならない. 〈関連：機関省令第38条〉

3 指定認定機関は，認定員を選任し，又は解任したときは，国土交通省令で定めるところにより，その旨を国土交通大臣に届け出なければならない.

〈関連：機関省令第39条〉

4 国土交通大臣は，認定員が，第77条の45第1項の認可を受けた認定等業務規程に違反したとき，認定等の業務に関し著しく不適当な行為をしたとき，又はその在任により指定認定機関が第77条の38第三号に掲げる基準に適合しなくなったときは，指定認定機関に対し，その認定員を解任すべきことを命ずることができる.

[秘密保持義務等]

第77条の43 指定認定機関（その者が法人である場合にあっては，その役員. 次項において同じ.）及びその職員（認定員を含む. 次項において同じ.）並びにこれらの者であった者は，認定等の業務に関して知り得た秘密を漏らし，又は盗用してはならない.

2 指定認定機関及びその職員で認定等の業務に従事するものは，刑法その他の罰

則の適用については，法令により公務に従事する職員とみなす．

[認定等の義務]

第77条の44 指定認定機関は，認定等を行うべきことを求められたときは，正当な理由がある場合を除き，遅滞なく，認定等を行わなければならない．

[認定等業務規程]

第77条の45 指定認定機関は，認定等の業務に関する規程（以下この節において「認定等業務規程」という．）を定め，国土交通大臣の認可を受けなければならない．これを変更しようとするときも，同様とする． 〈関連：機関省令第40条〉

2 認定等業務規程で定めるべき事項は，国土交通省令で定める．

〈関連：機関省令第41条〉

3 国土交通大臣は，第1項の認可をした認定等業務規程が認定等の公正かつ適確な実施上不適当となったと認めるときは，その認定等業務規程を変更すべきことを命ずることができる．

[国土交通大臣への報告等]

第77条の46 指定認定機関は，認定等を行ったときは，国土交通省令で定めるところにより，国土交通大臣に報告しなければならない． 〈関連：機関省令第42条〉

2 国土交通大臣は，前項の規定による報告を受けた場合において，指定認定機関が行った型式適合認定を受けた型式が第1章，第2章（第88条第1項において準用する場合を含む．）若しくは第3章の規定又はこれに基づく命令の規定に適合しないと認めるときは，当該型式適合認定を受けた者及び当該型式適合認定を行った指定認定機関にその旨を通知しなければならない．この場合において，当該型式適合認定は，効力を失う．

[帳簿の備付け等]

第77条の47 指定認定機関は，国土交通省令で定めるところにより，認定等の業務に関する事項で国土交通省令で定めるものを記載した帳簿を備え付け，これを保存しなければならない． 〈関連：機関省令第43条〉

2 前項に定めるもののほか，指定認定機関は，国土交通省令で定めるところにより，認定等の業務に関する書類で国土交通省令で定めるものを保存しなければならない． 〈関連：機関省令第44条〉

[監督命令]

第77条の48 国土交通大臣は，認定等の業務の公正かつ適確な実施を確保するため必要があると認めるときは，指定認定機関に対し，認定等の業務に関し監督上必要な命令をすることができる．

[報告，検査等]

第77条の49 国土交通大臣は，認定等の業務の公正かつ適確な実施を確保するため必要があると認めるときは，指定認定機関に対し認定等の業務に関し必要な報告を求め，又はその職員に，指定認定機関の事務所に立ち入り，認定等の業務の状況若しくは設備，帳簿，書類その他の物件を検査させ，若しくは関係者に質問させることができる．

2 第15条の2第2項及び第3項の規定は，前項の場合について準用する．

[認定等の業務の休廃止等]

第77条の50　指定認定機関は，国土交通大臣の許可を受けなければ，認定等の業務の全部又は一部を休止し，又は廃止してはならない．　〈関連：機関省令第45条〉

2　国土交通大臣が前項の規定により認定等の業務の全部の廃止を許可したときは，当該許可に係る指定は，その効力を失う．

3　国土交通大臣は，第1項の許可をしたときは，その旨を公示しなければならない．

[指定の取消し等]

第77条の51　国土交通大臣は，指定認定機関が第77条の37各号（第四号を除く．）の一に該当するに至ったときは，その指定を取り消さなければならない．

2　国土交通大臣は，指定認定機関が次の各号の一に該当するときは，その指定を取り消し，又は期間を定めて認定等の業務の全部若しくは一部の停止を命ずることができる．

一　第77条の39第2項，第77条の40第1項，第77条の42第1項から第3項まで，第77条の44，第77条の46第1項，第77条の47又は前条第1項の規定に違反したとき．

二　第77条の45第1項の認可を受けた認定等業務規程によらないで認定等を行ったとき．

三　第77条の42第4項，第77条の45第3項又は第77条の48の規定による命令に違反したとき．

四　第77条の38各号に掲げる基準に適合していないと認めるとき．

五　認定等の業務に関し著しく不適当な行為をしたとき，又はその業務に従事する認定員若しくは法人にあってはその役員が，認定等の業務に関し著しく不適当な行為をしたとき．

六　不正な手段により指定を受けたとき．

3　国土交通大臣は，前2項の規定により指定を取り消し，又は前項の規定による認定等の業務の全部若しくは一部の停止を命じたときは，その旨を公示しなければならない．　〈関連：機関省令第45条の2〉

[国土交通大臣による認定等の実施]

第77条の52　国土交通大臣は，指定認定機関が次の各号のいずれかに該当するときは，第68条の24第2項の規定にかかわらず，当該指定認定機関が休止し，停止を命じられ，又は実施することが困難となった認定等の業務のうち他の指定認定機関によって行われないものを自ら行うものとする．

一　第77条の50第1項の規定により認定等の業務の全部又は一部を休止したとき．

二　前条第2項の規定により認定等の業務の全部又は一部の停止を命じられたとき．

三　天災その他の事由により認定等の業務の全部又は一部を実施することが困難となった場合において国土交通大臣が必要があると認めるとき．

2　国土交通大臣は，前項の規定により認定等の業務を行い，又は同項の規定により行っている認定等の業務を行わないこととしようとするときは，あらかじめ，その旨を公示しなければならない．

3　国土交通大臣が，第1項の規定により認定等の業務を行うこととし，第77条の

40第1項の規定により業務区域の減少を許可し，第77条の50第1項の規定により認定等の業務の廃止を許可し，又は前条第1項若しくは第2項の規定により指定を取り消した場合における認定等の業務の引継ぎその他の必要な事項は，国土交通省令で定める． 〈関連：機関省令第46条〉

[審査請求]

第77条の53 この法律の規定による指定認定機関の行う処分又はその不作為については，国土交通大臣に対し，審査請求をすることができる．この場合において，国土交通大臣は，行政不服審査法第25条第2項及び第3項，第46条第1項及び第2項，第47条並びに第49条第3項の規定の適用については，指定認定機関の上級行政庁とみなす．

[承認]

第77条の54 第68条の24第3項（第88条第1項において準用する場合を含む．以下この条において同じ．）の規定による承認は，認定等を行おうとする者（外国にある事務所により行おうとする者に限る．）の申請により行う．

〈関連：機関省令第47条【p.557】～第53条〉

2 第77条の36第2項の規定は前項の申請に，第77条の37，第77条の38，第77条の39第1項及び第77条の41の規定は第68条の24第3項の規定による承認に，第77条の22（第3項後段を除く．），第77条の34，第77条の39第2項及び第3項，第77条の42，第77条の44，第77条の45，第77条の46第1項並びに第77条の47から第77条の49までの規定は第68条の24第3項の規定による承認を受けた者（以下この条，次条及び第97条の4において「承認認定機関」という．）に，第77条の46第2項の規定は承認認定機関が行った認定等について準用する．この場合において，第77条の22第1項，第2項及び第4項並びに第77条の34第1項及び第3項中「国土交通大臣等」とあるのは「国土交通大臣」と，第77条の22第3項前段中「第77条の18第3項及び第77条の20第一号から第四号までの規定」とあるのは「第77条の38第一号及び第二号の規定」と，第77条の42第4項及び第77条の45第3項中「命ずる」とあるのは「請求する」と，第77条の48中「命令」とあるのは「請求」と読み替えるものとする．

[承認の取消し等]

第77条の55 国土交通大臣は，承認認定機関が前条第2項において準用する第77条の37各号（第四号を除く．）の一に該当するに至ったときは，その承認を取り消さなければならない．

2 国土交通大臣は，承認認定機関が次の各号の一に該当するときは，その承認を取り消すことができる．

一 前条第2項において準用する第77条の22第1項若しくは第2項，第77条の34第1項，第77条の39第2項，第77条の42第1項から第3項まで，第77条の44，第77条の46第1項又は第77条の47の規定に違反したとき．

二 前条第2項において準用する第77条の45第1項の認可を受けた認定等業務規程によらないで認定等を行ったとき．

三 前条第2項において準用する第77条の42第4項，第77条の45第3項又は第77条の48の規定による請求に応じなかったとき．

四　前条第2項において準用する第77条の38各号に掲げる基準に適合していないと認めるとき.

五　認定等の業務に関し著しく不適当な行為をしたとき,又はその業務に従事する認定員若しくは法人にあってはその役員が,認定等の業務に関し著しく不適当な行為をしたとき.

六　不正な手段により承認を受けたとき.

七　国土交通大臣が,承認認定機関が前各号の一に該当すると認めて,期間を定めて認定等の業務の全部又は一部の停止の請求をした場合において,その請求に応じなかったとき.

八　前条第2項において準用する第77条の49第1項の規定による報告をせず,又は虚偽の報告をしたとき.

九　前条第2項において準用する第77条の49第1項の規定による検査を拒み,妨げ,若しくは忌避し,又は同項の規定による質問に対して答弁をせず,若しくは虚偽の答弁をしたとき.

十　次項の規定による費用の負担をしないとき.

3　前条第2項において準用する第77条の49第1項の規定による検査に要する費用（政令で定めるものに限る.）は,当該検査を受ける承認認定機関の負担とする.

〈関連：令第136条の2の18【p.320】〉

第5節　指定性能評価機関等

[指定性能評価機関]

第77条の56　第68条の25第3項（第88条第1項において準用する場合を含む.以下この条において同じ.）の規定による指定は,第68条の25第3項の評価（以下「性能評価」という.）を行おうとする者（外国にある事務所により行おうとする者を除く.）の申請により行う.

〈関連：機関省令第58条【p.557】〉

2　第77条の36第2項の規定は前項の申請に,第77条の37,第77条の38,第77条の39第1項及び第77条の41の規定は第68条の25第3項の規定による指定に,第77条の39第2項及び第3項,第77条の40,第77条の42から第77条の45まで並びに第77条の47から第77条の52までの規定は前項の規定による指定を受けた者（以下この条,第97条の4及び第100条において「指定性能評価機関」という.）に,第77条の53の規定は指定性能評価機関の行う性能評価又はその不作為について準用する.この場合において,第77条の38第一号,第77条の42,第77条の43第1項及び第77条の51第2項第五号中「認定員」とあるのは「評価員」と,同項第一号中「第77条の46第1項,第77条の47」とあるのは「第77条の47」と,第77条の53中「処分」とあるのは「処分（性能評価の結果を除く.）」と読み替えるものとする.

〈関連：機関省令第59条【p.558】～第71条〉

[承認性能評価機関]

第77条の57　第68条の25第6項（第88条第1項において準用する場合を含む.以下この条において同じ.）の規定による承認は,性能評価を行おうとする者（外国にある事務所により行おうとする者に限る.）の申請により行う.

〈関連：機関省令第72条【p.560】〉

2　第77条の36第2項の規定は前項の申請に，第77条の37，第77条の38，第77条の39第1項及び第77条の41の規定は第68条の25第6項の規定による承認に，第77条の22（第3項後段を除く．），第77条の34，第77条の39第2項及び第3項，第77条の42，第77条の44，第77条の45，第77条の47から第77条の49まで並びに第77条の55の規定は第68条の25第6項の規定による承認を受けた者（第97条の4において「承認性能評価機関」という．）について準用する．この場合において，第77条の22第1項，第2項及び第4項並びに第77条の34第1項及び第3項中「国土交通大臣等」とあるのは「国土交通大臣」と，第77条の22第3項前段中「第77条の18第3項及び第77条の20第一号から第四号までの規定」とあるのは「第77条の38第一号及び第二号の規定」と，第77条の38第一号，第77条の42及び第77条の55第2項第五号中「認定員」とあるのは「評価員」と，第77条の42第4項及び第77条の45第3項中「命ずる」とあるのは「請求する」と，第77条の48中「命令」とあるのは「請求」と，第77条の55第2項第一号中「，第77条の46第1項又は第77条の47」とあるのは「又は第77条の47」と読み替えるものとする．　　　　　　　　　　　　〈関連：機関省令第73条〜第78条〉

第4章の3　建築基準適合判定資格者等の登録

第1節　建築基準適合判定資格者の登録

[登録]

第77条の58　建築基準適合判定資格者検定に合格した者は，国土交通大臣の登録を受けることができる．　　　　　　　　　　　　　　　　　〈関連：法第5条【p.18】〉

2　前項の登録は，国土交通大臣が建築基準適合判定資格者登録簿に，氏名，生年月日，住所その他の国土交通省令で定める事項を登載してするものとする．

〈関連：規第10条の9【p.518】〉

[欠格条項]

第77条の59　次の各号のいずれかに該当する者は，前条第1項の登録を受けることができない．

一　未成年者

二　禁錮以上の刑に処せられ，又は建築基準法令の規定若しくは建築士法の規定により刑に処せられ，その執行を終わり，又は執行を受けることがなくなった日から起算して5年を経過しない者

三　第77条の62第1項第四号又は第2項第三号から第五号までの規定により前条第1項の登録を消除され，その消除の日から起算して5年を経過しない者

四　第77条の62第2項第三号から第五号までの規定により確認検査の業務を行うことを禁止され，その禁止の期間中に同条第1項第一号の規定により前条第1項の登録を消除され，まだその期間が経過しない者

五　建築士法第7条第四号に該当する者

六　公務員で懲戒免職の処分を受け，その処分の日から起算して3年を経過しない者

第77条の59の2　国土交通大臣は，心身の故障により確認検査の業務を適正に行うことができない者として国土交通省令で定めるものについては，第77条の58第1項の登録をしないことができる．

[変更の登録]

第77条の60　第77条の58第1項の登録を受けている者（次条及び第77条の62第2項において「建築基準適合判定資格者」という．）は，当該登録を受けている事項で国土交通省令で定めるものに変更があったときは，国土交通省令で定めるところにより，変更の登録を申請しなければならない．　　〈関連：規第10条の10【p.519】〉

[死亡等の届出]

第77条の61　建築基準適合判定資格者が次の各号のいずれかに該当するときは，当該各号に定める者は，当該建築基準適合判定資格者が当該各号に該当するに至った日（第一号の場合にあっては，その事実を知った日）から30日以内に，国土交通大臣にその旨を届け出なければならない．

一　死亡したとき　　相続人

二　第77条の59第二号，第五号又は第六号に該当するに至ったとき　　本人

三　心身の故障により確認検査の業務を適正に行うことができない場合に該当するも

のとして国土交通省令で定める場合に該当するに至ったとき　　本人又はその法定代理人若しくは同居の親族

［登録の消除等］

第77条の62　国土交通大臣は，次の各号のいずれかに掲げる場合は，第77条の58第1項の登録を消除しなければならない．

一　本人から登録の消除の申請があったとき．

二　前条（第三号に係る部分を除く．次号において同じ．）の規定による届出があったとき．

三　前条の規定による届出がなくて同条第一号又は第二号に該当する事実が判明したとき．

四　不正な手段により登録を受けたとき．

五　第5条第6項又は第5条の2第2項の規定により，建築基準適合判定資格者検定の合格の決定を取り消されたとき．

2　国土交通大臣は，建築基準適合判定資格者が次の各号のいずれかに該当するときは，1年以内の期間を定めて確認検査の業務を行うことを禁止し，又はその登録を消除することができる．

一　前条（第三号に係る部分に限る．次号において同じ．）の規定による届出があったとき．

二　前条の規定による届出がなくて同条第三号に該当する事実が判明したとき．

三　第18条の3第3項の規定に違反して，確認審査等を実施したとき．

四　第77条の27第1項の認可を受けた確認検査業務規程に違反したとき．

五　確認検査の業務に関し著しく不適当な行為をしたとき．

3　国土交通大臣は，前2項の規定による処分をしたときは，国土交通省令で定めるところにより，その旨を公告しなければならない．

〈関連：規第10条の15の2【p.520】〉

［都道府県知事の経由］

第77条の63　第77条の58第1項の登録の申請，登録証の交付，訂正，再交付及び返納その他の同項の登録に関する国土交通大臣への書類の提出は，住所地又は勤務地の都道府県知事を経由して行わなければならない．

2　登録証の交付及び再交付その他の第77条の58第1項の登録に関する国土交通大臣の書類の交付は，住所地又は勤務地の都道府県知事を経由して行うものとする．

［国土交通省令への委任］

第77条の64　第77条の58から前条までに規定するもののほか，第77条の58第1項の登録の申請，登録証の交付，訂正，再交付及び返納その他の同項の登録に関する事項は，国土交通省令で定める．

〈関連：規第10条の7【p.518】～第10条の15の2【p.520】〉

［手数料］

第77条の65　第77条の58第1項の登録又は登録証の訂正若しくは再交付の申請をしようとする者（市町村又は都道府県の職員である者を除く．）は，政令で定めるところにより，実費を勘案して政令で定める額の手数料を国に納めなければならな

い.
〈関連：令第 136 条の 2 の 19【p.321】〉

第 2 節　構造計算適合判定資格者の登録

第 77 条の 66　構造計算適合判定資格者検定に合格した者又はこれと同等以上の知識
及び経験を有する者として国土交通省令で定める者は，国土交通大臣の登録を受け
ることができる．　〈関連：規第 10 条の 15 の 3 〜第 10 条の 15 の 4【p.521】〉

2　第 77 条の 58 第 2 項，第 77 条の 59，第 77 条の 59 の 2，第 77 条の 62 第 1 項及
び第 3 項（同条第 1 項に係る部分に限る.）並びに第 77 条の 63 から前条までの規
定は前項の登録に，第 77 条の 60，第 77 条の 61 並びに第 77 条の 62 第 2 項及び第
3 項（同条第 2 項に係る部分に限る.）の規定は前項の登録を受けている者につい
て準用する．この場合において，第 77 条の 59 第四号，第 77 条の 59 の 2，第 77
条の 61 第三号及び第 77 条の 62 第 2 項第五号中「確認検査」とあるのは「構造計
算適合性判定」と，同条第 1 項第五号中「第 5 条第 6 項又は第 5 条の 2 第 2 項」と
あるのは「第 5 条の 4 第 5 項において準用する第 5 条第 6 項又は第 5 条の 5 第 2 項
において準用する第 5 条の 2 第 2 項」と，同条第 2 項中「定めて確認検査」とある
のは「定めて構造計算適合性判定」と，同項第四号中「第 77 条の 27 第 1 項」とあ
るのは「第 77 条の 35 の 12 第 1 項」と，「確認検査業務規程」とあるのは「構造
計算適合性判定業務規程」と，前条中「者（市町村又は都道府県の職員である者を除
く.）」とあるのは「者」と読み替えるものとする．

〈関連：規第 10 条の 15 の 5【p.521】〉

第5章　建築審査会

[建築審査会]

第78条　この法律に規定する同意及び第94条第1項前段の審査請求に対する裁決についての議決を行わせるとともに，特定行政庁の諮問に応じて，この法律の施行に関する重要事項を調査審議させるために，建築主事を置く市町村及び都道府県に，建築審査会を置く．

2　建築審査会は，前項に規定する事務を行う外，この法律の施行に関する事項について，関係行政機関に対し建議することができる．

[建築審査会の組織]

第79条　建築審査会は，委員5人以上をもって，組織する．

2　委員は，法律，経済，建築，都市計画，公衆衛生又は行政に関しすぐれた経験と知識を有し，公共の福祉に関し公正な判断をすることができる者のうちから，市町村長又は都道府県知事が任命する．

[委員の欠格条項]

第80条　次の各号のいずれかに該当する者は，委員となることができない．

一　破産手続開始の決定を受けて復権を得ない者

二　禁錮以上の刑に処せられ，その執行を終わるまで又はその執行を受けることがなくなるまでの者

[委員の解任]

第80条の2　市町村長又は都道府県知事は，それぞれその任命に係る委員が前条各号のいずれかに該当するに至った場合においては，その委員を解任しなければならない．

2　市町村長又は都道府県知事は，それぞれその任命に係る委員が次の各号の一に該当する場合においては，その委員を解任することができる．

一　心身の故障のため職務の執行に堪えないと認められる場合

二　職務上の義務違反その他委員たるに適しない非行があると認められる場合

[会長]

第81条　建築審査会に会長を置く．会長は，委員が互選する．

2　会長は，会務を総理し，建築審査会を代表する．

3　会長に事故があるときは，委員のうちからあらかじめ互選された者が，その職務を代理する．

[委員の除斥]

第82条　委員は，自己又は3親等以内の親族の利害に関係のある事件については，この法律に規定する同意又は第94条第1項前段の審査請求に対する裁決に関する議事に加わることができない．

[条例への委任]

第83条　この章に規定するものを除くほか，建築審査会の組織，議事並びに委員の任期，報酬及び費用弁償その他建築審査会に関して必要な事項は，条例で定める．この場合おいて，委員の任期については，国土交通省令で定める基準を参酌するものとする．

第6章　雑則

[被災市街地における建築制限]

第84条　特定行政庁は，市街地に災害のあった場合において都市計画又は土地区画整理法による土地区画整理事業のため必要があると認めるときは，区域を指定し，災害が発生した日から1月以内の期間を限り，その区域内における建築物の建築を制限し，又は禁止することができる．

2　特定行政庁は，更に1月を超えない範囲内において前項の期間を延長することができる．

[簡易な構造の建築物に対する制限の緩和]

第84条の2　壁を有しない自動車車庫，屋根を帆布としたスポーツの練習場その他の政令で指定する簡易な構造の建築物又は建築物の部分で，政令で定める基準に適合するものについては，第22条から第26条まで，第27条第1項及び第3項，第35条の2，第61条，第62条並びに第67条第1項の規定は，適用しない．

〈関連：令第136条の9〜第136条の10【p.325】〉

[仮設建築物に対する制限の緩和]

第85条　非常災害があった場合において，非常災害区域等（非常災害が発生した区域又はこれに隣接する区域で特定行政庁が指定するものをいう．第87条の3第1項において同じ．）内においては，災害により破損した建築物の応急の修繕又は次の各号のいずれかに該当する応急仮設建築物の建築でその災害が発生した日から1月以内にその工事に着手するものについては，建築基準法令の規定は，適用しない．ただし，防火地域内に建築する場合については，この限りでない．

一　国，地方公共団体又は日本赤十字社が災害救助のために建築するもの

二　被災者が自ら使用するために建築するもので延べ面積が30 m² 以内のもの

2　災害があった場合において建築する停車場，官公署その他これらに類する公益上必要な用途に供する応急仮設建築物又は工事を施工するために現場に設ける事務所，下小屋，材料置場その他これらに類する仮設建築物については，第6条から第7条の6まで，第12条第1項から第4項まで，第15条，第18条（第25項を除く．），第19条，第21条から第23条まで，第26条，第31条，第33条，第34条第2項，第35条，第36条（第19条，第21条，第26条，第31条，第33条，第34条第2項及び第35条に係る部分に限る．），第37条，第39条及び第40条の規定並びに第3章の規定は，適用しない．ただし，防火地域又は準防火地域内にある延べ面積が50 m² を超えるものについては，第62条の規定の適用があるものとする．

〈関連：令第147条【p.348】〉

3　前2項の応急仮設建築物を建築した者は，その建築工事を完了した後3月を超えて当該建築物を存続させようとする場合においては，その超えることとなる日前に，特定行政庁の許可を受けなければならない．ただし，当該許可の申請をした場合において，その超えることとなる日前に当該申請に対する処分がされないときは，当該処分がされるまでの間は，なお当該建築物を存続させることができる．

4　特定行政庁は，前項の許可の申請があった場合において，安全上，防火上及び

衛生上支障がないと認めるときは，2年以内の期間を限って，その許可をすることができる．

5　特定行政庁は，被災者の需要に応ずるに足りる適当な建築物が不足することその他の理由により前項に規定する期間を超えて使用する特別の必要がある応急仮設建築物について，安全上，防火上及び衛生上支障がなく，かつ，公益上やむを得ないと認める場合においては，同項の規定にかかわらず，更に1年を超えない範囲内において同項の規定による許可の期間を延長することができる．被災者の需要に応ずるに足りる適当な建築物が不足することその他の理由により当該延長に係る期間を超えて使用する特別の必要がある応急仮設建築物についても，同様とする．

6　特定行政庁は，仮設興行場，博覧会建築物，仮設店舗その他これらに類する仮設建築物（次項及び第101条第1項第十号において「仮設興行場等」という．）について安全上，防火上及び衛生上支障がないと認める場合においては，1年以内の期間（建築物の工事を施工するためその工事期間中当該従前の建築物に代えて必要となる仮設店舗その他の仮設建築物については，特定行政庁が当該工事の施工上必要と認める期間）を定めてその建築を許可することができる．この場合においては，第12条第1項から第4項まで，第21条から第27条まで，第31条，第34条第2項，第35条の2，第35条の3及び第37条の規定並びに第3章の規定は，適用しない．

〈関連：令第147条【p.348】〉

7　特定行政庁は，国際的な規模の会議又は競技会の用に供することその他の理由により1年を超えて使用する特別の必要がある仮設興行場等について，安全上，防火上及び衛生上支障がなく，かつ，公益上やむを得ないと認める場合においては，前項の規定にかかわらず，当該仮設興行場等の使用上必要と認める期間を定めてその建築を許可することができる．この場合においては，同項後段の規定を準用する．

8　特定行政庁は，第5項の規定により許可の期間を延長する場合又は前項の規定による許可をする場合においては，あらかじめ，建築審査会の同意を得なければならない．ただし，官公署，病院，学校その他の公益上特に必要なものとして国土交通省令で定める用途に供する応急仮設建築物について第5項の規定により許可の期間を延長する場合は，この限りでない．

［景観重要建造物である建築物に対する制限の緩和］

第85条の2　景観法第19条第1項の規定により景観重要建造物として指定された建築物のうち，良好な景観の保全のためその位置又は構造をその状態において保存すべきものについては，市町村は，同法第22条及び第25条の規定の施行のため必要と認める場合においては，国土交通大臣の承認を得て，条例で，第21条から第25条まで，第28条，第43条，第44条，第47条，第52条，第53条，第54条から第56条の2まで，第58条，第61条，第62条，第67条第1項及び第5項から第7項まで並びに第68条第1項及び第2項の規定の全部若しくは一部を適用せず，又はこれらの規定による制限を緩和することができる．

［伝統的建造物群保存地区内の制限の緩和］

第85条の3　文化財保護法第143条第1項又は第2項の伝統的建造物群保存地区内においては，市町村は，同条第1項後段（同条第2項後段において準用する場合を

含む．）の条例において定められた現状変更の規制及び保存のための措置を確保するため必要と認める場合においては，国土交通大臣の承認を得て，条例で，第21条から第25条まで，第28条，第43条，第44条，第52条，第53条，第55条，第56条，第61条，第62条及び第67条第1項の規定の全部若しくは一部を適用せず，又はこれらの規定による制限を緩和することができる．

［一の敷地とみなすこと等による制限の緩和］

第86条 建築物の敷地又は建築物の敷地以外の土地で2以上のものが一団地を形成している場合において，当該一団地（その内に第8項の規定により現に公告されている他の対象区域があるときは，当該他の対象区域の全部を含むものに限る．以下この項，第6項及び第7項において同じ．）内に建築される1又は2以上の構えを成す建築物（2以上の構えを成すものにあっては，総合的設計によって建築されるものに限る．以下この項及び第3項において「1又は2以上の建築物」という．）のうち，国土交通省令で定めるところにより，特定行政庁が当該1又は2以上の建築物の位置及び構造が安全上，防火上及び衛生上支障がないと認めるものに対する第23条，第43条，第52条第1項から第14項まで，第53条第1項若しくは第2項，第54条第1項，第55条第2項，第56条第1項から第4項まで，第6項若しくは第7項，第56条の2第1項から第3項まで，第57条の2，第57条の3第1項から第4項まで，第59条第1項，第59条の2第1項，第60条第1項，第60条の2第1項，第60条の2の2第1項，第60条の3第1項，第61条又は第68条の3第1項から第3項までの規定（次項から第4項までにおいて「特例対象規定」という．）の適用については，当該一団地を当該1又は2以上の建築物の一の敷地とみなす．　〈関連：規第10条の16【p.522】〉

2　一定の一団の土地の区域（その内に第8項の規定により現に公告されている他の対象区域があるときは，当該他の対象区域の全部を含むものに限る．以下この項及び第6項において同じ．）内に現に存する建築物の位置及び構造を前提として，安全上，防火上及び衛生上必要な国土交通省令で定める基準に従い総合的見地からした設計によって当該区域内に建築物が建築される場合において，国土交通省令で定めるところにより，特定行政庁がその位置及び構造が安全上，防火上及び衛生上支障がないと認める当該区域内に存することとなる各建築物に対する特例対象規定の適用については，当該一定の一団の土地の区域をこれらの建築物の一の敷地とみなす．　〈関連：規第10条の16【p.522】，第10条の17【p.529】〉

3　建築物の敷地又は建築物の敷地以外の土地で2以上のものが，政令で定める空地を有し，かつ，面積が政令で定める規模以上である一団地を形成している場合において，当該一団地（その内に第8項の規定により現に公告されている他の対象区域があるときは，当該他の対象区域の全部を含むものに限る．以下この項，第6項，第7項及び次条第8項において同じ．）内に建築される1又は2以上の建築物のうち，国土交通省令で定めるところにより，特定行政庁が，当該1又は2以上の建築物の位置及び建蔽率，容積率，各部分の高さその他の構造について，交通上，安全上，防火上及び衛生上支障がなく，かつ，総合的な配慮がなされていることにより市街地の環境の整備改善に資すると認めて許可したものについては，特例対象規定（第59条の2第1項を除く．）の適用について，当該一団地を当該1又は2以

上の建築物の一の敷地とみなすとともに，当該建築物の各部分の高さ又は容積率を，その許可の範囲内において，第55条第1項の規定又は当該一団地を一の敷地とみなして適用する第52条第1項から第9項まで，第56条若しくは第57条の2第6項の規定による限度を超えるものとすることができる．

〈関連：令第136条の12【p.327】，規第10条の16【p.522】〉

4　その面積が政令で定める規模以上である一定の一団の土地の区域（その内に第8項の規定により現に公告されている他の対象区域があるときは，当該他の対象区域の全部を含むものに限る．以下この項，第6項及び次条第8項において同じ．）内に現に存する建築物の位置及び建蔽率，容積率，各部分の高さその他の構造を前提として，安全上，防火上及び衛生上必要な国土交通省令で定める基準に従い総合的見地からした設計によって当該区域内に建築物が建築され，かつ，当該区域内に政令で定める空地を有する場合において，国土交通省令で定めるところにより，特定行政庁が，その建築物の位置及び建蔽率，容積率，各部分の高さその他の構造について，交通上，安全上，防火上及び衛生上支障がなく，かつ，総合的な配慮がなされていることにより市街地の環境の整備改善に資すると認めて許可したときは，当該区域内に存することとなる各建築物に対する特例対象規定（第59条の2第1項を除く．）の適用について，当該一定の一団の土地の区域をこれらの建築物の一の敷地とみなすとともに，建築される建築物の各部分の高さ又は容積率を，その許可の範囲内において，第55条第1項の規定又は当該一定の一団の土地の区域を一の敷地とみなして適用する第52条第1項から第9項まで，第56条若しくは第57条の2第6項の規定による限度を超えるものとすることができる．

〈関連：令第136条の12【p.327】，規第10条の16【p.522】，規第10条の17【p.529】〉

5　第44条第2項の規定は，前2項の規定による許可をする場合に準用する．

6　第1項から第4項までの規定による認定又は許可を申請しようとする者は，国土交通省令で定めるところにより，対象区域（第1項若しくは第3項の一団地又は第2項若しくは第4項の一定の一団の土地の区域をいう．以下同じ．）内の建築物の位置及び構造に関する計画を策定して提出するとともに，その者以外に当該対象区域の内にある土地について所有権又は借地権を有する者があるときは，当該計画について，あらかじめ，これらの者の同意を得なければならない．

〈関連：規第10条の18【p.530】〉

7　第1項又は第3項の場合において，次に掲げる条件に該当する地区計画等（集落地区計画を除く．）の区域内の建築物については，一団地内に2以上の構えを成す建築物の総合的設計による建築を，工区を分けて行うことができる．

一　地区整備計画等（集落地区整備計画を除く．）が定められている区域のうち，次に掲げる事項が定められている区域であること．

　イ　地区施設等の配置及び規模

　ロ　壁面の位置の制限（地区施設等に面する壁面の位置を制限するものを含むものに限る．）

二　第68条の2第1項の規定に基づく条例で，前号ロに掲げる事項に関する制限が定められている区域であること．

8　特定行政庁は，第1項から第4項までの規定による認定又は許可をしたときは，

遅滞なく，当該認定又は許可に係る第6項の計画に関して，対象区域その他国土交通省令で定める事項を公告するとともに，対象区域，建築物の位置その他国土交通省令で定める事項を表示した図書をその事務所に備えて，一般の縦覧に供さなければならない．　　　　　　　　　〈関連：規第10条の19，第10条の20【p.530】〉

9　第1項から第4項までの規定による認定又は許可は，前項の規定による公告によって，その効力を生ずる．

10　第8項の規定により公告された対象区域（以下「公告対象区域」という．）の全部を含む土地の区域内の建築物の位置及び構造について第1項から第4項までの規定による認定又は許可の申請があった場合において，特定行政庁が当該申請に係る第1項若しくは第2項の規定による認定（以下この項において「新規認定」という．）又は第3項若しくは第4項の規定による許可（以下この項において「新規許可」という．）をしたときは，当該公告対象区域内の建築物の位置及び構造についての第1項若しくは第2項若しくは次条第1項の規定による従前の認定又は第3項若しくは第4項若しくは次条第2項若しくは第3項の規定による従前の許可は，新規認定又は新規許可に係る第8項の規定による公告があった日から将来に向かって，その効力を失う．

[公告認定対象区域内における一敷地内認定建築物以外の建築物の位置及び構造の認定等]

第86条の2　公告認定対象区域（前条第1項又は第2項の規定による認定に係る公告対象区域をいう．以下同じ．）内において，同条第1項又は第2項の規定により一の敷地内にあるものとみなされる建築物（以下「一敷地内認定建築物」という．）以外の建築物を建築しようとする者は，国土交通省令で定めるところにより，当該建築物の位置及び構造が当該公告認定対象区域内の他の一敷地内認定建築物の位置及び構造との関係において，安全上，防火上及び衛生上支障がない旨の特定行政庁の認定を受けなければならない．　　　　　　　　　　　〈関連：規第10条の16【p.522】〉

2　一敷地内認定建築物以外の建築物を，面積が政令で定める規模以上である公告認定対象区域内に建築しようとする場合（当該区域内に政令で定める空地を有することとなる場合に限る．）において，国土交通省令で定めるところにより，特定行政庁が，当該建築物の位置及び建蔽率，容積率，各部分の高さその他の構造について，他の一敷地内認定建築物の位置及び建蔽率，容積率，各部分の高さその他の構造との関係において，交通上，安全上，防火上及び衛生上支障がなく，かつ，市街地の環境の整備改善に資すると認めて許可したときは，当該建築物の各部分の高さ又は容積率を，その許可の範囲内において，第55条第1項の規定又は当該公告認定対象区域を一の敷地とみなして適用される第52条第1項から第9項まで，第56条若しくは第57条の2第6項の規定による限度を超えるものとすることができる．この場合において，前項の規定は，適用しない．

〈関連：令第136条の12【p.327】，規第10条の16【p.522】〉

3　公告許可対象区域（前条第3項又は第4項の規定による許可に係る公告対象区域をいう．以下同じ．）内において，同条第3項又は第4項の規定により一の敷地内にあるものとみなされる建築物（以下「一敷地内許可建築物」という．）以外の建築物を建築しようとする者は，国土交通省令で定めるところにより，特定行政庁

の許可を受けなければならない．この場合において，特定行政庁は，当該建築物が，その位置及び建蔽率，容積率，各部分の高さその他の構造について，他の一敷地内許可建築物の位置及び建蔽率，容積率，各部分の高さその他の構造との関係において，交通上，安全上，防火上及び衛生上支障がなく，かつ，市街地の環境の整備改善を阻害することがないと認めるとともに，当該区域内に同条第3項又は第4項の政令で定める空地を維持することとなると認める場合に限り，許可するものとする．

〈関連：規第10条の16【p.522】〉

4　第2項の規定による許可を申請しようとする者は，その者以外に公告認定対象区域内にある土地について所有権又は借地権を有する者があるときは，建築物に関する計画について，あらかじめ，これらの者の同意を得なければならない．

5　第44条第2項の規定は，第2項又は第3項の規定による許可をする場合に準用する．

6　特定行政庁は，第1項から第3項までの規定による認定又は許可をしたときは，遅滞なく，国土交通省令で定めるところにより，その旨を公告するとともに，前条第8項の図書の表示する事項について所要の変更をしなければならない．

〈関連：規第10条の20【p.530】〉

7　前条第9項の規定は，第1項から第3項までの規定による認定又は許可について準用する．

8　公告対象区域内の第1項の規定による認定又は第2項若しくは第3項の規定による許可を受けた建築物及び当該建築物以外の当該公告対象区域内の建築物については，それぞれ，前条第1項若しくは第2項の規定又は同条第3項若しくは第4項（第2項の規定による許可に係るものにあっては，同条第3項又は第4項中一団地又は一定の一団の土地の区域を一の敷地とみなす部分に限る．）の規定を準用する．

9　公告認定対象区域内に第1項の規定による認定を受けた建築物がある場合における同項又は第2項の規定の適用については，当該建築物を一敷地内認定建築物とみなす．

10　第2項の規定による許可に係る第6項の公告があった公告認定対象区域は，その日以後は，公告許可対象区域とみなす．

11　前項に規定する公告許可対象区域内における第3項の規定の適用については，第2項の規定による許可を受けた建築物及び当該建築物以外の当該公告許可対象区域内の建築物を一敷地内許可建築物とみなす．

12　公告許可対象区域内に第3項の規定による許可を受けた建築物がある場合における同項の規定の適用については，当該建築物を一敷地内許可建築物とみなす．

[一の敷地内にあるとみなされる建築物に対する高度利用地区等内における制限の特例]

第86条の3　第86条第1項から第4項まで（これらの規定を前条第8項において準用する場合を含む．）の規定により一の敷地内にあるものとみなされる建築物は，第59条第1項，第60条の2第1項又は第60条の3第1項の規定を適用する場合においては，これを一の建築物とみなす．

[一の敷地内にあるとみなされる建築物に対する外壁の開口部に対する制限の特例]

第86条の4　次の各号のいずれかに該当する建築物について第27条第2項若しくは

第3項又は第67条第1項の規定を適用する場合においては，第一号イに該当する建築物は耐火建築物と，同号ロに該当する建築物は準耐火建築物とみなす．

一　第86条第1項又は第3項の規定による認定又は許可を受けて建築する建築物で，次のいずれかに該当するもの

　　イ　第2条第九号の二イに該当するもの

　　ロ　第2条第九号の三イ又はロのいずれかに該当するもの

二　第86条第2項又は第4項の規定による認定又は許可を受けて建築する建築物で，前号イ又はロのいずれかに該当するもの（当該認定又は許可に係る公告対象区域内に現に存する建築物が，同号イ又はロのいずれかに該当するものである場合に限る．）

三　第86条の2第1項から第3項までの規定による認定又は許可を受けて建築する建築物で，第一号イ又はロのいずれかに該当するもの（当該認定又は許可に係る公告対象区域内の他の一敷地内認定建築物又は一敷地内許可建築物が，同号イ又はロのいずれかに該当するものである場合に限る．）

［一の敷地とみなすこと等の認定又は許可の取消し］

第86条の5　公告対象区域内の土地について所有権又は借地権を有する者は，その全員の合意により，当該公告対象区域内の建築物に係る第86条第1項若しくは第2項若しくは第86条の2第1項の規定による認定又は第86条第3項若しくは第4項若しくは第86条の2第2項若しくは第3項の規定による許可の取消しを特定行政庁に申請することができる．

2　前項の規定による認定の取消しの申請を受けた特定行政庁は，当該申請に係る公告認定対象区域内の建築物の位置及び構造が安全上，防火上及び衛生上支障がないと認めるときは，当該申請に係る認定を取り消すものとする．

3　第1項の規定による許可の取消しの申請を受けた特定行政庁は，当該申請に係る公告許可対象区域内の建築物の位置及び建蔽率，容積率，各部分の高さその他の構造について，交通上，安全上，防火上及び衛生上支障がなく，かつ，市街地の環境の整備改善を阻害することがないと認めるときは，当該申請に係る許可を取り消すものとする．

4　特定行政庁は，前2項の規定による取消しをしたときは，遅滞なく，国土交通省令で定めるところにより，その旨を公告しなければならない．

〈関連：規第10条の22【p.535】〉

5　第2項又は第3項の規定による取消しは，前項の規定による公告によって，その効力を生ずる．

6　前2項に定めるもののほか，第2項又は第3項の規定による認定又は許可の取消しについて必要な事項は，国土交通省令で定める．〈関連：規第10条の21【p.530】〉

［総合的設計による一団地の住宅施設についての制限の特例］

第86条の6　一団地の住宅施設に関する都市計画を定める場合においては，第一種低層住居専用地域，第二種低層住居専用地域又は田園住居地域については，第52条第1項第一号に規定する容積率，第53条第1項第一号に規定する建蔽率，第54条第2項に規定する外壁の後退距離及び第55条第1項に規定する建築物の高さと異なる容積率，建蔽率，距離及び高さの基準を定めることができる．

2 　前項の都市計画に基づき建築物を総合的設計によって建築する場合において，当該建築物が同項の規定により当該都市計画に定められた基準に適合しており，かつ，特定行政庁がその各建築物の位置及び構造が当該第一種低層住居専用地域，第二種低層住居専用地域又は田園住居地域内の住居の環境の保護に支障がないと認めるときは，当該建築物については，第52条第1項第一号，第53条第1項第一号，第54条第1項及び第55条第1項の規定は，適用しない．

［既存の建築物に対する制限の緩和］

第86条の7 　第3条第2項（第86条の9第1項において準用する場合を含む．以下この条，次条，第87条及び第87条の2において同じ．）の規定により第20条，第26条，第27条，第28条の2（同条各号に掲げる基準のうち政令で定めるものに係る部分に限る．），第30条，第34条第2項，第47条，第48条第1項から第14項まで，第51条，第52条第1項，第2項若しくは第7項，第53条第1項若しくは第2項，第54条第1項，第55条第1項，第56条第1項，第56条の2第1項，第57条の4第1項，第57条の5第1項，第58条，第59条第1項若しくは第2項，第60条第1項若しくは第2項，第60条の2第1項若しくは第2項，第60条の2の2第1項から第3項まで，第60条の3第1項若しくは第2項，第61条，第67条第1項若しくは第5項から第7項まで又は第68条第1項若しくは第2項の規定の適用を受けない建築物について政令で定める範囲内において増築，改築，大規模の修繕又は大規模の模様替（以下この条及び次条において「増築等」という．）をする場合（第3条第2項の規定により第20条の規定の適用を受けない建築物について当該政令で定める範囲内において増築又は改築をする場合にあっては，当該増築又は改築後の建築物の構造方法が政令で定める基準に適合する場合に限る．）においては，第3条第3項第三号及び第四号の規定にかかわらず，これらの規定は，適用しない．

〈関連：令第137条の2【p.328】～第137条の12【p.333】〉

2 　第3条第2項の規定により第20条又は第35条（同条の技術的基準のうち政令で定めるものに係る部分に限る．以下この項及び第87条第4項において同じ．）の規定の適用を受けない建築物であって，第20条又は第35条に規定する基準の適用上一の建築物であっても別の建築物とみなすことができる部分として政令で定める部分（以下この項において「独立部分」という．）が2以上あるものについて増築等をする場合においては，第3条第3項第三号及び第四号の規定にかかわらず，当該増築等をする独立部分以外の独立部分に対しては，これらの規定は，適用しない．

〈関連：令第137条の13～第137条の14【p.334】〉

3 　第3条第2項の規定により第28条，第28条の2（同条各号に掲げる基準のうち政令で定めるものに係る部分に限る．），第29条から第32条まで，第34条第1項，第35条の3又は第36条（防火壁，防火床，防火区画，消火設備及び避難設備の設置及び構造に係る部分を除く．）の規定の適用を受けない建築物について増築等をする場合においては，第3条第3項第三号及び第四号の規定にかかわらず，当該増築等をする部分以外の部分に対しては，これらの規定は，適用しない．

〈関連：令第137条の15【p.334】〉

4 　第3条第2項の規定により建築基準法令の規定の適用を受けない建築物について政令で定める範囲内において移転をする場合においては，同条第3項第三号及び

第四号の規定にかかわらず，建築基準法令の規定は，適用しない．

〈関連：令第137条の16【p.334】〉

[既存の1の建築物について2以上の工事に分けて増築等を含む工事を行う場合の制限の緩和]

第86条の8 第3条第2項の規定によりこの法律又はこれに基づく命令若しくは条例の規定の適用を受けない1の建築物について2以上の工事に分けて増築等を含む工事を行う場合において，特定行政庁が当該2以上の工事の全体計画が次に掲げる基準に適合すると認めたときにおける同項及び同条第3項の規定の適用については，同条第2項中「建築，修繕若しくは模様替の工事中の」とあるのは「第86条の8第1項の認定を受けた全体計画に係る2以上の工事の工事中若しくはこれらの工事の間の」と，同条第3項中「適用しない」とあるのは「適用しない．ただし，第三号又は第四号に該当するものにあっては，第86条の8第1項の認定を受けた全体計画に係る2以上の工事のうち最後の工事に着手するまでは，この限りでない」と，同項第三号中「工事」とあるのは「最初の工事」と，「増築，改築，移転，大規模の修繕又は大規模の模様替」とあるのは「第86条の8第1項の認定を受けた全体計画に係る2以上の工事」とする．

一　1の建築物の増築等を含む工事を2以上の工事に分けて行うことが当該建築物の利用状況その他の事情によりやむを得ないものであること．

二　全体計画に係る全ての工事の完了後において，当該全体計画に係る建築物及び建築物の敷地が建築基準法令の規定に適合することとなること．

三　全体計画に係るいずれの工事の完了後においても，当該全体計画に係る建築物及び建築物の敷地について，交通上の支障，安全上，防火上及び避難上の危険性並びに衛生上及び市街地の環境の保全上の有害性が増大しないものであること．

2　前項の認定の申請の手続その他当該認定に関し必要な事項は，国土交通省令で定める．　〈関連：規第10条の23【p.536】～第10条の24【p.538】〉

3　第1項の認定を受けた全体計画に係る工事の建築主（以下この条において「認定建築主」という．）は，当該認定を受けた全体計画の変更（国土交通省令で定める軽微な変更を除く．）をしようとするときは，特定行政庁の認定を受けなければならない．前2項の規定は，この場合に準用する．　〈関連：規第10条の25【p.538】〉

4　特定行政庁は，認定建築主に対し，第1項の認定を受けた全体計画（前項の規定による変更の認定があったときは，その変更後のもの．次項において同じ．）に係る工事の状況について報告を求めることができる．

5　特定行政庁は，認定建築主が第1項の認定を受けた全体計画に従って工事を行っていないと認めるときは，当該認定建築主に対し，相当の猶予期限を付けて，その改善に必要な措置をとるべきことを命ずることができる．

6　特定行政庁は，認定建築主が前項の命令に違反したときは，第1項又は第3項の認定を取り消すことができる．

[公共事業の施行等による敷地面積の減少についての第3条等の規定の準用]

第86条の9 第3条第2項及び第3項（第一号及び第二号を除く．）の規定は，次に掲げる事業の施行の際現に存する建築物若しくはその敷地又は現に建築，修繕若しくは模様替の工事中の建築物若しくはその敷地が，当該事業の施行によるこれらの

建築物の敷地面積の減少により，この法律若しくはこれに基づく命令若しくは条例の規定に適合しないこととなった場合又はこれらの規定に適合しない部分を有するに至った場合について準用する．この場合において，同項第三号中「この法律又はこれに基づく命令若しくは条例の規定の施行又は適用」とあるのは「第86条の9第1項各号に掲げる事業の施行による建築物の敷地面積の減少」と読み替えるものとする．

一　土地収用法第3条各号に掲げるものに関する事業若しくは都市計画法の規定により土地を収用し，若しくは使用することができる都市計画事業又はこれらの事業に係る土地収用法第16条に規定する関連事業

二　その他前号の事業に準ずる事業で政令で定めるもの

〈関連：令第137条の17【p.334】〉

2　第53条の2第3項（第57条の5第3項，第67条第4項及び第68条第4項において準用する場合を含む．以下この項において同じ．）の規定は，前項各号に掲げる事業の施行による面積の減少により，当該事業の施行の際現に建築物の敷地として使用されている土地で第53条の2第1項（第57条の5第3項において準用する場合を含む．），第67条第3項若しくは第68条第3項の規定に適合しなくなるもの又は当該事業の施行の際現に存する所有権その他の権利に基づいて建築物の敷地として使用するならばこれらの規定に適合しないこととなる土地について準用する．この場合において，第53条の2第3項中「同項の規定は」とあるのは「第1項，第67条第3項又は第68条第3項の規定は」と，同項第一号中「第1項の都市計画における建築物の敷地面積の最低限度が変更された際，」とあるのは「第86条の9第1項各号に掲げる事業の施行により面積が減少した際，当該面積の減少がなくとも」と，「従前の制限」とあるのは「制限」と，同項第二号中「第1項」とあるのは「第1項（第57条の5第3項において準用する場合を含む．），第67条第3項若しくは第68条第3項」と，「同項」とあるのは「これら」と読み替えるものとする．

[用途の変更に対するこの法律の準用]

第87条　建築物の用途を変更して第6条第1項第一号の特殊建築物のいずれかとする場合（当該用途の変更が政令で指定する類似の用途相互間におけるものである場合を除く．）においては，同条（第3項，第5項及び第6項を除く．），第6条の2（第3項を除く．），第6条の4（第1項第一号及び第二号の建築物に係る部分に限る．），第7条第1項並びに第18条第1項から第3項まで及び第14項から第16項までの規定を準用する．この場合において，第7条第1項中「建築主事の検査を申請しなければならない」とあるのは，「建築主事に届け出なければならない」と読み替えるものとする．

〈関連：令第137条の18【p.335】〉

2　建築物（次項の建築物を除く．）の用途を変更する場合においては，第48条第1項から第14項まで，第51条，第60条の2第3項及び第68条の3第7項の規定並びに第39条第2項，第40条，第43条第3項，第43条の2，第49条から第50条まで，第60条の2の2第4項，第60条の3第3項，第68条の2第1項及び第5項並びに第68条の9第1項の規定に基づく条例の規定を準用する．

3　第3条第2項の規定により第27条，第28条第1項若しくは第3項，第29条，

第30条, 第35条から第35条の3まで, 第36条中第28条第1項若しくは第35条に関する部分, 第48条第1項から第14項まで若しくは第51条の規定又は第39条第2項, 第40条, 第43条第3項, 第43条の2, 第49条から第50条まで, 第68条の2第1項若しくは第68条の9第1項の規定に基づく条例の規定（次条第1項において「第27条等の規定」という。）の適用を受けない建築物の用途を変更する場合においては, 次の各号のいずれかに該当する場合を除き, これらの規定を準用する.

一　増築, 改築, 大規模の修繕又は大規模の模様替をする場合

二　当該用途の変更が政令で指定する類似の用途相互間におけるものであって, かつ, 建築物の修繕若しくは模様替をしない場合又はその修繕若しくは模様替が大規模でない場合　　　　　　　　　　　　　　〈関連：令第137条の19【p.335】〉

三　第48条第1項から第14項までの規定に関しては, 用途の変更が政令で定める範囲内である場合　　　　　　　　　　　　　〈関連：令第137条の19【p.335】〉

4　第86条の7第2項（第35条に係る部分に限る。）及び第86条の7第3項（第28条第1項若しくは第3項, 第29条, 第30条, 第35条の3又は第36条（居室の採光面積に係る部分に限る. 以下この項において同じ。）に係る部分に限る。）の規定は, 第3条第2項の規定により第28条第1項若しくは第3項, 第29条, 第30条, 第35条, 第35条の3又は第36条の規定の適用を受けない建築物の用途を変更する場合について準用する. この場合において, 第86条の7第2項及び第3項中「増築等」とあるのは「用途の変更」と, 第3条第3項第三号及び第四号」とあるのは「第87条第3項」と読み替えるものとする.

[既存の1の建築物について2以上の工事に分けて用途の変更に伴う工事を行う場合の制限の緩和]

第87条の2　第3条第2項の規定により第27条等の規定の適用を受けない1の建築物について2以上の工事に分けて用途の変更に伴う工事を行う場合（第86条の8第1項に規定する場合に該当する場合を除く。）において, 特定行政庁が当該2以上の工事の全体計画が次に掲げる基準に適合すると認めたときにおける第3条第2項及び前条第3項の規定の適用については, 第3条第2項中「建築, 修繕若しくは模様替の工事中の」とあるのは「第87条の2第1項の認定を受けた全体計画に係る2以上の工事の工事中若しくはこれらの工事の間の」と, 前条第3項中「準用する」とあるのは「準用する. ただし, 次条第1項の認定を受けた全体計画に係る2以上の工事のうち最後の工事に着手するまでは, この限りでない」とする.

一　1の建築物の用途の変更に伴う工事を2以上の工事に分けて行うことが当該建築物の利用状況その他の事情によりやむを得ないものであること.

二　全体計画に係る全ての工事の完了後において, 当該全体計画に係る建築物及び建築物の敷地が建築基準法令の規定に適合することとなること.

三　全体計画に係るいずれの工事の完了後においても, 当該全体計画に係る建築物及び建築物の敷地について, 交通上の支障, 安全上, 防火上及び避難上の危険性並びに衛生上及び市街地の環境の保全上の有害性が増大しないものであること.

2　第86条の8第2項から第6項までの規定は, 前項の認定について準用する.

[建築物の用途を変更して一時的に他の用途の建築物として使用する場合の制限の緩和]

第87条の3 非常災害があった場合において，非常災害区域等内にある建築物の用途を変更して災害救助用建築物（住宅，病院その他これらに類する建築物で，国，地方公共団体又は日本赤十字社が災害救助のために使用するものをいう．以下この条及び第101条第1項第十六号において同じ．）として使用するとき（その災害が発生した日から1月以内に当該用途の変更に着手するときに限る．）における当該災害救助用建築物については，建築基準法令の規定は，適用しない．ただし，非常災害区域等のうち防火地域内にある建築物については，この限りでない．

2 災害があった場合において，建築物の用途を変更して公益的建築物（学校，集会場その他これらに類する公益上必要な用途に供する建築物をいう．以下この条及び第101条第1項第十六号において同じ．）として使用するときにおける当該公益的建築物については，第12条第1項から第4項まで，第21条，第22条，第26条，第30条，第34条第2項，第35条，第36条（第21条，第26条，第34条第2項及び第35条に係る部分に限る．），第39条，第40条，第3章並びに第87条第1項及び第2項の規定は，適用しない．

3 建築物の用途を変更して第1項の災害救助用建築物又は前項の公益的建築物とした者は，その用途の変更を完了した後3月を超えて当該建築物を引き続き災害救助用建築物又は公益的建築物として使用しようとする場合においては，その超えることとなる日前に，特定行政庁の許可を受けなければならない．ただし，当該許可の申請をした場合において，その超えることとなる日前に当該申請に対する処分がされないときは，当該処分がされるまでの間は，当該建築物を引き続き災害救助用建築物又は公益的建築物として使用することができる．

4 特定行政庁は，前項の許可の申請があった場合において，安全上，防火上及び衛生上支障がないと認めるときは，2年以内の期間を限って，その許可をすることができる．

5 特定行政庁は，被災者の需要に応ずるに足りる適当な建築物が不足することその他の理由により前項に規定する期間を超えて使用する特別の必要がある災害救助用建築物又は公益的建築物について，安全上，防火上及び衛生上支障がなく，かつ，公益上やむを得ないと認める場合においては，同項の規定にかかわらず，更に1年を超えない範囲内において同項の規定による許可の期間を延長することができる．被災者の需要に応ずるに足りる適当な建築物が不足することその他の理由により当該延長に係る期間を超えて使用する特別の必要がある災害救助用建築物又は公益的建築物についても，同様とする．

6 特定行政庁は，建築物の用途を変更して興行場等（興行場，博覧会建築物，店舗その他これらに類する建築物をいう．以下同じ．）とする場合における当該興行場等について安全上，防火上及び衛生上支障がないと認めるときは，1年以内の期間（建築物の用途を変更して代替建築物（建築物の工事を施工するためその工事期間中当該従前の建築物に代えて使用する興行場，店舗その他これらに類する建築物をいう．）とする場合における当該代替建築物については，特定行政庁が当該工事の施工上必要と認める期間）を定めて，当該建築物を興行場等として使用することを許可することができる．この場合においては，第12条第1項から第4項まで，

第21条，第22条，第24条，第26条，第27条，第34条第2項，第35条の2，第35条の3，第3章及び第87条第2項の規定は，適用しない.

7　特定行政庁は，建築物の用途を変更して特別興行場等（国際的な規模の会議又は競技会の用に供することその他の理由により1年を超えて使用する特別の必要がある興行場等をいう．以下この項において同じ．）とする場合における当該特別興行場等について，安全上，防火上及び衛生上支障がなく，かつ，公益上やむを得ないと認めるときは，前項の規定にかかわらず，当該特別興行場等の使用上必要と認める期間を定めて，当該建築物を特別興行場等として使用することを許可することができる．この場合においては，同項後段の規定を準用する．

8　特定行政庁は，第5項の規定により許可の期間を延長する場合又は前項の規定による許可をする場合においては，あらかじめ，建築審査会の同意を得なければならない．ただし，病院，学校その他の公益上特に必要なものとして国土交通省令で定める用途に供する災害救助用建築物又は公益的建築物について第5項の規定により許可の期間を延長する場合は，この限りでない．

［建築設備への準用］

第87条の4　政令で指定する昇降機その他の建築設備を第6条第1項第一号から第三号までに掲げる建築物に設ける場合においては，同項（第87条第1項において準用する場合を含む．）の規定による確認又は第18条第2項（第87条第1項において準用する場合を含む．）の規定による通知を要する場合を除き，第6条（第3項，第5項及び第6項を除く．），第6条の2（第3項を除く．），第6条の4（第1項第一号及び第二号の建築物に係る部分に限る．），第7条から第7条の4まで，第7条の5（第6条の4第1項第一号及び第二号の建築物に係る部分に限る．），第7条の6，第18条（第4項から第13項まで及び第25項を除く．）及び第89条から第90条の3までの規定を準用する．この場合において，第6条第4項中「同項第一号から第三号までに係るものにあってはその受理した日から35日以内に，同項第四号に係るものにあってはその受理した日から7日以内に」とあるのは，「その受理した日から7日以内に」と読み替えるものとする．　〈関連：**令第146条【p.348】**〉

［工作物への準用］

第88条　煙突，広告塔，高架水槽，擁壁その他これらに類する工作物で政令で指定するもの及び昇降機，ウォーターシュート，飛行塔その他これらに類する工作物で政令で指定するもの（以下この項において「昇降機等」という．）については，第3条，第6条（第3項，第5項及び第6項を除くものとし，第1項及び第4項は，昇降機等については第1項第一号から第三号までの建築物に係る部分，その他のものについては同項第四号の建築物に係る部分に限る．），第6条の2（第3項を除く．），第6条の4（第1項第一号及び第二号の建築物に係る部分に限る．），第7条から第7条の4まで，第7条の5（第6条の4第1項第一号及び第二号の建築物に係る部分に限る．），第8条から第11条まで，第12条第5項（第三号を除く．）及び第6項から第9項まで，第13条，第15条の2，第18条（第4項から第13項まで及び第24項を除く．），第20条，第28条の2（同条各号に掲げる基準のうち政令で定めるものに係る部分に限る．），第32条，第33条，第34条第1項，第36条（避雷設備及び昇降機に係る部分に限る．），第37条，第38条，第40条，第3章の

2（第68条の20第2項については，同項に規定する建築物以外の認証型式部材等に係る部分に限る.），第86条の7第1項（第28条の2（第86条の7第1項の政令で定める基準に係る部分に限る.）に係る部分に限る.），第86条の7第2項（第20条に係る部分に限る.），第86条の7第3項（第32条，第34条第1項及び第36条（昇降機に係る部分に限る.）に係る部分に限る.），前条，次条並びに第90条の規定を，昇降機等については，第7条の6，第12条第1項から第4項まで，第12条の2，第12条の3及び第18条第24項の規定を準用する．この場合において，第20条第1項中「次の各号に掲げる建築物の区分に応じ，それぞれ当該各号に定める基準」とあるのは，「政令で定める技術的基準」と読み替えるものとする.

〈関連：令第137条の4の2【p.330】，令第138条【p.337】～第144条の2【p.344】〉

2　製造施設，貯蔵施設，遊戯施設等の工作物で政令で指定するものについては，第3条，第6条（第3項，第5項及び第6項を除くものとし，第1項及び第4項は，第1項第一号から第三号までの建築物に係る部分に限る.），第6条の2（第3項を除く.），第7条，第7条の2，第7条の6から第9条の3まで，第11条，第12条第5項（第三号を除く.）及び第6項から第9項まで，第13条，第15条の2，第18条（第4項から第13項まで及び第19項から第23項までを除く.），第48条から第51条まで，第60条の2第3項，第60条の2の2第4項，第60条の3第3項，第68条の2第1項及び第5項，第68条の3第6項から第9項まで，第86条の7第1項（第48条第1項から第14項まで及び第51条に係る部分に限る.），第87条第2項（第48条第1項から第14項まで，第49条から第51条まで，第60条の2第3項，第60条の2の2第4項，第60条の3第3項並びに第68条の2第1項及び第5項に係る部分に限る.），第87条第3項（第48条第1項から第14項まで，第49条から第51条まで及び第68条の2第1項に係る部分に限る.），前条，次条，第91条，第92条の2並びに第93条の2の規定を準用する．この場合において，第6条第2項及び別表第二中「床面積の合計」とあるのは「築造面積」と，第68条の2第1項中「敷地，構造，建築設備又は用途」とあるのは「用途」と読み替えるものとする.

〈関連：令第138条第3項【p.337】〉

3　第3条，第8条から第11条まで，第12条（第5項第三号を除く.），第12条の2，第12条の3，第13条，第15条の2並びに第18条第1項及び第25項の規定は，第64条に規定する工作物について準用する.

4　第1項中第6条から第7条の5まで，第18条（第1項及び第25項を除く.）及び次条に係る部分は，宅地造成等規制法（昭和36年法律第191号）第8条第1項本文若しくは第12条第1項，都市計画法第29条第1項若しくは第2項若しくは第35条の2第1項本文，特定都市河川浸水被害対策法（平成15年法律第77号）第57条第1項若しくは第62条第1項又は津波防災地域づくりに関する法律（平成23年法律第123号）第73条第1項若しくは第78条第1項の規定による許可を受けなければならない場合の擁壁については，適用しない.

[工事現場における確認の表示等]

第89条　第6条第1項の建築，大規模の修繕又は大規模の模様替の工事の施工者は，当該工事現場の見易い場所に，国土交通省令で定める様式によって，建築主，設計者，工事施工者及び工事の現場管理者の氏名又は名称並びに当該工事に係る同項の

確認があった旨の表示をしなければならない. 〈関連：規第11条【p.538】〉

2 第6条第1項の建築, 大規模の修繕又は大規模の模様替の工事の施工者は, 当該工事に係る設計図書を当該工事現場に備えておかなければならない.

[工事現場の危害の防止]

第90条 建築物の建築, 修繕, 模様替又は除却のための工事の施工者は, 当該工事の施工に伴う地盤の崩落, 建築物又は工事用の工作物の倒壊等による危害を防止するために必要な措置を講じなければならない.

2 前項の措置の技術的基準は, 政令で定める.

〈関連：令第136条の2の20【p.322】～第136条の8【p.324】〉

3 第3条第2項及び第3項, 第9条（第13項及び第14項を除く.）, 第9条の2, 第9条の3（設計者及び宅地建物取引業者に係る部分を除く.）並びに第18条第1項及び第25項の規定は, 第1項の工事の施工について準用する.

[工事中の特殊建築物等に対する措置]

第90条の2 特定行政庁は, 第9条又は第10条の規定による場合のほか, 建築, 修繕若しくは模様替又は除却の工事の施工中に使用されている第6条第1項第一号から第三号までの建築物が, 安全上, 防火上又は避難上著しく支障があると認める場合においては, 当該建築物の建築主又は所有者, 管理者若しくは占有者に対して, 相当の猶予期限を付けて, 当該建築物の使用禁止, 使用制限その他安全上, 防火上又は避難上必要な措置を採ることを命ずることができる.

2 第9条第2項から第9項まで及び第11項から第15項までの規定は, 前項の場合に準用する.

[工事中における安全上の措置等に関する計画の届出]

第90条の3 別表第一（い）欄の（一）項, （二）項及び（四）項に掲げる用途に供する建築物並びに地下の工作物内に設ける建築物で政令で定めるものの新築の工事又はこれらの建築物に係る避難施設等に関する工事の施工中において当該建築物を使用し, 又は使用させる場合においては, 当該建築主は, 国土交通省令で定めるところにより, あらかじめ, 当該工事の施工中における当該建築物の安全上, 防火上又は避難上の措置に関する計画を作成して特定行政庁に届け出なければならない.

〈関連：令第147条の2【p.349】, 規第11条の2【p.538】〉

[建築物の敷地が区域, 地域又は地区の内外にわたる場合の措置]

第91条 建築物の敷地がこの法律の規定（第52条, 第53条, 第54条から第56条の2まで, 第57条の2, 第57条の3, 第67条第1項及び第2項並びに別表第三の規定を除く. 以下この条において同じ.）による建築物の敷地, 構造, 建築設備又は用途に関する禁止又は制限を受ける区域（第22条第1項の市街地の区域を除く. 以下この条において同じ.）, 地域（防火地域及び準防火地域を除く. 以下この条において同じ.）又は地区（高度地区を除く. 以下この条において同じ.）の内外にわたる場合においては, その建築物又はその敷地の全部について敷地の過半の属する区域, 地域又は地区内の建築物に関するこの法律の規定又はこの法律に基づく命令の規定を適用する.

[面積, 高さ及び階数の算定]

第92条 建築物の敷地面積, 建築面積, 延べ面積, 床面積及び高さ, 建築物の軒,

天井及び床の高さ，建築物の階数並びに工作物の築造面積の算定方法は，政令で定める．

〈関連：令第2条【p.169】，令第21条【p.188】，令第22条【p.188】〉

［許可の条件］

第92条の2 この法律の規定による許可には，建築物又は建築物の敷地を交通上，安全上，防火上又は衛生上支障がないものとするための条件その他必要な条件を付することができる．この場合において，その条件は，当該許可を受けた者に不当な義務を課するものであってはならない．

［許可又は確認に関する消防長等の同意等］

第93条 特定行政庁，建築主事又は指定確認検査機関は，この法律の規定による許可又は確認をする場合においては，当該許可又は確認に係る建築物の工事施工地又は所在地を管轄する消防長（消防本部を置かない市町村にあっては，市町村長．以下同じ．）又は消防署長の同意を得なければ，当該許可又は確認をすることができない．ただし，確認に係る建築物が防火地域及び準防火地域以外の区域内における住宅（長屋，共同住宅その他政令で定める住宅を除く．）である場合又は建築主事若しくは指定確認検査機関が第87条の4において準用する第6条第1項若しくは第6条の2第1項の規定による確認をする場合においては，この限りでない．

〈関連：令第147条の3【p.349】〉

2 消防長又は消防署長は，前項の規定によって同意を求められた場合においては，当該建築物の計画が法律又はこれに基づく命令若しくは条例の規定（建築主事又は指定確認検査機関が第6条の4第1項第一号若しくは第二号に掲げる建築物の建築，大規模の修繕，大規模の模様替若しくは用途の変更又は同項第三号に掲げる建築物の建築について確認する場合において同意を求められたときは，同項の規定により読み替えて適用される第6条第1項の政令で定める建築基準法令の規定を除く．）で建築物の防火に関するものに違反しないものであるときは，同項第四号に係る場合にあっては，同意を求められた日から3日以内に，その他の場合にあっては，同意を求められた日から7日以内に同意を与えてその旨を当該特定行政庁，建築主事又は指定確認検査機関に通知しなければならない．この場合において，消防長又は消防署長は，同意することができない事由があると認めるときは，これらの期限内に，その事由を当該特定行政庁，建築主事又は指定確認検査機関に通知しなければならない．

〈関連：令第10条【p.174】〉

3 第68条の20第1項（第68条の22第2項において準用する場合を含む．）の規定は，消防長又は消防署長が第1項の規定によって同意を求められた場合に行う審査について準用する．

4 建築主事又は指定確認検査機関は，第1項ただし書の場合において第6条第1項（第87条の4において準用する場合を含む．）の規定による確認申請書を受理したとき若しくは第6条の2第1項（第87条の4において準用する場合を含む．）の規定による確認の申請を受けたとき又は第18条第2項（第87条第1項又は第87条の4において準用する場合を含む．）の規定による通知を受けた場合においては，遅滞なく，これを当該申請又は通知に係る建築物の工事施工地又は所在地を管轄する消防長又は消防署長に通知しなければならない．

5 建築主事又は指定確認検査機関は，第31条第2項に規定する屎尿浄化槽又は建

築物における衛生的環境の確保に関する法律（昭和45年法律第20号）第2条第1項に規定する特定建築物に該当する建築物に関して，第6条第1項（第87条第1項において準用する場合を含む.）の規定による確認の申請書を受理した場合，第6条の2第1項（第87条第1項において準用する場合を含む.）の規定による確認の申請を受けた場合又は第18条第2項（第87条第1項において準用する場合を含む.）の規定による通知を受けた場合においては，遅滞なく，これを当該申請又は通知に係る建築物の工事施工地又は所在地を管轄する保健所長に通知しなければならない.

6　保健所長は，必要があると認める場合においては，この法律の規定による許可又は確認について，特定行政庁，建築主事又は指定確認検査機関に対して意見を述べることができる.

［書類の閲覧］

第93条の2　特定行政庁は，確認その他の建築基準法令の規定による処分並びに第12条第1項及び第3項の規定による報告に関する書類のうち，当該処分若しくは報告に係る建築物若しくは建築物の敷地の所有者，管理者若しくは占有者又は第三者の権利利益を不当に侵害するおそれがないものとして国土交通省令で定めるものについては，国土交通省令で定めるところにより，閲覧の請求があった場合には，これを閲覧させなければならない.　　　　　　　〈関連：規第11条の4【p.543】〉

［国土交通省令への委任］

第93条の3　この法律に定めるもののほか，この法律の規定に基づく許可その他の処分に関する手続その他この法律の実施のため必要な事項は，国土交通省令で定める.

［不服申立て］

第94条　建築基準法令の規定による特定行政庁，建築主事若しくは建築監視員，都道府県知事，指定確認検査機関又は指定構造計算適合性判定機関の処分又はその不作為についての審査請求は，行政不服審査法，第4条第一号に規定する処分庁又は不作為庁が，特定行政庁，建築主事若しくは建築監視員又は都道府県知事である場合にあっては当該市町村又は都道府県の建築審査会に，指定確認検査機関である場合にあっては当該処分又は不作為に係る建築物又は工作物について第6条第1項（第87条第1項，第87条の4又は第88条第1項若しくは第2項において準用する場合を含む.）の規定による確認をする権限を有する建築主事が置かれた市町村又は都道府県の建築審査会に，指定構造計算適合性判定機関である場合にあっては第18条の2第1項の規定により当該指定構造計算適合性判定機関にその構造計算適合性判定を行わせた都道府県知事が統括する都道府県の建築審査会に対してするものとする.　この場合において，不作為についての審査請求は，建築審査会に代えて，当該不作為庁が，特定行政庁，建築主事，建築監視員又は都道府県知事である場合にあっては当該市町村の長又は都道府県知事に，指定確認検査機関である場合にあっては当該指定確認検査機関に，指定構造計算適合性判定機関である場合にあっては当該指定構造計算適合性判定機関に対してすることもできる.

2　建築審査会は，前項前段の規定による審査請求がされた場合においては，当該審査請求がされた日（行政不服審査法第23条の規定により不備を補正すべきこと

を命じた場合にあっては，当該不備が補正された日）から1月以内に，裁決をしなければならない．

3　建築審査会は，前項の裁決を行う場合においては，行政不服審査法第24条の規定により当該審査請求を却下する場合を除き，あらかじめ，審査請求人，特定行政庁，建築主事，建築監視員，都道府県知事，指定確認検査機関，指定構造計算適合性判定機関その他の関係人又はこれらの者の代理人の出頭を求めて，公開による口頭審査を行わなければならない．

4　第1項前段の規定による審査請求については，行政不服審査法第31条の規定は適用せず，前項の口頭審査については，同法第9条第3項の規定により読み替えられた同法第31条第2項から第5項までの規定を準用する．

第95条　建築審査会の裁決に不服がある者は，国土交通大臣に対して再審査請求をすることができる．

第96条　（削除）

[権限の委任]

第97条　この法律に規定する国土交通大臣の権限は，国土交通省令で定めるところにより，その一部を地方整備局長又は北海道開発局長に委任することができる．

〈関連：規第12条【p.543】〉

[市町村の建築主事等の特例]

第97条の2　第4条第1項の市以外の市又は町村においては，同条第2項の規定によるほか，当該市町村の長の指揮監督の下に，この法律中建築主事の権限に属するものとされている事務で政令で定めるものをつかさどらせるために，建築主事を置くことができる．この場合においては，この法律中建築主事に関する規定は，当該市町村が置く建築主事に適用があるものとする．　〈関連：令第148条【p.350】〉

2　第4条第3項及び第4項の規定は，前項の市町村が同項の規定により建築主事を置く場合に準用する．

3　第1項の規定により建築主事を置く市町村は，同項の規定により建築主事が行うこととなる事務に関する限り，この法律の規定の適用については，第4条第5項に規定する建築主事を置く市町村とみなす．この場合において，第78条第1項中「置く」とあるのは，「置くことができる」とする．

4　この法律中都道府県知事たる特定行政庁の権限に属する事務で政令で定めるものは，政令で定めるところにより，第1項の規定により建築主事を置く市町村の長が行うものとする．この場合においては，この法律中都道府県知事たる特定行政庁に関する規定は，当該市町村の長に関する規定として当該市町村の長に適用があるものとする．　〈関連：令第148条【p.350】〉

5　第1項の規定により建築主事を置く市町村の長たる特定行政庁，同項の建築主事又は当該特定行政庁が命じた建築監視員の建築基準法令の規定による処分又はその不作為についての審査請求は，当該市町村に建築審査会が置かれていないときは，当該市町村を包括する都道府県の建築審査会に対してするものとする．

この場合において，不作為についての審査請求は，建築審査会に代えて，当該不作為に係る市町村の長に対してすることもできる．

［特別区の特例］

第97条の3 特別区においては，第4条第2項の規定によるほか，特別区の長の指揮監督の下に，この法律中建築主事の権限に属するものとされている事務で政令で定めるものをつかさどらせるために，建築主事を置くことができる．この場合においては，この法律中建築主事に関する規定は，特別区が置く建築主事に適用があるものとする．　　　　　　　　　　　　　　　〈関連：令第149条【p.351】〉

2　前項の規定は，特別区に置かれる建築主事の権限に属しない特別区の区域における事務をつかさどらせるために，都が都知事の指揮監督の下に建築主事を置くことを妨げるものではない．

3　この法律中都道府県知事たる特定行政庁の権限に属する事務で政令で定めるものは，政令で定めるところにより，特別区の長が行うものとする．この場合においては，この法律中都道府県知事たる特定行政庁に関する規定は，特別区の長に関する規定として特別区の長に適用があるものとする．　　　　〈関連：令第149条【p.351】〉

4　特別区が第4条第2項の規定により建築主事を置こうとする場合における同条第3項及び第4項の規定の適用については，同条第3項中「協議しなければ」とあるのは「協議し，その同意を得なければ」と，同条第4項中「により協議して」とあるのは「による同意を得た場合において」とする．

［手数料］

第97条の4 国土交通大臣が行う次に掲げる処分の申請をしようとする者は，国土交通省令で定めるところにより，実費を勘案して国土交通省令で定める額の手数料を国に納めなければならない．

〈関連：規第11条の2の2【p.539】～第11条の2の3【p.539】〉

一　構造方法等の認定

二　特殊構造方法等認定

三　型式適合認定

四　第68条の11第1項の認証又はその更新

五　第68条の22第1項の認証又はその更新

2　指定認定機関，承認認定機関，指定性能評価機関又は承認性能評価機関が行う前項第三号から第五号までに掲げる処分又は性能評価の申請をしようとする者は，国土交通省令で定めるところにより，実費を勘案して国土交通省令で定める額の手数料を当該指定認定機関，承認認定機関，指定性能評価機関又は承認性能評価機関に納めなければならない．

〈関連：規第11条の2の2【p.539】～第11条の2の3【p.539】〉

3　前項の規定により指定認定機関，承認認定機関，指定性能評価機関又は承認性能評価機関に納められた手数料は，当該指定認定機関，承認認定機関，指定性能評価機関又は承認性能評価機関の収入とする．

［事務の区分］

第97条の5 第15条第4項，第16条及び第77条の63の規定により都道府県が処理することとされている事務並びに第15条第1項から第3項までの規定により市町村が処理することとされている事務は，地方自治法（昭和22年法律第67号）第2条第9項第一号に規定する第一号法定受託事務とする．

2 　第70条第4項（第74条第2項（第76条の3第6項において準用する場合を含む．以下この項において同じ．）及び第76条の3第4項において準用する場合を含む．），第71条（第74条第2項及び第76条の3第4項において準用する場合を含む．），第72条（同条第2項の規定により建築協定書に意見を付する事務に係る部分を除き，第74条第2項及び第76条の3第4項において準用する場合を含む．）及び第73条第3項（第74条第2項，第75条の2第4項及び第76条の3第4項において準用する場合を含む．）の規定により市町村（建築主事を置かない市町村に限る．）が処理することとされている事務は，地方自治法第2条第9項第二号に規定する第二号法定受託事務とする．

［経過措置］

第97条の6　この法律の規定に基づき命令を制定し，又は改廃する場合においては，その命令で，その制定又は改廃に伴い合理的に必要と判断される範囲内において，所要の経過措置（罰則に関する経過措置を含む．）を定めることができる．

第7章　罰則

第98条　次の各号のいずれかに該当する者は、3年以下の懲役又は300万円以下の罰金に処する。

一　第9条第1項又は第10項前段（これらの規定を第88条第1項から第3項まで又は第90条第3項において準用する場合を含む。）の規定による特定行政庁又は建築監視員の命令に違反した者

二　第20条（第1項第一号から第三号までに係る部分に限る。）、第21条、第26条、第27条、第35条又は第35条の2の規定に違反した場合における当該建築物又は建築設備の設計者（設計図書に記載された認定建築材料等（型式適合認定に係る型式の建築材料若しくは建築物の部分、構造方法等の認定に係る構造方法を用いる建築物の部分若しくは建築材料又は特殊構造方法等認定に係る特殊の構造方法を用いる建築物の部分若しくは特殊の建築材料をいう。以下同じ。）の全部又は一部として当該認定建築材料等の全部又は一部と異なる建築材料又は建築物の部分を引き渡した場合においては当該建築材料又は建築物の部分を引き渡した者、設計図書を用いないで工事を施工し、又は設計図書に従わないで工事を施工した場合（設計図書に記載された認定建築材料等と異なる建築材料又は建築物の部分を引き渡された場合において、当該建築材料又は建築物の部分を使用して工事を施工した場合を除く。）においては当該建築物又は建築設備の工事施工者）

三　第36条（防火壁、防火床及び防火区画の設置及び構造に係る部分に限る。）の規定に基づく政令の規定に違反した場合における当該建築物の設計者（設計図書に記載された認定建築材料等の全部又は一部として当該認定建築材料等の全部又は一部と異なる建築材料又は建築物の部分を引き渡した場合においては当該建築材料又は建築物の部分を引き渡した者、設計図書を用いないで工事を施工し、又は設計図書に従わないで工事を施工した場合（設計図書に記載された認定建築材料等と異なる建築材料又は建築物の部分を引き渡された場合において、当該建築材料又は建築物の部分を使用して工事を施工した場合を除く。）においては当該建築物の工事施工者）

四　第87条第3項において準用する第27条、第35条又は第35条の2の規定に違反した場合における当該建築物の所有者、管理者又は占有者

五　第87条第3項において準用する第36条（防火壁、防火床及び防火区画の設置及び構造に関して、第35条の規定を実施し、又は補足するために安全上及び防火上必要な技術的基準に係る部分に限る。）の規定に基づく政令の規定に違反した場合における当該建築物の所有者、管理者又は占有者

2　前項第二号又は第三号に規定する違反があった場合において、その違反が建築主又は建築設備の設置者の故意によるものであるときは、当該設計者又は工事施工者を罰するほか、当該建築主又は建築設備の設置者に対して同項の刑を科する。

第99条　次の各号のいずれかに該当する者は、1年以下の懲役又は100万円以下の罰金に処する。

一　第6条第1項（第87条第1項、第87条の4又は第88条第1項若しくは第2項において準用する場合を含む。）、第7条の6第1項（第87条の4又は第88条第2

項において準用する場合を含む。）又は第68条の19第2項（第88条第1項において準用する場合を含む。）の規定に違反した者

二　第6条第8項（第87条の4又は第88条第1項若しくは第2項において準用する場合を含む。）又は第7条の3第6項（第87条の4又は第88条第1項において準用する場合を含む。）の規定に違反した場合における当該建築物，工作物又は建築設備の工事施工者

三　第7条第2項若しくは第3項（これらの規定を第87条の4又は第88条第1項若しくは第2項において準用する場合を含む。）又は第7条の3第2項若しくは第3項（これらの規定を第87条の4又は第88条第1項において準用する場合を含む。）の期限内に第7条第1項（第87条の4又は第88条第1項若しくは第2項において準用する場合を含む。）又は第7条の3第1項（第87条の4又は第88条第1項において準用する場合を含む。）の規定による申請をせず，又は虚偽の申請をした者

四　第9条第10項後段（第88条第1項から第3項まで又は第90条第3項において準用する場合を含む。），第10条第2項若しくは第3項（これらの規定を第88条第1項又は第3項において準用する場合を含む。），第11条第1項（第88条第1項から第3項までにおいて準用する場合を含む。）又は第90条の2第1項の規定による特定行政庁又は建築監視員の命令に違反した者

五　第12条第5項（第一号に係る部分に限る。）又は第15条の2第1項（これらの規定を第88条第1項から第3項までにおいて準用する場合を含む。）の規定による報告をせず，又は虚偽の報告をした者

六　第12条第6項又は第15条の2第1項（これらの規定を第88条第1項から第3項までにおいて準用する場合を含む。）の規定による物件の提出をせず，又は虚偽の物件の提出をした者

七　第12条第7項又は第15条の2第1項（これらの規定を第88条第1項から第3項までにおいて準用する場合を含む。）の規定による検査若しくは試験を拒み，妨げ，若しくは忌避し，又は質問に対して答弁せず，若しくは虚偽の答弁をした者

八　第20条（第1項第四号に係る部分に限る。），第22条第1項，第23条，第25条，第28条第3項，第28条の2（第88条第1項において準用する場合を含む。），第32条（第88条第1項において準用する場合を含む。），第33条（第88条第1項において準用する場合を含む。），第34条第1項（第88条第1項において準用する場合を含む。），第34条第2項，第35条の3，第37条（第88条第1項において準用する場合を含む。），第61条，第62条，第64条，第67条第1項又は第88条第1項において準用する第20条の規定に違反した場合における当該建築物，工作物又は建築設備の設計者（設計図書に記載された認定建築材料等の全部又は一部として当該認定建築材料等の全部又は一部と異なる建築材料又は建築物の部分を引き渡した場合においては当該建築材料又は建築物の部分を引き渡した者，設計図書を用いないで工事を施工し，又は設計図書に従わないで工事を施工した場合（設計図書に記載された認定建築材料等と異なる建築材料又は建築物の部分を引き渡された場合において，当該建築材料又は建築物の部分を使用して工事を施工した場合を除く。）においては当該建築物，工作物又は建築設備の工事施工者）

九　第36条（消火設備，避雷設備及び給水，排水その他の配管設備の設置及び構造

並びに煙突及び昇降機の構造に係る部分に限り，第88条第1項において準用する場合を含む.）の規定に基づく政令の規定に違反した場合における当該建築物，工作物又は建築設備の設計者（設計図書に記載された認定建築材料等の全部又は一部として当該認定建築材料等の全部又は一部と異なる建築材料又は建築物の部分を引き渡した場合においては当該建築材料又は建築物の部分を引き渡した者，設計図書を用いないで工事を施工し，又は設計図書に従わないで工事を施工した場合（設計図書に記載された認定建築材料等と異なる建築材料又は建築物の部分を引き渡された場合において，当該建築材料又は建築物の部分を使用して工事を施工した場合を除く.）においては当該建築物，工作物又は建築設備の工事施工者）

十　第77条の8第1項（第77条の17の2第2項において準用する場合を含む.）の規定に違反して，その職務に関して知り得た秘密を漏らした者

十一　第77条の8第2項（第77条の17の2第2項において準用する場合を含む.）の規定に違反して，事前に建築基準適合判定資格者検定若しくは構造計算適合判定資格者検定の問題を漏らし，又は不正の採点をした者

十二　第77条の25第1項，第77条の35の10第1項又は第77条の43第1項（第77条の56第2項において準用する場合を含む.）の規定に違反して，その職務に関して知り得た秘密を漏らし，又は盗用した者

十三　第77条の35第2項の規定による確認検査の業務の停止の命令に違反した者

十四　第77条の62第2項（第77条の66第2項において準用する場合を含む.）の規定による禁止に違反して，確認検査又は構造計算適合性判定の業務を行った者

十五　第87条第3項において準用する第28条第3項又は第35条の3の規定に違反した場合における当該建築物の所有者，管理者又は占有者

十六　第87条第3項において準用する第36条（消火設備の設置及び構造に関して，第35条の規定を実施し，又は補足するために安全上及び防火上必要な技術的基準に係る部分に限る.）の規定に基づく政令の規定に違反した場合における当該建築物の所有者，管理者又は占有者

2　前項第八号又は第九号に規定する違反があった場合において，その違反が建築主，工作物の築造主又は建築設備の設置者の故意によるものであるときは，当該設計者又は工事施工者を罰するほか，当該建築主，工作物の築造主又は建築設備の設置者に対して同項の刑を科する.

第100条　第77条の15第2項（第77条の17の2第2項において準用する場合を含む.），第77条の35の19第2項又は第77条の51第2項（第77条の56第2項において準用する場合を含む.）の規定による建築基準適合判定資格者検定事務，構造計算適合判定資格者検定事務又は構造計算適合性判定，認定等若しくは性能評価の業務の停止の命令に違反したときは，その違反行為をした指定建築基準適合判定資格者検定機関若しくは指定構造計算適合判定資格者検定機関の役員若しくは職員（建築基準適合判定資格者検定委員及び構造計算適合判定資格者検定委員を含む.）又は指定構造計算適合性判定機関，指定認定機関若しくは指定性能評価機関（いずれもその者が法人である場合にあっては，その役員）若しくはその職員（構造計算適合性判定員，認定員及び評価員を含む.）（第104条において「指定建築基準適合判定資格者検定機関等の役員等」という.）は，1年以下の懲役又は100万

円以下の罰金に処する.

第101条 次の各号のいずれかに該当する者は，100万円以下の罰金に処する.

一　第5条の6第1項から第3項まで又は第5項の規定に違反した場合における当該建築物の工事施工者

二　第12条第1項若しくは第3項（これらの規定を第88条第1項又は第3項において準用する場合を含む.）又は第5項（第二号に係る部分に限り，第88条第1項から第3項までにおいて準用する場合を含む.）の規定による報告をせず，又は虚偽の報告をした者

三　第19条，第28条第1項若しくは第2項，第31条，第43条第1項，第44条第1項，第47条，第52条第1項，第2項若しくは第7項，第53条第1項若しくは第2項，第53条の2第1項（第57条の5第3項において準用する場合を含む.），第54条第1項，第55条第1項，第56条第1項，第56条の2第1項，第57条の4第1項，第57条の5第1項，第59条第1項若しくは第2項，第60条第1項若しくは第2項，第60条の2第1項若しくは第2項，第60条の2の2第1項から第3項まで，第60条の3第1項若しくは第2項，第67条第3項若しくは第5項から第7項まで又は第68条第1項から第3項までの規定に違反した場合における当該建築物又は建築設備の設計者（設計図書に記載された認定建築材料等の全部又は一部として当該認定建築材料等の全部又は一部と異なる建築材料又は建築物の部分を引き渡した場合においては当該建築材料又は建築物の部分を引き渡した者，設計図書を用いないで工事を施工し，又は設計図書に従わないで工事を施工した場合（設計図書に記載された認定建築材料等と異なる建築材料又は建築物の部分を引き渡された場合において，当該建築材料又は建築物の部分を使用して工事を施工した場合を除く.）においては当該建築物又は建築設備の工事施工者）

四　第36条（居室の採光面積，天井及び床の高さ，床の防湿方法，階段の構造，便所の設置及び構造並びに浄化槽の構造に係る部分に限る.）の規定に基づく政令の規定に違反した場合における当該建築物又は建築設備の設計者（設計図書に記載された認定建築材料等の全部又は一部として当該認定建築材料等の全部又は一部と異なる建築材料又は建築物の部分を引き渡した場合においては当該建築材料又は建築物の部分を引き渡した者，設計図書を用いないで工事を施工し，又は設計図書に従わないで工事を施工した場合（設計図書に記載された認定建築材料等と異なる建築材料又は建築物の部分を引き渡された場合において，当該建築材料又は建築物の部分を使用して工事を施工した場合を除く.）においては当該建築物又は建築設備の工事施工者）

五　第48条第1項から第14項まで又は第51条（これらの規定を第88条第2項において準用する場合を含む.）の規定に違反した場合における当該建築物又は工作物の建築主又は築造主

六　第58条の規定による制限に違反した場合における当該建築物の設計者（設計図書を用いないで工事を施工し，又は設計図書に従わないで工事を施工した場合においては，当該建築物の工事施工者）

七　第68条の18第2項（第88条第1項において準用する場合を含む.）の規定に違反して，検査を行わず，検査記録を作成せず，虚偽の検査記録を作成し，又は検査

記録を保存しなかった者

八　第85条第3項の規定に違反した場合における当該建築物の建築主

九　第85条第4項又は第5項の規定により特定行政庁が定めた期間を超えて応急仮設建築物を存続させた場合における当該建築物の所有者，管理者又は占有者

十　第85条第6項又は第7項の規定により特定行政庁が定めた期間を超えて仮設興行場等を存続させた場合における当該建築物の所有者，管理者又は占有者

十一　第84条第1項の規定による制限又は禁止に違反した場合における当該建築物の建築主

十二　第87条第2項又は第3項において準用する第28条第1項，第48条第1項から第14項まで又は第51条の規定に違反した場合における当該建築物の所有者，管理者又は占有者

十三　第88条第2項において準用する第87条第2項又は第3項において準用する第48条第1項から第14項まで又は第51条の規定に違反した場合における当該工作物の所有者，管理者又は占有者

十四　第87条第3項において準用する第36条（居室の採光面積及び階段の構造に関して，第28条第1項又は第35条の規定を実施し，又は補足するために安全上，防火上及び衛生上必要な技術的基準に係る部分に限る．）の規定に基づく政令の規定に違反した場合における当該建築物の所有者，管理者又は占有者

十五　第87条の3第3項の規定に違反した場合における当該建築物の所有者，管理者又は占有者

十六　第87条の3第4項又は第5項の規定により特定行政庁が定めた期間を超えて当該建築物を災害救助用建築物又は公益的建築物として使用した場合における当該建築物の所有者，管理者又は占有者

十七　第87条の3第6項又は第7項の規定により特定行政庁が定めた期間を超えて当該建築物を興行場等として使用した場合における当該建築物の所有者，管理者又は占有者

十八　第90条第1項（第87条の4又は第88条第1項において準用する場合を含む．）の規定に違反した者

2　前項第三号，第四号又は第六号に規定する違反があった場合において，その違反が建築主又は建築設備の設置者の故意によるものであるときは，当該設計者又は工事施工者を罰するほか，当該建築主又は建築設備の設置者に対して同項の刑を科する．

第102条　第12条第5項（第三号に係る部分に限る．）の規定による報告をせず，又は虚偽の報告をしたときは，その違反行為をした指定構造計算適合性判定機関（その者が法人である場合にあっては，その役員）又はその職員（構造計算適合性判定員を含む．）は，100万円以下の罰金に処する．

第103条　次の各号のいずれかに該当する者は，50万円以下の罰金に処する．

一　第6条の2第5項（第87条第1項，第87条の4又は第88条第1項若しくは第2項において準用する場合を含む．），第7条の2第6項（第87条の4又は第88条第1項若しくは第2項において準用する場合を含む．），第7条の4第6項（第87条の4又は第88条第1項において準用する場合を含む．）又は第7条の6第3項

（第87条の4又は第88条第1項若しくは第2項において準用する場合を含む.）の規定による報告書若しくは添付書類の提出をせず，又は虚偽の報告書若しくは添付書類の提出をした者

二　第15条第1項の規定又は第87条第1項において読み替えて準用する第7条第1項の規定による届出をせず，又は虚偽の届出をした者

三　第77条の29第2項又は第89条（第87条の4又は第88条第1項若しくは第2項において準用する場合を含む.）の規定に違反した者

四　第77条の31第1項又は第86条の8第4項（第87条の2第2項において準用する場合を含む.）の規定による報告をせず，又は虚偽の報告をした者

五　第77条の31第1項又は第2項の規定による検査を拒み，妨げ，又は忌避した者

六　第77条の31第1項又は第2項の規定による質問に対して答弁せず，又は虚偽の答弁をした者

七　第77条の29第1項の規定に違反して，帳簿を備え付けず，帳簿に記載せず，若しくは帳簿に虚偽の記載をし，又は帳簿を保存しなかった者

八　第77条の34第1項の規定による届出をしないで確認検査の業務の全部を廃止し，又は虚偽の届出をした者

第104条　次の各号のいずれかに該当するときは，その違反行為をした指定建築基準適合判定資格者検定機関等の役員等は，50万円以下の罰金に処する.

一　第77条の13第1項（第77条の17の2第2項において準用する場合を含む.），第77条の35の17第1項又は第77条の49第1項（第77条の56第2項において準用する場合を含む.）の規定による報告をせず，又は虚偽の報告をしたとき.

二　第77条の11（第77条の17の2第2項において準用する場合を含む.），第77条の35の14第1項又は第77条の47第1項（第77条の56第2項において準用する場合を含む.）の規定に違反して，帳簿を備え付けず，帳簿に記載せず，若しくは帳簿に虚偽の記載をし，又は帳簿を保存しなかったとき.

三　第77条の13第1項（第77条の17の2第2項において準用する場合を含む.），第77条の35の17第1項又は第77条の49第1項（第77条の56第2項において準用する場合を含む.）の規定による検査を拒み，妨げ，若しくは忌避し，又は質問に対して答弁せず，若しくは虚偽の答弁をしたとき.

四　第77条の14第1項（第77条の17の2第2項において準用する場合を含む.），第77条の35の18第1項又は第77条の50第1項（第77条の56第2項において準用する場合を含む.）の許可を受けないで建築基準適合判定資格者検定事務，構造計算適合判定資格者検定事務又は構造計算適合性判定，認定等若しくは性能評価の業務の全部を廃止したとき.

五　第77条の35の14第2項又は第77条の47第2項（第77条の56第2項において準用する場合を含む.）の規定に違反したとき.

第105条　法人の代表者又は法人若しくは人の代理人，使用人その他の従業者がその法人又は人の業務に関して，次の各号に掲げる規定の違反行為をした場合においては，その行為者を罰するほか，その法人に対して当該各号に定める罰金刑を，その人に対して各本条の罰金刑を科する.

一　第98条第1項第一号（第19条第4項，第20条，第21条，第22条第1項，第

23条，第25条から第27条まで，第28条第3項，第28条の2，第32条から第35条の3まで，第36条（防火壁，防火床，防火区画，消火設備，避雷設備及び給水，排水その他の配管設備の設置及び構造並びに煙突及び昇降機の構造に係る部分に限る.），第37条，第61条，第62条，第64条又は第67条第1項，第3項若しくは第5項から第7項までの規定に違反する特殊建築物等（第6条第1項第一号に掲げる建築物その他多数の者が利用するものとして政令で定める建築物をいう．以下この条において同じ．）又は当該特殊建築物等の敷地に関してされた第9条第1項又は第10項前段（これらの規定を第90条第3項において準用する場合を含む．）の規定による命令の違反に係る部分に限る.），第98条（第1項第一号を除き，特殊建築物等に係る部分に限る．）並びに第99条第1項第八号，第九号，第十五号及び第十六号並びに第2項（特殊建築物等に係る部分に限る.）　1億円以下の罰金刑

二　第98条（前号に係る部分を除く.），第99条第1項第一号から第七号まで，第八号及び第九号（特殊建築物等に係る部分を除く.），第十二号（第77条の25第1項に係る部分に限る．）第十三号，第十四号並びに第十五号及び第十六号（特殊建築物等に係る部分を除く.）並びに第2項（特殊建築物等に係る部分を除く.），第101条並びに第103条　各本条の罰金刑

第106条　次の各号のいずれかに該当する者は，30万円以下の過料に処する.

一　第12条の2第3項（第12条の3第4項（第88条第1項において準用する場合を含む．）又は第88条第1項において準用する場合を含む．）の規定による命令に違反した者

二　第68条の16若しくは第68条の17第1項（これらの規定を第88条第1項において準用する場合を含む．）又は第77条の61（第三号を除き，第77条の66第2項において準用する場合を含む.）の規定による届出をせず，又は虚偽の届出をした者

三　第77条の29の2の規定に違反して，書類を備え置かず，若しくは関係者の求めに応じて閲覧させず，又は書類に虚偽の記載をし，若しくは虚偽の記載のある書類を関係者に閲覧させた者

2　第77条の35の15の規定に違反して，書類を備え置かず，若しくは関係者の求めに応じて閲覧させず，又は書類に虚偽の記載をし，若しくは虚偽の記載のある書類を関係者に閲覧させた指定構造計算適合性判定機関（その者が法人である場合にあっては，その役員）又はその職員は，30万円以下の過料に処する.

第107条　第39条第2項，第40条若しくは第43条第3項（これらの規定を第87条第2項において準用する場合を含む．），第43条の2（第87条第2項において準用する場合を含む.），第49条第1項（第87条第2項又は第88条第2項において準用する場合を含む.），第49条の2（第87条第2項又は第88条第2項において準用する場合を含む.），第50条（第87条第2項又は第88条第2項において準用する場合を含む.），第68条の2第1項（第87条第2項又は第88条第2項において準用する場合を含む.），第68条の9第1項（第87条第2項において準用する場合を含む．）又は第68条の9第2項の規定に基づく条例には，これに違反した者に対し，50万円以下の罰金に処する旨の規定を設けることができる.

（附　則〈略〉）

別表第一 耐火建築物等としなければならない特殊建築物（第6条，第21条，第27条，第28条，第35条〜第35条の3，第90条の3関係）

	（い）	（ろ）	（は）	（に）
	用　途	（い）欄の用途に供する階	（い）欄の用途に供する部分（㈠項の場合にあっては客席，㈡項及び㈣項の場合にあっては2階，㈤項の場合にあっては3階以上の部分に限り，かつ，病院及び診療所についてはその部分に患者の収容施設がある場合に限る。）の床面積の合計	（い）欄の用途に供する部分の床面積の合計
㈠	劇場，映画館，演芸場，観覧場，公会堂，集会場その他これらに類するもので政令で定めるもの〈政令：未制定〉	3階以上の階	200 m²（屋外観覧席にあっては，1 000 m²）以上	
㈡	病院，診療所（患者の収容施設があるものに限る。），ホテル，旅館，下宿，共同住宅，寄宿舎その他これらに類するもので政令で定めるもの〈令第115条の3第一号〉	3階以上の階	300 m²以上	
㈢	学校，体育館その他これらに類するもので政令で定めるもの〈令第115条の3第二号〉	3階以上の階	2 000 m²以上	
㈣	百貨店，マーケット，展示場，キャバレー，カフェー，ナイトクラブ，バー，ダンスホール，遊技場その他これらに類するもので政令で定めるもの〈令第115条の3第三号〉	3階以上の階	500 m²以上	
㈤	倉庫その他これに類するもので政令で定めるもの〈政令：未制定〉		200 m²以上	1 500 m²以上
㈥	自動車車庫，自動車修理工場その他これらに類するもので政令で定めるもの〈令第115条の3第四号〉	3階以上の階		150 m²以上

別表第二　用途地域等内の建築物の制限（第27条，第48条，第68条の3関係）

（い）	第一種低層住居専用地域内に建築することができる建築物	一　住宅 二　住宅で事務所，店舗，その他これらに類する用途を兼ねるもののうち政令で定めるもの　　　　〈令第130条の3〉 三　共同住宅，寄宿舎又は下宿 四　学校（大学，高等専門学校，専修学校及び各種学校を除く．），図書館その他これらに類するもの 五　神社，寺院，教会その他これらに類するもの 六　老人ホーム，保育所，福祉ホームその他これらに類するもの 七　公衆浴場（風俗営業等の規制及び業務の適正化等に関する法律（昭和23年法律第122号）第2条第6項第一号に該当する営業（以下この表において「個室付浴場業」という．）に係るものを除く．） 八　診療所 九　巡査派出所，公衆電話所その他これらに類する政令で定める公益上必要な建築物　　　　〈令第130条の4〉 十　前各号の建築物に附属するもの（政令で定めるものを除く．）　　　　〈令第130条の5〉
（ろ）	第二種低層住居専用地域内に建築することができる建築物	一　（い）項第一号から第九号までに掲げるもの 二　店舗，飲食店その他これらに類する用途に供するもののうち政令で定めるものでその用途に供する部分の床面積の合計が150 m²以内のもの（3階以上の部分をその用途に供するものを除く．）　　　　〈令第130条の5の2〉 三　前2号の建築物に附属するもの（政令で定めるものを除く．）　　　　〈令第130条の5〉
（は）	第一種中高層住居専用地域内に建築することができる建築物	一　（い）項第一号から第九号までに掲げるもの 二　大学，高等専門学校，専修学校その他これらに類するもの 三　病院 四　老人福祉センター，児童厚生施設その他これらに類するもの 五　店舗，飲食店その他これらに類する用途に供するもののうち政令で定めるものでその用途に供する部分の床面積の合計が500 m²以内のもの（3階以上の部分をその用途に供するものを除く．）　　　　〈令第130条の5の3〉 六　自動車車庫で床面積の合計が300 m²以内のもの又は都市計画として決定されたもの（3階以上の部分をその用途に供するものを除く．） 七　公益上必要な建築物で政令で定めるもの　　〈令第130条の5の4〉 八　前各号の建築物に附属するもの（政令で定めるものを除く．）　　　　〈令第130条の5の5〉
（に）	第二種中高層住居専用地域内に建築してはならない建築物	一　（ほ）項第二号及び第三号，（へ）項第三号から第五号まで，（と）項第四号並びに（り）項第二号及び第三号に掲げるもの 二　工場（政令で定めるものを除く．）　　　　〈令第130条の6〉 三　ボーリング場，スケート場，水泳場その他これらに類する政令で定める運動施設　　　　〈令第130条の6の2〉 四　ホテル又は旅館 五　自動車教習所 六　政令で定める規模の畜舎　　　　〈令第130条の7〉 七　3階以上の部分を（は）項に掲げる建築物以外の建築物の用途に供するもの（政令で定めるものを除く．）　　　　〈政令：未制定〉 八　（は）項に掲げる建築物以外の建築物の用途に供するものでその用途に供する部分の床面積の合計が1 500 m²を超えるもの（政令で定めるものを除く．）　　　　〈政令：未制定〉
（ほ）	第一種住居地域内に建築してはならない建築物	一　（へ）項第一号から第五号までに掲げるもの 二　マージャン屋，ぱちんこ屋，射的場，勝馬投票券発売所，場外車券売場その他これらに類するもの 三　カラオケボックスその他これに類するもの 四　（は）項に掲げる建築物以外の建築物の用途に供するものでその用途に供する部分の床面積の合計が3 000 m²を超えるもの（政令で定めるものを除く．）　　　　〈令第130条の7の2〉

（へ）	第二種住居地域内に建築してはならない建築物	一　（と）項第三号及び第四号並びに（り）項に掲げるもの 二　原動機を使用する工場で作業場の床面積の合計が 50 m² を超えるもの 三　劇場，映画館，演芸場若しくは観覧場又はナイトクラブその他これに類する政令で定めるもの 四　自動車庫で床面積の合計が 300 m² を超えるもの又は 3 階以上の部分にあるもの（建築物に附属するもので政令で定めるもの又は都市計画として決定されたものを除く.）　　　　　　　　　〈令第130条の8〉 五　倉庫業を営む倉庫 六　店舗，飲食店，展示場，遊技場，勝馬投票券発売所，場外車券売場その他これらに類する用途で政令で定めるものに供する建築物でその用途に供する部分の床面積の合計が 1 万 m² を超えるもの 〈令第130条の8の2〉
（と）	準住居地域内に建築してはならない建築物	一　（り）項に掲げるもの 二　原動機を使用する工場で作業場の床面積の合計が 50 m² を超えるもの（作業場の床面積の合計が 150 m² を超えない自動車修理工場を除く.） 三　次に掲げる事業（特殊の機械の使用その他の特殊の方法による事業であって住居の環境を害するおそれがないものとして政令で定めるものを除く.）を営む工場　　　　　　　　　　　〈令第130条の8の3〉 　(1)　容量 10L 以上 30L 以下のアセチレンガス発生器を用いる金属の工作 　(1の2)　印刷用インキの製造 　(2)　出力の合計が 0.75 kW 以下の原動機を使用する塗料の吹付 　(2の2)　原動機を使用する魚肉の練製品の製造 　(3)　原動機を使用する 2 台以下の研磨機による金属の乾燥研磨（工具研磨を除く.） 　(4)　コルク，エボナイト若しくは合成樹脂の粉砕若しくは乾燥研磨又は木材の粉砕で原動機を使用するもの 　(4の2)　厚さ 0.5 mm 以上の金属板のうち打加工（金属工芸品の製造を目的とするものを除く.）又は原動機を使用する金属のプレス（液圧プレスのうち矯正プレスを使用するものを除く.）若しくはせん断 　(4の3)　印刷用平版の研磨 　(4の4)　糖衣機を使用する製品の製造 　(4の5)　原動機を使用するセメント製品の製造 　(4の6)　ワイヤーフォーミングマシンを使用する金属線の加工で出力の合計が 0.75 kW を超える原動機を使用するもの 　(5)　木材の引割若しくはかんな削り，裁縫，機織，撚糸，組ひも，編物，製袋又はやすりの目立で出力の合計が 0.75 kW を超える原動機を使用するもの 　(6)　製針又は石材の引割で出力の合計が 1.5 kW を超える原動機を使用するもの 　(7)　出力の合計が 2.5 kW を超える原動機を使用する製粉 　(8)　合成樹脂の射出成形加工 　(9)　出力の合計が 10kW を超える原動機を使用する金属の切削 　(10)　メッキ 　(11)　原動機の出力の合計が 1.5 kW を超える空気圧縮機を使用する作業 　(12)　原動機を使用する印刷 　(13)　ベンディングマシン（ロール式のものに限る.）を使用する金属の加工 　(14)　タンブラーを使用する金属の加工 　(15)　ゴム練用又は合成樹脂練用のロール機（カレンダーロール機を除く.）を使用する作業 　(16)　(1)から(15)までに掲げるもののほか，安全上若しくは防火上の危険の度又は衛生上若しくは健康上の有害の度が高いことにより，住居の環境を保護する上で支障があるものとして政令で定める事業 〈政令：未制定〉

（と）	準住居地域内に建築してはならない建築物	四　（る）項第一号(1)から(3)まで，(11)又は(12)の物品（（ぬ）項第四号及び（る）項第二号において「危険物」という．）の貯蔵又は処理に供するもので政令で定めるもの　〈令第130条の9〉
		五　劇場，映画館，演芸場若しくは観覧場のうち観覧席の部分の床面積の合計が200 m²以上のもの又はナイトクラブその他これに類する用途で政令で定めるものに供する建築物でその用途に供する部分の床面積の合計が200 m²以上のもの
		六　前号に掲げるもののほか，劇場，映画館，演芸場若しくは観覧場，ナイトクラブその他これに類する用途で政令で定めるもの又は店舗，飲食店，展示場，遊技場，勝馬投票券発売所，場外車券売場その他これらに類する用途で政令で定めるものに供する建築物でその用途に供する部分（劇場，映画館，演芸場又は観覧場の用途に供する部分にあっては，客席の部分に限る．）の床面積の合計が1万m²を超えるもの
（ち）	田園住居地域内に建築することができる建築物	一　（い）項第一号から第九号までに掲げるもの
		二　農産物の生産，集荷，処理又は貯蔵に供するもの（政令で定めるものを除く．）
		三　農業の生産資材の貯蔵に供するもの
		四　地域で生産された農産物の販売を主たる目的とする店舗その他の農業の利便を増進するために必要な店舗，飲食店その他これらに類する用途に供するもののうち政令で定めるものでその用途に供する部分の床面積の合計が500 m²以内のもの（3階以上の部分をその用途に供するものを除く．）
		五　前号に掲げるもののほか，店舗，飲食店その他これらに類する用途に供するもののうち政令で定めるものでその用途に供する部分の床面積の合計が150 m²以内のもの（3階以上の部分をその用途に供するものを除く．）
		六　前各号の建築物に附属するもの（政令で定めるものを除く．）
（り）	近隣商業地域内に建築してはならない建築物	一　（ぬ）項に掲げるもの
		二　キャバレー，料理店その他これらに類するもの
		三　個室付浴場業に係る公衆浴場その他これに類する政令で定めるもの　〈令第130条の9の2〉
（ぬ）	商業地域内に建築してはならない建築物	一　（る）項第一号及び第二号に掲げるもの
		二　原動機を使用する工場で作業場の床面積の合計が150 m²を超えるもの（日刊新聞の印刷所及び作業場の床面積の合計が300 m²を超えない自動車修理工場を除く．）
		三　次に掲げる事業（特殊の機械の使用その他の特殊の方法による事業であって商業その他の業務の利便を害するおそれがないものとして政令で定めるものを除く．）を営む工場　〈政令：未制定〉
		(1)　玩具煙火の製造
		(2)　アセチレンガスを用いる金属の工作（アセチレンガス発生器の容量30L以下のもの又は溶解アセチレンガスを用いるものを除く．）
		(3)　引火性溶剤を用いるドライクリーニング，ドライダイイング又は塗料の加熱乾燥若しくは焼付（赤外線を用いるものを除く．）
		(4)　セルロイドの加熱加工又は機械のこぎりを使用する加工
		(5)　絵具又は水性塗料の製造
		(6)　出力の合計が0.75 kWを超える原動機を使用する塗料の吹付
		(7)　亜硫酸ガスを用いる物品の漂白
		(8)　骨炭その他動物質炭の製造
		(8の2)　せっけんの製造
		(8の3)　魚粉，フェザーミール，肉骨粉，肉粉若しくは血粉又はこれらを原料とする飼料の製造
		(8の4)　手すき紙の製造
		(9)　羽又は毛の洗浄，染色又は漂白
		(10)　ぼろ，くず綿，くず紙，くず糸，くず毛その他これらに類するものの消毒，選別，洗浄又は漂白
		(11)　製綿，古綿の再製，起毛，せん毛，反毛又はフェルトの製造で原動機を使用するもの
		(12)　骨，角，牙，ひづめ若しくは貝殻の引割若しくは乾燥研磨又は3台以上の研磨機による金属の乾燥研磨で原動機を使用するもの

（ぬ）	商業地域内に建築してはならない建築物	⒀　鉱物，岩石，土砂，コンクリート，アスファルト・コンクリート，硫黄，金属，ガラス，れんが，陶磁器，骨又は貝殻の粉砕で原動機を使用するもの ⒀の2　レディーミクストコンクリートの製造又はセメントの袋詰で出力の合計が2.5kWを超える原動機を使用するもの ⒁　墨，懐炉灰又はねり炭の製造 ⒂　活字若しくは金属工芸品の鋳造又は金属の溶融で容量の合計が50Lを超えないるつぼ又はかまを使用するもの（印刷所における活字の鋳造を除く.） ⒃　瓦，れんが，土器，陶磁器，人造砥石，るつぼ又はほうろう鉄器の製造 ⒄　ガラスの製造又は砂吹 ⒄の2　金属の溶射又は砂吹 ⒄の3　鉄板の波付加工 ⒄の4　ドラム缶の洗浄又は再生 ⒅　スプリングハンマーを使用する金属の鍛造 ⒆　伸線，伸管又はロールを用いる金属の圧延で出力の合計が4kW以下の原動機を使用するもの ⒇　(1)から⒆までに掲げるもののほか，安全上若しくは防火上の危険の度又は衛生上若しくは健康上の有害の度が高いことにより，商業その他の業務の利便を増進する上で支障があるものとして政令で定める事業　　　　　　　　　　〈令第130条の9の3〉 四　危険物の貯蔵又は処理に供するもので政令で定めるもの 　　　　　　　　　　　　　　　　　　　　　　〈令第130条の9〉
（る）	準工業地域内に建築してはならない建築物	一　次に掲げる事業（特殊の機械の使用その他の特殊の方法による事業であって環境の悪化をもたらすおそれのない工業の利便を害するおそれがないものとして政令で定めるものを除く.）を営む工場 　　　　　　　　　　　　　　　　　　　　　〈令第130条の9の4〉 (1)　火薬類取締法（昭和25年法律第149号）の火薬類（玩具煙火を除く.）の製造 (2)　消防法（昭和23年法律第186号）第2条第7項に規定する危険物の製造（政令で定めるものを除く.）　　　　〈政令：未制定〉 (3)　マッチの製造 (4)　ニトロセルロース製品の製造 (5)　ビスコース製品，アセテート又は銅アンモニアレーヨンの製造 (6)　合成染料若しくはその中間物，顔料又は塗料の製造（漆又は水性塗料の製造を除く.） (7)　引火性溶剤を用いるゴム製品又は芳香油の製造 (8)　乾燥油又は引火性溶剤を用いる擬革紙布又は防水紙布の製造 (9)　木材を原料とする活性炭の製造（水蒸気法によるものを除く.） ⑩　石炭ガス類又はコークスの製造 ⑪　可燃性ガスの製造（政令で定めるものを除く.） 　　　　　　　　　　　　　　　　　　　　　〈令第130条の9の5〉 ⑫　圧縮ガス又は液化ガスの製造（製氷又は冷凍を目的とするものを除く.） ⒀　塩素，臭素，ヨード，硫黄，塩化硫黄，弗化水素酸，塩酸，硝酸，硫酸，燐酸，苛性カリ，苛性ソーダ，アンモニア水，炭酸カリ，洗濯ソーダ，ソーダ灰，さらし粉，次硝酸蒼鉛，亜硫酸塩類，チオ硫酸塩類，砒素化合物，鉛化合物，バリウム化合物，銅化合物，水銀化合物，シアン化合物，クロールズルホン酸，クロロホルム，四塩化炭素，ホルマリン，ズルホナール，グリセリン，イヒチオールズルホン酸アンモン，酢酸，石炭酸，安息香酸，タンニン酸，アセトアニリド，アスピリン又はグアヤコールの製造 ⒁　たんぱく質の加水分解による製品の製造 ⒂　油脂の採取，硬化又は加熱加工（化粧品の製造を除く.） ⒃　ファクチス，合成樹脂，合成ゴム又は合成繊維の製造 ⒄　肥料の製造 ⒅　製紙（手すき紙の製造を除く.）又はパルプの製造 ⒆　製革，にかわの製造又は毛皮若しくは骨の精製

（る）	準工業地域内に建築してはならない建築物	⑳　アスファルトの精製 ㉑　アスファルト，コールタール，木タール，石油蒸溜産物又はその残りかすを原料とする製造 ㉒　セメント，石膏，消石灰，生石灰又はカーバイドの製造 ㉓　金属の溶融又は精錬（容量の合計が50Lを超えないるつぼ若しくは窯を使用するもの又は活字若しくは金属工芸品の製造を目的とするものを除く．） ㉔　炭素粉を原料とする炭素製品若しくは黒鉛製品の製造又は黒鉛の粉砕 ㉕　金属厚板又は形鋼の工作で原動機を使用するはつり作業（グラインダーを用いるものを除く．），びょう打作業又は孔埋作業を伴うもの ㉖　鉄釘類又は鋼球の製造 ㉗　伸線，伸管又はロールを用いる金属の圧延で出力の合計が4kWを超える原動機を使用するもの ㉘　鍛造機（スプリングハンマーを除く．）を使用する金属の鍛造 ㉙　動物の臓器又は排せつ物を原料とする医薬品の製造 ㉚　石綿を含有する製品の製造又は粉砕 ㉛　⑴から㉚までに掲げるもののほか，安全上若しくは防火上の危険の度又は衛生上若しくは健康上の有害の度が高いことにより，環境の悪化をもたらすおそれのない工業の利便を増進する上で支障があるものとして政令で定める事業　〈政令：未制定〉 二　危険物の貯蔵又は処理に供するもので政令で定めるもの　〈令第130条の9〉 三　個室付浴場業に係る公衆浴場その他これらに類する政令で定めるもの　〈令第130条の9の2〉
（を）	工業地域内に建築してはならない建築物	一　（る）項第三号に掲げるもの 二　ホテル又は旅館 三　キャバレー，料理店その他これらに類するもの 四　劇場，映画館，演芸場若しくは観覧場又はナイトクラブその他これらに類する政令で定めるもの 五　学校（幼保連携型認定こども園を除く．） 六　病院 七　店舗，飲食店，展示場，遊技場，勝馬投票券発売所，場外車券売場その他これらに類する用途で政令で定めるものに供する建築物でその用途に供する部分の床面積の合計が1万m²を超えるもの
（わ）	工業専用地域内に建築してはならない建築物	一　（を）項に掲げるもの 二　住宅 三　共同住宅，寄宿舎又は下宿 四　老人ホーム，福祉ホームその他これらに類するもの 五　物品販売業を営む店舗又は飲食店 六　図書館，博物館，その他これらに類するもの 七　ボーリング場，スケート場，水泳場その他これらに類する政令で定める運動施設　〈令第130条の6の2〉 八　マージャン屋，ぱちんこ屋，射的場，勝馬投票券発売所，場外車券売場その他これらに類するもの
（か）	用途地域の指定のない区域（都市計画法第7条第1項に規定する市街化調整区域を除く．）内に建築してはならない建築物	劇場，映画館，演芸場若しくは観覧場，ナイトクラブその他これらに類する用途で政令で定めるもの又は店舗，飲食店，展示場，遊技場，勝馬投票券発売所，場外車券売場その他これらに類する用途で政令で定めるものに供する建築物でその用途に供する部分（劇場，映画館，演芸場又は観覧場の用途に供する部分にあっては，客席の部分に限る．）の床面積の合計が1万m²を超えるもの　〈令第130条の8の2〉

別表第三　前面道路との関係についての建築物の各部分の高さの制限（第56条，第91条関係）

	（い）	（ろ）	（は）	（に）
	建築物がある地域，地区又は区域	第52条第1項，第2項，第7項及び第9項の規定による容積率の限度	距離	数値
一	第一種低層住居専用地域，第二種低層住居専用地域，第一種中高層住居専用地域，第二種中高層住居専用地域若しくは田園住居地域内の建築物又は第一種住居地域，第二種住居地域若しくは準住居地域内の建築物（四の項に掲げる建築物を除く．）	20/10以下の場合	20m	1.25
		20/10を超え，30/10以下の場合	25m	
		30/10を超え，40/10以下の場合	30m	
		40/10を超える場合	35m	
二	近隣商業地域又は商業地域内の建築物	40/10以下の場合	20m	1.5
		40/10を超え，60/10以下の場合	25m	
		60/10を超え，80/10以下の場合	30m	
		80/10を超え，100/10以下の場合	35m	
		100/10を超え，110/10以下の場合	40m	
		110/10を超え，120/10以下の場合	45m	
		120/10を超える場合	50m	
三	準工業地域内の建築物（四の項に掲げる建築物を除く．）又は工業地域若しくは工業専用地域内の建築物	20/10以下の場合	20m	1.5
		20/10を超え，30/10以下の場合	25m	
		30/10を超え，40/10以下の場合	30m	
		40/10を超える場合	35m	
四	第一種住居地域，第二種住居地域，準住居地域又は準工業地域内について定められた高層住居誘導地区内の建築物であって，その住宅の用途に供する部分の床面積の合計がその延べ面積の2/3以上であるもの		35m	1.5
五	用途地域の指定のない区域内の建築物	20/10以下の場合	20m	1.25又は1.5のうち，特定行政庁が土地利用の状況等を考慮し当該区域を区分して都道府県都市計画審議会の議を経て定めるもの
		20/10を超え，30/10以下の場合	25m	
		30/10を超える場合	30m	

備　考
1　建築物がこの表（い）欄に掲げる地域，地区又は区域の2以上にわたる場合においては，同欄中，「建築物」とあるのは，「建築物の部分」とする．
2　建築物の敷地がこの表（い）欄に掲げる地域，地区又は区域の2以上にわたる場合における同表（は）欄に掲げる距離の適用に関し必要な事項は，政令で定める．　　　　　　　　　　〈令第130条の11〉
3　この表（い）欄一の項に掲げる第一種中高層住居専用地域若しくは第二種中高層住居専用地域（第52条第1項第二号の規定により，容積率の限度が40/10以上とされている地域に限る．）又は第一種住居地域，第二種住居地域若しくは準住居地域のうち，特定行政庁が都道府県都市計画審議会の議を経て指定する区域内の建築物については，（は）欄一の項中「25m」とあるのは「20m」と，「30m」とあるのは「25m」と，「35m」とあるのは「30m」と，（に）欄一の項中「1.25」とあるのは「1.5」とする．

別表第四 日影による中高層の建築物の制限（第56条，第56条の2関係）

	（い）	（ろ）	（は）	（に）	
	地域又は区域	制限を受ける建築物	平均地盤面からの高さ	敷地境界線からの水平距離が10 m以内の範囲における日影時間	敷地境界線からの水平距離が10 mを超える範囲における日影時間
一	第一種低層住居専用地域，第二種低層住居専用地域又は田園住居地域	軒の高さが7 mを超える建築物又は地階を除く階数が3以上の建築物	1.5 m	（一）3時間（道の区域内にあっては，2時間） （二）4時間（道の区域内にあっては，3時間） （三）5時間（道の区域内にあっては，4時間）	2時間（道の区域内にあっては，1.5時間） 2.5時間（道の区域内にあっては，2時間） 3時間（道の区域内にあっては，2.5時間）
二	第一種中高層住居専用地域又は第二種中高層住居専用地域	高さが10 mを超える建築物	4 m又は6.5 m	（一）3時間（道の区域内にあっては，2時間） （二）4時間（道の区域内にあっては，3時間） （三）5時間（道の区域内にあっては，4時間）	2時間（道の区域内にあっては，1.5時間） 2.5時間（道の区域内にあっては，2時間） 3時間（道の区域内にあっては，2.5時間）
三	第一種住居地域，第二種住居地域，準住居地域，近隣商業地域又は準工業地域	高さが10 mを超える建築物	4 m又は6.5 m	（一）4時間（道の区域内にあっては，3時間） （二）5時間（道の区域内にあっては，4時間）	2.5時間（道の区域内にあっては，2時間） 3時間（道の区域内にあっては，2.5時間）
四	用途地域の指定のない区域	イ 軒の高さが7 mを超える建築物又は地階を除く階数が3以上の建築物	1.5 m	（一）3時間（道の区域内にあっては，2時間） （二）4時間（道の区域内にあっては，3時間） （三）5時間（道の区域内にあっては，4時間）	2時間（道の区域内にあっては，1.5時間） 2.5時間（道の区域内にあっては，2時間） 3時間（道の区域内にあっては，2.5時間）
		ロ 高さが10 mを超える建築物	4 m	（一）3時間（道の区域内にあっては，2時間） （二）4時間（道の区域内にあっては，3時間） （三）5時間（道の区域内にあっては，4時間）	2時間（道の区域内にあっては，1.5時間） 2.5時間（道の区域内にあっては，2時間） 3時間（道の区域内にあっては，2.5時間）

この表において，平均地盤面からの高さとは，当該建築物が周囲の地面と接する位置の平均の高さにおける水平面からの高さをいうものとする．

建築基準法施行令

昭和 25 年 11 月 16 日　法律第 338 号
最終改正　令和 4 年 9 月 2 日　政令第 295 号

第 1 章　総則

第 1 節　用語の定義等

第 2 節　建築基準適合判定資格者検定

第 2 節の 2　構造計算適合判定資格者検定

第 2 節の 3　建築基準関係規定

第 2 節の 4　特定増改築構造計算基準等

第 3 節　建築物の建築に関する確認の特例

第 3 節の 2　中間検査合格証の交付を受けるまでの共同住宅に関する工事の施工制限

第2章　一般構造

第1節　採光に必要な開口部

第1節の2　開口部の少ない建築物等の換気設備

第1節の3　石綿その他の物質の飛散又は発散に対する衛生上の措置

第3節　木造

第4節　組積造

第4節の2　補強コンクリートブロック造

第5節　鉄骨造

第4章　耐火構造，準耐火構造，防火構造，防火区画等

第5章　避難施設等

第1節　総則

第2節　廊下，避難階段及び出入口

第3節　排煙設備

第4節　非常用の照明装置

第3節　避雷設備

第6章　建築物の用途

第7章　建築物の各部分の高さ等

第7章の2　防火地域又は準防火地域内の建築物

第7章の2の2　特定防災街区整備地区内の建築物

第7章の3　地区計画等の区域

第7章の4　都市計画区域及び準都市計画区域以外の区域内の建築物の敷地及び構造

第7章の5　型式適合認定等

第7章の6　指定確認検査機関等

第1章　総則

第1節　用語の定義等

[用語の定義]

第1条　この政令において次の各号に掲げる用語の意義は，それぞれ当該各号に定めるところによる．　〈関連：法第2条【p.13】〉

一　敷地　一の建築物又は用途上不可分の関係にある2以上の建築物のある一団の土地をいう．

二　地階　床が地盤面下にある階で，床面から地盤面までの高さがその階の天井の高さの1/3以上のものをいう．

三　構造耐力上主要な部分　基礎，基礎ぐい，壁，柱，小屋組，土台，斜材（筋かい，方づえ，火打材その他これらに類するものをいう．），床版，屋根版又は横架材（はり，けたその他これらに類するものをいう．）で，建築物の自重若しくは積載荷重，積雪荷重，風圧，土圧若しくは水圧又は地震その他の震動若しくは衝撃を支えるものをいう．

四　耐水材料　れんが，石，人造石，コンクリート，アスファルト，陶磁器，ガラスその他これらに類する耐水性の建築材料をいう．

五　準不燃材料　建築材料のうち，通常の火災による火熱が加えられた場合に，加熱開始後10分間第108条の2各号（建築物の外部の仕上げに用いるものにあっては，同条第一号及び第二号）に掲げる要件を満たしているものとして，国土交通大臣が定めたもの又は国土交通大臣の認定を受けたものをいう．

〈関連：平12告示第1401号〉

六　難燃材料　建築材料のうち，通常の火災による火熱が加えられた場合に，加熱開始後5分間第108条の2各号（建築物の外部の仕上げに用いるものにあっては，同条第一号及び第二号）に掲げる要件を満たしているものとして，国土交通大臣が定めたもの又は国土交通大臣の認定を受けたものをいう．　〈関連：平12告示第1402号〉

[面積，高さ等の算定方法]

第2条　次の各号に掲げる面積，高さ及び階数の算定方法は，それぞれ当該各号に定めるところによる．　〈関連：法第92条【p.135】〉

一　敷地面積　敷地の水平投影面積による．ただし，建築基準法（以下「法」という．）第42条第2項，第3項又は第5項の規定によって道路の境界線とみなされる線と道との間の部分の敷地は，算入しない．

二　建築面積　建築物（地階で地盤面上1m以下にある部分を除く．以下この号において同じ．）の外壁又はこれに代わる柱の中心線（軒，ひさし，はね出し縁その他これらに類するもので当該中心線から水平距離1m以上突き出たものがある場合においては，その端から水平距離1m後退した線）で囲まれた部分の水平投影面積による．ただし，国土交通大臣が高い開放性を有すると認めて指定する構造の建築物又はその部分については，その端から水平距離1m以内の部分の水平投影面積は，当該建築物の建築面積に算入しない．

〈関連：平5告示第1437号〉

三　床面積　　建築物の各階又はその一部で壁その他の区画の中心線で囲まれた部分の水平投影面積による。

四　延べ面積　　建築物の各階の床面積の合計による。ただし，法第52条第1項に規定する延べ面積（建築物の容積率の最低限度に関する規制に係る当該容積率の算定の基礎となる延べ面積を除く。）には，次に掲げる建築物の部分の床面積を算入しない。

イ　自動車車庫その他の専ら自動車又は自転車の停留又は駐車のための施設（誘導車路，操車場所及び乗降場を含む。）の用途に供する部分（第3項第一号及び第137条の8において「自動車車庫等部分」という。）

ロ　専ら防災のために設ける備蓄倉庫の用途に供する部分（第3項第二号及び第137条の8において「備蓄倉庫部分」という。）

ハ　蓄電池（床に据え付けるものに限る。）を設ける部分（第3項第三号及び第137条の8において「蓄電池設置部分」という。）

ニ　自家発電設備を設ける部分（第3項第四号及び第137条の8において「自家発電設備設置部分」という。）

ホ　貯水槽を設ける部分（第3項第五号及び第137条の8において「貯水槽設置部分」という。）

ヘ　宅配ボックス（配達された物品（荷受人が不在その他の事由により受け取ることができないものに限る。）の一時保管のための荷受箱をいう。）を設ける部分（第3項第六号及び第137条の8において「宅配ボックス設置部分」という。）

五　築造面積　　工作物の水平投影面積による。ただし，国土交通大臣が別に算定方法を定めた工作物については，その算定方法による。　　**（関連：昭50告示第644号）**

六　建築物の高さ　　地盤面からの高さによる。ただし，次のイ，ロ又はハのいずれかに該当する場合においては，それぞれイ，ロ又はハに定めるところによる。

イ　法第56条第1項第一号の規定並びに第130条の12及び第135条の19の規定による高さの算定については，前面道路の路面の中心からの高さによる。

ロ　法第33条及び法第56条第1項第三号に規定する高さ並びに法第57条の4第1項，法第58条，法第60条の2の2第3項及び法第60条の3第2項に規定する高さ（北側の前面道路又は隣地との関係についての建築物の各部分の高さの最高限度が定められている場合におけるその高さに限る。）を算定する場合を除き，階段室，昇降機塔，装飾塔，物見塔，屋窓その他これらに類する建築物の屋上部分の水平投影面積の合計が当該建築物の建築面積の1/8以内の場合においては，その部分の高さは，12m（法第55条第1項及び第2項，法第56条の2第4項，法第59条の2第1項（法第55条第1項に係る部分に限る。）並びに法別表第四（ろ）欄二の項，三の項及び四の項ロの場合には，5m）までは，当該建築物の高さに算入しない。

ハ　棟飾，防火壁の屋上突出部その他これらに類する屋上突出物は，当該建築物の高さに算入しない。

七　軒の高さ　　地盤面（第130条の12第一号イの場合には，前面道路の路面の中心）から建築物の小屋組又はこれに代わる横架材を支持する壁，敷桁又は柱の上端までの高さによる。

八　階数　昇降機塔，装飾塔，物見塔その他これらに類する建築物の屋上部分又は地階の倉庫，機械室その他これらに類する建築物の部分で，水平投影面積の合計がそれぞれ当該建築物の建築面積の1/8以下のものは，当該建築物の階数に算入しない．また，建築物の一部が吹抜きとなっている場合，建築物の敷地が斜面又は段地である場合その他建築物の部分によって階数を異にする場合においては，これらの階数のうち最大なものによる．

2　前項第二号，第六号又は第七号の「地盤面」とは，建築物が周囲の地面と接する位置の平均の高さにおける水平面をいい，その接する位置の高低差が3mを超える場合においては，その高低差3m以内ごとの平均の高さにおける水平面をいう．

3　第1項第四号ただし書の規定は，次の各号に掲げる建築物の部分の区分に応じ，当該敷地内の建築物の各階の床面積の合計（同一敷地内に2以上の建築物がある場合においては，それらの建築物の各階の床面積の合計の和）に当該各号に定める割合を乗じて得た面積を限度として適用するものとする．

一　自動車車庫等部分　　1/5

二　備蓄倉庫部分　　1/50

三　蓄電池設置部分　　1/50

四　自家発電設備設置部分　　1/100

五　貯水槽設置部分　　1/100

六　宅配ボックス設置部分　　1/100

4　第1項第六号ロ又は第八号の場合における水平投影面積の算定方法は，同項第二号の建築面積の算定方法によるものとする．

［都道府県知事が特定行政庁となる建築物］

第2条の2　法第2条第三五号ただし書の政令で定める建築物のうち法第97条の2第1項の規定により建築主事を置く市町村の区域内のものは，第148条第1項に規定する建築物以外の建築物とする．

2　法第2条第三五号ただし書の政令で定める建築物のうち法第97条の3第1項の規定により建築主事を置く特別区の区域内のものは，第149条第1項に規定する建築物とする．

第2節　建築基準適合判定資格者検定

［受検資格］

第2条の3　法第5条第3項に規定する政令で定める業務は，次のとおりとする．

一　建築審査会の委員として行う業務

二　学校教育法（昭和22年法律第26号）による大学（短期大学を除く．）の学部，専攻科又は大学院において教授又は准教授として建築に関する教育又は研究を行う業務

三　建築物の敷地，構造及び建築設備の安全上，防火上又は衛生上の観点からする審査又は検査の業務（法第77条の18第1項の確認検査の業務（以下「確認検査の業務」という．）を除く．）であって国土交通大臣が確認検査の業務と同等以上の知識及び能力を要すると認めたもの　　〈関連：平11告示1314号〉

[建築基準適合判定資格者検定の基準]

第3条 法第5条の規定による建築基準適合判定資格者検定は，法第6条第1項又は法第6条の2第1項の規定による確認をするために必要な知識及び経験について行う．

[建築基準適合判定資格者検定の方法]

第4条 建築基準適合判定資格者検定は，経歴審査及び考査によって行う．

2 前項の経歴審査は，建築行政又は確認検査の業務若しくは第2条の3各号に掲げる業務に関する実務の経歴について行う．

3 第1項の考査は，法第6条第1項の建築基準関係規定に関する知識について行う．

[建築基準適合判定資格者検定の施行]

第5条 建築基準適合判定資格者検定は，毎年1回以上行う．

2 建築基準適合判定資格者検定の期日及び場所は，国土交通大臣が，あらかじめ，官報で公告する．

[合格公告及び通知]

第6条 国土交通大臣（法第5条の2第1項の指定があったときは，同項の指定建築基準適合判定資格者検定機関（以下「指定建築基準適合判定資格者検定機関」という.））は，建築基準適合判定資格者検定に合格した者の氏名を公告し，合格した者にその旨を通知する．

[建築基準適合判定資格者検定委員の定員]

第7条 建築基準適合判定資格者検定委員の数は，10人以内とする．

[建築基準適合判定資格者検定委員の勤務]

第8条 建築基準適合判定資格者検定委員は，非常勤とする．

[受検の申込み]

第8条の2 建築基準適合判定資格者検定（指定建築基準適合判定資格者検定機関が行うものを除く.）の受検の申込みは，住所地又は勤務地の都道府県知事を経由して行わなければならない．

2 前項の規定により都道府県が処理することとされている事務は，地方自治法（昭和22年法律第67号）第2条第9項第一号に規定する第一号法定受託事務とする．

[受検手数料]

第8条の3 法第5条の3第1項の受検手数料の額は，3万円とする．

2 前項の受検手数料は，これを納付した者が検定を受けなかった場合においても，返還しない．

3 建築基準適合判定資格者検定の受検手数料であって指定建築基準適合判定資格者検定機関に納付するものの納付の方法は，法第77条の9第1項の建築基準適合判定資格者検定事務規程の定めるところによる．

第2節の2　構造計算適合判定資格者検定

[受検資格]

第8条の4 法第5条の4第3項の政令で定める業務は，次のとおりとする．

一　建築士法（昭和25年法律第202号）第2条第7項に規定する構造設計の業務

二　法第6条第4項若しくは法第18条第3項に規定する審査又は法第6条の2第1項の規定による確認のための審査の業務（法第20条第1項に規定する基準に適合するかどうかの審査の業務を含むものに限る.）

三　建築物の構造の安全上の観点からする審査の業務（法第6条の3第1項の構造計算適合性判定の業務を除く.）であって国土交通大臣が同項の構造計算適合性判定の業務と同等以上の知識及び能力を要すると認めたもの　〈関連：平27告示第179号〉

[構造計算適合判定資格者検定の基準等]

第8条の5　法第5条の4の規定による構造計算適合判定資格者検定は，建築士の設計に係る建築物の計画が法第6条の3第1項に規定する特定構造計算基準又は特定増改築構造計算基準に適合するかどうかの審査をするために必要な知識及び経験について行う.

2　第4条から第6条まで及び第8条の2の規定は構造計算適合判定資格者検定に，第7条及び第8条の規定は構造計算適合判定資格者検定委員について準用する．この場合において，第4条第2項中「建築行政又は確認検査の業務若しくは第2条の3各号に掲げる業務」とあるのは「法第6条の3第1項の構造計算適合性判定の業務又は第8条の4各号に掲げる業務」と，同条第3項中「第6条第1項の建築基準関係規定」とあるのは「第6条の3第1項に規定する特定構造計算基準及び特定増改築構造計算基準」と，第5条第1項中「毎年」とあるのは「3年に」と，第6条中「第5条の2第1項」とあるのは「第5条の5第1項」と読み替えるものとする.

[受検手数料]

第8条の6　法第5条の5第2項において準用する法第5条の3第1項の受検手数料の額は，3万5千円とする.

2　第8条の3第2項及び第3項の規定は，前項の受検手数料について準用する．この場合において，同条第3項中「第77条の9第1項」とあるのは，「第77条の17の2第2項において準用する法第77条の9第1項」と読み替えるものとする.

第2節の3　建築基準関係規定

第9条　法第6条第1項（法第87条第1項，法第87条の4（法第88条第1項及び第2項において準用する場合を含む.）並びに法第88条第1項及び第2項において準用する場合を含む.）の政令で定める規定は，次に掲げる法律の規定並びにこれらの規定に基づく命令及び条例の規定で建築物の敷地，構造又は建築設備に係るものとする.

一　消防法（昭和23年法律第186号）第9条，第9条の2，第15条及び第17条

二　屋外広告物法（昭和24年法律第189号）第3条から第5条まで（広告物の表示及び広告物を掲出する物件の設置の禁止又は制限に係る部分に限る.）

三　港湾法（昭和25年法律第218号）第40条第1項

四　高圧ガス保安法（昭和26年法律第204号）第24条

五　ガス事業法（昭和29年法律第51号）第162条

六　駐車場法（昭和32年法律第106号）第20条

七　水道法（昭和32年法律第177号）第16条

八　下水道法（昭和 33 年法律第 79 号）第 10 条第 1 項及び第 3 項，第 25 条の 2 並びに第 30 条第 1 項

九　宅地造成等規制法（昭和 36 年法律第 191 号）第 8 条第 1 項及び第 12 条第 1 項

十　流通業務市街地の整備に関する法律（昭和 41 年法律第 110 号）第 5 条第 1 項

十一　液化石油ガスの保安の確保及び取引の適正化に関する法律（昭和 42 年法律第 149 号）第 38 条の 2

十二　都市計画法（昭和 43 年法律第 100 号）第 29 条第 1 項及び第 2 項，第 35 条の 2 第 1 項，第 41 条第 2 項（同法第 35 条の 2 第 4 項において準用する場合を含む.），第 42 条，第 43 条第 1 項並びに第 53 条第 1 項並びに同条第 2 項において準用する同法第 52 条の 2 第 2 項

十三　特定空港周辺航空機騒音対策特別措置法（昭和 53 年法律第 26 号）第 5 条第 1 項から第 3 項まで（同条第 5 項において準用する場合を含む.）

十四　自転車の安全利用の促進及び自転車等の駐車対策の総合的推進に関する法律（昭和 55 年法律第 87 号）第 5 条第 4 項

十五　浄化槽法（昭和 58 年法律第 43 号）第 3 条の 2 第 1 項

十六　特定都市河川浸水被害対策法（平成 15 年法律第 77 号）第 10 条

第 2 節の 4　特定増改築構造計算基準等

［特定増改築構造計算基準］

第 9 条の 2　法第 6 条の 3 第 1 項本文の政令で定める基準は，第 81 条第 2 項又は第 3 項に規定する基準に従った構造計算で，法第 20 条第 1 項第二号イに規定する方法若しくはプログラムによるもの又は同項第三号イに規定するプログラムによるものによって確かめられる安全性を有することとする.

［確認審査が比較的容易にできる特定構造計算基準及び特定増改築構造計算基準］

第 9 条の 3　法第 6 条の 3 第 1 項ただし書の政令で定める特定構造計算基準及び特定増改築構造計算基準並びに法第 18 条第 4 項ただし書の政令で定める特定構造計算基準及び特定増改築構造計算基準は，第 81 条第 2 項第二号イに掲げる構造計算で，法第 20 条第 1 項第二号イに規定する方法によるものによって確かめられる安全性を有することとする.

第 3 節　建築物の建築に関する確認の特例

第 10 条　法第 6 条の 4 第 1 項の規定により読み替えて適用される法第 6 条第 1 項（法第 87 条第 1 項及び法第 87 条の 4 において準用する場合を含む.）の政令で定める規定は，次の各号（法第 87 条第 1 項において準用する場合にあっては第一号及び第二号，法第 87 条の 4 において準用する場合にあっては同号．以下この条において同じ.）に掲げる建築物の区分に応じ，それぞれ当該各号に定める規定とする.

〈関連：法第 6 条の 3【p.23】〉

一　法第 6 条の 4 第 1 項第二号に掲げる建築物のうち，その認定型式に適合する建築物の部分が第 136 条の 2 の 11 第一号に掲げるものであるもの　その認定型式が，同号イに掲げる全ての規定に適合するものであることの認定を受けたものである場合にあっては同号イに掲げる全ての規定，同号ロに掲げる全ての規定に適合するも

のであることの認定を受けたものである場合にあっては同号ロに掲げる全ての規定

二　法第6条の4第1項第二号に掲げる建築物のうち，その認定型式に適合する建築物の部分が第136条の2の11第二号の表の建築物の部分の欄の各項に掲げるものであるもの　　同表の一連の規定の欄の当該各項に掲げる規定（これらの規定中建築物の部分の構造に係る部分が，当該認定型式に適合する建築物の部分に適用される場合に限る.）

三　法第6条の4第1項第三号に掲げる建築物のうち防火地域及び準防火地域以外の区域内における一戸建ての住宅（住宅の用途以外の用途に供する部分の床面積の合計が，延べ面積の1/2以上であるもの又は50 m²を超えるものを除く.）　　次に定める規定

　　イ　法第20条（第1項第四号イに係る部分に限る.），法第21条から法第25条まで，法第27条，法第28条，法第29条，法第31条第1項，法第32条，法第33条，法第35条から法第35条の3まで及び法第37条の規定

　　ロ　次章（第1節の3，第32条及び第35条を除く.），第3章（第8節を除き，第80条の2にあっては国土交通大臣が定めた安全上必要な技術的基準のうちその指定する基準に係る部分に限る.），第4章から第5章の2まで，第5章の4（第2節を除く.）及び第144条の3の規定　　　　　　　　〈関連：平19告示第1119号〉

　　ハ　法第39条から法第41条までの規定に基づく条例の規定のうち特定行政庁が法第6条の4第2項の規定の趣旨により規則で定める規定

四　法第6条の4第1項第三号に掲げる建築物のうち前号の一戸建ての住宅以外の建築物　　次に定める規定

　　イ　法第20条（第1項第四号イに係る部分に限る.），法第21条，法第28条第1項及び第2項，法第29条，法第30条，法第31条第1項，法第32条，法第33条並びに法第37条の規定

　　ロ　次章（第20条の3，第1節の3，第32条及び第35条を除く.），第3章（第8節を除き，第80条の2にあっては国土交通大臣が定めた安全上必要な技術的基準のうちその指定する基準に係る部分に限る.），第119条，第5章の4（第129条の2の4第1項第六号及び第七号並びに第2節を除く.）及び第144条の3の規定　　　　　　　　　　　　　　　　　　　　　　　〈関連：平19告示第1119号〉

　　ハ　法第39条から法第41条までの規定に基づく条例の規定のうち特定行政庁が法第6条の4第2項の規定の趣旨により規則で定める規定

第3節の2　中間検査合格証の交付を受けるまでの共同住宅に関する工事の施工制限

［工事を終えたときに中間検査を申請しなければならない工程］

第11条　法第7条の3第1項第一号の政令で定める工程は，2階の床及びこれを支持するはりに鉄筋を配置する工事の工程とする.

［中間検査合格証の交付を受けるまで施工してはならない工程］

第12条　法第7条の3第6項の政令で定める特定工程後の工程のうち前条に規定する工程に係るものは，2階の床及びこれを支持するはりに配置された鉄筋をコンクリートその他これに類するもので覆う工事の工程とする.

第3節の3　検査済証の交付を受けるまでの建築物の使用制限

［避難施設等の範囲］

第13条　法第7条の6第1項の政令で定める避難施設，消火設備，排煙設備，非常
用の照明装置，非常用の昇降機又は防火区画（以下この条及び次条において「避難
施設等」という．）は，次に掲げるもの（当該工事に係る避難施設等がないものと
した場合に第112条，第5章第2節から第4節まで，第128条の3，第129条の13
の3又は消防法施行令（昭和36年政令第37号）第12条から第15条までの規定に
よる技術的基準に適合している建築物に係る当該避難施設等を除く．）とする．

一　避難階（直接地上へ通ずる出入口のある階をいう．以下同じ．）以外の階にあっ
ては居室から第120条又は第121条の直通階段に，避難階にあっては階段又は居室
から屋外への出口に通ずる出入口及び廊下その他の通路

二　第118条の客席からの出口の戸，第120条又は第121条の直通階段，同条第3項
ただし書の避難上有効なバルコニー，屋外通路その他これらに類するもの，第125
条の屋外への出口及び第126条第2項の屋上広場

三　第128条の3第1項の地下街の各構えが接する地下道及び同条第4項の地下道へ
の出入口

四　スプリンクラー設備，水噴霧消火設備又は泡消火設備で自動式のもの

五　第126条の2第1項の排煙設備

六　第126条の4の非常用の照明装置

七　第129条の13の3の非常用の昇降機

八　第112条（第128条の3第5項において準用する場合を含む．）又は第128条の
3第2項若しくは第3項の防火区画

［避難施設等に関する工事に含まれない軽易な工事］

第13条の2　法第7条の6第1項の政令で定める軽易な工事は，バルコニーの手す
りの塗装の工事，出入口又は屋外への出口の戸に用いるガラスの取替えの工事，非
常用の照明装置に用いる照明カバーの取替えの工事その他当該避難施設等の機能の
確保に支障を及ぼさないことが明らかな工事とする．

第3節の4　維持保全に関する準則の作成等を要する建築物

第13条の3　法第8条第2項第一号の政令で定める特殊建築物は，次に掲げるもの
とする．

一　法別表第一（い）欄（一）項から（四）項までに掲げる用途に供する特殊建築物
でその用途に供する部分の床面積の合計が100 m² を超えるもの（当該床面積の合
計が200 m² 以下のものにあっては，階数が3以上のものに限る．）

二　法別表第一（い）欄（五）項又は（六）項に掲げる用途に供する特殊建築物でそ
の用途に供する部分の床面積の合計が3 000 m² を超えるもの

2　法第8条第2項第二号の政令で定める建築物は，事務所その他これに類する用
途に供する建築物（特殊建築物を除く．）のうち階数が5以上で延べ面積が1 000
m² を超えるものとする．

第3節の5　建築監視員

第14条　建築監視員は，次の各号のいずれかに該当する者でなければならない．

〈関連：法第9条の2【p.31】〉

一　3年以上の建築行政に関する実務の経験を有する者

二　建築士で1年以上の建築行政に関する実務の経験を有するもの

三　建築の実務に関し技術上の責任のある地位にあった建築士で国土交通大臣が前2号のいずれかに該当する者と同等以上の建築行政に関する知識及び能力を有すると認めたもの

〈関連：平13告示361号〉

第3節の6　勧告の対象となる建築物

第14条の2　法第10条第1項の政令で定める建築物は，次に掲げるものとする．

一　法別表第一（い）欄に掲げる用途に供する特殊建築物のうち階数が3以上でその用途に供する部分の床面積の合計が100 m^2を超え200 m^2以下のもの

二　事務所その他これに類する用途に供する建築物（法第6条第1項第一号に掲げる建築物を除く．）のうち階数が5以上で延べ面積が$1\,000 \text{ m}^2$を超えるもの

第4節　損失補償

［収用委員会の裁決の申請手続］

第15条　補償金額について不服がある者が，法第11条第2項（法第88条第1項から第3項までにおいて準用する場合を含む．）の規定によって収用委員会の裁決を求めようとする場合においては，土地収用法（昭和26年法律第219号）第94条第3項の規定による裁決申請書には，同項各号の規定にかかわらず，次の各号に掲げる事項を記載しなければならない．

一　申請者の住所及び氏名

二　当該建築物又は工作物の所在地

三　当該建築物又は工作物について申請者の有する権利

四　当該建築物又は工作物の用途及び構造の概要，附近見取図，配置図並びに各階平面図．ただし，命ぜられた措置に関係がない部分は，省略することができる．

五　法第11条第1項（法第88条第1項から第3項までにおいて準用する場合を含む．）の規定によって特定行政庁が命じた措置

六　通知を受けた補償金額及びその通知を受領した年月日

七　通知を受けた補償金額を不服とする理由並びに申請者が求める補償金額及びその内訳

八　前各号に掲げるものを除くほか，申請者が必要と認める事項

第5節　定期報告を要する建築物等

第16条　法第12条第1項の安全上，防火上又は衛生上特に重要であるものとして政令で定める建築物は，次に掲げるもの（避難階以外の階を法別表第一（い）欄（一）項から（四）項までに掲げる用途に供しないことその他の理由により通常の火災時において避難上著しい支障が生ずるおそれの少ないものとして国土交通大臣

が定めるものを除く.)とする.

一　地階又は3階以上の階を法別表第一（い）欄（一）項に掲げる用途に供する建築物及び当該用途に供する部分（客席の部分に限る.）の床面積の合計が100 m² 以上の建築物

二　劇場，映画館又は演芸場の用途に供する建築物で，主階が1階にないもの

三　法別表第一（い）欄（二）項又は（四）項に掲げる用途に供する建築物

四　3階以上の階を法別表第一（い）欄（三）項に掲げる用途に供する建築物及び当該用途に供する部分の床面積の合計が2 000 m² 以上の建築物

2　法第12条第1項の政令で定める建築物は，第14条の2に規定する建築物とする.

3　法第12条第3項の政令で定める特定建築設備等は，次に掲げるものとする.

一　第129条の3第1項各号に掲げる昇降機（使用頻度が低く劣化が生じにくいことその他の理由により人が危害を受けるおそれのある事故が発生するおそれの少ないものとして国土交通大臣が定めるものを除く.）

二　防火設備のうち，法第6条第1項第一号に掲げる建築物で第1項各号に掲げるものに設けるもの（常時閉鎖をした状態にあることその他の理由により通常の火災時において避難上著しい支障が生ずるおそれの少ないものとして国土交通大臣が定めるものを除く.）

第17条，第18条　（削除）

第2章　一般構造

第1節　採光に必要な開口部

［学校，病院，児童福祉施設等の居室の採光］

第19条　法第28条第1項（法第87条第3項において準用する場合を含む．以下この条及び次条において同じ．）の政令で定める建築物は，児童福祉施設（幼保連携型認定こども園を除く．），助産所，身体障害者社会参加支援施設（補装具製作施設及び視聴覚障害者情報提供施設を除く．），保護施設（医療保護施設を除く．），婦人保護施設，老人福祉施設，有料老人ホーム，母子保健施設，障害者支援施設，地域活動支援センター，福祉ホーム又は障害福祉サービス事業（生活介護，自立訓練，就労移行支援又は就労継続支援を行う事業に限る．）の用に供する施設（以下「児童福祉施設等」という．）とする．

2　法第28条第1項の政令で定める居室は，次に掲げるものとする．

一　保育所及び幼保連携型認定こども園の保育室

二　診療所の病室

三　児童福祉施設等の寝室（入所する者の使用するものに限る．）

四　児童福祉施設等（保育所を除く．）の居室のうちこれらに入所し，又は通う者に対する保育，訓練，日常生活に必要な便宜の供与その他これらに類する目的のために使用されるもの

五　病院，診療所及び児童福祉施設等の居室のうち入院患者又は入所する者の談話，娯楽その他これらに類する目的のために使用されるもの

3　法第28条第1項に規定する学校等における居室の窓その他の開口部で採光に有効な部分の面積のその床面積に対する割合は，それぞれ次の表に掲げる割合以上でなければならない．ただし，同表の(1)から(5)までに掲げる居室で，国土交通大臣が定める基準に従い，照明設備の設置，有効な採光方法の確保その他これらに準ずる措置が講じられているものにあっては，それぞれ同表に掲げる割合から1/10までの範囲内において国土交通大臣が別に定める割合以上とすることができる．

〈関連：昭55告示第1800号〉

	居　室　の　種　類	割合
(1)	幼稚園，小学校，中学校，義務教育学校，高等学校，中等教育学校又は幼保連携型認定こども園の教室	$\dfrac{1}{5}$
(2)	前項第一号に掲げる居室	
(3)	病院又は診療所の病室	$\dfrac{1}{7}$
(4)	寄宿舎の寝室又は下宿の宿泊室	
(5)	前項第三号及び第四号に掲げる居室	
(6)	(1)に掲げる学校以外の学校の教室	$\dfrac{1}{10}$
(7)	前項第五号に掲げる居室	

[有効面積の算定方法]

第20条 法第28条第1項に規定する居室の窓その他の開口部（以下この条において「開口部」という．）で採光に有効な部分の面積は，当該居室の開口部ごとの面積に，それぞれ採光補正係数を乗じて得た面積を合計して算定するものとする．ただし，国土交通大臣が別に算定方法を定めた建築物の開口部については，その算定方法によることができる．

〈関連：平15告示第303号〉

2　前項の採光補正係数は，次の各号に掲げる地域又は区域の区分に応じ，それぞれ当該各号に定めるところにより計算した数値（天窓にあっては当該数値に3.0を乗じて得た数値，その外側に幅90cm以上の縁側（ぬれ縁を除く．）その他これに類するものがある開口部にあっては当該数値に0.7を乗じて得た数値）とする．ただし，採光補正係数が3.0を超えるときは，3.0を限度とする．

一　第一種低層住居専用地域，第二種低層住居専用地域，第一種中高層住居専用地域，第二種中高層住居専用地域，第一種住居地域，第二種住居地域，準住居地域又は田園住居地域　隣地境界線（法第86条第10項に規定する公告対象区域（以下「公告対象区域」という．）内の建築物にあっては，当該公告対象区域内の他の法第86条の2第1項に規定する一敷地内認定建築物（同条第9項の規定により一敷地内認定建築物とみなされるものを含む．以下この号において「一敷地内認定建築物」という．）又は同条第3項に規定する一敷地内許可建築物（同条第11項又は第12項の規定により一敷地内許可建築物とみなされるものを含む．以下この号において「一敷地内許可建築物」という．）との隣地境界線を除く．以下この号において同じ．）又は同一敷地内の他の建築物（公告対象区域内の建築物にあっては，当該公告対象区域内の他の一敷地内認定建築物又は一敷地内許可建築物を含む．以下この号において同じ．）若しくは当該建築物の他の部分に面する開口部の部分で，その開口部の直上にある建築物の各部分（開口部の直上垂直面から後退し，又は突出する部分がある場合においては，その部分を含み，半透明のひさしその他採光上支障のないひさしがある場合においては，これを除くものとする．）からその部分の面する隣地境界線（開口部が，道（都市計画区域又は準都市計画区域内においては，法第42条に規定する道路をいう．第144条の4を除き，以下同じ．）に面する場合にあっては当該道の反対側の境界線とし，公園，広場，川その他これらに類する空地又は水面に面する場合にあっては当該公園，広場，川その他これらに類する空地又は水面の幅の1/2だけ隣地境界線の外側にある線とする．）又は同一敷地内の他の建築物若しくは当該建築物の他の部分の対向部までの水平距離（以下この項において「水平距離」という．）を，その部分から開口部の中心までの垂直距離で除した数値のうちの最も小さい数値（以下「採光関係比率」という．）に6.0を乗じた数値から1.4を減じて得た算定値（次のイからハまでに掲げる場合にあっては，それぞれイからハまでに定める数値）

イ　開口部が道に面する場合であって，当該算定値が1.0未満となる場合　　1.0

ロ　開口部が道に面しない場合であって，水平距離が7m以上であり，かつ，当該算定値が1.0未満となる場合　　1.0

ハ　開口部が道に面しない場合であって，水平距離が7m未満であり，かつ，当該算定値が負数となる場合　　0

二　準工業地域，工業地域又は工業専用地域　採光関係比率に8.0を乗じた数値から1.0を減じて得た算定値（次のイからハまでに掲げる場合にあっては，それぞれイからハまでに定める数値）

　イ　開口部が道に面する場合であって，当該算定値が1.0未満となる場合　　1.0

　ロ　開口部が道に面しない場合であって，水平距離が5m以上であり，かつ，当該算定値が1.0未満となる場合　　1.0

　ハ　開口部が道に面しない場合であって，水平距離が5m未満であり，かつ，当該算定値が負数となる場合　　0

三　近隣商業地域，商業地域又は用途地域の指定のない区域　採光関係比率に10を乗じた数値から1.0を減じて得た算定値（次のイからハまでに掲げる場合にあっては，それぞれイからハまでに定める数値）

　イ　開口部が道に面する場合であって，当該算定値が1.0未満となる場合　　1.0

　ロ　開口部が道に面しない場合であって，水平距離が4m以上であり，かつ，当該算定値が1.0未満となる場合　　1.0

　ハ　開口部が道に面しない場合であって，水平距離が4m未満であり，かつ，当該算定値が負数となる場合　　0

第1節の2　開口部の少ない建築物等の換気設備

［換気設備の技術的基準］

第20条の2　法第28条第2項ただし書の政令で定める技術的基準及び同条第3項（法第87条第3項において準用する場合を含む．次条第1項において同じ．）の政令で定める特殊建築物（第一号において「特殊建築物」という．）の居室に設ける換気設備の技術的基準は，次のとおりとする．〈関連：令第129条の2の6【p.273】〉

一　換気設備の構造は，次のイからニまで（特殊建築物の居室に設ける換気設備にあっては，ロからニまで）のいずれかに適合するものであること．

　イ　自然換気設備にあっては，第129条の2の5第1項の規定によるほか，次に定める構造とすること．

　(1)　排気筒の有効断面積は，次の式によって計算した数値以上とすること．

$$A_v = \frac{A_f}{250\sqrt{h}}$$

　　この式において，A_v，A_f及びhは，それぞれ次の数値を表すものとする．

　　　A_v　排気筒の有効断面積（単位 m²）

　　　A_f　居室の床面積（当該居室が換気上有効な窓その他の開口部を有する場合においては，当該開口部の換気上有効な面積に20を乗じて得た面積を当該居室の床面積から減じた面積）（単位 m²）

　　　h　給気口の中心から排気筒の頂部の外気に開放された部分の中心までの高さ（単位 m）

　(2)　給気口及び排気口の有効開口面積は，(1)に規定する排気筒の有効断面積以上とすること．

　(3)　(1)及び(2)に定めるもののほか，衛生上有効な換気を確保することができる

ものとして国土交通大臣が定めた構造方法を用いる構造とすること.

〈関連：昭45告示第1826号〉

　ロ　機械換気設備（中央管理方式の空気調和設備（空気を浄化し，その温度，湿度及び流量を調節して供給（排出を含む.）をすることができる設備をいう.）を除く. 以下同じ.）にあっては，第129条の2の5第2項の規定によるほか，次に定める構造とすること.

　　(1)　有効換気量は，次の式によって計算した数値以上とすること.

$$V = \frac{20A_f}{N}$$

　　この式において，V，A_f 及び N は，それぞれ次の数値を表すものとする.

　　　V　有効換気量（単位 m^3/h）

　　　A_f　居室の床面積（特殊建築物の居室以外の居室が換気上有効な窓その他の開口部を有する場合においては，当該開口部の換気上有効な面積に 20 を乗じて得た面積を当該居室の床面積から減じた面積）（単位 m^2）

　　　N　実況に応じた1人当たりの占有面積（特殊建築物の居室にあっては，3を超えるときは3と，その他の居室にあっては，10を超えるときは10とする.）（単位 m^2）

　　(2)　一の機械換気設備が2以上の居室その他の建築物の部分に係る場合にあっては，当該換気設備の有効換気量は，当該2以上の居室その他の建築物の部分のそれぞれについて必要な有効換気量の合計以上とすること.

　　(3)　(1)及び(2)に定めるもののほか，衛生上有効な換気を確保することができるものとして国土交通大臣が定めた構造方法を用いる構造とすること.

〈関連：昭45告示第1826号〉

　ハ　中央管理方式の空気調和設備にあっては，第129条の2の5第3項の規定によるほか，衛生上有効な換気を確保することができるものとして国土交通大臣が定めた構造方法を用いる構造とすること.

　ニ　イからハまでに掲げる構造とした換気設備以外の設備にあっては，次に掲げる基準に適合するものとして，国土交通大臣の認定を受けたものとすること.

　　(1)　当該居室で想定される通常の使用状態において，当該居室内の人が通常活動することが想定される空間の炭酸ガスの含有率をおおむね 1 000/1 000 000 以下に，当該空間の一酸化炭素の含有率をおおむね 10/1 000 000 以下に保つ換気ができるものであること.

　　(2)　給気口及び排気口から雨水又はねずみ，ほこりその他衛生上有害なものが入らないものであること.

　　(3)　風道から発散する物質及びその表面に付着する物質によって居室の内部の空気が汚染されないものであること.

　　(4)　中央管理方式の空気調和設備にあっては，第129条の2の5第3項の表の(1)及び(4)から(6)までに掲げる基準に適合するものであること.

二　法第34条第2項に規定する建築物又は各構えの床面積の合計が 1 000 m^2 を超える地下街に設ける機械換気設備（一の居室その他の建築物の部分のみに係るものを

除く.）及び中央管理方式の空気調和設備の制御及び作動状態の監視は，当該建築物，同一敷地内の他の建築物又は一団地内の他の建築物の内にある管理事務所，守衛所その他常時当該建築物を管理する者が勤務する場所で避難階又はその直上階若しくは直下階に設けたもの（以下「中央管理室」という.）において行うことができるものであること.

［火を使用する室に設けなければならない換気設備等］

第20条の3 法第28条第3項の規定により政令で定める室は，次に掲げるものとする.

一　火を使用する設備又は器具で直接屋外から空気を取り入れ，かつ，廃ガスその他の生成物を直接屋外に排出する構造を有するものその他室内の空気を汚染するおそれがないもの（以下この項及び次項において「密閉式燃焼器具等」という.）以外の火を使用する設備又は器具を設けていない室

二　床面積の合計が100 m² 以内の住宅又は住戸に設けられた調理室（発熱量の合計（密閉式燃焼器具等又は煙突を設けた設備若しくは器具に係るものを除く. 次号において同じ.）が12 kW 以下の火を使用する設備又は器具を設けたものに限る.）で，当該調理室の床面積の1/10（0.8 m² 未満のときは，0.8 m² とする.）以上の有効開口面積を有する窓その他の開口部を換気上有効に設けたもの

三　発熱量の合計が6 kW 以下の火を使用する設備又は器具を設けた室（調理室を除く.）で換気上有効な開口部を設けたもの

2　建築物の調理室，浴室，その他の室でかまど，こんろその他火を使用する設備又は器具を設けたもの（前項に規定するものを除く. 第一号イ及び第129条の2の5第1項において「換気設備を設けるべき調理室等」という.）に設ける換気設備は，次に定める構造としなければならない.

一　換気設備の構造は，次のイ又はロのいずれかに適合するものとすること.

イ　次に掲げる基準に適合すること.

　⑴　給気口は，換気設備を設けるべき調理室等の天井の高さの1/2 以下の高さの位置（煙突を設ける場合又は換気上有効な排気のための換気扇その他これに類するもの（以下このイにおいて「換気扇等」という.）を設ける場合には，適当な位置）に設けること.

　⑵　排気口は，換気設備を設けるべき調理室等の天井又は天井から下方80cm 以内の高さの位置（煙突又は排気フードを有する排気筒を設ける場合には，適当な位置）に設け，かつ，換気扇等を設けて，直接外気に開放し，若しくは排気筒に直結し，又は排気上有効な立上り部分を有する排気筒に直結すること.

　⑶　給気口の有効開口面積又は給気筒の有効断面積は，国土交通大臣が定める数値以上とすること.　　　　　　　　　　　　　〈関連：昭45告示第1826号〉

　⑷　排気口又は排気筒に換気扇等を設ける場合にあっては，その有効換気量は国土交通大臣が定める数値以上とし，換気扇等を設けない場合にあっては，排気口の有効開口面積又は排気筒の有効断面積は国土交通大臣が定める数値以上とすること.　　　　　　　　　　　　　　　　　　　　〈関連：昭45告示第1826号〉

　⑸　風呂釜又は発熱量が12 kW を超える火を使用する設備若しくは器具（密閉式燃焼器具等を除く.）を設けた換気設備を設けるべき調理室等には，当該風

呂釜又は設備若しくは器具に接続して煙突を設けること. ただし, 用途上, 構造上その他の理由によりこれによることが著しく困難である場合において, 排気フードを有する排気筒を設けたときは, この限りでない.

(6) 火を使用する設備又は器具に煙突（第115条第1項第七号の規定が適用される煙突を除く.）を設ける場合において, 煙突に換気扇等を設ける場合にあってはその有効換気量は国土交通大臣が定める数値以上とし, 換気扇等を設けない場合にあっては煙突の有効断面積は国土交通大臣が定める数値以上とすること.

〈関連：昭45告示第1826号〉

(7) 火を使用する設備又は器具の近くに排気フードを有する排気筒を設ける場合において, 排気筒に換気扇等を設ける場合にあってはその有効換気量は国土交通大臣が定める数値以上とし, 換気扇等を設けない場合にあっては排気筒の有効断面積は国土交通大臣が定める数値以上とすること.

〈関連：昭45告示第1826号〉

(8) 直接外気に開放された排気口又は排気筒の頂部は, 外気の流れによって排気が妨げられない構造とすること.

ロ 火を使用する設備又は器具の通常の使用状態において, 異常な燃焼が生じないよう当該室内の酸素の含有率をおおむね20.5% 以上に保つ換気ができるものとして, 国土交通大臣の認定を受けたものとすること.

二 給気口は, 火を使用する設備又は器具の燃焼を妨げないように設けること.

三 排気口及びこれに接続する排気筒並びに煙突の構造は, 当該室に廃ガスその他の生成物を逆流させず, かつ, 他の室に廃ガスその他の生成物を漏らさないものとして国土交通大臣が定めた構造方法を用いるものとすること.

〈関連：昭45告示第1826号〉

四 火を使用する設備又は器具の近くに排気フードを有する排気筒を設ける場合においては, 排気フードは, 不燃材料で造ること.

第1節の3　石綿その他の物質の飛散又は発散に対する衛生上の措置

［著しく衛生上有害な物質］

第20条の4 法第28条の2第一号（法第88条第1項において準用する場合を含む.）の政令で定める物質は, 石綿とする.

［居室内において衛生上の支障を生ずるおそれがある物質］

第20条の5 法第28条の2第三号の政令で定める物質は, クロルピリホス及びホルムアルデヒドとする.

［居室を有する建築物の建築材料についてのクロルピリホスに関する技術的基準］

第20条の6 建築材料についてのクロルピリホスに関する法第28条の2第三号の政令で定める技術的基準は, 次のとおりとする.

一 建築材料にクロルピリホスを添加しないこと.

二 クロルピリホスをあらかじめ添加した建築材料（添加したときから長期間経過していることその他の理由によりクロルピリホスを発散させるおそれがないものとして国土交通大臣が定めたものを除く.）を使用しないこと.

［居室を有する建築物の建築材料についてのホルムアルデヒドに関する技術的基準］

第20条の7 建築材料についてのホルムアルデヒドに関する法第28条の2第三号の政令で定める技術的基準は，次のとおりとする．

一 居室（常時開放された開口部を通じてこれと相互に通気が確保される廊下その他の建築物の部分を含む．以下この節において同じ．）の壁，床及び天井（天井のない場合においては，屋根）並びにこれらの開口部に設ける戸その他の建具の室内に面する部分（回り縁，窓台その他これらに類する部分を除く．以下この条及び第108条の3第1項第一号において「内装」という．）の仕上げには，夏季においてその表面積1m²につき0.12mg/hを超える量のホルムアルデヒドを発散させるものとして国土交通大臣が定める建築材料（以下この条において「第一種ホルムアルデヒド発散建築材料」という．）を使用しないこと． 〈関連：平14告示第1113号〉

二 居室の内装の仕上げに，夏季においてその表面積1m²につき0.02mg/hを超え0.12mg/h以下の量のホルムアルデヒドを発散させるものとして国土交通大臣が定める建築材料（以下この条において「第二種ホルムアルデヒド発散建築材料」という．）又は夏季においてその表面積1m²につき0.005mg/hを超え0.02mg/h以下の量のホルムアルデヒドを発散させるものとして国土交通大臣が定める建築材料（以下この条において「第三種ホルムアルデヒド発散建築材料」という．）を使用するときは，それぞれ，第二種ホルムアルデヒド発散建築材料を使用する内装の仕上げの部分の面積に次の表（一）の項に定める数値を乗じて得た面積又は第三種ホルムアルデヒド発散建築材料を使用する内装の仕上げの部分の面積に同表（二）の項に定める数値を乗じて得た面積（居室の内装の仕上げに第二種ホルムアルデヒド発散建築材料及び第三種ホルムアルデヒド発散建築材料を使用するときは，これらの面積の合計）が，当該居室の床面積を超えないこと．

〈関連：平14告示第1114号，第1115号〉

	住宅等の居室		住宅等の居室以外の居室		
	換気回数が0.7以上の機械換気設備を設け，又はこれに相当する換気が確保されるものとして，国土交通大臣が定めた構造方法を用い，若しくは国土交通大臣の認定を受けた居室	その他の居室	換気回数が0.7以上の機械換気設備を設け，又はこれに相当する換気が確保されるものとして，国土交通大臣が定めた構造方法を用い，若しくは国土交通大臣の認定を受けた居室	換気回数が0.5以上0.7未満の機械換気設備を設け，又はこれに相当する換気が確保されるものとして，国土交通大臣が定めた構造方法を用い，若しくは国土交通大臣の認定を受けた居室	その他の居室
（一）	1.2	2.8	0.88	1.4	3.0
（二）	0.20	0.50	0.15	0.25	0.50

備考
一 この表において，住宅等の居室とは，住宅の居室並びに下宿の宿泊室，寄宿舎の寝室及び家具その他これに類する物品の販売業を営む店舗の売場（常時開放された開口部を通じてこれらと相互に通気が確保される廊下その他の建築物の部分を含む．）をいうものとする．
二 この表において，換気回数とは，次の式によって計算した数値をいうものとする．

$$n = \frac{V}{Ah}$$

〈関連：平 15 告示第 273 号〉

2　第一種ホルムアルデヒド発散建築材料のうち，夏季においてその表面積1 m² につき 0.12 mg/h を超える量のホルムアルデヒドを発散させないものとして国土交通大臣の認定を受けたもの（次項及び第 4 項の規定により国土交通大臣の認定を受けたものを除く．）については，第二種ホルムアルデヒド発散建築材料に該当するものとみなす．

3　第一種ホルムアルデヒド発散建築材料又は第二種ホルムアルデヒド発散建築材料のうち，夏季においてその表面積1 m² につき毎時 0.02 mg を超える量のホルムアルデヒドを発散させないものとして国土交通大臣の認定を受けたもの（次項の規定により国土交通大臣の認定を受けたものを除く．）については，第三種ホルムアルデヒド発散建築材料に該当するものとみなす．

4　第一種ホルムアルデヒド発散建築材料，第二種ホルムアルデヒド発散建築材料又は第三種ホルムアルデヒド発散建築材料のうち，夏季においてその表面積1 m² につき 0.005 mg/h を超える量のホルムアルデヒドを発散させないものとして国土交通大臣の認定を受けたものについては，これらの建築材料に該当しないものとみなす．

5　次条第1項第一号ハに掲げる基準に適合する中央管理方式の空気調和設備を設ける建築物の居室については，第1項の規定は，適用しない．

[居室を有する建築物の換気設備についてのホルムアルデヒドに関する技術的基準]

第 20 条の 8　換気設備についてのホルムアルデヒドに関する法第 28 条の 2 第三号の政令で定める技術的基準は，次のとおりとする．

一　居室には，次のいずれかに適合する構造の換気設備を設けること．

イ　機械換気設備（ロに規定する方式を用いるものでロ(1)から(3)までに掲げる構造とするものを除く．）にあっては，第 129 条の 2 の 5 第 2 項の規定によるほか，次に掲げる構造とすること．

(1)　有効換気量（m³/h で表した量とする．(2)において同じ．）が，次の式によって計算した必要有効換気量以上であること．

$$V_r = nAh$$

この式において，V_r，n，A及びhは，それぞれ次の数値を表すものとする．

V_r　必要有効換気量（単位 m³/h）

n　前条第1項第二号の表備考一の号に規定する住宅等の居室（次項において単に「住宅等の居室」という．）にあっては 0.5，その他の居室にあっては 0.3

A　居室の床面積（単位 m²）

h　居室の天井の高さ（単位 m）

(2)　一の機械換気設備が2以上の居室に係る場合にあっては，当該換気設備の有効換気量が，当該2以上の居室のそれぞれの必要有効換気量の合計以上であること．

(3)　(1)及び(2)に掲げるもののほか，ホルムアルデヒドの発散による衛生上の支障がないようにするために必要な換気を確保することができるものとして，国土交通大臣が定めた構造方法を用いるものであること．

〈関連：平15告示第274号〉

ロ　居室内の空気を浄化して供給する方式を用いる機械換気設備にあっては，第129条の2の5第2項の規定によるほか，次に掲げる構造とすること．

(1)　次の式によって計算した有効換気換算量がイ(1)の式によって計算した必要有効換気量以上であるものとして，国土交通大臣が定めた構造方法を用いるもの又は国土交通大臣の認定を受けたものであること．

$$V_q = Q(C - C_p) \div C + V$$

この式において，V_q，Q，C，C_p及びVは，それぞれ次の数値を表すものとする．

V_q　有効換気換算量（単位 m^3/h）

Q　浄化して供給する空気の量（単位 m^3/h）

C　浄化前の空気に含まれるホルムアルデヒドの量（単位 mg/m^3）

C_p　浄化して供給する空気に含まれるホルムアルデヒドの量（単位 mg/m^3）

V　有効換気量（単位 m^3/h）

(2)　一の機械換気設備が2以上の居室に係る場合にあっては，当該換気設備の有効換気換算量が，当該2以上の居室のそれぞれの必要有効換気量の合計以上であること．

(3)　(1)及び(2)に掲げるもののほか，ホルムアルデヒドの発散による衛生上の支障がないようにするために必要な換気を確保することができるものとして，国土交通大臣が定めた構造方法を用いるものであること．

〈関連：平15告示第274号〉

ハ　中央管理方式の空気調和設備にあっては，第129条の2の5第3項の規定によるほか，ホルムアルデヒドの発散による衛生上の支障がないようにするために必要な換気を確保することができるものとして，国土交通大臣が定めた構造方法を用いる構造又は国土交通大臣の認定を受けた構造とすること．

〈関連：平15告示第274号〉

二　法第34条第2項に規定する建築物又は各構えの床面積の合計が1 000 m^2を超える地下街に設ける機械換気設備（一の居室のみに係るものを除く．）又は中央管理方式の空気調和設備にあっては，これらの制御及び作動状態の監視を中央管理室において行うことができるものとすること．

2　前項の規定は，同項に規定する基準に適合する換気設備を設ける住宅等の居室又はその他の居室とそれぞれ同等以上にホルムアルデヒドの発散による衛生上の支障がないようにするために必要な換気を確保することができるものとして，国土交通大臣が定めた構造方法を用いる住宅等の居室若しくはその他の居室又は国土交通大臣の認定を受けた住宅等の居室若しくはその他の居室については，適用しない．

[居室を有する建築物のホルムアルデヒドに関する技術的基準の特例]

第 20 条の 9　前 2 条の規定は，1 年を通じて，当該居室内の人が通常活動すること
が想定される空間のホルムアルデヒドの量を空気 1 m^3 につきおおむね 0.1 mg 以
下に保つことができるものとして，国土交通大臣の認定を受けた居室については，
適用しない．

第 2 節　居室の天井の高さ，床の高さ及び防湿方法

[居室の天井の高さ]

第 21 条　居室の天井の高さは，2.1 m 以上でなければならない．

2　前項の天井の高さは，室の床面から測り，1 室で天井の高さの異なる部分がある
場合においては，その平均の高さによるものとする．

[居室の床の高さ及び防湿方法]

第 22 条　最下階の居室の床が木造である場合における床の高さ及び防湿方法は，次
の各号に定めるところによらなければならない．ただし，床下をコンクリート，た
たきその他これらに類する材料で覆う場合及び当該最下階の居室の床の構造が，地
面から発生する水蒸気によって腐食しないものとして，国土交通大臣の認定を受け
たものである場合においては，この限りでない．

一　床の高さは，直下の地面からその床の上面まで 45 cm 以上とすること．

二　外壁の床下部分には，壁の長さ 5 m 以下ごとに，面積 300 cm^2 以上の換気孔を設
け，これにねずみの侵入を防ぐための設備をすること．

第 2 節の 2　地階における住宅等の居室の防湿の措置等

[地階における住宅等の居室の技術的基準]

第 22 条の 2　法第 29 条（法第 87 条第 3 項において準用する場合を含む．）の政令で
定める技術的基準は，次に掲げるものとする．

一　居室が，次のイからハまでのいずれかに該当すること．

　イ　国土交通大臣が定めるところにより，からぼりその他の空地に面する開口部が
　　設けられていること． 〈関連：平 12 告示第 1430 号〉

　ロ　第 20 条の 2 に規定する技術的基準に適合する換気設備が設けられていること．

　ハ　居室内の湿度を調節する設備が設けられていること．

二　直接土に接する外壁，床及び屋根又はこれらの部分（以下この号において「外壁
等」という．）の構造が，次のイ又はロのいずれかに適合するものであること．

　イ　外壁等の構造が，次の(1)又は(2)のいずれか（屋根又は屋根の部分にあって
　　は，(1)）に適合するものであること．ただし，外壁等のうち常水面以上の部分に
　　あっては，耐水材料で造り，かつ，材料の接合部及びコンクリートの打継ぎをす
　　る部分に防水の措置を講ずる場合においては，この限りでない．

　　(1)　外壁等にあっては，国土交通大臣が定めるところにより，直接土に接する部
　　　分に，水の浸透を防止するための防水層を設けること．
 〈関連：平 12 告示第 1430 号〉

　　(2)　外壁又は床にあっては，直接土に接する部分を耐水材料で造り，かつ，直接

土に接する部分と居室に面する部分の間に居室内への水の浸透を防止するための空隙（当該空隙に浸透した水を有効に排出するための設備が設けられているものに限る.）を設けること.

ロ　外壁等の構造が，外壁等の直接土に接する部分から居室内に水が浸透しないものとして，国土交通大臣の認定を受けたものであること.

第2節の3　長屋又は共同住宅の界壁の遮音構造等

第22条の3　法第30条第1項第一号（法第87条第3項において準用する場合を含む.）の政令で定める技術的基準は，次の表の左欄に掲げる振動数の音に対する透過損失がそれぞれ同表の右欄に掲げる数値以上であることとする.

振動数（単位 Hz）	透過損失（単位 dB）
125	25
500	40
2 000	50

2　法第30条第2項（法第87条第3項において準用する場合を含む.）の政令で定める技術的基準は，前項に規定する基準とする.

第3節　階段

［階段及びその踊場の幅並びに階段の蹴上げ及び踏面の寸法］

第23条　階段及びその踊場の幅並びに階段の蹴上げ及び踏面の寸法は，次の表によらなければならない. ただし，屋外階段の幅は，第120条又は第121条の規定による直通階段にあっては90 cm以上，その他のものにあっては60 cm以上，住宅の階段（共同住宅の共用の階段を除く.）の蹴上げは23 cm以下，踏面は15 cm以上とすることができる.

階　段　の　種　別	階段及びその踊場の幅（単位 cm）	蹴上げの寸法（単位 cm）	踏面の寸法（単位 cm）
(一) 小学校（義務教育学校の前期課程を含む.）における児童用のもの	140 以上	16 以下	26 以上
(二) 中学校（義務教育学校の後期課程を含む.），高等学校若しくは中等教育学校における生徒用のもの又は物品販売業（物品加工修理業を含む. 第130条の5の3を除く.）を営む店舗で床面積の合計が1 500 m²を超えるもの，劇場，映画館，演芸場，観覧場，公会堂若しくは集会場における客用のもの	140 以上	18 以下	26 以上
(三) 直上階の居室の床面積の合計が200 m²を超える地上階又は居室の床面積の合計が100 m²を超える地階若しくは地下工作物内におけるもの	120 以上	20 以下	24 以上
(四) (一)から(三)までに掲げる階段以外のもの	75 以上	22 以下	21 以上

2　回り階段の部分における踏面の寸法は，踏面の狭い方の端から30 cmの位置において測るものとする.

3　階段及びその踊場に手すり及び階段の昇降を安全に行うための設備でその高さ

が50cm以下のもの（以下この項において「手すり等」という.）が設けられた場合における第1項の階段及びその踊場の幅は，手すり等の幅が10cmを限度として，ないものとみなして算定する.

4　第1項の規定は，同項の規定に適合する階段と同等以上に昇降を安全に行うことができるものとして国土交通大臣が定めた構造方法を用いる階段については，適用しない.　　　　　　　　　　　　　　　　　〈関連：平26告示第709号〉

[踊場の位置及び踏幅]

第24条　前条第1項の表の(一)又は(二)に該当する階段でその高さが3mを超えるものにあっては高さ3m以内ごとに，その他の階段でその高さが4mを超えるものにあっては高さ4m以内ごとに踊場を設けなければならない.

2　前項の規定によって設ける直階段の踊場の踏幅は，1.2m以上としなければならない.

[階段等の手すり等]

第25条　階段には，手すりを設けなければならない.

2　階段及びその踊場の両側（手すりが設けられた側を除く.）には，側壁又はこれに代わるものを設けなければならない.

3　階段の幅が3mを超える場合においては，中間に手すりを設けなければならない.ただし，けあげが15cm以下で，かつ，踏面が30cm以上のものにあっては，この限りでない.

4　前3項の規定は，高さ1m以下の階段の部分には，適用しない.

[階段に代わる傾斜路]

第26条　階段に代わる傾斜路は，次の各号に定めるところによらなければならない.

一　勾配は，1/8を超えないこと.

二　表面は，粗面とし，又はすべりにくい材料で仕上げること.

2　前3条の規定（けあげ及び踏面に関する部分を除く.）は，前項の傾斜路に準用する.

[特殊の用途に専用する階段]

第27条　第23条から第25条までの規定は，昇降機機械室用階段，物見塔用階段その他特殊の用途に専用する階段には，適用しない.

〈関連：令第129条の9第五号【p.278】〉

第4節　便所

[便所の採光及び換気]

第28条　便所には，採光及び換気のため直接外気に接する窓を設けなければならない.ただし，水洗便所で，これに代わる設備をした場合においては，この限りでない.

[くみ取便所の構造]

第29条　くみ取便所の構造は，次に掲げる基準に適合するものとして，国土交通大臣が定めた構造方法を用いるもの又は国土交通大臣の認定を受けたものとしなければならない.　　　　　　　　　　　　　　　　〈関連：平12告示第1386号〉

一　屎尿に接する部分から漏水しないものであること.

二　屎尿の臭気（便器その他構造上やむを得ないものから漏れるものを除く．）が，建築物の他の部分（便所の床下を除く．）又は屋外に漏れないものであること．

三　便槽に，雨水，土砂等が流入しないものであること．

[特殊建築物及び特定区域の便所の構造]

第30条　都市計画区域又は準都市計画区域内における学校，病院，劇場，映画館，演芸場，観覧場，公会堂，集会場，百貨店，ホテル，旅館，寄宿舎，停車場その他地方公共団体が条例で指定する用途に供する建築物の便所及び公衆便所の構造は，前条各号に掲げる基準及び次に掲げる基準に適合するものとして，国土交通大臣が定めた構造方法を用いるもの又は国土交通大臣の認定を受けたものとしなければならない．

〈関連：平12告示第1386号〉

一　便器及び小便器から便槽までの汚水管が，汚水を浸透させないものであること．

二　水洗便所以外の大便所にあっては，窓その他換気のための開口部からはえが入らないものであること．

2　地方公共団体は，前項に掲げる用途の建築物又は条例で指定する区域内の建築物のくみ取便所の便槽を次条の改良便槽とすることが衛生上必要であり，かつ，これを有効に維持することができると認められる場合においては，当該条例で，これを改良便槽としなければならない旨の規定を設けることができる．

[改良便槽]

第31条　改良便槽は，次に定める構造としなければならない．

一　便槽は，貯留槽及びくみ取槽を組み合わせた構造とすること．

二　便槽の天井，底，周壁及び隔壁は，耐水材料で造り，防水モルタル塗その他これに類する有効な防水の措置を講じて漏水しないものとすること．

三　貯留槽は，2槽以上に区分し，汚水を貯留する部分の深さは80cm以上とし，その容積は0.75m³以上で，かつ，100日以上（国土交通大臣が定めるところにより汚水の温度の低下を防止するための措置が講じられたものにあっては，その容積は0.6m³以上で，かつ，80日以上）貯留できるようにすること．

〈関連：平12告示第1386号〉

四　貯留槽には，掃除するために必要な大きさの穴を設け，かつ，これに密閉することができるふたを設けること．

五　小便器からの汚水管は，その先端を貯留槽の汚水面下40cm以上の深さに差し入れること．

[法第31条第2項等の規定に基づく汚物処理性能に関する技術的基準]

第32条　屎尿浄化槽の法第31条第2項の政令で定める技術的基準及び合併処理浄化槽（屎尿と併せて雑排水を処理する浄化槽をいう．以下同じ）について法第36条の規定により定めるべき構造に関する技術的基準のうち処理性能に関するもの（以下「汚物処理性能に関する技術的基準」と総称する．）は，次のとおりとする．

一　通常の使用状態において，次の表に掲げる区域及び処理対象人員の区分に応じ，それぞれ同表に定める性能を有するものであること．

屎尿浄化槽又は合併処理浄化槽を設ける区域	処理対象人員 （単位 人）	性　　　能	
		生物化学的酸素要求量の除去率 （単位 ％）	屎尿浄化槽又は合併処理浄化槽からの放流水の生物化学的酸素要求量 （単位 mg/L）
特定行政庁が衛生上特に支障があると認めて規則で指定する区域	50 以下	65 以上	90 以下
	51 以上 500 以下	70 以上	60 以下
	501 以上	85 以上	30 以下
特定行政庁が衛生上特に支障がないと認めて規則で指定する区域		55 以上	120 以下
その他の区域	500 以下	65 以上	90 以下
	501 以上 2 000 以下	70 以上	60 以下
	2 001 以上	85 以上	30 以下

1　この表における処理対象人員の算定は，国土交通大臣が定める方法により行うものとする.　〈関連：昭 44 告示第 3184 号〉
2　この表において，生物化学的酸素要求量の除去率とは，屎尿浄化槽又は合併処理浄化槽への流入水の生物化学的酸素要求量の数値から屎尿浄化槽又は合併処理浄化槽からの放流水の生物化学的酸素要求量の数値を減じた数値を屎尿浄化槽又は合併処理浄化槽への流入水の生物化学的酸素要求量の数値で除して得た割合をいうものとする.

二　放流水に含まれる大腸菌群数が，$1\,cm^3$ につき 3 000 個以下とする性能を有するものであること.

2　特定行政庁が地下浸透方式により汚物（便所から排出する汚物をいい，これと併せて雑排水を処理する場合にあっては雑排水を含む.次項及び第 35 条第 1 項において同じ）を処理することとしても衛生上支障がないと認めて規則で指定する区域内に設ける当該方式に係る汚物処理性能に関する技術的基準は，前項の規定にかかわらず，通常の使用状態において，次の表に定める性能及び同項第二号に掲げる性能を有するものであることとする.

性　　　能		
一次処理装置による浮遊物質量の除去率 （単位％）	一次処理装置からの流出水に含まれる浮遊物質量 （単位 mg/L）	地下浸透能力
55 以上	250 以下	一次処理装置からの流出水が滞留しない程度のものであること.

この表において，一次処理装置による浮遊物質量の除去率とは，一次処理装置への流入水に含まれる浮遊物質量の数値から一次処理装置からの流出水に含まれる浮遊物質量の数値を減じた数値を一次処理装置への流入水に含まれる浮遊物質量の数値で除して得た割合をいうものとする.

3　次の各号に掲げる場合における汚物処理性能に関する技術的基準は，第 1 項の規定にかかわらず，通常の使用状態において，汚物を当該各号に定める基準に適合するよう処理する性能及び同項第二号に掲げる性能を有するものであることとす

る.

一　水質汚濁防止法（昭和45年法律第138号）第3条第1項又は第3項の規定による排水基準により，屎尿浄化槽又は合併処理浄化槽からの放流水について，第1項第一号の表に掲げる生物化学的酸素要求量に関する基準より厳しい基準が定められ，又は生物化学的酸素要求量以外の項目に関しても基準が定められている場合　当該排水基準

二　浄化槽法第4条第1項の規定による技術上の基準により，屎尿浄化槽又は合併処理浄化槽からの放流水について，第1項第一号の表に掲げる生物化学的酸素要求量に関する基準より厳しい基準が定められ，又は生物化学的酸素要求量以外の項目に関しても基準が定められている場合　当該技術上の基準

［漏水検査］

第33条　第31条の改良便槽並びに前条の屎尿浄化槽及び合併処理浄化槽は，満水して24時間以上漏水しないことを確かめなければならない.

［便所と井戸との距離］

第34条　くみ取便所の便槽は，井戸から5m以上離して設けなければならない. ただし，地盤面下3m以上埋設した閉鎖式井戸で，その導水管が外管を有せず，かつ，不浸透質で造られている場合又はその導水管が内径25cm以下の外管を有し，かつ，導水管及び外管が共に不浸透質で造られている場合においては，1.8m以上とすることができる.

［合併処理浄化槽の構造］

第35条　合併処理浄化槽の構造は，排出する汚物を下水道法第2条第六号に規定する終末処理場を有する公共下水道以外に放流しようとする場合においては，第32条の汚物処理性能に関する技術的基準に適合するもので，国土交通大臣が定めた構造方法を用いるもの又は国土交通大臣の認定を受けたものとしなければならない.

〈関連：昭55告示第1292号〉

2　その構造が前項の規定に適合する合併処理浄化槽を設けた場合は，法第31条第2項の規定に適合するものとみなす.

第3章 構造強度

第1節 総則

[構造方法に関する技術的基準]

第36条 法第20条第1項第一号の政令で定める技術的基準（建築設備に係る技術的基準を除く。）は，耐久性等関係規定（この条から第36条の3まで，第37条，第38条第1項，第5項及び第6項，第39条第1項及び第4項，第41条，第49条，第70条，第72条（第79条の4及び第80条において準用する場合を含む。），第74条から第76条まで（これらの規定を第79条の4及び第80条において準用する場合を含む。），第79条（第79条の4において準用する場合を含む。），第79条の3並びに第80条の2（国土交通大臣が定めた安全上必要な技術的基準のうちその指定する基準に係る部分に限る。）の規定をいう。以下同じ）に適合する構造方法を用いることとする。

2 法第20条第1項第二号イの政令で定める技術的基準（建築設備に係る技術的基準を除く。）は，次の各号に掲げる場合の区分に応じ，それぞれ当該各号に定める構造方法を用いることとする。

一 第81条第2項第一号イに掲げる構造計算によって安全性を確かめる場合 この節から第4節の2まで，第5節（第67条第1項（同項各号に掲げる措置に係る部分を除く。）及び第68条第4項（これらの規定を第79条の4において準用する場合を含む。）を除く。），第6節（第73条，第77条第二号から第六号まで，第77条の2第2項，第78条（プレキャスト鉄筋コンクリートで造られたはりで2以上の部材を組み合わせるものの接合部に適用される場合に限る。）及び第78条の2第1項第三号（これらの規定を第79条の4において準用する場合を含む。）を除く。），第6節の2，第80条及び第7節の2（第80条の2（国土交通大臣が定めた安全上必要な技術的基準のうちその指定する基準に係る部分に限る。）を除く。）の規定に適合する構造方法

二 第81条第2項第一号ロに掲げる構造計算によって安全性を確かめる場合 耐久性等関係規定に適合する構造方法

三 第81条第2項第二号イに掲げる構造計算によって安全性を確かめる場合 この節から第7節の2までの規定に適合する構造方法

3 法第20条第1項第三号イ及び第四号イの政令で定める技術的基準（建築設備に係る技術的基準を除く。）は，この節から第7節の2までの規定に適合する構造方法を用いることとする。

[地階を除く階数が4以上である鉄骨造の建築物等に準ずる建築物]

第36条の2 法第20条第1項第二号の政令で定める建築物は，次に掲げる建築物とする。

一 地階を除く階数が4以上である組積造又は補強コンクリートブロック造の建築物

二 地階を除く階数が3以下である鉄骨造の建築物であって，高さが13m又は軒の高さが9mを超えるもの

三　鉄筋コンクリート造と鉄骨鉄筋コンクリート造とを併用する建築物であって，高さが20mを超えるもの

四　木造，組積造，補強コンクリートブロック造若しくは鉄骨造のうち2以上の構造を併用する建築物又はこれらの構造のうち1以上の構造と鉄筋コンクリート造若しくは鉄骨鉄筋コンクリート造とを併用する建築物であって，次のイ又はロのいずれかに該当するもの

イ　地階を除く階数が4以上である建築物

ロ　高さが13m又は軒の高さが9mを超える建築物

五　前各号に掲げるもののほか，その安全性を確かめるために地震力によって地上部分の各階に生ずる水平方向の変形を把握することが必要であるものとして，構造又は規模を限って国土交通大臣が指定する建築物　〈関連：平19告示第593号〉

［構造設計の原則］

第36条の3　建築物の構造設計に当たっては，その用途，規模及び構造の種別並びに土地の状況に応じて柱，はり，床，壁等を有効に配置して，建築物全体が，これに作用する自重，積載荷重，積雪荷重，風圧，土圧及び水圧並びに地震その他の震動及び衝撃に対して，一様に構造耐力上安全であるようにすべきものとする．

2　構造耐力上主要な部分は，建築物に作用する水平力に耐えるように，釣合い良く配置すべきものとする．

3　建築物の構造耐力上主要な部分には，使用上の支障となる変形又は振動が生じないような剛性及び瞬間的破壊が生じないような靱性をもたすべきものとする．

［別の建築物とみなすことができる部分］

第36条の4　法第20条第2項（法第88条第1項において準用する場合を含む．）の政令で定める部分は，建築物の2以上の部分がエキスパンションジョイントその他の相互に応力を伝えない構造方法のみで接している場合における当該建築物の部分とする．

第2節　構造部材等

［構造部材の耐久］

第37条　構造耐力上主要な部分で特に腐食，腐朽又は摩損のおそれのあるものには，腐食，腐朽若しくは摩損しにくい材料又は有効なさび止め，防腐若しくは摩損防止のための措置をした材料を使用しなければならない．

［基礎］

第38条　建築物の基礎は，建築物に作用する荷重及び外力を安全に地盤に伝え，かつ，地盤の沈下又は変形に対して構造耐力上安全なものとしなければならない．

2　建築物には，異なる構造方法による基礎を併用してはならない．

3　建築物の基礎の構造は，建築物の構造，形態及び地盤の状況を考慮して国土交通大臣が定めた構造方法を用いるものとしなければならない．この場合において，高さ13m又は延べ面積3 000 m²を超える建築物で，当該建築物に作用する荷重が最下階の床面積1 m²につき100 kNを超えるものにあっては，基礎の底部（基礎ぐいを使用する場合にあっては，当該基礎ぐいの先端）を良好な地盤に達することとしなければならない．　〈関連：平12告示第1347，2009号〉

4　前2項の規定は，建築物の基礎について国土交通大臣が定める基準に従った構造計算によって構造耐力上安全であることが確かめられた場合においては，適用しない．　　　　　　　　　　　　　〈関連：平12告示第1347号，平14告示第474, 667号〉

5　打撃，圧力又は振動により設けられる基礎ぐいは，それを設ける際に作用する打撃力その他の外力に対して構造耐力上安全なものでなければならない．

6　建築物の基礎に木ぐいを使用する場合においては，その木ぐいは，平家建の木造の建築物に使用する場合を除き，常水面下にあるようにしなければならない．

[屋根ふき材等]

第39条　屋根ふき材，内装材，外装材，帳壁その他これらに類する建築物の部分及び広告塔，装飾塔その他建築物の屋外に取り付けるものは，風圧並びに地震その他の震動及び衝撃によって脱落しないようにしなければならない．

2　屋根ふき材，外装材及び屋外に面する帳壁の構造は，構造耐力上安全なものとして国土交通大臣が定めた構造方法を用いるものとしなければならない．

〈関連：昭46告示第109号〉

3　特定天井（脱落によって重大な危害を生ずるおそれがあるものとして国土交通大臣が定める天井をいう．以下同じ．）の構造は，構造耐力上安全なものとして，国土交通大臣が定めた構造方法を用いるもの又は国土交通大臣の認定を受けたものとしなければならない．　　　　　　　　　　　　　　〈関連：平25告示第771号〉

4　特定天井で特に腐食，腐朽その他の劣化のおそれのあるものには，腐食，腐朽その他の劣化しにくい材料又は有効なさび止め，防腐その他の劣化防止のための措置をした材料を使用しなければならない．

第3節　木造

[適用の範囲]

第40条　この節の規定は，木造の建築物又は木造と組積造その他の構造とを併用する建築物の木造の構造部分に適用する．ただし，茶室，あずまやその他これらに類する建築物又は延べ面積が $10\,\mathrm{m}^2$ 以内の物置，納屋その他これらに類する建築物については，適用しない．

[木材]

第41条　構造耐力上主要な部分に使用する木材の品質は，節，腐れ，繊維の傾斜，丸身等による耐力上の欠点がないものでなければならない．

[土台及び基礎]

第42条　構造耐力上主要な部分である柱で最下階の部分に使用するものの下部には，土台を設けなければならない．ただし，次の各号のいずれかに該当する場合においては，この限りでない．

一　当該柱を基礎に緊結した場合

二　平家建ての建築物（地盤が軟弱な区域として特定行政庁が国土交通大臣の定める基準に基づいて規則で指定する区域内にあるものを除く．次項において同じ．）で足固めを使用した場合

三　当該柱と基礎とをだぼ継ぎその他の国土交通大臣が定める構造方法により接合し，かつ，当該柱に構造耐力上支障のある引張応力が生じないことが国土交通大臣

が定める方法によって確かめられた場合 〈関連：平28告示第690号〉

2　土台は，基礎に緊結しなければならない．ただし，平家建ての建築物で延べ面積が 50 m² 以内のものについては，この限りでない．

[柱の小径]

第43条　構造耐力上主要な部分である柱の張り間方向及びけた行方向の小径は，それぞれの方向でその柱に接着する土台，足固め，胴差，はり，けたその他の構造耐力上主要な部分である横架材の相互間の垂直距離に対して，次の表に掲げる割合以上のものでなければならない．ただし，国土交通大臣が定める基準に従った構造計算によって構造耐力上安全であることが確かめられた場合においては，この限りでない． 〈関連：平12告示第1349号〉

柱／建築物	張り間方向又はけた行方向に相互の間隔が 10 m 以上の柱又は学校，保育所，劇場，映画館，演芸場，観覧場，公会堂，集会場，物品販売業を営む店舗（床面積の合計が 10 m² 以内のものを除く．）若しくは公衆浴場の用途に供する建築物の柱		左欄以外の柱	
	最上階又は階数が 1 の建築物の柱	その他の階の柱	最上階又は階数が 1 の建築物の柱	その他の階の柱
(一) 土蔵造の建築物その他これに類する壁の重量が特に大きい建築物	$\frac{1}{22}$	$\frac{1}{20}$	$\frac{1}{25}$	$\frac{1}{22}$
(二) (一)に掲げる建築物以外の建築物で屋根を金属板，石板，木板その他これらに類する軽い材料でふいたもの	$\frac{1}{30}$	$\frac{1}{25}$	$\frac{1}{33}$	$\frac{1}{30}$
(三) (一)及び(二)に掲げる建築物以外の建築物	$\frac{1}{25}$	$\frac{1}{22}$	$\frac{1}{30}$	$\frac{1}{28}$

2　地階を除く階数が 2 を超える建築物の 1 階の構造耐力上主要な部分である柱の張り間方向及びけた行方向の小径は，13.5 cm を下回ってはならない．ただし，当該柱と土台又は基礎及び当該柱とはり，けたその他の横架材とをそれぞれボルト締その他これに類する構造方法により緊結し，かつ，国土交通大臣が定める基準に従った構造計算によって構造耐力上安全であることが確かめられた場合においては，この限りでない． 〈関連：平12告示第1349号〉

3　法第41条の規定によって，条例で，法第21条第1項及び第2項の規定の全部若しくは一部を適用せず，又はこれらの規定による制限を緩和する場合においては，当該条例で，柱の小径の横架材の相互間の垂直距離に対する割合を補足する規定を設けなければならない．

4　前3項の規定による柱の小径に基づいて算定した柱の所要断面積の 1/3 以上を欠き取る場合においては，その部分を補強しなければならない．

5　階数が 2 以上の建築物におけるすみ柱又はこれに準ずる柱は，通し柱としなけ

ればならない. ただし, 接合部を通し柱と同等以上の耐力を有するように補強した
場合においては, この限りでない.

6 構造耐力上主要な部分である柱の有効細長比 (断面の最小二次率半径に対する
座屈長さの比をいう. 以下同じ.) は, 150以下としなければならない.

[はり等の横架材]

第44条 はり, けたその他の横架材には, その中央部附近の下側に耐力上支障のあ
る欠込みをしてはならない.

[筋かい]

第45条 引張り力を負担する筋かいは, 厚さ1.5cm以上で幅9cm以上の木材又は
径9mm以上の鉄筋を使用したものとしなければならない.

2 圧縮力を負担する筋かいは, 厚さ3cm以上で幅9cm以上の木材を使用したも
のとしなければならない.

3 筋かいは, その端部を, 柱とはりその他の横架材との仕口に接近して, ボルト,
かすがい, くぎその他の金物で緊結しなければならない.

4 筋かいには, 欠込みをしてはならない. ただし, 筋かいをたすき掛けにするた
めにやむを得ない場合において, 必要な補強を行ったときは, この限りでない.

[構造耐力上必要な軸組等]

第46条 構造耐力上主要な部分である壁, 柱及び横架材を木造とした建築物にあっ
ては, すべての方向の水平力に対して安全であるように, 各階の張り間方向及びけ
た行方向に, それぞれ壁を設け又は筋かいを入れた軸組を釣合い良く配置しなけれ
ばならない.

2 前項の規定は, 次の各号のいずれかに該当する木造の建築物又は建築物の構造
部分については, 適用しない.

一 次に掲げる基準に適合するもの

イ 構造耐力上主要な部分である柱及び横架材 (間柱, 小ばりその他これらに類す
るものを除く. 以下この号において同じ.) に使用する集成材その他の木材の品
質が, 当該柱及び横架材の強度及び耐久性に関し国土交通大臣の定める基準に適
合していること. 〈関連：昭62告示第1898号〉

ロ 構造耐力上主要な部分である柱の脚部が, 一体の鉄筋コンクリート造の布基礎
に緊結している土台に緊結し, 又は鉄筋コンクリート造の基礎に緊結しているこ
と.

ハ イ及びロに掲げるもののほか, 国土交通大臣が定める基準に従った構造計算に
よって, 構造耐力上安全であることが確かめられた構造であること.

〈関連：昭62告示第1899号〉

二 方づえ (その接着する柱が添木等によって補強されているものに限る.), 控柱又
は控壁があって構造耐力上支障がないもの

3 床組及び小屋ばり組には木板その他これに類するものを国土交通大臣が定める
基準に従って打ち付け, 小屋組には振れ止めを設けなければならない. ただし, 国
土交通大臣が定める基準に従った構造計算によって構造耐力上安全であることが確
かめられた場合においては, この限りでない. 〈関連：平28告示第691号〉

4 階数が2以上又は延べ面積が50m²を超える木造の建築物においては, 第1項の

規定によって各階の張り間方向及びけた行方向に配置する壁を設け又は筋かいを入れた軸組を，それぞれの方向につき，次の表一の軸組の種類の欄に掲げる区分に応じて当該軸組の長さに同表の倍率の欄に掲げる数値を乗じて得た長さの合計が，その階の床面積（その階又は上の階の小屋裏，天井裏その他これらに類する部分に物置等を設ける場合にあっては，当該物置等の床面積及び高さに応じて国土交通大臣が定める面積をその階の床面積に加えた面積）に次の表二に掲げる数値（特定行政庁が第88条第2項の規定によって指定した区域内における場合においては，表二に掲げる数値のそれぞれ1.5倍とした数値）を乗じて得た数値以上で，かつ，その階（その階より上の階がある場合においては，当該上の階を含む.）の見付面積（張り間方向又はけた行方向の鉛直投影面積をいう. 以下同じ.）からその階の床面からの高さが1.35 m以下の部分の見付面積を減じたものに次の表三に掲げる数値を乗じて得た数値以上となるように，国土交通大臣が定める基準に従って設置しなければならない.　　　　　　　　　　　　　　　　〈関連：平12告示第1351, 1352号〉

表一

	軸 組 の 種 類	倍 率
(一)	土塗壁又は木ずりその他これに類するものを柱及び間柱の片面に打ち付けた壁を設けた軸組	0.5
(二)	木ずりその他これに類するものを柱及び間柱の両面に打ち付けた壁を設けた軸組	1
	厚さ1.5 cm以上で幅9 cm以上の木材又は径9 mm以上の鉄筋の筋かいを入れた軸組	
(三)	厚さ3 cm以上で幅9 cm以上の木材の筋かいを入れた軸組	1.5
(四)	厚さ4.5 cm以上で幅9 cm以上の木材の筋かいを入れた軸組	2
(五)	9cm角以上の木材の筋かいを入れた軸組	3
(六)	(二)から(四)までに掲げる筋かいをたすき掛けに入れた軸組	(二)から(四)までのそれぞれの数値の2倍
(七)	(五)に掲げる筋かいをたすき掛けに入れた軸組	5
(八)	その他(一)から(七)までに掲げる軸組と同等以上の耐力を有するものとして国土交通大臣が定めた構造方法を用いるもの又は国土交通大臣の認定を受けたもの　　　　　　　〈関連：昭56告示第1100号〉	0.5から5までの範囲内において国土交通大臣が定める数値〈関連：昭56告示第1100号〉
(九)	(一)又は(二)に掲げる壁と(二)から(六)までに掲げる筋かいとを併用した軸組	(一)又は(二)のそれぞれの数値と(二)から(六)までのそれぞれの数値との和

表二

建 築 物	階の床面積に乗ずる数値（単位 cm/m²）					
	階数が1の建築物	階数が2の建築物の1階	階数が2の建築物の2階	階数が3の建築物の1階	階数が3の建築物の2階	階数が3の建築物の3階
第43条第1項の表の㈠又は㈢に掲げる建築物	15	33	21	50	39	24
第43条第1項の表の㈡に掲げる建築物	11	29	15	46	34	18

この表における階数の算定については，地階の部分の階数は，算入しないものとする．

表三

	区　　　域	見付面積に乗ずる数値（単位 cm/m²）
㈠	特定行政庁がその地方における過去の風の記録を考慮してしばしば強い風が吹くと認めて規則で指定する区域	50を超え，75以下の範囲内において特定行政庁がその地方における風の状況に応じて規則で定める数値
㈡	㈠に掲げる区域以外の区域	50

［構造耐力上主要な部分である継手又は仕口］

第47条　構造耐力上主要な部分である継手又は仕口は，ボルト締，かすがい打，込み栓打その他の国土交通大臣が定める構造方法によりその部分の存在応力を伝えるように緊結しなければならない．この場合において，横架材の丈が大きいこと，柱と鉄骨の横架材とが剛に接合していること等により柱に構造耐力上支障のある局部応力が生ずるおそれがあるときは，当該柱を添木等によって補強しなければならない．

〈関連：平12告示第1460号〉

2　前項の規定によるボルト締には，ボルトの径に応じ有効な大きさと厚さを有する座金を使用しなければならない．

［学校の木造の校舎］

第48条　学校における壁，柱及び横架材を木造とした校舎は，次に掲げるところによらなければならない．

一　外壁には，第46条第4項の表一の㈤に掲げる筋かいを使用すること．

二　桁行が12mを超える場合においては，桁行方向の間隔12m以内ごとに第46条第4項の表一の㈤に掲げる筋かいを使用した通し壁の間仕切壁を設けること．ただし，控柱又は控壁を適当な間隔に設け，国土交通大臣が定める基準に従った構造計算によって構造耐力上安全であることが確かめられた場合においては，この限りでない．

〈関連：昭62告示第1899号〉

三　桁行方向の間隔2m（屋内運動場その他規模が大きい室においては，4m）以内ごとに柱，はり及び小屋組を配置し，柱とはり又は小屋組とを緊結すること．

四　構造耐力上主要な部分である柱は，13.5cm角以上のもの（2階建ての1階の柱で，張り間方向又は桁行方向に相互の間隔が4m以上のものについては，13.5cm角以上の柱を2本合わせて用いたもの又は15cm角以上のもの）とすること．

2 前項の規定は，次の各号のいずれかに該当する校舎については，適用しない．

一 第46条第2項第一号に掲げる基準に適合するもの

二 国土交通大臣が指定する日本産業規格に適合するもの 〈関連：平12告示第1453号〉

[外壁内部等の防腐措置等]

第49条 木造の外壁のうち，鉄網モルタル塗その他軸組が腐りやすい構造である部分の下地には，防水紙その他これに類するものを使用しなければならない．

2 構造耐力上主要な部分である柱，筋かい及び土台のうち，地面から1m以内の部分には，有効な防腐措置を講ずるとともに，必要に応じて，しろありその他の虫による害を防ぐための措置を講じなければならない．

第50条 （削除）

第4節 組積造

[適用の範囲]

第51条 この節の規定は，れんが造，石造，コンクリートブロック造その他の組積造（補強コンクリートブロック造を除く．以下この項及び第4項において同じ．）の建築物又は組積造と木造その他の構造とを併用する建築物の組積造の構造部分に適用する．ただし，高さ13m以下であり，かつ，軒の高さが9m以下の建築物の部分で，鉄筋，鉄骨又は鉄筋コンクリートによって補強され，かつ，国土交通大臣が定める基準に従った構造計算によって構造耐力上安全であることが確かめられたものについては，適用しない． 〈関連：平12告示第1353号〉

2 高さが4m以下で，かつ，延べ面積が20 m²以内の建築物については，この節の規定中第55条第2項及び第56条の規定は，適用しない．

3 構造耐力上主要な部分でない間仕切壁で高さが2m以下のものについては，この節の規定中第52条及び第55条第5項の規定に限り適用する．

4 れんが造，石造，コンクリートブロック造その他の組積造の建築物（高さ13m又は軒の高さが9mを超えるものに限る．）又は組積造と木造その他の構造とを併用する建築物（高さ13m又は軒の高さが9mを超えるものに限る．）については，この節の規定中第59条の2に限り適用する．

[組積造の施工]

第52条 組積造に使用するれんが，石，コンクリートブロックその他の組積材は，組積するに当たって充分に水洗いをしなければならない．

2 組積材は，その目地塗面の全部にモルタルが行きわたるように組積しなければならない．

3 前項のモルタルは，セメントモルタルでセメントと砂との容積比が1対3のもの若しくはこれと同等以上の強度を有するもの又は石灰入りセメントモルタルでセメントと石灰と砂との容積比が1対2対5のもの若しくはこれと同等以上の強度を有するものとしなければならない．

4 組積材は，芋目地ができないように組積しなければならない．

第53条 （削除）

[壁の長さ]

第54条 組積造の壁の長さは，10m以下としなければならない．

2 　前項の壁の長さは，その壁に相隣って接着する二つの壁（控壁でその基礎の部分における長さが，控壁の接着する壁の高さの 1/3 以上のものを含む．以下この節において「対隣壁」という．）がその壁に接着する部分間の中心距離をいう．

[壁の厚さ]

第55条　組積造の壁の厚さ（仕上材料の厚さを含まないものとする．以下この節において同じ．）は，その建築物の階数及びその壁の長さ（前条第2項の壁の長さをいう．以下この節において同じ．）に応じて，それぞれ次の表の数値以上としなければならない．

壁の長さ　　　　　建築物の階数	5 m 以下の場合 （単位 cm）	5 m を超える場合 （単位 cm）
階数が 2 以上の建築物	30	40
階数が 1 の建築物	20	30

2 　組積造の各階の壁の厚さは，その階の壁の高さの 1/15 以上としなければならない．

3 　組積造の間仕切壁の壁の厚さは，前2項の規定による壁の厚さより 10 cm 以下を減らすことができる．ただし，20 cm 以下としてはならない．

4 　組積造の壁を二重壁とする場合においては，前3項の規定は，そのいずれか一方の壁について適用する．

5 　組積造の各階の壁の厚さは，その上にある壁の厚さより薄くしてはならない．

6 　鉄骨造，鉄筋コンクリート造又は鉄骨鉄筋コンクリート造の建築物における組積造の帳壁は，この条の規定の適用については，間仕切壁とみなす．

[臥梁]

第56条　組積造の壁には，その各階の壁頂（切妻壁がある場合においては，その切妻壁の壁頂）に鉄骨造又は鉄筋コンクリート造の臥梁を設けなければならない．ただし，その壁頂に鉄筋コンクリート造の屋根版，床版等が接着する場合又は階数が 1 の建築物で壁の厚さが壁の高さの 1/10 以上の場合若しくは壁の長さが 5 m 以下の場合においては，この限りでない．

[開口部]

第57条　組積造の壁における窓，出入口その他の開口部は，次の各号に定めるところによらなければならない．

一　各階の対隣壁によって区画されたおのおのの壁における開口部の幅の総和は，その壁の長さの 1/2 以下とすること．

二　各階における開口部の幅の総和は，その階における壁の長さの総和の 1/3 以下とすること．

三　一の開口部とその直上にある開口部との垂直距離は，60 cm 以上とすること．

2 　組積造の壁の各階における開口部相互間又は開口部と対隣壁の中心との水平距離は，その壁の厚さの 2 倍以上としなければならない．ただし，開口部周囲を鉄骨又は鉄筋コンクリートで補強した場合においては，この限りでない．

3 　幅が 1 m を超える開口部の上部には，鉄筋コンクリート造のまぐさを設けなければならない．

4　組積造のはね出し窓又ははね出し縁は，鉄骨又は鉄筋コンクリートで補強しなければならない．

5　壁付暖炉の組積造の炉胸は，暖炉及び煙突を充分に支持するに足りる基礎の上に造り，かつ，上部を積出しとしない構造とし，木造の建築物に設ける場合においては，更に鋼材で補強しなければならない．

[壁のみぞ]

第58条　組積造の壁に，その階の壁の高さの3/4以上連続した縦壁みぞを設ける場合においては，その深さは壁の厚さの1/3以下とし，横壁みぞを設ける場合においては，その深さは壁の厚さの1/3以下で，かつ，長さを3m以下としなければならない．

[鉄骨組積造である壁]

第59条　鉄骨組積造である壁の組積造の部分は，鉄骨の軸組にボルト，かすがいその他の金物で緊結しなければならない．

[補強を要する組積造]

第59条の2　高さ13m又は軒の高さが9mを超える建築物にあっては，国土交通大臣が定める構造方法により，鉄筋，鉄骨又は鉄筋コンクリートによって補強しなければならない．　　　　　　　　　　　　　　　　　〈関連：平12告示第1354号〉

[手すり又は手すり壁]

第60条　手すり又は手すり壁は，組積造としてはならない．ただし，これらの頂部に鉄筋コンクリート造の臥梁を設けた場合においては，この限りでない．

[組積造のへい]

第61条　組積造のへいは，次の各号に定めるところによらなければならない．

一　高さは，1.2m以下とすること．

二　各部分の壁の厚さは，その部分から壁頂までの垂直距離の1/10以上とすること．

三　長さ4m以下ごとに，壁面からその部分における壁の厚さの1.5倍以上突出した控壁（木造のものを除く．）を設けること．ただし，その部分における壁の厚さが前号の規定による壁の厚さの1.5倍以上ある場合においては，この限りでない．

四　基礎の根入れの深さは，20cm以上とすること．

[構造耐力上主要な部分等のささえ]

第62条　組積造である構造耐力上主要な部分又は構造耐力上主要な部分でない組積造の壁で高さが2mを超えるものは，木造の構造部分でささえてはならない．

第4節の2　補強コンクリートブロック造

[適用の範囲]

第62条の2　この節の規定は，補強コンクリートブロック造の建築物又は補強コンクリートブロック造と鉄筋コンクリート造その他の構造とを併用する建築物の補強コンクリートブロック造の構造部分に適用する．

2　高さが4m以下で，かつ，延べ面積が20m² 以内の建築物については，この節の規定中第62条の6及び第62条の7の規定に限り適用する．

第62条の3　（削除）

[耐力壁]

第62条の4　各階の補強コンクリートブロック造の耐力壁の中心線により囲まれた部分の水平投影面積は，60 m² 以下としなければならない．

2　各階の張り間方向及びけた行方向に配置する補強コンクリートブロック造の耐力壁の長さのそれぞれの方向についての合計は，その階の床面積 1 m² につき 15 cm 以上としなければならない．

3　補強コンクリートブロック造の耐力壁の厚さは，15 cm 以上で，かつ，その耐力壁に作用するこれと直角な方向の水平力に対する構造耐力上主要な支点間の水平距離（以下第 62 条の 5 第 2 項において「耐力壁の水平力に対する支点間の距離」という．）の 1/50 以上としなければならない．

4　補強コンクリートブロック造の耐力壁は，その端部及び隅角部に径 12 mm 以上の鉄筋を縦に配置するほか，径 9 mm 以上の鉄筋を縦横に 80 cm 以内の間隔で配置したものとしなければならない．

5　補強コンクリートブロック造の耐力壁は，前項の規定による縦筋の末端をかぎ状に折り曲げてその縦筋の径の 40 倍以上基礎又は基礎ばり及び臥梁又は屋根版に定着する等の方法により，これらと互いにその存在応力を伝えることができる構造としなければならない．

6　第 4 項の規定による横筋は，次の各号に定めるところによらなければならない．

一　末端は，かぎ状に折り曲げること．ただし，補強コンクリートブロック造の耐力壁の端部以外の部分における異形鉄筋の末端にあっては，この限りでない．

二　継手の重ね長さは，溶接する場合を除き，径の 25 倍以上とすること．

三　補強コンクリートブロック造の耐力壁の端部が他の耐力壁又は構造耐力上主要な部分である柱に接着する場合には，横筋の末端をこれらに定着するものとし，これらの鉄筋に溶接する場合を除き，定着される部分の長さを径の 25 倍以上とすること．

[臥梁]

第62条の5　補強コンクリートブロック造の耐力壁には，その各階の壁頂に鉄筋コンクリート造の臥梁を設けなければならない．ただし，階数が 1 の建築物で，その壁頂に鉄筋コンクリート造の屋根版が接着する場合においては，この限りでない．

2　臥梁の有効幅は，20 cm 以上で，かつ，耐力壁の水平力に対する支点間の距離の 1/20 以上としなければならない．

[目地及び空胴部]

第62条の6　コンクリートブロックは，その目地塗面の全部にモルタルが行きわたるように組積し，鉄筋を入れた空胴部及び縦目地に接する空胴部は，モルタル又はコンクリートで埋めなければならない．

2　補強コンクリートブロック造の耐力壁，門又はへいの縦筋は，コンクリートブロックの空胴部内で継いではならない．ただし，溶接接合その他これと同等以上の強度を有する接合方法による場合においては，この限りでない．

[帳壁]

第62条の7　補強コンクリートブロック造の帳壁は，鉄筋で，木造及び組積造（補強コンクリートブロック造を除く．）以外の構造耐力上主要な部分に緊結しなけれ

ばならない.

[塀]

第62条の8 補強コンクリートブロック造の塀は,次の各号(高さ1.2m以下の塀にあっては,第五号及び第七号を除く.)に定めるところによらなければならない.ただし,国土交通大臣が定める基準に従った構造計算によって構造耐力上安全であることが確かめられた場合においては,この限りでない.

〈関連:平12告示第1355号〉

一 高さは,2.2m以下とすること.

二 壁の厚さは,15cm(高さ2m以下の塀にあっては,10cm)以上とすること.

三 壁頂及び基礎には横に,壁の端部及び隅角部には縦に,それぞれ径9mm以上の鉄筋を配置すること.

四 壁内には,径9mm以上の鉄筋を縦横に80cm以下の間隔で配置すること.

五 長さ3.4m以下ごとに,径9mm以上の鉄筋を配置した控壁で基礎の部分において壁面から高さの1/5以上突出したものを設けること.

六 第三号及び第四号の規定により配置する鉄筋の末端は,かぎ状に折り曲げて,縦筋にあっては壁頂及び基礎の横筋に,横筋にあってはこれらの縦筋に,それぞれかぎ掛けして定着すること.ただし,縦筋をその径の40倍以上基礎に定着させる場合にあっては,縦筋の末端は,基礎の横筋にかぎ掛けしないことができる.

七 基礎の丈は,35cm以上とし,根入れの深さは30cm以上とすること.

第5節 鉄骨造

[適用の範囲]

第63条 この節の規定は,鉄骨造の建築物又は鉄骨造と鉄筋コンクリート造その他の構造とを併用する建築物の鉄骨造の構造部分に適用する.

[材料]

第64条 鉄骨造の建築物の構造耐力上主要な部分の材料は,炭素鋼若しくはステンレス鋼(この節において「鋼材」という.)又は鋳鉄としなければならない.

2 鋳鉄は,圧縮応力又は接触応力以外の応力が存在する部分には,使用してはならない.

[圧縮材の有効細長比]

第65条 構造耐力上主要な部分である鋼材の圧縮材(圧縮力を負担する部材をいう.以下同じ.)の有効細長比は,柱にあっては200以下,柱以外のものにあっては250以下としなければならない.

[柱の脚部]

第66条 構造耐力上主要な部分である柱の脚部は,国土交通大臣が定める基準に従ったアンカーボルトによる緊結その他の構造方法により基礎に緊結しなければならない.ただし,滑節構造である場合においては,この限りでない.

〈関連:平12告示第1456号〉

[接合]

第67条 構造耐力上主要な部分である鋼材の接合は,接合される鋼材が炭素鋼であるときは高力ボルト接合,溶接接合若しくはリベット接合(構造耐力上主要な部分

である継手又は仕口に係るリベット接合にあっては，添板リベット接合）又はこれらと同等以上の効力を有するものとして国土交通大臣の認定を受けた接合方法に，接合される鋼材がステンレス鋼であるときは高力ボルト接合若しくは溶接接合又はこれらと同等以上の効力を有するものとして国土交通大臣の認定を受けた接合方法に，それぞれよらなければならない．ただし，軒の高さが9m以下で，かつ，張り間が13m以下の建築物（延べ面積が3000m²を超えるものを除く.）にあっては，ボルトが緩まないよう次の各号のいずれかに該当する措置を講じたボルト接合によることができる．

一　当該ボルトをコンクリートで埋め込むこと．

二　当該ボルトに使用するナットの部分を溶接すること．

三　当該ボルトにナットを二重に使用すること．

四　前3号に掲げるもののほか，これらと同等以上の効力を有する戻り止めをすること．

2　構造耐力上主要な部分である継手又は仕口の構造は，その部分の存在応力を伝えることができるものとして，国土交通大臣が定めた構造方法を用いるもの又は国土交通大臣の認定を受けたものとしなければならない．この場合において，柱の端面を削り仕上げとし，密着する構造とした継手又は仕口で引張り応力が生じないものは，その部分の圧縮力及び曲げモーメントの1/4（柱の脚部においては，1/2）以内を接触面から伝えている構造とみなすことができる．　〈関連：平12告示第1464号〉

[高力ボルト，ボルト及びリベット]

第68条　高力ボルト，ボルト又はリベットの相互間の中心距離は，その径の2.5倍以上としなければならない．

2　高力ボルト孔の径は，高力ボルトの径より2mmを超えて大きくしてはならない．ただし，高力ボルトの径が27mm以上であり，かつ，構造耐力上支障がない場合においては，高力ボルト孔の径を高力ボルトの径より3mmまで大きくすることができる．

3　前項の規定は，同項の規定に適合する高力ボルト接合と同等以上の効力を有するものとして国土交通大臣の認定を受けた高力ボルト接合については，適用しない．

4　ボルト孔の径は，ボルトの径より1mmを超えて大きくしてはならない．ただし，ボルトの径が20mm以上であり，かつ，構造耐力上支障がない場合においては，ボルト孔の径をボルトの径より1.5mmまで大きくすることができる．

5　リベットは，リベット孔に充分埋まるように打たなければならない．

[斜材，壁等の配置]

第69条　軸組，床組及び小屋ばり組には，すべての方向の水平力に対して安全であるように，国土交通大臣が定める基準に従った構造計算によって構造耐力上安全であることが確かめられた場合を除き，形鋼，棒鋼若しくは構造用ケーブルの斜材又は鉄筋コンクリート造の壁，屋根版若しくは床版を釣合い良く配置しなければならない．　〈関連：昭62告示第1899号〉

[柱の防火被覆]

第70条　地階を除く階数が3以上の建築物（法第2条第九号の二イに掲げる基準に

適合する建築物及び同条第九号の三イに該当する建築物を除く．）にあっては，一の柱のみの火熱による耐力の低下によって建築物全体が容易に倒壊するおそれがある場合として国土交通大臣が定める場合においては，当該柱の構造は，通常の火災による火熱が加えられた場合に，加熱開始後30分間構造耐力上支障のある変形，溶融，破壊その他の損傷を生じないものとして国土交通大臣が定めた構造方法を用いるもの又は国土交通大臣の認定を受けたものとしなければならない．

〈関連：平 12 告示第 1356 号〉

第6節　鉄筋コンクリート造

［適用の範囲］

第71条　この節の規定は，鉄筋コンクリート造の建築物又は鉄筋コンクリート造と鉄骨造その他の構造とを併用する建築物の鉄筋コンクリート造の構造部分に適用する．

2　高さが 4 m 以下で，かつ，延べ面積が 30 m² 以内の建築物又は高さが 3 m 以下の塀については，この節の規定中第 72 条，第 75 条及び第 79 条の規定に限り適用する．

［コンクリートの材料］

第72条　鉄筋コンクリート造に使用するコンクリートの材料は，次の各号に定めるところによらなければならない．

一　骨材，水及び混和材料は，鉄筋をさびさせ，又はコンクリートの凝結及び硬化を妨げるような酸，塩，有機物又は泥土を含まないこと．

二　骨材は，鉄筋相互間及び鉄筋とせき板との間を容易に通る大きさであること．

三　骨材は，適切な粒度及び粒形のもので，かつ，当該コンクリートに必要な強度，耐久性及び耐火性が得られるものであること．

［鉄筋の継手及び定着］

第73条　鉄筋の末端は，かぎ状に折り曲げて，コンクリートから抜け出ないように定着しなければならない．ただし，次の各号に掲げる部分以外の部分に使用する異形鉄筋にあっては，その末端を折り曲げないことができる．

一　柱及びはり（基礎ばりを除く．）の出すみ部分

二　煙突

2　主筋又は耐力壁の鉄筋（以下この項において「主筋等」という．）の継手の重ね長さは，継手を構造部材における引張力の最も小さい部分に設ける場合にあっては，主筋等の径（径の異なる主筋等をつなぐ場合にあっては，細い主筋等の径．以下この条において同じ．）の 25 倍以上とし，継手を引張力の最も小さい部分以外の部分に設ける場合にあっては，主筋等の径の 40 倍以上としなければならない．ただし，国土交通大臣が定めた構造方法を用いる継手にあっては，この限りでない．

〈関連：平 12 告示第 1463 号〉

3　柱に取り付けるはりの引張り鉄筋は，柱の主筋に溶接する場合を除き，柱に定着される部分の長さをその径の 40 倍以上としなければならない．ただし，国土交通大臣が定める基準に従った構造計算によって構造耐力上安全であることが確かめられた場合においては，この限りでない．

〈関連：平 23 告示第 432 号〉

4　軽量骨材を使用する鉄筋コンクリート造について前2項の規定を適用する場合には，これらの項中「25倍」とあるのは「30倍」と，「40倍」とあるのは「50倍」とする．

[コンクリートの強度]

第74条　鉄筋コンクリート造に使用するコンクリートの強度は，次に定めるものでなければならない．

一　4週圧縮強度は，$12\,\mathrm{N/mm^2}$（軽量骨材を使用する場合においては，$9\,\mathrm{N/mm^2}$）以上であること．

二　設計基準強度（設計に際し採用する圧縮強度をいう．以下同じ．）との関係において国土交通大臣が安全上必要であると認めて定める基準に適合するものであること．　　　　　　　　　　　　　　　　　　　〈関連：昭56告示第1102号〉

2　前項に規定するコンクリートの強度を求める場合においては，国土交通大臣が指定する強度試験によらなければならない．　　　　　　〈関連：昭56告示第1102号〉

3　コンクリートは，打上りが均質で密実になり，かつ，必要な強度が得られるようにその調合を定めなければならない．

[コンクリートの養生]

第75条　コンクリート打込み中及び打込み後5日間は，コンクリートの温度が2度を下らないようにし，かつ，乾燥，震動等によってコンクリートの凝結及び硬化が妨げられないように養生しなければならない．ただし，コンクリートの凝結及び硬化を促進するための特別の措置を講ずる場合においては，この限りでない．

[型わく及び支柱の除去]

第76条　構造耐力上主要な部分に係る型わく及び支柱は，コンクリートが自重及び工事の施工中の荷重によって著しい変形又はひび割れその他の損傷を受けない強度になるまでは，取りはずしてはならない．

2　前項の型わく及び支柱の取りはずしに関し必要な技術的基準は，国土交通大臣が定める．　　　　　　　　　　　　　　　　　　　〈関連：昭46告示第110号〉

[柱の構造]

第77条　構造耐力上主要な部分である柱は，次に定める構造としなければならない．

一　主筋は，4本以上とすること．

二　主筋は，帯筋と緊結すること．

三　帯筋の径は，$6\,\mathrm{mm}$以上とし，その間隔は，$15\,\mathrm{cm}$（柱に接着する壁，はりその他の横架材から上方又は下方に柱の小径の2倍以内の距離にある部分においては，$10\,\mathrm{cm}$）以下で，かつ，最も細い主筋の径の15倍以下とすること．

四　帯筋比（柱の軸を含むコンクリートの断面の面積に対する帯筋の断面積の和の割合として国土交通大臣が定める方法により算出した数値をいう．）は，0.2%以上とすること．　　　　　　　　　　　　　　　　　　　〈関連：昭56告示第1106号〉

五　柱の小径は，その構造耐力上主要な支点間の距離の1/15以上とすること．ただし，国土交通大臣が定める基準に従った構造計算によって構造耐力上安全であることが確かめられた場合においては，この限りでない．　　　〈関連：平23告示第433号〉

六　主筋の断面積の和は，コンクリートの断面積の0.8%以上とすること．

[床版の構造]

第77条の2 構造耐力上主要な部分である床版は，次に定める構造としなければならない．ただし，第82条第四号に掲げる構造計算によって振動又は変形による使用上の支障が起こらないことが確かめられた場合においては，この限りでない．

一　厚さは，8 cm 以上とし，かつ，短辺方向における有効張り間長さの 1/40 以上とすること．

二　最大曲げモーメントを受ける部分における引張鉄筋の間隔は，短辺方向において 20 cm 以下，長辺方向において 30 cm 以下で，かつ，床版の厚さの3倍以下とすること．

2　前項の床版のうちプレキャスト鉄筋コンクリートで造られた床版は，同項の規定によるほか，次に定める構造としなければならない．

一　周囲のはり等との接合部は，その部分の存在応力を伝えることができるものとすること．

二　2以上の部材を組み合わせるものにあっては，これらの部材相互を緊結すること．

[はりの構造]

第78条 構造耐力上主要な部分であるはりは，複筋ばりとし，これにあばら筋をはりの丈の 3/4（臥梁にあっては，30 cm）以下の間隔で配置しなければならない．

[耐力壁]

第78条の2 耐力壁は，次に定める構造としなければならない．

一　厚さは，12 cm 以上とすること．

二　開口部周囲に径 12 mm 以上の補強筋を配置すること．

三　径 9 mm 以上の鉄筋を縦横に 30 cm（複配筋として配置する場合においては，45 cm）以下の間隔で配置すること．ただし，平家建ての建築物にあっては，その間隔を 35 cm（複配筋として配置する場合においては，50 cm）以下とすることができる．

四　周囲の柱及びはりとの接合部は，その部分の存在応力を伝えることができるものとすること．

2　壁式構造の耐力壁は，前項の規定によるほか，次に定める構造としなければならない．

一　長さは，45 cm 以上とすること．

二　その端部及び隅角部に径 12 mm 以上の鉄筋を縦に配置すること．

三　各階の耐力壁は，その頂部及び脚部を当該耐力壁の厚さ以上の幅の壁ばり（最下階の耐力壁の脚部にあっては，布基礎又は基礎ばり）に緊結し，耐力壁の存在応力を相互に伝えることができるようにすること．

[鉄筋のかぶり厚さ]

第79条 鉄筋に対するコンクリートのかぶり厚さは，耐力壁以外の壁又は床にあっては 2 cm 以上，耐力壁，柱又ははりにあっては 3 cm 以上，直接土に接する壁，柱，床若しくははり又は布基礎の立上り部分にあっては 4 cm 以上，基礎（布基礎の立上り部分を除く．）にあっては捨コンクリートの部分を除いて 6 cm 以上としなければならない．

2　前項の規定は，水，空気，酸又は塩による鉄筋の腐食を防止し，かつ，鉄筋とコンクリートとを有効に付着させることにより，同項に規定するかぶり厚さとした

場合と同等以上の耐久性及び強度を有するものとして，国土交通大臣が定めた構造
方法を用いる部材及び国土交通大臣の認定を受けた部材については，適用しない.

〈関連：平 13 告示第 1372 号〉

第 6 節の 2　鉄骨鉄筋コンクリート造

[適用の範囲]

第 79 条の 2　この節の規定は，鉄骨鉄筋コンクリート造の建築物又は鉄骨鉄筋コン
クリート造と鉄筋コンクリート造その他の構造とを併用する建築物の鉄骨鉄筋コン
クリート造の構造部分に適用する.

[鉄骨のかぶり厚さ]

第 79 条の 3　鉄骨に対するコンクリートのかぶり厚さは，5 cm 以上としなければな
らない.

2　前項の規定は，水，空気，酸又は塩による鉄骨の腐食を防止し，かつ，鉄骨と
コンクリートとを有効に付着させることにより，同項に規定するかぶり厚さとした
場合と同等以上の耐久性及び強度を有するものとして，国土交通大臣が定めた構造
方法を用いる部材及び国土交通大臣の認定を受けた部材については，適用しない.

〈関連：平 13 告示第 1372 号〉

[鉄骨鉄筋コンクリート造に対する第 5 節及び第 6 節の規定の準用]

第 79 条の 4　鉄骨鉄筋コンクリート造の建築物又は建築物の構造部分については，
前 2 節（第 65 条，第 70 条及び第 77 条第四号を除く.）の規定を準用する. この場
合において，第 72 条第二号中「鉄筋相互間及び鉄筋とせき板」とあるのは「鉄骨
及び鉄筋の間並びにこれらとせき板」と，第 77 条第六号中「主筋」とあるのは
「鉄骨及び主筋」と読み替えるものとする.

第 7 節　無筋コンクリート造

[無筋コンクリート造に対する第 4 節及び第 6 節の規定の準用]

第 80 条　無筋コンクリート造の建築物又は無筋コンクリート造とその他の構造とを
併用する建築物の無筋コンクリート造の構造部分については，この章の第 4 節（第
52 条を除く.）の規定並びに第 71 条（第 79 条に関する部分を除く.），第 72 条及
び第 74 条から第 76 条までの規定を準用する.

第 7 節の 2　構造方法に関する補則

[構造方法に関する補則]

第 80 条の 2　第 3 節から前節までに定めるもののほか，国土交通大臣が，次の各号
に掲げる建築物又は建築物の構造部分の構造方法に関し，安全上必要な技術的基準
を定めた場合においては，それらの建築物又は建築物の構造部分は，その技術的基
準に従った構造としなければならない.

一　木造，組積造，補強コンクリートブロック造，鉄骨造，鉄筋コンクリート造，鉄
骨鉄筋コンクリート造又は無筋コンクリート造の建築物又は建築物の構造部分で，
特殊の構造方法によるもの

〈関連：平 13 告示第 1025，1026，1540，1641 号，平 14 告示第 326，411，463，464，474 号，

二　木造，組積造，補強コンクリートブロック造，鉄骨造，鉄筋コンクリート造，鉄骨鉄筋コンクリート造及び無筋コンクリート造以外の建築物又は建築物の構造部分

〈関連：昭 58 告示第 1320 号，平 12 告示第 2009 号，平 14 告示第 410，463，666，667 号〉

［土砂災害特別警戒区域内における居室を有する建築物の構造方法］

第 80 条の 3　土砂災害警戒区域等における土砂災害防止対策の推進に関する法律（平成 12 年法律第 57 号）第 9 条第 1 項に規定する土砂災害特別警戒区域（以下この条及び第 82 条の 5 第八号において「特別警戒区域」という。）内における居室を有する建築物の外壁及び構造耐力上主要な部分（当該特別警戒区域の指定において都道府県知事が同法第 8 条第 2 項及び土砂災害警戒区域等における土砂災害防止対策の推進に関する法律施行令（平成 13 年政令第 84 号）第 4 条の規定に基づき定めた土石等の高さ又は土石流の高さ（以下この条及び第 82 条の 5 第八号において「土石等の高さ等」という。）以下の部分であって，当該特別警戒区域に係る同法第 2 条に規定する土砂災害の発生原因となる自然現象（河道閉塞による湛水を除く。以下この条及び第 82 条の 5 第八号において単に「自然現象」という。）により衝撃が作用すると想定される部分に限る。以下この条及び第 82 条の 5 第八号において「外壁等」という。）の構造は，自然現象の種類，当該特別警戒区域の指定において都道府県知事が同法第 9 条第 2 項及び同令第 4 条の規定に基づき定めた最大の力の大きさ又は力の大きさ（以下この条及び第 82 条の 5 第八号において「最大の力の大きさ等」という。）及び土石等の高さ等（当該外壁等の高さが土石等の高さ等未満であるときは，自然現象の種類，最大の力の大きさ等，土石等の高さ等及び当該外壁等の高さ）に応じて，当該自然現象により想定される衝撃が作用した場合においても破壊を生じないものとして国土交通大臣が定めた構造方法を用いるものとしなければならない。ただし，土石等の高さ等以上の高さの門又は塀（当該構造方法を用いる外壁等と同等以上の耐力を有するものとして国土交通大臣が定めた構造方法を用いるものに限る。）が当該自然現象により当該外壁等に作用すると想定される衝撃を遮るように設けられている場合においては，この限りでない。

〈関連：平 13 告示第 383 号〉

第 8 節　構造計算

第 1 款　総則

第 81 条　法第 20 条第 1 項第一号の政令で定める基準は，次のとおりとする。

一　荷重及び外力によって建築物の各部分に連続的に生ずる力及び変形を把握すること。

二　前号の規定により把握した力及び変形が当該建築物の各部分の耐力及び変形限度を超えないことを確かめること。

三　屋根ふき材，特定天井，外装材及び屋外に面する帳壁が，風圧並びに地震その他の震動及び衝撃に対して構造耐力上安全であることを確かめること。

四　前 3 号に掲げるもののほか，建築物が構造耐力上安全であることを確かめるために必要なものとして国土交通大臣が定める基準に適合すること。

〈関連：平 12 告示第 1461 号〉

2　法第20条第1項第二号イの政令で定める基準は，次の各号に掲げる建築物の区分に応じ，それぞれ当該各号に定める構造計算によるものであることとする.

〈関連：昭58告示第1320号，平13告示第1025号，平14告示第666号，平15告示第463号〉

一　高さが31 mを超える建築物　　次のイ又はロのいずれかに該当する構造計算

　イ　保有水平耐力計算又はこれと同等以上に安全性を確かめることができるものとして国土交通大臣が定める基準に従った構造計算　　　　〈関連：平27告示第189号〉

　ロ　限界耐力計算又はこれと同等以上に安全性を確かめることができるものとして国土交通大臣が定める基準に従った構造計算

〈関連：昭58告示第1320号，平12告示第2009号，平17告示第631号〉

二　高さが31 m以下の建築物　　次のイ又はロのいずれかに該当する構造計算

　イ　許容応力度等計算又はこれと同等以上に安全性を確かめることができるものとして国土交通大臣が定める基準に従った構造計算

〈関連：昭58告示第1320号，平14告示第666号，平15告示第463号，平19告示第1274号〉

　ロ　前号に定める構造計算

3　法第20条第1項第三号イの政令で定める基準は，次条各号及び第82条の4に定めるところによる構造計算又はこれと同等以上に安全性を確かめることができるものとして国土交通大臣が定める基準に従った構造計算によるものであることとする.

〈関連：平14告示第474，666，667号，平19告示第832号〉

第1款の2　保有水平耐力計算

[保有水平耐力計算]

第82条　前条第2項第一号イに規定する保有水平耐力計算とは，次の各号及び次条から第82条の4までに定めるところによりする構造計算をいう.

〈関連：平19告示第832号〉

一　第2款に規定する荷重及び外力によって建築物の構造耐力上主要な部分に生ずる力を国土交通大臣が定める方法により計算すること.　　〈関連：平19告示第594号〉

二　前号の構造耐力上主要な部分の断面に生ずる長期及び短期の各応力度を次の表に掲げる式によって計算すること.

力の種類	荷重及び外力について想定する状態		一般の場合	第86条第2項ただし書の規定により特定行政庁が指定する多雪区域における場合	備　　　考
長期に生ずる力	常　時		$G+P$	$G+P$	
	積雪時			$G+P+0.7S$	
短期に生ずる力	積雪時		$G+P+S$	$G+P+S$	
	暴風時		$G+P+W$	$G+P+W$	建築物の転倒，柱の引抜き等を検討する場合においては，Pについては，建築物の実況に応じて積載荷重を減らした数値によるものとする.
				$G+P+0.35S+W$	
	地震時		$G+P+K$	$G+P+0.35S+K$	

この表において，G，P，S，W及びKは，それぞれ次の力（軸方向力，曲げモーメント，せん断力等をいう．）を表すものとする．
　　G　第84条に規定する固定荷重によって生ずる力
　　P　第85条に規定する積載荷重によって生ずる力
　　S　第86条に規定する積雪荷重によって生ずる力
　　W　第87条に規定する風圧力によって生ずる力
　　K　第88条に規定する地震力によって生ずる力

三　第一号の構造耐力上主要な部分ごとに，前号の規定によって計算した長期及び短期の各応力度が，それぞれ第3款の規定による長期に生ずる力又は短期に生ずる力に対する各許容応力度を超えないことを確かめること．

四　国土交通大臣が定める場合においては，構造耐力上主要な部分である構造部材の変形又は振動によって建築物の使用上の支障が起こらないことを国土交通大臣が定める方法によって確かめること．　　　　　　　　　　　〈関連：平12告示第1459号〉

[層間変形角]

第82条の2　建築物の地上部分については，第88条第1項に規定する地震力（以下この款において「地震力」という．）によって各階に生ずる水平方向の層間変位を国土交通大臣が定める方法により計算し，当該層間変位の当該各階の高さに対する割合（第82条の6第二号イ及び第109条の2の2において「層間変形角」という．）が1/200（地震力による構造耐力上主要な部分の変形によって建築物の部分に著しい損傷が生ずるおそれのない場合にあっては，1/120）以内であることを確かめなければならない．　　　　　　　　　　　　　　　　〈関連：平19告示第594号〉

[保有水平耐力]

第82条の3　建築物の地上部分については，第一号の規定によって計算した各階の水平力に対する耐力（以下この条及び第82条の5において「保有水平耐力」という．）が，第二号の規定によって計算した必要保有水平耐力以上であることを確かめなければならない．

一　第4款に規定する材料強度によって国土交通大臣が定める方法により保有水平耐力を計算すること．　　　　　　　　　　　　　　　　　　〈関連：平19告示第594号〉

二　地震力に対する各階の必要保有水平耐力を次の式によって計算すること．

$$Q_{un} = D_s F_{es} Q_{ud}$$

　この式において，Q_{un}，D_s，F_{es}及びQ_{ud}は，それぞれ次の数値を表すものとする．
　　Q_{un}　各階の必要保有水平耐力（単位 kN）
　　D_s　各階の構造特性を表すものとして，建築物の構造耐力上主要な部分の構造方法に応じた減衰性及び各階の靱性を考慮して国土交通大臣が定める数値
　　F_{es}　各階の形状特性を表すものとして，各階の剛性率及び偏心率に応じて国土交通大臣が定める方法により算出した数値
　　Q_{ud}　地震力によって各階に生ずる水平力（単位 kN）

〈関連：昭55告示第1792号〉

[屋根ふき材等の構造計算]

第82条の4　屋根ふき材，外装材及び屋外に面する帳壁については，国土交通大臣が定める基準に従った構造計算によって風圧に対して構造耐力上安全であることを確かめなければならない．　　　　　　　　　　　　　　　〈関連：平12告示第1458号〉

第1款の3　限界耐力計算

第82条の5　第81条第2項第一号ロに規定する限界耐力計算とは，次に定めるところによりする構造計算をいう．

一　地震時を除き，第82条第一号から第三号まで（地震に係る部分を除く．）に定めるところによること．

二　積雪時又は暴風時に，建築物の構造耐力上主要な部分に生ずる力を次の表に掲げる式によって計算し，当該構造耐力上主要な部分に生ずる力が，それぞれ第4款の規定による材料強度によって計算した当該構造耐力上主要な部分の耐力を超えないことを確かめること．

荷重及び外力について想定する状態	一般の場合	第86条第2項ただし書の規定により特定行政庁が指定する多雪区域における場合	備　　考
積雪時	G＋P＋1.4S	G＋P＋1.4S	
暴風時	G＋P＋1.6W	G＋P＋1.6W	建築物の転倒，柱の引抜き等を検討する場合においては，Pについては，建築物の実況に応じて積載荷重を減らした数値によるものとする．
		G＋P＋0.35S＋1.6W	

この表において，G，P，S及びWは，それぞれ次の力（軸方向力，曲げモーメント，せん断力等をいう．）を表すものとする．
　　G　第84条に規定する固定荷重によって生ずる力
　　P　第85条に規定する積載荷重によって生ずる力
　　S　第86条に規定する積雪荷重によって生ずる力
　　W　第87条に規定する風圧力によって生ずる力

三　地震による加速度によって建築物の地上部分の各階に作用する地震力及び各階に生ずる層間変位を次に定めるところによって計算し，当該地震力が，損傷限界耐力（建築物の各階の構造耐力上主要な部分の断面に生ずる応力度が第3款の規定による短期に生ずる力に対する許容応力度に達する場合の建築物の各階の水平力に対する耐力をいう．以下この号において同じ．）を超えないことを確かめるとともに，層間変位の当該各階の高さに対する割合が1/200（地震力による構造耐力上主要な部分の変形によって建築物の部分に著しい損傷が生ずるおそれのない場合にあっては，1/120）を超えないことを確かめること．

　　イ　各階が，損傷限界耐力に相当する水平力その他のこれに作用する力に耐えている時に当該階に生ずる水平方向の層間変位（以下この号において「損傷限界変位」という．）を国土交通大臣が定める方法により計算すること．

〈関連：平12告示第1457号〉

　　ロ　建築物のいずれかの階において，イによって計算した損傷限界変位に相当する変位が生じている時の建築物の固有周期（以下この号及び第七号において「損傷限界固有周期」という．）を国土交通大臣が定める方法により計算すること．

〈関連：平12告示第1457号〉

　　ハ　地震により建築物の各階に作用する地震力を，損傷限界固有周期に応じて次の

表に掲げる式によって計算した当該階以上の各階に水平方向に生ずる力の総和として計算すること.

$T_d<0.16$ の場合	$P_{di}=(0.64+6T_d)m_i\,B_{di}\,Z\,G_s$
$0.16\leqq T_d<0.64$ の場合	$P_{di}=1.6m_i\,B_{di}\,Z\,G_s$
$0.64\leqq T_d$ の場合	$P_{di}=\dfrac{1.024m_i\,B_{di}\,Z\,G_s}{T_d}$

この表において, T_d, P_{di}, m_i, B_{di}, Z 及び G_s は, それぞれ次の数値を表すものとする.
T_d 建築物の損傷限界固有周期（単位 s）
P_{di} 各階に水平方向に生ずる力（単位 kN）
m_i 各階の質量（各階の固定荷重及び積載荷重との和（第86条第2項ただし書の規定により特定行政庁が指定する多雪区域においては, 更に積雪荷重を加えたものとする.）を重力加速度で除したもの）（単位 t）
B_{di} 建築物の各階に生ずる加速度の分布を表すものとして, 損傷限界固有周期に応じて国土交通大臣が定める基準に従って算出した数値
Z 第88条第1項に規定する Z の数値
G_s 表層地盤による加速度の増幅率を表すものとして, 表層地盤の種類に応じて国土交通大臣が定める方法により算出した数値　　　〈関連：平12告示第1457号〉

ニ　各階が, ハによって計算した地震力その他のこれに作用する力に耐えている時に当該階に生ずる水平方向の層間変位を国土交通大臣が定める方法により計算すること.
〈関連：平12告示第1457号〉

四　第88条第4項に規定する地震力により建築物の地下部分の構造耐力上主要な部分の断面に生ずる応力度を第82条第一号及び第二号の規定によって計算し, それぞれ第3款の規定による短期に生ずる力に対する許容応力度を超えないことを確かめること.

五　地震による加速度によって建築物の各階に作用する地震力を次に定めるところによって計算し, 当該地震力が保有水平耐力を超えないことを確かめること.

イ　各階が, 保有水平耐力に相当する水平力その他のこれに作用する力に耐えている時に当該階に生ずる水平方向の最大の層間変位（以下この号において「安全限界変位」という.）を国土交通大臣が定める方法により計算すること.
〈関連：平12告示第1457号〉

ロ　建築物のいずれかの階において, イによって計算した安全限界変位に相当する変位が生じている時の建築物の周期（以下この号において「安全限界固有周期」という.）を国土交通大臣が定める方法により計算すること.
〈関連：平12告示第1457号〉

ハ　地震により建築物の各階に作用する地震力を, 安全限界固有周期に応じて次の表に掲げる式によって計算した当該階以上の各階に水平方向に生ずる力の総和として計算すること.

$T_d<0.16$ の場合	$P_{si}=(3.2+30T_s)m_i\,B_{si}\,F_h\,Z\,G_s$
$0.16\leqq T_d<0.64$ の場合	$P_{si}=8m_i\,B_{si}\,F_h\,Z\,G_s$
$0.64\leqq T_d$ の場合	$P_{si}=\dfrac{5.12m_i\,B_{si}\,F_h\,Z\,G_s}{T_s}$

この表において, T_s, P_{si}, m_i, B_{si}, F_h, Z 及び G_s は, それぞれ次の数値を表すものとする.

六　第82条第四号の規定によること．

七　屋根ふき材，特定天井，外装材及び屋外に面する帳壁が，第三号ニの規定によって計算した建築物の各階に生ずる水平方向の層間変位及び同号ロの規定によって計算した建築物の損傷限界固有周期に応じて建築物の各階に生ずる加速度を考慮して国土交通大臣が定める基準に従った構造計算によって風圧並びに地震その他の震動及び衝撃に対して構造耐力上安全であることを確かめること．

〈関連：平12告示第1457号〉

八　特別警戒区域内における居室を有する建築物の外壁等が，自然現象の種類，最大の力の大きさ等及び土石等の高さ等（当該外壁等の高さが土石等の高さ等未満であるときは，自然現象の種類，最大の力の大きさ等，土石等の高さ等及び当該外壁等の高さ）に応じて，国土交通大臣が定める基準に従った構造計算によって当該自然現象により想定される衝撃が作用した場合においても破壊を生じないものであることを確かめること．ただし，第80条の3ただし書に規定する場合は，この限りでない．　　　　　　　　　　　　　　　　　　　　〈関連：平12告示第1457号〉

第1款の4　許容応力度等計算

第82条の6　第81条第2項第二号イに規定する許容応力度等計算とは，次に定めるところによりする構造計算をいう．

一　第82条各号，第82条の2及び第82条の4に定めるところによること．

二　建築物の地上部分について，次に適合することを確かめること．

イ　次の式によって計算した各階の剛性率が，それぞれ6/10以上であること．

$Rs = rs/\overline{rs}$

この式において，Rs，rs 及び $\overline{rs}$ は，それぞれ次の数値を表すものとする．
　　　Rs　各階の剛性率
　　　rs　各階の層間変形角の逆数
　　　$\overline{rs}$　当該建築物についての rs の相加平均

ロ　次の式によって計算した各階の偏心率が，それぞれ15/100を超えないこと．

$Re = e/re$

この式において，Re，e 及び re は，それぞれ次の数値を表すものとする．
　　　Re　各階の偏心率
　　　e　各階の構造耐力上主要な部分が支える固定荷重及び積載荷重（第86条第2項ただし書の規定により特定行政庁が指定する多雪区域にあっては，固定荷重，積載荷重及び積雪荷重）の重心と当該各階の剛心をそれぞれ同一水平面に投影させて結ぶ線を計算しようとす

る方向と直交する平面に投影させた線の長さ（単位　cm）

re　国土交通大臣が定める方法により算出した各階の剛心周りのねじ

り剛性の数値を当該各階の計算しようとする方向の水平剛性の数値

で除した数値の平方根（単位 cm）　　　　　〈関連：平19告示第594号〉

三　前2号に定めるところによるほか，建築物の地上部分について，国土交通大臣が

その構造方法に応じ，地震に対し，安全であることを確かめるために必要なものと

して定める基準に適合すること．　　　　　　　　　　〈関連：昭55告示第1791号〉

第2款　荷重及び外力

[荷重及び外力の種類]

第83条　建築物に作用する荷重及び外力としては，次の各号に掲げるものを採用し

なければならない．

一　固定荷重

二　積載荷重

三　積雪荷重

四　風圧力

五　地震力

2　前項に掲げるもののほか，建築物の実況に応じて，土圧，水圧，震動及び衝撃

による外力を採用しなければならない．

[固定荷重]

第84条　建築物の各部の固定荷重は，当該建築物の実況に応じて計算しなければな

らない．ただし，次の表に掲げる建築物の部分の固定荷重については，それぞれ同

表の単位面積当たり荷重の欄に定める数値に面積を乗じて計算することができる．

建築物の部分	種　　別		単位面積当たり荷重（単位 N/m²）	備　　考
屋　根	瓦ぶき	ふき土がない場合	640	下地及びたるきを含み，もやを含まない．
		ふき土がある場合	980	下地及びたるきを含み，もやを含まない．
	波形鉄板ぶき	もやに直接ふく場合	50	もやを含まない．
	薄鉄板ぶき		200	下地及びたるきを含み，もやを含まない．
	ガラス屋根		290	鉄製枠を含み，もやを含まない．
	厚形スレートぶき		440	下地及びたるきを含み，もやを含まない．
木造のもや	もやの支点間の距離が2m以下の場合	屋根面につき	50	
	もやの支点間の距離が4m以下の場合		100	

天井	さお縁		天井面につき	100	つり木, 受木及びその他の下地を含む.
	繊維板張, 打上げ板張, 合板張又は金属板張			150	
	木毛セメント板張			200	
	格縁			290	
	しっくい塗			390	
	モルタル塗			590	
床	木造の床	板張	床面につき	150	根太を含む.
		畳敷		340	床板及び根太を含む.
		床ばり 張り間が4m以下の場合		100	
		床ばり 張り間が6m以下の場合		170	
		床ばり 張り間が8m以下の場合		250	
	コンクリート造の床の仕上げ	板張		200	根太及び大引を含む.
		フロアリングブロック張		150	仕上げ厚さ1cmごとに, そのcmの数値を乗ずるものとする.
		モルタル塗, 人造石塗及びタイル張		200	
		アスファルト防水層		150	厚さ1cmごとに, そのcmの数値を乗ずるものとする.
壁	木造の建築物の壁の軸組		壁面につき	150	柱, 間柱及び筋かいを含む.
	木造の建築物の壁の仕上げ	下見板張, 羽目板張又は繊維板張		100	下地を含み, 軸組を含まない.
		木ずりしっくい塗		340	
		鉄網モルタル塗		640	
	木造の建築物の小舞壁			830	軸組を含む.
	コンクリート造の壁の仕上げ	しっくい塗		170	仕上げ厚さ1cmごとに, そのcmの数値を乗ずるものとする.
		モルタル塗及び人造石塗		200	
		タイル張		200	

[積載荷重]

第85条 建築物の各部の積載荷重は, 当該建築物の実況に応じて計算しなければならない. ただし, 次の表に掲げる室の床の積載荷重については, それぞれ同表の(い), (ろ)又は(は)の欄に定める数値に床面積を乗じて計算することができる.

構造計算の対象 室の種類		（い） 床の構造計算をする場合 （単位 N/m²）	（ろ） 大ばり，柱又は基礎の構造計算をする場合 （単位 N/m²）	（は） 地震力を計算する場合 （単位 N/m²）
(一)	住宅の居室，住宅以外の建築物における寝室又は病室	1 800	1 300	600
(二)	事務室	2 900	1 800	800
(三)	教室	2 300	2 100	1 100
(四)	百貨店又は店舗の売場	2 900	2 400	1 300
(五)	劇場，映画館，演芸場，観覧場，公会堂，集会場その他これらに類する用途に供する建築物の客席又は集会室　固定席の場合	2 900	2 600	1 600
	その他の場合	3 500	3 200	2 100
(六)	自動車車庫及び自動車通路	5 400	3 900	2 000
(七)	廊下，玄関又は階段	(三)から(五)までに掲げる室に連絡するものにあっては，(五)の「その他の場合」の数値による．		
(八)	屋上広場又はバルコニー	(一)の数値による．ただし，学校又は百貨店の用途に供する建築物にあっては，(四)の数値による．		

2　柱又は基礎の垂直荷重による圧縮力を計算する場合においては，前項の表の（ろ）欄の数値は，そのささえる床の数に応じて，これに次の表の数値を乗じた数値まで減らすことができる．ただし，同項の表の(五)に掲げる室の床の積載荷重については，この限りでない．

ささえる床の数	積載荷重を減らすために乗ずべき数値
2	0.95
3	0.9
4	0.85
5	0.8
6	0.75
7	0.7
8	0.65
9 以上	0.6

3　倉庫業を営む倉庫における床の積載荷重は，第1項の規定によって実況に応じて計算した数値が 3 900 N/m² 未満の場合においても，3 900 N/m² としなければならない．

[積雪荷重]

第 86 条　積雪荷重は，積雪の単位荷重に屋根の水平投影面積及びその地方における垂直積雪量を乗じて計算しなければならない．

2　前項に規定する積雪の単位荷重は，積雪量 1 cm ごとに 20 N/m² 以上としなけれ

ばならない．ただし，特定行政庁は，規則で，国土交通大臣が定める基準に基づいて多雪区域を指定し，その区域につきこれと異なる定めをすることができる．

〈関連：平 12 告示第 1455 号〉

3　第1項に規定する垂直積雪量は，国土交通大臣が定める基準に基づいて特定行政庁が規則で定める数値としなければならない．〈関連：平 12 告示第 1455 号〉

4　屋根の積雪荷重は，屋根に雪止めがある場合を除き，その勾配が60度以下の場合においては，その勾配に応じて第1項の積雪荷重に次の式によって計算した屋根形状係数（特定行政庁が屋根ふき材，雪の性状等を考慮して規則でこれと異なる数値を定めた場合においては，その定めた数値）を乗じた数値とし，その勾配が60度を超える場合においては，0とすることができる．

$$\mu b = \sqrt{\cos(1.5\beta)}$$

この式において，μb 及び β は，それぞれ次の数値を表すものとする．

　μb　屋根形状係数

　β　屋根勾配（単位　度）

5　屋根面における積雪量が不均等となるおそれのある場合においては，その影響を考慮して積雪荷重を計算しなければならない．

6　雪下ろしを行う慣習のある地方においては，その地方における垂直積雪量が1mを超える場合においても，積雪荷重は，雪下ろしの実況に応じて垂直積雪量を1mまで減らして計算することができる．

7　前項の規定により垂直積雪量を減らして積雪荷重を計算した建築物については，その出入口，主要な居室又はその他の見やすい場所に，その軽減の実況その他必要な事項を表示しなければならない．

[風圧力]

第87条　風圧力は，速度圧に風力係数を乗じて計算しなければならない．

2　前項の速度圧は，次の式によって計算しなければならない．

$$q = 0.6 E V_0^2$$

この式において，q，E 及び V_0 は，それぞれ次の数値を表すものとする．

　q　速度圧（単位　N/m^2）

　E　当該建築物の屋根の高さ及び周辺の地域に存する建築物その他の工作物，樹木その他の風速に影響を与えるものの状況に応じて国土交通大臣が定める方法により算出した数値

　V_0　その地方における過去の台風の記録に基づく風害の程度その他の風の性状に応じて 30 m/s から 46 m/s までの範囲内において国土交通大臣が定める風速（単位　m/s）

〈関連：平 12 告示第 1454 号〉

3　建築物に近接してその建築物を風の方向に対して有効にさえぎる他の建築物，防風林その他これらに類するものがある場合においては，その方向における速度圧は，前項の規定による数値の1/2まで減らすことができる．

4　第1項の風力係数は，風洞試験によって定める場合のほか，建築物又は工作物の断面及び平面の形状に応じて国土交通大臣が定める数値によらなければならない．

〈関連：平 12 告示第 1454 号〉

［地震力］

第88条　建築物の地上部分の地震力については，当該建築物の各部分の高さに応じ，当該高さの部分が支える部分に作用する全体の地震力として計算するものとし，その数値は，当該部分の固定荷重と積載荷重との和（第86条第2項ただし書の規定により特定行政庁が指定する多雪区域においては，更に積雪荷重を加えるものとする。）に当該高さにおける地震層せん断力係数を乗じて計算しなければならない。この場合において，地震層せん断力係数は，次の式によって計算するものとする。

$$C_i = ZR_tA_iC_0$$

この式において，C_i，Z，R_t，A_i及びC_0は，それぞれ次の数値を表すものとする。

　C_i　建築物の地上部分の一定の高さにおける地震層せん断力係数

　Z　その地方における過去の地震の記録に基づく震害の程度及び地震活動の状況その他地震の性状に応じて1.0から0.7までの範囲内において国土交通大臣が定める数値

　R_t　建築物の振動特性を表すものとして，建築物の弾性域における固有周期及び地盤の種類に応じて国土交通大臣が定める方法により算出した数値

　A_i　建築物の振動特性に応じて地震層せん断力係数の建築物の高さ方向の分布を表すものとして国土交通大臣が定める方法により算出した数値

　C_0　標準せん断力係数　　　　　　　　　〈関連：昭55告示第1793号〉

2　標準せん断力係数は，0.2以上としなければならない。ただし，地盤が著しく軟弱な区域として特定行政庁が国土交通大臣の定める基準に基づいて規則で指定する区域内における木造の建築物（第46条第2項第一号に掲げる基準に適合するものを除く。）にあっては，0.3以上としなければならない。　〈関連：昭55告示第1793号〉

3　第82条の3第二号の規定により必要保有水平耐力を計算する場合においては，前項の規定にかかわらず，標準せん断力係数は，1.0以上としなければならない。

4　建築物の地下部分の各部分に作用する地震力は，当該部分の固定荷重と積載荷重との和に次の式に適合する水平震度を乗じて計算しなければならない。ただし，地震時における建築物の振動の性状を適切に評価して計算をすることができる場合においては，当該計算によることができる。

$$k \geq 0.1\left(1 - \frac{H}{40}\right)Z$$

この式において，k，H及びZは，それぞれ次の数値を表すものとする。

　k　水平震度

　H　建築物の地下部分の各部分の地盤面からの深さ（20を超えるときは20とする。）（単位 m）

　Z　第1項に規定するZの数値

第3款　許容応力度

［木材］

第89条　木材の繊維方向の許容応力度は，次の表の数値によらなければならない。

ただし，第82条第一号から第三号までの規定によって積雪時の構造計算をするに当たっては，長期に生ずる力に対する許容応力度は同表の数値に1.3を乗じて得た数値と，短期に生ずる力に対する許容応力度は同表の数値に0.8を乗じて得た数値としなければならない．

長期に生ずる力に対する許容応力度 （単位 N/mm²）				短期に生ずる力に対する許容応力度 （単位 N/mm²）			
圧　縮	引張り	曲　げ	せん断	圧　縮	引張り	曲　げ	せん断
$\dfrac{1.1F_c}{3}$	$\dfrac{1.1F_t}{3}$	$\dfrac{1.1F_b}{3}$	$\dfrac{1.1F_s}{3}$	$\dfrac{2F_c}{3}$	$\dfrac{2F_t}{3}$	$\dfrac{2F_b}{3}$	$\dfrac{2F_s}{3}$

この表において，F_c，F_t，F_b 及び F_s は，それぞれ木材の種類及び品質に応じて国土交通大臣が定める圧縮，引張り，曲げ及びせん断に対する基準強度（単位 N/mm²）を表すものとする．
〈関連：平12告示第1452号〉

2　かた木で特に品質優良なものをしゃち，込み栓の類に使用する場合においては，その許容応力度は，それぞれ前項の表の数値の2倍まで増大することができる．

3　基礎ぐい，水槽，浴室その他これらに類する常時湿潤状態にある部分に使用する場合においては，その許容応力度は，それぞれ前2項の規定による数値の70％に相当する数値としなければならない．

[鋼材等]

第90条　鋼材等の許容応力度は，次の表一又は表二の数値によらなければならない．

表一

許容応力度 種　類		長期に生ずる力に対する許容応力度 （単位 N/mm²）				短期に生ずる力に対する許容応力度 （単位 N/mm²）			
		圧　縮	引張り	曲　げ	せん断	圧　縮	引張り	曲　げ	せん断
構造用鋼材		$\dfrac{F}{1.5}$	$\dfrac{F}{1.5}$	$\dfrac{F}{1.5}$	$\dfrac{F}{1.5\sqrt{3}}$	長期に生ずる力に対する圧縮，引張り，曲げ又はせん断の許容応力度のそれぞれの数値の1.5倍とする．			
炭素鋼	ボルト　黒　皮	—	$\dfrac{F}{1.5}$	—	—				
	ボルト　仕上げ	—	$\dfrac{F}{1.5}$	—	$\dfrac{F}{2}$（Fが240を超えるボルトについて，国土交通大臣がこれと異なる数値を定めた場合は，その定めた数値）〈**関連：平12告示第1451号**〉				
構造用ケーブル		—	$\dfrac{F}{1.5}$	—	—				

	圧縮	引張り	せん断	
リベット鋼	—	$\frac{F}{1.5}$	—	$\frac{F}{2}$
鋳　鋼	$\frac{F}{1.5}$	$\frac{F}{1.5}$	$\frac{F}{1.5}$	$\frac{F}{1.5\sqrt{3}}$
ステンレス鋼　構造用鋼材	$\frac{F}{1.5}$	$\frac{F}{1.5}$	$\frac{F}{1.5}$	$\frac{F}{1.5\sqrt{3}}$
ボルト	—	$\frac{F}{1.5}$	—	$\frac{F}{1.5\sqrt{3}}$
構造用ケーブル	—	$\frac{F}{1.5}$	—	—
鋳　鋼	$\frac{F}{1.5}$	$\frac{F}{1.5}$	$\frac{F}{1.5}$	$\frac{F}{1.5\sqrt{3}}$
鋳　鉄	$\frac{F}{1.5}$	—	—	

この表において，F は，鋼材等の種類及び品質に応じて国土交通大臣が定める基準強度（単位 N/mm²）を表すものとする．

〈関連：平 12 告示第 2464 号〉

表二

許容応力度／種類	長期に生ずる力に対する許容応力度（単位 N/mm²）			短期に生ずる力に対する許容応力度（単位 N/mm²）		
		引張り			引張り	
	圧縮	せん断補強以外に用いる場合	せん断補強に用いる場合	圧縮	せん断補強以外に用いる場合	せん断補強に用いる場合
丸　鋼	$\frac{F}{1.5}$（当該数値が 155 を超える場合には，155）	$\frac{F}{1.5}$（当該数値が 155 を超える場合には，155）	$\frac{F}{1.5}$（当該数値が 195 を超える場合には，195）	F	F	F（当該数値が 295 を超える場合には，295）
異形鉄筋　径 28 mm 以下のもの	$\frac{F}{1.5}$（当該数値が 215 を超える場合には，215）	$\frac{F}{1.5}$（当該数値が 215 を超える場合には，215）	$\frac{F}{1.5}$（当該数値が 195 を超える場合には，195）	F	F	F（当該数値が 390 を超える場合には，390）
異形鉄筋　径 28 mm を超えるもの	$\frac{F}{1.5}$（当該数値が 195 を超える場合には，195）	$\frac{F}{1.5}$（当該数値が 195 を超える場合には，195）	$\frac{F}{1.5}$（当該数値が 195 を超える場合には，195）	F	F	F（当該数値が 390 を超える場合には，390）
鉄線の径が 4 mm 以上の溶接金網	—	$\frac{F}{1.5}$	$\frac{F}{1.5}$	—	F（ただし，床版に用いる場合に限る。）	F

この表において，F は，表一に規定する基準強度を表すものとする．

〈関連：平 12 告示第 2464 号〉

[コンクリート]

第91条 コンクリートの許容応力度は,次の表の数値によらなければならない.た
だし,異形鉄筋を用いた付着について,国土交通大臣が異形鉄筋の種類及び品質に
応じて別に数値を定めた場合は,当該数値によることができる.

〈関連:平12告示第1450号〉

長期に生ずる力に対する許容応力度 (単位 N/mm²)				短期に生ずる力に対する許容応力度 (単位 N/mm²)			
圧　縮	引張り	せん断	付　着	圧　縮	引張り	せん断	付　着
$\dfrac{F}{3}$	$\dfrac{F}{30}$ (Fが21を超えるコンクリートについて,国土交通大臣がこれと異なる数値を定めた場合は,その定めた数値)		0.7 (軽量骨材を使用するものにあっては,0.6)	長期に生ずる力に対する圧縮,引張り,せん断又は付着の許容応力度のそれぞれの数値の2倍(Fが21を超えるコンクリートの引張り及びせん断について,国土交通大臣がこれと異なる数値を定めた場合は,その定めた数値)とする.			
この表において,Fは,設計基準強度(単位 N/mm²)を表すものとする.							

2　特定行政庁がその地方の気候,骨材の性状等に応じて規則で設計基準強度の上
限の数値を定めた場合において,設計基準強度が,その数値を超えるときは,前項
の表の適用に関しては,その数値を設計基準強度とする.

[溶接]

第92条 溶接継目ののど断面に対する許容応力度は,次の表の数値によらなければ
ならない.

継目の形式	長期に生ずる力に対する許容応力度 (単位 N/mm²)				短期に生ずる力に対する許容応力度 (単位 N/mm²)			
	圧縮	引張り	曲げ	せん断	圧縮	引張り	曲げ	せん断
突合せ	$\dfrac{F}{1.5}$			$\dfrac{F}{1.5\sqrt{3}}$	長期に生ずる力に対する圧縮,引張り,曲げ又はせん断の許容応力度のそれぞれの数値の1.5倍とする.			
突合せ以外のもの	$\dfrac{F}{1.5\sqrt{3}}$			$\dfrac{F}{1.5\sqrt{3}}$				
この表において,Fは,溶接される鋼材の種類及び品質に応じて国土交通大臣が定める溶接部の基準強度(単位 N/mm²)を表すものとする.								

〈関連:平12告示第2464号〉

[高力ボルト接合]

第92条の2 高力ボルト摩擦接合部の高力ボルトの軸断面に対する許容せん断応力
度は,次の表の数値によらなければならない.

種類 \ 許容せん断応力度	長期に生ずる力に対する許容せん断応力度 (単位 N/mm²)	短期に生ずる力に対する許容せん断応力度 (単位 N/mm²)
一面せん断	$0.3T_0$	長期に生ずる力に対する許容せん断応力度の数値の1.5倍とする.
二面せん断	$0.6T_0$	
この表において,T_0は,高力ボルトの品質に応じて国土交通大臣が定める基準張力(単位 N/mm²)を表すものとする.		

〈関連:平12告示第2466号〉

2　高力ボルトが引張力とせん断力とを同時に受けるときの高力ボルト摩擦接合部の高力ボルトの軸断面に対する許容せん断応力度は，前項の規定にかかわらず，次の式により計算したものとしなければならない．

$$f_{st} = f_{so}\left(1 - \frac{\sigma_t}{T_0}\right)$$

この式において，f_{st}，f_{so}，σ_t及びT_0は，それぞれ次の数値を表すものとする．

　　f_{st}　この項の規定による許容せん断応力度（単位 N/mm²）
　　f_{so}　前項の規定による許容せん断応力度（単位 N/mm²）
　　σ_t　高力ボルトに加わる外力により生ずる引張応力度（単位 N/mm²）
　　T_0　前項の表に規定する基準張力

[地盤及び基礎ぐい]

第93条　地盤の許容応力度及び基礎ぐいの許容支持力は，国土交通大臣が定める方法によって，地盤調査を行い，その結果に基づいて定めなければならない．ただし，次の表に掲げる地盤の許容応力度については，地盤の種類に応じて，それぞれ次の表の数値によることができる．　　　　　　　　　　　〈関連：平13告示第1113号〉

地　　盤	長期に生ずる力に対する許容応力度 （単位 kN/m²）	短期に生ずる力に対する許容応力度 （単位 kN/m²）
岩　盤	1 000	長期に生ずる力に対する許容応力度のそれぞれの数値の2倍とする．
固結した砂	500	
土丹盤	300	
密実な礫層	300	
密実な砂質地盤	200	
砂質地盤*	50	
堅い粘土質地盤	100	
粘土質地盤	20	
堅いローム層	100	
ローム層	50	

＊地震時に液状化のおそれのないものに限る．

[補則]

第94条　第89条から前条までに定めるもののほか，構造耐力上主要な部分の材料の長期に生ずる力に対する許容応力度及び短期に生ずる力に対する許容応力度は，材料の種類及び品質に応じ，国土交通大臣が建築物の安全を確保するために必要なものとして定める数値によらなければならない．

〈関連：平12告示第2466号，平13告示第1024，1113，1540号〉

第4款　材料強度

[木材]

第95条　木材の繊維方向の材料強度は，次の表の数値によらなければならない．ただし，第82条の5第二号の規定によって積雪時の構造計算をするに当たっては，

同表の数値に 0.8 を乗じて得た数値としなければならない．

材料強度（単位 N/mm²）			
圧　縮	引張り	曲　げ	せん断
F_c	F_t	F_b	F_s

この表において，F_c，F_t，F_b 及び F_s は，それぞれ第89条第1項の表に規定する基準強度を表すものとする．

2　第89条第2項及び第3項の規定は，木材の材料強度について準用する．

[鋼材等]

第96条　鋼材等の材料強度は，次の表一又は表二の数値によらなければならない．

表一

種　　類			材料強度（単位 N/mm²）			
			圧　縮	引張り	曲　げ	せん断
炭素鋼	構造用鋼材		F	F	F	$\dfrac{F}{\sqrt{3}}$
	高力ボルト		—	F	—	$\dfrac{F}{\sqrt{3}}$
	ボルト	黒　皮	—	F	—	
		仕上げ	—	F	—	$\dfrac{3F}{4}$ （F が 240 を超えるボルトについて，国土交通大臣がこれと異なる数値を定めた場合は，その定めた数値） 〈関連：平 12 告示第 1451 号〉
	構造用ケーブル		—	F	—	—
	リベット鋼		—	F	—	$\dfrac{3F}{4}$
	鋳　鋼		F	F	F	$\dfrac{F}{\sqrt{3}}$
ステンレス鋼	構造用鋼材		F	F	F	$\dfrac{F}{\sqrt{3}}$
	高力ボルト		—	F	—	$\dfrac{F}{\sqrt{3}}$
	ボルト		—	F	—	$\dfrac{F}{\sqrt{3}}$
	構造用ケーブル		—	F	—	—
	鋳　鋼		F	F	F	$\dfrac{F}{\sqrt{3}}$
鋳　鉄			F	—	—	—

この表において，F は，第90条の表一に規定する基準強度を表すものとする．
〈関連：平 12 告示第 2464 号，2466 号〉

表二

種　　　　　類	材料強度（単位 N/mm²）		
	圧縮	引　張　り	
		せん断補強以外に用いる場合	せん断補強に用いる場合
丸　　鋼	F	F	F（当該数値が295を超える場合には，295）
異形鉄筋	F	F	F（当該数値が390を超える場合には，390）
鉄線の径が4 mm 以上の溶接金網	—	F（ただし，床版に用いる場合に限る．）	F
この表において，Fは，第90条の表一に規定する基準強度を表すものとする． 〈関連：平 12 告示第 2464 号〉			

[コンクリート]

第 97 条 コンクリートの材料強度は，次の表の数値によらなければならない．ただし，異形鉄筋を用いた付着について，国土交通大臣が異形鉄筋の種類及び品質に応じて別に数値を定めた場合は，当該数値によることができる．

〈関連：平 12 告示第 1450 号〉

材料強度（単位 N/mm²）			
圧　縮	引張り	せん断	付　　着
F	$\dfrac{F}{10}$（Fが 21 を超えるコンクリートについて，国土交通大臣がこれと異なる数値を定めた場合は，その定めた数値）		2.1（軽量骨材を使用する場合にあっては，1.8）
この表において，Fは，設計基準強度（単位 N/mm²）を表すものとする．			

2　第 91 条第 2 項の規定は，前項の設計基準強度について準用する．

[溶接]

第 98 条 溶接継目ののど断面に対する材料強度は，次の表の数値によらなければならない．

継目の形式	材料強度（単位 N/mm²）			
	圧　縮	引張り	曲　げ	せん断
突合せ	F			$\dfrac{F}{\sqrt{3}}$
突合せ以外のもの	$\dfrac{F}{\sqrt{3}}$			$\dfrac{F}{\sqrt{3}}$
この表において，Fは，第 92 条の表に規定する基準強度を表すものとする． 〈関連：平 12 告示第 2464 号〉				

第99条 第95条から前条までに定めるもののほか，構造耐力上主要な部分の材料の材料強度は，材料の種類及び品質に応じ，国土交通大臣が地震に対して建築物の安全を確保するために必要なものとして定める数値によらなければならない．

〈関連：平13告示第1024，1540号〉

第100条〜第106条 （削除）

第4章 耐火構造，準耐火構造，防火構造，防火区画等

[耐火性能に関する技術的基準]

第107条 法第2条第七号の政令で定める技術的基準は，次に掲げるものとする.

一 次の表に掲げる建築物の部分にあっては，当該部分に通常の火災による火熱がそれぞれ次の表に掲げる時間加えられた場合に，構造耐力上支障のある変形，溶融，破壊その他の損傷を生じないものであること.

建築物の部分	建築物の階	最上階及び最上階から数えた階数が2以上で4以内の階	最上階から数えた階数が5以上で14以内の階	最上階から数えた階数が15以上の階
壁	間仕切壁（耐力壁に限る.）	1時間	2時間	2時間
	外壁 （耐力壁に限る.）	1時間	2時間	2時間
柱		1時間	2時間	3時間
床		1時間	2時間	2時間
は　り		1時間	2時間	3時間
屋　根		30分間		
階　段		30分間		

一 この表において，第2条第1項第八号の規定により階数に算入されない屋上部分がある建築物の部分の最上階は，当該屋上部分の直下階とする.
二 前号の屋上部分については，この表中最上階の部分の時間と同一の時間によるものとする.
三 この表における階数の算定については，第2条第1項第八号の規定にかかわらず，地階の部分の階数は，すべて算入するものとする.

〈関連：平12告示第1399号〉

二 壁及び床にあっては，これらに通常の火災による火熱が1時間（非耐力壁である外壁の延焼のおそれのある部分以外の部分にあっては，30分間）加えられた場合に，当該加熱面以外の面（屋内に面するものに限る.）の温度が当該面に接する可燃物が燃焼するおそれのある温度として国土交通大臣が定める温度（以下「可燃物燃焼温度」という.）以上に上昇しないものであること.

〈関連：平12告示第1399号，第1432号〉

三 外壁及び屋根にあっては，これらに屋内において発生する通常の火災による火熱が1時間（非耐力壁である外壁の延焼のおそれのある部分以外の部分及び屋根にあっては，30分間）加えられた場合に，屋外に火炎を出す原因となき裂その他の損傷を生じないものであること. 〈関連：平12告示第1399号〉

[準耐火性能に関する技術的基準]

第107条の2 法第2条第七号の二の政令で定める技術的基準は，次に掲げるものとする.

一 次の表に掲げる建築物の部分にあっては，当該部分に通常の火災による火熱が加えられた場合に，加熱開始後それぞれ同表に掲げる時間構造耐力上支障のある変

形，溶融，破壊その他の損傷を生じないものであること．

壁	間仕切壁（耐力壁に限る．）	45分間
	外壁（耐力壁に限る．）	45分間
柱		45分間
床		45分間
は　り		45分間
屋根（軒裏を除く．）		30分間
階　段		30分間

〈関連：平12告示第1358号〉

二　壁，床及び軒裏（外壁によって小屋裏又は天井裏と防火上有効に遮られているものを除く，以下この号において同じ．）にあっては，これらに通常の火災による火熱が加えられた場合に，加熱開始後45分間（非耐力壁である外壁及び軒裏（いずれも延焼のおそれのある部分以外の部分に限る．）にあっては，30分間）当該加熱面以外の面（屋内に面するものに限る．）の温度が可燃物燃焼温度以上に上昇しないものであること．　　　　　　　　　　　　　　　　　〈関連：平12告示第1358号〉

三　外壁及び屋根にあっては，これらに屋内において発生する通常の火災による火熱が加えられた場合に，加熱開始後45分間（非耐力壁である外壁（延焼のおそれのある部分以外の部分に限る．）及び屋根にあっては，30分間）屋外に火炎を出す原因となる亀裂その他の損傷を生じないものであること．　〈関連：平12告示第1358号〉

［防火性能に関する技術的基準］

第108条　法第2条第八号の政令で定める技術的基準は，次に掲げるものとする．

一　耐力壁である外壁にあっては，これに建築物の周囲において発生する通常の火災による火熱が加えられた場合に，加熱開始後30分間構造耐力上支障のある変形，溶融，破壊その他の損傷を生じないものであること．　　　〈関連：平12告示第1359号〉

二　外壁及び軒裏にあっては，これらに建築物の周囲において発生する通常の火災による火熱が加えられた場合に，加熱開始後30分間当該加熱面以外の面（屋内に面するものに限る．）の温度が可燃物燃焼温度以上に上昇しないものであること．

〈関連：平12告示第1359号〉

［不燃性能及びその技術的基準］

第108条の2　法第2条第九号の政令で定める性能及びその技術的基準は，建築材料に，通常の火災による加熱が加えられた場合に，加熱開始後20分間次の各号（建築物の外部の仕上げに用いるものにあっては，第一号及び第二号）に掲げる要件を満たしていることとする．

一　燃焼しないものであること．

二　防火上有害な変形，溶融，き裂その他の損傷を生じないものであること．

三　避難上有害な煙又はガスを発生しないものであること．

〈関連：平12告示第1400号〉

［耐火建築物の主要構造部に関する技術的基準］

第108条の3　法第2条第九号の二イ(2)の政令で定める技術的基準は，主要構造部が，次の各号のいずれかに該当することとする．

一　主要構造部が，次のイ及びロ（外壁以外の主要構造部にあっては，イ）に掲げる
基準に適合するものであることについて耐火性能検証法により確かめられたもので
あること.

　イ　主要構造部ごとに当該建築物の屋内において発生が予測される火災による火熱
　　が加えられた場合に，当該主要構造部が次に掲げる要件を満たしていること.

　　(1)　耐力壁である壁，柱，床，はり，屋根及び階段にあっては，当該建築物の自
　　　重及び積載荷重（第86条第2項ただし書の規定によって特定行政庁が指定す
　　　る多雪区域における建築物の主要構造部にあっては，自重，積載荷重及び積雪
　　　荷重．以下この条において同じ.）により，構造耐力上支障のある変形，溶融，
　　　破壊その他の損傷を生じないものであること.

　　(2)　壁及び床にあっては，当該壁及び床の加熱面以外の面（屋内に面するものに
　　　限る.）の温度が可燃物燃焼温度（当該面が面する室において，国土交通大臣
　　　が定める基準に従い，内装の仕上げを不燃材料ですることその他これに準ずる
　　　措置が講じられている場合にあっては，国土交通大臣が別に定める温度）以上
　　　に上昇しないものであること.　　　　　　　　　〈関連：平28告示第692号〉

　　(3)　外壁及び屋根にあっては，屋外に火炎を出す原因となる亀裂その他の損傷を
　　　生じないものであること.

　ロ　外壁が，当該建築物の周囲において発生する通常の火災による火熱が1時間
　　（延焼のおそれのある部分以外の部分にあっては，30分間）加えられた場合に，
　　次に掲げる要件を満たしていること.

　　(1)　耐力壁である外壁にあっては，当該外壁に当該建築物の自重及び積載荷重に
　　　より，構造耐力上支障のある変形，溶融，破壊その他の損傷を生じないもので
　　　あること.

　　(2)　外壁の当該加熱面以外の面（屋内に面するものに限る.）の温度が可燃物燃
　　　焼温度（当該面が面する室において，国土交通大臣が定める基準に従い，内装
　　　の仕上げを不燃材料ですることその他これに準ずる措置が講じられている場合
　　　にあっては，国土交通大臣が別に定める温度）以上に上昇しないものであるこ
　　　と.　　　　　　　　　　　　　　　　　　　　〈関連：平28告示第692号〉

二　前号イ及びロ（外壁以外の主要構造部にあっては，同号イ）に掲げる基準に適合
するものとして国土交通大臣の認定を受けたものであること.

2　前項の「耐火性能検証法」とは，次に定めるところにより，当該建築物の主要構
造部の耐火に関する性能を検証する方法をいう.

一　当該建築物の屋内において発生が予測される火災の継続時間を当該建築物の室ご
とに次の式により計算すること.

$$t_f = \frac{Q_r}{60q_b}$$

　この式において，t_f，Q_r 及び q_b は，それぞれ次の数値を表すものとする.

　　t_f　当該室における火災の継続時間（単位 min）

　　Q_r　当該室の用途及び床面積並びに当該室の壁，床及び天井（天井のない
　　　　場合においては，屋根）の室内に面する部分の表面積及び当該部分に使
　　　　用する建築材料の種類に応じて国土交通大臣が定める方法により算出し

た当該室内の可燃物の発熱量（単位 MJ）

q_b　当該室の用途及び床面積の合計並びに当該室の開口部の面積及び高さに応じて国土交通大臣が定める方法により算出した当該室内の可燃物の1秒間当たりの発熱量（単位 MW）

〈関連：平12告示第1433号〉

二　主要構造部ごとに，当該主要構造部が，当該建築物の屋内において発生が予測される火災による火熱が加えられた場合に，前項第一号イに掲げる要件に該当して耐えることができる加熱時間（以下この項において「屋内火災保有耐火時間」という．）を，当該主要構造部の構造方法，当該建築物の自重及び積載荷重並びに当該火熱による主要構造部の表面の温度の推移に応じて国土交通大臣が定める方法により求めること．

〈関連：平12告示第1433号〉

三　当該外壁が，当該建築物の周囲において発生する通常の火災時の火熱が加えられた場合に，前項第一号ロに掲げる要件に該当して耐えることができる加熱時間（以下この項において「屋外火災保有耐火時間」という．）を，当該外壁の構造方法並びに当該建築物の自重及び積載荷重に応じて国土交通大臣が定める方法により求めること．

〈関連：平12告示第1433号〉

四　主要構造部ごとに，次のイ及びロ（外壁以外の主要構造部にあっては，イ）に該当するものであることを確かめること．

イ　各主要構造部の屋内火災保有耐火時間が，当該主要構造部が面する室について第一号に掲げる式によって計算した火災の継続時間以上であること．

ロ　各外壁の屋外火災保有耐火時間が，1時間（延焼のおそれのある部分以外の部分にあっては，30分間）以上であること．

3　主要構造部が第1項第一号又は第二号に該当する建築物（次項に規定する建築物を除く．）に対する第112条第1項，第3項，第7項から第11項まで及び第16項から第21項まで，第114条第1項及び第2項，第117条第2項，第120条第1項，第2項及び第4項，第121条第2項，第122条第1項，第123条第1項及び第3項，第123条の2，第126条の2，第128条の4第1項及び第4項，第128条の5第1項及び第4項，第128条の6第1項，第129条第1項，第129条の2第1項，第129条の2の4第1項，第129条の13の2，第129条の13の3第3項及び第4項，第137条の14並びに第145条第1項第一号及び第2項の規定（次項において「耐火性能関係規定」という．）の適用については，当該建築物の部分で主要構造部であるものの構造は，耐火構造とみなす．

4　主要構造部が第1項第一号に該当する建築物（当該建築物の主要構造部である床又は壁（外壁を除く．）の開口部に設けられた防火設備が，当該防火設備に当該建築物の屋内において発生が予測される火災による火熱が加えられた場合に，当該加熱面以外の面に火炎を出さないものであることについて防火区画検証法により確かめられたものであるものに限る．）及び主要構造部が同項第二号に該当する建築物（当該建築物の主要構造部である床又は壁（外壁を除く．）の開口部に設けられた防火設備が，当該防火設備に当該建築物の屋内において発生が予測される火災による火熱が加えられた場合に，当該加熱面以外の面に火炎を出さないものとして国土交通大臣の認定を受けたものであるものに限る．）に対する第112条第1項，第

7項から第11項まで，第16項，第18項，第19項及び第21項，第122条第1項，第123条第1項及び第3項，第126条の2，第128条の5第1項及び第4項，第128条の6第1項，第129条の2の4第1項，第129条の13の2，第129条の13の3第3項並びに第137条の14の規定（以下この項において「防火区画等関係規定」という．）の適用については，これらの建築物の部分で主要構造部であるものの構造は耐火構造と，これらの防火設備の構造は特定防火設備とみなし，これらの建築物に対する防火区画等関係規定以外の耐火性能関係規定の適用については，これらの建築物の部分で主要構造部であるものの構造は耐火構造とみなす．

5　前項の「防火区画検証法」とは，次に定めるところにより，開口部に設けられる防火設備（以下この項において「開口部設備」という．）の火災時における遮炎に関する性能を検証する方法をいう．

一　開口部設備が設けられる開口部が面する室において発生が予測される火災の継続時間を第2項第一号に掲げる式により計算すること．

二　開口部設備ごとに，当該開口部設備が，当該建築物の屋内において発生が予測される火災による火熱が加えられた場合に，当該加熱面以外の面に火炎を出すことなく耐えることができる加熱時間（以下この項において「保有遮炎時間」という．）を，当該開口部設備の構造方法及び当該火熱による開口部設備の表面の温度の推移に応じて国土交通大臣が定める方法により求めること．　〈関連：平12告示第1433号〉

三　開口部設備ごとに，保有遮炎時間が第一号の規定によって計算した火災の継続時間以上であることを確かめること．

[防火戸その他の防火設備]

第109条　法第2条第九号の二ロ，法第12条第1項，法第21条第2項第二号，法第27条第1項（法第87条第3項において準用する場合を含む．第110条から第110条の5までにおいて同じ．），法第53条第3項第一号イ及び法第61条の政令で定める防火設備は，防火戸，ドレンチャーその他火炎を遮る設備とする．

2　隣地境界線，道路中心線又は同一敷地内の2以上の建築物（延べ面積の合計が500m²以内の建築物は，一の建築物とみなす．）相互の外壁間の中心線のあらゆる部分で，開口部から1階にあっては3m以下，2階以上にあっては5m以下の距離にあるものと当該開口部とを遮る外壁，そで壁，塀その他これらに類するものは，前項の防火設備とみなす．

[遮炎性能に関する技術的基準]

第109条の2　法第2条第九号の二ロの政令で定める技術的基準は，防火設備に通常の火災による火熱が加えられた場合に，加熱開始後20分間当該加熱面以外の面に火炎を出さないものであることとする．　〈関連：平12告示第1360号〉

[主要構造部を準耐火構造等とした建築物の層間変形角]

第109条の2の2　法第2条第九号の三イに該当する建築物及び第136条の2第一号ロ又は第二号ロに掲げる基準に適合する建築物の地上部分の層間変形角は，1/150以内でなければならない．ただし，主要構造部が防火上有害な変形，亀裂その他の損傷を生じないことが計算又は実験によって確かめられた場合においては，この限りでない．

[主要構造部を準耐火構造とした建築物と同等の耐火性能を有する建築物の技術的基準]

第109条の3 法第2条第九号の三ロの政令で定める技術的基準は，次の各号のいずれかに掲げるものとする．

一 外壁が耐火構造であり，かつ，屋根の構造が法第22条第1項に規定する構造であるほか，法第86条の4の場合を除き，屋根の延焼のおそれのある部分の構造が，当該部分に屋内において発生する通常の火災による火熱が加えられた場合に，加熱開始後20分間屋外に火炎を出す原因となる亀裂その他の損傷を生じないものとして，国土交通大臣が定めた構造方法を用いるもの又は国土交通大臣の認定を受けたものであること． 〈関連：平12告示第1367号〉

二 主要構造部である柱及びはりが不燃材料で，その他の主要構造部が準不燃材料で造られ，外壁の延焼のおそれのある部分，屋根及び床が次に掲げる構造であること．

イ 外壁の延焼のおそれのある部分にあっては，防火構造としたもの

ロ 屋根にあっては，法第22条第1項に規定する構造としたもの

ハ 床にあっては，準不燃材料で造るほか，3階以上の階における床又はその直下の天井の構造を，これらに屋内において発生する通常の火災による火熱が加えられた場合に，加熱開始後30分間構造耐力上支障のある変形，溶融，亀裂その他の損傷を生じず，かつ，当該加熱面以外の面（屋内に面するものに限る．）の温度が可燃物燃焼温度以上に上昇しないものとして，国土交通大臣が定めた構造方法を用いるもの又は国土交通大臣の認定を受けたものとしたもの 〈関連：平12告示第1368号〉

[法第21条第1項の政令で定める部分]

第109条の4 法第21条第1項の政令で定める部分は，主要構造部のうち自重又は積載荷重（第86条第2項ただし書の規定によって特定行政庁が指定する多雪区域における建築物の主要構造部にあっては，自重，積載荷重又は積雪荷重）を支える部分とする．

[大規模の建築物の主要構造部の性能に関する技術的基準]

第109条の5 法第21条第1項本文の政令で定める技術的基準は，次の各号のいずれかに掲げるものとする．

一 次に掲げる基準 〈関連：令元告示第193号〉

イ 次の表に掲げる建築物の部分にあっては，当該部分に通常の火災による火熱が加えられた場合に，加熱開始後それぞれ同表に掲げる時間構造耐力上支障のある変形，溶融，破壊その他の損傷を生じないものであること．

壁	間仕切壁（耐力壁に限る．）	通常火災終了時間（通常火災終了時間が45分間未満である場合にあっては，45分間．以下この号において同じ．）
	外壁（耐力壁に限る．）	通常火災終了時間
柱		通常火災終了時間
床		通常火災終了時間
はり		通常火災終了時間
屋根（軒裏を除く．）		30分間
階段		30分間

ロ　壁，床及び屋根の軒裏（外壁によって小屋裏又は天井裏と防火上有効に遮られ
ているものを除く．以下このロにおいて同じ．）にあっては，これらに通常の火
災による火熱が加えられた場合に，加熱開始後通常火災終了時間（非耐力壁であ
る外壁及び屋根の軒裏（いずれも延焼のおそれのある部分以外の部分に限る．）
にあっては，30分間）当該加熱面以外の面（屋内に面するものに限る．）の温度
が可燃物燃焼温度以上に上昇しないものであること．

ハ　外壁及び屋根にあっては，これらに屋内において発生する通常の火災による火
熱が加えられた場合に，加熱開始後通常火災終了時間（非耐力壁である外壁（延
焼のおそれのある部分以外の部分に限る．）及び屋根にあっては，30分間）屋外
に火炎を出す原因となる亀裂その他の損傷を生じないものであること．

二　第107条各号又は第108条の3第1項第一号イ及びロに掲げる基準

〈関連：令元告示第193号〉

［延焼防止上有効な空地の技術的基準］

第109条の6　法第21条第1項ただし書の政令で定める技術的基準は，当該建築物
の各部分から当該空地の反対側の境界線までの水平距離が，当該各部分の高さに相
当する距離以上であることとする．

［大規模の建築物の壁等の性能に関する技術的基準］

第109条の7　法第21条第2項第二号の政令で定める技術的基準は，次に掲げるも
のとする．

〈関連：平27告示第250号〉

一　壁等に通常の火災による火熱が火災継続予測時間（建築物の構造，建築設備及び
用途に応じて火災が継続することが予測される時間をいう．以下この条において同
じ．）加えられた場合に，当該壁等が構造耐力上支障のある変形，溶融，破壊その
他の損傷を生じないものであること．

二　壁等に通常の火災による火熱が火災継続予測時間加えられた場合に，当該加熱面
以外の面（屋内に面するものに限り，防火上支障がないものとして国土交通大臣が
定めるものを除く．）の温度が可燃物燃焼温度以上に上昇しないものであること．

〈関連：平27告示第249号〉

三　壁等に屋内において発生する通常の火災による火熱が火災継続予測時間加えられ
た場合に，当該壁等が屋外に火炎を出す原因となる亀裂その他の損傷を生じないも
のであること．

四　壁等に通常の火災による当該壁等以外の建築物の部分の倒壊によって生ずる応力
が伝えられた場合に，当該壁等が倒壊しないものであること．

五　壁等が，通常の火災時において，当該壁等で区画された部分（当該壁等の部分を
除く．）から屋外に出た火炎による当該壁等で区画された他の部分（当該壁等の部
分を除く．）への延焼を有効に防止できるものであること．

［法第22条第1項の市街地の区域内にある建築物の屋根の性能に関する技術的基準］

第109条の8　法第22条第1項の政令で定める技術的基準は次に掲げるもの（不燃
性の物品を保管する倉庫その他これに類するものとして国土交通大臣が定める用途
に供する建築物又は建築物の部分で，通常の火災による火の粉が屋内に到達した場
合に建築物の火災が発生するおそれのないものとして国土交通大臣が定めた構造方
法を用いるものの屋根にあっては，第一号に掲げるもの）とする．

一 屋根が，通常の火災による火の粉により，防火上有害な発炎をしないものであること．

二 屋根が，通常の火災による火の粉により，屋内に達する防火上有害な溶融，亀裂その他の損傷を生じないものであること．

[準防火性能に関する技術的基準]

第109条の9 法第23条の政令で定める技術的基準は，次に掲げるものとする．

一 耐力壁である外壁にあっては，これに建築物の周囲において発生する通常の火災による火熱が加えられた場合に，加熱開始後20分間構造耐力上支障のある変形，溶融，破壊その他の損傷を生じないものであること．

二 外壁にあっては，これに建築物の周囲において発生する通常の火災による火熱が加えられた場合に，加熱開始後20分間当該加熱面以外の面（屋内に面するものに限る．）の温度が可燃物燃焼温度以上に上昇しないものであること．

[法第27条第1項に規定する特殊建築物の主要構造部の性能に関する技術的基準]

第110条 主要構造部の性能に関する法第27条第1項の政令で定める技術的基準は，次の各号のいずれかに掲げるものとする．

一 次に掲げる基準

イ 次の表に掲げる建築物の部分にあっては，当該部分に通常の火災による火熱が加えられた場合に，加熱開始後それぞれ同表に掲げる時間構造耐力上支障のある変形，溶融，破壊その他の損傷を生じないものであること．

壁	間仕切壁（耐力壁に限る．）	特定避難時間（特殊建築物の構造，建築設備及び用途に応じて当該特殊建築物に存する者の全てが当該特殊建築物から地上までの避難を終了するまでに要する時間をいう．以下同じ．）（特定避難時間が45分間未満である場合にあっては，45分間．以下この号において同じ．）
	外壁（耐力壁に限る．）	特定避難時間
柱		特定避難時間
床		特定避難時間
はり		特定避難時間
屋根（軒裏を除く．）		30分間
階段		30分間

ロ 壁，床及び屋根の軒裏（外壁によって小屋裏又は天井裏と防火上有効に遮られているものを除く．以下このロにおいて同じ．）にあっては，これらに通常の火災による火熱が加えられた場合に，加熱開始後特定避難時間（非耐力壁である外壁及び屋根の軒裏（いずれも延焼のおそれのある部分以外の部分に限る．）にあっては，30分間）当該加熱面以外の面（屋内に面するものに限る．）の温度が可燃物燃焼温度以上に上昇しないものであること．

ハ 外壁及び屋根にあっては，これらに屋内において発生する通常の火災による火熱が加えられた場合に，加熱開始後特定避難時間（非耐力壁である外壁（延焼のおそれのある部分以外の部分に限る．）及び屋根にあっては，30分間）屋外に火

炎を出す原因となる亀裂その他の損傷を生じないものであること.

二　第107条各号又は第108条の3第1項第一号イ及びロに掲げる基準

[延焼するおそれがある外壁の開口部]

第110条の2　法第27条第1項の政令で定める外壁の開口部は, 次に掲げるものとする.

一　延焼のおそれのある部分であるもの（法第86条の4各号のいずれかに該当する建築物の外壁の開口部を除く.）

二　他の外壁の開口部から通常の火災時における火炎が到達するおそれがあるものとして国土交通大臣が定めるもの（前号に掲げるものを除く.）

〈関連：平27告示第255号〉

[法第27条第1項に規定する特殊建築物の防火設備の遮炎性能に関する技術的基準]

第110条の3　防火設備の遮炎性能に関する法第27条第1項の政令で定める技術的基準は, 防火設備に通常の火災による火熱が加えられた場合に, 加熱開始後20分間当該加熱面以外の面（屋内に面するものに限る.）に火炎を出さないものであることとする.

[警報設備を設けた場合に耐火建築物等とすることを要しないこととなる用途]

第110条の4　法第27条第1項第一号の政令で定める用途は, 病院, 診療所（患者の収容施設があるものに限る.）, ホテル, 旅館, 下宿, 共同住宅, 寄宿舎及び児童福祉施設等（入所する者の寝室があるものに限る.）とする.

[警報設備の技術的基準]

第110条の5　法第27条第1項第一号の政令で定める技術的基準は, 当該建築物のいずれの室（火災の発生のおそれの少ないものとして国土交通大臣が定める室を除く.）で火災が発生した場合においても, 有効かつ速やかに, 当該火災の発生を感知し, 当該建築物の各階に報知することができるよう, 国土交通大臣が定めた構造方法を用いる警報設備が, 国土交通大臣が定めるところにより適当な位置に設けられていることとする.

〈関連：令元告示第198号〉

[窓その他の開口部を有しない居室等]

第111条　法第35条の3（法第87条第3項において準用する場合を含む.）の規定により政令で定める窓その他の開口部を有しない居室は, 次の各号のいずれかに該当する窓その他の開口部を有しない居室（避難階又は避難階の直上階若しくは直下階の居室その他の居室であって, 当該居室の床面積, 当該居室の各部分から屋外への出口の一に至る歩行距離並びに警報設備の設置の状況及び構造に関し避難上支障がないものとして国土交通大臣が定める基準に適合するものを除く.）とする.

〈関連：令2告示第249号〉

一　面積（第20条の規定により計算した採光に有効な部分の面積に限る.）の合計が, 当該居室の床面積の1/20以上のもの

二　直接外気に接する避難上有効な構造のもので, かつ, その大きさが直径1m以上の円が内接することができるもの又はその幅及び高さが, それぞれ, 75cm以上及び1.2m以上のもの

2　ふすま, 障子その他随時開放することができるもので仕切られた2室は, 前項の規定の適用については, 1室とみなす.

[防火区画]

第112条 主要構造部を耐火構造とした建築物，法第2条第九号の三イ若しくはロのいずれかに該当する建築物又は第136条の2第一号ロ若しくは第二号ロに掲げる基準に適合する建築物で，延べ面積（スプリンクラー設備，水噴霧消火設備，泡消火設備その他これらに類するもので自動式のものを設けた部分の床面積の1/2に相当する床面積を除く．以下この条において同じ．）が1500m²を超えるものは，床面積の合計（スプリンクラー設備，水噴霧消火設備，泡消火設備その他これらに類するもので自動式のものを設けた部分の床面積の1/2に相当する床面積を除く．以下この条において同じ．）1500m²以内ごとに1時間準耐火基準に適合する準耐火構造の床若しくは壁又は特定防火設備（第109条に規定する防火設備であって，これに通常の火災による火熱が加えられた場合に，加熱開始後1時間当該加熱面以外の面に火炎を出さないものとして，国土交通大臣が定めた構造方法を用いるもの又は国土交通大臣の認定を受けたものをいう．以下同じ．）で区画しなければならない．ただし，次の各号のいずれかに該当する建築物の部分でその用途上やむを得ない場合においては，この限りでない． 〈関連：平12告示第1369号〉

一　劇場，映画館，演芸場，観覧場，公会堂又は集会場の客席，体育館，工場その他これらに類する用途に供する建築物の部分

二　階段室の部分等（階段室の部分又は昇降機の昇降路の部分（当該昇降機の乗降のための乗降ロビーの部分を含む．）をいう．第14項において同じ．）で1時間準耐火基準に適合する準耐火構造の床若しくは壁又は特定防火設備で区画されたもの

2　前項の「1時間準耐火基準」とは，主要構造部である壁，柱，床，はり及び屋根の軒裏の構造が，次に掲げる基準に適合するものとして，国土交通大臣が定めた構造方法を用いるもの又は国土交通大臣の認定を受けたものであることとする．

〈関連：令元告示第195号〉

一　次の表に掲げる建築物の部分にあっては，当該部分に通常の火災による火熱が加えられた場合に，加熱開始後それぞれ同表に定める時間構造耐力上支障のある変形，溶融，破壊その他の損傷を生じないものであること．

壁	間仕切壁（耐力壁に限る．）	1時間
	外壁（耐力壁に限る．）	1時間
柱		1時間
床		1時間
はり		1時間

二　壁（非耐力壁である外壁の延焼のおそれのある部分以外の部分を除く．），床及び屋根の軒裏（外壁によって小屋裏又は天井裏と防火上有効に遮られているものを除き，延焼のおそれのある部分に限る．）にあっては，これらに通常の火災による火熱が加えられた場合に，加熱開始後1時間当該加熱面以外の面（屋内に面するものに限る．）の温度が可燃物燃焼温度以上に上昇しないものであること．

三　外壁（非耐力壁である外壁の延焼のおそれのある部分以外の部分を除く．）にあっては，これに屋内において発生する通常の火災による火熱が加えられた場合に，加熱開始後1時間屋外に火炎を出す原因となる亀裂その他の損傷を生じないもので

あること.

3　主要構造部を耐火構造とした建築物の2以上の部分が当該建築物の吹抜きとなっている部分その他の一定の規模以上の空間が確保されている部分（以下この項において「空間部分」という.）に接する場合において，当該2以上の部分の構造が通常の火災時において相互に火熱による防火上有害な影響を及ぼさないものとして国土交通大臣が定めた構造方法を用いるもの又は国土交通大臣の認定を受けたものである場合においては，当該2以上の部分と当該空間部分とが特定防火設備で区画されているものとみなして，第1項の規定を適用する.　〈関連：令2告示第522号〉

4　第21条第1項の規定により第109条の5第一号に掲げる基準に適合する建築物（通常火災終了時間が1時間以上であるものを除く.）とした建築物，法第27条第1項の規定により第110条第一号に掲げる基準に適合する特殊建築物（特定避難時間が1時間以上であるものを除く.）とした建築物，法第27条第3項の規定により準耐火建築物（第109条の3第二号に掲げる基準又は1時間準耐火基準（第2項に規定する1時間準耐火基準をいう．以下同じ.）に適合するものを除く.）とした建築物，法第61条の規定により第136条の2第二号に定める基準に適合する建築物（準防火地域内にあるものに限り，第109条の3第二号に掲げる基準又は1時間準耐火基準に適合するものを除く.）とした建築物又は法第67条第1項の規定により準耐火建築物等（第109条の3第二号に掲げる基準又は1時間準耐火基準に適合するものを除く.）とした建築物で，延べ面積が500 m²を超えるものについては，第1項の規定にかかわらず，床面積の合計500 m²以内ごとに1時間準耐火基準に適合する準耐火構造の床若しくは壁又は特定防火設備で区画し，かつ，防火上主要な間仕切壁（自動スプリンクラー設備等設置部分（床面積が200 m²以下の階又は床面積200 m²以内ごとに準耐火構造の壁若しくは法第2条第九号の二ロに規定する防火設備で区画されている部分で，スプリンクラー設備，水噴霧消火設備，泡消火設備その他これらに類するもので自動式のものを設けたものをいう．第114条第1項及び第2項において同じ.）その他防火上支障がないものとして国土交通大臣が定める部分の間仕切壁を除く.）を準耐火構造とし，次の各号のいずれかに該当する部分を除き，小屋裏又は天井裏に達せしめなければならない.

〈関連：平26告示第860号〉

一　天井の全部が強化天井（天井のうち，その下方からの通常の火災時の加熱に対してその上方への延焼を有効に防止することができるものとして，国土交通大臣が定めた構造方法を用いるもの又は国土交通大臣の認定を受けたものをいう．次号及び第114条第3項において同じ.）である階　　〈関連：平28告示第694号〉

二　準耐火構造の壁又は法第2条第九号の二ロに規定する防火設備で区画されている部分で，当該部分の天井が強化天井であるもの

5　第21条第1項の規定により第109条の5第一号に掲げる基準に適合する建築物（通常火災終了時間が1時間以上であるものに限る.）とした建築物，法第27条第1項の規定により第110条第一号に掲げる基準に適合する特殊建築物（特定避難時間が1時間以上であるものに限る.）とした建築物，法第27条第3項の規定により準耐火建築物（第109条の3第二号に掲げる基準又は1時間準耐火基準に適合するものに限る.）とした建築物，法第61条の規定により第136条の2第二号に定める

基準に適合する建築物（準防火地域内にあり，かつ，第109条の3第二号に掲げる基準又は1時間準耐火基準に適合するものに限る．）とした建築物又は法第67条第1項の規定により準耐火建築物等（第109条の3第二号に掲げる基準又は1時間準耐火基準に適合するものに限る．）とした建築物で，延べ面積が1000 m²を超えるものについては，第1項の規定にかかわらず，床面積の合計1000 m²以内ごとに1時間準耐火基準に適合する準耐火構造の床若しくは壁又は特定防火設備で区画しなければならない．

6　前2項の規定は，次の各号のいずれかに該当する建築物の部分で，天井（天井のない場合においては，屋根．以下この条において同じ．）及び壁の室内に面する部分の仕上げを準不燃材料でしたものについては，適用しない．

一　体育館，工場その他これらに類する用途に供する建築物の部分
二　第1項第二号に掲げる建築物の部分

7　建築物の11階以上の部分で，各階の床面積の合計が100 m²を超えるものは，第1項の規定にかかわらず，床面積の合計100 m²以内ごとに耐火構造の床若しくは壁又は法第2条第九号の二ロに規定する防火設備で区画しなければならない．

8　前項の建築物の部分で，当該部分の壁（床面からの高さが1.2 m以下の部分を除く．次項及び第14項第一号において同じ．）及び天井の室内に面する部分（回り縁，窓台その他これらに類する部分を除く．以下この条において同じ．）の仕上げを準不燃材料でし，かつ，その下地を準不燃材料で造ったものは，特定防火設備以外の法第2条第九号の二ロに規定する防火設備で区画する場合を除き，前項の規定にかかわらず，床面積の合計200 m²以内ごとに区画すれば足りる．

9　第7項の建築物の部分で，当該部分の壁及び天井の室内に面する部分の仕上げを不燃材料でし，かつ，その下地を不燃材料で造ったものは，特定防火設備以外の法第2条第九号の二ロに規定する防火設備で区画する場合を除き，同項の規定にかかわらず，床面積の合計500 m²以内ごとに区画すれば足りる．

10　前3項の規定は，階段室の部分若しくは昇降機の昇降路の部分（当該昇降機の乗降のための乗降ロビーの部分を含む．），廊下その他避難の用に供する部分又は床面積の合計が200 m²以内の共同住宅の住戸で，耐火構造の床若しくは壁又は特定防火設備（第7項の規定により区画すべき建築物にあっては，法第2条第九号の二ロに規定する防火設備）で区画されたものについては，適用しない．

11　主要構造部を準耐火構造とした建築物又は第136条の2第一号ロ若しくは第二号ロに掲げる基準に適合する建築物であって，地階又は3階以上の階に居室を有するものの竪穴部分（長屋又は共同住宅の住戸でその階数が2以上であるもの），吹抜きとなっている部分，階段の部分（当該部分からのみ人が出入りすることのできる便所，公衆電話所その他これらに類するものを含む．），昇降機の昇降路の部分，ダクトスペースの部分その他これらに類する部分をいう．以下この条において同じ．）については，当該竪穴部分以外の部分（直接外気に開放されている廊下，バルコニーその他これらに類する部分を除く．次項及び第13項において同じ．）と準耐火構造の床若しくは壁又は法第2条第9号の二ロに規定する防火設備で区画しなければならない．ただし，次の各号のいずれかに該当する竪穴部分については，この限りでない．

一　避難階からその直上階又は直下階のみに通ずる吹抜きとなっている部分，階段の部分その他これらに類する部分でその壁及び天井の室内に面する部分の仕上げを不燃材料でし，かつ，その下地を不燃材料で造ったもの

二　階数が3以下で延べ面積が200 m² 以内の一戸建ての住宅又は長屋若しくは共同住宅の住戸のうちその階数が3以下で，かつ，床面積の合計が200 m² 以内であるものにおける吹抜きとなっている部分，階段の部分，昇降機の昇降路の部分その他これらに類する部分

12　3階を病院，診療所（患者の収容施設があるものに限る。次項において同じ。）又は児童福祉施設等（入所する者の寝室があるものに限る。同項において同じ。）の用途に供する建築物のうち階数が3で延べ面積が200 m² 未満のもの（前項に規定する建築物を除く。）の竪穴部分については，当該竪穴部分以外の部分と間仕切壁又は法第2条第九号の二ロに規定する防火設備で区画しなければならない。ただし，居室，倉庫その他これらに類する部分にスプリンクラー設備その他これに類するものを設けた建築物の竪穴部分については，当該防火設備に代えて，10分間防火設備（第109条に規定する防火設備であって，これに通常の火災による火熱が加えられた場合に，加熱開始後10分間当該加熱面以外の面に火炎を出さないものとして，国土交通大臣が定めた構造方法を用いるもの又は国土交通大臣の認定を受けたものをいう。第19項及び第121条第4項第一号において同じ。）で区画することができる。

〈関連：令2告示第198号〉

13　3階を法別表第一（い）欄（二）項に掲げる用途（病院，診療所又は児童福祉施設等を除く。）に供する建築物のうち階数が3で延べ面積が200 m² 未満のもの（第11項に規定する建築物を除く。）の竪穴部分については，当該竪穴部分以外の部分と間仕切壁又は戸（ふすま，障子その他これらに類するものを除く。）で区画しなければならない。

14　竪穴部分及びこれに接する他の竪穴部分（いずれも第1項第一号に該当する建築物の部分又は階段室の部分等であるものに限る。）が次に掲げる基準に適合する場合においては，これらの竪穴部分を1の竪穴部分とみなして，前3項の規定を適用する。

一　当該竪穴部分及び他の竪穴部分の壁及び天井の室内に面する部分の仕上げが準不燃材料でされ，かつ，その下地が準不燃材料で造られたものであること。

二　当該竪穴部分と当該他の竪穴部分とが用途上区画することができないものであること。

15　第12項及び第13項の規定は，火災が発生した場合に避難上支障のある高さまで煙又はガスの降下が生じない建築物として，壁及び天井の仕上げに用いる材料の種類並びに消火設備及び排煙設備の設置の状況及び構造を考慮して国土交通大臣が定めるものの竪穴部分については，適用しない。

16　第1項若しくは第4項から第6項までの規定による1時間準耐火基準に適合する準耐火構造の床若しくは壁（第4項に規定する防火上主要な間仕切壁を除く。）若しくは特定防火設備，第7項の規定による耐火構造の床若しくは壁若しくは法第2条第九号の二ロに規定する防火設備又は第11項の規定による準耐火構造の床若しくは壁若しくは同号ロに規定する防火設備に接する外壁については，当該外壁の

うちこれらに接する部分を含み幅 90 cm 以上の部分を準耐火構造としなければならない．ただし，外壁面から 50 cm 以上突出した準耐火構造のひさし，床，袖壁その他これらに類するもので防火上有効に遮られている場合においては，この限りでない．

17　前項の規定によって準耐火構造としなければならない部分に開口部がある場合においては，その開口部に法第 2 条第九号の二ロに規定する防火設備を設けなければならない．

18　建築物の一部が法第 27 条第 1 項各号，第 2 項各号又は第 3 項各号のいずれかに該当する場合においては，その部分とその他の部分とを 1 時間準耐火基準に適合する準耐火構造とした床若しくは壁又は特定防火設備で区画しなければならない．

　　ただし，国土交通大臣が定める基準に従い，警報設備を設けることその他これに準ずる措置が講じられている場合においては，この限りでない．

〈関連：令 2 告示第 250 号〉

19　第 1 項，第 4 項，第 5 項，第 10 項又は前項の規定による区画に用いる特定防火設備，第 7 項，第 10 項，第 11 項又は第 12 項本文の規定による区画に用いる法第 2 条第九号の二ロに規定する防火設備，同項ただし書の規定による区画に用いる 10 分間防火設備及び第 13 項の規定による区画に用いる戸は，次の各号に掲げる区分に応じ，それぞれ当該各号に定める構造のものとしなければならない．

一　第 1 項本文，第 4 項若しくは第 5 項の規定による区画に用いる特定防火設備又は第 7 項の規定による区画に用いる法第 2 条第九号の二ロに規定する防火設備　次に掲げる要件を満たすものとして，国土交通大臣が定めた構造方法を用いるもの又は国土交通大臣の認定を受けたもの　　　　　　　　　〈関連：昭 48 告示第 2563 号〉

　イ　常時閉鎖若しくは作動をした状態にあるか，又は随時閉鎖若しくは作動をできるものであること．

　ロ　閉鎖又は作動をするに際して，当該特定防火設備又は防火設備の周囲の人の安全を確保することができるものであること．

　ハ　居室から地上に通ずる主たる廊下，階段その他の通路の通行の用に供する部分に設けるものにあっては，閉鎖又は作動をした状態において避難上支障がないものであること．

　ニ　常時閉鎖又は作動をした状態にあるもの以外のものにあっては，火災により煙が発生した場合又は火災により温度が急激に上昇した場合のいずれかの場合に，自動的に閉鎖又は作動をするものであること．

二　第 1 項第二号，第 10 項若しくは前項の規定による区画に用いる特定防火設備，第 10 項，第 11 項若しくは第 12 項本文の規定による区画に用いる法第 2 条第九号の二ロに規定する防火設備，同項ただし書の規定による区画に用いる 10 分間防火設備又は第 13 項の規定による区画に用いる戸　次に掲げる要件を満たすものとして，国土交通大臣が定めた構造方法を用いるもの又は国土交通大臣の認定を受けたもの　　　　　　　　　〈関連：昭 48 告示第 2564 号〉

　イ　前号イからハまでに掲げる要件を満たしているものであること．

　ロ　避難上及び防火上支障のない遮煙性能を有し，かつ，常時閉鎖又は作動をした状態にあるもの以外のものにあっては，火災により煙が発生した場合に自動的に

閉鎖又は作動をするものであること.

20 給水管，配電管その他の管が第1項，第4項から第6項まで若しくは第18項の規定による1時間準耐火基準に適合する準耐火構造の床若しくは壁，第7項若しくは第10項の規定による耐火構造の床若しくは壁，第11項本文若しくは第16項本文の規定による準耐火構造の床若しくは壁又は同項ただし書の場合における同項ただし書のひさし，床，袖壁その他これらに類するもの（以下この条において「準耐火構造の防火区画」という.）を貫通する場合においては，当該管と準耐火構造の防火区画との隙間をモルタルその他の不燃材料で埋めなければならない.

21 換気，暖房又は冷房の設備の風道が準耐火構造の防火区画を貫通する場合（国土交通大臣が防火上支障がないと認めて指定する場合を除く.）においては，当該風道の準耐火構造の防火区画を貫通する部分又はこれに近接する部分に，特定防火設備（法第2条第九号のニロに規定する防火設備によって区画すべき準耐火構造の防火区画を貫通する場合にあっては，同号ロに規定する防火設備）であって，次に掲げる要件を満たすものとして，国土交通大臣が定めた構造方法を用いるもの又は国土交通大臣の認定を受けたものを国土交通大臣が定める方法により設けなければならない. 〈関連：昭48告示第2565号，昭49告示第1579号，平12告示第1376号〉

一 火災により煙が発生した場合又は火災により温度が急激に上昇した場合に自動的に閉鎖するものであること.

二 閉鎖した場合に防火上支障のない遮煙性能を有するものであること.

[木造等の建築物の防火壁及び防火床]

第113条 防火壁及び防火床は，次に定める構造としなければならない.

一 耐火構造とすること.

二 通常の火災による当該防火壁又は防火床以外の建築物の部分の倒壊によって生ずる応力が伝えられた場合に倒壊しないものとして国土交通大臣が定めた構造方法を用いるものとすること. 〈関連：令元告示第197号〉

三 通常の火災時において，当該防火壁又は防火床で区画された部分（当該防火壁又は防火床の部分を除く.）から屋外に出た火炎による当該防火壁又は防火床で区画された他の部分（当該防火壁又は防火床の部分を除く.）への延焼を有効に防止できるものとして国土交通大臣が定めた構造方法を用いるものとすること. 〈関連：令元告示第197号〉

四 防火壁に設ける開口部の幅及び高さ又は防火床に設ける開口部の幅及び長さは，それぞれ2.5m以下とし，かつ，これに特定防火設備で前条第19項第一号に規定する構造であるものを設けること.

2 前条第20項の規定は給水管，配電管その他の管が防火壁又は防火床を貫通する場合に，同条第21項の規定は換気，暖房又は冷房の設備の風道が防火壁又は防火床を貫通する場合について準用する.

3 第109条の7に規定する技術的基準に適合する壁等で，法第21条第2項第二号に規定する構造方法を用いるもの又は同号の規定による認定を受けたものは，第1項の規定に適合する防火壁又は防火床とみなす.

[建築物の界壁，間仕切壁及び隔壁]

第114条 長屋又は共同住宅の各戸の界壁（自動スプリンクラー設備等設置部分そ

の他防火上支障がないものとして国土交通大臣が定める部分の界壁を除く.）は，準耐火構造とし，第112条第4項各号のいずれかに該当する部分を除き，小屋裏又は天井裏に達せしめなければならない．

2　学校，病院，診療所（患者の収容施設を有しないものを除く.），児童福祉施設等，ホテル，旅館，下宿，寄宿舎又はマーケットの用途に供する建築物の当該用途に供する部分については，その防火上主要な間仕切壁（自動スプリンクラー設備等設置部分その他防火上支障がないものとして国土交通大臣が定める部分の間仕切壁を除く.）を準耐火構造とし，第112条第4項各号のいずれかに該当する部分を除き，小屋裏又は天井裏に達せしめなければならない． 〈関連：平26告示第860号〉

3　建築面積が300 m²を超える建築物の小屋組が木造である場合においては，小屋裏の直下の天井の全部を強化天井とするか，又は桁行間隔12 m以内ごとに小屋裏（準耐火構造の隔壁で区画されている小屋裏の部分で当該部分の直下の天井が強化天井であるものを除く.）に準耐火構造の隔壁を設けなければならない．ただし，次の各号のいずれかに該当する建築物については，この限りでない．

一　法第2条第九号の二イに掲げる基準に適合する建築物

二　第115条の2第1項第七号の基準に適合するもの

三　その周辺地域が農業上の利用に供され，又はこれと同様の状況にあって，その構造及び用途並びに周囲の状況に関し避難上及び延焼防止上支障がないものとして国土交通大臣が定める基準に適合する畜舎，堆肥舎並びに水産物の増殖場及び養殖場の上家 〈関連：平6告示第1882号〉

4　延べ面積がそれぞれ200 m²を超える建築物で耐火建築物以外のもの相互を連絡する渡り廊下で，その小屋組が木造であり，かつ，けた行が4 mを超えるものは，小屋裏に準耐火構造の隔壁を設けなければならない．

5　第112条第20項の規定は給水管，配電管その他の管が第1項の界壁，第2項の間仕切壁又は前2項の隔壁を貫通する場合に，同条第21項の規定は換気，暖房又は冷房の設備の風道がこれらの界壁，間仕切壁又は隔壁を貫通する場合について準用する．この場合において，同項中「特定防火設備」とあるのは，「第109条に規定する防火設備であって，これに通常の火災による火熱が加えられた場合に，加熱開始後45分間当該加熱面以外の面に火炎を出さないものとして，国土交通大臣が定めた構造方法を用いるもの又は国土交通大臣の認定を受けたもの」と読み替えるものとする． 〈関連：平12告示第1377号〉

［建築物に設ける煙突］

第115条　建築物に設ける煙突は，次に定める構造としなければならない．

〈関連：令第139条【p.339】〉

一　煙突の屋上突出部は，屋根面からの垂直距離を60 cm以上とすること．

二　煙突の高さは，その先端からの水平距離1 m以内に建築物がある場合で，その建築物に軒がある場合においては，その建築物の軒から60 cm以上高くすること．

三　煙突は，次のイ又はロのいずれかに適合するものとすること．

　イ　次に掲げる基準に適合するものであること．

　　（1）煙突の小屋裏，天井裏，床裏等にある部分は，煙突の上又は周囲にたまるほこりを煙突内の廃ガスその他の生成物の熱により燃焼させないものとして国土

交通大臣が定めた構造方法を用いるものとすること.

〈関連：平 16 告示第 1168 号〉

　(2)　煙突は，建築物の部分である木材その他の可燃材料から 15 cm 以上離して設けること．ただし，厚さが 10 cm 以上の金属以外の不燃材料で造り，又は覆う部分その他当該可燃材料を煙突内の廃ガスその他の生成物の熱により燃焼させないものとして国土交通大臣が定めた構造方法を用いる部分は，この限りでない．

　ロ　その周囲にある建築物の部分（小屋裏，天井裏，床裏等にある部分にあっては，煙突の上又は周囲にたまるほこりを含む.）を煙突内の廃ガスその他の生成物の熱により燃焼させないものとして，国土交通大臣の認定を受けたものであること．

四　壁付暖炉のれんが造，石造又はコンクリートブロック造の煙突（屋内にある部分に限る.）には，その内部に陶管の煙道を差し込み，又はセメントモルタルを塗ること．

五　壁付暖炉の煙突における煙道の屈曲が 120 度以内の場合においては，その屈曲部に掃除口を設けること．

六　煙突の廃ガスその他の生成物により，腐食又は腐朽のおそれのある部分には，腐食若しくは腐朽しにくい材料を用いるか，又は有効なさび止め若しくは防腐のための措置を講ずること．

七　ボイラーの煙突は，前各号に定めるもののほか，煙道接続口の中心から頂部までの高さがボイラーの燃料消費量（国土交通大臣が経済産業大臣の意見を聴いて定めるものとする.）に応じて国土交通大臣が定める基準に適合し，かつ，防火上必要があるものとして国土交通大臣が定めた構造方法を用いるものであること．

〈関連：昭 56 告示第 1112 号〉

2　前項第一号から第三号までの規定は，廃ガスその他の生成物の温度が低いことその他の理由により防火上支障がないものとして国土交通大臣が定める基準に適合する場合においては，適用しない．

〈関連：昭 56 告示第 1098 号〉

[防火壁又は防火床の設置を要しない建築物に関する技術的基準等]

第 115 条の 2　法第 26 条第二号ロの政令で定める技術的基準は，次のとおりとする．

一　第 46 条第 2 項第一号イ及びロに掲げる基準に適合していること．

二　地階を除く階数が 2 以下であること．

三　2 階の床面積（吹抜きとなっている部分に面する 2 階の通路その他の部分の床で壁の室内に面する部分から内側に 2 m 以内の間に設けられたもの（次号において「通路等の床」という.）の床面積を除く.）が 1 階の床面積の 1/8 以下であること．

四　外壁及び軒裏が防火構造であり，かつ，1 階の床（直下に地階がある部分に限る.）及び 2 階の床（通路等の床を除く.）の構造が，これに屋内において発生する通常の火災による火熱が加えられた場合に，加熱開始後 30 分間構造耐力上支障のある変形，溶融，亀裂その他の損傷を生じず，かつ，当該加熱面以外の面（屋内に面するものに限る.）の温度が可燃物燃焼温度以上に上昇しないものとして，国土交通大臣が定めた構造方法を用いるもの又は国土交通大臣の認定を受けたものであること．ただし，特定行政庁がその周囲の状況により延焼防止上支障がないと認め

る建築物の外壁及び軒裏については，この限りでない． 〈関連：平12告示第1368号〉

五　地階の主要構造部が耐火構造であり，又は不燃材料で造られていること．

六　調理室，浴室その他の室でかまど，こんろその他火を使用する設備又は器具を設けたものの部分が，その他の部分と耐火構造の床若しくは壁（これらの床又は壁を貫通する給水管，配電管その他の管の部分及びその周囲の部分の構造が国土交通大臣が定めた構造方法を用いるものに限る．）又は特定防火設備で第112条第19項第一号に規定する構造であるもので区画されていること． 〈関連：昭62告示第1900号〉

七　建築物の各室及び各通路について，壁（床面からの高さが1.2ｍ以下の部分を除く．）及び天井（天井のない場合においては，屋根）の室内に面する部分（回り縁，窓台その他これらに類する部分を除く．）の仕上げが難燃材料でされ，又はスプリンクラー設備，水噴霧消火設備，泡消火設備その他これらに類するもので自動式のもの及び第126条の3の規定に適合する排煙設備が設けられていること．

八　主要構造部である柱又ははりを接合する継手又は仕口の構造が，通常の火災時の加熱に対して耐力の低下を有効に防止することができるものとして国土交通大臣が定めた構造方法を用いるものであること． 〈関連：昭62告示第1901号〉

九　国土交通大臣が定める基準に従った構造計算によって，通常の火災により建築物全体が容易に倒壊するおそれのないことが確かめられた構造であること．

〈関連：昭62告示第1902号〉

2　法第26条第三号の政令で定める用途は，畜舎，堆肥舎並びに水産物の増殖場及び養殖場の上家とする．

[耐火建築物等としなければならない特殊建築物]

第115条の3　法別表第一（い）欄の（二）項から（四）項まで及び（六）項（法第87条第3項において法第27条の規定を準用する場合を含む．）に掲げる用途に類するもので政令で定めるものは，それぞれ次の各号に掲げるものとする．

一　（二）項の用途に類するもの
　　児童福祉施設等（幼保連携型認定こども園を含む．以下同じ．）

二　（三）項の用途に類するもの
　　博物館，美術館，図書館，ボーリング場，スキー場，スケート場，水泳場又はスポーツの練習場

三　（四）項の用途に類するもの
　　公衆浴場，待合，料理店，飲食店又は物品販売業を営む店舗（床面積が10m^{2}以内のものを除く．）

四　（六）項の用途に類するもの
　　映画スタジオ又はテレビスタジオ

[自動車車庫等の用途に供してはならない準耐火建築物]

第115条の4　法第27条第3項（法第87条第3項において準用する場合を含む．次条第1項において同じ．）の規定により政令で定める準耐火建築物は，第109条の3第一号に掲げる技術的基準に適合するもの（同条第二号に掲げる技術的基準に適合するものを除く．）とする．

[危険物の数量]

第116条　法第27条第3項第二号の規定により政令で定める危険物の数量の限度は，

次の表に定めるところによるものとする．

危険物品の種類		数　　　量	
		常時貯蔵する場合	製造所又は他の事業を営む工場において処理する場合
火薬類（玩具煙火を除く．）	火　薬	20 t	10 t
	爆　薬	20 t	5 t
	工業雷管及び電気雷管	300 万個	50 万個
	銃用雷管	1 000 万個	500 万個
	信号雷管	300 万個	50 万個
	実　包	1 000 万個	5 万個
	空　包	1 000 万個	5 万個
	信管及び火管	10 万個	5 万個
	導爆線	500 km	500 km
	導火線	2 500 km	500 km
	電気導火線	7 万個	5 万個
	信号炎管及び信号火箭	2 t	2 t
	煙　火	2 t	2 t
	その他の火薬又は爆薬を使用した火工品	当該火工品の原料をなす火薬又は爆薬の数量に応じて，火薬又は爆薬の数量のそれぞれの限度による．	
消防法第2条第7項に規定する危険物		危険物の規制に関する政令（昭和34年政令第306号）別表第三の類別欄に掲げる類，同表の品名欄に掲げる品名及び同表の性質欄に掲げる性状に応じ，それぞれ同表の指定数量欄に定める数量の10倍の数量	危険物の規制に関する政令別表第三の類別欄に掲げる類，同表の品名欄に掲げる品名及び同表の性質欄に掲げる性状に応じ，それぞれ同表の指定数量欄に定める数量の10倍の数量
マッチ		300 マッチ t	300 マッチ t
可燃性ガス		700 m³	2 万 m³
圧縮ガス		7 000 m³	20 万 m³
液化ガス		70 t	2 000 t

この表において，可燃性ガス及び圧縮ガスの容積の数値は，温度が0度で，圧力が1気圧の状態に換算した数値とする．

2　土木工事又はその他の事業に一時的に使用するためにその事業中臨時に貯蔵する危険物の数量の限度及び支燃性又は不燃性の圧縮ガス又は液化ガスの数量の限度は，無制限とする．

3　第1項の表に掲げる危険物の2種類以上を同一の建築物に貯蔵しようとする場合においては，第1項に規定する危険物の数量の限度は，それぞれ当該各欄の危険物の数量の限度の数値で貯蔵しようとする危険物の数値を除し，それらの商を加えた数値が1である場合とする．

第5章　避難施設等

第1節　総則

[窓その他の開口部を有しない居室等]

第116条の2　法第35条（法第87条第3項において準用する場合を含む。第127条において同じ。）の規定により政令で定める窓その他の開口部を有しない居室は，次の各号に該当する窓その他の開口部を有しない居室とする。

一　面積（第20条の規定より計算した採光に有効な部分の面積に限る。）の合計が，当該居室の床面積の 1/20 以上のもの

二　開放できる部分（天井又は天井から下方 80 cm 以内の距離にある部分に限る。）の面積の合計が，当該居室の床面積の 1/50 以上のもの

2　ふすま，障子その他随時開放することができるもので仕切られた2室は，前項の規定の適用については，1室とみなす。

第2節　廊下，避難階段及び出入口

[適用の範囲]

第117条　この節の規定は，法別表第一（い）欄（一）項から（四）項までに掲げる用途に供する特殊建築物，階数が3以上である建築物，前条第1項第一号に該当する窓その他の開口部を有しない居室を有する階又は延べ面積が $1\,000\,\mathrm{m^2}$ を超える建築物に限り適用する。

2　次に掲げる建築物の部分は，この節の規定の適用については，それぞれ別の建築物とみなす。

一　建築物が開口部のない耐火構造の床又は壁で区画されている場合における当該区画された部分

二　建築物の2以上の部分の構造が通常の火災時において相互に火熱又は煙若しくはガスによる防火上有害な影響を及ぼさないものとして国土交通大臣が定めた構造方法を用いるものである場合における当該部分　〈関連：平28告示第695号〉

[客席からの出口の戸]

第118条　劇場，映画館，演芸場，観覧場，公会堂又は集会場における客席からの出口の戸は，内開きとしてはならない。　〈関連：令第125条第2項【p.254】〉

[廊下の幅]

第119条　廊下の幅は，それぞれ次の表に掲げる数値以上としなければならない。

廊下の用途 ＼ 廊下の配置	両側に居室がある廊下における場合 （単位 m）	その他の廊下における場合 （単位 m）
小学校，中学校，義務教育学校，高等学校又は中等教育学校における児童用又は生徒用のもの	2.3	1.8

| | 1.6 | 1.2 |

病院における患者用のもの，共同住宅の住戸若しくは住室の床面積の合計が100 m² を超える階における共用のもの又は3室以下の専用のものを除き居室の床面積の合計が200 m²（地階にあっては，100 m²）を超える階におけるもの

［直通階段の設置］

第120条 建築物の避難階以外の階（地下街におけるものを除く．次条第1項において同じ．）においては，避難階又は地上に通ずる直通階段（傾斜路を含む．以下同じ．）を居室の各部分からその一に至る歩行距離が次の表の数値以下となるように設けなければならない． 〈関連：令第23条【p.189】，令第128条の3【p.259】〉

居室の種類	構造	主要構造部が準耐火構造であるか又は不燃材料で造られている場合（単位 m）	左欄に掲げる場合以外の場合（単位 m）
(一)	第116条の2第1項第一号に該当する窓その他の開口部を有しない居室又は法別表第一（い）欄四項に掲げる用途に供する特殊建築物の主たる用途に供する居室	30	30
(二)	法別表第一（い）欄(二)項に掲げる用途に供する特殊建築物の主たる用途に供する居室	50	30
(三)	(一)又は(二)に掲げる居室以外の居室	50	40

2　主要構造部が準耐火構造であるか又は不燃材料で造られている建築物の居室で，当該居室及びこれから地上に通ずる主たる廊下，階段その他の通路の壁（床面からの高さが1.2 m 以下の部分を除く．）及び天井（天井のない場合においては，屋根）の室内に面する部分（回り縁，窓台その他これらに類する部分を除く．）の仕上げを準不燃材料でしたものについては，前項の表の数値に10を加えた数値を同項の表の数値とする．ただし，15階以上の階の居室については，この限りでない．

3　15階以上の階の居室については，前項本文の規定に該当するものを除く，第1項の表の数値から10を減じた数値を同項の表の数値とする．

4　第1項の規定は，主要構造部を準耐火構造とした共同住宅の住戸でその階数が2又は3であり，かつ，出入口が一の階のみにあるものの当該出入口のある階以外の階については，その居室の各部分から避難階又は地上に通ずる直通階段の一に至る歩行距離が40 m 以下である場合においては，適用しない．

［2以上の直通階段を設ける場合］

第121条 建築物の避難階以外の階が次の各号のいずれかに該当する場合においては，その階から避難階又は地上に通ずる2以上の直通階段を設けなければならない．

一　劇場，映画館，演芸場，観覧場，公会堂又は集会場の用途に供する階でその階に客席，集会室その他これらに類するものを有するもの

二　物品販売業を営む店舗（床面積の合計が1 500 m² を超えるものに限る．第122

条第2項，第124条第1項及び第125条第3項において同じ.）の用途に供する階でその階に売場を有するもの

三　次に掲げる用途に供する階でその階に客席，客室その他これらに類するものを有するもの（5階以下の階で，その階の居室の床面積の合計が100 m²を超えず，かつ，その階に避難上有効なバルコニー，屋外通路その他これらに類するもの及びその階から避難階又は地上に通ずる直通階段で第123条第2項又は第3項の規定に適合するものが設けられているもの並びに避難階の直上階又は直下階である5階以下の階でその階の居室の床面積の合計が100 m²を超えないものを除く.）

　イ　キャバレー，カフェー，ナイトクラブ又はバー

　ロ　個室付浴場業その他客の性的好奇心に応じてその客に接触する役務を提供する営業を営む施設

　ハ　ヌードスタジオその他これに類する興行場（劇場，映画館又は演芸場に該当するものを除く.）

　ニ　専ら異性を同伴する客の休憩の用に供する施設

　ホ　店舗型電話異性紹介営業その他これに類する営業を営む店舗

四　病院若しくは診療所の用途に供する階でその階における病室の床面積の合計又は児童福祉施設等の用途に供する階でその階における児童福祉施設等の主たる用途に供する居室の床面積の合計が，それぞれ50 m²を超えるもの

五　ホテル，旅館若しくは下宿の用途に供する階でその階における宿泊室の床面積の合計，共同住宅の用途に供する階でその階における居室の床面積の合計又は寄宿舎の用途に供する階でその階における寝室の床面積の合計が，それぞれ100 m²を超えるもの

六　前各号に掲げる階以外の階で次のイ又はロに該当するもの

　イ　6階以上の階でその階に居室を有するもの（第一号から第四号までに掲げる用途に供する階以外の階で，その階の居室の床面積の合計が100 m²を超えず，かつ，その階に避難上有効なバルコニー，屋外通路その他これらに類するもの及びその階から避難階又は地上に通ずる直通階段で第123条第2項又は第3項の規定に適合するものが設けられているものを除く.）

　ロ　5階以下の階でその階における居室の床面積の合計が避難階の直上階にあっては200 m²を，その他の階にあっては100 m²を超えるもの

2　主要構造部が準耐火構造であるか，又は不燃材料で造られている建築物について前項の規定を適用する場合には，同項中「50 m²」とあるのは「100 m²」と，「100 m²」とあるのは「200 m²」と，「200 m²」とあるのは「400 m²」とする.

3　第1項の規定により避難階又は地上に通ずる2以上の直通階段を設ける場合において，居室の各部分から各直通階段に至る通常の歩行経路のすべてに共通の重複区間があるときにおける当該重複区間の長さは，前条に規定する歩行距離の数値の1/2を超えてはならない. ただし，居室の各部分から，当該重複区間を経由しないで，避難上有効なバルコニー，屋外通路その他これらに類するものに避難することができる場合は，この限りでない.

4　第1項（第四号及び第五号（第2項の規定が適用される場合にあっては，第四号）に係る部分に限る.）の規定は，階数が3以下で延べ面積が200 m²未満の建築

物の避難階以外の階（以下この項において「特定階」という.）（階段の部分（当該部分からのみ人が出入りすることのできる便所，公衆電話所その他これらに類するものを含む.）と当該階段の部分以外の部分（直接外気に開放されている廊下，バルコニーその他これらに類する部分を除く.）とが間仕切壁若しくは次の各号に掲げる場合の区分に応じ当該各号に定める防火設備で第112条第19項第二号に規定する構造であるもので区画されている建築物又は同条第15項の国土交通大臣が定める建築物の特定階に限る.）については，適用しない.

一　特定階を第1項第四号に規定する用途（児童福祉施設等については入所する者の寝室があるものに限る.）に供する場合　　法第2条第九号の二ロに規定する防火設備（当該特定階がある建築物の居室，倉庫その他これらに類する部分にスプリンクラー設備その他これに類するものを設けた場合にあっては，10分間防火設備）

二　特定階を児童福祉施設等（入所する者の寝室があるものを除く.）の用途又は第1項第五号に規定する用途に供する場合　　戸（ふすま，障子その他これらに類するものを除く.）

[屋外階段の構造]

第121条の2　前2条の規定による直通階段で屋外に設けるものは，木造（準耐火構造のうち有効な防腐措置を講じたものを除く.）としてはならない.

[避難階段の設置]

第122条　建築物の5階以上の階（その主要構造部が準耐火構造であるか，又は不燃材料で造られている建築物で5階以上の階の床面積の合計が100 m^2以下である場合を除く.）又は地下2階以下の階（その主要構造部が準耐火構造であるか，又は不燃材料で造られている建築物で地下2階以下の階の床面積の合計が100 m^2以下である場合を除く.）に通ずる直通階段は次条の規定による避難階段又は特別避難階段とし，建築物の15階以上の階又は地下3階以下の階に通ずる直通階段は同条第3項の規定による特別避難階段としなければならない．ただし，主要構造部が耐火構造である建築物（階段室の部分，昇降機の昇降路の部分（当該昇降機の乗降のための乗降ロビーの部分を含む.）及び廊下その他の避難の用に供する部分で耐火構造の床若しくは壁又は特定防火設備で区画されたものを除く.）で床面積の合計100 m^2（共同住宅の住戸にあっては，200 m^2）以内ごとに耐火構造の床若しくは壁又は特定防火設備（直接外気に開放されている階段室に面する換気のための窓で開口面積が0.2 m^2以下のものに設けられる法第2条第九号の二ロに規定する防火設備を含む.）で区画されている場合においては，この限りでない.

2　3階以上の階を物品販売業を営む店舗の用途に供する建築物にあっては，各階の売場及び屋上広場に通ずる2以上の直通階段を設け，これを次条の規定による避難階段又は特別避難階段としなければならない.

3　前項の直通階段で，5階以上の売場に通ずるものはその1以上を，15階以上の売場に通ずるものはそのすべてを次条第3項の規定による特別避難階段としなければならない.

[避難階段及び特別避難階段の構造]

第123条　屋内に設ける避難階段は，次に定める構造としなければならない.

一　階段室は，第四号の開口部，第五号の窓又は第六号の出入口の部分を除き，耐火

構造の壁で囲むこと.

二　階段室の天井（天井のない場合にあっては，屋根．第3項第四号において同じ.）及び壁の室内に面する部分は，仕上げを不燃材料でし，かつ，その下地を不燃材料で造ること.

三　階段室には，窓その他の採光上有効な開口部又は予備電源を有する照明設備を設けること.

四　階段室の屋外に面する壁に設ける開口部（開口面積が各々1m²以内で，法第2条第九号の二ロに規定する防火設備ではめごろし戸であるものが設けられたものを除く.）は，階段室以外の当該建築物の部分に設けた開口部並びに階段室以外の当該建築物の壁及び屋根（耐火構造の壁及び屋根を除く.）から90cm以上の距離に設けること．ただし，第112条第16項ただし書に規定する場合は，この限りでない.

五　階段室の屋内に面する壁に窓を設ける場合においては，その面積は，各々1m²以内とし，かつ，法第2条第九号の二ロに規定する防火設備ではめごろし戸であるものを設けること.

六　階段に通ずる出入口には，法第2条第九号の二ロに規定する防火設備で第112条第19項第二号に規定する構造であるものを設けること．この場合において，直接手で開くことができ，かつ，自動的に閉鎖する戸又は戸の部分は，避難の方向に開くことができるものとすること.

七　階段は，耐火構造とし，避難階まで直通すること.

2　屋外に設ける避難階段は，次に定める構造としなければならない.

一　階段は，その階段に通ずる出入口以外の開口部（開口面積が各々1m²以内で，法第2条第九号の二ロに規定する防火設備ではめごろし戸であるものが設けられたものを除く.）から2m以上の距離に設けること.

二　屋内から階段に通ずる出入口には，前項第六号の防火設備を設けること.

三　階段は，耐火構造とし，地上まで直通すること.

3　特別避難階段は，次に定める構造としなければならない.

一　屋内と階段室とは，バルコニー又は付室を通じて連絡すること.

二　屋内と階段室とが付室を通じて連絡する場合においては，階段室又は付室の構造が，通常の火災時に生ずる煙が付室を通じて階段室に流入することを有効に防止できるものとして，国土交通大臣が定めた構造方法を用いるもの又は国土交通大臣の認定を受けたものであること.　　　　　〈関連：平28告示第696号〉

三　階段室，バルコニー及び付室は，第六号の開口部，第八号の窓又は第十号の出入口の部分（第129条の13の3第3項に規定する非常用エレベーターの乗降ロビーの用に供するバルコニー又は付室にあっては，当該エレベーターの昇降路の出入口の部分を含む.）を除き，耐火構造の壁で囲むこと.

四　階段室及び付室の天井及び壁の室内に面する部分は，仕上げを不燃材料でし，かつ，その下地を不燃材料で造ること.

五　階段室には，付室に面する窓その他の採光上有効な開口部又は予備電源を有する照明設備を設けること.

六　階段室，バルコニー又は付室の屋外に面する壁に設ける開口部（開口面積が各々

$1 \, \text{m}^2$ 以内で，法第 2 条第九号の二ロに規定する防火設備ではめごろし戸であるものが設けられたものを除く．）は，階段室，バルコニー又は付室以外の当該建築物の部分に設けた開口部並びに階段室，バルコニー又は付室以外の当該建築物の部分の壁及び屋根（耐火構造の壁及び屋根を除く．）から 90 cm 以上の距離にある部分で，延焼のおそれのある部分以外の部分に設けること．ただし，第 112 条第 16 項ただし書に規定する場合は，この限りでない．

七　階段室には，バルコニー及び付室に面する部分以外に屋内に面して開口部を設けないこと．

八　階段室のバルコニー又は付室に面する部分に窓を設ける場合においては，はめごろし戸を設けること．

九　バルコニー及び付室には，階段室以外の屋内に面する壁に出入口以外の開口部を設けないこと．

十　屋内からバルコニー又は付室に通ずる出入口には第 1 項第六号の特定防火設備を，バルコニー又は付室から階段室に通ずる出入口には同号の防火設備を設けること．

十一　階段は，耐火構造とし，避難階まで直通すること．

十二　建築物の 15 階以上の階又は地下 3 階以下の階に通ずる特別避難階段の 15 階以上の各階又は地下 3 階以下の各階における階段室及びこれと屋内とを連絡するバルコニー又は付室の床面積（バルコニーで床面積がないものにあっては，床部分の面積）の合計は，当該階に設ける各居室の床面積に，法別表第一（い）欄㈠項又は㈣項に掲げる用途に供する居室にあっては 8/100，その他の居室にあっては 3/100 を乗じたものの合計以上とすること．

[共同住宅の住戸の床面積の算定等]

第 123 条の 2　主要構造部を準耐火構造とした共同住宅の住戸でその階数が 2 又は 3 であり，かつ，出入口が一の階のみにあるものの当該出入口のある階以外の階は，その居室の各部分から避難階又は地上に通ずる直通階段の一に至る歩行距離が 40 m 以下である場合においては，第 119 条，第 121 条第 1 項第五号及び第六号イ（これらの規定を同条第 2 項の規定により読み替える場合を含む．），第 122 条第 1 項並びに前条第 3 項第十二号の規定の適用については，当該出入口のある階にあるものとみなす．

[物品販売業を営む店舗における避難階段等の幅]

第 124 条　物品販売業を営む店舗の用途に供する建築物における避難階段，特別避難階段及びこれらに通ずる出入口の幅は，次の各号に定めるところによらなければならない．

一　各階における避難階段及び特別避難階段の幅の合計は，その直上階以上の階（地階にあっては，当該階以下の階）のうち床面積が最大の階における床面積 $100 \, \text{m}^2$ につき 60 cm の割合で計算した数値以上とすること．

二　各階における避難階段及び特別避難階段に通ずる出入口の幅の合計は，各階ごとにその階の床面積 $100 \, \text{m}^2$ につき，地上階にあっては 27 cm，地階にあっては 36 cm の割合で計算した数値以上とすること．

2　前項に規定する所要幅の計算に関しては，専ら 1 若しくは 2 の地上階から避難

階若しくは地上に通ずる避難階段及び特別避難階段又はこれらに通ずる出入口については，その幅が1.5倍あるものとみなすことができる．

3　前2項の規定の適用に関しては，屋上広場は，階とみなす．

[屋外への出口]

第125条　避難階においては，階段から屋外への出口の一に至る歩行距離は第120条に規定する数値以下と，居室（避難上有効な開口部を有するものを除く．）の各部分から屋外への出口の一に至る歩行距離は同条に規定する数値の2倍以下としなければならない．

2　劇場，映画館，演芸場，観覧場，公会堂又は集会場の客用に供する屋外への出口の戸は，内開きとしてはならない．　　　　　　　　〈関連：令第118条【p.248】〉

3　物品販売業を営む店舗の避難階に設ける屋外への出口の幅の合計は，床面積が最大の階における床面積100 m² につき60 cm の割合で計算した数値以上としなければならない．

4　前条第3項の規定は，前項の場合に準用する．

[屋外への出口等の施錠装置の構造等]

第125条の2　次の各号に掲げる出口に設ける戸の施錠装置は，当該建築物が法令の規定により人を拘禁する目的に供せられるものである場合を除き，屋内からかぎを用いることなく解錠できるものとし，かつ，当該戸の近くの見やすい場所にその解錠方法を表示しなければならない．

一　屋外に設ける避難階段に屋内から通ずる出口

二　避難階段から屋外に通ずる出口

三　前2号に掲げる出口以外の出口のうち，維持管理上常時鎮錠状態にある出口で，火災その他の非常の場合に避難の用に供すべきもの

2　前項に規定するもののほか，同項の施錠装置の構造及び解錠方法の表示の基準は，国土交通大臣が定める．

[屋上広場等]

第126条　屋上広場又は2階以上の階にあるバルコニーその他これに類するものの周囲には，安全上必要な高さが1.1 m 以上の手すり壁，さく又は金網を設けなければならない．

2　建築物の5階以上の階を百貨店の売場の用途に供する場合においては，避難の用に供することができる屋上広場を設けなければならない．

第3節　排煙設備

[設置]

第126条の2　法別表第一（い）欄㈠項から㈣項までに掲げる用途に供する特殊建築物で延べ面積が500 m² を超えるもの，階数が3以上で延べ面積が500 m² を超える建築物（建築物の高さが31 m 以下の部分にある居室で，床面積100 m² 以内ごとに，間仕切壁，天井面から50 cm 以上下方に突出した垂れ壁その他これらと同等以上に煙の流動を妨げる効力のあるもので不燃材料で造り，又は覆われたもの（以下「防煙壁」という．）によって区画されたものを除く．），第116条の2第1項第二号に該当する窓その他の開口部を有しない居室又は延べ面積が1 000 m² を超

える建築物の居室で，その床面積が200 m² を超えるもの（建築物の高さが31 m 以下の部分にある居室で，床面積100 m² 以内ごとに防煙壁で区画されたものを除く.）には，排煙設備を設けなければならない．ただし，次の各号のいずれかに該当する建築物又は建築物の部分については，この限りでない．

一　法別表第一（い）欄(二)項に掲げる用途に供する特殊建築物のうち，準耐火構造の床若しくは壁又は法第2条第九号の二ロに規定する防火設備で区画された部分で，その床面積が100 m²（共同住宅の住戸にあっては，200 m²）以内のもの

二　学校（幼保連携型認定こども園を除く.），体育館，ボーリング場，スキー場，スケート場，水泳場又はスポーツの練習場（以下「学校等」という.）

三　階段の部分，昇降機の昇降路の部分（当該昇降機の乗降のための乗降ロビーの部分を含む.）その他これらに類する建築物の部分

四　機械製作工場，不燃性の物品を保管する倉庫その他これらに類する用途に供する建築物で主要構造部が不燃材料で造られたものその他これらと同等以上に火災の発生のおそれの少ない構造のもの

五　火災が発生した場合に避難上支障のある高さまで煙又はガスの降下が生じない建築物の部分として，天井の高さ，壁及び天井の仕上げに用いる材料の種類等を考慮して国土交通大臣が定めるもの　　　　　　　　〈関連：平 12 告示第 1436 号〉

2　次に掲げる建築物の部分は，この節の規定の適用については，それぞれ別の建築物とみなす．

一　建築物が開口部のない準耐火構造の床若しくは壁又は法第2条第九号の二ロに規定する防火設備でその構造が第112条第19項第一号イ及びロ並びに第二号ロに掲げる要件を満たすものとして，国土交通大臣が定めた構造方法を用いるもの若しくは国土交通大臣の認定を受けたもので区画されている場合における当該区画された部分　　　　　　　　　　　　　　　　　　〈関連：昭 48 告示第 2564 号〉

二　建築物の2以上の部分の構造が通常の火災時において相互に煙又はガスによる避難上有害な影響を及ぼさないものとして国土交通大臣が定めた構造方法を用いるものである場合における当該部分　　　　　　　　　　　〈関連：令 2 告示第 663 号〉

［構造］

第126条の3　前条第1項の排煙設備は，次に定める構造としなければならない．

一　建築物をその床面積500 m² 以内ごとに，防煙壁で区画すること．

二　排煙設備の排煙口，風道その他煙に接する部分は，不燃材料で造ること．

三　排煙口は，第一号の規定により区画された部分（以下「防煙区画部分」という.）のそれぞれについて，当該防煙区画部分の各部分から排煙口の一に至る水平距離が30 m 以下となるように，天井又は壁の上部（天井から80 cm（たけの最も短い防煙壁のたけが80 cm に満たないときは，その値）以内の距離にある部分をいう.）に設け，直接外気に接する場合を除き，排煙風道に直結すること．

四　排煙口には，手動開放装置を設けること．

五　前号の手動開放装置のうち手で操作する部分は，壁に設ける場合においては床面から80 cm 以上 1.5 m 以下の高さの位置に，天井から吊り下げて設ける場合においては床面からおおむね 1.8 m の高さの位置に設け，かつ，見やすい方法でその使用方法を表示すること．

六　排煙口には，第四号の手動開放装置若しくは煙感知器と連動する自動開放装置又は遠隔操作方式による開放装置により開放された場合を除き閉鎖状態を保持し，かつ，開放時に排煙に伴い生ずる気流により閉鎖されるおそれのない構造の戸その他これに類するものを設けること．

七　排煙風道は，第115条第1項第三号に定める構造とし，かつ，防煙壁を貫通する場合においては，当該風道と防煙壁とのすき間をモルタルその他の不燃材料で埋めること．

八　排煙口が防煙区画部分の床面積の1/50以上の開口面積を有し，かつ，直接外気に接する場合を除き，排煙機を設けること．

九　前号の排煙機は，一の排煙口の開放に伴い自動的に作動し，かつ，1分間に，120 m^{3}以上で，かつ，防煙区画部分の床面積1 m^{2}につき1 m^3（2以上の防煙区画部分に係る排煙機にあっては，当該防煙区画部分のうち床面積の最大のものの床面積1 m^{2}につき2 m^3）以上の空気を排出する能力を有するものとすること．

十　電源を必要とする排煙設備には，予備電源を設けること．

十一　法第34条第2項に規定する建築物又は各構えの床面積の合計が1 000 m^{2}を超える地下街における排煙設備の制御及び作動状態の監視は，中央管理室において行うことができるものとすること．

十二　前各号に定めるもののほか，火災時に生ずる煙を有効に排出することができるものとして国土交通大臣が定めた構造方法を用いるものとすること．

〈関連：昭45告示第1829号〉

2　前項の規定は，送風機を設けた排煙設備その他の特殊な構造の排煙設備で，通常の火災時に生ずる煙を有効に排出することができるものとして国土交通大臣が定めた構造方法を用いるものについては，適用しない．　〈関連：平12告示第1437号〉

第4節　非常用の照明装置

[設置]

第126条の4　法別表第一（い）欄㈠項から㈣項までに掲げる用途に供する特殊建築物の居室，階数が3以上で延べ面積が500 m^{2}を超える建築物の居室，第116条の2第1項第一号に該当する窓その他の開口部を有しない居室又は延べ面積が1 000 m^{2}を超える建築物の居室及びこれらの居室から地上に通ずる廊下，階段その他の通路（採光上有効に直接外気に開放された通路を除く．）並びにこれらに類する建築物の部分で照明装置の設置を通常要する部分には，非常用の照明装置を設けなければならない．ただし，次の各号のいずれかに該当する建築物又は建築物の部分については，この限りでない．

一　一戸建の住宅又は長屋若しくは共同住宅の住戸

二　病院の病室，下宿の宿泊室又は寄宿舎の寝室その他これらに類する居室

三　学校等

四　避難階又は避難階の直上階若しくは直下階の居室で避難上支障がないものその他これらに類するものとして国土交通大臣が定めるもの　〈関連：平12告示第1411号〉

[構造]

第126条の5　前条の非常用の照明装置は，次の各号のいずれかに定める構造としな

ければならない．

一　次に定める構造とすること．

　　イ　照明は，直接照明とし，床面において1lx以上の照度を確保することができ
　　　るものとすること．

　　ロ　照明器具の構造は，火災時において温度が上昇した場合であっても著しく光度
　　　が低下しないものとして国土交通大臣が定めた構造方法を用いるものとするこ
　　　と．
　　　　　　　　　　　　　　　　　　　　　　　　　　　〈関連：昭45告示第1830号〉

　　ハ　予備電源を設けること．

　　ニ　イからハまでに定めるもののほか，非常の場合の照明を確保するために必要が
　　　あるものとして国土交通大臣が定めた構造方法を用いるものとすること．
　　　　　　　　　　　　　　　　　　　　　　　　　　　〈関連：昭45告示第1830号〉

二　火災時において，停電した場合に自動的に点灯し，かつ，避難するまでの間に，
　当該建築物の室内の温度が上昇した場合にあっても床面において1lx以上の照度
　を確保することができるものとして，国土交通大臣の認定を受けたものとすること．

第5節　非常用の進入口

[設置]

第126条の6　建築物の高さ31m以下の部分にある3階以上の階（不燃性の物品の
　保管その他これと同等以上に火災の発生のおそれの少ない用途に供する階又は国土
　交通大臣が定める特別の理由により屋外からの進入を防止する必要がある階で，そ
　の直上階又は直下階から進入することができるものを除く．）には，非常用の進入
　口を設けなければならない．ただし，次の各号のいずれかに該当する場合において
　は，この限りでない．
　　　　　　　　　　　　　　　　　　　　　　　　　　　〈関連：平12告示第1438号〉

一　第129条の13の3の規定に適合するエレベーターを設置している場合

二　道又は道に通ずる幅員4m以上の通路その他の空地に面する各階の外壁面に窓
　その他の開口部（直径1m以上の円が内接することができるもの又はその幅及び
　高さが，それぞれ，75cm以上及び1.2m以上のもので，格子その他の屋外からの
　進入を妨げる構造を有しないものに限る．）を当該壁面の長さ10m以内ごとに設
　けている場合

三　吹抜きとなっている部分その他の一定の規模以上の空間で国土交通大臣が定める
　ものを確保し，当該空間から容易に各階に進入することができるよう，通路その他
　の部分であって，当該空間との間に壁を有しないことその他の高い開放性を有する
　ものとして，国土交通大臣が定めた構造方法を用いるもの又は国土交通大臣の認定
　を受けたものを設けている場合
　　　　　　　　　　　　　　　　　　　　　　　　　　　〈関連：平28告示第786号〉

[構造]

第126条の7　前条の非常用の進入口は，次の各号に定める構造としなければならな
　い．

一　進入口は，道又は道に通ずる幅員4m以上の通路その他の空地に面する各階の
　外壁面に設けること．

二　進入口の間隔は，40m以下であること．

三　進入口の幅，高さ及び下端の床面からの高さが，それぞれ，75cm以上，1.2m

以上及び 80 cm 以下であること.

四　進入口は，外部から開放し，又は破壊して室内に進入できる構造とすること.

五　進入口には，奥行き 1 m 以上，長さ 4 m 以上のバルコニーを設けること.

六　進入口又はその近くに，外部から見やすい方法で赤色灯の標識を掲示し，及び非常用の進入口である旨を赤色で表示すること.

七　前各号に定めるもののほか，国土交通大臣が非常用の進入口としての機能を確保するために必要があると認めて定める基準に適合する構造とすること.

〈関連：昭 45 告示第 1831 号〉

第 6 節　敷地内の避難上及び消火上必要な通路等

[適用の範囲]

第 127 条　この節の規定は，法第 35 条に掲げる建築物に適用する.

[敷地内の通路]

第 128 条　敷地内には，第 123 条第 2 項の屋外に設ける避難階段及び第 125 条第 1 項の出口から道又は公園，広場その他の空地に通ずる幅員が 1.5 m（階数が 3 以下で延べ面積が 200 m² 未満の建築物の敷地内にあっては，90 cm）以上の通路を設けなければならない.

[大規模な木造等の建築物の敷地内における通路]

第 128 条の 2　主要構造部の全部が木造の建築物（法第 2 条第九号の二イに掲げる基準に適合する建築物を除く.）でその延べ面積が 1 000 m² を超える場合又は主要構造部の一部が木造の建築物でその延べ面積（主要構造部が耐火構造の部分を含む場合で，その部分とその他の部分とが耐火構造とした壁又は特定防火設備で区画されているときは，その部分の床面積を除く. 以下この条において同じ.）が 1 000 m² を超える場合においては，その周囲（道に接する部分を除く.）に幅員が 3 m 以上の通路を設けなければならない. ただし，延べ面積が 3 000 m² 以下の場合における隣地境界線に接する部分の通路は，その幅員を 1.5 m 以上とすることができる.

2　同一敷地内に 2 以上の建築物（耐火建築物，準耐火建築物及び延べ面積が 1 000 m² を超えるものを除く.）がある場合で，その延べ面積の合計が 1 000 m² を超えるときは，延べ面積の合計 1 000 m² 以内ごとの建築物に区画し，その周囲（道又は隣地境界線に接する部分を除く.）に幅員が 3 m 以上の通路を設けなければならない.

3　耐火建築物又は準耐火建築物が延べ面積の合計 1 000 m² 以内ごとに区画された建築物を相互に防火上有効に遮っている場合においては，これらの建築物については，前項の規定は，適用しない. ただし，これらの建築物の延べ面積の合計が 3 000 m² を超える場合においては，その延べ面積の合計 3 000 m² 以内ごとに，その周囲（道又は隣地境界線に接する部分を除く.）に幅員が 3 m 以上の通路を設けなければならない.

4　前各項の規定にかかわらず，通路は，次の各号の規定に該当する渡り廊下を横切ることができる. ただし，通路が横切る部分における渡り廊下の開口の幅は 2.5 m 以上，高さは 3 m 以上としなければならない.

一　幅が 3 m 以下であること.

二　通行又は運搬以外の用途に供しないこと．

5　前各項の規定による通路は，敷地の接する道まで達しなければならない．

[地下街]

第128条の3　地下街の各構えは，次の各号に該当する地下道に2m以上接しなければならない．ただし，公衆便所，公衆電話所その他これらに類するものにあっては，その接する長さを2m未満とすることができる．

〈関連：令第120条第1項【p.249】，令第121条第1項【p.249】〉

一　壁，柱，床，はり及び床版は，国土交通大臣が定める耐火に関する性能を有すること．

〈関連：昭44告示第1729号〉

二　幅員5m以上，天井までの高さ3m以上で，かつ，段及び1/8を超える勾配の傾斜路を有しないこと．

三　天井及び壁の内面の仕上げを不燃材料でし，かつ，その下地を不燃材料で造っていること．

四　長さが60mを超える地下道にあっては，避難上安全な地上に通ずる直通階段で第23条第1項の表の㈡に適合するものを各構えの接する部分からその一に至る歩行距離が30m以下となるように設けていること．

五　末端は，当該地下道の幅員以上の幅員の出入口で道に通ずること．ただし，その末端の出入口が2以上ある場合においては，それぞれの出入口の幅員の合計が当該地下道の幅員以上であること．

六　非常用の照明設備，排煙設備及び排水設備で国土交通大臣が定めた構造方法を用いるものを設けていること．　　　　　　　　　　〈関連：昭44告示第1730号〉

2　地下街の各構えが当該地下街の他の各構えに接する場合においては，当該各構えと当該他の各構えとを耐火構造の床若しくは壁又は特定防火設備で第112条第19項第二号に規定する構造であるもので区画しなければならない．

3　地下街の各構えは，地下道と耐火構造の床若しくは壁又は特定防火設備で第112条第19項第二号に規定する構造であるもので区画しなければならない．

4　地下街の各構えの居室の各部分から地下道（当該居室の各部分から直接地上へ通ずる通路を含む．）への出入口の一に至る歩行距離は，30m以下でなければならない．

5　第112条第7項から第11項まで，第14項，第16項，第17項及び第19項から第21項まで並びに第129条の2の4第1項第七号（第112条第20項に関する部分に限る．）の規定は，地下街の各構えについて準用する．この場合において，第112条第7項中「建築物の11階以上の部分で，各階の」とあるのは「地下街の各構えの部分で」と，同条第8項から第10項までの規定中「建築物」とあるのは「地下街の各構え」と，同条第11項中「主要構造部を準耐火構造とした建築物又は第136条の2第一号ロ若しくは第二号ロに掲げる基準に適合する建築物であって，地階又は3階以上の階に居室を有するもの」とあるのは「地下街の各構え」と，「準耐火構造」とあるのは「耐火構造」と，同条第14項中「該当する建築物」とあるのは「規定する用途に供する地下街の各構え」と，同条第16項中「準耐火構造」とあるのは「耐火構造」と，同号中「1時間準耐火基準に適合する準耐火構造」とあるのは「耐火構造」と，「建築物」とあるのは「地下街の各構え」と読み替える

ものとする.

6 地方公共団体は，他の工作物との関係その他周囲の状況により必要と認める場合においては，条例で，前各項に定める事項につき，これらの規定と異なる定めをすることができる.

第5章の2　特殊建築物等の内装

[制限を受ける窓その他の開口部を有しない居室]

第128条の3の2　法第35条の2（法第87条第3項において準用する場合を含む．次条において同じ．）の規定により政令で定める窓その他の開口部を有しない居室は，次の各号のいずれかに該当するもの（天井の高さが6mを超えるものを除く．）とする．

一　床面積が50m²を超える居室で窓その他の開口部で開放できる部分（天井又は天井から下方80cm以内の距離にある部分に限る．）の面積の合計が，当該居室の床面積の1/50未満のもの

二　法第28条第1項ただし書に規定する温湿度調整を必要とする作業を行う作業室その他用途上やむを得ない居室で同項本文の規定に適合しないもの

[制限を受けない特殊建築物等]

第128条の4　法第35条の2の規定により政令で定める特殊建築物は，次に掲げるもの以外のものとする．

一　次の表に掲げる特殊建築物

用途 ＼ 構造	主要構造部を耐火構造とした建築物又は法第2条第九号の三イに該当する建築物（1時間準耐火基準に適合するものに限る．）	法第2条第九号の三イ又はロのいずれかに該当する建築物（1時間準耐火基準に適合するものを除く．）	その他の建築物
(一) 法別表第一（い）欄(一)項に掲げる用途	客席の床面積の合計が400m²以上のもの	客席の床面積の合計が100m²以上のもの	客席の床面積の合計が100m²以上のもの
(二) 法別表第一（い）欄(二)項に掲げる用途	当該用途に供する3階以上の部分の床面積の合計が300m²以上のもの	当該用途に供する2階の部分（病院又は診療所については，その部分に患者の収容施設がある場合に限る．）の床面積の合計が300m²以上のもの	当該用途に供する部分の床面積の合計が200m²以上のもの
(三) 法別表第一（い）欄(四)項に掲げる用途	当該用途に供する3階以上の部分の床面積の合計が1000m²以上のもの	当該用途に供する2階の部分の床面積の合計が500m²以上のもの	当該用途に供する部分の床面積の合計が200m²以上のもの

二　自動車車庫又は自動車修理工場の用途に供する特殊建築物

三　地階又は地下工作物内に設ける居室その他これらに類する居室で法別表第一（い）欄(一)項，(二)項又は(四)項に掲げる用途に供するものを有する特殊建築物

2　法第35条の2の規定により政令で定める階数が3以上である建築物は，延べ面積が500m²を超えるもの（学校等の用途に供するものを除く．）以外のものとする．

3　法第35条の2の規定により政令で定める延べ面積が1000m²を超える建築物は，階数が2で延べ面積が1000m²を超えるもの又は階数が1で延べ面積が3000m²を超えるもの（学校等の用途に供するものを除く．）以外のものとする．

4 法第35条の2の規定により政令で定める建築物の調理室，浴室その他の室でかまど，こんろその他火を使用する設備又は器具を設けたものは，階数が2以上の住宅（住宅で事務所，店舗その他これらに類する用途を兼ねるものを含む．以下この項において同じ．）の用途に供する建築物（主要構造部を耐火構造としたものを除く．）の最上階以外の階又は住宅の用途に供する建築物以外の建築物（主要構造部を耐火構造としたものを除く．）に存する調理室，浴室，乾燥室，ボイラー室，作業室その他の室でかまど，こんろ，ストーブ，炉，ボイラー，内燃機関その他火を使用する設備又は器具を設けたもの（次条第6項において「内装の制限を受ける調理室等」という．）以外のものとする．

［特殊建築物等の内装］

第128条の5 前条第1項第一号に掲げる特殊建築物は，当該各用途に供する居室（法別表第一（い）欄㈡項に掲げる用途に供する特殊建築物が主要構造部を耐火構造とした建築物又は法第2条第九号の三イに該当する建築物である場合にあっては，当該用途に供する特殊建築物の部分で床面積の合計100 m²（共同住宅の住戸にあっては，200 m²）以内ごとに準耐火構造の床若しくは壁又は法第2条第九号の二ロに規定する防火設備で区画されている部分の居室を除く．）の壁（床面からの高さが1.2 m以下の部分を除く．第4項において同じ．）及び天井（天井のない場合においては，屋根．以下この条において同じ．）の室内に面する部分（回り縁，窓台その他これらに類する部分を除く．以下この条において同じ．）の仕上げを第一号に掲げる仕上げと，当該各用途に供する居室から地上に通ずる主たる廊下，階段その他の通路の壁及び天井の室内に面する部分の仕上げを第二号に掲げる仕上げとしなければならない．

一 次のイ又はロに掲げる仕上げ
  イ 難燃材料（3階以上の階に居室を有する建築物の当該各用途に供する居室の天井の室内に面する部分にあっては，準不燃材料）でしたもの
  ロ イに掲げる仕上げに準ずるものとして国土交通大臣が定める方法により国土交通大臣が定める材料の組合せによってしたもの 〈関連：平12告示第1439号〉

二 次のイ又はロに掲げる仕上げ
  イ 準不燃材料でしたもの
  ロ イに掲げる仕上げに準ずるものとして国土交通大臣が定める方法により国土交通大臣が定める材料の組合せによってしたもの 〈関連：平21告示第225号〉

2 前条第1項第二号に掲げる特殊建築物は，当該各用途に供する部分及びこれから地上に通ずる主たる通路の壁及び天井の室内に面する部分の仕上げを前項第二号に掲げる仕上げとしなければならない．

3 前条第1項第三号に掲げる特殊建築物は，同号に規定する居室及びこれから地上に通ずる主たる廊下，階段その他の通路の壁及び天井の室内に面する部分の仕上げを第1項第二号に掲げる仕上げとしなければならない．

4 階数が3以上で延べ面積が500 m²を超える建築物，階数が2で延べ面積が1 000 m²を超える建築物又は階数が1で延べ面積が3 000 m²を超える建築物（学校等の用途に供するものを除く．）は，居室（床面積の合計100 m²以内ごとに準耐火構造の床若しくは壁又は法第2条第九号の二ロに規定する防火設備で第112条第19項

第二号に規定する構造であるもので区画され，かつ，法別表第一（い）欄に掲げる用途に供しない部分の居室で，主要構造部を耐火構造とした建築物又は法第2条第九号の三イに該当する建築物の高さが31 m 以下の部分にあるものを除く．）の壁及び天井の室内に面する部分の仕上げを次の各号のいずれかに掲げる仕上げと，居室から地上に通ずる主たる廊下，階段その他の通路の壁及び天井の室内に面する部分の仕上げを第1項第二号に掲げる仕上げとしなければならない．ただし，同表（い）欄（二）項に掲げる用途に供する特殊建築物の高さ31 m 以下の部分については，この限りでない．

一　難燃材料でしたもの

二　前号に掲げる仕上げに準ずるものとして国土交通大臣が定める方法により国土交通大臣が定める材料の組合せでしたもの　　　　　　　〈関連：平12告示第1439号〉

5　第128条の3の2に規定する居室を有する建築物は，当該居室及びこれから地上に通ずる主たる廊下，階段その他の通路の壁及び天井の室内に面する部分の仕上げを第1項第二号に掲げる仕上げとしなければならない．

6　内装の制限を受ける調理室等は，その壁及び天井の室内に面する部分の仕上げを第1項第二号に掲げる仕上げとしなければならない．

7　前各項の規定は，火災が発生した場合に避難上支障のある高さまで煙又はガスの降下が生じない建築物の部分として，床面積，天井の高さ並びに消火設備及び排煙設備の設置の状況及び構造を考慮して国土交通大臣が定めるものについては，適用しない．　　　　　　　　　　　　　　　　　　　　　〈関連：令2告示第251号〉

第5章の3　避難上の安全の検証

[避難上の安全の検証を行う区画部分に対する基準の適用]

第128条の6　居室その他の建築物の部分で，準耐火構造の床若しくは壁又は法第2条第九号の二のロに規定する防火設備で第112条第19項第二号に規定する構造であるもので区画されたもの（2以上の階にわたって区画されたものを除く．以下この条において「区画部分」という．）のうち，当該区画部分が区画避難安全性能を有するものであることについて，区画避難安全検証法により確かめられたもの（主要構造部が準耐火構造であるか又は不燃材料で造られた建築物の区画部分に限る．）又は国土交通大臣の認定を受けたものについては，第126条の2，第126条の3及び前条（第2項，第6項及び第7項並びに階段に係る部分を除く．）の規定は，適用しない．

2　前項の「区画避難安全性能」とは，当該区画部分のいずれの室（火災の発生のおそれの少ないものとして国土交通大臣が定める室を除く．以下この章において「火災室」という．）で火災が発生した場合においても，当該区画部分に存する者（当該区画部分を通らなければ避難することができない者を含む．次項第一号ニにおいて「区画部分に存する者」という．）の全てが当該区画部分から当該区画部分以外の部分等（次の各号に掲げる当該区画部分がある階の区分に応じ，当該各号に定める場所をいう．以下この条において同じ．）までの避難を終了するまでの間，当該区画部分の各居室及び各居室から当該区画部分以外の部分等に通ずる主たる廊下その他の建築物の部分において，避難上支障がある高さまで煙又はガスが降下しないものであることとする．

一　避難階以外の階当該区画部分以外の部分であって，直通階段（避難階又は地上に通ずるものに限る．次条において同じ．）に通ずるもの

二　避難階地上又は地上に通ずる当該区画部分以外の部分

3　第1項の「区画避難安全検証法」とは，次の各号のいずれかに掲げる方法をいう．

一　次に定めるところにより，火災発生時において当該区画部分からの避難が安全に行われることを当該区画部分からの避難に要する時間に基づき検証する方法

　イ　当該区画部分の各居室ごとに，当該居室に存する者（当該居室を通らなければ避難することができない者を含む．）の全てが当該居室において火災が発生してから当該居室からの避難を終了するまでに要する時間を，当該居室及び当該居室を通らなければ避難することができない建築物の部分（以下このイにおいて「当該居室等」という．）の用途及び床面積の合計，当該居室等の各部分から当該居室の出口（当該居室から当該区画部分以外の部分等に通ずる主たる廊下その他の通路に通ずる出口に限る．）の一に至る歩行距離，当該区画部分の各室の用途及び床面積並びに当該区画部分の各室の出口（当該居室の出口及びこれに通ずる出口に限る．）の幅に応じて国土交通大臣が定める方法により計算すること．

〈関連：令3告示第474号〉

　ロ　当該区画部分の各居室ごとに，当該居室において発生した火災により生じた煙又はガスが避難上支障のある高さまで降下するために要する時間を，当該居室の

用途, 床面積及び天井の高さ, 当該居室に設ける排煙設備の構造並びに当該居室の壁及び天井の仕上げに用いる材料の種類に応じて国土交通大臣が定める方法により計算すること.

ハ　当該区画部分の各居室についてイの規定によって計算した時間が, ロの規定によって計算した時間を超えないことを確かめること.

ニ　当該区画部分の各火災室ごとに, 区画部分に存する者の全てが当該火災室で火災が発生してから当該区画部分からの避難を終了するまでに要する時間を, 当該区画部分の各室及び当該区画部分を通らなければ避難することができない建築物の部分（以下このニにおいて「当該区画部分の各室等」という.）の用途及び床面積, 当該区画部分の各室等の各部分から当該区画部分以外の部分等への出口の一に至る歩行距離並びに当該区画部分の各室等の出口（当該区画部分以外の部分等に通ずる出口及びこれに通ずるものに限る.）の幅に応じて国土交通大臣が定める方法により計算すること.　　　　　　　　　　　　　　　〈関連：令3告示第474号〉

ホ　当該区画部分の各火災室ごとに, 当該火災室において発生した火災により生じた煙又はガスが, 当該区画部分の各居室（当該火災室を除く.）及び当該居室から当該区画部分以外の部分等に通ずる主たる廊下その他の建築物の部分において避難上支障のある高さまで降下するために要する時間を, 当該区画部分の各室の用途, 床面積及び天井の高さ, 各室の壁及びこれに設ける開口部の構造, 各室に設ける排煙設備の構造並びに各室の壁及び天井の仕上げに用いる材料の種類に応じて国土交通大臣が定める方法により計算すること.

ヘ　当該区画部分の各火災室についてニの規定によって計算した時間が, ホの規定によって計算した時間を超えないことを確かめること.

二　次に定めるところにより, 火災発生時において当該区画部分からの避難が安全に行われることを火災により生じた煙又はガスの高さに基づき検証する方法

イ　当該区画部分の各居室ごとに, 前号イの規定によって計算した時間が経過した時における当該居室において発生した火災により生じた煙又はガスの高さを, 当該居室の用途, 床面積及び天井の高さ, 当該居室に設ける消火設備及び排煙設備の構造並びに当該居室の壁及び天井の仕上げに用いる材料の種類に応じて国土交通大臣が定める方法により計算すること.

ロ　当該区画部分の各居室についてイの規定によって計算した高さが, 避難上支障のある高さとして国土交通大臣が定める高さを下回らないことを確かめること.

ハ　当該区画部分の各火災室ごとに, 前号ニの規定によって計算した時間が経過した時における当該火災室において発生した火災により生じた煙又はガスの当該区画部分の各居室（当該火災室を除く.）及び当該居室から当該区画部分以外の部分等に通ずる主たる廊下その他の建築物の部分における高さを, 当該区画部分の各室の用途, 床面積及び天井の高さ, 各室の壁及びこれに設ける開口部の構造, 各室に設ける消火設備及び排煙設備の構造並びに各室の壁及び天井の仕上げに用いる材料の種類に応じて国土交通大臣が定める方法により計算すること.

ニ　当該区画部分の各火災室についてハの規定によって計算した高さが, 避難上支障のある高さとして国土交通大臣が定める高さを下回らないことを確かめること.　　　　　　　　　　　　　　　　　　　　〈関連：令3告示第474号〉

[避難上の安全の検証を行う建築物の階に対する基準の適用]

第129条 建築物の階（物品販売業を営む店舗の用途に供する建築物にあっては，屋上広場を含む．以下この条及び次条第4項において同じ．）のうち，当該階が階避難安全性能を有するものであることについて，階避難安全検証法により確かめられたもの（主要構造部が準耐火構造であるか又は不燃材料で造られた建築物の階に限る．）又は国土交通大臣の認定を受けたものについては，第119条，第120条，第123条第3項第一号，第二号，第十号（屋内からバルコニー又は付室に通ずる出入口に係る部分に限る．）及び第十二号，第124条第1項第二号，第126条の2，第126条の3並びに第128条の5（第2項，第6項及び第7項並びに階段に係る部分を除く．）の規定は，適用しない．

2 前項の「階避難安全性能」とは，当該階のいずれの火災室で火災が発生した場合においても，当該階に存する者（当該階を通らなければ避難することができない者を含む．以下次項第一号ニにおいて「階に存する者」という．）の全てが当該階から直通階段の一までの避難（避難階にあっては地上までの避難）を終了するまでの間，当該階の各居室及び各居室から直通階段（避難階にあっては，地上，以下この条において同じ．）に通ずる主たる廊下その他の建築物の部分において，避難上支障がある高さまで煙又はガスが降下しないものであることとする．

3 第1項の「階避難安全検証法」とは，次の各号のいずれかに掲げる方法をいう．

一 次に定めるところにより，火災発生時において当該建築物の階からの避難が安全に行われることを当該階からの避難に要する時間に基づき検証する方法

　イ 当該階の各居室ごとに，当該居室に存する者（当該居室を通らなければ避難することができない者を含む．）の全てが当該居室において火災が発生してから当該居室からの避難を終了するまでに要する時間を，当該居室及び当該居室を通らなければ避難することができない建築物の部分（以下このイにおいて「当該居室等」という．）の用途及び床面積の合計，当該居室等の各部分から当該居室の出口（当該居室から直通階段に通ずる主たる廊下その他の通路に通ずる出口に限る．）の一に至る歩行距離，当該階の各室の用途及び床面積並びに当該階の各室の出口（当該居室の出口及びこれに通ずるものに限る．）の幅に応じて国土交通大臣が定める方法により計算すること． 〈関連：令3告示第475号〉

　ロ 当該階の各居室ごとに，当該居室において発生した火災により生じた煙又はガスが避難上支障のある高さまで降下するために要する時間を，当該居室の用途，床面積及び天井の高さ，当該居室に設ける排煙設備の構造並びに当該居室の壁及び天井の仕上げに用いる材料の種類に応じて国土交通大臣が定める方法により計算すること．

　ハ 当該階の各居室についてイの規定によって計算した時間が，ロの規定によって計算した時間を超えないことを確かめること．

　ニ 当該階の各火災室ごとに，階に存する者の全てが当該火災室で火災が発生してから当該階からの避難を終了するまでに要する時間を，当該階の各室及び当該階を通らなければ避難することができない建築物の部分（以下このニにおいて「当該階の各室等」という．）の用途及び床面積，当該階の各室等の各部分から直通階段への出口の一に至る歩行距離並びに当該階の各室等の出口（直通階段に通ず

る出口及びこれに通ずるものに限る.）の幅に応じて国土交通大臣が定める方法
により計算すること.

〈関連：令3告示第475号〉

　　ホ　当該階の各火災室ごとに，当該火災室において発生した火災により生じた煙又
　　はガスが，当該階の各居室（当該火災室を除く.）及び当該居室から直通階段に
　　通ずる主たる廊下その他の建築物の部分において避難上支障のある高さまで降下
　　するために要する時間を，当該階の各室の用途，床面積及び天井の高さ，各室の
　　壁及びこれに設ける開口部の構造，各室に設ける排煙設備の構造並びに各室の壁
　　及び天井の仕上げに用いる材料の種類に応じて国土交通大臣が定める方法により
　　計算すること.

　　ヘ　当該階の各火災室についてニの規定によって計算した時間が，ホの規定によっ
　　て計算した時間を超えないことを確かめること.

二　次に定めるところにより，火災発生時において当該建築物の階からの避難が安全
　に行われることを火災により生じた煙又はガスの高さに基づき検証する方法

　　イ　当該階の各居室ごとに，前号イの規定によって計算した時間が経過した時にお
　　ける当該居室において発生した火災により生じた煙又はガスの高さを，当該居室
　　の用途，床面積及び天井の高さ，当該居室に設ける消火設備及び排煙設備の構造
　　並びに当該居室の壁及び天井の仕上げに用いる材料の種類に応じて国土交通大臣
　　が定める方法により計算すること.

　　ロ　当該階の各居室についてイの規定によって計算した高さが，避難上支障のある
　　高さとして国土交通大臣が定める高さを下回らないことを確かめること.

　　ハ　当該階の各火災室ごとに，前号ニの規定によって計算した時間が経過した時に
　　おける当該火災室において発生した火災により生じた煙又はガスの当該階の各居
　　室（当該火災室を除く.）及び当該居室から直通階段に通ずる主たる廊下その他
　　の建築物の部分における高さを，当該階の各室の用途，床面積及び天井の高さ，
　　各室の壁及びこれに設ける開口部の構造，各室に設ける消火設備及び排煙設備の
　　構造並びに各室の壁及び天井の仕上げに用いる材料の種類に応じて国土交通大臣
　　が定める方法により計算すること.

　　ニ　当該階の各火災室についてハの規定によって計算した高さが，避難上支障のあ
　　る高さとして国土交通大臣が定める高さを下回らないことを確かめること.

〈関連：令3告示第475号〉

［避難上の安全の検証を行う建築物に対する基準の適用］

第129条の2　建築物のうち，当該建築物が全館避難安全性能を有するものであるこ
とについて，全館避難安全検証法により確かめられたもの（主要構造部が準耐火構
造であるか又は不燃材料で造られたものに限る.）又は国土交通大臣の認定を受け
たもの（次項において「全館避難安全性能確認建築物」という.）については，第
112条第7項，第11項から第13項まで及び第18項，第119条，第120条，第123条
第1項第一号及び第六号，第2項第二号並びに第3項第一号から第三号まで，第
十号及び第十二号，第124条第1項，第125条第1項及び第3項，第126条の2，
第126条の3並びに第128条の5（第2項，第6項及び第7項並びに階段に係る部
分を除く.）の規定は，適用しない.

2　全館避難安全性能確認建築物の屋内に設ける避難階段に対する第123条第1項

第七号の規定の適用については，同号中「避難階」とあるのは，「避難階又は屋上広場その他これに類するもの（屋外に設ける避難階段が接続しているものに限る.）」とする.

3 第1項の「全館避難安全性能」とは，当該建築物のいずれの火災室で火災が発生した場合においても，当該建築物に存する者（次項第一号ロにおいて「在館者」という.）の全てが当該建築物から地上までの避難を終了するまでの間，当該建築物の各居室及び各居室から地上に通ずる主たる廊下，階段その他の建築物の部分において，避難上支障がある高さまで煙又はガスが降下しないものであることとする.

4 第1項の「全館避難安全検証法」とは，次の各号のいずれかに掲げる方法をいう.

一 次に定めるところにより，火災発生時において当該建築物からの避難が安全に行われることを当該建築物からの避難に要する時間に基づき検証する方法

　イ 各階が，前条第2項に規定する階避難安全性能を有するものであることについて，同条第3項第一号に定めるところにより確かめること.

　ロ 当該建築物の各階における各火災室ごとに，在館者の全てが，当該火災室で火災が発生してから当該建築物からの避難を終了するまでに要する時間を，当該建築物の各室の用途及び床面積，当該建築物の各室の各部分から地上への出口の1に至る歩行距離並びに当該建築物の各室の出口（地上に通ずる出口及びこれに通ずるものに限る.）の幅に応じて国土交通大臣が定める方法により計算すること.

〈関連：令3告示第476号〉

　ハ 当該建築物の各階における各火災室ごとに，当該火災室において発生した火災により生じた煙又はガスが，階段の部分又は当該階の直上階以上の階の1に流入するために要する時間を，当該階の各室の用途，床面積及び天井の高さ，各室の壁及びこれに設ける開口部の構造，各室に設ける排煙設備の構造並びに各室の壁及び天井の仕上げに用いる材料の種類並びに当該階の階段の部分を区画する壁及びこれに設ける開口部の構造に応じて国土交通大臣が定める方法により計算すること.

　ニ 当該建築物の各階における各火災室についてロの規定によって計算した時間が，ハの規定によって計算した時間を超えないことを確かめること.

二 次に定めるところにより，火災発生時において当該建築物からの避難が安全に行われることを火災により生じた煙又はガスの高さに基づき検証する方法

　イ 各階が，前条第2項に規定する階避難安全性能を有するものであることについて，同条第3項第二号に定めるところにより確かめること.

　ロ 当該建築物の各階における各火災室ごとに，前号ロの規定によって計算した時間が経過した時における当該火災室において発生した火災により生じた煙又はガスの階段の部分及び当該階の直上階以上の各階における高さを，当該階の各室の用途，床面積及び天井の高さ，各室の壁及びこれに設ける開口部の構造，各室に設ける消火設備及び排煙設備の構造並びに各室の壁及び天井の仕上げに用いる材料の種類並びに当該階の階段の部分を区画する壁及びこれに設ける開口部の構造に応じて国土交通大臣が定める方法により計算すること.

〈関連：令3告示第476号〉

ハ　当該建築物の各階における各火災室についてロの規定によって計算した高さ
　　が，避難上支障のある高さとして国土交通大臣が定める高さを下回らないことを
　　確かめること．　　　　　　　　　　　　　　　　　　〈関連：令3告示第476号〉

[別の建築物とみなす部分]

第129条の2の2　第117条第2項各号に掲げる建築物の部分は，この章の規定の
　適用については，それぞれ別の建築物とみなす．

第5章の4　建築設備等

第1節　建築設備の構造強度

第129条の2の3　法第20条第1項第一号，第二号イ，第三号イ及び第四号イの政令で定める技術的基準のうち建築設備に係るものは，次のとおりとする．

一　建築物に設ける第129条の3第1項第一号又は第二号に掲げる昇降機にあっては，第129条の4及び第129条の5（これらの規定を第129条の12第2項において準用する場合を含む．），第129条の6第一号，第129条の8第1項並びに第129条の12第1項第6号の規定（第129条の3第2項第一号に掲げる昇降機にあっては，第129条の6第一号の規定を除く．）に適合すること．

二　建築物に設ける昇降機以外の建築設備にあっては，構造耐力上安全なものとして国土交通大臣が定めた構造方法を用いること．　　　　　　〈関連：平12告示第1388号〉

三　法第20条第1項第一号から第三号までに掲げる建築物に設ける屋上から突出する水槽，煙突その他これらに類するものにあっては，国土交通大臣が定める基準に従った構造計算により風圧並びに地震その他の震動及び衝撃に対して構造耐力上安全であることを確かめること．　　　　　　〈関連：平12告示第1389号〉

第1節の2　給水，排水その他の配管設備

[給水，排水その他の配管設備の設置及び構造]

第129条の2の4　建築物に設ける給水，排水その他の配管設備の設置及び構造は，次に定めるところによらなければならない．

一　コンクリートへの埋設等により腐食するおそれのある部分には，その材質に応じ有効な腐食防止のための措置を講ずること．

二　構造耐力上主要な部分を貫通して配管する場合においては，建築物の構造耐力上支障を生じないようにすること．

三　第129条の3第1項第一号又は第三号に掲げる昇降機の昇降路内に設けないこと．ただし，地震時においても昇降機の籠（人又は物を乗せ昇降する部分をいう．以下同じ．）の昇降，籠及び出入口の戸の開閉その他の昇降機の機能並びに配管設備の機能に支障が生じないものとして，国土交通大臣が定めた構造方法を用いるもの及び国土交通大臣の認定を受けたものは，この限りでない．

〈関連：平17告示第570号〉

四　圧力タンク及び給湯設備には，有効な安全装置を設けること．

五　水質，温度その他の特性に応じて安全上，防火上及び衛生上支障のない構造とすること．

六　地階を除く階数が3以上である建築物，地階に居室を有する建築物又は延べ面積が3 000 m² を超える建築物に設ける換気，暖房又は冷房の設備の風道及びダストシュート，メールシュート，リネンシュートその他これらに類するもの（屋外に面する部分その他防火上支障がないものとして国土交通大臣が定める部分を除く．）は，不燃材料で造ること．　　　　　　〈関連：平12告示第1412号〉

七　給水管，配電管その他の管が，第112条第20項の準耐火構造の防火区画，第113条第1項の防火壁若しくは防火床，第114条第1項の界壁，同条第2項の間仕切壁又は同条第3項若しくは第4項の隔壁（ハにおいて「防火区画等」という。）を貫通する場合においては，これらの管の構造は，次のイからハまでのいずれかに適合するものとすること。ただし，1時間準耐火基準に適合する準耐火構造の床若しくは壁又は特定防火設備で建築物の他の部分と区画されたパイプシャフト，パイプダクトその他これらに類するものの中にある部分については，この限りでない。

　　イ　給水管，配電管その他の管の貫通する部分及び当該貫通する部分からそれぞれ両側に1m以内の距離にある部分を不燃材料で造ること。

　　ロ　給水管，配電管その他の管の外径が，当該管の用途，材質その他の事項に応じて国土交通大臣が定める数値未満であること。　　　　〈関連：平12告示第1422号〉

　　ハ　防火区画等を貫通する管に通常の火災による火熱が加えられた場合に，加熱開始後20分間（第112条第1項若しくは第4項から第6項まで，同条第7項（同条第8項の規定により床面積の合計200㎡以内ごとに区画する場合又は同条第9項の規定により床面積の合計500㎡以内ごとに区画する場合に限る。），同条第10項（同条第8項の規定により床面積の合計200㎡以内ごとに区画する場合又は同条第9項の規定により床面積の合計500㎡以内ごとに区画する場合に限る。）若しくは同条第18項の規定による準耐火構造の床若しくは壁又は第113条第1項の防火壁若しくは防火床にあっては1時間，第114条第1項の界壁，同条第2項の間仕切壁又は同条第3項若しくは第4項の隔壁にあっては45分間）防火区画等の加熱側の反対側に火炎を出す原因となる亀裂その他の損傷を生じないものとして，国土交通大臣の認定を受けたものであること。

八　3階以上の階を共同住宅の用途に供する建築物の住戸に設けるガスの配管設備は，国土交通大臣が安全を確保するために必要があると認めて定める基準によること。　　　　〈関連：昭56告示第1099号〉

2　建築物に設ける飲料水の配管設備（水道法第3条第9項に規定する給水装置に該当する配管設備を除く。）の設置及び構造は，前項の規定によるほか，次に定めるところによらなければならない。

一　飲料水の配管設備（これと給水系統を同じくする配管設備を含む。以下この項において同じ。）とその他の配管設備とは，直接連結させないこと。

二　水槽，流しその他水を入れ，又は受ける設備に給水する飲料水の配管設備の水栓の開口部にあっては，これらの設備のあふれ面と水栓の開口部との垂直距離を適当に保つことその他の有効な水の逆流防止のための措置を講ずること。

三　飲料水の配管設備の構造は，次に掲げる基準に適合するものとして，国土交通大臣が定めた構造方法を用いるもの又は国土交通大臣の認定を受けたものであること。　　　　〈関連：平12告示第1390号〉

　　イ　当該配管設備から漏水しないものであること。

　　ロ　当該配管設備から溶出する物質によって汚染されないものであること。

四　給水管の凍結による破壊のおそれのある部分には，有効な防凍のための措置を講ずること。

五　給水タンク及び貯水タンクは，ほこりその他衛生上有害なものが入らない構造と

し，金属性のものにあっては，衛生上支障のないように有効なさび止めのための措置を講ずること．

六　前各号に定めるもののほか，安全上及び衛生上支障のないものとして国土交通大臣が定めた構造方法を用いるものであること．　　　〈関連：昭50告示第1597号〉

3　建築物に設ける排水のための配管設備の設置及び構造は，第1項の規定によるほか，次に定めるところによらなければならない．

一　排出すべき雨水又は汚水の量及び水質に応じ有効な容量，傾斜及び材質を有すること．

二　配管設備には，排水トラップ，通気管等を設置する等衛生上必要な措置を講ずること．

三　配管設備の末端は，公共下水道，都市下水路その他の排水施設に排水上有効に連結すること．

四　汚水に接する部分は，不浸透質の耐水材料で造ること．

五　前各号に定めるもののほか，安全上及び衛生上支障のないものとして国土交通大臣が定めた構造方法を用いるものであること．　　　〈関連：昭50告示第1597号〉

［換気設備］

第129条の2の5　建築物（換気設備を設けるべき調理室等を除く．以下この条において同じ．）に設ける自然換気設備は，次に定める構造としなければならない．

一　換気上有効な給気口及び排気筒を有すること．

二　給気口は，居室の天井の高さの1/2以下の高さの位置に設け，常時外気に開放された構造とすること．

三　排気口（排気筒の居室に面する開口部をいう．以下この項において同じ．）は，給気口より高い位置に設け，常時開放された構造とし，かつ，排気筒の立上り部分に直結すること．

四　排気筒は，排気上有効な立上り部分を有し，その頂部は，外気の流れによって排気が妨げられない構造とし，かつ，直接外気に開放すること．

五　排気筒には，その頂部及び排気口を除き，開口部を設けないこと．

六　給気口及び排気口並びに排気筒の頂部には，雨水又はねずみ，虫，ほこりその他衛生上有害なものを防ぐための設備をすること．

2　建築物に設ける機械換気設備は，次に定める構造としなければならない．

一　換気上有効な給気機及び排気機，換気上有効な給気機及び排気口又は換気上有効な給気口及び排気機を有すること．

二　給気口及び排気口の位置及び構造は，当該居室内の人が通常活動することが想定される空間における空気の分布を均等にし，かつ，著しく局部的な空気の流れを生じないようにすること．

三　給気機の外気取り入れ口並びに直接外気に開放された給気口及び排気口には，雨水又はねずみ，虫，ほこりその他衛生上有害なものを防ぐための設備をすること．

四　直接外気に開放された給気口又は排気口に換気扇を設ける場合には，外気の流れによって著しく換気能力が低下しない構造とすること．

五　風道は，空気を汚染するおそれのない材料で造ること．

3　建築物に設ける中央管理方式の空気調和設備は，前項に定める構造とするほか，

国土交通大臣が居室における次の表の各項の左欄に掲げる事項がおおむね当該各項の右欄に掲げる基準に適合するように空気を浄化し，その温度，湿度又は流量を調節して供給することができる性能を有し，かつ，安全上，防火上及び衛生上支障がない構造として国土交通大臣が定めた構造方法を用いるものとしなければならない．

〈関連：昭45告示第1832号〉

(一)	浮遊粉じんの量	空気1m³につき0.15mg以下
(二)	一酸化炭素の含有率	10/100万以下
(三)	炭酸ガスの含有率	1 000/100万以下
(四)	温度	1　17度以上28度以下 2　居室における温度を外気の温度より低くする場合は，その差を著しくしないこと．
(五)	相対湿度	40%以上70%以下
(六)	気流	0.5m/s以下

この表の各項の右欄に掲げる基準を適用する場合における当該各項の左欄に掲げる事項についての測定方法は，国土交通省令で定める．

[冷却塔設備]

第129条の2の6　地階を除く階数が11以上である建築物の屋上に設ける冷房のための冷却塔設備の設置及び構造は，次の各号のいずれかに掲げるものとしなければならない．

一　主要な部分を不燃材料で造るか，又は防火上支障がないものとして国土交通大臣が定めた構造方法を用いるものとすること．

〈関連：昭40告示第3411号〉

二　冷却塔の構造に応じ，建築物の他の部分までの距離を国土交通大臣が定める距離以上としたものとすること．

〈関連：昭40告示第3411号〉

三　冷却塔設備の内部が燃焼した場合においても建築物の他の部分を国土交通大臣が定める温度以上に上昇させないものとして国土交通大臣の認定を受けたものとすること．

〈関連：昭40告示第3411号〉

第2節　昇降機

[適用の範囲]

第129条の3　この節の規定は，建築物に設ける次に掲げる昇降機に適用する．

一　人又は人及び物を運搬する昇降機（次号に掲げるものを除く．）並びに物を運搬するための昇降機でかごの水平投影面積が1m²を超え，又は天井の高さが1.2mを超えるもの（以下「エレベーター」という．）

二　エスカレーター

三　物を運搬するための昇降機で，かごの水平投影面積が1m²以下で，かつ，天井の高さが1.2m以下のもの（以下「小荷物専用昇降機」という．）

2　前項の規定にかかわらず，次の各号に掲げる昇降機については，それぞれ当該各号に掲げる規定は，適用しない．

一　特殊な構造又は使用形態のエレベーターで国土交通大臣が定めた構造方法を用いるもの　　第129条の6，第129条の7，第129条の8第2項第二号，第129条の

9　第129条の10第3項及び第4項並びに第129条の13の3の規定

〈関連：平12告示第1413号〉

二　特殊な構造又は使用形態のエスカレーターで国土交通大臣が定めた構造方法を用いるもの　　第129条の12第1項の規定　　　　〈関連：平12告示第1413号〉

三　特殊な構造又は使用形態の小荷物専用昇降機で国土交通大臣が定めた構造方法を用いるもの　　第129条の13の規定

［エレベーターの構造上主要な部分］

第129条の4　エレベーターのかご及びかごを支え，又は吊る構造上主要な部分（以下この条において「主要な支持部分」という．）の構造は，次の各号のいずれかに適合するものとしなければならない．

一　設置時及び使用時のかご及び主要な支持部分の構造が，次に掲げる基準に適合するものとして，通常の使用状態における摩損及び疲労破壊を考慮して国土交通大臣が定めた構造方法を用いるものであること．

　イ　かごの昇降によって摩損又は疲労破壊を生ずるおそれのある部分以外の部分は，通常の昇降時の衝撃及び安全装置が作動した場合の衝撃により損傷を生じないこと．

　ロ　かごの昇降によって摩損又は疲労破壊を生ずるおそれのある部分については，通常の使用状態において，通常の昇降時の衝撃及び安全装置が作動した場合の衝撃によりかごの落下をもたらすような損傷が生じないこと．

二　かごを主索で吊るエレベーター，油圧エレベーターその他国土交通大臣が定めるエレベーターにあっては，設置時及び使用時のかご及び主要な支持部分の構造が，通常の使用状態における摩損及び疲労破壊を考慮したエレベーター強度検証法により，前号イ及びロに掲げる基準に適合するものであることについて確かめられたものであること．　　　　　　　〈関連：平12告示第1414，1419号〉

三　設置時及び使用時のかご及び主要な支持部分の構造が，それぞれ第一号イ及びロに掲げる基準に適合することについて，通常の使用状態における摩損又は疲労破壊を考慮して行う国土交通大臣の認定を受けたものであること．

2　前項の「エレベーター強度検証法」とは，次に定めるところにより，エレベーターの設置時及び使用時のかご及び主要な支持部分の強度を検証する方法をいう．

一　次条に規定する荷重によって主要な支持部分並びにかごの床版及び枠（以下この条において「主要な支持部分等」という．）に生ずる力を計算すること．

二　前号の主要な支持部分等の断面に生ずる常時及び安全装置の作動時の各応力度を次の表に掲げる式によって計算すること．

荷重について想定する状態	式
常　時	$G_1 + \alpha_1(G_2 + P)$
安全装置の作動時	$G_1 + \alpha_2(G_2 + P)$

この表において，G_1，G_2及びPはそれぞれ次の力を，α_1及びα_2はそれぞれ次の数値を表すものとする．
　G_1　次条第1項に規定する固定荷重のうち昇降する部分以外の部分に係るものによって生ずる力
　G_2　次条第1項に規定する固定荷重のうち昇降する部分に係るものによって生ずる力
　P　次条第2項に規定する積載荷重によって生ずる力

α₁ 通常の昇降時に昇降する部分に生ずる加速度を考慮して国土交通大臣が定める数値
α₂ 安全装置が作動した場合に昇降する部分に生ずる加速度を考慮して国土交通大臣が定める数値
〈関連：平12告示第1414号〉

三　前号の規定によって計算した常時及び安全装置の作動時の各応力度が，それぞれ主要な支持部分等の材料の破壊強度を安全率（エレベーターの設置時及び使用時の別に応じて，主要な支持部分等の材料の摩損又は疲労破壊による強度の低下を考慮して国土交通大臣が定めた数値をいう．）で除して求めた許容応力度を超えないことを確かめること．
〈関連：平12告示第1414号〉

四　次項第二号に基づき設けられる独立してかごを支え，又は吊ることができる部分について，その一がないものとして第一号及び第二号に定めるところにより計算した各応力度が，当該部分の材料の破壊強度を限界安全率（エレベーターの設置時及び使用時の別に応じて，当該部分にかごの落下をもたらすような損傷が生じないように材料の摩損又は疲労破壊による強度の低下を考慮して国土交通大臣が定めた数値をいう．）で除して求めた限界の許容応力度を超えないことを確かめること．
〈関連：平12告示第1414号〉

3　前2項に定めるもののほか，エレベーターのかご及び主要な支持部分の構造は，次に掲げる基準に適合するものとしなければならない．

一　エレベーターのかご及び主要な支持部分のうち，腐食又は腐朽のおそれのあるものにあっては，腐食若しくは腐朽しにくい材料を用いるか，又は有効なさび止め若しくは防腐のための措置を講じたものであること．

二　主要な支持部分のうち，摩損又は疲労破壊を生ずるおそれのあるものにあっては，2以上の部分で構成され，かつ，それぞれが独立してかごを支え，又は吊ることができるものであること．

三　滑節構造とした接合部にあっては，地震その他の震動によって外れるおそれがないものとして国土交通大臣が定めた構造方法を用いるものであること．
〈関連：平21告示第541, 621号〉

四　滑車を使用してかごを吊るエレベーターにあっては，地震その他の震動によって索が滑車から外れるおそれがないものとして国土交通大臣が定めた構造方法を用いるものであること．
〈関連：平21告示第622号〉

五　釣合おもりを用いるエレベーターにあっては，地震その他の震動によって釣合おもりが脱落するおそれがないものとして国土交通大臣が定めた構造方法を用いるものであること．
〈関連：平25告示第1048, 1049号〉

六　国土交通大臣が定める基準に従った構造計算により地震その他の震動に対して構造耐力上安全であることが確かめられたものであること．　〈関連：平25告示第1047号〉

七　屋外に設けるエレベーターで昇降路の壁の全部又は一部を有しないものにあっては，国土交通大臣が定める基準に従った構造計算により風圧に対して構造耐力上安全であることが確かめられたものであること．
〈関連：平12告示第1414号〉

[エレベーターの荷重]

第129条の5　エレベーターの各部の固定荷重は，当該エレベーターの実況に応じて計算しなければならない．

2　エレベーターのかごの積載荷重は，当該エレベーターの実況に応じて定めなけ

ればならない．ただし，かごの種類に応じて，次の表に定める数値（用途が特殊な
エレベーターで国土交通大臣が定めるものにあっては，当該用途に応じて国土交通
大臣が定める数値）を下回ってはならない． 〈関連：平12告示第1415号〉

かごの種類		積載荷重（単位 N）
乗用エレベーター（人荷共用エレベーターを含み，寝台用エレベーターを除く．以下この節において同じ．）のかご	床面積が1.5 m²以下のもの	床面積1 m²につき3 600として計算した数値
	床面積が1.5 m²を超え3 m²以下のもの	床面積の1.5 m²を超える面積に対して1 m²につき4 900として計算した数値に5 400を加えた数値
	床面積が3 m²を超えるもの	床面積の3 m²を超える面積に対して1 m²につき5 900として計算した数値に13 000を加えた数値
乗用エレベーター以外のエレベーターのかご		床面積1 m²につき2 500（自動車運搬用エレベーターにあっては，1 500）として計算した数値

［エレベーターのかごの構造］

第129条の6 エレベーターのかごは，次に定める構造としなければならない．

一 各部は，かご内の人又は物による衝撃に対して安全なものとして国土交通大臣が
　定めた構造方法を用いるものとすること． 〈関連：平20告示第1455号〉

二 構造上軽微な部分を除き，難燃材料で造り，又は覆うこと．ただし，地階又は3
　階以上の階に居室を有さない建築物に設けるエレベーターのかごその他防火上支障
　のないものとして国土交通大臣が定めるエレベーターのかごにあっては，この限り
　でない． 〈関連：平12告示第1416号〉

三 かご内の人又は物が釣合おもり，昇降路の壁その他の籠外の物に触れるおそれの
　ないものとして国土交通大臣が定める基準に適合する壁又は囲い及び出入口の戸を
　設けること． 〈関連：平20告示第1455号〉

四 非常の場合においてかご内の人を安全にかご外に救出することができる開口部を
　かごの天井部に設けること．

五 用途及び積載量（kgで表した重量とする．以下同じ．）並びに乗用エレベーター
　及び寝台用エレベーターにあっては最大定員（積載荷重を前条第2項の表に定める
　数値とし，重力加速度を9.8 m/s²と，1人当たりの荷重を65 kgとして計算した定
　員をいう．第129条の13の3第3項第九号において同じ．）を明示した標識をかご
　内の見やすい場所に掲示すること．

［エレベーターの昇降路の構造］

第129条の7 エレベーターの昇降路は，次に定める構造としなければならない．

一 昇降路外の人又は物が籠又は釣合おもりに触れるおそれのないものとして国土交
　通大臣が定める基準に適合する壁又は囲い及び出入口（非常口を含む．以下この節
　において同じ．）の戸を設けること． 〈関連：平20告示第1454号〉

二 構造上軽微な部分を除き，昇降路の壁又は囲い及び出入口の戸は，難燃材料で造
　り，又は覆うこと．ただし，地階又は3階以上の階に居室を有さない建築物に設け
　るエレベーターの昇降路その他防火上支障のないものとして国土交通大臣が定める
　エレベーターの昇降路にあっては，この限りでない． 〈関連：平12告示第1416号〉

三　昇降路の出入口の戸には，籠がその戸の位置に停止していない場合において昇降路外の人又は物の昇降路内への落下を防止することができるものとして国土交通大臣が定める基準に適合する施錠装置を設けること．　　　　〈関連：平20告示第1447号〉

四　出入口の床先と籠の床先との水平距離は，4cm以下とし，乗用エレベーター及び寝台用エレベーターにあっては，籠の床先と昇降路壁との水平距離は，12.5cm以下とすること．

五　昇降路内には，次のいずれかに該当するものを除き，突出物を設けないこと．

イ　レールブラケット又は横架材であって，次に掲げる基準に適合するもの

（1）　地震時において主索その他の索が触れた場合においても，籠の昇降，籠の出入口の戸の開閉その他のエレベーターの機能に支障が生じないよう金網，鉄板その他これらに類するものが設置されていること．

（2）　（1）に掲げるもののほか，国土交通大臣の定める措置が講じられていること．　　　　〈関連：平20告示第1495号〉

ロ　第129条の2の4第1項第三号ただし書の配管設備で同条の規定に適合するもの

ハ　イ又はロに掲げるもののほか，係合装置その他のエレベーターの構造上昇降路内に設けることがやむを得ないものであって，地震時においても主索，電線その他のものの機能に支障が生じないように必要な措置が講じられたもの

[エレベーターの駆動装置及び制御器]

第129条の8　エレベーターの駆動装置及び制御器は，地震その他の震動によって転倒し又は移動するおそれがないものとして国土交通大臣が定める方法により設置しなければならない．　　　　〈関連：平21告示第703号〉

2　エレベーターの制御器の構造は，次に掲げる基準に適合するものとして，国土交通大臣が定めた構造方法を用いるもの又は国土交通大臣の認定を受けたものとしなければならない．　　　　〈関連：平12告示第1429号〉

一　荷重の変動によりかごの停止位置が著しく移動しないこととするものであること．

二　かご及び昇降路のすべての出入口の戸が閉じた後，かごを昇降させるものであること．

三　エレベーターの保守点検を安全に行うために必要な制御ができるものであること．

[エレベーターの機械室]

第129条の9　エレベーターの機械室は，次に定める構造としなければならない．

一　床面積は，昇降路の水平投影面積の2倍以上とすること．ただし，機械の配置及び管理に支障がない場合においては，この限りでない．

二　床面から天井又ははりの下端までの垂直距離は，かごの定格速度（積載荷重を作用させて上昇する場合の毎分の最高速度をいう．以下この節において同じ．）に応じて，次の表に定める数値以上とすること．

定格速度	垂直距離（単位 m）
60m以下の場合	2.0
60mを超え，150m以下の場合	2.2
150mを超え，210m以下の場合	2.5
210mを超える場合	2.8

三　換気上有効な開口部又は換気設備を設けること.

四　出入口の幅及び高さは，それぞれ，70 cm 以上及び 1.8 m 以上とし，施錠装置を有する鋼製の戸を設けること.

五　機械室に通ずる階段のけあげ及び踏面は，それぞれ，23 cm 以下及び 15 cm 以上とし，かつ，当該階段の両側に側壁又はこれに代わるものがない場合においては，手すりを設けること.

[エレベーターの安全装置]

第 129 条の 10　エレベーターには，制動装置を設けなければならない.

2　前項のエレベーターの制動装置の構造は，次に掲げる基準に適合するものとして，国土交通大臣が定めた構造方法を用いるもの又は国土交通大臣の認定を受けたものとしなければならない.　　　　　　　　　　　　　　〈関連：平 12 告示第 1423 号〉

一　かごが昇降路の頂部又は底部に衝突するおそれがある場合に，自動的かつ段階的に作動し，これにより，かごに生ずる垂直方向の加速度が $9.8\,\mathrm{m/s^2}$ を，水平方向の加速度 $5.0\,\mathrm{m/s^2}$ を超えることなく安全にかごを制止させることができるものであること.

二　保守点検をかごの上に人が乗り行うエレベーターにあっては，点検を行う者が昇降路の頂部とかごの間に挟まれることのないよう自動的にかごを制止させることができるものであること.

3　エレベーターには，前項に定める制動装置のほか，次に掲げる安全装置を設けなければならない.

一　次に掲げる場合に自動的にかごを制止する装置

　イ　駆動装置又は制御器に故障が生じ，かごの停止位置が著しく移動した場合

　ロ　駆動装置又は制御器に故障が生じ，かご及び昇降路のすべての出入口の戸が閉じる前にかごが昇降した場合

二　地震その他の衝撃により生じた国土交通大臣が定める加速度を検知し，自動的に，かごを昇降路の出入口の戸の位置に停止させ，かつ，当該かごの出入口の戸及び昇降路の出入口の戸を開き，又はかご内の人がこれらの戸を開くことができることとする装置　　　　　　　　　　　　　　　　〈関連：平 20 告示第 1536 号〉

三　停電等の非常の場合においてかご内からかご外に連絡することができる装置

四　乗用エレベーター又は寝台用エレベーターにあっては，次に掲げる安全装置

　イ　積載荷重に 1.1 を乗じて得た数値を超えた荷重が作用した場合において警報を発し，かつ，出入口の戸の閉鎖を自動的に制止する装置

　ロ　停電の場合においても，床面で 1 lx 以上の照度を確保することができる照明装置

4　前項第一号及び第二号に掲げる装置の構造は，それぞれ，その機能を確保することができるものとして，国土交通大臣が定めた構造方法を用いるもの又は国土交通大臣の認定を受けたものとしなければならない.　　　　　　　〈関連：平 20 告示第 1536 号〉

[適用の除外]

第 129 条の 11　第 129 条の 7 第四号，第 129 条の 8 第 2 項第二号又は前条第 3 項第一号から第三号までの規定は，乗用エレベーター及び寝台用エレベーター以外のエレベーターのうち，それぞれ昇降路，制御器又は安全装置について安全上支障がな

いものとして国土交通大臣が定めた構造方法を用いるものについては，適用しない．

〈関連：平 25 告示第 1050，1051，1052 号〉

[エスカレーターの構造]

第 129 条の 12　エスカレーターは，次に定める構造としなければならない．

一　国土交通大臣が定めるところにより，通常の使用状態において人又は物が挟まれ，又は障害物に衝突することがないようにすること．　〈関連：平 12 告示第 1417 号〉

二　勾配は，30 度以下とすること．

三　踏段（人を乗せて昇降する部分をいう．以下同じ．）の両側に手すりを設け，手すりの上端部が踏段と同一方向に同一速度で連動するようにすること．

四　踏段の幅は，1.1 m 以下とし，踏段の端から当該踏段の端の側にある手すりの上端部の中心までの水平距離は，25 cm 以下とすること．

五　踏段の定格速度は，50 m 以下の範囲内において，エスカレーターの勾配に応じ国土交通大臣が定める毎分の速度以下とすること．　〈関連：平 12 告示第 1417 号〉

六　地震その他の震動によって脱落するおそれがないものとして，国土交通大臣が定めた構造方法を用いるもの又は国土交通大臣の認定を受けたものとすること．

〈関連：平 25 告示第 1046 号〉

2　建築物に設けるエスカレーターについては，第 129 条の 4（第 3 項第五号から第七号までを除く．）及び第 129 条の 5 第 1 項の規定を準用する．この場合において，次の表の左欄に掲げる規定中同表の中欄に掲げる字句は，それぞれ同表の右欄に掲げる字句に読み替えるものとする．

第 129 条の 4 の見出し，同条第 1 項各号列記以外の部分，第 2 項及び第 3 項並びに第 129 条の 5 の見出し及び同条第 1 項	エレベーター	エスカレーター
第 129 条の 4	かご	踏段
第 129 条の 4 第 1 項第二号	主索で吊るエレベーター，油圧エレベーターその他国土交通大臣が定めるエレベーター	くさりで吊るエスカレーターその他国土交通大臣が定めるエスカレーター 〈関連：平 12 告示第 1418 号〉
第 129 条の 4 第 1 項第二号及び第 2 項	エレベーター強度検証法	エスカレーター強度検証法
第 129 条の 4 第 2 項第一号	次条	次条第 1 項及び第 129 条の 12 第 3 項
第 129 条の 4 第 2 項第二号	次条第 2 項に規定する積載荷重	第 129 条の 12 第 3 項に規定する積載荷重

3　エスカレーターの踏段の積載荷重は，次の式によって計算した数値以上としなければならない．

$$P = 2\,600\,A$$

この式において，P 及び A は，それぞれ次の数値を表すものとする．

P　エスカレーターの積載荷重（単位 N）

A　エスカレーターの踏段面の水平投影面積（単位 m^2）

4　エスカレーターには，制動装置及び昇降口において踏段の昇降を停止させることができる装置を設けなければならない．

5　前項の制動装置の構造は，動力が切れた場合，駆動装置に故障が生じた場合，人又は物が挟まれた場合その他の人が危害を受け又は物が損傷するおそれがある場合に自動的に作動し，踏段に生ずる進行方向の加速度が $1.25\,\mathrm{m/s^2}$ を超えることなく安全に踏段を制止させることができるものとして，国土交通大臣が定めた構造方法を用いるもの又は国土交通大臣の認定を受けたものとしなければならない．

〈関連：平 12 告示第 1424 号〉

[小荷物専用昇降機の構造]

第 129 条の 13　小荷物専用昇降機は，次に定める構造としなければならない．

一　昇降路には昇降路外の人又は物がかご又は釣合おもりに触れるおそれのないものとして国土交通大臣が定める基準に適合する壁又は囲い及び出し入れ口の戸を設けること．

〈関連：平 20 告示第 1446 号〉

二　昇降路の壁又は囲い及び出し入れ口の戸は，難燃材料で造り，又は覆うこと．ただし，地階又は 3 階以上の階に居室を有さない建築物に設ける小荷物専用昇降機の昇降路その他防火上支障のないものとして国土交通大臣が定める小荷物専用昇降機の昇降路にあっては，この限りでない．

〈関連：平 12 告示第 1416 号〉

三　昇降路のすべての出し入れ口の戸が閉じた後，かごを昇降させるものであること．

四　昇降路の出し入れ口の戸には，かごがその戸の位置に停止していない場合においては，かごを用いなければ外から開くことができない装置を設けること．ただし，当該出し入れ口の下端が当該出し入れ口が設けられる室の床面より高い場合においては，この限りでない．

[非常用の昇降機の設置を要しない建築物]

第 129 条の 13 の 2　法第 34 条第 2 項の規定により政令で定める建築物は，次の各号のいずれかに該当するものとする．

一　高さ 31 m を超える部分を階段室，昇降機その他の建築設備の機械室，装飾塔，物見塔，屋窓その他これらに類する用途に供する建築物

二　高さ 31 m を超える部分の各階の床面積の合計が 500 m² 以下の建築物

三　高さ 31 m を超える部分の階数が 4 以下の主要構造部を耐火構造とした建築物で，当該部分が床面積の合計 100 m² 以内ごとに耐火構造の床若しくは壁又は特定防火設備でその構造が第 112 条第 19 項第一号イ，ロ及びニに掲げる要件を満たすものとして，国土交通大臣が定めた構造方法を用いるもの又は国土交通大臣の認定を受けたもの（廊下に面する窓で開口面積が 1 m² 以内のものに設けられる法第 2 条第九号の二ロに規定する防火設備を含む．）で区画されているもの

〈関連：昭 48 告示第 2563 号〉

四　高さ 31 m を超える部分を機械製作工場，不燃性の物品を保管する倉庫その他これらに類する用途に供する建築物で主要構造部が不燃材料で造られたものその他これと同等以上に火災の発生のおそれの少ない構造のもの

[非常用の昇降機の設置及び構造]

第 129 条の 13 の 3　法第 34 条第 2 項の規定による非常用の昇降機は，エレベーターとし，その設置及び構造は，第 129 条の 4 から第 129 条の 10 までの規定による

ほか，この条に定めるところによらなければならない．

2　前項の非常用の昇降機であるエレベーター（以下「非常用エレベーター」とい
う．）の数は，高さ 31 m を超える部分の床面積が最大の階における床面積に応じ
て，次の表に定める数以上とし，2 以上の非常用エレベーターを設置する場合には，
避難上及び消火上有効な間隔を保って配置しなければならない．

高さ 31m を超える部分の床面積が最大の階の床面積	非常用エレベーターの数
(一) 1 500 m² 以下の場合	1
(二) 1 500 m² を超える場合	3 000 m² 以内を増すごとに(一)の数に 1 を加えた数

3　乗降ロビーは，次に定める構造としなければならない．

一　各階（屋内と連絡する乗降ロビーを設けることが構造上著しく困難である階で次
のイからホまでのいずれかに該当するもの及び避難階を除く．）において屋内と連
絡すること．

　　イ　当該階及びその直上階（当該階が，地階である場合にあっては当該階及びその
　　　直下階，最上階又は地階の最下階である場合にあっては当該階）が次の(1)又は
　　　(2)のいずれかに該当し，かつ，当該階の直下階（当該階が地階である場合にあ
　　　っては，その直上階）において乗降ロビーが設けられている階
　　　(1)　階段室，昇降機その他の建築設備の機械室その他これらに類する用途に供す
　　　　る階
　　　(2)　その主要構造部が不燃材料で造られた建築物その他これと同等以上に火災の
　　　　発生のおそれの少ない構造の建築物の階で，機械製作工場，不燃性の物品を保
　　　　管する倉庫その他これらに類する用途に供するもの
　　ロ　当該階以上の階の床面積の合計が 500 m² 以下の階
　　ハ　避難階の直上階又は直下階
　　ニ　その主要構造部が不燃材料で造られた建築物の地階（他の非常用エレベーター
　　　の乗降ロビーが設けられているものに限る．）で居室を有しないもの
　　ホ　当該階の床面積に応じ，次の表に定める数の他の非常用エレベーターの乗降ロ
　　　ビーが屋内と連絡している階

当該階の床面積	当該階で乗降ロビーが屋内と連絡している他の非常用エレベーターの数
(一) 1 500 m² 以下の場合	1
(二) 1 500 m² を超える場合	3 000 m² 以内を増すごとに(一)の数に 1 を加えた数

二　バルコニーを設けること．

三　出入口（特別避難階段の階段室に通ずる出入口及び昇降路の出入口を除く．）に
は，第 123 条第 1 項第六号に規定する構造の特定防火設備を設けること．

四　窓若しくは排煙設備又は出入口を除き，耐火構造の床及び壁で囲むこと．

五　天井及び壁の室内に面する部分は，仕上げを不燃材料でし，かつ，その下地を不
燃材料で造ること．

六　予備電源を有する照明設備を設けること.

七　床面積は, 非常用エレベーター 1 基について 10 m² 以上とすること.

八　屋内消火栓, 連結送水管の放水口, 非常コンセント設備等の消火設備を設置できるものとすること.

九　乗降ロビーには, 見やすい方法で, 積載量及び最大定員のほか, 非常用エレベーターである旨, 避難階における避難経路その他避難上必要な事項を明示した標識を掲示し, かつ, 非常の用に供している場合においてその旨を明示することができる表示灯その他これに類するものを設けること.

4　非常用エレベーターの昇降路は, 非常用エレベーター 2 基以内ごとに, 乗降ロビーに通ずる出入口及び機械室に通ずる主索, 電線その他のものの周囲を除き, 耐火構造の床及び壁で囲まなければならない.

5　避難階においては, 非常用エレベーターの昇降路の出入口 (第 3 項に規定する構造の乗降ロビーを設けた場合には, その出入口) から屋外への出口 (道又は道に通ずる幅員 4 m 以上の通路, 空地その他これらに類するものに接している部分に限る.) の一に至る歩行距離は, 30 m 以下としなければならない.

6　非常用エレベーターの籠及びその出入口の寸法並びに籠の積載量は, 国土交通大臣の指定する日本産業規格に定める数値以上としなければならない.

〈関連：昭 46 告示第 112 号〉

7　非常用エレベーターには, 籠を呼び戻す装置 (各階の乗降ロビー及び非常用エレベーターの籠内に設けられた通常の制御装置の機能を停止させ, 籠を避難階又はその直上階若しくは直下階に呼び戻す装置をいう.) を設け, かつ, 当該装置の作動は, 避難階又はその直上階若しくは直下階の乗降ロビー及び中央管理室において行うことができるものとしなければならない.

8　非常用エレベーターには, 籠内と中央管理室とを連絡する電話装置を設けなければならない.

9　非常用エレベーターには, 第 129 条の 8 第 2 項第二号及び第 129 条の 10 第 3 項第二号に掲げる装置の機能を停止させ, 籠の戸を開いたまま籠を昇降させることができる装置を設けなければならない.

10　非常用エレベーターには, 予備電源を設けなければならない.

11　非常用エレベーターの籠の定格速度は, 60 m 以上としなければならない.

12　第 2 項から前項までの規定によるほか, 非常用エレベーターの構造は, その機能を確保するために必要があるものとして国土交通大臣が定めた構造方法を用いるものとしなければならない.

〈関連：平 12 告示第 1428 号〉

13　第 3 項第二号の規定は, 非常用エレベーターの昇降路又は乗降ロビーの構造が, 通常の火災時に生ずる煙が乗降ロビーを通じて昇降路に流入することを有効に防止できるものとして, 国土交通大臣が定めた構造方法を用いるもの又は国土交通大臣の認定を受けたものである場合においては, 適用しない. 〈関連：平 28 告示第 697 号〉

第 3 節　避雷設備

[設置]

第 129 条の 14　法第 33 条の規定による避雷設備は, 建築物の高さ 20 m を超える部

分を雷撃から保護するように設けなければならない.

[構造]

第 129 条の 15　前条の避雷設備の構造は, 次に掲げる基準に適合するものとしなければならない.

一　雷撃によって生ずる電流を建築物に被害を及ぼすことなく安全に地中に流すことができるものとして, 国土交通大臣が定めた構造方法を用いるもの又は国土交通大臣の認定を受けたものであること.　　　　　　　　　　〈関連：平 12 告示第 1425 号〉

二　避雷設備の雨水等により腐食のおそれのある部分にあっては, 腐食しにくい材料を用いるか, 又は有効な腐食防止のための措置を講じたものであること.

第6章　建築物の用途

[用途地域の制限に適合しない建築物の増築等の許可に当たり意見の聴取等を要しない場合等]

第130条　法第48条第16項第一号の政令で定める場合は，次に掲げる要件に該当する場合とする．

一　増築，改築又は移転が特例許可を受けた際における敷地内におけるものであること．

二　増築又は改築後の法第48条各項（第15項から第17項までを除く．次号において同じ．）の規定に適合しない用途に供する建築物の部分の床面積の合計が，特例許可を受けた際におけるその部分の床面積の合計を超えないこと．

三　法第48条各項の規定に適合しない事由が原動機の出力，機械の台数又は容器等の容量による場合においては，増築，改築又は移転後のそれらの出力，台数又は容量の合計が，特例許可を受けた際におけるそれらの出力，台数又は容量の合計を超えないこと．

2　法第48条第16項第二号の政令で定める建築物は，次に掲げるものとする．

一　日用品の販売を主たる目的とする店舗で第一種低層住居専用地域又は第二種低層住居専用地域内にあるもの

二　共同給食調理場（2以上の学校（法別表第二（い）項第四号に規定する学校に限る．）において給食を実施するために必要な施設をいう．）で第一種中高層住居専用地域，第二種中高層住居専用地域，第一種住居地域，第二種住居地域又は準住居地域内にあるもの

三　自動車修理工場で第一種住居地域，第二種住居地域又は準住居地域内にあるもの

[特定用途制限地域内において条例で定める制限]

第130条の2　法第49条の2の規定に基づく条例による建築物の用途の制限は，特定用途制限地域に関する都市計画に定められた用途の概要に即し，当該地域の良好な環境の形成又は保持に貢献する合理的な制限であることが明らかなものでなければならない．

2　法第49条の2の規定に基づく条例には，法第3条第2項の規定により当該条例の規定の適用を受けない建築物について，法第86条の7第1項の規定の例により当該条例に定める制限の適用の除外に関する規定を定めるものとする．

3　法第49条の2の規定に基づく条例には，当該地方公共団体の長が，当該地域の良好な環境を害するおそれがないと認め，又は公益上やむを得ないと認めて許可したものについて，当該条例に定める制限の適用の除外に関する規定を定めるものとする．

[位置の制限を受ける処理施設]

第130条の2の2　法第51条本文（法第87条第2項又は第3項において準用する場合を含む．）の政令で定める処理施設は，次に掲げるものとする．

一　廃棄物の処理及び清掃に関する法律施行令（昭和46年政令第300号．以下「廃棄物処理法施行令」という．）第5条第1項のごみ処理施設（ごみ焼却場を除く．）

二　次に掲げる処理施設（工場その他の建築物に附属するもので，当該建築物において生じた廃棄物のみの処理を行うものを除く．以下「産業廃棄物処理施設」という．）

イ　廃棄物処理法施行令第7条第一号から第十三号の二までに掲げる産業廃棄物の処理施設

ロ　海洋汚染等及び海上災害の防止に関する法律（昭和45年法律第136号）第3条第十四号に掲げる廃油処理施設

［卸売市場等の用途に供する特殊建築物の位置に対する制限の緩和］

第130条の2の3　法第51条ただし書（法第87条第2項又は第3項において準用する場合を含む．以下この条において同じ．）の規定により政令で定める新築，増築又は用途変更の規模は，次に定めるものとする．

一　第一種低層住居専用地域，第二種低層住居専用地域，第一種中高層住居専用地域，第二種中高層住居専用地域，第一種住居地域，第二種住居地域，田園住居地域及び工業専用地域以外の区域内における卸売市場の用途に供する建築物に係る新築，増築又は用途変更（第四号に該当するものを除く．）

延べ面積の合計（増築又は用途変更の場合にあっては，増築又は用途変更後の延べ面積の合計）が500 m^{2}以下のもの

二　汚物処理場又はごみ焼却場その他のごみ処理施設の用途に供する建築物に係る新築，増築又は用途変更（第五号に該当するものを除く．）

処理能力（増築又は用途変更の場合にあっては，増築又は用途変更後の処理能力）が3 000人（総合的設計による一団地の住宅施設に関して当該団地内においてする場合にあっては，1万人）以下のもの

三　工業地域又は工業専用地域内における産業廃棄物処理施設の用途に供する建築物に係る新築，増築又は用途変更（第六号に該当するものを除く．）

1日当たりの処理能力（増築又は用途変更の場合にあっては，増築又は用途変更後の処理能力）が当該処理施設の種類に応じてそれぞれ次に定める数値以下のもの

イ　汚泥の脱水施設　　30 m^3

ロ　汚泥の乾燥施設（ハに掲げるものを除く．）　　20 m^3

ハ　汚泥の天日乾燥施設　　120 m^3

ニ　汚泥（ポリ塩化ビフェニル処理物（廃ポリ塩化ビフェニル等（廃棄物処理法施行令第2条の4第五号イに掲げる廃ポリ塩化ビフェニル等をいう．以下この号において同じ．）又はポリ塩化ビフェニル汚染物（同号ロに掲げるポリ塩化ビフェニル汚染物をいう．以下この号において同じ．）を処分するために処理したものをいう．以下この号において同じ．）であるものを除く．）の焼却施設　　10 m^3

ホ　廃油の油水分離施設　　30 m^3

ヘ　廃油（廃ポリ塩化ビフェニル等を除く．）の焼却施設　　4 m^3

ト　廃酸又は廃アルカリの中和施設　　60 m^3

チ　廃プラスチック類の破砕施設　　6 t

リ　廃プラスチック類（ポリ塩化ビフェニル汚染物又はポリ塩化ビフェニル処理物であるものを除く．）の焼却施設　　1 t

ヌ　廃棄物処理法施行令第2条第二号に掲げる廃棄物（事業活動に伴って生じたものに限る。）又はがれき類の破砕施設　　100 t

ル　廃棄物処理法施行令別表第3の3に掲げる物質又はダイオキシン類を含む汚泥のコンクリート固型化施設　　4 m³

ヲ　水銀又はその化合物を含む汚泥のばい焼施設　　6 m³

ワ　汚泥，廃酸又は廃アルカリに含まれるシアン化合物の分解施設　　8 m³

カ　廃ポリ塩化ビフェニル等，ポリ塩化ビフェニル汚染物又はポリ塩化ビフェニル処理物の焼却施設　　0.2 t

ヨ　廃ポリ塩化ビフェニル等（ポリ塩化ビフェニル汚染物に塗布され，染み込み，付着し，又は封入されたポリ塩化ビフェニルを含む。）又はポリ塩化ビフェニル処理物の分解施設　　0.2 t

タ　ポリ塩化ビフェニル汚染物又はポリ塩化ビフェニル処理物の洗浄施設又は分離施設　　0.2 t

レ　焼却施設（ニ，ヘ，リ及びカに掲げるものを除く。）　　6 t

四　法第51条ただし書の規定による許可を受けた卸売市場，と畜場若しくは火葬場の用途に供する建築物又は法第3条第2項の規定により法第51条の規定の適用を受けないこれらの用途に供する建築物に係る増築又は用途変更

　　増築又は用途変更後の延べ面積の合計がそれぞれイ若しくはロに掲げる延べ面積の合計の1.5倍以下又は750 m²以下のもの

　　イ　当該許可に係る建築又は用途変更後の延べ面積の合計

　　ロ　初めて法第51条の規定の適用を受けるに至った際の延べ面積の合計

五　法第51条ただし書の規定による許可を受けた汚物処理場若しくはごみ焼却場その他のごみ処理施設の用途に供する建築物又は法第3条第2項の規定により法第51条の規定の適用を受けないこれらの用途に供する建築物に係る増築又は用途変更

　　増築又は用途変更後の処理能力がそれぞれイ若しくはロに掲げる処理能力の1.5倍以下又は4 500人（総合的設計による一団地の住宅施設に関して当該団地内においてする場合にあっては，15 000人）以下のもの

　　イ　当該許可に係る建築又は用途変更後の処理能力

　　ロ　初めて法第51条の規定の適用を受けるに至った際の処理能力

六　法第51条ただし書の規定による許可を受けた産業廃棄物処理施設の用途に供する建築物又は法第3条第2項の規定により法第51条の規定の適用を受けない当該用途に供する建築物に係る増築又は用途変更

　　増築又は用途変更後の処理能力が，それぞれイ若しくはロに掲げる処理能力の1.5倍以下又は産業廃棄物処理施設の種類に応じてそれぞれ第三号に掲げる処理能力の1.5倍以下のもの

　　イ　当該許可に係る建築又は用途変更後の処理能力

　　ロ　初めて法第51条の規定の適用を受けるに至った際の処理能力

2　特定行政庁が法第51条ただし書の規定による許可をする場合において，前項第四号から第六号までに規定する規模の範囲内において，増築し，又は用途を変更することができる規模を定めたときは，同項の規定にかかわらず，その規模を同条た

だし書の規定により政令で定める規模とする.

[第一種低層住居専用地域内に建築することができる兼用住宅]

第 130 条の 3　法別表第二（い）項第二号（法第 87 条第 2 項又は第 3 項において法第 48 条第 1 項の規定を準用する場合を含む.）の規定により政令で定める住宅は, 延べ面積の 1/2 以上を居住の用に供し, かつ, 次の各号のいずれかに掲げる用途を兼ねるもの（これらの用途に供する部分の床面積の合計が 50 m² を超えるものを除く.）とする.

一　事務所（汚物運搬用自動車, 危険物運搬用自動車その他これらに類する自動車で国土交通大臣の指定するもののための駐車施設を同一敷地内に設けて業務を運営するものを除く.）

二　日用品の販売を主たる目的とする店舗又は食堂若しくは喫茶店

三　理髪店, 美容院, クリーニング取次店, 質屋, 貸衣装屋, 貸本屋その他これらに類するサービス業を営む店舗

四　洋服店, 畳屋, 建具屋, 自転車店, 家庭電気器具店その他これらに類するサービス業を営む店舗（原動機を使用する場合にあっては, その出力の合計が 0.75 kW 以下のものに限る.）

五　自家販売のために食品製造業（食品加工業を含む. 以下同じ.）を営むパン屋, 米屋, 豆腐屋, 菓子屋その他これらに類するもの（原動機を使用する場合にあっては, その出力の合計が 0.75 kW 以下のものに限る.）

六　学習塾, 華道教室, 囲碁教室その他これらに類する施設

七　美術品又は工芸品を製作するためのアトリエ又は工房（原動機を使用する場合にあっては, その出力の合計が 0.75 kW 以下のものに限る.）

[第一種低層住居専用地域内に建築することができる公益上必要な建築物]

第 130 条の 4　法別表第二（い）項第九号（法第 87 条第 2 項又は第 3 項において法第 48 条第 1 項の規定を準用する場合を含む.）の規定により政令で定める公益上必要な建築物は, 次に掲げるものとする.

一　郵便法（昭和 22 年法律第 165 号）の規定により行う郵便の業務の用に供する施設で延べ面積が 500 m² 以内のもの

二　地方公共団体の支庁又は支所の用に供する建築物, 老人福祉センター, 児童厚生施設その他これらに類するもので延べ面積が 600 m² 以内のもの

三　近隣に居住する者の利用に供する公園に設けられる公衆便所又は休憩所

四　路線バスの停留所の上家

五　次のイからニまでのいずれかに掲げる施設である建築物で国土交通大臣が指定するもの

〈関連：昭 45 告示第 1836 号〉

イ　電気通信事業法（昭和 59 年法律第 86 号）第 120 条第 1 項に規定する認定電気通信事業者が同項に規定する認定電気通信事業の用に供する施設

ロ　電気事業法（昭和 39 年法律第 170 号）第 2 条第 1 項第十六号に規定する電気事業（同項第二号に規定する小売電気事業を除く.）の用に供する施設

ハ　ガス事業法第 2 条第 2 項に規定するガス小売事業又は同条第 5 項に規定する一般ガス導管事業の用に供する施設

ニ　液化石油ガスの保安の確保及び取引の適正化に関する法律第 2 条第 3 項に規定

する液化石油ガス販売事業の用に供する施設

ホ　水道法第3条第2項に規定する水道事業の用に供する施設

ヘ　下水道法第2条第三号に規定する公共下水道の用に供する施設

ト　都市高速鉄道の用に供する施設

チ　熱供給事業法（昭和47年法律第88号）第2条第2項に規定する熱供給事業の用に供する施設

[第一種低層住居専用地域等内に建築してはならない附属建築物]

第130条の5　法別表第二（い）項第十号，（ろ）項第三号及び（ち）項第六号（法第87条第2項又は第3項において法第48条第1項，第2項及び第8項の規定を準用する場合を含む.）の規定により政令で定める建築物は，次に掲げるものとする.

一　自動車車庫で当該自動車車庫の床面積の合計に同一敷地内にある建築物に附属する自動車車庫の用途に供する工作物の築造面積（当該築造面積が50 m² 以下である場合には，その値を減じた値）を加えた値が600 m²（同一敷地内にある建築物（自動車車庫の用途に供する部分を除く.）の延べ面積の合計が600 m² 以下の場合においては，当該延べ面積の合計）を超えるもの（次号に掲げるものを除く.）

二　公告対象区域内の建築物に附属する自動車車庫で次のイ又はロのいずれかに該当するもの

イ　自動車車庫の床面積の合計に同一敷地内にある建築物に附属する自動車車庫の用途に供する工作物の築造面積を加えた値が2 000m² を超えるもの

ロ　自動車車庫の床面積の合計に同一公告対象区域内にある建築物に附属する他の自動車車庫の床面積の合計及び当該公告対象区域内にある建築物に附属する自動車車庫の用途に供する工作物の築造面積を加えた値が，当該公告対象区域内の敷地ごとに前号の規定により算定される自動車車庫の床面積の合計の上限の値を合算した値を超えるもの

三　自動車車庫で2階以上の部分にあるもの

四　床面積の合計が15 m² を超える畜舎

五　法別表第二（と）項第四号に掲げるもの

[第二種低層住居専用地域及び田園住居地域内に建築することができる店舗，飲食店等の建築物]

第130条の5の2　法別表第二（ろ）項第二号及び（ち）項第五号（法第87条第2項又は第3項において法第48条第2項及び第8項の規定を準用する場合を含む.）の規定により政令で定める建築物は，次に掲げるものとする.

一　日用品の販売を主たる目的とする店舗又は食堂若しくは喫茶店

二　理髪店，美容院，クリーニング取次店，質屋，貸衣装屋，貸本屋その他これらに類するサービス業を営む店舗

三　洋服店，畳屋，建具屋，自転車店，家庭電気器具店その他これらに類するサービス業を営む店舗で作業場の床面積の合計が50 m² 以内のもの（原動機を使用する場合にあっては，その出力の合計が0.75 kW 以下のものに限る.）

四　自家販売のために食品製造業を営むパン屋，米屋，豆腐屋，菓子屋その他これらに類するもので作業場の床面積の合計が50 m² 以内のもの（原動機を使用する場合にあっては，その出力の合計が0.75 kW 以下のものに限る.）

五　学習塾，華道教室，囲碁教室その他これらに類する施設

［第一種中高層住居専用地域内に建築することができる店舗，飲食店等の建築物］

第130条の5の3　法別表第二（は）項第五号（法第87条第2項又は第3項において法第48条第3項の規定を準用する場合を含む．）の規定により政令で定める建築物は，次に掲げるものとする．

一　前条第二号から第五号までに掲げるもの

二　物品販売業を営む店舗（専ら性的好奇心をそそる写真その他の物品の販売を行うものを除く．）又は飲食店

三　銀行の支店，損害保険代理店，宅地建物取引業を営む店舗その他これらに類するサービス業を営む店舗

［第一種中高層住居専用地域内に建築することができる公益上必要な建築物］

第130条の5の4　法別表第二（は）項第七号（法第87条第2項又は第3項において法第48条第3項の規定を準用する場合を含む．）の規定により政令で定める建築物は，次に掲げるものとする．

一　税務署，警察署，保健所，消防署その他これらに類するもの（法別表第二（い）項第九号に掲げるもの及び5階以上の部分をこれらの用途に供するものを除く．）

二　第130条の4第五号イからハまでの一に掲げる施設である建築物で国土交通大臣が指定するもの（法別表第二（い）項第九号に掲げるもの及び5階以上の部分をこれらの用途に供するものを除く．）　〈関連：平5告示第1451号〉

［第一種中高層住居専用地域内に建築してはならない附属建築物］

第130条の5の5　法別表第二（は）項第八号（法第87条第2項又は第3項において法第48条第3項の規定を準用する場合を含む．）の規定により政令で定める建築物は，次に掲げるものとする．

一　自動車車庫で当該自動車車庫の床面積の合計に同一敷地内にある建築物に附属する自動車車庫の用途に供する工作物の築造面積（当該築造面積が300 m² 以下である場合には，その値を減じた値．第130条の7の2第三号及び第四号並びに第130条の8において同じ．）を加えた値が3 000 m²（同一敷地内にある建築物（自動車車庫の用途に供する部分を除く．）の延べ面積の合計が3 000 m² 以下の場合においては，当該延べ面積の合計）を超えるもの（次号に掲げるものを除く．）

二　公告対象区域内の建築物に附属する自動車車庫で次のイ又はロのいずれかに該当するもの

　イ　自動車車庫の床面積の合計に同一敷地内にある建築物に附属する自動車車庫の用途に供する工作物の築造面積を加えた値が10 000 m² を超えるもの

　ロ　自動車車庫の床面積の合計に同一公告対象区域内にある建築物に附属する他の自動車車庫の床面積の合計及び当該公告対象区域内にある建築物に附属する自動車車庫の用途に供する工作物の築造面積を加えた値が，当該公告対象区域内の敷地ごとに前号の規定により算定される自動車車庫の床面積の合計の上限の値を合算した値を超えるもの

三　自動車車庫で3階以上の部分にあるもの

四　第130条の5第四号及び第五号に掲げるもの

[第二種中高層住居専用地域内に建築することができる工場]

第130条の6 法別表第二（に）項第二号（法第87条第2項又は第3項において法第48条第4項の規定を準用する場合を含む．）の規定により政令で定める工場は，パン屋，米屋，豆腐屋，菓子屋その他これらに類する食品製造業を営むもの（同表（と）項第三号（二の二）又は（四の四）に該当するものを除く．）で，作業場の床面積の合計が50 m²以内のもの（原動機を使用する場合にあっては，その出力の合計が0.75 kW以下のものに限る．）とする．

[第二種中高層住居専用地域及び工業専用地域内に建築してはならない運動施設]

第130条の6の2 法別表第二（に）項第三号及び（わ）項第七号（法第87条第2項又は第3項において法第48条第4項及び第13項の規定を準用する場合を含む．）の規定により政令で定める運動施設は，スキー場，ゴルフ練習場及びバッティング練習場とする．

[第二種中高層住居専用地域内に建築してはならない畜舎]

第130条の7 法別表第二（に）項第六号（法第87条第2項又は第3項において法第48条第4項の規定を準用する場合を含む．）に規定する政令で定める規模の畜舎は，床面積の合計が15 m²を超えるものとする．

[第一種住居地域内に建築することができる大規模な建築物]

第130条の7の2 法別表第二（ほ）項第四号（法第87条第2項又は第3項において法第48条第5項の規定を準用する場合を含む．）の規定により政令で定める建築物は，次に掲げるものとする．

一　税務署，警察署，保健所，消防署その他これらに類するもの

二　電気通信事業法第120条第1項に規定する認定電気通信事業者が同項に規定する認定電気通信の事業の用に供する施設である建築物で国土交通大臣が指定するもの

〈関連：平5告示第1436号〉

三　建築物に附属する自動車車庫で，当該自動車車庫の床面積の合計に同一敷地内にある建築物に附属する自動車車庫の用途に供する工作物の築造面積を加えた値が当該敷地内にある建築物（自動車車庫の用途に供する部分を除く．）の延べ面積の合計を超えないもの（3階以上の部分を自動車車庫の用途に供するものを除く．）

四　公告対象区域内の建築物に附属する自動車車庫で，床面積の合計に同一公告対象区域内にある建築物に附属する他の自動車車庫の床面積の合計及び当該公告対象区域内にある建築物に附属する自動車車庫の用途に供する工作物の築造面積を加えた値が当該公告対象区域内の建築物（自動車車庫の用途に供する部分を除く．）の延べ面積の合計を超えないもの（3階以上の部分を自動車車庫の用途に供するものを除く．）

五　自動車車庫で都市計画として決定されたもの

[第二種住居地域及び工業地域内に建築してはならない建築物]

第130条の7の3 法別表第二（へ）項第三号及び（を）項第四号（法第87条第2項又は第3項において法第48条第6項及び第12項の規定を準用する場合を含む．）の規定により政令で定める建築物は，客にダンスをさせ，かつ，客に飲食をさせる営業（客の接待をするものを除く．）を営む施設（ナイトクラブを除く．）とする．

第130条の8 法別表第二（へ）項第四号（法第87条第2項又は第3項において法第48条第6項の規定を準用する場合を含む．）の規定により政令で定める建築物に附属する自動車車庫は，次に掲げるものとする．

一 床面積の合計に同一敷地内にある建築物に附属する自動車車庫の用途に供する工作物の築造面積を加えた値が当該敷地内にある建築物（自動車車庫の用途に供する部分を除く．）の延べ面積の合計を超えないもの（3階以上の部分を自動車車庫の用途に供するものを除く．）

二 公告対象区域内の建築物に附属する自動車車庫で，床面積の合計に同一公告対象区域内にある建築物に附属する他の自動車車庫の床面積の合計及び当該公告対象区域内にある建築物に附属する自動車車庫の用途に供する工作物の築造面積を加えた値が当該公告対象区域内の建築物（自動車車庫の用途に供する部分を除く．）の延べ面積の合計を超えないもの（3階以上の部分を自動車車庫の用途に供するものを除く．）

［第二種住居地域等内に建築してはならない建築物の店舗，飲食店等に類する用途］

第130条の8の2 法別表第二（へ）項第六号及び（を）項第七号（法第87条第2項又は第3項において法第48条第6項及び第12項の規定を準用する場合を含む．）の規定により政令で定める用途は，場外勝馬投票券発売所とする．

2 法別表第二（と）項第六号及び（か）項（法第87条第2項又は第3項において法第48条第7項及び第14項の規定を準用する場合を含む．）の規定により政令で定める店舗，飲食店，展示場，遊技場，勝馬投票券発売所及び場外車券売場に類する用途は，場内車券売場及び勝舟投票券発売所とする．

［準住居地域内で営むことができる特殊の方法による事業］

第130条の8の3 法別表第二（と）項第三号（法第87条第2項又は第3項において法第48条第7項の規定を準用する場合を含む．）の規定により政令で定める特殊の方法による事業は，同号11に掲げる事業のうち，国土交通大臣が防音上有効な構造と認めて指定する空気圧縮機で原動機の出力の合計が7.5kW以下のものを使用する事業とする． 〈関連：平5告示第1438号〉

［危険物の貯蔵又は処理に供する建築物］

第130条の9 法別表第二（と）項第四号，（ぬ）項第四号及び（る）項第二号（法第87条第2項又は第3項において法第48条第7項，第10項及び第11項の規定を準用する場合を含む．）の規定により政令で定める危険物の貯蔵又は処理に供する建築物は，次の表に定める数量を超える危険物（同表に数量の定めのない場合にあってはその数量を問わないものとし，圧縮ガス又は液化ガスを燃料電池又は内燃機関の燃料として用いる自動車にこれらのガスを充填するための設備（安全上及び防火上支障がないものとして国土交通大臣が定める基準に適合するものに限る．）により貯蔵し，又は処理される圧縮ガス及び液化ガス，地下貯蔵槽により貯蔵される第一石油類（消防法別表第一の備考十二に規定する第一石油類をいう．以下この項において同じ．），アルコール類（同表の備考十三に規定するアルコール類をいう．），第二石油類（同表の備考十四に規定する第二石油類をいう．以下この項において同じ．），第三石油類（同表の備考十五に規定する第三石油類をいう．以下この項にお

いて同じ．）及び第四石油類（同表の備考十六に規定する第四石油類をいう．以下この項において同じ．）並びに国土交通大臣が安全上及び防火上支障がない構造と認めて指定する蓄電池により貯蔵される硫黄及びナトリウムを除く．）の貯蔵又は処理に供する建築物とする．

危険物 ＼ 用途地域		準住居地域	商業地域	準工業地域
(一)	火薬類（玩具煙火を除く．）| 火薬	20 kg	50 kg	20 t
		爆薬		25 kg	10 t
		工業雷管，電気雷管及び信号雷管		1 万個	250 万個
		銃用雷管	3 万個	10 万個	2 500 万個
		実包及び空包	2 000 個	3 万個	1 000 万個
		信管及び火管		3 万個	50 万個
		導爆線		1.5 km	500 km
		導火線	1 km	5 km	2 500 km
		電気導火線		3 万個	10 万個
		信号炎管，信号火箭及び煙火	25 kg	2 t	
		その他の火薬又は爆薬を使用した火工品	当該火工品の原料をなす火薬又は爆薬の数量に応じて，火薬又は爆薬の数量のそれぞれの限度による．		
(二)	マッチ，圧縮ガス，液化ガス又は可燃性ガス		$\dfrac{A}{20}$	$\dfrac{A}{10}$	$\dfrac{A}{2}$
(三)	第一石油類，第二石油類，第三石油類又は第四石油類		$\dfrac{A}{2}$（危険物の規制に関する政令第2条第一号に規定する屋内貯蔵所のうち位置，構造及び設備について国土交通大臣が定める基準に適合するもの（以下この表において「特定屋内貯蔵所」という．）又は同令第3条第二号イに規定する第一種販売取扱所（以下この表において「第一種販売取扱所」という．）にあっては，$\dfrac{3A}{2}$）〈関連：平5告示第1439号〉	A（特定屋内貯蔵所，第一種販売取扱所又は危険物の規制に関する政令第3条第二号ロに規定する第二種販売取扱所（以下この表において「第二種販売取扱所」という．）にあっては，3A）	5A
(四)	(一)から(三)までに掲げる危険物以外のもの		$\dfrac{A}{10}$（特定屋内貯蔵所又は第一種販売取扱所にあっては，$\dfrac{3A}{10}$）	$\dfrac{A}{5}$（特定屋内貯蔵所又は第一種販売取扱所にあっては，$\dfrac{3A}{5}$）	2A（特定屋内貯蔵所，第一種販売取扱所又は第二種販売取扱所にあっては，5A）

この表において，Aは，(二)に掲げるものについては第116条第1項の表中「常時貯蔵する場合」の欄に掲げる数量，(三)及び(四)に掲げるものについては同項の表中「製造所又は他の事業を営む工場において処理する場合」の欄に掲げる数量を表すものとする．

2　第116条第2項及び第3項の規定は，前項の場合に準用する．ただし，同条第3項の規定については，準住居地域又は商業地域における前項の表の㈠に掲げる危険物の貯蔵に関しては，この限りでない．

[準住居地域及び用途地域の指定のない区域内に建築してはならない建築物のナイトクラブに類する用途]

第130条の9の2　法別表第二（と）項第五号及び第六号並びに（か）項（法第87条第2項又は第3項において法第48条第7項及び第14項の規定を準用する場合を含む.）の規定により政令で定めるナイトクラブに類する用途は，客にダンスをさせ，かつ，客に飲食をさせる営業（客の接待をするものを除く.）を営む施設（ナイトクラブを除く.）とする.

[田園住居地域内に建築してはならない建築物]

第130条の9の3　法別表第二（ち）項第二号（法第87条第2項又は第3項において法第48条第8項の規定を準用する場合を含む.）の規定により政令で定める建築物は，農産物の乾燥その他の農産物の処理に供する建築物のうち著しい騒音を発生するものとして国土交通大臣が指定するものとする.

[田園住居地域内に建築することができる農業の利便を増進するために必要な店舗，飲食店等の建築物]

第130条の9の4　法別表第二（ち）項第四号（法第87条第2項又は第3項において法第48条第8項の規定を準用する場合を含む.）の規定により政令で定める建築物は，次に掲げるものとする.

一　田園住居地域及びその周辺の地域で生産された農産物の販売を主たる目的とする店舗

二　前号の農産物を材料とする料理の提供を主たる目的とする飲食店

三　自家販売のために食品製造業を営むパン屋，米屋，豆腐屋，菓子屋その他これらに類するもの（第一号の農産物を原材料とする食品の製造又は加工を主たる目的とするものに限る.）で作業場の床面積の合計が $50 \, \mathrm{m}^2$ 以内のもの（原動機を使用する場合にあっては，その出力の合計が $0.75 \, \mathrm{kW}$ 以下のものに限る.）

[近隣商業地域及び準工業地域内に建築してはならない建築物]

第130条の9の5　法別表第二（り）項第三号及び（る）項第三号（法第87条第2項又は第3項において法第48条第9項及び第11項の規定を準用する場合を含む.）の規定により政令で定める建築物は，ヌードスタジオ，のぞき劇場，ストリップ劇場，専ら異性を同伴する客の休憩の用に供する施設，専ら性的好奇心をそそる写真その他の物品の販売を目的とする店舗その他これらに類するものとする.

[商業地域内で営んではならない事業]

第130条の9の6　法別表第二（ぬ）項第三号⒇（法第87条第2項又は第3項において法第48条第10項の規定を準用する場合を含む.）の規定により政令で定める事業は，スエージングマシン又はロールを用いる金属の鍛造とする.

[準工業地域内で営むことができる特殊の方法による事業]

第130条の9の7　法別表第二（る）項第一号（法第87条第2項又は第3項において法第48条第11項の規定を準用する場合を含む.）の規定により政令で定める特殊の方法による事業は，次に掲げるものとする.

一　法別表第二（る）項第一号(5)に掲げる銅アンモニアレーヨンの製造のうち，液化アンモニアガス及びアンモニア濃度が30%を超えるアンモニア水を用いないもの

二　法別表第二（る）項第一号(12)に掲げる圧縮ガスの製造のうち，次のいずれかに該当するもの

　イ　内燃機関の燃料として自動車に充塡するための圧縮天然ガスに係るもの

　ロ　燃料電池又は内燃機関の燃料として自動車に充塡するための圧縮水素に係るものであって，安全上及び防火上支障がないものとして国土交通大臣が定める基準に適合する製造設備を用いるもの　　　　　　　　　〈関連：平17告示第359号〉

三　法別表第二（る）項第一号(16)に掲げる合成繊維の製造のうち，国土交通大臣が安全上及び防火上支障がないと認めて定める物質を原料とするもの又は国土交通大臣が安全上及び防火上支障がないと認めて定める工程によるもの

　　　　　　　　　　　　　　　　　　　　　　　〈関連：平5告示第1440号〉

四　法別表第二（る）項第一号(28)に掲げる事業のうち，スエージングマシン又はロールを用いるもの

五　法別表第二（る）項第一号(30)に掲げる事業のうち，集じん装置の使用その他国土交通大臣が石綿の粉じんの飛散の防止上有効であると認めて定める方法により行われるもの　　　　　　　　　　　　　　　〈関連：平5告示第1441号〉

［準工業地域内で営むことができる可燃性ガスの製造］

第130条の9の8　法別表第二（る）項第一号(11)（法第87条第2項又は第3項において法第48条第11項の規定を準用する場合を含む．）の規定により政令で定める可燃性ガスの製造は，次に掲げるものとする．

一　アセチレンガスの製造

二　ガス事業法第2条第2項に規定するガス小売事業又は同条第9項に規定するガス製造事業として行われる可燃性ガスの製造

第7章 建築物の各部分の高さ等

[第一種低層住居専用地域等内における建築物の高さの制限の緩和に係る敷地内の空地等]

第130条の10 法第55条第2項の規定により政令で定める空地は，法第53条の規定により建蔽率の最高限度が定められている場合においては，当該空地の面積の敷地面積に対する割合が1から当該最高限度を減じた数値に1/10を加えた数値以上であるものとし，同条の規定により建蔽率の最高限度が定められていない場合においては，当該空地の面積の敷地面積に対する割合が1/10以上であるものとする．

2　法第55条第2項の規定により政令で定める規模は，1 500 m² とする．ただし，特定行政庁は，街区の形状，宅地の規模その他土地の状況によりこれによることが不適当であると認める場合においては，規則で，750 m² 以上1 500 m² 未満の範囲内で，その規模を別に定めることができる．

[建築物の敷地が2以上の地域，地区又は区域にわたる場合の法別表第三（は）欄に掲げる距離の適用の特例]

第130条の11　建築物の敷地が法別表第三（い）欄に掲げる地域，地区又は区域の2以上にわたる場合における同表（は）欄に掲げる距離の適用については，同表（い）欄中「建築物がある地域，地区又は区域」とあるのは，「建築物又は建築物の部分の前面道路に面する方向にある当該前面道路に接する敷地の部分の属する地域，地区又は区域」とする．

[前面道路との関係についての建築物の各部分の高さの制限に係る建築物の後退距離の算定の特例]

第130条の12　法第56条第2項及び第4項の政令で定める建築物の部分は，次に掲げるものとする．

一　物置その他これに類する用途に供する建築物の部分で次に掲げる要件に該当するもの

イ　軒の高さが2.3 m 以下で，かつ，床面積の合計が5 m² 以内であること．

ロ　当該部分の水平投影の前面道路に面する長さを敷地の前面道路に接する部分の水平投影の長さで除した数値が1/5以下であること．

ハ　当該部分から前面道路の境界線までの水平距離のうち最小のものが1 m 以上であること．

二　ポーチその他これに類する建築物の部分で，前号ロ及びハに掲げる要件に該当し，かつ，高さが5 m 以下であるもの

三　道路に沿って設けられる高さが2 m 以下の門又は塀（高さが1.2 m を超えるものにあっては，当該1.2 m を超える部分が網状その他これに類する形状であるものに限る．）

四　隣地境界線に沿って設けられる門又は塀

五　歩廊，渡り廊下その他これらに類する建築物の部分で，特定行政庁がその地方の気候若しくは風土の特殊性又は土地の状況を考慮して規則で定めたもの

六　前各号に掲げるもののほか，建築物の部分で高さが1.2 m 以下のもの

[前面道路との関係についての建築物の各部分の高さの制限の緩和]

第131条 法第56条第6項の規定による同条第1項第一号及び第2項から第4項までの規定の適用の緩和に関する措置は，次条から第135条の2までに定めるところによる．

[前面道路とみなす道路等]

第131条の2 土地区画整理事業を施行した地区その他これに準ずる街区の整った地区内の街区で特定行政庁が指定するものについては，その街区の接する道路を前面道路とみなす．

2 建築物の敷地が都市計画において定められた計画道路（法第42条第1項第四号に該当するものを除くものとし，以下この項において「計画道路」という．）若しくは法第68条の7第1項の規定により指定された予定道路（以下この項において「予定道路」という．）に接する場合又は当該敷地内に計画道路若しくは予定道路がある場合において，特定行政庁が交通上，安全上，防火上及び衛生上支障がないと認める建築物については，当該計画道路又は予定道路を前面道路とみなす．

3 前面道路の境界線若しくはその反対側の境界線からそれぞれ後退して壁面線の指定がある場合又は前面道路の境界線若しくはその反対側の境界線からそれぞれ後退して法第68条の2第1項の規定に基づく条例で定める壁面の位置の制限（道路に面する建築物の壁又はこれに代わる柱の位置及び道路に面する高さ2mを超える門又は塀の位置を制限するものに限る．以下この項において「壁面の位置の制限」という．）がある場合において，当該壁面線又は当該壁面の位置の制限として定められた限度の線を越えない建築物（第135条の19各号に掲げる建築物の部分を除く．）で特定行政庁が交通上，安全上，防火上及び衛生上支障がないと認めるものについては，当該前面道路の境界線又はその反対側の境界線は，それぞれ当該壁面線又は当該壁面の位置の制限として定められた限度の線にあるものとみなす．

[2以上の前面道路がある場合]

第132条 建築物の前面道路が2以上ある場合においては，幅員の最大な前面道路の境界線からの水平距離がその前面道路の幅員の2倍以内で，かつ，35m以内の区域及びその他の前面道路の中心線からの水平距離が10mを超える区域については，すべての前面道路が幅員の最大な前面道路と同じ幅員を有するものとみなす．

2 前項の区域外の区域のうち，2以上の前面道路の境界線からの水平距離がそれぞれその前面道路の幅員の2倍（幅員が4m未満の前面道路にあっては，10mからその幅員の1/2を減じた数値）以内で，かつ，35m以内の区域については，これらの前面道路のみを前面道路とし，これらの前面道路のうち，幅員の小さい前面道路は，幅員の大きい前面道路と同じ幅員を有するものとみなす．

3 前2項の区域外の区域については，その接する前面道路のみを前面道路とする．

第133条 （削除）

[前面道路の反対側に公園，広場，水面その他これらに類するものがある場合]

第134条 前面道路の反対側に公園，広場，水面その他これらに類するものがある場合においては，当該前面道路の反対側の境界線は，当該公園，広場，水面その他これらに類するものの反対側の境界線にあるものとみなす．

2 建築物の前面道路が2以上ある場合において，その反対側に公園，広場，水面

その他これらに類するものがある前面道路があるときは，第132条第1項の規定によらないで，当該公園，広場，水面その他これらに類するものがある前面道路（2以上あるときは，そのうちの1）の境界線からの水平距離がその公園，広場，水面その他これらに類するものの反対側の境界線から当該前面道路の境界線までの水平距離の2倍以内で，かつ，35m以内の区域及びその他の前面道路の中心線からの水平距離が10mを超える区域については，すべての前面道路を当該公園，広場，水面その他これらに類するものがある前面道路と同じ幅員を有し，かつ，その反対側に同様の公園，広場，水面その他これらに類するものがあるものとみなして，前項の規定によることができる．この場合においては，第132条第2項及び第3項の規定を準用する．

第135条 （削除）

[道路面と敷地の地盤面に高低差がある場合]

第135条の2　建築物の敷地の地盤面が前面道路より1m以上高い場合においては，その前面道路は，敷地の地盤面と前面道路との高低差から1mを減じたものの1/2だけ高い位置にあるものとみなす．

2　特定行政庁は，地形の特殊性により前項の規定をそのまま適用することが著しく不適当であると認める場合においては，同項の規定にかかわらず，規則で，前面道路の位置を同項の規定による位置と敷地の地盤面の高さとの間において適当と認める高さに定めることができる．

[隣地との関係についての建築物の各部分の高さの制限の緩和]

第135条の3　法第56条第6項の規定による同条第1項及び第5項の規定の適用の緩和に関する措置で同条第1項第二号に係るものは，次に定めるところによる．

一　建築物の敷地が公園（都市公園法施行令（昭和31年政令第290号）第2条第1項第一号に規定する都市公園を除く．），広場，水面その他これらに類するものに接する場合においては，その公園，広場，水面その他これらに類するものに接する隣地境界線は，その公園，広場，水面その他これらに類するものの幅の1/2だけ外側にあるものとみなす．

二　建築物の敷地の地盤面が隣地の地盤面（隣地に建築物がない場合においては，当該隣地の平均地表面をいう．次項において同じ．）より1m以上低い場合においては，その建築物の敷地の地盤面は，当該高低差から1mを減じたものの1/2だけ高い位置にあるものとみなす．

三　第131条の2第2項の規定により計画道路又は予定道路を前面道路とみなす場合においては，その計画道路又は予定道路内の隣地境界線は，ないものとみなす．

2　特定行政庁は，前項第二号の場合において，地形の特殊性により同号の規定をそのまま適用することが著しく不適当であると認めるときは，規則で，建築物の敷地の地盤面の位置を当該建築物の敷地の地盤面の位置と隣地の地盤面の位置との間において適当と認める高さに定めることができる．

[北側の前面道路又は隣地との関係についての建築物の各部分の高さの制限の緩和]

第135条の4　法第56条第6項の規定による同条第1項及び第5項の規定の適用の緩和に関する措置で同条第1項第三号に係るものは，次に定めるところによる．

一　北側の前面道路の反対側に水面，線路敷その他これらに類するものがある場合又

は建築物の敷地が北側で水面，線路敷その他これらに類するものに接する場合においては，当該前面道路の反対側の境界線又は当該水面，線路敷その他これらに類するものに接する隣地境界線は，当該水面，線路敷その他これらに類するものの幅の1/2だけ外側にあるものとみなす．

二　建築物の敷地の地盤面が北側の隣地（北側に前面道路がある場合においては，当該前面道路の反対側の隣接地をいう．以下この条において同じ．）の地盤面（隣地に建築物がない場合においては，当該隣地の平均地表面をいう．次項において同じ．）より1m以上低い場合においては，その建築物の敷地の地盤面は，当該高低差から1mを減じたものの1/2だけ高い位置にあるものとみなす．

三　第131条の2第2項の規定により計画道路又は予定道路を前面道路とみなす場合においては，その計画道路又は予定道路内の隣地境界線は，ないものとみなす．

2　特定行政庁は，前項第二号の場合において，地形の特殊性により同号の規定をそのまま適用することが著しく不適当であると認めるときは，規則で，建築物の敷地の地盤面の位置を当該建築物の敷地の地盤面の位置と北側の隣地の地盤面の位置との間において適当と認める高さに定めることができる．

[天空率]

第135条の5　この章において「天空率」とは，次の式によって計算した数値をいう．

$$R_S = \frac{A_S - A_b}{A_S}$$

この式において，R_S，A_S及びA_bは，それぞれ次の数値を表すものとする．

R_S　天空率
A_S　地上のある位置を中心としてその水平面上に想定する半球（以下この章において「想定半球」という．）の水平投影面積
A_b　建築物及びその敷地の地盤をA_Sの想定半球と同一の想定半球に投影した投影面の水平投影面積

[前面道路との関係についての建築物の各部分の高さの制限を適用しない建築物の基準等]

第135条の6　法第56条第7項の政令で定める基準で同項第一号に掲げる規定を適用しない建築物に係るものは，次のとおりとする．

一　当該建築物（法第56条第7項第一号に掲げる規定による高さの制限（以下この章において「道路高さ制限」という．）が適用される範囲内の部分に限る．）の第135条の9に定める位置を想定半球の中心として算定する天空率が，当該建築物と同一の敷地内において道路高さ制限に適合するものとして想定する建築物（道路高さ制限が適用される範囲内の部分に限り，階段室，昇降機塔，装飾塔，物見塔，屋窓その他これらに類する建築物の屋上部分でその水平投影面積の合計が建築物の建築面積の1/8以内のものの頂部から12m以内の部分（以下この章において「階段室等」という．）及び棟飾，防火壁の屋上突出部その他これらに類する屋上突出物（以下この章において「棟飾等」という．）を除く．以下この章において「道路高さ制限適合建築物」という．）の当該位置を想定半球の中心として算定する天空率以上であること．

二　当該建築物の前面道路の境界線からの後退距離（法第56条第2項に規定する後

退距離をいう。以下この号において同じ。）が，前号の道路高さ制限適合建築物と同一の道路高さ制限適合建築物の前面道路の境界線からの後退距離以上であること。

2 当該建築物の敷地が，道路高さ制限による高さの限度として水平距離に乗ずべき数値が異なる地域，地区又は区域（以下この章において「道路制限勾配が異なる地域等」という。）にわたる場合における前項第一号の規定の適用については，同号中「限る。）」とあるのは「限る。）の道路制限勾配が異なる地域等ごとの部分」と，「という。）の」とあるのは「という。）の道路制限勾配が異なる地域等ごとの部分の」とする。

3 当該建築物の前面道路が2以上ある場合における第1項第一号の規定の適用については，同号中「限る。）」とあるのは「限る。）の第132条又は第134条第2項に規定する区域ごとの部分」と，「という。）の」とあるのは「という。）の第132条又は第134条第2項に規定する区域ごとの部分の」とする。

［隣地との関係についての建築物の各部分の高さの制限を適用しない建築物の基準等］

第135条の7 法第56条第7項の政令で定める基準で同項第二号に掲げる規定を適用しない建築物に係るものは，次のとおりとする。

一 当該建築物（法第56条第7項第二号に掲げる規定による高さの制限（以下この章において「隣地高さ制限」という。）が適用される地域，地区又は区域内の部分に限る。）の第135条の10に定める位置を想定半球の中心として算定する天空率が，当該建築物と同一の敷地内の同一の地盤面において隣地高さ制限に適合するものとして想定する建築物（隣地高さ制限が適用される地域，地区又は区域内の部分に限り，階段室等及び棟飾等を除く。以下この章において「隣地高さ制限適合建築物」という。）の当該位置を想定半球の中心として算定する天空率以上であること。

二 当該建築物（法第56条第1項第二号イ又はニに定める数値が1.25とされている建築物にあっては高さが20mを，同号イからニまでに定める数値が2.5とされている建築物にあっては高さが31mを超える部分に限る。）の隣地境界線からの後退距離（同号に規定する水平距離のうち最小のものに相当する距離をいう。以下この号において同じ。）が，前号の隣地高さ制限適合建築物と同一の隣地高さ制限適合建築物（同項第二号イ又はニに定める数値が1.25とされている隣地高さ制限適合建築物にあっては高さが20mを，同号イからニまでに定める数値が2.5とされている隣地高さ制限適合建築物にあっては高さが31mを超える部分に限る。）の隣地境界線からの後退距離以上であること。

2 当該建築物の敷地が，隣地高さ制限による高さの限度として水平距離に乗ずべき数値が異なる地域，地区又は区域（以下この章において「隣地制限勾配が異なる地域等」という。）にわたる場合における前項第一号の規定の適用については，同号中「限る。）」とあるのは「限る。）の隣地制限勾配が異なる地域等ごとの部分」と，「という。）の」とあるのは「という。）の隣地制限勾配が異なる地域等ごとの部分の」とする。

3 当該建築物が周囲の地面と接する位置の高低差が3mを超える場合における第1項第一号の規定の適用については，同号中「限る。）」とあるのは「限る。）の周囲の地面と接する位置の高低差が3m以内となるようにその敷地を区分した区域（以

下この章において「高低差区分区域」という.）ごとの部分」と,「地盤面」とあるのは「高低差区分区域ごとの地盤面」と,「という.）の」とあるのは「という.）の高低差区分区域ごとの部分の」とする.

[北側の隣地との関係についての建築物の各部分の高さの制限を適用しない建築物の基準等]

第135条の8 法第56条第7項の政令で定める基準で同項第三号に掲げる規定を適用しない建築物に係るものは,当該建築物（同号に掲げる規定による高さの制限（以下この章において「北側高さ制限」という.）が適用される地域内の部分に限る.）の第135条の11に定める位置を想定半球の中心として算定する天空率が,当該建築物と同一の敷地内の同一の地盤面において北側高さ制限に適合するものとして想定する建築物（北側高さ制限が適用される地域内の部分に限り,棟飾等を除く.）の当該位置を想定半球の中心として算定する天空率以上であることとする.

2　当該建築物の敷地が,北側高さ制限による高さの限度として加える高さが異なる地域（以下この章において「北側制限高さが異なる地域」という.）にわたる場合における前項の規定の適用については,同項中「限る.）」とあるのは「限る.）の北側制限高さが異なる地域ごとの部分」と,「除く.）」とあるのは「除く.）の北側制限高さが異なる地域ごとの部分」とする.

3　当該建築物が周囲の地面と接する位置の高低差が3mを超える場合における第1項の規定の適用については,同項中「限る.）」とあるのは「限る.）の高低差区分区域ごとの部分」と,「地盤面」とあるのは「高低差区分区域ごとの地盤面」と,「除く.）」とあるのは「除く.）の高低差区分区域ごとの部分」とする.

[法第56条第7項第一号の政令で定める位置]

第135条の9 法第56条第7項第一号の政令で定める位置は,前面道路の路面の中心の高さにある次に掲げる位置とする.

一　当該建築物の敷地（道路高さ制限が適用される範囲内の部分に限る.）の前面道路に面する部分の両端から最も近い当該前面道路の反対側の境界線上の位置

二　前号の位置の間の境界線の延長が当該前面道路の幅員の1/2を超えるときは,当該位置の間の境界線上に当該前面道路の幅員の1/2以内の間隔で均等に配置した位置

2　当該建築物の敷地が道路制限勾配が異なる地域等にわたる場合における前項の規定の適用については,同項第一号中「限る.）」とあるのは,「限る.）の道路制限勾配が異なる地域等ごと」とする.

3　当該建築物の前面道路が2以上ある場合における第1項の規定の適用については,同項第一号中「限る.）」とあるのは,「限る.）の第132条又は第134条第2項に規定する区域ごと」とする.

4　当該建築物の敷地の地盤面が前面道路の路面の中心の高さより1m以上高い場合においては,第1項に規定する前面道路の路面の中心は,当該高低差から1mを減じたものの1/2だけ高い位置にあるものとみなす.

5　第135条の2第2項の規則で前面道路の位置の高さが別に定められている場合にあっては,前項の規定にかかわらず,当該高さを第1項に規定する前面道路の路面の中心の高さとみなす.

[法第 56 条第 7 項第二号の政令で定める位置]

第 135 条の 10　法第 56 条第 7 項第二号の政令で定める位置は，当該建築物の敷地の地盤面の高さにある次に掲げる位置とする．

一　法第 56 条第 7 項第二号に規定する外側の線（以下この条において「基準線」という．）の当該建築物の敷地（隣地高さ制限が適用される地域，地区又は区域内の部分に限る．）に面する部分の両端上の位置

二　前号の位置の間の基準線の延長が，法第 56 条第 1 項第二号イ又はニに定める数値が 1.25 とされている建築物にあっては 8 m，同号イからニまでに定める数値が 2.5 とされている建築物にあっては 6.2 m を超えるときは，当該位置の間の基準線上に，同号イ又はニに定める数値が 1.25 とされている建築物にあっては 8 m，同号イからニまでに定める数値が 2.5 とされている建築物にあっては 6.2 m 以内の間隔で均等に配置した位置

2　当該建築物の敷地が隣地制限勾配が異なる地域等にわたる場合における前項の規定の適用については，同項第一号中「限る．）」とあるのは，「限る．）の隣地制限勾配が異なる地域等ごとの部分」とする．

3　当該建築物が周囲の地面と接する位置の高低差が 3 m を超える場合における第 1項の規定の適用については，同項中「地盤面」とあるのは「高低差区分区域ごとの地盤面」と，同項第一号中「限る．）」とあるのは「限る．）の高低差区分区域ごとの部分」とする．

4　当該建築物の敷地の地盤面が隣地の地盤面（隣地に建築物がない場合においては，当該隣地の平均地表面をいう．）より 1 m 以上低い場合においては，第 1 項に規定する当該建築物の敷地の地盤面は，当該高低差から 1 m を減じたものの 1/2だけ高い位置にあるものとみなす．

5　第 135 条の 3 第 2 項の規則で建築物の敷地の地盤面の位置の高さが別に定められている場合にあっては，前項の規定にかかわらず，当該高さを第 1 項に規定する当該建築物の敷地の地盤面の高さとみなす．

[法第 56 条第 7 項第三号の政令で定める位置]

第 135 条の 11　法第 56 条第 7 項第三号の政令で定める位置は，当該建築物の敷地の地盤面の高さにある次に掲げる位置とする．

一　当該建築物の敷地（北側高さ制限が適用される地域内の部分に限る．）の真北に面する部分の両端から真北方向の法第 56 条第 7 項第三号に規定する外側の線（以下この条において「基準線」という．）上の位置

二　前号の位置の間の基準線の延長が，第一種低層住居専用地域，第二種低層住居専用地域又は田園住居地域内の建築物にあっては 1 m，第一種中高層住居専用地域又は第二種中高層住居専用地域内の建築物にあっては 2 m を超えるときは，当該位置の間の基準線上に，第一種低層住居専用地域，第二種低層住居専用地域又は田園住居地域内の建築物にあっては 1 m，第一種中高層住居専用地域又は第二種中高層住居専用地域内の建築物にあっては 2 m 以内の間隔で均等に配置した位置

2　当該建築物の敷地が北側制限高さが異なる地域にわたる場合における前項の規定の適用については，同項第一号中「限る．）」とあるのは，「限る．）の北側制限高さが異なる地域ごと」とする．

3　当該建築物が周囲の地面と接する位置の高低差が3mを超える場合における第1項の規定の適用については，同項中「地盤面」とあるのは「高低差区分区域ごとの地盤面」と，同項第一号中「限る.)」とあるのは「限る.)の高低差区分区域ごと」とする.

4　当該建築物の敷地の地盤面が北側の隣地の地盤面（隣地に建築物がない場合においては，当該隣地の平均地表面をいう.）より1m以上低い場合においては，第1項に規定する当該建築物の敷地の地盤面は，当該高低差から1mを減じたものの1/2だけ高い位置にあるものとみなす.

5　第135条の4第2項の規則で建築物の敷地の地盤面の位置の高さが別に定められている場合にあっては，前項の規定にかかわらず，当該高さを第1項に規定する当該建築物の敷地の地盤面の高さとみなす.

［日影による中高層の建築物の高さの制限の適用除外等］

第135条の12　法第56条の2第1項ただし書の政令で定める位置は，同項ただし書の規定による許可を受けた際における敷地の区域とする.

2　法第56条の2第1項ただし書の政令で定める規模は，同項に規定する平均地盤面からの高さの水平面に，敷地境界線からの水平距離が5mを超える範囲において新たに日影となる部分を生じさせることのない規模とする.

3　法第56条の2第3項の規定による同条第1項本文の規定の適用の緩和に関する措置は，次の各号に定めるところによる.

一　建築物の敷地が道路，水面，線路敷その他これらに類するものに接する場合においては，当該道路，水面，線路敷その他これらに類するものに接する敷地境界線は，当該道路，水面，線路敷その他これらに類するものの幅の1/2だけ外側にあるものとみなす.ただし，当該道路，水面，線路敷その他これらに類するものの幅が10mを超えるときは，当該道路，水面，線路敷その他これらに類するものの反対側の境界線から当該敷地の側に水平距離5mの線を敷地境界線とみなす.

二　建築物の敷地の平均地盤面が隣地又はこれに連接する土地で日影の生ずるものの地盤面（隣地又はこれに連接する土地に建築物がない場合においては，当該隣地又はこれに連接する土地の平均地表面をいう.次項において同じ.）より1m以上低い場合においては，その建築物の敷地の平均地盤面は，当該高低差から1mを減じたものの1/2だけ高い位置にあるものとみなす.

4　特定行政庁は，前項第二号の場合において，地形の特殊性により同号の規定をそのまま適用することが著しく不適当であると認めるときは，規則で，建築物の敷地の平均地盤面の位置を当該建築物の敷地の平均地盤面の位置と隣地又はこれに連接する土地で日影の生ずるものの地盤面の位置との間において適当と認める高さに定めることができる.

［建築物が日影時間の制限の異なる区域の内外にわたる場合等の措置］

第135条の13　法第56条の2第1項に規定する対象区域（以下この条において「対象区域」という.）である第一種低層住居専用地域，第二種低層住居専用地域，田園住居地域若しくは用途地域の指定のない区域内にある部分の軒の高さが7mを超える建築物若しくは当該部分の地階を除く階数が3以上である建築物又は高さが10mを超える建築物（以下この条において「対象建築物」という.）が同項の規定

による日影時間の制限の異なる区域の内外にわたる場合には当該対象建築物がある各区域内に，対象建築物が，冬至日において，対象区域のうち当該対象建築物がある区域外の土地に日影を生じさせる場合には当該対象建築物が日影を生じさせる各区域内に，それぞれ当該対象建築物があるものとして，同項の規定を適用する．

[高層住居誘導地区内の建築物及び法第52条第8項に規定する建築物の容積率の上限の数値の算出方法]

第135条の14 法第52条第1項第五号及び第8項の政令で定める方法は，次の式により計算する方法とする．

$$V_r = \frac{3V_c}{3 - R}$$

この式において，V_r，V_c及びRは，それぞれ次の数値を表すものとする．

V_r　法第52条第1項第五号又は第8項の政令で定める方法により算出した数値

V_c　建築物がある用途地域に関する都市計画において定められた容積率の数値

R　建築物の住宅の用途に供する部分の床面積の合計のその延べ面積に対する割合

[条例で地盤面を別に定める場合の基準]

第135条の15 法第52条第5項の政令で定める基準は，次のとおりとする．

一　建築物が周囲の地面と接する位置のうち最も低い位置の高さ以上の高さに定めること．

二　周囲の地面と接する位置の高低差が3mを超える建築物については，その接する位置のうち最も低い位置からの高さが3mを超えない範囲内で定めること．

三　周囲の地面と接する位置の高低差が3m以下の建築物については，その接する位置の平均の高さを超えない範囲内で定めること．

[容積率の算定の基礎となる延べ面積に昇降路の部分の床面積を算入しない昇降機]

第135条の16 法第52条第6項の政令で定める昇降機は，エレベーターとする．

[敷地内の空地の規模等]

第135条の17 法第52条第8項第二号の政令で定める空地の規模は，次の表（い）欄に掲げる区分に応じて，当該建築物の敷地面積に同表（ろ）欄に掲げる数値を乗じて得た面積とする．ただし，地方公共団体は，土地利用の状況等を考慮し，条例で，同表（は）欄に掲げる数値の範囲内で，当該建築物の敷地面積に乗ずべき数値を別に定めることができる．

	（い）	（ろ）	（は）
（一）	法第53条の規定による建蔽率の最高限度（以下この表において「建蔽率限度」という．）が4.5/10以下の場合	1から建蔽率限度を減じた数値に1.5/10を加えた数値	1から建蔽率限度を減じた数値に1.5/10を加えた数値を超え，8.5/10以下の範囲
（二）	建蔽率限度が4.5/10を超え，5/10以下の場合		1から建蔽率限度を減じた数値に1.5/10を加えた数値を超え，当該減じた数値に3/10を加えた数値以下の範囲

(三)	建蔽率限度が5/10を超え，5.5/10以下の場合	6.5/10	6.5/10を超え，1から建蔽率限度を減じた数値に3/10を加えた数値以下の範囲
(四)	建蔽率限度が5.5/10を超える場合	1から建蔽率限度を減じた数値に2/10を加えた数値	1から建蔽率限度を減じた数値に2/10を加えた数値を超え，当該減じた数値に3/10を加えた数値以下の範囲
(五)	建蔽率限度が定められていない場合	2/10	2/10を超え，3/10以下の範囲

2 法第52条第8項第二号の政令で定める道路に接して有効な部分の規模は，前項の規定による空地の規模に1/2を乗じて得たものとする．

3 法第52条第8項第二号の政令で定める敷地面積の規模は，次の表（い）欄に掲げる区分に応じて，同表（ろ）欄に掲げる数値とする．ただし，地方公共団体は，街区の形状，宅地の規模その他土地の状況により同欄に掲げる数値によることが不適当であると認める場合においては，条例で，同表（は）欄に掲げる数値の範囲内で，その規模を別に定めることができる．

	（い）	（ろ）	（は）
	地域	敷地面積の規模 （単位 m²）	条例で定めることができる敷地面積の規模 （単位 m²）
(一)	第一種住居地域，第二種住居地域，準住居地域又は準工業地域（高層住居誘導地区及び特定行政庁が都道府県都市計画審議会の議を経て指定する区域（以下この表において「高層住居誘導地区等」という．）を除く．）	2 000	500以上4 000未満
(二)	近隣商業地域（高層住居誘導地区等を除く．）又は商業地域（特定行政庁が都道府県都市計画審議会の議を経て指定する区域を除く．）	1 000	500以上2 000未満

備考
1 建築物の敷地がこの表（い）欄各項に掲げる地域とこれらの地域として指定されていない区域にわたる場合においては，その全部について，同欄各項に掲げる地域に関する同表の規定を適用する．
2 建築物の敷地がこの表（い）欄（一）の項に掲げる地域と同欄（二）の項に掲げる地域にわたる場合においては，その全部について，敷地の属する面積が大きい方の地域に関する同表の規定を適用する．

［容積率の制限について前面道路の幅員に加算する数値］

第135条の18 法第52条第9項の政令で定める数値は，次の式によって計算したものとする．

$$W_a = \frac{(12 - W_r)(70 - L)}{70}$$

（この式において，W_a，W_r及びLは，それぞれ次の数値を表すものとする．）

W_a　法第52条第9項の政令で定める数値（単位 m）

W_r　前面道路の幅員（単位 m）

L　法第52条第9項の特定道路からその建築物の敷地が接する前面道路の部分の直近の端までの延長（単位 m）

[容積率の算定に当たり建築物から除かれる部分]

第135条の19 法第52条第12項の政令で定める建築物の部分は，次に掲げるものとする．

一 ひさしその他これに類する建築物の部分で，次に掲げる要件に該当するもの

 イ 高さが5m以下であること．

 ロ 当該部分の水平投影の前面道路に面する長さを敷地の前面道路に接する部分の水平投影の長さで除した数値が1/5以下であること．

 ハ 当該部分から前面道路の境界線までの水平距離のうち最小のものが1m以上であること．

二 建築物の地盤面下の部分

三 道路に沿って設けられる高さが2m以下の門又は塀（高さが1.2mを超えるものにあっては，当該1.2mを超える部分が網状その他これに類する形状であるものに限る．）

四 隣地境界線に沿って設けられる高さが2m以下の門又は塀

五 歩廊，渡り廊下その他これらに類する建築物の部分で，特定行政庁がその地方の気候若しくは風土の特殊性又は土地の状況を考慮して規則で定めたもの

[耐火建築物と同等以上の延焼防止性能を有する建築物等]

第135条の20 法第53条第3項第一号イの政令で定める建築物は，次に掲げる要件に該当する建築物とする．

一 外壁の開口部で延焼のおそれのある部分に防火設備が設けられていること．

二 壁，柱，床その他の建築物の部分及び前号の防火設備が第136条の2第一号ロに掲げる基準に適合し，かつ，法第61条に規定する構造方法を用いるもの又は同条の規定による認定を受けたものであること．

2 前項の規定は，法第53条第3項第一号ロの政令で定める建築物について準用する．この場合において，前項第二号中「第136条の2第一号ロ」とあるのは，「第136条の2第二号ロ」と読み替えるものとする．

[建蔽率の制限の緩和に当たり建築物から除かれる部分]

第135条の21 法第53条第4項の政令で定める建築物の部分は，次に掲げるものとする．

一 軒，ひさし，ぬれ縁及び国土交通省令で定める建築設備

〈関連：規第10条の4の3【p.506】〉

二 建築物の地盤面下の部分

三 高さが2m以下の門又は塀

[第一種低層住居専用地域等内における外壁の後退距離に対する制限の緩和]

第135条の22 法第54条第1項の規定により政令で定める場合は，当該地域に関する都市計画において定められた外壁の後退距離の限度に満たない距離にある建築物又は建築物の部分が次の各号のいずれかに該当する場合とする．

一 外壁又はこれに代わる柱の中心線の長さの合計が3m以下であること．

二 物置その他これに類する用途に供し，軒の高さが2.3m以下で，かつ，床面積の合計が5m²以内であること．

[特例容積率の限度の指定の申請について同意を得るべき利害関係者]

第135条の23 法第57条の2第2項の政令で定める利害関係を有する者は，所有

権，対抗要件を備えた借地権（同条第1項に規定する借地権をいう．次条において同じ．）又は登記した先取特権，質権若しくは抵当権を有する者及びこれらの権利に関する仮登記，これらの権利に関する差押えの登記又はその土地に関する買戻しの特約の登記の登記名義人とする．

［特例容積率の限度の指定の取消しの申請について同意を得るべき利害関係者］

第135条の24 法第57条の3第1項の政令で定める利害関係を有する者は，前条に規定するもの（所有権又は借地権を有する者を除く.）とする.

［敷地内の空地及び敷地面積の規模］

第136条 法第59条の2第1項の規定により政令で定める空地は，法第53条の規定により建蔽率の最高限度が定められている場合においては，当該最高限度に応じて，当該空地の面積の敷地面積に対する割合が次の表に定める数値以上であるものとし，同条の規定により建蔽率の最高限度が定められていない場合においては，当該空地の面積の敷地面積に対する割合が2/10以上であるものとする．

	法第53条の規定による建蔽率の最高限度	空地の面積の敷地面積に対する割合
（一）	5/10以下の場合	1から法第53条の規定による建蔽率の最高限度を減じた数値に1.5/10を加えた数値
（二）	5/10を超え，5.5/10以下の場合	6.5/10
（三）	5.5/10を超える場合	1から法第53条の規定による建蔽率の最高限度を減じた数値に2/10を加えた数値

2　法第59条の2第1項の規定によりその各部分の高さのみを法第55条第1項又は法第56条の規定による限度を超えるものとする建築物に対する前項の規定の適用については，同項中「2/10」とあるのは「1.5/10」と，「1.5/10」とあるのは「1/10」と，「6.5/10」とあるのは「6/10」とする.

3　法第59条の2第1項の規定により政令で定める規模は，次の表の（い）欄に掲げる区分に応じて，同表（ろ）欄に掲げる数値とする．ただし，特定行政庁は，街区の形状，宅地の規模その他土地の状況により同欄に掲げる数値によることが不適当であると認める場合においては，規則で，同表（は）欄に掲げる数値の範囲内で，その規模を別に定めることができる．

	（い）地域又は区域	（ろ）敷地面積の規模（単位 m²）	（は）規則で定めることができる敷地面積の規模（単位 m²）
（一）	第一種低層住居専用地域，第二種低層住居専用地域又は田園住居地域	3 000	1 000以上3 000未満
（二）	第一種中高層住居専用地域，第二種中高層住居専用地域，第一種住居地域，第二種住居地域，準住居地域，準工業地域，工業地域又は工業専用地域	2 000	500以上2 000未満
（三）	近隣商業地域又は商業地域	1 000	500以上1 000未満
（四）	用途地域の指定のない区域	2 000	1 000以上2 000未満

第7章の2　防火地域又は準防火地域内の建築物

[防火地域又は準防火地域内の建築物の壁，柱，床その他の部分及び防火設備の性能
に関する技術的基準]

第136条の2　法第61条の政令で定める技術的基準は，次の各号に掲げる建築物の
区分に応じ，それぞれ当該各号に定めるものとする．

一　防火地域内にある建築物で階数が3以上のもの若しくは延べ面積が100 m² を超
えるもの又は準防火地域内にある建築物で地階を除く階数が4以上のもの若しくは
延べ面積が1 500 m² を超えるもの　　次のイ又はロのいずれかに掲げる基準

　イ　主要構造部が第107条各号又は第108条の3第1項第一号イ及びロに掲げる基
　　準に適合し，かつ，外壁開口部設備（外壁の開口部で延焼のおそれのある部分に
　　設ける防火設備をいう．以下この条において同じ．）が第109条の2に規定する
　　基準に適合するものであること．ただし，準防火地域内にある建築物で法第86
　　条の4各号のいずれかに該当するものの外壁開口部設備については，この限りで
　　ない．　　　　　　　　　　　　　　　　　　　　〈関連：令元告示第194号〉

　ロ　当該建築物の主要構造部，防火設備及び消火設備の構造に応じて算出した延焼
　　防止時間（建築物が通常の火災による周囲への延焼を防止することができる時間
　　をいう．以下この条において同じ．）が，当該建築物の主要構造部及び外壁開口
　　部設備（以下この口及び次号ロにおいて「主要構造部等」という．）がイに掲げ
　　る基準に適合すると仮定した場合における当該主要構造部等の構造に応じて算出
　　した延焼防止時間以上であること．　　　　　　　　〈関連：令元告示第194号〉

二　防火地域内にある建築物のうち階数が2以下で延べ面積が100 m² 以下のもの又
は準防火地域内にある建築物のうち地階を除く階数が3で延べ面積が1 500 m² 以
下のもの若しくは地階を除く階数が2以下で延べ面積が500 m² を超え1 500 m² 以
下のもの　　次のイ又はロのいずれかに掲げる基準

　イ　主要構造部が第107条の2各号又は第109条の3第一号若しくは第二号に掲げ
　　る基準に適合し，かつ，外壁開口部設備が前号イに掲げる基準（外壁開口部設備
　　に係る部分に限る．）に適合するものであること．　〈関連：令元告示第194号〉

　ロ　当該建築物の主要構造部，防火設備及び消火設備の構造に応じて算出した延焼
　　防止時間が，当該建築物の主要構造部等がイに掲げる基準に適合すると仮定した
　　場合における当該主要構造部等の構造に応じて算出した延焼防止時間以上である
　　こと．　　　　　　　　　　　　　　　　　　　　〈関連：令元告示第194号〉

三　準防火地域内にある建築物のうち地階を除く階数が2以下で延べ面積が500 m²
以下のもの（木造建築物等に限る．）　　次のイ又はロのいずれかに掲げる基準

　イ　外壁及び軒裏で延焼のおそれのある部分が第108条各号に掲げる基準に適合
　　し，かつ，外壁開口部設備に建築物の周囲において発生する通常の火災による火
　　熱が加えられた場合に，当該外壁開口部設備が加熱開始後20分間当該加熱面以
　　外の面（屋内に面するものに限る．）に火炎を出さないものであること．ただし，
　　法第86条の4各号のいずれかに該当する建築物の外壁開口部設備については，
　　この限りでない．　　　　　　　　　　　　　　　　〈関連：令元告示第194号〉

ロ　当該建築物の主要構造部，防火設備及び消火設備の構造に応じて算出した延焼
　　　防止時間が，当該建築物の外壁及び軒裏で延焼のおそれのある部分並びに外壁開
　　　口部設備（以下このロにおいて「特定外壁部分等」という.）がイに掲げる基準
　　　に適合すると仮定した場合における当該特定外壁部分等の構造に応じて算出した
　　　延焼防止時間以上であること.

四　準防火地域内にある建築物のうち地階を除く階数が2以下で延べ面積が 500 m²
　　以下のもの（木造建築物等を除く.）　　次のイ又はロのいずれかに掲げる基準

　　イ　外壁開口部設備が前号イに掲げる基準（外壁開口部設備に係る部分に限る.）
　　　に適合するものであること.　　　　　　　　　　　　　〈関連：令元告示第 194 号〉

　　ロ　当該建築物の主要構造部，防火設備及び消火設備の構造に応じて算出した延焼
　　　防止時間が，当該建築物の外壁開口部設備がイに掲げる基準に適合すると仮定し
　　　た場合における当該外壁開口部設備の構造に応じて算出した延焼防止時間以上で
　　　あること.

五　高さ2mを超える門又は塀で，防火地域内にある建築物に附属するもの又は準
　　防火地域内にある木造建築物等に附属するもの　　延焼防止上支障のない構造であ
　　ること.　　　　　　　　　　　　　　　　　　　　　　〈関連：令元告示第 194 号〉

[防火地域又は準防火地域内の建築物の屋根の性能に関する技術的基準]

第136条の2の2　法第62条の政令で定める技術的基準は，次に掲げるもの（不燃
性の物品を保管する倉庫その他これに類するものとして国土交通大臣が定める用途
に供する建築物又は建築物の部分で，市街地における通常の火災による火の粉が屋
内に到達した場合に建築物の火災が発生するおそれのないものとして国土交通大臣
が定めた構造方法を用いるものの屋根にあっては，第一号に掲げるもの）とする.

〈関連：平 28 告示第 693 号〉

一　屋根が，市街地における通常の火災による火の粉により，防火上有害な発炎をし
　　ないものであること.

二　屋根が，市街地における通常の火災による火の粉により，屋内に達する防火上有
　　害な溶融，亀裂その他の損傷を生じないものであること.

第136条の2の3　（削除）

第7章の2の2　特定防災街区整備地区内の建築物

[建築物の防災都市計画施設に係る間口率及び高さの算定]

第136条の2の4　法第67条第6項に規定する建築物の防災都市計画施設に係る間口率の算定の基礎となる次の各号に掲げる長さの算定方法は，当該各号に定めるところによる．

一　防災都市計画施設に面する部分の長さ　　建築物の周囲の地面に接する外壁又はこれに代わる柱の面で囲まれた部分の水平投影の防災都市計画施設に面する長さによる．

二　敷地の防災都市計画施設に接する部分の長さ　　敷地の防災都市計画施設に接する部分の水平投影の長さによる．

2　法第67条の3第6項に規定する建築物の高さの算定については，建築物の防災都市計画施設に面する方向の鉛直投影の各部分（同項に規定する建築物の防災都市計画施設に係る間口率の最低限度を超える部分を除く．）の防災都市計画施設と敷地との境界線からの高さによる．

第7章の3　地区計画等の区域

[地区計画等の区域内において条例で定める制限]

第136条の2の5　法第68条の2第1項の規定に基づく条例による制限は，次の各号に掲げる事項で地区計画等の内容として定められたものについて，それぞれ当該各号に適合するものでなければならない.

一　建築物の用途の制限　次に掲げるものであること.

イ　地区計画の区域（再開発等促進区及び開発整備促進区を除く.）にあっては，当該区域の用途構成の適正化，各街区ごとの住居の環境の保持，商業その他の業務の利便の増進その他適正な土地利用の確保及び都市機能の増進による良好な環境の街区の形成に貢献する合理的な制限であることが明らかなもの

ロ　地区計画の区域のうち，再開発等促進区又は開発整備促進区にあっては，当該再開発等促進区又は開発整備促進区にふさわしい良好な住居の環境の確保，商業その他の業務の利便の増進その他適正な土地利用の確保及び都市機能の増進に貢献する合理的な制限であることが明らかなもの

ハ　防災街区整備地区計画の区域にあっては，当該区域にふさわしい良好な住居の環境の確保，商業その他の業務の利便の増進その他適正な土地利用の確保及び都市機能の増進に貢献し，かつ，当該区域における特定防災機能（密集市街地における防災街区の整備の促進に関する法律（平成9年法律第49号）第2条第三号に規定する特定防災機能をいう.次項において同じ.）を確保する観点から見て合理的な制限であることが明らかなもの

ニ　歴史的風致維持向上地区計画の区域にあっては，当該区域にふさわしい良好な住居の環境の確保，商業その他の業務の利便の増進その他適正な土地利用の確保及び都市機能の増進に貢献し，かつ，当該区域における歴史的風致（地域における歴史的風致の維持及び向上に関する法律（平成20年法律第40号）第1条に規定する歴史的風致をいう.）の維持及び向上を図る観点から見て合理的な制限であることが明らかなもの

ホ　沿道地区計画の区域にあっては，商業その他幹線道路の沿道としての当該区域の特性にふさわしい業務の利便の増進その他適正な土地利用の確保及び都市機能の増進に貢献し，かつ，道路交通騒音により生ずる障害を防止する観点から見て合理的な制限であることが明らかなもの

ヘ　集落地区計画の区域にあっては，当該区域の特性にふさわしい良好な住居の環境の保持その他適正な土地利用の確保に貢献する合理的な制限であることが明らかなもの

二　建築物の容積率の最高限度　　5/10以上の数値であること.

三　建築物の建蔽率の最高限度　　3/10以上の数値であること.

四　建築物の敷地面積の最低限度　次に掲げるものであること.

イ　地区計画等（集落地区計画を除く.）の区域にあっては，建築物の敷地が細分化されることにより，又は建築物が密集することにより，住宅その他の建築物の敷地内に必要とされる空地の確保又は建築物の安全，防火若しくは衛生の目的を

達成することが著しく困難となる区域について、当該区域の良好な住居の環境の確保その他市街地の環境の維持増進に貢献する合理的な数値であること。

ロ　集落地区計画の区域にあっては、建築物の敷地が細分化されることにより、住宅その他の建築物の敷地内に必要とされる空地の確保又は建築物の安全、防火若しくは衛生の目的を達成することが著しく困難となる区域について、当該集落地区計画の区域の特性にふさわしい良好な住居の環境の保持その他適正な土地利用の確保に貢献する合理的な数値であること。

五　壁面の位置の制限　　建築物の壁若しくはこれに代わる柱の位置の制限又は当該制限と併せて定められた建築物に附属する門若しくは塀で高さ2mを超えるものの位置の制限であること。

六　建築物の高さの最高限度　　地階を除く階数が2である建築物の通常の高さを下回らない数値であること。

七　建築物の高さの最低限度、建築物の容積率の最低限度及び建築物の建築面積の最低限度　　商業その他の業務又は住居の用に供する中高層の建築物を集合して一体的に整備すべき区域その他の土地の合理的かつ健全な高度利用を図るべき区域について、当該区域の高度利用を促進するに足りる合理的な数値であること。

八　建築物の敷地の地盤面の高さの最低限度及び建築物の居室の床面の高さの最低限度　　洪水、雨水出水（水防法（昭和24年法律第193号）第2条第1項に規定する雨水出水をいう。）、津波又は高潮が発生した場合には建築物が損壊し、又は浸水し、住民その他の者の生命、身体又は財産に著しい被害（以下この号において「洪水等による被害」という。）が生ずるおそれがあると認められる土地の区域について、当該区域における洪水等による被害を防止し、又は軽減する観点から見て合理的な数値であること。

九　建築物の形態又は意匠の制限　　地区計画等の区域（景観法（平成16年法律第110号）第76条第1項の規定に基づく条例の規定による制限が行われている区域を除く。）内に存する建築物に関して、その屋根又は外壁の形態又は意匠をその形状又は材料によって定めた制限であること。

十　垣又は柵の構造の制限　　建築物に附属する門又は塀の構造をその高さ、形状又は材料によって定めた制限であること。

十一　建築物の建築の限界　　都市計画法第12条の11に規定する道路の整備上合理的に必要な建築の限界であること。

十二　建築物の特定地区防災施設（密集市街地における防災街区の整備の促進に関する法律第32条第2項第一号に規定する特定地区防災施設をいう。以下この条において同じ。）に面する部分の長さの敷地の当該特定地区防災施設に接する部分の長さに対する割合（以下この条において「特定地区防災施設に係る間口率」という。）の最低限度　　7/10以上9/10以下の範囲内の数値であること。

十三　建築物の構造に関する防火上必要な制限　　次に掲げるものであること。

イ　特定建築物地区整備計画の区域内に存する建築物に関して、次の(1)及び(2)に掲げる構造としなければならないとされるものであること。

（1）　耐火建築物等（法第53条第3項第一号イに規定する耐火建築物等をいう。ロにおいて同じ。）又は準耐火建築物等（同号ロに規定する準耐火建築物等を

いう．ロにおいて同じ．）であること．

 (2) その敷地が特定地区防災施設に接する建築物（特定地区防災施設に係る間口
率の最低限度を超える部分を除く．）の当該特定地区防災施設の当該敷地との
境界線からの高さ（次項において「特定地区防災施設からの高さ」という．）
が5m未満の範囲は，空隙のない壁が設けられていることその他の防火上有
効な構造であること．

 ロ 防災街区整備地区整備計画の区域内に存する建築物に関して，(1)に掲げる構
造としなければならないとされるものであること又は耐火建築物等及び準耐火建
築物等以外の建築物については(2)及び(3)に掲げる構造としなければならないと
されるものであること．

 (1) 耐火建築物等又は準耐火建築物等であること．

 (2) その屋根が不燃材料で造られ，又はふかれたものであること．

 (3) 当該建築物が木造建築物である場合にあっては，その外壁及び軒裏で延焼の
おそれのある部分が防火構造であること．

十四 建築物の沿道整備道路（幹線道路の沿道の整備に関する法律（昭和55年法律第
34号）第2条第二号に規定する沿道整備道路をいう．以下この条において同じ．）
に面する部分の長さの敷地の沿道整備道路に接する部分の長さに対する割合（以下
この条において「沿道整備道路に係る間口率」という．）の最低限度 7/10以上
9/10以下の範囲内の数値であること．

十五 建築物の構造に関する遮音上必要な制限 その敷地が沿道整備道路に接する
建築物（沿道整備道路に係る間口率の最低限度を超える部分を除く．）の沿道整備道
路の路面の中心からの高さが5m未満の範囲は，空隙のない壁が設けられたもの
とすることその他の遮音上有効な構造としなければならないとされるものであること．

十六 建築物の構造に関する防音上必要な制限 学校，病院，診療所，住宅，寄宿
舎，下宿その他の静穏を必要とする建築物で，道路交通騒音により生ずる障害を防
止し，又は軽減するため，防音上有効な構造とする必要があるものの居室及び居室
との間に区画となる間仕切壁又は戸（ふすま，障子その他これらに類するものを除
く．）がなく当該居室と一体とみなされる建築物の部分の窓，出入口，排気口，給
気口，排気筒，給気筒，屋根及び壁で，直接外気に接するものに関して，次のイか
らハまでに掲げる構造としなければならないとされるものであること．

 イ 窓及び出入口は，閉鎖した際防音上有害な空隙が生じないものであり，これら
に設けられる戸は，ガラスの厚さ（当該戸が二重以上になっている場合は，それ
ぞれの戸のガラスの厚さの合計）が0.5cm以上であるガラス入りの金属製のも
の又はこれと防音上同等以上の効果のあるものであること．

 ロ 排気口，給気口，排気筒及び給気筒は，開閉装置を設けることその他の防音上
効果のある措置を講じたものであること．

 ハ 屋根及び壁は，防音上有害な空隙のないものであるとともに，防音上支障がな
い構造のものであること．

2 法第68条の2第1項の規定に基づく条例で建築物の高さの最低限度に係る制限
を定める場合において防災街区整備地区計画の区域における特定防災機能の確保の
観点から必要があるときは，前項の規定にかかわらず，特定建築物地区整備計画の

内容として定められたその敷地が特定地区防災施設に接する建築物に係る当該建築物の特定地区防災施設に面する方向の鉛直投影の各部分（特定地区防災施設に係る間口率の最低限度を超える部分を除く。）の特定地区防災施設からの高さの最低限度が5mとされる制限（同項第七号に規定する区域については，当該制限及び同号の建築物の高さの最低限度の数値に係る制限）を定めることができる．

3　法第68条の2第1項の規定に基づく条例で建築物の高さの最低限度に係る制限を定める場合において遮音上の観点から必要があるときは，第1項の規定にかかわらず，沿道地区計画の内容として定められたその敷地が沿道整備道路に接する建築物に係る当該建築物の沿道整備道路に面する方向の鉛直投影の各部分（沿道整備道路に係る間口率の最低限度を超える部分を除く。）の沿道整備道路の路面の中心からの高さの最低限度が5mとされる制限（同項第七号に規定する区域については，当該制限及び同号の建築物の高さの最低限度の数値に係る制限）を定めることができる．

4　特定地区防災施設に係る間口率及び沿道整備道路に係る間口率の算定については，次の各号に掲げる長さの算定方法は，それぞれ当該各号に定めるところによる．

一　建築物の特定地区防災施設に面する部分の長さ　建築物の周囲の地面に接する外壁又はこれに代わる柱の面で囲まれた部分の水平投影の特定地区防災施設に面する長さによる．

二　敷地の特定地区防災施設に接する部分の長さ　敷地の特定地区防災施設に接する部分の水平投影の長さによる．

三　建築物の沿道整備道路に面する部分の長さ　建築物の周囲の地面に接する外壁又はこれに代わる柱の面で囲まれた部分の水平投影の沿道整備道路に面する長さによる．

四　敷地の沿道整備道路に接する部分の長さ　敷地の沿道整備道路に接する部分の水平投影の長さによる．

5　建築物の容積率の最高限度若しくは最低限度又は建築物の建蔽率の最高限度の算定に当たっては，同一敷地内に2以上の建築物がある場合においては，建築物の延べ面積又は建築面積は，当該建築物の延べ面積又は建築面積の合計とする．

6　特定建築物地区整備計画の区域内において法第68条の2第1項の規定に基づく条例で第1項第十二号若しくは第十三号の制限又は第2項に規定する高さの最低限度が5mとされる制限を定めようとするときは，これらを全て定めるものとする．

7　前項の場合においては，当該条例に，建築物の敷地の地盤面が特定地区防災施設の当該敷地との境界線より低い建築物について第2項に規定する高さの最低限度が5mとされる制限を適用した結果，当該建築物の高さが地階を除く階数が2である建築物の通常の高さを超えるものとなる場合における前項に規定する制限（第1項第十三号の制限で同号イ(1)に掲げるものを除く。）の適用の除外に関する規定を定めるものとする．

8　沿道地区計画の区域内において法第68条の2第1項の規定に基づく条例で第1項第十四号若しくは第十五号の制限又は第3項に規定する高さの最低限度が5mとされる制限を定めようとするときは，これらを全て定めるものとする．

9　前項の場合においては，当該条例に，建築物の敷地の地盤面が沿道整備道路の路面の中心より低い建築物について第3項に規定する高さの最低限度が5mとさ

れる制限を適用した結果，当該建築物の高さが地階を除く階数が2である建築物の通常の高さを超えるものとなる場合における前項に規定する制限の適用の除外に関する規定を定めるものとする．

10　法第68条の2第1項の規定に基づく条例については，第130条の2第2項の規定を準用する．この場合において，同項中「第3条第2項」とあるのは，「第3条第2項（法第86条の9第1項において準用する場合を含む．）」と読み替えるものとする．

11　法第68条の2第1項の規定に基づく条例で建築物の敷地面積の最低限度に関する制限を定める場合においては，当該条例に，法第86条の9第1項各号に掲げる事業の施行による建築物の敷地面積の減少により，当該事業の施行の際現に建築物の敷地として使用されている土地で当該制限に適合しなくなるもの及び当該事業の施行の際現に存する所有権その他の権利に基づいて建築物の敷地として使用するならば当該制限に適合しないこととなる土地のうち，次に掲げる土地以外のものについて，その全部を一の敷地として使用する場合の適用の除外に関する規定を定めるものとする．

一　法第86条の9第1項各号に掲げる事業の施行により面積が減少した際，当該面積の減少がなくとも建築物の敷地面積の最低限度に関する制限に違反していた建築物の敷地及び所有権その他の権利に基づいて建築物の敷地として使用するならば当該制限に違反することとなった土地

二　当該条例で定める建築物の敷地面積の最低限度に関する制限に適合するに至った建築物の敷地及び所有権その他の権利に基づいて建築物の敷地として使用するならば当該制限に適合することとなるに至った土地

12　法第68条の2第1項の規定に基づく条例には，市町村長が，公益上必要な建築物で用途上又は構造上やむを得ないと認めて許可したもの及び防災街区整備地区計画の内容として防火上の制限が定められた建築物又は沿道地区計画の内容として防音上若しくは遮音上の制限が定められた建築物でその位置，構造，用途等の特殊性により防火上又は防音上若しくは遮音上支障がないと認めて許可したものについて，当該条例に定める制限の全部又は一部の適用の除外に関する規定を定めるものとする．

[再開発等促進区等内において高さの制限の緩和を受ける建築物の敷地面積の規模]

第136条の2の6　法第68条の3第3項の政令で定める規模は，300 m² とする．

[予定道路の指定の基準]

第136条の2の7　法第68条の7第1項に規定する予定道路の指定は，次に掲げるところに従い，行うものとする．

一　予定道路となる土地の区域及びその周辺の地域における地形，土地利用の動向，道路（法第42条に規定する道路をいう．第144条の4において同じ．）の整備の現状及び将来の見通し，建築物の敷地境界線，建築物の位置等を考慮して特に必要なものについて行うこと．

二　予定道路となる土地の区域内に建築物の建築等が行われることにより，通行上，安全上，防火上又は衛生上地区計画等の区域の利便又は環境が著しく妨げられることとなる場合において行うこと．

三　幅員が4m以上となるものについて行うこと.

[予定道路の指定について同意を得るべき利害関係者]

第136条の2の8　法第68条の7第1項第一号の政令で定める利害関係を有する者
は,同号の土地について所有権,建築物の所有を目的とする対抗要件を備えた地上
権若しくは賃借権又は登記した先取特権,質権若しくは抵当権を有する者及びこれ
らの権利に関する仮登記,これらの権利に関する差押えの登記又はその土地に関す
る買戻しの特約の登記の登記名義人とする.

第7章の4 都市計画区域及び準都市計画区域以外の区域内の建築物の敷地及び構造

[都道府県知事が指定する区域内の建築物に係る制限]

第136条の2の9 法第68条の9第1項の規定に基づく条例による制限は，次の各号に掲げる事項のうち必要なものについて，それぞれ当該各号に適合するものでなければならない．

一 建築物又はその敷地と道路との関係 法第43条から第45条までの規定による制限より厳しいものでないこと．

二 建築物の容積率の最高限度 用途地域の指定のない区域内の建築物についての法第52条の規定による制限より厳しいものでないこと．

三 建築物の建蔽率の最高限度 用途地域の指定のない区域内の建築物についての法第53条の規定による制限より厳しいものでないこと．

四 建築物の高さの最高限度 地階を除く階数が2である建築物の通常の高さを下回らない数値であること．

五 建築物の各部分の高さの最高限度 用途地域の指定のない区域内の建築物についての法第56条の規定による制限より厳しいものでないこと．

六 日影による中高層の建築物の高さの制限 用途地域の指定のない区域内の建築物についての法第56条の2の規定による制限より厳しいものでないこと．

2 法第68条の9第1項の規定に基づく条例については，第130条の2第2項の規定を準用する．この場合において，同項中「第3条第2項」とあるのは，「第3条第2項（法第86条の9第1項において準用する場合を含む．）」と読み替えるものとする．

3 法第68条の9第1項の規定に基づく条例には，公益上必要な建築物で用途上又は構造上やむを得ないと認められるものについて，当該条例に定める制限の全部又は一部の適用の除外に関する規定を定めるものとする．

[準景観地区内の建築物に係る制限]

第136条の2の10 法第68条の9第2項の規定に基づく条例による制限は，次の各号に掲げる事項のうち必要なものについて，それぞれ当該各号に適合するものでなければならない．

一 建築物の高さの最高限度 地域の特性に応じた高さを有する建築物を整備又は保全することが良好な景観の保全を図るために特に必要と認められる区域，当該地域が連続する山の稜線その他その背景と一体となって構成している良好な景観を保全するために特に必要と認められる区域その他一定の高さを超える建築物の建築を禁止することが良好な景観の保全を図るために特に必要と認められる区域について，当該区域における良好な景観の保全に貢献する合理的な数値であり，かつ，地階を除く階数が2である建築物の通常の高さを下回らない数値であること．

二 建築物の高さの最低限度 地域の特性に応じた高さを有する建築物を整備又は保全することが良好な景観の保全を図るために特に必要と認められる区域につい

て，当該区域における良好な景観の保全に貢献する合理的な数値であること．

三　壁面の位置の制限　建築物の位置を整えることが良好な景観の保全を図るために特に必要と認められる区域について，当該区域における良好な景観の保全に貢献する合理的な制限であり，かつ，建築物の壁若しくはこれに代わる柱の位置の制限又は当該制限と併せて定められた建築物に附属する門若しくは塀で高さ2mを超えるものの位置の制限であること．

四　建築物の敷地面積の最低限度　建築物の敷地が細分化されることを防止することが良好な景観の保全を図るために特に必要と認められる区域について，当該区域における良好な景観の保全に貢献する合理的な数値であること．

2　法第68条の9第2項の規定に基づく条例で建築物の敷地面積の最低限度を定める場合においては，当該条例に，当該条例の規定の施行又は適用の際，現に建築物の敷地として使用されている土地で当該規定に適合しないもの及び現に存する所有権その他の権利に基づいて建築物の敷地として使用するならば当該規定に適合しないこととなる土地について，その全部を一の敷地として使用する場合の適用の除外に関する規定（法第3条第3項第一号及び第五号の規定に相当する規定を含む．）を定めるものとする．

3　法第68条の9第2項の規定に基づく条例については，第130条の2第2項，第136条の2の5第11項及び前条第3項の規定を準用する．

第7章の5 型式適合認定等

[型式適合認定の対象とする建築物の部分及び一連の規定]

第136条の2の11 法第68条の10第1項に規定する政令で定める建築物の部分は，次の各号に掲げる建築物の部分とし，同項に規定する政令で定める一連の規定は，それぞれ当該各号に定める規定とする．

一 建築物の部分で，門，塀，改良便槽，屎尿浄化槽及び合併処理浄化槽並びに給水タンク及び貯水タンクその他これらに類するもの（屋上又は屋内にあるものを除く．）以外のもの　次のいずれかに掲げる規定

　イ 次に掲げる全ての規定

　　⑴ 法第20条（第1項第一号後段，第二号イ後段及び第三号イ後段に係る部分に限る．），法第21条から法第23条まで，法第25条から法第27条まで，法第28条の2（第三号を除く．），法第29条，法第30条，法第35条の2，法第35条の3，法第37条，法第3章第5節（法第61条中門及び塀に係る部分，法第64条並びに法第66条を除く．），法第67条第1項（門及び塀に係る部分を除く．）及び法第84条の2の規定

　　⑵ 第2章（第1節，第1節の2，第20条の8及び第4節を除く．），第3章（第52条第1項，第61条，第62条の8，第74条第2項，第75条，第76条及び第80条の3を除き，第80条の2にあっては国土交通大臣が定めた安全上必要な技術的基準のうちその指定する基準に係る部分に限る．），第4章（第115条を除く．），第5章（第3節，第4節及び第6節を除く．），第5章の2，第5章の3，第7章の2及び第7章の9の規定

　ロ 次に掲げる全ての規定

　　⑴ イ⑴に掲げる規定並びに法第28条（第1項を除く．），法第28条の2第三号，法第31条第1項，法第33条及び法第34条の規定

　　⑵ イ⑵に掲げる規定並びに第2章第1節の2，第20条の8，第28条から第30条まで，第115条，第5章第3節及び第4節並びに第5章の4（第129条の2の4第3項第三号を除き，第129条の2の3第二号及び第129条の2の4第2項第六号にあっては国土交通大臣が定めた構造方法のうちその指定する構造方法に係る部分に限る．）の規定　　　　　　　〈関連＝平12告示第1467号〉

二 次の表の建築物の部分の欄の各項に掲げる建築物の部分　同表の一連の規定の欄の当該各項に掲げる規定（これらの規定中建築物の部分の構造に係る部分に限る．）

	建築物の部分	一連の規定
㈠	防火設備	イ 法第2条第九号の二ロ，法第27条第1項，法第28条の2（第三号を除く．）及び法第37条の規定 ロ 第109条第1項，第109条の2，第110条の3，第112条第1項，第12項ただし書，第19項及び第21項，第114条第5項，第136条の2第三号イ並びに第137条の10第四号の規定
㈡	換気設備	イ 法第28条の2及び法第37条の規定 ロ 第20条の8第1項第一号（国土交通大臣が定めた構造方

		法のうちその指定する構造方法に係る部分に限る.）の規定 〈関連：平12告示第1467号〉
(三)	屎尿浄化槽	イ　法第28条の2（第三号を除く.），法第31条第2項及び法第37条の規定 ロ　第32条及び第129条の2の3第二号（国土交通大臣が定めた構造方法のうち　その指定する構造方法に係る部分に限る.）の規定　〈関連：平12告示第1467号〉
(四)	合併処理浄化槽	イ　法第28条の2（第三号を除く.）及び法第37条の規定 ロ　第32条，第35条第1項及び第129条の2の3第二号（国土交通大臣が定めた構造方法のうちその指定する構造方法に係る部分に限る.）の規定　〈関連：平12告示第1467号〉
(五)	非常用の照明装置	イ　法第28条の2（第三号を除く.），法第35条及び法第37条の規定 ロ　第126条の5の規定
(六)	給水タンク又は貯水タンク	イ　法第28条の2（第三号を除く.）及び法第37条の規定 ロ　第129条の2の3第二号（国土交通大臣が定めた構造方法のうちその指定する構造方法に係る部分に限る.）並びに第129条の2の4第1項第四号及び第五号並びに第2項第二号，第三号，第五号及び第六号（国土交通大臣が定めた構造方法のうちその指定する構造方法に係る部分に限る.）の規定 〈関連：平12告示第1467号〉
(七)	冷却塔設備	イ　法第28条の2（第三号を除く.）及び法第37条の規定 ロ　第129条の2の3第二号（国土交通大臣が定めた構造方法のうちその指定する構造方法に係る部分に限る.）及び第129条の2の6（第二号を除く.）の規定 〈関連：平12告示第1467号〉
(八)	エレベーターの部分で昇降路及び機械室以外のもの	イ　法第28条の2（第三号を除く.）及び法第37条の規定 ロ　第129条の3，第129条の4（第3項第七号を除く.），第129条の5，第129条の6，第129条の8，第129条の10，第129条の11並びに第129条の13の3第6項から第11項まで及び第12項（国土交通大臣が定める構造方法のうちその指定する構造方法に係る部分に限る.）の規定 〈関連：平12告示第1467号〉
(九)	エスカレーター	イ　法第28条の2（第三号を除く.）及び法第37条の規定 ロ　第129条の3及び第129条の12（第1項第一号及び第六号を除く.）の規定
(十)	避雷設備	イ　法第28条の2（第三号を除く.）及び法第37条の規定 ロ　第129条の15の規定

［型式部材等製造者等に係る認証の有効期間］

第136条の2の12　法第68条の14第1項（法第68条の22第2項において準用する場合を含む.）（これらの規定を法第88条第1項において準用する場合を含む.）の政令で定める期間は，5年とする.

［認証外国型式部材等製造者の工場等における検査等に要する費用の負担］

第136条の2の13　法第68条の23第4項（法第88条第1項において準用する場合を含む.）の政令で定める費用は，第15条の2第1項の規定による検査又は試験のため同項の職員がその検査又は試験に係る工場，営業所，事務所，倉庫その他の事業場の所在地に出張をするのに要する旅費の額に相当するものとする．この場合において，その出張をする職員を2人とし，その旅費の額の計算に関し必要な細目は，国土交通省令で定める．

〈関連：規第10条の5の18〜第10条の5の20【p.516】，機関省令第54条〉

第7章の6　指定確認検査機関等

[親会社等]

第136条の2の14　法第77条の19第十一号の政令で定める者は，法第77条の18第1項又は法第77条の35の2第1項に規定する指定を受けようとする者に対して，それぞれ次のいずれかの関係（次項において「特定支配関係」という．）を有する者とする．

一　その総株主（株主総会において決議をすることができる事項の全部につき議決権を行使することができない株主を除く．）又は総出資者の議決権の1/3を超える数を有していること．

二　その役員（理事，取締役，執行役，業務を執行する社員又はこれらに準ずる者をいう．以下この項において同じ．）に占める自己の役員又は職員（過去2年間に役員又は職員であった者を含む．次号において同じ．）の割合が1/3を超えていること．

三　その代表権を有する役員の地位を自己又はその役員若しくは職員が占めていること．

2　ある者に対して特定支配関係を有する者に対して特定支配関係を有する者は，その者に対して特定支配関係を有する者とみなして，この条の規定を適用する．

[指定確認検査機関に係る指定の有効期間]

第136条の2の15　法第77条の23第1項の政令で定める期間は，5年とする．

[指定構造計算適合性判定機関に係る指定の有効期間]

第136条の2の16　法第77条の35の7第1項の政令で定める期間は，5年とする．

[指定認定機関等に係る指定等の有効期間]

第136条の2の17　法第77条の41第1項（法第77条の54第2項，法第77条の56第2項又は法第77条の57第2項において準用する場合を含む．）の政令で定める期間は，5年とする．

[承認認定機関等の事務所における検査に要する費用の負担]

第136条の2の18　法第77条の55第3項（法第77条の57第2項において準用する場合を含む．）の政令で定める費用は，法第77条の54第2項（承認性能評価機関にあっては，法第77条の57第2項）において準用する法第77条の49第1項の検査のため同項の職員がその検査に係る事務所の所在地に出張をするのに要する旅費の額に相当するものとする．この場合において，その出張をする職員を2人とし，その旅費の額の計算に関し必要な細目は，国土交通省令で定める．

第7章の7　建築基準適合判定資格者等の登録手数料

第136条の2の19　法第77条の65（法第77条の66第2項において準用する場合を含む.）の政令で定める手数料の額は, 12 000円とする.

第7章の8　工事現場の危害の防止

[仮囲い]

第 136 条の 2 の 20　木造の建築物で高さが 13 m 若しくは軒の高さが 9 m を超えるもの又は木造以外の建築物で 2 以上の階数を有するものについて，建築，修繕，模様替又は除却のための工事（以下この章において「建築工事等」という．）を行う場合においては，工事期間中工事現場の周囲にその地盤面（その地盤面が工事現場の周辺の地盤面より低い場合においては，工事現場の周辺の地盤面）からの高さが 1.8 m 以上の板塀その他これに類する仮囲いを設けなければならない．ただし，これらと同等以上の効力を有する他の囲いがある場合又は工事現場の周辺若しくは工事の状況により危害防止上支障がない場合においては，この限りでない．

[根切り工事，山留め工事等を行う場合の危害の防止]

第 136 条の 3　建築工事等において根切り工事，山留め工事，ウエル工事，ケーソン工事その他基礎工事を行なう場合においては，あらかじめ，地下に埋設されたガス管，ケーブル，水道管及び下水道管の損壊による危害の発生を防止するための措置を講じなければならない．

2　建築工事等における地階の根切り工事その他の深い根切り工事（これに伴う山留め工事を含む．）は，地盤調査による地層及び地下水の状況に応じて作成した施工図に基づいて行なわなければならない．

3　建築工事等において建築物その他の工作物に近接して根切り工事その他土地の掘削を行なう場合においては，当該工作物の基礎又は地盤を補強して構造耐力の低下を防止し，急激な排水を避ける等その傾斜又は倒壊による危害の発生を防止するための措置を講じなければならない．

4　建築工事等において深さ 1.5 m 以上の根切り工事を行なう場合においては，地盤が崩壊するおそれがないとき，及び周辺の状況により危害防止上支障がないときを除き，山留めを設けなければならない．この場合において，山留めの根入れは，周辺の地盤の安定を保持するために相当な深さとしなければならない．

5　前項の規定により設ける山留めの切ばり，矢板，腹起しその他の主要な部分は，土圧に対して，次に定める方法による構造計算によった場合に安全であることが確かめられる最低の耐力以上の耐力を有する構造としなければならない．

一　次に掲げる方法によって土圧を計算すること．

　イ　土質及び工法に応じた数値によること．ただし，深さ 3 m 以内の根切り工事を行う場合においては，土を水と仮定した場合の圧力の 50% を下らない範囲でこれと異なる数値によることができる．

　ロ　建築物その他の工作物に近接している部分については，イの数値に当該工作物の荷重による影響に相当する数値を加えた数値によること．

二　前号の規定によって計算した土圧によって山留めの主要な部分の断面に生ずる応力度を計算すること．

三　前号の規定によって計算した応力度が，次に定める許容応力度を超えないことを確かめること．

イ　木材の場合にあっては，第89条（第3項を除く．）又は第94条の規定による長期に生ずる力に対する許容応力度と短期に生ずる力に対する許容応力度との平均値．ただし，腹起しに用いる木材の許容応力度については，国土交通大臣が定める許容応力度によることができる． 〈関連：昭56告示第1105号〉

ロ　鋼材又はコンクリートの場合にあっては，それぞれ第90条若しくは第94条又は第91条の規定による短期に生ずる力に対する許容応力度

6　建築工事等における根切り及び山留めについては，その工事の施工中必要に応じて点検を行ない，山留めを補強し，排水を適当に行なう等これを安全な状態に維持するための措置を講ずるとともに，矢板等の抜取りに際しては，周辺の地盤の沈下による危害を防止するための措置を講じなければならない．

[基礎工事用機械等の転倒による危害の防止]

第136条の4　建築工事等において次に掲げる基礎工事用機械（動力を用い，かつ，不特定の場所に自走することができるものに限る．）又は移動式クレーン（吊り上げ荷重が0.5t以上のものに限る．）を使用する場合においては，敷板，敷角等の使用等によりその転倒による工事現場の周辺への危害を防止するための措置を講じなければならない．ただし，地盤の状況等により危害防止上支障がない場合においては，この限りでない．

一　くい打機

二　くい抜機

三　アース・ドリル

四　リバース・サーキュレーション・ドリル

五　せん孔機（チュービングマシンを有するものに限る．）

六　アース・オーガー

七　ペーパー・ドレーン・マシン

八　前各号に掲げるもののほか，これらに類するものとして国土交通大臣が定める基礎工事用機械

[落下物に対する防護]

第136条の5　建築工事等において工事現場の境界線からの水平距離が5m以内で，かつ，地盤面からの高さが3m以上の場所からくず，ごみその他飛散するおそれのある物を投下する場合においては，ダストシュートを用いる等当該くず，ごみ等が工事現場の周辺に飛散することを防止するための措置を講じなければならない．

2　建築工事等を行なう場合において，建築のための工事をする部分が工事現場の境界線から水平距離が5m以内で，かつ，地盤面から高さが7m以上にあるとき，その他はつり，除却，外壁の修繕等に伴う落下物によって工事現場の周辺に危害を生ずるおそれがあるときは，国土交通大臣の定める基準に従って，工事現場の周囲その他危害防止上必要な部分を鉄網又は帆布でおおう等落下物による危害を防止するための措置を講じなければならない． 〈関連：昭39告示第91号〉

[建て方]

第136条の6　建築物の建て方を行なうに当たっては，仮筋かいを取り付ける等荷重又は外力による倒壊を防止するための措置を講じなければならない．

2　鉄骨造の建築物の建て方の仮締は，荷重及び外力に対して安全なものとしなけ

ればならない.

[**工事用材料の集積**]

第136条の7 建築工事等における工事用材料の集積は，その倒壊，崩落等による危
　害の少ない場所に安全にしなければならない.

2　建築工事等において山留めの周辺又は架構の上に工事用材料を集積する場合に
　おいては，当該山留め又は架構に予定した荷重以上の荷重を与えないようにしなけ
　ればならない.

[**火災の防止**]

第136条の8 建築工事等において火気を使用する場合においては，その場所に不燃
　材料の囲いを設ける等防火上必要な措置を講じなければならない.

第7章の9 簡易な構造の建築物に対する制限の緩和

[簡易な構造の建築物の指定]

第136条の9 法第84条の2の規定により政令で指定する簡易な構造の建築物又は建築物の部分は，次に掲げるもの（建築物の部分にあっては，準耐火構造の壁（これらの壁を貫通する給水管，配電管その他の管の部分及びその周囲の部分の構造が国土交通大臣が定めた構造方法を用いるものに限る．）又は第126条の2第2項第一号に規定する防火設備で区画された部分に限る．）とする．

〈関連：平5告示第1426号〉

一　壁を有しない建築物その他の国土交通大臣が高い開放性を有すると認めて指定する構造の建築物又は建築物の部分（間仕切壁を有しないものに限る．）であって，次のイからニまでのいずれかに該当し，かつ，階数が1で床面積が3000 m² 以内であるもの（次条において「開放的簡易建築物」という．）〈関連：平5告示第1427号〉

　イ　自動車車庫の用途に供するもの

　ロ　スケート場，水泳場，スポーツの練習場その他これらに類する運動施設

　ハ　不燃性の物品の保管その他これと同等以上に火災の発生のおそれの少ない用途に供するもの

　ニ　畜舎，堆肥舎並びに水産物の増殖場及び養殖場

二　屋根及び外壁が帆布その他これに類する材料で造られている建築物又は建築物の部分（間仕切壁を有しないものに限る．）で，前号ロからニまでのいずれかに該当し，かつ，階数が1で床面積が3000 m² 以内であるもの

[簡易な構造の建築物の基準]

第136条の10 法第84条の2の規定により政令で定める基準は，次に掲げるものとする．

一　主要構造部である柱及びはりが次に掲げる基準に適合していること．

　イ　防火地域又は準防火地域内にある建築物又は建築物の部分（準防火地域（特定防災街区整備地区を除く．）内にあるものにあっては，床面積が500 m² を超えるものに限る．）にあっては，準耐火構造であるか，又は不燃材料で造られていること．

　ロ　準防火地域（特定防災街区整備地区を除く．）内にある建築物若しくは建築物の部分で床面積が500 m² 以内のもの，法第22条第1項の市街地の区域内にある建築物若しくは建築物の部分又は防火地域，準防火地域及び同項の市街地の区域以外の区域内にある建築物若しくは建築物の部分で床面積が1000 m² を超えるものにあっては，延焼のおそれのある部分が準耐火構造であるか，又は不燃材料で造られていること．

二　前号イ又はロに規定する建築物又は建築物の部分にあっては，外壁（同号ロに規定する建築物又は建築物の部分にあっては，延焼のおそれのある部分に限る．）及び屋根が，準耐火構造であるか，不燃材料で造られているか，又は国土交通大臣が

定める防火上支障のない構造であること. 〈関連：平12告示第1443号〉

三　前条第一号イに該当する開放的簡易建築物にあっては，前2号の規定にかかわらず，次に掲げる基準に適合していること. ただし，防火地域，準防火地域及び法第22条第1項の市街地の区域以外の区域内にあるもので，床面積が150 m² 未満のものにあっては，この限りでない.

イ　主要構造部である柱及びはり（準防火地域（特定防災街区整備地区を除く.）又は法第22条第1項の市街地の区域内にある開放的簡易建築物で床面積が150 m² 未満のものにあっては，延焼のおそれのある部分に限る.）が準耐火構造であるか，又は不燃材料で造られており，かつ，外壁（準防火地域（特定防災街区整備地区を除く.）又は同項の市街地の区域内にある開放的簡易建築物で床面積が150 m² 未満のものにあっては，延焼のおそれのある部分に限る.）及び屋根が準耐火構造であるか，不燃材料で造られているか，又は国土交通大臣が定める防火上支障のない構造であること. 〈関連：平12告示第1443号〉

ロ　隣地境界線又は当該開放的簡易建築物と同一敷地内の他の建築物（同一敷地内の建築物の延べ面積の合計が500 m² 以内である場合における当該他の建築物を除く.）との外壁間の中心線（以下ロにおいて「隣地境界線等」という.）に面する外壁の開口部（防火上有効な公園，広場，川等の空地若しくは水面又は耐火構造の壁その他これらに類するものに面するものを除く. 以下ロにおいて同じ.）及び屋上（自動車車庫の用途に供する部分に限る. 以下ロにおいて同じ.）の周囲で当該隣地境界線等からの水平距離がそれぞれ1 m 以下の部分について，当該外壁の開口部と隣地境界線等との間及び当該屋上の周囲に，塀その他これに類するもので国土交通大臣が通常の火災時における炎及び火熱を遮る上で有効と認めて定める基準に適合するものが設けられていること. 〈関連：平5告示第1434号〉

ハ　屋上を自動車車庫の用途に供し，かつ，床面積が1 000 m² を超える場合にあっては，屋根が，国土交通大臣がその屋内側からの通常の火災時における炎及び火熱を遮る上で有効と認めて定める基準に適合しているとともに，屋上から地上に通ずる2以上の直通階段（誘導車路を含む.）が設けられていること.
〈関連：平5告示第1435号〉

［防火区画等に関する規定の適用の除外］

第136条の11　第136条の9に規定する建築物又は建築物の部分で前条に規定する基準に適合するものについては，第112条，第114条及び第5章の2の規定は，適用しない.

第7章の10 一の敷地とみなすこと等による制限の緩和

[一団地内の空地及び一団地の面積の規模]

第136条の12 第136条第1項及び第2項の規定は，法第86条第3項及び第4項並びに法第86条の2第2項の政令で定める空地について準用する．

2 第136条第3項の規定は，法第86条第3項の政令で定める一団地の規模，同条第4項の政令で定める一定の一団の土地の区域の規模及び法第86条の2第2項の政令で定める公告認定対象区域の規模について準用する．

第8章　既存の建築物に対する制限の緩和等

[基準時]

第137条　この章において「基準時」とは，法第3条第2項（法第86条の9第1項において準用する場合を含む．以下この条，第137条の8，第137条の9及び第137条の12第2項において同じ．）の規定により法第20条，法第26条，法第27条，法第28条の2，法第30条，法第34条第2項，法第47条，法第48条第1項から第14項まで，法第51条，法第52条第1項，第2項若しくは第7項，法第53条第1項若しくは第2項，法第54条第1項，法第55条第1項，法第56条第1項，法第56条の2第1項，法第57条の4第1項，法第57条の5第1項，法第58条，法第59条第1項若しくは第2項，法第60条第1項若しくは第2項，法第60条の2第1項若しくは第2項，法第60条の2の2第1項から第3項まで，法第60条の3第1項若しくは第2項，法第61条，法第67条第1項若しくは第5項から第7項まで又は法第68条第1項若しくは第2項の規定の適用を受けない建築物について，法第3条第2項の規定により引き続きそれらの規定（それらの規定が改正された場合においては改正前の規定を含むものとし，法第48条第1項から第14項までの各項の規定は同一の規定とみなす．）の適用を受けない期間の始期をいう．

[構造耐力関係]

第137条の2　法第3条第2項の規定により法第20条の規定の適用を受けない建築物（法第86条の7第2項の規定により法第20条の規定の適用を受けない部分を除く．第137条の12第1項において同じ．）について法第86条の7第1項の規定により政令で定める範囲は，増築及び改築については，次の各号に掲げる範囲とし，同項の政令で定める基準は，それぞれ当該各号に定める基準とする．

一　増築又は改築の全て（次号及び第三号に掲げる範囲を除く．）　増築又は改築後の建築物の構造方法が次のいずれかに適合するものであること．

　イ　次に掲げる基準に適合するものであること．

　　(1)　第3章第8節の規定に適合すること．

　　(2)　増築又は改築に係る部分が第3章第1節から第7節の2まで及び第129条の2の3の規定並びに法第40条の規定に基づく条例の構造耐力に関する制限を定めた規定に適合すること．

　　(3)　増築又は改築に係る部分以外の部分が耐久性等関係規定に適合し，かつ，自重，積載荷重，積雪荷重，風圧，土圧及び水圧並びに地震その他の震動及び衝撃による当該建築物の倒壊及び崩落，屋根ふき材，特定天井，外装材及び屋外に面する帳壁の脱落並びにエレベーターの籠の落下及びエスカレーターの脱落のおそれがないものとして国土交通大臣が定める基準に適合すること．

〈関連：平17告示第566号〉

　ロ　次に掲げる基準に適合するものであること．

　　(1)　増築又は改築に係る部分がそれ以外の部分とエキスパンションジョイントその他の相互に応力を伝えない構造方法のみで接すること．

　　(2)　増築又は改築に係る部分が第3章及び第129条の2の3の規定並びに法第

40条の規定に基づく条例の構造耐力に関する制限を定めた規定に適合すること.

(3) 増築又は改築に係る部分以外の部分が耐久性等関係規定に適合し，かつ，自重，積載荷重，積雪荷重，風圧，土圧及び水圧並びに地震その他の震動及び衝撃による当該建築物の倒壊及び崩落，屋根ふき材，特定天井，外装材及び屋外に面する帳壁の脱落並びにエレベーターの籠の落下及びエスカレーターの脱落のおそれがないものとして国土交通大臣が定める基準に適合すること.

〈関連：平17告示第566号〉

二 増築又は改築に係る部分の床面積の合計が基準時における延べ面積の1/20（50 m² を超える場合にあっては，50 m²）を超え，1/2を超えないこと　増築又は改築後の建築物の構造方法が次のいずれかに適合するものであること.

イ 耐久性等関係規定に適合し，かつ，自重，積載荷重，積雪荷重，風圧，土圧及び水圧並びに地震その他の震動及び衝撃による当該建築物の倒壊及び崩落，屋根ふき材，特定天井，外装材及び屋外に面する帳壁の脱落並びにエレベーターの籠の落下及びエスカレーターの脱落のおそれがないものとして国土交通大臣が定める基準に適合するものであること.

〈関連：平17告示第566号〉

ロ 第3章第1節から第7節の2まで（第36条及び第38条第2項から第4項までを除く.）の規定に適合し，かつ，その基礎の補強について国土交通大臣が定める基準に適合するものであること（法第20条第1項第四号に掲げる建築物である場合に限る.）.

ハ 前号に定める基準に適合するものであること.

三 増築又は改築に係る部分の床面積の合計が基準時における延べ面積の1/20（50 m² を超える場合にあっては，50 m²）を超えないこと　増築又は改築後の建築物の構造方法が次のいずれかに適合するものであること.

イ 次に掲げる基準に適合するものであること.

(1) 増築又は改築に係る部分が第3章及び第129条の2の3の規定並びに法第40条の規定に基づく条例の構造耐力に関する制限を定めた規定に適合すること.

(2) 増築又は改築に係る部分以外の部分の構造耐力上の危険性が増大しないこと.

ロ 前2号に定める基準のいずれかに適合するものであること.

[防火壁及び防火床関係]

第137条の3 法第3条第2項の規定により法第26条の規定の適用を受けない建築物について法第86条の7第1項の規定により政令で定める範囲は，増築及び改築については，工事の着手が基準時以後である増築及び改築に係る部分の床面積の合計が 50 m² を超えないこととする.

[耐火建築物等としなければならない特殊建築物関係]

第137条の4 法第3条第2項の規定により法第27条の規定の適用を受けない特殊建築物について法第86条の7第1項の規定により政令で定める範囲は，増築（劇場の客席，病院の病室，学校の教室その他の当該特殊建築物の主たる用途に供する部分以外の部分に係るものに限る.）及び改築については，工事の着手が基準時以

後である増築及び改築に係る部分の床面積の合計が $50\,\mathrm{m}^2$ を超えないこととする.

[増築等をする場合に適用されない物質の飛散又は発散に対する衛生上の措置に関する基準]

第 137 条の 4 の 2　法第 86 条の 7 第 1 項及び法第 88 条第 1 項の政令で定める基準は，法第 28 条の 2 第一号及び第二号に掲げる基準とする.

[石綿関係]

第 137 条の 4 の 3　法第 3 条第 2 項の規定により法第 28 条の 2（前条に規定する基準に係る部分に限る．第 137 条の 12 第 3 項において同じ.）の規定の適用を受けない建築物について法第 86 条の 7 第 1 項の規定により政令で定める範囲は，増築及び改築については，次に定めるところによる.

一　増築又は改築に係る部分の床面積の合計が基準時における延べ面積の 1/2 を超えないこと.

二　増築又は改築に係る部分が前条に規定する基準に適合すること.

三　増築又は改築に係る部分以外の部分が，建築材料から石綿を飛散させるおそれがないものとして石綿が添加された建築材料を被覆し又は添加された石綿を建築材料に固着する措置について国土交通大臣が定める基準に適合すること.

〈関連：平 18 告示第 1173 号〉

[長屋又は共同住宅の各戸の界壁関係]

第 137 条の 5　法第 3 条第 2 項の規定により法第 30 条の規定の適用を受けない長屋又は共同住宅について法第 86 条の 7 第 1 項の規定により政令で定める範囲は，増築については増築後の延べ面積が基準時における延べ面積の 1.5 倍を超えないこととし，改築については改築に係る部分の床面積が基準時における延べ面積の 1/2 を超えないこととする.

[非常用の昇降機関係]

第 137 条の 6　法第 3 条第 2 項の規定により法第 34 条第 2 項の規定の適用を受けない高さ 31 m を超える建築物について法第 86 条の 7 第 1 項の規定により政令で定める範囲は，増築及び改築については，次に定めるところによる.

一　増築に係る部分の建築物の高さが 31 m を超えず，かつ，増築に係る部分の床面積の合計が基準時における延べ面積の 1/2 を超えないこと.

二　改築に係る部分の床面積の合計が基準時における延べ面積の 1/5 を超えず，かつ，改築に係る部分の建築物の高さが基準時における当該部分の高さを超えないこと.

[用途地域等関係]

第 137 条の 7　法第 3 条第 2 項の規定により法第 48 条第 1 項から第 14 項までの規定の適用を受けない建築物について法第 86 条の 7 第 1 項の規定により政令で定める範囲は，増築及び改築については，次に定めるところによる.

一　増築又は改築が基準時における敷地内におけるものであり，かつ，増築又は改築後における延べ面積及び建築面積が基準時における敷地面積に対してそれぞれ法第 52 条第 1 項，第 2 項及び第 7 項並びに法第 53 条の規定並びに法第 68 条の 2 第 1 項の規定に基づく条例の第 136 条の 2 の 5 第 1 項第二号及び第三号の制限を定めた規定に適合すること.

二　増築後の床面積の合計は，基準時における床面積の合計の1.2倍を超えないこと．

三　増築後の法第48条第1項から第14項までの規定に適合しない用途に供する建築物の部分の床面積の合計は，基準時におけるその部分の床面積の合計の1.2倍を超えないこと．

四　法第48条第1項から第14項までの規定に適合しない事由が原動機の出力，機械の台数又は容器等の容量による場合においては，増築後のそれらの出力，台数又は容量の合計は，基準時におけるそれらの出力，台数又は容量の合計の1.2倍を超えないこと．

五　用途の変更（第137条の19第2項に規定する範囲内のものを除く．）を伴わないこと．

[容積率関係]

第137条の8　法第3条第2項の規定により法第52条第1項，第2項若しくは第7項又は法第60条第1項（建築物の高さに係る部分を除く．）の規定の適用を受けない建築物について法第86条の7第1項の規定により政令で定める範囲は，増築及び改築については，次に定めるところによる．

一　増築又は改築に係る部分が増築又は改築後においてエレベーターの昇降路の部分（当該エレベーターの設置に付随して設けられる共同住宅又は老人ホーム等（法第52条第3項に規定する老人ホーム等をいう．次号において同じ．）の共用の廊下又は階段の用に供する部分を含む．），自動車車庫等部分，備蓄倉庫部分，蓄電池設置部分，自家発電設備設置部分，貯水槽設置部分又は宅配ボックス設置部分となること．

二　増築前におけるエレベーターの昇降路の部分，共同住宅又は老人ホーム等の共用の廊下又は階段の用に供する部分，自動車車庫等部分，備蓄倉庫部分，蓄電池設置部分，自家発電設備設置部分，貯水槽設置部分及び宅配ボックス設置部分以外の部分の床面積の合計が基準時における当該部分の床面積の合計を超えないものであること．

三　増築又は改築後における自動車車庫等部分の床面積の合計，備蓄倉庫部分の床面積の合計，蓄電池設置部分の床面積の合計，自家発電設備設置部分の床面積の合計，貯水槽設置部分の床面積の合計又は宅配ボックス設置部分の床面積の合計（以下この号において「対象部分の床面積の合計」という．）が，第2条第3項各号に掲げる建築物の部分の区分に応じ，増築又は改築後における当該建築物の床面積の合計に当該各号に定める割合を乗じて得た面積（改築の場合において，基準時における対象部分の床面積の合計が同項各号に掲げる建築物の部分の区分に応じ基準時における当該建築物の床面積の合計に当該各号に定める割合を乗じて得た面積を超えているときは，基準時における対象部分の床面積の合計）を超えないものであること．

[高度利用地区等関係]

第137条の9　法第3条第2項の規定により法第59条第1項（建築物の建蔽率に係る部分を除く．），法第60条の2第1項（建築物の建蔽率及び高さに係る部分を除く．）又は法第60条の3第1項の規定の適用を受けない建築物について法第86条

の7第1項の規定により政令で定める範囲は，その適合しない部分が，当該建築物の容積率の最低限度又は建築面積に係る場合の増築及び改築については次の各号に，当該建築物の容積率の最高限度及び建築面積に係る場合の増築及び改築については次の各号及び前条各号に，当該建築物の容積率の最高限度に係る場合の増築及び改築については同条各号に定めるところによる．

一　増築後の建築面積及び延べ面積が基準時における建築面積及び延べ面積の1.5倍を超えないこと．

二　増築後の建築面積が高度利用地区，都市再生特別地区又は特定用途誘導地区に関する都市計画において定められた建築面積の最低限度の2/3を超えないこと．

三　増築後の容積率が高度利用地区，都市再生特別地区又は特定用途誘導地区に関する都市計画において定められた容積率の最低限度の2/3を超えないこと．

四　改築に係る部分の床面積が基準時における延べ面積の1/2を超えないこと．

[防火地域及び特定防災街区整備地区関係]

第137条の10　法第3条第2項の規定により法第61条（防火地域内にある建築物に係る部分に限る．）又は法第67条第1項の規定の適用を受けない建築物（木造の建築物にあっては，外壁及び軒裏が防火構造のものに限る．）について法第86条の7第1項の規定により政令で定める範囲は，増築及び改築については，次に定めるところによる．

一　工事の着手が基準時以後である増築及び改築に係る部分の床面積の合計（当該増築又は改築に係る建築物が同一敷地内に2以上ある場合においては，これらの増築又は改築に係る部分の床面積の合計）は，50 m² を超えず，かつ，基準時における当該建築物の延べ面積の合計を超えないこと．

二　増築又は改築後における階数が2以下で，かつ，延べ面積が500 m² を超えないこと．

三　増築又は改築に係る部分の外壁及び軒裏は，防火構造とすること．

四　増築又は改築に係る部分の外壁の開口部（法第86条の4各号のいずれかに該当する建築物の外壁の開口部を除く．以下同じ．）で延焼のおそれのある部分に，20分間防火設備（第109条に規定する防火設備であって，これに建築物の周囲において発生する通常の火災による火熱が加えられた場合に，加熱開始後20分間当該加熱面以外の面（屋内に面するものに限る．）に火炎を出さないものとして，国土交通大臣が定めた構造方法を用いるもの又は国土交通大臣の認定を受けたものをいう．以下同じ．）を設けること． 〈関連：令元告示第196号〉

五　増築又は改築に係る部分以外の部分の外壁の開口部で延焼のおそれのある部分に，20分間防火設備が設けられていること．

[準防火地域関係]

第137条の11　法第3条第2項の規定により法第61条（準防火地域内にある建築物に係る部分に限る．）の規定の適用を受けない建築物（木造の建築物にあっては，外壁及び軒裏が防火構造のものに限る．）について法第86条の7第1項の規定により政令で定める範囲は，増築及び改築については，次に定めるところによる．

一　工事の着手が基準時以後である増築及び改築に係る部分の床面積の合計（当該増築又は改築に係る建築物が同一敷地内に2以上ある場合においては，これらの増築

又は改築に係る部分の床面積の合計）は，50 m² を超えないこと．

二　増築又は改築後における階数が 2 以下であること．

三　増築又は改築に係る部分の外壁及び軒裏は，防火構造とすること．

四　増築又は改築に係る部分の外壁の開口部で延焼のおそれのある部分に，20 分間防火設備を設けること．

五　増築又は改築に係る部分以外の部分の外壁の開口部で延焼のおそれのある部分に，20 分間防火設備が設けられていること．

［大規模の修繕又は大規模の模様替］

第 137 条の 12　法第 3 条第 2 項の規定により法第 20 条の規定の適用を受けない建築物について法第 86 条の 7 第 1 項の規定により政令で定める範囲は，大規模の修繕又は大規模の模様替については，当該建築物の構造耐力上の危険性が増大しないこれらの修繕又は模様替のすべてとする．

2　法第 3 条第 2 項の規定により法第 26 条，法第 27 条，法第 30 条，法第 34 条第 2 項，法第 47 条，法第 51 条，法第 52 条第 1 項，第 2 項若しくは第 7 項，法第 53 条第 1 項若しくは第 2 項，法第 54 条第 1 項，法第 55 条第 1 項，法第 56 条第 1 項，法第 56 条の 2 第 1 項，法第 57 条の 4 第 1 項，法第 57 条の 5 第 1 項，法第 58 条，法第 59 条第 1 項若しくは第 2 項，法第 60 条第 1 項若しくは第 2 項，法第 60 条の 2 第 1 項若しくは第 2 項，法第 60 条の 2 の 2 第 1 項から第 3 項まで，法第 60 条の 3 第 1 項若しくは第 2 項，法第 67 条第 1 項若しくは第 5 項から第 7 項まで又は法第 68 条第 1 項若しくは第 2 項の規定の適用を受けない建築物について法第 86 条の 7 第 1 項の規定により政令で定める範囲は，大規模の修繕又は大規模の模様替については，これらの修繕又は模様替の全てとする．

3　法第 3 条第 2 項の規定により法第 28 条の 2 の規定の適用を受けない建築物について法第 86 条の 7 第 1 項の規定により政令で定める範囲は，大規模の修繕及び大規模の模様替については，次に定めるところによる．

一　大規模の修繕又は大規模の模様替に係る部分が第 137 条の 4 の 2 に規定する基準に適合すること．

二　大規模の修繕又は大規模の模様替に係る部分以外の部分が第 137 条の 4 の 3 第三号の国土交通大臣が定める基準に適合すること．

4　法第 3 条第 2 項の規定により法第 48 条第 1 項から第 14 項までの規定の適用を受けない建築物について法第 86 条の 7 第 1 項の規定により政令で定める範囲は，大規模の修繕又は大規模の模様替については，当該建築物の用途の変更（第 137 条の 19 第 2 項に規定する範囲内のものを除く．）を伴わないこれらの修繕又は模様替の全てとする．

5　法第 3 条第 2 項の規定により法第 61 条の規定の適用を受けない建築物について法第 86 条の 7 第 1 項の規定により政令で定める範囲は，大規模の修繕及び大規模の模様替については，次に定めるところによる．

一　大規模の修繕又は大規模の模様替に係る部分の外壁の開口部で延焼のおそれのある部分に，20 分間防火設備を設けること．

二　大規模の修繕又は大規模の模様替に係る部分以外の部分の外壁の開口部で延焼のおそれのある部分に，20 分間防火設備が設けられていること．

[増築等をする独立部分以外の独立部分に対して適用されない技術的基準]

第137条の13 法第86条の7第2項（法第87条第4項において準用する場合を含む. 次条において同じ.）の政令で定める技術的基準は，第5章第2節（第117条第2項を除く.），第3節（第126条の2第2項を除く.）及び第4節に規定する技術的基準とする.

[独立部分]

第137条の14 法第86条の7第2項（法第88条第1項において準用する場合を含む.）の政令で定める部分は，次の各号に掲げる建築物の部分の区分に応じ，当該各号に定める部分とする.

一 法第20条第1項に規定する基準の適用上一の建築物であっても別の建築物とみなすことができる部分 第36条の4に規定する建築物の部分

二 法第35条（第5章第2節（第117条第2項を除く.）及び第4節に規定する技術的基準に係る部分に限る.）に規定する基準の適用上一の建築物であっても別の建築物とみなすことができる部分 第117条第2項各号に掲げる建築物の部分

三 法第35条（第5章第3節（第126条の2第2項を除く.）に規定する技術的基準に係る部分に限る.）に規定する基準の適用上一の建築物であっても別の建築物とみなすことができる部分 第126条の2第2項各号に掲げる建築物の部分

[増築等をする部分以外の居室に対して適用されない基準]

第137条の15 法第86条の7第3項の政令で定める基準は，法第28条の2第三号に掲げる基準（第20条の7から第20条の9までに規定する技術的基準に係る部分に限る.）とする.

[移転]

第137条の16 法第86条の7第4項の政令で定める範囲は，次の各号のいずれかに該当することとする.

一 移転が同一敷地内におけるものであること.

二 移転が交通上，安全上，防火上，避難上，衛生上及び市街地の環境の保全上支障がないと特定行政庁が認めるものであること.

[公共事業の施行等による敷地面積の減少について法第3条等の規定を準用する事業]

第137条の17 法第86条の9第1項第二号の政令で定める事業は，次に掲げるものとする.

一 土地区画整理法（昭和29年法律第119号）による土地区画整理事業（同法第3条第1項の規定により施行するものを除く.）

二 都市再開発法（昭和44年法律第38号）による第一種市街地再開発事業（同法第2条の2第1項の規定により施行するものを除く.）

三 大都市地域における住宅及び住宅地の供給の促進に関する特別措置法（昭和50年法律第67号）による住宅街区整備事業（同法第29条第1項の規定により施行するものを除く.）

四 密集市街地における防災街区の整備の促進に関する法律による防災街区整備事業（同法第119条第1項の規定により施行するものを除く.）

[建築物の用途を変更して特殊建築物とする場合に建築主事の確認等を要しない類似の用途]

第137条の18 法第87条第1項の規定により政令で指定する類似の用途は，当該建築物が次の各号のいずれかに掲げる用途である場合において，それぞれ当該各号に掲げる他の用途とする．ただし，第三号若しくは第六号に掲げる用途に供する建築物が第一種低層住居専用地域，第二種低層住居専用地域若しくは田園住居地域内にある場合，第七号に掲げる用途に供する建築物が第一種中高層住居専用地域，第二種中高層住居専用地域若しくは工業専用地域内にある場合又は第九号に掲げる用途に供する建築物が準住居地域若しくは近隣商業地域内にある場合については，この限りでない．

一　劇場，映画館，演芸場

二　公会堂，集会場

三　診療所（患者の収容施設があるものに限る.），児童福祉施設等

四　ホテル，旅館

五　下宿，寄宿舎

六　博物館，美術館，図書館

七　体育館，ボーリング場，スケート場，水泳場，スキー場，ゴルフ練習場，バッティング練習場

八　百貨店，マーケット，その他の物品販売業を営む店舗

九　キャバレー，カフェー，ナイトクラブ，バー

十　待合，料理店

土　映画スタジオ，テレビスタジオ

[建築物の用途を変更する場合に法第27条等の規定を準用しない類似の用途等]

第137条の19 法第87条第3項第二号の規定により政令で指定する類似の用途は，当該建築物が前条第八号から第十一号まで及び次の各号のいずれかに掲げる用途である場合において，それぞれ当該各号に掲げる他の用途とする．ただし，法第48条第1項から第14項までの規定の準用に関しては，この限りでない．

一　劇場，映画館，演芸場，公会堂，集会場

二　病院，診療所（患者の収容施設があるものに限る.），児童福祉施設等

三　ホテル，旅館，下宿，共同住宅，寄宿舎

四　博物館，美術館，図書館

2　法第87条第3項第三号の規定により政令で定める範囲は，次に定めるものとする．

一　次のイからホまでのいずれかに掲げる用途である場合において，それぞれ当該イからホまでに掲げる用途相互間におけるものであること．

イ　法別表第二（に）項第三号から第六号までに掲げる用途

ロ　法別表第二（ほ）項第二号若しくは第三号，同表（へ）項第四号若しくは第五号又は同表（と）項第三号(1)から(16)までに掲げる用途

ハ　法別表第二（り）項第二号又は同表（ぬ）項第三号(1)から(20)までに掲げる用途

ニ　法別表第二（る）項第一号(1)から(31)までに掲げる用途（この場合において，

同号(1)から(3)まで，(11)及び(12)中「製造」とあるのは，「製造，貯蔵又は処理」とする。）

　　ホ　法別表第二（を）項第五号若しくは第六号又は同表（わ）項第二号から第六号までに掲げる用途

二　法第48条第1項から第14項までの規定に適合しない事由が原動機の出力，機械の台数又は容器等の容量による場合においては，用途変更後のそれらの出力，台数又は容量の合計は，基準時におけるそれらの出力，台数又は容量の合計の1.2倍を超えないこと。

三　用途変更後の法第48条第1項から第14項までの規定に適合しない用途に供する建築物の部分の床面積の合計は，基準時におけるその部分の床面積の合計の1.2倍を超えないこと。

3　法第87条第3項の規定によって同項に掲げる条例の規定を準用する場合における同項第二号に規定する類似の用途の指定については，第1項の規定にかかわらず，当該条例で，別段の定めをすることができる。

第9章 工作物

[工作物の指定]

第138条 煙突，広告塔，高架水槽，擁壁その他これらに類する工作物で法第88条第1項の規定により政令で指定するものは，次に掲げるもの（鉄道及び軌道の線路敷地内の運転保安に関するものその他他の法令の規定により法及びこれに基づく命令の規定による規制と同等の規制を受けるものとして国土交通大臣が指定するものを除く.）とする.　〈関連：平23告示第1002号〉

一　高さが6mを超える煙突（支枠及び支線がある場合においては，これらを含み，ストーブの煙突を除く.）

二　高さが15mを超える鉄筋コンクリート造の柱，鉄柱，木柱その他これらに類するもの（旗ざおを除く.）

三　高さが4mを超える広告塔，広告板，装飾塔，記念塔その他これらに類するもの

四　高さが8mを超える高架水槽，サイロ，物見塔その他これらに類するもの

五　高さが2mを超える擁壁

2　昇降機，ウォーターシュート，飛行塔その他これらに類する工作物で法第88条第1項の規定により政令で指定するものは，次の各号に掲げるものとする.

一　乗用エレベーター又はエスカレーターで観光のためのもの（一般交通の用に供するものを除く.）

二　ウォーターシュート，コースターその他これらに類する高架の遊戯施設

三　メリーゴーラウンド，観覧車，オクトパス，飛行塔その他これらに類する回転運動をする遊戯施設で原動機を使用するもの

3　製造施設，貯蔵施設，遊戯施設等の工作物で法第88条第2項の規定により政令で指定するものは，次に掲げる工作物（土木事業その他の事業に一時的に使用するためにその事業中臨時にあるもの及び第一号又は第五号に掲げるもので建築物の敷地（法第3条第2項の規定により法第48条第1項から第14項までの規定の適用を受けない建築物については，第137条に規定する基準時における敷地をいう.）と同一の敷地内にあるものを除く.）とする.

一　法別表第二（ぬ）項第三号⒀又は（13の2）の用途に供する工作物で用途地域（準工業地域，工業地域及び工業専用地域を除く.）内にあるもの及び同表（る）項第一号㉑の用途に供する工作物で用途地域（工業地域及び工業専用地域を除く.）内にあるもの

二　自動車車庫の用途に供する工作物で次のイからチまでに掲げるもの

イ　築造面積が50m²を超えるもので第一種低層住居専用地域，第二種低層住居専用地域又は田園住居地域内にあるもの（建築物に附属するものを除く.）
〈関連：昭50告示第644号〉

ロ　築造面積が300m²を超えるもので第一種中高層住居専用地域，第二種中高層住居専用地域，第一種住居地域又は第二種住居地域内にあるもの（建築物に附属するものを除く.）

ハ　第一種低層住居専用地域，第二種低層住居専用地域又は田園住居地域内にある

建築物に附属するもので築造面積に同一敷地内にある建築物に附属する自動車車庫の用途に供する建築物の部分の延べ面積の合計を加えた値が 600 m^2（同一敷地内にある建築物（自動車車庫の用途に供する部分を除く。）の延べ面積の合計が 600 m^2 以下の場合においては，当該延べ面積の合計）を超えるもの（築造面積が 50 m^2 以下のもの及びニに掲げるものを除く。）

ニ　第一種低層住居専用地域，第二種低層住居専用地域又は田園住居地域内にある公告対象区域内の建築物に附属するもので次の(1)又は(2)のいずれかに該当するもの

(1)　築造面積に同一敷地内にある建築物に附属する自動車車庫の用途に供する建築物の部分の延べ面積の合計を加えた値が 2 000 m^2 を超えるもの

(2)　築造面積に同一公告対象区域内にある建築物に附属する他の自動車車庫の用途に供する工作物の築造面積及び当該公告対象区域内にある建築物に附属する自動車車庫の用途に供する建築物の部分の延べ面積の合計を加えた値が，当該公告対象区域内の敷地ごとにハの規定により算定される自動車車庫の用途に供する工作物の築造面積の上限の値を合算した値を超えるもの

ホ　第一種中高層住居専用地域又は第二種中高層住居専用地域内にある建築物に附属するもので築造面積に同一敷地内にある建築物に附属する自動車車庫の用途に供する建築物の部分の延べ面積の合計を加えた値が 3 000 m^2（同一敷地内にある建築物（自動車車庫の用途に供する部分を除く。）の延べ面積の合計が 3 000 m^2 以下の場合においては，当該延べ面積の合計）を超えるもの（築造面積が 300 m^2 以下のもの及びヘに掲げるものを除く。）

ヘ　第一種中高層住居専用地域又は第二種中高層住居専用地域内にある公告対象区域内の建築物に附属するもので次の(1)又は(2)のいずれかに該当するもの

(1)　築造面積に同一敷地内にある建築物に附属する自動車車庫の用途に供する建築物の部分の延べ面積の合計を加えた値が 10 000 m^2 を超えるもの

(2)　築造面積に同一公告対象区域内にある建築物に附属する他の自動車車庫の用途に供する工作物の築造面積及び当該公告対象区域内にある建築物に附属する自動車車庫の用途に供する建築物の部分の延べ面積の合計を加えた値が，当該公告対象区域内の敷地ごとにホの規定により算定される自動車車庫の用途に供する工作物の築造面積の上限の値を合算した値を超えるもの

ト　第一種住居地域又は第二種住居地域内にある建築物に附属するもので築造面積に同一敷地内にある建築物に附属する自動車車庫の用途に供する建築物の部分の延べ面積の合計を加えた値が当該敷地内にある建築物（自動車車庫の用途に供する部分を除く。）の延べ面積の合計を超えるもの（築造面積が 300 m^2 以下のもの及びチに掲げるものを除く。）

チ　第一種住居地域又は第二種住居地域内にある公告対象区域内の建築物に附属するもので，築造面積に同一公告対象区域内にある建築物に附属する他の自動車車庫の用途に供する工作物の築造面積及び当該公告対象区域内にある建築物に附属する自動車車庫の用途に供する建築物の部分の延べ面積の合計を加えた値が，当該公告対象区域内の敷地ごとにトの規定により算定される自動車車庫の用途に供する工作物の築造面積の上限の値を合算した値を超えるもの

三　高さが8mを超えるサイロその他これに類する工作物のうち飼料，肥料，セメントその他これらに類するものを貯蔵するもので第一種低層住居専用地域，第二種低層住居専用地域，第一種中高層住居専用地域又は田園住居地域内にあるもの

四　前項各号に掲げる工作物で第一種低層住居専用地域，第二種低層住居専用地域，第一種中高層住居専用地域又は田園住居地域内にあるもの

五　汚物処理場，ごみ焼却場その他又は第130条の2の2各号に掲げる処理施設の用途に供する工作物で都市計画区域又は準都市計画区域（準都市計画区域にあっては，第一種低層住居専用地域，第二種低層住居専用地域，第一種中高層住居専用地域又は田園住居地域に限る。）内にあるもの

六　特定用途制限地域内にある工作物で当該特定用途制限地域に係る法第88条第2項において準用する法第49条の2の規定に基づく条例において制限が定められた用途に供するもの

[工作物に関する確認の特例]

第138条の2　法第88条第1項において準用する法第6条の4第1項の規定により読み替えて適用される法第6条第1項の政令で定める規定は，第144条の2の表の工作物の部分の欄の各項に掲げる工作物の部分の区分に応じ，それぞれ同表の一連の規定の欄の当該各項に掲げる規定（これらの規定中工作物の部分の構造に係る部分が，法第88条第1項において準用する法第68条の10第1項の認定を受けた工作物の部分に適用される場合に限る。）とする。

[維持保全に関する準則の作成等を要する昇降機等]

第138条の3　法第88条第1項において準用する法第8条第2項第一号の政令で定める昇降機等，法第88条第1項において準用する法第12条第1項の安全上，防火上又は衛生上特に重要であるものとして政令で定める昇降機等及び法第88条第1項において準用する法第12条第3項の政令で定める昇降機等は，第138条第2項各号に掲げるものとする。

[煙突及び煙突の支線]

第139条　第138条第1項に規定する工作物のうち同項第一号に掲げる煙突（以下この条において単に「煙突」という。）に関する法第88条第1項において読み替えて準用する法第20条第1項の政令で定める技術的基準は，次のとおりとする。

一　次に掲げる基準に適合する構造方法又はこれと同等以上に煙突の崩落及び倒壊を防止することができるものとして国土交通大臣が定めた構造方法を用いること。

　イ　高さが16mを超える煙突は，鉄筋コンクリート造，鉄骨鉄筋コンクリート造又は鋼造とし，支線を要しない構造とすること。

　ロ　鉄筋コンクリート造の煙突は，鉄筋に対するコンクリートのかぶり厚さを5cm以上とすること。

　ハ　陶管，コンクリート管その他これらに類する管で造られた煙突は，次に定めるところによること。

　　(1)　管と管とをセメントモルタルで接合すること。

　　(2)　高さが10m以下のものにあっては，その煙突を支えることができる支枠又は支枠及び支線を設けて，これに緊結すること。

　　(3)　高さが10mを超えるものにあっては，その煙突を支えることができる鋼製

の支枠を設けて，これに緊結すること．

ニ　組積造又は無筋コンクリート造の煙突は，その崩落を防ぐことができる鋼材の支枠を設けること．

ホ　煙突の支線の端部にあっては，鉄筋コンクリート造のくいその他腐食するおそれのない建築物若しくは工作物又は有効なさび止め若しくは防腐の措置を講じたくいに緊結すること．

二　次項から第4項までにおいて準用する規定（第7章の8の規定を除く．）に適合する構造方法を用いること．

三　高さが60 mを超える煙突にあっては，その用いる構造方法が，荷重及び外力によって煙突の各部分に連続的に生ずる力及び変形を把握することその他の国土交通大臣が定める基準に従った構造計算によって安全性が確かめられたものとして国土交通大臣の認定を受けたものであること．　　　　　〈関連：平12告示第1449号〉

四　高さが60 m以下の煙突にあっては，その用いる構造方法が，次のイ又はロのいずれかに適合すること．

イ　国土交通大臣が定める基準に従った構造計算によって確かめられる安全性を有すること．

ロ　前号の国土交通大臣が定める基準に従った構造計算によって安全性が確かめられたものとして国土交通大臣の認定を受けたものであること．

〈関連：平12告示第1449号〉

2　煙突については，第115条第1項第六号及び第七号，第5章の4第3節並びに第7章の8の規定を準用する．

3　第1項第三号又は第四号ロの規定により国土交通大臣の認定を受けた構造方法を用いる煙突については，前項に規定するもののほか，耐久性等関係規定（第36条，第36条の2，第39条第4項，第41条，第49条，第70条及び第76条（第79条の4及び第80条において準用する場合を含む．）の規定を除く．）を準用する．

4　前項に規定する煙突以外の煙突については，第2項に規定するもののほか，第36条の3，第37条，第38条，第39条第1項及び第2項，第51条第1項，第52条，第3章第5節（第70条を除く．），第6節（第76条から第78条の2までを除く．）及び第6節の2（第79条の4（第76条から第78条の2までの準用に関する部分に限る．）を除く．），第80条（第51条第1項，第71条，第72条，第74条及び第75条の準用に関する部分に限る．）並びに第80条の2の規定を準用する．

[鉄筋コンクリート造の柱等]

第140条　第138条第1項に規定する工作物のうち同項第二号に掲げる工作物に関する法第88条第1項において読み替えて準用する法第20条第1項の政令で定める技術的基準は，次項から第4項において準用する規定（第7章の8の規定を除く．）に適合する構造方法を用いることとする．

2　前項に規定する工作物については，第5章の4第3節，第7章の8並びに前条第1項第三号及び第四号の規定を準用する．

3　第1項に規定する工作物のうち前項において準用する前条第1項第三号又は第四号ロの規定により国土交通大臣の認定を受けた構造方法を用いるものについては，前項に規定するもののほか，耐久性等関係規定（第36条，第36条の2，第39

条第4項，第49条，第70条，第76条（第79条の4及び第80条において準用する場合を含む.）並びに第80条において準用する第72条，第74条及び第75条の規定を除く.）を準用する.

4　第1項に規定する工作物のうち前項に規定するもの以外のものについては，第2項に規定するもののほか，第36条の3，第37条，第38条，第39条第1項及び第2項，第40条，第41条，第47条，第3章第5節（第70条を除く.），第6節（第76条から第78条の2までを除く.）及び第6節の2（第79条の4（第76条から第78条の2までの準用に関する部分に限る.）を除く.）並びに第80条の2の規定を準用する.

［広告塔又は高架水槽等］

第141条　第138条第1項に規定する工作物のうち同項第三号及び第四号に掲げる工作物に関する法第88条第1項において読み替えて準用する法第20条第1項の政令で定める技術的基準は，次のとおりとする.

一　国土交通大臣が定める構造方法により鉄筋，鉄骨又は鉄筋コンクリートによって補強した場合を除き，その主要な部分を組積造及び無筋コンクリート造以外の構造とすること.

二　次項から第4項までにおいて準用する規定（第7章の8の規定を除く.）に適合する構造方法を用いること.

2　前項に規定する工作物については，第5章の4第3節，第7章の8並びに第139条第1項第三号及び第四号の規定を準用する.　　　　〈関連：平12告示第1449号〉

3　第1項に規定する工作物のうち前項において準用する第139条第1項第三号又は第四号ロの規定により国土交通大臣の認定を受けた構造方法を用いるものについては，前項に規定するもののほか，耐久性等関係規定（第36条，第36条の2，第39条第4項，第49条並びに第80条において準用する第72条及び第74条から第76条までの規定を除く.）を準用する.

4　第1項に規定する工作物のうち前項に規定するもの以外のものについては，第2項に規定するもののほか，第36条の3，第37条，第38条，第39条第1項及び第2項，第40条から第42条まで，第44条，第46条第1項及び第2項，第47条，第3章第5節，第6節及び第6節の2並びに第80条の2の規定を準用する.

［擁壁］

第142条　第138条第1項に規定する工作物のうち同項第五号に掲げる擁壁（以下この条において単に「擁壁」という.）に関する法第88条第1項において読み替えて準用する法第20条第1項の政令で定める技術的基準は，次に掲げる基準に適合する構造方法又はこれと同等以上に擁壁の破壊及び転倒を防止することができるものとして国土交通大臣が定めた構造方法を用いることとする.

一　鉄筋コンクリート造，石造その他これらに類する腐食しない材料を用いた構造とすること.

二　石造の擁壁にあっては，コンクリートを用いて裏込めし，石と石とを十分に結合すること.

三　擁壁の裏面の排水を良くするため，水抜穴を設け，かつ，擁壁の裏面の水抜穴の周辺に砂利その他これに類するものを詰めること.

四　次項において準用する規定（第7章の8（第136条の6を除く.）の規定を除く.）に適合する構造方法を用いること.

五　その用いる構造方法が, 国土交通大臣が定める基準に従った構造計算によって確かめられる安全性を有すること. 〈関連：平12告示第1449号〉

2　擁壁については, 第36条の3, 第37条, 第38条, 第39条第1項及び第2項, 第51条第1項, 第62条, 第71条第1項, 第72条, 第73条第1項, 第74条, 第75条, 第79条, 第80条（第51条第1項, 第62条, 第71条第1項, 第72条, 第74条及び第75条の準用に関する部分に限る.）, 第80条の2並びに第7章の8（第136条の6を除く.）の規定を準用する.

[乗用エレベーター又はエスカレーター]

第143条　第138条第2項第一号に掲げる乗用エレベーター又はエスカレーターに関する法第88条第1項において読み替えて準用する法第20条第1項の政令で定める技術的基準は, 次項から第4項までにおいて準用する規定（第7章の8の規定を除く.）に適合する構造方法を用いることとする.

2　前項に規定する乗用エレベーター又はエスカレーターについては, 第129条の3から第129条の10まで, 第129条の12, 第7章の8並びに第139条第1項第三号及び第四号の規定を準用する.

3　第1項に規定する乗用エレベーター又はエスカレーターのうち前項において準用する第139条第1項第三号又は第四号ロの規定により国土交通大臣の認定を受けた構造方法を用いるものについては, 前項に規定するもののほか, 耐久性等関係規定（第36条, 第36条の2, 第39条第4項, 第41条, 第49条並びに第80条において準用する第72条及び第74条から第76条までの規定を除く.）を準用する.

4　第1項に規定する乗用エレベーター又はエスカレーターのうち前項に規定するもの以外のものについては, 第2項に規定するもののほか, 第36条の3, 第37条, 第38条, 第39条第1項及び第2項, 第3章第5節, 第6節及び第6節の2並びに第80条の2の規定を準用する.

[遊戯施設]

第144条　第138条第2項第二号又は第三号に掲げる遊戯施設（以下この条において単に「遊戯施設」という.）に関する法第88条第1項において読み替えて準用する法第20条第1項の政令で定める技術的基準は, 次のとおりとする.

一　籠, 車両その他人を乗せる部分（以下この条において「客席部分」という.）を支え, 又は吊る構造上主要な部分（以下この条において「主要な支持部分」という.）のうち摩損又は疲労破壊が生ずるおそれのある部分以外の部分の構造は, 次に掲げる基準に適合するものとすること.

イ　構造耐力上安全なものとして国土交通大臣が定めた構造方法を用いるものであること. 〈関連：平12告示第1419号〉

ロ　高さが60mを超える遊戯施設にあっては, その用いる構造方法が, 荷重及び外力によって主要な支持部分に連続的に生ずる力及び変形を把握することその他の国土交通大臣が定める基準に従った構造計算によって安全性が確かめられたものとして国土交通大臣の認定を受けたものであること.

ハ　高さが60m以下の遊戯施設にあっては, その用いる構造方法が, 次の(1)又

は(2)のいずれかに適合するものであること.

 (1) 国土交通大臣が定める基準に従った構造計算によって確かめられる安全性を有すること.

〈関連：平12告示第1419号〉

 (2) ロの国土交通大臣が定める基準に従った構造計算によって安全性が確かめられたものとして国土交通大臣の認定を受けたものであること.

二 軌条又は索条を用いるものにあっては,客席部分が当該軌条又は索条から脱落するおそれのない構造とすること.

三 遊戯施設の客席部分の構造は,次に掲げる基準に適合するものとすること.

 イ 走行又は回転時の衝撃及び非常止め装置の作動時の衝撃が加えられた場合に,客席にいる人を落下させないものとして,国土交通大臣が定めた構造方法を用いるもの又は国土交通大臣の認定を受けたものであること.

〈関連：平12告示第1426号〉

 ロ 客席部分は,堅固で,かつ,客席にいる人が他の構造部分に触れることにより危害を受けるおそれのないものとして国土交通大臣が定めた構造方法を用いるものであること.

〈関連：令2告示第252号〉

 ハ 客席部分には,定員を明示した標識を見やすい場所に掲示すること.

四 動力が切れた場合,駆動装置に故障が生じた場合その他客席にいる人が危害を受けるおそれのある事故が発生し,又は発生するおそれのある場合に自動的に作動する非常止め装置を設けること.

五 前号の非常止め装置の構造は,自動的に作動し,かつ,当該客席部分以外の遊戯施設の部分に衝突することなく制止できるものとして,国土交通大臣が定めた構造方法を用いるもの又は国土交通大臣の認定を受けたものとすること.

〈関連：平12告示第1427号〉

六 前各号に定めるもののほか,客席にいる人その他当該遊戯施設の周囲の人の安全を確保することができるものとして国土交通大臣が定めた構造方法を用いるものであること.

〈関連：平12告示第1419号〉

七 次項において読み替えて準用する第129条の4（第1項第一号イを除く.）及び第129条の5第1項の規定に適合する構造方法を用いること.

2 遊戯施設については第7章の8の規定を,その主要な支持部分のうち摩損又は疲労破壊が生ずるおそれのある部分については第129条の4（第1項第一号イを除く.）及び第129条の5第1項の規定を準用する.この場合において,次の表の左欄に掲げる規定中同表の中欄に掲げる字句は,それぞれ同表の右欄に掲げる字句に読み替えるものとする.

第129条の4の見出し,同条第1項（第二号を除く.）,第2項第三号及び第四号並びに第3項（第七号を除く.）並びに第129条の5の見出し及び同条第1項	エレベーター	遊戯施設
第129条の4第1項	かご及びかごを支え,又は吊る構造上主要な部分	客席部分支え,又は吊る構造上主要な部分（摩損又は疲労破壊を生ずるおそれのある部分に限る.）

第 129 条の 4	かご及び主要な支持部分	主要な支持部分
第 129 条の 4 第 1 項第一号ロ, 第 2 項第四号並びに第 3 項第二号及び第四号	かご	客席部分
第 129 条の 4 第 1 項第一号ロ	昇降に	走行又は回転に
第 129 条の 4 第 1 項第一号ロ及び第 2 項第二号	通常の昇降時	通常の走行又は回転時
第 129 条の 4 第 1 項第二号	かごを主索で吊るエレベーター, 油圧エレベーターその他国土交通大臣が定めるエレベーター	客席部分を主索で吊る遊戯施設その他国土交通大臣が定める遊戯施設
	前号イ及びロ	前号ロ
第 129 条の 4 第 1 項第二号及び第 2 項	エレベーター強度検証法	遊戯施設強度検証法
第 129 条の 4 第 1 項第三号	第一号イ及びロ	第一号ロ
第 129 条の 4 第 2 項	, エレベーター	, 遊戯施設
第 129 条の 4 第 2 項第　号	次条に規定する荷重	次条第 1 項に規定する固定荷重及び国土交通大臣が定める積載荷重
	主要な支持部分並びにかごの床版及び枠 (以下この条において「主要な支持部分等」という.)	主要な支持部分
第 129 条の 4 第 2 項第二号及び第三号	主要な支持部分等	主要な支持部分
第 129 条の 4 第 2 項第二号	昇降する	走行し, 又は回転する
	次条第 2 項に規定する	国土交通大臣が定める
第 129 条の 4 第 3 項第二号	主要な支持部分のうち, 摩損又は疲労破壊を生ずるおそれのあるものにあっては, 2 以上	2 以上
第 129 条の 4 第 3 項第七号	エレベーターで昇降路の壁の全部又は一部を有しないもの	遊戯施設

[型式適合認定の対象とする工作物の部分及び一連の規定]

第 144 条の 2　法第 88 条第 1 項において準用する法第 68 条の 10 第 1 項に規定する政令で定める工作物の部分は, 次の表の工作物の部分の欄の各項に掲げる工作物の部分とし, 法第 88 条第 1 項において準用する法第 68 条の 10 第 1 項に規定する政令で定める一連の規定は, 同表の一連の規定の欄の当該各項に掲げる規定 (これらの規定中工作物の部分の構造に係る部分に限る.) とする.

	工作物の部分	一連の規定
(1)	乗用エレベーターで観光のためのもの (一般交通の用に供するものを除く.) の部分で, 昇降路及び機械室以外のもの	イ　法第 88 条第 1 項において準用する法第 28 条の 2 (第三号を除く.) 及び法第 37 条の規定 ロ　第 143 条第 2 項 (第 129 条の 3, 第 129 条の 4 (第 3 項第七号を除く.), 第 129

		の5，第129条の6，第129条の8及び第129条の10の規定の準用に関する部分に限る．）の規定
(2)	エスカレーターで観光のためのもの（一般交通の用に供するものを除く．）の部分で，トラス又ははりを支える部分以外のもの	イ　法第88条第1項において準用する法第28条の2（第三号を除く．）及び法第37条の規定 ロ　第143条第2項（第129条の3及び第129条の12（第一項第一号及び第六号を除く．）の規定の準用に関する部分に限る．）の規定
(3)	ウォーターシュート，コースターその他これらに類する高架の遊戯施設又はメリーゴーラウンド，観覧車，オクトパス，飛行塔その他これらに類する回転運動をする遊戯施設で原動機を使用するものの部分のうち，かご，車両その他人を乗せる部分及びこれを支え，又は吊る構造上主要な部分並びに非常止め装置の部分	イ　法第88条第1項において準用する法第28条の2（第三号を除く．）及び法第37条の規定 ロ　前条第1項（同項第一号及び第六号にあっては，国土交通大臣が定めた構造方法のうちその指定する構造方法に係る部分に限る．）の規定 〈関連：平12告示第1467号〉

［製造施設，貯蔵施設，遊戯施設等］

第144条の2の2　第138条第3項第一号から第四号までに掲げるものについては，第137条（法第48条第1項から第14項までに係る部分に限る．），第137条の7，第137条の12第4項及び第137条の19第2項（第三号を除く．）の規定を準用する．この場合において，第137条の7第二号及び第三号中「床面積の合計」とあるのは，「築造面積」と読み替えるものとする．

［処理施設］

第144条の2の3　第138条第3項第五号に掲げるもの（都市計画区域内にあるものに限る．）については，第130条の2の3（第1項第一号及び第四号を除く．）及び第137条の12第2項（法第51条に係る部分に限る．）の規定を準用する．

［特定用途制限地域内の工作物］

第144条の2の4　第138条第3項第六号に掲げるものについては，第130条の2の規定を準用する．

2　第138条第3項第六号に掲げるものについての法第88条第2項において準用する法第87条第3項の規定によって法第49条の2の規定に基づく条例の規定を準用する場合における同項第二号に規定する類似の用途の指定については，当該条例で定めるものとする．

第10章　雑則

[安全上，防火上又は衛生上重要である建築物の部分]

第 144 条の 3　法第 37 条の規定により政令で定める安全上，防火上又は衛生上重要である建築物の部分は，次に掲げるものとする．

一　構造耐力上主要な部分で基礎及び主要構造部以外のもの

二　耐火構造，準耐火構造又は防火構造の構造部分で主要構造部以外のもの

三　第 109 条に定める防火設備又はこれらの部分

四　建築物の内装又は外装の部分で安全上又は防火上重要であるものとして国土交通大臣が定めるもの　　　　　　　　　　　　　　　〈関連：平 12 告示第 1444 号〉

五　主要構造部以外の間仕切壁，揚げ床，最下階の床，小ばり，ひさし，局部的な小階段，屋外階段，バルコニーその他これらに類する部分で防火上重要であるものとして国土交通大臣が定めるもの　　　　　　　　　　　〈関連：平 12 告示第 1444 号〉

六　建築設備又はその部分（消防法第 21 条の 2 第 1 項に規定する検定対象機械器具等及び同法第 21 条の 16 の 2 に規定する自主表示対象機械器具等，ガス事業法第 2 条第 13 項に規定するガス工作物及び同法第 137 条第 1 項に規定するガス用品，電気用品安全法（昭和 36 年法律第 234 号）第 2 条第 1 項に規定する電気用品，液化石油ガスの保安の確保及び取引の適正化に関する法律第 2 条第 7 項に規定する液化石油ガス器具等並びに安全上，防火上又は衛生上支障がないものとして国土交通大臣が定めるものを除く．）　　　　　　　　　　〈関連：平 12 告示第 1444 号〉

[道に関する基準]

第 144 条の 4　法第 42 条第 1 項第五号の規定により政令で定める基準は，次の各号に掲げるものとする．

一　両端が他の道路に接続したものであること．ただし，次のイからホまでのいずれかに該当する場合においては，袋路状道路（法第 43 条第 3 項第五号に規定する袋路状道路をいう．以下この条において同じ．）とすることができる．

　イ　延長（既存の幅員 6 m 未満の袋路状道路に接続する道にあっては，当該袋路状道路が他の道路に接続するまでの部分の延長を含む．ハにおいて同じ．）が 35 m 以下の場合

　ロ　終端が公園，広場その他これらに類するもので自動車の転回に支障がないものに接続している場合

　ハ　延長が 35 m を超える場合で，終端及び区間 35 m 以内ごとに国土交通大臣の定める基準に適合する自動車の転回広場が設けられている場合

　　　　　　　　　　　　　　　　　　　　　　　〈関連：昭 45 告示第 1837 号〉

　ニ　幅員が 6 m 以上の場合

　ホ　イからニまでに準ずる場合で，特定行政庁が周囲の状況により避難及び通行の安全上支障がないと認めた場合

二　道が同一平面で交差し，若しくは接続し，又は屈曲する箇所（交差，接続又は屈曲により生ずる内角が 120 度以上の場合を除く．）は，角地の隅角を挟む辺の長さ 2 m の二等辺三角形の部分を道に含む隅切りを設けたものであること．ただし，特

定行政庁が周囲の状況によりやむを得ないと認め，又はその必要がないと認めた場合においては，この限りでない．

三　砂利敷その他ぬかるみとならない構造であること．

四　縦断勾配が 12% 以下であり，かつ，階段状でないものであること．ただし，特定行政庁が周囲の状況により避難及び通行の安全上支障がないと認めた場合においては，この限りでない．

五　道及びこれに接する敷地内の排水に必要な側溝，街渠その他の施設を設けたものであること．

2　地方公共団体は，その地方の気候若しくは風土の特殊性又は土地の状況により必要と認める場合においては，条例で，区域を限り，前項各号に掲げる基準と異なる基準を定めることができる．

3　地方公共団体は，前項の規定により第 1 項各号に掲げる基準を緩和する場合においては，あらかじめ，国土交通大臣の承認を得なければならない．

[窓その他の開口部を有しない居室]

第 144 条の 5　法第 43 条第 3 項第三号の規定により政令で定める窓その他の開口部を有しない居室は，第 116 条の 2 に規定するものとする．

[道路内に建築することができる建築物に関する基準等]

第 145 条　法第 44 条第 1 項第三号の政令で定める基準は，次のとおりとする．

一　主要構造部が耐火構造であること．

二　耐火構造とした床若しくは壁又は特定防火設備のうち，次に掲げる要件を満たすものとして，国土交通大臣が定めた構造方法を用いるもの又は国土交通大臣の認定を受けたもので道路と区画されていること．　　　〈関連：昭 48 告示第 2564 号〉

　イ　第 112 条第 19 項第一号イ及びロ並びに第二号ロに掲げる要件を満たしていること．

　ロ　閉鎖又は作動をした状態において避難上支障がないものであること．

三　道路の上空に設けられる建築物にあっては，屋外に面する部分に，ガラス（網入りガラスを除く．），瓦，タイル，コンクリートブロック，飾石，テラコッタその他これらに類する材料が用いられていないこと．ただし，これらの材料が道路上に落下するおそれがない部分については，この限りでない．

2　法第 44 条第 1 項第四号の規定により政令で定める建築物は，道路（高度地区（建築物の高さの最低限度が定められているものに限る．以下この項において同じ．），高度利用地区又は都市再生特別地区内の自動車のみの交通の用に供するものを除く．）の上空に設けられる渡り廊下その他の通行又は運搬の用途に供する建築物で，次の各号のいずれかに該当するものであり，かつ，主要構造部が耐火構造であり，又は不燃材料で造られている建築物に設けられるもの，高度地区，高度利用地区又は都市再生特別地区内の自動車のみの交通の用に供する道路の上空に設けられる建築物，高架の道路の路面下に設けられる建築物並びに自動車のみの交通の用に供する道路に設けられる建築物である休憩所，給油所及び自動車修理所（高度地区，高度利用地区又は都市再生特別地区内の自動車のみの交通の用に供する道路の上空に設けられるもの及び高架の道路の路面下に設けられるものを除く．）とする．

一　学校，病院，老人ホームその他これらに類する用途に供する建築物に設けられる

もので，生徒，患者，老人等の通行の危険を防止するために必要なもの

二　建築物の5階以上の階に設けられるもので，その建築物の避難施設として必要なもの

三　多数人の通行又は多量の物品の運搬の用途に供するもので，道路の交通の緩和に寄与するもの

3　前項の建築物のうち，道路の上空に設けられるものの構造は，次の各号に定めるところによらなければならない．

一　構造耐力上主要な部分は，鉄骨造，鉄筋コンクリート造又は鉄骨鉄筋コンクリート造とし，その他の部分は，不燃材料で造ること．

二　屋外に面する部分には，ガラス（網入ガラスを除く．），瓦（かわら），タイル，コンクリートブロック，飾石，テラコッタその他これらに類する材料を用いないこと．ただし，これらの材料が道路上に落下するおそれがない部分については，この限りでない．

三　道路の上空に設けられる建築物が渡り廊下その他の通行又は運搬の用途に供する建築物である場合においては，その側面には，床面からの高さが1.5 m以上の壁を設け，その壁の床面からの高さが1.5 m以下の部分に開口部を設けるときは，これにはめごろし戸を設けること．

［確認等を要する建築設備］

第146条　法第87条の4（法第88条第1項及び第2項において準用する場合を含む．）の規定により政令で指定する建築設備は，次に掲げるものとする．

一　エレベーター及びエスカレーター

二　小荷物専用昇降機（昇降路の出し入れ口の下端が当該出し入れ口が設けられる室の床面より高いことその他の理由により人が危害を受けるおそれのある事故が発生するおそれの少ないものとして国土交通大臣が定めるものを除く．）

三　法第12条第3項の規定により特定行政庁が指定する建築設備（屎尿浄化槽及び合併処理浄化槽を除く．）

2　第7章の8の規定は，前項各号に掲げる建築設備について準用する．

［仮設建築物等に対する制限の緩和］

第147条　法第85条第2項の規定の適用を受ける建築物（以下この項において「応急仮設建築物等」という．）又は同条第6項若しくは第7項の規定による許可を受けた建築物（いずれも高さが60 m以下のものに限る．）については，第22条，第28条から第30条まで，第37条，第46条，第49条，第67条，第70条，第3章第8節，第112条，第114条，第5章の2，第129条の2の3（屋上から突出する水槽，煙突その他これらに類するものに係る部分に限る．），第129条の13の2及び第129条の13の3の規定は適用せず，応急仮設建築物等については，第41条から第43条まで，第48条及び第5章の規定は適用しない．

2　災害があった場合において建築物の用途を変更して法第87条の3第2項に規定する公益的建築物として使用するときにおける当該公益的建築物（以下この項において「公益的建築物」という．），建築物の用途を変更して同条第6項に規定する興行場等とする場合における当該興行場等及び建築物の用途を変更して同条第7項に規定する特別興行場等とする場合における当該特別興行場等（いずれも高さが

60 m 以下のものに限る.）については，第22条，第28条から第30条まで，第46条，第49条，第112条，第114条，第5章の2，第129条の13の2及び第129条の13の3の規定は適用せず，公益的建築物については，第41条から第43条まで及び第5章の規定は適用しない．

3　第138条第1項に規定する工作物のうち同項第一号に掲げる煙突でその存続期間が2年以内のもの（高さが60 mを超えるものにあっては，その構造及び周囲の状況に関し安全上支障がないものとして国土交通大臣が定める基準に適合するものに限る.）については，第139条第1項第三号及び第四号の規定並びに同条第4項において準用する第37条，第38条第6項及び第67条の規定は，適用しない．

4　第138条第1項に規定する工作物のうち同項第二号に掲げる工作物でその存続期間が2年以内のもの（高さが60 mを超えるものにあっては，その構造及び周囲の状況に関し安全上支障がないものとして国土交通大臣が定める基準に適合するものに限る.）については，第140条第2項において準用する第139条第1項第三号及び第四号の規定並びに第140条第4項において準用する第37条，第38条第6項，第67条の規定は，適用しない．

5　第138条第1項に規定する工作物のうち同項第三号又は第四号に掲げる工作物でその存続期間が2年以内のもの（高さが60 mを超えるものにあっては，その構造及び周囲の状況に関し安全上支障がないものとして国土交通大臣が定める基準に適合するものに限る.）については，第141条第2項において準用する第139条第1項第三号及び第四号の規定並びに第141条第4項において準用する第37条，第38条第6項，第67条及び第70条の規定は，適用しない．

［工事中における安全上の措置等に関する計画の届出を要する建築物］

第147条の2　法第90条の3（法第87条の4において準用する場合を含む.）の政令で定める建築物は，次に掲げるものとする．

一　百貨店，マーケットその他の物品販売業を営む店舗（床面積が10 m² 以内のものを除く.）又は展示場の用途に供する建築物で3階以上の階又は地階におけるその用途に供する部分の床面積の合計が1 500 m² を超えるもの

二　病院，診療所（患者の収容施設があるものに限る.）又は児童福祉施設等の用途に供する建築物で5階以上の階におけるその用途に供する部分の床面積の合計が1 500 m² を超えるもの

三　劇場，映画館，演芸場，観覧場，公会堂，集会場，ホテル，旅館，キャバレー，カフェー，ナイトクラブ，バー，ダンスホール，遊技場，公衆浴場，待合，料理店若しくは飲食店の用途又は前2号に掲げる用途に供する建築物で5階以上の階又は地階におけるその用途に供する部分の床面積の合計が2 000 m² を超えるもの

四　地下の工作物内に設ける建築物で居室の床面積の合計が1 500 m² を超えるもの

［消防長等の同意を要する住宅］

第147条の3　法第93条第1項ただし書の政令で定める住宅は，一戸建ての住宅で住宅の用途以外の用途に供する部分の床面積の合計が延べ面積の1/2以上であるもの又は50 m² を超えるものとする．

［映像等の送受信による通話の方法による口頭審査］

第147条の4　法第94条第3項の口頭審査については，行政不服審査法施行令（平

成27年政令第391号）第2条の規定により読み替えられた同令第8条の規定を準用する．この場合において，同条中「総務省令」とあるのは，「国土交通省令」と読み替えるものとする．

[権限の委任]

第147条の5 この政令に規定する国土交通大臣の権限は，国土交通省令で定めるところにより，その一部を地方整備局長又は北海道開発局長に委任することができる．

〈関連：規第12条【p.543】〉

[市町村の建築主事等の特例]

第148条 法第97条の2第1項の政令で定める事務は，法の規定により建築主事の権限に属するものとされている事務のうち，次に掲げる建築物又は工作物（当該建築物又は工作物の新築，改築，増築，移転，築造又は用途の変更に関して，法律並びにこれに基づく命令及び条例の規定により都道府県知事の許可を必要とするものを除く．）に係る事務とする．

一　法第6条第1項第四号に掲げる建築物

二　第138条第1項に規定する工作物のうち同項第一号に掲げる煙突若しくは同項第三号に掲げる工作物で高さが10m以下のもの又は同項第五号に掲げる擁壁で高さが3m以下のもの（いずれも前号に規定する建築物以外の建築物の敷地内に築造するものを除く．）

2　法第97条の2第4項の政令で定める事務は，次に掲げる事務（建築審査会が置かれていない市町村の長にあっては，第一号及び第三号に掲げる事務）とする．

一　法第6条の2第6項及び第7項（これらの規定を法第88条第1項において準用する場合を含む．），法第7条の2第7項（法第88条第1項において準用する場合を含む．），法第7条の4第7項（法第88条第1項において準用する場合を含む．），法第9条（法第88条第1項及び第3項並びに法第90条第3項において準用する場合を含む．），法第9条の2（法第88条第1項及び第3項並びに法第90条第3項において準用する場合を含む．），法第9条の3（法第88条第1項及び第3項並びに法第90条第3項において準用する場合を含む．），法第9条の4（法第88条第1項及び第3項において準用する場合を含む．），法第10条（法第88条第1項及び第3項において準用する場合を含む．），法第11条第1項（法第88条第1項及び第3項において準用する場合を含む．），法第12条（法第88条第1項及び第3項において準用する場合を含む．），法第18条第25項（法第88条第1項及び第3項並びに法第90条第3項において準用する場合を含む．），法第43条第2項第一号，法第85条第3項，第5項，第6項及び第8項（同条第5項の規定により許可の期間を延長する場合に係る部分に限る．），法第86条第1項，第2項及び第8項（同条第1項又は第2項の規定による認定に係る部分に限る．），法第86条の2第1項及び第6項（同条第1項の規定による認定に係る部分に限る．），法第86条の5第2項及び第4項（同条第2項の規定による認定の取消しに係る部分に限る．），法第86条の6，法第86条の8（第2項を除き，法第87条の2第2項において準用する場合を含む．），法第87条の2第1項，法第87条の3第3項，第5項，第6項及び第8項（同条第5項の規定により許可の期間を延長する場合に係る部分に限る．）並びに法第93条の2に規定する都道府県知事たる特定行政庁の権限に属する事務のうち，

前項各号に掲げる建築物又は工作物に係る事務

二　法第43条第2項第二号，法第44条第1項第二号，法第52条第14項（同項第二号に該当する場合に限る．以下この号において同じ．），同条第15項（同条第14項の規定による許可をする場合に係る部分に限る．）において準用する法第44条第2項，法第53条第6項第三号，同条第9項（同号の規定による許可をする場合に係る部分に限る．）において準用する法第44条第2項，法第53条の2第1項第三号及び第四号，同条第4項において準用する法第44条第2項，法第67条第3項第二号，同条第10項（同号の規定による許可をする場合に係る部分に限る．）において準用する法第44条第2項，法第68条第3項第二号，同条第6項（同号の規定による許可をする場合に係る部分に限る．）において準用する法第44条第2項，法第68条の7第5項並びに同条第6項において準用する法第44条第2項に規定する都道府県知事たる特定行政庁の権限に属する事務のうち，前項各号に掲げる建築物又は工作物に係る事務

三　法第42条第1項第五号，同条第2項（幅員1.8 m 未満の道の指定を除く．），同条第4項（幅員1.8 m 未満の道の指定を除く．），法第45条及び法第68条の7第1項（同項第一号に該当する場合に限る．）に規定する都道府県知事たる特定行政庁の権限に属する事務

四　法第42条第2項（幅員1.8 m 未満の道の指定に限る．），第3項，第4項（幅員1.8 m 未満の道の指定に限る．）及び第6項並びに法第68条の7第1項（同項第一号に該当する場合を除く．）及び第2項に規定する都道府県知事たる特定行政庁の権限に属する事務

3　法第97条の2第4項の規定により同項に規定する市町村の長が前項第一号に掲げる事務のうち法第12条第4項ただし書，法第85条第8項又は法第87条の3第8項の規定に係るものを行う場合におけるこれらの規定の適用については，これらの規定中「建築審査会」とあるのは，「建築審査会（建築審査会が置かれていない市町村にあっては，当該市町村を包括する都道府県の建築審査会)」とする．

4　法第97条の2第4項の場合においては，この政令中都道府県知事たる特定行政庁に関する規定は，同条第1項の規定により建築主事を置く市町村の長に関する規定として当該市町村の長に適用があるものとする．

[特別区の特例]

第149条　法第97条の3第1項の政令で定める事務は，法の規定により建築主事の権限に属するものとされている事務のうち，次に掲げる建築物，工作物又は建築設備（第二号に掲げる建築物又は工作物にあっては，地方自治法第252条の17の2第1項の規定により同号に規定する処分に関する事務を特別区が処理することとされた場合における当該建築物又は工作物を除く．）に係る事務以外の事務とする．

一　延べ面積が10 000 m² を超える建築物

二　その新築，改築，増築，移転，築造又は用途の変更に関して，法第51条（法第87条第2項及び第3項並びに法第88条第2項において準用する場合を含む．以下この条において同じ．）（市町村都市計画審議会が置かれている特別区の建築主事にあっては，卸売市場，と畜場及び産業廃棄物処理施設に係る部分に限る．）並びに法以外の法律並びにこれに基づく命令及び条例の規定により都知事の許可を必要と

する建築物又は工作物

三　第138条第1項に規定する工作物で前二号に掲げる建築物に附置するもの及び同条第3項に規定する工作物のうち同項第二号ハからチまでに掲げる工作物で前二号に掲げる建築物に附属するもの

四　第146条第1項第一号に掲げる建築設備で第一号及び第二号に掲げる建築物に設けるもの

2　法第97条の3第3項に規定する都道府県知事たる特定行政庁の権限に属する事務で政令で定めるものは，前項各号に掲げる建築物，工作物又は建築設備に係る事務以外の事務であって法の規定により都知事たる特定行政庁の権限に属する事務のうち，次の各号に掲げる区分に応じ，当該各号に定める事務以外の事務とする．

一　市町村都市計画審議会が置かれていない特別区の長　　法第7条の3（法第87条の4及び法第88条第1項において準用する場合を含む．次号において同じ．），法第22条，法第42条第1項（各号列記以外の部分に限る．），法第51条，法第52条第1項，第2項及び第8項，法第53条第1項，法第56条第1項，法第57条の2第3項及び第4項，法第57条の3第2項及び第3項，法第84条，法第85条第1項並びに法別表第三に規定する事務

二　市町村都市計画審議会が置かれている特別区の長　　法第7条の3，法第51条（卸売市場，と畜場及び産業廃棄物処理施設に係る部分に限る．），法第52条第1項及び第8項，法第53条第1項，法第56条第1項第二号ニ，法第57条の2第3項及び第4項，法第57条の3第2項及び第3項，法第84条，法第85条第1項並びに法別表第三（に）欄五の項に規定する事務

3　法第97条の3第3項の場合においては，この政令中都道府県知事たる特定行政庁に関する規定（第130条の10第2項ただし書，第135条の12第4項及び第136条第3項ただし書の規定を除く．）は，特別区の長に関する規定として特別区の長に適用があるものとする．

［両罰規定の対象となる多数の者が利用する建築物］

第150条　法第105条第一号の政令で定める建築物は，第14条の2に規定する建築物とする．

建築基準法施行規則

昭和 25 年 11 月 16 日　建設省令第 40 号

最終改正　令和 4 年 5 月 27 日　国土交通省令第 48 号

[建築基準適合判定資格者検定の受検申込書]

第1条 建築基準適合判定資格者検定（指定建築基準適合判定資格者検定機関が建築基準適合判定資格者検定事務を行うものを除く．）を受けようとする者は，別記第一号様式による受検申込書に申請前六月以内に撮影した無帽，正面，上半身，無背景の縦の長さ 5.5 cm，横の長さ 4.0 cm の写真（以下「受検申込用写真」という．）を添え，これを国土交通大臣に提出しなければならない．

2 指定建築基準適合判定資格者検定機関が建築基準適合判定資格者検定事務を行う建築基準適合判定資格者検定を受けようとする者は，前項の受検申込書に受検申込用写真を添え，指定資格検定機関の定めるところにより，これを指定建築基準適合判定資格者検定機関に提出しなければならない．

[受検者の不正行為に対する報告]

第1条の2 指定建築基準適合判定資格者検定機関は，建築基準法（以下「法」という．）第5条の2第2項の規定により法第5条第6項に規定する国土交通大臣の職権を行ったときは，遅滞なく次に掲げる事項を記載した報告書を国土交通大臣に提出しなければならない．

一　不正行為者の氏名，住所及び生年月日

二　不正行為に係る検定の年月日及び検定地

三　不正行為の事実

四　処分の内容及び年月日

五　その他参考事項

[構造計算適合判定資格者検定の受検申込書]

第1条の2の2 構造計算適合判定資格者検定（指定構造計算適合判定資格者検定機関が構造計算適合判定資格者検定事務を行うものを除く．）を受けようとする者は，別記第一号の二様式による受検申込書に受検申込用写真を添え，これを国土交通大臣に提出しなければならない．

[準用]

第1条の2の3 第1条第2項の規定は指定構造計算適合判定資格者検定機関が構造計算適合判定資格者検定事務を行う構造計算適合判定資格者検定を受けようとする者に，第1条の2の規定は指定構造計算適合判定資格者検定機関が法第5条の5第2項において読み替えて準用する法第5条の2第2項の規定により法第5条の4第5項において準用する法第5条第6項に規定する国土交通大臣の職権を行ったときについて準用する．この場合において，第1条第2項中「前項」とあるのは「第1条の2の2」と読み替えるものとする．

[確認申請書の様式]

第1条の3 法第6条第1項（法第87条第1項において準用する場合を含む．第4項において同じ．）の規定による確認の申請書は，次の各号に掲げる図書及び書類とする．ただし，次の表一の（い）項に掲げる配置図又は各階平面図は，次の表二の（三）項の（ろ）欄に掲げる道路に接して有効な部分の配置図若しくは特定道路の配置図，同表の（元）項の（ろ）欄に掲げる道路高さ制限適合建築物の配置図，隣地高さ制限適合建築物の配置図若しくは北側高さ制限適合建築物の配置図又は同表の（元）項の（ろ）欄に掲げる日影図と，表一の（ろ）項に掲げる2面以上の立面図又

は2面以上の断面図は，表二の(元)項の（ろ）欄に掲げる道路高さ制限適合建築物の2面以上の立面図，隣地高さ制限適合建築物の2面以上の立面図若しくは北側高さ制限適合建築物の2面以上の立面図又は同表の(翌)項の（ろ）欄に掲げる防災都市計画施設に面する方向の立面図と，それぞれ併せて作成することができる．

一　別記第二号様式による正本1通及び副本1通に，それぞれ，次に掲げる図書及び書類を添えたもの（正本に添える図書にあっては，当該図書の設計者の氏名が記載されたものに限る．）．

イ　次の表一の各項に掲げる図書（用途変更の場合においては同表の（は）項に掲げる図書を，国土交通大臣があらかじめ安全であると認定した構造の建築物又はその部分に係る場合で当該認定に係る認定書の写しを添えたものにおいては同項に掲げる図書のうち国土交通大臣の指定したものを除く．）

ロ　申請に係る建築物が次の(1)から(3)までに掲げる建築物である場合にあっては，それぞれ当該(1)から(3)までに定める図書及び書類

(1)　次の表二の各項の（い）欄並びに表五の(二)項及び(三)項の（い）欄に掲げる建築物　それぞれ表二の各項の（ろ）欄に掲げる図書並びに表五の(二)項の（ろ）欄に掲げる計算書及び同表の(三)項の（ろ）欄に掲げる図書（用途変更の場合においては表二の(一)項の（ろ）欄に掲げる図書を，国土交通大臣があらかじめ安全であると認定した構造の建築物又はその部分に係る場合で当該認定に係る認定書の写しを添えたものにおいては表二の(一)項の（ろ）欄に掲げる図書，表五の(一)項及び(四)項から(六)項までの（ろ）欄に掲げる計算書並びに同表の(三)項の（ろ）欄に掲げる図書のうち国土交通大臣が指定したものを，(2)の認定を受けた構造の建築物又はその部分に係る場合においては同表の(二)項の（ろ）欄に掲げる計算書を除く．）

(2)　次の(i)及び(ii)に掲げる建築物（用途変更をする建築物を除く．）それぞれ当該(i)及び(ii)に定める図書（国土交通大臣があらかじめ安全であると認定した構造の建築物又はその部分に係る場合においては，当該認定に係る認定書の写し及び当該構造であることを確かめることができるものとして国土交通大臣が指定した構造計算の計算書．ただし，(i)及び(ii)に掲げる建築物について法第20条第1項第二号イ及び第三号イの認定を受けたプログラムによる構造計算によって安全性を確かめた場合は，当該認定に係る認定書の写し，当該プログラムによる構造計算を行うときに電子計算機（入出力装置を含む．以下同じ．）に入力した構造設計の条件並びに構造計算の過程及び結果に係る情報を記録した磁気ディスク等（磁気ディスク，シー・ディー・ロムその他これらに準ずる方法により一定の事項を確実に記録しておくことができる物をいう．以下同じ．）並びに(i)及び(ii)に定める図書のうち国土交通大臣が指定したものをもって代えることができる．

(i)　次の表三の各項の（い）欄上段（(二)項にあっては（い）欄）に掲げる建築物　当該各項の（ろ）欄に掲げる構造計算書

(ii)　建築基準法施行令（以下「令」という．）第81条第2項第一号イ若しくはロ又は同項第二号イ又は同条第3項に規定する国土交通大臣が定める基準に従った構造計算により安全性を確かめた建築物　次の表三の各項の

（ろ）欄に掲げる構造計算書に準ずるものとして国土交通大臣が定めるもの

〈関連：平19告示第823〜831号〉

　　（3）　次の表四の各項の（い）欄に掲げる建築物　当該各項に掲げる書類（建築主事が，当該書類を有していないことその他の理由により，提出を求める場合に限る.）

二　別記第三号様式による建築計画概要書

三　代理者によって確認の申請を行う場合にあっては，当該代理者に委任することを証する書類（以下「委任状」という.）又はその写し

四　申請に係る建築物が一級建築士，二級建築士又は木造建築士（第4項第四号，第3条第3項第四号及び第3条の7第1項第四号において「建築士」という.）により構造計算によってその安全性を確かめられたものである場合（建築士法（昭和25年法律第202号）第20条の2の規定の適用がある場合を除く. 第4項第四号及び第3条第3項第四号において同じ.）にあっては，同法第20条第2項に規定する証明書（構造計算書を除く. 第4項第四号，第3条第3項第四号及び第3条の7第1項第四号において単に「証明書」という.）の写し.

一

	図書の種類	明示すべき事項
（い）	付近見取図	方位，道路及び目標となる地物
	配置図	縮尺及び方位
		敷地境界線，敷地内における建築物の位置及び申請に係る建築物と他の建築物との別
		擁壁の設置その他安全上適当な措置
		土地の高低，敷地と敷地の接する道の境界部分との高低差及び申請に係る建築物の各部分の高さ
		敷地の接する道路の位置，幅員及び種類
		下水管，下水溝又はためますその他これらに類する施設の位置及び排出経路又は処理経路
	各階平面図	縮尺及び方位
		間取，各室の用途及び床面積
		壁及び筋かいの位置及び種類
		通し柱及び開口部の位置
		延焼のおそれのある部分の外壁の位置及び構造
		申請に係る建築物が法第3条第2項の規定により法第28条の2（令第137条の4の2に規定する基準に係る部分に限る.）の規定の適用を受けない建築物である場合であって当該建築物について増築，改築，大規模の修繕又は大規模の模様替（以下この項において「増築等」という.）をしようとするときにあっては，当該増築等に係る部分以外の部分について行う令第137条の4の3第三号に規定する措置
	床面積求積図	床面積の求積に必要な建築物の各部分の寸法及び算式
（ろ）	2面以上の立面図	縮　尺
		開口部の位置
		延焼のおそれのある部分の外壁及び軒裏の構造

<table>
<tr><td colspan="2">2面以上の断面図</td><td colspan="2">縮　尺</td></tr>
</table>

	2面以上の断面図	縮　尺
		地盤面
		各階の床及び天井（天井のない場合は，屋根）の高さ，軒及びひさしの出並びに建築物の各部分の高さ
	地盤面算定表	建築物が周囲の地面と接する各位置の高さ
		地盤面を算定するための算式
（は）	基礎伏図	縮尺並びに構造耐力上主要な部分の材料の種別及び寸法
	各階床伏図	
	小屋伏図	
	構造詳細図	

二

		(い)	(ろ)	
			図書の書類	明示すべき事項
(一)	法第20条の規定が適用される建築物	令第3章第2節の規定が適用される建築物	各階平面図	一　基礎の配置，構造方法及び寸法並びに材料の種別及び寸法 二　屋根ふき材，内装材，外装材，帳壁その他これらに類する建築物の部分及び広告塔，装飾塔その他建築物の屋外に取付けるものの種別，位置及び寸法
			2面以上の立面図	
			2面以上の断面図	
			基礎伏図	
			構造詳細図	屋根ふき材，内装材，外装材，帳壁その他これらに類する建築物の部分及び広告塔，装飾塔その他建築物の屋外に取り付けるものの取付け部分の構造方法
			使用構造材料一覧表	構造耐力上主要な部分で特に腐食，腐朽又は摩損のおそれのあるものに用いる材料の腐食，腐朽若しくは摩損のおそれの程度又はさび止め，防腐若しくは摩損防止のための措置
				特定天井（令第39条第3項に規定する特定天井をいう．以下同じ．）で特に腐食，腐朽その他の劣化のおそれのあるものに用いる材料の腐食，腐朽その他の劣化のおそれの程度又はさび止め，防腐その他の劣化防止のための措置
			基礎・地盤説明書	支持地盤の種別及び位置
				基礎の種類
				基礎の底部又は基礎ぐいの先端の位置

					基礎の底部に作用する荷重の数値及びその算出方法
					木ぐい及び常水面の位置
				施工方法等計画書	打撃，圧力又は振動により設けられる基礎ぐいの打撃力等に対する構造耐力上の安全性を確保するための措置
				令第38条第3項若しくは第4項又は令第39条第2項若しくは第3項の規定に適合することの確認に必要な図書	令第38条第3項に規定する構造方法への適合性審査に必要な事項
					令第38条第4項の構造計算の結果及びその算出方法
					令第39条第2項に規定する構造方法への適合性審査に必要な事項
					令第39条第3項に規定する構造方法への適合性審査に必要な事項
			令第3章第3節の規定が適用される建築物	各階平面図	構造耐力上主要な部分である部材の位置及び寸法並びに開口部の位置，形状及び寸法
				2面以上の立面図	
				2面以上の断面図	
				基礎伏図	構造耐力上主要な部分である部材（接合部を含む.）の位置，寸法，構造方法及び材料の種別並びに開口部の位置，形状及び寸法
				各階床伏図	
				小屋伏図	
				2面以上の軸組図	
				構造詳細図	屋根ふき材の種別
					柱の有効細長比
					構造耐力上主要な部分である軸組等の構造方法
					構造耐力上主要な部分である継手又は仕口の構造方法
					外壁のうち，軸組が腐りやすい構造である部分の下地
					構造耐力上主要な部分である部材の地面から1m内の部分の防腐又は防蟻措置
				使用構造材料一覧表	構造耐力上主要な部分に使用する木材の品質
				令第40条ただし書，令第42条第1項第二号，同条第1項第三号，令第43条第1項ただし書，同条第2項ただし書，令第46条第2項第一号イ，同条第2項第一号ハ，同	令第40条ただし書に規定する用途又は規模への適合性審査に必要な事項
					令第42条第1項第二号に規定する基準への適合性審査に必要な事項

		条第3項，同条第4項，令第47条第1項，令第48条第1項第二号ただし書又は同条第2項第二号の規定に適合することの確認に必要な図書	令第42条第1項第三号に規定する構造方法への適合性審査に必要な事項
			令第42条第1項第三号に規定する方法による検証内容
			令第43条第1項ただし書の構造計算の結果及びその算出方法
			令第43条第2項ただし書の構造計算の結果及びその算出方法
			令第46条第2項第一号イに規定する基準への適合性審査に必要な事項
			令第46条第2項第一号ハの構造計算の結果及びその算出方法
			令第46条第3項本文に規定する基準への適合性審査に必要な事項
			令第46条第3項ただし書の構造計算の結果及びその算出方法
			令第46条第4項に規定する基準への適合性審査に必要な事項
			令第47条第1項に規定する構造方法への適合性審査に必要な事項
			令第48条第1項第二号ただし書の構造計算の結果及びその算出方法
			令第48条第2項第二号に規定する規格への適合性審査に必要な事項
	令第3章第4節の規定が適用される建築物	配置図	組積造の塀の位置
		各階平面図	構造耐力上主要な部分である部材，間仕切壁及び手すり又は手すり壁の位置及び寸法並びに開口部の位置，形状及び寸法
		2面以上の立面図	
		2面以上の断面図	
		基礎伏図	構造耐力上主要な部分である部材（接合部を含む。），間仕切壁及び手すり又は手すり壁の位置，寸法，構造方法及び材料の種別並びに開口部の位置，形状及び寸法
		各階床伏図	
		小屋伏図	
		2面以上の軸組図	
		構造詳細図	塀の寸法，構造方法，基礎の根入れ深さ並びに材料の種別及び寸法

			使用構造材料一覧表	構造耐力上主要な部分に用いる材料の種別
			施工方法等計画書	使用するモルタルの調合等の組積材の施工方法の計画
			令第51条第1項ただし書，令第55条第2項，令第57条第1項第一号及び第二号又は令第59条の2の規定に適合することの確認に必要な図書	令第51条第1項ただし書の構造計算の結果及びその算出方法
				令第55条第2項に規定する基準への適合性審査に必要な事項
				令第57条第1項第一号及び第二号に規定する基準への適合性審査に必要な事項
				令第59条の2に規定する構造方法への適合性審査に必要な事項
		令第3章第4節の2の規定が適用される建築物	配置図	補強コンクリートブロック造の塀の位置
			各階平面図	構造耐力上主要な部分である部材，間仕切壁及び手すり又は手すり壁の位置及び寸法並びに開口部の位置，形状及び寸法
			2面以上の立面図	
			2面以上の断面図	
			基礎伏図	構造耐力上主要な部分である部材（接合部を含む。）の位置，寸法，構造方法及び材料の種別並びに開口部の位置，形状及び寸法
			各階床伏図	
			小屋伏図	
			2面以上の軸組図	
			構造詳細図	塀の寸法，構造方法，基礎の丈及び根入れ深さ並びに材料の種別及び寸法
				帳壁の材料の種別及び構造方法
				鉄筋の配置，径，継手及び定着の方法
			使用構造材料一覧表	構造耐力上主要な部分に用いる材料の種別
			施工方法等計画書	コンクリートブロックの組積方法
				補強コンクリートブロックの耐力壁，門又は塀の縦筋の接合方法
			令第62条の4第1項から第3項まで，令第62条の5第2項又は令第62条の8ただし書の規定に適合することの確認に必要な図書	令第62条の4第1項から第3項までに規定する基準への適合性審査に必要な事項
				令第62条の5第2項に規定する基準への適合性審査に必要な事項

				令第62条の8ただし書の構造計算の結果及びその算出方法
		令第3章第5節の規定が適用される建築物	各階平面図	構造耐力上主要な部分である部材の位置及び寸法並びに開口部の位置，形状及び寸法
			2面以上の立面図	
			2面以上の断面図	
			基礎伏図	構造耐力上主要な部分である部材（接合部を含む.）の位置，寸法，構造方法及び材料の種別並びに開口部の位置，形状及び寸法
			各階床伏図	
			小屋伏図	
			2面以上の軸組図	
			構造詳細図	圧縮材の有効細長比
				構造耐力上主要な部分である接合部並びに継手及び仕口の構造方法
			使用構造材料一覧表	構造耐力上主要な部分に用いる材料の種別
			令第66条，令第67条第2項，令第69条又は令第70条の規定に適合することの確認に必要な図書	令第66条に規定する基準への適合性審査に必要な事項
				令第67条第2項に規定する構造方法への適合性審査に必要な事項
				令第69条の構造計算の結果及びその算出方法
				令第70条に規定する構造方法への適合性審査に必要な事項
				令第70条に規定する一の柱のみの火熱による耐力の低下によって建築物全体が容易に倒壊するおそれがある場合として国土交通大臣が定める場合に該当することを確認するために必要な事項
		令第3章第6節の規定が適用される建築物	各階平面図	構造耐力上主要な部分である部材の位置及び寸法並びに開口部の位置，形状及び寸法
			2面以上の立面図	
			2面以上の断面図	
			基礎伏図	構造耐力上主要な部分である部材（接合部を含む.）の位置，寸法，構造方法及び材料の種別並びに開口部の位置，形状及び寸法
			各階床伏図	
			小屋伏図	
			2面以上の軸組図	
			構造詳細図	鉄筋の配置，径，継手及び定着の方法
				鉄筋に対するコンクリートのかぶり厚さ

			使用構造材料一覧表	構造耐力上主要な部分に用いる材料の種別 コンクリートの骨材，水及び混和材料の種別
			施工方法等計画書	コンクリートの強度試験方法，調合及び養生方法
				コンクリートの型枠の取外し時期及び方法
			令第73条第2項ただし書，同条第3項ただし書，令第77条第四号，同条第五号ただし書，令第77条の2第1項ただし書又は令第79条第2項の規定に適合することの確認に必要な図書	令第73条第2項ただし書に規定する構造方法への適合性審査に必要な事項
				令第73条第3項ただし書の構造計算の結果及びその算出方法
				令第77条第四号に規定する基準への適合性審査に必要な事項
				令第77条第五号ただし書の構造計算の結果及びその算出方法
				令第79条第2項に規定する構造方法への適合性審査に必要な事項
		令第3章第6節の2の規定が適用される建築物	各階平面図	構造耐力上主要な部分である部材の位置及び寸法並びに開口部の位置，形状及び寸法
			2面以上の立面図	
			2面以上の断面図	
			基礎伏図	構造耐力上主要な部分である部材（接合部を含む。）の位置，寸法，構造方法及び材料の種別並びに開口部の位置，形状及び寸法
			各階床伏図	
			小屋伏図	
			2面以上の軸組図	
			構造詳細図	圧縮材の有効細長比
				構造耐力上主要な部分である接合部並びに継手及び仕口の構造方法
				鉄筋の配置，径，継手及び定着の方法
				鉄筋及び鉄骨に対するコンクリートのかぶり厚さ
			使用構造材料一覧表	構造耐力上主要な部分に用いる材料の種別
				コンクリートの骨材，水及び混和材料の種別
			施工方法等計画書	コンクリートの強度試験方法，調合及び養生方法
				コンクリートの型枠の取外し時期及び方法

			令第66条，令第67条第2項，令第69条，令第73条第2項ただし書，同条第3項ただし書，令第77条第五号ただし書，同条第六号，令第77条の2第1項ただし書，令第79条第2項又は令第79条の3第2項の規定に適合することの確認に必要な図書	令第66条に規定する構造方法への適合性審査に必要な事項
				令第67条第2項に規定する構造方法への適合性審査に必要な事項
				令第69条の構造計算の結果及びその算出方法
				令第73条第2項ただし書に規定する構造方法への適合性審査に必要な事項
				令第73条第3項ただし書の構造計算の結果及びその算出方法
				令第77条第五号ただし書の構造計算の結果及びその算出方法
				令第77条第六号に規定する基準への適合性審査に必要な事項
				令第77条の2第1項ただし書の構造計算の結果及びその算出方法
				令第79条第2項に規定する構造方法への適合性審査に必要な事項
				令第79条の3第2項に規定する構造方法への適合性審査に必要な事項
		令第3章第7節の規定が適用される建築物	配置図	無筋コンクリート造の塀の位置，構造方法及び寸法
			各階平面図	構造耐力上主要な部分である部材，間仕切壁及び手すり又は手すり壁の位置及び寸法並びに開口部の位置，形状及び寸法
			2面以上の立面図	
			2面以上の断面図	
			基礎伏図	構造耐力上主要な部分である部材（接合部を含む。），間仕切壁及び手すり又は手すり壁の位置，寸法，構造方法及び材料の種別並びに開口部の位置，形状及び寸法
			各階床伏図	
			小屋伏図	
			2面以上の軸組図	
			構造詳細図	塀の寸法，構造方法，基礎の根入れ深さ並びに材料の種別及び寸法
			使用構造材料一覧表	コンクリートの骨材，水及び混和材料の種別
			施工方法等計画書	コンクリートの強度試験方法，調合及び養生方法

				コンクリートの型枠の取外し時期及び方法
			令第51条第1項ただし書，令第55条第2項，令第57条第1項第一号及び第二号又は令第59条の2の規定に適合することの確認に必要な図書	令第51条第1項ただし書の構造計算の結果及びその算出方法
				令第55条第2項に規定する基準への適合性審査に必要な事項
				令第57条第1項第一号及び第二号に規定する基準への適合性審査に必要な事項
				令第59条の2に規定する構造方法への適合性審査に必要な事項
		令第3章第7節の2の規定が適用される建築物	令第80条の2又は令第80条の3の規定に適合することの確認に必要な図書	令第80条の2に規定する構造方法への適合性審査に必要な事項
				令第80条の3に規定する構造方法への適合性審査に必要な事項
		令第3章第8節の規定が適用される建築物	各階平面図，2面以上の立面図，2面以上の断面図，基礎伏図，小屋伏図，2面以上の軸組図及び構造詳細図	構造耐力上主要な部分である部材（接合部を含む。）の位置，寸法，構造方法及び材料の種別並びに開口部の位置，形状及び寸法
				構造計算においてその影響を考慮した非構造部材の位置，形状，寸法及び材料の種別
		令第129条の2の3第三号の規定が適用される建築物	令第129条の2の3第三号の規定に適合することの確認に必要な図書	令第129条の2の3第三号に規定する構造方法への適合性審査に必要な事項
		第8条の3の規定が適用される建築物	第8条の3の規定に適合することの確認に必要な図書	第8条の3に規定する構造方法への適合性審査に必要な事項
		法第20条第2項の規定が適用される建築物	2面以上の断面図	令第36条の4に規定する構造方法
(二)	法第21条の規定が適用される建築物	法第21条第1項の規定が適用される建築物	各階平面図	耐力壁及び非耐力壁の位置
				防火区画の位置及び面積
				通常火災終了時間の算出に当たって必要な建築設備の位置
			耐火構造等の構造詳細図	主要構造部の断面の構造，材料の種別及び寸法
			通常火災終了時間計算書	通常火災終了時間及びその算出方法
		法第21条第1項ただし書の規定が適用	付近見取図	延焼防止上有効な空地の状況

		される建築物	配置図	敷地境界線，敷地内における建築物の位置及び申請に係る建築物と他の建築物との別
				令第109条の6に規定する建築物の各部分から空地の反対側の境界線までの水平距離
				建築物の各部分の高さ
		法第21条第2項の規定が適用される建築物	各階平面図	耐力壁及び非耐力壁の位置
			耐火構造等の構造詳細図	主要構造部の断面の構造，材料の種別及び寸法
(三)	法第22条の規定が適用される建築物		耐火構造等の構造詳細図	屋根の断面の構造，材料の種別及び寸法
			その他法第22条の規定に適合することの確認に必要な図書	令第109条の6に規定する構造方法への適合性審査に必要な事項
(四)	法第23条の規定が適用される建築物		各階平面図	耐力壁及び非耐力壁の位置
			耐火構造等の構造詳細図	延焼のおそれのある部分の外壁の断面の構造，材料の種別及び寸法
			使用建築材料表	主要構造部の材料の種別
(五)	法第24条の規定が適用される建築物		配置図	法第22条第1項の規定による区域の境界線
(六)	法第25条の規定が適用される建築物		各階平面図	耐力壁及び非耐力壁の位置
			2面以上の断面図	延焼のおそれのある部分
			耐火構造等の構造詳細図	屋根並びに延焼のおそれのある部分の外壁及び軒裏の断面の構造，材料の種別及び寸法
(七)	法第26条の規定が適用される建築物	法第26条本文の規定が適用される建築物	各階平面図	防火壁及び防火床の位置
				防火壁及び防火床による区画の位置及び面積
			2面以上の断面図	防火床の位置
				防火床による区画の位置
			耐火構造等の構造詳細図	防火壁及び防火床並びに防火設備の断面の構造，材料の種別及び寸法
		法第26条ただし書の規定が適用される建築物	付近見取図	建築物の周囲の状況
			各階平面図	耐力壁及び非耐力壁の位置
				かまど，こんろその他火を使用する設備又は器具の位置
				外壁，袖壁，塀その他これらに類するものの位置及び高さ

				令第115条の2第1項第六号に規定する区画の位置並びに当該区画を構成する床若しくは壁又は防火設備の位置及び構造
				令第115条の2第1項第七号に規定するスプリンクラー設備等及び令第126条の3の規定に適合する排煙設備の位置
			耐火構造等の構造詳細図	主要構造部, 軒裏及び防火設備の断面の構造, 材料の種別及び寸法
				令第115条の2第1項第六号に規定する床又は壁を貫通する給水管, 配電管その他の管の部分及びその周囲の部分の構造
				令第115条の2第1項第八号に規定する柱又ははりを接合する継手又は仕口の構造
			室内仕上げ表	令第115条の2第1項第七号に規定する部分の仕上げの材料の種別及び厚さ
			令第115条の2第1項第九号の規定に適合することの確認に必要な図書	通常の火災により建築物全体が容易に倒壊するおそれのないことが確かめられた構造
		令第113条第2項の規定が適用される建築物	各階平面図	風道の配置
				防火壁又は防火床を貫通する風道に設ける防火設備の位置及び種別
				給水管, 配電管その他の管と防火壁又は防火床との隙間を埋める材料の種別
			2面以上の断面図	防火壁又は防火床を貫通する風道に設ける防火設備の位置及び種別
				給水管, 配電管その他の管と防火壁又は防火床との隙間を埋める材料の種別
			耐火構造等の構造詳細図	防火設備の構造, 材料の種別及び寸法
(八)	法第27条の規定が適用される建築物	法第27条第1項の規定が適用される建築物	各階平面図	開口部及び防火設備の位置
				耐力壁及び非耐力壁の位置
				外壁, 袖壁, 塀その他これらに類するものの位置及び高さ
				防火区画の位置及び面積
				特定避難時間の算出に当たって必要な建築設備の位置

		耐火構造等の構造詳細図	主要構造部及び防火設備の断面の構造，材料の種別及び寸法
		特定避難時間計算書	特定避難時間及びその算出方法
		その他法第27条第1項の規定に適合することの確認に必要な図書	法第27条第1項に規定する構造方法への適合性審査に必要な事項
	令第110条の5の規定が適用される建築物	各階平面図	警報設備の位置及び構造
	法第27条第2項の規定が適用される建築物	各階平面図	開口部及び防火設備の位置
			耐力壁及び非耐力壁の位置
			外壁，袖壁，塀その他これらに類するものの位置及び高さ
		耐火構造等の構造詳細図	主要構造部及び防火設備の断面の構造，材料の種別及び寸法
	法第27条第3項の規定が適用される建築物	各階平面図	開口部及び防火設備の位置
			耐力壁及び非耐力壁の位置
			外壁，袖壁，塀その他これらに類するものの位置及び高さ
		耐火構造等の構造詳細図	主要構造部，軒裏，天井及び防火設備の断面の構造，材料の種別及び寸法
		危険物の数量表	危険物の種類及び数量
(九)	法第28条第1項及び第4項の規定が適用される建築物	配置図	敷地の接する道路の位置及び幅員並びに令第20条第2項第一号に規定する公園，広場，川その他これらに類する空地又は水面の位置及び幅
			令第20条第2項第一号に規定する水平距離
		各階平面図	法第28条第1項に規定する開口部の位置及び面積
		2面以上の立面図	令第20条第2項第一号に規定する垂直距離
		2面以上の断面図	令第20条第2項第一号に規定する垂直距離
		開口部の採光に有効な部分の面積を算出した際の計算書	居室の床面積
			開口部の採光に有効な部分の面積及びその算出方法
(十)	法第28条の2の規定が適用される建築物	各階平面図	給気機又は給気口及び排気機又は排気口の位置

			外壁の開口部に設ける建具（通気ができる空隙のあるものに限る．）の構造
		使用建築材料表	内装の仕上げに使用する建築材料の種別
			令第20条の7第1項第一号に規定する第1種ホルムアルデヒド発散建築材料（以下この表及び第3条の2第1項第十二号の表において単に「第1種ホルムアルデヒド発散建築材料」という．），令第20条の7第1項第二号に規定する第2種ホルムアルデヒド発散建築材料（以下この表及び第3条の2第1項第十二号の表において単に「第2種ホルムアルデヒド発散建築材料」という．）又は令第20条の7第1項第二号に規定する第3種ホルムアルデヒド発散建築材料（以下この表及び第3条の2第1項第十二号の表において単に「第3種ホルムアルデヒド発散建築材料」という．）を使用する内装の仕上げの部分の面積（以下この項において単に「内装の仕上げの部分の面積」という．）
		有効換気量又は有効換気換量を算出した際の計算書	有効換気量又は有効換気換量及びその算出方法
			換気回数及び必要有効換気量
(𝍳)	法第29条の規定が適用される建築物	各階平面図	令第22条の2第一号イに規定する開口部，令第20条の2に規定する技術的基準に適合する換気設備又は居室内の湿度を調節する設備の位置
		外壁等の構造詳細図	直接土に接する外壁，床及び屋根又はこれらの部分の構造及び材料の種別
		開口部の換気に有効な部分の面積を算出した際の計算書	居室の床面積
			開口部の換気に有効な部分の面積及びその算出方法
(𝍴)	法第30条の規定が適用される建築物	各階平面図	界壁の位置及び遮音性能
		2面以上の断面図	界壁の位置及び構造
	法第30条第2項の規定が適用される建築物	2面以上の断面図	天井の位置，構造及び遮音性能

(圭)	法第35条の規定が適用される建築物		各階平面図	令第116条の2第1項に規定する窓その他の開口部の面積
				令第116条の2第1項第二号に規定する窓その他の開口部の開放できる部分の面積
			消火設備の構造詳細図	消火栓，スプリンクラー，貯水槽その他の消火設備の構造
		令第5章第2節の規定が適用される建築物	各階平面図	開口部及び防火設備の位置
				耐力壁及び非耐力壁の位置
				防火区画の位置及び面積
				階段の配置及び構造
				階段室，バルコニー及び付室の開口部，窓及び出入口の構造及び面積
				歩行距離
				廊下の幅
				避難階段及び特別避難階段に通ずる出入口の幅
				物品販売業を営む店舗の避難階に設ける屋外への出口の幅
				令第118条に規定する出口の戸
				令第125条の2第1項に規定する施錠装置の構造
				令第126条第1項に規定する手すり壁，さく又は金網の位置及び高さ
			2面以上の断面図	直通階段の構造
			耐火構造等の構造詳細図	主要構造部及び防火設備の断面の構造，材料の種別及び寸法
			室内仕上げ表	令第123条第1項第二号及び第3項第四号に規定する部分の仕上げ及び下地の材料の種別及び厚さ
			令第117条第2項第二号及び令第123条第3項第二号の規定に適合することの確認に必要な図書	令第117条第2項第二号に規定する建築物の部分に該当することを確認するために必要な事項
				令第123条第3項第二号に規定する構造方法への適合性審査に必要な事項
			令第121条の2の規定に適合することの確認に必	直通階段で屋外に設けるものが木造である場合におけ

			要な図書	る当該直通階段の構造及び防腐措置
		令第5章第5節の規定が適用される建築物	各階平面図	赤色灯及び非常用進入口である旨の表示の構造
				令第126条の6第三号に規定する空間の位置
			2面以上の立面図	非常用進入口又は令第126条の6第二号に規定する窓その他の開口部の構造
				赤色灯及び非常用進入口である旨の表示の構造
			2面以上の断面図	令第126条の6第三号に規定する空間に通ずる出入口の構造
			その他令第126条の6第三号の規定に適合することの確認に必要な図書	令第126条の6第三号に規定する空間に該当することを確認するために必要な事項
				令第126条の6第三号に規定する構造方法への適合性審査に必要な事項
		令第5章第6節の規定が適用される建築物	配置図	敷地内における通路の幅員
			各階平面図	防火設備の位置及び種別
				歩行距離
				渡り廊下の位置及び幅員
				地下道の位置及び幅員
			2面以上の断面図	渡り廊下の高さ
			使用建築材料表	主要構造部の材料の種別及び厚さ
			室内仕上げ表	令第128条の3に規定する部分の仕上げ及び下地の材料の種別及び厚さ
			地下道の床面積求績図	地下道の床面積の求積に必要な建築物の各部分の寸法及び算式
			非常用の照明装置の構造詳細図	照　度
				照明設備の構造
				照明器具の材料の位置及び種別
			非常用の排煙設備の構造詳細図	地下道の床面積
				垂れ壁の材料の種別
				排煙設備の構造，材料の配置及び種別
				排煙口の手動開放装置の位置及び構造

				排煙機の能力
			非常用の排水設備の構造詳細図	排水設備の構造及び材料の種別
				排水設備の能力
(古)	法第35条の2の規定が適用される建築物		各階平面図	令第128条の3の2第1項に規定する窓のその他の開口部の開放できる部分の面積
				令第128条の5第7項に規定する国土交通大臣が定める建築物の部分に該当することを確認するために必要な事項
			室内仕上げ表	令第128条の5に規定する部分の仕上げの材料の種別及び厚さ
(古)	法第35条の3の規定が適用される建築物		各階平面図	令第111条第1項に規定する窓その他の開口部の面積
			耐火構造等の構造詳細図	主要構造部の断面の構造, 材料の種別及び寸法
			令第111条第1項に規定する国土交通大臣が定める基準に適合することの確認に必要な図書	令第111条第1項に規定する国土交通大臣が定める基準に適合する居室に該当することを確認するために必要な事項
(夫)	法第36条の規定が適用される建築物	令第2章第2節の規定が適用される建築物	2面以上の断面図	最下階の居室の床が木造である場合における床の高さ及び防湿方法
				換気孔の位置
				ねずみの侵入を防ぐための設備の設置状況
		令第2章第3節の規定が適用される建築物	各階平面図	階段, 踊り場, 手すり等又は階段に代わる傾斜路の位置及び構造
				令第27条に規定する階段の設置状況
			2面以上の断面図	階段, 踊り場, 手すり等又は階段に代わる傾斜路の構造
		令第109条の2の2本文の規定が適用される建築物	層間変形角計算書	層間変位の計算に用いる地震力
				地震力によって各階に生ずる水平方向の層間変位の算出方法
				各階及び各方向の層間変形角の算出方法
		令第109条の2の2ただし書の規定が適用される建築物	防火上有害な変形, 亀裂その他の損傷に関する図書	令第109条の2の2ただし書に規定する計算又は実験による検証内容
		令第112条第1項か	各階平面図	耐力壁及び非耐力壁の位置

		ら第18項までの規定が適用される建築物		スプリンクラー設備等消火設備の配置
				防火設備の位置及び種別並びに戸の位置
				防火区画の位置及び面積
				強化天井の位置
				令第112条第18項に規定する区画に用いる壁の構造
			2面以上の断面図	令第112条第16項に規定する外壁の位置及び構造
				令第112条第18項に規定する区画に用いる床の構造
			耐火構造等の構造詳細図	主要構造部，天井及び防火設備の断面の構造，材料の種別及び寸法
			令第112条第3項の規定に適合することの確認に必要な図書	令第112条第3項に規定する構造方法への適合性審査に必要な事項
			令第112条第4項の規定に適合することの確認に必要な図書	令第112条第4項に規定する防火上支障がないものとして国土交通大臣が定める部分に該当することを確認するために必要な事項
			令第112条第15項の規定に適合することの確認に必要な図書	令第112条第15項に規定する国土交通大臣が定める建築物の竪穴部分に該当することを確認するために必要な事項
			令第112条第18項ただし書の規定に適合することの確認に必要な図書	令第112条第18項ただし書に規定する場合に該当することを確認するために必要な事項
		令第112条第19項第一号の規定が適用される建築物	各階平面図	防火設備の位置及び種別
			耐火構造等の構造詳細図	防火設備の構造，材料の種別及び寸法
		令第112条第19項第二号の規定が適用される建築物	各階平面図	防火設備の位置及び種別並びに戸の位置
			耐火構造等の構造詳細図	防火設備の構造，材料の種別及び寸法並びに戸の構造
		令第112条第20項及び第21項の規定が適用される建築物	各階平面図	風道の配置
				令第112条20項に規定する準耐火構造の防火区画を貫通する風道に設ける防火設備の位置及び種別
				給水管，配電管その他の管と令第112条第20項に規定する準耐火構造の防火区画との隙間を埋める材料の種別

			2面以上の断面図	令第112条第20項に規定する準耐火構造の防火区画を貫通する風道に設ける防火設備の位置及び種別
				給水管，配電管その他の管と令第112条第20項に規定する準耐火構造の防火区画との隙間を埋める材料の種別
			耐火構造等の構造詳細図	防火設備の構造，材料の種別及び寸法
		令第114条の規定が適用される建築物	各階平面図	界壁又は防火上主要な間仕切壁の位置
				スプリンクラー設備等消火設備の設置
				防火区画の位置
				強化天井の位置
				界壁，防火上主要な間仕切壁又は隔壁を貫通する風道に設ける防火設備の位置
				給水管，配電管その他の管と界壁，防火上主要な間仕切壁又は隔壁との隙間を埋める材料の種別
			2面以上の断面図	小屋組の構造
				界壁，防火上主要な間仕切壁又は隔壁の位置
				界壁，防火上主要な間仕切壁又は隔壁を貫通する風道に設ける防火設備の位置
				給水管，配電管その他の管と界壁，防火上主要な間仕切壁又は隔壁との隙間を埋める材料の種別
			耐火構造等の構造詳細図	界壁，防火上主要な間仕切壁又は隔壁及び天井の断面並びに防火設備の構造，材料の種別及び寸法
			令第114条第1項の規定に適合することの確認に必要な図書	令第114条第1項に規定する防火上支障がないものとして国土交通大臣が定める部分に該当することを確認するために必要な事項
			令第114条第2項の規定に適合することの確認に必要な図書	令第114条第2項に規定する防火上支障がないものとして国土交通大臣が定める部分に該当することを確認するために必要な事項
(七)	法第37条の規定が適		使用建築材料表	建築物の基礎，主要構造部及び令第144条の3に規定

			する部分に使用する指定建築材料の種別
			指定建築材料を使用する部分
			使用する指定建築材料の品質が適合する日本産業規格又は日本農林規格及び当該規格に適合することを証する事項
			日本産業規格又は日本農林規格の規格に適合することを証明する事項
			使用する指定建築材料が国土交通大臣の認定を受けたものである場合は認定番号
(夳)	法第43条の規定が適用される建築物		付近見取図	敷地の位置
			配置図	敷地の道路に接する部分及びその長さ
		法第43条第2項第一号又は第二号の規定が適用される建築物	法第43条第2項第一号の認定又は同項第二号の許可の内容に適合することの確認に必要な図書	当該認定又は許可に係る建築物の敷地, 構造, 建築設備又は用途に関する事項
(夵)	法第44条の規定が適用される建築物		付近見取図	敷地の位置
			2面以上の断面図	敷地境界線
				敷地の接する道路の位置, 幅員及び種類
		法第44条第1項第二号から第四号までの規定が適用される建築物	法第44条第1項第二号若しくは第四号の許可又は第三号の認定の内容に適合することの確認に必要な図書	当該許可又は認定に係る建築物の敷地, 構造, 建築設備又は用途に関する事項
(夞)	法第47条の規定が適用される建築物		付近見取図	敷地の位置
			配置図	壁面線
				申請に係る建築物の壁又はこれに代わる柱の位置
				門又は塀の位置及び高さ
			2面以上の断面図	敷地境界線
				壁面線
				門又は塀の位置及び高さ
		法第47条ただし書の規定が適用される建築物	法第47条ただし書の許可の内容に適合することの確認に必要な図書	当該許可に係る建築物の敷地, 構造, 建築設備又は用途に関する事項
(夲)	法第48条の規定が適用される建築物		付近見取図	敷地の位置
			配置図	用途地域の境界線
			危険物の数量表	危険物の種類及び数量
			工場・事業調書	事業の種類

		法第48条第1項から第14項までのただし書の規定が適用される建築物	法第48条第1項から第14項までのただし書の許可の内容に適合することの確認に必要な図書	当該許可に係る建築物の敷地，構造，建築設備又は用途に関する事項
(二)	法第51条の規定が適用される建築物		付近見取図	敷地の位置
			配置図	都市計画において定められた法第51条に規定する建築物の敷地の位置
				用途地域の境界線
				都市計画区域の境界線
			卸売市場等の用途に供する建築物調書	法第51条に規定する建築物の用途及び規模
		法第51条ただし書の規定が適用される建築物	法第51条ただし書の許可の内容に適合することの確認に必要な図書	当該許可に係る建築物の敷地，構造，建築設備又は用途に関する事項
(三)	法第52条の規定が適用される建築物		付近見取図	敷地の位置
			配置図	指定された容積率の数値の異なる地域の境界線法第52条第12項の壁面線等
				令第135条の19に掲げる建築物の部分の位置，高さ及び構造
			各階平面図	蓄電池設置部分，自家発電設備設置部分，貯水槽設置部分又は宅配ボックス設置部分の位置
			床面積求積図	蓄電池設置部分，自家発電設備設置部分，貯水槽設置部分又は宅配ボックス設置部分の床面積の求積に必要な建築物の各部分の寸法及び算式
			敷地面積求積図	敷地面積の求積に必要な敷地の各部分の寸法及び算式
		法第52条第8項の規定が適用される建築物	法第52条第8項第二号に規定する空地のうち道路に接して有効な部分（以下「道路に接して有効な部分」という.）の配置図	敷地境界線
				法第52条第8項第二号に規定する空地の面積及び位置
				道路に接して有効な部分の面積及び位置
				敷地内における工作物の位置
				敷地の接する道路の位置
				令第135条の17第3項の表（い）欄各項に掲げる地域の境界線
		法第52条第9項の	法第52条第9項に規定	敷地境界線

	規定が適用される建築物	する特定道路（以下単に「特定道路」という.）の配置図	前面道路及び前面道路が接続する特定道路の位置及び幅員
			当該特定道路から敷地が接する前面道路の部分の直近の端までの延長
	法第52条第10項，第11項又は第14項の規定が適用される建築物	法第52条第10項，第11項又は第14項の許可の内容に適合することの確認に必要な図書	当該許可に係る建築物の敷地，構造，建築設備又は用途に関する事項
(西)	法第53条の規定が適用される建築物	付近見取図	敷地の位置
		配置図	用途地域の境界線
			防火地域の境界線
		敷地面積求積図	敷地面積の求積に必要な敷地の各部分の寸法及び算式
		建築面積求積図	建築面積の求積に必要な建築物の各部分の寸法及び算式
		耐火構造等の構造詳細図	主要構造部の断面の構造，材料の種別及び寸法
	法第53条第4項又は第5項第三号の規定が適用される建築物	法第53条第4項又は第5項第三号の許可の内容に適合することの確認に必要な図書	当該許可に係る建築物の敷地，構造，建築設備又は用途に関する事項
(五)	法第53条の2の規定が適用される建築物	付近見取図	敷地の位置
		敷地面積求積図	敷地面積の求積に必要な敷地の各部分の寸法及び算式
		配置図	用途地域の境界線
			防火地域の境界線
		耐火構造等の構造詳細図	主要構造部の断面の構造，材料の種別及び寸法
	法第53条の2第1項第三号又は第四号の規定が適用される建築物	法第53条の2第1項第三号又は第四号の許可の内容に適合することの確認に必要な図書	当該許可に係る建築物の敷地，構造，建築設備又は用途に関する事項
	法第53条の2第3項の規定が適用される建築物	現に存する所有権その他の権利に基づいて当該土地を建築物の敷地として使用することができる旨を証する書面	現に存する所有権その他の権利に基づいて当該土地を建築物の敷地として使用することができる旨
(六)	法第55条の規定が適用される建築物	付近見取図	敷地の位置
		配置図	用途地域の境界線
			都市計画において定められた外壁の後退距離の限度の線
			申請に係る建築物の外壁又はこれに代わる柱の面の位置

				令第135条の21に掲げる建築物又はその部分の用途，高さ及び床面積
				申請に係る建築物又はその部分の外壁又はこれに代わる柱の中心線及びその長さ
(三)	法第55条の規定が適用される建築物		付近見取図	敷地の位置
			配置図	用途地域の境界線
			2面以上の断面図	用途地域の境界線
				土地の高低
		法第55条第2項又は第3項第一号若しくは第二号の規定が適用される建築物	法第55条第2項の認定又は第3項第一号若しくは第二号の許可の内容に適合することの確認に必要な図書	当該認定又は許可に係る建築物の敷地，構造，建築設備又は用途に関する事項
(元)	法第56条の規定が適用される建築物		付近見取図	敷地の位置
				令第131条の2第1項に規定する街区の位置
			配置図	地盤面及び前面道路の路面の中心からの申請に係る建築物の各部分の高さ
				地盤面の異なる区域の境界線
				法第56条第1項第二号に規定する水平距離のうち最小のものに相当する距離
				令第130条の12に掲げる建築物の部分の用途，位置，高さ，構造及び床面積
				法第56条第2項に規定する後退距離
				用途地域の境界線
				高層住居誘導地区の境界線
				法第56条第1項第二号イの規定により特定行政庁が指定した区域の境界線
				令第132条第1項若しくは第2項又は令第134条第2項に規定する区域の境界線
				前面道路の反対側又は隣地にある公園，広場，水面その他これらに類するものの位置
				北側の前面道路の反対側又は北側の隣地にある水面，線路敷その他これらに類するものの位置
			2面以上の断面図	前面道路の路面の中心の高さ

			地盤面及び前面道路の路面の中心からの建築物の各部分の高さ
			令第135条の2第2項，令第135条の3第2項又は令第135条の4第2項の規定により特定
			行政庁が規則において定める前面道路の位置
			法第56条第1項から第6項までの規定による建築物の各部分の高さの限度
			敷地の接する道路の位置，幅員及び種類
			前面道路の中心線
			擁壁の位置
			土地の高低
			地盤面の異なる区域の境界線
			令第130条の12に掲げる建築物の部分の用途，位置，高さ，構造及び床面積
			法第56条第1項第二号に規定する水平距離のうち最小のものに相当する距離
			法第56条第2項に規定する後退距離
			用途地域の境界線
			高層住居誘導地区の境界線
			法第56条第1項第二号イの規定により特定行政庁が指定した区域の境界線
			令第132条第1項若しくは第2項又は令第134条第2項に規定する区域の境界線
			前面道路の反対側又は隣地にある公園，広場，水面その他これらに類するものの位置
			北側の前面道路の反対側又は北側の隣地にある水面，線路敷その他これらに類するものの位置
	法第56条第7項の規定が適用される建築物	令第135条の6第1項第一号の規定により想定する道路高さ制限適合建築物（以下「道路高さ制限適合建築物」という.）の配置図	縮尺
			敷地境界線
			敷地内における申請に係る建築物及び道路高さ制限適合建築物の位置

					擁壁の位置
					土地の高低
					敷地の接する道路の位置, 幅員及び種類
					前面道路の路面の中心からの申請に係る建築物及び道路高さ制限適合建築物の各部分の高さ
					申請に係る建築物及び道路高さ制限適合建築物の前面道路の境界線からの後退距離
					道路制限勾配が異なる地域等の境界線
					令第132条又は令第134条第2項に規定する区域の境界線
					令第135条の9に規定する位置及び当該位置の間の距離
					申請に係る建築物及び道路高さ制限適合建築物について令第135条の9に規定する位置ごとに算定した天空率(令第135条の5に規定する天空率をいう.以下同じ.)
				道路高さ制限適合建築物の2面以上の立面図	縮尺
					前面道路の路面の中心の高さ
					前面道路の路面の中心からの申請に係る建築物及び道路高さ制限適合建築物の各部分の高さ
					令第135条の2第2項の規定により特定行政庁が規則に定める高さ
					擁壁の位置
					土地の高低
					令第135条の9に規定する位置からの申請に係る建築物及び道路高さ制限適合建築物の各部分の高さ
				申請に係る建築物と道路高さ制限適合建築物の天空率の差が最も近い算定位置（以下「道路高さ制限近接点」という.）における水平投影位置確認表	前面道路の路面の中心からの申請に係る建築物及び道路高さ制限適合建築物の各部分の高さ
					道路高さ制限近接点から申請に係る建築物及び道路高さ制限適合建築物の各部分

				までの水平距離，仰角及び方位角
		道路高さ制限近接点における申請に係る建築物及び道路高さ制限適合建築物の天空図	水平投影面
			天空率
		道路高さ制限近接点における天空率算定表	申請に係る建築物及び道路高さ制限適合建築物の天空率を算定するための算式
		令第135条の7第1項第一号の規定により想定する隣地高さ制限適合建築物（以下「隣地高さ制限適合建築物」という．）の配置図	縮尺
			敷地境界線
			敷地内における申請に係る建築物及び隣地高さ制限適合建築物の位置
			擁壁の位置
			土地の高低
			敷地の接する道路の位置，幅員及び種類
			地盤面からの申請に係る建築物及び隣地高さ制限適合建築物の各部分の高さ
			法第56条第1項第二号に規定する水平距離のうち最小のものに相当する距離
			令第135条の7第1項第二号に規定する隣地高さ制限適合建築物の隣地境界線からの後退距離
			隣地制限勾配が異なる地域等の境界線
			高低差区分区域の境界線
			令第135条の10に規定する位置及び当該位置の間の距離
			申請に係る建築物及び隣地高さ制限適合建築物について令第135条の10に規定する位置ごとに算定した天空率
		隣地高さ制限適合建築物の2面以上の立面図	縮尺
			地盤面
			地盤面からの申請に係る建築物及び隣地高さ制限適合建築物の各部分の高さ
			令第135条の3第2項の規定により特定行政庁が規則に定める高さ
			擁壁の位置

					土地の高低
					高低差分区域の境界線
					令第135条の10に規定する位置からの申請に係る建築物及び隣地高さ制限適合建築物の各部分の高さ
				申請に係る建築物と隣地高さ制限適合建築物の天空率の差が最も近い算定位置(以下「隣地高さ制限近接点」という.)における水平投影位置確認表	申請に係る建築物及び隣地高さ制限適合建築物の各部分の高さ
					隣地高さ制限近接点から申請に係る建築物及び隣地高さ制限適合建築物の各部分までの水平距離,仰角及び方位角
				隣地高さ制限近接点における申請に係る建築物及び隣地高さ制限適合建築物の天空図	水平投影面
					天空率
				隣地高さ制限近接点における天空率算定表	申請に係る建築物及び隣地高さ制限適合建築物の天空率を算定するための算式
				令第135条の8第1項の規定により想定する建築物(以下「北側高さ制限適合建築物」という.)の配置図	縮尺
					敷地境界線
					敷地内における申請に係る建築物及び北側高さ制限適合建築物の位置
					擁壁の位置
					土地の高低
					敷地の接する道路の位置,幅員及び種類
					地盤面からの申請に係る建築物及び北側高さ制限適合建築物の各部分の高さ
					北側制限高さが異なる地域の境界線
					高低差分区域の境界線
					令第135条の11に規定する位置及び当該位置の間の距離
					申請に係る建築物及び北側高さ制限適合建築物について令第135条の11に規定する位置ごとに算定した天空率
				北側高さ制限適合建築物の2面以上の立面図	縮尺
					地盤面
					地盤面からの申請に係る建築物及び北側高さ制限適合建築物の各部分の高さ

			令第135条の4第2項の規定により特定行政庁が規則に定める高さ
			擁壁の位置
			土地の高低
			令第135条の11に規定する位置からの申請に係る建築物及び北側高さ制限適合建築物の高さ
		申請に係る建築物と北側高さ制限適合建築物の天空率の差が最も近い算定位置（以下「北側高さ制限近接点」という。）における水平投影位置確認表	申請に係る建築物及び北側高さ制限適合建築物の各部分の高さ
			北側高さ制限近接点から申請に係る建築物及び北側高さ制限適合建築物の各部分までの水平距離，仰角及び方位角
		北側高さ制限近接点における申請に係る建築物及び北側高さ制限適合建築物の天空図	水平投影面
			天空率
		北側高さ制限近接点における天空率算定表	申請に係る建築物及び北側高さ制限適合建築物の天空率を算定するための算式
	令第131条の2第2項又は第3項の規定が適用される建築物	令第131条の2第2項又は第3項の認定の内容に適合することの確認に必要な図書	当該認定に係る申請に係る建築物の敷地，構造，建築設備又は用途に関する事項
(元)	法第56条の2の規定が適用される建築物	付近見取図	敷地の位置
		配置図	建築物の各部分の高さ
			軒の高さ
			地盤面の異なる区域の境界線
			敷地の接する道路，水面，線路敷その他これらに類するものの位置及び幅員
		日影図	縮尺及び方位
			敷地境界線
			法第56条の2第1項に規定する対象区域の境界線
			法別表第四(い)欄の各項に掲げる地域又は区域の境界線
			高層住居誘導地区又は都市再生特別地区の境界線
			日影時間の異なる区域の境界線

			敷地の接する道路，水面，線路敷その他これらに類するものの位置及び幅員
			敷地内における建築物の位置
			平均地盤面からの建築物の各部分の高さ
			法第56条の2第1項の水平面（以下「水平面」という。）上の敷地境界線からの水平距離5m及び10mの線（以下「測定線」という。）
			建築物が冬至日の真太陽時による午前8時から30分ごとに午後4時まで（道の区域内にあっては，午前9時から30分ごとに午後3時まで）の各時刻に水平面に生じさせる日影の形状
			建築物が冬至日の真太陽時による午前8時から午後4時まで（道の区域内にあっては，午前9時から午後3時まで）の間に測定線上の主要な点に生じさせる日影時間
			建築物が冬至日の真太陽時による午前8時から午後4時まで（道の区域内にあっては，午前9時から午後3時まで）の間に水平面に生じさせる日影の等時間日影線
			土地の高低
		日影形状算定表	平均地盤面からの建築物の各部分の高さ及び日影の形状を算定するための算式
		2面以上の断面図	平均地盤面
			地盤面及び平均地盤面からの建築物の各部分の高さ
			隣地又はこれに連接する土地で日影が生ずるものの地盤面又は平均地表面
		平均地盤面算定表	建築物が周囲の地面と接する各位置の高さ及び平均地盤面を算定するための算式
	法第56条の2第1項ただし書の規定が適用される建築物	法第56条の2第1項ただし書の許可の内容に適合することの確認に必要な図書	当該許可に係る建築物の敷地，構造，建築設備又は用途に関する事項

(苧)	法第57条の規定が適用される建築物		付近見取図	敷地の位置
			配置図	道路の位置
			2面以上の断面図	道路の位置
		法第57条第1項の規定が適用される建築物	法第57条第1項の認定の内容に適合することの確認に必要な図書	当該認定に係る建築物の敷地、構造、建築設備又は用途に関する事項
(三)	法第57条の2の規定が適用される建築物		付近見取図	敷地の位置
			配置図	特例敷地の位置
(三)	法第57条の4の規定が適用される建築物		付近見取図	敷地の位置
			配置図	盤面の異なる区域の境界線
				特例容積率適用地区の境界線
			2面以上の断面図	土地の高低
		法第57条の4第1項ただし書の規定が適用される建築物	法第57条の4第1項ただし書の許可の内容に適合することの確認に必要な図書	当該許可に係る建築物の敷地、構造、建築設備又は用途に関する事項
(三)	法第57条の5の規定が適用される建築物		付近見取図	敷地の位置
			配置図	高層住居誘導地区の境界線
			敷地面積求積図	敷地面積の求積に必要な敷地の各部分の寸法及び算式
			建築面積求積図	建築面積の求積に必要な建築物の各部分の寸法及び算式
		法第57条の5第3項の規定が適用される建築物	現に存する所有権その他の権利に基づいて当該土地を建築物の敷地として使用することができる旨を証する書面	現に存する所有権その他の権利に基づいて当該土地を建築物の敷地として使用することができる旨
(三)	法第58条の規定が適用される建築物		付近見取図	敷地の位置
			配置図	地盤面の異なる区域の境界線
				高度地区の境界線
			2面以上の断面図	高度地区の境界線
				土地の高低
(三)	法第59条の規定が適用される建築物		付近見取図	敷地の位置
			配置図	高度利用地区の境界線
				高度利用地区に関する都市計画において定められた壁面の位置の制限の位置
				申請に係る建築物の壁又はこれに代わる柱の位置
				国土交通大臣が指定する歩廊の柱その他これに類するものの位置

			2面以上の断面図	高度利用地区に関する都市計画において定められた壁面の位置の制限の位置
				国土交通大臣が指定する歩廊の柱その他これに類するものの位置
			敷地面積求積図	敷地面積の求積に必要な敷地の各部分の寸法及び算式
			建築面積求積図	建築面積の求積に必要な建築物の各部分の寸法及び算式
		法第59条第1項第三号又は第4項の規定が適用される建築物	法第59条第1項第三号又は第4項の許可の内容に適合することの確認に必要な図書	当該許可に係る建築物の敷地,構造,建築設備又は用途に関する事項
(㊃)	法第59条の2の規定が適用される建築物		法第59条の2第1項の許可の内容に適合することの確認に必要な図書	当該許可に係る建築物の敷地,構造,建築設備又は用途に関する事項
(㊄)	法第60条の規定が適用される建築物		付近見取図	敷地の位置
			配置図	地盤面の異なる区域の境界線
				特定街区に関する都市計画において定められた壁面の位置の制限の位置
				申請に係る建築物の壁又はこれに代わる柱の位置
				国土交通大臣が指定する歩廊の柱その他これに類するものの位置
			2面以上の断面図	特定街区に関する都市計画において定められた壁面の位置の制限の位置
				国土交通大臣が指定する歩廊の柱その他これに類するものの位置
				土地の高低
			敷地面積求積図	敷地面積の求積に必要な敷地の各部分の寸法及び算式
(㊅)	法第60条の2の規定が適用される建築物		付近見取図	敷地の位置
			配置図	都市再生特別地区の境界線
				都市再生特別地区に関する都市計画において定められた壁面の位置の制限の位置
				申請に係る建築物の壁又はこれに代わる柱の位置
				国土交通大臣が指定する歩廊の柱その他これに類するものの位置

			2面以上の断面図	都市再生特別地区に関する都市計画において定められた壁面の位置の制限の位置
				都市再生特別地区の境界線
				土地の高低
				国土交通大臣が指定する歩廊の柱その他これに類するものの位置
			敷地面積求積図	敷地面積の求積に必要な敷地の各部分の寸法及び算式
			建築面積求積図	建築面積の求積に必要な建築物の各部分の寸法及び算式
		法第60条の2第1項第三号の規定が適用される建築物	法第60条の2第1項第三号の許可の内容に適合することの確認に必要な図書	当該許可に係る建築物の敷地, 構造, 建築設備又は用途に関する事項
(二の二)	法第60条の2の2の規定が適用される建築物		付近見取図	敷地の位置
			配置図	地盤面の異なる区域の境界線
				居住環境向上用途誘導地区の境界線
				居住環境向上用途誘導地区に関する都市計画において定められた壁面の位置の制限の位置
				申請に係る建築物の壁又はこれに代わる柱の位置
				国土交通大臣が指定する歩廊の柱その他これに類するものの位置
			2面以上の断面図	居住環境向上用途誘導地区に関する都市計画において定められた壁面の位置の制限の位置
				居住環境向上用途誘導地区の境界線
				土地の高低
				国土交通大臣が指定する歩廊の柱その他これに類するものの位置
			敷地面積求積図	敷地面積の求積に必要な敷地の各部分の寸法及び算式
			建築面積求積図	建築面積の求積に必要な建築物の各部分の寸法及び算式
		法第60条の2の2第1項第二号又は第	法第60条の2の2第1項第二号又は第3項ただ	当該許可に係る建築物の敷地, 構造, 建築設備又は用

		3項ただし書の規定が適用される建築物	し書の許可の内容に適合することの確認に必要な図書	途に関する事項
(三十)	法第60条の3の規定が適用される建築物		付近見取図	敷地の位置
			配置図	地盤面の異なる区域の境界線
				特定用途誘導地区の境界線
			2面以上の断面図	土地の高低
			敷地面積求積図	敷地面積の求積に必要な敷地の各部分の寸法及び算式
			建築面積求積図	建築面積の求積に必要な建築物の各部分の寸法及び算式
		法第60条の3第1項第三号又は第2項ただし書の規定が適用される建築物	法第60条の3第1項第三号又は第2項ただし書の許可の内容に適合することの確認に必要な図書	当該許可に係る建築物の敷地,建築設備又は用途に関する事項
(四十)	法第61条の規定が適用される建築物	法第61条本文の規定が適用される建築物	配置図	隣地境界線,道路中心線及び同一敷地内の他の建築物の外壁の位置
			各階平面図	開口部及び防火設備の位置
				耐力壁及び非耐力壁の位置
				スプリンクラー設備等消火設備の配置
				外壁,袖壁,塀その他これらに類するものの位置及び高さ
			2面以上の立面図	開口部の面積,位置,構造,形状及び寸法
			2面以上の断面図	換気孔の位置及び面積
				窓の位置及び面積
			耐火構造等の構造詳細図	主要構造部の断面及び防火設備の構造,材料の種別及び寸法
		令第136条の2第五号の規定が適用される建築物	構造詳細図	門又は塀の断面の構造,材料の種別及び寸法
(四一)	法第62条の規定が適用される建築物		耐火構造等の構造詳細図	主要構造部の断面の構造,材料の種別及び寸法
			その他法第62条の規定に適合することの確認に必要な図書	令第136条の2の2に規定する構造方法への適合性審査に必要な事項
(四二)	法第63条の規定が適用される建築物		配置図	隣地境界線の位置
			耐火構造等の構造詳細図	外壁の断面の構造,材料の種別及び寸法
(四三)	法第64条の規定が適用される建築物		配置図	看板等の位置
			2面以上の立面図	看板等の高さ

		耐火構造等の構造詳細図	看板等の材料の種別
(圏)	法第65条の規定が適用される建築物	配置図	防火地域又は準防火地域の境界線
		各階平面図	防火壁の位置
		耐火構造等の構造詳細図	防火壁の断面の構造，材料の種別及び寸法
(圐)	法第67条の規定が適用される建築物	付近見取図	敷地の位置
		配置図	特定防災街区整備地区の境界線
			特定防災街区整備地区に関する都市計画において定められた壁面の位置の制限の位置
			申請に係る建築物の壁又はこれに代わる柱の位置
			敷地の接する防災都市計画施設の位置
			申請に係る建築物の防災都市計画施設に面する部分及びその長さ
			敷地の防災都市計画施設に接する部分及びその長さ
		敷地面積求積図	敷地面積の求積に必要な敷地の各部分の寸法及び算式
		防災都市計画施設に面する方向の立面図	縮尺
			建築物の防災都市計画施設に係る間口率の最低限度以内の部分の位置
			建築物の高さの最低限度より低い高さの建築物の部分（建築物の防災都市計画施設に係る間口率の最低限度を超える部分を除く．）の構造
			建築物の防災都市計画施設に面する部分及びその長さ
			敷地の防災都市計画施設に接する部分及びその長さ
			敷地に接する防災都市計画施設の位置
		2面以上の断面図	特定防災街区整備地区に関する都市計画において定められた壁面の位置の制限の位置
			土地の高低
		耐火構造等の構造詳細図	主要構造部の断面の構造，材料の種別及び寸法

		法第67条第3項第二号又は第9項第二号の規定が適用される建築物	法第67条第3項第二号, 第5項第二号又は第9項第二号の許可の内容に適合することの確認に必要な図書	当該許可に係る建築物の敷地, 構造, 建築設備又は用途に関する事項
		法第67条第4項の規定が適用される建築物	現に存する所有権その他の権利に基づいて当該土地を建築物の敷地として使用することができる旨を証する書面	現に存する所有権その他の権利に基づいて当該土地を建築物の敷地として使用することができる旨
(四六)	法第68条の規定が適用される建築物		付近見取図	敷地の位置
			配置図	地盤面の異なる区域の境界線
				景観地区の境界線
				景観地区に関する都市計画において定められた壁面の位置の制限の位置
				申請に係る建築物の壁又はこれに代わる柱の位置
			2面以上の断面図	土地の高低
				景観地区に関する都市計画において定められた壁面の位置の制限の位置
			敷地面積求積図	敷地面積の求積に必要な敷地の各部分の寸法及び算式
		法第68条第1項第二号, 第2項第二号若しくは第3項第二号又は第5項の規定が適用される建築物	法第68条第1項第二号, 第2項第二号若しくは第3項第二号の許可又は第5項の認定の内容に適合することの確認に必要な図書	当該許可又は認定に係る建築物の敷地, 構造, 建築設備又は用途に関する事項
		法第68条第4項の規定が適用される建築物	現に存する所有権その他の権利に基づいて当該土地を建築物の敷地として使用することができる旨を証する書面	現に存する所有権その他の権利に基づいて当該土地を建築物の敷地として使用することができる旨
(四七)	法第68条の3の規定が適用される建築物		法第68条の3第1項から第3項まで若しくは第7項の認定又は第4項の許可の内容に適合することの確認に必要な図書	当該認定又は許可に係る建築物の敷地, 構造, 建築設備又は用途に関する事項
(四八)	法第68条の4の規定が適用される建築物		法第68条の4の認定の内容に適合することの確認に必要な図書	当該認定に係る建築物の敷地, 構造, 建築設備又は用途に関する事項
(四八の二)	法第68条の5の2の規定が適用される建築物		法第68条の5の2第2項の認可の内容に適合することの確認に必要な図書	当該認可に係る建築物の敷地, 構造, 建築設備又は用途に関する事項
(四九)	法第68条の5の3の規定が適用される建築物		法第68条の5の3第2項の許可の内容に適合することの確認に必要な図書	当該許可に係る建築物の敷地, 構造, 建築設備又は用途に関する事項

(盂)	法第 68 条の 5 の 5 の規定が適用される建築物	法第 68 条の 5 の 5 第 1 項又は第 2 項の認定の内容に適合することの確認に必要な図書	当該認定に係る建築物の敷地, 構造, 建築設備又は用途に関する事項
(盂)	法第 68 条の 5 の 6 の規定が適用される建築物	法第 68 条の 5 の 6 の認定の内容に適合することの確認に必要な図書	当該認定に係る建築物の敷地, 構造, 建築設備又は用途に関する事項
(盂)	法第 68 条の 7 の規定が適用される建築物	法第 68 条の 7 第 5 項の許可の内容に適合することの確認に必要な図書	当該許可に係る建築物の敷地, 構造, 建築設備又は用途に関する事項
(盘)	法第 84 条の 2 の規定が適用される建築物	配置図	敷地境界線の位置
		各階平面図	壁及び開口部の位置
			延焼のおそれのある部分
		2 面以上の立面図	常時開放されている開口部の位置
		2 面以上の断面図	塀その他これに類するものの高さ及び材料の種別
		耐火構造等の構造詳細図	柱, はり, 外壁及び屋根の断面の構造及び材料の種別
			令第 136 条の 10 第三号ハに規定する屋根の構造
(盂)	法第 85 条の規定が適用される建築物	法第 85 条第 6 項又は第 7 項の許可の内容に適合することの確認に必要な図書	仮設建築物の許可の内容に関する事項
(盏)	法第 85 条の 2 の規定が適用される建築物	景観法 (平成 16 年法律第 110 号) 第 19 条第 1 項の規定により景観重要建造物として指定されていることの確認に必要な図書	景観重要建造物としての指定の内容に関する事項
(窥)	法第 85 条の 3 の規定が適用される建築物	文化財保護法 (昭和 25 年法律第 214 号) 第 143 条第 1 項後段に規定する条例の内容に適合することの確認に必要な図書	当該条例に係る制限の緩和の内容に関する事項
(宅)	法第 86 条の規定が適用される建築物	法第 86 条第 1 項若しくは第 2 項の認定又は法第 3 項若しくは第 4 項の許可の内容に適合することの確認に必要な図書	当該認定又は許可に係る建築物の敷地, 構造, 建築設備又は用途に関する事項
(究)	法第 86 条の 2 の規定が適用される建築物	法第 86 条の 2 第 1 項の認定又は法第 86 条の 2 第 2 項若しくは第 3 項の許可の内容に適合することの確認に必要な図書	当該認定又は許可に係る建築物の敷地, 構造, 建築設備又は用途に関する事項
(竞)	法第 86 条の 4 の規定が適用される建築物	法第 86 条第 1 項から第 4 項まで又は法第 86 条の 2 第 1 項から第 3 項までの認定又は許可の内容に適合することの確認に必要な図書	当該認定又は許可に係る建築物の敷地, 構造, 建築設備又は用途に関する事項

			耐火構造等の構造詳細図	主要構造部の断面の構造，材料の種別及び寸法
(至)	法第86条の6の規定が適用される建築物		法第86条の6第2項の認定の内容に適合することの確認に必要な図書	当該認定に係る建築物の敷地，構造，建築設備又は用途に関する事項
(宍)	法第86条の7の規定が適用される建築物		既存不適格調書	既存建築物の基準時及びその状況に関する事項
		令第137条の2の規定が適用される建築物	令第137条の2第一号イ又はロの規定の内容に適合することの確認に必要な図書	令第137条の2第一号イ若しくはロ，第二号イ若しくはロ又は第三号イに規定する構造方法に関する事項
			各階平面図	増築又は改築に係る部分
		令第137条の3の規定が適用される建築物	各階平面図	基準時以後の増築又は改築に係る部分
		令第137条の4の規定が適用される建築物	各階平面図	基準時以後の増築又は改築に係る部分
		令第137条の4の3の規定が適用される建築物	各階平面図	増築又は改築に係る部分
				石綿が添加されている部分
			2面以上の断面図	石綿が添加された建築材料を被覆し又は添加された石綿を建築材料に固着する措置
		令第137条の5の規定が適用される建築物	各階平面図	増築又は改築に係る部分
		令第137条の6の規定が適用される建築物	各階平面図	増築又は改築に係る部分
			2面以上の断面図	改築に係る部分の建築物の高さ及び基準時における当該部分の建築物の高さ
		令第137条の7の規定が適用される建築物	敷地面積求積図	敷地面積の求積に必要な敷地の各部分の寸法及び算式
			建築面積求積図	建築面積の求積に必要な建築物の各部分の寸法及び算式
			危険物の数量表	危険物の種類及び数量
			工場・事業調書	事業の種類
		令第137条の8の規定が適用される建築物	各階平面図	増築又は改築に係る部分
				増築前におけるエレベーターの昇降路の部分，共同住宅又は老人ホーム等の共用の廊下又は階段の用に供する部分，自動車車庫等部分，備蓄倉庫部分，蓄電池設置部分，自家発電設備設置部分，貯水槽設置部分及び宅配ボックス設置部分以外の部分

				増築又は改築後における自動車車庫等部分，備蓄倉庫部分，蓄電池設置部分，自家発電設備設置部分，貯水槽設置部分及び宅配ボックス設置部分
		令第137条の9の規定が適用される建築物	各階平面図	改築に係る部分
			敷地面積求積図	改築に係る部分敷地面積の求積に必要な敷地の各部分の寸法及び算式
			建築面積求積図	建築面積の求積に必要な建築物の各部分の寸法及び算式
		令第137条の10の規定が適用される建築物	耐火構造等の構造詳細図	増築又は改築に係る部分の外壁及び軒裏の構造，材料の種別及び寸法
			各階平面図	基準時以後の増築又は改築に係る部分
		令第137条の11の規定が適用される建築物	耐火構造等の構造詳細図	増築又は改築に係る部分の外壁及び軒裏の構造，材料の種別及び寸法
			面積表	基準時以後の増築又は改築に係る部分
		令第137条の12の規定が適用される建築物	各階平面図	石綿が添加されている部分
		令第137条の14の規定が適用される建築物	各階平面図	防火設備の位置
			2面以上の断面図	令第137条の14第一号に規定する構造方法
			耐火構造等の構造詳細図	床又は壁の断面の構造，材料の種別及び寸法
			令第137条の14第二号の規定に適合することの確認に必要な図書	令第137条の14第二号に規定する建築物の部分に該当することを確認するために必要な事項
		令第137条の16第二号の規定が適用される建築物	付近見取図	敷地の位置
			その他令第137条の16第二号の認定の内容に適合することの確認に必要な図書	当該認定に係る建築物の敷地，構造，建築設備又は用途に関する事項
(杏)	法第86条の9第2項の規定が適用される建築物		現に存する所有権その他の権利に基づいて当該土地を建築物の敷地として使用することができる旨を証する書面	現に存する所有権その他の権利に基づいて当該土地を建築物の敷地として使用することができる旨
(呑)	法第87条の3の規定が適用される建築物		法第87条の3第6項又は第7項の許可の内容に適合することの確認に必要な図書	法第87条の3第6項又は第7項の許可の内容に関する事項

(苗)	消防法（昭和23年法律第186号）第9条の規定が適用される建築物	消防法第9条の市町村条例の規定に適合することの確認に必要な図書	当該市町村条例で定められた火災の予防のために必要な事項
(苗)	消防法第9条の2の規定が適用される建築物	各階平面図	住宅用防災機器の位置及び種類
		消防法第9条の2第2項の市町村条例の規定に適合することの確認に必要な図書	当該市町村条例で定められた住宅用防災機器の設置及び維持に関する基準その他住宅における火災の予防のために必要な事項
(苗)	消防法第15条の規定が適用される建築物	各階平面図	特定防火設備の位置及び構造
			消火設備の位置
			映写機用排気筒及び室内換気筒の位置及び材料
			格納庫の位置
			映写窓の構造
			映写室の寸法
			映写室の出入口の幅
			映写室である旨を表示した標識及び防火に関し必要な事項を掲示した掲示板の位置及び構造
		2面以上の断面図	映写室の天井の高さ
			映写室の出入口の高さ
		構造詳細図	映写室の壁，柱，床及び天井の断面の構造，材料の種別及び寸法
(苗)	消防法第17条の規定が適用される建築物	消防法第17条第1項の規定に適合することの確認に必要な図書	当該規定に係る消防用設備等の技術上の基準に関する事項
		消防法第17条第2項の条例の規定に適合することの確認に必要な図書	当該条例で定められた制限に係る消防用設備等の技術上の基準に関する事項
		消防法第17条第3項の認定の内容に適合することの確認に必要な図書	当該認定に係る消防用設備等に関する事項
(苗)	屋外広告物法（昭和24年法律第189号）第3条（公告物の表示及び公告物を掲出する物件の設置の禁止又は制限に係る部分に限る．以下この項において同じ．）の規定が適用される建築物	屋外広告物法第3条第1項から第3項までの条例の規定に適合することの確認に必要な図書	当該条例で定められた制限に係る広告物の表示又は掲出物件の設置に関する事項
(苗)	屋外広告物法第4条（公告物の表示及び公告物を掲出する物件の設置の禁止又は制限に係る部分に限る．以下この項において同じ．）の規定が適用される建築物	屋外広告物法第4条の条例の規定に適合することの確認に必要な図書	当該条例で定められた制限に係る広告物の表示又は掲出物件の設置に関する事項

(圭)	屋外広告物法第5条（公告物の表示及び公告物を掲出する物件の設置の禁止又は制限に係る部分に限る。以下この項において同じ。）の規定が適用される建築物	屋外広告物法第5条の条例の規定に適合することの確認に必要な図書	当該条例で定められた制限に係る広告物の形状、面積、意匠その他表示の方法又は掲出物件の形状その他設置の方法に関する事項
(圭)	港湾法（昭和25年法律第218号）第40条第1項の規定が適用される建築物	港湾法第40条第1項の条例の規定に適合することの確認に必要な図書	当該条例で定められた制限に係る建築物その他の構築物に関する事項
(圭)	駐車場法（昭和32年法律第106号）第20条の規定が適用される建築物	駐車場法第20条第1項又は第2項の条例の規定に適合することの確認に必要な図書	当該条例で定められた制限に係る駐車施設に関する事項
(圭)	宅地造成等規制法（昭和36年法律第191号）第8条第1項の規定が適用される建築物	宅地造成等規制法第8条第1項の規定に適合していることを証する書面	宅地造成等規制法第8条第1項の規定に適合していること
(盂)	宅地造成等規制法第12条第1項の規定が適用される建築物	宅地造成等規制法第12条第1項の規定に適合していることを証する書面	宅地造成等規制法第12条第1項の規定に適合していること
(芸)	流通業務市街地の整備に関する法律（昭和41年法律第110号）第5条第1項の規定が適用される建築物	流通業務市街地の整備に関する法律第5条第1項の規定に適合していることを証する書面	流通業務市街地の整備に関する法律第5条第1項の規定に適合していること
(共)	都市計画法（昭和43年法律第100号）第29条第1項又は第2項の規定が適用される建築物	都市計画法第29条第1項又は第2項の規定に適合していることを証する書面	都市計画法第29条第1項又は第2項の規定に適合していること
(宅)	都市計画法第35条の2第1項の規定が適用される建築物	都市計画法第35条の2第1項の規定に適合していることを証する書面	都市計画法第35条の2第1項の規定に適合していること
(元)	都市計画法第41条第2項（同法第35条の2第4項において準用する場合を含む。以下この項において同じ。）の規定が適用される建築物	都市計画法第41条第2項の規定に適合していることを証する書面	都市計画法第41条第2項の規定に適合していること
(元)	都市計画法第42条の規定が適用される建築物	都市計画法第42条の規定に適合していることを証する書面	都市計画法第42条の規定に適合していること
(三)	都市計画法第43条第1項の規定が適用される建築物	都市計画法第43条第1項の規定に適合していることを証する書面	都市計画法第43条第1項の規定に適合していること
(三)	都市計画法第53条第1項又は同条第2項において準用する同法第52条の2第2項の規定が適用される建築物	都市計画法第53条第1項又は同条第2項において準用する同法第52条の2第2項の規定に適合していることを証する書面	都市計画法第53条第1項又は同条第2項において準用する同法第52条の2第2項の規定に適合していること
(三)	特定空港周辺航空機騒音対策特別措置法（昭和53年法律第26号）第5条第1項（同条第5項において準用する場合を含む。）の規定が適用される建築物	構造詳細図	窓及び出入口の構造
			排気口、給気口、排気筒及び給気筒の構造

(三)	特定空港周辺航空機騒音対策特別措置法第5条第2項及び第3項（同条第5項において準用する場合を含む．以下この項において同じ．）の規定が適用される建築物	特定空港周辺航空機騒音対策特別措置法第5条第2項ただし書の許可を受けたことの確認に必要な図書	特定空港周辺航空機騒音対策特別措置法第5条第2項の規定に適合していること
(盂)	自転車の安全利用の促進及び自転車等の駐車対策の総合的推進に関する法律（昭和55年法律第87号）第5条第4項の規定が適用される建築物	自転車の安全利用の促進及び自転車等の駐車対策の総合的推進に関する法律第5条第4項の条例の規定に適合することの確認に必要な図書	当該条例で定められた制限に係る駐車施設に関する事項
(夳)	高齢者，障害者等の移動等の円滑化の促進に関する法律（平成18年法律第91号）第14条の規定が適用される建築物	配置図	高齢者，障害者等の移動等の円滑化の促進に関する法律施行令（平成18年政令第379号．以下この項において「移動等円滑化促進法施行令」という．）第16条に規定する敷地内の通路の構造
			移動等円滑化経路を構成する敷地内の通路の構造
			車いす使用者用駐車施設の位置及び寸法
		各階平面図	客室の数
			移動等円滑化経路及び視覚障害者移動等円滑化経路の位置
			車いす使用者用客室及び案内所の位置
			移動等円滑化促進法施行令第18条第2項第六号及び第19条に規定する標識の位置
			移動等円滑化促進法施行令第20条第1項に規定する案内板その他の設備の位置
			移動等円滑化促進法施行令第20条第2項に規定する設備の位置
			移動等円滑化経路を構成する出入口，廊下等及び傾斜路の構造
			移動等円滑化経路を構成するエレベーター及びその乗降ロビーの構造
			車いす使用者用客室の便所及び浴室等の構造
			移動等円滑化促進法施行令第14条に規定する便所の位置及び構造
			階段，踊り場，手すり等及

			び階段に代わる傾斜路の位置及び構造
(夳)	都市緑地法（昭和48年法律第72号）第35条の規定が適用される建築物	都市緑地法第35条の規定に適合していることを証する書面	都市緑地法第35条の規定に適合していること
(夳)	都市緑地法第36条の規定が適用される建築物	都市緑地法第36条の規定に適合していることを証する書面	都市緑地法第36条の規定に適合していること
(夳)	都市緑地法第39条第1項の規定が適用される建築物	都市緑地法第39条第2項の条例の規定に適合することの確認に必要な図書	当該条例で定められた制限に係る建築物の緑化率に関する事項
(夳)	令第108条の3第1項第一号の耐火性能検証法により法第2条第九号の二イ(2)に該当するものであることを確かめた主要構造部を有する建築物	各階平面図	開口部の位置及び寸法
			防火設備の種別
		耐火構造等の構造詳細図	主要構造部の断面の構造, 材料の種別及び寸法
		使用建築材料表	令第108条の3第2項第一号に規定する部分の表面積並びに当該部分に使用する建築材料の種別及び発熱量
		耐火性能検証法により検証した際の計算書	令第108条の3第2項第一号に規定する火災の継続時間及びその算出方法
			令第108条の3第2項第二号に規定する屋内火災保有耐火時間及びその算出方法
			令第108条の3第2項第三号に規定する屋外火災保有耐火時間及びその算出方法
		防火区画検証法により検証した際の計算書	令第108条の3第5項第二号に規定する保有遮炎時間
		発熱量計算書	令第108条の3第2項第一号に規定する可燃物の発熱量及び可燃物の1秒間当たりの発熱量
		令第108条の3第1項第一号イ(2)及びロ(2)の規定に適合することの確認に必要な図書	令第108条の3第1項第一号イ(2)及びロ(2)に規定する基準への適合性審査に必要な事項
(夳)	令第128条の6第1項の区画避難安全検証法により区画避難安全性能を有することを確かめた区画部分を有する建築物	各界平面図	耐力壁及び非耐力壁の位置
		耐火構造等の構造詳細図	主要構造部の断面の構造, 材料の種別及び寸法
		室内仕上げ表	令第128条の5に規定する部分の仕上げの材料の種別及び厚さ
		区画避難安全検証法により検証した際の平面図	防火区画の位置及び面積
			居室の出口の幅
			各室の天井の高さ

		区画避難安全検証法により検証した際の計算書	各室の用途
			在館者密度
			各室の用途に応じた発熱量
			令第128条の6第3項第一号イに規定する居室避難時間及びその算出方法
			令第128条の6第3項第一号ロに規定する居室煙降下時間及びその算出方法
			令第128条の6第3項第一号ニに規定する区画避難時間及びその算出方法
			令第128条の6第3項第一号ホに規定する区画煙降下時間及びその算出方法
			令第128条の6第3項第二号イに規定する煙又はガスの高さ及びその算出方法
			令第128の6第3項第二号ハに規定する煙又はガスの高さ及びその算出方法
(九)	令第129条第1項の階避難安全検証法により階避難安全性能を有することを確かめた階を有する建築物	各階平面図	耐力壁及び非耐力壁の位置
		耐火構造等の構造詳細図	主要構造部の断面の構造,材料の種別及び寸法
		室内仕上げ表	令第128条の5に規定する部分の仕上げの材料の種別及び厚さ
		階避難安全検証法により検証した際の平面図	防火区画の位置及び面積
			居室の出口の幅
			各室の天井の高さ
		階避難安全検証法により検証した際の計算書	各室の用途
			在館者密度
			各室の用途に応じた発熱量
			令第129条第3項第一号イに規定する居室避難時間及びその算出方法
			令第129条第3項第一号ロに規定する居室煙降下時間及びその算出方法
			令第129条第3項第一号ニに規定する階避難時間及びその算出方法
			令第129条第3項第一号ホに規定する階煙降下時間及びその算出方法
			令第129条第3項第二号イに規定する煙又はガスの高さ及びその算出方法

			令第129条第3項第二号ハに規定する煙又はガスの高さ及びその算出方法
	令第129条の2の2の規定が適用される構造物	令第129条の2の2の規定に適合することの確認に必要な図書	令第129条の2の2に規定する建築物の部分に該当することを確認するために必要な事項
(当)	令第129条の2第1項の全館避難安全検証法により全館避難安全性能を有することを確かめた建築物	各階平面図	耐力壁及び非耐力壁の位置
			屋上広場その他これに類するものの位置
			屋外に設ける避難階段の位置
		耐火構造等の構造詳細図	主要構造部の断面の構造,材料の種別及び寸法
		室内仕上げ表	令第128条の5に規定する部分の仕上げの材料の種別及び厚さ
		全館避難安全検証法により検証した際の平面図	防火区画の位置及び面積
			居室の出口の幅
			各階の天井の高さ
		全館避難安全検証法により検証した際の計算書	各室の用途
			在館者密度
			各室の用途に応じた発熱量
			令第129条第3項第一号イに規定する居室避難時間及びその算出方法
			令第129条第3項第一号ロに規定する居室煙降下時間及びその算出方法
			令第129条第3項第一号ニに規定する階避難時間及びその算出方法
			令第129条第3項第一号ホに規定する階煙降下時間及びその算出方法
			令第129条の2第4項第一号ロに規定する全館避難時間及びその算出方法
			令第129条の2第4項第一号ハに規定する全館煙降下時間及びその算出方法
			令第129条第3項第二号イに規定する煙又はガスの高さ及びその算出方法
			令第129条第3項第二号ハに規定する煙又はガスの高さ及びその算出方法

			令第129条の2第4項第二号ロに規定する煙又はガスの高さ及びその算出方法
	令第129条の2の2の規定が適用される建築物	令第129条の2の2の規定に適合することの確認に必要な図書	令第129条の2の2に規定する建築物の部分に該当することを確認するために必要な事項

三

<table>
<tr><td colspan="3">（い）</td><td colspan="2">（ろ）</td></tr>
<tr><td colspan="3"></td><td>構造計算書の種類</td><td>明示すべき事項</td></tr>
<tr>
<td>（一）</td>
<td>令第81条第2項第一号イに規定する保有水平耐力計算により安全性を確かめた建築物</td>
<td>共通事項</td>
<td>構造計算チェックリスト</td>
<td>プログラムによる構造計算を行う場合において，申請に係る建築物が，当該プログラムによる構造計算によって安全性を確かめることのできる建築物の構造の種別，規模その他のプログラムの使用条件に適合するかどうかを照合するための事項</td>
</tr>
<tr>
<td></td><td></td><td></td>
<td>使用構造材料一覧表</td>
<td>構造耐力上主要な部分である部材（接合部を含む．）に使用されるすべての材料の種別（規格がある場合にあっては，当該規格）及び使用部位</td>
</tr>
<tr>
<td></td><td></td><td></td><td></td>
<td>使用する材料の許容応力度，許容耐力及び材料強度の数値及びそれらの算出方法</td>
</tr>
<tr>
<td></td><td></td><td></td><td></td>
<td>使用する指定建築材料が法第37条の規定に基づく国土交通大臣の認定を受けたものである場合にあっては，その使用位置，形状及び寸法,当該構造計算において用いた許容応力度及び材料強度の数値並びに認定番号</td>
</tr>
<tr>
<td></td><td></td><td></td>
<td>特別な調査又は研究の結果等説明書</td>
<td>法第68条の25の規定に基づく国土交通大臣の認定を受けた構造方法等その他特殊な構造方法等が使用されている場合にあっては，その認定番号，使用条件及び内容</td>
</tr>
<tr>
<td></td><td></td><td></td><td></td>
<td>特別な調査又は研究の結果に基づき構造計算が行われている場合にあっては，その検討内容</td>
</tr>
<tr>
<td></td><td></td><td></td><td></td>
<td>構造計算の仮定及び計算結果の適切性に関する検討内容</td>
</tr>
</table>

			令第82条 各号関係	基礎・地盤説明書（国土交通大臣があらかじめ適切であると認定した算出方法により基礎ぐいの許容支持力を算出する場合で当該認定に係る認定書の写しを添えた場合にあっては，当該算出方法に係る図書のうち国土交通大臣の指定したものを除く.）	地盤調査方法及びその結果
					地層構成，支持地盤及び建築物（地下部分を含む.）の位置
					地下水位（地階を有しない建築物に直接基礎を用いた場合を除く.）
					基礎の工法（地盤改良を含む.）の種別，位置，形状，寸法及び材料の種別
					構造計算において用いた支持層の位置，層の構成及び地盤調査の結果により設定した地盤の特性値
					地盤の許容応力度並びに基礎及び基礎ぐいの許容支持力の数値及びそれらの算出方法
				略伏図	各階の構造耐力上主要な部分である部材の種別，配置及び寸法並びに開口部の位置
				略軸組図	すべての通りの構造耐力上主要な部分である部材の種別，配置及び寸法並びに開口部の位置
				部材断面表	各階及びすべての通りの構造耐力上主要な部分である部材の断面の形状，寸法及び仕様
				荷重・外力計算書	固定荷重の数値及びその算出方法
					各階又は各部分の用途ごとに積載荷重の数値及びその算出方法
					各階又は各部分の用途ごとに大規模な設備，塔屋その他の特殊な荷重（以下「特殊な荷重」という.）の数値及びその算出方法
					積雪荷重の数値及びその算出方法
					風圧力の数値及びその算出方法
					地震力の数値及びその算出方法
					土圧，水圧その他考慮すべき荷重及び外力の数値及びそれらの算出方法

				略伏図上に記載した特殊な荷重の分布
			応力計算書（国土交通大臣が定める様式による応力図及び基礎反力図を含む.）〈関連：平19告示第817号〉	構造耐力上主要な部分である部材に生ずる力の数値及びその算出方法
				地震時（風圧力によって生ずる力が地震力によって生ずる力を上回る場合にあっては，暴風時）における柱が負担するせん断力及びその分担率並びに耐力壁又は筋かいが負担するせん断力及びその分担率
				国土交通大臣が定める様式による応力図及び基礎反力図に記載すべき事項
			断面計算書（国土交通大臣が定める様式による断面検定比図を含む.）〈関連：平19告示第817号〉	構造耐力上主要な部分である部材（接合部を含む.）の位置，部材に付す記号，部材断面の仕様，部材に生じる荷重の種別及び当該荷重が作用する方向
				構造耐力上主要な部分である部材（接合部を含む.）の軸方向，曲げ及びせん断の応力度
				構造耐力上主要な部分である部材（接合部を含む.）の軸方向，曲げ及びせん断の許容応力度
				構造耐力上主要な部分である部材（接合部を含む.）の応力度と許容応力度の比率
				国土交通大臣が定める様式による断面検定比図に記載すべき事項
			基礎ぐい等計算書	基礎ぐい，床版，小ばりその他の構造耐力上主要な部分である部材に関する構造計算の計算書
			使用上の支障に関する計算書	令第82条第四号に規定する構造計算の計算書
		令 第82条の2関係	層間変形角計算書	層間変位の計算に用いる地震力
				地震力によって各階に生ずる水平方向の層間変位の算出方法
				各階及び各方向の層間変形角の算出方法
			層間変形角計算結果一覧表	各階及び各方向の層間変形角

				損傷が生ずるおそれのないことについての検証内容（層間変形角が 1/200 を超え 1/120 以内である場合に限る．）
		令第 82 条の 3 関係	保有水平耐力計算書	保有水平耐力計算に用いる地震力
				各階及び各方向の保有水平耐力の算出方法
				令第 82 条の 3 第二号に規定する各階の構造特性を表す D_s（以下この表において「D_s」という．）の算出方法
				令第 82 条の 3 第二号に規定する各階の形状特性を表す F_{es}（以下この表において「F_{es}」という．）の算出方法
				各階及び各方向の必要保有水平耐力の算出方法
				構造耐力上主要な部分である柱，はり若しくは壁又はこれらの接合部について，局部座屈，せん断破壊等による構造耐力上支障のある急激な耐力の低下が生ずるおそれのないことについての検証内容
			保有水平耐力計算結果一覧表	各階の保有水平耐力を増分解析により計算する場合における外力分布
				架構の崩壊形
				保有水平耐力，D_s，F_{es} 及び必要保有水平耐力の数値
				各階及び各方向の D_s の算定時における構造耐力上主要な部分である部材に生ずる力の分布及び塑性ヒンジの発生状況
				各階及び各方向の構造耐力上主要な部分である部材の部材群としての部材種別
				各階及び各方向の保有水平耐力時における構造耐力上主要な部分である部材に生ずる力の分布及び塑性ヒンジの発生状況
				各階の保有水平耐力を増分解析により計算する場合において，建築物の各方向におけるせん断力と層間変形

				角の関係
		令第82条の4関係	使用構造材料一覧表	屋根ふき材，外装材及び屋外に面する帳壁に使用されるすべての材料の種別（規格がある場合にあっては，当該規格）及び使用部位
				使用する材料の許容応力度，許容耐力及び材料強度の数値及びそれらの算出方法
				使用する指定建築材料が法第37条の規定に基づく国土交通大臣の認定を受けたものである場合にあっては，その使用位置，形状及び寸法，当該構造計算において用いた許容応力度及び材料強度の数値並びに認定番号
			荷重・外力計算書	風圧力の数値及びその算出方法
			応力計算書	屋根ふき材及び屋外に面する帳壁に生ずる力の数値及びその算出方法
			屋根ふき材等計算書	令第82条の4に規定する構造計算の計算書
(二)	令第81条第2項第一号ロに規定する限界耐力計算により安全性を確かめた建築物		構造計算チェックリスト	プログラムによる構造計算を行う場合において，申請に係る建築物が，当該プログラムによる構造計算によって安全性を確かめることのできる建築物の構造の種別，規模その他のプログラムの使用条件に適合するかどうかを照合するための事項
			使用構造材料一覧表	構造耐力上主要な部分である部材（接合部を含む.）に使用されるすべての材料の種別（規格がある場合にあっては，当該規格）及び使用部位
				使用する材料の許容応力度，許容耐力及び材料強度の数値及びそれらの算出方法
				使用する指定建築材料が法第37条の規定に基づく国土交通大臣の認定を受けたものである場合にあっては，その使用位置，形状及び寸法，当該構造計算において用いた許容応力度及び材料強度の数値並びに認定番号

		特別な調査又は研究の結果等説明書	法第68条の25の規定に基づく国土交通大臣の認定を受けた構造方法等その他特殊な構造方法等が使用されている場合にあっては，その認定番号，使用条件及び内容
			特別な調査又は研究の結果に基づき構造計算が行われている場合にあっては，その検討内容
			構造計算の仮定及び計算結果の適切性に関する検討内容
		基礎・地盤説明書（国土交通大臣があらかじめ適切であると認定した算出方法により基礎ぐいの許容支持力を算出する場合で当該認定に係る認定書の写しを添えた場合にあっては，当該算出方法に係る図書のうち国土交通大臣の指定したものを除く.）	地盤調査方法及びその結果
			地層構成，支持地盤及び建築物（地下部分を含む.）の位置
			地下水位（地階を有しない建築物に直接基礎を用いた場合を除く.）
			基礎の工法（地盤改良を含む.）の種別，位置，形状，寸法及び材料の種別
			構造計算において用いた支持層の位置，層の構成及び地盤調査の結果により設定した地盤の特性値
			地盤の許容応力度並びに基礎及び基礎ぐいの許容支持力の数値及びそれらの算出方法
		略伏図	各階の構造耐力上主要な部分である部材の種別,配置及び寸法並びに開口部の位置
		略軸組図	すべての通りの構造耐力上主要な部分である部材の種別，配置及び寸法並びに開口部の位置
		部材断面表	各階及びすべての通りの構造耐力上主要な部分である部材の断面の形状，寸法及び仕様
		荷重・外力計算書	固定荷重の数値及びその算出方法
			各階又は各部分の用途ごとに積載荷重の数値及びその算出方法
			各階又は各部分の用途ごとに特殊な荷重の数値及びその算出方法

			積雪荷重の数値及びその算出方法
			風圧力の数値及びその算出方法
			地震力（令第82条の5第三号ハに係る部分）の数値及びその算出方法
			地震力（令第82条の5第五号ハに係る部分）の数値及びその算出方法
			土圧，水圧その他考慮すべき荷重及び外力の数値及びそれらの算出方法
			略伏図上にそれぞれ記載した特殊な荷重の分布
		応力計算書（国土交通大臣が定める様式による応力図及び基礎反力図を含む.）（地下部分の計算を含む.）〈関連：平19告示第817号〉	構造耐力上主要な部分である部材に生ずる力の数値及びその算出方法
			地震時（風圧力によって生ずる力が地震力によって生ずる力を上回る場合にあっては，暴風時）における柱が負担するせん断力及びその分担率並びに耐力壁又は筋かいが負担するせん断力及びその分担率
			国土交通大臣が定める様式による応力図及び基礎反力図に記載すべき事項
		断面計算書（国土交通大臣が定める様式による断面検定比図を含む.）（地下部分の計算を含む.）〈関連：平19告示第817号〉	構造耐力上主要な部分である部材（接合部を含む.）の位置，部材に付す記号，部材断面の仕様，部材に生じる荷重の種別及び当該荷重が作用する方向
			構造耐力上主要な部分である部材（接合部を含む.）の軸方向，曲げ及びせん断の応力度
			構造耐力上主要な部分である部材（接合部を含む.）の軸方向，曲げ及びせん断の許容応力度
			構造耐力上主要な部分である部材（接合部を含む.）の応力度と許容応力度の比率
			国土交通大臣が定める様式による断面検定比図に記載すべき事項
		積雪・暴風時耐力計算書	構造耐力上主要な部分である部材（接合部を含む.）に

			生ずる力の数値及びその算出方法
			構造耐力上主要な部分である部材（接合部を含む．）の耐力の数値及びその算出方法
		積雪・暴風時耐力計算結果一覧表	構造耐力上主要な部分である部材（接合部を含む．）に生ずる力及び耐力並びにその比率
		損傷限界に関する計算書	各階及び各方向の損傷限界変位の数値及びその算出方法
			建築物の損傷限界固有周期の数値及びその算出方法
			建築物の損傷限界固有周期に応じて求めた地震時に作用する地震力の数値及びその算出方法
			表層地盤による加速度の増幅率 G_s の数値及びその算出方法
			各階及び各方向の損傷限界耐力の数値及びその算出方法
		損傷限界に関する計算結果一覧表	令第82条の5第三号ハに規定する地震力及び損傷限界耐力
			損傷限界変位の当該各階の高さに対する割合
			損傷が生ずるおそれのないことについての検証内容（損傷限界変位の当該各階の高さに対する割合が 1/200 を超え 1/120 以内である場合に限る．）
		安全限界に関する計算書	各階及び各方向の安全限界変位の数値及びその算出方法
			建築物の安全限界固有周期の数値及びその算出方法
			建築物の安全限界固有周期に応じて求めた地震時に作用する地震力の数値及びその算出方法
			各階の安全限界変位の当該各階の高さに対する割合及びその算出方法
			表層地盤による加速度の増幅率 G_s の数値及びその算出方法
			各階及び各方向の保有水平耐力の数値及びその算出方法

		構造耐力上主要な部分である柱，はり若しくは壁又はこれらの接合部について，局部座屈，せん断破壊等による構造耐力上支障のある急激な耐力の低下が生ずるおそれのないことについての検証内容
	安全限界に関する計算結果一覧表	各階の保有水平耐力を増分解析により計算する場合における外力分布
		各階の安全限界変位の当該各階の高さに対する割合
		各階の安全限界変位の当該各階の高さに対する割合が1/75（木造である階にあっては，1/30）を超える場合にあっては，建築物の各階が荷重及び外力に耐えることができることについての検証内容
		表層地盤による加速度の増幅率 G_s の数値を精算法で算出する場合にあっては，工学的基盤の条件
		令第82条の5第五号ハに規定する地震力及び保有水平耐力
		各階及び各方向の安全限界変形時における構造耐力上主要な部分である部材に生ずる力の分布
		各階及び各方向の安全限界変形時における構造耐力上主要な部分である部材に生ずる塑性ヒンジ及び変形の発生状況
		各階及び各方向の保有水平耐力時における構造耐力上主要な部分である部材に生ずる塑性ヒンジ及び変形の発生状況
		各階の保有水平耐力を増分解析により計算する場合において，建築物の各方向におけるせん断力と層間変形角の関係
	基礎ぐい等計算書	基礎ぐい，床版，小ばりその他の構造耐力上主要な部分である部材に関する構造計算の計算書
	使用上の支障に関する計算書	令第82条第四号に規定する構造計算の計算書

			屋根ふき材等計算書	令第82条の5第七号に規定する構造計算の計算書
			土砂災害特別警戒区域内破壊防止計算書	令第82条の5第八号に規定する構造計算の計算書
(三)	令第81条第2項第二号イに規定する許容応力度等計算により安全性を確かめた建築物	共通事項	構造計算チェックリスト	プログラムによる構造計算を行う場合において，申請に係る建築物が，当該プログラムによる構造計算によって安全性を確かめることのできる建築物の構造の種別，規模その他のプログラムの使用条件に適合するかどうかを照合するための事項
			使用構造材料一覧表	構造耐力上主要な部分である部材（接合部を含む.）に使用されるすべての材料の種別（規格がある場合にあっては，当該規格）及び使用部位
				使用する材料の許容応力度，許容耐力及び材料強度の数値及びそれらの算出方法
				使用する指定建築材料が法第37条の規定に基づく国土交通大臣の認定を受けたものである場合にあっては，その使用位置，形状及び寸法，当該構造計算において用いた許容応力度及び材料強度の数値並びに認定番号
			特別な調査又は研究の結果等説明書	法第68条の25の規定に基づく国土交通大臣の認定を受けた構造方法等その他特殊な構造
				方法等が使用されている場合にあっては，その認定番号，使用条件及び内容
				特別な調査又は研究の結果に基づき構造計算が行われている場合にあっては，その検討内容
				構造計算の仮定及び計算結果の適切性に関する検討内容
		令第82条各号関係	基礎・地盤説明書（国土交通大臣があらかじめ適切であると認定した算出方法により基礎ぐいの許容支持力を算出する場合で当該認定に係る認定書の写しを添えた場合にあっては，当該算出方法に	地盤調査方法及びその結果
				地層構成，支持地盤及び建築物(地下部分を含む.)の位置
				地下水位（地階を有しない建築物に直接基礎を用いた場合を除く.）

			係る図書のうち国土交通大臣の指定したものを除く.)	基礎の工法（地盤改良を含む.）の種別, 位置, 形状, 寸法及び材料の種別
				構造計算において用いた支持層の位置, 層の構成及び地盤調査の結果により設定した地盤の特性値
				地盤の許容応力度並びに基礎及び基礎ぐいの許容支持力の数値及びそれらの算出方法
			略伏図	各階の構造耐力上主要な部分である部材の種別, 配置及び寸法並びに開口部の位置
			略軸組図	すべての通りの構造耐力上主要な部分である部材の種別, 配置及び寸法並びに開口部の位置
			部材断面表	各階及びすべての通りの構造耐力上主要な部分である部材の断面の形状, 寸法及び仕様
			荷重・外力計算書	固定荷重の数値及びその算出方法
				各階又は各部分の用途ごとに積載荷重の数値及びその算出方法
				各階又は各部分の用途ごとに特殊な荷重の数値及びその算出方法
				積雪荷重の数値及びその算出方法
				風圧力の数値及びその算出方法
				地震力の数値及びその算出方法
				土圧, 水圧その他考慮すべき荷重及び外力の数値及びそれらの算出方法
				略伏図上に記載した特殊な荷重の分布
			応力計算書（国土交通大臣が定める様式による応力図及び基礎反力図を含む.） **〈関連：平19告示第817号〉**	構造耐力上主要な部分である部材に生ずる力の数値及びその算出方法
				地震時（風圧力によって生ずる力が地震力によって生ずる力を上回る場合にあっては, 暴風時）における柱が負担するせん断力及びそ

				の分担率並びに耐力壁又は筋かいが負担するせん断力及びその分担率
				国土交通大臣が定める様式による応力図及び基礎反力図に記載すべき事項
			断面計算書（国土交通大臣が定める様式による断面検定比図を含む。）〈関連：平19告示第817号〉	構造耐力上主要な部分である部材（接合部を含む。）の位置，部材に付す記号，部材断面の仕様，部材に生ずる荷重の種別及び当該荷重が作用する方向
				構造耐力上主要な部分である部材（接合部を含む。）の軸方向，曲げ及びせん断の応力度
				構造耐力上主要な部分である部材（接合部を含む。）の軸方向，曲げ及びせん断の許容応力度
				構造耐力上主要な部分である部材（接合部を含む。）の応力度と許容応力度の比率
				国土交通大臣が定める様式による断面検定比図に記載すべき事項
			基礎ぐい等計算書	基礎ぐい，床版，小ばりその他の構造耐力上主要な部分である部材に関する構造計算の計算書
			使用上の支障に関する計算書	令第82条第四号に規定する構造計算の計算書
		令第82条の2関係	層間変形角計算書	層間変位の計算に用いる地震力
				地震力によって各階に生ずる水平方向の層間変位の算出方法
				各階及び各方向の層間変形角の算出方法
			層間変形角計算結果一覧表	各階及び各方向の層間変形角
				損傷が生ずるおそれのないことについての検証内容（層間変形角が1/200を超え1/120以内である場合に限る。）
		令第82条の4関係	使用構造材料一覧表	屋根ふき材，外装材及び屋外に面する帳壁に使用されるすべての材料の種別（規格がある場合にあっては，当該規格）及び使用部位

				使用する材料の許容応力度,許容耐力及び材料強度の数値及びそれらの算出方法
				使用する指定建築材料が法第37条の規定に基づく国土交通大臣の認定を受けたものである場合にあっては,その使用位置,形状及び寸法,当該構造計算において用いた許容応力度及び材料強度の数値並びに認定番号
			荷重・外力計算書	風圧力の数値及びその算出方法
			応力計算書	屋根ふき材及び屋外に面する帳壁に生ずる力の数値及びその算出方法
			屋根ふき材等計算書	令第82条の4に規定する構造計算の計算書
		令第82条の6関係	剛性率・偏心率等計算書	各階及び各方向の剛性率を計算する場合における層間変形角の算定に用いる層間変位の算出方法
				各階及び各方向の剛性率の算出方法
				各階の剛心周りのねじり剛性の算出方法
				各階及び各方向の偏心率の算出方法
				令第82条の6第三号の規定に基づき国土交通大臣が定める基準による計算の根拠
			剛性率・偏心率等計算結果一覧表	各階の剛性率及び偏心率
				令第82条の6第三号の規定に基づき国土交通大臣が定める基準に適合していること
(四)	令第81条第3項に規定する令第82条各号及び令第82条の4に定めるところによる構造計算により安全性を確かめた建築物	共通事項	構造計算チェックリスト	プログラムによる構造計算を行う場合において,申請に係る建築物が,当該プログラムによる構造計算によって安全性を確かめることのできる建築物の構造の種別,規模その他のプログラムの使用条件に適合するかどうかを照合するための事項
			使用構造材料一覧表	構造耐力上主要な部分である部材(接合部を含む.)に使用されるすべての材料の種別(規格がある場合にあっては,当該規格)及び使用部位

			使用する材料の許容応力度，許容耐力及び材料強度の数値並びにそれらの算出方法
			使用する指定建築材料が法第 37 条の規定に基づく国土交通大臣の認定を受けたものである場合にあっては，その使用位置，形状及び寸法，当該構造計算において用いた許容応力度及び材料強度の数値並びに認定番号
		特別な調査又は研究の結果等説明書	法第 68 条の 25 の規定に基づく国土交通大臣の認定を受けた構造方法等その他特殊な構造方法等が使用されている場合にあっては，その認定番号，使用条件及び内容
			特別な調査又は研究の結果に基づき構造計算が行われている場合にあっては，その検討内容
			構造計算の仮定及び計算結果の適切性に関する検討内容
	令第 82 条各号関係	基礎・地盤説明書（国土交通大臣があらかじめ適切であると認定した算出方法により基礎ぐいの許容支持力を算出する場合で当該認定に係る認定書の写しを添えた場合にあっては，当該算出方法に係る図書のうち国土交通大臣の指定したものを除く.）	地盤調査方法及びその結果
			地層構成，支持地盤及び建築物（地下部分を含む.）の位置
			地下水位（地階を有しない建築物に直接基礎を用いた場合を除く.）
			基礎の工法（地盤改良を含む.）の種別，位置，形状，寸法及び材料の種別
			構造計算において用いた支持層の位置，層の構成及び地盤調査の結果により設定した地盤の特性値
			地盤の許容応力度並びに基礎及び基礎ぐいの許容支持力の数値並びにそれらの算出方法
		略伏図	各階の構造耐力上主要な部分である部材の種別,配置及び寸法並びに開口部の位置
		略軸組図	すべての通りの構造耐力上主要な部分である部材の種別，配置及び寸法並びに開口部の位置

			部材断面表	各階及びすべての通りの構造耐力上主要な部分である部材の断面の形状，寸法及び仕様
			荷重・外力計算書	固定荷重の数値及びその算出方法
				各階又は各部分の用途ごとに積載荷重の数値及びその算出方法
				各階又は各部分の用途ごとに特殊な荷重の数値及びその算出方法
				積雪荷重の数値及びその算出方法
				風圧力の数値及びその算出方法
				地震力の数値及びその算出方法
				土圧，水圧その他考慮すべき荷重及び外力の数値及びそれらの算出方法
				略伏図上に記載した特殊な荷重の分布
			応力計算書（国土交通大臣が定める様式による応力図及び基礎反力図を含む．）〈関連：平19告示第817号〉	構造耐力上主要な部分である部材に生ずる力の数値及びその算出方法
				地震時（風圧力によって生ずる力が地震力によって生ずる力を上回る場合にあっては，暴風時）における柱が負担するせん断力及びその分担率並びに耐力壁又は筋かいが負担するせん断力及びその分担率
				国土交通大臣が定める様式による応力図及び基礎反力図に記載すべき事項
			断面計算書（国土交通大臣が定める様式による断面検定比図を含む．）〈関連：平19告示第817号〉	構造耐力上主要な部分である部材（接合部を含む．）の位置，部材に付す記号，部材断面の仕様，部材に生じる荷重の種別及び当該荷重が作用する方向
				構造耐力上主要な部分である部材（接合部を含む．）の軸方向，曲げ及びせん断の応力度
				構造耐力上主要な部分である部材（接合部を含む．）の軸方向，曲げ及びせん断の許容応力度

			構造耐力上主要な部分である部材(接合部を含む.)の応力度と許容応力度の比率
			国土交通大臣が定める様式による断面検定比図に記載すべき事項
		基礎ぐい等計算書	基礎ぐい, 床版, 小ばりその他の構造耐力上主要な部分である部材に関する構造計算の計算書
		使用上の支障に関する計算書	令第82条第四号に規定する構造計算の計算書
	令第82条の4関係	使用構造材料一覧表	屋根ふき材, 外装材及び屋外に面する帳壁に使用されるすべての材料の種別(規格がある場合にあっては, 当該規格)及び使用部位
			使用する材料の許容応力度, 許容耐力及び材料強度の数値及びそれらの算出方法
			使用する指定建築材料が法第37条の規定に基づく国土交通大臣の認定を受けたものである場合にあっては, その使用位置, 形状及び寸法, 当該構造計算において用いた許容応力度及び材料強度の数値並びに認定番号
		荷重・外力計算書	風圧力の数値及びその算出方法
		応力計算書	屋根ふき材及び屋外に面する帳壁に生ずる力の数値及びその算出方法
		屋根ふき材等計算書	令第82条の4に規定する構造計算の計算書

構造計算書の作成に当たっては, 次に掲げる事項について留意するものとする.
一 確認申請時に提出する構造計算書には通し頁を付すことその他の構造計算書の構成を識別できる措置を講じること.
二 建築物の構造等の実況に応じて, 当該建築物の安全性を確かめるために必要な図書の追加, 変更等を行うこと.
三 この表の略伏図及び略軸組図は, 構造計算における架構の様相を示した図に代えることができるものとするほか, プログラムによる構造計算を行わない場合にあっては省略することができるものとする.

四

	(い)	(ろ)
(一)	壁, 柱, 床その他の建築物の部分の構造を法第2条第七号の認定を受けたものとする建築物	法第2条第七号に係る認定書の写し

（二）	壁，柱，床その他の建築物の部分の構造を法第2条第七号の二の認定を受けたものとする建築物	法第2条第七号の二に係る認定書の写し
（三）	建築物の外壁又は軒裏の構造を法第2条第八号の認定を受けたものとする建築物	法第2条第八号に係る認定書の写し
（四）	法第2条第九号の認定を受けたものとする建築材料を用いる建築物	法第2条第九号に係る認定書の写し
（五）	防火設備を法第2条第九号の二ロの認定を受けたものとする建築物	法第2条第九号の二ロに係る認定書の写し
（六）	法第20条第1項第一号の認定を受けたものとする構造方法を用いる建築	法第20条第1項第一号に係る認定書の写し
（七）	法第20条第1項第二号イ及び第三号イの認定を受けたものとするプログラムによる構造計算によって安全性を確かめた建築物	法第20条第1項第二号イ及び第三号イに係る認定書の写し
（八）	主要構造部を法第21条第1項の認定を受けたものとする建築物	法第21条第1項に係る主要構造部に関する認定書の写し
（九）	壁等を法第21条第2項第二号の認定を受けたものとする建築物	法第21条第2項第二号に係る認定書の写し
（十）	屋根の構造を法第22条第1項の認定を受けたものとする建築物	法第22条第1項に係る認定書の写し
（十一）	外壁で延焼のおそれのある部分の構造を法第23条の認定を受けたものとする建築物	法第23条に係る認定書の写し
（十二）	主要構造部を法第27条第1項の認定を受けたものとする建築物	法第27条第1項に係る主要構造部に関する認定書の写し
（十三）	防火設備を法第27条第1項の認定を受けたものとする建築物	法第27条第1項に係る防火設備に関する認定書の写し
（十四）	法第28条の2第二号の認定を受けたものとする建築材料を用いる建築物	法第28条の2第二号に係る認定書の写し
（十五）	界壁を法第30条第1項第一号の認定を受けたものとする建築物	法第30条第1項第一号に係る認定書の写し
（十六）	天井を法第30条第2項の認定を受けたものとする建築物	法第30条第2項に係る認定書の写し
（十七）	法第37条第二号の認定を受けたものとする建築材料を用いる建築物	法第37条第二号に係る認定書の写し
（十八）	法第38条の認定を受けたものとする特殊の構造方法又は建築材料を用いる建築物	法第38条に係る認定書の写し
（十九）	壁，柱，床その他の建築物の部分の構造を法第61条の認定を受けたものとする建築物	法第61条に係る建築物の部分に関する認定書の写し
（二十）	防火設備を法第61条の認定を受けたものとする建築物	法第61条に係る防火設備に関する認定書の写し
（二一）	屋根の構造を法第63条の認定を受けたものとする建築物	法第63条に係る認定書の写し
（二二）	法第66条において準用する法第38条の認定を受けたものとする特殊の構造方法又は建築材料を用いる建築物	法第66条において準用する法第38条に係る認定書の写し
（二三）	法第67条の2において準用する法第38条の認定を受けたものとする特殊の構造方法又は建築材料を用いる建築物	法第67条の2において準用する法第38条に係る認定書の写し

(二四)	令第1条第五号の認定を受けたものとする建築材料を用いる建築物	令第1条第五号に係る認定書の写し
(二五)	令第1条第六号の認定を受けたものとする建築材料を用いる建築物	令第1条第六号に係る認定書の写し
(二六)	令第20条の7第1項第二号の表の認定を受けたものとする居室を有する建築物	令第20条の7第1項第二号の表に係る認定書の写し
(二七)	令第20条の7第2項の認定を受けたものとする建築材料を用いる建築物	令第20条の7第2項に係る認定書の写し
(二八)	令第20条の7第3項の認定を受けたものとする建築材料を用いる建築物	令第20条の7第3項に係る認定書の写し
(二九)	令第20条の7第4項の認定を受けたものとする建築材料を用いる建築物	令第20条の7第4項に係る認定書の写し
(三十)	令第20条の8第2項の認定を受けたものとする居室を有する建築物	令第20条の8第2項に係る認定書の写し
(三一)	令第20条の9の認定を受けたものとする居室を有する建築物	令第20条の9に係る認定書の写し
(三二)	床の構造を令第22条の認定を受けたものとする建築物	令第22条に係る認定書の写し
(三三)	外壁、床及び屋根又はこれらの部分を令第22条の2第二号ロの認定を受けたものとする建築物	令第22条の2第二号ロに係る認定書の写し
(三四)	特定天井の構造を令第39条第3項の認定を受けたものとする建築物	令第39条第3項に係る認定書の写し
(三五)	令第46条第4項の表一の(八)項の認定を受けたものとする軸組を設置する建築物	令第46条第4項の表一の(八)項に係る認定書の写し
(三六)	構造耐力上主要な部分である鋼材の接合を令第67条第1項の認定を受けたものとする接合方法による建築物	令第67条第1項に係る認定書の写し
(三七)	構造耐力上主要な部分である継手又は仕口の構造を令第67条第2項の認定を受けたものとする建築物	令第67条第2項に係る認定書の写し
(三八)	令第68条第3項の認定を受けたものとする高力ボルト接合を用いる建築物	令第68条第3項に係る認定書の写し
(三九)	令第70条に規定する国土交通大臣が定める場合において、当該建築物の柱の構造を令第70条の認定を受けたものとする建築物	令第70条に係る認定書の写し
(四十)	鉄筋に対するコンクリートのかぶり厚さを令第79条第2項の認定を受けたものとする建築物	令第79条第2項に係る認定書の写し
(四一)	鉄骨に対するコンクリートのかぶり厚さを令第79条の3第2項の認定を受けたものとする建築物	令第79条の3第2項に係る認定書の写し
(四二)	主要構造部を令第108条の3第1項第二号の認定を受けたものとする建築物	令第108条の3第1項第二号に係る認定書の写し
(四三)	防火設備を令第108条の3第4項の認定を受けたものとする建築物	令第108条の3第4項に係る認定書の写し
(四四)	屋根の延焼のおそれのある部分の構造を令第109条の3第一号の認定を受けたものとする建築物	令第109条の3第一号に係る認定書の写し
(四五)	床又はその直下の天井の構造を令第109条の3第二号ハの認定を受けたものとする建築物	令第109条の3第二号ハに係る認定書の写し

(四十三)	防火設備を令第112条第1項の認定を受けたものとする建築物	令第112条第1項に係る認定書の写し
(四十四)	主要構造部である壁，柱，床，はり及び屋根の軒裏の構造を令第112条第2項の認定を受けたものとする建築物	令第112条第2項に係る認定書の写し
(四十五)	建築物の部分の構造を令第112条第3項の認定を受けたものとする建築物	令112条第3項に係る認定書の写し
(四十六)	天井を令第112条第4項第一号の認定を受けたものとする建築物	令第112条第4項第一号に係る認定書の写し
(四十七)	防火設備を令第112条第12項ただし書の認定を受けたものとする建築物	令第112条第12項ただし書に係る認定書の写し
(四十八)	防火設備を令第112条第19項第一号の認定を受けたものとする建築物	令第112条第19項第一号に係る認定書の写し
(四十九)	防火設備又は戸を令第112条第19項第二号の認定を受けたものとする建築物	令第112条第19項第二号に係る認定書の写し
(五十)	防火設備を令第112条第21項の認定を受けたものとする建築物	令第112条第21項に係る認定書の写し
(五十一)	防火設備を令第114条第5項において読み替えて準用する令第112条第21項の認定を受けたものとする建築物	令第114条第5項において読み替えて準用する令第112条第21項に係る認定書の写し
(五十二)	床の構造を令第115条の2第1項第四号の認定を受けたものとする建築物	令第115条の2第1項第四号に係る認定書の写し
(五十三)	階段室又は付室の構造を令第123条第3項第二号の認定を受けたものとする建築物	令第123条第3項第二号に係る認定書の写し
(五十四)	防火設備を令第126条の2第2項第一号の認定を受けたものとする建築物	令第126条の2第2項第一号に係る認定書の写し
(五十五)	通路その他の部分を令第126条の6第三号の認定を受けたものとする建築物	令第126条の6第三号に係る認定書の写し
(五十六)	令第128条の6第1項の認定を受けたものとする区画部分を有する建築物	令第128条の6第1項に係る認定書の写し
(五十七)	令第129条第1項の認定を受けたものとする階を有する建築物	令第129条の2第1項に係る認定書の写し
(五十八)	令第129条の2第1項の認定を受けたものとする建築物	令第129条の2の2第1項に係る認定書の写し
(五十九)	防火設備を令第129条の13の2第三号の認定を受けたものとする建築物	令第129条の13の2第三号に係る認定書の写し
(六十)	防火設備を令第137条の10第四号の認定を受けたものとする建築物	令第137条の10第四号に係る認定書の写し
(六十一)	防火設備を令第145条第1項第二号の認定を受けたものとする建築物	令第145条第1項第二号に係る認定書の写し
(六十二)	第1条の3第1項第一号イ又は同号ロ(1)若しくは(2)又は同項の表三の各項の認定を受けたものとする建築物又は建築物の部分	第1条の3第1項第一号イ又は同号ロ(1)若しくは(2)に係る認定書の写し
(六十三)	構造耐力上主要な部分である壁及び床版の構造を第8条の3の認定を受けたものとする建築物	第8条の3に係る認定書の写し

五

	（い）	（ろ）
（一）	主要構造部を法第2条第九号のニイ(2)に該当する構造とする建築物（令第108条の3第1項第一号に該当するものに限る.）	一　令第108条の3第1項第一号の耐火性能検証法により検証をした際の計算書 二　当該建築物の開口部が令第108条の3第4項の防火区画検証法により検証をしたものである場合にあっては，当該検証をした際の計算書
（二）	令第38条第4項，令第43条第1項ただし書，同条第2項ただし書，令第46条第2項第一号ハ，同条第3項ただし書，令第48条第1項第二号ただし書，令第51条第1項ただし書，令第62条の8ただし書，令第73条第3項ただし書，令第77条第五号ただし書又は令第77条の2第1項ただし書の構造計算により安全性を確かめた建築物	（い）欄に掲げる規定にそれぞれ規定する構造計算の計算書
（三）	令第70条に規定する国土交通大臣が定める場合に該当しないとする建築物	一の柱のみの火熱による耐力の低下によって建築物全体が容易に倒壊するおそれのあるものではないことを証する図書
（四）	令第128条の6第1項の区画避難安全検証法により区画避難安全性能を有することを確かめた区画部分を有する建築物	令第128条の6第1項の区画避難安全検証法により検証をした際の計算書
（五）	令第129条第1項の階避難安全検証法により階避難安全性能を有することを確かめた階を有する建築物	令第129条の2第1項の階避難安全検証法により検証をした際の計算書
（六）	令第129条の2第1項の全館避難安全検証法により全館避難安全性能を有することを確かめた建築物	令第129条の2の2第1項の全館避難安全検証法により検証をした際の計算書

2　法86条の7各項の規定によりそれぞれ当該各項に規定する増築，改築，移転，大規模の修繕又は大規模の模様替をする建築物に係る確認の申請書にあっては，前項の表一の（い）項に掲げる図書に当該各項に規定する規定が適用されない旨を明示することとする.

3　法第86条の8第1項若しくは法第87条の2第1項の認定（以下「全体計画認定」という.）又は法第86条の8第3項（法第87条の2第2項において準用する場合を含む.）の規定による変更の認定（以下「全体計画変更認定」という.）を受けた建築物に係る確認の申請書にあっては，別記第六十七号の五様式による全体計画認定通知書又は全体計画変更認定通知書及び添付図書の写しを添えるものとする.

4　法第6条第1項の規定による確認の申請に係る建築物の計画に建築設備に係る部分が含まれる場合においては，同項の規定による確認の申請書は，次の各号に掲げる図書及び書類とする.

一　別記第二号様式による正本1通及び副本1通に，それぞれ，次に掲げる図書及び書類を添えたもの（正本に添える図書にあっては，当該図書の設計者の氏名が記載されたものに限る.）.

イ　第1項第一号イ及びロに掲げる図書及び書類

ロ　申請に係る建築物の計画に法第87条の4の昇降機に係る部分が含まれる場合又は法第6条第1項第一号から第三号までに掲げる建築物の計画に令第146条第

1項第三号に掲げる建築設備に係る部分が含まれる場合にあっては，別記第八号様式中の「昇降機の概要の欄」又は「建築設備の概要の欄」に記載すべき事項を記載した書類

　ハ　申請に係る建築物の計画に含まれる建築設備が次の(1)及び(2)に掲げる建築設備である場合にあっては，それぞれ当該(1)及び(2)に定める図書及び書類

　　(1)　次の表一の各項の（い）欄に掲げる建築設備　　当該各項の（ろ）欄に掲げる図書

　　(2)　次の表二の各項の（い）欄に掲げる建築設備　　当該各項の（ろ）欄に掲げる書類（建築主事が，当該書類を有していないことその他の理由により，提出を求める場合に限る．）

二　別記第三号様式による建築計画概要書

三　代理者によって確認の申請を行う場合にあっては，委任状又はその写し

四　申請に係る建築物が建築士により構造計算によってその安全性を確かめられたものである場合にあっては，証明書の写し

　一

	（い）	（ろ）	
		図書の書類	明示すべき事項
(一)	法第28条第2項から第4項までの規定が適用される換気設備	各階平面図	居室に設ける換気のための窓その他の開口部の位置及び面積
			給気機又は給気口の位置
			排気機若しくは排気口，排気筒又は煙突の位置
			かまど，こんろその他設備器具の位置，種別及び発熱量
			火を使用する室に関する換気経路
			中央管理室の位置
		2面以上の断面図	給気機又は給気口の位置
			排気機若しくは排気口，排気筒又は煙突の位置
		換気設備の仕様書	換気設備の有効換気量
			中央管理方式の空気調和設備の有効換気量
		換気設備の構造詳細図	火を使用する設備又は器具の近くの排気フードの材料の種別
		給気口及び排気口の有効開口面積等を算出した際の計算書	給気口の有効開口面積又は給気筒の有効断面積及びその算出方法
			排気口の有効開口面積又は排気筒の有効断面積及びその算出方法
			煙突の有効断面積及びその算出方法
			給気口の中心から排気筒の頂部の外気に開放された部分の中心までの高さ

(二)	法第28条の2第三号の規定が適用される換気設備	各階平面図	中央管理室の位置
			令第20条の7第1項第二号の表及び令第20条の8第2項に規定するホルムアルデヒドの発散による衛生上の支障がないようにするために必要な換気を確保することができる居室の構造方法
		換気設備の構造詳細図	令第20条の7第1項第二号の表及び令第20条の8第2項に規定するホルムアルデヒドの発散による衛生上の支障がないようにするために必要な換気を確保することができる居室の構造方法
			令第20条の8第1項第一号イ(3), ロ(3)及びハに規定するホルムアルデヒドの発散による衛生上の支障がないようにするために必要な換気を確保することができる換気設備の構造方法
		給気機又は排気機の給気又は排気能力を算定した際の計算書	給気機又は排気機の給気又は排気能力及びその算出方法
			換気経路の全圧力損失（直管部損失，局部損失，諸機器その他における圧力損失の合計をいう．）及びその算出方法
(三)	法第31条第1項の規定が適用される便所	配置図	排水ます及び公共下水道の位置
(四)	法第31条第2項の規定が適用される屎尿浄化槽又は合併処理浄化槽（以下この項において「浄化槽」という．）	配置図	浄化槽の位置及び当該浄化槽からの放流水の放流先又は放流方法
		浄化槽の仕様書	浄化槽の汚物処理性能
			浄化槽の処理対象人員及びその算出方法
			浄化槽の処理方式
			浄化槽の各槽の有効容量
		浄化槽の構造詳細図	浄化槽の構造
(五)	法第32条の規定が適用される電気設備	各階平面図	常用の電源及び予備電源の種類及び位置
			非常用の照明装置及び予備電源を有する照明設備の位置
		電気設備の構造詳細図	受電設備の電気配線の状況
			常用の電源及び予備電源の種類及び構造
			予備電源に係る負荷機器の電気配線の状況
			予備電源の容量及びその算出方法
			ガス漏れを検知し，警報する設備（以下「ガス漏れ警報設備」という．）に係る電気配線の構造

			予備電源の容量を算出した際の計算書	予備電源の容量及びその算出方法
(六)	法第 33 条の規定が適用される避雷設備		付近見取図	建築物の周囲の状況
			2 面以上の立面図	建築物の高さが 20 m を超える部分
				雷撃から保護される範囲
				受雷部システムの配置
			小屋伏図	受雷部システムの配置
			避雷設備の構造詳細図	雨水等により腐食のおそれのある避雷設備の部分
				日本産業規格 A4201-1992 又は日本産業規格 A4201-2003 の別
				受雷部システム及び引下げ導線の位置及び構造
				接地極の位置及び構造
			避雷設備の使用材料表	腐食しにくい材料を用い,又は有効な腐食防止のための措置を講じた避雷設備の部分
(七)	法第 34 条第 1 項の規定が適用される昇降機		各階平面図	昇降機の昇降路の周壁及び開口部の位置
			昇降機の構造詳細図	昇降機の昇降路の周壁及び開口部の構造
(八)	法第 34 条第 2 項の規定が適用される非常用の昇降機		各階平面図	非常用の昇降機の位置
(九)	法第 35 条の規定が適用される建築設備	令第 5 章第 3 節の規定が適用される排煙設備	各階平面図	排煙の方法及び火災が発生した場合に避難上支障のある高さまで煙又はガスの降下が生じない建築物の部分
				令第 116 条の 2 第 1 項第二号に該当する窓その他の開口部の位置
				防火区画及び令第 126 条の 2 第 1 項に規定する防煙壁による区画の位置
				排煙口の位置
				排煙風道の配置
				排煙口に設ける手動開放装置の使用方法を表示する位置
				排煙口の開口面積又は排煙機の位置
				法第 34 条第 2 項に規定する建築物又は各構えの床面積が 1 000 m² を超える地下街に設ける排煙設備の制御及び作動状態の監視を行うことができる中央管理室の位置
				予備電源の位置

				不燃性ガス消火設備又は粉末消火設備の位置
				給気口を設けた付室（以下「給気室」という.）及び直通階段の位置
				給気口から給気室に通ずる建築物の部分に設ける開口部（排煙口を除く.）に設ける戸の構造
			床面積求積図	防火区画及び令第126条の2第1項に規定する防煙壁による区画の面積の求積に必要な建築物の各部分の寸法及び算式
			2面以上の断面図	排煙口に設ける手動開放装置の位置
				排煙口及び当該排煙口に係る防煙区画部分に設けられた防煙壁の位置
				給気口の位置
				給気口の開口面積及び給気室の開口部の開口面積
			使用建築材料表	建築物の壁及び天井の室内に面する部分の仕上げに用いる建築材料の種別
			排煙設備の構造詳細図	排煙口の構造
				排煙口に設ける手動開放装置の使用方法
				排煙風道の構造
				排煙設備の電気配線に用いる配線の種別
				給気室の構造
			排煙機の空気を排出する能力を算出した際の計算書	排煙機の空気を排出する能力及びその算出方法
			排煙設備の使用材料表	排煙設備の給気口の風道に用いる材料の種別
			令第126条の2第2項第二号の規定に適合することの確認に必要な図書	令第126条の2第2項第二号に規定する構造方法への適合性審査に必要な事項
		令第5章第4節の規定が適用される非常用の照明装置	各階平面図	照明器具の位置及び構造
				非常用の照明装置によって, 床面において1lx以上の照度を確保することができる範囲
		令第5章第6節の規定が適用される非常用の照明装置, 排煙設備及び排水設備	非常用の照明装置の構造詳細図	照　　度
				照明設備の構造
				照明器具の位置及び材料の種別

			非常用の排煙設備の構造詳細図	地下道の床面積
				垂れ壁の材料の種別
				排煙設備の構造，配置及び材料の種別
				排煙口の手動開放装置の構造及び位置
				排煙機の能力
			地下道の床面積求積図	床面積の求積に必要な地下道の各部分の寸法及び算式
			非常用の排水設備の構造詳細図	排水設備の構造及び材料の種別
				排水設備の能力
(十)	法第36条の規定が適用される建築設備	令第129条の2の3第二号に関する規定が適用される昇降機以外の建築設備	構造詳細図	昇降機以外の建築設備の構造方法
			配置図	くみ取便所の便器及び井戸の位置
		令第28条から第31条まで，第33条及び第34条に関する規定が適用される便所	各階平面図	便所に設ける採光及び換気のため直接外気に接する窓の位置又は当該窓に代わる設備の位置及び構造
			便所の構造詳細図	屎尿に接するくみ取便所の部分
				くみ取便所の便器及び小便器から便槽までの汚水管の構造
				水洗便所以外の大便所に設ける窓その他換気のための開口部の構造
				便槽の種類及び構造
				改良便槽の貯留槽に設ける掃除するための穴の位置及び構造
				くみ取便所に講じる防水モルタル塗その他これに類する防水の措置
				くみ取便所のくみ取口の位置及び構造
			便所の断面図	改良便槽の貯留槽の構造
				汚水の温度の低下を防止するための措置
			便所の使用材料表	便器及び小便器から便槽までの汚水管に用いる材料の種別
				耐水材料で造り，防水モルタル塗その他これに類する有効な防水の措置を講じる便槽の部分
			井戸の断面図	令第34条ただし書きの適用に係る井戸の構造
			井戸の使用材料表	令第34条ただし書きの適用に係る井戸の不浸透質で造られている部分
		令第115条の規定が適用される煙突	各階平面図	煙突の位置及び構造
			2面以上の立面図	煙突の位置及び高さ

			2面以上の断面図	煙突の位置及び構造
		令第129条の2の4の規定が適用される配管設備	配置図	建築物の外部の給水タンク等の位置
				配管設備の種別及び配置
				給水タンク及び貯水タンク（以下「給水タンク等」という。）からくみ取便所の便槽，浄化槽，排水管（給水タンク等の水抜管又はオーバーフロー管に接続する管を除く。），ガソリンタンクその他衛生上有害な物の貯留槽又は処理に供する施設までの水平距離（給水タンク等の底が地盤面下にある場合に限る。）
			各階平面図	配管設備の種別及び配置
				給水管，配電管その他の管が防火区画等を貫通する部分の位置及び構造
				給水タンク等の位置及び構造
				建築物の内部，屋上又は最下階の床下に設ける給水タンク等の周辺の状況
				ガス栓及びガス漏れ警報設備の位置
			2面以上の断面図	給水管，配電管その他の管が防火区画等を貫通する部分の構造
				給水タンク等の位置及び構造
				建築物の内部，屋上又は最下階の床下に設ける給水タンク等の周辺の状況
				ガス漏れ警報設備を設けた場合にあっては，当該設備及びガス栓の位置
			配管設備の仕様書	腐食するおそれのある部分及び当該部分の材料に応じ腐食防止のために講じた措置
				圧力タンク及び給湯設備に設ける安全装置の種別
				水槽，流しその他水を入れ，又は受ける設備に給水する飲料水の配管設備の水栓の開口部に講じた水の逆流防止のための措置
				給水管の凍結による破壊のおそれのある部分及び当該部分に講じた防凍のための措置
				金属製の給水タンク等に講じたさび止めのための措置
				給水管に講じたウォーターハンマー防止のための措置

				ガス栓の金属管等への接合方法
				ガスが過流出した場合に自動的にガスの流出を停止することができる機構の種別
				排水トラップの深さ及び汚水に含まれる汚物等が付着又は沈殿しない措置
			配管設備の構造詳細図	飲料水の配管設備に設ける活性炭等の濾材その他これに類するものを内蔵した装置の位置及び構造
				給水タンク等の構造
				排水槽の構造
				阻集器の位置及び構造
				ガス漏れ警報設備の構造
			配管設備の系統図	配管設備の種類，配置及び構造
				配管設備の末端の連結先
				給水管，配電管その他の管が防火区画等を貫通する部分の位置
				給水管の止水弁の位置
				排水トラップ，通気管等の位置
			排水のための配管設備の容量及び傾斜を算出した際の計算書	排水のための配管設備の容量及び傾斜並びにそれらの算出方法
			配管設備の使用材料表	配管設備に用いる材料の種別
			風道の構造詳細図	風道の構造
				防火設備及び特定防火設備の位置
		令第129条の2の5の規定が適用される換気設備	各階平面図	給気口又は給気機の位置
				排気口若しくは排気機又は排気筒の位置
			2面以上の断面図	給気口又は給気機の位置
				排気口若しくは排気機又は排気筒の位置
			換気設備の構造詳細図	排気筒の立上り部分及び頂部の構造
				給気機の外気取り入れ口，給気口及び排気口並びに排気筒の頂部に設ける雨水又はねずみ，虫，ほこりその他衛生上有害なものを防ぐための設備の構造
				直接外気に開放された給気口又は排気口に設ける換気扇の換気能力を外気の流れによって著しく低下させないための構造

				中央管理方式の空気調和設備の空気浄化装置に設ける濾過材，フィルターその他これらに類するものの構造
			中央管理方式の空気調和設備の給気機又は排気機の給気又は排気能力を算出した際の計算書	中央管理方式の空気調和設備の給気機又は排気機の給気又は排気能力及びその算出方法
				換気経路の全圧力損失（直管部損失，局部損失，諸機器その他における圧力損失の合計をいう．）及びその算出方法
			換気設備の使用材料表	風道に用いる材料の種別
		令第129条の2の6の規定が適用される冷却塔設備	各階平面図	冷却塔設備から建築物の他の部分までの距離
			2面以上の断面図	冷却塔設備から建築物の他の部分までの距離
			冷却塔設備の仕様書	冷却塔設備の容量
			冷却塔設備の使用材料表	冷却塔設備の主要な部分に用いる材料の種別
		令第129条の3第1項第一号及び第2項第一号並びに第129条の4から第129条の11までの規定が適用されるエレベーター	各階平面図	エレベーターの機械室に設ける換気上有効な開口部又は換気設備の位置
				エレベーターの機械室の出入口の構造
				エレベーターの機械室に通ずる階段の構造
				エレベーター昇降路の壁又は囲いの全部又は一部を有さない部分の構造
			床面積求積図	エレベーターの機械室の床面積及び昇降路の水平投影面積の求積に必要な建築物の各部分の寸法及び算式
			エレベーターの仕様書	乗用エレベーター及び寝台用エレベーターである場合にあっては，エレベーターの用途及び積載量並びに最大定員
				昇降行程
				エレベーターのかごの定格速度
				エレベーターの主要な支持部分の位置及び構造
				エレベーターの釣合おもりの構造
			エレベーターの構造詳細図	エレベーターのかごの構造
				エレベーターの主要な支持部分の位置及び構造
				エレベーターの釣合おもりの構造

				エレベーターのかご及び昇降路の壁又は囲い及び出入口の戸の位置及び構造
				非常の場合においてかご内の人を安全にかご外に救出することができる開口部の位置及び構造
				エレベーターの駆動装置及び制御器の位置及び取付方法
				エレベーターの制御器の構造
				エレベーターの安全装置の位置及び構造
				乗用エレベーター及び寝台用エレベーターである場合にあっては，エレベーターの用途及び積載量並びに最大定員を明示した標識の意匠及び当該標識を掲示する位置
			エレベーターのかご，昇降路及び機械室の断面図	乗用エレベーター及び寝台用エレベーターである場合にあっては，出入口の床先とかごの床先との水平距離及びかごの床先と昇降路の壁との水平距離
				エレベーターの昇降路内の突出物の種別，位置及び構造
				エレベーターの機械室の床面から天井又ははりの下端までの垂直距離
				エレベーターの機械室に通ずる階段の構造
			エレベーター強度検証法により検証した際の計算書	固定荷重及び積載荷重によって主要な支持部分等に生ずる力
				主要な支持部分等の断面に生ずる常時及び安全装置作動時の各応力度
				主要な支持部分等の材料の破壊強度を安全率で除して求めた許容応力度
				独立してかごを支え，又は吊ることができる部分の材料の破断強度を限界安全率で除して求めた限界の許容応力度
			エレベーターの荷重を算出した際の計算書	エレベーターの各部の固定荷重
				エレベーターのかごの積載荷重及びその算出方法
				エレベーターのかごの床面積
			令第 129 条の 4 第 3 項第六号又は第七号の規定に適合することの確認に必要な図書	令第 129 条の 4 第 3 項第六号の構造計算の結果及びその算出方法
				令第 129 条の 4 第 3 項第七号の構造計算の結果及びその算出方法

			エレベーターの 使用材料表	エレベーターのかご及び昇降路の 壁又は囲い及び出入口の戸（構造 上軽微な部分を除く.）に用いる 材料の種別
				エレベーターの機械室の出入口に 用いる材料
		令第129条の3第1項 第二号及び第2項第二 号並びに第129条の 12の規定が適用され るエスカレーター	各階平面図	エスカレーターの位置
			エスカレーター の仕様書	エスカレーターの勾配及び揚程
				エスカレーターの踏段の定格速度
				保守点検の内容
			エスカレーター の構造詳細図	通常の使用状態において人又は物 が挟まれ，又は障害物に衝突する ことがないようにするための措置
				エスカレーターの踏段の構造
				エスカレーターの取付け部分の構 造方法
				エスカレーターの主要な支持部分 の位置及び構造
				エスカレーターの制動装置の構造
				昇降口において踏段の昇降を停止 させることができる装置の構造
			エスカレーター の断面図	エスカレーターの踏段の両側に設 ける手すりの構造
				エスカレーターの踏段の幅及び踏 段の端から当該踏段の端の側にあ る手すりの上端部び中心までの水 平距離
			エスカレーター 強度検証法によ り検証した際の 計算書	固定荷重及び積載荷重によって主 要な支持部分等に生ずる力
				主要な支持部分等の断面に生ずる 常時及び安全装置作動時の各応力 度
				主要な支持部分等の材料の破壊強 度を安全率で除して求めた許容応 力度
				独立して踏段を支え，又は吊るこ とができる部分の材料の破断強度 を限界安全率で除して求めた限界 の許容応力度
			エスカレーター の荷重を算出し た際の計算書	エスカレーターの各部の固定荷重
				エスカレーターの踏段の積載荷重 及びその算出方法
				エスカレーターの踏段面の水平投 影面積
		令第129条の3第1項 第三号及び第2項第三	各階平面図	小荷物専用昇降機の昇降路の壁又 は囲い及び出し入れ口の戸の位置

		号並びに第129条の13の規定が適用される小荷物専用昇降機	小荷物専用昇降機の構造詳細図	小荷物専用昇降機の昇降路の壁又は囲い及び出し入れ口の戸の構造
				小荷物専用昇降機の安全装置の位置及び構造
				かごの構造
			小荷物専用昇降機の使用材料表	小荷物専用昇降機の昇降路の壁又は囲い及び出し入れ口の戸に用いる材料の種別
		令第129条の13の2及び第129条の13の3の規定が適用される非常用エレベーター	各階平面図	非常用エレベーターの配置
				高さ31mを超える建築物の部分の階の用途
				非常用エレベーターの乗降ロビーの位置
				バルコニーの位置
				非常用の乗降ロビーの出入口（特別避難階段の階段室に通ずる出入口及び昇降路の出入口を除く.）に設ける特定防火設備
				非常用エレベーターの乗降ロビーの床及び壁（窓若しくは排煙設備又は出入口を除く.）の構造
				予備電源を有する照明設備の位置
				屋内消火栓，連結送水管の放水口，非常コンセント設備等の消火設備を設置できる非常用エレベーターの乗降ロビーの部分
				非常用エレベーターの積載量及び最大定員
				非常用エレベーターである旨，避難階における避難経路その他避難上必要な事項を明示した標識を掲示する位置
				非常用エレベーターを非常の用に供している場合においてその旨を明示することができる表示灯その他これに類するものの位置
				非常用エレベーターの昇降路の床及び壁（乗降ロビーに通ずる出入口及び機械室に通ずる鋼索，電線その他のものの周囲を除く.）の構造
				避難階における非常用エレベーターの昇降路の出入口又は令第129条の13の3第3項に規定する構造の乗降ロビーの出入口から屋外への出口（道又は道に通ずる幅員4m以上の通路，空地その他これらに類するものに接しているものに限る.）の位置

				避難階における非常用エレベーターの昇降路の出入口又は令第129条の13の3第3項に規定する構造の乗降ロビーの出入口から屋外への出口（道又は道に通ずる幅員4m以上の通路，空地その他これらに類するものに接しているものに限る。）の一に至る歩行距離
			床面積求積図	非常用エレベーターの乗降ロビーの床面積の求積に必要な建築物の各部分の寸法及び算式
			2面以上の断面図	建築物の高さが31mとなる位置
			エレベーターの仕様書	非常用エレベーターのかごの積載量
			エレベーターの構造詳細図	非常用エレベーターのかご及びその出入口の寸法
				非常用エレベーターのかごを呼び戻す装置の位置
				非常用エレベーターのかご内と中央管理室とを連絡する電話装置の位置
				非常用エレベーターのかごの戸を開いたままかごを昇降させることができる装置及び予備電源の位置
				非常用エレベーターの予備電源の位置
			エレベーターの使用材料表	非常用エレベーターの乗降ロビーの室内に面する部分の仕上げ及び下地に用いる材料の種別
			令第129条の13の3第13項の規定に適合することの確認に必要な図書	令第129条の13の3第13項に規定する構造方法への適合性審査に必要な事項
(十一)	高圧ガス保安法（昭和26年法律第204号）第24条の規定が適用される家庭用設備		各階平面図	一般高圧ガス保安規則（昭和41年通商産業省令第53号）第52条に規定する燃焼器に接続する配管の配置
				一般高圧ガス保安規則第52条に規定する家庭用設備の位置
			家庭用設備の構造詳細図	閉止弁と燃焼器との間の配管の構造
				硬質管以外の管と硬質管とを接続する部分の締付状況
(十二)	ガス事業法（昭和29年法律第51号）第162条の規定が適用される消費機器		各階平面図	ガス事業法施行規則（昭和45年通商産業省令第97号）第202条第一号に規定する燃焼器（以下この項において単に「燃焼器」という。）の排気筒又は排気フードの位置

			給気口その他給気上有効な開口部の位置及び構造
			密閉燃焼式の燃焼器の給排気部の位置及び構造
		2面以上の断面図	燃焼器の排気筒の高さ
			燃焼器の排気筒又は密閉燃焼式の燃焼器の給排気部が外壁を貫通する箇所の構造
		消費機器の仕様書	燃焼器の種類
			ガスの消費量
			燃焼器出口の排気ガスの温度
			ガス事業法施行規則第21条に規定する建物区分（以下この項において単に「建物区分」という．）のうち特定地下街等又は特定地下室等に設置する燃焼器と接続するガス栓における過流出安全機構の有無
			ガス事業法施行規則第202条第十号に規定する自動ガス遮断装置の有無
			ガス事業法施行規則第108条第十号に規定するガス漏れ警報器の有無
		消費機器の構造詳細図	燃焼器の排気筒の構造及び取付状況燃焼器の排気筒を構成する各部の接続部並びに排気筒
			及び排気扇の接続部の取付状況
			燃焼器と直接接続する排気扇と燃焼器との取付状況
			密閉燃焼式の燃焼器の給排気部（排気に係るものに限る．）を構成する各部の接続部並びに給排気部及び燃焼器のケーシングの接続部の取付状況
			燃焼器の排気筒に接続する排気扇が停止した場合に燃焼器へのガスの供給を自動的に遮断する装置の位置
			建物区分のうち特定地下街等又は特定地下室等に設置する燃焼器とガス栓との接続状況
		消費機器の使用材料表	燃焼器の排気筒に用いる材料の種別
			燃焼器の排気筒に接続する排気扇に用いる材料の種別
			密閉燃焼式の燃焼器の給排気部（排気に係るものに限る．）に用いる材料の種別

（主）	水道法（昭和32年法律第177号）第16条の規定が適用される給水装置	給水装置の構造詳細図	水道法第16条に規定する給水装置（以下この項において単に「給水装置」という.）の構造
		給水装置の使用材料表	給水装置の材質
（宮）	下水道法（昭和33年法律第79号）第10条第1項の規定が適用される排水設備	配置図	下水道法第10条第1項に規定する排水設備（以下この項において単に「排水設備」という.）の位置
		排水設備の構造詳細図	排水設備の構造
（宝）	下水道法第25条の2の規定が適用される排水設備	配管図	下水道法第25条の2に規定する排水設備（以下この項において単に「排水設備」という.）の配置
		下水道法第25条の2の条例の規定に適合することの確認に必要な図書	当該条例で定められた基準に係る排水設備に関する事項
（宍）	下水道法第30条第1項の規定が適用される排水施設	配置図	下水道法第30条第1項に規定する排水施設（以下この項において単に「排水施設」という.）の位置
		排水施設の構造詳細図	排水施設の構造
（七）	液化石油ガスの保安の確保及び取引の適正化に関する法律（昭和42年法律第149号）第38条の2の規定が適用される供給設備及び消費設備	配置図	液化石油ガスの保安の確保及び取引の適正化に関する法律施行規則（平成9年通商産業省令第11号）第18条第一号に規定する貯蔵設備及び同条第三号に規定する貯槽並びに同令第1条第2項第六号に規定する第一種保安物件及び同条第七号に規定する第二種保安物件の位置
			供給管の配置
		供給設備の仕様書	貯蔵設備の貯蔵能力
			貯蔵設備，気化装置及び調整器が供給しうる液化石油ガスの数量
			一般消費者等の液化石油ガスの最大消費数量
		供給設備の構造詳細図	貯蔵設備の構造
			バルブ，集合装置，気化装置，供給管及びガス栓の構造
		供給設備の使用材料表	貯蔵設備に用いる材料の種別
		消費設備の構造詳細図	消費設備の構造
（六）	浄化槽法（昭和58年法律第43号）第3条の2第1項の規定が適用される浄化槽	配置図	浄化槽法第3条の2第1項に規定する浄化槽からの放流水の放流先又は放流方法

(九)	特定都市河川浸水被害対策法（平成 15 年法律第 77 号）第 10 条の規定が適用される排水設備	配置図	特定都市河川浸水被害対策法第 10 条に規定する排水設備（以下この項において単に「排水設備」という.）の配置
		特定都市河川浸水被害対策法 第 10 条の条例の規定に適合することの確認に必要な図書	当該条例で定められた基準に係る排水設備に関する事項

二

	(い)	(ろ)
(一)	法第 31 条第 2 項の認定を受けたものとする構造の屎尿浄化槽	法第 31 条第 2 項に係る認定書の写し
(二)	令第 20 条の 2 第 1 項第一号ニの認定を受けたものとする構造の換気設備	令第 20 条の 2 第 1 項第一号ニに係る認定書の写し
(三)	令第 20 条の 3 第 2 項第一号ロの認定を受けたものとする構造の換気設備	令第 20 条の 3 第 2 項第一号ロに係る認定書の写し
(四)	令第 20 条の 8 第 1 項第一号ロ(1)の認定を受けたものとする構造の居室内の空気を浄化して供給する方式を用いる機械換気設備	令第 20 条の 8 第 1 項第一号ロ(1)に係る認定書の写し
(五)	令第 20 条の 8 第 1 項第一号ハの認定を受けたものとする構造の中央管理方式の空気調和設備	令第 20 条の 8 第 1 項第一号ハに係る認定書の写し
(六)	令第 29 条の認定を受けたものとする構造のくみ取便所	令第 29 条に係る認定書の写し
(七)	令第 30 条第 1 項の認定を受けたものとする構造の特殊建築物及び特定区域の便所	令第 30 条第 1 項に係る認定書の写し
(八)	令第 35 条第 1 項の認定を受けたものとする構造の合併処理浄化槽	令第 35 条第 1 項に係る認定書の写し
(九)	令第 115 条第 1 項第三号ロに規定する認定を受けたものとする構造の煙突	令第 115 条第 1 項第三号ロに係る認定書の写し
(十)	令第 126 条の 5 第二号の認定を受けたものとする構造の非常用の照明装置	令第 126 条の 5 第二号に係る認定書の写し
(土)	令第 129 条の 2 の 4 第 1 項第三号ただし書の認定を受けたものとする構造の昇降機の昇降路内に設ける配管設備	令第 129 条の 2 の 4 第 1 項第三号ただし書に係る認定書の写し
(土)	令第 129 条の 2 の 4 第 1 項第七号ハの認定を受けたものとする構造の防火区画等を貫通する管	令第 129 条の 2 の 4 第 1 項第七号ハに係る認定書の写し
(圭)	令第 129 条の 2 の 4 第 2 項第三号の認定を受けたものとする構造の飲料水の配管設備	令第 129 条の 2 の 4 第 2 項第三号に係る認定書の写し
(古)	令第 129 条の 2 の 6 第三号の認定を受けたものとする構造の冷却塔設備	令第 129 条の 2 の 6 第三号に係る認定書の写し
(圭)	令第 129 条の 4 第 1 項第三号の認定を受けたものとする構造のかご及び主要な支持部分を有するエレベーター	令第 129 条の 4 第 1 項第三号に係る認定書の写し
(夫)	令第 129 条の 8 第 2 項の認定を受けたものとする構造の制御器を有するエレベーター	令第 129 条の 8 第 2 項に係る認定書の写し

（七）	令第129条の10第2項の認定を受けたものとする構造の制動装置を有するエレベーター	令第129条の10第2項に係る認定書の写し
（大）	令第129条の10第4項の認定を受けたものとする構造の安全装置を有するエレベーター	令第129条の10第4項に係る認定書の写し
（元）	令第129条の12第1項第六号の認定を受けたものとする構造のエスカレーター	令第129条の12第1項第六号に係る認定書の写し
（二十）	令第129条の12第2項において準用する令第129条の4第1項第三号の認定を受けたものとする構造の踏段及び主要な支持部分を有するエスカレーター	令第129条の12第2項において準用する令第129条の4第1項第三号に係る認定書の写し
（二一）	令第129条の12第5項の認定を受けたものとする構造の制動装置を有するエスカレーター	令第129条の12第5項に係る認定書の写し
（二二）	令第129条の13の3第13項の認定を受けたものとする構造の昇降路又は乗降ロビーを有する非常用エレベーター	令第129条の13の3第3項に係る認定書の写し
（二三）	令第129条の15第一号の認定を受けたものとする構造の避雷設備	令第129条の15第一号に係る認定書の写し

5　第1項又は前項の規定にかかわらず，次の各号に掲げる建築物の計画に係る確認の申請書にあっては，それぞれ当該各号に定めるところによるものとする．

一　法第6条の4第1項第二号に掲げる建築物　法第68条の10第1項の認定を受けた型式（以下「認定型式」という．）の認定書の写し（その認定型式が令第136条の2の11第一号イに掲げる規定に適合するものであることの認定を受けたものである場合にあっては，当該認定型式の認定書の写し及び申請に係る建築物が当該認定型式に適合する建築物の部分を有するものであることを確認するために必要な図書及び書類として国土交通大臣が定めるもの）を添えたものにあっては，次の表一の（い）欄に掲げる建築物の区分に応じ，同表の（ろ）欄に掲げる図書についてはこれを添えることを要しない． 〈関連：平28告示698号〉

二　法第6条の4第1項第三号に掲げる建築物　次の表二の（い）欄に掲げる建築物の区分に応じ，同表の（ろ）欄に掲げる図書についてはこれを添えることを要せず，同表の（は）欄に掲げる図書については同表の（に）欄に掲げる事項を明示することを要しない．

三　法第68条の20第1項に規定する認証型式部材等（第3条第4項第二号を除き，以下単に「認証型式部材等」という．）を有する建築物　認証型式部材等に係る認証書の写しを添えたものにあっては，次の表一の（い）欄に掲げる建築物の区分に応じ，同表の（ろ）欄及び（は）欄に掲げる図書についてはこれらを添えることを要せず，同表の（に）欄に掲げる図書については同表の（ほ）欄に掲げる事項を明示することを要しない．

一

	（い）	（ろ）	（は）	（に）	（ほ）
（一）	令第136条の2の11第一号に掲げる建築物の部分（同号イに掲げる規定に適合するものであることの認定を受けたものに限る。）を有する建築物	第1項の表三から表五までに掲げる図書（表五の（二）項にあっては、令第62条の8ただし書に係るものを除く。）	第1項の表一の（は）項に掲げる図書及び同項の表二の（ろ）欄に掲げる図書のうち令第136条の2の11第一号に掲げる規定が適用される建築物の部分に係る図書	第1項の表一の（い）項に掲げる図書のうち各階平面図	壁及び筋かいの位置及び種類、通し柱の位置並びに延焼のおそれのある部分の外壁の位置及び構造
				第1項の表一の（ろ）項に掲げる図書のうち2面以上の立面図	延焼のおそれのある部分の外壁及び軒裏の構造
				第1項の表一の（ろ）項に掲げる図書のうち2面以上の断面図	各階の床及び天井の高さ
（二）	令第136条の2の11第一号に掲げる建築物の部分（同号ロに掲げる規定に適合するものであることの認定を受けたものに限る。）を有する建築物	第1項の表三から表五まで及び前項の表二（（一）項及び（八）項を除く。）に掲げる図書（第1項の表五の（二）項にあっては令第62条の8ただし書に係るものを、前項の表二の（圭）項にあっては給水タンク及び貯水タンクその他これらに類するもの（屋上又は屋内にあるものを除く。）に係るものを除く。）	第1項の表一の（は）項に掲げる図書及び同項の表二の（ろ）欄に掲げる図書のうち令第136条の2の11第一号ロに掲げる規定が適用される建築物に係る図書	第1項の表一の（ろ）項に掲げる図書のうち各階平面図	壁及び筋かいの位置及び種類、通し柱の位置並びに延焼のおそれのある部分の外壁の位置及び構造
			前項の表一に掲げる図書（改良便槽、屎尿浄化槽及び合併処理浄化槽並びに給水タンク及び貯水タンクその他これらに類するもの（屋上又は屋内にあるものを除く。）に係るものを除く。）	第1項の表一の（ろ）項に掲げる図書のうち2面以上の立面図	延焼のおそれのある部分の外壁及び軒裏の構造
				第1項の表一の（ろ）項に掲げる図書のうち2面以上の断面図	各階の床及び天井の高さ
（三）	防火設備を有する建築物	第1項の表四の（四）項、（七）項、（三）項及び（三）項の（ろ）欄に掲げる図書	第1項の表二の（ろ）欄に掲げる図書のうち令第136条の2の11第二号の表の（一）項に掲げる規定が適用される建築物に係る図書（防火設備に係るものに限り、各階平面図を除く。）	第1項の表一の（ろ）項に掲げる図書のうち2面以上の立面図	開口部の構造
（四）	換気設備を有する建築物	第1項の表四の（七）項の（ろ）欄に掲げる図書及び前項の表二の（四）項の（ろ）欄に掲げる図書	前項の表一の（ろ）欄に掲げる図書のうち令第136条の2の11第二号の表の（二）項に掲げる規定が適用される		

		換気設備に係る図書（各階平面図を除く.）		
(五)	屎尿浄化槽又は合併処理浄化槽を有する建築物	第1項の表四の（七）欄及び前項の表二の（ハ）項の（ろ）欄に掲げる図書	前項の表一の（ろ）欄に掲げる図書のうち令第136条の2の11第二号の表の（三）項又は（四）項に掲げる規定が適用される屎尿浄化槽又は合併処理浄化槽に係る図書（各階平面図を除く.）		
(六)	非常用の照明装置を有する建築物	第1項の表四の（七）項の（ろ）欄及び前項の表二の（十）項の（ろ）欄に掲げる図書	前項の表一の（ろ）欄に掲げる図書のうち令第136条の2の11第二号の表の（五）項に掲げる規定が適用される非常用の照明装置に係る図書（各階平面図を除く.）		
(七)	給水タンク又は貯水タンクを有する建築物	第1項の表四の（七）項の（ろ）欄及び前項の表二の（圭）項の（ろ）欄に掲げる図書	前項の表一の（ろ）欄に掲げる図書のうち令第136条の2の11第二号の表の（六）項に掲げる規定が適用される給水タンク又は貯水タンクに係る図書（各階平面図を除く.）		
(八)	冷却塔設備を有する建築物	第1項の表四の（七）項の（ろ）欄及び前項の表二の（圭）項の（ろ）欄に掲げる図書	前項の表一の（ろ）欄に掲げる図書のうち令第136条の2の11第二号の表の（七）項に掲げる規定が適用される冷却塔設備に係る図書（各階平面図を除く.）		
(九)	エレベーターの部分で昇降路及び機械室以外のものを有する建築物	第1項の表四の（七）項の（ろ）欄に掲げる図書，前項の表一の（十）項に掲げるエレベーター強度検証法により検証をした際の計算書並びに前項の表二の（圭）項，（圭）項，（七）項及び（大）項の（ろ）欄に掲げる図書	前項の表一の（ろ）欄に掲げる図書のうち令第136条の2の11第二号の表の（八）項に掲げる規定が適用されるエレベーターの部分で昇降路及び機械室以外のものに係る図書（各階平面図及び前項の表一の（九）項の（ろ）欄に掲げるエレベーターの構造詳細図を除く.）	前項の表一の（十）項の（ろ）欄に掲げるエレベーターの構造詳細図	昇降路の構造以外の事項

		第1項の表四の(七)項の(ろ)欄に掲げる図書，前項の表一の(十)項に掲げるエスカレーター強度検証法により検証をした際の計算書並びに前項の表二の(三十)項及び(三十一)項の(ろ)欄に掲げる図書	前項の表一の(ろ)欄に掲げる図書のうち令第136条の2の11第二号の(九)項に掲げる規定が適用されるエスカレーターに係る図書（各階平面図を除く．）	
(十)	エスカレーターを有する建築物			
(十一)	避雷設備を有する建築物	第1項の表四の(七)項の(ろ)欄及び前項の表二の(三十一)項の(ろ)欄に掲げる図書	前項の表一の(六)項の(ろ)欄に掲げる図書のうち令第136条の2の11第二号の(十)項に掲げる規定が適用される避雷設備に係る図書（各階平面図を除く．）	

二

(い)	(ろ)	(は)	(に)
令第10条第三号に掲げる一戸建ての住宅	第1項の表一に掲げる図書のうち付近見取図，配置図及び各階平面図以外の図書	第1項の表一の(い)項に掲げる図書のうち各階平面図	筋かいの位置及び種類並びに延焼のおそれのある部分の外壁の構造
	第1項の第二及び表五並びに第4項の表一に掲げる図書のうち令第10条第三号イからハまでに定める規定に係る図書		
令第10条第四号に掲げる建築物	第1項の表一に掲げる図書のうち付近見取図，配置図及び各階平面図以外の図書	第1項の表一の(い)項に掲げる図書のうち各階平面図	筋かいの位置及び種類並びに通し柱の位置
	第1項の第二及び表五並びに第4項の表一に掲げる図書のうち令第10条第四号イからハまでに定める規定に係る図書		

6 　第1項の表一及び表二並びに第4項の表一の各項に掲げる図書に明示すべき事項をこれらの表に掲げる図書のうち他の図書に明示してその図書を第1項又は第4項の申請書に添える場合においては，第1項又は第4項の規定にかかわらず，当該各項に掲げる図書に明示することを要しない．この場合において，当該各項に掲げる図書に明示すべきすべての事項を当該他の図書に明示したときは，当該各項に掲げる図書を第1項又は第4項の申請書に添えることを要しない．

7 　特定行政庁は，申請に係る建築物が法第39条第2項，第40条，第43条第3項，第43条の2，第49条から第50条まで，第68条の2第1項若しくは第68条の9第1項の規定に基づく条例（法第87条第2項又は第3項においてこれらの規定に基づく条例の規定を準用する場合を含む．）又は第68条の9第2項の規定に基づく条例の規定に適合するものであることについての確認をするために特に必要があると認める場合においては，規則で，第1項又は第4項の規定に定めるもののほか，

申請書に添えるべき図書について必要な規定を設けることができる.

8 　前各項の規定にかかわらず，確認を受けた建築物の計画の変更の場合における確認の申請書並びにその添付図書及び添付書類は，前各項に規定する申請書並びにその添付図書及び添付書類並びに当該計画の変更に係る直前の確認に要した図書及び書類（変更に係る部分に限る.）とする. ただし，当該直前の確認を受けた建築主事に対して申請を行う場合においては，変更に係る部分の申請書（第一面が別記第四号様式によるものをいう.）並びにその添付図書及び添付書類とする.

9 　申請に係る建築物の計画が全体計画認定又は全体計画変更認定を受けたものである場合において，前各項の規定により申請書に添えるべき図書及び書類と当該建築物が受けた全体計画認定又は全体計画変更認定に要した図書及び書類の内容が同一であるときは，申請書にその旨を記載した上で，当該申請書に添えるべき図書及び書類のうち当該内容が同一であるものについては，申請書の正本1通及び副本1通に添えることを要しない.

10 　前各項の規定にかかわらず，増築又は改築後において，増築又は改築に係る部分とそれ以外の部分とがエキスパンションジョイントその他の相互に応力を伝えない構造方法のみで接するものとなる建築物の計画のうち，増築又は改築に係る部分以外の部分の計画が増築又は改築後においても令第81条第2項又は第3項に規定する基準に適合することが明らかなものとして国土交通大臣が定めるもの（以下この項及び第3条の7第4項において「構造計算基準に適合する部分の計画」という.）に係る確認の申請において，当該申請に係る建築物の直前の確認に要した図書及び書類（確認を受けた建築物の計画の変更に係る確認を受けた場合にあっては当該確認に要した図書及び書類を含む. 次項において「直前の確認に要した図書及び書類」という.）並びに当該建築物に係る検査済証の写しを確認の申請書に添えた場合にあっては，第1項第一号ロ(2)に掲げる図書及び書類（構造計算基準に適合する部分の計画に係るものに限る.）を添えることを要しない.　　　　　　　　　　　　**〈関連：平27告示第180号〉**

11 　前項の規定による申請を当該申請に係る建築物の直前の確認（確認を受けた建築物の計画の変更に係る確認を受けた場合にあっては当該確認）を受けた建築主事に対して行う場合においては，当該建築主事が直前の確認に要した図書及び書類を有していないことその他の理由により提出を求める場合を除き，当該図書及び書類を添えることを要しない.

［建築主事による留意事項の通知］

第1条の4　建築主事は，法第6条第1項の規定による確認の申請を受けた場合において，申請に係る建築物の計画について都道府県知事又は指定構造計算適合性判定機関が構造計算適合性判定を行うに当たって留意すべき事項があると認めるときは，当該計画について構造計算適合性判定の申請を受けた都道府県知事又は指定構造計算適合性判定機関に対し，当該事項の内容を通知するものとする.

［確認済証等の様式等］

第2条　法第6条第4項（法第87条第1項において準用する場合を含む.）の規定による確認済証の交付は，別記第五号様式による確認済証に第1条の3の申請書の副本1通並びにその添付図書及び添付書類，第3条の12に規定する図書及び書類並びに建築物のエネルギー消費性能の向上に関する法律施行規則（平成28年国土

交通省令第5号）第6条に規定する書類（建築物のエネルギー消費性能の向上に関する法律（平成27年法律第53号）第12条第6項に規定する適合判定通知書又はその写し，同規則第6条第一号に規定する認定書の写し，同条第二号に規定する通知書又はその写し及び同条第三号に規定する通知書又はその写しを除く．第4項，第3条の4第1項及び同条第2項第一号において同じ．）を添えて行うものとする．

2　法第6条第6項の国土交通省令で定める場合は，次のいずれかに該当する場合とする．

一　申請に係る建築物の計画が特定増改築構造計算基準（令第81条第2項に規定する基準に従った構造計算で，法第20条第1項第二号イに規定する方法によるものによって確かめられる安全性を有することに係る部分に限る．）に適合するかどうかの審査をする場合

二　申請に係る建築物（法第6条第1項第二号又は第三号に掲げる建築物に限る．）の計画が令第81条第2項又は第3項に規定する基準に従った構造計算で，法第20条第1項第二号イ又は第三号イに規定するプログラムによるものによって確かめられる安全性を有するかどうかを審査する場合において，第1条の3第1項第一号ロ(2)ただし書の規定による磁気ディスク等の提出がなかった場合

三　申請に係る建築物（法第6条第1項第二号又は第三号に掲げる建築物を除く．）の計画が令第81条第2項又は第3項に規定する基準に従った構造計算で，法第20条第1項第二号イ又は第三号イに規定するプログラムによるものによって確かめられる安全性を有するかどうかを審査する場合

四　申請に係る建築物の計画が令第81条第3項に規定する基準に従った構造計算で，法第20条第1項第三号イに規定する方法によるものによって確かめられる安全性を有するかどうかを審査する場合

五　法第6条第4項の期間の末日の3日前までに法第6条の3第7項に規定する適合判定通知書（以下単に「適合判定通知書」という．）若しくはその写し又は建築物のエネルギー消費性能の向上に関する法律第12条第6項に規定する適合判定通知書若しくはその写し（建築物のエネルギー消費性能の向上に関する法律施行規則第6条第一号に掲げる場合にあっては同号に規定する認定書の写し，同条第二号に掲げる場合にあっては同号に規定する通知書又はその写し，同条第三号に掲げる場合にあっては同号に規定する通知書又はその写し．第4項，第3条の4第2項第一号及び第6条の3第2項第十一号において同じ．）の提出がなかった場合

3　法第6条第6項の規定による同条第4項の期間を延長する旨及びその延長する期間並びにその期間を延長する理由を記載した通知書の交付は，別記第五号の二様式により行うものとする．

4　法第6条第7項（法第87条第1項において準用する場合を含む．次項において同じ．）の規定による適合しないことを認めた旨及びその理由を記載した通知書の交付は，別記第六号様式による通知書に第1条の3の申請書の副本1通並びにその添付図書及び添付書類，適合判定通知書又はその写し，第3条の12に規定する図書及び書類，建築物のエネルギー消費性能の向上に関する法律第12条第6項に規定する適合判定通知書又はその写し並びに建築物のエネルギー消費性能の向上に関する法律施行規則第6条に規定する書類を添えて行うものとする．

5 法第6条第7項の規定による適合するかどうかを決定することができない旨及びその理由を記載した通知書の交付は，別記第七号様式により行うものとする．

[建築設備に関する確認申請書及び確認済証の様式]

第2条の2 法第87条の4において準用する法第6条第1項の規定による確認の申請書は，次の各号に掲げる図書及び書類とする．

一 別記第八号様式（昇降機用）又は同様式（昇降機以外の建築設備用）による正本1通及び副本1通に，それぞれ，次に掲げる図書及び書類を添えたもの（正本に添える図書にあっては，当該図書の設計者の氏名が記載されたものに限る．）

　イ 次の表の各項に掲げる図書

　ロ 申請に係る建築設備が次の(1)から(4)までに掲げる建築設備である場合にあっては，それぞれ当該(1)から(4)までに定める図書及び書類

　　(1) 第1条の3第4項の表一の各項の（い）欄に掲げる建築設備 当該各項の（ろ）欄に掲げる図書

　　(2) 第1条の3第4項の表二の各項の（い）欄に掲げる書類（建築主事が，当該書類を有していないことその他の理由により，提出を求める場合に限る．）

　　(3) 法第37条の規定が適用される建築設備 第1条の3第1項の表二の(夫)項の（ろ）欄に掲げる図書

　　(4) 法第37条第二号の認定を受けたものとする建築材料を用いる建築設備 法第37条第二号に係る認定書の写し

二 代理者によって確認の申請を行う場合にあっては，委任状又はその写し

図書の種類	明示すべき事項
付近見取図	方位，道路及び目標となる地物
配置図	縮尺及び方位
	敷地境界線，敷地内における建築物の位置及び申請に係る建築設備を含む建築物と他の建築物との別
	擁壁の設置その他安全上適当な措置
	土地の高低，敷地と敷地の接する道の境界部分との高低差又は申請に係る建築物の各部分の高さ
	敷地の接する道路の位置，幅員及び種類
	下水管，下水溝又はためますその他これに類する施設の位置及び排出又は処理経路
各階平面図	縮尺及び方位
	間取，各室の用途及び床面積
	壁及び筋かいの位置及び種類
	通し柱及び開口部の位置
	延焼のおそれのある部分の外壁の位置及び構造

2 前項の規定にかかわらず，次の各号に掲げる建築設備の計画に係る確認の申請書にあっては，それぞれ当該各号に定めるところによるものとする．

一 認定型式に適合する建築設備 認定型式の認定書の写しを添えたものにあって

は，次の表の（い）欄に掲げる建築設備の区分に応じ，同表の（ろ）欄に掲げる図書についてはこれを添えることを要しない．

二　認証型式部材等を有する建築設備　認証型式部材等に係る認証書の写しを添えたものにあっては，次の表の（い）欄に掲げる建築設備の区分に応じ，同表の（ろ）欄及び（は）欄に掲げる図書についてはこれらを添えることを要せず，同表の（に）欄に掲げる図書については同表の(ほ)欄に掲げる事項を明示することを要しない．

	（い）	（ろ）	（は）	（に）	（ほ）
（一）	換気設備	第1条の3第4項の表二の(四)項の（ろ）欄に掲げる図書及び前項第一号ロ(4)に掲げる書類	第1条の3第4項の表一の(ろ)欄に掲げる図書のうち令第136条の2の11第二号の(二)項に掲げる規定が適用される換気設備に係る図書（各階平面図を除く.）		
（二）	非常用の照明装置	第1条の3第4項の表二の(十)項の（ろ）欄に掲げる図書及び第一項第一号ロ(4)に掲げる書類	第1条の3第4項の表一の(ろ)欄に掲げる図書のうち令第136条の2の11第二号の(五)項に掲げる規定が適用される非常用の照明装置に係る図書（各階平面図を除く.）		
（三）	給水タンク又は貯水タンク	第1条の3第4項の表二の(圭)項の（ろ）欄に掲げる図書及び前項第一号ロ(4)に掲げる書類	第1条の3第4項の表一の(ろ)欄に掲げる図書のうち令第136条の2の11第二号の(六)項に掲げる規定が適用される給水タンク又は貯水タンクに係る図書（各階平面図を除く.）		
（四）	冷却塔設備	第1条の3第4項の表二の(圭)項の（ろ）欄に掲げる図書及び前項第一号ロ(4)に掲げる書類	第1条の3第4項の表一の(ろ)欄に掲げる図書のうち令第136条の2の11第二号の(七)項に掲げる規定が適用される冷却塔設備に係る図書（各階平面図を除く.）		
（五）	エレベーターの部分で昇降路及び機械室以外のもの	第1条の3第4項の表一の(十)項に掲げるエレベーター強度検証法により検証をした際の計算書，同項の表二の(圭)項,(圭),(圭)項及び(圭)項の（ろ）欄に掲げる図書並びに前項第一号ロ(4)に掲げる書類	第1条の3第4項の表一の(ろ)欄に掲げる図書のうち令第136条の2の11第二号の(八)項に掲げる規定が適用されるエレベーターの部分で昇降路及び機械室以外のものに係る図書（各階平面図及び第1条の3第4項の表一の(九)項の(ろ)欄に掲	第1条の3第4項の表一の(十)項の(ろ)欄に掲げるエレベーターの構造詳細図	昇降路の構造以外の事項

		げるエレベーターの構造詳細図を除く.)	
(六)	エスカレーター	第1条の3第4項の表一の(㈩)項に掲げるエスカレーター強度検証法により検証をした際の計算書,同項の表二の(㆓)項及び(三)項の(ろ)欄に掲げる図書並びに前項第一号ロ(4)に掲げる書類	第1条の3第4項の表一の(ろ)欄に掲げる図書のうち令第136条の2の11第二号の(㈨)項に掲げる規定が適用されるエスカレーターに係る図書(各階平面図を除く.)	
(七)	避雷設備	第1条の3第4項の表二の(三)項の(ろ)欄に掲げる図書及び前項第一号ロ(4)に掲げる書類	第1条の3第4項の表一の(ろ)欄に掲げる図書のうち令第136条の2の11第二号の(㈩)項に掲げる規定が適用される避雷設備に係る図書(各階平面図を除く.)	

3　第1項の表一の各項に掲げる図書に明示すべき事項を同表に掲げる図書のうち他の図書に明示してその図書を同項の申請書に添える場合においては,同項の規定にかかわらず,当該各項に掲げる図書に明示することを要しない.この場合において,当該各項に掲げる図書に明示すべきすべての事項を当該他の図書に明示したときは,当該各項に掲げる図書を第1項の申請書に添えることを要しない.

4　特定行政庁は,申請に係る建築設備が法第39条第2項,第40条,第43条第3項,第43条の2,第49条から第50条まで,第68条の2第1項若しくは第68条の9第1項の規定に基づく条例(これらの規定に基づく条例の規定を法第87条第2項又は第3項において準用する場合を含む.)又は第68条の9第2項の規定に基づく条例の規定に適合するものであることについての確認をするために特に必要があると認める場合においては,規則で,第1項の規定に定めるもののほか,申請書に添えるべき図書について必要な規定を設けることができる.

5　前各項の規定にかかわらず,確認を受けた建築設備の計画の変更の場合における確認の申請書並びにその添付図書及び添付書類は,前各項に規定する申請書並びにその添付図書及び添付書類並びに当該計画の変更に係る直前の確認に要した図書及び書類(変更に係る部分に限る.)とする.ただし,当該直前の確認を受けた建築主事に対して申請を行う場合においては,変更に係る部分の申請書(第一面が別記第九号様式によるものをいう.)並びにその添付図書及び添付書類とする.

6　前条第1項,第4項又は第5項の規定は,法第87条の4において準用する法第6条第4項又は第7項の規定による交付について準用する.

[工作物に関する確認申請書及び確認済証等の様式]

第3条　法第88条第1項において準用する法第6条第1項の規定による確認の申請書は,次の各号に掲げる図書及び書類とする.

一　別記第十号様式(令第138条第2項第一号に掲げるもの(以下「観光用エレベーター等という.)にあっては,別記第八号様式(昇降機用))による正本1通及び副本1通に,それぞれ,次に掲げる図書及び書類を添えたもの(正本に添える図書に

あっては，当該図書の設計者の氏名が記載されたものに限る.）

イ　次の表一の各項に掲げる図書

ロ　申請に係る工作物が次の(1)及び(2)に掲げる工作物である場合にあっては，それぞれ当該(1)及び(2)に定める図書及び書類

　　(1)　次の表二の各項の（い）欄に掲げる工作物　当該各項の（ろ）欄に掲げる図書

　　(2)　次の表三の各項の（い）欄に掲げる工作物　当該各項の（ろ）欄に掲げる書類（建築主事が，当該書類を有していないことその他の理由により，提出を求める場合に限る.）

二　代理者によって確認の申請を行う場合にあっては，委任状又はその写し

表一

図書の種類	明示すべき事項
付近見取図	方位，道路及び目標となる地物
配置図	縮尺及び方位
	敷地境界線，申請に係る工作物の位置並びに申請に係る工作物と他の建築物及び工作物との別
	土地の高低及び申請に係る工作物の各部分の高さ
平面図又は横断面図	縮尺
	主要部分の材料の種別及び寸法
側面図又は縦断面図	縮尺
	工作物の高さ
	主要部分の材料の種別及び寸法
構造詳細図	縮尺
	主要部分の材料の種別及び寸法
構造計算書	応力算定及び断面算定（遊戯施設以外の工作物にあっては，令第139条第1項第三号又は第四号ロ（令第140条第2項，令第141条第2項又は第143条第2項において準用する場合を含む.）の認定を受けたものを除き，遊戯施設にあっては，工作物のかご，車両その他人を乗せる部分（以下この表，表二の(六)項並びに表三の(三)項，(九)項及び(十)項において「客席部分」という.）及びこれを支え，又は吊る構造上主要な部分（以下この表，表二の(六)項並びに表三の(三)項及び(九)項において「主要な支持部分」という.）のうち摩損又は疲労破壊が生ずるおそれのある部分以外の部分に係るもの（令第144条第1項第一号ロ又はハ(2)の認定を受けたものを除く.）並びに屋外に設ける工作物の客席部分及び主要な支持部分のうち摩損又は疲労破壊が生ずるおそれのある部分で風圧に対する安全性を確かめたものに限る.）

表二

	（い）	（ろ）	
		図書の書類	明示すべき事項
(一)	令第139条の規定が適用される工作物	配置図	煙突等の位置，寸法及び構造方法
		平面図又は横断面図	煙突等の各部の位置及び構造方法並びに材料の種別，寸法及び平面形状
			近接又は接合する建築物又は工作物の位置，寸法及び構造方法

			構造耐力上主要な部分である部材（接合部を含む.）の位置，寸法及び構造方法並びに材料の種別
		側面図又は縦断面図	煙突等の各部の高さ及び構造方法並びに材料の種別，寸法及び立面形状
			近接又は接合する建築物又は工作物の位置，寸法及び構造方法
			構造耐力上主要な部分である部材（接合部を含む.）の位置，寸法及び構造方法並びに材料の種別及び寸法
		構造詳細図	構造耐力上主要な部分である接合部並びに継手及び仕口並びに溶接の構造方法
			鉄筋の配置，径，継手及び定着の方法
			鉄筋及び鉄骨に対するコンクリートのかぶり厚さ
			管の接合方法，支枠及び支線の緊結
		基礎伏図	基礎の配置，構造方法及び寸法並びに材料の種別及び寸法
		敷地断面図及び基礎・地盤説明書	支持地盤の種別及び位置
			基礎の底部又は基礎ぐいの先端の位置
			基礎の底部に作用する荷重の数値及びその算出根拠
		使用構造材料一覧表	構造耐力上主要な部分に用いる材料の種別
			くいに用いるさび止め又は防腐措置
		施工方法等計画書	打撃，圧力又は振動により設けられる基礎ぐいの打撃力等に対する構造耐力上の安全性を確保するための措置
			コンクリートの強度試験方法，調合及び養生方法
			コンクリートの型枠の取外し時期及び方法
		令第38条第3項若しくは第4項，令第39条第2項，令第66条，令第67条第2項，令第69条，令第73条第2項ただし書，同条第3項ただし書，令第79条第2項，令第79条の3第2項，令第80条の2又は令第139条第1項第四号イの規定に適合することの確認に必要な図書	令第38条第3項に規定する構造方法への適合性審査に必要な事項
			令第38条第4項の構造計算の結果及びその算出方法
			令第39条第2項に規定する構造方法への適合性審査に必要な事項
			令第66条に規定する構造方法への適合性審査に必要な事項
			令第67条第2項に規定する構造方法への適合性審査に必要な事項
			令第69条の構造計算の結果及びその算出方法
			令第73条第2項ただし書に規定する構造方法への適合性審査に必要な事項
			令第73条第3項ただし書の構造計算の結果及びその算出方法
			令第79条第2項に規定する構造方法への適合性審査に必要な事項
			令第79条の3第2項に規定する構造方法への適合性審査に必要な事項

			令第80条の2に規定する構造方法への適合性審査に必要な事項
			令第139条第1項第四号イの構造計算の結果及びその算出方法
(二)	令第140条の規定が適用される工作物	配置図	鉄筋コンクリート造等の柱の位置，構造方法及び寸法
		平面図又は横断面図	鉄筋コンクリート造等の柱の各部の位置及び構造方法並びに材料の種別，寸法及び平面形状
			近接又は接合する建築物又は工作物の位置，構造方法及び寸法
			構造耐力上主要な部分である部材（接合部を含む.）の位置，寸法及び構造方法並びに材料の種別
		側面図又は縦断面図	鉄筋コンクリート造等の柱の各部の高さ及び構造方法並びに材料の種別，寸法及び立面形状
			近接又は接合する建築物又は工作物の位置，寸法及び構造方法
			構造耐力上主要な部分である部材（接合部を含む.）の位置，寸法及び構造方法並びに材料の種別及び寸法
		構造詳細図	構造耐力上主要な部分である接合部並びに継手及び仕口並びに溶接の構造方法
			鉄筋の配置，径，継手及び定着の方法
			鉄筋及び鉄骨に対するコンクリートのかぶり厚さ
			管の接合方法，支枠及び支線の緊結
		基礎伏図	基礎の配置，構造方法及び寸法並びに材料の種別及び寸法
		敷地断面図及び基礎・地盤説明書	支持地盤の種別及び位置
			基礎の底部又は基礎ぐいの先端の位置
			基礎の底部に作用する荷重の数値及びその算出根拠
		使用構造材料一覧表	構造耐力上主要な部分に用いる材料の種別
		施工方法等計画書	打撃，圧力又は振動により設けられる基礎ぐいの打撃力等に対する構造耐力上の安全性を確保するための措置
			コンクリートの強度試験方法，調合及び養生方法
			コンクリートの型枠の取外し時期及び方法
		令第38条第3項若しくは第4項，令第39条第2項，令第40条ただし書，令第47条第1項，令第66条，令第67条第2項，令第69	令第38条第3項に規定する構造方法への適合性審査に必要な事項
			令第38条第4項の構造計算の結果及びその算出方法
			令第39条第2項に規定する構造方法への適合性審査に必要な事項
			令第40条ただし書に規定する用途又は規模への適合性審査に必要な事項

		条, 令第73条第2項ただし書, 同条第3項ただし書, 令第79条第2項, 令第79条の3第2項又は令第139条第1項第四号イの規定に適合することの確認に必要な図書	令第47条第1項に規定する構造方法への適合性審査に必要な事項
			令第66条に規定する構造方法への適合性審査に必要な事項
			令第67条第2項に規定する構造方法への適合性審査に必要な事項
			令第69条の構造計算の結果及びその算出方法
			令第73条第2項ただし書に規定する構造方法への適合性審査に必要な事項
			令第73条第3項ただし書の構造計算の結果及びその算出方法
			令第79条第2項に規定する構造方法への適合性審査に必要な事項
			令第79条の3第2項に規定する構造方法への適合性審査に必要な事項
			令第139条第1項第四号イの構造計算の結果及びその算出方法
(三)	令第141条の規定が適用される工作物	配置図	広告塔又は高架水槽等の各部の位置, 構造方法及び寸法
		平面図又は横断面図	広告塔又は高架水槽等の各部の位置及び構造方法並びに材料の種別, 寸法及び平面形状
			近接又は接合する建築物又は工作物の位置, 寸法及び構造方法
			構造耐力上主要な部分である部材（接合部を含む.）の位置, 寸法及び構造方法並びに材料の種別
		側面図又は縦断面図	広告塔又は高架水槽等の各部の高さ及び構造方法並びに材料の種別, 寸法及び立面形状
			近接又は接合する建築物又は工作物の位置, 寸法及び構造方法
			構造耐力上主要な部分である部材（接合部を含む.）の位置, 寸法及び構造方法並びに材料の種別及び寸法
		構造詳細図	構造耐力上主要な部分である接合部並びに継手及び仕口並びに溶接の構造方法
			鉄筋の配置, 径, 継手及び定着の方法
			鉄筋及び鉄骨に対するコンクリートのかぶり厚さ
		基礎伏図	基礎の配置, 構造方法及び寸法並びに材料の種別及び寸法
		敷地断面図及び基礎・地盤説明書	支持地盤の種別及び位置
			基礎の底部又は基礎ぐいの先端の位置
			基礎の底部に作用する荷重の数値及びその算出根拠
		使用構造材料一覧表	構造耐力上主要な部分に用いる材料の種別
		施工方法等計画書	打撃, 圧力又は振動により設けられる基礎ぐいの打撃力等に対する構造耐力上の安全性を確保するための措置

			コンクリートの強度試験方法，調合及び養生方法
			コンクリートの型枠の取外し時期及び方法
		令第 38 条第 3 項若しくは第 4 項，令第 39 条第 2 項，令第 40 条ただし書，令第 42 条第 1 項第二号，同条第 1 項第三号，令第 47 条第 1 項，令第 66 条，令第 67 条第 2 項，令第 69 条，令第 70 条，令第 73 条第 2 項ただし書，同条第 3 項ただし書，令第 77 条第四号及び第六号，同条第五号ただし書，令第 77 条の 2 第 1 項ただし書，令第 79 条第 2 項，令第 79 条の 3 第 2 項，令第 80 条の 2 又は令第 139 条第 1 項第四号イの規定に適合することの確認に必要な図書	令第 38 条第 3 項に規定する構造方法への適合性審査に必要な事項
			令第 38 条第 4 項の構造計算の結果及びその算出方法
			令第 39 条第 2 項に規定する構造方法への適合性審査に必要な事項
			令第 40 条ただし書に規定する用途又は規模への適合性審査に必要な事項
			令第 42 条第 1 項第二号に規定する基準への適合性審査に必要な事項
			令第 42 条第 1 項第三号に規定する構造方法への適合性審査に必要な事項
			令第 42 条第 1 項第三号に規定する方法による検証内容
			令第 47 条第一項に規定する構造方法への適合性審査に必要な事項
			令第 66 条に規定する構造方法への適合性審査に必要な事項
			令第 67 条第 2 項に規定する構造方法への適合性審査に必要な事項
			令第 69 条の構造計算の結果及びその算出方法
			令第 70 条に規定する構造方法への適合性審査に必要な事項
			令第 70 条に規定する一の柱のみ火熱による耐力の低下によって建築物全体が容易に倒壊するおそれがある場合として国土交通大臣が定める場合に該当することを確認するために必要な事項
			令第 73 条第 2 項ただし書に規定する構造方法への適合審査に必要な事項
			令第 73 条第 3 項ただし書の構造計算の結果及びその算出方法
			令第 77 条第四号及び第六号に規定する基準への適合性審査に必要な事項
			令第 77 条第五号ただし書の構造計算の結果及びその算出方法
			令第 77 条の 2 第 1 項ただし書の構造計算の結果及びその算出方法
			令第 79 条第 2 項に規定する構造方法への適合性審査に必要な事項
			令第 79 条の 3 第 2 項に規定する構造方法への適合性審査に必要な事項
			令第 80 条の 2 に規定する構造方法への適合性審査に必要な事項
			令第 139 条第 1 項第四号イの構造計算の結果及びその算出方法

(四)	令第142条の規定が適用される工作物	配置図	擁壁の各部の位置，寸法及び構造方法
		平面図又は横断面図	がけ及び擁壁の位置及び構造方法並びに材料の種別，寸法及び平面形状
			近接又は接合する建築物又は工作物の位置，寸法及び構造方法
			構造耐力上主要な部分である部材（接合部を含む．）の位置，寸法及び構造方法並びに材料の種別
		側面図又は縦断面図	鉄筋コンクリート造等の柱の各部の高さ及び構造方法並びに材料の種別，寸法及び立面形状
			近接又は接合する建築物又は工作物の位置，寸法及び構造方法
			構造耐力上主要な部分である部材（接合部を含む．）の位置，寸法及び構造方法並びに材料の種別及び寸法
		構造詳細図	構造耐力上主要な部分である接合部並びに継手及び仕口並びに溶接の構造方法
			鉄筋の配置，径，継手及び定着の方法
			鉄筋及び鉄骨に対するコンクリートのかぶり厚さ
		基礎伏図	基礎の配置，構造方法及び寸法並びに材料の種別及び寸法
		敷地断面図及び基礎・地盤説明書	支持地盤の種別及び位置
			基礎の底部又は基礎ぐいの先端の位置
			基礎の底部に作用する荷重の数値及びその算出根拠
		使用構造材料一覧表	構造耐力上主要な部分に用いる材料の種別
		施工方法等計画書	打撃，圧力又は振動により設けられる基礎ぐいの打撃力等に対する構造耐力上の安全性を確保するための措置
			コンクリートの強度試験方法，調合及び養生方法
			コンクリートの型枠の取外し時期及び方法
		令第38条第3項若しくは第4項，令第39条第2項，令第79条第2項，令第80条の2又は令第142条第1項第五号の規定に適合することの確認に必要な図書	令第38条第3項に規定する構造方法への適合性審査に必要な事項
			令第38条第4項の構造計算の結果及びその算出方法
			令第39条第2項に規定する構造方法への適合性審査に必要な事項
			令第79条第2項に規定する構造方法への適合性審査に必要な事項
			令第80条の2に規定する構造方法への適合性審査に必要な事項
			令第142条第1項第五号の構造計算の結果及びその算出方法
(五)	令第143条の規定が適用される乗用エレベーター及びエスカレーター（この項に	配置図	乗用エレベーター等の位置，構造方法及び寸法
		平面図又は横断面図	乗用エレベーター等の各部の位置及び構造方法並びに材料の種別，寸法及び平面形状

おいて「乗用エレベーター等」という.)		近接又は接合する建築物の位置，寸法及び構造方法
		構造耐力上主要な部分である部材（接合部を含む.）の位置，寸法及び構造方法並びに材料の種別
	側面図又は縦断面図	乗用エレベーター等の各部の高さ及び構造方法並びに材料の種別，寸法及び立面形状
		近接又は接合する建築物の位置，寸法及び構造方法
		構造耐力上主要な部分である部材（接合部を含む.）の位置，寸法及び構造方法並びに材料の種別及び寸法
	構造詳細図	構造耐力上主要な部分である接合部並びに継手及び仕口並びに溶接の構造方法
		鉄筋の配置，径，継手及び定着の方法
		鉄筋及び鉄骨に対するコンクリートのかぶり厚さ
		管の接合方法，支枠及び支線の緊結
	基礎伏図	基礎の配置，構造方法及び寸法並びに材料の種別及び寸法
	敷地断面図及び基礎・地盤説明書	支持地盤の種別及び位置
		基礎の底部又は基礎ぐいの先端の位置
		基礎の底部に作用する荷重の数値及びその算出根拠
	使用構造材料一覧表	構造耐力上主要な部分に用いる材料の種別
	施工方法等計画書	打撃，圧力又は振動により設けられる基礎ぐいの打撃力等に対する構造耐力上の安全性を確保するための措置
		コンクリートの強度試験方法，調合及び養生方法
		コンクリートの型枠の取外し時期及び方法
	令第38条第3項若しくは第4項，令第39条第2項，令第66条，令第67条第2項，令第69条，令第73条第2項ただし書，同条第3項ただし書，令第77条第五号ただし書，令第79条第2項，令第79条の3第2項，令第80条の2又は令第139条第1項第四号イの規定に適合することの確認に必要な図書	令第38条第3項に規定する構造方法への適合性審査に必要な事項
		令第38条第4項の構造計算の結果及びその算出方法
		令第39条第2項に規定する構造方法への適合性審査に必要な事項
		令第66条に規定する構造方法への適合性審査に必要な事項
		令第67条第2項に規定する構造方法への適合性審査に必要な事項
		令第69条の構造計算の結果及びその算出方法
		令第73条第2項ただし書に規定する構造方法への適合性審査に必要な事項
		令第73条第3項ただし書の構造計算の結果及びその算出方法
		令第77条第五号ただし書の構造計算の結果及びその算出方法
		令第79条第2項に規定する構造方法への適合性審査に必要な事項

				令第79条の3第2項に規定する構造方法への適合性審査に必要な事項
				令第80条の2に規定する構造方法への適合性審査に必要な事項
				令第139条第1項第四号イの構造計算の結果及びその算出方法
	令第129条の3第1項第一号及び第2項第一号並びに令第129条の4から令第129条の10までの規定が適用されるエレベーター	平面図	エレベーターの機械室に設ける換気上有効な開口部又は換気設備の位置
				エレベーターの機械室の出入口の構造
				エレベーターの機械室に通ずる階段の構造
				エレベーター昇降路の壁又は囲いの全部又は一部を有さない部分の構造
		床面積求積図	エレベーターの機械室の床面積及び昇降路の水平投影面積の求積に必要な建築物の各部分の寸法及び算式
		エレベーターの仕様書	エレベーターの用途及び積載量並びに最大定員
			昇降行程
			エレベーターのかごの定格速度
			保守点検の内容
		エレベーターの構造詳細図	エレベーターのかごの構造
			エレベーターの主要な支持部分の位置及び構造
			エレベーターの釣合おもりの構造
			エレベーターのかご及び昇降路の壁又は囲い及び出入口の戸の位置及び構造
			非常の場合においてかご内の人を安全にかご外に救出することができる開口部の位置及び構造
			エレベーターの駆動装置及び制御器の位置及び取付方法
			エレベーターの制御器の構造
			エレベーターの安全装置の位置及び構造
			エレベーターの用途及び積載量並びに最大定員を明示した標識の意匠及び当該標識を掲示する位置
		エレベーターのかご，昇降路及び機械室の断面図	出入口の床先とかごの床先との水平距離及びかごの床先と昇降路の壁との水平距離
			エレベーターの昇降路内の突出物の種別，位置及び構造
			エレベーターの機械室の床面から天井又ははりの下端までの垂直距離
			エレベーターの機械室に通ずる階段の構造
		エレベーター強度検証法により検証した際の計算書	固定荷重及び積載荷重によって主要な支持部分等に生ずる力
			主要な支持部分等の断面に生ずる常時及び安全装置作動時の各応力度

			主要な支持部分等の材料の破壊強度を安全率で除して求めた許容応力度
			独立してかごを支え，又は吊ることができる部分の材料の破断強度を限界安全率で除して求めた限界の許容応力度
		エレベーターの荷重を算出した際の計算書	エレベーターの各部の固定荷重
			エレベーターのかごの積載荷重及びその算出方法
			エレベーターのかごの床面積
		令第143条第2項において準用する令第129条の4第3項第六号又は第七号の規定に適合することの確認に必要な図書	令第143条第2項において準用する令第129条の4第3項第六号の構造計算の結果及びその算出方法
			令第143条第2項において準用する令第129条の4第3項第七号の構造計算の結果及びその算出方法
		エレベーターの使用材料表	エレベーターのかご及び昇降路の壁又は囲い及び出入口の戸（構造上軽微な部分を除く．）に用いる材料の種別
			エレベーターの機械室の出入口に用いる材料
	令第129条の3第1項第二号及び第2項第二号並びに令第129条の12の規定が適用されるエスカレーター	各階平面図	エスカレーターの位置
		エスカレーターの仕様書	エスカレーターの勾配及び揚程
			エスカレーターの踏段の定格速度
			保守点検の内容
		エスカレーターの構造詳細図	通常の使用状態において人又は物が挟まれ，又は障害物に衝突することがないようにするための措置
			エスカレーターの踏段の構造
			エスカレーターの取付け部分の構造方法
			エスカレーターの主要な支持部分の位置及び構造
			エスカレーターの制動装置の構造
			昇降口において踏段の昇降を停止させることができる装置の構造
		エスカレーターの断面図	エスカレーターの踏段の両側に設ける手すりの構造
			エスカレーターの踏段の幅及び踏段の端から当該踏段の端の側にある手すりの上端部及び中心までの水平距離
		エスカレーター強度検証法により検証した際の計算書	固定荷重及び積載荷重によって主要な支持部分等に生ずる力
			主要な支持部分等の断面に生ずる常時及び安全装置作動時の各応力度
			主要な支持部分等の材料の破壊強度を安全率で除して求めた許容応力度
			独立して踏段を支え，又は吊ることができる部分の材料の破断強度を限界安全率で除して求めた限界の許容応力度

		エスカレーターの荷重を算出した際の計算書	エスカレーターの各部の固定荷重
			エスカレーターの踏段の積載荷重及びその算出方法
			エスカレーターの踏段面の水平投影面積
(六)	令第 144 条の規定が適用される遊戯施設	平面図又は横断面図	運転開始及び運転終了を知らせる装置の位置
			非常止め装置が作動した場合に，客席にいる人を安全に救出することができる位置へ客席部分を移動するための手動運転装置又は客席にいる人を安全に救出することができる通路その他の施設の位置
			安全柵の位置及び構造並びに安全柵の出入口の戸の構造
			遊戯施設の運転室の位置
			遊戯施設の使用の制限に関する事項を掲示する位置
			遊戯施設の客席部分及び主要な支持部分の位置
			遊戯施設の客席部分の周囲の状況
			遊戯施設の駆動装置の位置
		側面図又は縦断面図	遊戯施設の客席部分及び主要な支持部分の構造
			遊戯施設の客席部分の周囲の状況
			遊戯施設の駆動装置の位置
		遊戯施設の仕様書	遊戯施設の種類
			客席部分の定常走行速度及び勾配若しくは平均勾配又は定常円周速度及び傾斜角度
			遊戯施設の使用の制限に関する事項
			遊戯施設の客席部分の数
			遊戯施設の客席部分及び主要な支持部分に関する事項
			遊戯施設の客席部分の周囲の状況
			遊戯施設の駆動装置及び非常止め装置に関する事項
			遊戯施設の運転室に関する事項
		遊戯施設の構造詳細図	遊戯施設の客席部分及び主要な支持部分の位置及び構造
			遊戯施設の釣合おもりの構造
			遊戯施設の駆動装置の位置及び構造
			令第 144 条第 1 項第四号に規定する非常止め装置の位置及び構造
			遊戯施設の乗降部分の構造又は乗降部分における客席部分に対する乗降部分の床に対する速度
		遊戯施設の客席部分の構造詳細図	軌条又は索条の位置及び構造
			定員を明示した標識の位置
			遊戯施設の非常止め装置の位置及び構造
			客席部分にいる人が客席部分から落下し，又は飛び出すことを防止するために講じた措置

		遊戯施設強度 検証法により 検証した際の 計算書	固定荷重及び積載荷重によって主要な支持部分等に生ずる力
			主要な支持部分等の断面に生ずる常時及び安全措置作動時の各応力度
			主要な支持部分等の材料の破壊強度を安全率で除して求めた許容応力度
			独立して客席部分を支え，又は吊ることができる部分の材料の破断強度を限界安全率で除して求めた限界の許容応力度
			主索の規格及び直径並びに端部の緊結方法
			綱車又は巻胴の直径
		令第144条第 2項において 準用する令第 129条の4第 3項第六号又 は第七号の規 定に適合する ことの確認に 必要な図書	令第144条第2項において準用する令第129条の4第3項第六号の構造計算の結果及びその算出方法
			令第144条第2項において準用する令第129条の4第3項第七号の構造計算の結果及びその算出方法
		遊戯施設の使 用材料表	遊戯施設の客席部分及び主要な支持部分に用いる材料の種別及び厚さ

表三

		(い)	(ろ)
(一)	乗用エレベーターで観光のためのもの	かご及び主要な支持部分の構造を令第143条第2項において準用する令第129条の4第1項第三号の認定を受けたものとするもの	令第143条第2項において準用する令第129条の4第1項第三号の認定に係る認定書の写し
		制御器の構造を令第143条第2項において準用する令第129条の8第2項の認定を受けたものとするもの	令第143条第2項において準用する令第129条の8第2項の認定に係る認定書の写し
		制動装置の構造を令第143条第2項において準用する令第129条の10第2項の認定を受けたものとするもの	令第143条第2項において準用する令第129条の10第2項の認定に係る認定書の写し
		安全装置の構造を令第143条第2項において準用する令第129条の10第4項の認定を受けたものとするもの	令第143条第2項において準用する令第129条の10第4項の認定に係る認定書の写し
(二)	エスカレーターで観光のためのもの	踏段及び主要な支持部分の構造を令第143条第2項において準用する令第129条の12第2項において準用する令第129条の4第1項第三号の認定を受けたものとするもの	令第143条第2項において準用する令第129条の12第2項において準用する令第129条の4第1項第三号の認定に係る認定書の写し
		構造を令第143条第2項において準用する令第129条の12第1項第六号の認定を受けたものとするもの	令第143条第2項において準用する令第129条の12第1項第六号の認定に係る認定書の写し
		制動装置の構造を令第143条第2項において準用する令第129条の12第5項の認定を受けたものとするもの	令第143条第2項において準用する令第129条の12第5項の認定に係る認定書の写し

(三)	遊戯施設	客席部分及び主要な支持部分のうち摩損又は疲労破壊が生ずるおそれのある部分の構造を令第144条第2項において準用する令第129条の4第1項第三号の認定を受けたものとするもの	令第144条第2項において準用する令第129条の4第1項第三号の認定に係る認定書の写し
		客席部分の構造を令第144条第1項第三号イの認定を受けたものとするもの	令第144条第1項第三号イの認定に係る認定書の写し
		非常止め装置の構造を令第144条第1項第五号の認定を受けたものとするもの	令第144条第1項第五号の認定に係る認定書の写し
(四)	令第139条第1項第三号又は第四号ロの認定を受けたものとする構造方法を用いる煙突等		令第139条第1項第三号又は第四号ロに係る認定書の写し
(五)	令第139条第1項第三号又は第四号ロの規定を準用する令第140条第2項の認定を受けたものとする構造方法を用いる鉄筋コンクリート造の柱等		令第139条第1項第三号又は第四号ロの規定を準用する令第140条第2項に係る認定書の写し
(六)	令第139条第1項第三号又は第四号ロの規定を準用する令第141条第2項の認定を受けたものとする構造方法を用いる広告塔又は高架水槽等		令第139条第1項第三号又は第四号ロの規定を準用する令第141条第2項に係る認定書の写し
(七)	令第139条第1項第三号又は第四号ロの規定を準用する令第143条第2項の認定を受けたものとする構造方法を用いる乗用エレベーター又はエスカレーター		令第139条第1項第三号又は第四号ロの規定を準用する令第143条第2項に係る認定書の写し
(八)	令第144条第1項第一号ロ又はハ(2)の認定を受けたものとする構造方法を用いる遊戯施設		令第144条第1項第一号ロ又はハ(2)に係る認定書の写し
(九)	令第144条第2項において読み替えて準用する令第129条の4第1項第三号の認定を受けたものとする構造の客席部分及び主要な支持部分を有する遊戯施設		令第144条第2項において読み替えて準用する令第129条の4第1項第三号に係る認定書の写し
(十)	令第144条第1項第三号イの認定を受けたものとする構造の客席部分を有する遊戯施設		令第144条第1項第三号イに係る認定書の写し
(十一)	令第144条第1項第五号の認定を受けたものとする構造の非常止め装置を設ける遊戯施設		令第144条第1項第五号に係る認定書の写し
(十二)	指定建築材料ごとに国土交通大臣が定める安全上,防火上又は衛生上必要な品質に関する技術的基準に適合するものとしなければならない工作物で,法第88条第1項において準用する法第37条第二号の認定を受けたものを用いるもの		法第88条第1項において準用する法の第37条第二号の認定に係る認定書の写し
(十三)	法第88条第1項において準用する法第38条の認定を受けたものとする特殊の構造方法又は建築材料を用いる工作物		法第88条第1項において準用する法第38条に係る認定書の写し

2 法第88条第2項において準用する法第6条第1項の規定による確認の申請書は,次の各号に掲げる図書及び書類とする.

一 別記第十一様式による正本1通及び副本1通に,それぞれ,次に掲げる図書を添えたもの(正本に添える図書にあっては,当該図書の設計者の氏名が記載されたものに限る.)

　イ　次の表の各項に掲げる図書

　ロ　申請に係る工作物が,法第88条第2項の規定により第1条の3第1項の表二の(三)項,(三)項又は(六)項の(い)欄に掲げる規定が準用される工作物である場

合にあっては，それぞれ当該各項の（ろ）欄に掲げる図書

二　別記第十二号様式による築造計画概要書

三　代理者によって確認の申請を行う場合にあっては，委任状又はその写し

図書の種類	明示すべき事項
付近見取図	方位，道路及び目標となる地物
配置図	縮尺及び方位
	敷地境界線，敷地内における工作物の位置及び申請に係る工作物と他の工作物との別（申請に係る工作物が令第138条第3項第二号ハからチまでに掲げるものである場合においては，当該工作物と建築物との別を含む．）
平面図又は横断面図	縮　尺
	主要部分の寸法
側面図又は縦断面図	縮　尺
	工作物の高さ
	主要部分の寸法

3　工作物に関する確認申請（法第88条第2項において準用する法第6条第1項の規定による確認の申請を除く．以下この項において同じ．）を建築物に関する確認申請と併せてする場合における確認の申請書は，次の各号に掲げる図書及び書類とする．この場合においては，第一号の正本に工作物に関する確認申請を建築物に関する確認申請と併せてする旨を記載しなければならない．

一　別記第二号様式による正本1通及び副本1通に，それぞれ，次に掲げる図書及び書類を添えたもの（正本に添える図書にあっては，当該図書の設計者の氏名が記載されたものに限る．）．

イ　第1条の3第1項から第4項までに規定する図書及び書類

ロ　別記第十号様式中の「工作物の概要の欄」又は別記第八号様式（昇降機用）中の「昇降機の概要の欄」に記載すべき事項を記載した書類

ハ　第1項第一号イに掲げる図書（付近見取図又は配置図に明示すべき事項を第1条の3第1項の付近見取図又は配置図に明示した場合においては，付近見取図又は配置図を除く．）

ニ　申請に係る工作物が第1項第一号ロ(1)及び(2)に掲げる工作物である場合にあっては，それぞれ当該(1)又は(2)に定める図書及び書類

二　別記第三号様式による建築計画概要書

三　代理者によって確認の申請を行う場合にあっては，委任状又はその写し

四　申請に係る建築物が建築士により構造計算によってその安全性を確かめられたものである場合にあっては，証明書の写し

4　第1項及び前項の規定にかかわらず，次の各号に掲げる工作物の計画に係る確認の申請書にあっては，それぞれ当該各号に定めるところによるものとする．

一　法第88条第1項において準用する法第6条の4第1項第二号に掲げる工作物　法第88条第1項において準用する法第68条の10第1項の認定を受けた型式の認定書の写しを添えたものにあっては，次の表の（い）欄に掲げる工作物の区分に応じ，同表の（ろ）欄に掲げる図書についてはこれを添えることを要しない．

二　法第88条第1項において準用する法第68条の20第1項に規定する認証型式部材等（この号において単に「認証型式部材等」という.）を有する工作物　認証型式部材等に係る認証書の写しを添えたものにあっては，次の表の（い）欄に掲げる工作物の区分に応じ，同表の（ろ）欄及び（は）欄に掲げる図書についてはこれらを添えることを要せず，同表の（に）欄に掲げる図書については同表の（ほ）欄に掲げる事項を明示することを要しない.

	（い）	（ろ）	（は）	（に）	（ほ）
（一）	令第144条の2の表の（一）項に掲げる工作物の部分を有する工作物	第1項の表一に掲げる図書のうち構造計算書（昇降路及び機械室以外のエレベーターの部分に係るものに限る.），同項の表二の（五）項（ろ）欄に掲げる図書のうちエレベーター強度検証法により検証した際の計算書並びに同項の表三の（一）項の（ろ）欄及び（土）項の（ろ）欄に掲げる図書	第1項の表一に掲げる図書のうち構造詳細図及び機械室以外のエレベーターの部分に係るものに限る.）	第一項の表一に掲げる図書のうち平面図又は横断面図	昇降路及び機械室以外のエレベーターの部分に係る主要部分の材料の種別及び寸法
				第1項の表一に掲げる図書のうち側面図又は縦断面図	昇降路及び機械室以外のエレベーターの部分に係る主要部分の材料の種別及び寸法
（二）	令第144条の2の表の（二）項に掲げる工作物の部分を有する工作物	第1項の表一に掲げる図書のうち構造計算書（トラス又ははりを支える部分以外のエスカレーターの部分に係るものに限る.），同項の表二の（五）項の（ろ）欄に掲げる図書のうちエスカレーター強度検証法により検証した際の計算書並びに同項の表三の（二）項の（ろ）欄及び（土）項の（ろ）欄に掲げる図書（令第143条第2項において準用する令第129条の12第1項第六号の認定に係る認定書の写しを除く.）	第1項の表一に掲げる図書のうち構造詳細図（トラス又ははりを支える部分以外のエスカレーターの部分に係るものに限る.）	第1項の表一に掲げる図書のうち平面図又は横断面図	トラス又ははりを支える部分以外のエスカレーターの部分に係る主要部分の材料の種別及び寸法
				第1項の表一に掲げる図書のうち側面図又は縦断面図	トラス又ははりを支える部分以外のエスカレーターの部分に係る主要部分の材料の種別及び寸法
（三）	令第144条の2の表の（三）項に掲げる工作物の部分を有する工作物	第1項の表一に掲げる図書のうち構造計算書，同項の表二の（六）項の（ろ）欄に掲げる図書のうち遊戯施設強度検証法により検証した際の計算書並びに同項の表三の（三）項の（ろ）欄及び（土）項の（ろ）欄に掲げる図書	第1項の表一に掲げる図書のうち構造詳細図（遊戯施設のうち，かご，車両その他人を乗せる部分及びこれを支え，又は吊る構造上主要な部分並びに非常止め装置の部分（以下この項において「かご等」という.）に係るものに限る.）	第1項の表一に掲げる図書のうち平面図又は横断面図	遊戯施設のかご等の主要部分の材料の種別及び寸法
				第1項の表一に掲げる図書のうち側面図又は縦断面図	遊戯施設のかご等の主要部分の材料の種別及び寸法

5 申請に係る工作物が都市計画法第4条第11項に規定する特定工作物である場合においては，第1項から第3項までの規定に定めるもののほか，その計画が同法第29条第1項若しくは第2項，第35条の2第1項，第42条又は第43条第1項の規定に適合していることを証する書面を申請書に添えなければならない．

6 特定行政庁は，申請に係る工作物が法第88条第1項において準用する法第40条又は法第88条第2項において準用する法第49条から第50条まで若しくは第68条の2第1項の規定に基づく条例（これらの規定に基づく条例の規定を法第88条第2項において準用する法第87条第2項又は第3項において準用する場合を含む．）の規定に適合するものであることについての確認をするために特に必要があると認める場合においては，規則で，第1項から第3項までの規定に定めるもののほか，申請書に添えるべき図書について必要な規定を設けることができる．

7 前各項の規定にかかわらず，確認を受けた工作物の計画の変更の場合における確認の申請書並びにその添付図書及び添付書類は，前各項に規定する申請書並びにその添付図書及び添付書類並びに当該計画の変更に係る直前の確認に要した図書及び書類（変更に係る部分に限る．）とする．ただし，当該直前の確認を受けた建築主事に対して申請を行う場合においては，変更に係る部分の申請書（第一面が別記第十四号様式によるものをいう．）並びにその添付図書及び添付書類とする．

8 第2条第1項，第4項又は第5項の規定は，法第88条第1項又は第2項において準用する法第6条第4項又は第7項の規定による交付について準用する．

［計画の変更に係る確認を要しない軽微な変更］

第3条の2 法第6条第1項（法第87条第1項において準用する場合を含む．）の国土交通省令で定める軽微な変更は，次に掲げるものであって，変更後も建築物の計画が建築基準関係規定に適合することが明らかなものとする．

一 敷地に接する道路の幅員及び敷地が道路に接する部分の長さの変更（都市計画区域内，準都市計画区域内及び法第68条の9第1項の規定に基づく条例により建築物又はその敷地と道路との関係が定められた区域内にあっては敷地に接する道路の幅員が大きくなる場合（敷地境界線が変更されない場合に限る．）及び変更後の敷地が道路に接する部分の長さが2m（条例で規定する場合にあってはその長さ）以上である場合に限る．）

二 敷地面積が増加する場合の敷地面積及び敷地境界線の変更（当該敷地境界線の変更により変更前の敷地の一部が除かれる場合を除く．）

三 建築物の高さが減少する場合における建築物の高さの変更（建築物の高さの最低限度が定められている区域内の建築物に係るものを除く．）

四 建築物の階数が減少する場合における建築物の階数の変更

五 建築面積が減少する場合における建築面積の変更（都市計画区域内，準都市計画区域内及び法第68条の9第1項の規定に基づく条例により日影による中高層の建築物の高さの制限が定められた区域内において当該建築物の外壁が隣地境界線又は同一の敷地内の他の建築物若しくは当該建築物の他の部分から後退しない場合及び建築物の建築面積の最低限度が定められている区域内の建築物に係るものを除く．）

六 床面積の合計が減少する場合における床面積の変更（都市計画区域内，準都市計画区域内及び法第68条の9第1項の規定に基づく条例の適用を受ける区域内の建

築物に係るものにあっては次のイ又はロに掲げるものを除く.)

  イ　当該変更により建築物の延べ面積が増加するもの

  ロ　建築物の容積率の最低限度が定められている区域内の建築物に係るもの

七　用途の変更（令第137条の18で指定する類似の用途相互間におけるものに限る.)

八　構造耐力上主要な部分である基礎ぐい，間柱，床版，屋根版又は横架材（小ばりその他これに類するものに限る.）の位置の変更（変更に係る部材及び当該部材に接する部材以外に応力度の変更がない場合であって，変更に係る部材及び当該部材に接する部材が令第82条各号に規定する構造計算によって確かめられる安全性を有するものに限る.)

九　構造耐力上主要な部分である部材の材料又は構造の変更（変更後の建築材料が変更前の建築材料と異なる変更及び強度又は耐力が減少する変更を除き，第十二号の表の左欄に掲げる材料又は構造を変更する場合にあっては，同表の右欄に掲げる材料又は構造とする変更に限る.)

十　構造耐力上主要な部分以外の部分であって，屋根ふき材，内装材（天井を除く.），外装材，帳壁その他これらに類する建築物の部分，広告塔，装飾塔その他建築物の屋外に取付けるもの若しくは当該取付け部分，壁又は手すり若しくは手すり壁の材料若しくは構造の変更（第十二号の表の左欄に掲げる材料又は構造を変更する場合にあっては，同表の右欄に掲げる材料又は構造とする変更に限る.）又は位置の変更（間仕切壁にあっては，主要構造部であるもの及び防火上主要なものを除く.)

十一　構造耐力上主要な部分以外の部分である天井の材料若しくは構造の変更（次号の表の左欄に掲げる材料又は構造を変更する場合にあっては同表の右欄に掲げる材料又は構造とする変更に限り，特定天井にあっては変更後の建築材料が変更前の建築材料と異なる変更又は強度若しくは耐力が減少する変更を除き，特定天井以外の天井にあっては特定天井とする変更を除く.）又は位置の変更（特定天井以外の天井にあっては，特定天井とする変更を除く.)

十二　建築物の材料又は構造において，次の表の左欄に掲げる材料又は構造を同表の右欄に掲げる材料又は構造とする変更（第九号から前号までに係る部分の変更を除く.)

不燃材料	不燃材料
準不燃材料	不燃材料又は準不燃材料
難燃材料	不燃材料，準不燃材料又は難燃材料
耐火構造	耐火構造
準耐火構造	耐火構造又は準耐火構造（変更後の構造における加熱開始後構造耐力上支障のある変形，溶融，破壊その他の損傷を生じない時間，加熱面以外の面（屋内に面するものに限る.）の温度が可燃物燃焼温度以上に上昇しない時間及び屋外に火炎を出す原因となる亀裂その他の損傷を生じない時間が，それぞれ変更前の構造における加熱開始後構造耐力上支障のある変形，溶融，破壊その他の損傷を生じない時間，加熱面以外の面（屋内に面するものに限る.）の温度が可燃物燃焼温度以上に上昇しない時間及び屋外に火炎を出す原因となる亀裂その他の損傷を生じない時間以上である場合に限る.)

防火構造	耐火構造，準耐火構造又は防火構造
令第109条の3第一号の技術的基準に適合する構造	耐火構造，準耐火構造又は令第109条の3第一号の技術的基準に適合する構造
令第109条の3第二号ハの技術的基準に適合する構造	耐火構造，準耐火構造又は令第109条の3第二号ハの技術的基準に適合する構造
令第115条の2第1項第四号の技術的基準に適合する構造	耐火構造，準耐火構造又は令第115条の2第1項第四号の技術的基準に適合する構造
令第109条の9の技術的基準に適合する構造	耐火構造，準耐火構造，防火構造又は令第109条の9の技術的基準に適合する構造
令第136条の2の2の技術的基準に適合する構造	令第136条の2の2の技術的基準に適合する構造
令第109条の8の技術的基準に適合する構造	令第136条の2の2の技術的基準に適合する構造又は令第109条の8の技術的基準に適合する構造
特定防火設備	特定防火設備
令第114条第5項において準用する令第112条第21項の技術的基準に適合する防火設備	特定防火設備又は令第114条第5項において準用する令第112条第21項の技術的基準に適合する防火設備
令第109条の2の技術的基準に適合する防火設備	特定防火設備，令第114条第5項において準用する令第112条第21項の技術的基準に適合する防火設備又は令第109条の2の技術的基準に適合する防火設備
令第110条の3の技術的基準に適合する防火設備	特定防火設備，令第114条第5項において準用する令第112条第21項の技術的基準に適合する防火設備，令第109条の2の技術的基準に適合する防火設備又は令第110条の3の技術的基準に適合する防火設備
令第136条の2第三号イ(2)の技術的基準に適合する防火設備又は令第137条の10第四号の技術的基準に適合する防火設備	特定防火設備，令第114条第5項において準用する令第112条第21項の技術的基準に適合する防火設備，令第109条の2の技術的基準に適合する防火設備，令第110条の3の技術的基準に適合する防火設備，令第136条の2第三号イ(2)の技術的基準に適合する防火設備又は令第137条の10第四号の技術的基準に適合する防火設備
第二種ホルムアルデヒド発散建築材料	第一種ホルムアルデヒド発散建築材料以外の建築材料
第三種ホルムアルデヒド発散建築材料	第一種ホルムアルデヒド発散建築材料及び第二種ホルムアルデヒド発散建築材料以外の建築材料
第一種ホルムアルデヒド発散建築材料，第二種ホルムアルデヒド発散建築材料及び第三種ホルムアルデヒド発散建築材料以外の建築材料	第一種ホルムアルデヒド発散建築材料，第二種ホルムアルデヒド発散建築材料及び第三種ホルムアルデヒド発散建築材料以外の建築材料

十三　井戸の位置の変更（くみ取便所の便槽との間の距離が短くなる変更を除く.）

十四　開口部の位置及び大きさの変更（次のイ又はロに掲げるものを除く.）

イ　令第117条の規定により令第5章第2節の規定の適用を受ける建築物の開口部に係る変更で次の(1)及び(2)に掲げるもの

(1)　当該変更により令第120条第1項又は令第125条第1項の歩行距離が長くなるもの

(2)　令第123条第1項の屋内に設ける避難階段，同条第2項の屋外に設ける避難階段又は同条第3項の特別避難階段に係る開口部に係るもの

ロ　令第126条の6の非常用の進入口に係る変更で，進入口の間隔，幅，高さ及び下端の床面からの高さ並びに進入口に設けるバルコニーに係る令第126条の7第二号，第三号及び第五号に規定する値の範囲を超えることとなるもの

十五　建築設備の材料，位置又は能力の変更（性能が低下する材料の変更及び能力が減少する変更を除く．）

十六　前各号に掲げるもののほか，安全上，防火上及び避難上の危険の度並びに衛生上及び市街地の環境の保全上の有害の度に著しい変更を及ぼさないものとして国土交通大臣が定めるもの

2　法第87条の4において準用する法第6条第1項の軽微な変更は，次に掲げるものであって，変更後も建築設備の計画が建築基準関係規定に適合することが明らかなものとする．

一　第1条の3第4項の表一の(七)項の昇降機の構造詳細図並びに同表の(十)項のエレベーターの構造詳細図，エスカレーターの断面図及び小荷物専用昇降機の構造詳細図における構造又は材料並びに同表の昇降機以外の建築設備の構造詳細図における主要な部分の構造又は材料において，耐火構造又は不燃材料を他の耐火構造又は不燃材料とする変更

二　建築設備の材料，位置又は能力の変更（性能が低下する材料の変更及び能力が減少する変更を除く．）

三　前2号に掲げるもののほか，安全上，防火上及び避難上の危険の度並びに衛生上及び市街地の環境の保全上の有害の度に著しい変更を及ぼさないものとして国土交通大臣が定めるもの

3　法第88条第1項において準用する法第6条第1項の軽微な変更は，次に掲げるものであって，変更後も工作物の計画が建築基準関係規定に適合することが明らかなものとする．

一　第3条第1項の表一の配置図における当該工作物の位置の変更

二　構造耐力上主要な部分である基礎ぐい，間柱，床版，屋根版又は横架材（小ばりその他これに類するものに限る．）の位置の変更（変更に係る部材及び当該部材に接する部材以外に応力度の変更がない場合であって，変更に係る部材及び当該部材に接する部材が令第82条各号に規定する構造計算によって確かめられる安全性を有するものに限る．）

三　構造耐力上主要な部分である部材の材料又は構造の変更（変更後の建築材料が変更前の建築材料と異なる変更及び強度又は耐力が減少する変更を除き，第1項第十二号の表の左欄に掲げる材料又は構造を変更する場合にあっては，同表の右欄に掲げる材料又は構造とする変更に限る．）

四　構造耐力上主要な部分以外の部分であって，屋根ふき材，内装材，外装材，帳壁その他これらに類する工作物の部分，広告塔，装飾塔その他工作物の屋外に取り付けるものの材料若しくは構造の変更（第1項第十二号の表の左欄に掲げる材料又は構造を変更する場合にあっては，同表の右欄に掲げる材料又は構造とする変更に限る．）又は位置の変更

五　観光用エレベーター等の構造耐力上主要な部分以外の部分（前号に係る部分を除く．）の材料，位置又は能力の変更（性能が低下する材料の変更及び能力が減少する変更を除く．）

六　前各号に掲げるもののほか，安全上，防火上及び避難上の危険の度並びに衛生上及び市街地の環境の保全上の有害の度に著しい変更を及ぼさないものとして国土交通大臣が定めるもの

4　法第88条第2項において準用する法第6条第1項の軽微な変更は，次に掲げるものであって，変更後も工作物の計画が建築基準関係規定に適合することが明らかなものとする．

一　築造面積が減少する場合における当該面積の変更

二　高さが減少する場合における当該高さの変更

三　前2号に掲げるもののほか，安全上，防火上及び避難上の危険の度並びに衛生上及び市街地の環境の保全上の有害の度に著しい変更を及ぼさないものとして国土交通大臣が定めるもの

［指定確認検査機関に対する確認の申請等］

第3条の3　第1条の3（第7項及び第9項を除く．）の規定は，法第6条の2第1項（法第87条第1項において準用する場合を含む．）の規定による確認の申請について，第1条の4の規定は法第6条の2第1項の規定による確認の申請を受けた場合について準用する．この場合において，第1条の3第1項第一号ロ(3)，第4項第一号ハ(2)，第8項，第10項及び第11項並びに第1条の4中「建築主事」とあるのは「指定確認検査機関」と読み替えるものとする．

2　第2条の2（第4項及び第6項を除く．）の規定は，法第87条の4において準用する法第6条の2第1項の規定による確認の申請について準用する．この場合において，第2条の2第1項第一号ロ(2)及び第5項中「建築主事」とあるのは「指定確認検査機関」と読み替えるものとする．

3　第3条（第6項及び第8項を除く．）の規定は，法第88条第1項又は第2項において準用する法第6条の2第1項の規定による確認の申請について準用する．この場合において，第3条第1項第一号ロ(2)及び第7項中「建築主事」とあるのは「指定確認検査機関」と読み替えるものとする．

4　第1条の3第7項，第2条の2第4項又は第3条第6項の規定に基づき特定行政庁が規則で法第6条第1項（法第87条第1項，法第87条の4又は法第88条第1項若しくは第2項において準用する場合を含む．）の申請書に添えるべき図書を定めた場合にあっては，前各項の規定による確認の申請書に当該図書を添えるものとする．

［指定確認検査機関が交付する確認済証等の様式等］

第3条の4　法第6条の2第1項（法第87条第1項，法第87条の4又は法第88条第1項若しくは第2項において準用する場合を含む．次条において同じ．）の規定による確認済証の交付は，別記第十五号様式による確認済証に，前条において準用する第1条の3，第2条の2又は第3条の申請書の副本1通並びにその添付図書及び添付書類，第3条の12に規定する図書及び書類並びに建築物のエネルギー消費性能の向上に関する法律施行規則第6条に規定する書類を添えて行わなければなら

ない.

2 法第6条の2第4項(法第87条第1項,法第87条の4又は法第88条第1項若しくは第2項において準用する場合を含む.次条第1項において同じ.)の規定による通知書の交付は,次の各号に掲げる通知書の区分に応じ,それぞれ当該各号に定めるところによるものとする.

一 申請に係る建築物の計画が建築基準関係規定に適合しないことを認めた旨及びその理由を記載した通知書 別記第十五号の二様式による通知書に,前条において準用する第1条の3,第2条の2又は第3条の申請書の副本1通並びにその添付図書及び添付書類,適合判定通知書又はその写し,第3条の12に規定する図書及び書類,建築物のエネルギー消費性能の向上に関する法律第12条第6項に規定する適合判定通知書又はその写し並びに建築物のエネルギー消費性能の向上に関する法律施行規則第6条に規定する書類を添えて行う.

二 申請に係る建築物の計画が申請の内容によっては建築基準関係規定に適合するかどうかを決定することができない旨及びその理由を記載した通知書 別記第十五号の三様式による通知書により行う.

3 前2項に規定する図書及び書類の交付については,電子情報処理組織(指定確認検査機関の使用に係る電子計算機と交付を受ける者の使用に係る入出力装置とを電気通信回線で接続した電子情報処理組織をいう.第3条の11,第3条の22(第6条の10,第6条の12,第6条の14及び第6条の16において準用する場合を含む.)及び第11条の2の2を除き,以下同じ.)の使用又は磁気ディスク等の交付によることができる.

[確認審査報告書]

第3条の5 法第6条の2第5項(法第87条第1項,法第87条の4又は法第88条第1項若しくは第2項において準用する場合を含む.以下この条において同じ.)の国土交通省令で定める期間は,法第6条の2第1項の確認済証又は同条第4項の通知書の交付の日から7日以内とする.

2 法第6条の2第5項に規定する確認審査報告書は,別記第十六号様式による.

3 法第6条の2第5項の国土交通省令で定める書類(法第6条の2第1項の確認済証の交付をした場合に限る.)は,次の各号に掲げる書類とする.

一 次のイからニまでに掲げる区分に応じ,それぞれ当該イからニまでに定める書類
　イ 建築物 別記第二号様式の第四面から第六面までによる書類並びに別記第三号様式による建築計画概要書
　ロ 建築設備 別記第八号様式の第二面による書類
　ハ 法第88条第1項に規定する工作物 別記第十号様式(観光用エレベーター等にあっては,別記第八号様式(昇降機用))の第二面による書類
　ニ 法第88条第2項に規定する工作物 別記第十二号様式による築造計画概要書

二 法第18条の3第1項に規定する確認審査等に関する指針(以下単に「確認審査等に関する指針」という.)に従って法第6条の2第1項の規定による確認のための審査を行ったことを証する書類として国土交通大臣が定める様式によるもの

〈関連:平19告示第885号〉

三 適合判定通知書又はその写し

4　前項各号に定める書類が，電子計算機に備えられたファイル又は磁気ディスク等に記録され，必要に応じ特定行政庁において電子計算機その他の機器を用いて明確に紙面に表示されるときは，当該ファイル又は磁気ディスク等をもって同項各号の書類に代えることができる．

［適合しないと認める旨の通知書の様式］

第3条の6　法第6条の2第6項（法第87条第1項，法第87条の4又は法第88条第1項若しくは第2項において準用する場合を含む．）の規定による適合しないと認める旨の通知書の様式は，別記第十七号様式及び別記第十八号様式による．

［構造計算適合性判定の申請書の様式］

第3条の7　法第6条の3第1項の規定による構造計算適合性判定の申請書は，次の各号に掲げる図書及び書類とする．

一　別記第十八号の二様式による正本1通及び副本1通に，それぞれ，次に掲げる図書及び書類を添えたもの（正本に添える図書にあっては，当該図書の設計者の氏名が記載されたものに限る．）

　イ　第1条の3第1項の表一の各項に掲げる図書（同条第1項第一号イの認定を受けた構造の建築物又はその部分に係る場合で当該認定に係る認定書の写しを添えたものにおいては同号イに規定する国土交通大臣の指定した図書を除く．）

　ロ　申請に係る建築物が次の(1)から(3)までに掲げる建築物である場合にあっては，それぞれ当該(1)から(3)までに定める図書及び書類

　　(1)　次の(i)及び(ii)に掲げる建築物　　それぞれ当該(i)及び(ii)に定める図書及び書類

　　　(i)　第1条の3第1項の表二の㈠項の（い）欄に掲げる建築物並びに同条第1項の表五の㈡項及び㈢項の（い）欄に掲げる建築物　　それぞれ同条第1項の表二の㈠項の（ろ）欄に掲げる図書並びに同条第1項の表五の㈡項の（ろ）欄に掲げる計算書及び同表の㈢項の（ろ）欄に掲げる図書（同条第1項第一号ロ(1)の認定を受けた構造の建築物又はその部分に係る場合で当該認定に係る認定書の写しを添えたものにおいては同号ロ(1)に規定する国土交通大臣が指定した図書及び計算書，同号ロ(2)の認定を受けた構造の建築物又はその部分に係る場合においては同項の表五の㈡項の（ろ）欄に掲げる計算書を除く．）

　　　(ii)　第1条の3第1項の表二の㈥項の（い）欄に掲げる建築物（令第137条の2の規定が適用される建築物に限る．）　　同項の（ろ）欄に掲げる図書（同条の規定が適用される建築物に係るものに限る．）

　　(2)　次の(i)及び(ii)に掲げる建築物　　それぞれ当該(i)及び(ii)に定める図書（第1条の3第1項第一号ロ(2)の認定を受けた構造の建築物又はその部分に係る場合においては，当該認定に係る認定書の写し及び同号ロ(2)に規定する国土交通大臣が指定した構造計算の計算書）．ただし，(i)及び(ii)に掲げる建築物について法第20条第1項第二号イ及び第三号イの認定を受けたプログラムによる構造計算によって安全性を確かめた場合は，当該認定に係る認定書の写し，第1条の3第1項第一号ロ(2)ただし書の規定による磁気ディスク等及び同号ロ(2)ただし書に規定する国土交通大臣が指定した図書をもって代えるこ

とができる.

(i) 第1条の3第1項の表三の各項の(い)欄上段((二)項にあっては(い)欄)に掲げる建築物 当該各項の(ろ)欄に掲げる構造計算書

(ii) 令第81条第2項第一号イ若しくはロ又は同項第二号イ又は同条第3項に規定する国土交通大臣が定める基準に従った構造計算により安全性を確かめた建築物 第1条の3第1項第一号ロ(2)(ii)に規定する国土交通大臣が定める構造計算書に準ずる図書

(3) 第1条の3第1項の表四の(七)項,(七)項,(三)項から(四)項まで,(空)項及び(空)項の(い)欄に掲げる建築物 当該各項に掲げる書類(都道府県知事が,当該書類を有していないことその他の理由により,提出を求める場合に限る.)

二 別記第三号様式による建築計画概要書

三 代理者によって構造計算適合性判定の申請を行う場合にあっては,委任状又はその写し

四 申請に係る建築物が建築士により構造計算によってその安全性を確かめられたものである場合にあっては,証明書の写し

2 前項第一号イ及びロ(1)に掲げる図書に明示すべき事項をこれらの図書のうち他の図書に明示してその図書を同項の申請書に添える場合においては,同項の規定にかかわらず,同号イ及びロ(1)に掲げる図書に明示することを要しない.この場合において,同号イ及びロ(1)に掲げる図書に明示すべき全ての事項を当該他の図書に明示したときは,同号イ及びロ(1)に掲げる図書を同項の申請書に添えることを要しない.

3 前2項の規定にかかわらず,構造計算適合性判定(特定構造計算基準又は特定増改築構造計算基準に適合する旨の判定に限る.)を受けた建築物の計画の変更の場合における構造計算適合性判定の申請書並びにその添付図書及び添付書類は,前2項に規定する申請書並びにその添付図書及び添付書類並びに当該計画の変更に係る直前の構造計算適合性判定に要した図書及び書類(変更に係る部分に限る.)とする.ただし,当該直前の構造計算適合性判定を受けた都道府県知事に対して申請を行う場合においては,変更に係る部分の申請書(第一面が別記第十八号の三様式によるものをいう.)並びにその添付図書及び添付書類とする.

4 前各項の規定にかかわらず,第1条の3第10項に規定する建築物の計画に係る構造計算適合性判定の申請を行う場合にあっては,前各項に規定する申請書並びにその添付図書及び添付書類(構造計算基準に適合する部分の計画に係るものに限る.)を提出することを要しない.

[都道府県知事による留意事項の通知]

第3条の8 都道府県知事は,法第6条の3第1項の規定による構造計算適合性判定の申請を受けた場合において,申請に係る建築物の計画について建築主事又は指定確認検査機関が法第6条第4項に規定する審査又は法第6条の2第1項の規定による確認のための審査を行うに当たって留意すべき事項があると認めるときは,当該計画について法第6条第1項又は法第6条の2第1項の規定による確認の申請を受けた建築主事又は指定確認検査機関に対し,当該事項の内容を通知するものとする.

[適合判定通知書等の様式等]

第3条の9 法第6条の3第4項の規定による通知書の交付は，次の各号に掲げる場合に応じ，それぞれ当該各号に定めるものに第3条の7の申請書の副本1通並びにその添付図書及び添付書類を添えて行うものとする．

一　建築物の計画が特定構造計算基準又は特定増改築構造計算基準に適合するものであると判定された場合　別記第十八号の四様式による適合判定通知書

二　建築物の計画が特定構造計算基準又は特定増改築構造計算基準に適合しないものであると判定された場合　別記第十八号の五様式による通知書

2　法第6条の3第5項の国土交通省令で定める場合は，次のいずれかに該当する場合とする．

一　申請に係る建築物の計画が特定増改築構造計算基準（令第81条第2項に規定する基準に従った構造計算で，法第20条第1項第二号イに規定する方法によるものによって確かめられる安全性を有することに係る部分に限る．）に適合するかどうかの判定の申請を受けた場合

二　申請に係る建築物の計画が令第81条第2項又は第3項に規定する基準に従った構造計算で，法第20条第1項第二号イ又は第三号イに規定するプログラムによるものによって確かめられる安全性を有するかどうかの判定の申請を受けた場合において，第1条の3第1項第一号ロ(2)ただし書の規定による磁気ディスク等の提出がなかった場合

三　法第20条第1項第二号イに規定するプログラムにより令第81条第2項に規定する基準に従った構造計算を行う場合に用いた構造設計の条件が適切なものであるかどうかその他の事項について構造計算適合性判定に関する事務に従事する者相互間で意見が異なる場合

3　法第6条の3第5項の規定による同条第4項の期間を延長する旨及びその延長する期間並びにその期間を延長する理由を記載した通知書の交付は，別記第十八号の六様式により行うものとする．

4　法第6条の3第6項の規定による適合するかどうかを決定することができない旨及びその理由を記載した通知書の交付は，別記第十八号の七様式により行うものとする．

[指定構造計算適合性判定機関に対する構造計算適合性判定の申請等]

第3条の10　第3条の7の規定は，法第18条の2第4項において読み替えて適用する法第6条の3第1項の規定による構造計算適合性判定の申請について，第3条の8の規定は法第18条の2第4項において読み替えて適用する法第6条の3第1項の規定による構造計算適合性判定の申請を受けた場合について準用する．この場合において，第3条の7第1項第一号ロ(3)及び第3項並びに第3条の8中「都道府県知事」とあるのは「指定構造計算適合性判定機関」と読み替えるものとする．

[指定構造計算適合性判定機関が交付する適合判定通知書等の様式等]

第3条の11　法第18条の2第4項において読み替えて適用する法第6条の3第4項の規定による通知書の交付は，次の各号に掲げる場合に応じ，それぞれ当該各号に定めるものに，前条において準用する第3条の7の申請書の副本1通並びにその添付図書及び添付書類を添えて行わなければならない．

一　建築物の計画が特定構造計算基準又は特定増改築構造計算基準に適合するものであると判定された場合　　別記第十八号の八様式による適合判定通知書

二　建築物の計画が特定構造計算基準又は特定増改築構造計算基準に適合しないものであると判定された場合　　別記第十八号の九様式による通知書

2　法第18条の2第4項において読み替えて適用する法第6条の3第5項の国土交通省令で定める場合は、次のいずれかに該当する場合とする。

一　申請に係る建築物の計画が特定増改築構造計算基準（令第81条第2項に規定する基準に従った構造計算で、法第20条第1項第二号イに規定する方法によるものによって確かめられる安全性を有することに係る部分に限る。）に適合するかどうかの判定の申請を受けた場合

二　申請に係る建築物の計画が令第81条第2項又は第3項に規定する基準に従った構造計算で、法第20条第1項第二号イ又は第三号イに規定するプログラムによるものによって確かめられる安全性を有するかどうかの判定の申請を受けた場合において、第1条の3第1項第一号ロ(2)ただし書の規定による磁気ディスク等の提出がなかった場合

三　法第20条第1項第二号イに規定するプログラムにより令第81条第2項に規定する基準に従った構造計算を行う場合に用いた構造設計の条件が適切なものであるかどうかその他の事項について構造計算適合性判定員相互間で意見が異なる場合

3　法第18条の2第4項において読み替えて適用する法第6条の3第5項の規定による同条第4項の期間を延長する旨及びその延長する期間並びにその期間を延長する理由を記載した通知書の交付は、別記第十八号の十様式により行うものとする。

4　法第18条の2第4項において読み替えて適用する法第6条の3第6項の規定による適合するかどうかを決定することができない旨及びその理由を記載した通知書の交付は、別記第十八号の十一様式により行うものとする。

5　第1項及び前2項に規定する図書及び書類の交付については、電子情報処理組織（指定構造計算適合性判定機関の使用に係る電子計算機と交付を受ける者の使用に係る入出力装置とを電気通信回線で接続した電子情報処理組織をいう。）の使用又は磁気ディスク等の交付によることができる。

［適合判定通知書又はその写しの提出］

第3条の12　法第6条の3第7項の規定による適合判定通知書又はその写しの提出は、第3条の7第1項第一号ロ(1)及び(2)に定める図書及び書類を添えて行うものとする。

［構造計算に関する高度の専門的知識及び技術を有する者等］

第3条の13　法第6条の3第1項ただし書の国土交通省令で定める要件は、次の各号のいずれかに該当する者（以下「特定建築基準適合判定資格者」という。）であることとする。

一　建築士法第10条の3第4項に規定する構造設計一級建築士

二　法第77条の66第1項の登録を受けている者（以下「構造計算適合判定資格者」という。）

三　構造計算に関する高度の専門的知識及び技術を習得させるための講習であって、次条から第3条の16までの規定により国土交通大臣の登録を受けたもの（以下

「登録特定建築基準適合判定資格者講習」という.）を修了した者

四　前3号に掲げる者のほか国土交通大臣が定める者　　　　〈関連：平27告示第178号〉

2　特定行政庁及び指定確認検査機関は，その指揮監督の下にある建築主事及び確認検査員が特定建築基準適合判定資格者として法第6条の3第1項ただし書の規定による審査を行う場合にあっては，その旨をウェブサイトへの掲載その他の適切な方法により公表するものとする.

[特定建築基準適合判定資格者講習の登録の申請]

第3条の14　前条第1項第三号の登録は，登録特定建築基準適合判定資格者講習の実施に関する事務（以下「登録特定建築基準適合判定資格者講習事務」という.）を行おうとする者の申請により行う.

2　前条第1項第三号の登録を受けようとする者は，次に掲げる事項を記載した申請書を国土交通大臣に提出しなければならない.

一　前条第1項第三号の登録を受けようとする者の氏名又は名称及び住所並びに法人にあっては，その代表者の氏名

二　登録特定建築基準適合判定資格者講習事務を行おうとする事務所の名称及び所在地

三　登録特定建築基準適合判定資格者講習事務を開始しようとする年月日

3　前項の申請書には，次に掲げる書類を添付しなければならない.

一　個人である場合においては，次に掲げる書類

イ　住民票の抄本若しくは個人番号カード（行政手続における特定の個人を識別するための番号の利用等に関する法律（平成25年法律第27号）第2条第7項に規定する個人番号カードをいう.第6条の17第2項第一号において同じ.）の写し又はこれらに類するものであって氏名及び住所を証明する書類

ロ　登録申請者の略歴を記載した書類

二　法人である場合においては，次に掲げる書類

イ　定款及び登記事項証明書

ロ　株主名簿又は社員名簿の写し

ハ　申請に係る意思の決定を証する書類

ニ　役員（持分会社（会社法（平成17年法律第86号）第575条第1項に規定する持分会社をいう.）にあっては，業務を執行する社員をいう.以下同じ.）の氏名及び略歴を記載した書類

三　講師が第3条の16第1項第二号イからハまでのいずれかに該当する者であることを証する書類

四　登録特定建築基準適合判定資格者講習の受講資格を記載した書類その他の登録特定建築基準適合判定資格者講習事務の実施の方法に関する計画を記載した書類

五　登録特定建築基準適合判定資格者講習事務以外の業務を行おうとするときは，その業務の種類及び概要を記載した書類

六　前条第1項第三号の登録を受けようとする者が次条各号のいずれにも該当しない者であることを誓約する書面

七　その他参考となる事項を記載した書類

[欠格事項]

第3条の15　次の各号のいずれかに該当する者が行う講習は，第3条の13第1項第

三号の登録を受けることができない.

一　建築基準法令の規定により罰金以上の刑に処せられ, その執行を終わり, 又は執行を受けることがなくなった日から起算して2年を経過しない者

二　第3条の25の規定により第3条の13第1項第三号の登録を取り消され, その取消しの日から起算して2年を経過しない者

三　法人であって, 登録特定建築基準適合判定資格者講習事務を行う役員のうちに前2号のいずれかに該当する者があるもの

［登録の要件等］

第3条の16　国土交通大臣は, 第3条の14の規定による登録の申請が次に掲げる要件の全てに適合しているときは, その登録をしなければならない.

一　第3条の18第三号イからハまでに掲げる科目について講習が行われること.

二　次のいずれかに該当する者が講師として登録特定建築基準適合判定資格者講習事務に従事するものであること.

　イ　学校教育法（昭和22年法律第26号）による大学若しくはこれに相当する外国の学校において建築物の構造に関する科目を担当する教授若しくは准教授の職にあり, 若しくはこれらの職にあった者又は建築物の構造に関する科目の研究により博士の学位を授与された者

　ロ　建築物の構造に関する分野の試験研究機関において試験研究の業務に従事し, 又は従事した経験を有する者で, かつ, 当該分野について高度の専門的知識を有する者

　ハ　イ又はロに掲げる者と同等以上の知識及び経験を有する者

三　指定確認検査機関又は指定構造計算適合性判定機関に支配されているものとして次のいずれかに該当するものでないこと.

　イ　第3条の14の規定により登録を申請した者（以下この号において「登録申請者」という.）が株式会社である場合にあっては, 指定確認検査機関又は指定構造計算適合性判定機関がその親法人（会社法第879条第1項に規定する親法人をいう. 以下同じ.）であること.

　ロ　登録申請者の役員に占める指定確認検査機関又は指定構造計算適合性判定機関の役員又は職員（過去2年間に当該指定確認検査機関又は指定構造計算適合性判定機関の役員又は職員であった者を含む. ハにおいて同じ.）の割合が1/2を超えていること.

　ハ　登録申請者（法人にあっては, その代表権を有する役員）が指定確認検査機関又は指定構造計算適合性判定機関の役員又は職員であること.

2　第3条の13第1項第三号の登録は, 登録特定建築基準適合判定資格者講習登録簿に次に掲げる事項を記載してするものとする.

一　登録年月日及び登録番号

二　登録特定建築基準適合判定資格者講習事務を行う者（以下「登録特定建築基準適合判定資格者講習実施機関」という.）の氏名又は名称及び住所並びに法人にあっては, その代表者の氏名

三　登録特定建築基準適合判定資格者講習事務を行う事務所の名称及び所在地

四　登録特定建築基準適合判定資格者講習事務を開始する年月日

[登録の更新]

第3条の17 第3条の13第1項第三号の登録は，5年ごとにその更新を受けなければ，その期間の経過によって，その効力を失う．

2 前3条の規定は，前項の登録の更新について準用する．

[登録特定建築基準適合判定資格者講習事務の実施に係る義務]

第3条の18 登録特定建築基準適合判定資格者講習実施機関は，公正に，かつ，第3条の16第1項第一号及び第二号に掲げる要件並びに次に掲げる基準に適合する方法により登録特定建築基準適合判定資格者講習事務を行わなければならない．

一　建築基準適合判定資格者であることを受講資格とすること．

二　登録特定建築基準適合判定資格者講習は，講義及び修了考査により行うこと．

三　講義は，次に掲げる科目についてそれぞれ次に定める時間以上行うこと．

　イ　木造の建築物の構造計算に係る審査方法　　40分

　ロ　鉄骨造の建築物の構造計算に係る審査方法　　40分

　ハ　鉄筋コンクリート造の建築物の構造計算に係る審査方法　　40分

四　講義は，前号イからハまでに掲げる科目に応じ，国土交通大臣が定める事項を含む適切な内容の教材を用いて行うこと．

五　講師は，講義の内容に関する受講者の質問に対し，講義中に適切に応答すること．

六　修了考査は，講義の終了後に行い，特定建築基準適合判定資格者として必要な知識及び技能を修得したかどうかを判定できるものであること．

七　登録特定建築基準適合判定資格者講習を実施する日時，場所その他の登録特定建築基準適合判定資格者講習の実施に関し必要な事項を公示すること．

八　不正な受講を防止するための措置を講じること．

九　終了した修了考査の問題及び当該修了考査の合格基準を公表すること．

十　修了考査に合格した者に対し，別記第十八号の十二様式による修了証明書（第3条の20第八号及び第3条の26第1項第五号において単に「修了証明書」という．）を交付すること．

[登録事項の変更の届出]

第3条の19 登録特定建築基準適合判定資格者講習実施機関は，第3条の16第2項第二号から第四号までに掲げる事項を変更しようとするときは，変更しようとする日の2週間前までに，その旨を国土交通大臣に届け出なければならない．

[登録特定建築基準適合判定資格者講習事務規程]

第3条の20 登録特定建築基準適合判定資格者講習実施機関は，次に掲げる事項を記載した登録特定建築基準適合判定資格者講習事務（以下この条において単に「講習事務」という．）に関する規程を定め，講習事務の開始前に，国土交通大臣に届け出なければならない．これを変更しようとするときも，同様とする．

一　講習事務を行う時間及び休日に関する事項

二　講習事務を行う事務所及び登録特定建築基準適合判定資格者講習（以下この条及び第3条の26第1項において単に「講習」という．）の実施場所に関する事項

三　講習の受講の申込みに関する事項

四　講習の受講手数料の額及び収納の方法に関する事項

五　講習の日程，公示方法その他の講習の実施の方法に関する事項

六　修了考査の問題の作成及び修了考査の合否判定の方法に関する事項

七　終了した講習の修了考査の問題及び当該修了考査の合格基準の公表に関する事項

八　修了証明書の交付及び再交付に関する事項

九　講習事務に関する秘密の保持に関する事項

十　講習事務に関する公正の確保に関する事項

十一　不正受講者の処分に関する事項

十二　第3条の26第1項の帳簿その他の講習事務に関する書類の管理に関する事項

十三　その他講習事務に関し必要な事項

[登録特定建築基準適合判定資格者講習事務の休廃止]

第3条の21　登録特定建築基準適合判定資格者講習実施機関は，登録特定建築基準適合判定資格者講習事務の全部又は一部を休止し，又は廃止しようとするときは，あらかじめ，次に掲げる事項を記載した届出書を国土交通大臣に提出しなければならない．

一　休止し，又は廃止しようとする登録特定建築基準適合判定資格者講習の範囲

二　休止し，又は廃止しようとする年月日及び休止しようとする場合にあっては，その期間

三　休止又は廃止の理由

[財務諸表等の備付け及び閲覧等]

第3条の22　登録特定建築基準適合判定資格者講習実施機関は，毎事業年度経過後3月以内に，その事業年度の財産目録，貸借対照表及び損益計算書又は収支計算書並びに事業報告書（その作成に代えて電磁的記録（電子的方式，磁気的方式その他の人の知覚によっては認識することができない方式で作られる記録であって，電子計算機による情報処理の用に供されるものをいう．以下この条において同じ．）の作成がされている場合における当該電磁的記録を含む．次項において「財務諸表等」という．）を作成し，5年間事務所に備えて置かなければならない．

2　登録特定建築基準適合判定資格者講習を受講しようとする者その他の利害関係人は，登録特定建築基準適合判定資格者講習実施機関の業務時間内は，いつでも，次に掲げる請求をすることができる．ただし，第二号又は第四号の請求をするには，登録特定建築基準適合判定資格者講習実施機関の定めた費用を支払わなければならない．

一　財務諸表等が書面をもって作成されているときは，当該書面の閲覧又は謄写の請求

二　前号の書面の謄本又は抄本の請求

三　財務諸表等が電磁的記録をもって作成されているときは，当該電磁的記録に記録された事項を紙面又は出力装置の映像面に表示したものの閲覧又は謄写の請求

四　前号の電磁的記録に記録された事項を電磁的方法であって，次に掲げるもののうち登録特定建築基準適合判定資格者講習実施機関が定めるものにより提供することの請求又は当該事項を記載した書面の交付の請求

イ　送信者の使用に係る電子計算機と受信者の使用に係る電子計算機とを電気通信回線で接続した電子情報処理組織を使用する方法であって，当該電気通信回線を

通じて情報が送信され，受信者の使用に係る電子計算機に備えられたファイルに当該情報が記録されるもの

ロ　磁気ディスク等をもって調製するファイルに情報を記録したものを交付する方法

3　前項第四号イ又はロに掲げる方法は，受信者がファイルへの記録を出力することによる書面を作成することができるものでなければならない．

[適合命令]

第3条の23　国土交通大臣は，登録特定建築基準適合判定資格者講習実施機関が第3条の16第1項各号のいずれかに適合しなくなったと認めるときは，その登録特定建築基準適合判定資格者講習実施機関に対し，これらの規定に適合するため必要な措置をとるべきことを命ずることができる．

[改善命令]

第3条の24　国土交通大臣は，登録特定建築基準適合判定資格者講習実施機関が第3条の18の規定に違反していると認めるときは，その登録特定建築基準適合判定資格者講習実施機関に対し，同条の規定による登録特定建築基準適合判定資格者講習事務を行うべきこと又は登録特定建築基準適合判定資格者講習事務の方法その他の業務の方法の改善に関し必要な措置をとるべきことを命ずることができる．

[登録の取消し等]

第3条の25　国土交通大臣は，登録特定建築基準適合判定資格者講習実施機関が次の各号のいずれかに該当するときは，当該登録特定建築基準適合判定資格者講習実施機関が行う講習の登録を取り消し，又は期間を定めて登録特定建築基準適合判定資格者講習事務の全部又は一部の停止を命ずることができる．

一　第3条の15第一号又は第三号に該当するに至ったとき．

二　第3条の19から第3条の21まで，第3条の22第1項又は次条の規定に違反したとき．

三　正当な理由がないのに第3条の22第2項各号の規定による請求を拒んだとき．

四　前2条の規定による命令に違反したとき．

五　第3条の27の規定による報告を求められて，報告をせず，又は虚偽の報告をしたとき．

六　不正の手段により第3条の13第1項第三号の登録を受けたとき．

[帳簿の記載等]

第3条の26　登録特定建築基準適合判定資格者講習実施機関は，次に掲げる事項を記載した帳簿を備えなければならない．

一　講習の実施年月日

二　講習の実施場所

三　講義を行った講師の氏名並びに講義において担当した科目及びその時間

四　受講者の氏名，生年月日及び住所

五　講習を修了した者にあっては，前号に掲げる事項のほか，修了証明書の交付の年月日及び証明書番号

2　前項各号に掲げる事項が，電子計算機に備えられたファイル又は磁気ディスク等に記録され，必要に応じ登録特定建築基準適合判定資格者講習実施機関において

電子計算機その他の機器を用いて明確に紙面に表示されるときは，当該記録をもって同項に規定する帳簿への記載に代えることができる．

3　登録特定建築基準適合判定資格者講習実施機関は，第1項に規定する帳簿（前項の規定による記録が行われた同項のファイル又は磁気ディスク等を含む.）を，登録特定建築基準適合判定資格者講習事務の全部を廃止するまで保存しなければならない．

4　登録特定建築基準適合判定資格者講習実施機関は，次に掲げる書類を備え，登録特定建築基準適合判定資格者講習を実施した日から3年間保存しなければならない．

一　登録特定建築基準適合判定資格者講習の受講申込書及び添付書類

二　講義に用いた教材

三　終了した修了考査の問題及び答案用紙

[報告の徴収]

第3条の27　国土交通大臣は，登録特定建築基準適合判定資格者講習事務の適切な実施を確保するため必要があると認めるときは，登録特定建築基準適合判定資格者講習実施機関に対し，登録特定建築基準適合判定資格者講習事務の状況に関し必要な報告を求めることができる．

[公示]

第3条の28　国土交通大臣は，次に掲げる場合には，その旨を官報に公示しなければならない．

一　第3条の13第1項第三号の登録をしたとき．

二　第3条の19の規定による届出があったとき．

三　第3条の21の規定による届出があったとき．

四　第3条の25の規定により第3条の13第1項第三号の登録を取り消し，又は登録特定建築基準適合判定資格者講習事務の停止を命じたとき．

[完了検査申請書の様式]

第4条　法第7条第1項（法第87条の4又は法第88条第1項若しくは第2項において準用する場合を含む．次項において同じ．）の規定による検査の申請書（次項及び第4条の4において「完了検査申請書」という.）は，別記第十九号様式に，次に掲げる図書及び書類を添えたものとする．

一　当該建築物の計画に係る確認に要した図書及び書類（確認を受けた建築物の計画の変更に係る確認を受けた場合にあっては当該確認に要した図書及び書類を含む．第4条の8第1項第一号並びに第4条の16第1項及び第2項において同じ.）

二　法第7条の5の適用を受けようとする場合にあっては屋根の小屋組の工事終了時，構造耐力上主要な軸組若しくは耐力壁の工事終了時，基礎の配筋（鉄筋コンクリート造の基礎の場合に限る.）の工事終了時その他特定行政庁が必要と認めて指定する工程の終了時における当該建築物に係る構造耐力上主要な部分の軸組，仕口その他の接合部，鉄筋部分等を写した写真（特定工程に係る建築物にあっては直前の中間検査後に行われた工事に係るものに限る.）

三　都市緑地法第43条第1項の認定を受けた場合にあっては当該認定に係る認定書の写し

四　建築物のエネルギー消費性能の向上に関する法律第11条第1項の規定が適用される場合にあっては，同法第12条第1項の建築物エネルギー消費性能適合性判定に要した図書及び書類（同条第2項の規定による判定を受けた場合にあっては当該判定に要した図書及び書類を含み，次のイからハまでに掲げる場合にあってはそれぞれイからハまでに定めるものとする．）

イ　建築物のエネルギー消費性能の向上に関する法律施行規則第6条第一号に掲げる場合　建築物のエネルギー消費性能の向上に関する法律第23条第1項の規定による認定に要した図書及び書類

ロ　建築物のエネルギー消費性能の向上に関する法律施行規則第6条第二号に掲げる場合　建築物のエネルギー消費性能の向上に関する法律第34条第1項の規定による認定に要した図書及び書類（同法第36条第1項の規定による認定を受けた場合にあっては当該認定に要した図書及び書類を含む．）

ハ　建築物のエネルギー消費性能の向上に関する法律施行規則第6条第三号に掲げる場合　都市の低炭素化の促進に関する法律（平成24年法律第84号）第10条第1項又は同法第54条第1項の規定による認定に要した図書及び書類（同法第11条第1項又は同法第55条第1項の規定による認定を受けた場合にあっては当該認定に要した図書及び書類を含む．）

五　直前の確認又は中間検査を受けた日以降において申請に係る計画について第3条の2に該当する軽微な変更が生じた場合にあっては，当該変更の内容を記載した書類

六　その他特定行政庁が工事監理の状況を把握するため特に必要があると認めて規則で定める書類

七　代理者によって検査の申請を行う場合にあっては，委任状又はその写し

2　法第7条第1項の規定による申請を当該申請に係る建築物の直前の確認（確認を受けた建築物の計画の変更に係る確認を受けた場合にあっては当該確認．第4条の8第2項並びに第4条の16第1項及び第2項において「直前の確認」という．）を受けた建築主事に対して行う場合の完了検査申請書にあっては，前項第一号に掲げる図書及び書類の添付を要しない．

[用途変更に関する工事完了届の様式等]

第4条の2　法第87条第1項において読み替えて準用する法第7条第1項の規定による届出は，別記第二十号様式によるものとする．

2　前項の規定による届出は，法第87条第1項において準用する法第6条第1項の規定による工事が完了した日から4日以内に建築主事に到達するように，しなければならない．ただし，届出をしなかったことについて災害その他の事由によるやむを得ない理由があるときは，この限りでない．

[申請できないやむを得ない理由]

第4条の3　法第7条第2項ただし書（法第87条の4又は法第88条第1項若しくは第2項において準用する場合を含む．）及び法第7条の3第2項ただし書（法第87条の4又は法第88条第1項において準用する場合を含む．）の国土交通省令で定めるやむを得ない理由は，災害その他の事由とする．

[検査済証を交付できない旨の通知]

第4条の3の2 法第7条第4項に規定する建築主事等は，同項（法第87条の4又は法第88条第1項若しくは第2項において準用する場合を含む．）の規定による検査をした場合において，検査済証を交付できないと認めたときは，当該建築主に対して，その旨及びその理由を通知しなければならない．

2 前項の規定による交付できない旨及びその理由の通知は，別記第二十号の二様式による．

[検査済証の様式]

第4条の4 法第7条第5項（法第87条の4又は法第88条第1項若しくは第2項において準用する場合を含む．）の規定による検査済証の交付は，別記第二十一号様式による検査済証に，第4条第1項第一号又は第四号に掲げる図書及び書類の提出を受けた場合にあっては当該図書及び書類を添えて行うものとする．ただし，同条第2項の規定に基づき完了検査申請書に同条第1項第一号の図書及び書類の添付を要しない場合にあっては，当該図書及び書類の添付を要しない．

[指定確認検査機関に対する完了検査の申請]

第4条の4の2 第4条の規定は，法第7条の2第1項（法第87条の4又は法第88条第1項若しくは第2項において準用する場合を含む．第4条の5の2第1項及び第4条の7第3項第二号において同じ．）の規定による検査の申請について準用する．この場合において，第4条第2項中「建築主事」とあるのは「指定確認検査機関」と読み替えるものとする．

[完了検査引受証及び完了検査引受通知書の様式]

第4条の5 法第7条の2第3項（法第87条の4又は法第88条第1項若しくは第2項において準用する場合を含む．次項において同じ．）の検査の引受けを行った旨を証する書面の様式は，別記第二十二号様式による．

2 法第7条の2第3項の規定による検査の引受けを行った旨の通知の様式は，別記第二十三号様式による．

3 前項の通知は，法第7条の2第1項（法第87条の4又は法第88条第1項若しくは第2項において準用する場合を含む．第4条の7において同じ．）の検査の引受けを行った日から7日以内で，かつ，当該検査の引受けに係る工事が完了した日から4日が経過する日までに，建築主事に到達するように，しなければならない．

[検査済証を交付できない旨の通知]

第4条の5の2 指定確認検査機関は，法第7条の2第1項の規定による検査をした場合において，検査済証を交付できないと認めたときは，当該建築主に対して，その旨及びその理由を通知しなければならない．

2 前項の規定による交付できない旨及びその理由の通知は，別記第二十三号の二様式による．

[指定確認検査機関が交付する検査済証の様式]

第4条の6 法第7条の2第5項（法第87条の4又は法第88条第1項若しくは第2項において準用する場合を含む．次項において同じ．）に規定する検査済証の様式は，別記第二十四号様式による．

2 指定確認検査機関が第4条の4の2において準用する第4条第1項第一号又は

第四号に掲げる図書及び書類の提出を受けた場合における法第7条の2第5項の検査済証の交付は，当該図書及び書類を添えて行わなければならない．

3 前項に規定する図書及び書類の交付については，電子情報処理組織の使用又は磁気ディスク等の交付によることができる．

［完了検査報告書］

第4条の7 法第7条の2第6項（法第87条の4又は法第88条第1項若しくは第2項において準用する場合を含む．以下この条において同じ．）の国土交通省令で定める期間は，法第7条の2第5項（法第87条の4又は法第88条第1項若しくは第2項において準用する場合を含む．）の検査済証の交付の日又は第4条の5の2第1項の規定による通知をした日から7日以内とする．

2 法第7条の2第6項に規定する完了検査報告書は，別記第二十五号様式による．

3 法第7条の2第6項の国土交通省令で定める書類は，次に掲げる書類とする．

一 別記第十九号様式の第二面から第四面までによる書類

二 確認審査等に関する指針に従って法第7条の2第1項の規定による検査を行ったことを証する書類として国土交通大臣が定める様式によるもの

〈関連：平19告示第885号〉

4 前項各号に定める書類が，電子計算機に備えられたファイル又は磁気ディスク等に記録され，必要に応じ特定行政庁において電子計算機その他の機器を用いて明確に紙面に表示されるときは，当該ファイル又は磁気ディスク等をもって同項各号の書類に代えることができる．

［中間検査申請書の様式］

第4条の8 法第7条の3第1項（法第87条の4又は法第88条第1項において準用する場合を含む．次項において同じ．）の規定による検査の申請書（次項及び第4条の10において「中間検査申請書」という．）は，別記第二十六号様式に，次に掲げる図書及び書類を添えたものとする．

一 当該建築物の計画に係る確認に要した図書及び書類

二 法第7条の5の適用を受けようとする場合にあっては屋根の小屋組の工事終了時，構造耐力上主要な軸組若しくは耐力壁の工事終了時，基礎の配筋（鉄筋コンクリート造の基礎の場合に限る．）の工事終了時その他特定行政庁が必要と認めて指定する工程の終了時における当該建築物に係る構造耐力上主要な部分の軸組，仕口その他の接合部，鉄筋部分等を写した写真（既に中間検査を受けている建築物にあっては直前の中間検査後に行われた工事に係るものに限る．）

三 直前の確認又は中間検査を受けた日以降において申請に係る計画について第3条の2に該当する軽微な変更が生じた場合にあっては，当該変更の内容を記載した書類

四 その他特定行政庁が工事監理の状況を把握するため特に必要があると認めて規則で定める書類

五 代理者によって検査の申請を行う場合にあっては，委任状又はその写し

2 法第7条の3第1項の規定による申請を当該申請に係る建築物の直前の確認を受けた建築主事に対して行う場合の中間検査申請書にあっては，前項第一号に掲げる図書及び書類の添付を要しない．

第4条の9　建築主事等は，法第7条の3第4項（法第87条の4又は法第88条第1項において準用する場合を含む．）の規定による検査をした場合において，中間検査合格証を交付できないと認めたときは，当該建築主に対して，その旨及びその理由を通知しなければならない．

2　前項の規定による交付できない旨及びその理由の通知は，別記第二十七号様式によるものとする．

［中間検査合格証の様式］

第4条の10　法第7条の3第5項（法第87条の4又は法第88条第1項において準用する場合を含む．）の規定による中間検査合格証の交付は，別記第二十八号様式による中間検査合格証に，第4条の8第1項第一号に掲げる図書及び書類を求めた場合にあっては当該図書及び書類を添えて行うものとする．ただし，第4条の8第2項の規定に基づき中間検査申請書に同号の図書及び書類の添付を要しない場合にあっては，当該図書及び書類の添付を要しない．

［特定工程の指定に関する事項］

第4条の11　特定行政庁は，法第7条の3第1項第二号及び第6項（これらの規定を法第87条の4又は法第88条第1項において準用する場合を含む．）の規定により特定工程及び特定工程後の工程を指定しようとする場合においては，当該指定をしようとする特定工程に係る中間検査を開始する日の30日前までに，次に掲げる事項を公示しなければならない．

一　中間検査を行う区域を限る場合にあっては，当該区域

二　中間検査を行う期間を限る場合にあっては，当該期間

三　中間検査を行う建築物の構造，用途又は規模を限る場合にあっては，当該構造，用途又は規模

四　指定する特定工程

五　指定する特定工程後の工程

六　その他特定行政庁が必要と認める事項

［指定確認検査機関に対する中間検査の申請］

第4条の11の2　第4条の8の規定は，法第7条の4第1項（法第87条の4又は法第88条第1項において準用する場合を含む．第4条の12の2第1項及び第4条の14第3項第二号において同じ．）の規定による検査の申請について準用する．この場合において，第4条の8第2項中「建築主事」とあるのは「指定確認検査機関」と読み替えるものとする．

［中間検査引受証及び中間検査引受通知書の様式］

第4条の12　法第7条の4第2項（法第87条の4又は法第88条第1項において準用する場合を含む．次項において同じ．）の検査の引受けを行った旨を証する書面の様式は，別記第二十九号様式による．

2　法第7条の4第2項の規定による検査の引受けを行った旨の通知の様式は，別記第三十号様式による．

3　前項の通知は，法第7条の4第1項（法第87条の4又は法第88条第1項において準用する場合を含む．第4条の14において同じ．）の検査の引受けを行った日

から7日以内で，かつ，当該検査の引受けに係る工事が完了した日から4日が経過する日までに，建築主事に到達するように，しなければならない．

[中間検査合格証を交付できない旨の通知]

第4条の12の2 指定確認検査機関は，法第7条の4第1項の規定による検査をした場合において，中間検査合格証を交付できないと認めたときは，当該建築主に対して，その旨及びその理由を通知しなければならない．

2 前項の規定による交付できない旨及びその理由の通知は，別記第三十号の二様式による．

[指定確認検査機関が交付する中間検査合格証の様式]

第4条の13 法第7条の4第3項（法第87条の4又は法第88条第1項において準用する場合を含む．次項において同じ．）に規定する中間検査合格証の様式は，別記第三十一号様式による．

2 指定確認検査機関が当該建築物の計画に係る図書及び書類（確認に要したものに限る．）を求めた場合における法第7条の4第3項の中間検査合格証の交付は，当該図書及び書類を添えて行わなければならない．

3 前項に規定する図書及び書類の交付については，電子情報処理組織の使用又は磁気ディスク等の交付によることができる．

[中間検査報告書]

第4条の14 法第7条の4第6項（法第87条の4又は法第88条第1項において準用する場合を含む．以下この条において同じ．）の国土交通省令で定める期間は，法第7条の4第3項（法第87条の4又は法第88条第1項において準用する場合を含む．）の中間検査合格証の交付の日又は第4条の12の2第1項の規定による通知をした日から7日以内とする．

2 法第7条の4第6項に規定する中間検査報告書は，別記第三十二号様式による．

3 法第7条の4第6項の国土交通省令で定める書類は，次に掲げる書類とする．

一 別記第二十六号様式の第二面から第四面までによる書類

二 確認審査等に関する指針に従って法第7条の4第1項の規定による検査を行ったことを証する書類として国土交通大臣が定める様式によるもの

〈関連：平19告示第885号〉

4 前項各号に定める書類が，電子計算機に備えられたファイル又は磁気ディスク等に記録され，必要に応じ特定行政庁において電子計算機その他の機器を用いて明確に紙面に表示されるときは，当該ファイル又は磁気ディスク等をもって同項各号の書類に代えることができる．

[建築物に関する検査の特例]

第4条の15 法第7条の5に規定する建築物の建築の工事であることの確認は，次の各号に掲げる場合の区分に応じ，当該各号に定めるところにより行うものとする．

一 法第7条又は法第7条の3の規定を適用する場合 第4条第1項又は第4条の8第1項の申請書並びにその添付図書及びその添付書類を審査し，必要に応じ，法第12条第5項の規定による報告を求める．

二 法第7条の2又は法第7条の4の規定を適用する場合 第4条の4の2におい

て準用する第4条第1項第一号に規定する図書及び書類並びに同項第二号に規定する写真並びに第4条の11の2において準用する第4条の8第1項第一号に規定する図書及び書類並びに同項第二号に規定する写真を審査し，特に必要があるときは，法第77条の32第1項の規定により照会する．

［仮使用の認定の申請等］

第4条の16　法第7条の6第1項第一号（法第87条の4又は法第88条第1項若しくは第2項において準用する場合を含む．以下この条において同じ．）の規定により特定行政庁の仮使用の認定を受けようとする者は，別記第三十三号様式による仮使用認定申請書の正本及び副本に，それぞれ，「当該認定の申請に係る建築物の計画に係る確認に要した図書及び書類（当該申請に係る建築物の直前の確認を受けた建築主事を置く市町村の長又は都道府県知事たる特定行政庁に対して申請を行う場合においては，当該特定行政庁の指揮監督下にある建築主事が当該図書及び書類を有していないことその他の理由により，提出を求める場合に限る．）並びに次の表の（い）項及び（は）項に掲げる図書（令第138条に規定する工作物（同条第2項第一号に掲げるものを除く．以下この項において「昇降機以外の工作物」という．）を仮使用する場合にあっては（ろ）項及び（は）項に掲げる図書，昇降機以外の工作物と建築物又は建築物及び建築設備とを併せて仮使用する場合にあっては（い）項から（は）項までに掲げる図書．次項において同じ．）その他特定行政庁が必要と認める図書及び書類を添えて，建築主事を経由して特定行政庁に提出するものとする．ただし，令第147条の2に規定する建築物に係る仮使用をする場合にあっては，（は）項に掲げる図書に代えて第11条の2第1項の表に掲げる工事計画書及び安全計画書を提出しなければならない．

図書の種類		明示すべき事項
（い）	各階平面図	縮尺，方位，間取，各室の用途，新築又は避難施設等に関する工事に係る建築物又は建築物の部分及び申請に係る仮使用の部分
（ろ）	配置図	縮尺，方位，工作物の位置及び申請に係る仮使用の部分
（は）	安全計画書	工事中において安全上，防火上又は避難上講ずる措置の概要

2　法第7条の6第1項第二号（法第87条の4又は法第88条第1項若しくは第2項において準用する場合を含む．以下同じ．）の規定により建築主事又は指定確認検査機関の仮使用の認定を受けようとする者は，別記第三十四号様式による仮使用認定申請書の正本及び副本に，それぞれ，当該認定の申請に係る建築物の計画に係る確認に要した図書及び書類（当該申請に係る建築物の直前の確認を受けた建築主事又は指定確認検査機関に対して申請を行う場合においては，当該建築主事又は指定確認検査機関が当該図書及び書類を有していないことその他の理由により，提出を求める場合に限る．）並びに前項の表の（い）項及び（は）項に掲げる図書その他の仮使用の認定をするために必要な図書及び書類として国土交通大臣が定めるものを添えて，建築主事又は指定確認検査機関に提出するものとする．ただし，令第147条の2に規定する建築物に係る仮使用をする場合にあっては，（は）項に掲げる図書に代えて第11条の2第1項の表に掲げる工事計画書及び安全計画書を提出しなければならない．

〈関連：平27告示第247号〉

3 　増築，改築，移転，大規模の修繕又は大規模の模様替の工事で避難施設等に関する工事を含むもの（国土交通大臣が定めるものを除く，次項において「増築等の工事」という．）に係る建築物又は建築物の部分を使用し，又は使用させようとする者は，法第7条第1項の規定による申請が受理される前又は指定確認検査機関が法第7条の2第1項の規定による検査の引受けを行う前においては，特定行政庁に仮使用の認定を申請しなければならない． 〈関連：平27告示第247号〉

4 　増築等の工事の着手の時から当該増築等の工事に係る建築物又は建築物の部分を使用し，又は使用させようとする者が，前項の規定による仮使用の認定の申請を行おうとする場合においては，法第6条第1項の規定による確認の申請と同時に（法第6条の2第1項の確認を受けようとする者にあっては，指定確認検査機関が当該確認を引き受けた後遅滞なく）行わなければならない．ただし，特定行政庁がやむを得ない事情があると認めたときは，この限りでない．

5 　特定行政庁，建築主事又は指定確認検査機関は，法第7条の6第1項第一号又は第二号の規定による仮使用の認定をしたときは，別記第三十五号様式，別記第三十五号の二様式又は別記第三十五号の三様式による仮使用認定通知書に第1項又は第2項の仮使用認定申請書の副本を添えて，申請者に通知（指定確認検査機関が通知する場合にあっては，電子情報処理組織の使用又は磁気ディスク等の交付を含む．）するものとする．

［仮使用認定報告書］

第4条の16の2 　法第7条の6第3項（法第87条の4又は法第88条第1項若しくは第2項において準用する場合を含む．以下この条において同じ．）の国土交通省令で定める期間は，前条第5項の規定による通知をした日から7日以内とする．

2 　法第7条の6第3項に規定する仮使用認定報告書は，別記第三十五号の四様式による．

3 　法第7条の6第3項の国土交通省令で定める書類は，次の各号に掲げる書類とする．

一　別記第三十四号様式の第二面による書類

二　法第7条の6第1項第二号に規定する国土交通大臣が定める基準に従って認定を行ったことを証する書類として国土交通大臣が定める様式によるもの

4 　前項各号に定める書類が，電子計算機に備えられたファイル又は磁気ディスク等に記録され，必要に応じ特定行政庁において電子計算機その他の機器を用いて明確に紙面に表示されるときは，当該ファイル又は磁気ディスク等をもって同項各号の書類に代えることができる．

［適合しないと認める旨の通知書の様式］

第4条の16の3 　法第7条の6第4項（法第87条の4又は法第88条第1項若しくは第2項において準用する場合を含む．）の規定による適合しないと認める旨の通知書の様式は，別記第三十五号の五様式及び別記第三十六号様式による．

［違反建築物の公告の方法］

第4条の17 　法第9条第13項（法第10条第2項，法第88条第1項から第3項まで又は法第90条の2第2項において準用する場合を含む．）の規定により国土交通省令で定める方法は，公報への掲載その他特定行政庁が定める方法とする．

第4条の18　（削除）

[違反建築物の設計者等の通知]

第4条の19　法第9条の3第1項（法第88条第1項から第3項まで又は法第90条第3項において準用する場合を含む．以下この条において同じ．）の規定により国土交通省令で定める事項は，次の各号に掲げるものとする．

一　法第9条第1項又は第10項の規定による命令（以下この条において「命令」という．）に係る建築物又は工作物の概要

二　前号の建築物又は工作物の設計者等に係る違反事実の概要

三　命令をするまでの経過及び命令後に特定行政庁の講じた措置

四　前各号に掲げる事項のほか，参考となるべき事項

2　法第9条の3第1項の規定による通知は，当該通知に係る者について建築士法，建設業法（昭和24年法律第100号），浄化槽法又は宅地建物取引業法（昭和27年法律第176号）による免許，許可，認定又は登録をした国土交通大臣又は都道府県知事にするものとする．

3　前項の規定による通知は，文書をもって行なうものとし，当該通知には命令書の写しを添えるものとする．

[建築物の定期報告]

第5条　法第12条第1項の規定による報告の時期は，建築物の用途，構造，延べ面積等に応じて，おおむね6月から3年までの間隔をおいて特定行政庁が定める時期（次のいずれかに該当する場合においては，その直後の時期を除く．）とする．

一　法第12条第1項の安全上，防火上又は衛生上特に重要であるものとして政令で定める建築物について，建築主が法第7条第5項又は法第7条の2第5項の規定による検査済証（新築又は改築（一部の改築を除く．）に係るものに限る．）の交付を受けた場合

二　法第12条第1項の規定により特定行政庁が指定する建築物について，建築主が法第7条第5項又は法第7条の2第5項の規定による検査済証（当該指定があった日以後の新築又は改築（一部の改築を除く．）に係るものに限る．）の交付を受けた場合

2　法第12条第1項の規定による調査は，建築物の敷地，構造及び建築設備の状況について安全上，防火上又は衛生上支障がないことを確認するために十分なものとして行うものとし，当該調査の項目，方法及び結果の判定基準は国土交通大臣の定めるところによるものとする．

〈関連：平20告示第282号〉

3　法第12条第1項の規定による報告は，別記第三十六号の二様式による報告書及び別記第三十六号の三様式による定期調査報告概要書に国土交通大臣が定める調査結果表を添えてするものとする．ただし，特定行政庁が規則により別記第三十六号の二様式，別記第三十六号の三様式又は国土交通大臣が定める調査結果表に定める事項その他の事項を記載する報告書の様式又は調査結果表を定めた場合にあっては，当該様式による報告書又は当該調査結果表によるものとする．

〈関連：平20告示第282号〉

4　法第12条第1項の規定による報告は，前項の報告書及び調査結果表に，特定行政庁が建築物の敷地，構造及び建築設備の状況を把握するため必要があると認めて

規則で定める書類を添えて行わなければならない.

[国の機関の長等による建築物の点検]

第5条の2 法第12条第2項の点検（次項において単に「点検」という.）は，建築物の敷地及び構造の状況について安全上，防火上又は衛生上支障がないことを確認するために十分なものとして3年以内ごとに行うものとし，当該点検の項目，方法及び結果の判定基準は国土交通大臣の定めるところによるものとする.

〈関連：平20告示第282号〉

2　法第18条第18項の規定による検査済証の交付を受けた日以後最初の点検については，前項の規定にかかわらず，当該検査済証の交付を受けた日から起算して6年以内に行うものとする.

[建築設備等の定期報告]

第6条　法第12条第3項の規定による報告の時期は，建築設備又は防火設備（以下「建築設備等」という.）の種類，用途，構造等に応じて，おおむね6月から1年まで（ただし，国土交通大臣が定める検査の項目については，1年から3年まで）の間隔をおいて特定行政庁が定める時期（次のいずれかに該当する場合においては，その直後の時期を除く.）とする.

一　法第12条第3項の安全上，防火上又は衛生上特に重要であるものとして政令で定める特定建築設備等について，設置者が法第7条第5項（法第87条の4において準用する場合を含む．以下この項において同じ.）又は法第7条の2第5項（法第87条の4において準用する場合を含む．以下この項において同じ.）の規定による検査済証の交付を受けた場合

二　法第12条第3項の規定により特定行政庁が指定する特定建築設備等について，設置者が法第7条第5項又は法第7条の2第5項の規定による検査済証（当該指定があった日以後の設置に係るものに限る.）の交付を受けた場合

〈関連：平20告示第285号〉

2　法第12条第3項の規定による検査は，建築設備等の状況について安全上，防火上又は衛生上支障がないことを確認するために十分なものとして行うものとし，当該検査の項目，事項，方法及び結果の判定基準は国土交通大臣の定めるところによるものとする. 〈関連：平20告示第283〜285号，平28告示第723号〉

3　法第12条第3項の規定による報告は，昇降機にあっては別記第三十六号の四様式による報告書及び別記第三十六号の五様式による定期検査報告概要書に，建築設備（昇降機を除く.）にあっては別記第三十六号の六様式による報告書及び別記第三十六号の七様式による定期検査報告概要書に，防火設備にあっては別記第三十六号の八様式による報告書及び別記第三十六号の九様式による定期検査報告概要書に，それぞれ国土交通大臣が定める検査結果表を添えてするものとする．ただし，特定行政庁が規則により別記第三十六号の四様式，別記第三十六号の五様式，別記第三十六号の六様式，別記第三十六号の七様式，別記第三十六号の八様式，別記第三十六号の九様式又は国土交通大臣が定める検査結果表その他の事項を記載する報告書の様式又は検査結果表を定めた場合にあっては，当該様式による報告書又は当該検査結果表によるものとする.

〈関連：平20告示第283〜285号，平28告示第723号〉

4　法第 12 条第 3 項の規定による報告は，前項の報告書及び調査結果表に，特定行政庁が建築設備等の状況を把握するために必要と認めて規則で定める書類を添えて行わなければならない．

［国の機関の長等による建築設備等の点検］

第 6 条の 2　法第 12 条第 4 項の点検（次項において単に「点検」という．）は，建築設備等の状況について安全上，防火上又は衛生上支障がないことを確認するために十分なものとして 1 年（ただし，国土交通大臣が定める点検の項目については 3 年）以内ごとに行うものとし，当該点検の項目，事項，方法及び結果の判定基準は国土交通大臣の定めるところによるものとする．

〈関連：平 20 告示第 283～285 号，平 28 告示第 723 号〉

2　法第 18 条第 18 項（法第 87 条の 4 において準用する場合を含む．）の規定による検査済証の交付を受けた日以後最初の点検については，前項の規定にかかわらず，当該検査済証の交付を受けた日から起算して 2 年（ただし，国土交通大臣が定める点検の項目については 6 年）以内に行うものとする．〈関連：平 20 告示第 285 号〉

［工作物の定期報告］

第 6 条の 2 の 2　法第 88 条第 1 項及び第 3 項において準用する法第 12 条第 1 項及び第 3 項の規定による報告の時期は，法第 64 条に規定する工作物（高さ 4 m を超えるものに限る．以下「看板等」という．）又は法第 88 条第 1 項に規定する昇降機等（以下単に「昇降機等」という．）（次項及び次条第 1 項においてこれらを総称して単に「工作物」という．）の種類，用途，構造等に応じて，おおむね 6 月から 1 年まで（ただし，国土交通大臣が定める検査の項目については，1 年から 3 年まで）の間隔をおいて特定行政庁が定める時期（次のいずれかに該当する場合においては，その直後の時期を除く．）とする．

一　法第 88 条第 1 項において準用する法第 12 条第 1 項及び第 3 項の政令で定める昇降機等について，築造主が法第 7 条第 5 項又は法第 7 条の 2 第 5 項の規定による検査済証（新築又は改築（一部の改築を除く．）に係るものに限る．）の交付を受けた場合

二　法第 88 条第 1 項及び第 3 項において準用する法第 12 条第 1 項及び第 3 項の規定により特定行政庁が指定する工作物について，築造主が法第 7 条第 5 項又は法第 7 条の 2 第 5 項の規定による検査済証（当該指定があった日以後の新築又は改築（一部の改築を除く．）に係るものに限る．）の交付を受けた場合

2　法第 88 条第 1 項及び第 3 項において準用する法第 12 条第 1 項及び第 3 項の規定による調査及び検査は，工作物の状況について安全上，防火上又は衛生上支障がないことを確認するために十分なものとして行うものとし，当該調査及び検査の項目，事項，方法及び結果の判定基準は国土交通大臣の定めるところによるものとする．

3　法第 88 条第 1 項及び第 3 項において準用する法第 12 条第 1 項及び第 3 項の規定による報告は，看板等にあっては別記第三十六号の六様式による報告書及び別記第三十六号の七様式による定期検査報告概要書に，観光用エレベーター等にあっては別記第三十六号の四様式による報告書及び別記第三十六号の五様式による定期検査報告概要書に，令第 138 条第 2 項第二号又は第三号に掲げる遊戯施設（以下単に

「遊戯施設」という.)にあっては別記第三十六号の十様式による報告書及び別記第三十六号の十一様式による定期検査報告概要書に,それぞれ国土交通大臣が定める検査結果表を添えてするものとする.ただし,特定行政庁が規則により別記第三十六号の四様式,別記第三十六号の五様式,別記第三十六号の六様式,別記第三十六号の七様式,別記第三十六号の十様式,別記第三十六号の十一様式又は国土交通大臣が定める検査結果表その他の事項を記載する報告書の様式又は検査結果表を定めた場合にあっては,当該様式による報告書又は当該検査結果表によるものとする.

4　法第88条第1項及び第3項において準用する法第12条第1項及び第3項の規定による報告は,前項の報告書及び調査結果表に,特定行政庁が工作物の状況を把握するために必要と認めて規則で定める書類を添えて行わなければならない.

[国の機関の長等による工作物の点検]

第6条の2の3　法第88条第1項及び第3項において準用する法第12条第2項及び第4項の点検（次項において単に「点検」という.）は,工作物の状況について安全上,防火上又は衛生上支障がないことを確認するために十分なものとして1年（ただし,国土交通大臣が定める点検の項目については3年）以内ごとに行うものとし,当該点検の項目,事項,方法及び結果の判定基準は国土交通大臣の定めるところによるものとする.

2　法第88条第1項及び第3項において準用する法第18条第18項の規定による検査済証の交付を受けた日以後最初の点検については,前項の規定にかかわらず,当該検査済証の交付を受けた日から起算して2年（ただし,国土交通大臣が定める点検の項目については6年）以内に行うものとする.

[台帳の記載事項等]

第6条の3　法第12条第8項（法第88条第1項から第3項までにおいて準用する場合を含む.以下この条において同じ.）に規定する台帳は,次の各号に掲げる台帳の種類ごとに,それぞれ当該各号に定める事項を記載しなければならない.

一　建築物に係る台帳　　次のイ及びロに掲げる事項

イ　別記第三号様式による建築計画概要書（第三面を除く.),別記第三十六号の三様式による定期調査報告概要書,別記第三十七号様式による建築基準法令による処分等の概要書（以下この項及び第11条の3第1項第五号において「処分等概要書」という.）及び別記第六十七号の四様式による全体計画概要書（以下単に「全体計画概要書」という.）に記載すべき事項

ロ　第1条の3の申請書及び第8条の2第1項において準用する第1条の3の規定による通知書の受付年月日,指定確認検査機関から確認審査報告書の提出を受けた年月日その他特定行政庁が必要と認める事項

二　建築設備に係る台帳　　次のイ及びロに掲げる事項

イ　別記第八号様式による申請書の第二面,別記第三十六号の五様式による定期検査報告概要書（観光用エレベーター等に係るものを除く.),別記第三十六号の七様式による定期検査報告概要書（看板等に係るものを除く.）及び処分等概要書並びに別記第四十二号の七様式による通知書の第二面に記載すべき事項

ロ　第2条の2の申請書及び第8条の2第5項において準用する第2条の2の規定

による通知書の受付年月日，指定確認検査機関から確認審査報告書の提出を受けた年月日その他特定行政庁が必要と認める事項

三　防火設備に係る台帳　　別記第三十六号の九様式による定期検査報告概要書その他特定行政庁が必要と認める事項

四　工作物に係る台帳　　次のイからニまでに掲げる事項

イ　法第88条第1項に規定する工作物にあっては，別記第十号様式（観光用エレベーター等にあっては，別記第八号様式（昇降機用））による申請書の第二面及び別記第四十二号の九様式（観光用エレベーター等にあっては，別記第四十二号の七様式（昇降機用））による通知書の第二面に記載すべき事項

ロ　法第88条第2項に規定する工作物にあっては，別記第十一号様式による申請書の第二面及び別記第四十二号の十一様式による通知書の第二面に記載すべき事項

ハ　別記第三十六号の五様式による定期検査報告概要書（観光用エレベーター等に係るものに限る．），別記第三十六号の七様式による定期検査報告概要書（看板等に係るものに限る．）及び別記第三十六号の十一様式による定期検査報告概要書並びに処分等概要書に記載すべき事項

ニ　第3条の申請書及び第8条の2第6項において準用する第3条の規定による通知書の受付年月日，指定確認検査機関から確認審査報告書の提出を受けた年月日その他特定行政庁が必要と認める事項

2　法第12条第8項の国土交通省令で定める書類は，次に掲げるものとする．

一　第1条の3（第8条の2第1項において準用する場合を含む．）に規定する図書及び書類（別記第三号様式による建築計画概要書を除く．）

二　第2条の2（第8条の2第5項において準用する場合を含む．）に規定する図書及び書類

三　第3条（第8条の2第6項において準用する場合を含む．）に規定する図書及び書類（別記第三号様式による建築計画概要書及び別記第十二号様式による築造計画概要書を除く．）

四　第4条第1項（第8条の2第13項において準用する場合を含む．）に規定する図書及び書類

五　第4条の2第1項（第8条の2第14項において準用する場合を含む．）に規定する書類

六　第4条の8第1項（第8条の2第17項において準用する場合を含む．）に規定する図書及び書類

七　第5条第3項に規定する書類

八　第6条第3項に規定する書類

九　第6条の2の2第3項に規定する書類

十　適合判定通知書又はその写し

十一　建築物のエネルギー消費性能の向上に関する法律第12条第6項に規定する適合判定通知書又はその写し

3　第1項各号に掲げる事項又は前項各号に定める書類が，電子計算機に備えられたファイル又は磁気ディスク等に記録され，必要に応じ特定行政庁において電子計

算機その他の機器を用いて明確に紙面に表示されるときは，当該記録をもって法第12条第8項に規定する台帳への記載又は同項に規定する書類の保存に代えることができる．

4　法第12条第8項に規定する台帳（第2項に規定する書類を除き，前項の規定による記録が行われた同項のファイル又は磁気ディスク等を含む．）は，当該建築物又は工作物が滅失し，又は除却されるまで，保存しなければならない．

5´　第2項に規定する書類（第3項の規定による記録が行われた同項のファイル又は磁気ディスク等を含む．）は，次の各号の書類の区分に応じ，それぞれ当該各号に定める期間保存しなければならない．

一　第2項第一号から第六号まで，第十号及び第十一号の図書及び書類　当該建築物，建築設備又は工作物に係る確認済証（計画の変更に係るものを除く．）の交付の日から起算して15年間

二　第2項第七号から第九号までの書類　特定行政庁が定める期間

6　指定確認検査機関から台帳に記載すべき事項に係る報告を受けた場合においては，速やかに台帳を作成し，又は更新しなければならない．

[都道府県知事による台帳の記載等]

第6条の4　都道府県知事は，構造計算適合性判定に関する台帳を整備し，かつ，当該台帳（第3条の7の申請書及び第8条の2第7項において準用する第3条の7（第3条の10において準用する場合を除く．）の通知書（以下この条において「申請書等」という．）を含む．）を保存しなければならない．

2　前項に規定する台帳は，次の各号に定める事項を記載しなければならない．

一　別記第十八号の二様式による申請書の第二面及び第三面並びに別記第四十二号の十二の二様式による通知書の第二面及び第三面に記載すべき事項

二　申請書等の受付年月日

三　構造計算適合性判定の結果

四　構造計算適合性判定の結果を記載した通知書の番号及びこれを交付した年月日その他都道府県知事が必要と認める事項

3　申請書等又は前項に規定する事項が，電子計算機に備えられたファイル又は磁気ディスク等に記録され，必要に応じ都道府県において電子計算機その他の機器を用いて明確に紙面に表示されるときは，当該記録をもって申請書等の保存又は第1項に規定する台帳への記載に代えることができる．

4　第1項に規定する台帳（申請書等を除き，前項の規定による記録が行われた同項のファイル又は磁気ディスク等を含む．）は，当該建築物が滅失し，又は除却されるまで，保存しなければならない．

5　申請書等（第3項の規定による記録が行われた同項のファイル又は磁気ディスク等を含む．）は，法第6条の3第4項又は法第18条第7項の規定による通知書の交付の日から起算して15年間保存しなければならない．

[建築物調査員資格者証等の種類]

第6条の5　法第12条第1項（法第88条第1項において準用する場合を含む．次条において同じ．）に規定する建築物調査員資格者証の種類は，特定建築物調査員資格者証及び昇降機等検査員資格者証とする．

2　法第 12 条第 3 項（法第 88 条第 1 項において準用する場合を含む．次条におい
て同じ．）に規定する建築設備等検査員資格者証の種類は，建築設備検査員資格者
証，防火設備検査員資格者証及び昇降機等検査員資格者証とする．

［建築物等の種類等］

第 6 条の 6　建築物調査員が法第 12 条第 1 項の調査及び同条第 2 項（法第 88 条第 1
項において準用する場合を含む．）の点検（以下「調査等」という．）を行うことが
できる建築物及び昇降機等並びに建築設備等検査員が法第 12 条第 3 項の検査及び
同条第 4 項（法第 88 条第 1 項において準用する場合を含む．）の点検（以下「検査
等」という．）を行うことができる建築設備等及び昇降機等の種類は，次の表の
（い）欄に掲げる建築物調査員資格者証及び建築設備等検査員資格者証（以下この
条において建築物調査員資格者証等」という．）の種類に応じ，それぞれ同表の
（ろ）欄に掲げる建築物，建築設備等及び昇降機等の種類とし，法第 12 条の 2 第 1
項第一号及び法第 12 条の 3 第 3 項第一号（これらの規定を法第 88 条第 1 項におい
て準用する場合を含む．）の国土交通省令で定める講習は，同表の（い）欄に掲げ
る建築物調査員資格者証等の種類に応じ，それぞれ同表（は）欄に掲げる講習とする．

	（い）	（ろ）	（は）
	建築物調査員資格者証等の種類	建築物，建築設備等及び昇降機等の種類	講　　　習
（一）	特定建築物調査員資格者証	特定建築物	特定建築物調査員（特定建築物調査員資格者証の交付を受けている者をいう．以下同じ．）として必要な知識及び技能を修得させるための講習であって，次条，第 6 条の 8 及び第 6 条の 10 において準用する第 3 条の 14（第 1 項を除く．）から第 3 条の 16（第 1 項を除く．）までの規定により国土交通大臣の登録を受けたもの（以下「登録特定建築物調査員講習」という．）
（二）	建築設備検査員資格者証	建築設備（昇降機を除く．以下この表において同じ．）及び防火設備（建築設備についての法第 12 条第 3 項の検査及び同条第 4 項の点検（以下この表において「検査等」という．）と併せて検査等を一体的に行うことが合理的であるものとして国土交通大臣が定めたものに限る．）〈関連：平 28 告示第 699 号〉	建築設備検査員資格者証の交付を受けている者（以下「建築設備検査員」という．）として必要な知識及び技能を修得させるための講習であって，第 6 条の 11 並びに第 6 条の 12 において準用する第 3 条の 14（第 1 項を除く．）から第 3 条の 16（第 1 項を除く．）まで及び第 6 条の 8 の規定により国土交通大臣の登録を受けたもの（以下「登録建築設備検査員講習」という．）

(三)	防火設備検査員資格者証	防火設備（二）項の（ろ）欄に規定する国土交通大臣が定めたものを除く.）	防火設備検査員資格者証の交付を受けている者（以下「防火設備検査員」という.）として必要な知識及び技能を修得させるための講習であって，第6条の13並びに第6条の14において準用する第3条の14（第1項を除く.）から第3条の16（第1項を除く.）まで及び第6条の8の規定により国土交通大臣の登録を受けたもの（以下「登録防火設備検査員講習」という.）
(四)	昇降機等検査員資格者証	昇降機（観光用エレベーター等を含む.）及び遊戯施設	昇降機等検査員資格者証の交付を受けている者（以下「昇降機等検査員」という.）として必要な知識及び技能を修得させるための講習であって，第6条の15並びに第6条の16において準用する第3条の14（第1項を除く.）から第3条の16（第1項を除く.）まで及び第6条の8の規定により国土交通大臣の登録を受けたもの（以下「登録昇降機等検査員講習」という.）

[特定建築物調査員講習の登録の申請]

第6条の7 前条の表の（一）項の（は）欄の登録は，登録特定建築物調査員講習の実施に関する事務（以下「登録特定建築物調査員講習事務」という.）を行おうとする者の申請により行う.

[登録の要件]

第6条の8 国土交通大臣は，前条の規定による登録の申請が次に掲げる要件の全てに適合しているときは，その登録をしなければならない.

一　次条第四号の表の左欄に掲げる科目について講習が行われるものであること.

二　次のいずれかに該当する者が講師として登録特定建築物調査員講習事務に従事するものであること.

　イ　建築基準適合判定資格者

　ロ　特定建築物調査員

　ハ　学校教育法による大学若しくはこれに相当する外国の学校において建築学その他の登録特定建築物調査員講習事務に関する科目を担当する教授若しくは准教授の職にあり，若しくはこれらの職にあった者又は建築学その他の登録特定建築物調査員講習事務に関する科目の研究により博士の学位を授与された者

　ニ　建築行政に関する実務の経験を有する者

　ホ　イからニまでに掲げる者と同等以上の知識及び経験を有する者

三　法第12条第1項又は第3項（これらの規定を法第88条第1項において準用する場合を含む.）の規定に基づく調査又は検査を業として行っている者（以下「調査検査業者」という.）に支配されているものとして次のいずれかに該当するもので

ないこと.

イ　前条の規定により登録を申請した者（以下この号において「登録申請者」という.）が株式会社である場合にあっては，調査検査業者がその親法人であること.

ロ　登録申請者の役員に占める調査検査業者の役員又は職員（過去２年間に当該調査検査業者の役員又は職員であった者を含む.）の割合が1/2を超えていること.

ハ　登録申請者（法人にあっては，その代表権を有する役員）が調査検査業者の役員又は職員（過去２年間に当該調査検査業者の役員又は職員であった者を含む.）であること.

［登録特定建築物調査員講習事務の実施に係る義務］

第６条の９　登録特定建築物調査員講習事務を行う者（以下「登録特定建築物調査員講習実施機関」という.）は，公正に，かつ，前条第一号及び第二号に掲げる要件並びに次に掲げる基準に適合する方法により登録特定建築物調査員講習事務を行わなければならない.

一　建築に関する知識及び経験を有する者として国土交通大臣が定める者であることを受講資格とすること.　　　　　　　　　　　　　　〈関連：平28告示第700号〉

二　登録特定建築物調査員講習を毎年１回以上行うこと.

三　登録特定建築物調査員講習は，講義及び修了考査により行うこと.

四　講義は，次の表の左欄に掲げる科目について，それぞれ同表の右欄に掲げる時間以上行うこと.

科目	時間
特定建築物定期調査制度総論	1時間
建築学概論	5時間
建築基準法令の構成と概要	1時間
特殊建築物等の維持保全	1時間
建築構造	4時間
防火・避難	6時間
その他の事故防止	1時間
特定建築物調査業務基準	4時間

五　講義は，前号の表の左欄に掲げる科目に応じ，国土交通大臣が定める事項を含む適切な内容の教材を用いて行うこと.　　　　　　　　　　〈関連：平28告示第701号〉

六　講師は，講義の内容に関する受講者の質問に対し，講義中に適切に応答すること.

七　修了考査は，講義の終了後に行い，特定建築物調査員として必要な知識及び技能を修得したかどうかを判定できるものであること.

八　登録特定建築物調査員講習を実施する日時，場所その他の登録特定建築物調査員講習の実施に関し必要な事項を公示すること.

九　講義を受講した者と同等以上の知識を有する者として国土交通大臣が定める者については，申請により，第四号の表の左欄に掲げる科目のうち国土交通大臣が定めるものを免除すること.　　　　　　　　　　　　　　　　　〈関連：平28告示第702号〉

十　不正な受講を防止するための措置を講じること.

十二　終了した修了考査の問題及び当該修了考査の合格基準を公表すること．

十三　修了考査に合格した者に対し，別記第三十七号の二様式による修了証明書を交付すること．

[準用]

第6条の10　第3条の14から第3条の28まで（第3条の14第1項，第3条の16第1項及び第3条の18を除く．）の規定は，第6条の6の表の（一）項の（は）欄の登録及びその更新，登録特定建築物調査員講習，登録特定建築物調査員講習事務並びに登録特定建築物調査員講習実施機関について準用する．この場合において，第3条の14第3項第三号中「第3条の16第1項第二号イからハまで」とあるのは「第6条の8第二号イからホまで」と，第3条の17第2項中「前3条」とあるのは「第6条の7，第6条の8並びに第6条の10において読み替えて準用する第3条の14（第1項を除く．）から第3条の16（第1項を除く．）まで」と，第3条の20第八号及び第3条の26第1項第五号中「修了証明書」とあるのは「第6条の9第十二号に規定する修了証明書」と，第3条の23中「第3条の16第1項各号」とあるのは「第6条の8各号」と，第3条の24中「第3条の18」とあるのは「第6条の9」と読み替えるものとする．

[建築設備検査員講習の登録の申請]

第6条の11　第6条の6の表の（二）項の（は）欄の登録は，登録建築設備検査員講習の実施に関する事務（以下「登録建築設備検査員講習事務」という．）を行おうとする者の申請により行う．

[準用]

第6条の12　第3条の14から第3条の28まで（第3条の14第1項，第3条の16第1項及び第3条の18を除く．），第6条の8及び第6条の9の規定は，第6条の6の表の（二）項の（は）欄の登録及びその更新，登録建築設備検査員講習，登録建築設備検査員講習事務並びに登録建築設備検査員講習実施機関（登録建築設備検査員講習事務を行う者をいう．）について準用する．この場合において，第3条の14第3項第三号中「第3条の16第1項第二号イからハまで」とあるのは「第6条の12において読み替えて準用する第6条の8第二号イからホまで」と，第3条の17第2項中「前3条」とあるのは「第6条の11並びに第6条の12において読み替えて準用する第3条の14（第1項を除く．）から第3条の16（第1項を除く．）まで及び第6条の8」と，第3条の20第八号及び第3条の26第1項第五号中「修了証明書」とあるのは「第6条の12において読み替えて準用する第6条の9第十二号に規定する修了証明書」と，第3条の23中「第3条の16第1項各号」とあるのは「第6条の12において読み替えて準用する第6条の8各号」と，第3条の24中「第3条の18」とあるのは「第6条の12において読み替えて準用する第6条の9」と，第6条の8中「前条」とあるのは「第6条の11」と，同条第一号中「次条第四号の表」とあり，第6条の9第四号中「次の表」とあり，同条第五号中「前号の表」とあり，及び同条第九号中「第四号の表」とあるのは「第6条の12の表」と，第6条の8第二号ロ及び第6条の9第七号中「特定建築物調査員」とあるのは「建築設備検査員」と，同条第十二号中「別記第三十七号の二様式」とあるのは「別記第三十七号の三様式」と読み替えるものとする．

科目	時間
建築設備定期検査制度総論	1時間
建築学概論	2時間
建築設備に関する建築基準法令	3時間30分
建築設備に関する維持保全	1時間30分
建築設備の耐震規制，設計指針	1時間30分
換気，空気調和設備	4時間30分
排煙設備	2時間
電気設備	2時間30分
給排水衛生設備	2時間30分
建築設備定期検査業務基準	2時間30分

〈関連：平 28 告示第 700〜701 号〉

[防火設備検査員講習の登録の申請]

第6条の13　第6条の6の表の（三）項の（は）欄の登録は，登録防火設備検査員講習の実施に関する事務（以下「登録防火設備検査員講習事務」という.）を行おうとする者の申請により行う.

[準用]

第6条の14　第3条の14から第3条の28まで（第3条の14第1項，第3条の16第1項及び第3条の18を除く.），第6条の8及び第6条の9の規定は，第6条の6の表の（三）項の（は）欄の登録及びその更新，登録防火設備検査員講習，登録防火設備検査員講習事務並びに登録防火設備検査員講習実施機関（登録防火設備検査員講習事務を行う者をいう.）について準用する. この場合において，第3条の14第3項第三号中「第3条の16第1項第二号イからハまで」とあるのは「第6条の14において読み替えて準用する第6条の8第二号イからホまで」と，第3条の17第2項中「前3条」とあるのは「第6条の13並びに第6条の14において読み替えて準用する第3条の14（第1項を除く.）から第3条の16（第1項を除く.）まで及び第6条の8」と，第3条の20第八号及び第3条の26第1項第五号中「修了証明書」とあるのは「第6条の14において読み替えて準用する第6条の9第十二号に規定する修了証明書」と，第3条の23中「第3条の16第1項各号」とあるのは「第6条の14において読み替えて準用する第6条の8各号」と，第3条の24中「第3条の18」とあるのは「第6条の14において読み替えて準用する第6条の9」と，第3条の26第1項第三号及び第4項第二号中「講義」とあるのは「学科講習及び実技講習」と，第6条の8中「前条」とあるのは「第6条の13」と，同条第一号中「次条第四号の表の左欄」とあり，第6条の9第五号中「前号の表の左欄」とあり，及び同条第九号中「第四号の表の左欄」とあるのは「第6条の14の表の中欄」と，第6条の8第二号ロ及び第6条の9第七号中「特定建築物調査員」とあるのは「防火設備検査員」と，同条第三号中「講義」とあるのは「講習（学科講習及び実技講習をいう. 以下この条において同じ.）」と，同条第四号から第六号まで及び第九号中「講義」とあるのは「講習」と，同条第四号中「次の表の

左欄」とあるのは「第 6 条の 14 の表の左欄の講習に区分して行うこととし，同表の中欄」と，同条第七号中「講義」とあるのは「学科講習」と，同条第十二号中「修了考査に合格した者」とあるのは「講習を修了した者」と，「別記第三十七号の二様式」とあるのは「別記第三十七号の四様式」と読み替えるものとする．

講習区分	科目	時間
学科講習	防火設備定期検査制度総論	1 時間
	建築学概論	2 時間
	防火設備に関する建築基準法令	1 時間
	防火設備に関する維持保全	1 時間
	防火設備概論	3 時間
	防火設備定期検査業務基準	2 時間
実技講習	防火設備検査方法	3 時間

〈関連：平 28 告示第 700～701 号〉

[昇降機等検査員講習の登録の申請]

第 6 条の 15 第 6 条の 6 の表の（四）項の（は）欄の登録は，登録昇降機等検査員講習の実施に関する事務（以下「登録昇降機等検査員講習事務」という．）を行おうとする者の申請により行う．

[準用]

第 6 条の 16 第 3 条の 14 から第 3 条の 28 まで（第 3 条の 14 第 1 項，第 3 条の 16 第 1 項及び第 3 条の 18 を除く．），第 6 条の 8 及び第 6 条の 9 の規定は，第 6 条の 6 の表の（四）項の（は）欄の登録及びその更新，登録昇降機等検査員講習，登録昇降機等検査員講習事務並びに登録昇降機等検査員講習実施機関（登録昇降機等検査員講習事務を行う者をいう．）について準用する．この場合において，第 3 条の 14 第 3 項第三号中「第 3 条の 16 第 1 項第二号イからハまで」とあるのは「第 6 条の 16 において読み替えて準用する第 6 条の 8 第二号イからホまで」と，第 3 条の 17 第 2 項中「前 3 条」とあるのは「第 6 条の 15 並びに第 6 条の 16 において読み替えて準用する第 3 条の 14（第 1 項を除く．）から第 3 条の 16（第 1 項を除く．）まで及び第 6 条の 8」と，第 3 条の 20 第八号及び第 3 条の 26 第 1 項第五号中「修了証明書」とあるのは「第 6 条の 16 において読み替えて準用する第 6 条の 9 第十二号に規定する修了証明書」と，第 3 条の 23 中「第 3 条の 16 第 1 項各号」とあるのは「第 6 条の 16 において読み替えて準用する第 6 条の 8 各号」と，第 3 条の 24 中「第 3 条の 18」とあるのは「第 6 条の 16 において読み替えて準用する第 6 条の 9」と，第 6 条の 8 中「前条」とあるのは「第 6 条の 15」と，同条第一号中「次条第四号の表」とあり，第 6 条の 9 第四号中「次の表」とあり，同条第五号中「前号の表」とあり，及び同条第九号中「第四号の表」とあるのは「第 6 条の 16 の表」と，第 6 条の 8 第二号ロ及び第 6 条の 9 第七号中「特定建築物調査員」とあるのは「昇降機等検査員」と，同条第十二号中「別記第三十七号の二様式」とあるのは「別記第三十七号の五様式」と読み替えるものとする．

科目	時間
昇降機・遊戯施設定期検査制度総論	1時間
建築学概論	2時間
昇降機・遊戯施設に関する電気工学	2時間
昇降機・遊戯施設に関する機械工学	2時間
昇降機・遊戯施設に関する建築基準法令	5時間
昇降機・遊戯施設に関する維持保全	1時間
昇降機概論	3時間
遊戯施設概論	30分
昇降機・遊戯施設の検査標準	4時間

〈関連：平28告示第700～701号〉

[心身の故障により調査等の業務を適正に行うことができない者]

第6条の16の2 法第12条の2第2項第四号の国土交通省令で定める者は，精神の機能の障害により調査等の業務を適正に行うに当たって必要な認知，判断及び意思疎通を適切に行うことができない者とする．

[治療等の考慮]

第6条の16の3 国土交通大臣は，特定建築物調査員資格者証の交付を申請した者が前条に規定する者に該当すると認める場合において，当該者に特定建築物調査員資格者証を交付するかどうかを決定するときは，当該者が現に受けている治療等により障害の程度が軽減している状況を考慮しなければならない．

[特定建築物調査員資格者証の交付の申請]

第6条の17 法第12条の2第1項の規定によって特定建築物調査員資格者証の交付を受けようとする者は，別記第三十七号の六様式による交付申請書を国土交通大臣に提出しなければならない．

2 前項の交付申請書には，次に掲げる書類を添付しなければならない．

一 住民票の写し若しくは個人番号カードの写し又はこれらに類するものであって氏名及び生年月日を証明する書類

二 第6条の9第十二号に規定する修了証明書又は法第12条の2第1項第二号の規定による認定を受けた者であることを証する書類

三 その他参考となる事項を記載した書類

3 第1項の特定建築物調査員資格者証の交付の申請は，修了証明書の交付を受けた日又は法第12条の2第1項第二号の規定による認定を受けた日から3月以内に行わなければならない．

[特定建築物調査員資格者証の条件]

第6条の18 国土交通大臣は，建築物の調査等の適正な実施を確保するため必要な限度において，特定建築物調査員資格者証に，当該資格者証の交付を受ける者の建築物の調査等に関する知識又は経験に応じ，その者が調査等を行うことができる建築物の範囲を限定し，その他建築物の調査等について必要な条件を付し，及びこれを変更することができる．

[特定建築物調査員資格者証の交付]

第6条の19　国土交通大臣は，第6条の17の規定による申請があった場合においては，別記第三十七号の七様式による特定建築物調査員資格者証を交付する．

[特定建築物調査員資格者証の再交付]

第6条の20　特定建築物調査員は，氏名に変更を生じた場合又は特定建築物調査員資格者証を汚損し，若しくは失った場合においては，遅滞なく，別記第三十七号の八様式による特定建築物調査員資格者証再交付申請書に，汚損した場合にあってはその特定建築物調査員資格者証を添え，これを国土交通大臣に提出しなければならない．

2　国土交通大臣は，前項の規定による申請があった場合においては，申請者に特定建築物調査員資格者証を再交付する．

3　特定建築物調査員は，第1項の規定によって特定建築物調査員資格者証の再交付を申請した後，失った特定建築物調査員資格者証を発見した場合においては，発見した日から10日以内に，これを国土交通大臣に返納しなければならない．

[心身の故障により認知等を適切に行うことができない状態となった場合の届出]

第6条の20の2　特定建築物調査員又はその法定代理人若しくは同居の親族は，当該特定建築物調査員が精神の機能の障害を有することにより認知，判断及び意思疎通を適切に行うことができない状態となったときは，別記第三十七号の八の二様式による届出書に，病名，障害の程度，病因，病後の経過，治癒の見込みその他参考となる所見を記載した医師の診断書を添え，これを国土交通大臣に提出しなければならない．

[特定建築物調査員資格者証の返納の命令等]

第6条の21　法第12条の2第3項の規定による特定建築物調査員資格者証の返納の命令は，別記第三十七号の九様式による返納命令書を交付して行うものとする．

2　前項の規定による返納命令書の交付を受けた者は，その交付の日から10日以内に，特定建築物調査員資格者証を国土交通大臣に返納しなければならない．

3　特定建築物調査員が死亡し，又は失踪の宣告を受けたときは，戸籍法（昭和22年法律第224号）による死亡又は失踪宣告の届出義務者は，遅滞なくその特定建築物調査員資格者証を国土交通大臣に返納しなければならない．

[建築設備検査員資格者証の交付の申請]

第6条の22　法第12条の3第3項の規定によって建築設備検査員資格者証の交付を受けようとする者は，別記第三十七号の十様式による交付申請書を国土交通大臣に提出しなければならない．

[準用]

第6条の23　第6条の16の2，第6条の16の3，第6条の17第2項及び第3項並びに第6条の18から第6条の21までの規定は，建築設備検査員資格者証について準用する．この場合において，次の表の左欄に掲げる規定中同表の中欄に掲げる字句は，それぞれ同表の右欄に掲げる字句に読み替えるものとする．

第6条の16の2	第12条の2第2項第四号	第12条の3第4項において読み替えて準用する法第12条の2第2項第四号

	調査等	検査等
第6条の17第2項	前項	第6条の22
第6条の17第2項第二号	第6条の9第十二号	第6条の12において読み替えて準用する第6条の9第十二号
第6条の17第2項第二号及び第3項	第12条の2第1項第二号	第12条の3第3項第二号
第6条の17第3項	第1項	第6条の22
第6条の18	建築物の調査等	建築設備の検査等
第6条の19	第6条の17	第6条の22並びに第6条の23において読み替えて準用する第6条の17第2項及び第3項
第6条の20第1項	別記第三十七号の七様式	別記第三十七号の十一様式
	別記第三十七号の八様式	別記第三十七号の十二様式
第6条の20の2	別記第三十七号の八の二様式	別記第三十七号の十二の二様式
第6条の21第1項	第12条の2第3項	第12条の3第4項において読み替えて準用する法第12条の2第3項
	別記第三十七号の九様式	別記第三十七号の十三様式

［防火設備検査員資格者証の交付の申請］

第6条の24　法第12条の3第3項の規定によって防火設備検査員資格者証の交付を受けようとする者は，別記第三十七号の十四様式による交付申請書を国土交通大臣に提出しなければならない．

［準用］

第6条の25　第6条の16の2，第6条の16の3，第6条の17第2項及び第3項並びに第6条の18から第6条の21までの規定は，防火設備検査員資格者証について準用する．この場合において，次の表の左欄に掲げる規定中同表の中欄に掲げる字句は，それぞれ同表の右欄に掲げる字句に読み替えるものとする．

第6条の16の2	第12条の2第2項第四号	第12条の3第4項において読み替えて準用する法第12条の2第2項第四号
	調査等	検査等
第6条の17第2項	前項	第6条の24
第6条の17第2項第二号	第6条の9第十二号	第6条の14において読み替えて準用する第6条の9第十二号
第6条の17第2項第二号及び第3項	第12条の2第1項第二号	第12条の3第3項第二号
第6条の17第3項	第1項	第6条の24
第6条の18	建築物の調査等	防火設備の検査等
第6条の19	第6条の17	第6条の24並びに第6条の25において読み替えて準用する第6条の17第2項及び第3項

	別記第三十七号の七様式	別記第三十七号の十五様式
第6条の20第1項	別記第三十七号の八様式	別記第三十七号の十六様式
第6条の20の2	別記第三十七号の八の二様式	別記第三十七号の十六の二様式
第6条の21第1項	第12条の2第3項	第12条の3第4項において読み替えて準用する法第12条の2第3項
	別記第三十七号の九様式	別記第三十七号の十七様式

[昇降機等検査員資格者証の交付の申請]

第6条の26　法第12条の3第3項(法第88条第1項において準用する場合を含む.)及び法第88条第1項において準用する法第12条の2第1項の規定によって昇降機等検査員資格者証の交付を受けようとする者は,別記第三十七号の十八様式による交付申請書を国土交通大臣に提出しなければならない.

[準用]

第6条の27　第6条の16の2,第6条の16の3,第6条の17第2項及び第3項並びに第6条の18から第6条の21までの規定は,昇降機等検査員資格者証について準用する.この場合において,次の表の左欄に掲げる規定中同表の中欄に掲げる字句は,それぞれ同表の右欄に掲げる字句に読み替えるものとする.

第6条の16の2	第12条の2第2項第四号	第12条の3第4項(法第88条第1項において準用する場合を含む.)において読み替えて準用する法第12条の2第2項第四号及び法第88条第1項において準用する法第12条の2第2項第四号
	調査等	調査等及び検査等
第6条の17第2項	前項	第6条の26
第6条の17第2項第二号	第6条の9第十二号	第6条の16において読み替えて準用する第6条の9第十二号
第6条の17第2項第二号及び第3項	第12条の2第1項第二号	第12条の3第3項第二号(法第88条第1項において準用する場合を含む.)及び法第88条第1項において準用する法第12条の2第1項第二号
第6条の17第3項	第1項	第6条の26
第6条の18	建築物の調査等	昇降機等の調査等及び検査等
第6条の19	第6条の17	第6条の26並びに第6条の27において読み替えて準用する第6条の17第2項及び第3項
	別記第三十七号の七様式	別記第三十七号の十九様式
第6条の20第1項	別記第三十七号の八様式	別記第三十七号の二十様式
第6条の20の2	別記第三十七号の八の二様式	別記第三十七号の二十の二様式
第6条の21第1項	第12条の2第3項	第12条の3第4項(法第88条第1項において準用する場合を含む.)において読み替えて準用する法第

		12条の2第3項及び法第88条第1項において準用する法第12条の2第3項
	別記第三十七号の九様式	別記第三十七号の二十一様式

［身分証明書の様式］

第7条 法第13条第1項（法第88条第1項から第3項までにおいて準用する場合を含む. 次項において同じ.）の規定により建築主事又は特定行政庁の命令若しくは建築主事の委任を受けた当該市町村若しくは都道府県の職員が携帯する身分証明書の様式は, 別記第三十八号様式による.

2 法第13条第1項の規定により建築監視員が携帯する身分証明書の様式は, 別記第三十九号様式による.

3 法第15条の2第2項（法第88条第1項から第3項までにおいて準用する場合を含む.）の規定により国土交通省の職員が携帯する身分証明書の様式は, 別記第三十九号の二様式による.

［建築工事届及び建築物除却届］

第8条 法第15条第1項の規定による建築物を建築しようとする旨の届出及び同項の規定による建築物を除却しようとする旨の届出は, それぞれ別記第四十号様式及び別記第四十一号様式による.

2 既存の建築物を除却し, 引き続き, 当該敷地内において建築物を建築しようとする場合においては, 建築物を建築しようとする旨の届出及び建築物を除却しようとする旨の届出は, 前項の規定にかかわらず, 合わせて別記第四十号様式による.

3 前2項の届出は, 当該建築物の計画について法第6条第1項の規定により建築主事の確認を受け, 又は法第18条第2項の規定により建築主事に工事の計画を通知しなければならない場合においては, 当該確認申請又は通知と同時に（法第6条の2第1項の確認済証の交付を受けた場合においては, 遅滞なく）行わなければならない.

4 法第15条第2項の届出は, 同項各号に規定する申請と同時に行わなければならないものとする.

［国の機関の長等による建築主事に対する通知等］

第8条の2 第1条の3の規定は, 法第18条第2項（法第87条第1項において準用する場合を含む.）の規定による通知について準用する.

2 第1条の4の規程は, 法第18条第2項の規定による通知を受けた場合について準用する.

3 第2条第1項及び第3項から第5項までの規定は, 法第18条第3項（法第87条第1項, 法第87条の4又は法第88条第1項若しくは第2項において準用する場合を含む.）の規定による確認済証の交付並びに法第18条第13項及び第14項（法第87条第1項, 法第87条の4又は法第88条第1項若しくは第2項において準用する場合を含む.）の規定による通知書の交付について準用する.

4 第2条第2項の規定は, 法第18条第13項の国土交通省令で定める場合について準用する.

5 第2条の2（第6項を除く.）の規定は, 法第87条の4において準用する法第

18条第2項の規定による通知について準用する.

6 第3条（第8項を除く.）の規定は，法第88条第1項又は第2項において準用する法第18条第2項の規定による通知について準用する.

7 第3条の7（第3条の10において準用する場合を含む.第21項において同じ.）の規定は，法第18条第4項の規定による通知について準用する.

8 第3条の8（第3条の10において準用する場合を含む.第21項において同じ.）の規定は，法第18条第4項の規定による通知を受けた場合について準用する.

9 第3条の9第1項，第3項及び第4項の規定は，法第18条第7項から第9項までの規定による通知書の交付について準用する.

10 第3条の9第2項の規定は，法第18条第8項の国土交通省令で定める場合について準用する.

11 第3条の11の規定は，法第18条の2第4項において読み替えて適用する法第18条第7項から第9項までの規定による通知書の交付について準用する.

12 第3条の12の規定は，法第18条第10項の規定による適合判定通知書又はその写しの提出について準用する.

13 第4条の規定は，法第18条第16項（法第87条の4又は法第88条第1項若しくは第2項において準用する場合を含む.）の規定による通知について準用する.

14 第4条の2の規定は，法第87条第1項において準用する法第18条第16項の規定による通知について準用する.

15 第4条の3の2の規定は，法第18条第17項（法第87条の4又は法第88条第1項若しくは第2項において準用する場合を含む.）の規定による検査をした場合について準用する.

16 第4条の4の規定は，法第18条第18項（法第87条の4又は法第88条第1項若しくは第2項において準用する場合を含む.）の規定による検査済証の交付について準用する.

17 第4条の8の規定は，法第18条第19項（法第87条の4又は法第88条第1項において準用する場合を含む.）の規定による通知について準用する.

18 第4条の9の規定は，法第18条第20項（法第87条の4又は法第88条第1項において準用する場合を含む.）の規定による検査をした場合について準用する.

19 第4条の10の規定は，法第18条第21項（法第87条の4又は法第88条第1項において準用する場合を含む.）の規定による中間検査合格証の交付について準用する.

20 第4条の16の規定は，法第18条第24項第一号又は第二号（法第87条の4又は法第88条第1項若しくは第2項において準用する場合を含む.）の規定による仮使用の認定について準用する.

21 前各項の場合において，次の表の左欄に掲げる規定中同表の中欄に掲げる字句は，それぞれ同表の右欄に掲げる字句に読み替えるものとする.

第1条の3第1項第一号及び第4項第一号並びに第3条第3項第一号	別記第二号様式	別記第四十二号様式
第1条の3第8項	別記第四号様式	別記第四十二号の二様式

第2条第1項	別記第五号様式	別記第四十二号の三様式
	建築物のエネルギー消費性能の向上に関する法律施行規則(平成28年国土交通省令第5号)第6条	建築物のエネルギー消費性能の向上に関する法律施行規則(平成28年国土交通省令第5号)第7条第5項において準用する同規則第6条
	建築物のエネルギー消費性能の向上に関する法律(平成27年法律第53号)第12条第6項	建築物のエネルギー消費性能の向上に関する法律(平成27年法律第53号)第13条第7項
第2条第2項第五号	建築物のエネルギー消費性能の向上に関する法律第12条第6項	建築物のエネルギー消費性能の向上に関する法律第13条第7項
第2条第3項	別記第五号の二様式	別記第四十二号の四様式
第2条第4項	別記第六号様式	別記第四十二号の五様式
	建築物のエネルギー消費性能の向上に関する法律第12条第6項	建築物のエネルギー消費性能の向上に関する法律第13条第7項
	建築物のエネルギー消費性能の向上に関する法律施行規則第6条	建築物のエネルギー消費性能の向上に関する法律施行規則第7条第5項において準用する同規則第6条
第2条第5項	別記第七号様式	別記第四十二号の六様式
第1条の3第4項第一号ロ, 第2条の2第1項並びに第3条第1項第一号及び第3項第一号ロ	別記第八号様式	別記第四十二号の七様式
第2条の2第5項	別記第九号様式	別記第四十二号の八様式
第3条第1項第一号及び第3項第一号ロ	別記第十号様式	別記第四十二号の九様式
第3条第2項第一号	別記第十一号様式	別記第四十二号の十様式
第3条第7項	別記第十三号様式	別記第四十二号の十一様式
	別記第十四号様式	別記第四十二号の十二様式
第3条の7第1項第一号	別記第十八号の二様式	別記第四十二号の十二の二様式
第3条の7第3項	別記第十八号の三様式	別記第四十二号の十二の三様式
第3条の9第1項第一号	別記第十八号の四様式	別記第四十二号の十二の四様式
第3条の9第1項第二号	別記第十八号の五様式	別記第四十二号の十二の五様式
第3条の9第3項	別記第十八号の六様式	別記第四十二号の十二の六様式
第3条の9第4項	別記第十八号の七様式	別記第四十二号の十二の七様式
第3条の11第1項第一号	別記第十八号の八様式	別記第四十二号の十二の八様式
第3条の11第1項第二号	別記第十八号の九様式	別記第四十二号の十二の九様式
第3条の11第3項	別記第十八号の十様式	別記第四十二号の十二の十様式
第3条の11第4項	別記第十八号の十一様式	別記第四十二号の十二の十一様式
第4条第1項	別記第十九号様式	別記第四十二号の十三様式
	同法第12条第1項	同法第13条第2項

	同条第2項	同条第3項
第4条の2第1項	別記第二十号様式	別記第四十二号の十四様式
第4条の3の2第2項	別記第二十号の二様式	別記第四十二号の十五様式
第4条の4	別記第二十一号様式	別記第四十二号の十六様式
第4条の8第1項	別記第二十六号様式	別記第四十二号の十七様式
第4条の9第2項	別記第二十七号様式	別記第四十二号の十八様式
第4条の10	別記第二十八号様式	別記第四十二号の十九様式
第4条の16第1項	別記第三十三号様式	別記第四十二号の二十様式
第4条の16第2項	別記第三十四号様式	別記第四十二号の二十一様式
第4条の16第5項	別記第三十五号様式	別記第四十二号の二十二様式
	別記第三十五号の二様式	別記第四十二号の二十三様式

[枠組壁工法を用いた建築物等の構造方法]

第8条の3　構造耐力上主要な部分である壁及び床版に，枠組壁工法（木材を使用した枠組に構造用合板その他これに類するものを打ち付けることにより，壁及び床版を設ける工法をいう．以下同じ．）により設けられるものを用いる場合における当該壁及び床版の構造は，国土交通大臣が定める技術的基準に適合するもので，国土交通大臣が定めた構造方法を用いるもの又は国土交通大臣の認定を受けたものとしなければならない．　　　　　　　　　　　　　　　　　〈関連：平13告示第1541号〉

[道路の位置の指定の申請]

第9条　法第42条第1項第五号に規定する道路の位置の指定を受けようとする者は，申請書正副2通に，それぞれ次の表に掲げる図面及び指定を受けようとする道路の敷地となる土地（以下この条において「土地」という．）の所有者及びその土地又はその土地にある建築物若しくは工作物に関して権利を有する者並びに当該道を令第144条の4第1項及び第2項に規定する基準に適合するように管理する者の承諾書を添えて特定行政庁に提出するものとする．

図面の種類	明示すべき事項
附近見取図	方位，道路及び目標となる地物
地籍図	縮尺，方位，指定を受けようとする道路の位置，延長及び幅員，土地の境界，地番，地目，土地の所有者及びその土地又はその土地にある建築物若しくは工作物に関して権利を有する者の氏名，土地内にある建築物，工作物，道路及び水路の位置並びに土地の高低その他地上特記すべき事項

[指定道路等の公告及び通知]

第10条　特定行政庁は，法第42条第1項第四号若しくは第五号，第2項若しくは第4項又は法第68条の7第1項の規定による指定をしたときは，速やかに，次の各号に掲げる事項を公告しなければならない．

一　指定に係る道路（以下この項及び次条において「指定道路」という．）の種類

二　指定の年月日

三　指定道路の位置

四　指定道路の延長及び幅員

2　特定行政庁は，法第42条第3項の規定による水平距離の指定（以下この項及び次条において「水平距離指定」という．）をしたときは，速やかに，次の各号に掲げる事項を公告しなければならない．

一　水平距離指定の年月日

二　水平距離指定に係る道路の部分の位置

三　水平距離指定に係る道路の部分の延長

四　水平距離

3　特定行政庁は，前条の申請に基づいて道路の位置を指定した場合においては，速やかに，その旨を申請者に通知するものとする．

[指定道路図及び指定道路調書]

第10条の2　特定行政庁は，指定道路に関する図面（以下この条及び第11条の3第1項第七号において「指定道路図」という．）及び調書（以下この条及び第11条の3第1項第八号において「指定道路調書」という．）を作成し，これらを保存するときは，次の各号に定めるところによるものとする．

一　指定道路図は，少なくとも指定道路の種類及び位置を，付近の地形及び方位を表示した縮尺1/2 500以上の平面図に記載して作成すること．この場合において，できる限り一葉の図面に表示すること．

二　指定道路調書は，指定道路ごとに作成すること．

三　指定道路調書には，少なくとも前条第1項各号に掲げる事項を記載するものとし，その様式は，別記第四十二号の二十四様式とすること．

四　特定行政庁は，第9条の申請に基づいて道路の位置を指定した場合においては，申請者の氏名を指定道路調書に記載すること．

五　特定行政庁は，水平距離指定をした場合においては，水平距離指定に係る道路の部分の位置を指定道路図に，前条第2項各号に掲げる事項を指定道路調書に記載すること．

2　指定道路図又は指定道路調書に記載すべき事項が，電子計算機に備えられたファイル又は磁気ディスク等に記録され，必要に応じ特定行政庁において電子計算機その他の機器を用いて明確に紙面に表示されるときは，当該記録をもってそれぞれ指定道路図又は指定道路調書への記載に代えることができる．

[敷地と道路との関係の特例の基準]

第10条の3　法第43条第2項第一号の国土交通省令で定める道の基準は，次の各号のいずれかに掲げるものとする．

一　農道その他これに類する公共の用に供する道であること．

二　令第144条の4第1項各号に掲げる基準に適合する道であること．

2　令第144条の4第2項及び第3項の規定は，前項第二号に掲げる基準について準用する．

3　法第43条第2項第一号の国土交通省令で定める建築物の用途及び規模に関する基準は，延べ面積（同一敷地内に2以上の建築物がある場合にあっては，その延べ面積の合計）が200 m^{2}以内の一戸建ての住宅であることとする．

4　法第43条第2項第二号の国土交通省令で定める基準は，次の各号のいずれかに掲げるものとする．

一　その敷地の周囲に公園，緑地，広場等広い空地を有する建築物であること．

二　その敷地が農道その他これに類する公共の用に供する道（幅員4m以上のものに限る．）に2m以上接する建築物であること．

三　その敷地が，その建築物の用途，規模，位置及び構造に応じ，避難及び通行の安全等の目的を達するために十分な幅員を有する通路であって，道路に通ずるものに有効に接する建築物であること．

[許可申請書及び許可通知書の様式]

第10条の4　法第43条第2項第二号，法第44条第1項第二号若しくは第四号，法第47条ただし書，法第48条第1項ただし書，第2項ただし書，第3項ただし書，第4項ただし書，第5項ただし書，第6項ただし書，第7項ただし書，第8項ただし書，第9項ただし書，第10項ただし書，第11項ただし書，第12項ただし書，第13項ただし書若しくは第14項ただし書（法第87条第2項又は第3項において準用する場合を含む．），法第51条ただし書（法第87条第2項又は第3項において準用する場合を含む．），法第52条第10項，第11項若しくは第14項，法第53条第4項，第5項若しくは第6項第三号，法第53条の2第1項第三号若しくは第四号（法第57条の5第3項において準用する場合を含む．），法第55条第3項各号，法第56条の2第1項ただし書，法第57条の4第1項ただし書，法第59条第1項第三号若しくは第4項，法第59条の2第1項，法第60条の2第1項第三号，法第60条の2の2第1項第二号若しくは第3項ただし書，法第60条の3第1項第三号若しくは第2項ただし書，法第67条第3項第二号，第5項第二号若しくは第9項第二号，法第68条第1項第二号，第2項第二号若しくは第3項第二号，法第68条の3第4項，法第68条の5の3第2項，法第68条の7第5項，法第85条第3項，第6項若しくは第7項又は法第87条の3第3項，第6項若しくは第7項の規定（以下この条において「許可関係規定」という．）による許可を申請しようとする者は，別記第四十三号様式（法第85条第3項，第6項若しくは第7項又は法第87条の3第3項，第6項若しくは第7項の規定による許可の申請にあっては別記第四十四号様式）による申請書の正本及び副本に，それぞれ，特定行政庁が規則で定める図書又は書面を添えて，特定行政庁に提出するものとする．

2　特定行政庁は，許可関係規定による許可をしたときは，別記第四十五号様式による通知書に，前項の申請書の副本及びその添付図書を添えて，申請者に通知するものとする．

3　特定行政庁は，許可関係規定による許可をしないときは，別記第四十六号様式による通知書に，第1項の申請書の副本及びその添付図書を添えて，申請者に通知するものとする．

4　法第88条第2項において準用する法第48条第1項ただし書，第2項ただし書，第3項ただし書，第4項ただし書，第5項ただし書，第6項ただし書，第7項ただし書，第8項ただし書，第9項ただし書，第10項ただし書，第11項ただし書，第12項ただし書，第13項ただし書若しくは第14条ただし書，法第51条ただし書又は法第87条第2項若しくは第3項中法第48条第1項ただし書，第2項ただし書，第3項ただし書，第4項ただし書，第5項ただし書，第6項ただし書，第7項ただし書，第8項ただし書，第9項ただし書，第10項ただし書，第11項ただし書，第

12項ただし書，第13項ただし書若しくは第14項ただし書若しくは法第51条ただし書に関する部分の規定（次項において「工作物許可関係規定」という．）による許可を申請しようとする者は，別記第四十七号様式による申請書の正本及び副本に，それぞれ，特定行政庁が規則で定める図書又は書面を添えて，特定行政庁に提出するものとする．

5　第2項及び第3項の規定は，工作物許可関係規定の許可に関する通知について準用する．

［認定申請書及び認定通知書の様式］

第10条の4の2　法第43条第2項第一号，法第44条第1項第三号，法第55条第2項，法第57条第1項，法第68条第5項，法第68条の3第1項から第3項まで若しくは第7項，法第68条の4，法第68条の5の2，法第68条の5の5第1項若しくは第2項，法第68条の5の6，法第86条の6第2項，令第131条の2第2項若しくは第3項又は令第137条の16第二号の規定（以下この条において「認定関係規定」という．）による認定を申請しようとする者は，別記第四十八号様式による申請書の正本及び副本に，それぞれ，特定行政庁が規則で定める図書又は書面を添えて，特定行政庁に提出するものとする．

2　法第43条第2項第一号の規定による認定の申請をしようとする場合（当該認定に係る道が第10条の3第1項第一号に掲げる基準に適合する場合を除く．）においては，前項に定めるもののほか，申請者その他の関係者が当該道を将来にわたって通行することについての，当該道の敷地となる土地の所有者及びその土地に関して権利を有する者並びに当該道を同条第1項第二号及び同条第2項において準用する令第144条の4第2項に規定する基準に適合するように管理する者の承諾書を申請書に添えるものとする．

3　特定行政庁は，認定関係規定による認定をしたときは，別記第四十九号様式による通知書に，第1項の申請書の副本及びその添付図書を添えて，申請者に通知するものとする．

4　特定行政庁は，認定関係規定による認定をしないときは，別記第四十九号の二様式による通知書に，第1項の申請書の副本及びその添付図書を添えて，申請者に通知するものとする．

［住居の環境の悪化を防止するために必要な措置］

第10条の4の3　法第48条第16項第二号の国土交通省令で定める措置は，次の表の左欄に掲げる建築物に対応して，それぞれ同表の右欄に掲げるものとする．

| 一　令第130条第2項第一号に掲げる建築物 | イ　敷地は，幅員9m以上の道路に接するものとすること．
ロ　店舗の用途に供する部分の床面積は，200m²以内とすること．
ハ　敷地内には，専ら，貨物の運送の用に供する自動車（以下この条において「貨物自動車」という．）の駐車及び貨物の積卸しの用に供する駐車施設を設けること．
ニ　排気口は，道路（法第42条第2項の規定により道路とみなされるものを除く．次号ヘ及び第三号ルにおいて同じ．）に面するものとすること．ただし，排気口から当該排気口が面する隣地境界線までの水平距離が4m以上ある場合においては，この限りでない．
ホ　生鮮食料品の加工の用に供する場所は，建築物及びその敷地内に設けないこと．
ヘ　専ら喫煙の用に供させるための器具及び設備は，建築物及びその敷地内に設けないこと． |

		ト　道路の見通しに支障を及ぼすおそれがある塀，柵その他これらに類するものは，敷地内に設けないこと． チ　商品を陳列し，又は販売する場所は，屋外に設けないこと． リ　ごみ置場は，屋外に設けないこと．ただし，ごみを容器に密閉し，かつ，施錠して保管する場合においては，この限りでない． ヌ　電気冷蔵庫若しくは電気冷凍庫又は冷暖房設備の室外機を設ける場合においては，当該室外機の騒音の大きさを国土交通大臣が定める方法により計算した値以下とすること． ル　午後10時から午前6時までの間において営業を営む場合においては，次に掲げる措置を講じること． 　(1)　隣地境界線に沿って車両の灯火の光を遮る壁その他これに類するものを設けること． 　(2)　店舗内には，テーブル，椅子その他の客に飲食をさせるための設備を設けること．ただし，飲食料品以外の商品のみを販売する店舗については，この限りでない． 　(3)　隣地境界線上の鉛直面の内側の照度は，5ルクス以下とすること． 　(4)　屋外広告物の輝度は，400カンデラ/m² 以下とすること． 　(5)　屋外における照明の射光の範囲は，光源を含む鉛直面から左右それぞれ70度までの範囲とすること．
二	令第130条第2項第二号に掲げる建築物	イ　調理業務の用に供する部分の床面積は，500 m² 以内とすること． ロ　貨物自動車の交通の用に供する敷地内の通路は，幼児，児童又は生徒の通行の用に供する敷地内の通路と交差しないものとすること． ハ　作業場は，臭気を除去する装置を設けることその他の臭気の発散を防止するために必要な措置を講じること． ニ　敷地内には，専ら貨物自動車の駐車及び貨物の積卸しの用に供する駐車施設を設けること． ホ　敷地の貨物自動車の出入口の周辺には，見通しを確保するための空地及びガードレールを設けることその他幼児，児童又は生徒の通行の安全上必要な措置を講じること． ヘ　排気口は，道路に面するものとすること．ただし，排気口から当該排気口が面する隣地境界線までの水平距離が4 m以上ある場合においては，この限りでない． ト　ごみ置場は，屋外に設けないこと．ただし，ごみを容器に密閉し，かつ，施錠して保管する場合においては，この限りでない． チ　道路の見通しに支障を及ぼすおそれがある塀，柵その他これらに類するものは，ホの出入口の周辺に設けないこと． リ　電気冷蔵庫若しくは電気冷凍庫又は冷暖房設備の室外機を設ける場合においては，騒音を防止するために必要なものとして国土交通大臣が定める措置を講じること． ヌ　食品を保管する倉庫その他の設備を設ける場合においては，臭気が当該設備から漏れない構造のものとすること． ル　ボイラーを設ける場合においては，遮音上有効な機能を有する専用室に設けること．ただし，ボイラーの周囲に当該専用室と遮音上同等以上の効果のある遮音壁を設ける場合においては，この限りでない．
三	令第130条第2項第三号に掲げる建築物	イ　敷地は，幅員16 m以上の道路に接するものとすること． ロ　作業場の床面積は，次の(1)又は(2)に掲げる地域の区分に応じ，それぞれ(1)又は(2)に定める面積以内とすること． 　(1)　第一種住居地域及び第二種住居地域　150 m² 　(2)　準住居地域　300 m² ハ　敷地の自動車の主要な出入口は，イの道路に接するものとし，かつ，その幅は，8 m以上とすること． ニ　作業場の主要な出入口は，イの道路に面するものとすること． ホ　ニの出入口が設けられている外壁以外の外壁は，次に掲げるものとすること． 　(1)　遮音上有効な機能を有するものとすること． 　(2)　開口部を設けないこと．ただし，換気又は採光に必要な最小限度の面積のものとし，かつ，防音上有効な措置を講じたものとする場合においては，この限りでない． ヘ　油水分離装置を設けること． ト　産業廃棄物の保管の用に供する専用室を設けること．

チ　敷地内には，専ら貨物自動車の駐車及び貨物の積卸しの用に供する駐車施設を設けること．
リ　ハの出入口の周辺には，見通しを確保するための空地を設けることその他歩行者の通行の安全上必要な措置を講じること．
ヌ　ニの出入口を道路から離して設けることその他騒音を防止するために必要な措置を講じること．
ル　排気口は，道路に面するものとすること．ただし，排気口から当該排気口が面する隣地境界線までの水平距離が4m以上ある場合においては，この限りでない．
ヲ　作業場以外の場所は，作業の用に供しないものとすること．
ワ　作業場は，板金作業及び塗装作業の用に供しないものとすること．
カ　冷暖房設備の室外機を設ける場合においては，騒音を防止するために必要なものとして国土交通大臣が定める措置を講じること．
ヨ　空気圧縮機を設ける場合においては，騒音を防止するために必要なものとして国土交通大臣が定める措置を講じること．
タ　午後6時から午前8時までの間においては，騒音を発する機械を稼働させないこと．
レ　午後10時から午前6時までの間において営業を営む場合においては，次に掲げる措置を講じること．
(1)　隣地境界線上の鉛直面の内側の照度は，10lx以下とすること．
(2)　屋外における照明の射光の範囲は，光源を含む鉛直面から左右それぞれ70度までの範囲とすること．

2　地方公共団体は，その地方の気候若しくは風土の特殊性又は土地の状況により必要と認める場合においては，条例で，区域を限り，前項に規定する措置と異なる措置を定めることができる．

3　地方公共団体は，前項の規定により第1項に規定する措置を緩和する場合においては，あらかじめ，国土交通大臣の承認を得なければならない．

[建蔽率制限の緩和に当たり建築物から除かれる建築設備]

第10条の4の4　令第135条の20第一号の国土交通省令で定める建築設備は，かごの構造が壁又は囲いを設けている昇降機以外の建築設備とする．

[特例容積率の限度の指定の申請等]

第10条の4の5　法第57条の2第1項の指定（以下この条において「指定」という．）の申請をしようとする者は，別記第四十九号の三様式による申請書の正本及び副本に，それぞれ，次に掲げる図書又は書面を添えて，特定行政庁に提出するものとする．

一　指定の申請に係る敷地（以下この条において「申請敷地」という．）ごとに次に掲げる図書

図書の種類	明示すべき事項
付近見取図	方位，道路及び目標となる地物
配置図	縮尺，方位，敷地境界線並びに敷地の接する道路の位置及び幅員

二　申請敷地ごとに別記第四十九号の四様式による計画書

三　指定の申請をしようとする者以外に申請敷地について令第135条の22に規定する利害関係を有する者がある場合においては，これらの者の同意を得たことを証する書面

四　前3号に定めるもののほか，特定行政庁が規則で定めるもの

2　特定行政庁は，指定をしたときは，別記第四十九号の五様式による通知書に，前項の申請書の副本及びその添付図書を添えて，申請者に通知するものとする．

3　特定行政庁は，指定をしないときは，別記第四十九号の六様式による通知書に，第1項の申請書の副本及びその添付図書を添えて，申請者に通知するものとする．

[特例容積率の限度の指定に関する公告事項等]

第10条の4の6　法第57条の2第4項の国土交通省令で定める公告事項は，公告に係る特例容積率の限度等を縦覧に供する場所とする．

2　法第57条の2第4項の国土交通省令で定める縦覧事項は，前条第1項第二号の計画書に記載すべき事項とする．

[特例容積率の限度の指定に係る公告の方法]

第10条の4の7　法第57条の2第4項の規定による公告は，公報への掲載その他特定行政庁が定める方法により行うものとする．

[指定の取消しの申請等]

第10条の4の8　法第57条の3第2項の指定の取消し（以下この条において「取消し」という．）の申請をしようとする者は，別記第四十九号の七様式による申請書の正本及び副本に，それぞれ，次に掲げる図書又は書面を添えて，特定行政庁に提出するものとする．

一　取消しの申請に係る敷地（以下「取消対象敷地」という．）ごとに，次の表に掲げる図書

図書の種類	明示すべき事項
配置図	縮尺，方位，敷地境界線並びに敷地の接する道路の位置及び幅員

二　取消対象敷地について所有権及び借地権（法第57条の2第1項に規定する借地権をいう．以下同じ．）を有する者全員の合意を証する書面及び令第135条の23に規定する利害関係を有する者の同意を得たことを証する書面

三　前2号に定めるもののほか，特定行政庁が規則で定めるもの

2　特定行政庁は，取消しをしたときは，別記第四十九号の八様式による通知書に，前項の申請書の副本及びその添付図書を添えて，申請者に通知するものとする．

3　特定行政庁は，取消しをしないときは，別記第五十号様式による通知書に，第1項の申請書の副本及びその添付図書を添えて，申請者に通知するものとする．

[指定の取消しに係る公告の方法]

第10条の4の9　第10条の4の7の規定は，法第57条の3第3項の規定による公告について準用する．

第10条の5　（削除）

[型式適合認定の申請]

第10条の5の2　法第68条の10第1項（法第88条第1項において準用する場合を含む．）の規定による認定（以下「型式適合認定」という．）のうち，令第136条の2の11第一号に規定する建築物の部分に係るものの申請をしようとする者は，別記第五十号の二様式による型式適合認定申請書（以下単に「型式適合認定申請書」という．）に次に掲げる図書を添えて，これを国土交通大臣又は指定認定機関（以下「指定認定機関等」という．）に提出するものとする．

一　建築物の部分の概要を記載した図書

二　建築物の部分の平面図，立面図，断面図及び構造詳細図

三　建築物の部分に関し，令第3章第8節の構造計算をしたものにあっては当該構造計算書，令第108条の3第1項第一号若しくは第4項，令第128条の6第1項，令第129条第1項又は令第129条の2第1項の規定による検証をしたものにあっては当該検証の計算書

四　建築物の部分に関し，法第68条の25第1項（法第88条第1項において準用する場合を含む．）の規定による構造方法等の認定（以下「構造方法等の認定」という．）又は法第38条（法第66条，法第67条の2及び法第88条第1項において準用する場合を含む．）の規定による認定（以下「特殊構造方法等認定」という．）を受けた場合にあっては，当該認定書の写し

五　前各号に掲げるもののほか，建築物の部分が令第136条の2の11第一号に掲げる一連の規定に適合することについて審査をするために必要な事項を記載した図書

2　型式適合認定のうち令第136条の2の11第二号の表の建築物の部分の欄の各項に掲げるものに係るものの申請をしようとする者は，型式適合認定申請書に次に掲げる図書を添えて，指定認定機関等に提出するものとする．

一　前項各号（第三号を除く．）に掲げる図書

二　当該建築物の部分に係る一連の規定に基づき検証をしたものにあっては，当該検証の計算書

3　型式適合認定のうち令第144条の2の表の工作物の部分の欄の各項に掲げるものに係るものの申請をしようとする者は，型式適合認定申請書に次に掲げる図書を添えて，指定認定機関等に提出するものとする．

一　第1項各号（第三号を除く．）に掲げる図書

二　当該工作物の部分に係る一連の規定に基づき構造計算又は検証をしたものにあっては，当該構造計算書又は当該検証の計算書

［型式適合認定に係る認定書の通知等］

第10条の5の3　指定認定機関等は，型式適合認定をしたときは，別記第五十号の三様式による型式適合認定書（以下単に「型式適合認定書」という．）をもって申請者に通知するとともに，次に掲げる事項を公示するものとする．

一　認定を受けた者の氏名又は名称

二　認定を受けた型式に係る建築物の部分又は工作物の部分の種類

三　認定番号

四　認定年月日

2　指定認定機関等は，型式適合認定をしないときは，別記第五十号の四様式による通知書をもって申請者に通知するものとする．

［型式部材等］

第10条の5の4　法第68条の11第1項（法第88条第1項において準用する場合を含む．以下同じ．）の国土交通省令で定める型式部材等は，次に掲げるものとする．

一　令第136条の2の11第一号に規定する門，塀，改良便槽，し尿浄化槽及び合併処理浄化槽並びに給水タンク及び貯水タンクその他これらに類するもの（屋上又は屋内にあるものを除く．）以外の建築物の部分（次号において「建築物の部分」という．）で，当該建築物の部分（建築設備を除く．以下この号において同じ．）に用いられる材料の種類，形状，寸法及び品質並びに構造方法が標準化されており，か

つ，当該建築物の部分の工場において製造される部分の工程の合計がすべての製造及び施工の工程の 2/3 以上であるもの

二　建築物の部分で，当該建築物の部分に用いられる材料の種類，形状，寸法及び品質並びに構造方法が標準化されており，かつ，当該建築物の部分の工場において製造される部分の工程の合計がすべての製造及び施工の工程の 2/3 以上であるもの（前号に掲げるものを除く．）

三　令第 136 条の 2 の 11 第二号の表の各項に掲げる建築物の部分又は令第 144 条の 2 の表の各項に掲げる工作物の部分で，当該建築物の部分又は工作物の部分に用いられる材料の種類，形状，寸法及び品質並びに構造方法が標準化されており，かつ，据付工事に係る工程以外の工程が工場において行われるもの

［型式部材等製造者の認証の申請］

第 10 条の 5 の 5　法 68 条の 11 第 1 項又は法第 68 条の 22 第 1 項（法第 88 条第 1 項において準用する場合を含む．以下同じ．）の規定による認証（以下「型式部材等製造者の認証」という．）の申請をしようとする者は，別記第五十号の五様式による型式部材等製造者認証申請書に製造をする型式部材等に係る型式適合認定書の写しを添えて，指定認定機関等に提出するものとする．

［型式部材等製造者認証申請書の記載事項］

第 10 条の 5 の 6　法第 68 条の 11 第 2 項（法第 68 条の 22 第 2 項（法第 88 条第 1 項において準用する場合を含む．以下同じ．）及び法第 88 条第 1 項において準用する場合を含む．）の国土交通省令で定める申請書に記載すべき事項は，次に掲げるものとする．

一　認証を申請しようとする者の氏名又は名称及び住所又は主たる事務所の所在地

二　型式部材等の種類

三　型式部材等に係る型式適合認定の認定番号及び適合する一連の規定の別

四　工場その他の事業場（以下「工場等」という．）の名称及び所在地

五　技術的生産条件に関する事項

2　前項第五号の事項には，法第 68 条の 13 第二号（法第 68 条の 22 第 2 項及び法第 88 条第 1 項において準用する場合を含む．第 10 条の 5 の 9 において同じ．）の技術的基準に適合していることを証するものとして，次に掲げる事項（第 10 条の 5 の 4 第三号に掲げる型式部材等に係る申請書にあっては，第二号ヲに掲げるものを除く．）を記載するものとする．

一　申請に係る工場等に関する事項

　イ　沿革

　ロ　経営指針（品質管理に関する事項を含むものとする．）

　ハ　配置図

　ニ　従業員数

　ホ　組織図（全社的なものを含み，かつ，品質管理推進責任者の位置付けを明確にすること．）

　ヘ　就業者に対する教育訓練等の概要

二　申請に係る型式部材等の生産に関する事項

　イ　当該型式部材等又はそれと類似のものに関する製造経歴

ロ　生産設備能力及び今後の生産計画

ハ　社内規格一覧表

ニ　製品の品質特性及び品質管理の概要（保管に関するものを含む.）

ホ　主要資材の名称，製造業者の氏名又は名称及び品質並びに品質確保の方法（保管に関するものを含む.）の概要

ヘ　製造工程の概要図

ト　工程中における品質管理の概要

チ　主要製造設備及びその管理の概要

リ　主要検査設備及びその管理の概要

ヌ　外注状況及び外注管理（製造若しくは検査又は設備の管理の一部を外部に行わせている場合における当該発注に係る管理をいう．以下同じ.）の概要

ル　苦情処理の概要

ヲ　監査の対象，監査の時期，監査事項その他監査の実施の概要

三　申請に係る型式部材等に法第68条の19第1項（法第68条の22第2項及び法第88条第1項において準用する場合を含む．第10条の5の15において同じ.）の特別な表示を付する場合にあっては，その表示方式に関する事項

四　申請に係る型式部材等に係る品質管理推進責任者に関する事項

イ　氏名及び職名

ロ　申請に係る型式部材等の製造に必要な技術に関する実務経験

ハ　品質管理に関する実務経験及び専門知識の修得状況

3　前項の規定にかかわらず，製造設備，検査設備，検査方法，品質管理方法その他品質保持に必要な技術的生産条件が，日本産業規格Q9001の規定に適合していることを証する書面を添付する場合にあっては，前項第一号ロ及びへに掲げる事項を記載することを要しない.

［認証書の通知等］

第10条の5の7　指定認定機関等は，型式部材等製造者の認証をしたときは，別記第五十号の六様式による型式部材等製造者認証書をもって申請者に通知するとともに，次に掲げる事項を公示するものとする.

一　認証を受けた者の氏名又は名称

二　型式部材等の種類

三　認証番号

四　認証年月日

2　指定認定機関等は，型式部材等製造者の認証をしないときは，別記第五十号の七様式による通知書をもって，申請者に通知するものとする.

［型式適合認定を受けることが必要な型式部材等の型式］

第10条の5の8　法第68条の13第一号（法第68条の22第2項及び法第88条第1項において準用する場合を含む.）の国土交通省令で定める型式部材等の型式は，第10条の5の4各号に掲げる建築物の部分又は工作物の部分の型式とする.

［品質保持に必要な生産条件］

第10条の5の9　法第68条の13第二号の国土交通省令で定める技術的基準は，次のとおりとする.

一　別表第一の（い）欄に掲げる型式部材等の区分に応じ，それぞれ同表の（ろ）欄に掲げる製造設備を用いて製造されていること．

二　別表第一の（い）欄に掲げる型式部材等の区分に応じ，それぞれ同表の（は）欄に掲げる検査が同表の（に）欄に掲げる検査設備を用いて適切に行われていること．

三　製造設備が製造される型式部材等の品質及び性能を確保するために必要な精度及び性能を有していること．

四　検査設備が検査を行うために必要な精度及び性能を有していること．

五　次に掲げる方法（第10条の5の4第三号に掲げる型式部材等にあっては，イ（(1)(vii)に係るものに限る．）ト及びチ（監査に関する記録に係るものに限る．）に掲げるものを除く．）により品質管理が行われていること．

　イ　社内規格が次のとおり適切に整備されていること．

　　(1)　次に掲げる事項について社内規格が具体的かつ体系的に整備されていること．

　　　(i)　製品の品質，検査及び保管に関する事項

　　　(ii)　資材の品質，検査及び保管に関する事項

　　　(iii)　工程ごとの管理項目及びその管理方法，品質特性及びその検査方法並びに作業方法に関する事項

　　　(iv)　製造設備及び検査設備の管理に関する事項

　　　(v)　外注管理に関する事項

　　　(vi)　苦情処理に関する事項

　　　(vii)　監査に関する事項

　　(2)　社内規格が適切に見直されており，かつ，就業者に十分周知されていること．

　ロ　製品及び資材の検査及び保管が社内規格に基づいて適切に行われていること．

　ハ　工程の管理が次のとおり適切に行われていること．

　　(1)　製造及び検査が工程ごとに社内規格に基づいて適切に行われているとともに，作業記録，検査記録又は管理図を用いる等必要な方法によりこれらの工程が適切に管理されていること．

　　(2)　工程において発生した不良品又は不合格ロットの処置，工程に生じた異常に対する処置及び再発防止対策が適切に行われていること．

　　(3)　作業の条件及び環境が適切に維持されていること．

　ニ　製造設備及び検査設備について，点検，検査，校正，保守等が社内規格に基づいて適切に行われており，これらの設備の精度及び性能が適正に維持されていること．

　ホ　外注管理が社内規格に基づいて適切に行われていること．

　ヘ　苦情処理が社内規格に基づいて適切に行われているとともに，苦情の要因となった事項の改善が図られていること．

　ト　監査が社内規格に基づいて適切に行われていること．

　チ　製品の管理，資材の管理，工程の管理，設備の管理，外注管理，苦情処理，監査等に関する記録が必要な期間保存されており，かつ，品質管理の推進に有効に

活用されていること.

六　その他品質保持に必要な技術的生産条件を次のとおり満たしていること.

　イ　次に掲げる方法により品質管理の組織的な運営が図られていること.

　　(1)　品質管理の推進が工場等の経営指針として確立されており, 品質管理が計画的に実施されていること.

　　(2)　工場等における品質管理を適切に行うため, 各組織の責任及び権限が明確に定められているとともに, 品質管理推進責任者を中心として各組織間の有機的な連携がとられており, かつ, 品質管理を推進する上での問題点が把握され, その解決のために適切な措置がとられていること.

　　(3)　工場等における品質管理を推進するために必要な教育訓練が就業者に対して計画的に行われており, また, 工程の一部を外部の者に行わせている場合においては, その者に対し品質管理の推進に係る技術的指導が適切に行われていること.

　ロ　工場等において, 品質管理推進責任者を選任し, 次に掲げる職務を行わせていること.

　　(1)　品質管理に関する計画の立案及び推進

　　(2)　社内規格の制定, 改正等についての統括

　　(3)　製品の品質水準の評価

　　(4)　各工程における品質管理の実施に関する指導及び助言並びに部門間の調整

　　(5)　工程に生じた異常, 苦情等に関する処置及びその対策に関する指導及び助言

　　(6)　就業者に対する品質管理に関する教育訓練の推進

　　(7)　外注管理に関する指導及び助言

2　前項の規定にかかわらず, 製品の品質保証の確保及び国際取引の円滑化に資すると認められる場合は, 次に定める基準によることができる.

一　製造設備, 検査設備, 検査方法, 品質管理方法その他品質保持に必要な技術的生産条件が, 日本産業規格 Q 9001 の規定に適合していること.

二　前項第一号から第四号まで及び第六号ロの基準に適合していること.

三　製造をする型式部材等の型式に従って社内規格が具体的かつ体系的に整備されており, かつ, 製品について型式に適合することの検査及び保管が, 社内規格に基づいて適切に行われていること.

[届出を要しない軽微な変更]

第10条の5の10　法第68条の16（法第68条の22第2項及び法第88条第1項において準用する場合を含む. 次条において同じ.）の国土交通省令で定める軽微な変更は, 第10条の5の6第2項第一号イ及びニに掲げる事項とする.

[認証型式部材等製造者等に係る変更の届出]

第10条の5の11　認証型式部材等製造者（法第68条の11第1項の認証を受けた者をいう. 以下同じ.）又は認証外国型式部材等製造者（法第68条の22第2項に規定する認証外国型式部材等製造者をいう. 第10条の5の13において同じ.）（以下これらを総称して「認証型式部材等製造者等」という.）は, 法第68条の16の規定により第10条の5の6第1項及び第2項に掲げる事項に変更（型式部材等の種類の変更, 工場等の移転による所在地の変更その他の当該認証の効力が失われる

こととなる変更及び前条に規定する変更を除く.）があったときは，別記第五十号の八様式による認証型式部材等製造者等変更届出書を国土交通大臣に提出しなければならない.

[認証型式部材等製造者等に係る製造の廃止の届出]

第10条の5の12　認証型式部材等製造者等は，法第68条の17第1項（法第68条の22第2項及び法第88条第1項において準用する場合を含む.）の規定により当該認証に係る型式部材等の製造の事業を廃止しようとするときは，別記第五十号の九様式による製造事業廃止届出書を国土交通大臣に提出しなければならない.

[型式適合義務が免除される場合]

第10条の5の13　法第68条の18第1項（法第68条の22第2項及び法第88条第1項において準用する場合を含む.）の国土交通省令で定める場合は，次に掲げるものとする.

一　輸出（認証外国型式部材等製造者にあっては，本邦への輸出を除く.）のため当該型式部材等の製造をする場合

二　試験的に当該型式部材等の製造をする場合

三　建築物並びに法第88条第1項及び第2項に掲げる工作物以外の工作物に設けるため当該型式部材等の製造をする場合

[検査方法等]

第10条の5の14　法第68条の18第2項（法第68条の22第2項及び法第88条第1項において準用する場合を含む.）の国土交通省令で定める検査並びにその検査記録の作成及び保存は，次に掲げるところにより行うものとする.

一　別表第一の（い）欄に掲げる型式部材等の区分に応じ，それぞれ同表の（に）欄に掲げる検査設備を用いて同表の（は）欄に掲げる検査を行うこと.

二　製造される型式部材等が法第68条の13（法第68条の22第2項及び法第88条第1項において準用する場合を含む.）に掲げる基準に適合することを確認できる検査手順書を作成し，それを確実に履行すること.

三　検査手順書に定めるすべての事項を終了し，製造される型式部材等がその認証に係る型式に適合することを確認するまで型式部材等を出荷しないこと.

四　認証型式部材等（認証型式部材等製造者等が製造をするその認証に係る型式部材等をいう.）ごとに次に掲げる事項を記載した検査記録簿を作成すること.

　イ　検査を行った型式部材等の概要

　ロ　検査を行った年月日及び場所

　ハ　検査を実施した者の氏名

　ニ　検査を行った型式部材等の数量

　ホ　検査の方法

　ヘ　検査の結果

五　前号の検査記録簿（次項の規定による記録が行われた同項のファイル又は磁気ディスク等を含む.）は，当該型式部材等の製造をした工場等の所在地において，記載の日から起算して5年以上保存すること.

2　前項第四号に掲げる事項が，電子計算機に備えられたファイル又は磁気ディスク等に記録され，必要に応じ電子計算機その他の機器を用いて明確に紙面に表示さ

れるときは，当該記録をもって同号の検査記録簿に代えることができる．

[特別な表示]

第10条の5の15 法第68条の19第1項の国土交通省令で定める方式による特別な表示は，別記第五十号の十様式に定める表示とし，認証型式部材等製造者等がその認証に係る型式部材等の見やすい箇所に付するものとする．

[認証型式部材等に関する検査の特例]

第10条の5の16 法第68条の20第2項（法第68条の22第2項及び法第88条第1項において準用する場合を含む．）の確認は，次の各号に掲げる区分に応じ，それぞれ当該各号に定めるところにより行うものとする．

一　法第7条第4項，法第7条の3第4項又は法第18条第17項若しくは第20項の規定による検査　第4条第1項又は第4条の8第1項の申請書並びにその添付図書及び添付書類を審査し，必要に応じ，法第12条第5項の規定による報告を求める．

二　法第7条の2第1項又は法第7条の4第1項の規定による検査　第4条の4の2において準用する第4条第1項第一号に規定する図書及び書類並びに同項第二号に規定する写真並びに第4条の11の2において準用する第4条の8第1項第一号に規定する図書及び書類並びに同項第二号に規定する写真を審査し，特に必要があるときは，法第77条の32第1項の規定により照会する．

[認証の取消しに係る公示]

第10条の5の17 国土交通大臣は，法第68条の21第1項及び第2項並びに法第68条の23第1項及び第2項の規定により認証を取り消したときは，次に掲げる事項を公示しなければならない．

一　認証を取り消した型式部材等製造者の氏名又は名称

二　認証の取消しに係る型式部材等の種類

三　認証番号

四　認証を取り消した年月日

[旅費の額]

第10条の5の18 令第136条の2の13の旅費の額に相当する額（以下「旅費相当額」という．）は，国家公務員等の旅費に関する法律（昭和25年法律第114号．以下「旅費法」という．）の規定により支給すべきこととなる旅費の額とする．この場合において，当該検査又は試験のためその地に出張する職員は，一般職の職員の給与等に関する法律（昭和25年法律第95号）第6条第1項第一号イに規定する行政職俸給表（一）による職務の級が六級である者であるものとしてその旅費の額を計算するものとする．

[在勤官署の所在地]

第10条の5の19 旅費相当額を計算する場合において，当該検査又は試験のためその地に出張する職員の旅費法第2条第1項第六号の在勤官署の所在地は，東京都千代田区霞が関2丁目1番3号とする．

[旅費の額の計算に係る細目]

第10条の5の20 旅費法第6条第1項の支度料は，旅費相当額に算入しない．

2　検査又は試験を実施する日数は，当該検査又は試験に係る工場等ごとに3日として旅費相当額を計算する．

3 　旅費法第 6 条第 1 項の旅行雑費は，1 万円として旅費相当額を計算する．

4 　国土交通大臣が，旅費法第 46 条第 1 項の規定により，実費を超えることとなる部分又は必要としない部分の旅費を支給しないときは，当該部分に相当する額は，旅費相当額に算入しない．

[構造方法等の認定の申請]

第 10 条の 5 の 21 　構造方法等の認定の申請をしようとする者は，別記第五十号の十一様式による申請書に次に掲げる図書を添えて，国土交通大臣に提出するものとする．

一　構造方法，建築材料又はプログラム（以下「構造方法等」という．）の概要を記載した図書

二　平面図，立面図，断面図及び構造詳細図

三　前 2 号に掲げるもののほか，構造計算書，実験の結果，検査の方法その他の構造方法等を評価するために必要な事項を記載した図書

2 　国土交通大臣は，前項各号に掲げる図書のみでは評価が困難と認める場合にあっては，当該構造方法等の実物又は試験体その他これらに類するもの（次項及び第 11 条の 2 の 3 第 2 項第一号において「実物等」という．）の提出を求めることができる．

3 　前 2 項の規定にかかわらず，法第 77 条の 56 第 2 項に規定する指定性能評価機関（以下単に「指定性能評価機関」という．）又は法第 77 条の 57 第 2 項に規定する承認性能評価機関（以下単に「承認性能評価機関」という．）が作成した当該申請に係る構造方法等の性能に関する評価を第 1 項の申請書に添える場合にあっては，同項各号に掲げる図書及び実物等を添えることを要しない．

[構造方法等の認定書の通知等]

第 10 条の 5 の 22 　国土交通大臣は，構造方法等の認定をしたときは，別記第五十号の十二様式による認定書をもって申請者に通知するとともに，次に掲げる事項を記載した帳簿を作成し，一般の閲覧に供するものとする．

一　認定を受けた者の氏名又は名称及び住所

二　認定を受けた構造方法等の名称

三　認定番号

四　認定年月日

五　認定に係る性能評価を行った指定性能評価機関又は承認性能評価機関の名称（国土交通大臣が性能評価を行った場合にあっては，その旨）

2 　国土交通大臣は，構造方法等の認定をしないときは，別記第五十号の十三様式による通知書をもって申請者に通知するものとする．

[特殊構造方法等認定の申請]

第 10 条の 5 の 23 　特殊構造方法等認定の申請をしようとする者は，別記第五十号の十四様式による申請書に次に掲げる図書を添えて，国土交通大臣に提出するものとする．

一　構造方法又は建築材料の概要を記載した図書

二　平面図，立面図，断面図及び構造詳細図

三　前 2 号に掲げるもののほか，構造計算書，実験の結果，検査の方法その他の構造

方法又は建築材料が法第2章，法第3章第5節並びに法第67条第1項及び第2項の規定並びにこれらに基づく命令の規定に適合するものと同等以上の効力があるかどうかを審査するために必要な事項を記載した図書

2 国土交通大臣は，前項各号に掲げる図書のみでは前項第三号の規定による審査が困難と認める場合にあっては，当該構造方法又は建築材料の実物又は試験体その他これらに類するものの提出を求めることができる．

[特殊構造方法等認定書の通知等]

第10条の5の24 国土交通大臣は，特殊構造方法等認定をしたときは，別記第五十号の十五様式による認定書をもって申請者に通知するとともに，次に掲げる事項を記載した帳簿を作成し，一般の閲覧に供するものとする．

一 認定を受けた者の氏名又は名称及び住所

二 認定を受けた構造方法又は建築材料の名称及び内容

三 認定番号

四 認定年月日

2 国土交通大臣は，特殊構造方法等認定をしないときは，別記第五十号の十六様式による通知書をもって申請者に通知するものとする．

[建築協定区域隣接地に関する基準]

第10条の6 法第73条第1項第三号の国土交通省令で定める基準は，次に掲げるものとする．

一 建築協定区域隣接地の区域は，その境界が明確に定められていなければならない．

二 建築協定区域隣接地の区域は，建築協定区域との一体性を有する土地の区域でなければならない．

[建築基準適合判定資格者の登録の申請]

第10条の7 法第77条の58第1項の規定によって建築基準適合判定資格者の登録を受けようとする者は，別記第五十一号様式による登録申請書に，本籍の記載のある住民票の写しその他参考となる事項を記載した書類を添え，これを国土交通大臣に提出しなければならない．

[登録]

第10条の8 国土交通大臣は，前条の規定による申請があった場合においては，登録申請書の記載事項を審査し，申請者が建築基準適合判定資格者となる資格を有すると認めたときは，法第77条の58第2項の建築基準適合判定資格者登録簿（以下「登録簿」という．）に登録し，かつ，申請者に別記第五十二号様式による建築基準適合判定資格者登録証（以下「登録証」という．）を交付する．

2 国土交通大臣は，前項の場合において，申請者が建築基準適合判定資格者となる資格を有しないと認めたときは，理由を付し，登録申請書を申請者に返却する．

[登録事項]

第10条の9 法第77条の58第2項に規定する国土交通省令で定める事項は，次のとおりとする．

一 登録番号及び登録年月日

二 本籍地の都道府県名（日本の国籍を有しない者にあっては，その者の有する国籍

名．第 10 条の 10 及び第 10 条の 15 の 5 第二号において同じ．），氏名，生年月日，住所及び性別

三　建築基準適合判定資格者検定の合格の年月及び合格通知番号又は建築主事の資格検定の合格の年月及び合格証書番号

四　勤務先の名称及び所在地

五　法第 77 条の 62 第 1 項に規定する登録の消除及び同条第 2 項の規定による禁止又は登録の消除の処分を受けた場合においては，その旨及びその年月日

[心身の故障により確認検査の業務を適正に行うことができない者]

第 10 条の 9 の 2　法第 77 条の 59 の 2 の国土交通省令で定める者は，精神の機能の障害により確認検査の業務を適正に行うに当たって必要な認知，判断及び意思疎通を適切に行うことができない者とする．

[治療等の考慮]

第 10 条の 9 の 3　国土交通大臣は，建築基準適合判定資格者の登録を申請した者が前条に規定する者に該当すると認める場合において，当該者に建築基準適合判定資格者の登録を行うかどうかを決定するときは，当該者が現に受けている治療等により障害の程度が軽減している状況を考慮しなければならない．

[変更の登録]

第 10 条の 10　法第 77 条の 60 に規定する国土交通省令で定める事項は，次のとおりとする．

一　本籍地の都道府県名，氏名及び住所

二　勤務先の名称及び所在地

2　法第 77 条の 60 の規定によって登録の変更を申請しようとする者は，その変更を生じた日から 30 日以内に，別記第五十三号様式による変更登録申請書に，登録証及び本籍地の都道府県名の変更を申請する場合にあっては戸籍謄本若しくは戸籍抄本又は本籍の記載のある住民票の写しを，氏名の変更を申請する場合にあっては戸籍謄本又は戸籍抄本を添え，これを国土交通大臣に提出しなければならない．

3　国土交通大臣は，法第 77 条の 60 の規定による申請があった場合においては，登録簿を訂正し，かつ，本籍地の都道府県名又は氏名の変更に係る申請にあっては登録証を書き換えて，申請者に交付する．

[登録証の再交付]

第 10 条の 11　建築基準適合判定資格者は，登録証を汚損し，又は失った場合においては，遅滞なく，別記第五十四号様式による登録証再交付申請書に，汚損した場合にあってはその登録証を添え，これを国土交通大臣に提出しなければならない．

2　国土交通大臣は，前項の規定による申請があった場合においては，申請者に登録証を再交付する．

3　建築基準適合判定資格者は，第 1 項の規定によって登録証の再交付を申請した後，失った登録証を発見した場合においては，発見した日から 10 日以内に，これを国土交通大臣に返納しなければならない．

[心身の故障により確認検査の業務を適正に行うことができない場合]

第 10 条の 11 の 2　法第 77 条の 61 第三号の国土交通省令で定める場合は，建築基準適合判定資格者が精神の機能の障害を有することにより認知，判断及び意思疎通

を適切に行うことができない状態となった場合とする.

[死亡等の届出]

第10条の12 法第77条の61の規定により，次の各号に掲げる者は，それぞれ当該各号に定める様式に，第一号の場合においては登録証及び戸籍謄本又は戸籍抄本を，第二号から第四号までの場合においては登録証を，第五号の場合においては病名，障害の程度，病因，病後の経過，治癒の見込みその他参考となる所見を記載した医師の診断書を添え，これを届け出なければならない.

一　法第77条の61第一号の相続人　　　別記第五十五号様式

二　法第77条の61第二号の建築基準適合判定資格者本人のうち法第77条の59第二号に該当するもの　　　別記第五十六号様式

三　法第77条の61第二号の建築基準適合判定資格者本人のうち法第77条の59第五号に該当するもの　　　別記第五十七号様式

四　法第77条の61第二号の建築基準適合判定資格者本人のうち法第77条の59第六号に該当するもの　　　別記第五十八号様式

五　法第77条の61第三号の建築基準適合判定資格者本人又はその法定代理人若しくは同居の親族　　　別記第五十九号様式

[登録の消除の申請及び登録証の返納]

第10条の13 建築基準適合判定資格者は，登録の消除を申請する場合においては，別記第六十号様式による登録消除申請書に，登録証を添え，これを国土交通大臣に提出しなければならない.

2　建築基準適合判定資格者が法第77条の62第1項（第一号及び第二号に係る部分を除く.）又は第2項の規定によって登録を消除された場合においては，当該建築基準適合判定資格者（法第77条の61第一号に該当する事実が判明したときにあっては相続人，同条（第三号に係る部分に限る.）の規定による届出があったとき及び同条第三号に該当する事実が判明したときにあっては当該建築基準適合判定資格者又はその法定代理人若しくは同居の親族）は，消除の通知を受けた日から10日以内に，登録証を国土交通大臣に返納しなければならない.

[登録の消除]

第10条の14 国土交通大臣は，登録を消除した場合においては，その登録簿に消除の事由及びその年月日を記載する.

2　国土交通大臣は，前項の規定によって登録を消除した名簿を，消除した日から5年間保存する.

[登録証の領置]

第10条の15 国土交通大臣は，法第77条の62第2項の規定によって建築基準適合判定資格者に業務を行うことを禁止した場合においては，当該建築基準適合判定資格者に対して，登録証の提出を求め，かつ，処分期間満了までこれを領置することができる.

[処分の公告]

第10条の15の2 法第77条の62第3項の規定による公告は，次に掲げる事項について，官報で行うものとする.

一　処分をした年月日

二　処分を受けた建築基準適合判定資格者の氏名及び登録番号

三　処分の内容

四　処分の原因となった事実

[構造計算適合判定資格者の登録を受けることができる者]

第10条の15の3　法第77条の66第1項の国土交通省令で定める者は，次の各号のいずれかに該当する者とする．

一　学校教育法に基づく大学又はこれに相当する外国の学校において建築物の構造に関する科目を担当する教授若しくは准教授の職にあり，又はあった者

二　建築物の構造に関する分野の試験研究機関において試験研究の業務に従事し，又は従事した経験を有する者で，かつ，当該分野について高度の専門的知識を有する者

三　国土交通大臣が前2号に掲げる者と同等以上の知識及び経験を有すると認める者

[構造計算適合判定資格者の登録の申請]

第10条の15の4　法第77条の66第1項の規定によって構造計算適合判定資格者の登録を受けようとする者は，別記第六十号の二様式による登録申請書を国土交通大臣に提出しなければならない．

2　前項の登録申請書には，次に掲げる書類を添付しなければならない．

一　本籍の記載のある住民票の写し

二　前条第一号若しくは第二号に該当する者であることを証明する書類又は同条第三号の規定による認定を受けた者であることを証する書類

三　その他参考となる事項を記載した書類

[登録事項]

第10条の15の5　法第77条の66第2項において準用する法第77条の58第2項に規定する国土交通省令で定める事項は，次のとおりとする．

一　登録番号及び登録年月日

二　本籍地の都道府県名，氏名，生年月日，住所及び性別

三　構造計算適合判定資格者検定に合格した者である場合においては，合格の年月及び合格通知番号

四　第10条の15の3第一号又は第二号に該当する者である場合においては，その旨

五　第10条の15の3第三号の規定による認定を受けた者である場合においては，当該認定の内容及び年月日

六　勤務先の名称及び所在地

七　法第77条の66第2項において読み替えて準用する法第77条の62第1項に規定する登録の消除及び法第77条の66第2項において読み替えて準用する法第77条の62第2項の規定による禁止又は登録の消除の処分を受けた場合においては，その旨及びその年月日

[準用]

第10条の15の6　第10条の8，第10条の9の2から第10条の15の2までの規定は，構造計算適合判定資格者の登録及びその変更について準用する．この場合において，次の表の上欄に掲げる規定中同表の中欄に掲げる字句は，それぞれ同表の下欄に掲げる字句に読み替えるものとする．

第10条の8第1項	前条	第10条の15の4
	別記第五十二号様式	別記第六十号の三様式
第10条の9の2	確認検査	構造計算適合性判定
第10条の10第2項	別記第五十三号様式	別記第六十号の四様式
第10条の11第1項	別記第五十四号様式	別記第六十号の五様式
第10条の11の2	確認検査	構造計算適合性判定
第10条の12第一号	別記第五十五号様式	別記第六十号の六様式
第10条の12第二号	別記第五十六号様式	別記第六十号の七様式
第10条の12第三号	別記第五十七号様式	別記第六十号の八様式
第10条の12第四号	別記第五十八号様式	別記第六十号の九様式
第10条の12第五号	別記第五十九号様式	別記第六十号の十様式
第10条の13第1項	別記第六十号様式	別記第六十号の十一様式

[委員の任期の基準]

第10条の15の7 法第83条の国土交通省令で定める基準は，次に掲げるものとする．

一 委員の任期は，2年とすること．ただし，補欠の委員の任期は，前任者の残任期間とすること．

二 委員は，再任されることができること．

三 委員は，任期が満了した場合においては，後任の委員が任命されるまでその職務を行うこと．

[公益上特に必要な用途]

第10条の15の8 法第85条第8項及び第87条の3第8項の国土交通省令で定める用途は，次の各号に掲げる用途とする．

一 官公署

二 病院又は診療所

三 学校

四 児童福祉施設等（令第19条第1項に規定する児童福祉施設等をいう．）

五 災害救助法（昭和22年法律第118号）に基づき地方公共団体が被災者に供与する応急仮設住宅

六 前各号に掲げるもののほか，被災者の日常生活上の必要性の程度においてこれらに類する用途

[一の敷地とみなすこと等による制限の緩和に係る認定又は許可の申請等]

第10条の16 法第86条第1項又は第2項の規定による認定の申請をしようとする者は，別記第六十一号様式による申請書の正本及び副本に，同条第3項又は第4項の規定による許可の申請をしようとする者は，別記第六十一号の二様式による申請書の正本及び副本に，それぞれ，次に掲げる図書又は書面を添えて，特定行政庁に提出するものとする．

一 次の表の(い)項に掲げる図書及び法第52条第8項の規定の適用によりその容積率が同項の規定の適用がないとした場合における同条第1項及び第7項の規定による

限度を超えるものである建築物については同表の(ろ)項に掲げる図書，同条第9項の規定の適用によりその容積率が同項の規定の適用がないとした場合における同条第1項，第2項及び第7項の規定による限度を超えるものである建築物については同表の(は)項に掲げる図書，法第56条第7項の規定の適用により同項第一号に掲げる規定が適用されない建築物については同表の(に)項に掲げる図書，同条第7項の規定の適用により同項第二号に掲げる規定が適用されない建築物については同表の(ほ)項に掲げる図書，同条第7項の規定の適用により同項第三号に掲げる規定が適用されない建築物については同表の(へ)項に掲げる図書，法第56条の2第1項の規定により日影による高さの制限を受ける建築物については同表の(と)項に掲げる図書．ただし，同表の(い)項に掲げる付近見取図，配置図又は各階平面図は，同表の(ろ)項若しくは(は)項に掲げる図書，同表の(に)項に掲げる道路高さ制限適合建築物の配置図，同表の(ほ)項に掲げる隣地高さ制限適合建築物の配置図，同表の(へ)項に掲げる北側高さ制限適合建築物の配置図又は同表のと項に掲げる日影図と，同表の(い)項に掲げる2面以上の立面図又は断面図は，同表の(に)項に掲げる道路高さ制限適合建築物の2面以上の立面図，同表の(ほ)項に掲げる隣地高さ制限適合建築物の2面以上の立面図又は同表の(へ)項に掲げる北側高さ制限適合建築物の2面以上の立面図と，それぞれ併せて作成することができる．

	図書の種類	明示すべき事項
(い)	付近見取図	方位，道路及び目標となる地物
		法第86条第1項若しくは第2項又は法第86条の2第1項の規定による認定の申請に係る土地の区域（以下「申請区域」という．）
	配置図	縮尺及び方位
		申請区域の境界線
		申請区域内の建築物の敷地境界線，用途，延べ面積，位置及び構造並びに申請に係る建築物と申請区域内の他の建築物との別（法第86条第1項又は第3項の規定による認定又は許可（一の建築物の建築に係るものに限る．）の申請をする場合を除く．）
		申請区域内の建築物に附属する自動車車庫の用途に供する工作物の築造面積及び位置
		土地の高低
		申請区域内の建築物の各部分の高さ
		申請区域の接する道路の位置，幅員及び種類
		申請区域内に設ける通路の位置，延長及び幅員
	各階平面図	縮尺及び方位
		外壁の開口部の位置及び構造
		申請区域内の建築物が一の敷地内にあるものとみなされた場合における延焼のおそれのある部分の外壁の構造
	2面以上の立面図	縮尺
		開口部の位置及び構造
		申請区域内の建築物が一の敷地内にあるものとみなされた場合における延焼のおそれのある部分の外壁及び軒裏の構造

	断面図（法第86条第1項又は第3項の規定により2以上の構えを成す建築物の建築に係る認定又は許可の申請をする場合にあっては，隣接する2以上の建築物を含む断面図）	縮尺
		地盤面
		開口部の位置
		軒の高さ及び建築物の高さ
		建築物間の距離（法第86条第1項又は第3項の規定による認定又は許可（一の建築物の建築に係るものに限る.）の申請をする場合を除く.）
	地盤面算定表	建築物が周囲の地面と接する各位置の高さ
		地盤面を算定するための算式
(ろ)	道路に接して有効な部分の配置図	申請区域の境界線
		申請区域内における法第52条第8項第二号に規定する空地の面積及び位置
		道路に接して有効な部分の面積及び位置
		申請区域内における工作物の位置
		申請区域の接する道路の位置
		令第135条の17第3項の表（い）欄各項に掲げる地域の境界線
(は)	特定道路の配置図	申請区域の境界線
		申請区域の接する前面道路及び当該前面道路が接続する特定道路の位置及び幅員
		当該特定道路から申請区域が接する前面道路の部分の直近の端までの延長
(に)	道路高さ制限適合建築物の配置図	縮尺
		申請区域の境界線
		申請区域内における申請に係る建築物及び道路高さ制限適合建築物の位置
		申請区域内における擁壁の位置
		土地の高低
		申請区域の接する道路の位置，幅員及び種類
		申請区域の接する前面道路の路面の中心からの申請に係る建築物及び道路高さ制限適合建築物の各部分の高さ
		申請に係る建築物及び道路高さ制限適合建築物の申請区域の接する前面道路の境界線からの後退距離
		道路制限勾配が異なる地域等の境界線
		令第132条又は第134条第2項に規定する区域の境界線
		申請区域内の建築物が一の敷地内にあるものとみなされた場合における令第135条の9に規定する位置及び当該位置の間の距離
		申請区域内の申請に係る建築物及び申請区域内の道路高さ制限適合建築物について申請区域内の建築物が一の敷地内にあるものとみなされた場合における令第135条の9に規定する位置ごとに算定した天空率
	道路高さ制限適合建築物の2面以上の立面図	縮尺
		申請区域の接する前面道路の路面の中心の高さ

		申請区域の接する前面道路の路面の中心からの申請に係る建築物及び道路高さ制限適合建築物の各部分の高さ
		令第135条の2第2項の規定により特定行政庁が規則で定める高さ
		申請区域内における擁壁の位置
		土地の高低
		申請区域内の建築物が一の敷地内にあるものとみなされた場合における令第135条の9に規定する位置からの申請に係る建築物及び道路高さ制限適合建築物の各部分の高さ
	道路高さ制限近接点における水平投影位置確認表	申請区域の接する前面道路の路面の中心からの申請に係る建築物及び道路高さ制限適合建築物の各部分の高さ
		道路高さ制限近接点から申請に係る建築物及び道路高さ制限適合建築物の各部分までの水平距離，仰角及び方位角
	道路高さ制限近接点における申請に係る建築物及び道路高さ制限適合建築物の天空図	水平投影面
		天空率
	道路高さ制限近接点における天空率算定表	申請に係る建築物及び道路高さ制限適合建築物の天空率を算定するための算式
(は)	隣地高さ制限適合建築物の配置図	縮尺
		申請区域の境界線
		申請区域内における申請に係る建築物及び隣地高さ制限適合建築物の位置
		申請区域内における擁壁の位置
		土地の高低
		申請区域の接する道路の位置，幅員及び種類
		申請区域内の建築物が一の敷地内にあるものとみなされた場合における地盤面からの申請に係る建築物及び隣地高さ制限適合建築物の各部分の高さ
		法第56条第1項第二号に規定する水平距離のうち最小のものに相当する距離
		令第135条の7第1項第二号に規定する隣地高さ制限適合建築物の隣地境界線からの後退距離
		隣地制限勾配が異なる地域等の境界線
		申請区域内の建築物が一の敷地内にあるものとみなされた場合における高低差区分区域の境界線
		申請区域内の建築物が一の敷地内にあるものとみなされた場合における令第135条の10に規定する位置及び当該位置の間の距離
		申請に係る建築物及び隣地高さ制限適合建築物について申請区域内の建築物が一の敷地内にあるものとみなされた場合における令第135条の10規定する位置ごとに算定した天空率
	隣地高さ制限適合建築物の2面以上の立面図	縮尺
		申請区域内の建築物が一の敷地内にあるものとみなされた場合における地盤面
		申請区域内の建築物が一の敷地内にあるものとみなされた場合における地盤面からの申請に係る建築物及び隣地高さ制限適合建築物の

		各部分の高さ
		令第135条の3第2項の規定により特定行政庁が規則に定める高さ
		申請区域内における擁壁の位置
		土地の高低
		申請区域内の建築物が一の敷地内にあるものとみなされた場合における高低差区分区域の境界線
		申請区域内の建築物が一の敷地内にあるものとみなされた場合における令第135条の10に規定する位置からの申請に係る建築物及び隣地高さ制限適合建築物の各部分の高さ
	隣地高さ制限近接点における水平投影位置確認表	申請に係る建築物及び隣地高さ制限適合建築物の各部分の高さ
		隣地高さ制限近接点から申請に係る建築物及び隣地高さ制限適合建築物の各部分までの水平距離，仰角及び方位角
	隣地高さ制限近接点における申請に係る建築物及び隣地高さ制限適合建築物の天空図	水平投影面
		天空率
	隣地高さ制限近接点における天空率算定表	申請に係る建築物及び隣地高さ制限適合建築物の天空率を算定するための算式
(ハ)	北側高さ制限適合建築物の配置図	縮尺
		申請区域境界線
		申請区域内における申請に係る建築物及び北側高さ制限適合建築物の位置
		申請区域内における擁壁の位置
		土地の高低
		申請区域の接する道路の位置，幅員及び種類
		申請区域内の建築物が一の敷地内にあるものとみなされた場合における地盤面からの申請に係る建築物及び北側高さ制限適合建築物の各部分の高さ
		北側制限高さが異なる地域の境界線
		申請区域内の建築物が一の敷地内にあるものとみなされた場合における高低差区分区域の境界線
		申請区域内の建築物が一の敷地内にあるものとみなされた場合における令第135条の11に規定する位置及び当該位置の間の距離
		申請に係る建築物及び北側高さ制限適合建築物について申請区域内の建築物が一の敷地内にあるものとみなされた場合における令第135条の11に規定する位置ごとに算定した天空率
	北側高さ制限適合建築物の2面以上の立面図	縮尺
		申請区域内の建築物が一の敷地内にあるものとみなされた場合における地盤面
		申請区域内の建築物が一の敷地内にあるものとみなされた場合における地盤面からの申請に係る建築物及び北側高さ制限適合建築物の各部分の高さ
		令第135条の4第2項の規定により特定行政庁が規則に定める高さ
		申請区域内における擁壁の位置

		土地の高低
		申請区域内の建築物が一の敷地内にあるものとみなされた場合における令第135条の11に規定する位置からの申請に係る建築物及び北側高さ制限適合建築物の高さ
	北側高さ制限近接点における水平投影位置確認表	申請に係る建築物及び北側高さ制限適合建築物の各部分の高さ
		北側高さ制限近接点から申請に係る建築物及び北側高さ制限適合建築物の各部分までの水平距離，仰角及び方位角
	北側高さ制限近接点における申請に係る建築物及び北側高さ制限適合建築物の天空図	水平投影面
		天空率
	北側高さ制限近接点における天空率算定表	申請に係る建築物及び北側高さ制限適合建築物の天空率を算定するための算式
(と)	配置図	軒の高さ
		申請区域内の建築物が一の敷地内にあるものとみなされた場合における地盤面の異なる区域の境界線
		申請区域の接する道路，水面，線路敷その他これらに類するものの位置及び幅員
	日影図	縮尺及び方位
		申請区域の境界線
		法第56条の2第1項の対象区域の境界線
		法別表第四（い）欄の各項に掲げる地域又は区域の境界線
		高層住居誘導地区又は都市再生特別地区の境界線
		日影時間の異なる区域の境界線
		申請区域の接する道路，水面，線路敷その他これらに類するものの位置及び幅員
		申請区域内における建築物の位置
		申請区域内の建築物が一の敷地内にあるものとみなされた場合における平均地盤面からの当該建築物の各部分の高さ
		申請区域内の建築物が一の敷地内にあるものとみなされた場合における測定線
		申請区域内の建築物が一の敷地内にあるものとみなされた場合における当該建築物が冬至日の真太陽時による午前8時から30分ごとに午後4時まで（道の区域内にあっては，午前9時から30分ごとに午後3時まで）の各時刻に水平面に生じさせる日影の形状
		申請区域内の建築物が一の敷地内にあるものとみなされた場合における当該建築物が冬至日の真太陽時による午前8時から午後4時まで（道の区域内にあっては，午前9時から午後3時まで）の間に測定線上の主要な点に生じさせる日影時間
		申請区域内の建築物が一の敷地内にあるものとみなされた場合における当該建築物が冬至日の真太陽時による午前8時から午後4時まで（道の区域内にあっては，午前9時から午後3時まで）の間に水平面に生じさせる日影の等時間日影線
		申請区域内に建築する建築物で法第56条の2第1項の規定による対象区域内にあるものが，当該申請区域内の他の建築物であって同

	項の規定による対象区域内にあるものの居住の用に供する部分（その部分が，当該建築する建築物に係る法別表第四（い）欄の各項に掲げる地域又は区域に対応する同表（は）欄の各項に掲げる平均地盤面からの高さより低い場合においては，同項に掲げる平均地盤面からの高さの部分）に生じさせる日影の形状及び等時間日影線
	土地の高低
日影形状算定表	申請区域内の建築物が一の敷地内にあるものとみなされた場合における平均地盤面からの当該建築物の各部分の高さ及び日影の形状を算定するための算式
2面以上の断面図	申請区域内の建築物が一の敷地内にあるものとみなされた場合における平均地盤面
	申請区域内の建築物が一の敷地内にあるものとみなされた場合における地盤面及び平均地盤面からの建築物の各部分の高さ
	隣地又はこれに連接する土地で日影が生ずるものの地盤面又は平均地表面
平均地盤面算定表	申請区域内の建築物が周囲の地面と接する各位置の高さ及び申請区域内の建築物が一の敷地内にあるものとみなされた場合における平均地盤面を算定するための算式

二　第10条の18の計画書

三　法第86条第1項若しくは第2項の規定による認定の申請をしようとする者又は同条第3項若しくは第4項の規定による許可の申請をしようとする者以外に同条第6項に規定する対象区域（以下「対象区域」という．）内の土地について所有権又は借地権を有する者がある場合においては，これらの者の同意を得たことを証する書面

四　前3号に定めるもののほか，特定行政庁が規則で定めるもの

2　法第86条の2第1項の規定による認定の申請をしようとする者は，別記第六十一号様式による申請書の正本及び副本に，同条第3項の規定による許可の申請をしようとする者は，別記第六十一号の二様式による申請書の正本及び副本に，それぞれ，次に掲げる図書又は書面を添えて，特定行政庁に提出するものとする．

一　前項第一号の表の（い）項に掲げる図書及び法第52条第8項の規定の適用によりその容積率が同項の規定の適用がないとした場合における同条第1項及び第7項の規定による限度を超えるものである建築物については同表の（ろ）項に掲げる図書，同条第9項の規定の適用によりその容積率が同項の規定の適用がないとした場合における同条第1項，第2項及び第7項の規定による限度を超えるものである建築物については同表の（は）項に掲げる図書，法第56条第7項の規定の適用により同項第一号に掲げる規定が適用されない建築物については同表の（に）項に掲げる図書，同条第7項の規定の適用により同項第二号に掲げる規定が適用されない建築物については同表の（ほ）項に掲げる図書，同条第7項の規定の適用により同項第三号に掲げる規定が適用されない建築物については同表の（へ）項に掲げる図書，法第56条の2第1項の規定により日影による高さの制限を受ける建築物については同表の（と）項に掲げる図書．ただし，これらの図書は併せて作成することができる．

二　法第86条の2第1項の規定による認定の申請をしようとする者以外に公告認定対象区域内にある土地について所有権又は借地権を有する者がある場合又は同条第

３項の規定による許可の申請をしようとする者以外に公告許可対象区域内にある土地について所有権又は借地権を有する者がある場合においては，これらの者に対する当該申請に係る建築物の計画に関する説明のために講じた措置を記載した書面

三　前２号に定めるもののほか，特定行政庁が規則で定めるもの

3　法第86条の２第２項の規定による許可の申請をしようとする者は，別記第六十一号の二様式による申請書の正本及び副本に，それぞれ，次に掲げる図書又は書面を添えて，特定行政庁に提出するものとする．

一　第１項第一号の表の(い)項に掲げる図書及び法第52条第８項の規定の適用によりその容積率が同項の規定の適用がないとした場合における同条第１項及び第７項の規定による限度を超えるものである建築物については同表の(ろ)項に掲げる図書，同条第９項の規定の適用によりその容積率が同項の規定の適用がないとした場合における同条第１項，第２項及び第７項の規定による限度を超えるものである建築物については同表の(は)項に掲げる図書，法第56条第７項の規定の適用により同項第一号に掲げる規定が適用されない建築物については同表の(に)項に掲げる図書，同条第７項の規定の適用により同項第二号に掲げる規定が適用されない建築物については同表の(ほ)項に掲げる図書，同条第７項の規定の適用により同項第三号に掲げる規定が適用されない建築物については同表の(へ)項に掲げる図書，法第56条の２第１項の規定により日影による高さの制限を受ける建築物については同表の(と)項に掲げる図書．ただし，これらの図書は併せて作成することができる．

二　法第86条の２第２項の規定による許可の申請をしようとする者以外に公告認定対象区域内にある土地について所有権又は借地権を有する者がある場合においては，これらの者の同意を得たことを証する書面

三　前２号に定めるもののほか，特定行政庁が規則で定めるもの

4　特定行政庁は，法第86条第１項若しくは第２項又は法第86条の２第１項の規定による認定（次項において「認定」という．）をしたときは，別記第六十二号様式による通知書に，法第86条第３項若しくは第４項又は法第86条の２第２項若しくは第３項の規定による許可（次項において「許可」という．）をしたときは，別記第六十二号の二様式による通知書に，第１項又は前項の申請書の副本及びその添付図書を添えて，申請者に通知するものとする．

5　特定行政庁は，認定をしないときは，別記第六十三号様式による通知書に，許可をしないときは，別記第六十三号の二様式による通知書に，第１項，第２項又は第３項の申請書の副本及びその添付図書を添えて，申請者に通知するものとする．

［一定の一団の土地の区域内の現に存する建築物を前提として総合的見地からする設計の基準］

第10条の17　法第86条第２項及び同条第４項の国土交通省令で定める基準は，次に掲げるものとする．

一　対象区域内の各建築物の用途，規模，位置及び構造に応じ，当該各建築物の避難及び通行の安全の目的を達するために十分な幅員を有する通路であって，道路に通ずるものを設けること．

二　対象区域内の各建築物の外壁の開口部の位置及び構造は，当該各建築物間の距離に応じ，防火上適切な措置が講じられること．

三　対象区域内の各建築物の各部分の高さに応じ，当該対象区域内に採光及び通風上有効な空地等を確保すること．

四　対象区域内に建築する建築物の高さは，当該対象区域内の他の各建築物の居住の用に供する部分に対し，当該建築物が存する区域における法第56条の2の規定による制限を勘案し，これと同程度に日影となる部分を生じさせることのないものとすること．

[対象区域内の建築物の位置及び構造に関する計画]

第10条の18　法第86条第6項の規定による対象区域内の建築物の位置及び構造に関する計画は，同条第1項又は第2項の規定する認定の申請をしようとする者は別記第六十四号様式による計画書に，同条第3項又は第4項の規定する許可の申請をしようとする者は別記第六十四号の二様式による計画書に記載するものとする．

[一の敷地とみなすこと等による制限の緩和の認定又は許可に関する公告事項等]

第10条の19　法第86条第8項の国土交通省令で定める公告事項は，公告に係る対象区域等を縦覧に供する場所とする．

2　法第86条第8項の国土交通省令で定める縦覧事項は，前条の計画書に記載すべき事項とする．

[一の敷地とみなすこと等による制限の緩和の認定又は許可に係る公告の方法]

第10条の20　法第86条第8項及び法第86条の2第6項の規定による公告は，公報への掲載その他特定行政庁が定める方法により行うものとする．

[認定又は許可の取消しの申請等]

第10条の21　法第86条の5第2項の規定による認定の取消し（以下この条において「認定の取消し」という．）の申請をしようとする者は，別記第六十五号様式による申請書の正本及び副本に，同条第3項の規定による許可の取消し（以下この条において「許可の取消し」という．）の申請をしようとする者は，別記第六十五号の二様式による申請書の正本及び副本に，それぞれ，次に掲げる図書又は書面を添えて，特定行政庁に提出するものとする．

一　次の表の（い）項に掲げる図書並びに取消しの申請に係る法第86条第10項に規定する公告対象区域（以下「取消対象区域」という．）内の建築物について同表の（ろ）項に掲げる図書及び法第52条第8項の規定によりその容積率が同項の適用がないとした場合における同条第1項及び第7項の規定による限度を超えるものである建築物については同表の（は）項に掲げる図書，同条第9項の規定の適用によりその容積率が同項の規定の適用がないとした場合における同条第1項，第2項及び第7項の規定による限度を超えるものである建築物については同表の（に）項に掲げる図書，法第56条第7項の規定の適用により同項第一号に掲げる規定が適用されない建築物については同表の（ほ）項に掲げる図書，法第56条第7項の規定の適用により同項第二号に掲げる規定が適用されない建築物については同表の（へ）項に掲げる図書，法第56条第7項の規定の適用により同項第三号に掲げる規定が適用されない建築物については同表の（と）項に掲げる図書，法第56条の2第1項の規定により日影による高さの制限を受ける建築物については同表の（ち）項に掲げる図書．ただし，同表の（い）項に掲げる配置図又は同表の（ろ）項に掲げる各階平面図は，同表の（は）項に掲げる道路に接して有効な部分の配置図，同表の

（に）項に掲げる特定道路の配置図，同表の（ほ）項に掲げる道路高さ制限適合建築物の配置図，同表の（へ）項に掲げる隣地高さ制限適合建築物の配置図，同表の（と）項に掲げる北側高さ制限適合建築物の配置図又は同表の（ち）項に掲げる配置図若しくは日影図と，同表の（ろ）項に掲げる2面以上の立面図又は2面以上の断面図は，同表の（ほ）項に掲げる道路高さ制限適合建築物の2面以上の立面図，同表の（へ）項に掲げる隣地高さ制限適合建築物の2面以上の立面図又は同表の（と）項に掲げる北側高さ制限適合建築物の2面以上の立面図と，それぞれ併せて作成することができる．

	図書の種類	明示すべき事項
(い)	配置図	縮尺及び方位
		取消対象区域の境界線
		取消対象区域内の各建築物の敷地境界線及び位置
		取消対象区域内の各建築物に附属する自動車車庫の用途に供する工作物の築造面積及び位置
		土地の高低
		取消対象区域内の各建築物の各部分の高さ
		取消対象区域内の各建築物の敷地の接する道路の位置及び幅員
(ろ)	各階平面図	縮尺及び方位
		外壁の開口部の位置及び構造
		法第86条の5第2項の規定により法第86条第1項若しくは第2項又は法第86条の2第1項の規定による認定が取り消された場合における延焼のおそれのある部分の外壁の構造
	2面以上の立面図	縮尺
		開口部の位置及び構造
		法第86条の5第2項の規定により法第86条第1項若しくは第2項又は法第86条の2第1項の規定による認定が取り消された場合における延焼のおそれのある部分の外壁及び軒裏の構造
	2面以上の断面図	縮尺
		地盤面
		軒及びひさしの出
		軒の高さ及び建築物の高さ
	地盤面算定表	建築物が周囲の地面と接する各位置の高さ
		地盤面を算定するための算式
(は)	道路に接して有効な部分の配置図	縮尺及び方位
		敷地境界線
		法第52条第8項第二号に規定する空地の面積及び位置
		道路に接して有効な部分の面積及び位置
		敷地内における工作物の位置
		敷地の接する道路の位置

			令第135条の17第3項の表い欄各項に掲げる地域の境界線
(に)	特定道路の配置図		敷地境界線
			前面道路及び当該前面道路が接続する特定道路の位置及び幅員
			当該特定道路から敷地が接する前面道路の部分の直近の端までの延長
(ほ)	道路高さ制限適合建築物の配置図		縮尺
			敷地境界線
			敷地内における申請に係る建築物及び道路高さ制限適合建築物の位置
			擁壁の位置
			土地の高低
			敷地の接する道路の位置，幅員及び種類
			前面道路の路面の中心からの申請に係る建築物及び道路高さ制限適合建築物の各部分の高さ
			申請に係る建築物及び道路高さ制限適合建築物の前面道路の境界線からの後退距離
			道路制限勾配が異なる地域等の境界線
			令第132条又は令第134条第2項に規定する区域の境界線
			令第135条の9に規定する位置及び当該位置の間の距離
			申請に係る建築物及び道路高さ制限適合建築物について令第135条の9に規定する位置ごとに算定した天空率
	道路高さ制限適合建築物の2面以上の立面図		縮尺
			前面道路の路面の中心の高さ
			前面道路の路面の中心からの申請に係る建築物及び道路高さ制限適合建築物の各部分の高さ
			令第135条の2第2項の規定により特定行政庁が規則で定める高さ
			擁壁の位置
			土地の高低
			令第135条の9に規定する位置からの申請に係る建築物及び道路高さ制限適合建築物の各部分の高さ
	道路高さ制限近接点における水平投影位置確認表		前面道路の路面の中心からの申請に係る建築物及び道路高さ制限適合建築物の各部分の高さ
			道路高さ制限近接点から申請に係る建築物及び道路高さ制限適合建築物の各部分までの水平距離，仰角及び方位角
	道路高さ制限近接点における申請に係る建築物及び道路高さ制限適合建築物の天空図		水平投影面
			天空率
	道路高さ制限近接点における天空率算定表		申請に係る建築物及び道路高さ制限適合建築物の天空率を算定するための算式
(へ)	隣地高さ制限適合建築物の配置図		縮尺
			敷地境界線

		敷地内における申請に係る建築物及び隣地高さ制限適合建築物の位置
		擁壁の位置
		土地の高低
		敷地の接する道路の位置，幅員及び種類
		地盤面からの申請に係る建築物及び隣地高さ制限適合建築物の各部分の高さ
		法第 56 条第 1 項第二号に規定する水平距離のうち最小のものに相当する距離
		令第 135 条の 7 第 1 項第二号に規定する隣地高さ制限適合建築物の隣地境界線からの後退距離
		隣地制限勾配が異なる地域等の境界線
		高低差区分区域の境界線
		令第 135 条の 10 に規定する位置及び当該位置の間の距離
		申請に係る建築物及び隣地高さ制限適合建築物について令第 135 条の 10 に規定する位置ごとに算定した天空率
	隣地高さ制限適合建築物の 2 面以上の立面図	縮尺
		地盤面
		地盤面からの申請に係る建築物及び隣地高さ制限適合建築物の各部分の高さ
		令第 135 条の 3 第 2 項の規定により特定行政庁が規則に定める高さ
		擁壁の位置
		土地の高低
		高低差区分区域の境界線
		令第 135 条の 10 に規定する位置からの申請に係る建築物及び隣地高さ制限適合建築物の各部分の高さ
	隣地高さ制限近接点における水平投影位置確認表	申請に係る建築物及び隣地高さ制限適合建築物の各部分の高さ
		隣地高さ制限近接点から申請に係る建築物及び隣地高さ制限適合建築物の各部分までの水平距離，仰角及び方位角
	隣地高さ制限近接点における申請に係る建築物及び隣地高さ制限適合建築物の天空図	水平投影面
		天空率
	隣地高さ制限近接点における天空率算定表	申請に係る建築物及び隣地高さ制限適合建築物の天空率を算定するための算式
(と)	北側高さ制限適合建築物の配置図	縮尺
		敷地境界線
		敷地内における申請に係る建築物及び北側高さ制限適合建築物の位置
		擁壁の位置
		土地の高低
		敷地の接する道路の位置，幅員及び種類

		地盤面からの申請に係る建築物及び北側高さ制限適合建築物の各部分の高さ
		北側制限高さが異なる地域の境界線
		高低差区分区域の境界線
		令第 135 条の 11 に規定する位置及び当該位置の間の距離
		申請に係る建築物及び北側高さ制限適合建築物について令第 135 条の 11 に規定する位置ごとに算定した天空率
	北側高さ制限適合建築物の 2 面以上の立面図	縮尺
		地盤面
		地盤面からの申請に係る建築物及び北側高さ制限適合建築物の各部分の高さ
		令第 135 条の 4 第 2 項の規定により特定行政庁が規則に定める高さ
		擁壁の位置
		土地の高低
		令第 135 条の 11 に規定する位置からの申請に係る建築物及び北側高さ制限適合建築物の高さ
	北側高さ制限近接点における水平投影位置確認表	申請に係る建築物及び北側高さ制限適合建築物の各部分の高さ
		北側高さ制限近接点から申請に係る建築物及び北側高さ制限適合建築物の各部分までの水平距離，仰角及び方位角
	北側高さ制限近接点における申請に係る建築物及び北側高さ制限適合建築物の天空図	水平投影面
		天空率
	北側高さ制限近接点における天空率算定表	申請に係る建築物及び北側高さ制限適合建築物の天空率を算定するための算式
(ち)	配置図	軒の高さ
		地盤面の異なる区域の境界線
		敷地の接する道路，水面，線路敷その他これらに類するものの位置及び幅員
	日影図	縮尺及び方位
		敷地境界線
		法第 56 条の 2 第 1 項の対象区域の境界線
		法別表第四(い)欄の各項に掲げる地域又は区域の境界線
		高層住居誘導地区又は都市再生特別地区の境界線
		日影時間の異なる区域の境界線
		敷地の接する道路，水面，線路敷その他これらに類するものの位置及び幅員
		敷地内における建築物の位置
		平均地盤面からの建築物の各部分の高さ
		測定線
		建築物が冬至日の真太陽時による午前 8 時から 30 分ごとに午後 4 時まで（道の区域内にあっては，午前 9 時から 30 分ごとに午後 3 時まで）の各時刻に水平面に生じさせる日影の形状

		建築物が冬至日の真太陽時による午前8時から午後4時まで（道の区域内にあっては，午前9時から午後3時まで）の間に測定線上の主要な点に生じさせる日影時間
		建築物が冬至日の真太陽時による午前8時から午後4時まで（道の区域内にあっては，午前9時から午後3時まで）の間に水平面に生じさせる日影時間
		建築物が冬至日の真太陽時による午前8時から午後4時まで（道の区域内にあっては，午前9時から午後3時まで）の間に水平面に生じさせる日影の等時間日影線
		土地の高低
	日影形状算定表	申請区域内の建築物が一の敷地内にあるものとみなされた場合における平均地盤面からの当該建築物の各部分の高さ及び日影の形状を算定するための算式
	2面以上の断面図	平均地盤面
		地盤面及び平均地盤面からの建築物の各部分の高さ
		隣地又はこれに連接する土地で日影が生ずるものの地盤面又は平均地表面
	平均地盤面算定表	建築物が周囲の地面と接する各位置の高さ及び平均地盤面を算定するための算式

二　取消対象区域内の土地について所有権又は借地権を有する者全員の合意を証する書面

三　前二号に定めるもののほか，特定行政庁が規則で定めるもの

2　特定行政庁は，認定の取消しをしたときは，別記第六十六号様式による通知書に，許可の取消しをしたときは，別記第六十六号の二様式による通知書に，前項の申請書の副本及びその添付図書を添えて，申請者に通知するものとする．

3　特定行政庁は，取消しをしないときは，別記第六十七号様式による通知書に，許可の取消しをしないときは，別記第六十七号の二様式による通知書に，第1項の申請書の副本及びその添付図書を添えて，申請者に通知するものとする．

［認定の取消しに係る公告の方法］

第10条の22　第10条の20の規定は，法第86条の5第4項の規定による公告について準用する．

［認定の取消しに係る公告］

第10条の22の2　特定行政庁は，法第86条第1項若しくは第2項又は第86条の2第1項の規定による認定を取り消したとき（法第86条の5第2項の規定による認定の取消しをしたときを除く．第3項において同じ．）は，遅滞なく，その旨を公告しなければならない．

2　第10条の20の規定は，前項の規定による公告について準用する．

3　法第86条第1項若しくは第2項又は第86条の2第1項の規定による認定を取り消したときは，第1項の規定による公告によって，その効力を生ずる．

［許可の取消しに係る公告］

第10条の22の3　特定行政庁は，法第86条第3項若しくは第4項又は第86条の2第2項若しくは第3項の規定による許可を取り消したとき（法第86条の5第3項の規定による許可の取消しをしたときを除く．第3項において同じ．）は，遅滞な

く，その旨を公告しなければならない．

2　第10条の20の規定は，前項の規定による公告について準用する．

3　法第86条第3項若しくは第4項又は第86条の2第2項若しくは第3項の規定による許可を取り消したときは，第1項の規定による公告によって，その効力を生ずる．

［全体計画認定の申請等］

第10条の23　全体計画認定の申請をしようとする者は，次の各号に掲げる図書及び書類を特定行政庁に提出するものとする．ただし，第1条の3第1項の表一の㋑項に掲げる配置図又は各階平面図は，同条第1項の表二の㈢項の㋺欄に掲げる道路に接して有効な部分の配置図若しくは特定道路の配置図，同表の㈤項の㋺欄に掲げる道路高さ制限適合建築物の配置図，隣地高さ制限適合建築物の配置図若しくは北側高さ制限適合建築物の配置図又は同表の㈥項の㋺欄に掲げる日影図と，同条第1項の表一の㋺項に掲げる2面以上の立面図又は2面以上の断面図は，同条第1項の表二の㈤項の㋺欄に掲げる道路高さ制限適合建築物の2面以上の立面図，隣地高さ制限適合建築物の2面以上の立面図若しくは北側高さ制限適合建築物の2面以上の立面図又は同表の㈦項の㋺欄に掲げる防災都市計画施設に面する方向の立面図と，それぞれ併せて作成することができる．

一　別記第六十七号の三様式による申請書（以下この条及び次条において単に「申請書」という．）の正本及び副本に，それぞれ，次に掲げる図書及び書類で，全体計画に係るそれぞれの工事ごとに作成したものを添えたもの（正本に添える図書にあっては，当該図書の設計者の氏名が記載されたものに限る．）

　　イ　第1条の3第1項の表一の各項に掲げる図書（同条第1項第一号イの認定を受けた構造の建築物又はその部分に係る場合で当該認定に係る認定書の写しを添えたものにおいては同号イに規定する国土交通大臣の指定した図書を除く．）

　　ロ　申請に係る建築物が第1条の3第1項第一号ロ(1)から(3)までに掲げる建築物である場合にあっては，それぞれ当該(1)から(3)までに定める図書及び書類

　　ハ　申請に係る建築物が法第3条第2項（法第86条の9第1項において準用する場合を含む．）の規定により法又はこれに基づく命令若しくは条例の規定の適用を受けないものであることを示す書面

二　全体計画概要書

2　申請に係る全体計画に建築設備に係る部分が含まれる場合においては，申請書は，次の各号に掲げる図書及び書類とする．

一　別記第六十七号の三様式による正本及び副本に，それぞれ，次に掲げる図書及び書類で，全体計画に係るそれぞれの工事ごとに作成したものを添えたもの（正本に添える図書にあっては，当該図書の設計者の氏名が記載されたものに限る．）

　　イ　前項第一号イからハまでに掲げる図書及び書類

　　ロ　申請に係る全体計画に法第87条の4の昇降機に係る部分が含まれる場合又は法第6条第1項第一号から第三号までに掲げる建築物の全体計画に令第146条第1項第三号に掲げる建築設備に係る部分が含まれる場合にあっては，別記第八号様式中の「昇降機の概要の欄」又は「建築設備の概要の欄」に記載すべき事項を記載した書類

　　ハ　申請に係る全体計画に含まれる建築設備が第1条の3第4項第一号ハ(1)及び

(2)に掲げる建築設備である場合にあっては，それぞれ当該(1)及び(2)に定める図書及び書類

二　全体計画概要書

3　第1項及び前項の規定にかかわらず，次の各号に掲げる建築物の全体計画に係る申請書にあっては，それぞれ当該各号に定めるところによるものとする．

一　法第6条の4第1項第二号に掲げる建築物　認定型式の認定書の写し（その認定型式が令第136条の2の11第一号イに掲げる規定に適合するものであることの認定を受けたものである場合にあっては，当該認定型式の認定書の写し及び第1条の3第5項第一号に規定する国土交通大臣が定める図書及び書類）を添えたものにあっては，同項の表一の(い)欄に掲げる建築物の区分に応じ，同表の(ろ)欄に掲げる図書についてはこれを添えることを要しない．

二　法第6条の4第1項第三号に掲げる建築物　第1条の3第5項の表二の(い)欄に掲げる建築物の区分に応じ，同表の(ろ)欄に掲げる図書についてはこれを添えることを要せず，同表の(は)欄に掲げる図書については同表の(に)欄に掲げる事項を明示することを要しない．

三　認証型式部材等を有する建築物　認証型式部材等に係る認証書の写しを添えたものにあっては，第1条の3第5項の表一の(い)欄に掲げる建築物の区分に応じ，同表の(ろ)欄及び(は)欄に掲げる図書についてはこれらを添えることを要せず，同表の(に)欄に掲げる図書については同表の(は)欄に掲げる事項を明示することを要しない．

4　第1条の3第1項の表一の各項に掲げる図書に明示すべき事項を同表に掲げる図書のうち他の図書に明示してその図書を第1項又は第2項の申請書に添える場合においては，第1項又は第2項の規定にかかわらず，当該各項に掲げる図書に明示することを要しない．この場合において，当該各項に掲げる図書に明示すべきすべての事項を当該他の図書に明示したときは，当該各項に掲げる図書を第1項又は第2項の申請書に添えることを要しない．

5　特定行政庁は，申請に係る建築物が法第39条第2項，第40条，第43条第3項，第43条の2，第49条から第50条まで，第68条の2第1項若しくは第68条の9第1項の規定に基づく条例（法第87条第2項又は第3項においてこれらの規定に基づく条例の規定を準用する場合を含む．）又は第68条の9第2項の規定に基づく条例の規定に適合するものであることについての確認をするために特に必要があると認める場合においては，規則で，第1項又は第2項の規定に定めるもののほか，申請書に添えるべき図書について必要な規定を設けることができる．

6　前各項に規定する図書及び書類のほか，特定行政庁が全体計画の内容を把握するため又は申請に係る建築物の安全性を確かめるために特に必要があると認めて規則で定める図書及び書類を申請書に添えなければならない．

7　前各項の規定により申請書に添えるべき図書及び書類のうち2以上の図書及び書類の内容が同一である場合においては，申請書にその旨を記載した上で，これらの図書及び書類のうちいずれかの図書及び書類を申請書に添付し，他の図書及び書類の添付を省略することができる．

8　特定行政庁は，全体計画認定をしたときは，別記第六十七号の五様式による通知書に，当該全体計画認定に係る申請書の副本及びその添付図書及び添付書類を添

えて，申請者に通知するものとする．

9　特定行政庁は，全体計画認定をしないときは，別記第六十七号の六様式による通知書に，当該通知に係る申請書の副本及びその添付図書及び添付書類を添えて，申請者に通知するものとする．

［全体計画認定の変更の申請等］

第10条の24　全体計画変更認定の申請をしようとする者は，申請書の正本及び副本並びに全体計画概要書に前条第1項から第7項までの規定による添付図書添付書類のうち変更に係るものを添えて，特定行政庁に提出するものとする．

2　前条第8項及び第9項の規定は，全体計画認定の変更の場合について準用する．この場合において，同条第8項及び第9項中「全体計画認定」とあるのは「全体計画変更認定」と，「添付図書及び添付書類」とあるのは「添付図書及び添付書類（変更に係るものに限る．）」と読み替えるものとする．

［全体計画の変更に係る認定を要しない軽微な変更］

第10条の25　法第86条の8第3項（法第87条の2第2項において準用する場合を含む．）の国土交通省令で定める軽微な変更は，次に掲げるものとする．

一　第3条の2第1項各号に掲げる変更であって，変更後も全体計画に係る建築物の計画が建築基準関係規定に適合することが明らかなもの

二　全体計画認定を受けた全体計画に係る工事の実施時期の変更のうち，工事の着手又は完了の予定年月日の3月以内の変更

［工事現場の確認の表示の様式］

第11条　法第89条第1項（法第87条の4又は法第88条第1項若しくは第2項において準用する場合を含む．）の規定による工事現場における確認の表示の様式は，別記第六十八号様式による．

［安全上の措置等に関する計画届の様式］

第11条の2　法第90条の3（法第87条の4において準用する場合を含む．）の規定による建築物の安全上，防火上又は避難上の措置に関する計画の届出（安全上の措置等に関する計画届）をしようとする建築主は，別記第六十九号様式による届出書に次の表に掲げる図書を添えて特定行政庁に提出するものとする．当該計画を変更した場合も同様とする．

図書の種類	明示すべき事項
付近見取図	方位，道路及び目標となる地物
配置図	縮尺，方位，敷地境界線，敷地内における建築物の位置並びに敷地の接する道路の位置及び幅員
工事着手前の各階平面図	縮尺，方位，間取，各室の用途，壁の位置及び種類並びに開口部及び防火設備の位置
工事計画書	工事により機能の確保に支障を生ずる避難施設等の種類，箇所及び工事期間，工事に伴う火気の種類，使用場所及び使用期間，工事に使用する資材及び機械器具の種類，量並びに集積，設置等の場所，方法及び期間，工事に係る部分の区画の方法並びに工事に係る部分の工事完了後の状況
安全計画書	工事の施工中における使用部分及びその用途並びに工事により機能の確保に支障を生ずる避難施設等に係る代替措置の概要，使用する火気，資材及び機械器具の管理の方法その他安全上，防火上又は避難上講ずる措置の内容

2　法第7条の6第1項第一号又は第二号の規定による仮使用の認定を受けた者が前項の届出をする場合においては，同項の規定にかかわらず，同項の表に掲げる図書を添えることを要しない．

[手数料の納付の方法]

第11条の2の2　法第97条の4第1項及び第2項の手数料の納付は，次の各号に掲げる場合の区分に応じ，それぞれ当該各号に定めるところにより行うものとする．

一　国に納める場合　当該手数料の金額に相当する額の収入印紙をもって納める．ただし，印紙をもって納め難い事由があるときは，現金をもってすることができる．

二　指定認定機関又は承認認定機関に納める場合　法第77条の45第1項（法第77条の54第2項において準用する場合を含む．）に規定する認定等業務規程で定めるところにより納める．

三　指定性能評価機関又は承認性能評価機関に納める場合　法第77条の56第2項及び法第77条の57第2項において準用する法第77条の45第1項の性能評価の業務に関する規程で定めるところにより納める．

[手数料の額]

第11条の2の3　法第97条の4第1項の国土交通省令で定める手数料の額は，次の各号に掲げる処分の区分に応じ，それぞれ当該各号に定める額とする．

一　構造方法等の認定　申請1件につき，2万円に，別表第二の（い）欄に掲げる区分に応じ，それぞれ同表の（ろ）欄に掲げる額を加算した額．ただし，法第68条の25第5項及び第7項の規定により申請する場合にあっては，2万円とする．

二　特殊構造方法等認定　申請1件につき，212万円

三　型式適合認定　申請1件につき，別表第三の（い）欄に掲げる区分に応じ，それぞれ同表の（ろ）欄に掲げる額

四　型式部材等製造者の認証又はその更新　申請に係る工場等1件につき，49万円

五　法第68条の22第1項の認証又はその更新　申請に係る工場等1件につき，39万円に，職員2人が同条第2項（法第88条第1項において準用する場合を含む．）において準用する法第68条の13に掲げる基準に適合するかどうかを審査するため，当該審査に係る工場等の所在地に出張するとした場合に旅費法の規定により支給すべきこととなる旅費の額に相当する額を加算した額．この場合において，その旅費の額の計算に関し必要な細目は，第10条の5の18から第10条の5の20までの規定を準用する．

2　前項各号の規定にかかわらず，次の各号に掲げる場合の手数料は，それぞれ当該各号に定める額とする．

一　構造方法等の認定のための審査に当たって実物等の提出を受けて試験その他の方法により評価を行うことが困難であることその他の理由により申請者が工場等において行う試験に立ち会い，又は工場等における指定建築材料の製造，検査若しくは品質管理を実地に確認する必要がある場合として国土交通大臣が定める場合　申請1件につき，前項第一号本文に定める額に，当該試験の立会い又は当該実地確認を行うために必要な費用として国土交通大臣が定める額を加算した額（ただし，法第68条の25第5項及び第7項の規定により申請する場合にあっては，2万円）

二 既に構造方法等の認定のための審査に当たって行われた評価に係る試験の結果を用いることにより，新たな試験を要しないこととなる評価に基づいて行われる認定を受けようとする場合　次のイからハまでに掲げる場合の区分に応じ，それぞれ当該イからハまでに定める額（ただし，法第 68 条の 25 第 5 項及び第 7 項の規定により申請する場合にあっては，2 万円）

　イ　法第 2 条第九号若しくは第九号の二ロ又は令第 1 条第五号若しくは第六号，令第 20 条の 7 第 2 項から第 4 項まで，令第 112 条第 1 項，令第 114 条第 5 項若しくは令第 137 条の 10 第四号の規定に基づく認定の場合　29 万円

　ロ　令第 46 条第 4 項の表一の(ハ)項又は第 8 条の 3 の規定に基づく認定の場合　74 万円

　ハ　建築基準法に基づく指定建築基準適合判定資格者検定機関等に関する省令（平成 11 年建設省令第 13 号．第 5 項第一号において「機関省令」という．）第 63 条第四号に掲げる認定のうち，イ又はロの認定以外の認定の場合　38 万円

三 既に構造方法等の認定を受けた構造方法等の軽微な変更であって，国土交通大臣が安全上，防火上及び衛生上支障がないと認めるものの認定を受けようとする場合　2 万円に，別表第二（い）欄に掲げる区分に応じ，それぞれ同表の（ろ）欄に掲げる額の 1/10 の額を加算した額（ただし，法第 68 条の 25 第 5 項及び第 7 項の規定により申請する場合にあっては，2 万円）

四 既に特殊構造方法等認定を受けた構造方法又は建築材料の軽微な変更であって，国土交通大臣が安全上，防火上及び衛生上支障がないと認めるものの認定を受けようとする場合　57 万円

五 次の表の各項に掲げる規定のうち，既に型式適合認定（建築物の部分で，門，塀，改良便槽，屎尿浄化槽及び合併処理浄化槽並びに給水タンク及び貯水タンクその他これらに類するもの（屋上又は屋内にあるものを除く．）以外のものに関する認定に限る．）を受けた型式について，認定を受けようとする場合　次のイからヘまでに掲げる場合の区分に応じ，それぞれ当該イからヘまでに定める額

　イ　次の表の(一)項に掲げる規定に係る変更をしようとする場合　別表第三（い）欄に掲げる区分に応じ，それぞれ同表の（ろ）欄に掲げる額の 3/5

　ロ　次の表の(二)項に掲げる規定に係る変更をしようとする場合　別表第三（い）欄に掲げる区分に応じ，それぞれ同表の（ろ）欄に掲げる額の 1/4

　ハ　次の表の(三)項に掲げる規定に係る変更をしようとする場合　別表第三（い）欄に掲げる区分に応じ，それぞれ同表の（ろ）欄に掲げる額の 1/4

　ニ　次の表の(一)項及び(二)項に掲げる規定に係る変更をしようとする場合（イ又はロに掲げる場合を除く．）　別表第三（い）欄に掲げる区分に応じ，それぞれ同表の（ろ）欄に掲げる額の 4/5

　ホ　次の表の(一)項及び(三)項に掲げる規定に係る変更をしようとする場合（イ又はハに掲げる場合を除く．）　別表第三（い）欄に掲げる区分に応じ，それぞれ同表の（ろ）欄に掲げる額の 4/5

　ヘ　次の表の(二)項及び(三)項に掲げる規定に係る変更をしようとする場合（ロ又はハに掲げる場合を除く．）　別表第三（い）欄に掲げる区分に応じ，それぞれ同表の（ろ）欄に掲げる額の 9/20

（一）	法第20条（第1項第一号後段，第二号イ後段及び第三号イ後段に係る部分に限る．）及び令第3章（令第52条第1項，令第61条，令第62条の8，令第74条第2項，令第75条，令第76条及び令第80条の3を除き，令第80条の2にあっては国土交通大臣が定めた安全上必要な技術的基準のうちその指定する基準に係る部分に限る．）の規定
（二）	法第21条から法第23条まで，法第25条から法第27条まで，法第35条の2，法第35条の3，法第3章第5節（法第61条中門及び塀に係る部分，法第64条並びに法第66条を除く．），法第67条第1項（門及び塀に係る部分を除く．）及び法第84条の2並びに令第4章，令第5章（第6節を除く．），令第5章の2，令第5章の3，令第7章の2（令第136条の2第五号を除く．）及び令第7章の9の規定
（三）	法第28条（第1項を除く．），法第28条の2から法第30条まで，法第31条第1項，法第33条及び法第34条並びに令第2章（令第19条，令第20条及び令第31条から令第35条までを除く．）及び令第5章の4（令第129条の2の4第3項第三号を除き，令第129条の2の3第1項及び令第129条の2の4第2項第六号にあっては国土交通大臣が定めた構造方法のうちその指定する構造方法に係る部分に限る．）の規定

六　既に型式部材等製造者の認証を受けた者が，当該認証に係る技術的生産条件で製造をする別の型式部材等につき新たに型式部材等製造者の認証を受けようとする場合　　申請1件につき2万6000円

七　同時に行われる申請において，一の技術的生産条件で製造をする二以上の型式の型式部材等につき認証を受けようとする場合　　2万6000円に申請件数から1を減じた数を乗じた額及び前項第四号又は第五号に規定する額（申請に係る工場等の件数を1として算定したものとする．次号において同じ．）の合計額

八　一の申請において，一の技術的生産条件で2以上の工場等をおいて認証を受けようとする場合　　2万6000円に申請に係る工場等の件数から1を減じた数を乗じた額及び前項第四号又は第五号に規定する額の合計額

3　法第97条の4第2項の国土交通省令で定める手数料のうち指定認定機関又は指定性能評価機関が行う処分又は性能評価（以下この条において「処分等」という．）に係るものの額は，次の各号に掲げる処分等の区分に応じ，それぞれ当該各号に定める額とする．

一　型式適合認定　　申請1件につき，第1項第三号に掲げる額

二　型式部材等製造者の認証又はその更新　　申請に係る工場等1件につき，第1項第四号に掲げる額

三　法第68条の22第1項の認証又はその更新　　申請に係る工場等1件につき，39万円に，指定認定機関の主たる事務所の所在地より当該申請に係る工場等の所在地に出張するとした場合に第1項第五号の規定に準じて算出した旅費の額に相当する額を加算した額

四　性能評価　　別表第二の（い）欄に掲げる区分に応じ，それぞれ同表の（ろ）欄に掲げる額

4　第2項（第一号から第四号までを除く．）の規定は，前項第一号から第三号までに掲げる処分の申請に係る手数料の額について準用する．

5　第3項第四号の規定にかかわらず，次の各号に掲げる場合の手数料は，それぞれ当該各号に定める額とする．

一　機関省令第63条第五号の規定による審査に基づく性能評価を受ける場合　　申請1件につき，別表第二の（い）欄に掲げる区分に応じ，それぞれ同表の（ろ）欄に掲げる額に，第2項第一号に規定する国土交通大臣が定める額を加算した額

二　既に構造方法等の認定のための審査に当たって行われた性能評価に係る試験の結果を用いることにより，新たな試験を要しないこととなる性能評価を受ける場合　申請1件につき，次のイからハまでに掲げる性能評価の区分に応じ，それぞれ当該イからハまでに定める額

　イ　第2項第一号イに掲げる認定に係る性能評価　　27万円
　ロ　第2項第一号ロに掲げる認定に係る性能評価　　72万円
　ハ　第2項第一号ハに掲げる認定に係る性能評価　　36万円

三　既に構造方法等の認定を受けた構造方法等の軽微な変更であって，国土交通大臣が安全上，防火上及び衛生上支障がないと認めるものの認定を受けようとする場合に係る性能評価を受ける場合　　別表第二（い）欄に掲げる区分に応じ，それぞれ同表の（ろ）欄に掲げる額の1/10

6　法第97条の4第2項の国土交通省令で定める手数料のうち承認認定機関又は承認性能評価機関が行う処分等に係るものの額は，次に掲げる基準に適合するものとして国土交通大臣の認可を受けた額とする．

一　手数料の額が当該処分等の業務の適正な実施に要する費用の額を超えないこと．

二　特定の者に対して不当な差別的取扱いをするものではないこと．

7　承認認定機関又は承認性能評価機関は，前項の認可を受けようとするときは，次に掲げる事項を記載した申請書を国土交通大臣に提出しなければならない．手数料の額の変更の認可を受けようとするときも，同様とする．

一　認可を受けようとする手数料の額（業務の区分ごとに定めたものとする．次号において同じ．）

二　審査1件当たりに要する人件費，事務費その他の経費の額

三　旅費（鉄道賃，船賃，航空賃及び車賃をいう．），日当及び宿泊料の額

四　その他必要な事項

［書類の閲覧等］

第11条の3　法第93条の2(法第88条第2項において準用する場合を含む．)の国土交通省令で定める書類は，次の各号に掲げるものとする．ただし，それぞれの書類に記載すべき事項が特定行政庁の使用に係る電子計算機に備えられたファイル又は磁気ディスク等に記録され，必要に応じ特定行政庁において電子計算機その他の機器を用いて明確に紙面に表示されるときは，当該記録をもってこれらの図書とみなす．

一　別記第三号様式による建築計画概要書

二　別記第十二号様式による築造計画概要書

三　別記第三十六号の三様式による定期調査報告概要書

四　別記第三十六号の五様式，別記第三十六号の七様式，別記第三十六号の九様式及び別記第三十六号の十一様式による定期検査報告概要書

五　処分等概要書

六　全体計画概要書

七　指定道路図

八　指定道路調書

2　特定行政庁は，前項の書類（同項第七号及び第八号の書類を除く．）を当該建築物が滅失し，又は除却されるまで，閲覧に供さなければならない．

3　特定行政庁は，第1項の書類を閲覧に供するため，閲覧に関する規程を定めてこれを告示しなければならない．

［映像等の送受信による通話の方法による口頭審査］

第11条の4　令第147条の4において準用する行政不服審査法施行令（平成27年政令第391号）第8条に規定する方法によって口頭審査の期日に審理を行う場合には，審理関係人（行政不服審査法（平成26年法律第68号）第28条に規定する審理関係人をいう．以下この条において同じ．）の意見を聴いて，当該審理に必要な装置が設置された場所であって審査庁（同法第9条第1項に規定する審査庁をいう．）が相当と認める場所を，審理関係人ごとに指定して行う．

［権限の委任］

第12条　法（第6条の2第1項（第87条第1項，第87条の4又は第88条第1項若しくは第2項において準用する場合を含む．），第7条の2第1項（第87条の4又は第88条第1項若しくは第2項において準用する場合を含む．），第18条の2第1項並びに第4章の2第2節及び第3節を除く．），令及びこの省令に規定する国土交通大臣の権限のうち，次に掲げるものは，地方整備局長及び北海道開発局長に委任する．ただし，第五号から第八号までに掲げる権限については，国土交通大臣が自ら行うことを妨げない．

一　法第9条の3第1項の規定による通知を受理し，及び同条第2項の規定により通知すること（国土交通大臣が講じた免許又は許可の取消し，業務の停止の処分その他必要な措置に係るものを除く．）．

二　法第12条の2第1項（法第88条第1項において準用する場合を含む．）及び法第12条の3第3項（法第88条第1項において準用する場合を含む．）の規定による交付をすること．

三　法第12条の2第1項第二号（法第88条第1項において準用する場合を含む．）及び法第12条の3第3項第二号（法第88条第1項において準用する場合を含む．）の規定による認定をすること．

四　法第12条の2第3項（法第12条の3第4項（法第88条第1項において準用する場合を含む．）又は法第88条第1項において準用する場合を含む．）の規定により返納を命ずること．

五　法第14条第1項の規定による助言又は援助をし，及び同条第2項の規定により必要な勧告，助言若しくは援助をし，又は必要な参考資料を提供すること．

六　法第15条の2の規定により必要な報告若しくは物件の提出を求め，又はその職員に立入検査，試験若しくは質問させること．

七　法第16条の規定により必要な報告又は統計の資料の提出を求めること．

八　法第17条第2項，第4項（同条第11項において準用する場合を含む．）及び第9項の規定により指示すること．

九　法第49条第2項の規定による承認をすること．

十　法第68条の2第5項の規定による承認をすること．

十一　法第4章の3に規定する権限

十二　法第85条の3の規定による承認をすること．

十三　令第144条の4第3項（法第10条の3第2項において準用する場合を含む．）

の規定による承認をすること.

十四　第6条の18（第6条の23，第6条の25及び第6条の27において読み替えて準用する場合を含む.）の規定により範囲を限定し，条件を付し，及びこれを変更すること.

十五　第6条の20（第6条の23，第6条の25及び第6条の27において読み替えて準用する場合を含む.）の規定による再交付をすること.

十六　第6条の20の2（第6条の23，第6条の25及び第6条の27において読み替えて準用する場合を含む.）の規定による届出を受理すること.

十七　第6条の21第3項（第6条の23，第6条の25及び第6条の27において準用する場合を含む.）の規定による受納をすること.

建築基準法に基づく指定建築基準適合判定資格者検定機関等に関する省令 [抜粋]

平成 11 年 4 月 26 日　建設省令第 13 号
最終改正　令和 3 年 8 月 31 日　国土交通省令第 53 号

第5章　承認認定機関

第6章　指定性能評価機関

第7章　承認性能評価機関

第1章　総則

[用語]

第1条　この規則において使用する用語は，建築基準法（以下「法」という.）において使用する用語の例による.

第2章　指定建築基準適合判定資格者検定機関

[指定建築基準適合判定資格者検定機関に係る指定の申請]

第2条　法第5条の2第1項に規定する指定を受けようとする者は，次に掲げる事項を記載した申請書を国土交通大臣に提出しなければならない.

一　名称及び住所

二　建築基準適合判定資格者検定事務を行おうとする事務所の名称及び所在地

三　建築基準適合判定資格者検定事務を開始しようとする年月日

2　前項の申請書には，次に掲げる書類を添えなければならない.

一　定款及び登記事項証明書

二　申請の日の属する事業年度の前事業年度における財産目録及び貸借対照表. ただし，申請の日の属する事業年度に設立された法人にあっては，その設立時における財産目録とする.

三　申請の日の属する事業年度及び翌事業年度における事業計画書及び収支予算書

四　申請に係る意思の決定を証する書類

五　役員の氏名及び略歴を記載した書類

六　組織及び運営に関する事項を記載した書類

七　建築基準適合判定資格者検定事務を行おうとする事務所ごとの検定用設備の概要及び整備計画を記載した書類

八　現に行っている業務の概要を記載した書類

九　建築基準適合判定資格者検定事務の実施の方法に関する計画を記載した書類

十　法第77条の7第1項に規定する建築基準適合判定資格者検定委員の選任に関する事項を記載した書類

十一　法第77条の3第四号イ又はロの規定に関する役員の誓約書

十二　その他参考となる事項を記載した書類

第3条〜第13条　（略）

第2章の2　指定構造計算適合判定資格者検定機関

[指定構造計算適合判定資格者検定機関に係る指定の申請]

第13条の2　法第5条の5第1項に規定する指定を受けようとする者は，次に掲げる事項を記載した申請書を国土交通大臣に提出しなければならない.

一　名称及び住所

二　構造計算適合判定資格者検定事務を行おうとする事務所の名称及び所在地

三　構造計算適合判定資格者検定事務を開始しようとする年月日

第13条の3　（略）

第3章　指定確認検査機関

[指定確認検査機関に係る指定の申請]

第14条　法第77条の18第1項の規定による指定を受けようとする者は，2以上の都道府県の区域において確認検査の業務を行おうとする場合にあっては国土交通大臣に，1の都道府県の区域において確認検査の業務を行おうとする場合にあっては当該都道府県知事に，別記第一号様式の指定確認検査機関指定申請書に次に掲げる書類を添えて，これを提出しなければならない．

一　定款及び登記事項証明書

二　申請の日の属する事業年度の前事業年度における財産目録及び貸借対照表．ただし，申請の日の属する事業年度に設立された法人にあっては，その設立時における財産目録とする．

三　申請の日の属する事業年度及び翌事業年度における事業計画書及び収支予算書で確認検査の業務に係る事項と他の業務に係る事項とを区分したもの

四　申請に係る意思の決定を証する書類

五　申請者が法人である場合においては，役員又は第18条に規定する構成員の氏名及び略歴（構成員が法人である場合は，その法人の名称）を記載した書類

六　組織及び運営に関する事項を記載した書類

七　事務所の所在地を記載した書類

八　申請者（法人である場合においてはその役員）が法第77条の19第一号及び第二号に該当しない旨の市町村（特別区を含む．以下同じ．）の長の証明書

八の二　申請者（法人である場合においてはその役員）が法第77条の19第九号に該当しない者であることを誓約する書類

九　申請者が法人である場合においては，発行済株式総数の5/100以上の株式を有する株主又は出資の総額の5/100以上に相当する出資をしている者の氏名又は名称，住所及びその有する株式の数又はその者のなした出資の価額を記載した書類

十　別記第二号様式による確認検査の業務の予定件数を記載した書類

十の二　別記第二号の二様式による過去20事業年度以内において確認検査を行った件数を記載した書類

十一　確認検査員の氏名及び略歴を記載した書類並びに当該確認検査員が建築基準適合判定資格者であることを証する書類

十二　現に行っている業務の概要を記載した書類

十三　確認検査の業務の実施に関する計画を記載した書類

十四　申請者の親会社等について，前各号（第三号，第四号，第十号から第十一号まで及び前号を除く．）に掲げる書類（この場合において，第五号及び第八号から第

九号までの規定中「申請者」とあるのは「申請者の親会社等」と読み替えるものとする.)

三五　申請者が確認検査の業務を実施するに当たり第三者に損害を加えた場合において，その損害の賠償に関し当該申請者が負うべき第17条第1項に規定する民事上の責任の履行を確保するために必要な金額を担保するための保険契約の締結その他の措置を講じている場合にあっては，当該措置の内容を証する書類

三六　その他参考となる事項を記載した書類

[指定確認検査機関に係る指定の区分]

第15条　法第77条の18第2項の国土交通省令で定める区分は，次に掲げるものとする.

一　床面積の合計が500 m² 以内の建築物（当該建築物の計画に含まれる建築基準法施行令（昭和25年政令第338号．以下「令」という.）第146条第1項各号に掲げる建築設備を含む．以下この条において同じ.）の建築確認を行う者としての指定

二　床面積の合計が500 m² 以内の建築物の完了検査及び中間検査を行う者としての指定

二の二　床面積の合計が500 m² 以内の建築物の仮使用認定（法第7条の6第1項第二号（法第87条の4又は法第88条第1項若しくは第2項において準用する場合を含む.）の規定による仮使用の認定をいう．以下同じ.）を行う者としての指定

三　床面積の合計が500 m² を超え，2 000 m² 以内の建築物の建築確認を行う者としての指定

四　床面積の合計が500 m² を超え，2 000 m² 以内の建築物の完了検査及び中間検査を行う者としての指定

四の二　床面積の合計が500 m² を超え，2 000 m² 以内の建築物の仮使用認定を行う者としての指定

五　床面積の合計が2 000 m² を超え，1 万 m² 以内の建築物の建築確認を行う者としての指定

六　床面積の合計が2 000 m² を超え，1 万 m² 以内の建築物の完了検査及び中間検査を行う者としての指定

六の二　床面積の合計が2 000 m² を超え，1 万 m² 以内の建築物の仮使用認定を行う者としての指定

七　床面積の合計が1 万 m² を超える建築物の建築確認を行う者としての指定

八　床面積の合計が1 万 m² を超える建築物の完了検査及び中間検査を行う者としての指定

八の二　床面積の合計が1 万 m² を超える建築物の仮使用認定を行う者としての指定

九　小荷物専用昇降機以外の建築設備（建築物の計画に含まれるものを除く．次号において同じ.）の建築確認を行う者としての指定

十　小荷物専用昇降機以外の建築設備の完了検査及び中間検査を行う者としての指定

十一　小荷物専用昇降機（建築物の計画に含まれるものを除く．次号において同じ.）の建築確認を行う者としての指定

十二　小荷物専用昇降機の完了検査及び中間検査を行う者としての指定

十三　工作物の建築確認を行う者としての指定

吉　工作物の完了検査及び中間検査を行う者としての指定

吉の二　工作物の仮使用認定を行う者としての指定

［心身の故障により確認検査の業務を適正に行うことができない者］

第15条の2　法第77条の19第九号の国土交通省令で定める者は，精神の機能の障害により確認検査の業務を適正に行うに当たって必要な認知，判断及び意思疎通を適切に行うことができない者とする．

［確認検査員の数］

第16条　法第77条の20第一号の国土交通省令で定める数は，その事業年度において確認検査を行おうとする件数を，次の表の（い）欄に掲げる建築物，建築設備及び工作物の別並びに（ろ）欄に掲げる建築確認，完了検査，中間検査及び仮使用認定の別に応じて区分し，当該区分した件数をそれぞれ同表の（は）欄に掲げる値で除して得た数を合計したもの（1未満の端数は切り上げる．）とする．ただし，当該合計した数が2未満であるときは，2とする．

（い）	（ろ）	（は）
前条第一号から第二号の二までの建築物（法第6条第1項第四号に掲げる建築物及び法第68条の10第1項の認定（令第136条の2の11第一号に係る認定に限る．以下この条において同じ．）を受けた型式に適合する建築物の部分を有する建築物に限る．）	建築確認	2 600
	完了検査	860
	中間検査	860
	仮使用認定	860
前条第一号から第二号の二までの建築物（法第6条第1項第四号に掲げる建築物及び法第68条の10第1項の認定を受けた型式に適合する建築物の部分を有する建築物を除く．）	建築確認	590
	完了検査	720
	中間検査	780
	仮使用認定	720
前条第三号から第四号の二までの建築物	建築確認	360
	完了検査	510
	中間検査	680
	仮使用認定	510
前条第五号から第六号の二までの建築物	建築確認	230
	完了検査	320
	中間検査	450
	仮使用認定	320
前条第七号から第八号の二までの建築物	建築確認	200
	完了検査	230
	中間検査	340
	仮使用認定	230
前条第九号及び第十号の建築設備	建築確認	1 300
	完了検査	780
	中間検査	2 200
前条第十一号及び第十二号の小荷物専用昇降機	建築確認	2 600

	完了検査	1 000
	中間検査	3 500
前条第十三号から第十四号の二までの工作物	建築確認	1 900
	完了検査	1 000
	中間検査	3 300
	仮使用認定	1 000

[指定確認検査機関の有する財産の評価額]

第17条　法第77条の20第三号の国土交通省令で定める額は，その者が確認検査の業務を実施するに当たり第三者に損害を加えた場合において，その損害の賠償に関し当該その者が負うべき国家賠償法（昭和22年法律第125号）による責任その他の民事上の責任（同法の規定により当該確認検査に係る建築物又は工作物について法第6条第1項（法第87条第1項，法第87条の4又は法第88条第1項若しくは第2項において準用する場合を含む.）の規定による確認をする権限を有する建築主事が置かれた市町村又は都道府県（第31条において「所轄特定行政庁」という.）が当該損害の賠償の責めに任ずる場合における求償に応ずる責任を含む.）の履行を確保するために必要な額として次に掲げるもののうちいずれか高い額とする.

一　3 000万円. ただし，次のイ又はロのいずれかに該当する場合にあっては，それぞれ当該イ又はロに定める額とする.

　　イ　第15条第五号から第六号の二までのいずれかの指定を受けようとする場合（ロに該当する場合を除く.）　　1億円

　　ロ　第15条第七号から第八号の二までのいずれかの指定を受けようとする場合　　3億円

二　その事業年度において確認検査を行おうとする件数と当該事業年度の前事業年度から起算して過去20事業年度以内において行った確認検査の件数の合計数を，次の表の（い）欄に掲げる建築物，建築設備及び工作物の別に応じて区分し，当該区分した件数にそれぞれ同表の（ろ）欄に掲げる額を乗じて得た額を合計した額

（い）	（ろ）
第15条第一号から第二号の二までの建築物，同条第九号から第十二号までの建築設備並びに同条第十三号から第十四号の二までの工作物	200円
第15条第三号から第四号の二までの建築物	600円
第15条第五号から第六号の二までの建築物	2 000円
第15条第七号から第八号の二までの建築物	9 000円

2　法第77条の20第三号の財産の評価額（第4項において「財産の評価額」という.）は，次に掲げる額の合計額とする.

一　その事業年度の前事業年度における貸借対照表に計上された資産（創業費その他の繰延資産及びのれんを除く. 以下同じ.）の総額から当該貸借対照表に計上された負債の総額を控除した額

二　その者が確認検査の業務を実施するに当たり第三者に損害を加えた場合におい

て，その損害の賠償に関し当該その者が負うべき前項に規定する民事上の責任の履行に必要な金額を担保するための保険契約を締結している場合にあっては，その契約の内容を証する書類に記載された保険金額

3　前項第一号の資産又は負債の価額は，資産又は負債の評価額が貸借対照表に計上された価額と異なることが明確であるときは，その評価額によって計算するものとする．

4　第2項の規定にかかわらず，前2項の規定により算定される額に増減があったことが明確であるときは，当該増減後の額を財産の評価額とするものとする．

[指定確認検査機関に係る構成員の構成]

第18条　法第77条の20第五号の国土交通省令で定める構成員は，次の各号に掲げる法人の種類ごとに，それぞれ当該各号に掲げるものとする．

一　一般社団法人又は一般財団法人　　社員又は評議員

二　会社法（平成17年法律第86号）第575条第1項の持分会社　　社員

三　会社法第2条第一号の株式会社　　株主

四　中小企業等協同組合法（昭和24年法律第181号）第3条の事業協同組合，事業協同小組合及び企業組合　　組合員

五　中小企業等協同組合法第3条の協同組合連合会　　直接又は間接にこれらを構成する者

六　その他の法人　　当該法人に応じて前各号に掲げる者に類するもの

第19条〜第31条の2　（略）

第3章の2　指定構造計算適合性判定機関

[指定構造計算適合性判定機関に係る指定の申請]

第31条の3　法第77条の35の2第1項の規定による指定を受けようとする者は，2以上の都道府県の区域において構造計算適合性判定の業務を行おうとする場合にあっては国土交通大臣に，1の都道府県の区域において構造計算適合性判定の業務を行おうとする場合にあっては当該都道府県知事に，別記第十号の二様式の指定構造計算適合性判定機関指定申請書に次に掲げる書類を添えて，これを提出しなければならない．

一　定款及び登記事項証明書

二　申請の日の属する事業年度の前事業年度における財産目録及び貸借対照表．ただし，申請の日の属する事業年度に設立された法人にあっては，その設立時における財産目録とする．

三　申請の日の属する事業年度及び翌事業年度における事業計画書及び収支予算書で構造計算適合性判定の業務に係る事項と他の業務に係る事項とを区分したもの

四　申請に係る意思の決定を証する書類

五　申請者が法人である場合においては，役員又は第18条に規定する構成員の氏名及び略歴（構成員が法人である場合は，その法人の名称）を記載した書類

六　組織及び運営に関する事項を記載した書類

七　事務所の所在地を記載した書類

八　申請者（法人である場合においてはその役員）が法第77条の35の3第一号及び第二号に該当しない旨の市町村の長の証明書

九　申請者（法人である場合においてはその役員）が法第77条の35の3第九号に該当しない者であることを誓約する書類

十　申請者が法人である場合においては，発行済株式総数の5/100以上の株式を有する株主又は出資の総額の5/100以上に相当する出資をしている者の氏名又は名称，住所及びその有する株式の数又はその者のなした出資の価額を記載した書類

十の二　別記第十号の二の二様式による構造計算適合性判定の業務の予定件数を記載した書類

十の三　別記第十号の二の三様式による過去20事業年度以内において構造計算適合性判定を行った件数を記載した書類

十一　構造計算適合性判定員の氏名及び略歴を記載した書類並びに当該構造計算適合性判定員が構造計算適合判定資格者であることを証する書類

十二　現に行っている業務の概要を記載した書類

十三　構造計算適合性判定の業務の実施に関する計画を記載した書類

十四　申請者の親会社等について，前各号（第三号，第四号，第十号の二から第十一号まで及び前号を除く．）に掲げる書類（この場合において，第五号及び第八号から第十号までの規定中「申請者」とあるのは「申請者の親会社等」と読み替えるものとする．）

十四の二　申請者が構造計算適合性判定の業務を実施するに当たり第三者に損害を加えた場合において，その損害の賠償に関し当該申請者が負うべき第31条の3の4第1項に規定する民事上の責任の履行を確保するために必要な金額を担保するための保険契約の締結その他の措置を講じている場合にあっては，当該措置の内容を証する書類

十五　その他参考となる事項を記載した書類

［心身の故障により構造計算適合性判定の業務を適正に行うことができない者］

第31条の3の2　法第77条の35の3第九号の国土交通省令で定める者は，精神の機能の障害により構造計算適合性判定の業務を適正に行うに当たって必要な認知，判断及び意思疎通を適切に行うことができない者とする．

［構造計算適合性判定員の数］

第31条の3の3　法第77条の35の4第一号の国土交通省令で定める数は，常勤換算方法で，構造計算適合性判定の件数（その事業年度において構造計算適合性判定を行おうとする件数を，次の表の（い）欄に掲げる構造計算適合性判定の別並びに（ろ）欄に掲げる建築物の別に応じて区分した件数をいう．）をそれぞれ同表の（は）欄に掲げる値で除して得た数を合計したもの（1未満の端数は切り上げる．）とする．ただし，当該合計した数が2未満であるときは，2とする．

（い）	（ろ）	（は）
特定構造計算基準又は特定増改築構造計算基準（法第20条第1項第二号イ又は第三号イに規定するプ	床面積の合計が1 000 m²以内の建築物	480

ログラムによる構造計算によって確かめられる安全性を有することに係る部分に限る．）に適合するかどうかの判定	床面積の合計が1 000 m² を超え，2 000 m² 以内の建築物	320
	床面積の合計が2 000 m² を超え，1 万 m² 以内の建築物	270
	床面積の合計が1 万 m² を超え，5 万 m² 以内の建築物	190
	床面積の合計が5 万 m² を超える建築物	90
特定構造計算基準又は特定増改築構造計算基準（法第20条第1項第二号イに規定する方法による構造計算によって確かめられる安全性を有することに係る部分に限る．）に適合するかどうかの判定	床面積の合計が1 000 m² 以内の建築物	240
	床面積の合計が1 000 m² を超え，2 000 m² 以内の建築物	160
	床面積の合計が2 000 m² を超え，1 万 m² 以内の建築物	130
	床面積の合計が1 万 m² を超え，5 万 m² 以内の建築物	90
	床面積の合計が5 万 m² を超える建築物	40

2　前項の常勤換算方法とは，指定構造計算適合性判定機関の構造計算適合性判定員（職員である者に限る．以下この項において同じ．）のそれぞれの勤務延べ時間数の総数を常勤の構造計算適合性判定員が勤務する時間数で除することにより常勤の構造計算適合性判定員の数に換算する方法をいう．

[指定構造計算適合性判定機関の有する財産の評価額]

第31条の3の4　法第77条の35の4第三号の国土交通省令で定める額は，その者が構造計算適合性判定の業務を実施するに当たり第三者に損害を加えた場合において，その損害の賠償に関し当該その者が負うべき国家賠償法による責任その他の民事上の責任（同法の規定により当該構造計算適合性判定に係る建築物について法第6条の3第1項の規定による構造計算適合性判定を行う権限を有する都道府県知事が統括する都道府県が当該損害の賠償の責めに任ずる場合における求償に応ずる責任を含む．）の履行を確保するために必要な額として次に掲げるもののうちいずれか高い額とする．

一　1 500万円．ただし，次のイ又はロのいずれかに該当する場合にあっては，それぞれ当該イ又はロに定める額とする．

イ　床面積の合計が2 000 m² を超え，1 万 m² 以内の建築物に係る構造計算適合性判定を行おうとする場合（ロに該当する場合を除く．）　5 000万円

ロ　床面積の合計が1 万 m² を超える建築物に係る構造計算適合性判定を行おうとする場合　1億5 000万円

二　その事業年度において構造計算適合性判定を行おうとする件数と当該事業年度の前事業年度から起算して過去20事業年度以内において行った構造計算適合性判定の件数の合計数を，次の表の（い）欄に掲げる建築物の別に応じて区分し，当該区分した件数にそれぞれ同表の（ろ）欄に掲げる額を乗じて得た額を合計した額

（い）	（ろ）
床面積の合計が500 m² 以内の建築物	100 円
床面積の合計が500 m² を超え，2 000 m² 以内の建築物	300 円
床面積の合計が2 000 m² を超え，1 万 m² 以内の建築物	1 000 円
床面積の合計が1 万 m² を超える建築物	4 500 円

2　第17条第2項から第4項までの規定は，法第77条の35の4第三号の財産の評価額について準用する．この場合において，第17条第2項第二号中「確認検査」とあるのは，「構造計算適合性判定」と読み替えるものとする．

第31条の4〜第31条の15　（略）

第4章　指定認定機関

[指定認定機関に係る指定の申請]

第32条　法第77条の36第1項の規定による指定を受けようとする者は，別記第十一号様式の指定認定機関指定申請書に次に掲げる書類を添えて，これを国土交通大臣に提出しなければならない．

一　定款及び登記事項証明書

二　申請の日の属する事業年度の前事業年度における財産目録及び貸借対照表．ただし，申請の日の属する事業年度に設立された法人にあっては，その設立時における財産目録とする．

三　申請の日の属する事業年度及び翌事業年度における事業計画書及び収支予算書で認定等の業務に係る事項と他の業務に係る事項とを区分したもの

四　申請に係る意思の決定を証する書類

五　申請者が法人である場合においては，役員又は第18条に規定する構成員の氏名及び略歴（構成員が法人である場合は，その法人の名称）を記載した書類

六　組織及び運営に関する事項を記載した書類

七　事務所の所在地を記載した書類

八　申請者（法人である場合においてはその役員）が法第77条の37第一号及び第二号に該当しない旨の市町村の長の証明書

九　申請者（法人である場合においてはその役員）が法第77条の37第五号に該当しない者であることを誓約する書類

十　申請者が法人である場合においては，発行済株式総数の5/100以上の株式を有する株主又は出資の総額の5/100以上に相当する出資をしている者の氏名又は名称，住所及びその有する株式の数又はその者のなした出資の価額を記載した書類

十一　認定員の氏名及び略歴を記載した書類

十二　現に行っている業務の概要を記載した書類

十三　認定等の業務の実施に関する計画を記載した書類

十四　その他参考となる事項を記載した書類

[指定認定機関に係る指定の区分]

第33条 法第77条の36第2項の国土交通省令で定める区分は，行おうとする処分について次に掲げるものとする．

一 型式適合認定を行う者としての指定

二 型式部材等に係る法第68条の11第1項の規定による認証及び法第68条の14第1項の規定による認証の更新並びに法第68条の11第3項の規定による公示を行う者としての指定

三 型式部材等に係る法第68条の22第1項の規定による認証及び法第68条の22第2項において準用する法第68条の14第1項の規定による認証の更新並びに法第68条の22第2項において準用する法第68条の11第3項の規定による公示を行う者としての指定

2 前項各号に掲げる指定の申請は，次に掲げる建築物の部分又は工作物の部分の区分を明らかにして行うものとする．

一 令第136条の2の11第一号に掲げる建築物の部分

二 防火設備

二の二 換気設備

三 屎尿浄化槽又は合併処理浄化槽

四 非常用の照明装置

五 給水タンク又は貯水タンク

六 冷却塔設備

七 エレベーターの部分で昇降路及び機械室以外のもの

八 エスカレーター

九 避雷設備

十 乗用エレベーターで観光のためのもの（一般交通の用に供するものを除く．）の部分で，昇降路及び機械室以外のもの

十一 エスカレーターで観光のためのもの（一般交通の用に供するものを除く．）の部分で，トラス又ははりを支える部分以外のもの

十二 ウォーターシュート，コースターその他これらに類する高架の遊戯施設又はメリーゴーラウンド，観覧車，オクトパス，飛行塔その他これらに類する回転運動をする遊戯施設で原動機を使用するものの部分のうち，かご，車両その他人を乗せる部分及びこれを支え，又は吊る構造上主要な部分並びに非常止め装置の部分

[心身の故障により認定等の業務を適正に行うことができない者]

第33条の2 法第77条の37第五号の国土交通省令で定める者は，精神の機能の障害により認定等の業務を適正に行うに当たって必要な認知，判断及び意思疎通を適切に行うことができない者とする．

第34条〜第46条の2 （略）

第5章　承認認定機関

[承認認定機関に係る承認の申請]

第47条　法第77条の54第1項の規定による承認を受けようとする者は，別記第二十一号様式の承認認定機関承認申請書に次に掲げる書類を添えて，これを国土交通大臣に提出しなければならない．

一　定款及び登記事項証明書又はこれらに準ずるもの

二　申請の日の属する事業年度の前事業年度における財産目録及び貸借対照表その他経理的基礎を有することを明らかにする書類（以下この号及び第72条第二号において「財産目録等」という．）．ただし，申請の日の属する事業年度に設立された法人にあっては，その設立時における財産目録等とする．

三　申請者（法人である場合においてはその役員）が法第77条の37第一号及び第二号に該当しない旨を明らかにする書類

四　第32条第三号から第七号まで及び第九号から第十四号までに掲げる書類

第48条～第57条　（略）

第6章　指定性能評価機関

[指定性能評価機関に係る指定の申請]

第58条　法第77条の56第1項の規定による指定を受けようとする者は，別記第二十九号様式の指定性能評価機関指定申請書に次に掲げる書類を添えて，これを国土交通大臣に提出しなければならない．

一　定款及び登記事項証明書

二　申請の日の属する事業年度の前事業年度における財産目録及び貸借対照表．ただし，申請の日の属する事業年度に設立された法人にあっては，その設立時における財産目録とする．

三　申請の日の属する事業年度及び翌事業年度における事業計画書及び収支予算書で性能評価の業務に係る事項と他の業務に係る事項とを区分したもの

四　申請に係る意思の決定を証する書類

五　申請者が法人である場合においては，役員又は第18条に規定する構成員の氏名及び略歴（構成員が法人である場合は，その法人の名称）を記載した書類

六　組織及び運営に関する事項を記載した書類

七　事務所の所在地を記載した書類

八　申請者（法人である場合においてはその役員）が法第77条の37第一号及び第二号に該当しない旨の市町村の長の証明書

九　申請者（法人である場合においてはその役員）が法第77条の37第五号に該当しない者であることを誓約する書類

十　申請者が法人である場合においては，発行済株式総数の5/100以上の株式を有する株主又は出資の総額の5/100以上に相当する出資をしている者の氏名又は名称，

住所及びその有する株式の数又はその者のなした出資の価額を記載した書類

十一　審査に用いる試験装置その他の設備の概要及び整備計画を記載した書類

十二　評価員の氏名及び略歴を記載した書類

十三　現に行っている業務の概要を記載した書類

十四　性能評価の業務の実施に関する計画を記載した書類

十五　その他参考となる事項を記載した書類

[心身の故障により性能評価の業務を適正に行うことができない者]

第58条の2　法第77条の56第2項において準用する法第77条の37第五号の国土
　交通省令で定める者は，精神の機能の障害により性能評価の業務を適正に行うに当
　たって必要な認知，判断及び意思疎通を適切に行うことができない者とする．

[指定性能評価機関に係る指定の区分]

第59条　法第77条の56第2項において準用する法第77条の36第2項の国土交通
　省令で定める区分は，次に掲げるものとする．

一　法第2条第七号から第八号まで及び第九号の二ロ，法第21条第1項（主要構造
　部の一部に関するものに限る．），法第23条，法第27条第1項（主要構造部の一部
　又は防火設備に関するものに限る．），法第61条（防火設備に関するものに限る．），
　令第70条，令第109条の3第一号及び第二号ハ，令第112条第1項，第2項，第
　4項第一号及び第12項ただし書，令第114条第5項，令第115条の2第1項第四
　号，令第129条の2の4第1項第七号ハ並びに令第137条の10第四号の認定に係
　る性能評価を行う者としての指定

二　法第2条第九号，令第1条第五号及び第六号の認定に係る性能評価を行う者とし
　ての指定

二の二　法第20条第1項第一号の認定に係る性能評価を行う者としての指定

二の三　法第20条第1項第二号イ及び第三号イの認定に係る性能評価を行う者とし
　ての指定

二の四　法第21条第1項（主要構造部の全部に関するものに限る．）の認定に係る性
　能評価を行う者としての指定

二の五　法第21条第2項第二号の認定に係る性能評価を行う者としての指定

三　法第22条第1項及び法第62条の認定に係る性能評価を行う者としての指定

三の二　法第27条第1項（主要構造部の全部に関するものに限る．）の認定に係る性
　能評価を行う者としての指定

四　法第30条第1項第一号及び第2項の認定に係る性能評価を行う者としての指定

五　法第31条第2項，令第29条，令第30条第1項及び令第35条第1項の認定に係
　る性能評価を行う者としての指定

六　法第37条第二号の認定に係る性能評価を行う者としての指定

六の二　法第61条（建築物の部分に関するものに限る．）に係る性能評価を行う者と
　しての指定

七　令第20条の2第一号ニの認定に係る性能評価を行う者としての指定

八　令第20条の3第2項第一号ロの認定に係る性能評価を行う者としての指定

八の二　令第20条の7第1項第二号の表及び令第20条の8第2項の認定に係る性能
　評価を行う者としての指定

三の五　令第143条第2項において準用する令第139条第1項第三号及び第四号ロの認定に係る性能評価を行う者としての指定

三の六　令第144条第1項第一号ロ及びハ(2)の認定に係る性能評価を行う者としての指定

三　令第144条第1項第三号イ及び第五号の認定並びに同条第2項において読み替えて準用する令第129条の4第1項第三号の認定に係る性能評価を行う者としての指定

三　施行規則第1条の3第1項第一号イ，同号ロ(1)及び(2)並びに同項の表三の各項の認定に係る性能評価を行う者としての指定

三　施行規則第8条の3の認定に係る性能評価を行う者としての指定

第60条～第71条の2　（略）

第7章　承認性能評価機関

[承認性能評価機関に係る承認の申請]

第72条　法第77条の57第1項の規定による承認を受けようとする者は，別記第三十六号様式の承認性能評価機関承認申請書に次に掲げる書類を添えて，これを国土交通大臣に提出しなければならない．

一　定款及び登記事項証明書又はこれらに準ずるもの

二　申請の日の属する事業年度の前事業年度における財産目録等．ただし，申請の日の属する事業年度に設立された法人にあっては，その設立時における財産目録等とする．

三　申請者（法人である場合においてはその役員）が法第77条の37第一号及び第二号に該当しない旨を明らかにする書類

四　第58条第三号から第七号まで及び第九号から第十五号までに掲げる書類

第73条～第80条　（略）

建築士法施行令 ［抜粋］

建築士法施行規則 ［抜粋］

建築士法 ［抜粋］

昭和 25 年 5 月 24 日　法律第 202 号
最終改正　令和 4 年 6 月 17 日　法律第 69 号

[目的]

第 1 条　この法律は，建築物の設計，工事監理等を行う技術者の資格を定めて，その業務の適正をはかり，もって建築物の質の向上に寄与させることを目的とする．

[定義]

第 2 条　この法律で「建築士」とは，一級建築士，二級建築士及び木造建築士をいう．

2　この法律で「一級建築士」とは，国土交通大臣の免許を受け，一級建築士の名称を用いて，建築物に関し，設計，工事監理その他の業務を行う者をいう．

3　この法律で「二級建築士」とは，都道府県知事の免許を受け，二級建築士の名称を用いて，建築物に関し，設計，工事監理その他の業務を行う者をいう．

4　この法律で「木造建築士」とは，都道府県知事の免許を受け，木造建築士の名称を用いて，木造の建築物に関し，設計，工事監理その他の業務を行う者をいう．

5　この法律で「建築設備士」とは，建築設備に関する知識及び技能につき国土交通大臣が定める資格を有する者をいう．

6　この法律で「設計図書」とは，建築物の建築工事の実施のために必要な図面（現寸図その他これに類するものを除く．）及び仕様書を，「設計」とは，その者の責任において，設計図書を作成することをいう．

7　この法律で「構造設計」とは基礎伏図，構造計算書その他の建築物の構造に関する設計図書で国土交通省令で定めるもの（以下「構造設計図書」という．）の設計を，「設備設計」とは建築設備（建築基準法（昭和 25 年法律第 201 号）第 2 条第三号に規定する建築設備をいう．以下同じ．）の各階平面図及び構造詳細図その他の建築設備に関する設計図書で国土交通省令で定めるもの（以下「設備設計図書」という．）の設計をいう．

8　この法律で「工事監理」とは，その者の責任において，工事を設計図書と照合し，それが設計図書のとおりに実施されているかいないかを確認することをいう．

9　この法律で「大規模の修繕」又は「大規模の模様替」とは，それぞれ建築基準法第 2 条第十四号又は第十五号に規定するものをいう．

10　この法律で「延べ面積」，「高さ」，「軒の高さ」又は「階数」とは，それぞれ建築基準法第 92 条の規定により定められた算定方法によるものをいう．

[職責]

第 2 条の 2　建築士は，常に品位を保持し，業務に関する法令及び実務に精通して，建築物の質の向上に寄与するように，公正かつ誠実にその業務を行わなければならない．

[一級建築士でなければできない設計又は工事監理]

第 3 条　次の各号に掲げる建築物（建築基準法第 85 条第 1 項又は第 2 項に規定する

応急仮設建築物を除く，以下この章中同様とする．）を新築する場合においては，一級建築士でなければ，その設計又は工事監理をしてはならない．

一　学校，病院，劇場，映画館，観覧場，公会堂，集会場（オーディトリアムを有しないものを除く．）又は百貨店の用途に供する建築物で，延べ面積が 500 m² を超えるもの

二　木造の建築物又は建築物の部分で，高さが 13 m 又は軒の高さが 9 m を超えるもの

三　鉄筋コンクリート造，鉄骨造，石造，れん瓦造，コンクリートブロック造若しくは無筋コンクリート造の建築物又は建築物の部分で，延べ面積が 300 m²，高さが 13 m 又は軒の高さが 9 m を超えるもの

四　延べ面積が 1 000 m² を超え，且つ，階数が 2 以上の建築物

2　建築物を増築し，改築し，又は建築物の大規模の修繕若しくは大規模の模様替をする場合においては，当該増築，改築，修繕又は模様替に係る部分を新築するものとみなして前項の規定を適用する．

［一級建築士又は二級建築士でなければできない設計又は工事監理］

第 3 条の 2　前条第 1 項各号に掲げる建築物以外の建築物で，次の各号に掲げるものを新築する場合においては，一級建築士又は二級建築士でなければ，その設計又は工事監理をしてはならない．

一　前条第 1 項第三号に掲げる構造の建築物又は建築物の部分で，延べ面積が 30 m² を超えるもの

二　延べ面積が 100 m²（木造の建築物にあっては，300 m²）を超え，又は階数が 3 以上の建築物

2　前条第 2 項の規定は，前項の場合に準用する．

3　都道府県は，土地の状況により必要と認める場合においては，第 1 項の規定にかかわらず，条例で，区域又は建築物の用途を限り，同項各号に規定する延べ面積（木造の建築物に係るものを除く．）を別に定めることができる．

［一級建築士，二級建築士又は木造建築士でなければできない設計又は工事監理］

第 3 条の 3　前条第 1 項第二号に掲げる建築物以外の木造の建築物で，延べ面積が 100 m² を超えるものを新築する場合においては，一級建築士，二級建築士又は木造建築士でなければ，その設計又は工事監理をしてはならない．

2　第 3 条第 2 項及び前条第 3 項の規定は，前項の場合に準用する．この場合において，同条第 3 項中「同項各号に規定する延べ面積（木造の建築物に係るものを除く．）」とあるのは，「次条第 1 項に規定する延べ面積」と読み替えるものとする．

［建築士の免許］

第 4 条　一級建築士になろうとする者は，国土交通大臣の免許を受けなければならない．

2　一級建築士の免許は，国土交通大臣の行う一級建築士試験に合格した者であって，次の各号のいずれかに該当する者でなければ，受けることができない．

一　学校教育法（昭和 22 年法律第 26 号）による大学（短期大学を除く．）又は旧大学令（大正 7 年勅令第 388 号）による大学において，国土交通大臣の指定する建築に関する科目を修めて卒業した者であって，その卒業後建築に関する実務として国

土交通省令で定めるもの（以下「建築実務」という．）の経験を2年以上有する者

二　学校教育法による短期大学（修業年限が3年であるものに限り，同法による専門職大学の3年の前期課程を含む．）において，国土交通大臣の指定する建築に関する科目を修めて卒業した者（同法による専門職大学の前期課程にあっては，修了した者．以下この号及び次号において同じ．）（夜間において授業を行う課程等であって国土交通大臣の指定するものを修めて卒業した者を除く．）であって，その卒業後（同法による専門職大学の前期課程にあっては，修了後．同号において同じ．）建築実務の経験を3年以上有する者

三　学校教育法による短期大学（同法による専門職大学の前期課程を含む．）若しくは高等専門学校又は旧専門学校令（明治36年勅令第61号）による専門学校において，国土交通大臣の指定する建築に関する科目を修めて卒業した者であって，その卒業後建築実務の経験を4年以上有する者（前号に掲げる者を除く．）

四　二級建築士として設計その他の国土交通省令で定める実務の経験を4年以上有する者

五　国土交通大臣が前各号に掲げる者と同等以上の知識及び技能を有すると認める者

3　二級建築士又は木造建築士になろうとする者は，都道府県知事の免許を受けなければならない．

4　二級建築士又は木造建築士の免許は，それぞれその免許を受けようとする都道府県知事の行う二級建築士試験又は木造建築士試験に合格した者であって，次の各号のいずれかに該当する者でなければ，受けることができない．

一　学校教育法による大学若しくは高等専門学校，旧大学令による大学又は旧専門学校令による専門学校において，国土交通大臣の指定する建築に関する科目を修めて卒業した者（当該科目を修めて同法による専門職大学の前期課程を修了した者を含む．）

二　学校教育法による高等学校若しくは中等教育学校又は旧中等学校令（昭和18年勅令第36号）による中等学校において，国土交通大臣の指定する建築に関する科目を修めて卒業した者であって，その卒業後建築実務の経験を2年以上有する者

三　都道府県知事が前2号に掲げる者と同等以上の知識及び技能を有すると認める者

四　建築実務の経験を7年以上有する者

5　外国の建築士免許を受けた者で，一級建築士になろうとする者にあっては国土交通大臣が，二級建築士又は木造建築士になろうとする者にあっては都道府県知事が，それぞれ一級建築士又は二級建築士若しくは木造建築士と同等以上の資格を有すると認めるものは，第2項又は前項の規定にかかわらず，一級建築士又は二級建築士若しくは木造建築士の免許を受けることができる．

［免許の登録］

第5条　一級建築士，二級建築士又は木造建築士の免許は，それぞれ一級建築士名簿，二級建築士名簿又は木造建築士名簿に登録することによって行う．

2　国土交通大臣又は都道府県知事は，一級建築士又は二級建築士若しくは木造建築士の免許を与えたときは，それぞれ一級建築士免許証又は二級建築士免許証若しくは木造建築士免許証を交付する．

3　一級建築士，二級建築士又は木造建築士は，一級建築士免許証，二級建築士免

許証又は木造建築士免許証に記載された事項等に変更があったときは，一級建築士にあっては国土交通大臣に，二級建築士又は木造建築士にあっては免許を受けた都道府県知事に対し，一級建築士免許証，二級建築士免許証又は木造建築士免許証の書換え交付を申請することができる．

4　一級建築士，二級建築士又は木造建築士は，第9条第1項若しくは第2項又は第10条第1項の規定によりその免許を取り消されたときは，速やかに，一級建築士にあっては一級建築士免許証を国土交通大臣に，二級建築士又は木造建築士にあっては二級建築士免許証又は木造建築士免許証をその交付を受けた都道府県知事に返納しなければならない．

5　一級建築士の免許を受けようとする者は，登録免許税法（昭和42年法律第35号）の定めるところにより登録免許税を国に納付しなければならない．

6　一級建築士免許証の書換え交付又は再交付を受けようとする者は，実費を勘案して政令で定める額の手数料を国に納付しなければならない．

[住所等の届出]

第5条の2　一級建築士，二級建築士又は木造建築士は，一級建築士免許証，二級建築士免許証又は木造建築士免許証の交付の日から30日以内に，住所その他の国土交通省令で定める事項を，一級建築士にあっては国土交通大臣に，二級建築士又は木造建築士にあっては免許を受けた都道府県知事及び住所地の都道府県知事に届け出なければならない．

2　一級建築士，二級建築士又は木造建築士は，前項の国土交通省令で定める事項に変更があったときは，その日から30日以内に，その旨を，一級建築士にあっては国土交通大臣に，二級建築士又は木造建築士にあっては免許を受けた都道府県知事及び住所地の都道府県知事（都道府県の区域を異にして住所を変更したときは，変更前の住所地の都道府県知事）に届け出なければならない．

3　前項に規定するもののほか，都道府県の区域を異にして住所を変更した二級建築士又は木造建築士は，同項の期間内に第1項の国土交通省令で定める事項を変更後の住所地の都道府県知事に届け出なければならない．

[名簿]

第6条　一級建築士名簿は国土交通省に，二級建築士名簿及び木造建築士名簿は都道府県に，これを備える．

2　国土交通大臣は一級建築士名簿を，都道府県知事は二級建築士名簿及び木造建築士名簿を，それぞれ一般の閲覧に供しなければならない．

[絶対的欠格事由]

第7条　次の各号のいずれかに該当する者には，一級建築士，二級建築士又は木造建築士の免許を与えない．

一　未成年者

二　禁錮以上の刑に処せられ，その刑の執行を終わり，又は執行を受けることがなくなった日から5年を経過しない者

三　この法律の規定に違反して，又は建築物の建築に関し罪を犯して罰金の刑に処せられ，その刑の執行を終わり，又は執行を受けることがなくなった日から5年を経過しない者

四　第9条第1項第四号又は第10条第1項の規定により免許を取り消され，その取消しの日から起算して5年を経過しない者

五　第10条第1項の規定による業務の停止の処分を受け，その停止の期間中に第9条第1項第一号の規定によりその免許が取り消され，まだその期間が経過しない者

［相対的欠格事由］

第8条　次の各号のいずれかに該当する者には，一級建築士，二級建築士又は木造建築士の免許を与えないことができる．

一　禁錮以上の刑に処せられた者（前条第二号に該当する者を除く．）

二　この法律の規定に違反して，又は建築物の建築に関し罪を犯して罰金の刑に処せられた者（前条第三号に該当する者を除く．）

三　心身の故障により一級建築士，二級建築士又は木造建築士の業務を適正に行うことができない者として国土交通省令で定めるもの

［建築士の死亡等の届出］

第8条の2　一級建築士，二級建築士又は木造建築士が次の各号に掲げる場合のいずれかに該当することとなったときは，当該各号に定める者は，その日（第一号の場合にあっては，その事実を知った日）から30日以内に，その旨を，一級建築士にあっては国土交通大臣に，二級建築士又は木造建築士にあっては免許を受けた都道府県知事に届け出なければならない．

一　死亡したとき　　その相続人

二　第7条第二号又は第三号に該当するに至ったとき　　本人

三　心身の故障により一級建築士，二級建築士又は木造建築士の業務を適正に行うことができない場合に該当するものとして国土交通省令で定める場合に該当するに至ったとき　　本人又はその法定代理人若しくは同居の親族

［免許の取消し］

第9条　国土交通大臣又は都道府県知事は，その免許を受けた一級建築士又は二級建築士若しくは木造建築士が次の各号のいずれかに該当する場合においては，当該一級建築士又は二級建築士若しくは木造建築士の免許を取り消さなければならない．

一　本人から免許の取消しの申請があったとき．

二　前条（第三号に係る部分を除く．次号において同じ．）の規定による届出があったとき．

三　前条の規定による届出がなくて同条第一号又は第二号に掲げる場合に該当する事実が判明したとき．

四　虚偽又は不正の事実に基づいて免許を受けたことが判明したとき．

五　第13条の2第1項又は第2項の規定により一級建築士試験，二級建築士試験又は木造建築士試験の合格の決定を取り消されたとき．

2　国土交通大臣又は都道府県知事は，その免許を受けた一級建築士又は二級建築士若しくは木造建築士が次の各号のいずれかに該当する場合においては，当該一級建築士又は二級建築士若しくは木造建築士の免許を取り消すことができる．

一　前条（第三号に係る部分に限る．次号において同じ．）の規定による届出があったとき．

二　前条の規定による届出がなくて同条第三号に掲げる場合に該当する事実が判明したとき.

3　国土交通大臣又は都道府県知事は,前2項の規定により免許を取り消したときは,国土交通省令で定めるところにより,その旨を公告しなければならない.

[懲戒]

第10条　国土交通大臣又は都道府県知事は,その免許を受けた一級建築士又は二級建築士若しくは木造建築士が次の各号のいずれかに該当する場合においては,当該一級建築士又は二級建築士若しくは木造建築士に対し,戒告し,若しくは1年以内の期間を定めて業務の停止を命じ,又はその免許を取り消すことができる.

一　この法律若しくは建築物の建築に関する他の法律又はこれらに基づく命令若しくは条例の規定に違反したとき.

二　業務に関して不誠実な行為をしたとき.

2　国土交通大臣又は都道府県知事は,前項の規定により業務の停止を命じようとするときは,行政手続法(平成5年法律第88号)第13条第1項の規定による意見陳述のための手続の区分にかかわらず,聴聞を行わなければならない.

3　第1項の規定による処分に係る聴聞の主宰者は,必要があると認めるときは,参考人の出頭を求め,その意見を聴かなければならない.

4　国土交通大臣又は都道府県知事は,第1項の規定により,業務の停止を命じ,又は免許を取り消そうとするときは,それぞれ中央建築士審査会又は都道府県建築士審査会の同意を得なければならない.

5　国土交通大臣又は都道府県知事は,第1項の規定による処分をしたときは,国土交通省令で定めるところにより,その旨を公告しなければならない.

6　国土交通大臣又は都道府県知事は,第3項の規定により出頭を求めた参考人に対して,政令の定めるところにより,旅費,日当その他の費用を支給しなければならない.

[報告,検査等]

第10条の2　国土交通大臣は,建築士の業務の適正な実施を確保するため必要があると認めるときは,一級建築士に対しその業務に関し必要な報告を求め,又はその職員に,建築士事務所その他業務に関係のある場所に立ち入り,図書その他の物件を検査させ,若しくは関係者に質問させることができる.

2　都道府県知事は,建築士の業務の適正な実施を確保するため必要があると認めるときは,二級建築士若しくは木造建築士に対しその業務に関し必要な報告を求め,又はその職員に,建築士事務所その他業務に関係のある場所に立ち入り,図書その他の物件を検査させ,若しくは関係者に質問させることができる.

3　前2項の規定により立入検査をする職員は,その身分を示す証明書を携帯し,関係者に提示しなければならない.

4　第1項及び第2項の規定による立入検査の権限は,犯罪捜査のために認められたものと解釈してはならない.

[構造設計一級建築士証及び設備設計一級建築士証の交付等]

第10条の3　次の各号のいずれかに該当する一級建築士は,国土交通大臣に対し,構造設計一級建築士証の交付を申請することができる.

一　一級建築士として５年以上構造設計の業務に従事した後，第10条の22から第10条の25までの規定の定めるところにより国土交通大臣の登録を受けた者（以下この章において「登録講習機関」という．）が行う講習（別表第一（一）の項講習の欄に掲げる講習に限る．）の課程をその申請前１年以内に修了した一級建築士

二　国土交通大臣が，構造設計に関し前号に掲げる一級建築士と同等以上の知識及び技能を有すると認める一級建築士

2　次の各号のいずれかに該当する一級建築士は，国土交通大臣に対し，設備設計一級建築士証の交付を申請することができる．

一　一級建築士として５年以上設備設計の業務に従事した後，登録講習機関が行う講習（別表第一（二）の項講習の欄に掲げる講習に限る．）の課程をその申請前１年以内に修了した一級建築士

二　国土交通大臣が，設備設計に関し前号に掲げる一級建築士と同等以上の知識及び技能を有すると認める一級建築士

3　国土交通大臣は，前２項の規定による構造設計一級建築士証又は設備設計一級建築士証の交付の申請があったときは，遅滞なく，その交付をしなければならない．

4　構造設計一級建築士証又は設備設計一級建築士証の交付を受けた一級建築士（以下それぞれ「構造設計一級建築士」又は「設備設計一級建築士」という．）は，構造設計一級建築士証又は設備設計一級建築士証に記載された事項等に変更があったときは，国土交通大臣に対し，構造設計一級建築士証又は設備設計一級建築士証の書換え交付を申請することができる．

5　構造設計一級建築士又は設備設計一級建築士は，第９条第１項若しくは第２項又は第10条第１項の規定によりその免許を取り消されたときは，速やかに，構造設計一級建築士証又は設備設計一級建築士証を国土交通大臣に返納しなければならない．

6　構造設計一級建築士証又は設備設計一級建築士証の交付，書換え交付又は再交付を受けようとする一級建築士は，実費を勘案して政令で定める額の手数料を国に納付しなければならない．

［中央指定登録機関の指定］

第10条の４　国土交通大臣は，その指定する者（以下「中央指定登録機関」という．）に，一級建築士の登録の実施に関する事務，一級建築士名簿を一般の閲覧に供する事務並びに構造設計一級建築士証及び設備設計一級建築士証の交付の実施に関する事務（以下「一級建築士登録等事務」という．）を行わせることができる．

2　中央指定登録機関の指定は，一級建築士登録等事務を行おうとする者の申請により行う．

第10条の５〜第10条の16　（略）

［国土交通大臣による一級建築士登録等事務の実施等］

第10条の17　国土交通大臣は，中央指定登録機関の指定をしたときは，一級建築士登録等事務を行わないものとする．

2　国土交通大臣は，中央指定登録機関が次の各号のいずれかに該当するときは，前項の規定にかかわらず，一級建築士登録等事務の全部又は一部を自ら行うものと

する.

一 第10条の15第1項の規定により一級建築士登録等事務の全部又は一部を休止したとき.

二 前条第2項の規定により一級建築士登録等事務の全部又は一部の停止を命じられたとき.

三 天災その他の事由により一級建築士登録等事務の全部又は一部を実施することが困難となった場合において国土交通大臣が必要があると認めるとき.

3 国土交通大臣は，前項の規定により一級建築士登録等事務を行い，又は同項の規定により行っている一級建築士登録等事務を行わないこととしようとするときは，あらかじめ，その旨を公示しなければならない.

4 国土交通大臣が，第2項の規定により一級建築士登録等事務を行うこととし，第10条の15第1項の規定により一級建築士登録等事務の廃止を許可し，又は前条第1項若しくは第2項の規定により指定を取り消した場合における一級建築士登録等事務の引継ぎその他の必要な事項は，国土交通省令で定める.

[審査請求]

第10条の18 中央指定登録機関が行う一級建築士登録等事務に係る処分又はその不作為について不服がある者は，国土交通大臣に対し，審査請求をすることができる．この場合において，国土交通大臣は，行政不服審査法（平成26年法律第68号）第25条第2項及び第3項，第46条第1項及び第2項，第47条並びに第49条第3項の規定の適用については，中央指定登録機関の上級行政庁とみなす.

[中央指定登録機関が一級建築士登録等事務を行う場合における規定の適用等]

第10条の19 中央指定登録機関が一級建築士登録等事務を行う場合における第5条第2項から第4項まで及び第6項，第5条の2第1項，第6条並びに第10条の3の規定の適用については，これらの規定（第5条第2項，第5条の2第1項並びに第10条の3第1項各号及び第2項第二号を除く．）中「一級建築士免許証」とあるのは「一級建築士免許証明書」と，「国土交通大臣」とあり，及び「国土交通省」とあるのは「中央指定登録機関」と，「国に」とあるのは「中央指定登録機関に」と，第5条第2項中「国土交通大臣」とあるのは「中央指定登録機関（第10条の4第1項に規定する中央指定登録機関をいう．以下同じ.）」と，「一級建築士又は」とあるのは「前項の規定により一級建築士名簿に登録をし，又は」と，同項及び第5条の2第1項中「一級建築士免許証」とあるのは「一級建築士免許証明書」とする.

2 中央指定登録機関が一級建築士登録等事務を行う場合において，第5条第1項の規定による登録を受けようとする者は，実費を勘案して政令で定める額の手数料を中央指定登録機関に納付しなければならない.

3 第1項の規定により読み替えて適用する第5条第6項及び第10条の3第6項の規定並びに前項の規定により中央指定登録機関に納められた手数料は，中央指定登録機関の収入とする.

[都道府県指定登録機関]

第10条の20 都道府県知事は，その指定する者（以下「都道府県指定登録機関」という.）に，二級建築士及び木造建築士の登録の実施に関する事務並びに二級建築

士名簿及び木造建築士名簿を一般の閲覧に供する事務（以下「二級建築士等登録事務」という．）を行わせることができる．

2　都道府県指定登録機関の指定は，二級建築士等登録事務を行おうとする者の申請により行う．

3　第10条の5から第10条の18までの規定は，都道府県指定登録機関について準用する．この場合において，これらの規定（第10条の5第1項第一号を除く．）中「国土交通大臣」とあるのは「都道府県知事」と，「一級建築士登録等事務」とあるのは「二級建築士等登録事務」と，「登録等事務規程」とあるのは「登録事務規程」と，第10条の5第1項中「他に」とあるのは「当該都道府県の区域において他に」と，同条中「前条第2項」とあるのは「第10条の20第2項」と，同項第一号中「一級建築士登録等事務の実施」とあるのは「二級建築士等登録事務（第10条の20第1項に規定する二級建築士等登録事務をいう．以下同じ．）の実施」と，「，一級建築士登録等事務」とあるのは「，二級建築士等登録事務」と，第10条の7第2項中「命令」とあるのは「命令，規則」と読み替えるものとする．

第10条の21，第10条の22　（略）

［欠格条項］

第10条の23　次の各号のいずれかに該当する者は，登録を受けることができない．

一　未成年者

二　破産手続開始の決定を受けて復権を得ない者

三　禁錮以上の刑に処せられ，又はこの法律の規定により刑に処せられ，その執行を終わり，又は執行を受けることがなくなった日から起算して2年を経過しない者

四　第10条の36第1項又は第2項の規定により登録を取り消され，その取消しの日から起算して2年を経過しない者

五　心身の故障により講習事務を適正に行うことができない者として国土交通省令で定めるもの

六　法人であって，その役員のうちに前各号のいずれかに該当するものがあるもの

［登録基準等］

第10条の24　国土交通大臣は，登録の申請をした者（第二号において「登録申請者」という．）が次に掲げる基準のすべてに適合しているときは，その登録をしなければならない．この場合において，登録に関して必要な手続は，国土交通省令で定める．

一　別表第一の各項の講習の欄に掲げる講習の区分に応じ，当該各項の科目の欄に掲げる科目について，それぞれ当該各項の講師の欄に掲げる者のいずれかに該当する者が講師として従事する講習事務を行うものであること．

二　登録申請者が，業として，設計，工事監理，建築物の販売若しくはその代理若しくは媒介又は建築物の建築工事の請負を行う者（以下この号において「建築関連事業者」という．）でなく，かつ，建築関連事業者に支配されているものとして次のいずれかに該当するものでないこと．

　イ　登録申請者が株式会社である場合にあっては，建築関連事業者がその総株主（株主総会において決議をすることができる事項の全部につき議決権を行使することができない株主を除く．）の議決権の過半数を有するものであること．

ロ　登録申請者の役員（持分会社（会社法（平成17年法律第86号）第575条第1
　　項に規定する持分会社をいう．）にあっては，業務を執行する社員）に占める建
　　築関連事業者又はその役員若しくは職員（過去2年間に建築関連事業者の役員又
　　は職員であった者を含む．）の割合が1/2を超えていること．
　ハ　登録申請者（法人にあっては，その代表権を有する役員）が，建築関連事業者
　　の役員又は職員（過去2年間に建築関連事業者の役員又は職員であった者を含
　　む．）であること．
三　債務超過の状態にないこと．
2　登録は，登録講習機関登録簿に次に掲げる事項を記載してするものとする．
一　登録年月日及び登録番号
二　登録講習機関の氏名又は名称及び住所並びに法人にあっては，その代表者の氏名
三　登録の区分
四　登録講習機関が講習事務を行う事務所の所在地
五　前各号に掲げるもののほか，登録講習機関に関する事項で国土交通省令で定める
　もの

［登録の公示等］

第10条の25　国土交通大臣は，登録をしたときは，前条第2項第二号から第四号ま
　でに掲げる事項その他国土交通省令で定める事項を公示しなければならない．

2　登録講習機関は，前条第2項第二号，第四号又は第五号に掲げる事項を変更し
　ようとするときは，変更しようとする日の2週間前までに，その旨を国土交通大臣
　に届け出なければならない．

3　国土交通大臣は，前項の規定による届出があったときは，その旨を公示しなけ
　ればならない．

第10条の26〜第10条の38　（略）

［国土交通省令及び都道府県の規則への委任］

第11条　この章に規定するもののほか，一級建築士の免許の申請，登録の訂正及び
　抹消並びに住所等の届出，一級建築士免許証及び一級建築士免許証明書の交付，書
　換え交付，再交付及び返納その他一級建築士の免許に関して必要な事項並びに第
　10条の3第1項第一号の登録，同号及び同条第2項第一号の講習，登録講習機関
　その他構造設計一級建築士証及び設備設計一級建築士証の交付，書換え交付，再交
　付及び返納に関して必要な事項は，国土交通省令で定める．

2　この章に規定するもののほか，二級建築士及び木造建築士の免許の申請，登録
　の訂正及び抹消並びに住所等の届出，二級建築士免許証及び木造建築士免許証並び
　に二級建築士免許証明書及び木造建築士免許証明書の交付，書換え交付，再交付及
　び返納その他二級建築士及び木造建築士の免許に関して必要な事項は，都道府県の
　規則で定める．

［試験の内容］

第12条　一級建築士試験及び二級建築士試験は，設計及び工事監理に必要な知識及
　び技能について行う．

2　木造建築士試験は，小規模の木造の建築物に関する設計及び工事監理に必要な
　知識及び技能について行う．

[試験の施行]

第13条 一級建築士試験，二級建築士試験又は木造建築士試験は，毎年少なくとも1回，一級建築士試験にあっては国土交通大臣が，二級建築士試験及び木造建築士試験にあっては都道府県知事が行う．

[合格の取消し等]

第13条の2 国土交通大臣は不正の手段によって一級建築士試験を受け，又は受けようとした者に対して，都道府県知事は不正の手段によって二級建築士試験又は木造建築士試験を受け，又は受けようとした者に対して，合格の決定を取り消し，又は当該受けようとした試験を受けることを禁止することができる．

2　第15条の2第1項に規定する中央指定試験機関にあっては前項に規定する国土交通大臣の職権を，第15条の6第1項に規定する都道府県指定試験機関にあっては前項に規定する都道府県知事の職権を行うことができる．

3　国土交通大臣又は都道府県知事は，前2項の規定による処分を受けた者に対し，3年以内の期間を定めて一級建築士試験又は二級建築士試験若しくは木造建築士試験を受けることができないものとすることができる．

[一級建築士試験の受験資格]

第14条 一級建築士試験は，次の各号のいずれかに該当する者でなければ，受けることができない．

一　学校教育法による大学若しくは高等専門学校，旧大学令による大学又は旧専門学校令による専門学校において，国土交通大臣の指定する建築に関する科目を修めて卒業した者（当該科目を修めて同法による専門職大学の前期課程を修了した者を含む．）

二　二級建築士

三　国土交通大臣が前2号に掲げる者と同等以上の知識及び技能を有すると認める者

[二級建築士試験及び木造建築士試験の受験資格]

第15条 二級建築士試験及び木造建築士試験は，次の各号のいずれかに該当する者でなければ，受けることができない．

一　学校教育法による大学，高等専門学校，高等学校若しくは中等教育学校，旧大学令による大学，旧専門学校令による専門学校又は旧中等学校令による中等学校において，国土交通大臣の指定する建築に関する科目を修めて卒業した者（当該科目を修めて同法による専門職大学の前期課程を修了した者を含む．）

二　都道府県知事が前号に掲げる者と同等以上の知識及び技能を有すると認める者

三　建築実務の経験を7年以上有する者

第15条の2～第15条の6　（略）

[受験手数料]

第16条 一級建築士試験を受けようとする者は国（中央指定機関が行う試験を受けようとする者にあっては，中央指定試験機関）に，政令の定めるところにより，実費を勘案して政令で定める額の受験手数料を納付しなければならない．

2　前項の規定により中央指定試験機関に納められた手数料は，中央指定試験機関の収入とする．

3　都道府県は，地方自治法第227条の規定に基づき二級建築士試験又は木造建築

士試験に係る手数料を徴収する場合においては，前条の規定により都道府県指定試験機関が行う二級建築士試験又は木造建築士試験を受けようとする者に，条例で定めるところにより，当該手数料を当該都道府県指定試験機関に納めさせ，その収入とすることができる．

[国土交通省令及び都道府県の規則への委任]

第17条　この章に規定するもののほか，一級建築士試験の科目，受験手続その他一級建築士試験に関して必要な事項並びに二級建築士試験及び木造建築士試験の基準は，国土交通省令で定める．

2　この章に規定するもののほか，二級建築士試験及び木造建築士試験の科目，受験手続その他二級建築士試験及び木造建築士試験に関して必要な事項は，都道府県の規則で定める．

[設計及び工事監理]

第18条　建築士は，設計を行う場合においては，設計に係る建築物が法令又は条例の定める建築物に関する基準に適合するようにしなければならない．

2　建築士は，設計を行う場合においては，設計の委託者に対し，設計の内容に関して適切な説明を行うように努めなければならない．

3　建築士は，工事監理を行う場合において，工事が設計図書のとおりに実施されていないと認めるときは，直ちに，工事施工者に対して，その旨を指摘し，当該工事を設計図書のとおりに実施するよう求め，当該工事施工者がこれに従わないときは，その旨を建築主に報告しなければならない．

4　建築士は，延べ面積が2 000 m²を超える建築物の建築設備に係る設計又は工事監理を行う場合においては，建築設備士の意見を聴くよう努めなければならない．ただし，設備設計一級建築士が設計を行う場合には，設計に関しては，この限りでない．

[設計の変更]

第19条　一級建築士，二級建築士又は木造建築士は，他の一級建築士，二級建築士又は木造建築士の設計した設計図書の一部を変更しようとするときは，当該一級建築士，二級建築士又は木造建築士の承諾を求めなければならない．ただし，承諾を求めることのできない事由があるとき，又は承諾が得られなかったときは，自己の責任において，その設計図書の一部を変更することができる．

[建築士免許証等の提示]

第19条の2　一級建築士，二級建築士又は木造建築士は，第23条第1項に規定する設計等の委託者（委託しようとする者を含む．）から請求があったときは，一級建築士免許証，二級建築士免許証若しくは木造建築士免許証又は一級建築士免許証明書，二級建築士免許証明書若しくは木造建築士免許証明書を提示しなければならない．

[業務に必要な表示行為]

第20条　一級建築士，二級建築士又は木造建築士は，設計を行った場合においては，その設計図書に一級建築士，二級建築士又は木造建築士である旨の表示をして記名しなければならない．設計図書の一部を変更した場合も同様とする．

2　一級建築士，二級建築士又は木造建築士は，構造計算によって建築物の安全性

を確かめた場合においては，遅滞なく，国土交通省令で定めるところにより，その旨の証明書を設計の委託者に交付しなければならない．ただし，次条第1項又は第2項の規定の適用がある場合は，この限りでない．

3　建築士は，工事監理を終了したときは，直ちに，国土交通省令で定めるところにより，その結果を文書で建築主に報告しなければならない．

4　建築士は，前項の規定による文書での報告に代えて，政令で定めるところにより，当該建築主の承諾を得て，当該結果を電子情報処理組織を使用する方法その他の情報通信の技術を利用する方法であって国土交通省令で定めるものにより報告することができる．この場合において，当該建築士は，当該文書での報告をしたものとみなす．

5　建築士は，大規模の建築物その他の建築物の建築設備に係る設計又は工事監理を行う場合において，建築設備士の意見を聴いたときは，第1項の規定による設計図書又は第3項の規定による報告書（前項前段に規定する方法により報告が行われた場合にあっては，当該報告の内容）において，その旨を明らかにしなければならない．

［構造設計に関する特例］

第20条の2　構造設計一級建築士は，第3条第1項に規定する建築物のうち建築基準法第20条第1項第一号又は第二号に掲げる建築物に該当するものの構造設計を行った場合においては，前条第1項の規定によるほか，その構造設計図書に構造設計一級建築士である旨の表示をしなければならない．構造設計図書の一部を変更した場合も同様とする．

2　構造設計一級建築士以外の一級建築士は，前項の建築物の構造設計を行った場合においては，国土交通省令で定めるところにより，構造設計一級建築士に当該構造設計に係る建築物が建築基準法第20条（第1項第一号又は第二号に係る部分に限る．）の規定及びこれに基づく命令の規定（以下「構造関係規定」という．）に適合するかどうかの確認を求めなければならない．構造設計図書の一部を変更した場合も同様とする．

3　構造設計一級建築士は，前項の規定により確認を求められた場合において，当該建築物が構造関係規定に適合することを確認したとき又は適合することを確認できないときは，当該構造設計図書にその旨を記載するとともに，構造設計一級建築士である旨の表示をして記名しなければならない．

4　構造設計一級建築士は，第2項の規定により確認を求めた一級建築士から請求があったときは，構造設計一級建築士証を提示しなければならない．

［設備設計に関する特例］

第20条の3　設備設計一級建築士は，階数が3以上で床面積の合計が5 000 m²を超える建築物の設備設計を行った場合においては，第20条第1項の規定によるほか，その設備設計図書に設備設計一級建築士である旨の表示をしなければならない．設備設計図書の一部を変更した場合も同様とする．

2　設備設計一級建築士以外の一級建築士は，前項の建築物の設備設計を行った場合においては，国土交通省令で定めるところにより，設備設計一級建築士に当該設備設計に係る建築物が建築基準法第28条第3項，第28条の2第三号（換気設備に

係る部分に限る．），第32条から第34条まで，第35条（消火栓，スプリンクラー，貯水槽その他の消火設備，排煙設備及び非常用の照明装置に係る部分に限る．）及び第36条（消火設備，避雷設備及び給水，排水その他の配管設備の設置及び構造並びに煙突及び昇降機の構造に係る部分に限る．）の規定並びにこれらに基づく命令の規定（以下「設備関係規定」という．）に適合するかどうかの確認を求めなければならない．設備設計図書の一部を変更した場合も同様とする．

3　設備設計一級建築士は，前項の規定により確認を求められた場合において，当該建築物が設備関係規定に適合することを確認したとき又は適合することを確認できないときは，当該設備設計図書にその旨を記載するとともに，設備設計一級建築士である旨の表示をして記名しなければならない．

4　設備設計一級建築士は，第2項の規定により確認を求めた一級建築士から請求があったときは，設備設計一級建築士証を提示しなければならない．

［その他の業務］

第21条　建築士は，設計（第20条の2第2項又は前条第2項の確認を含む．第22条及び第23条第1項において同じ．）及び工事監理を行うほか，建築工事契約に関する事務，建築工事の指導監督，建築物に関する調査又は鑑定及び建築物の建築に関する法令又は条例の規定に基づく手続の代理その他の業務（木造建築士にあっては，木造の建築物に関する業務に限る．）を行うことができる．ただし，他の法律においてその業務を行うことが制限されている事項については，この限りでない．

［非建築士等に対する名義貸しの禁止］

第21条の2　建築士は，次の各号のいずれかに該当する者に自己の名義を利用させてはならない．

一　第3条第1項（同条第2項の規定により適用される場合を含む．第26条第2項第六号から第八号までにおいて同じ．），第3条の2第1項（同条第2項において準用する第3条第2項の規定により適用される場合を含む．第26条第2項第六号から第八号までにおいて同じ．），第3条の3第1項（同条第2項において準用する第3条第2項の規定により適用される場合を含む．第26条第2項第八号において同じ．）又は第34条の規定に違反する者

二　第3条の2第3項（第3条の3第2項において読み替えて準用する場合を含む．）の規定に基づく条例の規定に違反する者

［違反行為の指示等の禁止］

第21条の3　建築士は，建築基準法の定める建築物に関する基準に適合しない建築物の建築その他のこの法律若しくは建築物の建築に関する他の法律又はこれらに基づく命令若しくは条例の規定に違反する行為について指示をし，相談に応じ，その他これらに類する行為をしてはならない．

［信用失墜行為の禁止］

第21条の4　建築士は，建築士の信用又は品位を害するような行為をしてはならない．

［知識及び技能の維持向上］

第22条　建築士は，設計及び工事監理に必要な知識及び技能の維持向上に努めなければならない．

2　国土交通大臣及び都道府県知事は，設計及び工事監理に必要な知識及び技能の維持向上を図るため，必要な情報及び資料の提供その他の措置を講ずるものとする．

[定期講習]

第22条の2　次の各号に掲げる建築士は，3年以上5年以内において国土交通省令で定める期間ごとに，次条第1項の規定及び同条第2項において準用する第10条の23から第10条の25までの規定の定めるところにより国土交通大臣の登録を受けた者（次条において「登録講習機関」という.）が行う当該各号に定める講習を受けなければならない．

一　一級建築士（第23条第1項の建築士事務所に属するものに限る.）　別表第二（一）の項講習の欄に掲げる講習

二　二級建築士（第23条第1項の建築士事務所に属するものに限る.）　別表第二（二）の項講習の欄に掲げる講習

三　木造建築士（第23条第1項の建築士事務所に属するものに限る.）　別表第二（三）の項講習の欄に掲げる講習

四　構造設計一級建築士　別表第二（四）の項講習の欄に掲げる講習

五　設備設計一級建築士　別表第二（五）の項講習の欄に掲げる講習

第22条の3，第22条の3の2　（略）

[延べ面積が300 m^{2}を超える建築物に係る契約の内容]

第22条の3の3　延べ面積が300 m^{2}を超える建築物の新築に係る設計受託契約又は工事監理受託契約の当事者は，前条の趣旨に従って，契約の締結に際して次に掲げる事項を書面に記載し，署名又は記名押印をして相互に交付しなければならない．

一　設計受託契約にあっては，作成する設計図書の種類

二　工事監理受託契約にあっては，工事と設計図書との照合の方法及び工事監理の実施の状況に関する報告の方法

三　当該設計又は工事監理に従事することとなる建築士の氏名及びその者の一級建築士，二級建築士又は木造建築士の別並びにその者が構造設計一級建築士又は設備設計一級建築士である場合にあっては，その旨

四　報酬の額及び支払の時期

五　契約の解除に関する事項

六　前各号に掲げるもののほか，国土交通省令で定める事項

2　延べ面積が300 m^{2}を超える建築物の新築に係る設計受託契約又は工事監理受託契約の当事者は，設計受託契約又は工事監理受託契約の内容で前項各号に掲げる事項に該当するものを変更するときは，その変更の内容を書面に記載し，署名又は記名押印をして相互に交付しなければならない．

3　建築物を増築し，改築し，又は建築物の大規模の修繕若しくは大規模の模様替をする場合においては，当該増築，改築，修繕又は模様替に係る部分の新築とみなして前2項の規定を適用する．

4　設計受託契約又は工事監理受託契約の当事者は，第1項又は第2項の規定による書面の交付に代えて，政令で定めるところにより，当該契約の相手方の承諾を得て，当該書面に記載すべき事項を電子情報処理組織を使用する方法その他の情報通

信の技術を利用する方法であって国土交通省令で定めるものにより提供することができる．この場合において，当該設計受託契約又は工事監理受託契約の当事者は，当該書面を交付したものとみなす．

5　設計受託契約又は工事監理受託契約の当事者が，第1項の規定により書面を相互に交付した場合（前項の規定により書面を交付したものとみなされる場合を含む．）には，第24条の8第1項の規定は，適用しない．

第22条の3の4，第22条の4　（略）

[登録]

第23条　一級建築士，二級建築士若しくは木造建築士又はこれらの者を使用する者は，他人の求めに応じ報酬を得て，設計，工事監理，建築工事契約に関する事務，建築工事の指導監督，建築物に関する調査若しくは鑑定又は建築物の建築に関する法令若しくは条例の規定に基づく手続の代理（木造建築士又は木造建築士を使用する者（木造建築士のほかに，一級建築士又は二級建築士を使用する者を除く．）にあっては，木造の建築物に関する業務に限る．以下「設計等」という．）を業として行おうとするときは，一級建築士事務所，二級建築士事務所又は木造建築士事務所を定めて，その建築士事務所について，都道府県知事の登録を受けなければならない．

2　前項の登録の有効期間は，登録の日から起算して5年とする．

3　第1項の登録の有効期間の満了後，引き続き，他人の求めに応じ報酬を得て，設計等を業として行おうとする者は，その建築士事務所について更新の登録を受けなければならない．

[登録の申請]

第23条の2　前条第1項又は第3項の規定により建築士事務所について登録を受けようとする者（以下「登録申請者」という．）は，次に掲げる事項を記載した登録申請書をその建築士事務所の所在地を管轄する都道府県知事に提出しなければならない．

一　建築士事務所の名称及び所在地

二　一級建築士事務所，二級建築士事務所又は木造建築士事務所の別

三　登録申請者が個人である場合はその氏名，法人である場合はその名称及び役員（業務を執行する社員，取締役，執行役又はこれらに準ずる者をいう．以下この章において同じ．）の氏名

四　第24条第2項に規定する管理建築士の氏名及びその者の一級建築士，二級建築士又は木造建築士の別

五　建築士事務所に属する建築士の氏名及びその者の一級建築士，二級建築士又は木造建築士の別

六　前各号に掲げるもののほか，国土交通省令で定める事項

[登録の実施]

第23条の3　都道府県知事は，前条の規定による登録の申請があった場合においては，次条の規定により登録を拒否する場合を除くほか，遅滞なく，前条各号に掲げる事項及び登録年月日，登録番号その他国土交通省令で定める事項を一級建築士事務所登録簿，二級建築士事務所登録簿又は木造建築士事務所登録簿（以下「登録

簿」という.）に登録しなければならない.

2 都道府県知事は，前項の規定による登録をした場合においては，直ちにその旨を当該登録申請者に通知しなければならない.

[登録の拒否]

第 23 条の 4 都道府県知事は，登録申請者が次の各号のいずれかに該当する場合又は登録申請書に重要な事項についての虚偽の記載があり，若しくは重要な事実の記載が欠けている場合においては，その登録を拒否しなければならない.

一 破産手続開始の決定を受けて復権を得ない者

二 第 7 条第二号から第四号までのいずれかに該当する者

三 第 26 条第 1 項又は第 2 項の規定により建築士事務所について登録を取り消され，その取消しの日から起算して 5 年を経過しない者（当該登録を取り消された者が法人である場合においては，その取消しの原因となった事実があった日以前 1 年内にその法人の役員であった者でその取消しの日から起算して 5 年を経過しないもの）

四 第 26 条第 2 項の規定により建築士事務所の閉鎖の命令を受け，その閉鎖の期間が経過しない者（当該命令を受けた者が法人である場合においては，当該命令の原因となった事実があった日以前 1 年内にその法人の役員であった者でその閉鎖の期間が経過しないもの）

五 暴力団員による不当な行為の防止等に関する法律（平成 3 年法律第 77 号）第 2 条第六号に規定する暴力団員又は同号に規定する暴力団員でなくなった日から 5 年を経過しない者（第九号において「暴力団員等」という.）

六 心身の故障により建築士事務所の業務を適正に行うことができない者として国土交通省令で定めるもの

七 営業に関し成年者と同一の行為能力を有しない未成年者でその法定代理人（法定代理人が法人である場合においては，その役員を含む.）が前各号のいずれかに該当するもの

八 法人でその役員のうちに第一号から第六号までのいずれかに該当する者のあるもの

九 暴力団員等がその事業活動を支配する者

十 建築士事務所について第 24 条第 1 項及び第 2 項に規定する要件を欠く者

2 都道府県知事は，登録申請者が次の各号のいずれかに該当する場合は，その登録を拒否することができる.

一 第 8 条第一号又は第二号のいずれかに該当する者

二 営業に関し成年者と同一の行為能力を有しない未成年者でその法定代理人（法定代理人が法人である場合においては，その役員を含む.）が前号に該当するもの

三 法人でその役員のうちに第一号に該当する者のあるもの

3 都道府県知事は，前 2 項の規定により登録を拒否した場合においては，遅滞なく，その理由を記載した文書をもって，その旨を当該登録申請者に通知しなければならない.

[変更の届出]

第 23 条の 5 第 23 条の 3 第 1 項の規定により建築士事務所について登録を受けた者（以下「建築士事務所の開設者」という.）は，第 23 条の 2 第一号，第三号，第四

号又は第六号に掲げる事項について変更があったときは，2週間以内に，その旨を当該都道府県知事に届け出なければならない．

2　建築士事務所の開設者は，第23条の2第五号に掲げる事項について変更があったときは，3月以内に，その旨を当該都道府県知事に届け出なければならない．

3　第23条の3第1項及び前条の規定は，前2項の規定による変更の届出があった場合に準用する．

［設計等の業務に関する報告書］

第23条の6　建築士事務所の開設者は，国土交通省令で定めるところにより，事業年度ごとに，次に掲げる事項を記載した設計等の業務に関する報告書を作成し，毎事業年度経過後3月以内に当該建築士事務所に係る登録をした都道府県知事に提出しなければならない．

一　当該事業年度における当該建築士事務所の業務の実績の概要

二　当該建築士事務所に属する建築士の氏名

三　前号の建築士の当該事業年度における業務の実績（当該建築士事務所におけるものに限る．）

四　前3号に掲げるもののほか，国土交通省令で定める事項

［廃業等の届出］

第23条の7　建築士事務所の開設者が次の各号に掲げる場合のいずれかに該当することとなったときは，当該各号に定める者は，その日（第二号の場合にあっては，その事実を知った日）から30日以内に，その旨を当該建築士事務所に係る登録をした都道府県知事に届け出なければならない．

一　その登録に係る建築士事務所の業務を廃止したとき　　建築士事務所の開設者であった者

二　死亡したとき　　その相続人

三　破産手続開始の決定があったとき　　その破産管財人

四　法人が合併により解散したとき　　その法人を代表する役員であった者

五　法人が破産手続開始の決定又は合併以外の事由により解散したとき　　その清算人

［登録の抹消］

第23条の8　都道府県知事は，次の各号のいずれかに該当する場合においては，登録簿につき，当該建築士事務所に係る登録を抹消しなければならない．

一　前条の規定による届出があったとき．

二　第23条第1項の登録の有効期間の満了の際更新の登録の申請がなかったとき．

三　第26条第1項又は第2項の規定により登録を取り消したとき．

2　第23条の3第2項の規定は，前項の規定により登録を抹消した場合に準用する．

［登録簿等の閲覧］

第23条の9　都道府県知事は，次に掲げる書類を一般の閲覧に供しなければならない．

一　登録簿

二　第23条の6の規定により提出された設計等の業務に関する報告書

三　その他建築士事務所に関する書類で国土交通省令で定めるもの

［無登録業務の禁止］

第23条の10 建築士は，第23条の3第1項の規定による登録を受けないで，他人の求めに応じ報酬を得て，設計等を業として行ってはならない．

2 何人も，第23条の3第1項の規定による登録を受けないで，建築士を使用して，他人の求めに応じ報酬を得て，設計等を業として行ってはならない．

［建築士事務所の管理］

第24条 建築士事務所の開設者は，一級建築士事務所，二級建築士事務所又は木造建築士事務所ごとに，それぞれ当該一級建築士事務所，二級建築士事務所又は木造建築士事務所を管理する専任の一級建築士，二級建築士又は木造建築士を置かなければならない．

2 前項の規定により置かれる建築士事務所を管理する建築士（以下「管理建築士」という．）は，建築士として3年以上の設計その他の国土交通省令で定める業務に従事した後，第26条の5第1項の規定及び同条第2項において準用する第10条の23から第10条の25までの規定の定めるところにより国土交通大臣の登録を受けた者（以下この章において「登録講習機関」という．）が行う別表第三講習の欄に掲げる講習の課程を修了した建築士でなければならない．

3 管理建築士は，その建築士事務所の業務に係る次に掲げる技術的事項を総括するものとする．

一 受託可能な業務の量及び難易並びに業務の内容に応じて必要となる期間の設定

二 受託しようとする業務を担当させる建築士その他の技術者の選定及び配置

三 他の建築士事務所との提携及び提携先に行わせる業務の範囲の案の作成

四 建築士事務所に属する建築士その他の技術者の監督及びその業務遂行の適正の確保

4 管理建築士は，その者と建築士事務所の開設者とが異なる場合においては，建築士事務所の開設者に対し，前項各号に掲げる技術的事項に関し，その建築士事務所の業務が円滑かつ適切に行われるよう必要な意見を述べるものとする．

5 建築士事務所の開設者は，前項の規定による管理建築士の意見を尊重しなければならない．

［名義貸しの禁止］

第24条の2 建築士事務所の開設者は，自己の名義をもって，他人に建築士事務所の業務を営ませてはならない．

［再委託の制限］

第24条の3 建築士事務所の開設者は，委託者の許諾を得た場合においても，委託を受けた設計又は工事監理の業務を建築士事務所の開設者以外の者に委託してはならない．

2 建築士事務所の開設者は，委託者の許諾を得た場合においても，委託を受けた設計又は工事監理（いずれも延べ面積が300 m^2を超える建築物の新築工事に係るものに限る．）の業務を，それぞれ一括して他の建築士事務所の開設者に委託してはならない．

［帳簿の備付け等及び図書の保存］

第24条の4 建築士事務所の開設者は，国土交通省令で定めるところにより，その

建築士事務所の業務に関する事項で国土交通省令で定めるものを記載した帳簿を備え付け，これを保存しなければならない．

2　前項に定めるもののほか，建築士事務所の開設者は，国土交通省令で定めるところにより，その建築士事務所の業務に関する図書で国土交通省令で定めるものを保存しなければならない．

［標識の掲示］

第24条の5　建築士事務所の開設者は，その建築士事務所において，公衆の見やすい場所に国土交通省令で定める標識を掲げなければならない．

［書類の閲覧］

第24条の6　建築士事務所の開設者は，国土交通省令で定めるところにより，次に掲げる書類を，当該建築士事務所に備え置き，設計等を委託しようとする者の求めに応じ，閲覧させなければならない．

一　当該建築士事務所の業務の実績を記載した書類

二　当該建築士事務所に属する建築士の氏名及び業務の実績を記載した書類

三　設計等の業務に関し生じた損害を賠償するために必要な金額を担保するための保険契約の締結その他の措置を講じている場合にあっては，その内容を記載した書類

四　その他建築士事務所の業務及び財務に関する書類で国土交通省令で定めるもの

［重要事項の説明等］

第24条の7　建築士事務所の開設者は，設計受託契約又は工事監理受託契約を建築主と締結しようとするときは，あらかじめ，当該建築主に対し，管理建築士その他の当該建築士事務所に属する建築士（次項及び第3項において「管理建築士等」という．）をして，設計受託契約又は工事監理受託契約の内容及びその履行に関する次に掲げる事項について，これらの事項を記載した書面を交付して説明をさせなければならない．

一　設計受託契約にあっては，作成する設計図書の種類

二　工事監理受託契約にあっては，工事と設計図書との照合の方法及び工事監理の実施の状況に関する報告の方法

三　当該設計又は工事監理に従事することとなる建築士の氏名及びその者の一級建築士，二級建築士又は木造建築士の別並びにその者が構造設計一級建築士又は設備設計一級建築士である場合にあっては，その旨

四　報酬の額及び支払の時期

五　契約の解除に関する事項

六　前各号に掲げるもののほか，国土交通省令で定める事項

2　管理建築士等は，前項の説明をするときは，当該建築主に対し，一級建築士免許証，二級建築士免許証若しくは木造建築士免許証又は一級建築士免許証明書，二級建築士免許証明書若しくは木造建築士免許証明書を提示しなければならない．

3　管理建築士等は，第1項の規定による書面の交付に代えて，政令で定めるところにより，当該建築主の承諾を得て，当該書面に記載すべき事項を電子情報処理組織を使用する方法その他の情報通信の技術を利用する方法であって国土交通省令で定めるものにより提供することができる．この場合において，当該管理建築士等は，当該書面を交付したものとみなす．

[書面の交付]

第24条の8 建築士事務所の開設者は，設計受託契約又は工事監理受託契約を締結したときは，遅滞なく，国土交通省令で定めるところにより，次に掲げる事項を記載した書面を当該委託者に交付しなければならない.

一　第22条の3の3第1項各号に掲げる事項

二　前号に掲げるもののほか，設計受託契約又は工事監理受託契約の内容及びその履行に関する事項で国土交通省令で定めるもの

2　建築士事務所の開設者は，前項の規定による書面の交付に代えて，政令で定めるところにより，当該委託者の承諾を得て，当該書面に記載すべき事項を電子情報処理組織を使用する方法その他の情報通信の技術を利用する方法であって国土交通省令で定めるものにより提供することができる．この場合において，当該建築士事務所の開設者は，当該書面を交付したものとみなす.

[保険契約の締結等]

第24条の9 建築士事務所の開設者は，設計等の業務に関し生じた損害を賠償するために必要な金額を担保するための保険契約の締結その他の措置を講ずるよう努めなければならない.

[業務の報酬]

第25条 国土交通大臣は，中央建築士審査会の同意を得て，建築士事務所の開設者がその業務に関して請求することのできる報酬の基準を定めることができる.

[監督処分]

第26条 都道府県知事は，建築士事務所の開設者が次の各号のいずれかに該当する場合においては，当該建築士事務所の登録を取り消さなければならない.

一　虚偽又は不正の事実に基づいて第23条の3第1項の規定による登録を受けたとき.

二　第23条の4第1項第一号，第二号，第五号，第六号，第七号（同号に規定する未成年者でその法定代理人（法定代理人が法人である場合においては，その役員を含む.）が同項第四号に該当するものに係る部分を除く.），第八号（法人でその役員のうちに同項第四号に該当する者のあるものに係る部分を除く.），第九号又は第十号のいずれかに該当するに至ったとき.

三　第23条の7の規定に届出がなくて同条各号に掲げる場合のいずれかに該当する事実が判明したとき.

2　都道府県知事は，建築士事務所につき次の各号のいずれかに該当する事実がある場合においては，当該建築士事務所の開設者に対し，戒告し，若しくは1年以内の期間を定めて当該建築士事務所の閉鎖を命じ，又は当該建築士事務所の登録を取り消すことができる.

一　建築士事務所の開設者が第22条の3の3第1項から第4項まで又は第24条の2から第24条の8までの規定のいずれかに違反したとき.

二　建築士事務所の開設者が第23条の4第2項各号のいずれかに該当するに至ったとき.

三　建築士事務所の開設者が第23条の5第1項又は第2項の規定による変更の届出をせず，又は虚偽の届出をしたとき.

四　管理建築士が第10条第1項の規定による処分を受けたとき.

五　建築士事務所に属する建築士が, その属する建築士事務所の業務として行った行為を理由として, 第10条第1項の規定による処分を受けたとき.

六　管理建築士である二級建築士又は木造建築士が, 第3条第1項若しくは第3条の2第1項の規定又は同条第3項の規定に基づく条例の規定に違反して, 建築物の設計又は工事監理をしたとき.

七　建築士事務所に属する二級建築士又は木造建築士が, その属する建築士事務所の業務として, 第3条第1項若しくは第3条の2第1項の規定又は同条第3項の規定に基づく条例の規定に違反して, 建築物の設計又は工事監理をしたとき.

八　建築士事務所に属する者で建築士でないものが, その属する建築士事務所の業務として, 第3条第1項, 第3条の2第1項若しくは第3条の3第1項の規定又は第3条の2第3項 (第3条の3第2項において読み替えて準用する場合を含む.) の規定に基づく条例の規定に違反して, 建築物の設計又は工事監理をしたとき.

九　建築士事務所の開設者又は管理建築士がこの法律の規定に基づく都道府県知事の処分に違反したとき.

十　前各号に掲げるもののほか, 建築士事務所の開設者がその建築士事務所の業務に関し不正な行為をしたとき.

3　都道府県知事は, 前項の規定により建築士事務所の閉鎖を命じようとするときは, 行政手続法第13条第1項の規定による意見陳述のための手続の区分にかかわらず, 聴聞を行わなければならない.

4　第10条第3項, 第4項及び第6項の規定は都道府県知事が第1項若しくは第2項の規定により建築士事務所の登録を取り消し, 又は同項の規定により建築士事務所の閉鎖を命ずる場合について, 同条第5項の規定は都道府県知事が第1項又は第2項の規定による処分をした場合について, それぞれ準用する.

[報告及び検査]

第26条の2　都道府県知事は, 第10条の2第2項に定めるもののほか, この法律の施行に関し必要があると認めるときは, 建築士事務所の開設者若しくは管理建築士に対し, 必要な報告を求め, 又は当該職員をして建築士事務所に立ち入り, 図書その他の物件を検査させることができる.

2　第10条の2第3項及び第4項の規定は, 前項の規定による立入検査について準用する.

[指定事務所登録機関の指定]

第26条の3　都道府県知事は, その指定する者 (以下「指定事務所登録機関」という.) に, 建築士事務所の登録の実施に関する事務並びに登録簿及び第23条の9第三号に掲げる書類 (国土交通省令で定める書類に限る.) を一般の閲覧に供する事務 (以下「事務所登録等事務」という.) を行わせることができる.

2　指定事務所登録機関の指定は, 事務所登録等事務を行おうとする者の申請により行う.

3　第10条の5から第10条の18までの規定は, 指定事務所登録機関について準用する. この場合において, これらの規定 (第10条の5第1項第一号を除く.) 中「国土交通大臣」とあるのは「都道府県知事」と, 「一級建築士登録等事務」とある

のは「事務所登録等事務」と，第10条の5第1項中「他に」とあるのは「当該都道府県の区域において他に」と，同条中「前条第2項」とあるのは「第26条の3第2項」と，同項第一号中「一級建築士登録等事務の実施」とあるのは「事務所登録等事務（第26条の3第1項に規定する事務所登録等事務をいう．以下同じ．）の実施」と，「，一級建築士登録等事務」とあるのは「，事務所登録等事務」と読み替えるものとする．

[指定事務所登録機関が事務所登録等事務を行う場合における規定の適用等]

第26条の4 指定事務所登録機関が事務所登録等事務を行う場合における第23条第1項，第23条の2から第23条の4まで，第23条の5第1項及び第2項，第23条の7，第23条の8第1項並びに第23条の9の規定の適用については，これらの規定（第23条第1項，第23条の2及び第23条の9を除く．）中「都道府県知事」とあるのは「指定事務所登録機関」と，第23条第1項中「都道府県知事」とあるのは「指定事務所登録機関（第26条の3第1項に規定する指定事務所登録機関をいう．以下同じ．）」と，第23条の2中「都道府県知事」とあるのは「都道府県知事の第26条の3第1項の指定を受けた者」と，第23条の8第1項第三号中「登録」とあるのは「都道府県知事が登録」と，第23条の9中「次に掲げる書類」とあるのは「次に掲げる書類（登録簿及び第26条の3第1項の国土交通省令で定める書類を除く．）」とする．

2 都道府県は，地方自治法第227条の規定に基づき建築士事務所の登録に係る手数料を徴収する場合においては，前条の規定により指定事務所登録機関が行う建築士事務所の登録を受けようとする者に，条例で定めるところにより，当該手数料を当該指定事務所登録機関に納めさせ，その収入とすることができる．

[管理建築士講習の講習機関の登録]

第26条の5 第24条第2項の登録（次項において単に「登録」という．）は，同条第2項の講習の実施に関する事務を行おうとする者の申請により行う．

2 第10条の23，第10条の24，第10条の25第1項及び第10条の26の規定は登録に，第10条の25第2項及び第3項並びに第10条の27から第10条の38までの規定は登録講習機関について準用する．この場合において，第10条の23第五号中「講習事務」とあるのは「第24条第2項の講習の実施に関する事務（以下「講習事務」という．）」と，第10条の24第1項第一号中「別表第一の各項の講習の欄」とあるのは「別表第三講習の欄」と，同条第2項中「次に掲げる事項」とあるのは「次に掲げる事項（登録の区分に関する事項を除く．）」と読み替えるものとする．

[国土交通省令への委任]

第27条 この章に規定するもののほか，建築士事務所の登録，第24条第2項の登録及び講習並びに登録講習機関に関して必要な事項は，国土交通省令で定める．

第27条の2〜第27条の5 （略）

[建築士審査会]

第28条 一級建築士試験，二級建築士試験又は木造建築士試験に関する事務（中央指定試験機関又は都道府県指定試験機関が行う事務を除く．）をつかさどらせるとともに，この法律によりその権限に属させられた事項を処理させるため，国土交

省に中央建築士審査会を，都道府県に都道府県建築士審査会を置く．

[建築士審査会の組織]

第29条　中央建築士審査会及び都道府県建築士審査会は，委員をもって組織し，中央建築士審査会の委員の定数は，10人以内とする．

2　中央指定試験機関又は都道府県指定試験機関が一級建築士試験事務又は二級建築士等試験事務を行う場合を除き，試験の問題の作成及び採点を行わせるため，一級建築士試験にあっては中央建築士審査会に，二級建築士試験又は木造建築士試験にあっては都道府県建築士審査会に，それぞれ試験委員を置く．

3　委員及び前項の試験委員は，建築士のうちから，中央建築士審査会にあっては国土交通大臣が，都道府県建築士審査会にあっては都道府県知事が任命する．この場合において，やむを得ない理由があるときは，学識経験のある者のうちから，任命することができる．ただし，その数は，それぞれ委員又は同項の試験委員の半数を超えてはならない．

[委員の任期]

第30条　委員の任期は，2年（都道府県建築士審査会の委員にあっては，その任期を2年を超え3年以下の期間で都道府県が条例で定めるときは，当該条例で定める期間）とする．ただし，補欠の委員の任期は，前任者の残任期間とする．

2　前項の委員は，再任されることができる．

3　（略）

[会長]

第31条　中央建築士審査会及び都道府県建築士審査会にそれぞれ会長を置き，委員の互選によって定める．

2　会長は会務を総理する．

3　会長に事故のあるときは，委員のうちからあらかじめ互選された者が，その職務を代理する．

[不正行為の禁止]

第32条　委員又は第29条第2項の試験委員は，その事務の施行に当たって，厳正を保持し不正の行為のないようにしなければならない．

[政令への委任]

第33条　この章に規定するもののほか，中央建築士審査会及び都道府県建築士審査会に関して必要な事項は，政令で定める．

第34条～第43条　（略）

（附　則〈略〉）

別表第一（第10条の3，第10条の22，第10条の24関係）

	講習	科目	講師
（一）	構造設計一級建築士講習	イ　構造関係規定に関する科目	(1)　学校教育法による大学（以下「大学」という。）において行政法学を担当する教授若しくは准教授の職にあり，又はこれらの職にあった者 (2)　(1)に掲げる者と同等以上の知識及び経験を有する者
		ロ　建築物の構造に関する科目	(1)　大学において建築学を担当する教授若しくは准教授の職にあり，又はこれらの職にあった者 (2)　(1)に掲げる者と同等以上の知識及び経験を有する者
（二）	設備設計一級建築士講習	イ　設備関係規定に関する科目	(1)　大学において行政法学を担当する教授若しくは准教授の職にあり，又はこれらの職にあった者 (2)　(1)に掲げる者と同等以上の知識及び経験を有する者
		ロ　建築設備に関する科目	(1)　大学において建築学を担当する教授若しくは准教授の職にあり，又はこれらの職にあった者 (2)　(1)に掲げる者と同等以上の知識及び経験を有する者

別表第二（第22条の2，第22条の3関係）

	講習	科目	講師
（一）	一級建築士定期講習	イ　建築物の建築に関する法令に関する科目	(1)　大学において行政法学を担当する教授若しくは准教授の職にあり，又はこれらの職にあった者 (2)　(1)に掲げる者と同等以上の知識及び経験を有する者
		ロ　設計及び工事監理に関する科目	(1)　大学において建築学を担当する教授若しくは准教授の職にあり，又はこれらの職にあった者 (2)　(1)に掲げる者と同等以上の知識及び経験を有する者
（二）	二級建築士定期講習	イ　建築物の建築に関する法令に関する科目	(1)　大学において行政法学を担当する教授若しくは准教授の職にあり，又はこれらの職にあった者 (2)　(1)に掲げる者と同等以上の知識及び経験を有する者
		ロ　建築物（第3条に規定する建築物を除く.）の設計及び工事監理に関する科目	(1)　大学において建築学を担当する教授若しくは准教授の職にあり，又はこれらの職にあった者 (2)　(1)に掲げる者と同等以上の知識及び経験を有する者
（三）	木造建築士定期講習	イ　木造の建築物の建築に関する法令に関する科目	(1)　大学において行政法学を担当する教授若しくは准教授の職にあり，又はこれらの職にあった者 (2)　(1)に掲げる者と同等以上の知識及び経験を有する者

		ロ　木造の建築物（第3条及び第3条の2に規定する建築物を除く。）の設計及び工事監理に関する科目	(1)　大学において建築学を担当する教授若しくは准教授の職にあり，又はこれらの職にあった者 (2)　(1)に掲げる者と同等以上の知識及び経験を有する者
(四)	構造設計一級建築士定期講習	イ　構造関係規定に関する科目	(1)　大学において行政法学を担当する教授若しくは准教授の職にあり，又はこれらの職にあった者 (2)　(1)に掲げる者と同等以上の知識及び経験を有する者
		ロ　構造設計に関する科目	(1)　大学において建築学を担当する教授若しくは准教授の職にあり，又はこれらの職にあった者 (2)　(1)に掲げる者と同等以上の知識及び経験を有する者
(五)	設備設計一級建築士定期講習	イ　設備関係規定に関する科目	(1)　大学において行政法学を担当する教授若しくは准教授の職にあり，又はこれらの職にあった者 (2)　(1)に掲げる者と同等以上の知識及び経験を有する者
		ロ　設備設計に関する科目	(1)　大学において建築学を担当する教授若しくは准教授の職にあり，又はこれらの職にあった者 (2)　(1)に掲げる者と同等以上の知識及び経験を有する者

別表第三（第24条，第26条の5関係）

講習	科目	講師
管理建築士講習	イ　この法律その他関係法令に関する科目	(1)　大学において行政法学を担当する教授若しくは准教授の職にあり，又はこれらの職にあった者 (2)　(1)に掲げる者と同等以上の知識及び経験を有する者
	ロ　建築物の品質確保に関する科目	(1)　管理建築士として3年以上の実務の経験を有する管理建築士 (2)　(1)に掲げる者と同等以上の知識及び経験を有する者

建築士法施行令［抜粋］

昭和 25 年 6 月 22 日　政令第 201 号
最終改正　令和 3 年 8 月 4 日　政令第 224 号

［一級建築士免許証又は一級建築士免許証明書の書換え交付等の手数料］

第 1 条　建築士法（以下「法」という.）第 5 条第 6 項（法第 10 条の 19 第 1 項の規定により読み替えて適用する場合を含む.）の政令で定める額は，5 900 円とする.

第 2 条，第 3 条　（略）

［一級建築士の受験手数料］

第 4 条　法第 16 条第 1 項の政令で定める額は，17 000 円とする.

2　受験手数料は，これを納付した者が試験を受けなかった場合においても，返還しない.

3　（略）

第 5 条，第 6 条　（略）

［法第 20 条第 4 項の規定による承諾に関する手続等］

第 7 条　法第 20 条第 4 項の規定による承諾は，建築士が，国土交通省令で定めるところにより，あらかじめ，当該承諾に係る建築主に対し電磁的方法（同項に規定する方法をいう. 以下この条において同じ.）による報告に用いる電磁的方法の種類及び内容を示した上で，当該建築主から書面又は電子情報処理組織を使用する方法その他の情報通信の技術を利用する方法であって国土交通省令で定めるもの（次項において「書面等」という.）によって得るものとする.

2　建築士は，前項の承諾を得た場合であっても，当該承諾に係る建築主から書面等により電磁的方法による報告を受けない旨の申出があったときは，当該電磁的方法による報告をしてはならない. ただし，当該申出の後に当該建築主から再び同項の承諾を得た場合は，この限りでない.

［法第 22 条の 3 の 3 第 4 項の規定による承諾等に関する手続等］

第 8 条　法第 22 条の 3 の 3 第 4 項の規定による承諾については，前条の規定を準用する. この場合において，同条中「建築士」とあるのは「設計受託契約又は工事監理受託契約の当事者」と，「建築主」とあるのは「契約の相手方」と，「報告」とあるのは「提供」と読み替えるものとする.

2　法第 24 条の 7 第 3 項の規定による承諾については，前条の規定を準用する. この場合において，同条中「建築士」とあるのは「管理建築士等」と，「報告」とあるのは「提供」と読み替えるものとする.

3　法第 24 条の 8 第 2 項の規定による承諾については，前条の規定を準用する. この場合において，同条中「建築士」とあるのは「建築士事務所の開設者」と，「建築主」とあるのは「委託者」と，「報告」とあるのは「提供」と読み替えるものとする.

［建築士審査会の委員等の勤務］

第 9 条　中央建築士審査会及び都道府県建築士審査会（次条及び第 13 条において「建築士審査会」と総称する.）の委員及び試験委員は，非常勤とする.

［建築士審査会の議事］

第10条　建築士審査会は，委員の半数以上が出席しなければ，会議を開くことができない．

2　建築士審査会の議事は，出席委員の過半数で決し，可否同数の場合は，会長の決するところによる．

［試験委員］

第11条　中央建築士審査会の試験委員は，10人以上30人以内とし，都道府県建築士審査会の試験委員は，5人以上とする．

2　中央建築士審査会及び都道府県建築士審査会の試験委員は，それぞれ一級建築士試験又は二級建築士試験若しくは木造建築士試験の科目について専門的な知識及び技能を有し，かつ，試験委員としてふさわしい者のうちから任命するものとする．

［中央建築士審査会の庶務］

第12条　中央建築士審査会の庶務は，国土交通省住宅局建築指導課において処理する．

［建築士審査会の運営］

第13条　法又はこの政令に定めるもののほか，建築士審査会の運営に関し必要な事項は，建築士審査会が定める．

（附　則〈略〉）

建築士法施行規則 ［抜粋］

昭和 25 年 10 月 31 日　建設省令第 38 号
最終改正　令和 3 年 12 月 16 日　国土交通省令第 78 号

［構造設計図書及び設備設計図書］

第 1 条　建築士法（以下「法」という．）第 2 条第 7 項の国土交通省令で定める建築物の構造に関する設計図書は，次に掲げる図書（建築基準法（昭和 25 年法律第 201 号）第 68 条の 10 第 1 項の規定により，建築基準法施行令（昭和 25 年政令第 338 号）第 136 条の 2 の 11 第一号で定める一連の規定に適合するものであることの認定を受けた型式による建築物の部分を有する建築物に係るものを除く．）とする．

一　建築基準法施行規則（昭和 25 年建設省令第 40 号）第 1 条の 3 第 1 項の表二の第（一）項の（い）欄に掲げる建築物の区分に応じそれぞれ同表の第（一）項の（ろ）欄に掲げる図書及び同条第 4 項の表一の各項の（い）欄に掲げる建築設備の区分に応じそれぞれ当該各項の（ろ）欄に掲げる図書（いずれも構造関係規定に係るものに限る．）

二　建築基準法第 20 条第 1 項第一号の認定に係る構造方法を用いる建築物にあっては，建築基準法施行規則第 10 条の 5 の 21 第 1 項各号に掲げる図書

三　建築基準法施行規則第 1 条の 3 第 1 項の表三の各項の（い）欄に掲げる建築物にあっては，その区分に応じそれぞれ当該各項の（ろ）欄に掲げる構造計算書

四　建築基準法施行令第 81 条第 2 項第一号イ若しくはロ又は同項第二号イに規定する国土交通大臣が定める基準に従った構造計算により安全性を確かめた建築物にあっては，建築基準法施行規則第 1 条の 3 第 1 項の表三の各項の（ろ）欄に掲げる構造計算書に準ずるものとして国土交通大臣が定めるもの

2　法第 2 条第 7 項に規定する国土交通省令で定める建築設備に関する設計図書は，建築基準法施行規則第 1 条の 3 第 4 項の表一の各項の（い）欄に掲げる建築設備の区分に応じそれぞれ当該各項の（ろ）欄に掲げる図書（設備関係規定が適用される建築設備に係るものに限る．）とする．

［実務の経験の内容］

第 1 条の 2　法第 4 条第 2 項第一号及び第四号の国土交通省令で定める建築に関する実務は，次に掲げるものとする．

一　建築物の設計（法第 21 条に規定する設計をいう．第 20 条の 4 第 1 項第一号において同じ．）に関する実務

二　建築物の工事監理に関する実務

三　建築工事の指導監督に関する実務

四　建築士事務所の業務として行う建築物に関する調査又は評価に関する実務

五　次に掲げる工事の施工の技術上の管理に関する実務

イ　建築一式工事（建設業法（昭和 24 年法律第 100 号）別表第一に掲げる建築一式工事をいう．）

ロ　大工工事（建設業法別表第一に掲げる大工工事をいう．）

ハ　建築設備（建築基準法第 2 条第三号に規定する建築設備をいう．）の設置工事

六　建築基準法第18条の3第1項に規定する確認審査等に関する実務

七　前各号の実務に準ずるものとして国土交通大臣が定める実務

2　第1項各号に掲げる実務の経験には，単なる写図工若しくは労務者としての経験又は単なる庶務，会計その他これらに類する事務に関する経験を含まないものとする．

3　第1項各号に掲げる実務に従事したそれぞれの期間は通算することができる．

[心身の故障により一級建築士，二級建築士又は木造建築士の業務を適正に行うことができない者]

第1条の3　法第8条第三号の国土交通省令で定める者は，精神の機能の障害により一級建築士，二級建築士又は木造建築士の業務を適正に行うに当たって必要な認知，判断及び意思疎通を適切に行うことができない者とする．

[治療等の考慮]

第1条の4　国土交通大臣又は都道府県知事は，一級建築士又は二級建築士若しくは木造建築士の免許を申請した者が前条に規定する者に該当すると認める場合において，当該者に免許を与えるかどうかを決定するときは，当該者が現に受けている治療等により障害の程度が軽減している状況を考慮しなければならない．

[免許の申請]

第1条の5　法第4条第1項の規定により一級建築士の免許を受けようとする者は，第一号書式による免許申請書に，次に掲げる書類（その書類を得られない正当な事由がある場合においては，これに代わる適当な書類）を添え，これを国土交通大臣に提出しなければならない．ただし，第15条第1項の規定により同項第一号に掲げる書類を国土交通大臣に提出した場合又は同条第2項の規定により当該書類を中央指定試験機関に提出した場合で，当該書類に記載された内容と第一号書式による免許申請書に記載された内容が同一であるときは，第三号に掲げる書類を添えることを要しない．

一　本籍の記載のある住民票の写しその他参考となる事項を記載した書類

二　国土交通大臣又は中央指定試験機関が交付した一級建築士試験に合格したことを証する書類

三　次のイからニまでのいずれかに掲げる書類

　イ　法第4条第2項第一号，第二号又は第三号に該当する者にあっては，当該各号に掲げる学校を卒業したことを証する証明書

　ロ　法第4条第2項第四号に該当する者にあっては，二級建築士であった期間を証する都道府県知事の証明書

　ハ　国土交通大臣が別に定める法第4条第2項第五号に該当する者の基準に適合する者にあっては，その基準に適合することを証するに足る書類

　ニ　法第4条第2項第五号に該当する者のうち，ハに掲げる者以外の者にあっては，法第4条第2項第一号から第四号までに掲げる者と同等以上の知識及び技能を有することを証する書類

四　第一号の二書式による実務の経験を記載した書類（以下この号において「実務経歴書」という．）及び第一号の三書式による使用者その他これに準ずる者が実務経歴書の内容が事実と相違しないことを確認したことを証する書類

2　法第4条第5項の規定により一級建築士の免許を受けようとする者は，第一号

書式による免許申請書に，前項第一号に掲げる書類（その書類を得られない正当な事由がある場合においては，これに代わる適当な書類）及び外国の建築士免許証の写しを添え，これを国土交通大臣に提出しなければならない．

3　前2項の免許申請書には，申請前6月以内に撮影した無帽，正面，上半身，無背景の縦の長さ4.5 cm，横の長さ3.5 cmの写真でその裏面に氏名及び撮影年月日を記入したもの（以下「一級建築士免許証用写真」という．）を貼付しなければならない．

[免許]

第2条　国土交通大臣は，前条の規定による申請があった場合においては，免許申請書の記載事項を審査し，申請者が一級建築士となる資格を有すると認めたときは，法第5条第1項の一級建築士名簿（以下「名簿」という．）に登録し，かつ，申請者に第二号書式による一級建築士免許証を交付する．

2　国土交通大臣は，前項の場合において，申請者が一級建築士となる資格を有しないと認めたときは，理由を付し，免許申請書を申請者に返却する．

[登録事項]

第3条　名簿に登録する事項は，次のとおりとする．

一　登録番号及び登録年月日

二　氏名，生年月日及び性別

三　一級建築士試験合格の年月日及び合格証書番号（外国の建築士免許を受けた者にあっては，その免許の名称，免許者名及び免許の年月日）

四　法第10条第1項の規定による戒告，業務停止又は免許の取消しの処分及びこれらの処分を受けた年月日

五　法第10条の3第1項第一号若しくは同条第2項第一号又は法第24条第2項に規定する講習の課程を修了した者にあっては，当該講習を修了した年月日及び当該講習の修了証の番号

六　法第22条の2に定める講習を受けた年月日及び当該講習の修了証の番号

七　第9条の3第3項の規定により構造設計一級建築士証若しくは設備設計一級建築士証の交付を受けた者にあっては，当該建築士証の番号及び当該建築士証の交付を受けた年月日

八　構造設計一級建築士証若しくは設備設計一級建築士証の返納を行った者にあっては，当該建築士証の返納を行った年月日

[登録事項の変更]

第4条　一級建築士は，前条第二号に掲げる登録事項に変更を生じた場合においては，その変更を生じた日から30日以内に，その旨を国土交通大臣に届け出なければならない．

2　国土交通大臣は，前項の届出があった場合においては，名簿を訂正する．

[免許証の書換え交付]

第4条の2　一級建築士は，前条第1項の規定による届出をする場合において，一級建築士免許証（以下「免許証」という．）又は一級建築士免許証明書（以下「免許証明書」という．）に記載された事項に変更があったときは，免許証の書換え交付を申請しなければならない．

2　前項及び法第5条第3項の規定により免許証の書換え交付を申請しようとする

者は，一級建築士免許証用写真を貼付した免許証書換え交付申請書に免許証又は免許証明書を添え，これを国土交通大臣に提出しなければならない．

3　国土交通大臣は，前項の規定による申請があった場合においては，免許証を書き換えて，申請者に交付する．

[免許証の再交付]

第5条　一級建築士は，免許証又は免許証明書を汚損し又は失った場合においては，遅滞なく，一級建築士免許証用写真を貼付した免許証再交付申請書にその事由を記載し，汚損した場合にあってはその免許証又は免許証明書を添え，これを国土交通大臣に提出しなければならない．

2　国土交通大臣は，前項の規定による申請があった場合においては，申請者に免許証を再交付する．

3　一級建築士は，第1項の規定により免許証の再交付を申請した後，失った免許証又は免許証明書を発見した場合においては，発見した日から10日以内に，これを国土交通大臣に返納しなければならない．

[心身の故障により**一級建築士，二級建築士又は木造建築士の業務を適正に行うこと**ができない場合]

第5条の2　法第8条の2第三号の国土交通省令で定める場合は，一級建築士，二級建築士又は木造建築士が精神の機能の障害を有することにより認知，判断及び意思疎通を適切に行うことができない状態となった場合とする．

[免許の取消しの申請及び免許証等の返納]

第6条　一級建築士は，第8条の2（第二号に該当する場合に限る．）の規定による届出をする場合においては，届出書に，免許証又は免許証明書を添え，これを国土交通大臣に提出しなければならない．

2　一級建築士又はその法定代理人若しくは同居の親族は，法第8条の2（第三号に係る部分に限る．）の規定による届出をする場合においては，届出書に，病名，障害の程度，病因，病後の経過，治癒の見込みその他参考となる所見を記載した医師の診断書を添え，これを国土交通大臣に提出しなければならない．

3　一級建築士は，法第9条第1項第一号の規定による免許の取消しを申請する場合においては，免許取消申請書に，免許証又は免許証明書を添え，これを国土交通大臣に提出しなければならない．

4　一級建築士が失踪の宣告を受けた場合においては，戸籍法（昭和22年法律第224号）による失踪の届出義務者は，失踪の宣告の日から30日以内に，その旨を国土交通大臣に届け出なければならない．

5　一級建築士が法第9条第1項（第一号及び第二号を除き，第三号にあっては法第8条の2第二号に掲げる場合に該当する場合に限る．）若しくは第2項又は法第10条第1項の規定により免許を取り消された場合においては，当該一級建築士（法第9条第2項の規定により免許を取り消された場合においては，当該一級建築士又はその法定代理人若しくは同居の親族）は，取消しの通知を受けた日から10日以内に，免許証又は免許証明書を国土交通大臣に返納しなければならない．

[免許の取消しの公告]

第6条の2　法第9条第3項の規定による公告は，次に掲げる事項について，国土交

通大臣にあっては官報又はウェブサイトへの掲載その他適切な方法で，都道府県知事にあっては当該都道府県の公報又はウェブサイトへの掲載その他の適切な方法で行うものとする．

一　免許の取消しをした年月日

二　免許の取消しを受けた建築士の氏名，その者の一級建築士，二級建築士又は木造建築士の別及びその者の登録番号

三　免許の取消しの理由

[処分の公告]

第6条の3　法第10条第5項の規定による公告は，次に掲げる事項について，国土交通大臣にあっては官報又はウェブサイトへの掲載その他の適切な方法で，都道府県知事にあっては当該都道府県の公報又はウェブサイトへの掲載その他の適切な方法で行うものとする．

一　処分をした年月日

二　処分を受けた建築士の氏名，その者の一級建築士，二級建築士又は木造建築士の別及びその者の登録番号

三　処分の内容

四　処分の原因となった事実

[登録の抹消]

第7条　国土交通大臣は，免許を取り消した場合又は第6条第4項の届出があった場合においては，登録を抹消し，その名簿に抹消の事由及び年月日を記載する．

2　国土交通大臣は，前項の規定により登録を抹消した名簿を，抹消した日から5年間保存する．

[住所等の届出]

第8条　法第5条の2第1項に規定する国土交通省令で定める事項は，次に掲げるものとする．

一　登録番号及び登録年月日

二　本籍，住所，氏名，生年月日及び性別

三　建築に関する業務に従事する者にあっては，その業務の種別並びに勤務先の名称（建築士事務所にあっては，その名称及び開設者の氏名）及び所在地

2　法第5条の2第1項の規定による届出は，一級建築士にあっては，第三号書式によらなければならない．

[免許証等の領置]

第9条　国土交通大臣は，法第10条第1項の規定により一級建築士に業務の停止を命じた場合においては，当該一級建築士に対して，免許証又は免許証明書の提出を求め，かつ，処分期間満了までこれを領置することができる．

[一級建築士名簿の閲覧]

第9条の2　国土交通大臣は，法第6条第2項の規定により一級建築士名簿を一般の閲覧に供するため，閲覧規則を定めてこれを告示しなければならない．

第9条の3〜第9条の7　（略）

第10条　削除

第11条 一級建築士試験は，学科及び設計製図について，筆記試験により行う．

2 設計製図の試験は，学科の試験に合格した者に限り，受けることができる．

3 前項に規定する学科の試験は，建築計画，環境工学，建築設備（設備機器の概要を含む．），構造力学，建築一般構造，建築材料，建築施工，建築積算，建築法規等に関する必要な知識について行う．

第12条 学科の試験に合格した者については，学科の試験に合格した一級建築士試験（以下この条において「学科合格試験」という．）に引き続いて行われる次の4回の一級建築士試験のうち2回（学科合格試験の設計製図の試験を受けなかった場合においては3回）の一級建築士試験に限り，学科の試験を免除する．

[二級建築士試験の基準]

第13条 二級建築士試験は，学校教育法（昭和22年法律第26号）による高等学校における正規の建築に関する課程において修得する程度の基本的知識並びにこれを用いて通常の木造の建築物及び簡単な鉄筋コンクリート造，鉄骨造，れん瓦造，石造及びコンクリートブロック造の建築物の設計及び工事監理を行う能力を判定することに基準を置くものとする．

2 前項の基準によって試験すべき事項を例示すると，おおむね次のとおりである．

一 各種の用途に供する建築物の設計製図及びこれに関する仕様書の作成

二 建築物の用途に応ずる敷地の選定に関すること

三 各種の用途に供する建築物の間取りその他建築物の平面計画に関すること

四 建築物の採光，換気及び照明に関すること

五 簡易な建築設備の概要に関すること

六 各種建築材料の性質，判別及び使用方法に関すること

七 通常の木造の建築物の基礎，軸組，小屋組，床，壁，屋根，造作等各部の構造に関すること

八 簡単な鉄筋コンクリート造，鉄骨造，れん瓦造，石造又はコンクリートブロック造の建築物の構法の原理の概要並びにこれらの建築物の各部の構造に関すること

九 建築物の防腐，防火，耐震，耐風構法に関すること

十 普通のトラスの解法，簡単なラーメンに生ずる応力の概要又は普通のはり，柱等の部材の断面の決定に関すること

十一 建築工事現場の管理（工事現場の災害防止を含む．）に関すること

十二 建築工事の請負契約書，工費見積書又は工程表に関すること

十三 普通に使用される建築工事用機械器具の種類及び性能に関すること

十四 建築物各部の施工の指導監督及び検査に関すること

十五 建築物の敷地の平面測量又は高低測量に関すること

十六 法及び建築基準法並びにこれらの関係法令に関すること

[木造建築士試験の基準]

第13条の2 木造建築士試験は，学校教育法による高等学校における正規の建築に関する課程において修得する程度の小規模の木造の建築物の建築に関する基本的知識並びにこれを用いて小規模の木造の建築物の設計及び工事監理を行う能力を判定することに基準を置くものとする．

2 前項の基準によって試験すべき事項を例示すると，おおむね次のとおりである．

一 小規模の木造の建築物に関する前条第2項第一号から第七号まで，第九号及び第十一号から第十六号までに掲げる事項

二 小規模の木造の建築物の鉄筋コンクリート造，コンクリートブロック造等の部分の構造に関すること

三 小規模の木造の建築物の普通の筋かい，たる木，すみ木等の部材の形状の決定に関すること

四 小規模の木造の建築物の普通のはり，柱等の部材の断面の決定に関すること

［試験期日等の公告］

第14条 一級建築士試験を施行する期日，場所その他試験の施行に関して必要な事項は，国土交通大臣があらかじめ官報で公告する．

［受験申込書］

第15条 一級建築士試験（中央指定試験機関が一級建築士試験事務を行うものを除く．）を受けようとする者は，受験申込書に，次に掲げる書類を添え，これを国土交通大臣に提出しなければならない．

一 次のイからニまでのいずれかに掲げる書類

イ 法第14条第一号に該当する者にあっては，同号に掲げる学校を卒業したことを証する証明書（その証明書を得られない正当な事由がある場合においては，これに代わる適当な書類）

ロ 法第14条第二号に該当する者にあっては，二級建築士であった期間を証する都道府県知事の証明書

ハ 国土交通大臣が別に定める法第14条第三号に該当する者の基準に適合する者にあっては，その基準に適合することを証するに足る書類

ニ 法第14条第三号に該当する者のうち，ハに掲げる者以外の者にあっては，法第14条第一号又は第二号に掲げる者と同等以上の知識及び技能を有することを証する書類

二 申請前6ケ月以内に，脱帽し正面から上半身を写した写真で，縦4.5cm，横3.5cmのもの

2 中央指定試験機関が一級建築士試験事務を行う一級建築士試験を受けようとする者は，受験申込書に，前項に掲げる書類を添え，中央指定試験機関の定めるところにより，これを中央指定試験機関に提出しなければならない．

［合格公告及び通知］

第16条 国土交通大臣又は中央指定試験機関は，一級建築士試験に合格した者の受験番号を公告し，本人に合格した旨を通知する．

2 国土交通大臣又は中央指定試験機関は，学科の試験に合格した者にその旨を通知する．

第17条〜第17条の35 （略）

［定期講習の受講期間］

第17条の36 法第22条の2の国土交通省令で定める期間は，法第22条の2各号に掲げる建築士が同条各号に規定する講習のうち直近のものを受けた日の属する年度の翌年度の開始の日から起算して3年とする．

第17条の37 次の表の左欄に掲げる講習について，同表の中欄に掲げる一級建築士は，前条の規定にかかわらず，それぞれ同表の右欄に定めるところにより講習を受けなければならない．

一 一級建築士定期講習	イ　一級建築士試験に合格した日の属する年度の翌年度の開始の日から起算して3年以内に建築士事務所に所属した一級建築士であって，一級建築士定期講習を受けたことがない者	当該建築士試験に合格した日の属する年度の翌年度の開始の日から起算して3年以内
	ロ　一級建築士試験に合格した日の属する年度の翌年度の開始の日から起算して3年を超えた日以降に建築士事務所に所属した一級建築士であって，一級建築士定期講習を受けたことがない者	遅滞なく
	ハ　一級建築士であって，建築士事務所に所属しなくなった後，当該者が受けた一級建築士定期講習のうち直近のものを受けた日の属する年度の翌年度の開始の日から起算して3年を超えた日以降に建築士事務所に所属した者	遅滞なく
二 構造設計一級建築士定期講習	法第10条の2の2第1項の構造設計一級建築士証の交付を受けた者であって，構造設計一級建築士定期講習を受けたことがない者	法第10条の2の2第1項第一号に規定する講習を修了した日の属する年度の翌年度の開始の日から起算して3年以内
三 設備設計一級建築士定期講習	法第10条の2の2第2項の設備設計一級建築士証の交付を受けた者であって，設備設計一級建築士定期講習を受けたことがない者	法第10条の2の2第2項第一号に規定する講習を修了した日の属する年度の翌年度の開始の日から起算して3年以内

2　前項の規定（表第二号及び第三号を除く．）は，二級建築士について準用する．この場合において，同項中「一級建築士」とあるのは「二級建築士」と読み替えるものとする．

3　第1項の規定（表第二号及び第三号を除く．）は，木造建築士について準用する．この場合において，同項中「一級建築士」とあるのは「木造建築士」と読み替えるものとする．

4　法第22条の2の規定により同条第二号又は第三号に掲げる講習を受けなければならない建築士であって，同条第一号に掲げる講習を受けた者は，同条第二号又は第三号に掲げる講習を受けたものとみなす．

5　法第22条の2の規定により同条第三号に掲げる講習を受けなければならない建築士（第4項に掲げる者を除く．）であって，同条第二号に掲げる講習を受けた者は，同条第三号に掲げる講習を受けたものとみなす．

［延べ面積が300 m² を超える建築物に係る契約の内容］

第17条の38 法第22条の3の3第1項第六号に規定する国土交通省令で定める事項は，次に掲げるものとする．

一　建築士事務所の名称及び所在地並びに当該建築士事務所の一級建築士事務所，二級建築士事務所又は木造建築士事務所の別

二　建築士事務所の開設者の氏名（当該建築士事務所の開設者が法人である場合にあっては，当該開設者の名称及びその代表者の氏名）

三　設計受託契約又は工事監理受託契約の対象となる建築物の概要

四　業務に従事することとなる建築士の登録番号

五　業務に従事することとなる建築設備士がいる場合にあっては，その氏名

六　設計又は工事監理の一部を委託する場合にあっては，当該委託に係る設計又は工事監理の概要並びに受託者の氏名又は名称及び当該受託者に係る建築士事務所の名称及び所在地

七　設計又は工事監理の実施の期間

八　第三号から第六号までに掲げるもののほか，設計又は工事監理の種類,内容及び方法

第 17 条の 39〜第 17 条の 41　（略）

［更新の登録の申請］

第 18 条　法第 23 条第 3 項の規定により更新の登録を受けようとする者は，有効期間満了の日前 30 日までに登録申請書を提出しなければならない.

［添付書類］

第 19 条　法第 23 条第 1 項又は第 3 項の規定により建築士事務所について登録を受けようとする者（以下「登録申請者」という.）は，法第 23 条の 2 の登録申請書の正本及び副本にそれぞれ次に掲げる書類を添付しなければならない.

一　建築士事務所が行った業務の概要を記載した書類

二　登録申請者（法人である場合には，その代表者をいう.以下この号において同じ.）及び建築士事務所を管理する建築士（以下「管理建築士」という.）の略歴を記載した書類（登録申請者が管理建築士を兼ねているときは，登録申請者の略歴を記載した書類とする.）

三　管理建築士が受講した法第 24 条第 2 項に規定する講習の修了証の写し

四　法第 23 条の 4 第 1 項各号及び第 2 項各号に関する登録申請者の誓約書

五　登録申請者が法人である場合には，定款及び登記事項証明書

［登録申請書等の書式］

第 20 条　登録申請書及び前条の添付書類（同条第四号に掲げる書類を除く.）は，それぞれ第五号書式及び第六号書式によらなければならない.

［登録事項］

第 20 条の 2　法第 23 条の 3 第 1 項に規定する国土交通省令で定める事項は，法第 26 条第 1 項又は第 2 項の規定による取消し，戒告又は閉鎖の処分（当該処分を受けた日から 5 年を経過したものを除く.）及びこれらを受けた年月日並びに建築士事務所に属する建築士の登録番号とする.

2　都道府県知事は，法第 23 条の 3 第 1 項の規定による登録をした後において，法第 26 条第 2 項の規定による戒告又は閉鎖の処分をしたときは，当該処分及びこれらを受けた年月日を法第 23 条の 3 第 1 項に規定する登録簿（次項において単に「登録簿」という.）に登録しなければならない.

3　指定事務所登録機関が法第 26 条の 3 第 1 項に規定する事務所登録等事務を行う場合において,建築士法に基づく中央指定登録機関等に関する省令第 21 条に規定する通知を受けたときは,同条第三号に掲げる事項を登録簿に登録しなければならない.

［心身の故障により建築士事務所の業務を適正に行うことができない者］

第 20 条の 2 の 2　法第 23 条の 4 第六号の国土交通省令で定める者は，精神の機能の障害により建築士事務所の業務を適正に行うに当たって必要な認知，判断及び意思疎通を適切に行うことができない者とする.

［設計等の業務に関する報告書］

第20条の3 法第23条の6第四号に規定する国土交通省令で定める事項は，次のとおりとする．

一　当該建築士事務所に属する建築士の一級建築士，二級建築士又は木造建築士の別，その者の登録番号及びその者が受けた法第22条の2第一号から第三号までに定める講習のうち直近のものを受けた年月日並びにその者が管理建築士である場合にあっては，その旨

二　当該建築士事務所に属する一級建築士が構造設計一級建築士又は設備設計一級建築士である場合にあっては，その旨，その者の構造設計一級建築士証又は設備設計一級建築士証の交付番号並びにその者が受けた法第22条の2第四号及び第五号に定める講習のうちそれぞれ直近のものを受けた年月日

三　当該事業年度において法第24条第4項の規定により意見が述べられたときは，当該意見の概要

2　法第23条の6に規定する設計等の業務に関する報告書は，第六号の二書式によるものとする．

3　法第23条の6各号に掲げる事項が，電子計算機に備えられたファイル又は磁気ディスク等に記録され，必要に応じ電子計算機その他の機器を用いて明確に紙面に表示されるときは，当該記録をもって同条に規定する設計等の業務に関する報告書への記載に代えることができる．

4　都道府県知事は，法第23条の6に規定する設計等の業務に関する報告書（前項の規定による記録が行われた同項のファイル又は磁気ディスク等を含む．）を，その提出を受けた日から起算して5年間保存しなければならない．

［管理建築士の業務要件］

第20条の4 法第24条第2項の国土交通省令で定める業務は，次に掲げるものとする．

一　建築物の設計に関する業務

二　建築物の工事監理に関する業務

三　建築工事契約に関する事務に関する業務

四　建築工事の指導監督に関する業務

五　建築物に関する調査又は鑑定に関する業務

六　建築物の建築に関する法令又は条例の規定に基づく手続の代理に関する業務

2　前項各号に掲げる業務に従事したそれぞれの期間は通算することができる．

［帳簿の備付け等及び図書の保存］

第21条 法第24条の4第1項に規定する国土交通省令で定める事項は，次のとおりとする．

一　契約の年月日

二　契約の相手方の氏名又は名称

三　業務の種類及びその概要

四　業務の終了の年月日

五　報酬の額

六　業務に従事した建築士及び建築設備士の氏名

七　業務の一部を委託した場合にあっては，当該委託に係る業務の概要並びに受託者の氏名又は名称及び住所

八　法第 24 条第 4 項の規定により意見が述べられたときは，当該意見の概要

2　前項各号に掲げる事項が，電子計算機に備えられたファイル又は磁気ディスク等に記録され，必要に応じ当該建築士事務所において電子計算機その他の機器を用いて明確に紙面に表示されるときは，当該記録をもって法第 24 条の 4 第 1 項に規定する帳簿への記載に代えることができる．

3　建築士事務所の開設者は，法第 24 条の 4 第 1 項に規定する帳簿（前項の規定による記録が行われた同項のファイル又は磁気ディスク等を含む．）を各事業年度の末日をもって閉鎖するものとし，当該閉鎖をした日の翌日から起算して 15 年間当該帳簿を保存しなければならない．

4　法第 24 条の 4 第 2 項に規定する建築士事務所の業務に関する図書で国土交通省令で定めるものは，建築士事務所に属する建築士が建築士事務所の業務として作成した図書（第三号ロにあっては，受領した図書）のうち次に掲げるものとする．

一　設計図書のうち次に掲げるもの

　　イ　配置図，各階平面図，2 面以上の立面図，2 面以上の断面図，基礎伏図，各階床伏図，小屋伏図及び構造詳細図

　　ロ　当該設計が建築基準法第 6 条第 1 項に規定する建築基準法令の規定に定めるところによる構造計算により安全性を確かめた建築物の設計である場合にあっては，当該構造計算に係る図書

　　ハ　当該設計が建築基準法施行令第 46 条第 4 項又は同令第 47 条第 1 項の規定の適用を受ける建築物の設計である場合にあっては当該各項の規定に，同令第 80 条の 2 又は建築基準法施行規則第 8 条の 3 の規定の適用を受ける建築物の設計である場合にあっては当該各条の技術的基準のうち国土交通大臣が定めるものに，それぞれ適合することを確認できる図書（イ及びロに掲げるものを除く．）

二　工事監理報告書

三　建築物のエネルギー消費性能の向上に関する法律（平成 27 年法律第 53 号）第 27 条第 1 項に規定する小規模建築物の建築に係る設計を行った場合にあっては，次のイ又はロに掲げる場合の区分に応じ，それぞれイ又はロに定める図書

　　イ　建築物のエネルギー消費性能の向上に関する法律第 27 条第 1 項の規定による評価及び説明を行った場合　　同項に規定する書面

　　ロ　建築物のエネルギー消費性能の向上に関する法律第 27 条第 2 項の意思の表明があった場合　　建築物のエネルギー消費性能の向上に関する法律施行規則（平成 28 年国土交通省令第 5 号）第 21 条の 4 に規定する書面

5　建築士事務所の開設者は，法第 24 条の 4 第 2 項に規定する図書を作成した日から起算して 15 年間当該図書を保存しなければならない．

［標識の書式］

第 22 条　法第 24 条の 5 の規定により建築士事務所の開設者が掲げる標識は，第七号書式によるものとする．

［書類の閲覧］

第 22 条の 2　法第 24 条の 6 第四号に規定する建築士事務所の業務及び財務に関する書類で国土交通省令で定めるものは，次に掲げる事項を記載した書類とする．

一　建築士事務所の名称及び所在地，当該建築士事務所の開設者の氏名（当該建築士

事務所の開設者が法人である場合にあっては，当該開設者の名称及びその代表者の氏名），当該建築士事務所の一級建築士事務所，二級建築士事務所又は木造建築士事務所の別並びに当該建築士事務所の登録番号及び登録の有効期間

二　建築士事務所に属する建築士の氏名，その者の一級建築士，二級建築士又は木造建築士の別，その者の登録番号及びその者が受けた法第22条の2第一号から第三号までに定める講習のうち直近のものを受けた年月日並びにその者が管理建築士である場合にあっては，その旨

三　建築士事務所に属する一級建築士が構造設計一級建築士又は設備設計一級建築士である場合にあっては，その旨，その者の構造設計一級建築士証又は設備設計一級建築士証の交付番号並びにその者が受けた法第22条の2第四号及び第五号に定める講習のうちそれぞれ直近のものを受けた年月日

2　建築士事務所の開設者は，法第24条の6第一号及び第二号に定める書類並びに前項各号に掲げる事項を記載した書類を，第七号の二書式により，事業年度ごとに当該事業年度経過後3月以内に作成し，遅滞なく建築士事務所ごとに備え置くものとする．

3　建築士事務所の開設者は，法第24条の6第三号に規定する措置を講じたときは，同号に定める書類を，遅滞なく作成し，建築士事務所ごとに備え置くものとする．当該措置の内容を変更したときも，同様とする．

4　前2項の書類に記載すべき事項が，電子計算機に備えられたファイル又は磁気ディスク等に記録され，必要に応じ当該建築士事務所において電子計算機その他の機器を用いて明確に紙面に表示されるときは，当該記録をもって法第24条の6に規定する書類に代えることができる．この場合における同条の規定による閲覧は，当該ファイル又は磁気ディスク等に記録されている事項を紙面又は入出力装置の映像面に表示する方法で行うものとする．

5　建築士事務所の開設者は，第2項の書類（前項の規定による記録が行われた同項のファイル又は磁気ディスク等を含む．）を，当該書類を備え置いた日から起算して3年を経過する日までの間，当該建築士事務所に備え置くものとする．

［重要事項説明］

第22条の2の2　法第24条の7第1項第六号に規定する国土交通省令で定める事項は，第17条の38第一号から第六号までに掲げる事項とする．

［重要事項説明に係る書面の交付に係る情報通信の技術を利用する方法］

第22条の2の3　法第24条の7第3項の国土交通省令で定める方法は，次に掲げるものとする．

一　電子情報処理組織を使用する方法のうちイ又はロに掲げるもの

　イ　管理建築士等の使用に係る電子計算機と建築主の使用に係る電子計算機とを接続する電気通信回線を通じて送信し，受信者の使用に係る電子計算機に備えられたファイルに記録する方法

　ロ　管理建築士等の使用に係る電子計算機に備えられたファイルに記録された書面に記載すべき事項を電気通信回線を通じて建築主の閲覧に供し，当該建築主の使用に係る電子計算機に備えられたファイルに当該書面に記載すべき事項を記録する方法

二　磁気ディスク等をもって調製するファイルに書面に記載すべき事項を記録したものを交付する方法

2 前項各号に掲げる方法は，次に掲げる基準に適合するものでなければならない．

一 建築主がファイルへの記録を出力することによる書面を作成することができるものであること．

二 ファイルに記録された書面に記載すべき事項について，改変を防止するための措置を講じていること．

三 前項第一号ロに掲げる措置にあっては，書面に記載すべき事項を管理建築士等の使用に係る電子計算機に備えられたファイルに記録する旨又は記録した旨を建築主に対し通知するものであること．ただし，当該建築主が当該書面に記載すべき事項を閲覧していたことを確認したときはこの限りではない．

3 第1項第一号の「電子情報処理組織」とは，管理建築士等の使用に係る電子計算機と，建築主の使用に係る電子計算機とを電気通信回線で接続した電子情報処理組織をいう．

[重要事項説明に係る書面の交付に係る電磁的方法の種類及び方法]

第22条の2の4 令第8条第2項において準用する令第7条第1項の規定により示すべき電磁的方法の種類及び内容は，次に掲げる事項とする．

一 前条第1項各号に規定する方法のうち管理建築士等が使用するもの

二 ファイルへの記録の方式

[重要事項説明に係る書面の交付に係る情報通信の技術を利用した承諾の取得]

第22条の2の5 令第8条第2項において準用する令第7条第1項の国土交通省令で定める方法は，次に掲げるものとする．

一 電子情報処理組織を使用する方法のうちイ又はロに掲げるもの

　イ 建築主の使用に係る電子計算機から電気通信回線を通じて管理建築士等の使用に係る電子計算機に令第8条第2項において準用する令第7条第1項の承諾又は令第8条第2項において準用する令第7条第2項の申出(以下この項において「承諾等」という．)をする旨を送信し，当該電子計算機に備えられたファイルに記録する方法

　ロ 管理建築士等の使用に係る電子計算機に備えられたファイルに記録された前条に規定する電磁的方法の種類及び内容を電気通信回線を通じて建築主の閲覧に供し，当該電子計算機に備えられたファイルに承諾等をする旨を記録する方法

二 磁気ディスク等をもって調製するファイルに承諾等をする旨を記録したものを交付する方法

2 前項各号に掲げる方法は，管理建築士等がファイルへの記録を出力することにより書面を作成することができるものでなければならない．

3 第1項第一号の「電子情報処理組織」とは，管理建築士等の使用に係る電子計算機と，建築主の使用に係る電子計算機とを電気通信回線で接続した電子情報処理組織をいう．

[書面の交付]

第22条の3 法第24条の8第1項第二号に規定する国土交通省令で定める事項は，次のとおりとする．

一 契約の年月日

二 契約の相手方の氏名又は名称

2 建築士事務所の開設者は，法第24条の8第1項に規定する書面を作成したときは，当該書面に記名押印又は署名をしなければならない．

第22条の4〜第24条 (略)

建設業法［抜粋］

昭和 24 年 5 月 24 日　法律第 100 号
最終改正　令和 4 年 6 月 17 日　法律第 68 号

［目的］

第 1 条　この法律は，建設業を営む者の資質の向上，建設工事の請負契約の適正化等を図ることによって，建設工事の適正な施工を確保し，発注者を保護するとともに，建設業の健全な発達を促進し，もって公共の福祉の増進に寄与することを目的とする．

［定義］

第 2 条　この法律において「建設工事」とは，土木建築に関する工事で別表第一の左欄に掲げるものをいう．

2　この法律において「建設業」とは，元請，下請その他いかなる名義をもってするかを問わず，建設工事の完成を請け負う営業をいう．

3　この法律において「建設業者」とは，第 3 条第 1 項の許可を受けて建設業を営む者をいう．

4　この法律において「下請契約」とは，建設工事を他の者から請け負った建設業を営む者と他の建設業を営む者との間で当該建設工事の全部又は一部について締結される請負契約をいう．

5　この法律において「発注者」とは，建設工事（他の者から請け負ったものを除く．）の注文者をいい，「元請負人」とは，下請契約における注文者で建設業者であるものをいい，「下請負人」とは，下請契約における請負人をいう．

［建設業の許可］

第 3 条　建設業を営もうとする者は，次に掲げる区分により，この章で定めるところにより，2 以上の都道府県の区域内に営業所（本店又は支店若しくは政令で定めるこれに準ずるものをいう．以下同じ．）を設けて営業をしようとする場合にあっては国土交通大臣の，一の都道府県の区域内にのみ営業所を設けて営業をしようとする場合にあっては当該営業所の所在地を管轄する都道府県知事の許可を受けなければならない．ただし，政令で定める軽微な建設工事のみを請け負うことを営業とする者は，この限りでない．

一　建設業を営もうとする者であって，次号に掲げる者以外のもの

二　建設業を営もうとする者であって，その営業にあたって，その者が発注者から直接請け負う 1 件の建設工事につき，その工事の全部又は一部を，下請代金の額（その工事に係る下請契約が 2 以上あるときは，下請代金の額の総額）が政令で定める金額以上となる下請契約を締結して施工しようとするもの

2　前項の許可は，別表第一の左欄に掲げる建設工事の種類ごとに，それぞれ同表の右欄に掲げる建設業に分けて与えるものとする．

3　第 1 項の許可は，5 年ごとにその更新を受けなければ，その期間の経過によって，その効力を失う．

4　前項の更新の申請があった場合において，同項の期間（以下「許可の有効期間」という．）満了の日までにその申請に対する処分がされないときは，従前の許可は，許可の有効期間の満了後もその処分がされるまでの間は，なおその効力を有する．

5　前項の場合において，許可の更新がされたときは，その許可の有効期間は，従前の許可の有効期間の満了の日の翌日から起算するものとする．

6　第1項第一号に掲げる者に係る同項の許可（第3項の許可の更新を含む．以下「一般建設業の許可」という．）を受けた者が，当該許可に係る建設業について，第1項第二号に掲げる者に係る同項の許可（第3項の許可の更新を含む．以下「特定建設業の許可」という．）を受けたときは，その者に対する当該建設業に係る一般建設業の許可は，その効力を失う．

第3条の2，第4条　（略）

［許可の申請］

第5条　一般建設業の許可（第8条第二号及び第三号を除き，以下この節において「許可」という．）を受けようとする者は，国土交通省令で定めるところにより，2以上の都道府県の区域内に営業所を設けて営業をしようとする場合にあっては国土交通大臣に，一の都道府県の区域内にのみ営業所を設けて営業をしようとする場合にあっては当該営業所の所在地を管轄する都道府県知事に，次に掲げる事項を記載した許可申請書を提出しなければならない．

一～七　（略）

第6条　（略）

［許可の基準］

第7条　国土交通大臣又は都道府県知事は，許可を受けようとする者が次に掲げる基準に適合していると認めるときでなければ，許可をしてはならない．

一　建設業に係る経営業務の管理を適正に行うに足りる能力を有するものとして国土交通省令で定める基準に適合する者であること．

二　その営業所ごとに，次のいずれかに該当する者で専任のものを置く者であること．

　イ　許可を受けようとする建設業に係る建設工事に関し学校教育法（昭和22年法律第26号）による高等学校（旧中等学校令（昭和18年勅令第36号）による実業学校を含む．第26条の7第1項第二号ロにおいて同じ．）若しくは中等教育学校を卒業した後5年以上又は同法による大学（旧大学令（大正7年勅令第388号）による大学を含む．同号ロにおいて同じ．）若しくは高等専門学校（旧専門学校令（明治36年勅令第61号）による専門学校を含む．同号ロにおいて同じ．）を卒業した（同法による専門職大学の前期課程を修了した場合を含む．）後3年以上実務の経験を有する者で在学中に国土交通省令で定める学科を修めたもの

　ロ　許可を受けようとする建設業に係る建設工事に関し10年以上実務の経験を有する者

　ハ　国土交通大臣がイ又はロに掲げる者と同等以上の知識及び技術又は技能を有するものと認定した者

三　法人である場合においては当該法人又はその役員等若しくは政令で定める使用人

が，個人である場合においてはその者又は政令で定める使用人が，請負契約に関して不正又は不誠実な行為をするおそれが明らかな者でないこと．

四　請負契約（第3条第1項ただし書の政令で定める軽微な建設工事に係るものを除く．）を履行するに足りる財産的基礎又は金銭的信用を有しないことが明らかな者でないこと．

第8条　国土交通大臣又は都道府県知事は，許可を受けようとする者が次の各号のいずれか（許可の更新を受けようとする者にあっては，第一号又は第七号から第十四号までのいずれか）に該当するとき，又は許可申請書若しくはその添付書類中に重要な事項について虚偽の記載があり，若しくは重要な事実の記載が欠けているときは，許可をしてはならない．

一～古　（略）

第9条～第14条　（略）

[許可の基準]

第15条　国土交通大臣又は都道府県知事は，特定建設業の許可を受けようとする者が次に掲げる基準に適合していると認めるときでなければ，許可をしてはならない．

一　第7条第一号及び第三号に該当する者であること．

二　その営業所ごとに次のいずれかに該当する者で専任のものを置く者であること．ただし，施工技術（設計図書に従って建設工事を適正に実施するために必要な専門の知識及びその応用能力をいう．以下同じ．）の総合性，施工技術の普及状況その他の事情を考慮して政令で定める建設業（以下「指定建設業」という．）の許可を受けようとする者にあっては，その営業所ごとに置くべき専任の者は，イに該当する者又はハの規定により国土交通大臣がイに掲げる者と同等以上の能力を有するものと認定した者でなければならない．

　　イ　第27条第1項の規定による技術検定その他の法令の規定による試験で許可を受けようとする建設業の種類に応じ国土交通大臣が定めるものに合格した者又は他の法令の規定による免許で許可を受けようとする建設業の種類に応じ国土交通大臣が定めるものを受けた者

　　ロ　第7条第二号イ，ロ又はハに該当する者のうち，許可を受けようとする建設業に係る建設工事で，発注者から直接請け負い，その請負代金の額が政令で定める金額以上であるものに関し2年以上指導監督的な実務の経験を有する者

　　ハ　国土交通大臣がイ又はロに掲げる者と同等以上の能力を有するものと認定した者

三　発注者との間の請負契約で，その請負代金の額が政令で定める金額以上であるものを履行するに足りる財産的基礎を有すること．

第16条～第17条の3　（略）

[建設工事の請負契約の原則]

第18条　建設工事の請負契約の当事者は，各々の対等な立場における合意に基いて公正な契約を締結し，信義に従って誠実にこれを履行しなければならない．

[建設工事の請負契約の内容]

第19条　建設工事の請負契約の当事者は，前条の趣旨に従って，契約の締結に際し

て次に掲げる事項を書面に記載し，署名又は記名押印をして相互に交付しなければならない．

一　工事内容

二　請負代金の額

三　工事着手の時期及び工事完成の時期

四　工事を施工しない日又は時間帯の定めをするときは，その内容

五　請負代金の全部又は一部の前金払又は出来形部分に対する支払の定めをするときは，その支払の時期及び方法

六　当事者の一方から設計変更又は工事着手の延期若しくは工事の全部若しくは一部の中止の申出があった場合における工期の変更，請負代金の額の変更又は損害の負担及びそれらの額の算定方法に関する定め

七　天災その他不可抗力による工期の変更又は損害の負担及びその額の算定方法に関する定め

八　価格等（物価統制令（昭和21年勅令第118号）第2条に規定する価格等をいう．）の変動若しくは変更に基づく請負代金の額又は工事内容の変更

九　工事の施工により第三者が損害を受けた場合における賠償金の負担に関する定め

十　注文者が工事に使用する資材を提供し，又は建設機械その他の機械を貸与するときは，その内容及び方法に関する定め

十一　注文者が工事の全部又は一部の完成を確認するための検査の時期及び方法並びに引渡しの時期

十二　工事完成後における請負代金の支払の時期及び方法

十三　工事の目的物が種類又は品質に関して契約の内容に適合しない場合におけるその不適合を担保すべき責任又は当該責任の履行に関して講ずべき保証保険契約の締結その他の措置に関する定めをするときは，その内容

十四　各当事者の履行の遅滞その他債務の不履行の場合における遅延利息，違約金その他の損害金

十五　契約に関する紛争の解決方法

十六　その他国土交通省令で定める事項

2　請負契約の当事者は，請負契約の内容で前項に掲げる事項に該当するものを変更するときは，その変更の内容を書面に記載し，署名又は記名押印をして相互に交付しなければならない．

3　建設工事の請負契約の当事者は，前2項の規定による措置に代えて，政令で定めるところにより，当該契約の相手方の承諾を得て，電子情報処理組織を使用する方法その他の情報通信の技術を利用する方法であって，当該各項の規定による措置に準ずるものとして国土交通省令で定めるものを講ずることができる．この場合において，当該国土交通省令で定める措置を講じた者は，当該各項の規定による措置を講じたものとみなす．

第19条の2　（略）

[不当に低い請負代金の禁止]

第19条の3　注文者は，自己の取引上の地位を不当に利用して，その注文した建設工事を施工するために通常必要と認められる原価に満たない金額を請負代金の額と

する請負契約を締結してはならない.

[不当な使用資材等の購入強制の禁止]

第19条の4　注文者は，請負契約の締結後，自己の取引上の地位を不当に利用して，その注文した建設工事に使用する資材若しくは機械器具又はこれらの購入先を指定し，これらを請負人に購入させて，その利益を害してはならない.

第19条の5，第19条の6　（略）

[建設工事の見積り等]

第20条　建設業者は，建設工事の請負契約を締結するに際し，工事内容に応じ，工事の種別ごとの材料費，労務費その他の経費の内訳並びに工事の工程ごとの作業及びその準備に必要な日数を明らかにして，建設工事の見積りを行うよう努めなければならない.

2　建設業者は，建設工事の注文者から請求があったときは，請負契約が成立するまでの間に，建設工事の見積書を交付しなければならない.

3　建設業者は，前項の規定による見積書の交付に代えて，政令で定めるところにより，建設工事の注文者の承諾を得て，当該見積書に記載すべき事項を電子情報処理組織を使用する方法その他の情報通信の技術を利用する方法であって国土交通省令で定めるものにより提供することができる.この場合において，当該建設業者は，当該見積書を交付したものとみなす.

4　建設工事の注文者は，請負契約の方法が随意契約による場合にあっては契約を締結するまでに，入札の方法により競争に付する場合にあっては入札を行うまでに，第19条第1項第一号及び第三号から第十六号までに掲げる事項について，できる限り具体的な内容を提示し，かつ，当該提示から当該契約の締結又は入札までに，建設業者が当該建設工事の見積りをするために必要な政令で定める一定の期間を設けなければならない.

[工期等に影響を及ぼす事象に関する情報の提供]

第20条の2　建設工事の注文者は，当該建設工事について，地盤の沈下その他の工期又は請負代金の額に影響を及ぼすものとして国土交通省令で定める事象が発生するおそれがあると認めるときは，請負契約を締結するまでに，建設業者に対して，その旨及び当該事象の状況の把握のため必要な情報を提供しなければならない.

[契約の保証]

第21条　建設工事の請負契約において請負代金の全部又は一部の前金払をする定がなされたときは，注文者は，建設業者に対して前金払をする前に，保証人を立てることを請求することができる.但し，公共工事の前払金保証事業に関する法律（昭和27年法律第184号）第2条第4項に規定する保証事業会社の保証に係る工事又は政令で定める軽微な工事については，この限りでない.

2　前項の請求を受けた建設業者は，下の各号の一に規定する保証人を立てなければならない.

一　建設業者の債務不履行の場合の遅延利息，違約金その他の損害金の支払の保証人

二　建設業者に代って自らその工事を完成することを保証する他の建設業者

3　建設業者が第1項の規定により保証人を立てることを請求された場合において，これを立てないときは，注文者は，契約の定にかかわらず，前金払をしないことが

できる.

［一括下請負の禁止］

第22条　建設業者は，その請け負った建設工事を，いかなる方法をもってするかを問わず，一括して他人に請け負わせてはならない.

2　建設業を営む者は，建設業者から当該建設業者の請け負った建設工事を一括して請け負ってはならない.

3　前2項の建設工事が多数の者が利用する施設又は工作物に関する重要な建設工事で政令で定めるもの以外の建設工事である場合において，当該建設工事の元請負人があらかじめ発注者の書面による承諾を得たときは，これらの規定は，適用しない.

4　発注者は，前項の規定による書面による承諾に代えて，政令で定めるところにより，同項の元請負人の承諾を得て，電子情報処理組織を使用する方法その他の情報通信の技術を利用する方法であって国土交通省令で定めるものにより，同項の承諾をする旨の通知をすることができる. この場合において，当該発注者は，当該書面による承諾をしたものとみなす.

第23条〜第27条の40　（略）

［指示及び営業の停止］

第28条　国土交通大臣又は都道府県知事は，その許可を受けた建設業者が次の各号のいずれかに該当する場合又はこの法律の規定（第19条の3，第19条の4，第24条の3第1項，第24条の4，第24条の5並びに第24条の6第3項及び第4項を除き，公共工事の入札及び契約の適正化の促進に関する法律（平成12年法律第127号. 以下「入札契約適正化法」という.）第15条第1項の規定により読み替えて適用される第24条の8第1項，第2項及び第4項を含む. 第4項において同じ.），入札契約適正化法第15条第2項若しくは第3項の規定若しくは特定住宅瑕疵担保責任の履行の確保等に関する法律（平成19年法律第66号. 以下この条において「履行確保法」という.）第3条第6項，第4条第1項，第7条第2項，第8条第1項若しくは第2項若しくは第10条第1項の規定に違反した場合においては，当該建設業者に対して，必要な指示をすることができる. 特定建設業者が第41条第2項又は第3項の規定による勧告に従わない場合において必要があると認めるときも，同様とする.

一　建設業者が建設工事を適切に施工しなかったために公衆に危害を及ぼしたとき，又は危害を及ぼすおそれが大であるとき.

二　建設業者が請負契約に関し不誠実な行為をしたとき.

三　建設業者（建設業者が法人であるときは，当該法人又はその役員等）又は政令で定める使用人がその業務に関し他の法令（入札契約適正化法及び履行確保法並びにこれらに基づく命令を除く.）に違反し，建設業者として不適当であると認められるとき.

四　建設業者が第22条第1項若しくは第2項又は第26条の3第9項の規定に違反したとき.

五　第26条第1項又は第2項に規定する主任技術者又は監理技術者が工事の施工の管理について著しく不適当であり，かつ，その変更が公益上必要であると認められ

るとき.

六　建設業者が, 第3条第1項の規定に違反して同項の許可を受けないで建設業を営む者と下請契約を締結したとき.

七　建設業者が, 特定建設業者以外の建設業を営む者と下請代金の額が第3条第1項第二号の政令で定める金額以上となる下請契約を締結したとき.

八　建設業者が, 情を知って, 第3項の規定により営業の停止を命ぜられている者又は第29条の4第1項の規定により営業を禁止されている者と当該停止され, 又は禁止されている営業の範囲に係る下請契約を締結したとき.

九　履行確保法第3条第1項, 第5条又は第7条第1項の規定に違反したとき.

2　都道府県知事は, その管轄する区域内で建設工事を施工している第3条第1項の許可を受けないで建設業を営む者が次の各号のいずれかに該当する場合においては, 当該建設業を営む者に対して, 必要な指示をすることができる.

一　建設工事を適切に施工しなかったために公衆に危害を及ぼしたとき, 又は危害を及ぼすおそれが大であるとき.

二　請負契約に関し著しく不誠実な行為をしたとき.

3　国土交通大臣又は都道府県知事は, その許可を受けた建設業者が第1項各号のいずれかに該当するとき若しくは同項若しくは次項の規定による指示に従わないとき又は建設業を営む者が前項各号のいずれかに該当するとき若しくは同項の規定による指示に従わないときは, その者に対し, 1年以内の期間を定めて, その営業の全部又は一部の停止を命ずることができる.

4　都道府県知事は, 国土交通大臣又は他の都道府県知事の許可を受けた建設業者で当該都道府県の区域内において営業を行うものが, 当該都道府県の区域内における営業に関し, 第1項各号のいずれかに該当する場合又はこの法律の規定, 入札契約適正化法第15条第2項若しくは第3項の規定若しくは履行確保法第3条第6項, 第4条第1項, 第7条第2項, 第8条第1項若しくは第2項若しくは第10条第1項の規定に違反した場合においては, 当該建設業者に対して, 必要な指示をすることができる.

5　都道府県知事は, 国土交通大臣又は他の都道府県知事の許可を受けた建設業者で当該都道府県の区域内において営業を行うものが, 当該都道府県の区域内における営業に関し, 第1項各号のいずれかに該当するとき又は同項若しくは前項の規定による指示に従わないときは, その者に対し, 1年以内の期間を定めて, 当該営業の全部又は一部の停止を命ずることができる.

6　都道府県知事は, 前2項の規定による処分をしたときは, 遅滞なく, その旨を, 当該建設業者が国土交通大臣の許可を受けたものであるときは国土交通大臣に報告し, 当該建設業者が他の都道府県知事の許可を受けたものであるときは当該他の都道府県知事に通知しなければならない.

7　国土交通大臣又は都道府県知事は, 第1項第一号若しくは第三号に該当する建設業者又は第2項第一号に該当する第3条第1項の許可を受けないで建設業を営む者に対して指示をする場合において, 特に必要があると認めるときは, 注文者に対しても, 適当な措置をとるべきことを勧告することができる.

第29条〜第39条の4　（略）

[標識の掲示]

第40条　建設業者は，その店舗及び建設工事（発注者から直接請け負ったものに限る．）の現場ごとに，公衆の見やすい場所に，国土交通省令の定めるところにより，許可を受けた別表第一の右欄の区分による建設業の名称，一般建設業又は特定建設業の別その他国土交通省令で定める事項を記載した標識を掲げなければならない．

第40条の2～第55条　（略）

別表第一（第2条，第3条，第40条関係）

土木一式工事	土木工事業
建築一式工事	建築工事業
大工工事	大工工事業
左官工事	左官工事業
とび・土工・コンクリート工事	とび・土工工事業
石工事	石工事業
屋根工事	屋根工事業
電気工事	電気工事業
管工事	管工事業
タイル・れんが・ブロック工事	タイル・れんが・ブロック工事業
鋼構造物工事	鋼構造物工事業
鉄筋工事	鉄筋工事業
舗装工事	舗装工事業
しゅんせつ工事	しゅんせつ工事業
板金工事	板金工事業
ガラス工事	ガラス工事業
塗装工事	塗装工事業
防水工事	防水工事業
内装仕上工事	内装仕上工事業
機械器具設置工事	機械器具設置工事業
熱絶縁工事	熱絶縁工事業
電気通信工事	電気通信工事業
造園工事	造園工事業
さく井工事	さく井工事業
建具工事	建具工事業
水道施設工事	水道施設工事業
消防施設工事	消防施設工事業
清掃施設工事	清掃施設工事業
解体工事	解体工事業

別表第二　（略）

建設業法施行令［抜粋］

昭和 31 年 8 月 29 日　政令第 373 号
最終改正　令和 4 年 6 月 10 日　政令第 212 号

［支店に準ずる営業所］

第1条　建設業法（以下「法」という．）第 3 条第 1 項の政令で定める支店に準ずる営業所は，常時建設工事の請負契約を締結する事務所とする．

［法第 3 条第 1 項ただし書の軽微な建設工事］

第1条の2　法第 3 条第 1 項ただし書の政令で定める軽微な建設工事は，工事 1 件の請負代金の額が 500 万円（当該建設工事が建築一式工事である場合にあっては，1 500 万円）に満たない工事又は建築一式工事のうち延べ面積が 150 m² に満たない木造住宅を建設する工事とする．

2　前項の請負代金の額は，同一の建設業を営む者が工事の完成を 2 以上の契約に分割して請け負うときは，各契約の請負代金の額の合計額とする．ただし，正当な理由に基いて契約を分割したときは，この限りでない．

3　注文者が材料を提供する場合においては，その市場価格又は市場価格及び運送賃を当該請負契約の請負代金の額に加えたものを第 1 項の請負代金の額とする．

［法第 3 条第 1 項第二号の金額］

第2条　法第 3 条第 1 項第二号の政令で定める金額は，4 000 万円とする．ただし，同項の許可を受けようとする建設業が建築工事業である場合においては，6 000 万円とする．

［使用人］

第3条　法第 6 条第 1 項第四号（法第 17 条において準用する場合を含む．），法第 7 条第三号，法第 8 条第四号，第十二号及び第十三号（これらの規定を法第 17 条において準用する場合を含む．），法第 28 条第 1 項第三号，並びに法第 29 条の 4 の政令で定める使用人は，支配人及び支店又は第 1 条に規定する営業所の代表者（支配人である者を除く．）であるものとする．

第3条の2〜第5条　（略）

［法第 15 条第二号ただし書の建設業］

第5条の2　法第 15 条第二号ただし書の政令で定める建設業は，次に掲げるものとする．

一　土木工事業

二　建築工事業

三　電気工事業

四　管工事業

五　鋼構造物工事業

六　舗装工事業

七　造園工事業

[法第 15 条第二号ロの金額]

第 5 条の 3　法第 15 条第二号ロの政令で定める金額は，4 500 万円とする．

[法第 15 条第三号の金額]

第 5 条の 4　法第 15 条第三号の政令で定める金額は，8 000 万円とする．

第 5 条の 5〜第 5 条の 9　（略）

[建設工事の見積期間]

第 6 条　法第 20 条第 4 項に規定する見積期間は，次に掲げるとおりとする．ただし，やむを得ない事情があるときは，第二号及び第三号の期間は，5 日以内に限り短縮することができる．

一　工事 1 件の予定価格が 500 万円に満たない工事については，1 日以上．

二　工事 1 件の予定価格が 500 万円以上 5 000 万円に満たない工事については，10 日以上．

三　工事 1 件の予定価格が 5 000 万円以上の工事については，15 日以上．

2　国が入札の方法により競争に付する場合においては，予算決算及び会計令（昭和 22 年勅令第 165 号）第 74 条の規定による期間を前項の見積期間とみなす．

第 6 条の 2〜第 26 条の 3　（略）

[専任の主任技術者又は監理技術者を必要とする建設工事]

第 27 条　法第 26 条第 3 項の政令で定める重要な建設工事は，次の各号のいずれかに該当する建設工事で工事 1 件の請負代金の額が 3 500 万円（当該建設工事が建築一式工事である場合にあっては，7 000 万円）以上のものとする．

一　国又は地方公共団体が注文者である施設又は工作物に関する建設工事

二　第 15 条第一号及び第三号に掲げる施設又は工作物に関する建設工事

三　次に掲げる施設又は工作物に関する建設工事

イ　石油パイプライン事業法（昭和 47 年法律第 105 号）第 5 条第 2 項第二号に規定する事業用施設

ロ　電気通信事業法（昭和 59 年法律第 86 号）第 2 条第五号に規定する電気通信事業者（同法第 9 条第一号に規定する電気通信回線設備を設置するものに限る．）が同条第四号に規定する電気通信事業の用に供する施設

ハ　放送法（昭和 25 年法律第 132 号）第 2 条第二十三号に規定する基幹放送事業者又は同条第二十四号に規定する基幹放送局提供事業者が同条第一号に規定する放送の用に供する施設（鉄骨造又は鉄筋コンクリート造の塔その他これに類する施設に限る．）

ニ　学校

ホ　図書館，美術館，博物館又は展示場

ヘ　社会福祉法（昭和 26 年法律第 45 号）第 2 条第 1 項に規定する社会福祉事業の用に供する施設

ト　病院又は診療所

チ　火葬場，と畜場又は廃棄物処理施設

リ　熱供給事業法（昭和 47 年法律第 88 号）第 2 条第 4 項に規定する熱供給施設

ヌ　集会場又は公会堂

ル　市場又は百貨店

ヲ　事務所

ワ　ホテル又は旅館

カ　共同住宅，寄宿舎又は下宿

ヨ　公衆浴場

タ　興行場又はダンスホール

レ　神社，寺院又は教会

ソ　工場，ドック又は倉庫

ツ　展望塔

2　前項に規定する工事のうち密接な関係のある 2 以上の建設工事を同一の建設業者が同一の場所又は近接した場所において施工するものについては，同一の専任の主任技術者がこれらの建設工事を管理することができる．

第 28 条〜第 54 条　（略）

第3編 都市計画法関係法令

都市計画法［抜粋］

昭和 43 年 6 月 15 日　法律第 100 号
最終改正　令和 4 年 11 月 18 日　法律第 87 号

［目的］

第 1 条　この法律は，都市計画の内容及びその決定手続，都市計画制限，都市計画事業その他都市計画に関し必要な事項を定めることにより，都市の健全な発展と秩序ある整備を図り，もって国土の均衡ある発展と公共の福祉の増進に寄与することを目的とする．

［都市計画の基本理念］

第 2 条　都市計画は，農林漁業との健全な調和を図りつつ，健康で文化的な都市生活及び機能的な都市活動を確保すべきこと並びにこのためには適正な制限のもとに土地の合理的な利用が図られるべきことを基本理念として定めるものとする．

［国，地方公共団体及び住民の責務］

第 3 条　国及び地方公共団体は，都市の整備，開発その他都市計画の適切な遂行に努めなければならない．

2　都市の住民は，国及び地方公共団体がこの法律の目的を達成するため行なう措置に協力し，良好な都市環境の形成に努めなければならない．

3　国及び地方公共団体は，都市の住民に対し，都市計画に関する知識の普及及び情報の提供に努めなければならない．

［定義］

第 4 条　この法律において「都市計画」とは，都市の健全な発展と秩序ある整備を図るための土地利用，都市施設の整備及び市街地開発事業に関する計画で，次章の規定に従い定められたものをいう．

2　この法律において「都市計画区域」とは次条の規定により指定された区域を，「準都市計画区域」とは第 5 条の 2 の規定により指定された区域をいう．

3　この法律において「地域地区」とは，第 8 条第 1 項各号に掲げる地域，地区又は街区をいう．

4　この法律において「促進区域」とは，第 10 条の 2 第 1 項各号に掲げる区域をいう．

5　この法律において「都市施設」とは，都市計画において定められるべき第 11 条第 1 項各号に掲げる施設をいう．

6　この法律において「都市計画施設」とは，都市計画において定められた第 11 条第 1 項各号に掲げる施設をいう．

7　この法律において「市街地開発事業」とは，第 12 条第 1 項各号に掲げる事業をいう．

8　この法律において「市街地開発事業等予定区域」とは，第 12 条の 2 第 1 項各号に掲げる予定区域をいう．

9　この法律において「地区計画等」とは，第 12 条の 4 第 1 項各号に掲げる計画をいう．

10　この法律において「建築物」とは建築基準法（昭和25年法律第201号）第2条第一号に定める建築物を，「建築」とは同条第十三号に定める建築をいう．

11　この法律において「特定工作物」とは，コンクリートプラントその他周辺の地域の環境の悪化をもたらすおそれがある工作物で政令で定めるもの（以下「第一種特定工作物」という．）又はゴルフコースその他大規模な工作物で政令で定めるもの（以下「第二種特定工作物」という．）をいう．

12　この法律において「開発行為」とは，主として建築物の建築又は特定工作物の建設の用に供する目的で行なう土地の区画形質の変更をいう．

13　この法律において「開発区域」とは，開発行為をする土地の区域をいう．

14　この法律において「公共施設」とは，道路，公園その他政令で定める公共の用に供する施設をいう．

15　この法律において「都市計画事業」とは，この法律で定めるところにより第59条の規定による認可又は承認を受けて行なわれる都市計画施設の整備に関する事業及び市街地開発事業をいう．

16　この法律において「施行者」とは，都市計画事業を施行する者をいう．

[都市計画区域]

第5条　都道府県は，市又は人口，就業者数その他の事項が政令で定める要件に該当する町村の中心の市街地を含み，かつ，自然的及び社会的条件並びに人口，土地利用，交通量その他国土交通省令で定める事項に関する現況及び推移を勘案して，一体の都市として総合的に整備し，開発し，及び保全する必要がある区域を都市計画区域として指定するものとする．この場合において，必要があるときは，当該市町村の区域外にわたり，都市計画区域を指定することができる．

2　都道府県は，前項の規定によるもののほか，首都圏整備法（昭和31年法律第83号）による都市開発区域，近畿圏整備法（昭和38年法律第129号）による都市開発区域，中部圏開発整備法（昭和41年法律第102号）による都市開発区域その他新たに住居都市，工業都市その他の都市として開発し，及び保全する必要がある区域を都市計画区域として指定するものとする．

3　都道府県は，前2項の規定により都市計画区域を指定しようとするときは，あらかじめ，関係市町村及び都道府県都市計画審議会の意見を聴くとともに，国土交通省令で定めるところにより，国土交通大臣に協議し，その同意を得なければならない．

4　2以上の都府県の区域にわたる都市計画区域は，第1項及び第2項の規定にかかわらず，国土交通大臣が，あらかじめ，関係都府県の意見を聴いて指定するものとする．この場合において，関係都府県が意見を述べようとするときは，あらかじめ，関係市町村及び都道府県都市計画審議会の意見を聴かなければならない．

5　都市計画区域の指定は，国土交通省令で定めるところにより，公告することによって行なう．

6　前各項の規定は，都市計画区域の変更又は廃止について準用する．

[準都市計画区域]

第5条の2　都道府県は，都市計画区域外の区域のうち，相当数の建築物その他の工作物（以下「建築物等」という．）の建築若しくは建設又はこれらの敷地の造成が現に行われ，又は行われると見込まれる区域を含み，かつ，自然的及び社会的条件

並びに農業振興地域の整備に関する法律（昭和44年法律第58号）その他の法令による土地利用の規制の状況その他国土交通省令で定める事項に関する現況及び推移を勘案して，そのまま土地利用を整序し，又は環境を保全するための措置を講ずることなく放置すれば，将来における一体の都市としての整備，開発及び保全に支障が生じるおそれがあると認められる一定の区域を，準都市計画区域として指定することができる．

2　都道府県は，前項の規定により準都市計画区域を指定しようとするときは，あらかじめ，関係市町村及び都道府県都市計画審議会の意見を聴かなければならない．

3　準都市計画区域の指定は，国土交通省令で定めるところにより，公告することによって行う．

4　前3項の規定は，準都市計画区域の変更又は廃止について準用する．

5　準都市計画区域の全部又は一部について都市計画区域が指定されたときは，当該準都市計画区域は，前項の規定にかかわらず，廃止され，又は当該都市計画区域と重複する区域以外の区域に変更されたものとみなす．

[都市計画に関する基礎調査]

第6条　都道府県は，都市計画区域について，おおむね5年ごとに，都市計画に関する基礎調査として，国土交通省令で定めるところにより，人口規模，産業分類別の就業人口の規模，市街地の面積，土地利用，交通量その他国土交通省令で定める事項に関する現況及び将来の見通しについての調査を行うものとする．

2～5　（略）

[都市計画区域の整備，開発及び保全の方針]

第6条の2　都市計画区域については，都市計画に，当該都市計画区域の整備，開発及び保全の方針を定めるものとする．

2　都市計画区域の整備，開発及び保全の方針には，第一号に掲げる事項を定めるものとするとともに，第二号及び第三号に掲げる事項を定めるよう努めるものとする．

一　次条第1項に規定する区域区分の決定の有無及び当該区域区分を定めるときはその方針

二　都市計画の目標

三　第一号に掲げるもののほか，土地利用，都市施設の整備及び市街地開発事業に関する主要な都市計画の決定の方針

3　都市計画区域について定められる都市計画（第11条第1項後段の規定により都市計画区域外において定められる都市施設（以下「区域外都市施設」という．）に関するものを含む．）は，当該都市計画区域の整備，開発及び保全の方針に即したものでなければならない．

[区域区分]

第7条　都市計画区域について無秩序な市街化を防止し，計画的な市街化を図るため必要があるときは，都市計画に，市街化区域と市街化調整区域との区分（以下「区域区分」という．）を定めることができる．ただし，次に掲げる都市計画区域については，区域区分を定めるものとする．

一　次に掲げる土地の区域の全部又は一部を含む都市計画区域

イ　首都圏整備法第2条第3項に規定する既成市街地又は同条第4項に規定する近

郊整備地帯

ロ　近畿圏整備法第2条第3項に規定する既成都市区域又は同条第4項に規定する近郊整備区域

ハ　中部圏開発整備法第2条第3項に規定する都市整備区域

二　前号に掲げるもののほか，大都市に係る都市計画区域として政令で定めるもの

2　市街化区域は，すでに市街地を形成している区域及びおおむね10年以内に優先的かつ計画的に市街化を図るべき区域とする．

3　市街化調整区域は，市街化を抑制すべき区域とする．

［都市再開発方針等］

第7条の2　都市計画区域については，都市計画に，次に掲げる方針（以下「都市再開発方針等」という．）を定めることができる．

一　都市再開発法（昭和44年法律第38号）第2条の3第1項又は第2項の規定による都市再開発の方針

二　大都市地域における住宅及び住宅地の供給の促進に関する特別措置法（昭和50年法律第67号）第4条第1項の規定による住宅市街地の開発整備の方針

三　地方拠点都市地域の整備及び産業業務施設の再配置の促進に関する法律（平成4年法律第76号）第30条の規定による拠点業務市街地の開発整備の方針

四　密集市街地における防災街区の整備の促進に関する法律（平成9年法律第49号．以下「密集市街地整備法」という．）第3条第1項の規定による防災街区整備方針

2　都市計画区域について定められる都市計画（区域外都市施設に関するものを含む．）は，都市再開発方針等に即したものでなければならない．

［地域地区］

第8条　都市計画区域については，都市計画に，次に掲げる地域，地区又は街区を定めることができる．

一　第一種低層住居専用地域，第二種低層住居専用地域，第一種中高層住居専用地域，第二種中高層住居専用地域，第一種住居地域，第二種住居地域，準住居地域，田園住居地域，近隣商業地域，商業地域，準工業地域，工業地域又は工業専用地域（以下「用途地域」と総称する．）

二　特別用途地区

二の二　特定用途制限地域

二の三　特例容積率適用地区

二の四　高層住居誘導地区

三　高度地区又は高度利用地区

四　特定街区

四の二　都市再生特別措置法（平成14年法律第22号）第36条第1項の規定による都市再生特別地区，同法第89条の規定による居住調整地域，同法第94条の2第1項の規定による居住環境向上用途誘導地区又は同法109条第1項の規定による特定用途誘導地区

五　防火地域又は準防火地域

五の二　密集市街地整備法第31条第1項の規定による特定防災街区整備地区

六　景観法（平成16年法律第110号）第61条第1項の規定による景観地区

七　風致地区

八　駐車場法（昭和 32 年法律第 106 号）第 3 条第 1 項の規定による駐車場整備地区

九　臨港地区

十　古都における歴史的風土の保存に関する特別措置法（昭和 41 年法律第 1 号）第 6 条第 1 項の規定による歴史的風土特別保存地区

十一　明日香村における歴史的風土の保存及び生活環境の整備等に関する特別措置法（昭和 55 年法律第 60 号）第 3 条第 1 項の規定による第一種歴史的風土保存地区又は第二種歴史的風土保存地区

十二　都市緑地法（昭和 48 年法律第 72 号）第 5 条の規定による緑地保全地域，同法第 12 条の規定による特別緑地保全地区又は同法第 34 条第 1 項の規定による緑化地域

十三　流通業務市街地の整備に関する法律（昭和 41 年法律第 110 号）第 4 条第 1 項の規定による流通業務地区

十四　生産緑地法（昭和 49 年法律第 68 号）第 3 条第 1 項の規定による生産緑地地区

十五　文化財保護法（昭和 25 年法律第 214 号）第 143 条第 1 項の規定による伝統的建造物群保存地区

十六　特定空港周辺航空機騒音対策特別措置法（昭和 53 年法律第 26 号）第 4 条第 1 項の規定による航空機騒音障害防止地区又は航空機騒音障害防止特別地区

2　準都市計画区域については，都市計画に，前項第一号から第二号の二まで，第三号（高度地区に係る部分に限る.），第六号，第七号，第十二号（都市緑地法第 5 条の規定による緑地保全地域に係る部分に限る.）又は第十五号に掲げる地域又は地区を定めることができる.

3　地域地区については，都市計画に，第一号及び第二号に掲げる事項を定めるものとするとともに，第三号に掲げる事項を定めるよう努めるものとする.

一　地域地区の種類（特別用途地区にあっては，その指定により実現を図るべき特別の目的を明らかにした特別用途地区の種類），位置及び区域

二　次に掲げる地域地区については，それぞれ次に定める事項

　　イ　用途地域　建築基準法第 52 条第 1 項第一号から第四号までに規定する建築物の容積率（延べ面積の敷地面積に対する割合をいう. 以下同じ.）並びに同法第 53 条の 2 第 1 項及び第 2 項に規定する建築物の敷地面積の最低限度（建築物の敷地面積の最低限度にあっては，当該地域における市街地の環境を確保するため必要な場合に限る.）

　　ロ　第一種低層住居専用地域，第二種低層住居専用地域又は田園住居地域　建築基準法第 53 条第 1 項第一号に規定する建築物の建蔽率（建築面積の敷地面積に対する割合をいう. 以下同じ.），同法第 54 条に規定する外壁の後退距離の限度（低層住宅に係る良好な住居の環境を保護するため必要な場合に限る.）及び同法第 55 条第 1 項に規定する建築物の高さの限度

　　ハ　第一種中高層住居専用地域，第二種中高層住居専用地域，第一種住居地域，第二種住居地域，準住居地域，近隣商業地域，準工業地域，工業地域又は工業専用地域　建築基準法第 53 条第 1 項第一号から第三号まで又は第五号に規定する建築物の建蔽率

　　ニ　特定用途制限地域　制限すべき特定の建築物等の用途の概要

ホ　特例容積率適用地区　建築物の高さの最高限度（当該地区における市街地の環境を確保するために必要な場合に限る．）

ヘ　高層住居誘導地区　建築基準法第52条第1項第五号に規定する建築物の容積率，建築物の建蔽率の最高限度（当該地区における市街地の環境を確保するため必要な場合に限る．次条第17項において同じ．）及び建築物の敷地面積の最低限度（当該地区における市街地の環境を確保するため必要な場合に限る．次条第17項において同じ．）

ト　高度地区　建築物の高さの最高限度又は最低限度（準都市計画区域内にあっては，建築物の高さの最高限度．次条第18項において同じ．）

チ　高度利用地区　建築物の容積率の最高限度及び最低限度，建築物の建蔽率の最高限度，建築物の建築面積の最低限度並びに壁面の位置の制限（壁面の位置の制限にあっては，敷地内に道路（都市計画において定められた計画道路を含む．以下この号において同じ．）に接して有効な空間を確保して市街地の環境の向上を図るため必要な場合における当該道路に面する壁面の位置に限る．次条第19項において同じ．）

リ　特定街区　建築物の容積率並びに建築物の高さの最高限度及び壁面の位置の制限

三　面積その他の政令で定める事項

4　都市再生特別地区，居住環境向上用途誘導地区，特定用途誘導地区，特定防災街区整備地区，景観地区及び緑化地域について都市計画に定めるべき事項は，前項第一号及び第三号に掲げるもののほか，別に法律で定める．

第9条　第一種低層住居専用地域は，低層住宅に係る良好な住居の環境を保護するため定める地域とする．

2　第二種低層住居専用地域は，主として低層住宅に係る良好な住居の環境を保護するため定める地域とする．

3　第一種中高層住居専用地域は，中高層住宅に係る良好な住居の環境を保護するため定める地域とする．

4　第二種中高層住居専用地域は，主として中高層住宅に係る良好な住居の環境を保護するため定める地域とする．

5　第一種住居地域は，住居の環境を保護するため定める地域とする．

6　第二種住居地域は，主として住居の環境を保護するため定める地域とする．

7　準住居地域は，道路の沿道としての地域の特性にふさわしい業務の利便の増進を図りつつ，これと調和した住居の環境を保護するため定める地域とする．

8　田園住居地域は，農業の利便の増進を図りつつ，これと調和した低層住宅に係る良好な住居の環境を保護するため定める地域とする．

9　近隣商業地域は，近隣の住宅地の住民に対する日用品の供給を行うことを主たる内容とする商業その他の業務の利便を増進するため定める地域とする．

10　商業地域は，主として商業その他の業務の利便を増進するため定める地域とする．

11　準工業地域は，主として環境の悪化をもたらすおそれのない工業の利便を増進するため定める地域とする．

12　工業地域は，主として工業の利便を増進するため定める地域とする．

13　工業専用地域は，工業の利便を増進するため定める地域とする．

14 特別用途地区は，用途地域内の一定の地区における当該地区の特性にふさわしい土地利用の増進，環境の保護等の特別の目的の実現を図るため当該用途地域の指定を補完して定める地区とする．

15 特定用途制限地域は，用途地域が定められていない土地の区域（市街化調整区域を除く．）内において，その良好な環境の形成又は保持のため当該地域の特性に応じて合理的な土地利用が行われるよう，制限すべき特定の建築物等の用途の概要を定める地域とする．

16 特例容積率適用地区は，第一種中高層住居専用地域，第二種中高層住居専用地域，第一種住居地域，第二種住居地域，準住居地域，近隣商業地域，商業地域，準工業地域又は工業地域内の適正な配置及び規模の公共施設を備えた土地の区域において，建築基準法第52条第1項から第9項までの規定による建築物の容積率の限度からみて未利用となっている建築物の容積の活用を促進して土地の高度利用を図るため定める地区とする．

17 高層住居誘導地区は，住居と住居以外の用途とを適正に配分し，利便性の高い高層住宅の建設を誘導するため，第一種住居地域，第二種住居地域，準住居地域，近隣商業地域又は準工業地域でこれらの地域に関する都市計画において建築基準法第52条第1項第二号に規定する建築物の容積率が40/10又は50/10と定められたものの内において，建築物の容積率の最高限度，建築物の建蔽率の最高限度及び建築物の敷地面積の最低限度を定める地区とする．

18 高度地区は，用途地域内において市街地の環境を維持し，又は土地利用の増進を図るため，建築物の高さの最高限度又は最低限度を定める地区とする．

19 高度利用地区は，用途地域内の市街地における土地の合理的かつ健全な高度利用と都市機能の更新とを図るため，建築物の容積率の最高限度及び最低限度，建築物の建蔽率の最高限度，建築物の建築面積の最低限度並びに壁面の位置の制限を定める地区とする．

20 特定街区は，市街地の整備改善を図るため街区の整備又は造成が行われる地区について，その街区内における建築物の容積率並びに建築物の高さの最高限度及び壁面の位置の制限を定める街区とする．

21 防火地域又は準防火地域は，市街地における火災の危険を防除するため定める地域とする．

22 風致地区は，都市の風致を維持するため定める地区とする．

23 臨港地区は，港湾を管理運営するため定める地区とする．

第10条 地域地区内における建築物その他の工作物に関する制限については，この法律に特に定めるもののほか，別に法律で定める．

[促進区域]

第10条の2 都市計画区域については，都市計画に，次に掲げる区域を定めることができる．

一 都市再開発法第7条第1項の規定による市街地再開発促進区域

二 大都市地域における住宅及び住宅地の供給の促進に関する特別措置法第5条第1項の規定による土地区画整理促進区域

三 大都市地域における住宅及び住宅地の供給の促進に関する特別措置法第24条第

1 項の規定による住宅街区整備促進区域

四　地方拠点都市地域の整備及び産業業務施設の再配置の促進に関する法律第 19 条第 1 項の規定による拠点業務市街地整備土地区画整理促進区域

2　促進区域については，都市計画に，促進区域の種類，名称，位置及び区域のほか，別に法律で定める事項を定めるものとするとともに，区域の面積その他の政令で定める事項を定めるよう努めるものとする．

3　促進区域内における建築物の建築その他の行為に関する制限については，別に法律で定める．

[遊休土地転換利用促進地区]

第 10 条の 3　都市計画区域については，都市計画に，次に掲げる条件に該当する土地の区域について，遊休土地転換利用促進地区を定めることができる．

一　当該区域内の土地が，相当期間にわたり住宅の用，事業の用に供する施設の用その他の用途に供されていないことその他の政令で定める要件に該当していること．

二　当該区域内の土地が前号の要件に該当していることが，当該区域及びその周辺の地域における計画的な土地利用の増進を図る上で著しく支障となっていること．

三　当該区域内の土地の有効かつ適切な利用を促進することが，当該都市の機能の増進に寄与すること．

四　おおむね 5 000 m² 以上の規模の区域であること．

五　当該区域が市街化区域内にあること．

2　遊休土地転換利用促進地区については，都市計画に，名称，位置及び区域を定めるものとするとともに，区域の面積その他の政令で定める事項を定めるよう努めるものとする．

[被災市街地復興推進地域]

第 10 条の 4　都市計画区域については，都市計画に，被災市街地復興特別措置法（平成 7 年法律第 14 号）第 5 条第 1 項の規定による被災市街地復興推進地域を定めることができる．

2　被災市街地復興推進地域については，都市計画に，名称，位置及び区域のほか，別に法律で定める事項を定めるものとするとともに，区域の面積その他の政令で定める事項を定めるよう努めるものとする．

3　被災市街地復興推進地域内における建築物の建築その他の行為に関する制限については，別に法律で定める．

[都市施設]

第 11 条　都市計画区域については，都市計画に，次に掲げる施設を定めることができる．この場合において，特に必要があるときは，当該都市計画区域外においても，これらの施設を定めることができる．

一　道路，都市高速鉄道，駐車場，自動車ターミナルその他の交通施設

二　公園，緑地，広場，墓園その他の公共空地

三　水道，電気供給施設，ガス供給施設，下水道，汚物処理場，ごみ焼却場その他の供給施設又は処理施設

四　河川，運河その他の水路

五　学校，図書館，研究施設その他の教育文化施設

六　病院，保育所その他の医療施設又は社会福祉施設

七　市場，と畜場又は火葬場

八　一団地の住宅施設（一団地における 50 戸以上の集団住宅及びこれらに附帯する通路その他の施設をいう．）

九　一団地の官公庁施設（一団地の国家機関又は地方公共団体の建築物及びこれらに附帯する通路その他の施設をいう．）

十　一団地の都市安全確保拠点施設（溢水，湛水，津波，高潮その他の自然現象による災害が発生した場合における居住者等（居住者，来訪者又は滞在者をいう．以下同じ．）の安全を確保するための拠点となる一団地の特定公益の施設（避難場所の提供，生活関連物資の配布，保健医療サービスの提供その他の当該災害が発生した場合における居住者等の安全を確保するために必要な機能を有する集会施設，購買施設，医療施設その他の施設をいう．第 4 項第一号において同じ．）及び公共施設をいう．）

十一　流通業務団地

十二　一団地の津波防災拠点市街地形成施設（津波防災地域づくりに関する法律（平成 23 年法律第 123 号）第 2 条第 15 項に規定する一団地の津波防災拠点市街地形成施設をいう．）

十三　一団地の復興再生拠点市街地形成施設（福島復興再生特別措置法（平成 24 年法律第 25 号）第 32 条第 1 項に規定する一団地の復興再生拠点市街地形成施設をいう．）

十四　一団地の復興拠点市街地形成施設（大規模災害からの復興に関する法律（平成 25 年法律第 55 号）第 2 条第八号に規定する一団地の復興拠点市街地形成施設をいう．）

十五　その他政令で定める施設

2　都市施設については，都市計画に，都市施設の種類，名称，位置及び区域を定めるものとするとともに，面積その他の政令で定める事項を定めるよう努めるものとする．

3　道路，都市高速鉄道，河川その他の政令で定める都市施設については，前項に規定するもののほか，適正かつ合理的な土地利用を図るため必要があるときは，当該都市施設の区域の地下又は空間について，当該都市施設を整備する立体的な範囲を都市計画に定めることができる．この場合において，地下に当該立体的な範囲を定めるときは，併せて当該立体的な範囲からの離隔距離の最小限度及び載荷重の最大限度（当該離隔距離に応じて定めるものを含む．）を定めることができる．

4　一団地の都市安全確保拠点施設については，第 2 項に規定するもののほか，都市計画に，次に掲げる事項を定めるものとする．

一　特定公益的施設及び公共施設の位置及び規模

二　建築物の高さの最高限度若しくは最低限度，建築物の容積率の最高限度若しくは最低限度又は建築物の建蔽率の最高限度

5　密集市街地整備法第 30 条に規定する防災都市施設に係る都市施設，都市再生特別措置法第 19 条の 4 の規定により付議して定める都市計画に係る都市施設及び同法第 51 条第 1 項の規定により決定又は変更をする都市計画に係る都市施設，都市

鉄道等利便増進法（平成17年法律第41号）第19条の規定により付議して定める都市計画に係る都市施設，流通業務団地，一団地の津波防災拠点市街地形成施設，一団地の復興再生拠点市街地形成施設並びに一団地の復興拠点市街地形成施設について都市計画に定めるべき事項は，この法律に定めるもののほか，別に法律で定める.

6　次に掲げる都市施設については，第12条の3第1項の規定により定められる場合を除き，第一号又は第二号に掲げる都市施設にあっては国の機関又は地方公共団体のうちから，第三号に掲げる都市施設にあっては流通業務市街地の整備に関する法律第10条に規定する者のうちから，当該都市施設に関する都市計画事業の施行予定者を都市計画に定めることができる.

一　区域の面積が20 ha以上の一団地の住宅施設

二　一団地の官公庁施設

三　流通業務団地

7　前項の規定により施行予定者が定められた都市施設に関する都市計画は，これを変更して施行予定者を定めないものとすることができない.

[市街地開発事業]

第12条　都市計画区域については，都市計画に，次に掲げる事業を定めることができる.

一　土地区画整理法（昭和29年法律第119号）による土地区画整理事業

二　新住宅市街地開発法（昭和38年法律第134号）による新住宅市街地開発事業

三　首都圏の近郊整備地帯及び都市開発区域の整備に関する法律（昭和33年法律第98号）による工業団地造成事業又は近畿圏の近郊整備区域及び都市開発区域の整備及び開発に関する法律（昭和39年法律第145号）による工業団地造成事業

四　都市再開発法による市街地再開発事業

五　新都市基盤整備法（昭和47年法律第86号）による新都市基盤整備事業

六　大都市地域における住宅及び住宅地の供給の促進に関する特別措置法による住宅街区整備事業

七　密集市街地整備法による防災街区整備事業

2　市街地開発事業については，都市計画に，市街地開発事業の種類，名称及び施行区域を定めるものとするとともに，施行区域の面積その他の政令で定める事項を定めるよう努めるものとする.

3　土地区画整理事業については，前項に定めるもののほか，公共施設の配置及び宅地の整備に関する事項を都市計画に定めるものとする.

4　市街地開発事業について都市計画に定めるべき事項は，この法律に定めるもののほか，別に法律で定める.

5　第1項第二号，第三号又は第五号に掲げる市街地開発事業については，第12条の3第1項の規定により定められる場合を除き，これらの事業に関する法律（新住宅市街地開発法第45条第1項を除く.）において施行者として定められている者のうちから，当該市街地開発事業の施行予定者を都市計画に定めることができる.

6　前項の規定により施行予定者が定められた市街地開発事業に関する都市計画は，これを変更して施行予定者を定めないものとすることができない.

[市街地開発事業等予定区域]

第12条の2　都市計画区域については，都市計画に，次に掲げる予定区域を定める

ことができる.

一　新住宅市街地開発事業の予定区域

二　工業団地造成事業の予定区域

三　新都市基盤整備事業の予定区域

四　区域の面積が 20 ha 以上の一団地の住宅施設の予定区域

五　一団地の官公庁施設の予定区域

六　流通業務団地の予定区域

2　市街地開発事業等予定区域については，都市計画に，市街地開発事業等予定区域の種類，名称，区域，施行予定者を定めるものとするとともに，区域の面積その他の政令で定める事項を定めるよう努めるものとする.

3　施行予定者は，第 1 項第一号から第三号まで又は第六号に掲げる予定区域にあってはこれらの事業又は施設に関する法律(新住宅市街地開発法第 45 条第 1 項を除く.)において施行者として定められている者のうちから，第 1 項第四号又は第五号に掲げる予定区域にあっては国の機関又は地方公共団体のうちから定めるものとする.

4　市街地開発事業等予定区域に関する都市計画が定められた場合においては，当該都市計画についての第 20 条第 1 項の規定による告示の日から起算して 3 年以内に，当該市街地開発事業等予定区域に係る市街地開発事業又は都市施設に関する都市計画を定めなければならない.

5　前項の期間内に，市街地開発事業等予定区域に係る市街地開発事業又は都市施設に関する都市計画が定められたときは当該都市計画についての第 20 条第 1 項の規定による告示の日の翌日から起算して 10 日を経過した日から，その都市計画が定められなかったときは前項の期間満了の日の翌日から，将来に向かって，当該市街地開発事業等予定区域に関する都市計画は，その効力を失う.

[市街地開発事業等予定区域に係る市街地開発事業又は都市施設に関する都市計画に定める事項]

第 12 条の 3　市街地開発事業等予定区域に係る市街地開発事業又は都市施設に関する都市計画には，施行予定者をも定めるものとする.

2　前項の都市計画に定める施行区域又は区域及び施行予定者は，当該市街地開発事業等予定区域に関する都市計画に定められた区域及び施行予定者でなければならない.

[地区計画等]

第 12 条の 4　都市計画区域については，都市計画に，次に掲げる計画を定めることができる.

一　地区計画

二　密集市街地整備法第 32 条第 1 項の規定による防災街区整備地区計画

三　地域における歴史的風致の維持及び向上に関する法律（平成 20 年法律第 40 号）第 31 条第 1 項の規定による歴史的風致維持向上地区計画

四　幹線道路の沿道の整備に関する法律（昭和 55 年法律第 34 号）第 9 条第 1 項の規定による沿道地区計画

五　集落地域整備法(昭和 62 年法律第 63 号)第 5 条第 1 項の規定による集落地区計画

2　地区計画等については，都市計画に，地区計画等の種類，名称，位置及び区域を定めるものとするとともに，区域の面積その他の政令で定める事項を定めるよう

努めるものとする.

[地区計画]

第12条の5 地区計画は,建築物の建築形態,公共施設その他の施設の配置等から
みて,一体としてそれぞれの区域の特性にふさわしい態様を備えた良好な環境の各
街区を整備し,開発し,及び保全するための計画とし,次の各号のいずれかに該当
する土地の区域について定めるものとする.

一 用途地域が定められている土地の区域

二 用途地域が定められていない土地の区域のうち次のいずれかに該当するもの

イ 住宅市街地の開発その他建築物若しくはその敷地の整備に関する事業が行われ
る,又は行われた土地の区域

ロ 建築物の建築又はその敷地の造成が無秩序に行われ,又は行われると見込まれ
る一定の土地の区域で,公共施設の整備の状況,土地利用の動向等からみて不良
な街区の環境が形成されるおそれがあるもの

ハ 健全な住宅市街地における良好な居住環境その他優れた街区の環境が形成され
ている土地の区域

2 地区計画については,前条第2項に定めるもののほか,都市計画に,第一号に
掲げる事項を定めるものとするとともに,第二号及び第三号に掲げる事項を定める
よう努めるものとする.

一 次に掲げる施設(以下「地区施設」という.)及び建築物等の整備並びに土地の
利用に関する計画(以下「地区整備計画」という.)

イ 主として街区内の居住者等の利用に供される道路,公園その他の政令で定める
施設

ロ 街区における防災上必要な機能を確保するための避難施設,避難路,雨水貯留
浸透施設(雨水を一時的に貯留し,又は地下に浸透させる機能を有する施設であ
って,浸水による被害の防止を目的とするものをいう.)その他の政令で定める
施設

二 当該地区計画の目標

三 当該区域の整備,開発及び保全に関する方針

3 次に掲げる条件に該当する土地の区域における地区計画については,土地の合
理的かつ健全な高度利用と都市機能の増進とを図るため,一体的かつ総合的な市街
地の再開発又は開発整備を実施すべき区域(以下「再開発等促進区」という.)を
都市計画に定めることができる.

一 現に土地の利用状況が著しく変化しつつあり,又は著しく変化することが確実で
あると見込まれる土地の区域であること.

二 土地の合理的かつ健全な高度利用を図るため,適正な配置及び規模の公共施設を
整備する必要がある土地の区域であること.

三 当該区域内の土地の高度利用を図ることが,当該都市の機能の増進に貢献するこ
ととなる土地の区域であること.

四 用途地域が定められている土地の区域であること.

4 次に掲げる条件に該当する土地の区域における地区計画については,劇場,店
舗,飲食店その他これらに類する用途に供する大規模な建築物(以下「特定大規模

建築物」という.）の整備による商業その他の業務の利便の増進を図るため，一体的かつ総合的な市街地の開発整備を実施すべき区域（以下「開発整備促進区」という.）を都市計画に定めることができる.

一　現に土地の利用状況が著しく変化しつつあり，又は著しく変化することが確実であると見込まれる土地の区域であること.

二　特定大規模建築物の整備による商業その他の業務の利便の増進を図るため，適正な配置及び規模の公共施設を整備する必要がある土地の区域であること.

三　当該区域内において特定大規模建築物の整備による商業その他の業務の利便の増進を図ることが，当該都市の機能の増進に貢献することとなる土地の区域であること.

四　第二種住居地域，準住居地域若しくは工業地域が定められている土地の区域又は用途地域が定められていない土地の区域（市街化調整区域を除く.）であること.

5　再開発等促進区又は開発整備促進区を定める地区計画においては，第2項各号に掲げるもののほか，都市計画に，第一号に掲げる事項を定めるものとするとともに，第二号に掲げる事項を定めるよう努めるものとする.

一　道路，公園その他の政令で定める施設（都市計画施設及び地区施設を除く.）の配置及び規模

二　土地利用に関する基本方針

6　再開発等促進区又は開発整備促進区を都市計画に定める際，当該再開発等促進区又は開発整備促進区について，当面建築物又はその敷地の整備と併せて整備されるべき公共施設の整備に関する事業が行われる見込みがないときその他前項第一号に規定する施設の配置及び規模を定めることができない特別の事情があるときは，当該再開発等促進区又は開発整備促進区について同号に規定する施設の配置及び規模を定めることを要しない.

7　地区整備計画においては，次に掲げる事項（市街化調整区域内において定められる地区整備計画については，建築物の容積率の最低限度，建築物の建築面積の最低限度及び建築物等の高さの最低限度を除く.）を定めることができる.

一　地区施設の配置及び規模

二　建築物等の用途の制限，建築物の容積率の最高限度又は最低限度，建築物の建蔽率の最高限度，建築物の敷地面積又は建築面積の最低限度，建築物の敷地の地盤面の高さの最低限度，壁面の位置の制限，壁面後退区域（壁面の位置の制限として定められた限度の線と敷地境界線との間の土地の区域をいう.以下同じ.）における工作物の設置の制限，建築物等の高さの最高限度又は最低限度，建築物の居室（建築基準法第2条第四号に規定する居室をいう.）の床面の高さの最低限度，建築物等の形態又は色彩その他の意匠の制限，建築物の緑化率（都市緑地法第34条第2項に規定する緑化率をいう.）の最低限度その他建築物等に関する事項で政令で定めるもの

三　現に存する樹林地，草地等で良好な居住環境を確保するため必要なものの保全に関する事項（次号に該当するものを除く.）

四　現に存する農地（耕作の目的に供される土地をいう.以下同じ.）で農業の利便の増進と調和した良好な居住環境を確保するため必要なものにおける土地の形質の変更その他の行為の制限に関する事項

五　前各号に掲げるもののほか，土地の利用に関する事項で政令で定めるもの

8　地区計画を都市計画に定める際，当該地区計画の区域の全部又は一部について地区整備計画を定めることができない特別の事情があるときは，当該区域の全部又は一部について地区整備計画を定めることを要しない．この場合において，地区計画の区域の一部について地区整備計画を定めるときは，当該地区計画については，地区整備計画の区域をも都市計画に定めなければならない．

[建築物の容積率の最高限度を区域の特性に応じたものと公共施設の整備状況に応じたものとに区分して定める地区整備計画]

第12条の6　地区整備計画においては，適正な配置及び規模の公共施設が整備されていない土地の区域において適正かつ合理的な土地利用の促進を図るため特に必要であると認められるときは，前条第7項第二号の建築物の容積率の最高限度について次の各号に掲げるものごとに数値を区分し，第一号に掲げるものの数値を第二号に掲げるものの数値を超えるものとして定めるものとする．

一　当該地区整備計画の区域の特性（再開発等促進区及び開発整備促進区にあっては，土地利用に関する基本方針に従って土地利用が変化した後の区域の特性）に応じたもの

二　当該地区整備計画の区域内の公共施設の整備の状況に応じたもの

[区域を区分して建築物の容積を適正に配分する地区整備計画]

第12条の7　地区整備計画（再開発等促進区及び開発整備促進区におけるものを除く．以下この条において同じ．）においては，用途地域内の適正な配置及び規模の公共施設を備えた土地の区域において建築物の容積を適正に配分することが当該地区整備計画の区域の特性に応じた合理的な土地利用の促進を図るため特に必要であると認められるときは，当該地区整備計画の区域を区分して第12条の5第7項第二号の建築物の容積率の最高限度を定めるものとする．この場合において，当該地区整備計画の区域を区分して定められた建築物の容積率の最高限度の数値にそれぞれの数値の定められた区域の面積を乗じたものの合計は，当該地区整備計画の区域内の用途地域において定められた建築物の容積率の数値に当該数値の定められた区域の面積を乗じたものの合計を超えてはならない．

[高度利用と都市機能の更新とを図る地区整備計画]

第12条の8　地区整備計画（再開発等促進区及び開発整備促進区におけるものを除く．）においては，用途地域（第一種低層住居専用地域，第二種低層住居専用地域及び田園住居地域を除く．）内の適正な配置及び規模の公共施設を備えた土地の区域において，その合理的かつ健全な高度利用と都市機能の更新とを図るため特に必要であると認められるときは，建築物の容積率の最高限度及び最低限度，建築物の建蔽率の最高限度，建築物の建築面積の最低限度並びに壁面の位置の制限（壁面の位置の制限にあっては，敷地内に道路（都市計画において定められた計画道路及び地区施設である道路を含む．以下この条において同じ．）に接して有効な空間を確保して市街地の環境の向上を図るため必要な場合における当該道路に面する壁面の位置を制限するもの（これを含む壁面の位置の制限を含む．）に限る．）を定めるものとする．

[住居と住居以外の用途とを適正に配分する地区整備計画]

第12条の9　地区整備計画（開発整備促進区におけるものを除く．以下この条において同じ．）においては，住居と住居以外の用途とを適正に配分することが当該地区整備計画の区域の特性（再開発等促進区にあっては，土地利用に関する基本方針に従って土地利用が変化した後の区域の特性）に応じた合理的な土地利用の促進を図るため特に必要であると認められるときは，第12条の5第7項第二号の建築物の容積率の最高限度について次の各号に掲げるものごとに数値を区分し，第一号に掲げるものの数値を第二号に掲げるものの数値以上のものとして定めるものとする．

一　その全部又は一部を住宅の用途に供する建築物に係るもの

二　その他の建築物に係るもの

[区域の特性に応じた高さ，配列及び形態を備えた建築物の整備を誘導する地区整備計画]

第12条の10　地区整備計画においては，当該地区整備計画の区域の特性（再開発等促進区及び開発整備促進区にあっては，土地利用に関する基本方針に従って土地利用が変化した後の区域の特性）に応じた高さ，配列及び形態を備えた建築物を整備することが合理的な土地利用の促進を図るため特に必要であると認められるときは，壁面の位置の制限（道路（都市計画において定められた計画道路及び第12条の5第5項第一号に規定する施設又は地区施設である道路を含む．）に面する壁面の位置を制限するものを含むものに限る．），壁面後退区域における工作物の設置の制限（当該壁面後退区域において連続的に有効な空地を確保するため必要なものを含むものに限る．）及び建築物の高さの最高限度を定めるものとする．

[道路の上空又は路面下において建築物等の建築又は建設を行うための地区整備計画]

第12条の11　地区整備計画においては，第12条の5第7項に定めるもののほか，市街地の環境を確保しつつ，適正かつ合理的な土地利用の促進と都市機能の増進とを図るため，道路（都市計画において定められた計画道路を含む．）の上空又は路面下において建築物等の建築又は建設を行うことが適切であると認められるときは，当該道路の区域のうち，建築物等の敷地として併せて利用すべき区域を定めることができる．この場合においては，当該区域内における建築物等の建築又は建設の限界であって，空間又は地下について上下の範囲を定めるものをも定めなければならない．

[適正な配置の特定大規模建築物を整備するための地区整備計画]

第12条の12　開発整備促進区における地区整備計画においては，第12条の5第7項に定めるもののほか，土地利用に関する基本方針に従って土地利用が変化した後の当該地区整備計画の区域の特性に応じた適正な配置の特定大規模建築物を整備することが合理的な土地利用の促進を図るため特に必要であると認められるときは，劇場，店舗，飲食店その他これらに類する用途のうち当該区域において誘導すべき用途及び当該誘導すべき用途に供する特定大規模建築物の敷地として利用すべき土地の区域を定めることができる．

[防災街区整備地区計画等について都市計画に定めるべき事項]

第12条の13　防災街区整備地区計画，歴史的風致維持向上地区計画，沿道地区整備計画及び集落地区計画について都市計画に定めるべき事項は，第12条の4第2項

に定めるもののほか，別に法律で定める．

[都市計画基準]

第13条 都市計画区域について定められる都市計画（区域外都市施設に関するもの
を含む．次項において同じ．）は，国土形成計画，首都圏整備計画，近畿圏整備計
画，中部圏開発整備計画，北海道総合開発計画，沖縄振興計画その他の国土計画又
は地方計画に関する法律に基づく計画（当該都市について公害防止計画が定められ
ているときは，当該公害防止計画を含む．第3項において同じ．）及び道路，河川，
鉄道，港湾，空港等の施設に関する国の計画に適合するとともに，当該都市の特質
を考慮して，次に掲げるところに従って，土地利用，都市施設の整備及び市街地開
発事業に関する事項で当該都市の健全な発展と秩序ある整備を図るため必要なもの
を，一体的かつ総合的に定めなければならない．この場合においては，当該都市に
おける自然的環境の整備又は保全に配慮しなければならない．

一　都市計画区域の整備，開発及び保全の方針は，当該都市の発展の動向，当該都市
　計画区域における人口及び産業の現状及び将来の見通し等を勘案して，当該都市計
　画区域を一体の都市として総合的に整備し，開発し，及び保全することを目途とし
　て，当該方針に即して都市計画が適切に定められることとなるように定めること．

二　区域区分は，当該都市の発展の動向，当該都市計画区域における人口及び産業の
　将来の見通し等を勘案して，産業活動の利便と居住環境の保全との調和を図りつ
　つ，国土の合理的利用を確保し，効率的な公共投資を行うことができるように定め
　ること．

三　都市再開発の方針は，市街化区域内において，計画的な再開発が必要な市街地に
　ついて定めること．

四　住宅市街地の開発整備の方針は，大都市地域における住宅及び住宅地の供給の促
　進に関する特別措置法第4条第1項に規定する都市計画区域について，良好な住宅
　市街地の開発整備が図られるように定めること．

五　拠点業務市街地の開発整備の方針は，地方拠点都市地域の整備及び産業業務施設
　の再配置の促進に関する法律第8条第1項の同意基本計画において定められた同法
　第2条第2項の拠点地区に係る市街化区域について，当該同意基本計画の達成に資
　するように定めること．

六　防災街区整備方針は，市街化区域内において，密集市街地整備法第2条第一号の
　密集市街地内の各街区について同条第二号の防災街区としての整備が図られるよう
　に定めること．

七　地域地区は，土地の自然的条件及び土地利用の動向を勘案して，住居，商業，工
　業その他の用途を適正に配分することにより，都市機能を維持増進し，かつ，住居
　の環境を保護し，商業，工業等の利便を増進し，良好な景観を形成し，風致を維持
　し，公害を防止する等適正な都市環境を保持するように定めること．この場合にお
　いて，市街化区域については，少なくとも用途地域を定めるものとし，市街化調整
　区域については，原則として用途地域を定めないものとする．

八　促進区域は，市街化区域又は区域区分が定められていない都市計画区域内におい
　て，主として関係権利者による市街地の計画的な整備又は開発を促進する必要があ
　ると認められる土地の区域について定めること．

九　遊休土地転換利用促進地区は，主として関係権利者による有効かつ適切な利用を促進する必要があると認められる土地の区域について定めること．

十　被災市街地復興推進地域は，大規模な火災，震災その他の災害により相当数の建築物が滅失した市街地の計画的な整備改善を推進して，その緊急かつ健全な復興を図る必要があると認められる土地の区域について定めること．

十一　都市施設は，土地利用，交通等の現状及び将来の見通しを勘案して，適切な規模で必要な位置に配置することにより，円滑な都市活動を確保し，良好な都市環境を保持するように定めること．この場合において，市街化区域及び区域区分が定められていない都市計画区域については，少なくとも道路，公園及び下水道を定めるものとし，第一種低層住居専用地域，第二種低層住居専用地域，第一種中高層住居専用地域，第二種中高層住居専用地域，第一種住居地域，第二種住居地域，準住居地域及び田園住居地域については，義務教育施設をも定めるものとする．

十二　一団地の都市安全確保拠点施設については，前号に定めるもののほか，次に掲げるところに従って定めること．

　　イ　溢水，湛水，津波，高潮その他の自然現象による災害の発生のおそれが著しく，かつ，当該災害が発生した場合に居住者等の安全を確保する必要性が高いと認められる区域（当該区域に隣接し，又は近接する区域を含む．）について定めること．

　　ロ　第11条第4項第一号に規定する施設は，溢水，湛水，津波，高潮その他の自然現象による災害が発生した場合においてイに規定する区域内における同条第1項第十号に規定する機能が一体的に発揮されるよう，必要な位置に適切な規模で配置すること．

　　ハ　第11条第4項第二号に掲げる事項は，溢水，湛水，津波，高潮その他の自然現象による災害が発生した場合においてイに規定する区域内における居住者等の安全の確保が図られるよう定めること．

十三　市街地開発事業は，市街化区域又は区域区分が定められていない都市計画区域内において，一体的に開発し，又は整備する必要がある土地の区域について定めること．

十四　市街地開発事業等予定区域は，市街地開発事業に係るものにあっては市街化区域内又は区域区分が定められていない都市計画区域内において，一体的に開発し，又は整備する必要がある土地の区域について，都市施設に係るものにあっては当該都市施設が第十一号前段の基準に合致することとなるような土地の区域について定めること．

十五　地区計画は，公共施設の整備，建築物の建築その他の土地利用の現状及び将来の見通しを勘案し，当該区域の各街区における防災，安全，衛生等に関する機能が確保され，かつ，その良好な環境の形成又は保持のためその区域の特性に応じて合理的な土地利用が行われることを目途として，当該計画に従って秩序ある開発行為，建築又は施設の整備が行われることとなるように定めること．この場合において，次のイからハまでに掲げる地区計画については，当該イからハまでに定めるところによること．

　　イ　市街化調整区域における地区計画　市街化区域における市街化の状況等を勘案

して，地区計画の区域の周辺における市街化を促進することがない等当該都市計画区域における計画的な市街化を図る上で支障がないように定めること．

　ロ　再開発等促進区を定める地区計画　土地の合理的かつ健全な高度利用と都市機能の増進とが図られることを目途として，一体的かつ総合的な市街地の再開発又は開発整備が実施されることとなるように定めること．この場合において，第一種低層住居専用地域，第二種低層住居専用地域及び田園住居地域については，再開発等促進区の周辺の低層住宅に係る良好な住居の環境の保護に支障がないように定めること．

　ハ　開発整備促進区を定める地区計画　特定大規模建築物の整備による商業その他の業務の利便の増進が図られることを目途として，一体的かつ総合的な市街地の開発整備が実施されることとなるように定めること．この場合において，第二種住居地域及び準住居地域については，開発整備促進区の周辺の住宅に係る住居の環境の保護に支障がないように定めること．

六　防災街区整備地区計画は，当該区域の各街区が火事又は地震が発生した場合の延焼防止上及び避難上確保されるべき機能を備えるとともに，土地の合理的かつ健全な利用が図られることを目途として，一体的かつ総合的な市街地の整備が行われることとなるように定めること．

七　歴史的風致維持向上地区計画は，地域におけるその固有の歴史及び伝統を反映した人々の活動とその活動が行われる歴史上価値の高い建造物及びその周辺の市街地とが一体となって形成してきた良好な市街地の環境の維持及び向上並びに土地の合理的かつ健全な利用が図られるように定めること．

八　沿道地区計画は，道路交通騒音により生ずる障害を防止するとともに，適正かつ合理的な土地利用が図られるように定めること．この場合において，沿道再開発等促進区（幹線道路の沿道の整備に関する法律第９条第３項の規定による沿道再開発等促進区をいう．以下同じ．）を定める沿道地区計画については，土地の合理的かつ健全な高度利用と都市機能の増進とが図られることを目途として，一体的かつ総合的な市街地の再開発又は開発整備が実施されることとなるように定めることとし，そのうち第一種低層住居専用地域，第二種低層住居専用地域及び田園住居地域におけるものについては，沿道再開発等促進区の周辺の低層住宅に係る良好な住居の環境の保護に支障がないように定めること．

九　集落地区計画は，営農条件と調和のとれた居住環境を整備するとともに，適正な土地利用が図られるように定めること．

十　前各号の基準を適用するについては，第６条第１項の規定による都市計画に関する基礎調査の結果に基づき，かつ，政府が法律に基づき行う人口，産業，住宅，建築，交通，工場立地その他の調査の結果について配慮すること．

2　都市計画区域について定められる都市計画は，当該都市の住民が健康で文化的な都市生活を享受することができるように，住宅の建設及び居住環境の整備に関する計画を定めなければならない．

3　準都市計画区域について定められる都市計画は，第１項に規定する国土計画若しくは地方計画又は施設に関する国の計画に適合するとともに，地域の特質を考慮して，次に掲げるところに従って，土地利用の整序又は環境の保全を図るため必要

な事項を定めなければならない．この場合においては，当該地域における自然的環境の整備又は保全及び農林漁業の生産条件の整備に配慮しなければならない．

一　地域地区は，土地の自然的条件及び土地利用の動向を勘案して，住居の環境を保護し，良好な景観を形成し，風致を維持し，公害を防止する等地域の環境を適正に保持するように定めること．

二　前号の基準を適用するについては，第6条第2項の規定による都市計画に関する基礎調査の結果に基づくこと．

4　都市再開発方針等，第8条第1項第四号の二，第五号の二，第六号，第八号及び第十号から第十六号までに掲げる地域地区，促進区域，被災市街地復興推進地域，流通業務団地，一団地の津波防災拠点市街地形成施設，一団地の復興再生拠点市街地形成施設，一団地の復興拠点市街地形成施設，市街地開発事業，市街地開発事業等予定区域（第12条の2第1項第四号及び第五号に掲げるものを除く．），防災街区整備地区計画，歴史的風致維持向上地区計画，沿道地区計画並びに集落地区計画に関する都市計画の策定に関し必要な基準は，前3項に定めるもののほか，別に法律で定める．

5　地区計画を都市計画に定めるについて必要な基準は，第1項及び第2項に定めるもののほか，政令で定める．

6　都市計画の策定に関し必要な技術的基準は，政令で定める．

[都市計画の図書]

第14条　都市計画は，国土交通省令で定めるところにより，総括図，計画図及び計画書によって表示するものとする．

2　計画図及び計画書における区域区分の表示又は次に掲げる区域の表示は，土地に関し権利を有する者が，自己の権利に係る土地が区域区分により区分される市街化区域若しくは市街化調整区域のいずれの区域に含まれるか又は次に掲げる区域に含まれるかどうかを容易に判断することができるものでなければならない．

一　都市再開発の方針に定められている都市再開発法第2条の3第1項第二号又は第2項の地区の区域

二　防災街区整備方針に定められている防災再開発促進地区（密集市街地整備法第3条第1項第一号に規定する防災再開発促進地区をいう．）の区域

三　地域地区の区域

四　促進区域の区域

五　遊休土地転換利用促進地区の区域

六　被災市街地復興推進地域の区域

七　都市計画施設の区域

八　市街地開発事業の施行区域

九　市街地開発事業等予定区域の区域

十　地区計画の区域（地区計画の区域の一部について再開発等促進区若しくは開発整備促進区又は地区整備計画が定められているときは，地区計画の区域及び再開発等促進区若しくは開発整備促進区又は地区整備計画の区域）

十一　防災街区整備地区計画の区域（防災街区整備地区計画の区域について地区防災施設（密集市街地整備法第32条第2項第一号に規定する地区防災施設をいう．以

下この号及び第33条第1項において同じ.）特定建築物地区整備計画（密集市街地整備法第32条第2項第一号の規定による特定建築物地区整備計画をいう.以下この号及び第33条第1項において同じ.）又は防災街区整備地区整備計画（密集市街地整備法第32条第2項第二号の規定による防災街区整備地区整備計画をいう.以下この号及び第33条第1項において同じ.）が定められているときは，防災街区整備地区計画の区域及び地区防災施設の区域，特定建築物地区整備計画の区域又は防災街区整備地区整備計画の区域）

十二　歴史的風致維持向上地区計画の区域（歴史的風致維持向上地区計画の区域の一部について地域における歴史的風致の維持及び向上に関する法律第31条第3項第三号に規定する土地の区域又は歴史的風致維持向上地区整備計画（同条第2項第一号の規定による歴史的風致維持向上地区整備計画をいう.以下この号及び第33条第1項において同じ.）が定められているときは，歴史的風致維持向上地区計画の区域及び当該定められた土地の区域又は歴史的風致維持向上地区整備計画の区域）

十三　沿道地区計画の区域（沿道地区計画の区域の一部について沿道再開発等促進区又は沿道地区整備計画（幹線道路の沿道の整備に関する法律第9条第2項第一号に掲げる沿道地区整備計画をいう.以下同じ.）が定められているときは，沿道地区計画の区域及び沿道再開発等促進区又は沿道地区整備計画の区域）

十四　集落地区計画の区域（集落地区計画の区域の一部について集落地区整備計画（集落地域整備法第5条第3項の規定による集落地区整備計画をいう.以下同じ.）が定められているときは，集落地区計画の区域及び集落地区整備計画の区域）

3　第11条第3項の規定により都市計画施設の区域について都市施設を整備する立体的な範囲が定められている場合においては，計画図及び計画書における当該立体的な範囲の表示は，当該区域内において建築物の建築をしようとする者が，当該建築が，当該立体的な範囲外において行われるかどうか，同項後段の規定により当該立体的な範囲からの離隔距離の最小限度が定められているときは当該立体的な範囲から最小限度の離隔距離を確保しているかどうかを容易に判断することができるものでなければならない.

［都市計画を定める者］

第15条　次に掲げる都市計画は都道府県が，その他の都市計画は市町村が定める.

一　都市計画区域の整備，開発及び保全の方針に関する都市計画

二　区域区分に関する都市計画

三　都市再開発方針等に関する都市計画

四　第8条第1項第四号の二，第九号から第十三号まで及び第十六号に掲げる地域地区（同項第四号の二に掲げる地区にあっては都市再生特別措置法第36条第1項の規定による都市再生特別地区に，第8条第1項第九号に掲げる地区にあっては港湾法（昭和25年法律第218号）第2条第2項の国際戦略港湾，国際拠点港湾又は重要港湾に係るものに，第8条第1項第十二号に掲げる地区にあっては都市緑地法第5条の規定による緑地保全地域（2以上の市町村の区域にわたるものに限る.），首都圏近郊緑地保全法（昭和41年法律第101号）第4条第2項第三号の近郊緑地特別保全地区及び近畿圏の保全区域の整備に関する法律（昭和42年法律第103号）第6条第2項の近郊緑地特別保全地区に限る.）に関する都市計画

五　一の市町村の区域を超える広域の見地から決定すべき地域地区として政令で定めるもの又は一の市町村の区域を超える広域の見地から決定すべき都市施設若しくは根幹的都市施設として政令で定めるものに関する都市計画

六　市街地開発事業（土地区画整理事業，市街地再開発事業，住宅街区整備事業及び防災街区整備事業にあっては，政令で定める大規模なものであって，国の機関又は都道府県が施行すると見込まれるものに限る。）に関する都市計画

七　市街地開発事業等予定区域（第12条の2第1項第四号から第六号までに掲げる予定区域にあっては，一の市町村の区域を超える広域の見地から決定すべき都市施設又は根幹的都市施設の予定区域として政令で定めるものに限る。）に関する都市計画

2〜4　（略）

［都道府県の都市計画の案の作成］

第15条の2　市町村は，必要があると認めるときは，都道府県に対し，都道府県が定める都市計画の案の内容となるべき事項を申し出ることができる。

2　都道府県は，都市計画の案を作成しようとするときは，関係市町村に対し，資料の提出その他必要な協力を求めることができる。

［公聴会の開催等］

第16条　都道府県又は市町村は，次項の規定による場合を除くほか，都市計画の案を作成しようとする場合において必要があると認めるときは，公聴会の開催等住民の意見を反映させるために必要な措置を講ずるものとする。

2　都市計画に定める地区計画等の案は，意見の提出方法その他の政令で定める事項について条例で定めるところにより，その案に係る区域内の土地の所有者その他政令で定める利害関係を有する者の意見を求めて作成するものとする。

3　市町村は，前項の条例において，住民又は利害関係人から地区計画等に関する都市計画の決定若しくは変更又は地区計画等の案の内容となるべき事項を申し出る方法を定めることができる。

［都市計画の案の縦覧等］

第17条　都道府県又は市町村は，都市計画を決定しようとするときは，あらかじめ，国土交通省令で定めるところにより，その旨を公告し，当該都市計画の案を，当該都市計画を決定しようとする理由を記載した書面を添えて，当該公告の日から2週間公衆の縦覧に供しなければならない。

2　前項の規定による公告があったときは，関係市町村の住民及び利害関係人は，同項の縦覧期間満了の日までに，縦覧に供された都市計画の案について，都道府県の作成に係るものにあっては都道府県に，市町村の作成に係るものにあっては市町村に，意見書を提出することができる。

3　特定街区に関する都市計画の案については，政令で定める利害関係を有する者の同意を得なければならない。

4　遊休土地転換利用促進地区に関する都市計画の案については，当該遊休土地転換利用促進地区内の土地に関する所有権又は地上権その他の政令で定める使用若しくは収益を目的とする権利を有する者の意見を聴かなければならない。

5　都市計画事業の施行予定者を定める都市計画の案については，当該施行予定者

の同意を得なければならない．ただし，第12条の3第2項の規定の適用がある事項については，この限りでない．

第17条の2 （略）

[都道府県の都市計画の決定]

第18条 都道府県は，関係市町村の意見を聴き，かつ，都道府県都市計画審議会の議を経て，都市計画を決定するものとする．

2 都道府県は，前項の規定により都市計画の案を都道府県都市計画審議会に付議しようとするときは，第17条第2項の規定により提出された意見書の要旨を都道府県都市計画審議会に提出しなければならない．

3 都道府県は，国の利害に重大な関係がある政令で定める都市計画の決定をしようとするときは，あらかじめ，国土交通省令で定めるところにより，国土交通大臣に協議し，その同意を得なければならない．

4 国土交通大臣は，国の利害との調整を図る観点から，前項の協議を行うものとする．

[市町村の都市計画に関する基本的な方針]

第18条の2 市町村は，議会の議決を経て定められた当該市町村の建設に関する基本構想並びに都市計画区域の整備，開発及び保全の方針に即し，当該市町村の都市計画に関する基本的な方針（以下この条において「基本方針」という．）を定めるものとする．

2 市町村は，基本方針を定めようとするときは，あらかじめ，公聴会の開催等住民の意見を反映させるために必要な措置を講ずるものとする．

3 市町村は，基本方針を定めたときは，遅滞なく，これを公表するとともに，都道府県知事に通知しなければならない．

4 市町村が定める都市計画は，基本方針に即したものでなければならない．

[市町村の都市計画の決定]

第19条 市町村は，市町村都市計画審議会（当該市町村に市町村都市計画審議会が置かれていないときは，当該市町村の存する都道府県の都道府県都市計画審議会）の議を経て，都市計画を決定するものとする．

2 市町村は，前項の規定により都市計画の案を市町村都市計画審議会又は都道府県都市計画審議会に付議しようとするときは，第17条第2項の規定により提出された意見書の要旨を市町村都市計画審議会又は都道府県都市計画審議会に提出しなければならない．

3 市町村は，都市計画区域又は準都市計画区域について都市計画（都市計画区域について定めるものにあっては区域外都市施設に関するものを含み，地区計画等にあっては当該都市計画に定めようとする事項のうち政令で定める地区施設の配置及び規模その他の事項に限る．）を決定しようとするときは，あらかじめ，都道府県知事に協議しなければならない．

4 都道府県知事は，一の市町村の区域を超える広域の見地からの調整を図る観点又は都道府県が定め，若しくは定めようとする都市計画との適合を図る観点から，前項の協議を行うものとする．

5 都道府県知事は，第3項の協議を行うに当たり必要があると認めるときは，関係市町村に対し，資料の提出，意見の開陳，説明その他必要な協力を求めることが

できる.

[都市計画の告示等]

第20条　都道府県又は市町村は，都市計画を決定したときは，その旨を告示し，かつ，都道府県にあっては関係市町村長に，市町村にあっては都道府県知事に，第14条第1項に規定する図書の写しを送付しなければならない.

2　都道府県知事及び市町村長は，国土交通省令で定めるところにより，前項の図書又はその写しを当該都道府県又は市町村の事務所に備え置いて一般の閲覧に供する方法その他の適切な方法により公衆の縦覧に供しなければならない.

3　都市計画は，第1項の規定による告示があった日から，その効力を生ずる.

[都市計画の変更]

第21条　都道府県又は市町村は，都市計画区域又は準都市計画区域が変更されたとき，第6条第1項若しくは第2項の規定による都市計画に関する基礎調査又は第13条第1項第二十号に規定する政府が行う調査の結果都市計画を変更する必要が明らかとなったとき，遊休土地転換利用促進地区に関する都市計画についてその目的が達成されたと認めるとき，その他都市計画を変更する必要が生じたときは，遅滞なく，当該都市計画を変更しなければならない.

2　第17条から第18条まで及び前2条の規定は，都市計画の変更（第17条，第18条第2項及び第3項並びに第19条第2項及び第3項の規定については，政令で定める軽易な変更を除く.）について準用する. この場合において，施行予定者を変更する都市計画の変更については，第17条第5項中「当該施行予定者」とあるのは，「変更前後の施行予定者」と読み替えるものとする.

[都市計画の決定等の提案]

第21条の2　都市計画区域又は準都市計画区域のうち，一体として整備し，開発し，又は保全すべき土地の区域としてふさわしい政令で定める規模以上の一団の土地の区域について，当該土地の所有権又は建物の所有を目的とする対抗要件を備えた地上権若しくは賃借権（臨時設備その他一時使用のため設定されたことが明らかなものを除く. 以下「借地権」という.）を有する者（以下この条において，「土地所有者等」という.）は，1人で，又は数人共同して，都道府県又は市町村に対し，都市計画（都市計画区域の整備，開発及び保全の方針並びに都市再開発方針等に関するものを除く. 次項及び第75条の9第1項において同じ.）の決定又は変更をすることを提案することができる. この場合においては，当該提案に係る都市計画の素案を添えなければならない.

2　まちづくりの推進を図る活動を行うことを目的とする特定非営利活動促進法（平成10年法律第7号）第2条第2項の特定非営利活動法人，一般社団法人若しくは一般財団法人その他の営利を目的としない法人，独立行政法人都市再生機構，地方住宅供給公社若しくはまちづくりの推進に関し経験と知識を有するものとして国土交通省令で定める団体又はこれらに準ずるものとして地方公共団体の条例で定める団体は，前項に規定する土地の区域について，都道府県又は市町村に対し，都市計画の決定又は変更をすることを提案することができる. 同項後段の規定は，この場合について準用する.

3　前2項の規定による提案（以下「計画提案」という.）は，次に掲げるところに

従って，国土交通省令で定めるところにより行うものとする．

一　当該計画提案に係る都市計画の素案の内容が，第13条その他の法令の規定に基づく都市計画に関する基準に適合するものであること．

二　当該計画提案に係る都市計画の素案の対象となる土地（国又は地方公共団体の所有している土地で公共施設の用に供されているものを除く．以下この号において同じ．）の区域内の土地所有者等の2/3以上の同意（同意した者が所有するその区域内の土地の地積と同意した者が有する借地権の目的となっているその区域内の土地の地積の合計が，その区域内の土地の総地積と借地権の目的となっている土地の総地積との合計の2/3以上となる場合に限る．）を得ていること．

［計画提案に対する都道府県又は市町村の判断等］

第21条の3　都道府県又は市町村は，計画提案が行われたときは，遅滞なく，計画提案を踏まえた都市計画（計画提案に係る都市計画の素案の内容の全部又は一部を実現することとなる都市計画をいう．以下同じ．）の決定又は変更をする必要があるかどうかを判断し，当該都市計画の決定又は変更をする必要があると認めるときは，その案を作成しなければならない．

［計画提案を踏まえた都市計画の案の都道府県都市計画審議会等への付議］

第21条の4　都道府県又は市町村は，計画提案を踏まえた都市計画（当該計画提案に係る都市計画の素案の内容の全部を実現するものを除く．）の決定又は変更をしようとする場合において，第18条第1項又は第19条第1項（これらの規定を第21条第2項において準用する場合を含む．）の規定により都市計画の案を都道府県都市計画審議会又は市町村都市計画審議会に付議しようとするときは，当該都市計画の案に併せて，当該計画提案に係る都市計画の素案を提出しなければならない．

［計画提案を踏まえた都市計画の決定等をしない場合にとるべき措置］

第21条の5　都道府県又は市町村は，計画提案を踏まえた都市計画の決定又は変更をする必要がないと判断したときは，遅滞なく，その旨及びその理由を，当該計画提案をした者に通知しなければならない．

2　都道府県又は市町村は，前項の通知をしようとするときは，あらかじめ，都道府県都市計画審議会（当該市町村に市町村都市計画審議会が置かれているときは，当該市町村都市計画審議会）に当該計画提案に係る都市計画の素案を提出してその意見を聴かなければならない．

第22条，第23条　（略）

［準都市計画区域について都市計画区域が指定された場合における都市計画の取扱い］

第23条の2　準都市計画区域の全部又は一部について都市計画区域が指定されたときは，当該都市計画区域と重複する区域内において定められている都市計画は，当該都市計画区域について定められているものとみなす．

第24条　（略）

［調査のための立入り等］

第25条　国土交通大臣，都道府県知事又は市町村長は，都市計画の決定又は変更のために他人の占有する土地に立ち入って測量又は調査を行う必要があるときは，その必要の限度において，他人の占有する土地に，自ら立ち入り，又はその命じた者若しくは委任した者に立ち入らせることができる．

2～5　（略）

[障害物の伐除及び土地の試掘等]

第26条　前条第1項の規定により他人の占有する土地に立ち入って測量又は調査を行う者は，その測量又は調査を行うに当たり，やむを得ない必要があって，障害となる植物若しくは垣，柵等（以下「障害物」という．）を伐除しようとする場合又は当該土地に試掘若しくはボーリング若しくはこれらに伴う障害物の伐除（以下「試掘等」という．）を行おうとする場合において，当該障害物又は当該土地の所有者及び占有者の同意を得ることができないときは，当該障害物の所在地を管轄する市町村長の許可を受けて当該障害物を伐除し，又は当該土地の所在地を管轄する都道府県知事（市の区域内にあっては，当該市の長．以下「都道府県知事等」という．）の許可を受けて当該土地に試掘等を行うことができる．この場合において，市町村長が許可を与えようとするときは障害物の所有者及び占有者に，都道府県知事等が許可を与えようとするときは土地又は障害物の所有者及び占有者に，あらかじめ，意見を述べる機会を与えなければならない．

2，3　（略）

[証明書等の携帯]

第27条　第25条第1項の規定により他人の占有する土地に立ち入ろうとする者は，その身分を示す証明書を携帯しなければならない．

2，3　（略）

[土地の立入り等に伴う損失の補償]

第28条　国土交通大臣，都道府県又は市町村は，第25条第1項又は第26条第1項若しくは第3項の規定による行為により他人に損失を与えたときは，その損失を受けた者に対して，通常生ずべき損失を補償しなければならない．

2，3　（略）

[開発行為の許可]

第29条　都市計画区域又は準都市計画区域内において開発行為をしようとする者は，あらかじめ，国土交通省令で定めるところにより，都道府県知事（地方自治法（昭和22年法律第67号）第252条の19第1項の指定都市又は同法第252条の22第1項の中核市（以下「指定都市等」という．）の区域内にあっては，当該指定都市等の長．以下この節において同じ．）の許可を受けなければならない．ただし，次に掲げる開発行為については，この限りでない．

一　市街化区域，区域区分が定められていない都市計画区域又は準都市計画区域内において行う開発行為で，その規模が，それぞれの区域の区分に応じて政令で定める規模未満であるもの

二　市街化調整区域，区域区分が定められていない都市計画区域又は準都市計画区域内において行う開発行為で，農業，林業若しくは漁業の用に供する政令で定める建築物又はこれらの業務を営む者の居住の用に供する建築物の建築の用に供する目的で行うもの

三　駅舎その他の鉄道の施設，図書館，公民館，変電所その他これらに類する公益上必要な建築物のうち開発区域及びその周辺の地域における適正かつ合理的な土地利用及び環境の保全を図る上で支障がないものとして政令で定める建築物の建築の用

に供する目的で行う開発行為

四　都市計画事業の施行として行う開発行為

五　土地区画整理事業の施行として行う開発行為

六　市街地再開発事業の施行として行う開発行為

七　住宅街区整備事業の施行として行う開発行為

八　防災街区整備事業の施行として行う開発行為

九　公有水面埋立法（大正10年法律第57号）第2条第1項の免許を受けた埋立地であって，まだ同法第22条第2項の告示がないものにおいて行う開発行為

十　非常災害のため必要な応急措置として行う開発行為

十一　通常の管理行為，軽易な行為その他の行為で政令で定めるもの

2　都市計画区域及び準都市計画区域外の区域内において，それにより一定の市街地を形成すると見込まれる規模として政令で定める規模以上の開発行為をしようとする者は，あらかじめ，国土交通省令で定めるところにより，都道府県知事の許可を受けなければならない．ただし，次に掲げる開発行為については，この限りでない．

一　農業，林業若しくは漁業の用に供する政令で定める建築物又はこれらの業務を営む者の居住の用に供する建築物の建築の用に供する目的で行う開発行為

二　前項第三号，第四号及び第九号から第十一号までに掲げる開発行為

3　開発区域が，市街化区域，区域区分が定められていない都市計画区域，準都市計画区域又は都市計画区域及び準都市計画区域外の区域のうち2以上の区域にわたる場合における第1項第一号及び前項の規定の適用については，政令で定める．

［許可申請の手続］

第30条　前条第1項又は第2項の許可（以下「開発許可」という．）を受けようとする者は，国土交通省令で定めるところにより，次に掲げる事項を記載した申請書を都道府県知事に提出しなければならない．

一　開発区域（開発区域を工区に分けたときは，開発区域及び工区）の位置，区域及び規模

二　開発区域内において予定される建築物又は特定工作物（以下「予定建築物等」という．）の用途

三　開発行為に関する設計（以下この節において「設計」という．）

四　工事施行者（開発行為に関する工事の請負人又は請負契約によらないで自らその工事を施行する者をいう．以下同じ．）

五　その他国土交通省令で定める事項

2　前項の申請書には，第32条第1項に規定する同意を得たことを証する書面，同条第2項に規定する協議の経過を示す書面その他国土交通省令で定める図書を添付しなければならない．

［設計者の資格］

第31条　前条の場合において，設計に係る設計図書（開発行為に関する工事のうち国土交通省令で定めるものを実施するため必要な図面（現寸図その他これに類するものを除く．）及び仕様書をいう．）は，国土交通省令で定める資格を有する者の作成したものでなければならない．

[公共施設の管理者の同意等]

第32条 開発許可を申請しようとする者は，あらかじめ，開発行為に関係がある公共施設の管理者と協議し，その同意を得なければならない．

2 開発許可を申請しようとする者は，あらかじめ，開発行為又は開発行為に関する工事により設置される公共施設を管理することとなる者その他政令で定める者と協議しなければならない．

3 前2項に規定する公共施設の管理者又は公共施設を管理することとなる者は，公共施設の適切な管理を確保する観点から，前2項の協議を行うものとする．

[開発許可の基準]

第33条 都道府県知事は，開発許可の申請があった場合において，当該申請に係る開発行為が，次に掲げる基準（第4項及び第5項の条例が定められているときは，当該条例で定める制限を含む．）に適合しており，かつ，その申請の手続がこの法律又はこの法律に基づく命令の規定に違反していないと認めるときは，開発許可をしなければならない．

一 次のイ又はロに掲げる場合には，予定建築物等の用途が当該イ又はロに定める用途の制限に適合していること．ただし，都市再生特別地区の区域内において当該都市再生特別地区に定められた誘導すべき用途に適合するものにあっては，この限りでない．

　イ 当該申請に係る開発区域内の土地について用途地域，特別用途地区，特定用途制限地域，居住環境向上用途誘導地区，特定用途誘導地区，流通業務地区又は港湾法第39条第1項の分区（以下「用途地域等」という．）が定められている場合　当該用途地域等内における用途の制限（建築基準法第49条第1項若しくは第2項，第49条の2，第60条の2の2第4項若しくは第60条の3第3項（これらの規定を同法第88条第2項において準用する場合を含む．）又は港湾法第40条第1項（同法第50条の5第2項の規定により読み替えて適用する場合を含む．）の条例による用途の制限を含む．）

　ロ 当該申請に係る開発区域内の土地（都市計画区域（市街化調整区域を除く．）又は準都市計画区域内の土地に限る．）について用途地域等が定められていない場合　建築基準法第48条第14項及び第68条の3第7項（同法第48条第14項に係る部分に限る．）（これらの規定を同法第88条第2項において準用する場合を含む．）の規定による用途の制限

二 主として，自己の居住の用に供する住宅の建築の用に供する目的で行う開発行為以外の開発行為にあっては，道路，公園，広場その他の公共の用に供する空地（消防に必要な水利が十分でない場合に設置する消防の用に供する貯水施設を含む．）が，次に掲げる事項を勘案して，環境の保全上，災害の防止上，通行の安全上又は事業活動の効率上支障がないような規模及び構造で適当に配置され，かつ，開発区域内の主要な道路が，開発区域外の相当規模の道路に接続するように設計が定められていること．この場合において，当該空地に関する都市計画が定められているときは，設計がこれに適合していること．

　イ 開発区域の規模，形状及び周辺の状況

　ロ 開発区域内の土地の地形及び地盤の性質

　ハ 予定建築物等の用途

ニ　予定建築物等の敷地の規模及び配置

三　排水路その他の排水施設が，次に掲げる事項を勘案して，開発区域内の下水道法（昭和33年法律第79号）第2条第一号に規定する下水を有効に排出するとともに，その排出によって開発区域及びその周辺の地域に溢水等による被害が生じないような構造及び能力で適当に配置されるように設計が定められていること．この場合において，当該排水施設に関する都市計画が定められているときは，設計がこれに適合していること．

イ　当該地域における降水量

ロ　前号イからニまでに掲げる事項及び放流先の状況

四　主として，自己の居住の用に供する住宅の建築の用に供する目的で行う開発行為以外の開発行為にあっては，水道その他の給水施設が，第二号イからニまでに掲げる事項を勘案して，当該開発区域について想定される需要に支障を来さないような構造及び能力で適当に配置されるように設計が定められていること．この場合において，当該給水施設に関する都市計画が定められているときは，設計がこれに適合していること．

五　当該申請に係る開発区域内の土地について地区計画等（次のイからホまでに掲げる地区計画等の区分に応じて，当該イからホまでに定める事項が定められているものに限る．）が定められているときは，予定建築物等の用途又は開発行為の設計が当該地区計画等に定められた内容に即して定められていること．

イ　地区計画　　再開発等促進区若しくは開発整備促進区（いずれも第12条の5第5項第一号に規定する施設の配置及び規模が定められているものに限る．）又は地区整備計画

ロ　防災街区整備地区計画　　地区防災施設の区域，特定建築物地区整備計画又は防災街区整備地区整備計画

ハ　歴史的風致維持向上地区計画　　歴史的風致維持向上地区整備計画

ニ　沿道地区計画　　沿道再開発等促進区（幹線道路の沿道の整備に関する法律第9条第4項第一号に規定する施設の配置及び規模が定められているものに限る．）又は沿道地区整備計画

ホ　集落地区計画　　集落地区整備計画

六　当該開発行為の目的に照らして，開発区域における利便の増進と開発区域及びその周辺の地域における環境の保全とが図られるように公共施設，学校その他の公益的施設及び開発区域内において予定される建築物の用途の配分が定められていること．

七　地盤の沈下，崖崩れ，出水その他による災害を防止するため，開発区域内の土地について，地盤の改良，擁壁又は排水施設の設置その他安全上必要な措置が講ぜられるように設計が定められていること．この場合において，開発区域内の土地の全部又は一部が次の表の左欄に掲げる区域内の土地であるときは，当該土地における同表の中欄に掲げる工事の計画が，同表の右欄に掲げる基準に適合していること．

宅地造成等規制法（昭和36年法律第191号）第3条第1項の宅地造成工事規制区域）	開発行為に関する工事	宅地造成等規制法第9条の規定に適合するものであること．
津波防災地域づくりに関する	津波防災地域づくりに関する	津波防災地域づくりに関する

法律第72条第1項の津波災害特別警戒区域	法律第73条第1項に規定する特定開発行為（同条第4項各号に掲げる行為を除く.）に関する工事	法律75条に規定する措置を同条の国土交通省令で定める技術的基準に従い講じるものであること.

八　主として，自己の居住の用に供する住宅の建築の用に供する目的で行う開発行為以外の開発行為にあっては，開発区域内に建築基準法第39条第1項の災害危険区域，地すべり等防止法（昭和33年法律第30号）第3条第1項の地すべり防止区域，土砂災害警戒区域等における土砂災害防止対策の推進に関する法律（平成12年法律第57号）第9条第1項の土砂災害特別警戒区域及び特定都市河川浸水被害対策法（平成15年法律第77号）第56条第1項の浸水被害防止区域（次条第八号の二において「災害危険区域等」という.）その他政令で定める開発行為を行うのに適当でない区域内の土地を含まないこと．ただし，開発区域及びその周辺の地域の状況等により支障がないと認められるときは，この限りでない.

九　政令で定める規模以上の開発行為にあっては，開発区域及びその周辺の地域における環境を保全するため，開発行為の目的及び第二号イからニまでに掲げる事項を勘案して，開発区域における植物の生育の確保上必要な樹木の保存，表土の保全その他の必要な措置が講ぜられるように設計が定められていること.

十　政令で定める規模以上の開発行為にあっては，開発区域及びその周辺の地域における環境を保全するため，第二号イからニまでに掲げる事項を勘案して，騒音，振動等による環境の悪化の防止上必要な緑地帯その他の緩衝帯が配置されるように設計が定められていること.

十一　政令で定める規模以上の開発行為にあっては，当該開発行為が道路，鉄道等による輸送の便等からみて支障がないと認められること.

十二　主として，自己の居住の用に供する住宅の建築の用に供する目的で行う開発行為又は住宅以外の建築物若しくは特定工作物で自己の業務の用に供するものの建築若しくは建設の用に供する目的で行う開発行為（当該開発行為の中断により当該開発区域及びその周辺の地域に出水，崖崩れ，土砂の流出等による被害が生じるおそれがあることを考慮して政令で定める規模以上のものを除く.）以外の開発行為にあっては，申請者に当該開発行為を行うために必要な資力及び信用があること.

十三　主として，自己の居住の用に供する住宅の建築の用に供する目的で行う開発行為又は住宅以外の建築物若しくは特定工作物で自己の業務の用に供するものの建築若しくは建設の用に供する目的で行う開発行為（当該開発行為の中断により当該開発区域及びその周辺の地域に出水，崖崩れ，土砂の流出等による被害が生じるおそれがあることを考慮して政令で定める規模以上のものを除く.）以外の開発行為にあっては，工事施行者に当該開発行為に関する工事を完成するために必要な能力があること.

十四　当該開発行為をしようとする土地若しくは当該開発行為に関する工事をしようとする土地の区域内の土地又はこれらの土地にある建築物その他の工作物につき当該開発行為の施行又は当該開発行為に関する工事の実施の妨げとなる権利を有する者の相当数の同意を得ていること.

2　前項各号に規定する基準を適用するについて必要な技術的細目は，政令で定める.

3　地方公共団体は，その地方の自然的条件の特殊性又は公共施設の整備，建築物

の建築その他の土地利用の現状及び将来の見通しを勘案し，前項の政令で定める技術的細目のみによっては環境の保全，災害の防止及び利便の増進を図ることが困難であると認められ，又は当該技術的細目によらなくとも環境の保全，災害の防止及び利便の増進上支障がないと認められる場合においては，政令で定める基準に従い，条例で，当該技術的細目において定められた制限を強化し，又は緩和することができる．

4　地方公共団体は，良好な住居等の環境の形成又は保持のため必要と認める場合においては，政令で定める基準に従い，条例で，区域，目的又は予定される建築物の用途を限り，開発区域内において予定される建築物の敷地面積の最低限度に関する制限を定めることができる．

5　景観行政団体（景観法第7条第1項に規定する景観行政団体をいう．）は，良好な景観の形成を図るため必要と認める場合においては，同法第8条第2項第一号の景観計画区域内において，政令で定める基準に従い，同条第1項の景観計画に定められた開発行為についての制限の内容を，条例で，開発許可の基準として定めることができる．

6　指定都市等及び地方自治法第252条の17の2第1項の規定に基づきこの節の規定により都道府県知事の権限に属する事務の全部を処理することとされた市町村（以下この節において「事務処理市町村」という．）以外の市町村は，前3項の規定により条例を定めようとするときは，あらかじめ，都道府県知事と協議し，その同意を得なければならない．

7　公有水面埋立法第22条第2項の告示があった埋立地において行う開発行為については，当該埋立地に関する同法第2条第1項の免許の条件において第1項各号に規定する事項（第4項及び第5項の条例が定められているときは，当該条例で定める事項を含む．）に関する定めがあるときは，その定めをもって開発許可の基準とし，第1項各号に規定する基準（第4項及び第5項の条例が定められているときは，当該条例で定める制限を含む．）は，当該条件に抵触しない限度において適用する．

8　居住調整地域又は市街地再開発促進区域内における開発許可に関する基準については，第1項に定めるもののほか，別に法律で定める．

第34条　前条の規定にかかわらず，市街化調整区域に係る開発行為（主として第二種特定工作物の建設の用に供する目的で行う開発行為を除く．）については，当該申請に係る開発行為及びその申請の手続が同条に定める要件に該当するほか，当該申請に係る開発行為が次の各号のいずれかに該当すると認める場合でなければ，都道府県知事は，開発許可をしてはならない．

一　主として当該開発区域の周辺の地域において居住している者の利用に供する政令で定める公益上必要な建築物又はこれらの者の日常生活のため必要な物品の販売，加工若しくは修理その他の業務を営む店舗，事業場その他これらに類する建築物の建築の用に供する目的で行う開発行為

二　市街化調整区域内に存する鉱物資源，観光資源その他の資源の有効な利用上必要な建築物又は第一種特定工作物の建築又は建設の用に供する目的で行う開発行為

三　温度，湿度，空気等について特別の条件を必要とする政令で定める事業の用に供する建築物又は第一種特定工作物で，当該特別の条件を必要とするため市街化区域

内において建築し，又は建設することが困難なものの建築又は建設の用に供する目的で行う開発行為

四　農業，林業若しくは漁業の用に供する建築物で第29条第1項第二号の政令で定める建築物以外のものの建築又は市街化調整区域内において生産される農産物，林産物若しくは水産物の処理，貯蔵若しくは加工に必要な建築物若しくは第一種特定工作物の建築若しくは建設の用に供する目的で行う開発行為

五　特定農山村地域における農林業等の活性化のための基盤整備の促進に関する法律（平成5年法律第72号）第9条第1項の規定による公告があった所有権移転等促進計画の定めるところによって設定され，又は移転された同法第2条第3項第三号の権利に係る土地において当該所有権移転等促進計画に定める利用目的（同項第二号に規定する農林業等活性化基盤施設である建築物の建築の用に供するためのものに限る。）に従って行う開発行為

六　都道府県が国又は独立行政法人中小企業基盤整備機構と一体となって助成する中小企業者の行う他の事業者との連携若しくは事業の共同化又は中小企業の集積の活性化に寄与する事業の用に供する建築物又は第一種特定工作物の建築又は建設の用に供する目的で行う開発行為

七　市街化調整区域内において現に工業の用に供されている工場施設における事業と密接な関連を有する事業の用に供する建築物又は第一種特定工作物で，これらの事業活動の効率化を図るため市街化調整区域内において建築し，又は建設することが必要なものの建築又は建設の用に供する目的で行う開発行為

八　政令で定める危険物の貯蔵又は処理に供する建築物又は第一種特定工作物で，市街化区域内において建築し，又は建設することが不適当なものとして政令で定めるものの建築又は建設の用に供する目的で行う開発行為

八の二　市街化調整区域のうち災害危険区域等その他の政令で定める開発行為を行うのに適当でない区域内に存する建築物又は第一種特定工作物に代わるべき建築物又は第一種特定工作物（いずれも当該区域外において従前の建築物又は第一種特定工作物の用途と同一の用途に供されることとなるものに限る。）の建築又は建設の用に供する目的で行う開発行為

九　前各号に規定する建築物又は第一種特定工作物のほか，市街化区域内において建築し，又は建設することが困難又は不適当なものとして政令で定める建築物又は第一種特定工作物の建築又は建設の用に供する目的で行う開発行為

十　地区計画又は集落地区計画の区域（地区整備計画又は集落地区整備計画が定められている区域に限る。）内において，当該地区計画又は集落地区計画に定められた内容に適合する建築物又は第一種特定工作物の建築又は建設の用に供する目的で行う開発行為

十一　市街化区域に隣接し，又は近接し，かつ，自然的社会的諸条件から市街化区域と一体的な日常生活圏を構成していると認められる地域であっておおむね50以上の建築物（市街化区域内に存するものを含む。）が連たんしている地域のうち，災害の防止その他の事情を考慮して政令で定める基準に従い，都道府県（指定都市等又は事務処理市町村の区域内にあっては，当該指定都市等又は事務処理市町村。以下この号及び次号において同じ。）の条例で指定する土地の区域内において行う開

発行為で，予定建築物等の用途が，開発区域及びその周辺の地域における環境の保全上支障があると認められる用途として都道府県の条例で定めるものに該当しないもの

十一　開発区域の周辺における市街化を促進するおそれがないと認められ，かつ，市街化区域内において行うことが困難又は著しく不適当と認められる開発行為として，災害の防止その他の事情を考慮して政令で定める基準に従い，都道府県の条例で区域，目的又は予定建築物等の用途を限り定められたもの

十二　区域区分に関する都市計画が決定され，又は当該都市計画を変更して市街化調整区域が拡張された際，自己の居住若しくは業務の用に供する建築物を建築し，又は自己の業務の用に供する第一種特定工作物を建設する目的で土地又は土地の利用に関する所有権以外の権利を有していた者で，当該都市計画の決定又は変更の日から起算して６月以内に国土交通省令で定める事項を都道府県知事に届け出たものが，当該目的に従って，当該土地に関する権利の行使として行う開発行為（政令で定める期間内に行うものに限る.）

十四　前各号に掲げるもののほか，都道府県知事が開発審査会の議を経て，開発区域の周辺における市街化を促進するおそれがなく，かつ，市街化区域内において行うことが困難又は著しく不適当と認める開発行為

[開発許可の特例]

第34条の2　国又は都道府県，指定都市等若しくは事務処理市町村若しくは都道府県，指定都市等若しくは事務処理市町村がその組織に加わっている一部事務組合，広域連合若しくは港務局（以下「都道府県等」という.）が行う都市計画区域若しくは準都市計画区域内における開発行為（第29条第１項各号に掲げる開発行為を除く.）又は都市計画区域及び準都市計画区域外の区域内における開発行為（同条第２項の政令で定める規模未満の開発行為及び同項各号に掲げる開発行為を除く.）については，当該国の機関又は都道府県等と都道府県知事との協議が成立することをもって，開発許可があったものとみなす.

2　第32条の規定は前項の協議を行おうとする国の機関又は都道府県等について，第41条の規定は都道府県知事が同項の協議を成立させる場合について，第47条の規定は同項の協議が成立したときについて準用する.

[許可又は不許可の通知]

第35条　都道府県知事は，開発許可の申請があったときは，遅滞なく，許可又は不許可の処分をしなければならない.

2　前項の処分をするには，文書をもって当該申請者に通知しなければならない.

[変更の許可等]

第35条の2　開発許可を受けた者は，第30条第１項各号に掲げる事項の変更をしようとする場合においては，都道府県知事の許可を受けなければならない. ただし，変更の許可の申請に係る開発行為が，第29条第１項の許可に係るものにあっては同項各号に掲げる開発行為，同条第２項の許可に係るものにあっては同項の政令で定める規模未満の開発行為若しくは同項各号に掲げる開発行為に該当するとき，又は国土交通省令で定める軽微な変更をしようとするときは，この限りでない.

2　前項の許可を受けようとする者は，国土交通省令で定める事項を記載した申請

書を都道府県知事に提出しなければならない.

3 　開発許可を受けた者は，第1項ただし書の国土交通省令で定める軽微な変更をしたときは，遅滞なく，その旨を都道府県知事に届け出なければならない.

4 　第31条の規定は変更後の開発行為に関する工事が同条の国土交通省令で定める工事に該当する場合について，第32条の規定は開発行為に関係がある公共施設若しくは当該開発行為若しくは当該開発行為に関する工事により設置される公共施設に関する事項の変更をしようとする場合又は同条の政令で定める者との協議に係る開発行為に関する事項であって政令で定めるものの変更をしようとする場合について，第33条，第34条，前条及び第41条の規定は第1項の規定による許可について，第34条の2の規定は第1項の規定により国又は都道府県等が同項の許可を受けなければならない場合について，第47条第1項の規定は第1項の規定による許可及び第3項の規定による届出について準用する. この場合において，第47条第1項中「次に掲げる事項」とあるのは，「変更の許可又は届出の年月日及び第二号から第六号までに掲げる事項のうち当該変更に係る事項」と読み替えるものとする.

5 　第1項又は第3項の場合における次条，第37条，第39条，第40条，第42条から第45条まで及び第47条第2項の規定の適用については，第1項の規定による許可又は第3項の規定による届出に係る変更後の内容を開発許可の内容とみなす.

[工事完了の検査]

第36条 　開発許可を受けた者は，当該開発区域（開発区域を工区に分けたときは，工区）の全部について当該開発行為に関する工事（当該開発行為に関する工事のうち公共施設に関する部分については，当該公共施設に関する工事）を完了したときは，国土交通省令で定めるところにより，その旨を都道府県知事に届け出なければならない.

2 　都道府県知事は，前項の規定による届出があったときは，遅滞なく，当該工事が開発許可の内容に適合しているかどうかについて検査し，その検査の結果当該工事が当該開発許可の内容に適合していると認めたときは，国土交通省令で定める様式の検査済証を当該開発許可を受けた者に交付しなければならない.

3 　都道府県知事は，前項の規定により検査済証を交付したときは，遅滞なく，国土交通省令で定めるところにより，当該工事が完了した旨を公告しなければならない. この場合において，当該工事が津波災害特別警戒区域（津波防災地域づくりに関する法律第72条第1項の津波災害特別警戒区域をいう. 以下この項において同じ.）内における同法第73条第1項に規定する特定開発行為（同条第4項各号に掲げる行為を除く.）に係るものであり，かつ，当該工事の完了後において当該工事に係る同条第4項第一号に規定する開発区域（津波災害特別警戒区域内のものに限る.）に地盤面の高さが同法第53条第2項に規定する基準水位以上である土地の区域があるときは，その区域を併せて公告しなければならない.）

[建築制限等]

第37条 　開発許可を受けた開発区域内の土地においては，前条第3項の公告があるまでの間は，建築物を建築し，又は特定工作物を建設してはならない. ただし，次の各号の一に該当するときは，この限りでない.

一 　当該開発行為に関する工事用の仮設建築物又は特定工作物を建築し，又は建設す

るとき，その他都道府県知事が支障がないと認めたとき．

二　第33条第1項第十四号に規定する同意をしていない者が，その権利の行使として建築物を建築し，又は特定工作物を建設するとき．

[開発行為の廃止]

第38条　開発許可を受けた者は，開発行為に関する工事を廃止したときは，遅滞なく，国土交通省令で定めるところにより，その旨を都道府県知事に届け出なければならない．

[開発行為等により設置された公共施設の管理]

第39条　開発許可を受けた開発行為又は開発行為に関する工事により公共施設が設置されたときは，その公共施設は，第36条第3項の公告の日の翌日において，その公共施設の存する市町村の管理に属するものとする．ただし，他の法律に基づく管理者が別にあるとき，又は第32条第2項の協議により管理者について別段の定めをしたときは，それらの者の管理に属するものとする．

[公共施設の用に供する土地の帰属]

第40条　開発許可を受けた開発行為又は開発行為に関する工事により，従前の公共施設に代えて新たな公共施設が設置されることとなる場合においては，従前の公共施設の用に供していた土地で国又は地方公共団体が所有するものは，第36条第3項の公告の日の翌日において当該開発許可を受けた者に帰属するものとし，これに代わるものとして設置された新たな公共施設の用に供する土地は，その日においてそれぞれ国又は当該地方公共団体に帰属するものとする．

2　開発許可を受けた開発行為又は開発行為に関する工事により設置された公共施設の用に供する土地は，前項に規定するもの及び開発許可を受けた者が自ら管理するものを除き，第36条第3項の公告の日の翌日において，前条の規定により当該公共施設を管理すべき者（その者が地方自治法第2条第9項第一号に規定する第一号法定受託事務（以下単に「第一号法定受託事務」という．）として当該公共施設を管理する地方公共団体であるときは，国）に帰属するものとする．

3　市街化区域内における都市計画施設である幹線街路その他の主要な公共施設で政令で定めるものの用に供する土地が前項の規定により国又は地方公共団体に帰属することとなる場合においては，当該帰属に伴う費用の負担について第32条第2項の協議において別段の定めをした場合を除き，従前の所有者（第36条第3項の公告の日において当該土地を所有していた者をいう．）は，国又は地方公共団体に対し，政令で定めるところにより，当該土地の取得に要すべき費用の額の全部又は一部を負担すべきことを求めることができる．

[建築物の建蔽率等の指定]

第41条　都道府県知事は，用途地域の定められていない土地の区域における開発行為について開発許可をする場合において必要があると認めるときは，当該開発区域内の土地について，建築物の建蔽率，建築物の高さ，壁面の位置その他建築物の敷地，構造及び設備に関する制限を定めることができる．

2　前項の規定により建築物の敷地，構造及び設備に関する制限が定められた土地の区域内においては，建築物は，これらの制限に違反して建築してはならない．ただし，都道府県知事が当該区域及びその周辺の地域における環境の保全上支障がな

いと認め，又は公益上やむを得ないと認めて許可したときは，この限りでない．

[開発許可を受けた土地における建築等の制限]

第42条 何人も，開発許可を受けた開発区域内においては，第36条第3項の公告があった後は，当該開発許可に係る予定建築物等以外の建築物又は特定工作物を新築し，又は新設してはならず，また，建築物を改築し，又はその用途を変更して当該開発許可に係る予定の建築物以外の建築物としてはならない．ただし，都道府県知事が当該開発区域における利便の増進上若しくは開発区域及びその周辺の地域における環境の保全上支障がないと認めて許可したとき，又は建築物及び第一種特定工作物で建築基準法第88条第2項の政令で指定する工作物に該当するものにあっては，当該開発区域内の土地について用途地域等が定められているときは，この限りでない．

2 国又は都道府県等が行う行為については，当該国の機関又は都道府県等と都道府県知事との協議が成立することをもって，前項ただし書の規定による許可があったものとみなす．

[開発許可を受けた土地以外の土地における建築等の制限]

第43条 何人も，市街化調整区域のうち開発許可を受けた開発区域以外の区域内においては，都道府県知事の許可を受けなければ，第29条第1項第二号若しくは第三号に規定する建築物以外の建築物を新築し，又は第一種特定工作物を新設してはならず，また，建築物を改築し，又はその用途を変更して同項第二号若しくは第三号に規定する建築物以外の建築物としてはならない．ただし，次に掲げる建築物の新築，改築若しくは用途の変更又は第一種特定工作物の新設については，この限りでない．

一 都市計画事業の施行として行う建築物の新築，改築若しくは用途の変更又は第一種特定工作物の新設

二 非常災害のため必要な応急措置として行う建築物の新築，改築若しくは用途の変更又は第一種特定工作物の新設

三 仮設建築物の新築

四 第29条第1項第九号に掲げる開発行為その他の政令で定める開発行為が行われた土地の区域内において行う建築物の新築，改築若しくは用途の変更又は第一種特定工作物の新設

五 通常の管理行為，軽易な行為その他の行為で政令で定めるもの

2 前項の規定による許可の基準は，第33条及び第34条に規定する開発許可の基準の例に準じて，政令で定める．

3 国又は都道府県等が行う第1項本文の建築物の新築，改築若しくは用途の変更又は第一種特定工作物の新設（同項各号に掲げるものを除く．）については，当該国の機関又は都道府県等と都道府県知事との協議が成立することをもって，同項の許可があったものとみなす．

[許可に基づく地位の承継]

第44条 開発許可又は前条第1項の許可を受けた者の相続人その他の一般承継人は，被承継人が有していた当該許可に基づく地位を承継する．

第45条 開発許可を受けた者から当該開発区域内の土地の所有権その他当該開発行

為に関する工事を施行する権原を取得した者は，都道府県知事の承認を受けて，当該開発許可を受けた者が有していた当該開発許可に基づく地位を承継することができる．

[開発登録簿]

第46条　都道府県知事は，開発登録簿（以下「登録簿」という．）を調製し，保管しなければならない．

第47条　都道府県知事は，開発許可をしたときは，当該許可に係る土地について，次に掲げる事項を登録簿に登録しなければならない．

一　開発許可の年月日

二　予定建築物等（用途地域等の区域内の建築物及び第一種特定工作物を除く．）の用途

三　公共施設の種類，位置及び区域

四　前三号に掲げるもののほか，開発許可の内容

五　第41条第1項の規定による制限の内容

六　前各号に定めるもののほか，国土交通省令で定める事項

2　都道府県知事は，第36条の規定による完了検査を行った場合において，当該工事が当該開発許可の内容に適合すると認めたときは，登録簿にその旨を附記しなければならない．

3　第41条第2項ただし書若しくは第42条第1項ただし書の規定による許可があったとき，又は同条第2項の協議が成立したときも，前項と同様とする．

4　都道府県知事は，第81条第1項の規定による処分により第1項各号に掲げる事項について変動を生じたときは，登録簿に必要な修正を加えなければならない．

5　都道府県知事は，登録簿を常に公衆の閲覧に供するように保管し，かつ，請求があったときは，その写しを交付しなければならない．

6　登録簿の調製，閲覧その他登録簿に関し必要な事項は，国土交通省令で定める．

[国及び地方公共団体の援助]

第48条　国及び地方公共団体は，市街化区域内における良好な市街地の開発を促進するため，市街化区域内において開発許可を受けた者に対する必要な技術上の助言又は資金上その他の援助に努めるものとする．

第49条　（削除）

[不服申立て]

第50条　第29条第1若しくは第2項，第35条の2第1項，第41条第2項ただし書，第42条第1項ただし書若しくは第43条第1項の規定に基づく処分若しくはその不作為又はこれらの規定に違反した者に対する第81条第1項の規定に基づく監督処分についての審査請求は，開発審査会に対してするものとする．この場合において，不作為についての審査請求は，開発審査会に代えて，当該不作為に係る都道府県知事に対してすることもできる．

2　開発審査会は，前項前段の規定による審査請求がされた場合においては，当該審査請求がされた日（行政不服審査法（平成26年法律第68号）第23条の規定により不備を補正すべきことを命じた場合にあっては，当該不備が補正された日）から2月以内に，裁決をしなければならない．

3 開発審査会は，前項の裁決を行う場合においては，行政不服審査法第24条の規定により当該審査請求を却下する場合を除き，あらかじめ，審査請求人，処分をした行政庁その他の関係人又はこれらの者の代理人の出頭を求めて，公開による口頭審理を行わなければならない．

4 第1項前段の規定による審査請求については，行政不服審査法第31条の規定は適用せず，前項の口頭審理については，同法第9条第3項の規定により読み替えられた同法第31条第2項から第5項までの規定を準用する．

第51条 第29条第1項若しくは第2項，第35条の2第1項，第42条第1項ただし書又は第43条第1項の規定による処分に不服がある者は，その不服の理由が鉱業，採石業又は砂利採取業との調整に関するものであるときは，公害等調整委員会に裁定の申請をすることができる．この場合においては，審査請求をすることができない．

2 行政不服審査法第22条の規定は，前項に規定する処分につき，処分をした行政庁が誤って審査請求又は再調査の請求をすることができる旨を教示した場合に準用する．

第52条 田園住居地域内の農地の区域内において，土地の形質の変更，建築物の建築その他工作物の建設又は土石その他の政令で定める物件の堆積を行おうとする者は，市町村長の許可を受けなければならない．ただし，次に掲げる行為については，この限りでない．

一 通常の管理行為，軽易な行為その他の行為で政令で定めるもの

二 非常災害のため必要な応急措置として行う行為

三 都市計画事業の施行として行う行為又はこれに準ずる行為として政令で定める行為

2 市町村長は，次に掲げる行為について前項の許可の申請があった場合においては，その許可をしなければならない．

一 土地の形質の変更でその規模が農業の利便の増進及び良好な住居の環境の保護を図る上で支障がないものとして政令で定める規模未満のもの

二 建築物の建築又は工作物の建設で次のいずれかに該当するもの

　イ 前項の許可を受けて土地の形質の変更が行われた土地の区域内において行う建築物の建築又は工作物の建設

　ロ 建築物又は工作物でその敷地の規模が農業の利便の増進及び良好な住居の環境の保護を図る上で支障がないものとして政令で定める規模未満のものの建築又は建設

三 前項の政令で定める物件の堆積で当該堆積を行う土地の規模が農業の利便の増進及び良好な住居の環境の保護を図る上で支障がないものとして政令で定める規模未満のもの（堆積をした物件の飛散の防止の方法その他の事項に関し政令で定める要件に該当するものに限る．）

3 国又は地方公共団体が行う行為については，第1項の許可を受けることを要しない．この場合において，当該国の機関又は地方公共団体は，その行為をしようとするときは，あらかじめ，市町村長に協議しなければならない．

［建築等の制限］

第52条の2 市街地開発事業等予定区域に関する都市計画において定められた区域内において，土地の形質の変更を行い，又は建築物の建築その他工作物の建設を行おうとする者は，都道府県知事等の許可を受けなければならない．ただし，次に掲げる行為については，この限りでない．

一　通常の管理行為，軽易な行為その他の行為で政令で定めるもの

二　非常災害のため必要な応急措置として行う行為

三　都市計画事業の施行として行う行為又はこれに準ずる行為として政令で定める行為

2　国が行う行為については，当該国の機関と都道府県知事等との協議が成立することをもって，前項の規定による許可があったものとみなす．

3　第1項の規定は，市街地開発事業等予定区域に係る市街地開発事業又は都市施設に関する都市計画についての第20条第1項の規定による告示があった後は，当該告示に係る土地の区域内においては適用しない．

[土地建物等の先買い等]

第52条の3　市街地開発事業等予定区域に関する都市計画についての第20条第1項（第21条第2項において準用する場合を含む．）の規定による告示があったときは，施行予定者は，すみやかに，国土交通省令で定める事項を公告するとともに，国土交通省令で定めるところにより，当該市街地開発事業等予定区域の区域内の土地又は土地及びこれに定着する建築物その他の工作物（以下「土地建物等」という．）の有償譲渡について，次項から第4項までの規定による制限があることを関係権利者に周知させるため必要な措置を講じなければならない．

2〜5　（略）

[土地の買取請求]

第52条の4　市街地開発事業等予定区域に関する都市計画において定められた区域内の土地の所有者は，施行予定者に対し，国土交通省令で定めるところにより，当該土地を時価で買い取るべきことを請求することができる．ただし，当該土地が他人の権利の目的となっているとき，及び当該土地に建築物その他の工作物又は立木に関する法律（明治42年法律第22号）第1条第1項に規定する立木があるときは，この限りでない．

2〜4　（略）

[損失の補償]

第52条の5　市街地開発事業等予定区域に関する都市計画に定められた区域が変更された場合において，その変更により当該市街地開発事業等予定区域の区域外となった土地の所有者又は関係人のうちに当該都市計画が定められたことにより損失を受けた者があるときは，施行予定者が，市街地開発事業等予定区域に係る市街地開発事業又は都市施設に関する都市計画が定められなかったため第12条の2第5項の規定により市街地開発事業等予定区域に関する都市計画がその効力を失った場合において，当該市街地開発事業等予定区域の区域内の土地の所有者又は関係人のうちに当該都市計画が定められたことにより損失を受けた者があるときは，当該市街地開発事業等予定区域に係る市街地開発事業又は都市施設に関する都市計画の決定をすべき者が，それぞれその損失の補償をしなければならない．

2，3　（略）

[建築の許可]

第53条　都市計画施設の区域又は市街地開発事業の施行区域内において建築物の建築をしようとする者は，国土交通省令で定めるところにより，都道府県知事等の許可を受けなければならない．ただし，次に掲げる行為については，この限りでない．

一　政令で定める軽易な行為

二　非常災害のため必要な応急措置として行う行為

三　都市計画事業の施行として行う行為又はこれに準ずる行為として政令で定める行為

四　第11条第3項後段の規定により離隔距離の最小限度及び載荷重の最大限度が定められている都市計画施設の区域内において行う行為であって，当該離隔距離の最小限度及び載荷重の最大限度に適合するもの

五　第12条の11に規定する道路（都市計画施設であるものに限る．）の区域のうち建築物等の敷地として併せて利用すべき区域内において行う行為であって，当該道路を整備する上で著しい支障を及ぼすおそれがないものとして政令で定めるもの

2　第52条の2第2項の規定は，前項の規定による許可について準用する．

3　第1項の規定は，第65条第1項に規定する告示があった後は，当該告示に係る土地の区域内においては，適用しない．

[許可の基準]

第54条　都道府県知事等は，前条第1項の規定による許可の申請があった場合において，当該申請が次の各号のいずれかに該当するときは，その許可をしなければならない．

一　当該建築が，都市計画施設又は市街地開発事業に関する都市計画のうち建築物について定めるものに適合するものであること．

二　当該建築が，第11条第3項の規定により都市計画施設の区域について都市施設を整備する立体的な範囲が定められている場合において，当該立体的な範囲外において行われ，かつ，当該都市計画施設を整備する上で著しい支障を及ぼすおそれがないと認められること．ただし，当該立体的な範囲が道路である都市施設を整備するものとして空間について定められているときは，安全上，防火上及び衛生上支障がないものとして政令で定める場合に限る．

三　当該建築物が次に掲げる要件に該当し，かつ，容易に移転し，又は除却することができるものであると認められること．

　イ　階数が2以下で，かつ，地階を有しないこと．

　ロ　主要構造部（建築基準法第2条第五号に定める主要構造部をいう．）が木造，鉄骨造，コンクリートブロック造その他これらに類する構造であること．

[許可の基準の特例等]

第55条　都道府県知事等は，都市計画施設の区域内の土地でその指定したものの区域又は市街地開発事業（土地区画整理事業及び新都市基盤整備事業を除く．）の施行区域（次条及び第57条において「事業予定地」という．）内において行われる建築物の建築については，前条の規定にかかわらず，第53条第1項の許可をしないことができる．ただし，次条第2項の規定により買い取らない旨の通知があった土地における建築物の建築については，この限りでない．

2　都市計画事業を施行しようとする者その他政令で定める者は，都道府県知事等に対し，前項の規定による土地の指定をすべきこと又は次条第1項の規定による土地の買取りの申出及び第57条第2項本文の規定による届出の相手方として定めるべきことを申し出ることができる．

3，4　（略）

［土地の買取り］

第56条　都道府県知事等（前条第4項の規定により，土地の買取りの申出の相手方として公告された者があるときは，その者）は，事業予定地内の土地の所有者から，同条第1項本文の規定により建築物の建築が許可されないときはその土地の利用に著しい支障を来すこととなることを理由として，当該土地を買い取るべき旨の申出があった場合においては，特別の事情がない限り，当該土地を時価で買い取るものとする．

2〜4　（略）

［土地の先買い等］

第57条　市街地開発事業に関する都市計画についての第20条第1項（第21条第2項において準用する場合を含む．）の規定による告示又は市街地開発事業若しくは市街化区域若しくは区域区分が定められていない都市計画区域内の都市計画施設に係る第55条第4項の規定による公告があったときは，都道府県知事等（同項の規定により，次項本文の規定による届出の相手方として公告された者があるときは，その者．以下この条において同じ．）は，速やかに，国土交通省令で定める事項を公告するとともに，国土交通省令で定めるところにより，事業予定地内の土地の有償譲渡について，次項から第4項までの規定による制限があることを関係権利者に周知させるため必要な措置を講じなければならない．

2〜5　（略）

第57条の2　（略）

［建築等の制限］

第57条の3　施行予定者が定められている都市計画施設の区域等内における土地の形質の変更又は建築物の建築その他工作物の建設については，第52条の2第1項及び第2項の規定を準用する．

2　前項の規定は，第65条第1項に規定する告示があった後は，当該告示に係る土地の区域内においては，適用しない．

第57条の4〜第57条の6　（略）

［建築等の規制］

第58条　風致地区内における建築物の建築，宅地の造成，木竹の伐採その他の行為については，政令で定める基準に従い，地方公共団体の条例で，都市の風致を維持するため必要な規制をすることができる．

2　（略）

［建築等の届出等］

第58条の2　地区計画の区域（再開発等促進区若しくは開発整備促進区（いずれも第12条の5第5項第一号に規定する施設の配置及び規模が定められているものに限る．）又は地区整備計画が定められている区域に限る．）内において，土地の区画形質の変更，建築物の建築その他政令で定める行為を行おうとする者は，当該行為に着手する日の30日前までに，国土交通省令で定めるところにより，行為の種類，場所，設計又は施行方法，着手予定日その他国土交通省令で定める事項を市町村長に届け出なければならない．ただし，次に掲げる行為については，この限りでない．

一　通常の管理行為，軽易な行為その他の行為で政令で定めるもの

二　非常災害のため必要な応急措置として行う行為

三　国又は地方公共団体が行う行為

四　都市計画事業の施行として行う行為又はこれに準ずる行為として政令で定める行為

五　第29条第1項の許可を要する行為その他政令で定める行為

2　前項の規定による届出をした者は，その届出に係る事項のうち国土交通省令で定める事項を変更しようとするときは，当該事項の変更に係る行為に着手する日の30日前までに，国土交通省令で定めるところにより，その旨を市町村長に届け出なければならない．

3　市町村長は，第1項又は前項の規定による届出があった場合において，その届出に係る行為が地区計画に適合しないと認めるときは，その届出をした者に対し，その届出に係る行為に関し設計の変更その他の必要な措置をとることを勧告することができる．

4　市町村長は，前項の規定による勧告をした場合において，必要があると認めるときは，その勧告を受けた者に対し，土地に関する権利の処分についてのあっせんその他の必要な措置を講ずるよう努めなければならない．

[建築等の許可]

第58条の3　市町村は，条例で，地区計画の区域（地区整備計画において第12条の5第7項第四号に掲げる事項が定められている区域に限る．）内の農地の区域内における第52条第1項本文に規定する行為について，市町村長の許可を受けなければならないこととすることができる．

2　前項の規定に基づく条例（以下この条において「地区計画農地保全条例」という．）には，併せて，市町村長が農業の利便の増進と調和した良好な居住環境を確保するために必要があると認めるときは，許可に期限その他必要な条件を付することができる旨を定めることができる．

3　地区計画農地保全条例による制限は，当該区域内における土地利用の状況等を考慮し，農業の利便の増進と調和した良好な居住環境を確保するため合理的に必要と認められる限度において行うものとする．

4　地区計画農地保全条例には，第52条第1項ただし書，第2項及び第3項の規定の例により，当該条例に定める制限の適用除外，許可基準その他必要な事項を定めなければならない．

[他の法律による建築等の規制]

第58条の4　地区計画等の区域内における建築物の建築その他の行為に関する制限については，前2条に定めるもののほか，別に法律で定める．

第58条の5〜第58条の12　（略）

[施行者]

第59条　都市計画事業は，市町村が，都道府県知事（第一号法定受託事務として施行する場合にあっては，国土交通大臣）の認可を受けて施行する．

2　都道府県は，市町村が施行することが困難又は不適当な場合その他特別な事情がある場合においては，国土交通大臣の認可を受けて，都市計画事業を施行することができる．

3　国の機関は，国土交通大臣の承認を受けて，国の利害に重大な関係を有する都市計画事業を施行することができる．

4　国の機関，都道府県及び市町村以外の者は，事業の施行に関して行政機関の免許，許可，認可等の処分を必要とする場合においてこれらの処分を受けているとき，その他特別な事情がある場合においては，都道府県知事の認可を受けて，都市計画事業を施行することができる．

5　都道府県知事は，前項の認可をしようとするときは，あらかじめ，関係地方公共団体の長の意見をきかなければならない．

6　国土交通大臣又は都道府県知事は，第1項から第4項までの規定による認可又は承認をしようとする場合において，当該都市計画事業が，用排水施設その他農用地の保全若しくは利用上必要な公共の用に供する施設を廃止し，若しくは変更するものであるとき，又はこれらの施設の管理，新設若しくは改良に係る土地改良事業計画に影響を及ぼすおそれがあるものであるときは，当該都市計画事業について，当該施設を管理する者又は当該土地改良事業計画による事業を行う者の意見をきかなければならない．ただし，政令で定める軽易なものについては，この限りでない．

7　施行予定者が定められている都市計画に係る都市計画施設の整備に関する事業及び市街地開発事業は，その定められている者でなければ，施行することができない．

[認可又は承認の申請]

第60条　前条の認可又は承認を受けようとする者は，国土交通省令で定めるところにより，次に掲げる事項を記載した申請書を国土交通大臣又は都道府県知事に提出しなければならない．

一　施行者の名称

二　都市計画事業の種類

三　事業計画

四　その他国土交通省令で定める事項

2　前項第三号の事業計画には，次に掲げる事項を定めなければならない．

一　収用又は使用の別を明らかにした事業地（都市計画事業を施行する土地をいう．以下同じ．）

二　設計の概要

三　事業施行期間

3，4　（略）

第60条の2〜第61条　（略）

[都市計画事業の認可等の告示]

第62条　国土交通大臣又は都道府県知事は，第59条の認可又は承認をしたときは，遅滞なく，国土交通省令で定めるところにより，施行者の名称，都市計画事業の種類，事業施行期間及び事業地を告示し，かつ，国土交通大臣にあっては関係都道府県知事及び関係市町村長に，都道府県知事にあっては国土交通大臣及び関係市町村長に，第60条第3項第一号及び第二号に掲げる図書の写しを送付しなければならない．

2　（略）

[事業計画の変更]

第63条　第60条第1項第三号の事業計画を変更しようとする者は，国の機関にあっては国土交通大臣の承認を，都道府県及び第一号法定受託事務として施行する市

町村にあっては国土交通大臣の認可を，その他の者にあっては都道府県知事の認可を受けなければならない．ただし，設計の概要について国土交通省令で定める軽易な変更をしようとするときは，この限りでない．

2　第59条第6項，第60条及び前2条の規定は，前項の認可又は承認について準用する．

第64条　（略）

［建築等の制限］

第65条　第62条第1項の規定による告示又は新たな事業地の編入に係る第63条第2項において準用する第62条第1項の規定による告示があった後においては，当該事業地内において，都市計画事業の施行の障害となるおそれがある土地の形質の変更若しくは建築物の建築その他工作物の建設を行い，又は政令で定める移動の容易でない物件の設置若しくは堆積を行おうとする者は，都道府県知事等の許可を受けなければならない．

2　都道府県知事等は，前項の許可の申請があった場合において，その許可を与えようとするときは，あらかじめ，施行者の意見を聴かなければならない．

3　第52条の2第2項の規定は，第1項の規定による許可について準用する．

第66条　（略）

［土地建物等の先買い］

第67条　前条の公告の日の翌日から起算して10日を経過した後に事業地内の土地建物等を有償で譲り渡そうとする者は，当該土地建物等，その予定対価の額（予定対価が金銭以外のものであるときは，これを時価を基準として金銭に見積もった額．以下この条において同じ．）及び当該土地建物等を譲り渡そうとする相手方その他国土交通省令で定める事項を書面で施行者に届け出なければならない．ただし，当該土地建物等の全部又は一部が文化財保護法第46条（同法第83条において準用する場合を含む．）の規定の適用を受けるものであるときは，この限りでない．

2，3　（略）

［土地の買取請求］

第68条　事業地内の土地で，次条の規定により適用される土地収用法第31条の規定により収用の手続が保留されているものの所有者は，施行者に対し，国土交通省令で定めるところにより，当該土地を時価で買い取るべきことを請求することができる．ただし，当該土地が他人の権利の目的となっているとき，及び当該土地に建築物その他の工作物又は立木に関する法律第1条第1項に規定する立木があるときは，この限りでない．

2，3　（略）

第69条〜第86条　（略）

［指定都市の特例］

第87条　国土交通大臣又は都道府県は，地方自治法第252条の19第1項の指定都市（以下この条及び次条において単に「指定都市」という．）の区域を含む都市計画区域に係る都市計画を決定し，又は変更しようとするときは，当該指定都市の長と協議するものとする．

第87条の2　指定都市の区域においては，第15条第1項の規定にかかわらず，同項

各号に掲げる都市計画（同項第一号に掲げる都市計画にあっては1の指定都市の区域の内外にわたり指定されている都市計画区域に係るものを除き，同項第五号に掲げる都市計画にあっては1の指定都市の区域を超えて特に広域の見地から決定すべき都市施設として政令で定めるものに関するものを除く．）は，指定都市が定める．

2　指定都市の区域における第6条の2第3項及び第7条の2第2項の規定の適用については，これらの規定中「定められる」とあるのは，「指定都市が定める」とする．

3　指定都市（その区域の内外にわたり都市計画区域が指定されているものを除く．）に対する第18条の2第1項の規定の適用については，同項中「ものとする」とあるのは，「ことができる」とする．

4　指定都市が第1項の規定により第18条第3項に規定する都市計画を定めようとする場合における第19条第3項（第21条第2項において準用する場合を含む．以下この条において同じ．）の規定の適用については，第19条第3項中「都道府県知事に協議しなければ」とあるのは「国土交通省令で定めるところにより，国土交通大臣に協議し，その同意を得なければ」とし，同条第四項及び第五項の規定は，適用しない．

5　国土交通大臣は，国の利害との調整を図る観点から，前項の規定により読み替えて適用される第19条第3項の協議を行うものとする．

6　第4項の規定により読み替えて適用される第19条第3項の規定により指定都市が国土交通大臣に協議しようとするときは，あらかじめ，都道府県知事の意見を聴き，協議書にその意見を添えて行わなければならない．

7　都道府県知事は，1の市町村の区域を超える広域の見地からの調整を図る観点又は都道府県が定め，若しくは定めようとする都市計画との適合を図る観点から，前項の意見の申出を行うものとする．

8　都道府県知事は，第6項の意見の申出を行うに当たり必要があると認めるときは，関係市町村に対し，資料の提出，意見の開陳，説明その他必要な協力を求めることができる．

9　指定都市が，2以上の都府県の区域にわたる都市計画区域に係る第1項の都市計画を定める場合においては，前3項の規定は，適用しない．

10　指定都市の区域における第23条第1項の規定の適用については，同項中「都道府県」とあるのは，「都道府県若しくは指定都市」とする．

11　指定都市に対する第77条の2第1項の規定の適用については，同項中「置くことができる」とあるのは，「置く」とする．

[都の特例]

第87条の3　特別区の存する区域においては，第15条の規定により市町村が定めるべき都市計画のうち政令で定めるものは，都が定める．

2　前項の規定により都が定める都市計画に係る第2章第2節（第26条第1項及び第3項並びに第27条第2項を除く．）の規定による市町村の事務は，都が処理する．この場合においては，これらの規定中市町村に関する規定は，都に関する規定として都に適用があるものとする．

第87条の4〜第98条　（略）

都市計画法施行令［抜粋］

昭和44年6月13日　法律第158号
最終改正　令和4年2月2日　政令第37号

［特定工作物］

第1条　都市計画法（以下「法」という．）第4条第11項の周辺の地域の環境の悪化をもたらすおそれがある工作物で政令で定めるものは，次に掲げるものとする．

一　アスファルトプラント

二　クラッシャープラント

三　危険物（建築基準法施行令（昭和25年政令第338号）第116条第1項の表の危険物品の種類の欄に掲げる危険物をいう．）の貯蔵又は処理に供する工作物（石油パイプライン事業法（昭和47年法律第105号）第5条第2項第二号に規定する事業用施設に該当するもの，港湾法（昭和25年法律第218号）第2条第5項第八号に規定する保管施設又は同項第八号の二に規定する船舶役務用施設に該当するもの，漁港漁場整備法（昭和25年法律第137号）第3条第二号ホに規定する補給施設に該当するもの，航空法（昭和27年法律第231号）による公共の用に供する飛行場に建設される航空機給油施設に該当するもの，電気事業法（昭和39年法律第170号）第2条第1項第十六号に規定する電気事業（同項第二号に規定する小売電気事業及び同項第十五号の三に規定する特定卸供給事業を除く．）の用に供する同項第十八号に規定する電気工作物に該当するもの及びガス事業法（昭和29年法律第51号）第2条第13項に規定するガス工作物（同条第2項に規定するガス小売事業の用に供するものを除く．）に該当するものを除く．）

2　法第4条第11項の大規模な工作物で政令で定めるものは，次に掲げるもので，その規模が1ha以上のものとする．

一　野球場，庭球場，陸上競技場，遊園地，動物園その他の運動・レジャー施設である工作物（学校教育法（昭和22年法律第26号）第1条に規定する学校（大学を除く．）又は就学前の子どもに関する教育，保育等の総合的な提供の推進に関する法律（平成18年法律第77号）第2条第7項に規定する幼保連携型認定こども園の施設に該当するもの，港湾法第2条第5項第九号の三に規定する港湾環境整備施設に該当するもの，都市公園法（昭和31年法律第79号）第2条第1項に規定する都市公園に該当するもの及び自然公園法（昭和32年法律第161号）第2条第六号に規定する公園事業又は同条第四号に規定する都道府県立自然公園のこれに相当する事業により建設される施設に該当するものを除く．）

二　墓園

［公共施設］

第1条の2　法第4条第14項の政令で定める公共の用に供する施設は，下水道，緑地，広場，河川，運河，水路及び消防の用に供する貯水施設とする．

第2条〜第18条　（略）

[許可を要しない開発行為の規模]

第19条 法第29条第1項第一号の政令で定める規模は，次の表の第一欄に掲げる区域ごとに，それぞれ同表の第二欄に掲げる規模とする．ただし，同表の第三欄に掲げる場合には，都道府県（指定都市等（法第29条第1項に規定する指定都市等をいう．以下同じ．）又は事務処理市町村（法第33条第6項に規定する事務処理市町村をいう．以下同じ．）の区域内にあっては，当該指定都市等又は事務処理市町村．第22条の3，第23条の3及び第36条において同じ．）は，条例で，区域を限り，同表の第四欄に掲げる範囲内で，その規模を別に定めることができる．

第一欄	第二欄	第三欄	第四欄
市街化区域	1 000m²	市街化の状況により，無秩序な市街化を防止するため特に必要があると認められる場合	300 m² 以上 1 000 m² 未満
区域区分が定められていない都市計画区域及び準都市計画区域	3 000m²	市街化の状況等により特に必要があると認められる場合	300 m² 以上 3 000 m² 未満

2　都の区域（特別区の存する区域に限る．）及び市町村でその区域の全部又は一部が次に掲げる区域内にあるものの区域についての前項の表市街化区域の項の規定の適用については，同項中「1 000 m²」とあるのは，「500 m²」とする．

一　首都圏整備法（昭和31年法律第83号）第2条第3項に規定する既成市街地又は同条第4項に規定する近郊整備地帯

二　近畿圏整備法（昭和38年法律第129号）第2条第3項に規定する既成都市区域又は同条第4項に規定する近郊整備区域

三　中部圏開発整備法（昭和41年法律第102号）第2条第3項に規定する都市整備区域

[法第29条第1項第二号及び第2項第一号の政令で定める建築物]

第20条 法第29条第1項第二号及び第2項第一号の政令で定める建築物は，次に掲げるものとする．

一　畜舎，蚕室，温室，育種苗施設，家畜人工授精施設，孵卵育雛施設，搾乳施設，集乳施設その他これらに類する農産物，林産物又は水産物の生産又は集荷の用に供する建築物

二　堆肥舎，サイロ，種苗貯蔵施設，農機具等収納施設その他これらに類する農業，林業又は漁業の生産資材の貯蔵又は保管の用に供する建築物

三　家畜診療の用に供する建築物

四　用排水機，取水施設等農用地の保全若しくは利用上必要な施設の管理の用に供する建築物又は索道の用に供する建築物

五　前各号に掲げるもののほか，建築面積が90 m² 以内の建築物

[適正かつ合理的な土地利用及び環境の保全を図る上で支障がない公益上必要な建築物]

第21条 法第29条第1項第三号の政令で定める建築物は，次に掲げるものとする．

一　道路法第2条第1項に規定する道路又は道路運送法（昭和26年法律第183号）第2条第8項に規定する一般自動車道若しくは専用自動車道（同法第3条第一号に

規定する一般旅客自動車運送事業又は貨物自動車運送事業法（平成元年法律第83号）第2条第2項に規定する一般貨物自動車運送事業の用に供するものに限る.）を構成する建築物

二　河川法が適用され，又は準用される河川を構成する建築物

三　都市公園法第2条第2項に規定する公園施設である建築物

四　鉄道事業法（昭和61年法律第92号）第2条第1項に規定する鉄道事業若しくは同条第5項に規定する索道事業で一般の需要に応ずるものの用に供する施設である建築物又は軌道法（大正10年法律第76号）による軌道若しくは同法が準用される無軌条電車の用に供する施設である建築物

五　石油パイプライン事業法第5条第2項第二号に規定する事業用施設である建築物

六　道路運送法第3条第一号イに規定する一般乗合旅客自動車運送事業（路線を定めて定期に運行する自動車により乗合旅客の運送を行うものに限る.）若しくは貨物自動車運送事業法第2条第2項に規定する一般貨物自動車運送事業（同条第6項に規定する特別積合せ貨物運送をするものに限る.）の用に供する施設である建築物又は自動車ターミナル法（昭和34年法律第136号）第2条第5項に規定する一般自動車ターミナルを構成する建築物

七　港湾法第2条第5項に規定する港湾施設である建築物又は漁港漁場整備法第3条に規定する漁港施設である建築物

八　海岸法（昭和31年法律第101号）第2条第1項に規定する海岸保全施設である建築物

九　航空法による公共の用に供する飛行場に建築される建築物で当該飛行場の機能を確保するため必要なもの若しくは当該飛行場を利用する者の利便を確保するため必要なもの又は同法第2条第5項に規定する航空保安施設で公共の用に供するものの用に供する建築物

十　気象，海象，地象又は洪水その他これに類する現象の観測又は通報の用に供する施設である建築物

土　日本郵便株式会社が日本郵便株式会社法（平成17年法律第100号）第4条第1項第一号に掲げる業務の用に供する施設である建築物

圭　電気通信事業法（昭和59年法律第86号）第120条第1項に規定する認定電気通信事業者が同項に規定する認定電気通信事業の用に供する施設である建築物

圭　放送法（昭和25年法律第132号）第2条第二号に規定する基幹放送の用に供する放送設備である建築物

圭　電気事業法第2条第1項第十六号に規定する電気事業（同項第二号に規定する小売電気事業及び同項十五号の三に規定する特定卸供給事業を除く.）の用に供する同項第十八号に規定する電気工作物を設置する施設である建築物又はガス事業法第2条第13項に規定するガス工作物（同条第2項に規定するガス小売事業の用に供するものを除く.）を設置する施設である建築物

圭　水道法第3条第2項に規定する水道事業若しくは同条第4項に規定する水道用水供給事業の用に供する同条第8項に規定する水道施設である建築物，工業用水道事業法（昭和33年法律第84号）第2条第6項に規定する工業用水道施設である建築物又は下水道法第2条第三号から第五号までに規定する公共下水道，流域下水道

若しくは都市下水路の用に供する施設である建築物

十六　水害予防組合が水防の用に供する施設である建築物

十七　図書館法（昭和25年法律第118号）第2条第1項に規定する図書館の用に供する施設である建築物又は博物館法（昭和26年法律第285号）第2条第1項に規定する博物館の用に供する施設である建築物

十八　社会教育法（昭和24年法律第207号）第20条に規定する公民館の用に供する施設である建築物

十九　国，都道府県及び市町村並びに独立行政法人高齢・障害・求職者雇用支援機構が設置する職業能力開発促進法（昭和44年法律第64号）第15条の7第3項に規定する公共職業能力開発施設並びに国及び独立行政法人高齢・障害・求職者雇用支援機構が設置する同法第27条第1項に規定する職業能力開発総合大学校である建築物

二十　墓地，埋葬等に関する法律（昭和23年法律第48号）第2条第7項に規定する火葬場である建築物

二十一　と畜場法（昭和28年法律第114号）第3条第2項に規定すると畜場である建築物又は化製場等に関する法律（昭和23年法律第140号）第1条第2項に規定する化製場若しくは同条第3項に規定する死亡獣畜取扱場である建築物

二十二　廃棄物の処理及び清掃に関する法律（昭和45年法律第137号）による公衆便所，し尿処理施設若しくはごみ処理施設である建築物又は浄化槽法（昭和58年法律第43号）第2条第一号に規定する浄化槽である建築物

二十三　卸売市場法（昭和46年法律第35号）第4条第6項に規定する中央卸売市場若しくは同法第13条第6項に規定する地方卸売市場の用に供する施設である建築物又は地方公共団体が設置する市場の用に供する施設である建築物

二十四　自然公園法第2条第六号に規定する公園事業又は同条第四号に規定する都道府県立自然公園のこれに相当する事業により建築される建築物

二十五　住宅地区改良法（昭和35年法律第84号）第2条第1項に規定する住宅地区改良事業により建築される建築物

二十六　国，都道府県等（法第34条の2第1項に規定する都道府県等をいう.），市町村（指定都市等及び事務処理市町村を除き，特別区を含む.以下この号において同じ.），又は市町村がその組織に加わっている一部事務組合若しくは広域連合が設置する研究所，試験所その他の直接その事務又は事業の用に供する建築物で次に掲げる建築物以外のもの

　イ　学校教育法第1条に規定する学校，同法第124条に規定する専修学校又は同法第134条第1項に規定する各種学校の用に供する施設である建築物

　ロ　児童福祉法（昭和22年法律第164号）による家庭的保育事業，小規模保育事業若しくは事業所内保育事業，社会福祉法（昭和26年法律第45号）による社会福祉事業又は更生保護事業法（平成7年法律第86号）による更生保護事業の用に供する施設である建築物

　ハ　医療法（昭和23年法律第205号）第1条の5第1項に規定する病院，同条第2項に規定する診療所又は同法第2条第1項に規定する助産所の用に供する施設である建築物

ニ　多数の者の利用に供する庁舎（主として当該開発区域の周辺の地域において居住している者の利用に供するものを除く．）で国土交通省令で定めるもの

ホ　宿舎（職務上常駐を必要とする職員のためのものその他これに準ずるものとして国土交通省令で定めるものを除く．）

三の二　国立研究開発法人量子科学技術研究開発機構が国立研究開発法人量子科学技術研究開発機構法（平成 11 年法律第 176 号）第 16 条第一号に掲げる業務の用に供する施設である建築物

三の三　国立研究開発法人日本原子力研究開発機構が国立研究開発法人日本原子力研究開発機構法（平成 16 年法律第 155 号）第 17 条第 1 項第一号から第三号までに掲げる業務の用に供する施設である建築物

三の四　独立行政法人水資源機構が設置する独立行政法人水資源機構法（平成 14 年法律第 182 号）第 2 条第 2 項に規定する水資源開発施設である建築物

三の五　国立研究開発法人宇宙航空研究開発機構が国立研究開発法人宇宙航空研究開発機構法（平成 14 年法律第 161 号）第 18 条第一号から第四号までに掲げる業務の用に供する施設である建築物

三　国立研究開発法人新エネルギー・産業技術総合開発機構が国立研究開発法人新エネルギー・産業技術総合開発機構法（平成 14 年法律第 145 号）第 15 条第一号又は非化石エネルギーの開発及び導入の促進に関する法律（昭和 55 年法律第 71 号）第 11 条第三号に掲げる業務の用に供する施設である建築物

［開発行為の許可を要しない通常の管理行為，軽易な行為，その他の行為］

第 22 条　法第 29 条第 1 項第十一号の政令で定める開発行為は，次に掲げるものとする．

一　仮設建築物の建築又は土木事業その他の事業に一時的に使用するための第一種特定工作物の建設の用に供する目的で行う開発行為

二　車庫，物置その他これらに類する附属建築物の建築の用に供する目的で行う開発行為

三　建築物の増築又は特定工作物の増設で当該増築に係る床面積の合計又は当該増設に係る築造面積が $10\,\mathrm{m}^2$ 以内であるものの用に供する目的で行う開発行為

四　法第 29 条第 1 項第二号若しくは第三号に規定する建築物以外の建築物の改築で用途の変更を伴わないもの又は特定工作物の改築の用に供する目的で行う開発行為

五　前号に掲げるもののほか，建築物の改築で当該改築に係る床面積の合計が $10\,\mathrm{m}^2$ 以内であるものの用に供する目的で行う開発行為

六　主として当該開発区域の周辺の市街化調整区域内に居住している者の日常生活のため必要な物品の販売，加工，修理等の業務を営む店舗，事業場その他これらの業務の用に供する建築物で，その延べ面積（同一敷地内に 2 以上の建築物を新築する場合においては，その延べ面積の合計．以下この条及び第 35 条において同じ．）が $50\,\mathrm{m}^2$ 以内のもの（これらの業務の用に供する部分の延べ面積が全体の延べ面積の $50\,\%$ 以上のものに限る．）の新築の用に供する目的で当該開発区域の周辺の市街化調整区域内に居住している者が自ら当該業務を営むために行う開発行為で，その規模が $100\,\mathrm{m}^2$ 以内であるもの

第 22 条の 2 〜第 29 条の 2　（略）

[条例で建築物の敷地面積の最低限度に関する基準を定める場合の基準]

第29条の3 法第33条第4項（法第35条の2第4項において準用する場合を含む.）の政令で定める基準は, 建築物の敷地面積の最低限度が200 m²（市街地の周辺その他の良好な自然的環境を形成している地域においては, 300 m²）を超えないこととする.

[景観計画に定められた開発行為についての制限の内容を条例で開発許可の基準として定める場合の基準]

第29条の4 法第33条第5項（法第35条の2第4項において準用する場合を含む.）の政令で定める基準は, 次に掲げるものとする.

一 切土若しくは盛土によって生じる法の高さの最高限度, 開発区域内において予定される建築物の敷地面積の最低限度又は木竹の保全若しくは適切な植栽が行われる土地の面積の最低限度に関する制限を, 良好な景観の形成を図るために必要な限度を超えない範囲で行うものであること.

二 切土又は盛土によって生じる法の高さの最高限度に関する制限は, 区域, 目的, 開発区域の規模又は予定建築物等の用途を限り, 開発区域内の土地の地形に応じ, 1.5 mを超える範囲で行うものであること.

三 開発区域内において予定される建築物の敷地面積の最低限度に関する制限は, 区域, 目的又は予定される建築物の用途を限り, 300 m²を超えない範囲で行うものであること.

四 木竹の保全又は適切な植栽が行われる土地の面積の最低限度に関する制限は, 区域, 目的, 開発区域の規模又は予定建築物等の用途を限り, 木竹の保全又は適切な植栽が行われる土地の面積の開発区域の面積に対する割合が60%を超えない範囲で行うものであること.

2 前項第二号に規定する基準を適用するについて必要な技術的細目は, 国土交通省令で定める.

第29条の5〜第34条 （略）

[開発許可を受けた土地以外の土地における建築等の許可を要しない通常の管理行為, 軽易な行為その他の行為]

第35条 法第43条第1項第五号の政令で定める行為は, 次に掲げるものとする.

一 既存の建築物の敷地内において行う車庫, 物置その他これらに類する附属建築物の建築

二 建築物の改築又は用途の変更で当該改築又は用途の変更に係る床面積の合計が10 m²以内であるもの

三 主として当該建築物の周辺の市街化調整区域内に居住している者の日常生活のため必要な物品の販売, 加工, 修理等の業務を営む店舗, 事業場その他これらの業務の用に供する建築物で, その延べ面積が50 m²以内のもの（これらの業務の用に供する部分の延べ面積が全体の延べ面積の50%以上のものに限る.）の新築で, 当該市街化調整区域内に居住している者が自ら当該業務を営むために行うもの

四 土木事業その他の事業に一時的に使用するための第一種特定工作物の新設

第36条〜第36条の9 （略）

[法第53条第1項第一号の政令で定める軽易な行為]

第37条 法第53条第1項第一号の政令で定める軽易な行為は，階数が2以下で，かつ，地階を有しない木造の建築物の改築又は移転とする．

第37条の2〜第37条の3 （略）

[法第54条第二号の政令で定める場合]

第37条の4 法第54条第二号の政令で定める場合は，次のいずれかの場合とする．

一 地下で建築物の建築が行われる場合

二 道路である都市施設を整備する立体的な範囲の下に位置する空間において建築物の建築が行われる場合（前号に掲げる場合を除く．）であって，当該建築物が安全上，防火上及び衛生上他の建築物の利便を妨げ，その他周囲の環境を害するおそれがないと認められる場合

三 道路（次号に規定するものを除く．）である都市施設を整備する立体的な範囲の上に位置する空間において渡り廊下その他の通行又は運搬の用途に供する建築物（次のいずれにも該当するものに限る．）の建築が行われる場合であって，当該建築物が安全上，防火上及び衛生上他の建築物の利便を妨げ，その他周囲の環境を害するおそれがないと認められる場合

イ 次のいずれかに該当するものであること．

(1) 学校，病院，老人ホームその他これらに類する用途に供する建築物に設けられるもので，生徒，患者，老人等の通行の危険を防止するために必要なもの

(2) 建築物の5階以上の階に設けられるもので，その建築物の避難施設として必要なもの

(3) 多数人の通行又は多量の物品の運搬の用途に供するもので，道路の交通の緩和に寄与するもの

ロ その主要構造部（建築基準法第2条第五号に規定する主要構造部をいう．）が次のいずれかに該当する建築物に設けられるものであること．

(1) 建築基準法第2条第七号に規定する耐火構造であること．

(2) 建築基準法施行令第108条の3第1項第一号又は第二号に該当すること．

(3) 建築基準法第2条第九号に規定する不燃材料（ハにおいて単に「不燃材料」という．）で造られていること．

ハ その構造が，次に定めるところによるものであること．

(1) 建築基準法施行令第1条第三号に規定する構造耐力上主要な部分は，鉄骨造，鉄筋コンクリート造又は鉄骨鉄筋コンクリート造とし，その他の部分は，不燃材料で造ること．

(2) 屋外に面する部分には，ガラス（網入ガラスを除く．），瓦，タイル，コンクリートブロック，飾石，テラコッタその他これらに類する材料を用いないこと．ただし，これらの材料が道路上に落下するおそれがない部分については，この限りでない．

(3) 側面には，床面からの高さが1.5m以上の壁を設け，その壁の床面からの高さが1.5m以下の部分に開口部を設けるときは，これにはめごろし戸を設けること．

四　高度地区（建築物の高さの最低限度が定められているものに限る．），高度利用地区又は都市再生特別地区内の自動車のみの交通の用に供する道路である都市施設を整備する立体的な範囲の上に位置する空間において建築物（その構造が，渡り廊下その他の通行又は運搬の用途に供するものにあっては前号ハ(1)から(3)まで，その他のものにあっては同号ハ(1)及び(2)に定めるところによるものに限る．）の建築が行われる場合であって，当該建築物が安全上，防火上及び衛生上他の建築物の利便を妨げ，その他周囲の環境を害するおそれがないと認められる場合

第38条〜第46条　（略）

都市計画法施行規則 ［抜粋］

昭和44年8月25日　建設省令第49号

最終改正　令和4年11月14日　国土交通省令第80号

第1条～第18条　（略）

［設計者の資格］

第19条　法第31条の国土交通省令で定める資格は，次に掲げるものとする．

一　開発区域の面積が1ha以上20ha未満の開発行為に関する工事にあっては，次のいずれかに該当する者であること．

　イ～ハ　（略）

　ニ　学校教育法による高等学校若しくは中等教育学校又は旧中等学校令（昭和18年勅令第36号）による中等学校において，正規の土木，建築，都市計画又は造園に関する課程を修めて卒業した後，宅地開発に関する技術に関して7年以上の実務の経験を有する者

　ホ～チ　（略）

二　（略）

第19条の2～第19条の16　（略）

［道路の幅員］

第20条　令第25条第二号の国土交通省令で定める道路の幅員は，住宅の敷地又は住宅以外の建築物若しくは第一種特定工作物の敷地でその規模が$1\,000\,\text{m}^2$未満のものにあっては6m（多雪地域で，積雪時における交通の確保のため必要があると認められる場合にあっては，8m），その他のものにあっては9mとする．

第20条の2　（略）

［公園等の設置基準］

第21条　開発区域の面積が5ha以上の開発行為にあっては，次に定めるところにより，その利用者の有効な利用が確保されるような位置に公園（予定建築物等の用途が住宅以外のものである場合は，公園，緑地又は広場．以下この条において同じ．）を設けなければならない．

一　公園の面積は，1箇所$300\,\text{m}^2$以上であり，かつ，その面積の合計が開発区域の面積の3％以上であること．

二　開発区域の面積が20ha未満の開発行為にあってはその面積が$1\,000\,\text{m}^2$以上の公園が1箇所以上，開発区域の面積が20ha以上の開発行為にあってはその面積が$1\,000\,\text{m}^2$以上の公園が2箇所以上であること．

第22条　（略）

［がけ面の保護］

第23条　切土をした土地の部分に生ずる高さが2mをこえるがけ，盛土をした土地の部分に生ずる高さが1mをこえるがけ又は切土と盛土とを同時にした土地の部分に生ずる高さが2mをこえるがけのがけ面は，擁壁でおおわなければならない．ただし，切土をした土地の部分に生ずることとなるがけ又はがけの部分で，次の各

号の一に該当するもののがけ面については，この限りでない．

一　土質が次の表の左欄に掲げるものに該当し，かつ，土質に応じ勾配が同表の中欄
　の角度以下のもの

土　　　　　質	擁壁を要しない勾配の上限	擁壁を要する勾配の下限
軟岩（風化の著しいものを除く．）	60°	80°
風化の著しい岩	40°	50°
砂利，真砂土，関東ローム，硬質粘土その他これらに類するもの	35°	45°

二　土質が前号の表の左欄に掲げるものに該当し，かつ，土質に応じ勾配が同表の中
　欄の角度をこえ同表の右欄の角度以下のもので，その上端から下方に垂直距離5m
　以内の部分．この場合において，前号に該当するがけの部分により上下に分離され
　たがけの部分があるときは，同号に該当するがけの部分は存在せず，その上下のが
　けの部分は連続しているものとみなす．

2　前項の規定の適用については，小段等によって上下に分離されたがけがある場
　合において，下層のがけ面の下端を含み，かつ，水平面に対し30°の角度をなす面
　の上方に上層のがけ面の下端があるときは，その上下のがけを一体のものとみなす．

3　第1項の規定は，土質試験等に基づき地盤の安定計算をした結果がけの安全を
　保つために擁壁の設置が必要でないことが確かめられた場合又は災害の防止上支障
　がないと認められる土地において擁壁の設置に代えて他の措置が講ぜられた場合に
　は，適用しない．

4　開発行為によって生ずるがけのがけ面は，擁壁でおおう場合を除き，石張り，
　芝張り，モルタルの吹付け等によって風化その他の侵食に対して保護しなければな
　らない．

第23条の2，23条の3　（略）

[道路に関する技術的細目]

第24条　令第29条の規定により定める技術的細目のうち，道路に関するものは，
　次に掲げるものとする．

一　道路は，砂利敷その他の安全かつ円滑な交通に支障を及ぼさない構造とし，か
　つ，適当な値の横断勾配が附されていること．

二　道路には，雨水等を有効に排出するため必要な側溝，街渠その他の適当な施設が
　設けられていること．

三　道路の縦断勾配は，9%以下であること．ただし，地形等によりやむを得ないと
　認められる場合は，小区間に限り，12%以下とすることができる．

四　道路は，階段状でないこと．ただし，専ら歩行者の通行の用に供する道路で，通
　行の安全上支障がないと認められるものにあっては，この限りでない．

五　道路は，袋路状でないこと．ただし，当該道路の延長若しくは当該道路と他の道
　路との接続が予定されている場合又は転回広場及び避難通路が設けられている場合
　等避難上及び車両の通行上支障がない場合は，この限りでない．

六　歩道のない道路が同一平面で交差し，若しくは接続する箇所又は歩道のない道路
　のまがりかどは，適当な長さで街角が切り取られていること．

七　歩道は，縁石線又はさくその他これに類する工作物によって車道から分離されていること．

[公園に関する技術的細目]

第25条　令第29条の規定により定める技術的細目のうち，公園に関するものは，次に掲げるものとする．

一　面積が1 000 m² 以上の公園にあっては，2以上の出入口が配置されていること．

二　公園が自動車交通量の著しい道路等に接する場合は，さく又はへいの設置その他利用者の安全の確保を図るための措置が講ぜられていること．

三　公園は，広場，遊戯施設等の施設が有効に配置できる形状及び勾配で設けられていること．

四　公園には，雨水等を有効に排出するための適当な施設が設けられていること．

[排水施設に関する技術的細目]

第26条　令第29条の規定により定める技術的細目のうち，排水施設に関するものは，次に掲げるものとする．

一　排水施設は，堅固で耐久力を有する構造であること．

二　排水施設は，陶器，コンクリート，れんがその他の耐水性の材料で造り，かつ，漏水を最少限度のものとする措置が講ぜられていること．ただし，崖崩れ又は土砂の流出の防止上支障がない場合においては，専ら雨水その他の地表水を排除すべき排水施設は，多孔管その他雨水を地下に浸透させる機能を有するものとすることができる．

三　公共の用に供する排水施設は，道路その他排水施設の維持管理上支障がない場所に設置されていること．

四　管渠の勾配及び断面積が，その排除すべき下水を支障なく流下させることができるもの（公共の用に供する排水施設のうち暗渠である構造の部分にあっては，その内径又は内法幅が，20 cm 以上のもの）であること．

五　専ら下水を排除すべき排水施設のうち暗渠である構造の部分の次に掲げる箇所には，ます又はマンホールが設けられていること．

　イ　管渠の始まる箇所

　ロ　下水の流路の方向，勾配又は横断面が著しく変化する箇所（管渠の清掃上支障がない箇所を除く．）

　ハ　管渠の内径又は内法幅の120倍を超えない範囲内の長さごとの管渠の部分のその清掃上適当な場所

六　ます又はマンホールには，ふた（汚水を排除すべきます又はマンホールにあっては，密閉することができるふたに限る．）が設けられていること．

七　ます又はマンホールの底には，専ら雨水その他の地表水を排除すべきますにあっては深さが15 cm 以上の泥溜めが，その他のます又はマンホールにあってはその接続する管渠の内径又は内法幅に応じ相当の幅のインバートが設けられていること．

[擁壁に関する技術的細目]

第27条　第23条第1項の規定により設置される擁壁については，次に定めるところによらなければならない．

一　擁壁の構造は，構造計算，実験等によって次のイからニまでに該当することが確かめられたものであること．

イ　土圧，水圧及び自重（以下この号において「土圧等」という．）によって擁壁が破壊されないこと．

ロ　土圧等によって擁壁が転倒しないこと．

ハ　土圧等によって擁壁の基礎がすべらないこと．

ニ　土圧等によって擁壁が沈下しないこと．

二　擁壁には，その裏面の排水をよくするため，水抜穴が設けられ，擁壁の裏面で水抜穴の周辺その他必要な場所には，砂利等の透水層が設けられていること．ただし，空積造その他擁壁の裏面の水が有効に排水できる構造のものにあっては，この限りでない．

2　開発行為によって生ずるがけのがけ面を覆う擁壁で高さが2mをこえるものについては，建築基準法施行令（昭和25年政令第338号）第142条（同令第7章の8の準用に関する部分を除く．）の規定を準用する．

［公園等の設置基準の強化］

第27条の2　第21条第一号の技術的細目に定められた制限の強化は，次に掲げるところにより行うものとする．

一　設置すべき公園，緑地又は広場の数又は1箇所当たりの面積の最低限度を定めること．

二　設置すべき公園，緑地又は広場の面積の合計の開発区域の面積に対する割合の最低限度について，6%を超えない範囲で，開発区域及びその周辺の状況並びに予定建築物等の用途を勘案して特に必要があると認められる場合に行うこと．

2　第21条第二号の技術的細目に定められた制限の強化は，設置すべき公園，緑地又は広場の数又は1箇所当たりの面積の最低限度について行うものとする．

［令第29条の2第1項第十一号の国土交通省令で定める基準］

第27条の3　第23条の3の技術的細目に定められた制限の強化は，配置すべき緩衝帯の幅員の最低限度について，開発行為の規模が1ha以上1.5ha未満の場合にあっては6.5m，1.5ha以上5ha未満の場合にあっては8m，5ha以上15ha未満の場合にあっては15m，15ha以上の場合にあっては20mを超えない範囲で行うものとする．

第27条の4〜第59条の4　（略）

［開発行為又は建築に関する証明書等の交付］

第60条　建築基準法第6条第1項（同法第88条第1項又は第2項において準用する場合を含む．）又は第6条の2第1項（同法第88条第1項又は第2項において準用する場合を含む．）の規定による確認済証の交付を受けようとする者は，その計画が法第29条第1項若しくは第2項，第35条の2第1項，第41条第2項，第42条，第43条第1項又は第53条第1項の規定に適合していることを証する書面の交付を都道府県知事（指定都市等における場合にあっては当該指定都市等の長とし，指定都市等以外の市における場合（法第53条第1項の規定に適合していることを証する書面の交付を求める場合に限る．）にあっては当該市の長とし，法第29条第1項若しくは第2項，第35条の2第1項，第41条第2項，第42条又は第43条第1項の事務が地方自治法（昭和22年法律第67号）第252条の17の2第1項の規定により市町村が処理することとされている場合又は法第86条の規定により港務局の長に委任されている場合にあっては当該市町村の長又は港務局の長とする．）

に求めることができる．

2　畜舎等の建築等及び利用の特例に関する法律（令和3年法律第34号）第3条第1項の認定（同法第4第1項の変更の認定を含む．）を受けようとする者は，その計画が法第53条第1項の規定に適合していることを証する書面の交付を都道府県知事（指定都市等における場合にあっては当該指定都市等の長とし，指定都市等以外の市における場合にあっては当該市の長とする．）に求めることができる．

消防法関係法令

消防法［抜粋］

昭和 23 年 7 月 24 日　法律第 186 号
最終改正　令和 4 年 6 月 17 日　法律第 68 号

[この法律の目的]

第1条　この法律は，火災を予防し，警戒し及び鎮圧し，国民の生命，身体及び財産を火災から保護するとともに，火災又は地震等の災害による被害を軽減するほか，災害等による傷病者の搬送を適切に行い，もって安寧秩序を保持し，社会公共の福祉の増進に資することを目的とする．

[用語の定義]

第2条　この法律の用語は以下の例による．

2　防火対象物とは，山林又は舟車，船きょ若しくはふ頭に繋留された船舶，建築物その他の工作物若しくはこれらに属する物をいう．

3　消防対象物とは，山林又は舟車，船きょ若しくはふ頭に繋留された船舶，建築物その他の工作物又は物件をいう．

4　関係者とは，防火対象物又は消防対象物の所有者，管理者又は占有者をいう．

5　関係のある場所とは，防火対象物又は消防対象物のある場所をいう．

6　舟車とは，船舶安全法第2条第1項の規定を適用しない船舶，端舟，はしけ，被曳船その他の舟及び車両をいう．

7　危険物とは，別表第1の品名欄に掲げる物品で，同表に定める区分に応じ同表の性質欄に掲げる性状を有するものをいう．

8　消防隊とは，消防器具を装備した消防吏員若しくは消防団員の一隊又は消防組織法（昭和22年法律第226号）第30条第3項の規定による都道府県の航空消防隊をいう．

9　救急業務とは，災害により生じた事故若しくは屋外若しくは公衆の出入する場所において生じた事故（以下この項において「災害による事故等」という．）又は政令で定める場合における災害による事故等に準ずる事故その他の事由で政令で定めるものによる傷病者のうち，医療機関その他の場所へ緊急に搬送する必要があるものを，救急隊によって，医療機関（厚生労働省令で定める医療機関をいう．第7章の2において同じ．）その他の場所に搬送すること（傷病者が医師の管理下に置かれるまでの間において，緊急やむを得ないものとして，応急の手当を行うことを含む．）をいう．

第3条〜第4条の2　（略）

[防火対象物についての所要措置の命令]

第5条　消防長又は消防署長は，防火対象物の位置，構造，設備又は管理の状況について，火災の予防に危険であると認める場合，消火，避難その他の消防の活動に支障になると認める場合，火災が発生したならば人命に危険があると認める場合その他火災の予防上必要があると認める場合には，権原を有する関係者（特に緊急の必要があると認める場合においては，関係者及び工事の請負人又は現場管理者）に

対し，当該防火対象物の改修，移転，除去，工事の停止又は中止その他の必要な措置をなすべきことを命ずることができる．ただし，建築物その他の工作物で，それが他の法令により建築，増築，改築又は移転の許可又は認可を受け，その後事情の変更していないものについては，この限りでない．

2〜4 （略）

第5条の2〜第6条 （略）

［建築物の許可等についての消防長又は消防署長の同意］

第7条 建築物の新築，増築，改築，移転，修繕，模様替，用途の変更若しくは使用について許可，認可若しくは確認をする権限を有する行政庁若しくはその委任を受けた者又は建築基準法（昭和25年法律第201号）第6条の2第1項（同法第87条第1項において準用する場合を含む．以下この項において同じ．）の規定による確認を行う指定確認検査機関（同法第77条の21第1項に規定する指定確認検査機関をいう．以下この条において同じ．）は，当該許可，認可若しくは確認又は同法第6条の2第1項の規定による確認に係る建築物の工事施工地又は所在地を管轄する消防長又は消防署長の同意を得なければ，当該許可，認可若しくは確認又は同項の規定による確認をすることができない．ただし，確認（同項の規定による確認を含む．）に係る建築物が都市計画法（昭和43年法律第100号）第8条第1項第五号に掲げる防火地域及び準防火地域以外の区域内における住宅（長屋，共同住宅その他政令で定める住宅を除く．）である場合又は建築主事が建築基準法第87条の4において準用する同法第6条第1項の規定による確認をする場合においては，この限りでない．

2 消防長又は消防署長は，前項の規定によって同意を求められた場合において，当該建築物の計画が法律又はこれに基づく命令若しくは条例の規定（建築基準法第6条第4項又は第6条の2第1項（同法第87条第1項の規定によりこれらの規定を準用する場合を含む．）の規定により建築主事又は指定確認検査機関が同法第6条の4第1項第一号若しくは第二号に掲げる建築物の建築，大規模の修繕（同法第2条第十四号の大規模の修繕をいう．），大規模の模様替（同法第2条第十五号の大規模の模様替をいう．）若しくは用途の変更又は同項第三号に掲げる建築物の建築について確認する場合において同意を求められたときは，同項の規定により読み替えて適用される同法第6条第1項の政令で定める建築基準法令の規定を除く．）で建築物の防火に関するものに違反しないものであるときは，同法第6条第1項第四号に係る場合にあっては，同意を求められた日から3日以内に，その他の場合にあっては，同意を求められた日から7日以内に同意を与えて，その旨を当該行政庁若しくはその委任を受けた者又は指定確認検査機関に通知しなければならない．この場合において，消防長又は消防署長は，同意することができない事由があると認めるときは，これらの期限内に，その事由を当該行政庁若しくはその委任を受けた者又は指定確認検査機関に通知しなければならない．

3 建築基準法第68条の20第1項（同法第68条の22第2項において準用する場合を含む．）の規定は，消防長又は消防署長が第1項の規定によって同意を求められた場合に行う審査について準用する．

第8条〜第8条の2の5 （略）

[高層建築物等において使用する防炎対象物品の防炎性能]

第8条の3　高層建築物若しくは地下街又は劇場，キャバレー，旅館，病院その他の政令で定める防火対象物において使用する防炎対象物品（どん帳，カーテン，展示用合板その他これらに類する物品で政令で定めるものをいう．以下この条において同じ．）は，政令で定める基準以上の防炎性能を有するものでなければならない．

2　防炎対象物品又はその材料で前項の防炎性能を有するもの（第4項において「防炎物品」という．）には，総務省令で定めるところにより，前項の防炎性能を有するものである旨の表示を付することができる．

3　何人も，防炎対象物品又はその材料に，前項の規定により表示を付する場合及び産業標準化法（昭和24年法律第185号）その他政令で定める法律の規定により防炎対象物品又はその材料の防炎性能に関する表示で総務省令で定めるもの（次項及び第5項において「指定表示」という．）を付する場合を除くほか，前項の表示又はこれと紛らわしい表示を付してはならない．

4　防炎対象物品又はその材料は，第2項の表示又は指定表示が付されているものでなければ，防炎物品として販売し，又は販売のために陳列してはならない．

5　第1項の防火対象物の関係者は，当該防火対象物において使用する防炎対象物品について，当該防炎対象物品若しくはその材料に同項の防炎性能を与えるための処理をさせ，又は第2項の表示若しくは指定表示が付されている生地その他の材料からカーテンその他の防炎対象物品を作製させたときは，総務省令で定めるところにより，その旨を明らかにしておかなければならない．

[火の使用に関する市町村条例への規定委任]

第9条　かまど，風呂場その他火を使用する設備又はその使用に際し，火災の発生のおそれのある設備の位置，構造及び管理，こんろ，こたつその他火を使用する器具又はその使用に際し，火災の発生のおそれのある器具の取扱いその他火の使用に関し火災の予防のために必要な事項は，政令で定める基準に従い市町村条例でこれを定める．

[住宅用防災機器の設置]

第9条の2　住宅の用途に供される防火対象物（その一部が住宅の用途以外の用途に供される防火対象物にあっては，住宅の用途以外の用途に供される部分を除く．以下この条において「住宅」という．）の関係者は，次項の規定による住宅用防災機器（住宅における火災の予防に資する機械器具又は設備であって政令で定めるものをいう．以下この条において同じ．）の設置及び維持に関する基準に従って，住宅用防災機器を設置し，及び維持しなければならない．

2　住宅用防災機器の設置及び維持に関する基準その他住宅における火災の予防のために必要な事項は，政令で定める基準に従い市町村条例で定める．

第9条の3〜第14条の4　（略）

[映写室の構造設備]

第15条　常時映画を上映する建築物その他の工作物に設けられた映写室で緩燃性でない映画を映写するものは，政令で定める技術上の基準に従い，構造及び設備を具備しなければならない．

第16条〜第16条の49　（略）

[消防用設備等の設置，維持]

第17条 学校，病院，工場，事業場，興行場，百貨店，旅館，飲食店，地下街，複合用途防火対象物その他の防火対象物で政令で定めるものの関係者は，政令で定める消防の用に供する設備，消防用水及び消火活動上必要な施設（以下「消防用設備等」という．）について消火，避難その他の消防の活動のために必要とされる性能を有するように，政令で定める技術上の基準に従って，設置し，及び維持しなければならない．

2 市町村は，その地方の気候又は風土の特殊性により，前項の消防用設備等の技術上の基準に関する政令又はこれに基づく命令の規定のみによっては防火の目的を充分に達し難いと認めるときは，条例で，同項の消防用設備等の技術上の基準に関して，当該政令又はこれに基づく命令の規定と異なる規定を設けることができる．

3 第1項の防火対象物の関係者が，同項の政令若しくはこれに基づく命令又は前項の規定に基づく条例で定める技術上の基準に従って設置し，及び維持しなければならない消防用設備等に代えて，特殊の消防用設備等その他の設備等（以下「特殊消防用設備等」という．）であって，当該消防用設備等と同等以上の性能を有し，かつ，当該関係者が総務省令で定めるところにより作成する特殊消防用設備等の設置及び維持に関する計画（以下「設備等設置維持計画」という．）に従って設置し，及び維持するものとして，総務大臣の認定を受けたものを用いる場合には，当該消防用設備等（それに代えて当該認定を受けた特殊消防用設備等が用いられるものに限る．）については，前2項の規定は，適用しない．

第17条の2〜第46条の5　（略）

別表第一（第2条，第10条，第11条の4関係）

種別	性　質	品　　名
第1類	酸化性固体	一　塩素酸塩類 二　過塩素酸塩類 三　無機過酸化物 四　亜塩素酸塩類 五　臭素酸塩類 六　硝酸塩類 七　よう素酸塩類 八　過マンガン酸塩類 九　重クロム酸塩類 十　その他のもので政令で定めるもの 十一　前各号に掲げるもののいずれかを含有するもの
第2類	可燃性固体	一　硫化りん 二　赤りん 三　硫黄 四　鉄粉 五　金属粉 六　マグネシウム 七　その他のもので政令で定めるもの 八　前各号に掲げるもののいずれかを含有するもの 九　引火性固体
第3類	自然発火性物質及び禁水性物質	一　カリウム 二　ナトリウム 三　アルキルアルミニウム 四　アルキルリチウム

		五　黄りん 六　アルカリ金属（カリウム及びナトリウムを除く。）及びアルカリ土類金属 七　有機金属化合物（アルキルアルミニウム及びアルキルリチウムを除く。） 八　金属の水素化物 九　金属のりん化物 十　カルシウム又はアルミニウムの炭化物 十一　その他のもので政令で定めるもの 十二　前各号に掲げるもののいずれかを含有するもの
第4類	引火性液体	一　特殊引火物 二　第一石油類 三　アルコール類 四　第二石油類 五　第三石油類 六　第四石油類 七　動植物油類
第5類	自己反応性物質	一　有機過酸化物 二　硝酸エステル類 三　ニトロ化合物 四　ニトロソ化合物 五　アゾ化合物 六　ジアゾ化合物 七　ヒドラジンの誘導体 八　ヒドロキシルアミン 九　ヒドロキシルアミン塩類 十　その他のもので政令で定めるもの 十一　前各号に掲げるもののいずれかを含有するもの
第6類	酸化性液体	一　過塩素酸 二　過酸化水素 三　硝酸 四　その他のもので政令で定めるもの 五　前各号に掲げるもののいずれかを含有するもの

備考
一　酸化性固体とは，固体（液体（1気圧において，温度20度で液状であるもの又は温度20度を超え40度以下の間において液状となるものをいう。以下同じ。）又は気体（1気圧において，温度20度で気体状であるものをいう。）以外のものをいう。以下同じ。）であって，酸化力の潜在的な危険性を判断するための政令で定める試験において政令で定める性状を示すもの又は衝撃に対する敏感性を判断するための政令で定める試験において政令で定める性状を示すものであることをいう。
二　可燃性固体とは，固体であって，火炎による着火の危険性を判断するための政令で定める試験において政令で定める性状を示すもの又は引火の危険性を判断するための政令で定める試験において引火性を示すものであることをいう。
三　鉄粉とは，鉄の粉をいい，粒度等を勘案して総務省令で定めるものを除く。
四　硫化りん，赤りん，硫黄及び鉄粉は，備考第二号に規定する性状を示すものとする。
五　金属粉とは，アルカリ金属，アルカリ土類金属，鉄及びマグネシウム以外の金属の粉をいい，粒度等を勘案して総務省令で定めるものを除く。
六　マグネシウム及び第2類の項第八号の物品のうちマグネシウムを含有するものにあっては，形状等を勘案して総務省令で定めるものを除く。
七　引火性固体とは，固形アルコールその他1気圧において引火点が40度未満のものをいう。
八　自然発火性物質及び禁水性物質とは，固体又は液体であって，空気中での発火の危険性を判断するための政令で定める試験において政令で定める性状を示すもの又は水と接触して発火し，若しくは可燃性ガスを発生する危険性を判断するための政令で定める試験において政令で定める性状を示すものであることをいう。
九　カリウム，ナトリウム，アルキルアルミニウム，アルキルリチウム及び黄りんは，前号に規定する性状を示すものとみなす。
十　引火性液体とは，液体（第三石油類，第四石油類及び動植物油類にあっては，1気圧において，温度20度で液状であるものに限る。）であって，引火の危険性を判断するための政令で定める試験において引火性を示すものであることをいう。
十一　特殊引火物とは，ジエチルエーテル，二硫化炭素その他1気圧において，発火点が100度以下のもの又は引火点が零下20度以下で沸点が40度以下のものをいう。

十二　第一石油類とは，アセトン，ガソリンその他1気圧において引火点が21度未満のものをいう．

十三　アルコール類とは，1分子を構成する炭素の原子の数が1個から3個までの飽和一価アルコール（変性アルコールを含む．）をいい，組成等を勘案して総務省令で定めるものを除く．

十四　第二石油類とは，灯油，軽油その他1気圧において引火点が21度以上70度未満のものをいい，塗料類その他の物品であって，組成等を勘案して総務省令で定めるものを除く．

十五　第三石油類とは，重油，クレオソート油その他1気圧において引火点が70度以上200度未満のものをいい，塗料類その他の物品であって，組成を勘案して総務省令で定めるものを除く．

十六　第四石油類とは，ギヤー油，シリンダー油その他1気圧において引火点が200度以上250度未満のものをいい，塗料類その他の物品であって，組成を勘案して総務省令で定めるものを除く．

十七　動植物油類とは，動物の脂肉等又は植物の種子若しくは果肉から抽出したものであって，1気圧において引火点が250度未満のものをいい，総務省令で定めるところにより貯蔵保管されているものを除く．

十八　自己反応性物質とは，固体又は液体であった，爆発の危険性を判断するための政令で定める試験において政令で定める性状を示すもの又は加熱分解の激しさを判断するための政令で定める試験において政令で定める性状を示すものであることをいう．

十九　第5類の項第十一号の物品にあっては，有機過酸化物を含有するもののうち不活性の固体を含有するもので，総務省令で定めるものを除く．

二十　酸化性液体とは，液体であって，酸化力の潜在的な危険性を判断するための政令で定める試験において政令で定める性状を示すものであることをいう．

二一　この表の性質欄に掲げる性状の2以上を有する物品の属する品名は，総務省令で定める．

別表第二，三　（略）

消防法施行令 [抜粋]

昭和36年3月25日　政令第37号
最終改正　令和4年3月31日　政令第134号

[消防長等の同意を要する住宅]

第1条　消防法（以下「法」という.）第7条第1項ただし書の政令で定める住宅は，一戸建ての住宅で住宅の用途以外の用途に供する部分の床面積の合計が延べ面積の1/2以上であるもの又は50 m²を超えるものとする.

[防火管理者を定めなければならない防火対象物等]

第1条の2　法第8条第1項の政令で定める大規模な小売店舗は，延べ面積が1 000 m²以上の小売店舗で百貨店以外のものとする.

2　法第8条第1項の政令で定める2以上の用途は，異なる2以上の用途のうちに別表第一(1)項から(15)項までに掲げる防火対象物の用途のいずれかに該当する用途が含まれている場合における当該2以上の用途とする. この場合において，当該異なる2以上の用途のうちに，一の用途で，当該一の用途に供される防火対象物の部分がその管理についての権原，利用形態その他の状況により他の用途に供される防火対象物の部分の従属的な部分を構成すると認められるものがあるときは，当該一の用途は，当該他の用途に含まれるものとする.

3　法第8条第1項の政令で定める防火対象物は，次に掲げる防火対象物とする.

一　別表第一に掲げる防火対象物（同表(16の3)項及び(18)項から(20)項までに掲げるものを除く. 次条において同じ.）のうち，次に掲げるもの

　イ　別表第一(6)項ロ，(16)項イ及び(16の2)項に掲げる防火対象物（同表(16)項イ及び(16の2)項に掲げる防火対象物にあっては，同表(6)項ロに掲げる防火対象物の用途に供される部分が存するものに限る.）で，当該防火対象物に出入し，勤務し，又は居住する者の数（以下「収容人員」という.）が10人以上のもの

　ロ　別表第一(1)項から(4)項まで，(5)項イ，(6)項イ，ハ及びニ，(9)項イ，(16)項イ並びに(16の2)項に掲げる防火対象物（同表(16)項イ及び(16の2)項に掲げる防火対象物にあっては，同表(6)項ロに掲げる防火対象物の用途に供される部分が存するものを除く.）で，収容人員が30人以上のもの

　ハ　別表第一(5)項ロ，(7)項，(8)項，(9)項ロ，(10)項から(15)項まで，(16)項ロ及び(17)項に掲げる防火対象物で，収容人員が50人以上のもの

二　新築の工事中の次に掲げる建築物で，収容人員が50人以上のもののうち，総務省令で定めるもの

　イ　地階を除く階数が11以上で，かつ，延べ面積が10 000 m²以上である建築物

　ロ　延べ面積が50 000 m²以上である建築物

　ハ　地階の床面積の合計が5 000 m²以上である建築物

三　建造中の旅客船（船舶安全法（昭和8年法律第11号）第8条に規定する旅客船をいう.）で，収容人員が50人以上で，かつ甲板数が11以上のもののうち，総務省令で定めるもの

4　収容人員の算定方法は，総務省令で定める.

第2条～第5条の5　（略）

[住宅用防災機器]

第5条の6　法第9条の2第1項の住宅用防災機器として政令で定める機械器具又は設備は，次に掲げるもののいずれかであって，その形状，構造，材質及び性能が総務省令で定める技術上の規格に適合するものとする.

一　住宅用防災警報器（住宅（法第9条の2第1項に規定する住宅をいう. 以下この章において同じ.）における火災の発生を未然に又は早期に感知し，及び報知する警報器をいう. 次条及び第37条第七号において同じ.）

二　住宅用防災報知設備（住宅における火災の発生を未然に又は早期に感知し，及び報知する火災報知設備（その部分であって，法第21条の2第1項の検定対象機械器具等で第37条第四号から第六号までに掲げるものに該当するものについては，これらの検定対象機械器具等について定められた法第21条の2第2項の技術上の規格に適合するものに限る.）をいう. 次条において同じ.）

[住宅用防災機器の設置及び維持に関する条例の基準]

第5条の7　住宅用防災機器の設置及び維持に関し住宅における火災の予防のために必要な事項に係る法第9条の2第2項の規定に基づく条例の制定に関する基準は，次のとおりとする.

一　住宅用防災警報器又は住宅用防災報知設備の感知器は，次に掲げる住宅の部分（ロ又はハに掲げる住宅の部分にあっては，総務省令で定める他の住宅との共用部分を除く.）に設置すること.

　イ　就寝の用に供する居室（建築基準法（昭和25年法律第201号）第2条第四号に規定する居室をいう. ハにおいて同じ.）

　ロ　イに掲げる住宅の部分が存する階（避難階を除く.）から直下階に通ずる階段（屋外に設けられたものを除く.）

　ハ　イ又はロに掲げるもののほか，居室が存する階において火災の発生を未然に又は早期に，かつ，有効に感知することが住宅における火災予防上特に必要であると認められる住宅の部分として総務省令で定める部分

二　住宅用防災警報器又は住宅用防災報知設備の感知器は，天井又は壁の屋内に面する部分（天井のない場合にあっては，屋根又は壁の屋内に面する部分）に，火災の発生を未然に又は早期に，かつ，有効に感知することができるように設置すること.

三　前2号の規定にかかわらず，第一号に掲げる住宅の部分にスプリンクラー設備（総務省令で定める閉鎖型スプリンクラーヘッドを備えているものに限る.）又は自動火災報知設備を，それぞれ第12条又は第21条に定める技術上の基準に従い設置したときその他の当該設備と同等以上の性能を有する設備を設置した場合において総務省令で定めるときは，当該設備の有効範囲内の住宅の部分について住宅用防災警報器又は住宅用防災報知設備を設置しないことができること.

2　前項に規定するもののほか，住宅用防災機器の設置方法の細目及び点検の方法その他の住宅用防災機器の設置及び維持に関し住宅における火災の予防のために必要な事項に係る法第9条の2第2項の規定に基づく条例の制定に関する基準につい

ては，総務省令で定める．

第5条の8，第5条の9 （略）

[防火対象物の指定]

第6条　法第17条第1項の政令で定める防火対象物は，別表第一に掲げる防火対象物とする．

[消防用設備等の種類]

第7条　法第17条第1項の政令で定める消防の用に供する設備は，消火設備，警報設備及び避難設備とする．

2　前項の消火設備は，水その他消火剤を使用して消火を行う機械器具又は設備であって，次に掲げるものとする．

一　消火器及び次に掲げる簡易消火用具

　イ　水バケツ

　ロ　水槽

　ハ　乾燥砂

　ニ　膨張ひる石又は膨張真珠岩

二　屋内消火栓設備

三　スプリンクラー設備

四　水噴霧消火設備

五　泡消火設備

六　不活性ガス消火設備

七　ハロゲン化物消火設備

八　粉末消火設備

九　屋外消火栓設備

十　動力消防ポンプ設備

3　第1項の警報設備は，火災の発生を報知する機械器具又は設備であって，次に掲げるものとする．

一　自動火災報知設備

一の二　ガス漏れ火災警報設備（液化石油ガスの保安の確保及び取引の適正化に関する法律（昭和42年法律第149号）第2条第3項に規定する液化石油ガス販売事業によりその販売がされる液化石油ガスの漏れを検知するためのものを除く．以下同じ．）

二　漏電火災警報器

三　消防機関へ通報する火災報知設備

四　警鐘，携帯用拡声器，手動式サイレンその他の非常警報器具及び次に掲げる非常警報設備

　イ　非常ベル

　ロ　自動式サイレン

　ハ　放送設備

4　第1項の避難設備は，火災が発生した場合において避難するために用いる機械器具又は設備であって，次に掲げるものとする．

一　すべり台，避難はしご，救助袋，緩降機，避難橋その他の避難器具

二　誘導灯及び誘導標識

5　法第17条第1項の政令で定める消防用水は，防火水槽又はこれに代わる貯水池その他の用水とする．

6　法第17条第1項の政令で定める消火活動上必要な施設は，排煙設備，連結散水設備，連結送水管，非常コンセント設備及び無線通信補助設備とする．

7　第1項及び前2項に規定するもののほか，第29条の4第1項に規定する必要とされる防火安全性能を有する消防の用に供する設備等は，法第17条第1項に規定する政令で定める消防の用に供する設備，消防用水及び消火活動上必要な施設とする．

[通則]

第8条　防火対象物が開口部のない耐火構造（建築基準法第2条第七号に規定する耐火構造をいう．以下同じ．）の床又は壁で区画されているときは，その区画された部分は，この節の規定の適用については，それぞれ別の防火対象物とみなす．

第9条　別表第一(16)項に掲げる防火対象物の部分で，同表各項（(16)項から(20)項までを除く．）の防火対象物の用途のいずれかに該当する用途に供されるものは，この節（第12条第1項第三号及び第十号から第十二号まで，第21条第1項第三号，第七号，第十号及び第十四号，第21条の2第1項第五号，第22条第1項第六号及び第七号，第24条第2項第二号並びに第3項第二号及び第三号，第25条第1項第五号並びに第26条を除く．）の規定の適用については，当該用途に供される1の防火対象物とみなす．

第9条の2　別表第一(1)項から(4)項まで，(5)項イ，(6)項，(9)項イ又は(16)項イに掲げる防火対象物の地階で，同表(16の2)項に掲げる防火対象物と一体を成すものとして消防長又は消防署長が指定したものは，第12条第1項第六号，第21条第1項第三号（同表(16の2)項に係る部分に限る．），第21条の2第1項第一号及び第24条第3項第一号（同表(16の2)項に係る部分に限る．）の規定の適用については，同表(16の2)項に掲げる防火対象物の部分であるものとみなす．

[消火器具に関する基準]

第10条　消火器又は簡易消火用具（以下「消火器具」という．）は，次に掲げる防火対象物又はその部分に設置するものとする．

一　次に掲げる防火対象物

　イ　別表第一(1)項イ，(2)項，(6)項イ(1)から(3)まで及びロ，(16の2)から(17)項まで並びに(20)項に掲げる防火対象物

　ロ　別表第一(3)項に掲げる防火対象物で，火を使用する設備又は器具（防火上有効な措置として総務省令で定める措置が講じられたものを除く．）を設けたもの

二　次に掲げる防火対象物で，延べ面積が 150 m^2 以上のもの

　イ　別表第一(1)項ロ，(4)項，(5)項，(6)項イ(4)，ハ及びニ，(9)項並びに(12)項から(14)項までに掲げる防火対象物

　ロ　別表第一(3)項に掲げる防火対象物（前号ロに掲げるものを除く．）

三　別表第一(7)項，(8)項，(10)項，(11)項及び(15)項に掲げる防火対象物で，延べ面積が 300 m^2 以上のもの

四　前3号に掲げるもののほか，別表第一に掲げる建築物その他の工作物で，少量危

険物（法第2条第7項に規定する危険物（別表第二において「危険物」という.）のうち，危険物の規制に関する政令（昭和34年政令第306号）第1条の11に規定する指定数量の1/5以上で当該指定数量未満のものをいう.）又は指定可燃物（同令別表第四の品名欄に掲げる物品で，同表の数量欄に定める数量以上のものをいう.以下同じ.）を貯蔵し，又は取り扱うもの

五　前各号に掲げる防火対象物以外の別表第一に掲げる建築物の地階（地下建築物にあっては，その各階をいう.以下同じ.），無窓階（建築物の地上階のうち，総務省令で定める避難上又は消火活動上有効な開口部を有しない階をいう.以下同じ.）又は3階以上の階で，床面積が50 m^{2}以上のもの

2　前項に規定するもののほか，消火器具の設置及び維持に関する技術上の基準は，次のとおりとする.

一　前項各号に掲げる防火対象物又はその部分には，防火対象物の用途，構造若しくは規模又は消火器具の種類若しくは性能に応じ，総務省令で定めるところにより，別表第二においてその消火に適応するものとされる消火器具を設置すること.ただし，二酸化炭素又はハロゲン化物（総務省令で定めるものを除く.）を放射する消火器は，別表第一（16の2）項及び（16の3）項に掲げる防火対象物並びに総務省令で定める地階，無窓階その他の場所に設置してはならない.

二　消火器具は，通行又は避難に支障がなく，かつ，使用に際して容易に持ち出すことができる箇所に設置すること.

3　第1項各号に掲げる防火対象物又はその部分に屋内消火栓設備，スプリンクラー設備，水噴霧消火設備，泡消火設備，不活性ガス消火設備，ハロゲン化物消火設備又は粉末消火設備を次条，第12条，第13条，第14条，第15条，第16条，第17条若しくは第18条に定める技術上の基準に従い，又は当該技術上の基準の例により設置したときは，同項の規定にかかわらず，総務省令で定めるところにより，消火器具の設置個数を減少することができる.

［屋内消火栓設備に関する基準］

第11条　屋内消火栓設備は，次に掲げる防火対象物又はその部分に設置するものとする.

一　別表第一(1)項に掲げる防火対象物で，延べ面積が500 m^{2}以上のもの

二　別表第一(2)項から(10)項まで，(12)項及び(14)項に掲げる防火対象物で，延べ面積が700 m^{2}以上のもの

三　別表第一(11)項及び(15)項に掲げる防火対象物で，延べ面積が1 000 m^{2}以上のもの

四　別表第一(16の2)項に掲げる防火対象物で，延べ面積が150 m^{2}以上のもの

五　前各号に掲げるもののほか，別表第一に掲げる建築物その他の工作物で，指定可燃物（可燃性液体類に係るものを除く.）を危険物の規制に関する政令別表第四で定める数量の750倍以上貯蔵し，又は取り扱うもの

六　前各号に掲げる防火対象物以外の別表第一(1)項から(12)項まで，(14)項及び(15)項に掲げる防火対象物の地階，無窓階又は4階以上の階で，床面積が，同表(1)項に掲げる防火対象物にあっては100 m^{2}以上，同表(2)項から(10)項まで，(12)項及び(14)項に掲げる防火対象物にあっては150 m^{2}以上，同表(11)項及び(15)項に掲げる防火対象物にあっては200 m^{2}以上のもの

2　前項の規定の適用については，同項各号（第五号を除く．）に掲げる防火対象物又はその部分の延べ面積又は床面積の数値は，主要構造部（建築基準法第２条第五号に規定する主要構造部をいう．以下同じ．）を耐火構造とし，かつ，壁及び天井（天井のない場合にあっては，屋根．以下この項において同じ．）の室内に面する部分（回り縁，窓台その他これらに類する部分を除く．以下この項において同じ．）の仕上げを難燃材料（建築基準法施行令第１条第六号に規定する難燃材料をいう．以下この項において同じ．）でした防火対象物にあっては当該数値の３倍の数値（次条第１項第一号に掲げる防火対象物について前項第二号の規定を適用する場合にあっては，当該３倍の数値又は $1\,000\,\mathrm{m}^2$ に同条第２項第三号の二の総務省令で定める部分の床面積の合計を加えた数値のうち，いずれか小さい数値）とし，主要構造部を耐火構造としたその他の防火対象物又は建築基準法第２条第九号の三イ若しくはロのいずれかに該当し，かつ，壁及び天井の室内に面する部分の仕上げを難燃材料でした防火対象物にあっては当該数値の２倍の数値（次条第１項第一号に掲げる防火対象物について前項第二号の規定を適用する場合にあっては，当該２倍の数値又は $1\,000\,\mathrm{m}^2$ に同条第２項第三号の二の総務省令で定める部分の床面積の合計を加えた数値のうち，いずれか小さい数値）とする．

3　前２項に規定するもののほか，屋内消火栓設備の設置及び維持に関する技術上の基準は，次の各号に掲げる防火対象物又はその部分の区分に応じ，当該各号に定めるとおりとする．

一　第１項第二号及び第六号に掲げる防火対象物又はその部分（別表第一⑿項イ又は⑭項に掲げる防火対象物に係るものに限る．）並びに第１項第五号に掲げる防火対象物又はその部分　　次に掲げる基準

　イ　屋内消火栓は，防火対象物の階ごとに，その階の各部分から１のホース接続口までの水平距離が $25\,\mathrm{m}$ 以下となるように設けること．

　ロ　屋内消火栓設備の消防用ホースの長さは，当該屋内消火栓設備のホース接続口からの水平距離が $25\,\mathrm{m}$ の範囲内の当該階の各部分に有効に放水することができる長さとすること．

　ハ　水源は，その水量が屋内消火栓の設置個数が最も多い階における当該設置個数（当該設置個数が２を超えるときは，２とする．）に $2.6\,\mathrm{m}^3$ を乗じて得た量以上の量となるように設けること．

　ニ　屋内消火栓設備は，いずれの階においても，当該階のすべての屋内消火栓（設置個数が２を超えるときは，２個の屋内消火栓とする．）を同時に使用した場合に，それぞれのノズルの先端において，放水圧力が 0.17 メガパスカル以上で，かつ，放水量が $130\,\mathrm{L}$ 毎分以上の性能のものとすること．

　ホ　水源に連結する加圧送水装置は，点検に便利で，かつ，火災等の災害による被害を受けるおそれが少ない箇所に設けること．

　ヘ　屋内消火栓設備には，非常電源を附置すること．

二　第１項各号に掲げる防火対象物又はその部分で，前号に掲げる防火対象物又はその部分以外のもの　　同号又は次のイ若しくはロに掲げる基準

　イ　次に掲げる基準

　　⑴　屋内消火栓は，防火対象物の階ごとに，その階の各部分から１のホース接続

口までの水平距離が15 m以下となるように設けること.

(2) 屋内消火栓設備の消防用ホースの長さは,当該屋内消火栓設備のホース接続口からの水平距離が15 mの範囲内の当該階の各部分に有効に放水することができる長さとすること.

(3) 屋内消火栓設備の消防用ホースの構造は,1人で操作することができるものとして総務省令で定める基準に適合するものとすること.

(4) 水源は,その水量が屋内消火栓の設置個数が最も多い階における当該設置個数(当該設置個数が2を超えるときは,2とする.)に1.2 m³を乗じて得た量以上の量となるように設けること.

(5) 屋内消火栓設備は,いずれの階においても,当該階の全ての屋内消火栓(設置個数が2を超えるときは,2個の屋内消火栓とする.)を同時に使用した場合に,それぞれのノズルの先端において,放水圧力が0.25メガパスカル以上で,かつ,放水量が60 L毎分以上の性能のものとすること.

(6) 水源に連結する加圧送水装置は,点検に便利で,かつ,火災等の災害による被害を受けるおそれが少ない箇所に設けること.

(7) 屋内消火栓設備には,非常電源を附置すること.

ロ 次に掲げる基準

(1) 屋内消火栓は,防火対象物の階ごとに,その階の各部分から1のホース接続口までの水平距離が25 m以下となるように設けること.

(2) 屋内消火栓設備の消防用ホースの長さは,当該屋内消火栓設備のホース接続口からの水平距離が25 mの範囲内の当該階の各部分に有効に放水することができる長さとすること.

(3) 屋内消火栓設備の消防用ホースの構造は,1人で操作することができるものとして総務省令で定める基準に適合するものとすること.

(4) 水源は,その水量が屋内消火栓の設置個数が最も多い階における当該設置個数(当該設置個数が2を超えるときは,2とする.)に1.6 m³を乗じて得た量以上の量となるように設けること.

(5) 屋内消火栓設備は,いずれの階においても,当該階の全ての屋内消火栓(設置個数が2を超えるときは,2個の屋内消火栓とする.)を同時に使用した場合に,それぞれのノズルの先端において,放水圧力が0.17 MPa以上で,かつ,放水量が80 L毎分以上の性能のものとすること.

(6) 水源に連結する加圧送水装置は,点検に便利で,かつ,火災等の災害による被害を受けるおそれが少ない箇所に設けること.

(7) 屋内消火栓設備には,非常電源を附置すること.

4 第1項各号に掲げる防火対象物又はその部分にスプリンクラー設備,水噴霧消火設備,泡消火設備,不活性ガス消火設備,ハロゲン化物消火設備,粉末消火設備,屋外消火栓設備又は動力消防ポンプ設備を次条,第13条,第14条,第15条,第16条,第17条,第18条,第19条若しくは第20条に定める技術上の基準に従い,又は当該技術上の基準の例により設置したときは,同項の規定にかかわらず,当該設備の有効範囲内の部分(屋外消火栓設備及び動力消防ポンプ設備にあっては,1階及び2階の部分に限る.)について屋内消火栓設備を設置しないことがで

きる.

［スプリンクラー設備に関する基準］

第12条　スプリンクラー設備は，次に掲げる防火対象物又はその部分に設置するものとする.

一　次に掲げる防火対象物（第三号及び第四号に掲げるものを除く.）で，火災発生時の延焼を抑制する機能を備える構造として総務省令で定める構造を有するもの以外のもの

イ　別表第一(6)項イ(1)及び(2)に掲げる防火対象物

ロ　別表第一(6)項ロ(1)及び(3)に掲げる防火対象物

ハ　別表第一(6)項ロ(2),(4)及び(5)に掲げる防火対象物（介助がなければ避難できない者として総務省令で定める者を主として入所させるもの以外のものにあっては，延べ床面積が 275 m² 以上のものに限る.）

二　別表第一(1)項に掲げる防火対象物（次号及び第四号に掲げるものを除く.）で，舞台部（舞台並びにこれに接続して設けられた大道具室及び小道具室をいう. 以下同じ.）の床面積が，当該舞台が，地階，無窓階又は 4 階以上の階にあるものにあっては 300 m² 以上，その他の階にあるものにあっては 500 m² 以上のもの

三　別表第一(1)項から(4)項まで, (5)項イ, (6)項, (9)項イ及び(16)項イに掲げる防火対象物で，地階を除く階数が 11 以上のもの（総務省令で定める部分を除く.）

四　別表第一(1)項から(4)項まで, (5)項イ, (6)項及び(9)項イに掲げる防火対象物（前号に掲げるものを除く.）のうち，平屋建以外の防火対象物で，総務省令で定める部分以外の部分の床面積の合計が，同表(4)項及び(6)項イ(1)から(3)までに掲げる防火対象物にあっては 3 000 m² 以上，その他の防火対象物にあっては 6 000 m² 以上のもの

五　別表第一(14)項に掲げる防火対象物のうち，天井（天井のない場合にあっては，屋根の下面. 次項において同じ.）の高さが 10 m を超え，かつ，延べ面積が 700 m² 以上のラック式倉庫（棚又はこれに類するものを設け，昇降機により収納物の搬送を行う装置を備えた倉庫をいう.）

六　別表第一(16の2)項に掲げる防火対象物で，延べ面積が 1 000 m² 以上のもの

七　別表第一(16の3)項に掲げる防火対象物のうち，延べ面積が 1 000 m² 以上で，かつ，同表(1)項から(4)項まで, (5)項イ, (6)項又は(9)項イに掲げる防火対象物の用途に供される部分の床面積の合計が 500 m² 以上のもの

八　前各号に掲げるもののほか，別表第一に掲げる建築物その他の工作物で，指定可燃物（可燃性液体類に係るものを除く.）を危険物の規制に関する政令別表第四で定める数量の 1 000 倍以上貯蔵し，又は取り扱うもの

九　別表第一(16の2)項に掲げる防火対象物（第六号に掲げるものを除く.）の部分のうち，同表(6)項イ(1)若しくは(2)又はロに掲げる防火対象物の用途に供されるもの（火災発生時の延焼を抑制する機能を備える構造として総務省令で定める構造を有するものを除く.）

十　別表第一(16)項イに掲げる防火対象物（第三号に掲げるものを除く.）で，同表(1)項から(4)項まで, (5)項イ, (6)項又は(9)項イに掲げる防火対象物の用途に供される部分（総務省令で定める部分を除く.）の床面積の合計が 3 000 m² 以上のもの

の階のうち，当該部分が存する階

十一　前各号に掲げる防火対象物又はその部分以外の別表第一に掲げる防火対象物の地階，無窓階又は4階以上10階以下の階（総務省令で定める部分を除く．）で，次に掲げるもの

イ　別表第一(1)項，(3)項，(5)項イ，(6)項及び(9)項イに掲げる防火対象物の階で，その床面積が，地階又は無窓階にあっては $1\,000\,\mathrm{m}^2$ 以上，4階以上10階以下の階にあっては $1\,500\,\mathrm{m}^2$ 以上のもの

ロ　別表第一(2)項及び(4)項に掲げる防火対象物の階で，その床面積が $1\,000\,\mathrm{m}^2$ 以上のもの

ハ　別表第一(16)項イに掲げる防火対象物の階のうち，同表(1)項から(4)項まで，(5)項イ，(6)項又は(9)項イに掲げる防火対象物の用途に供される部分が存する階で，当該部分の床面積が，地階又は無窓階にあっては $1\,000\,\mathrm{m}^2$ 以上，4階以上10階以下の階にあっては $1\,500\,\mathrm{m}^2$（同表(2)項又は(4)項に掲げる防火対象物の用途に供される部分が存する階にあっては，$1\,000\,\mathrm{m}^2$）以上のもの

十二　前各号に掲げる防火対象物又はその部分以外の別表第一に掲げる防火対象物の11階以上の階（総務省令で定める部分を除く．）

2　前項に規定するもののほか，スプリンクラー設備の設置及び維持に関する技術上の基準は，次のとおりとする．

一，二　（略）

三　前号に掲げるもののほか，開口部（防火対象物の10階以下の部分にある開口部にあっては，延焼のおそれのある部分（建築基準法第2条第六号に規定する延焼のおそれのある部分をいう．）にあるものに限る．）には，その上枠に，当該上枠の長さ2.5 m以下ごとに一のスプリンクラーヘッドを設けること．ただし，防火対象物の10階以下の部分にある開口部で建築基準法第2条第九号の二ロに規定する防火設備（防火戸その他の総務省令で定めるものに限る．）が設けられているものについては，この限りでない．

三の二　特定施設水道連結型スプリンクラー設備（スプリンクラー設備のうち，その水源として，水道の用に供する水管を当該スプリンクラー設備に連結したものであって，次号に規定する水量を貯留するための施設を有しないものをいう．以下この項において同じ．）は，前項第一号及び第九号に掲げる防火対象物又はその部分のうち，防火上有効な措置が講じられた構造を有するものとして総務省令で定める部分以外の部分の床面積の合計が $1\,000\,\mathrm{m}^2$ 未満のものに限り，設置することができること．

四〜八　（略）

3　第1項各号に掲げる防火対象物又はその部分に水噴霧消火設備，泡消火設備，不活性ガス消火設備，ハロゲン化物消火設備又は粉末消火設備を次条，第14条，第15条，第16条，第17条若しくは第18条に定める技術上の基準に従い，又は当該技術上の基準の例により設置したときは，同項の規定にかかわらず，当該設備の有効範囲内の部分についてスプリンクラー設備を設置しないことができる．

4　（略）

[水噴霧消火設備等を設置すべき防火対象物]

第13条 次の表の左欄に掲げる防火対象物又はその部分には，水噴霧消火設備，泡消火設備，不活性ガス消火設備，ハロゲン化物消火設備又は粉末消火設備のうち，それぞれ当該右欄に掲げるもののいずれかを設置するものとする．

防火対象物又はその部分	消　火　設　備
別表第一(13)項ロに掲げる防火対象物	泡消火設備又は粉末消火設備
別表第一に掲げる防火対象物の屋上部分で，回転翼航空機又は垂直離着陸航空機の発着の用に供されるもの	泡消火設備又は粉末消火設備
別表第一に掲げる防火対象物の道路（車両の交通の用に供されるものであって総務省令で定めるものに限る．以下同じ．）の用に供される部分で，床面積が，屋上部分にあっては 600 m² 以上，それ以外の部分にあっては 400 m² 以上のもの	水噴霧消火設備，泡消火設備，不活性ガス消火設備又は粉末消火設備
別表第一に掲げる防火対象物の自動車の修理又は整備の用に供される部分で，床面積が，地階又は 2 階以上の階にあっては 200 m² 以上，1 階にあっては 500 m² 以上のもの	泡消火設備，不活性ガス消火設備，ハロゲン化物消火設備又は粉末消火設備
別表第一に掲げる防火対象物の駐車の用に供される部分で，次に掲げるもの 一　当該部分の存する階（屋上部分を含み，駐車するすべての車両が同時に屋外に出ることができる構造の階を除く．）における当該部分の床面積が，地階又は 2 階以上の階にあっては 200 m² 以上，1 階にあっては 500 m² 以上，屋上部分にあっては 300 m² 以上のもの 二　昇降機等の機械装置により車両を駐車させる構造のもので，車両の収容台数が 10 以上のもの	水噴霧消火設備，泡消火設備，不活性ガス消火設備，ハロゲン化物消火設備又は粉末消火設備
別表第一に掲げる防火対象物の発電機，変圧器その他これらに類する電気設備が設置されている部分で，床面積が 200 m² 以上のもの	不活性ガス消火設備，ハロゲン化物消火設備又は粉末消火設備
別表第一に掲げる防火対象物の鍛造場，ボイラー室，乾燥室その他多量の火気を使用する部分で，床面積が 200 m² 以上のもの	不活性ガス消火設備，ハロゲン化物消火設備又は粉末消火設備
別表第一に掲げる防火対象物の通信機器室で，床面積が 500 m² 以上のもの	不活性ガス消火設備，ハロゲン化物消火設備又は粉末消火設備
〈以下省略〉	

2　（略）

[水噴霧消火設備に関する基準]

第14条 前条に規定するもののほか，水噴霧消火設備の設置及び維持に関する技術上の基準は，次のとおりとする．

一　噴霧ヘッドは，防護対象物（当該消火設備によって消火すべき対象物をいう．以下同じ．）の形状，構造，性質，数量又は取扱いの方法に応じ，標準放射量（前条第 1 項の消火設備のそれぞれのヘッドについて総務省令で定める水噴霧，泡，不活性ガス消火剤，ハロゲン化物消火剤又は粉末消火剤の放射量をいう．以下同じ．）で当該防護対象物の火災を有効に消火することができるように，総務省令で定めるところにより，必要な個数を適当な位置に設けること．

二　別表第一に掲げる防火対象物の道路の用に供される部分又は駐車の用に供される部分に設置するときは，総務省令で定めるところにより，有効な排水設備を設ける

こと.

三　高圧の電気機器がある場所においては，当該電気機器と噴霧ヘッド及び配管との間に電気絶縁を保つための必要な空間を保つこと.

四　水源は，総務省令で定めるところにより，その水量が防護対象物の火災を有効に消火することができる量以上の量となるように設けること.

五　水源に連結する加圧送水装置は，点検に便利で，かつ，火災の際の延焼のおそれ及び衝撃による損傷のおそれが少ない箇所に設けること. ただし，保護のための有効な措置を講じたときは，この限りでない.

六　水噴霧消火設備には，非常電源を附置すること.

[泡消火設備に関する基準]

第15条　第13条に規定するもののほか，泡消火設備の設置及び維持に関する技術上の基準は，次のとおりとする.

一　固定式の泡消火設備の泡放出口は，防護対象物の形状，構造，性質，数量又は取扱いの方法に応じ，標準放射量で当該防護対象物の火災を有効に消火することができるように，総務省令で定めるところにより，必要な個数を適当な位置に設けること.

二　移動式の泡消火設備のホース接続口は，すべての防護対象物について，当該防護対象物の各部分から一のホース接続口までの水平距離が 15 m 以下となるように設けること.

三　移動式の泡消火設備の消防用ホースの長さは，当該泡消火設備のホース接続口からの水平距離が 15 m の範囲内の当該防護対象物の各部分に有効に放射することができる長さとすること.

四　移動式の泡消火設備の泡放射用器具を格納する箱は，ホース接続口から 3m 以内の距離に設けること.

五　水源の水量又は泡消火薬剤の貯蔵量は，総務省令で定めるところにより，防護対象物の火災を有効に消火することができる量以上の量となるようにすること.

六　泡消火薬剤の貯蔵場所及び加圧送液装置は，点検に便利で，火災の際の延焼のおそれ及び衝撃による損傷のおそれが少なく，かつ，薬剤が変質するおそれが少ない箇所に設けること. ただし，保護のための有効な措置を講じたときは，この限りでない.

七　泡消火設備には，非常電源を附置すること.

[不活性ガス消火設備に関する基準]

第16条　第13条に規定するもののほか，不活性ガス消火設備の設置及び維持に関する技術上の基準は，次のとおりとする.

一　全域放出方式の不活性ガス消火設備の噴射ヘッドは，不燃材料（建築基準法第2条第九号に規定する不燃材料をいう. 以下この号において同じ.）で造った壁，柱，床又は天井（天井のない場合にあっては，はり又は屋根）により区画され，かつ，開口部に自動閉鎖装置（建築基準法第2条第九号の二ロに規定する防火設備（防火戸その他の総務省令で定めるものに限る.）又は不燃材料で造った戸で不活性ガス消火剤が放射される直前に開口部を自動的に閉鎖する装置をいう.）が設けられている部分に，当該部分の容積及び当該部分にある防護対象物の性質に応じ，標準放

射量で当該防護対象物の火災を有効に消火することができるように，総務省令で定めるところにより，必要な個数を適当な位置に設けること．ただし，当該部分から外部に漏れる量以上の量の不活性ガス消火剤を有効に追加して放出することができる設備であるときは，当該開口部の自動閉鎖装置を設けないことができる．

二　局所放出方式の不活性ガス消火設備の噴射ヘッドは，防護対象物の形状，構造，性質，数量又は取扱いの方法に応じ，防護対象物に不活性ガス消火剤を直接放射することによって標準放射量で当該防護対象物の火災を有効に消火することができるように，総務省令で定めるところにより，必要な個数を適当な位置に設けること．

三～六　（略）

[ハロゲン化物消火設備に関する基準]

第17条　第13条に規定するもののほか，ハロゲン化物消火設備の設置及び維持に関する技術上の基準は，次のとおりとする．

一　全域放出方式又は局所放出方式のハロゲン化物消火設備の噴射ヘッドの設置は，前条第一号又は第二号に掲げる全域放出方式又は局所放出方式の不活性ガス消火設備の噴射ヘッドの設置の例によるものであること．

二　移動式のハロゲン化物消火設備のホース接続口は，すべての防護対象物について，当該防護対象物の各部分から一のホース接続口までの水平距離が20m以下となるように設けること．

三　移動式のハロゲン化物消火設備のホースの長さは，当該ハロゲン化物消火設備のホース接続口からの水平距離が20mの範囲内の当該防護対象物の各部分に有効に放射することができる長さとすること．

四　ハロゲン化物消火剤容器に貯蔵するハロゲン化物消火剤の量は，総務省令で定めるところにより，防護対象物の火災を有効に消火することができる量以上の量となるようにすること．

五　ハロゲン化物消火剤容器及び加圧用容器は，点検に便利で，火災の際の延焼のおそれ及び衝撃による損傷のおそれが少なく，かつ，温度の変化が少ない箇所に設けること．ただし，保護のための有効な措置を講じたときは，この限りでない．

六　全域放出方式又は局所放出方式のハロゲン化物消火設備には，非常電源を附置すること．

[粉末消火設備に関する基準]

第18条　第13条に規定するもののほか，粉末消火設備の設置及び維持に関する技術上の基準は，次のとおりとする．

一　全域放出方式又は局所放出方式の粉末消火設備の噴射ヘッドの設置は，第16条第一号又は第二号に掲げる全域放出方式又は局所放出方式の不活性ガス消火設備の噴射ヘッドの設置の例によるものであること．

二　移動式の粉末消火設備のホース接続口は，すべての防護対象物について，当該防護対象物の各部分から一のホース接続口までの水平距離が15m以下となるように設けること．

三　移動式の粉末消火設備のホースの長さは，当該粉末消火設備のホース接続口からの水平距離が15mの範囲内の当該防護対象物の各部分に有効に放射することができる長さとすること．

四　粉末消火剤容器に貯蔵する粉末消火剤の量は，総務省令で定めるところにより，防護対象物の火災を有効に消火することができる量以上の量となるようにすること．

五　粉末消火剤容器及び加圧用ガス容器は，点検に便利で，火災の際の延焼のおそれ及び衝撃による損傷のおそれが少なく，かつ，温度の変化が少ない箇所に設けること．ただし，保護のための有効な措置を講じたときは，この限りでない．

六　全域放出方式又は局所放出方式の粉末消火設備には，非常電源を附置すること．

［屋外消火栓設備に関する基準］

第 19 条　屋外消火栓設備は，別表第一(1)項から(15)項まで，(17)項及び(18)項に掲げる建築物で，床面積（地階を除く階数が 1 であるものにあっては 1 階の床面積を，地階を除く階数が 2 以上であるものにあっては 1 階及び 2 階の部分の床面積の合計をいう．第 27 条において同じ．）が，耐火建築物にあっては 9 000 m² 以上，準耐火建築物（建築基準法第 2 条第九号の三に規定する準耐火建築物をいう．以下同じ．）にあっては 6 000 m² 以上，その他の建築物にあっては 3 000 m² 以上のものについて設置するものとする．

2　同一敷地内にある 2 以上の別表第一(1)項から(15)項まで，(17)項及び(18)項に掲げる建築物（耐火建築物及び準耐火建築物を除く．）で，当該建築物相互の 1 階の外壁間の中心線からの水平距離が，1 階にあっては 3 m 以下，2 階にあっては 5 m 以下である部分を有するものは，前項の規定の適用については，一の建築物とみなす．

3　前 2 項に規定するもののほか，屋外消火栓設備の設置及び維持に関する技術上の基準は，次のとおりとする．

一　屋外消火栓は，建築物の各部分から一のホース接続口までの水平距離が 40 m 以下となるように設けること．

二　屋外消火栓設備の消防用ホースの長さは，当該屋外消火栓設備のホース接続口からの水平距離が 40 m の範囲内の当該建築物の各部分に有効に放水することができる長さとすること．

三　水源は，その水量が屋外消火栓の設置個数（当該設置個数が 2 を超えるときは，2 とする．）に 7 m³ を乗じて得た量以上の量となるように設けること．

四　屋外消火栓設備は，すべての屋外消火栓（設置個数が 2 を超えるときは，2 個の屋外消火栓とする．）を同時に使用した場合に，それぞれのノズルの先端において，放水圧力が 0.25 MPa 以上で，かつ，放水量が 350 L/min 以上の性能のものとすること．

五　屋外消火栓及び屋外消火栓設備の放水用器具を格納する箱は，避難の際通路となる場所等屋外消火栓設備の操作が著しく阻害されるおそれのある箇所に設けないこと．

六　屋外消火栓設備には，非常電源を附置すること．

4　第 1 項の建築物にスプリンクラー設備，水噴霧消火設備，泡消火設備，不活性ガス消火設備，ハロゲン化物消火設備，粉末消火設備又は動力消防ポンプ設備を第 12 条，第 13 条，第 14 条，第 15 条，第 16 条，第 17 条，前条若しくは次条に定める技術上の基準に従い，又は当該技術上の基準の例により設置したときは，同項の

規定にかかわらず，当該設備の有効範囲内の部分について屋外消火栓設備を設置しないことができる．

［動力消防ポンプ設備に関する基準］

第20条 動力消防ポンプ設備は，次の各号に掲げる防火対象物又はその部分について設置するものとする．

一 第11条第1項各号（第四号を除く．）に掲げる防火対象物又はその部分

二 前条第1項の建築物

2 第11条第2項の規定は前項第一号に掲げる防火対象物又はその部分について，前条第2項の規定は前項第二号に掲げる建築物について準用する．

3〜5 （略）

［自動火災報知設備に関する基準］

第21条 自動火災報知設備は，次に掲げる防火対象物又はその部分に設置するものとする．

一 次に掲げる防火対象物

  イ 別表第一(2)項ニ，(5)項イ，(6)項イ(1)から(3)まで及びロ，(13)項ロ並びに(17)項に掲げる防火対象物

  ロ 別表第一(6)項ハに掲げる防火対象物（利用者を入居させ，又は宿泊させるものに限る．）

二 別表第一(9)項イに掲げる防火対象物で，延べ面積が 200 m² 以上のもの

三 次に掲げる防火対象物で，延べ面積が 300 m² 以上のもの

  イ 別表第一(1)項，(2)項イからハまで，(3)項，(4)項，(6)項イ(4)及びニ，(16)項イ並びに(16の2)項に掲げる防火対象物

  ロ 別表第一(6)項ハに掲げる防火対象物（利用者を入居させ，又は宿泊させるものを除く．）

四 別表第一(5)項ロ，(7)項，(8)項，(9)項ロ，(10)項，(12)項，(13)項イ及び(14)項に掲げる防火対象物で，延べ面積が 500 m² 以上のもの

五 別表第一(16の3)項に掲げる防火対象物のうち，延べ面積が 500 m² 以上で，かつ，同表(1)項から(4)項まで，(5)項イ，(6)項又は(9)項イに掲げる防火対象物の用途に供される部分の床面積の合計が 300 m² 以上のもの

六 別表第一(11)項及び(15)項に掲げる防火対象物で，延べ面積が 1 000 m² 以上のもの

七 前各号に掲げる防火対象物以外の別表第一に掲げる防火対象物のうち，同表(1)項から(4)項まで，(5)項イ，(6)項又は(9)項イに掲げる防火対象物の用途に供される部分が避難階以外の階に存する防火対象物で，当該避難階以外の階から避難階又は地上に直通する階段が 2（当該階段が屋外に設けられ，又は総務省令で定める避難上有効な構造を有する場合にあっては，1）以上設けられていないもの

八 前各号に掲げる防火対象物以外の別表第一に掲げる建築物その他の工作物で，指定可燃物を危険物の規制に関する政令別表第四で定める数量の 500 倍以上貯蔵し，又は取り扱うもの

九 別表第一(16の2)項に掲げる防火対象物（第三号及び前2号に掲げるものを除く．）の部分で，次に掲げる防火対象物の用途に供されるもの

  イ 別表第一(2)項ニ，(5)項イ並びに(6)項イ(1)から(3)まで及びロに掲げる防火

対象物

　ロ　別表第一(6)項ハに掲げる防火対象物（利用者を入居させ，又は宿泊させるものに限る.）

十　別表第一(2)項イからハまで，(3)項及び(16)項イに掲げる防火対象物（第三号，第七号及び第八号に掲げるものを除く.）の地階又は無窓階（同表(16)項イに掲げる防火対象物の地階又は無窓階にあっては，同表(2)項又は(3)項に掲げる防火対象物の用に供される部分が存するものに限る.）で，床面積が100 m²（同表(16)項イに掲げる防火対象物の地階又は無窓階にあっては，当該用途に供される部分の床面積の合計が100 m²）以上のもの

十一　前各号に掲げるもののほか，別表第一に掲げる建築物の地階，無窓階又は3階以上の階で，床面積が300 m²以上のもの

十二　前各号に掲げるもののほか，別表第一に掲げる防火対象物の道路の用に供される部分で，床面積が，屋上部分にあっては600 m²以上，それ以外の部分にあっては400 m²以上のもの

十三　前各号に掲げるもののほか，別表第一に掲げる防火対象物の地階又は2階以上の階のうち，駐車の用に供する部分の存する階（駐車するすべての車両が同時に屋外に出ることができる構造の階を除く.）で，当該部分の床面積が200 m²以上のもの

十四　前各号に掲げるもののほか，別表第一に掲げる防火対象物の11階以上の階

十五　前各号に掲げるもののほか，別表第一に掲げる防火対象物の通信機器室で床面積が500 m²以上のもの

2　前項に規定するもののほか，自動火災報知設備の設置及び維持に関する技術上の基準は，次のとおりとする.

一　自動火災報知設備の警戒区域（火災の発生した区域を他の区域と区別して識別することができる最小単位の区域をいう.次号において同じ.）は，防火対象物の2以上の階にわたらないものとすること.ただし，総務省令で定める場合は，この限りでない.

二　一の警戒区域の面積は，600 m²以下とし，その一辺の長さは，50 m以下（別表第三に定める光電式分離型感知器を設置する場合にあっては，100 m以下）とすること.ただし，当該防火対象物の主要な出入口からその内部を見通すことができる場合にあっては，その面積を1 000 m²以下とすることができる.

三　自動火災報知設備の感知器は，総務省令で定めるところにより，天井又は壁の屋内に面する部分及び天井裏の部分（天井のない場合にあっては，屋根又は壁の屋内に面する部分）に，有効に火災の発生を感知することができるように設けること.ただし，主要構造部を耐火構造とした建築物にあっては，天井裏の部分に設けないことができる.

四　自動火災報知設備には，非常電源を附置すること.

3　第1項各号に掲げる防火対象物又はその部分（総務省令で定めるものを除く.）にスプリンクラー設備，水噴霧消火設備又は泡消火設備（いずれも総務省令で定める閉鎖型スプリンクラーヘッドを備えているものに限る.）を第12条，第13条，第14条若しくは第15条に定める技術上の基準に従い，又は当該技術上の基準の例

により設置したときは，同項の規定にかかわらず，当該設備の有効範囲内の部分について自動火災報知設備を設置しないことができる．

[ガス漏れ火災警報設備に関する基準]

第21条の2 ガス漏れ火災警報設備は，次に掲げる防火対象物又はその部分（総務省令で定めるものを除く．）に設置するものとする．

一　別表第一(16の2)項に掲げる防火対象物で，延べ面積が $1\,000\,\text{m}^2$ 以上のもの

二　別表第一(16の3)項に掲げる防火対象物のうち，延べ面積が $1\,000\,\text{m}^2$ 以上で，かつ，同表(1)項から(4)項まで，(5)項イ，(6)項又は(9)項イに掲げる防火対象物の用途に供される部分の床面積の合計が $500\,\text{m}^2$ 以上のもの

三　前2号に掲げる防火対象物以外の別表第一に掲げる建築物その他の工作物（収容人員が総務省令で定める数に満たないものを除く．）で，その内部に，温泉の採取のための設備で総務省令で定めるもの（温泉法（昭和23年法律第125号）第14条の5第1項の確認を受けた者が当該確認に係る温泉の採取の場所において温泉を採取するための設備を除く．）が設置されているもの

四　別表第一(1)項から(4)項まで，(5)項イ，(6)項及び(9)項イに掲げる防火対象物（前号に掲げるものを除く．）の地階で，床面積の合計が $1\,000\,\text{m}^2$ 以上のもの

五　別表第一(16)項イに掲げる防火対象物（第三号に掲げるものを除く．）の地階のうち，床面積の合計が $1\,000\,\text{m}^2$ 以上で，かつ，同表(1)項から(4)項まで，(5)項イ，(6)項又は(9)項イに掲げる防火対象物の用途に供される部分の床面積の合計が $500\,\text{m}^2$ 以上のもの

2　前項に規定するもののほか，ガス漏れ火災警報設備の設置及び維持に関する技術上の基準は，次のとおりとする．

一　ガス漏れ火災警報設備の警戒区域（ガス漏れの発生した区域を他の区域と区別して識別することができる最小単位の区域をいう．次号において同じ．）は，防火対象物の2以上の階にわたらないものとすること．ただし，総務省令で定める場合は，この限りでない．

二　一の警戒区域の面積は，$600\,\text{m}^2$ 以下とすること．ただし，総務省令で定める場合は，この限りでない．

三　ガス漏れ火災警報設備のガス漏れ検知器は，総務省令で定めるところにより，有効にガス漏れを検知することができるように設けること．

四　ガス漏れ火災警報設備には，非常電源を附置すること．

[漏電火災警報器に関する基準]

第22条　漏電火災警報器は，次に掲げる防火対象物で，間柱若しくは下地を準不燃材料（建築基準法施行令第1条第五号に規定する準不燃材料をいう．以下この項において同じ．）以外の材料で造った鉄網入りの壁，根太若しくは下地を準不燃材料以外の材料で造った鉄網入りの床又は天井野縁若しくは下地を準不燃材料以外の材料で造った鉄網入りの天井を有するものに設置するものとする．

一～七，**2**　（略）

[消防機関へ通報する火災報知設備に関する基準]

第23条　消防機関へ通報する火災報知設備は，次に掲げる防火対象物に設置するものとする．ただし，消防機関から著しく離れた場所その他総務省令で定める場所に

ある防火対象物にあっては,この限りでない.

一　別表第一(6)項イ(1)から(3)まで及びロ,(16の2)項並びに(16の3)項に掲げる防火対象物

二　別表第一(1)項,(2)項,(4)項,(5)項イ,(6)項イ(4),ハ及びニ,(12)項並びに(17)項に掲げる防火対象物で,延べ面積が500 m² 以上のもの

三　別表第一(3)項,(5)項ロ,(7)項から(11)項まで及び(13)項から(15)項までに掲げる防火対象物で,延べ面積が1 000 m² 以上のもの

2　前項の火災報知設備は,当該火災報知設備の種別に応じ総務省令で定めるところにより,設置するものとする.

3　第1項各号に掲げる防火対象物(同項第一号に掲げる防火対象物で別表第1(6)項イ(1)から(3)まで及びロに掲げるもの並びに第1項第二号に掲げる防火対象物で同表(5)項イ並びに(6)項イ(4)及びハに掲げるものを除く.)に消防機関へ常時通報することができる電話を設置したときは,第1項の規定にかかわらず,同項の火災報知設備を設置しないことができる.

[非常警報器具又は非常警報設備に関する基準]

第24条　非常警報器具は,別表第一(4)項,(6)項ロ,ハ及びニ,(9)項ロ並びに(12)項に掲げる防火対象物で収容人員が20人以上50人未満のもの(次項に掲げるものを除く.)に設置するものとする.ただし,これらの防火対象物に自動火災報知設備又は非常警報設備が第21条若しくは第4項に定める技術上の基準に従い,又は当該技術上の基準の例により設置されているときは,当該設備の有効範囲内の部分については,この限りでない.

2　非常ベル,自動式サイレン又は放送設備は,次に掲げる防火対象物(次項の適用を受けるものを除く.)に設置するものとする.ただし,これらの防火対象物に自動火災報知設備が第21条に定める技術上の基準に従い,又は当該技術上の基準の例により設置されているときは,当該設備の有効範囲内の部分については,この限りでない.

一　別表第一(5)項イ,(6)項イ及び(9)項イに掲げる防火対象物で,収容人員が20人以上のもの

二　前号に掲げる防火対象物以外の別表第一(1)項から(17)項までに掲げる防火対象物で,収容人員が50人以上のもの又は地階及び無窓階の収容人員が20人以上のもの

3　非常ベル及び放送設備又は自動式サイレン及び放送設備は,次に掲げる防火対象物に設置するものとする.

一　別表第一(16の2)項及び(16の3)項に掲げる防火対象物

二　別表第一に掲げる防火対象物(前号に掲げるものを除く.)で,地階を除く階数が11以上のもの又は地階の階数が3以上のもの

三　別表第一(16)項イに掲げる防火対象物で,収容人員が500人以上のもの

四　前2号に掲げるもののほか,別表第一(1)項から(4)項まで,(5)項イ,(6)項及び(9)項イに掲げる防火対象物で収容人員が300人以上のもの又は同表(5)項ロ,(7)項及び(8)項に掲げる防火対象物で収容人員が800人以上のもの

4　前3項に規定するもののほか,非常警報器具又は非常警報設備の設置及び維持に関する技術上の基準は,次のとおりとする.

一　非常警報器具又は非常警報設備は，当該防火対象物の全区域に火災の発生を有効に，かつ，すみやかに報知することができるように設けること．

二　非常警報器具又は非常警報設備の起動装置は，多数の者の目にふれやすく，かつ，火災に際しすみやかに操作することができる箇所に設けること．

三　非常警報設備には，非常電源を附置すること．

5　第3項各号に掲げる防火対象物のうち自動火災報知設備又は総務省令で定める放送設備が第21条若しくは前項に定める技術上の基準に従い，又は当該技術上の基準の例により設置されているものについては，第3項の規定にかかわらず，当該設備の有効範囲内の部分について非常ベル又は自動式サイレンを設置しないことができる．

［避難器具に関する基準］

第25条　避難器具は，次に掲げる防火対象物の階（避難階及び11階以上の階を除く．）に設置するものとする．

一　別表第一(6)項に掲げる防火対象物の2階以上の階又は地階で，収容人員が20人（下階に同表(1)項から(4)項まで，(9)項，(12)項イ，(13)項イ，(14)項又は(15)項に掲げる防火対象物が存するものにあっては，10人）以上のもの

二　別表第一(5)項に掲げる防火対象物の2階以上の階又は地階で，収容人員が30人（下階に同表(1)項から(4)項まで，(9)項，(12)項イ，(13)項イ，(14)項又は(15)項に掲げる防火対象物が存するものにあっては，10人）以上のもの

三　別表第一(1)項から(4)項まで及び(7)項から(11)項までに掲げる防火対象物の2階以上の階（主要構造部を耐火構造とした建築物の2階を除く．）又は地階で，収容人員が50人以上のもの

四　別表第一(12)項及び(15)項に掲げる防火対象物の3階以上の階又は地階で，収容人員が，3階以上の無窓階又は地階にあっては100人以上，その他の階にあっては150人以上のもの

五　前各号に掲げるもののほか，別表第一に掲げる防火対象物の3階（同表(2)項及び(3)項に掲げる防火対象物並びに同表(16)項イに掲げる防火対象物で2階に同表(2)項又は(3)項に掲げる防火対象物の用途に供される部分が存するものにあっては，2階）以上の階のうち，当該階（当該階に総務省令で定める避難上有効な開口部を有しない壁で区画されている部分が存する場合にあっては，その区画された部分）から避難階又は地上に直通する階段が二以上設けられていない階で，収容人員が10人以上のもの

2　（略）

［誘導灯及び誘導標識に関する基準］

第26条　誘導灯及び誘導標識は，次の各号に掲げる区分に従い，当該各号に定める防火対象物又はその部分に設置するものとする．ただし，避難が容易であると認められるもので総務省令で定めるものについては，この限りでない．

一　避難口誘導灯　　別表第一(1)項から(4)項まで，(5)項イ，(6)項，(9)項，(16)項イ，(16の2)項及び(16の3)項に掲げる防火対象物並びに同表(5)項ロ，(7)項，(8)項，(10)項から(15)項まで及び(16)項ロに掲げる防火対象物の地階，無窓階及び11階以上の部分

二　通路誘導灯　　別表第一(1)項から(4)項まで，(5)項イ，(6)項，(9)項，(16)項イ，(16の2)項及び(16の3)項に掲げる防火対象物並びに同表(5)項ロ，(7)項，(8)項，(10)項から(15)項まで及び(16)項ロに掲げる防火対象物の地階，無窓階及び11階以上の部分

三　客席誘導灯　　別表第一(1)項に掲げる防火対象物並びに同表(16)項イ及び(16の2)項に掲げる防火対象物の部分で，同表(1)項に掲げる防火対象物の用途に供されるもの

四　誘導標識　別表第一(1)項から(16)項までに掲げる防火対象物

2　前項に規定するもののほか，誘導灯及び誘導標識の設置及び維持に関する技術上の基準は，次のとおりとする．

一　避難口誘導灯は，避難口である旨を表示した緑色の灯火とし，防火対象物又はその部分の避難口に，避難上有効なものとなるように設けること．

二　通路誘導灯は，避難の方向を明示した緑色の灯火とし，防火対象物又はその部分の廊下，階段，通路その他避難上の設備がある場所に，避難上有効なものとなるように設けること．ただし，階段に設けるものにあっては，避難の方向を明示したものとすることを要しない．

三　客席誘導灯は，客席に，総務省令で定めるところにより計った客席の照度が0.2 lx以上となるように設けること．

四　誘導灯には，非常電源を附置すること．

五　誘導標識は，避難口である旨又は避難の方向を明示した緑色の標識とし，多数の者の目に触れやすい箇所に，避難上有効なものとなるように設けること．

3　第1項第四号に掲げる防火対象物又はその部分に避難口誘導灯又は通路誘導灯を前項に定める技術上の基準に従い，又は当該技術上の基準の例により設置したときは，第1項の規定にかかわらず，これらの誘導灯の有効範囲内の部分について誘導標識を設置しないことができる．

［消防用水に関する基準］

第27条　消防用水は，次に掲げる建築物について設置するものとする．

一　別表第一(1)項から(15)項まで，(17)項及び(18)項に掲げる建築物で，その敷地の面積が20 000 m² 以上あり，かつ，その床面積が，耐火建築物にあっては15 000 m² 以上，準耐火建築物にあっては10 000 m² 以上，その他の建築物にあっては5 000 m² 以上のもの（次号に掲げる建築物を除く．）

二　別表第一に掲げる建築物で，その高さが31 mを超え，かつ，その延べ面積（地階に係るものを除く．以下この条において同じ．）が25 000 m² 以上のもの

2　同一敷地内に別表第一(1)項から(15)項まで，(17)項及び(18)項に掲げる建築物（高さが31 mを超え，かつ，延べ面積が25 000 m² 以上の建築物を除く．以下この項において同じ．）が2以上ある場合において，これらの建築物が，当該建築物相互の1階の外壁間の中心線からの水平距離が，1階にあっては3 m以下，2階にあっては5 m以下である部分を有するものであり，かつ，これらの建築物の床面積を，耐火建築物にあっては15 000 m²，準耐火建築物にあっては10 000 m²，その他の建築物にあっては5 000 m²でそれぞれ除した商の和が1以上となるものであるときは，これらの建築物は，前項の規定の適用については，一の建築物とみなす．

3 前2項に規定するもののほか，消防用水の設置及び維持に関する技術上の基準
は，次のとおりとする．

一 消防用水は，その有効水量（地盤面下に設けられている消防用水にあっては，そ
の設けられている地盤面の高さから4.5 m以内の部分の水量をいう．以下この条
において同じ．）の合計が，第1項第一号に掲げる建築物にあってはその床面積を，
同項第二号に掲げる建築物にあってはその延べ面積を建築物の区分に従い次の表に
定める面積で除した商（1未満のはしたの数は切り上げるものとする．）を20 m³に
乗じた量以上の量となるように設けること．この場合において，当該消防用水が流
水を利用するものであるときは，0.8 m³/minの流量を20 m³の水量に換算するも
のとする．

建築物の区分		面　　　積
第1項第一号に掲げる建築物	耐火建築物	7 500 m²
	準耐火建築物	5 000 m²
	その他の建築物	2 500 m²
第1項第二号に掲げる建築物		12 500 m²

二 消防用水は，建築物の各部分から一の消防用水までの水平距離が100 m以下と
なるように設けるとともに，1個の消防用水の有効水量は，20 m³未満（流水の場
合は，0.8 m³/min未満）のものであってはならないものとすること．

三 消防用水の吸管を投入する部分の水深は，当該消防用水について，所要水量のす
べてを有効に吸い上げることができる深さであるものとすること．

四 消防用水は，消防ポンプ自動車が2 m以内に接近することができるように設け
ること．

五 防火水槽には，適当の大きさの吸管投入孔を設けること．

[排煙設備に関する基準]

第28条 排煙設備は，次に掲げる防火対象物又はその部分に設置するものとする．

一 別表第一(16の2)項に掲げる防火対象物で，延べ面積が1 000 m²以上のもの

二 別表第一(1)項に掲げる防火対象物の舞台部で，床面積が500 m²以上のもの

三 別表第一(2)項，(4)項，(10)項及び(13)項に掲げる防火対象物の地階又は無窓階で，
床面積が1 000 m²以上のもの

2 前項に規定するもののほか，排煙設備の設置及び維持に関する技術上の基準は，
次のとおりとする．

一 排煙設備は，前項各号に掲げる防火対象物又はその部分の用途，構造又は規模に
応じ，火災が発生した場合に生ずる煙を有効に排除することができるものであるこ
と．

二 排煙設備には，手動起動装置又は火災の発生を感知した場合に作動する自動起動
装置を設けること．

三 排煙設備の排煙口，風道その他煙に接する部分は，煙の熱及び成分によりその機
能に支障を生ずるおそれのない材料で造ること．

四 排煙設備には，非常電源を附置すること．

3 第1項各号に掲げる防火対象物又はその部分のうち，排煙上有効な窓等の開口

部が設けられている部分その他の消火活動上支障がないものとして総務省令で定める部分には，同項の規定にかかわらず，排煙設備を設置しないことができる．

[連結散水設備に関する基準]

第28条の2　連結散水設備は，別表第一(1)項から(15)項まで，(16の2)項及び(17)項に掲げる防火対象物で，地階の床面積の合計（同表(16の2)項に掲げる防火対象物にあっては，延べ面積）が700 m² 以上のものに設置するものとする．

2　前項に規定するもののほか，連結散水設備の設置及び維持の技術上の基準は，次のとおりとする．

一　散水ヘッドは，前項の防火対象物の地階の部分のうち総務省令で定める部分の天井又は天井裏に，総務省令で定めるところにより設けること．

二　送水口は，消防ポンプ自動車が容易に接近できる位置に設けること．

3　第1項の防火対象物に送水口を附置したスプリンクラー設備，水噴霧消火設備，泡消火設備，不活性ガス消火設備，ハロゲン化物消火設備又は粉末消火設備を第12条，第13条，第14条，第15条，第16条，第17条若しくは第18条の技術上の基準に従い，又は当該技術上の基準の例により設置したときは，同項の規定にかかわらず，当該設備の有効範囲内の部分について連結散水設備を設置しないことができる．

4　第1項の防火対象物に連結送水管を次条の技術上の基準に従い，又は当該技術上の基準の例により設置したときは，消火活動上支障がないものとして総務省令で定める防火対象物の部分には，同項の規定にかかわらず，連結散水設備を設置しないことができる．

[連結送水管に関する基準]

第29条　連結送水管は，次の各号に掲げる防火対象物に設置するものとする．

一　別表第一に掲げる建築物で，地階を除く階数が7以上のもの

二　前号に掲げるもののほか，地階を除く階数が5以上の別表第一に掲げる建築物で，延べ面積が6 000 m² 以上のもの

三　別表第一(16の2)項に掲げる防火対象物で，延べ面積が1 000 m² 以上のもの

四　別表第一(18)項に掲げる防火対象物

五　前各号に掲げるもののほか，別表第一に掲げる防火対象物で，道路の用に供される部分を有するもの

2　前項に規定するもののほか，連結送水管の設置及び維持に関する技術上の基準は，次のとおりとする．

一　放水口は，次に掲げる防火対象物又はその階若しくはその部分ごとに，当該防火対象物又はその階若しくはその部分のいずれの場所からも一の放水口までの水平距離がそれぞれに定める距離以下となるように，かつ，階段室，非常用エレベーターの乗降ロビーその他これらに類する場所で消防隊が有効に消火活動を行うことができる位置に設けること．

イ　前項第一号及び第二号に掲げる建築物の3階以上の階　　50 m

ロ　前項第三号に掲げる防火対象物の地階　　50 m

ハ　前項第四号に掲げる防火対象物　　25 m

ニ　前項第五号に掲げる防火対象物の道路の用に供される部分　　25 m

二　主管の内径は，100 mm 以上とすること．ただし，総務省令で定める場合は，この限りでない．

三　送水口は，双口形とし，消防ポンプ自動車が容易に接近することができる位置に設けること．

四　地階を除く階数が 11 以上の建築物に設置する連結送水管については，次のイからハまでに定めるところによること．

　　イ　当該建築物の 11 階以上の部分に設ける放水口は，双口形とすること．

　　ロ　総務省令で定めるところにより，非常電源を附置した加圧送水装置を設けること．

　　ハ　総務省令で定めるところにより，放水用器具を格納した箱をイに規定する放水口に附置すること．ただし，放水用器具の搬送が容易である建築物として総務省令で定めるものについては，この限りでない．

[非常コンセント設備に関する基準]

第 29 条の 2　非常コンセント設備は，次に掲げる防火対象物に設置するものとする．

一　別表第一に掲げる建築物で，地階を除く階数が 11 以上のもの

二　別表第一 (16の2) 項に掲げる防火対象物で，延べ面積が 1 000 m² 以上のもの

2　前項に規定するもののほか，非常コンセント設備の設置及び維持に関する技術上の基準は，次のとおりとする．

一　非常コンセントは，次に掲げる防火対象物の階ごとに，その階の各部分から一の非常コンセントまでの水平距離がそれぞれに定める距離以下となるように，かつ，階段室，非常用エレベーターの乗降ロビーその他これらに類する場所で消防隊が有効に消火活動を行うことができる位置に設けること．

　　イ　前項第一号に掲げる建築物の 11 階以上の階　　　50 m

　　ロ　前項第二号に掲げる防火対象物の地階　　　50 m

二　非常コンセント設備は，単相交流 100 V で 15 A 以上の電気を供給できるものとすること．

三　非常コンセント設備には，非常電源を附置すること．

[無線通信補助設備に関する基準]

第 29 条の 3　無線通信補助設備は，別表第一 (16の2) 項に掲げる防火対象物で，延べ面積が 1 000 m² 以上のものに設置するものとする．

2　前項に規定するもののほか，無線通信補助設備の設置及び維持に関する基準は，次のとおりとする．

一　無線通信補助設備は，点検に便利で，かつ，火災等の災害による被害を受けるおそれが少ないように設けること．

二　無線通信補助設備は，前項に規定する防火対象物における消防隊相互の無線連絡が容易に行われるように設けること．

第 29 条の 4〜第 33 条の 2　（略）

[適用が除外されない消防用設備等]

第 34 条　法第 17 条の 2 の 5 第 1 項の政令で定める消防用設備等は，次の各号に掲げる消防用設備等とする．

一　簡易消火用具

二 自動火災報知設備（別表第一(1)項から(4)項まで，(5)項イ，(6)項，(9)項イ，(16)項イ及び (16の2) 項から(17)項までに掲げる防火対象物に設けるものに限る.）

三 ガス漏れ火災警報設備（別表第一(1)項から(4)項まで，(5)項イ，(6)項，(9)項イ，(16)項イ，(16の2) 項及び(16の3) 項に掲げる防火対象物並びにこれらの防火対象物以外の防火対象物で第21条の2第1項第三号に掲げるものに設けるものに限る.）

四 漏電火災警報器

五 非常警報器具及び非常警報設備

六 誘導灯及び誘導標識

七 必要とされる防火安全性能を有する消防の用に供する設備等であって，消火器，避難器具及び前各号に掲げる消防用設備等に類するものとして消防庁長官が定めるもの

第34条の2〜第50条 （略）

別表第一 （第1条の2〜第3条，第3条の3，第4条，第4条の2の2〜第4条の3，第6条，第9条〜第14条，第19条，第21条〜第29条の3，第31条，第34条，第34条の2，第34条の4〜第36条関係）

(1)	イ 劇場，映画館，演芸場又は観覧場 ロ 公会堂又は集会場
(2)	イ キャバレー，カフェー，ナイトクラブその他これらに類するもの ロ 遊技場又はダンスホール ハ 風俗営業等の規制及び業務の適正化等に関する法律（昭和23年法律第122号）第2条第5項に規定する性風俗関連特殊営業を営む店舗（ニ並びに(1)項イ，(4)項，(5)項イ及び(9)項イに掲げる防火対象物の用途に供されているものを除く.）その他これに類するものとして総務省令で定めるもの ニ カラオケボックスその他遊興のための設備又は物品を個室（これに類する施設を含む.）において客に利用させる役務を提供する業務を営む店舗で総務省令で定めるもの
(3)	イ 待合，料理店その他これらに類するもの ロ 飲食店
(4)	百貨店，マーケットその他の物品販売業を営む店舗又は展示場
(5)	イ 旅館，ホテル，宿泊所その他これらに類するもの ロ 寄宿舎，下宿又は共同住宅
(6)	イ 次に掲げる防火対象物 (1) 次のいずれにも該当する病院（火災発生時の延焼を抑制するための消火活動を適切に実施することができる体制を有するものとして総務省令で定めるものを除く.） 　(i) 診療科名中に特定診療科名（内科，整形外科，リハビリテーション科その他の総務省令で定める診療科名をいう.(2)(i)において同じ.）を有すること. 　(ii) 医療法（昭和23年法律第205号）第7条第2項第四号に規定する療養病床又は同項第五号に規定する一般病床を有すること. (2) 次のいずれにも該当する診療所 　(i) 診療科名中に特定診療科名を有すること. 　(ii) 4人以上の患者を入院させるための施設を有すること. (3) 病院（(1)に掲げるものを除く.），患者を入院させるための施設を有する診療所（(2)に掲げるものを除く.）又は入所施設を有する助産所 (4) 患者を入院させるための施設を有しない診療所又は入所施設を有しない助産所 ロ 次に掲げる防火対象物 (1) 老人短期入所施設，養護老人ホーム，特別養護老人ホーム，軽費老人ホーム（介護保険法（平成9年法律第123号）第7条第1項に規定する要介護状態区分が避難が困難な状態を示すものとして総務省令で定める区分に該当す

る者（以下「避難が困難な要介護者」という．）を主として入居させるものに限る．），有料老人ホーム（避難が困難な要介護者を主として入居させるものに限る．），介護老人保健施設，老人福祉法（昭和38年法律第133号）第5条の2第4項に規定する老人短期入所事業を行う施設，同条第5項に規定する小規模多機能型居宅介護事業を行う施設（避難が困難な要介護者を主として宿泊させるものに限る．），同条第6項に規定する認知症対応型老人共同生活援助事業を行う施設その他これらに類するものとして総務省令で定めるもの

(2) 救護施設
(3) 乳児院
(4) 障害児入所施設
(5) 障害者支援施設（障害者の日常生活及び社会生活を総合的に支援するための法律（平成17年法律第123号）第4条第1項に規定する障害者又は同条第2項に規定する障害児であって，同条第4項に規定する障害支援区分が避難が困難な状態を示すものとして総務省令で定める区分に該当する者（以下「避難が困難な障害者等」という．）を主として入所させるものに限る．）又は同法第5条第8項に規定する短期入所若しくは同条第15項に規定する共同生活援助を行う施設（避難が困難な障害者等を主として入所させるものに限る．ハ(5)において「短期入所等施設」という．）

ハ 次に掲げる防火対象物
(1) 老人デイサービスセンター，軽費老人ホーム（ロ(1)に掲げるものを除く．），老人福祉センター，老人介護支援センター，有料老人ホーム（ロ(1)に掲げるものを除く．），老人福祉法第5条の2第3項に規定する老人デイサービス事業を行う施設，同条第5項に規定する小規模多機能型居宅介護事業を行う施設（ロ(1)に掲げるものを除く．）その他これらに類するものとして総務省令で定めるもの
(2) 更生施設
(3) 助産施設，保育所，幼保連携型認定こども園，児童養護施設，児童自立支援施設，児童家庭支援センター，児童福祉法（昭和22年法律第164号）第6条の3第7項に規定する一時預かり事業又は同条第9項に規定する家庭的保育事業を行う施設その他これらに類するものとして総務省令で定めるもの
(4) 児童発達支援センター，児童心理治療施設又は児童福祉法第6条の2の2第2項に規定する児童発達支援若しくは同条第4項に規定する放課後等デイサービスを行う施設（児童発達支援センターを除く．）
(5) 身体障害者福祉センター，障害者支援施設（ロ(5)に掲げるものを除く．），地域活動支援センター，福祉ホーム又は障害者の日常生活及び社会生活を総合的に支援するための法律第5条第7項に規定する生活介護，同条第8項に規定する短期入所，同条第12項に規定する自立訓練，同条第13項に規定する就労移行支援，同条第14項に規定する就労継続支援若しくは同条第15項に規定する共同生活援助を行う施設（短期入所等施設を除く．）

ニ 幼稚園又は特別支援学校

(7)	小学校，中学校，高等学校，中等教育学校，高等専門学校，大学，専修学校，各種学校その他これらに類するもの
(8)	図書館，博物館，美術館その他これらに類するもの
(9)	イ 公衆浴場のうち，蒸気浴場，熱気浴場その他これらに類するもの ロ イに掲げる公衆浴場以外の公衆浴場
(10)	車両の停車場又は船舶若しくは航空機の発着場（旅客の乗降又は待合いの用に供する建築物に限る．）
(11)	神社，寺院，教会その他これらに類するもの
(12)	イ 工場又は作業場 ロ 映画スタジオ又はテレビスタジオ
(13)	イ 自動車車庫又は駐車場 ロ 飛行機又は回転翼航空機の格納庫
(14)	倉庫
(15)	前各項に該当しない事業場
(16)	イ 複合用途防火対象物のうち，その一部が(1)項から(4)項まで，(5)項イ，(6)項又は(9)項イに掲げる防火対象物の用途に供されているもの ロ イに掲げる複合用途防火対象物以外の複合用途防火対象物

（16の2）	地下街
（16の3）	建築物の地階（（16の2）項に掲げるものの各階を除く。）で連続して地下道に面して設けられたものと当該地下道とを合わせたもの（（1）項から（4）項まで，（5）項イ，（6）項又は（9）項イに掲げる防火対象物の用途に供される部分が存するものに限る。）
（17）	文化財保護法（昭和25年法律第214号）の規定によって重要文化財，重要有形民俗文化財，史跡若しくは重要な文化財として指定され，又は旧重要美術品等の保存に関する法律（昭和8年法律第43号）の規定によって重要美術品として認定された建造物
（18）	延長50m以上のアーケード
（19）	市町村長の指定する山林
（20）	総務省令で定める舟車

別表第二, 三 （略）

危険物の規制に関する政令［抜粋］

昭和 34 年 9 月 26 日　政令第 306 号
最終改正　令和元年 12 月 13 日　政令第 183 号

［品名の指定］

第 1 条　消防法（以下「法」という．）別表第一第 1 類の項第十号の政令で定めるものは，次のとおりとする．

一　過よう素酸塩類

二　過よう素酸

三　クロム，鉛又はよう素の酸化物

四　亜硝酸塩類

五　次亜鉛素酸塩類

六　塩素化イソシアヌル酸

七　ペルオキソ二硫酸塩類

八　ペルオキソほう酸塩類

九　炭酸ナトリウム過酸化水素付加物

2　法別表第一第 3 類の項第十一号の政令で定めるものは，塩素化けい素化合物とする．

3　法別表第一第 5 類の項第十号の政令で定めるものは，次のとおりとする．

一　金属のアジ化物

二　硝酸グアニジン

三　1-アリルオキシ-2,3-エポキシプロパン

四　4-メチリデンオキセタン-2-オン

4　法別表第一第 6 類の項第四号の政令で定めるものは，ハロゲン間化合物とする．

第 1 条の 2～第 5 条　（略）

［設置の許可の申請］

第 6 条　法第 11 条第 1 項前段の規定により製造所，貯蔵所又は取扱所（以下「製造所等」という．）の設置の許可を受けようとする者は，次の事項を記載した申請書を，同項各号に掲げる区分に応じ当該各号に定める市町村長，都道府県知事又は総務大臣（以下「市町村長等」という．）に提出しなければならない．

一　氏名又は名称及び住所並びに法人にあっては，その代表者の氏名及び住所

二　製造所等の別及び貯蔵所又は取扱所にあっては，その区分

三　製造所等の設置の場所（移動タンク貯蔵所にあっては，その常置する場所）

四　貯蔵し，又は取り扱う危険物の類，品名及び最大数量

五～八，2　（略）

［変更の許可の申請］

第 7 条　法第 11 条第 1 項後段の規定により製造所等の位置，構造又は設備の変更の許可を受けようとする者は，次の事項を記載した申請書を市町村長等に提出しなければならない．

一　氏名又は名称及び住所並びに法人にあっては，その代表者の氏名及び住所

二　製造所等の別及び貯蔵所又は取扱所にあっては，その区分

三　製造所の設置の場所（移動タンク貯蔵所にあっては，その常置する場所）

四　変更の内容

五　変更の理由

2　前項の申請書には，製造所等の位置，構造又は設備の変更の内容に関する図面その他総務省令で定める書類を添付しなければならない．

[危険物の移送の取扱いを行う取扱所の指定]

第7条の2　法第11条第1項第一号の政令で定める取扱所は，第3条第三号に掲げる取扱所とする．

[許可等の通報を必要とする製造所等の指定]

第7条の3　法第11条第7項（法第11条の4第3項において準用する場合を含む．）の政令で定める製造所，貯蔵所又は取扱所は，次に掲げる製造所等とする．

一　指定数量の倍数が10以上の製造所

二　指定数量の倍数が150以上の屋内貯蔵所

三　指定数量の倍数が200以上の屋外タンク貯蔵所

四　指定数量の倍数が100以上の屋外貯蔵所

五　移送取扱所

六　指定数量の倍数が10以上の一般取扱所（第31条の2第六号ロに規定するものを除く．）

第7条の4～第31条　（略）

[危険物保安監督者を定めなければならない製造所等]

第31条の2　法第13条第1項の政令で定める製造所，貯蔵所又は取扱所は，製造所等のうち次に掲げるもの以外のものとする．

一　屋内貯蔵所又は地下タンク貯蔵所で，指定数量の倍数が30以下のもの（引火点が40度以上の第4類の危険物のみを貯蔵し，又は取り扱うものに限る．）

二　引火点が40度以上の第4類の危険物のみを貯蔵し，又は取り扱う屋内タンク貯蔵所又は簡易タンク貯蔵所

三　移動タンク貯蔵所

四　指定数量の倍数が30以下の屋外貯蔵所

五　引火点が40度以上の第4類の危険物のみを取り扱う第一種販売取扱所又は第二種販売取扱所

六　指定数量の倍数が30以下の一般取扱所（引火点が40度以上の第4類の危険物のみを取り扱うものに限る．）で次に掲げるもの

　イ　ボイラー，バーナーその他これらに類する装置で危険物を消費するもの

　ロ　危険物を容器に詰め替えるもの

第32条～第38条の2　（略）

[映写室の基準]

第39条　法第15条に規定する映写室の構造及び設備の技術上の基準は，次のとおりとする．

一　映写室には，総務省令で定めるところにより，見やすい箇所に映写室である旨を

表示した標識及び防火に関し必要な事項を掲示した掲示板を設けること．

二　映写室の壁，柱，床及び天井は，耐火構造とすること．

三　映写室は，間口を1mに映写機1台につき1mを加えた長さ以上，奥行を3m以上，天井の高さを2.1m以上とすること．

四　出入口は，幅を0.6m以上，高さを1.7m以上とし，かつ，外開きの自動閉鎖の特定防火設備を設けること．

五　映写窓その他の開口部には，事故又は火災が発生した場合に当該開口部を直ちに閉鎖することができる装置を有する防火板を設けること．

六　映写室には，不燃材料で作った映写機用排気筒及び室内換気筒を屋外に通ずるように設けること．

七　映写室には，フイルムを収納するための不燃材料で作った格納庫を設けること．

八　映写室には，映写機の整流器を設けないこと．

九　映写室には，総務省令で定めるところにより，消火設備を設けること．

第39条の2〜第42条　（略）

高齢者，障害者等の移動等の円滑化の促進に関する法律［抜粋］

平成 18 年 6 月 21 日　法律第 91 号
最終改正　令和 2 年 6 月 10 日　法律第 42 号

［目的］

第 1 条　この法律は，高齢者，障害者等の自立した日常生活及び社会生活を確保することの重要性に鑑み，公共交通機関の旅客施設及び車両等，道路，路外駐車場，公園施設並びに建築物の構造及び設備を改善するための措置，一定の地区における旅客施設，建築物等及びこれらの間の経路を構成する道路，駅前広場，通路その他の施設の一体的な整備を推進するための措置，移動等円滑化に関する国民の理解の増進及び協力の確保を図るための措置その他の措置を講ずることにより，高齢者，障害者等の移動上及び施設の利用上の利便性及び安全性の向上の促進を図り，もって公共の福祉の増進に資することを目的とする．

［基本理念］

第 1 条の 2　この法律に基づく措置は，高齢者，障害者等にとって日常生活又は社会生活を営む上で障壁となるような社会における事物，制度，慣行，観念その他一切のものの除去に資すること及び全ての国民が年齢，障害の有無その他の事情によって分け隔てられることなく共生する社会の実現に資することを旨として，行われなければならない．

［定義］

第 2 条　この法律において次の各号に掲げる用語の意義は，それぞれ当該各号に定めるところによる．

一　高齢者，障害者等　　高齢者又は障害者で日常生活又は社会生活に身体の機能上の制限を受けるものその他日常生活又は社会生活に身体の機能上の制限を受ける者をいう．

二　移動等円滑化　　高齢者，障害者等の移動又は施設の利用に係る身体の負担を軽減することにより，その移動上又は施設の利用上の利便性及び安全性を向上することをいう．

三　施設設置管理者　　公共交通事業者等，道路管理者，路外駐車場管理者等，公園管理者等及び建築主等をいう．

四　高齢者障害者等用施設等　　高齢者，障害者等が円滑に利用することができる施設又は設備であって，主としてこれらの者の利用のために設けられたものであることその他の理由により，これらの者の円滑な利用が確保されるために適正な配慮が必要となるものとして主務省令で定めるものをいう．

五～𠮷　（略）

𠮷　建築主等　　建築物の建築をしようとする者又は建築物の所有者，管理者若しくは占有者をいう．

𠮷　建築物　　建築基準法（昭和 25 年法律第 201 号）第 2 条第一号に規定する建築

物をいう.

十八 特定建築物 学校, 病院, 劇場, 観覧場, 集会場, 展示場, 百貨店, ホテル, 事務所, 共同住宅, 老人ホームその他の多数の者が利用する政令で定める建築物又はその部分をいい, これらに附属する建築物特定施設を含むものとする.

十九 特別特定建築物 不特定かつ多数の者が利用し, 又は主として高齢者, 障害者等が利用する特定建築物その他の特定建築物であって, 移動等円滑化が特に必要なものとして政令で定めるものをいう.

二十 建築物特定施設 出入口, 廊下, 階段, エレベーター, 便所, 敷地内の通路, 駐車場その他の建築物又はその敷地に設けられる施設で政令で定めるものをいう.

二一 建築 建築物を新築し, 増築し, 又は改築することをいう.

二二 所管行政庁 建築主事を置く市町村又は特別区の区域については当該市町村又は特別区の長をいい, その他の市町村又は特別区の区域については都道府県知事をいう. ただし, 建築基準法第 97 条の 2 第 1 項又は第 97 条の 3 第 1 項の規定により建築主事を置く市町村又は特別区の区域内の政令で定める建築物については, 都道府県知事とする.

二三 移動等円滑化促進地区 次に掲げる要件に該当する地区をいう.

イ 生活関連施設 (高齢者, 障害者等が日常生活又は社会生活において利用する旅客施設, 官公庁施設, 福祉施設その他の施設をいう. 以下同じ.) の所在地を含み, かつ, 生活関連施設相互間の移動が通常徒歩で行われる地区であること.

ロ 生活関連施設及び生活関連経路 (生活関連施設相互間の経路をいう. 以下同じ.) を構成する一般交通用施設 (道路, 駅前広場, 通路その他の一般交通の用に供する施設をいう. 以下同じ.) について移動等円滑化を促進することが特に必要であると認められる地区であること.

ハ 当該地区において移動等円滑化を促進することが, 総合的な都市機能の増進を図る上で有効かつ適切であると認められる地区であること.

二四 重点整備地区 次に掲げる要件に該当する地区をいう.

イ 前号イに掲げる要件

ロ 生活関連施設及び生活関連経路を構成する一般交通用施設について移動等円滑化のための事業が実施されることが特に必要であると認められる地区であること.

ハ 当該地区において移動等円滑化のための事業を重点的かつ一体的に実施することが, 総合的な都市機能の増進を図る上で有効かつ適切であると認められる地区であること.

二五 特定事業 公共交通特定事業, 道路特定事業, 路外駐車場特定事業, 都市公園特定事業, 建築物特定事業, 交通安全特定事業及び教育啓発特定事業をいう.

二六〜二九 (略)

三十 建築物特定事業 次に掲げる事業をいう.

イ 特別特定建築物 (第 14 条第 3 項の条例で定める特定建築物を含む. ロにおいて同じ.) の移動等円滑化のために必要な建築物特定施設の整備に関する事業

ロ 特定建築物 (特別特定建築物を除き, その全部又は一部が生活関連経路であるものに限る.) における生活関連経路の移動等円滑化のために必要な建築物特定施設の整備に関する事業

三　(略)

三　教育啓発特定事業　市町村又は施設設置管理者（第36条の2において「市町村等」という．）が実施する次に掲げる事業をいう．

イ　移動等円滑化の促進に関する児童，生徒又は学生の理解を深めるために学校と連携して行う教育活動の実施に関する事業

ロ　移動等円滑化の促進に関する住民その他の関係者の理解の増進又は移動等円滑化の実施に関するこれらの者の協力の確保のために必要な啓発活動の実施に関する事業（イに掲げる事業を除く．）

第3条〜第13条　(略)

[特別特定建築物の建築主等の基準適合義務等]

第14条　建築主等は，特別特定建築物の政令で定める規模以上の建築（用途の変更をして特別特定建築物にすることを含む．以下この条において同じ．）をしようとするときは，当該特別特定建築物（以下この条において「新築特別特定建築物」という．）を，移動等円滑化のために必要な建築物特定施設の構造及び配置に関する政令で定める基準（以下「建築物移動等円滑化基準」という．）に適合させなければならない．

2　建築主等は，その所有し，管理し，又は占有する新築特別特定建築物を建築物移動等円滑化基準に適合するように維持しなければならない．

3　地方公共団体は，その地方の自然的社会的条件の特殊性により，前2項の規定のみによっては，高齢者，障害者等が特定建築物を円滑に利用できるようにする目的を十分に達成することができないと認める場合においては，特別特定建築物に条例で定める特定建築物を追加し，第1項の建築の規模を条例で同項の政令で定める規模未満で別に定め，又は建築物移動等円滑化基準に条例で必要な事項を付加することができる．

4　前3項の規定は，建築基準法第6条第1項に規定する建築基準関係規定とみなす．

5　建築主等（第1項から第3項までの規定が適用される者を除く．）は，その建築をしようとし，又は所有し，管理し，若しくは占有する特別特定建築物（同項の条例で定める特定建築物を含む．以下同じ．）を建築物移動等円滑化基準（同項の条例で付加した事項を含む．第17条第3項第一号を除き，以下同じ．）に適合させるために必要な措置を講ずるよう努めなければならない．

6　建築主等は，その所有し，管理し，又は占有する新築特別特定建築物について，高齢者，障害者等に対し，これらの者が当該新築特別特定建築物を円滑に利用するために必要となる情報を適切に提供するよう努めなければならない．

7　建築主等は，その所有し，管理し，又は占有する新築特別特定建築物の利用者に対し，高齢者，障害者等が当該新築特別特定建築物における高齢者障害者等用施設等を円滑に利用するために必要となる適正な配慮についての広報活動及び啓発活動を行うよう努めなければならない．

[特別特定建築物に係る基準適合命令等]

第15条　所管行政庁は，前条第1項から第3項までの規定に違反している事実があると認めるときは，建築主等に対し，当該違反を是正するために必要な措置をとるべきことを命ずることができる．

2 国，都道府県又は建築主事を置く市町村の特別特定建築物については，前項の規定は，適用しない．この場合において，所管行政庁は，国，都道府県又は建築主事を置く市町村の特別特定建築物が前条第1項から第3項までの規定に違反している事実があると認めるときは，直ちに，その旨を当該特別特定建築物を管理する機関の長に通知し，前項に規定する措置をとるべきことを要請しなければならない．

3 所管行政庁は，前条第5項に規定する措置の適確な実施を確保するため必要があると認めるときは，建築主等に対し，建築物移動等円滑化基準を勘案して，特別特定建築物の設計及び施工に係る事項その他の移動等円滑化に係る事項について必要な指導及び助言をすることができる．

[特定建築物の建築主等の努力義務等]

第16条 建築主等は，特定建築物（特別特定建築物を除く．以下この条において同じ．）の建築（用途の変更をして特定建築物にすることを含む．次条第1項において同じ．）をしようとするときは，当該特定建築物を建築物移動等円滑化基準に適合させるために必要な措置を講ずるよう努めなければならない．

2 建築主等は，特定建築物の建築物特定施設の修繕又は模様替をしようとするときは，当該建築物特定施設を建築物移動等円滑化基準に適合させるために必要な措置を講ずるよう努めなければならない．

3 所管行政庁は，特定建築物について前2項に規定する措置の適確な実施を確保するため必要があると認めるときは，建築主等に対し，建築物移動等円滑化基準を勘案して，特定建築物又はその建築物特定施設の設計及び施工に係る事項について必要な指導及び助言をすることができる．

[特定建築物の建築等及び維持保全の計画の認定]

第17条 建築主等は，特定建築物の建築，修繕又は模様替（修繕又は模様替にあっては，建築物特定施設に係るものに限る．以下「建築等」という．）をしようとするときは，主務省令で定めるところにより，特定建築物の建築等及び維持保全の計画を作成し，所管行政庁の認定を申請することができる．

2 前項の計画には，次に掲げる事項を記載しなければならない．

一 特定建築物の位置

二 特定建築物の延べ面積，構造方法及び用途並びに敷地面積

三 計画に係る建築物特定施設の構造及び配置並びに維持保全に関する事項

四 特定建築物の建築等の事業に関する資金計画

五 その他主務省令で定める事項

3 所管行政庁は，第1項の申請があった場合において，当該申請に係る特定建築物の建築等及び維持保全の計画が次に掲げる基準に適合すると認めるときは，認定をすることができる．

一 前項第三号に掲げる事項が，建築物移動等円滑化基準を超え，かつ，高齢者，障害者等が円滑に利用できるようにするために誘導すべき主務省令で定める建築物特定施設の構造及び配置に関する基準に適合すること．

二 前項第四号に掲げる資金計画が，特定建築物の建築等の事業を確実に遂行するため適切なものであること．

4 前項の認定の申請をする者は，所管行政庁に対し，当該申請に併せて，建築基

準法第6条第1項（同法第87条第1項において準用する場合を含む．第7項において同じ．）の規定による確認の申請書を提出して，当該申請に係る特定建築物の建築等の計画が同法第6条第1項の建築基準関係規定に適合する旨の建築主事の通知（以下この条において「適合通知」という．）を受けるよう申し出ることができる．

5　前項の申出を受けた所管行政庁は，速やかに当該申出に係る特定建築物の建築等の計画を建築主事に通知しなければならない．

6　建築基準法第18条第3項及び第14項の規定は，建築主事が前項の通知を受けた場合について準用する．この場合においては，建築主事は，申請に係る特定建築物の建築等の計画が第14条第1項の規定に適合するかどうかを審査することを要しないものとする．

7　所管行政庁が，適合通知を受けて第3項の認定をしたときは，当該認定に係る特定建築物の建築等の計画は，建築基準法第6条第1項の規定による確認済証の交付があったものとみなす．

8　建築基準法第12条第8項，第93条及び第93条の2の規定は，建築主事が適合通知をする場合について準用する．

第18条〜第66条　（略）

高齢者，障害者等の移動等の円滑化の促進に関する法律施行令［抜粋］

平成 18 年 12 月 8 日　政令第 379 号
最終改正　令和 4 年 3 月 25 日　政令第 84 号

第 1 条〜第 3 条　（略）

［特定建築物］

第 4 条　法第 2 条第十八号の政令で定める建築物は，次に掲げるもの（建築基準法（昭和 25 年法律第 201 号）第 3 条第 1 項に規定する建築物及び文化財保護法（昭和 25 年法律第 214 号）第 143 条第 1 項又は第 2 項の伝統的建造物群保存地区内における同法第 2 条第 1 項第六号の伝統的建造物群を構成している建築物を除く．）とする．

一　学校

二　病院又は診療所

三　劇場，観覧場，映画館又は演芸場

四　集会場又は公会堂

五　展示場

六　卸売市場又は百貨店，マーケットその他の物品販売業を営む店舗

七　ホテル又は旅館

八　事務所

九　共同住宅，寄宿舎又は下宿

十　老人ホーム，保育所，福祉ホームその他これらに類するもの

十一　老人福祉センター，児童厚生施設，身体障害者福祉センターその他これらに類するもの

十二　体育館，水泳場，ボーリング場その他これらに類する運動施設又は遊技場

十三　博物館，美術館又は図書館

十四　公衆浴場

十五　飲食店又はキャバレー，料理店，ナイトクラブ，ダンスホールその他これらに類するもの

十六　理髪店，クリーニング取次店，質屋，貸衣装屋，銀行その他これらに類するサービス業を営む店舗

十七　自動車教習所又は学習塾，華道教室，囲碁教室その他これらに類するもの

十八　工場

十九　車両の停車場又は船舶若しくは航空機の発着場を構成する建築物で旅客の乗降又は待合いの用に供するもの

二十　自動車の停留又は駐車のための施設

二十一　公衆便所

二十二　公共用歩廊

［特別特定建築物］

第 5 条　法第 2 条第十九号の政令で定める特定建築物は，次に掲げるものとする．

一　小学校，中学校，義務教育学校若しくは中等教育学校（前期課程に係るものに限る．）で公立のもの（第23条及び第25条第3項第一号において「公立小学校等」という．）又は特別支援学校

二　病院又は診療所

三　劇場，観覧場，映画館又は演芸場

四　集会場又は公会堂

五　展示場

六　百貨店，マーケットその他の物品販売業を営む店舗

七　ホテル又は旅館

八　保健所，税務署その他不特定かつ多数の者が利用する官公署

九　老人ホーム，福祉ホームその他これらに類するもの（主として高齢者，障害者等が利用するものに限る．）

十　老人福祉センター，児童厚生施設，身体障害者福祉センターその他これらに類するもの

圭　体育館（一般公共の用に供されるものに限る．），水泳場（一般公共の用に供されるものに限る．）若しくはボーリング場又は遊技場

圭　博物館，美術館又は図書館

圭　公衆浴場

圭　飲食店

圭　理髪店，クリーニング取次店，質屋，貸衣装屋，銀行その他これらに類するサービス業を営む店舗

圭　車両の停車場又は船舶若しくは航空機の発着場を構成する建築物で旅客の乗降又は待合いの用に供するもの

圭　自動車の停留又は駐車のための施設（一般公共の用に供されるものに限る．）

大　公衆便所

圭　公共用歩廊

［建築物特定施設］

第6条　法第2条第二十号の政令で定める施設は，次に掲げるものとする．

一　出入口

二　廊下その他これに類するもの（以下「廊下等」という．）

三　階段（その踊場を含む．以下同じ．）

四　傾斜路（その踊場を含む．以下同じ．）

五　エレベーターその他の昇降機

六　便所

七　ホテル又は旅館の客室

八　敷地内の通路

九　駐車場

十　その他国土交通省令で定める施設

第7条，第8条　（略）

［基準適合義務の対象となる特別特定建築物の規模］

第9条　法第14条第1項の政令で定める規模は，床面積（増築若しくは改築又は用

令第4条〜第9条　723

途の変更の場合にあっては，当該増築若しくは改築又は用途の変更に係る部分の床面積．次条第2項において同じ．）の合計2 000 m²（第5条第十八号に掲げる公衆便所（次条第2項において「公衆便所」という．）にあっては，50 m²）とする．

[建築物移動等円滑化基準]

第10条　法第14条第1項の政令で定める建築物特定施設の構造及び配置に関する基準（次項に規定する特別特定建築物に係るものを除く．）は，次条から第24条までに定めるところによる．

2　法第14条第3項の規定により地方公共団体が条例で同条第1項の建築の規模を床面積の合計500 m²未満で定めた場合における床面積の合計が500 m²未満の当該建築に係る特別特定建築物（公衆便所を除き，同条第3項の条例で定める特定建築物を含む．第25条において「条例対象小規模特別特定建築物」という．）についての法第14条第1項の政令で定める建築物特定施設の構造及び配置に関する基準は，第19条及び第25条に定めるところによる．

[廊下等]

第11条　不特定かつ多数の者が利用し，又は主として高齢者，障害者等が利用する廊下等は，次に掲げるものでなければならない．

一　表面は，粗面とし，又は滑りにくい材料で仕上げること．

二　階段又は傾斜路（階段に代わり，又はこれに併設するものに限る．）の上端に近接する廊下等の部分（不特定かつ多数の者が利用し，又は主として視覚障害者が利用するものに限る．）には，視覚障害者に対し段差又は傾斜の存在の警告を行うために，点状ブロック等（床面に敷設されるブロックその他これに類するものであって，点状の突起が設けられており，かつ，周囲の床面との色の明度，色相又は彩度の差が大きいことにより容易に識別できるものをいう．以下同じ．）を敷設すること．ただし，視覚障害者の利用上支障がないものとして国土交通大臣が定める場合は，この限りでない．

[階段]

第12条　不特定かつ多数の者が利用し，又は主として高齢者，障害者等が利用する階段は，次に掲げるものでなければならない．

一　踊場を除き，手すりを設けること．

二　表面は，粗面とし，又は滑りにくい材料で仕上げること．

三　踏面の端部とその周囲の部分との色の明度，色相又は彩度の差が大きいことにより段を容易に識別できるものとすること．

四　段鼻の突き出しその他のつまずきの原因となるものを設けない構造とすること．

五　段がある部分の上端に近接する踊場の部分（不特定かつ多数の者が利用し，又は主として視覚障害者が利用するものに限る．）には，視覚障害者に対し警告を行うために，点状ブロック等を敷設すること．ただし，視覚障害者の利用上支障がないものとして国土交通大臣が定める場合は，この限りでない．

六　主たる階段は，回り階段でないこと．ただし，回り階段以外の階段を設ける空間を確保することが困難であるときは，この限りでない．

[階段に代わり，又はこれに併設する傾斜路]

第13条　不特定かつ多数の者が利用し，又は主として高齢者，障害者等が利用する

傾斜路（階段に代わり，又はこれに併設するものに限る．）は，次に掲げるもので
なければならない．

一　勾配が 1/12 を超え，又は高さが 16 cm を超える傾斜がある部分には，手すりを
設けること．

二　表面は，粗面とし，又は滑りにくい材料で仕上げること．

三　その前後の廊下等との色の明度，色相又は彩度の差が大きいことによりその存在
を容易に識別できるものとすること．

四　傾斜がある部分の上端に近接する踊場の部分（不特定かつ多数の者が利用し，又
は主として視覚障害者が利用するものに限る．）には，視覚障害者に対し警告を行
うために，点状ブロック等を敷設すること．ただし，視覚障害者の利用上支障がな
いものとして国土交通大臣が定める場合は，この限りでない．

［便所］

第14条　不特定かつ多数の者が利用し，又は主として高齢者，障害者等が利用する
便所を設ける場合には，そのうち 1 以上（男子用及び女子用の区別があるときは，
それぞれ 1 以上）は，次に掲げるものでなければならない．

一　便所内に，車椅子を使用している者（以下「車椅子使用者」という．）が円滑に
利用することができるものとして国土交通大臣が定める構造の便房（以下「車椅子
使用者用便房」という．）を 1 以上設けること．

二　便所内に，高齢者，障害者等が円滑に利用することができる構造の水洗器具を設
けた便房を 1 以上設けること．

2　不特定かつ多数の者が利用し，又は主として高齢者，障害者等が利用する男子
用小便器のある便所を設ける場合には，そのうち 1 以上に，床置式の小便器，壁掛
式の小便器（受け口の高さが 35 cm 以下のものに限る．）その他これらに類する小
便器を 1 以上設けなければならない．

［ホテル又は旅館の客室］

第15条　ホテル又は旅館には，客室の総数が 50 以上の場合は，車椅子使用者が円
滑に利用できる客室（以下「車椅子使用者用客室」という．）を客室の総数に
1/100 を乗じて得た数（その数に 1 未満の端数があるときは，その端数を切り上げ
た数）以上設けなければならない．

2　車椅子使用者用客室は，次に掲げるものでなければならない．

一　便所は，次に掲げるものであること．ただし，当該客室が設けられている階に不
特定かつ多数の者が利用する便所（車椅子使用者用便房が設けられたものに限る．）
が 1 以上（男子用及び女子用の区別があるときは，それぞれ 1 以上）設けられてい
る場合は，この限りでない．

イ　便所内に車椅子使用者用便房を設けること．

ロ　車椅子使用者用便房及び当該便房が設けられている便所の出入口は，次に掲げ
るものであること．

(1)　幅は，80 cm 以上とすること．

(2)　戸を設ける場合には，自動的に開閉する構造その他の車椅子使用者が容易に
開閉して通過できる構造とし，かつ，その前後に高低差がないこと．

二　浴室又はシャワー室（以下この号において「浴室等」という．）は，次に掲げる

ものであること．ただし，当該客室が設けられている建築物に不特定かつ多数の者
が利用する浴室等（次に掲げるものに限る．）が1以上（男子用及び女子用の区別
があるときは，それぞれ1以上）設けられている場合は，この限りでない．

　イ　車椅子使用者が円滑に利用することができるものとして国土交通大臣が定める
　　構造であること．

　ロ　出入口は，前号ロに掲げるものであること．

[敷地内の通路]

第16条　不特定かつ多数の者が利用し，又は主として高齢者，障害者等が利用する
　敷地内の通路は，次に掲げるものでなければならない．

一　表面は，粗面とし，又は滑りにくい材料で仕上げること．

二　段がある部分は，次に掲げるものであること．

　イ　手すりを設けること．

　ロ　踏面の端部とその周囲の部分との色の明度，色相又は彩度の差が大きいことに
　　より段を容易に識別できるものとすること．

　ハ　段鼻の突き出しその他のつまずきの原因となるものを設けない構造とすること．

三　傾斜路は，次に掲げるものであること．

　イ　勾配が1/12を超え，又は高さが16cmを超え，かつ，勾配が1/20を超える
　　傾斜がある部分には，手すりを設けること．

　ロ　その前後の通路との色の明度，色相又は彩度の差が大きいことによりその存在
　　を容易に識別できるものとすること．

[駐車場]

第17条　不特定かつ多数の者が利用し，又は主として高齢者，障害者等が利用する
　駐車場を設ける場合には，そのうち1以上に，車椅子使用者が円滑に利用すること
　ができる駐車施設（以下「車椅子使用者用駐車施設」という．）を1以上設けなけ
　ればならない．

2　車椅子使用者用駐車施設は，次に掲げるものでなければならない．

一　幅は，350cm以上とすること．

二　次条第1項第三号に定める経路の長さができるだけ短くなる位置に設けること．

[移動等円滑化経路]

第18条　次に掲げる場合には，それぞれ当該各号に定める経路のうち1以上（第四
　号に掲げる場合にあっては，その全て）を，高齢者，障害者等が円滑に利用できる
　経路（以下この条及び第25条第1項において「移動等円滑化経路」という．）にし
　なければならない．

一　建築物に，不特定かつ多数の者が利用し，又は主として高齢者，障害者等が利用
　する居室（以下「利用居室」という．）を設ける場合　　道又は公園，広場その他
　の空地（以下「道等」という．）から当該利用居室までの経路（直接地上へ通ずる
　出入口のある階（以下この条において「地上階」という．）又はその直上階若しく
　は直下階のみに利用居室を設ける場合にあっては，当該地上階とその直上階又は直
　下階との間の上下の移動に係る部分を除く．）

二　建築物又はその敷地に車椅子使用者用便房（車椅子使用者用客室に設けられるもの
　を除く．以下同じ．）を設ける場合　　利用居室（当該建築物に利用居室が設けられて

いないときは，道等．次号において同じ．）から当該車椅子使用者用便房までの経路

三　建築物又はその敷地に車椅子使用者用駐車施設を設ける場合　　当該車椅子使用者用駐車施設から利用居室までの経路

四　建築物が公共用歩廊である場合　　その一方の側の道等から当該公共用歩廊を通過し，その他方の側の道等までの経路（当該公共用歩廊又はその敷地にある部分に限る．）

2　移動等円滑化経路は，次に掲げるものでなければならない．

一　当該移動等円滑化経路上に階段又は段を設けないこと．ただし，傾斜路又はエレベーターその他の昇降機を併設する場合は，この限りでない．

二　当該移動等円滑化経路を構成する出入口は，次に掲げるものであること．

　　イ　幅は，80 cm 以上とすること．

　　ロ　戸を設ける場合には，自動的に開閉する構造その他の車椅子使用者が容易に開閉して通過できる構造とし，かつ，その前後に高低差がないこと．

三　当該移動等円滑化経路を構成する廊下等は，第 11 条の規定によるほか，次に掲げるものであること．

　　イ　幅は，120 cm 以上とすること．

　　ロ　50 m 以内ごとに車椅子の転回に支障がない場所を設けること．

　　ハ　戸を設ける場合には，自動的に開閉する構造その他の車椅子使用者が容易に開閉して通過できる構造とし，かつ，その前後に高低差がないこと．

四　当該移動等円滑化経路を構成する傾斜路（階段に代わり，又はこれに併設するものに限る．）は，第 13 条の規定によるほか，次に掲げるものであること．

　　イ　幅は，階段に代わるものにあっては 120 cm 以上，階段に併設するものにあっては 90 cm 以上とすること．

　　ロ　勾配は，1/12 を超えないこと．ただし，高さが 16 cm 以下のものにあっては，1/8 を超えないこと．

　　ハ　高さが 75 cm を超えるものにあっては，高さ 75 cm 以内ごとに踏幅が 150 cm 以上の踊場を設けること．

五　当該移動等円滑化経路を構成するエレベーター（次号に規定するものを除く．以下この号において同じ．）及びその乗降ロビーは，次に掲げるものであること．

　　イ　籠（人を乗せ昇降する部分をいう．以下この号において同じ．）は，利用居室，車椅子使用者用便房又は車椅子使用者用駐車施設がある階及び地上階に停止すること．

　　ロ　籠及び昇降路の出入口の幅は，80 cm 以上とすること．

　　ハ　籠の奥行きは，135 cm 以上とすること．

　　ニ　乗降ロビーは，高低差がないものとし，その幅及び奥行きは，150 cm 以上とすること．

　　ホ　籠内及び乗降ロビーには，車椅子使用者が利用しやすい位置に制御装置を設けること．

　　ヘ　籠内に，籠が停止する予定の階及び籠の現在位置を表示する装置を設けること．

　　ト　乗降ロビーに，到着する籠の昇降方向を表示する装置を設けること．

　　チ　不特定かつ多数の者が利用する建築物（床面積の合計が 2 000 m² 以上の建築物に限る．）の移動等円滑化経路を構成するエレベーターにあっては，イからハまで，ホ及びヘに定めるもののほか，次に掲げるものであること．

(1)　籠の幅は，140 cm 以上とすること．

(2)　籠は，車椅子の転回に支障がない構造とすること．

リ　不特定かつ多数の者が利用し，又は主として視覚障害者が利用するエレベーター及び乗降ロビーにあっては，イからチまでに定めるもののほか，次に掲げるものであること．ただし，視覚障害者の利用上支障がないものとして国土交通大臣が定める場合は，この限りでない．

(1)　籠内に，籠が到着する階並びに籠及び昇降路の出入口の戸の閉鎖を音声により知らせる装置を設けること．

(2)　籠内及び乗降ロビーに設ける制御装置（車椅子使用者が利用しやすい位置及びその他の位置に制御装置を設ける場合にあっては，当該その他の位置に設けるものに限る．）は，点字その他国土交通大臣が定める方法により視覚障害者が円滑に操作することができる構造とすること．

(3)　籠内又は乗降ロビーに，到着するかごの昇降方向を音声により知らせる装置を設けること．

六　当該移動等円滑化経路を構成する国土交通大臣が定める特殊な構造又は使用形態のエレベーターその他の昇降機は，車椅子使用者が円滑に利用することができるものとして国土交通大臣が定める構造とすること．

七　当該移動等円滑化経路を構成する敷地内の通路は，第16条の規定によるほか，次に掲げるものであること．

イ　幅は，120 cm 以上とすること．

ロ　50 m 以内ごとに車椅子の転回に支障がない場所を設けること．

ハ　戸を設ける場合には，自動的に開閉する構造その他の車椅子使用者が容易に開閉して通過できる構造とし，かつ，その前後に高低差がないこと．

ニ　傾斜路は，次に掲げるものであること．

(1)　幅は，段に代わるものにあっては120 cm 以上，段に併設するものにあっては90 cm 以上とすること．

(2)　勾配は，1/12 を超えないこと．ただし，高さが 16 cm 以下のものにあっては，1/8 を超えないこと．

(3)　高さが 75 cm を超えるもの（勾配が 1/20 を超えるものに限る．）にあっては，高さ 75 cm 以内ごとに踏幅が 150 cm 以上の踊場を設けること．

3　第1項第一号に定める経路を構成する敷地内の通路が地形の特殊性により前項第七号の規定によることが困難である場合における前2項の規定の適用については，第1項第一号中「道又は公園，広場その他の空地（以下「道等」という．）」とあるのは，「当該建築物の車寄せ」とする．

[標識]

第19条　移動等円滑化の措置がとられたエレベーターその他の昇降機，便所又は駐車施設の付近には，国土交通省令で定めるところにより，それぞれ，当該エレベーターその他の昇降機，便所又は駐車施設があることを表示する標識を設けなければならない．

[案内設備]

第20条　建築物又はその敷地には，当該建築物又はその敷地内の移動等円滑化の措

置がとられたエレベーターその他の昇降機，便所又は駐車施設の配置を表示した案内板その他の設備を設けなければならない．ただし，当該エレベーターその他の昇降機，便所又は駐車施設の配置を容易に視認できる場合は，この限りでない．

2　建築物又はその敷地には，当該建築物又はその敷地内の移動等円滑化の措置がとられたエレベーターその他の昇降機又は便所の配置を点字その他国土交通大臣が定める方法により視覚障害者に示すための設備を設けなければならない．

3　案内所を設ける場合には，前2項の規定は適用しない．

［案内設備までの経路］

第21条　道等から前条第2項の規定による設備又は同条第3項の規定による案内所までの経路（不特定かつ多数の者が利用し，又は主として視覚障害者が利用するものに限る．）は，そのうち1以上を，視覚障害者が円滑に利用できる経路（以下この条において「視覚障害者移動等円滑化経路」という．）にしなければならない．ただし，視覚障害者の利用上支障がないものとして国土交通大臣が定める場合は，この限りでない．

2　視覚障害者移動等円滑化経路は，次に掲げるものでなければならない．

一　当該視覚障害者移動等円滑化経路に，視覚障害者の誘導を行うために，線状ブロック等（床面に敷設されるブロックその他これに類するものであって，線状の突起が設けられており，かつ，周囲の床面との色の明度，色相又は彩度の差が大きいことにより容易に識別できるものをいう．）及び点状ブロック等を適切に組み合わせて敷設し，又は音声その他の方法により視覚障害者を誘導する設備を設けること．ただし，進行方向を変更する必要がない風除室内においては，この限りでない．

二　当該視覚障害者移動等円滑化経路を構成する敷地内の通路の次に掲げる部分には，視覚障害者に対し警告を行うために，点状ブロック等を敷設すること．

イ　車路に近接する部分

ロ　段がある部分又は傾斜がある部分の上端に近接する部分（視覚障害者の利用上支障がないものとして国土交通大臣が定める部分を除く．）

［増築等に関する適用範囲］

第22条　建築物の増築又は改築（用途の変更をして特別特定建築物にすることを含む．第一号において「増築等」という．）をする場合には，第11条から前条までの規定は，次に掲げる建築物の部分に限り，適用する．

一　当該増築等に係る部分

二　道等から前号に掲げる部分にある利用居室までの1以上の経路を構成する出入口，廊下等，階段，傾斜路，エレベーターその他の昇降機及び敷地内の通路

三　不特定かつ多数の者が利用し，又は主として高齢者，障害者等が利用する便所

四　第一号に掲げる部分にある利用居室（当該部分に利用居室が設けられていないときは，道等）から車椅子使用者用便房（前号に掲げる便所に設けられるものに限る．）までの1以上の経路を構成する出入口，廊下等，階段，傾斜路，エレベーターその他の昇降機及び敷地内の通路

五　不特定かつ多数の者が利用し，又は主として高齢者，障害者等が利用する駐車場

六　車椅子使用者用駐車施設（前号に掲げる駐車場に設けられるものに限る．）から第一号に掲げる部分にある利用居室（当該部分に利用居室が設けられていないとき

は，道等）までの1以上の経路を構成する出入口，廊下等，階段，傾斜路，エレベーターその他の昇降機及び敷地内の通路

［公立小学校等に関する読替え］

第23条　公立小学校等についての第11条から第14条まで，第16条，第17条第1項，第18条第1項及び前条の規定（次条において「読替え対象規定」という．）の適用については，これらの規定中「不特定かつ多数の者が利用し，又は主として高齢者，障害者等が利用する」とあるのは「多数の者が利用する」と，前条中「特別特定建築物」とあるのは「第5条第一号に規定する公立小学校等」とする．

［条例で定める特定建築物に関する読替え］

第24条　法第14条第3項の規定により特別特定建築物に条例で定める特定建築物を追加した場合における読替え対象規定の適用については，読替え対象規定中「不特定かつ多数の者が利用し，又は主として高齢者，障害者等が利用する」とあるのは「多数の者が利用する」と，第22条中「特別特定建築物」とあるのは「法第14条第3項の条例で定める特定建築物」とする．

［条例対象小規模特別特定建築物の建築物移動等円滑化基準］

第25条　条例対象小規模特別特定建築物の移動等円滑化経路については，第18条の規定を準用する．この場合において，同条第1項中「次に」とあるのは「第一号又は第四号に」と，同条第2項第三号中「第11条の規定によるほか，」とあるのは「第11条各号及び」と，同号イ及び第七号イ中「120cm」とあり，同項第四号イ中「階段に代わるものにあっては120cm以上，階段に併設するものにあっては90cm」とあり，並びに同項第七号ニ（1）中「段に代わるものにあっては120cm以上，段に併設するものにあっては90cm」とあるのは「90cm」と，同項第四号中「第13条の規定によるほか，」とあるのは「第13条各号及び」と，同項第七号中「第16条の規定によるほか，」とあるのは「第16条各号及び」と読み替えるものとする．

2　建築物の増築又は改築（用途の変更をして条例対象小規模特別特定建築物にすることを含む．以下この項において「増築等」という．）をする場合には，第19条及び前項の規定は，当該増築等に係る部分（当該部分に道等に接する出入口がある場合に限る．）に限り，適用する．

3　条例対象小規模特別特定建築物のうち次に掲げるものについての第1項において読み替えて準用する第18条の規定の適用については，同条第1項第一号中「不特定かつ多数の者が利用し，又は主として高齢者，障害者等が利用する」とあるのは，「多数の者が利用する」とする．

一　公立小学校等

二　法第14条第3項の条例で定める特定建築物

第26条～第31条　（略）

住宅の品質確保の促進等に関する法律［抜粋］

平成 11 年 6 月 23 日　法律第 81 号
最終改正　令和 4 年 6 月 17 日　法律第 68 号

［目的］

第1条　この法律は，住宅の性能に関する表示基準及びこれに基づく評価の制度を設け，住宅に係る紛争の処理体制を整備するとともに，新築住宅の請負契約又は売買契約における瑕疵担保責任について特別の定めをすることにより，住宅の品質確保の促進，住宅購入者等の利益の保護及び住宅に係る紛争の迅速かつ適正な解決を図り，もって国民生活の安定向上と国民経済の健全な発展に寄与することを目的とする．

［定義］

第2条　この法律において「住宅」とは，人の居住の用に供する家屋又は家屋の部分（人の居住の用以外の用に供する家屋の部分との共用に供する部分を含む．）をいう．

2　この法律において「新築住宅」とは，新たに建設された住宅で，まだ人の居住の用に供したことのないもの（建設工事の完了の日から起算して1年を経過したものを除く．）をいう．

3　この法律において「日本住宅性能表示基準」とは，住宅の性能に関し表示すべき事項及びその表示の方法の基準であって，次条の規定により定められたものをいう．

4　この法律において「住宅購入者等」とは，住宅の購入若しくは住宅の建設工事の注文をし，若しくはしようとする者又は購入され，若しくは建設された住宅に居住をし，若しくはしようとする者をいう．

5　この法律において「瑕疵」とは，種類又は品質に関して契約の内容に適合しない状態をいう．

［日本住宅性能表示基準］

第3条　国土交通大臣及び内閣総理大臣は，住宅の性能に関する表示の適正化を図るため，日本住宅性能表示基準を定めなければならない．

2　日本住宅性能表示基準は，利害関係人の意向を適切に反映するように，かつ，その適用に当たって同様な条件の下にある者に対して不公正に差別を付することがないように定め，又は変更しなければならない．

3　国土交通大臣又は内閣総理大臣は，日本住宅性能表示基準を定め，又は変更しようとする場合において，必要があると認めるときは，当該日本住宅性能表示基準又はその変更の案について，公聴会を開いて利害関係人の意見を聴くことができる．

4　国土交通大臣及び内閣総理大臣は，日本住宅性能表示基準を定め，又は変更しようとするときは，国土交通大臣にあっては社会資本整備審議会の議決を，内閣総理大臣にあっては消費者委員会の議決を，それぞれ経なければならない．ただし，社会資本整備審議会又は消費者委員会が軽微な事項と認めるものについては，この限りでない．

5　国土交通大臣及び内閣総理大臣は，日本住宅性能表示基準を定め，又は変更したときは，遅滞なく，これを告示しなければならない．

第3条の2，第4条　（略）

[住宅性能評価]

第5条　第7条から第10条までの規定の定めるところにより国土交通大臣の登録を受けた者（以下「登録住宅性能評価機関」という．）は，申請により，住宅性能評価（設計された住宅又は建設された住宅について，日本住宅性能表示基準に従って表示すべき性能に関し，評価方法基準（第58条第1項の特別評価方法認定を受けた方法を用いる場合における当該方法を含む．第31条第1項において同じ．）に従って評価することをいう．以下同じ．）を行い，国土交通省令・内閣府令で定める事項を記載し，国土交通省令・内閣府令で定める標章を付した評価書（以下「住宅性能評価書」という．）を交付することができる．

2　前項の申請の手続その他住宅性能評価及び住宅性能評価書の交付に関し必要な事項は，国土交通省令・内閣府令で定める．

3　何人も，第1項の場合を除き，住宅の性能に関する評価書，住宅の建設工事の請負契約若しくは売買契約に係る契約書又はこれらに添付する書類に，同項の標章又はこれと紛らわしい標章を付してはならない．

[住宅性能評価書等と契約内容]

第6条　住宅の建設工事の請負人は，設計された住宅に係る住宅性能評価書（以下「設計住宅性能評価書」という．）若しくはその写しを請負契約書に添付し，又は注文者に対し設計住宅性能評価書若しくはその写しを交付した場合においては，当該設計住宅性能評価書又はその写しに表示された性能を有する住宅の建設工事を行うことを契約したものとみなす．

2　新築住宅の建設工事の完了前に当該新築住宅の売買契約を締結した売主は，設計住宅性能評価書若しくはその写しを売買契約書に添付し，又は買主に対し設計住宅性能評価書若しくはその写しを交付した場合においては，当該設計住宅性能評価書又はその写しに表示された性能を有する新築住宅を引き渡すことを契約したものとみなす．

3　新築住宅の建設工事の完了後に当該新築住宅の売買契約を締結した売主は，建設された住宅に係る住宅性能評価書（以下「建設住宅性能評価書」という．）若しくはその写しを売買契約書に添付し，又は買主に対し建設住宅性能評価書若しくはその写しを交付した場合においては，当該建設住宅性能評価書又はその写しに表示された性能を有する新築住宅を引き渡すことを契約したものとみなす．

4　前3項の規定は，請負人又は売主が，請負契約書又は売買契約書において反対の意思を表示しているときは，適用しない．

[長期優良住宅の普及の促進に関する法律の特例]

第6条の2　長期優良住宅の普及の促進に関する法律（平成20年法律第87号）第5条第1項から第5項までの規定による認定の申請（同法第8条第1項の規定による変更の認定の申請を含む．）をする者は，あらかじめ，国土交通省令で定めるところにより，登録住宅性能評価機関に対し，当該申請に係る住宅の構造及び設備が長期使用構造等（同法第2条第4項に規定する長期使用構造等をいう．以下この条において同じ．）であることの確認を行うことを求めることができる．

2　第5条第1項の住宅性能評価の申請をする者は，前項の規定による求めを当該

住宅性能評価の申請と併せてすることができる.

3　第1項の規定による求めがあった場合(次項に規定する場合を除く.)は,登録住宅性能評価機関は,当該住宅の構造及び設備が長期使用構造等であるかどうかの確認を行い,国土交通省令で定めるところにより,その結果を記載した書面(第5項において「確認書」という.)を当該求めをした者に交付するものとする.

4　第2項の規定により住宅性能評価の申請と併せて第1項の規定による求めがあった場合は,登録住宅性能評価機関は,当該住宅の構造及び設備が長期使用構造等であるかどうかの確認を行い,国土交通省令で定めるところにより,その結果を住宅性能評価書に記載するものとする.

5　前2項の規定によりその住宅の構造及び設備が長期使用構造等である旨が記載された確認書若しくは住宅性能評価書又はこれらの写しを,長期優良住宅の普及の促進に関する法律第5条第1項に規定する長期優良住宅建築等計画又は同条第6項に規定する長期優良住宅維持保全計画又は同条第6項に規定する長期優良住宅維持保全計画に添えて同条第1項から第7項までの規定による認定の申請(同法第8条第1項の規定による変更の認定の申請を含む.)をした場合においては,当該申請に係る長期優良住宅建築等計画又は長期優良住宅維持保全計画又は長期優良住宅維持保全計画は,同法第6条第1項第一号(同法第8条第2項において準用する場合を含む.)に掲げる基準に適合しているものとみなす.

第7条〜第30条　(略)

[住宅型式性能認定]

第31条　第44条から第46条までの規定の定めるところにより国土交通大臣の登録(第44条第2項第一号に掲げる業務の種別に係るものに限る.)を受けた者は,申請により,住宅型式性能認定(住宅又はその部分で国土交通大臣が定めるものの型式について評価方法基準に従って評価し,当該型式が日本住宅性能表示基準に従って表示すべき性能を有する旨を認定することをいい,当該登録を受けた者が外国にある事務所によりこれを行う者である場合にあっては,外国において事業を行う者の申請に基づくものに限る.以下同じ.)を行うことができる.

2　前項の申請の手続その他住宅型式性能認定に関し必要な事項は,国土交通省令で定める.

3　第1項の登録を受けた者は,住宅型式性能認定をしたときは,国土交通省令で定めるところにより,その旨を公示しなければならない.

第32条〜第81条　(略)

[住宅紛争処理支援センター]

第82条　国土交通大臣は,指定住宅紛争処理機関の行う紛争処理の業務の支援その他住宅購入者等の利益の保護及び住宅に係る紛争の迅速かつ適正な解決を図ることを目的とする一般財団法人であって,次条第1項に規定する業務(以下この節において「支援等の業務」という.)に関し次に掲げる基準に適合すると認められるものを,その申請により,全国に一を限って,住宅紛争処理支援センター(以下「センター」という.)として指定することができる.

一　職員,支援等の業務の実施の方法その他の事項についての支援等の業務の実施に関する計画が,支援等の業務の適確な実施のために適切なものであること.

二　前号の支援等の業務の実施に関する計画を適確に実施するに足りる経理的及び技術的な基礎を有するものであること.

三　役員又は職員の構成が,支援等の業務の公正な実施に支障を及ぼすおそれがないものであること.

四　支援等の業務以外の業務を行っている場合には,その業務を行うことによって支援等の業務の公正な実施に支障を及ぼすおそれがないものであること.

五　前各号に定めるもののほか,支援等の業務を公正かつ適確に行うことができるものであること.

2　国土交通大臣は,前項の規定による指定(以下この節において単に「指定」という.)をしたときは,センターの名称及び住所並びに支援等の業務を行う事務所の所在地を公示しなければならない.

3　(略)

[業務]

第83条　センターは,次に掲げる業務を行うものとする.

一　指定住宅紛争処理機関に対して紛争処理の業務の実施に要する費用を助成すること.

二　住宅紛争処理に関する情報及び資料の収集及び整理をし,並びにこれらを指定住宅紛争処理機関に対し提供すること.

三　住宅紛争処理に関する調査及び研究を行うこと.

四　指定住宅紛争処理機関の紛争処理委員又はその職員に対する研修を行うこと.

五　指定住宅紛争処理機関の行う紛争処理の業務について,連絡調整を図ること.

六　評価住宅の建設工事の請負契約又は売買契約に関する相談,助言及び苦情の処理を行うこと.

七　評価住宅以外の住宅の建設工事の請負契約又は売買契約に関する相談,助言及び苦情の処理を行うこと.

八　住宅の瑕疵の発生の防止に関する調査及び研究を行うこと.

九　前各号に掲げるもののほか,住宅購入者等の利益の保護及び住宅に係る紛争の迅速かつ適正な解決を図るために必要な業務を行うこと.

2　前項第一号に規定する費用の助成に関する手続,基準その他必要な事項は,国土交通省令で定める.

第84条～第93条　(略)

[住宅の新築工事の請負人の瑕疵担保責任]

第94条　住宅を新築する建設工事の請負契約(以下「住宅新築請負契約」という.)においては,請負人は,注文者に引き渡した時から10年間,住宅のうち構造耐力上主要な部分又は雨水の浸入を防止する部分として政令で定めるもの(次条において「住宅の構造耐力上主要な部分等」という.)の瑕疵(構造耐力又は雨水の浸入に影響のないものを除く.次条において同じ.)について,民法(明治29年法律第89号)第415条,第541条及び第542条並びに同法第559条において準用する同法第562条及び第563条に規定する担保の責任を負う.

2　前項の規定に反する特約で注文者に不利なものは,無効とする.

3　第1項の場合における民法第637条の規定の適用については,同条第1項中「前

条本文に規定する」とあるのは「請負人が住宅の品質確保の促進等に関する法律（平成11年法律第81号）第94条第1項に規定する瑕疵がある目的物を注文者に引き渡した」と，同項及び同条第2項中「不適合」とあるのは「瑕疵」とする．

［新築住宅の売主の瑕疵担保責任］

第95条　新築住宅の売買契約においては，売主は，買主に引き渡した時（当該新築住宅が住宅新築請負契約に基づき請負人から当該売主に引き渡されたものである場合にあっては，その引渡しの時）から10年間，住宅の構造耐力上主要な部分等の瑕疵について，民法第415条，第541条，第542条，第562条及び第563条に規定する担保の責任を負う．

2　前項の規定に反する特約で買主に不利なものは，無効とする．

3　第1項の場合における民法第566条の規定の適用については，同条中「種類又は品質に関して契約の内容に適合しない」とあるのは「住宅の品質確保の促進等に関する法律（平成11年法律第81号）第95条第1項に規定する瑕疵がある」と，「不適合」とあるのは「瑕疵」とする．

第96条　（略）

［瑕疵担保責任の期間の伸長等］

第97条　住宅新築請負契約又は新築住宅の売買契約においては，請負人が第94条第1項に規定する瑕疵その他の住宅の瑕疵について同項に規定する担保の責任を負うべき期間又は売主が第95条第1項に規定する瑕疵その他の住宅の瑕疵について同項に規定する担保の責任を負うべき期間は，注文者又は買主に引き渡した時から20年以内とすることができる．

第98条〜第108条　（略）

住宅の品質確保の促進等に関する法律施行令［抜粋］

平成 12 年 3 月 15 日　政令第 64 号
最終改正　平成 21 年 8 月 14 日　政令第 217 号

第 1 条～第 4 条　（略）

［住宅の構造耐力上主要な部分等］

第 5 条　法第 94 条第 1 項の住宅のうち構造耐力上主要な部分として政令で定めるものは，住宅の基礎，基礎ぐい，壁，柱，小屋組，土台，斜材（筋かい，方づえ，火打材その他これらに類するものをいう．），床版，屋根版又は横架材（はり，けたその他これらに類するものをいう．）で，当該住宅の自重若しくは積載荷重，積雪，風圧，土圧若しくは水圧又は地震その他の震動若しくは衝撃を支えるものとする．

2　法第 94 条第 1 項の住宅のうち雨水の浸入を防止する部分として政令で定めるものは，次に掲げるものとする．

一　住宅の屋根若しくは外壁又はこれらの開口部に設ける戸，わくその他の建具

二　雨水を排除するため住宅に設ける排水管のうち，当該住宅の屋根若しくは外壁の内部又は屋内にある部分

第 6 条　（略）

特定住宅瑕疵担保責任の履行の確保等に関する法律［抜粋］

平成 19 年 5 月 30 日　法律第 66 号
最終改正　令和 4 年 6 月 17 日　法律第 68 号

［目的］

第 1 条　この法律は，国民の健康で文化的な生活にとって不可欠な基盤である住宅の備えるべき安全性その他の品質又は性能を確保するためには，住宅の瑕疵の発生の防止が図られるとともに，住宅に瑕疵があった場合においてはその瑕疵担保責任が履行されることが重要であることにかんがみ，建設業者による住宅建設瑕疵担保保証金の供託，宅地建物取引業者による住宅販売瑕疵担保保証金の供託，住宅瑕疵担保責任保険法人の指定及び住宅瑕疵担保責任保険契約に係る新築住宅に関する紛争の処理体制等について定めることにより，住宅の品質確保の促進等に関する法律（平成 11 年法律第 81 号．以下「住宅品質確保法」という．）と相まって，住宅を新築する建設工事の発注者及び新築住宅の買主の利益の保護並びに円滑な住宅の供給を図り，もって国民生活の安定向上と国民経済の健全な発展に寄与することを目的とする．

［定義］

第 2 条　この法律において「住宅」とは住宅品質確保法第 2 条第 1 項に規定する住宅をいい，「新築住宅」とは同条第 2 項に規定する新築住宅をいう．

2　この法律において「瑕疵」とは，住宅品質確保法第 2 条第 5 項に規定する瑕疵をいう．

3　この法律において「建設業者」とは，建設業法（昭和 24 年法律第 100 号）第 2 条第 3 項に規定する建設業者をいう．

4　この法律において「宅地建物取引業者」とは，宅地建物取引業法（昭和 27 年法律第 176 号）第 2 条第三号に規定する宅地建物取引業者をいい，信託会社又は金融機関の信託業務の兼営等に関する法律（昭和 18 年法律第 43 号）第 1 条第 1 項の認可を受けた金融機関であって，宅地建物取引業法第 2 条第二号に規定する宅地建物取引業を営むもの（第 12 条第 1 項において「信託会社等」という．）を含むものとする．

5　この法律において「特定住宅瑕疵担保責任」とは，住宅品質確保法第 94 条第 1 項又は第 95 条第 1 項の規定による担保の責任をいう．

6　この法律において「住宅建設瑕疵担保責任保険契約」とは，次に掲げる要件に適合する保険契約をいう．

一　建設業者が保険料を支払うことを約するものであること．

二　その引受けを行う者が次に掲げる事項を約して保険料を収受するものであること．

イ　住宅品質確保法第 94 条第 1 項の規定による担保の責任（以下「特定住宅建設瑕疵担保責任」という．）に係る新築住宅に同項に規定する瑕疵がある場合において，建設業者が当該特定住宅建設瑕疵担保責任を履行したときに，当該建設業者の請求に基づき，その履行によって生じた当該建設業者の損害を填補すること．

ロ　特定住宅建設瑕疵担保責任に係る新築住宅に住宅品質確保法第94条第1項に規定する瑕疵がある場合において，建設業者が相当の期間を経過してもなお当該特定住宅建設瑕疵担保責任を履行しないときに，当該住宅を新築する建設工事の発注者（建設業法第2条第5項に規定する発注者をいい，宅地建物取引業者であるものを除く．以下同じ．）の請求に基づき，その瑕疵によって生じた当該発注者の損害を塡補すること．

三　前号イ及びロの損害を塡補するための保険金額が2000万円以上であること．

四　住宅を新築する建設工事の発注者が当該建設工事の請負人である建設業者から当該建設工事に係る新築住宅の引渡しを受けた時から10年以上の期間にわたって有効であること．

五　国土交通大臣の承認を受けた場合を除き，変更又は解除をすることができないこと．

六　前各号に掲げるもののほか，その内容が第二号イに規定する建設業者及び同号ロに規定する発注者の利益の保護のため必要なものとして国土交通省令で定める基準に適合すること．

7　この法律において「住宅販売瑕疵担保責任保険契約」とは，次に掲げる要件に適合する保険契約をいう．

一　宅地建物取引業者が保険料を支払うことを約するものであること．

二　その引受けを行う者が次に掲げる事項を約して保険料を収受するものであること．

イ　住宅品質確保法第95条第1項の規定による担保の責任（以下「特定住宅販売瑕疵担保責任」という．）に係る新築住宅に同項に規定する瑕疵がある場合において，宅地建物取引業者が当該特定住宅販売瑕疵担保責任を履行したときに，当該宅地建物取引業者の請求に基づき，その履行によって生じた当該宅地建物取引業者の損害を塡補すること．

ロ　特定住宅販売瑕疵担保責任に係る新築住宅に住宅品質確保法第95条第1項に規定する隠れた瑕疵がある場合において，宅地建物取引業者が相当の期間を経過してもなお当該特定住宅販売瑕疵担保責任を履行しないときに，当該新築住宅の買主（宅地建物取引業者であるものを除く．第19条第二号を除き，以下同じ．）の請求に基づき，その瑕疵によって生じた当該買主の損害を塡補すること．

三　前号イ及びロの損害を塡補するための保険金額が2000万円以上であること．

四　新築住宅の買主が当該新築住宅の売主である宅地建物取引業者から当該新築住宅の引渡しを受けた時から10年以上の期間にわたって有効であること．

五　国土交通大臣の承認を受けた場合を除き，変更又は解除をすることができないこと．

六　前各号に掲げるもののほか，その内容が第二号イに規定する宅地建物取引業者及び同号ロに規定する買主の利益の保護のため必要なものとして国土交通省令で定める基準に適合すること．

[住宅建設瑕疵担保保証金の供託等]

第3条　建設業者は，毎年，基準日（3月31日をいう．以下同じ．）から3週間を経過する日までの間において，当該基準日前10年間に住宅を新築する建設工事の請

負契約に基づき発注者に引き渡した新築住宅について，当該発注者に対する特定住宅建設瑕疵担保責任の履行を確保するため，住宅建設瑕疵担保保証金の供託をしていなければならない．

2　前項の住宅建設瑕疵担保保証金の額は，当該基準日における同項の新築住宅（当該建設業者が第17条第1項に規定する住宅瑕疵担保責任保険法人（以下この章及び次章において単に「住宅瑕疵担保責任保険法人」という．）と住宅建設瑕疵担保責任保険契約を締結し，当該発注者に，保険証券又はこれに代わるべき書面を交付し，又はこれらに記載すべき事項を記録した電磁的記録（電磁的方式（電子的方式，磁気的方式その他人の知覚によっては認識することができない方式をいう．）で作られる記録をいう．第11条第2項において同じ．）を提供した場合における当該住宅建設瑕疵担保責任保険契約に係る新築住宅を除く．以下この条において「建設新築住宅」という．）の合計戸数の別表の上欄に掲げる区分に応じ，それぞれ同表の下欄に掲げる金額の範囲内で，建設新築住宅の合計戸数を基礎として，新築住宅に住宅品質確保法第94条第1項に規定する瑕疵があった場合に生ずる損害の状況を勘案して政令で定めるところにより算定する額（以下この章において「基準額」という．）以上の額とする．

3　前項の建設新築住宅の合計戸数の算定に当たっては，建設新築住宅のうち，その床面積の合計が政令で定める面積以下のものは，その2戸をもって1戸とする．

4　前項に定めるもののほか，住宅を新築する建設工事の発注者と2以上の建設業者との間で締結された請負契約であって，建設業法第19条第1項の規定により特定住宅建設瑕疵担保責任の履行に係る当該建設業者それぞれの負担の割合が記載された書面が相互に交付されたものに係る建設新築住宅その他の政令で定める建設新築住宅については，政令で，第2項の建設新築住宅の合計戸数の算定の特例を定めることができる．

5　第1項の住宅建設瑕疵担保保証金は，国土交通省令で定めるところにより，国債証券，地方債証券その他の国土交通省令で定める有価証券（社債，株式等の振替に関する法律（平成13年法律第75号）第278条第1項に規定する振替債を含む．第8条第2項及び第11条第5項において同じ．）をもって，これに充てることができる．

6　第1項の規定による住宅建設瑕疵担保保証金の供託は，当該建設業者の主たる事務所の最寄りの供託所にするものとする．

[住宅建設瑕疵担保保証金の供託等の届出等]

第4条　前条第1項の新築住宅を引き渡した建設業者は，基準日ごとに，当該基準日に係る住宅建設瑕疵担保保証金の供託及び同条第2項に規定する住宅建設瑕疵担保責任保険契約の締結の状況について，国土交通省令で定めるところにより，その建設業法第3条第1項の許可を受けた国土交通大臣又は都道府県知事に届け出なければならない．

2　前項の建設業者が新たに住宅建設瑕疵担保保証金の供託をし，又は新たに住宅瑕疵担保責任保険法人と住宅建設瑕疵担保責任保険契約を締結して同項の規定による届出をする場合においては，住宅建設瑕疵担保保証金の供託又は住宅建設瑕疵担保責任保険契約の締結に関する書類で国土交通省令で定めるものを添付しなければ

ならない.

[住宅を新築する建設工事の請負契約の新たな締結の制限]

第5条　第3条第1項の新築住宅を引き渡した建設業者は，同項の規定による供託をし，かつ，前条第1項の規定による届出をしなければ，当該基準日の翌日から起算して50日を経過した日以後においては，新たに住宅を新築する建設工事の請負契約を締結してはならない．ただし，当該基準日後に当該基準日に係る住宅建設瑕疵担保保証金の基準額に不足する額の供託をし，かつ，その供託について，国土交通省令で定めるところにより，その建設業法第3条第1項の許可を受けた国土交通大臣又は都道府県知事の確認を受けたときは，その確認を受けた日以後においては，この限りでない．

[住宅建設瑕疵担保保証金の還付等]

第6条　第3条第1項の規定により住宅建設瑕疵担保保証金の供託をしている建設業者（以下「供託建設業者」という．）が特定住宅建設瑕疵担保責任を負う期間内に，住宅品質確保法第94条第1項に規定する瑕疵によって生じた損害を受けた当該特定住宅建設瑕疵担保責任に係る新築住宅の発注者は，その瑕疵を理由とする報酬の返還請求権又は損害賠償請求権（次項において「報酬返還請求権等」という．）に関し，当該供託建設業者が供託をしている住宅建設瑕疵担保保証金について，他の債権者に先立って弁済を受ける権利を有する．

2　前項の権利を有する者は，次に掲げるときに限り，同項の権利の実行のため住宅建設瑕疵担保保証金の還付を請求することができる．

一　当該報酬返還請求権等について債務名義を取得したとき．

二　当該報酬返還請求権等の存在及び内容について当該供託建設業者と合意した旨が記載された公正証書を作成したときその他これに準ずる場合として国土交通省令で定めるとき．

三　当該供託建設業者が死亡した場合その他当該報酬返還請求権等に係る報酬の返還の義務又は損害の賠償の義務を履行することができず，又は著しく困難である場合として国土交通省令で定める場合において，国土交通省令で定めるところにより，前項の権利を有することについて国土交通大臣の確認を受けたとき．

3　前項に定めるもののほか，第1項の権利の実行に関し必要な事項は，法務省令・国土交通省令で定める．

[住宅建設瑕疵担保保証金の不足額の供託]

第7条　供託建設業者は，前条第1項の権利の実行その他の理由により，住宅建設瑕疵担保保証金が基準額に不足することとなったときは，法務省令・国土交通省令で定める日から2週間以内にその不足額を供託しなければならない．

2　供託建設業者は，前項の規定により供託したときは，国土交通省令で定めるところにより，その旨をその建設業法第3条第1項の許可を受けた国土交通大臣又は都道府県知事に届け出なければならない．

3　第3条第5項の規定は，第1項の規定により供託する場合について準用する．

[住宅建設瑕疵担保保証金の保管替え等]

第8条　供託建設業者は，金銭のみをもって住宅建設瑕疵担保保証金の供託をしている場合において，主たる事務所を移転したためその最寄りの供託所が変更したと

きは，法務省令・国土交通省令で定めるところにより，遅滞なく，住宅建設瑕疵担保保証金の供託をしている供託所に対し，費用を予納して，移転後の主たる事務所の最寄りの供託所への住宅建設瑕疵担保保証金の保管替えを請求しなければならない．

2　供託建設業者は，有価証券又は有価証券及び金銭で住宅建設瑕疵担保保証金の供託をしている場合において，主たる事務所を移転したためその最寄りの供託所が変更したときは，遅滞なく，当該住宅建設瑕疵担保保証金の額と同額の住宅建設瑕疵担保保証金の供託を移転後の主たる事務所の最寄りの供託所にしなければならない．その供託をしたときは，法務省令・国土交通省令で定めるところにより，移転前の主たる事務所の最寄りの供託所に供託をしていた住宅建設瑕疵担保保証金を取り戻すことができる．

3　第3条第5項の規定は，前項の規定により住宅建設瑕疵担保保証金の供託をする場合について準用する．

[住宅建設瑕疵担保保証金の取戻し]

第9条　供託建設業者又は建設業者であった者若しくはその承継人で第3条第1項の規定により住宅建設瑕疵担保保証金の供託をしているものは，基準日において当該住宅建設瑕疵担保保証金の額が当該基準日に係る基準額を超えることとなったときは，その超過額を取り戻すことができる．

2　前項の規定による住宅建設瑕疵担保保証金の取戻しは，国土交通省令で定めるところにより，当該供託建設業者又は建設業者であった者がその建設業法第3条第1項の許可を受けた国土交通大臣又は都道府県知事の承認を受けなければ，することができない．

3　前2項に定めるもののほか，住宅建設瑕疵担保保証金の取戻しに関し必要な事項は，法務省令・国土交通省令で定める．

[建設業者による供託所の所在地等に関する説明]

第10条　供託建設業者は，住宅を新築する建設工事の発注者に対し，当該建設工事の請負契約を締結するまでに，その住宅建設瑕疵担保保証金の供託をしている供託所の所在地その他住宅建設瑕疵担保保証金に関し国土交通省令で定める事項について，これらの事項を記載した書面を交付して説明しなければならない．

2　供託建設業者は，前項の規定による書面の交付に代えて，政令で定めるところにより，発注者の承諾を得て，当該書面に記載すべき事項を電磁的方法（電子情報処理組織を使用する方法その他の情報通信の技術を利用する方法であって国土交通省令で定めるものをいう．）により提供することができる．この場合において，当該供託建設業者は，当該書面を交付したものとみなす．

第11条～第44条　（略）

特定住宅瑕疵担保責任の履行の確保等に
関する法律施行令 [抜粋]

平成 19 年 12 月 27 日　政令第 394 号
最終改正　令和 3 年 9 月 1 日　政令第 242 号

[住宅建設瑕疵担保保証金の基準額]

第 1 条　特定住宅瑕疵担保責任の履行の確保等に関する法律（以下「法」という.）
第 3 条第 2 項の政令で定めるところにより算定する額は，建設新築住宅（同項に規
定する建設新築住宅をいう. 以下同じ.）の合計戸数の別表の区分の欄に掲げる区
分に応じ，それぞれ，建設新築住宅の合計戸数に同表の乗ずる金額の欄に掲げる金
額を乗じて得た額に，同表の加える金額の欄に掲げる金額を加えて得た額（その額
が 120 億円を超える場合にあっては，120 億円）とする.

**[合計戸数の算定に当たって 2 戸をもって 1 戸とする建設新築住宅の床面積の合計面
積]**

第 2 条　法第 3 条第 3 項の政令で定める面積は，55 m² とする.

[建設新築住宅の合計戸数の算定の特例]

第 3 条　法第 3 条第 4 項の政令で定める建設新築住宅は，住宅を新築する建設工事
の発注者と 2 以上の建設業者との間で締結された請負契約であって，建設業法（昭
和 24 年法律第 100 号）第 19 条第 1 項の規定により特定住宅建設瑕疵担保責任の履
行に係る当該建設業者それぞれの負担の割合（次項において「建設瑕疵負担割合」
という.）が記載された書面が相互に交付されたものに係る建設新築住宅とする.

2　法第 3 条第 2 項の建設新築住宅の合計戸数の算定に当たっては，前項に規定す
る建設新築住宅は，その 1 戸を同項の書面に記載された 2 以上の建設業者それぞれ
の建設瑕疵負担割合の合計に対する当該建設業者の建設瑕疵負担割合の割合で除し
て得た戸数をもって 1 戸とする.

[法第 10 条第 2 項の規定による承諾に関する手続等]

第 4 条　法第 10 条第 2 項の規定による承諾は，供託建設業者が，国土交通省令で定
めるところにより，あらかじめ，当該承諾に係る発注者に対し同項の規定による電
磁的方法による提供に用いる電磁的方法の種類及び内容を示した上で，当該発注者
から書面又は電子情報処理組織を使用する方法その他の情報通信の技術を利用する
方法であって国土交通省令で定めるもの（次項において「書面等」という.）によ
って得るものとする.

2　供託建設業者は，前項の承諾を得た場合であっても，当該承諾に係る発注者か
ら書面等により法第 10 条第 2 項の規定による電磁的方法による提供を受けない旨
の申出があったときは，当該電磁的方法による提供をしてはならない. ただし，当
該申出の後に当該発注者から再び前項の承諾を得た場合は，この限りでない.

3　前 2 項の規定は，法第 15 条第 2 項において法第 10 条第 2 項の規定を準用する
場合について準用する. この場合において，これらの規定中「供託建設業者」とあ
るのは「供託宅地建物取引業者」と，「発注者」とあるのは「買主」と読み替える

ものとする.

第5条～第10条 （略）

別表（第1条，第5条関係）

	区分	乗ずる金額	加える金額
一	1以下の場合	2000万円	0
二	1を超え10以下の場合	200万円	1800万円
三	10を超え50以下の場合	80万円	3000万円
四	50を超え100以下の場合	60万円	4000万円
五	100を超え500以下の場合	10万円	9000万円
六	500を超え1000以下の場合	8万円	1億円
七	1000を超え5000以下の場合	4万円	1億4000万円
八	5000を超え1万以下の場合	2万円	2億4000万円
九	1万を超え2万以下の場合	1万9000円	2億5000万円
十	2万を超え3万以下の場合	1万8000円	2億7000万円
十一	3万を超え4万以下の場合	1万7000円	3億円
十二	4万を超え5万以下の場合	1万6000円	3億4000万円
十三	5万を超え10万以下の場合	1万5000円	3億9000万円
十四	10万を超え20万以下の場合	1万4000円	4億9000万円
十五	20万を超え30万以下の場合	1万3000円	6億9000万円
十六	30万を超える場合	1万2000円	9億9000万円

特定住宅瑕疵担保責任の履行の確保等に
関する法律施行規則 [抜粋]

平成 20 年 3 月 24 日　国土交通省令第 10 号
最終改正　令和 3 年 12 月 21 日　国土交通省令第 80 号

[住宅建設瑕疵担保責任保険契約の内容の基準]

第 1 条　特定住宅瑕疵担保責任の履行の確保等に関する法律（以下「法」という.）
　第 2 条第 6 項第六号の国土交通省令で定める基準は，次に掲げるものとする.

一　法第 2 条第 6 項第二号イの規定による損害の塡補の内容が，同号イに規定する建
　設業者に生じた損害の額から次に掲げる区分に応じそれぞれ次に定める額を控除し
　た残額に 80/100 を乗じた額（当該額が負数となるときは，0 とする.）以上の額を
　塡補するものであること.

　イ　一戸建ての住宅　10 万円

　ロ　共同住宅又は長屋（以下「共同住宅等」という.）　50 万円又は住宅建設瑕疵
　　担保責任保険契約に係る共同住宅等の合計戸数に 10 万円を乗じた額のいずれか
　　低い額

二　法第 2 条第 6 項第二号ロの規定による損害の塡補の内容が，次のいずれにも適合
　するものであること.

　イ　建設業者の悪意又は重大な過失によって生じた同号ロに規定する発注者の損害
　　を塡補しないものでないこと.

　ロ　同号ロに規定する発注者に生じた損害の額から前号イ又はロに掲げる区分に応
　　じそれぞれ同号イ又はロに定める額を控除した残額（当該額が負数となるとき
　　は，0 とする.）以上の額を塡補するものであること.

三　前 2 号に掲げるもののほか，塡補すべき損害の範囲その他の法第 2 条第 6 項第二
　号イに規定する建設業者及び同号ロに規定する発注者の利益の保護のため必要な事
　項について，国土交通大臣が定める基準に適合するものであること.

[住宅販売瑕疵担保責任保険契約の内容の基準]

第 2 条　法第 2 条第 7 項第六号の国土交通省令で定める基準は，次に掲げるものと
　する.

一　法第 2 条第 7 項第二号イの規定による損害の塡補の内容が，同号イに規定する宅
　地建物取引業者に生じた損害の額から次に掲げる区分に応じそれぞれ次に定める額
　を控除した残額に 80/100 を乗じた額（当該額が負数となるときは，0 とする.）以
　上の額を塡補するものであること.

　イ　一戸建ての住宅　10 万円

　ロ　共同住宅等　　50 万円又は住宅販売瑕疵担保責任保険契約に係る共同住宅等
　　の合計戸数に 10 万円を乗じた額のいずれか低い額

二　法第 2 条第 7 第二号ロの規定による損害の塡補の内容が，次のいずれにも適合す
　るものであること.

　イ　宅地建物取引業者の悪意又は重大な過失によって生じた同号ロに規定する買主

の損害を塡補しないものでないこと.

  ロ　同号ロに規定する買主に生じた損害の額から前号イ又はロに掲げる区分に応じそれぞれ同号イ又はロに定める額を控除した残額（当該額が負数となるときは，0とする.）以上の額を塡補するものであること.

三　前2号に掲げるもののほか，塡補すべき損害の範囲その他の法第2条第7項第二号イに規定する宅地建物取引業者及び同号ロに規定する買主の利益の保護のため必要な事項について，国土交通大臣が定める基準に適合するものであること.

[住宅建設瑕疵担保保証金に充てることができる有価証券]

第3条　法第3条第5項（法第7条第3項及び法第8条第3項において準用する場合を含む.）の国土交通省令で定める有価証券は，次に掲げるものとする.

一　国債証券（その権利の帰属が社債，株式等の振替に関する法律（平成13年法律第75号）の規定による振替口座簿の記載又は記録により定まるものとされるものを含む. 次条第1項，第14条及び第15条第1項において同じ.）

二　地方債証券

三　前2号に掲げるもののほか，国土交通大臣が指定した社債券その他の債券

[住宅建設瑕疵担保保証金に充てることができる有価証券の価額]

第4条　法第3条第5項（法第7条第3項及び法第8条第3項において準用する場合を含む.）の規定により有価証券を住宅建設瑕疵担保保証金に充てる場合における当該有価証券の価額は，次の各号に掲げる有価証券の区分に応じ，当該各号に定めるところによる.

一　国債証券については，その額面金額（その権利の帰属が社債，株式等の振替に関する法律の規定による振替口座簿の記載又は記録により定まるものとされるものにあっては，振替口座簿に記載又は記録された金額. 第十五条第一項において同じ.）

二　地方債証券又は政府がその債務について保証契約をした債券については，その額面金額の90/100

三　前2号以外の債券については，その額面金額の80/100

2　割引の方法により発行した債券で供託の日から償還期限までの期間が5年を超えるものについては，前項の規定の適用については，その発行価額に別記算式により算出した額を加えた額を額面金額とみなす.

[住宅建設瑕疵担保保証金の供託等の届出等]

第5条　法第4条第1項の規定による届出は，基準日（法第3条第1項に規定する基準日をいう. 以下同じ.）から3週間以内に，別記第一号様式による届出書により行うものとする.

2　前項の届出書には，当該基準日における法第3条第1項の新築住宅のうち，当該基準日前1年間に引き渡した新築住宅に関する事項を記載した別記第一号の二様式による一覧表を添付しなければならない.

3　法第4条第2項に規定する国土交通省令で定める書類は，次に掲げるものとする.

一　新たに供託した住宅建設瑕疵担保保証金の供託に係る供託物受入れの記載のある供託書の写し

二　新たに法第17条第1項に規定する住宅瑕疵担保責任保険法人（以下単に「住宅

瑕疵担保責任保険法人」という.）と締結した住宅建設瑕疵担保責任保険契約を証する書面

[住宅建設瑕疵担保保証金の不足額の供託についての確認の申請]

第6条　法第5条ただし書の確認を受けようとする者は，別記第二号様式による確認申請書を，その建設業法（昭和24年法律第100号）第3条第1項の許可を受けた国土交通大臣又は都道府県知事に提出しなければならない.

2　前項の確認申請書には，次に掲げる書類を添付しなければならない.

一　前条第2項の一覧表

二　法第5条ただし書の供託に係る供託物受入れの記載のある供託書の写し

[公正証書を作成したときに準ずる場合]

第7条　法第6条第2項第二号の国土交通省令で定める場合は，同条第1項の報酬返還請求権等の存在及び内容について供託建設業者（同項に規定する供託建設業者をいう．以下同じ.）と合意した旨が記載された公証人の認証を受けた私署証書を作成した場合とする.

[報酬返還請求権等に係る報酬の返還の義務又は損害の賠償の義務を履行することができず，又は著しく困難である場合]

第8条　法第6条第2項第三号の国土交通省令で定める場合は，次に掲げる場合とする.

一　供託建設業者が合併以外の理由により解散した場合

二　供託建設業者が再生手続開始の決定又は更生手続開始の決定を受けた場合

三　供託建設業者が，その債務のうち弁済期にあるものにつき，一般的かつ継続的に弁済することができない状態にあることが明らかである場合

第9条～第9条の5　（略）

[住宅建設瑕疵担保保証金の不足額の供託の届出]

第10条　法第7条第2項の規定による届出は，同条第1項の規定により供託した日から2週間以内に，別記第四号様式による届出書により行うものとする.

2　前項の届出書には，当該供託に係る供託物受入れの記載のある供託書の写しを添付しなければならない.

[住宅建設瑕疵担保保証金の保管替え等の届出]

第11条　供託建設業者は，法第8条第1項の住宅建設瑕疵担保保証金の保管替えがされ，又は同条第2項の規定により住宅建設瑕疵担保保証金を供託したときは，遅滞なく，別記第五号様式による届出書に当該供託に係る供託物受入れの記載のある供託書の写しを添えて，その建設業法第3条第1項の許可を受けた国土交通大臣又は都道府県知事に届け出るものとする.

[住宅建設瑕疵担保保証金の取戻しの承認]

第12条　法第9条第2項の承認を受けようとする者は，別記第六号様式による承認申請書を，その建設業法第3条第1項の許可を受けた国土交通大臣又は都道府県知事に提出しなければならない.

2　国土交通大臣又は都道府県知事は，住宅建設瑕疵担保保証金の取戻しの承認をしたときは，別記第六号の二様式による取戻承認書を交付するものとする.

[住宅建設瑕疵担保保証金に関する説明事項]

第13条 法第10条第1項の国土交通省令で定める事項は，次に掲げるものとする．

一　住宅建設瑕疵担保保証金の供託をしている供託所の表示

二　特定住宅瑕疵担保責任の履行の確保等に関する法律施行令（平成19年政令第395号．以下「令」という．）第3条第1項の建設新築住宅については，同項の書面に記載された2以上の建設業者それぞれの建設瑕疵負担割合（同項に規定する建設瑕疵負担割合をいう．以下この号において同じ．）の合計に対する当該建設業者の建設瑕疵負担割合の割合

第13条の2～第42条　（略）

長期優良住宅の普及の促進に関する法律 ［抜粋］

平成 20 年 12 月 5 日　法律第 87 号
最終改正　令和 3 年 5 月 28 日　法律第 48 号

［目的］

第 1 条　この法律は，現在及び将来の国民の生活の基盤となる良質な住宅が建築され，及び長期にわたり良好な状態で使用されることが住生活の向上及び環境への負荷の低減を図る上で重要となっていることにかんがみ，長期にわたり良好な状態で使用するための措置がその構造及び設備について講じられた優良な住宅の普及を促進するため，国土交通大臣が策定する基本方針について定めるとともに，所管行政庁による長期優良住宅建築等計画の認定，当該認定を受けた長期優良住宅建築等計画に基づき建築及び維持保全が行われている住宅についての住宅性能評価に関する措置その他の措置を講じ，もって豊かな国民生活の実現と我が国の経済の持続的かつ健全な発展に寄与することを目的とする．

［定義］

第 2 条　この法律において「住宅」とは，人の居住の用に供する建築物（建築基準法（昭和 25 年法律第 201 号）第 2 条第一号に規定する建築物をいう．以下この項において同じ．）又は建築物の部分（人の居住の用以外の用に供する建築物の部分との共用に供する部分を含む．）をいう．

2　この法律において「建築」とは，住宅を新築し，増築し，又は改築することをいう．

3　この法律において「維持保全」とは，次に掲げる住宅の部分又は設備について，点検又は調査を行い，及び必要に応じ修繕又は改良を行うことをいう．

一　住宅の構造耐力上主要な部分として政令で定めるもの

二　住宅の雨水の浸入を防止する部分として政令で定めるもの

三　住宅の給水又は排水の設備で政令で定めるもの

4　この法律において「長期使用構造等」とは，住宅の構造及び設備であって，次に掲げる措置が講じられたものをいう．

一　当該住宅を長期にわたり良好な状態で使用するために次に掲げる事項に関し誘導すべき国土交通省令で定める基準に適合させるための措置

　イ　前項第一号及び第二号に掲げる住宅の部分の構造の腐食，腐朽及び摩損の防止

　ロ　前項第一号に掲げる住宅の部分の地震に対する安全性の確保

二　居住者の加齢による身体の機能の低下，居住者の世帯構成の異動その他の事由による住宅の利用の状況の変化に対応した構造及び設備の変更を容易にするための措置として国土交通省令で定めるもの

三　維持保全を容易にするための措置として国土交通省令で定めるもの

四　日常生活に身体の機能上の制限を受ける高齢者の利用上の利便性及び安全性，エネルギーの使用の効率性その他住宅の品質又は性能に関し誘導すべき国土交通省令で定める基準に適合させるための措置

5　この法律において「長期優良住宅」とは，住宅であって，その構造及び設備が長期使用構造等であるものをいう．

6　この法律において「所管行政庁」とは，建築主事を置く市町村又は特別区の区域については当該市町村又は特別区の長をいい，その他の市町村又は特別区の区域については都道府県知事をいう．ただし，建築基準法第97条の2第1項又は第97条の3第1項の規定により建築主事を置く市町村又は特別区の区域内の政令で定める住宅については，都道府県知事とする．

［国，地方公共団体及び事業者の努力義務］

第3条　国及び地方公共団体は，長期優良住宅の普及を促進するために必要な財政上及び金融上の措置その他の措置を講ずるよう努めなければならない．

2　国及び地方公共団体は，長期優良住宅の普及の促進に関し，国民の理解と協力を得るため，長期優良住宅の建築及び維持保全に関する知識の普及及び情報の提供に努めなければならない．

3　国及び地方公共団体は，長期優良住宅の普及を促進するために必要な人材の養成及び資質の向上に努めなければならない．

4　国は，長期優良住宅の普及を促進するため，住宅の建設における木材の使用に関する伝統的な技術を含め，長期使用構造等に係る技術に関する研究開発の推進及びその成果の普及に努めなければならない．

5　長期優良住宅の建築又は販売を業として行う者は，長期優良住宅の建築又は購入をしようとする者及び長期優良住宅の建築又は購入をした者に対し，当該長期優良住宅の品質又は性能に関する情報及びその維持保全を適切に行うために必要な情報を提供するよう努めなければならない．

6　長期優良住宅の維持保全を業として行う者は，長期優良住宅の所有者又は管理者に対し，当該長期優良住宅の維持保全を適切に行うために必要な情報を提供するよう努めなければならない．

［基本方針］

第4条　国土交通大臣は，長期優良住宅の普及の促進に関する基本的な方針（以下この条及び第6条第1項第八号において「基本方針」という．）を定めなければならない．

2　基本方針には，次に掲げる事項を定めるものとする．

一　長期優良住宅の普及の促進の意義に関する事項

二　長期優良住宅の普及の促進のための施策に関する基本的事項

三　次条第1項に規定する長期優良住宅建築等計画及び同条第6項に規定する長期優良住宅維持保全計画の第6条第1項の認定に関する基本的事項

四　前3号に掲げるもののほか，長期優良住宅の普及の促進に関する重要事項

3　国土交通大臣は，基本方針を定めるに当たっては，国産材（国内で生産された木材をいう．以下この項において同じ．）の適切な利用が我が国における森林の適正な整備及び保全並びに地球温暖化の防止及び循環型社会の形成に資することに鑑み，国産材その他の木材を使用した長期優良住宅の普及が図られるよう配慮するものとする．

4　国土交通大臣は，基本方針を定めようとするときは，関係行政機関の長に協議

しなければならない.

5 国土交通大臣は，基本方針を定めたときは，遅滞なく，これを公表しなければならない.

6 前2項の規定は，基本方針の変更について準用する.

[長期優良住宅建築等計画の認定]

第5条 住宅（区分所有住宅（2以上の区分所有者（建物の区分所有等に関する法律（昭和37年法律第69号）第2条第2項に規定する区分所有者をいう.）が存する住宅をいう. 以下同じ.）を除く. 以下この項から第3項までにおいて同じ.）の建築をしてその構造及び設備を長期使用構造等とし，自らその建築後の住宅について長期優良住宅として維持保全を行おうとする者は，国土交通省令で定めるところにより，当該住宅の建築及び維持保全に関する計画（以下「長期優良住宅建築等計画」という.）を作成し，所管行政庁の認定を申請することができる.

2 住宅の建築をしてその構造及び設備を長期使用構造等とし，その建築後の住宅を他の者に譲渡してその者（以下この条，第9条第1項及び第13条第2項において「譲受人」という.）において当該建築後の住宅について長期優良住宅として維持保全を行おうとする場合における当該譲渡をしようとする者（次項，第9条第1項及び第13条第2項において「一戸建て住宅等分譲事業者」という.）は，当該譲受人と共同して，国土交通省令で定めるところにより，長期優良住宅建築等計画を作成し，所管行政庁の認定を申請することができる.

3 一戸建て住宅等分譲事業者は，譲受人を決定するまでに相当の期間を要すると見込まれる場合において，当該譲受人の決定に先立って当該住宅の建築に関する工事に着手する必要があるときは，前項の規定にかかわらず，国土交通省令で定めるところにより，単独で長期優良住宅建築等計画を作成し，所管行政庁の認定を申請することができる.

4 住宅（複数の者に譲渡することにより区分所有住宅とするものに限る.）の建築をしてその構造及び設備を長期使用構造等とし，当該区分所有住宅の管理者等（建物の区分所有等に関する法律第3条若しくは第65条に規定する団体について同法第25条第1項（同法第66条において準用する場合を含む.）の規定により選任された管理者又は同法第47条第1項（同法第66条において準用する場合を含む.）の規定による法人について同法第49条第1項（同法第66条において準用する場合を含む.）の規定により置かれた理事をいう. 以下同じ.）において当該建築後の区分所有住宅について長期優良住宅として維持保全を行おうとする場合における当該譲渡をしようとする者（第9条第3項及び第13条第3項において「区分所有住宅分譲事業者」という.）は，国土交通省令で定めるところにより，長期優良住宅建築等計画を作成し，所管行政庁の認定を申請することができる.

5 区分所有住宅の増築又は改築をしてその構造及び設備を長期使用構造等とし，その増築又は改築後の区分所有住宅について長期優良住宅として維持保全を行おうとする当該区分所有住宅の管理者等は，国土交通省令で定めるところにより，長期優良住宅建築等計画を作成し，所管行政庁の認定を申請することができる.

6 住宅（区分所有住宅を除く. 以下この項において同じ.）のうちその構造及び設備が長期使用構造等に該当すると認められるものについて当該住宅の所有者その他

当該住宅の維持保全の権原を有する者（以下この項において「所有者等」という。）において長期優良住宅として維持保全を行おうとする場合には，当該所有者等は，国土交通省令で定めるところにより，当該住宅の維持保全に関する計画（以下「長期優良住宅維持保全計画」という。）を作成し，所管行政庁の認定を申請することができる。

7　区分所有住宅のうちその構造及び設備が長期使用構造等に該当すると認められるものについて当該区分所有住宅の管理者等において長期優良住宅として維持保全を行おうとする場合には，当該管理者等は，国土交通省令で定めるところにより，長期優良住宅維持保全計画を作成し，所管行政庁の認定を申請することができる。

8　長期優良住宅建築等計画又は長期優良住宅維持保全計画には，次に掲げる事項を記載しなければならない。

一　住宅の位置

二　住宅の構造及び設備

三　住宅の規模

四　第1項，第2項又は第5項の長期優良住宅建築等計画にあっては，次に掲げる事項

　イ　建築後の住宅の維持保全の方法及び期間

　ロ　住宅の建築及び建築後の住宅の維持保全に係る資金計画

五　第3項又は第4項の長期優良住宅建築等計画にあっては，次に掲げる事項

　イ　建築後の住宅の維持保全の方法の概要

　ロ　住宅の建築に係る資金計画

六　長期優良住宅維持保全計画にあっては，次に掲げる事項

　イ　当該認定後の住宅の維持保全の方法及び期間

　ロ　当該認定後の住宅の維持保全に係る資金計画

七　その他国土交通省令で定める事項

[認定基準等]

第6条　所管行政庁は，前条第1項から第7項までの規定による認定の申請があった場合において，当該申請に係る長期優良住宅建築等計画又は長期優良住宅維持保全計画が次に掲げる基準に適合すると認めるときは，その認定をすることができる。

一　当該申請に係る住宅の構造及び設備が長期使用構造等であること。

二　当該申請に係る住宅の規模が国土交通省令で定める規模以上であること。

三　当該申請に係る住宅が良好な景観の形成その他の地域における居住環境の維持及び向上に配慮されたものであること。

四　当該申請に係る住宅が自然災害による被害の発生の防止又は軽減に配慮されたものであること。

五　前条第1項，第2項又は第5項の規定による認定の申請に係る長期優良住宅建築等計画にあっては，次に掲げる基準に適合すること。

　イ　建築後の住宅の維持保全の方法が当該住宅を長期にわたり良好な状態で使用するために誘導すべき国土交通省令で定める基準に適合するものであること。

　ロ　建築後の住宅の維持保全の期間が30年以上であること。

　ハ　資金計画が当該住宅の建築及び維持保全を確実に遂行するため適切なものであること。

六　前条第3項又は第4項の規定による認定の申請に係る長期優良住宅建築等計画にあっては，次に掲げる基準に適合すること．

イ　建築後の住宅の維持保全の方法の概要が当該住宅を30年以上にわたり良好な状態で使用するため適切なものであること．

ロ　資金計画が当該住宅の建築を確実に遂行するため適切なものであること．

七　前条第6項又は第7項の規定による認定の申請に係る長期優良住宅維持保全計画にあっては，次に掲げる基準に適合すること．

イ　当該認定後の住宅の維持保全の方法が当該住宅を長期にわたり良好な状態で使用するために誘導すべき国土交通省令で定める基準に適合するものであること．

ロ　当該認定後の住宅の維持保全の期間が30年以上であること．

ハ　資金計画が当該住宅の維持保全を確実に遂行するため適切なものであること．

八　その他基本方針のうち第4条第2項第三号に掲げる事項に照らして適切なものであること．

2　前条第1項から第5項までの規定による認定の申請をする者は，所管行政庁に対し，当該所管行政庁が当該申請に係る長期優良住宅建築等計画（住宅の建築に係る部分に限る．以下この条において同じ．）を建築主事に通知し，当該長期優良住宅建築等計画が建築基準法第6条第1項に規定する建築基準関係規定に適合するかどうかの審査を受けるよう申し出ることができる．この場合においては，当該申請に併せて，同項の規定による確認の申請書を提出しなければならない．

3　前項の規定による申出を受けた所管行政庁は，速やかに，当該申出に係る長期優良住宅建築等計画を建築主事に通知しなければならない．

4　建築基準法第18条第3項及び第14項の規定は，建築主事が前項の規定による通知を受けた場合について準用する．

5　所管行政庁が，前項において準用する建築基準法第18条第3項の規定による確認済証の交付を受けた場合において，第1項の認定をしたときは，当該認定を受けた長期優良住宅建築等計画は，同法第6条第1項の規定による確認済証の交付があったものとみなす．

6　所管行政庁は，第4項において準用する建築基準法第18条第14項の規定による通知書の交付を受けた場合においては，第1項の認定をしてはならない．

7　建築基準法第12条第8項及び第9項並びに第93条から第93条の3までの規定は，第4項において準用する同法第18条第3項及び第14項の規定による確認済証及び通知書の交付について準用する．

8　マンションの管理の適正化の推進に関する法律（平成12年法律第149号）第5条の8に規定する認定管理計画のうち国土交通省令で定める維持保全に関する基準に適合するものに係る区分所有住宅の管理者等が前条第5項の長期優良住宅建築等計画又は同条第7項の長期優良住宅維持保全計画の認定の申請をした場合における第1項の規定の適用については，当該申請に係る長期優良住宅建築等計画にあっては同項第五号に掲げる基準に，当該申請に係る長期優良住宅維持保全計画にあっては同項第七号に掲げる基準に，それぞれ適合しているものとみなす．

［認定の通知］

第7条　所管行政庁は，前条第1項の認定をしたときは，速やかに，国土交通省令

で定めるところにより，その旨（同条第5項の場合においては，同条第4項において準用する建築基準法第18条第3項の規定による確認済証の交付を受けた旨を含む．）を当該認定を受けた者に通知しなければならない．

[認定を受けた長期優良住宅建築等計画等の変更]

第8条 第6条第1項の認定を受けた者は，当該認定を受けた長期優良住宅建築等計画又は長期優良住宅維持保全計画の変更（国土交通省令で定める軽微な変更を除く．）をしようとするときは，国土交通省令で定めるところにより，所管行政庁の認定を受けなければならない．

2 前3条の規定は，前項の認定について準用する．

[譲受人を決定した場合における認定を受けた長期優良住宅建築等計画の変更の認定の申請等]

第9条 第5条第3項の規定による認定の申請に基づき第6条第1項の認定を受けた一戸建て住宅等分譲事業者は，同項の認定（前条第1項の変更の認定を含む．）を受けた長期優良住宅建築等計画（変更があったときは，その変更後のもの．以下「認定長期優良住宅建築等計画」という．）に基づく建築に係る住宅の譲受人を決定したときは，当該認定長期優良住宅建築等計画に第5条第8項第四号イ及びロに規定する事項その他国土交通省令で定める事項を記載し，当該譲受人と共同して，国土交通省令で定めるところにより，速やかに，前条第1項の変更の認定を申請しなければならない．

2 前項の規定による前条第1項の変更の認定の申請があった場合における同条第2項において準用する第6条第1項の規定の適用については，同項第五号中「前条第1項，第2項又は第5項の規定による」とあるのは，「第9条第1項の規定による第8条第1項の変更の」とする．

3 第5条第4項の規定による認定の申請に基づき第6条第1項の認定を受けた区分所有住宅分譲事業者は，認定長期優良住宅建築等計画に基づく建築に係る区分所有住宅の管理者等が選任されたときは，当該認定長期優良住宅建築等計画に第5条第8項第四号イ及びロに規定する事項その他国土交通省令で定める事項を記載し，当該管理者等と共同して，国土交通省令で定めるところにより，速やかに，前条第1項の変更の認定を申請しなければならない．

4 前項の規定による前条第1項の変更の認定の申請があった場合における同条第2項において準用する第6条第1項の規定の適用については，同項第五号中「前条第1項，第2項又は第5項の規定による」とあるのは，「第9条第3項の規定による第8条第1項の変更の」とする．

[地位の承継]

第10条 次に掲げる者は，所管行政庁の承認を受けて，第6条第1項の認定（第5条第5項又は第7項の規定による認定の申請に基づくものを除き，第8条第1項の変更の認定（前条第1項の規定による第8条第1項の変更の認定を含む．）を含む．）を受けた者が有していた当該認定に基づく地位を承継することができる．

一 当該認定を受けた者の一般承継人

二 当該認定を受けた者から，次に掲げる住宅の所有権その他当該住宅の建築及び維持保全に必要な権原を取得した者

イ　認定長期優良住宅建築等計画に基づき建築及び維持保全が行われ，又は行われた住宅（当該認定長期優良住宅建築等計画に記載された第5条第8項第四号イ（第8条第2項において準用する場合を含む．）に規定する建築後の住宅の維持保全の期間が経過したものを除く．）

ロ　第6条第1項の認定（第8条第1項の変更の認定を含む．）を受けた長期優良住宅維持保全計画（変更があったときは，その変更後のもの．以下「認定長期優良住宅維持保全計画」という．）に基づき維持保全が行われ，又は行われた住宅（当該認定長期優良住宅維持保全計画に記載された第5条第8項第六号イ（第8条第2項において準用する場合を含む．）に規定する当該認定後の住宅の維持保全の期間が経過したものを除く．）

[記録の作成及び保存]

第11条　第6条第1項の認定（第8条第1項の変更の認定（第9条第1項又は第3項の規定による第8条第1項の変更の認定を含む．）を含む．第14条において「計画の認定」という．）を受けた者（以下「認定計画実施者」という．）は，国土交通省令で定めるところにより，認定長期優良住宅（前条第二号イ又はロに掲げる住宅をいう．以下同じ．）の建築及び維持保全（同号ロに掲げる住宅にあっては，維持保全）の状況に関する記録を作成し，これを保存しなければならない．

2　国及び地方公共団体は，前項の認定長期優良住宅の建築及び維持保全の状況に関する記録の作成及び保存を容易にするため，必要な援助を行うよう努めるものとする．

[報告の徴収]

第12条　所管行政庁は，認定計画実施者に対し，認定長期優良住宅の建築又は維持保全の状況について報告を求めることができる．

[改善命令]

第13条　所管行政庁は，認定計画実施者が認定長期優良住宅建築等計画又は認定長期優良住宅維持保全計画に従って認定長期優良住宅の建築又は維持保全を行っていないと認めるときは，当該認定計画実施者に対し，相当の期限を定めて，その改善に必要な措置を命ずることができる．

2　所管行政庁は，認定計画実施者（第5条第3項の規定による認定の申請に基づき第6条第1項の認定を受けた一戸建て住宅等分譲事業者に限る．）が認定長期優良住宅建築等計画に基づく建築に係る住宅の譲受人を決定せず，又はこれを決定したにもかかわらず，第9条第1項の規定による第8条第1項の変更の認定を申請していないと認めるときは，当該認定計画実施者に対し，相当の期限を定めて，その改善に必要な措置を命ずることができる．

3　所管行政庁は，認定計画実施者（第5条第4項の規定による認定の申請に基づき第6条第1項の認定を受けた区分所有住宅分譲事業者に限る．）が，認定長期優良住宅建築等計画に基づく建築に係る区分所有住宅の管理者等が選任されたにもかかわらず，第9条第3項の規定による第8条第1項の変更の認定を申請していないと認めるときは，当該認定計画実施者に対し，相当の期限を定めて，その改善に必要な措置を命ずることができる．

[計画の認定の取消し]

第14条　所管行政庁は，次に掲げる場合には，計画の認定を取り消すことができる．

一 認定計画実施者が前条の規定による命令に違反したとき．

二 認定計画実施者から認定長期優良住宅建築等計画又は認定長期優良住宅維持保全計画に基づく住宅の建築又は維持保全を取りやめる旨の申出があったとき．

三 認定長期優良住宅建築等計画（第5条第4項の規定による認定の申請に基づき第6条第1項の認定を受けたものに限る．以下この号において同じ．）に基づく建築に関する工事が完了してから当該建築に係る区分所有住宅の管理者等が選任されるまでに通常必要と認められる期間として国土交通省令で定める期間内に認定長期優良住宅建築等計画に基づく建築に係る区分所有住宅の管理者等が選任されないとき．

2 所管行政庁は，前項の規定により計画の認定を取り消したときは，速やかに，その旨を当該認定計画実施者であった者に通知しなければならない．

［助言及び指導］

第15条 所管行政庁は，認定計画実施者に対し，認定長期優良住宅の建築及び維持保全に関し必要な助言及び指導を行うよう努めるものとする．

［認定長期優良住宅についての住宅性能評価］

第16条 認定長期優良住宅（認定長期優良住宅建築等計画に係るものに限る．）の建築に関する工事の完了後に当該認定長期優良住宅（住宅の品質確保の促進等に関する法律（平成11年法律第81号）第2条第2項に規定する新築住宅であるものを除く．以下この項において同じ．）の売買契約を締結した売主又は認定長期優良住宅（認定長期優良住宅維持保全計画に係るものに限る．）の売買契約を締結した売主は，これらの認定長期優良住宅に係る同法第5条第1項の規定による住宅性能評価書（以下この項において「認定長期優良住宅性能評価書」という．）若しくはその写しを売買契約書に添付し，又は買主に対し認定長期優良住宅性能評価書若しくはその写しを交付した場合においては，当該認定長期優良住宅性能評価書又はその写しに表示された性能を有する認定長期優良住宅を引き渡すことを契約したものとみなす．

2 前項の規定は，売主が売買契約書において反対の意思を表示しているときは，適用しない．

第17条 （略）

［容積率の特例］

第18条 その敷地面積が政令で定める規模以上である住宅のうち，認定長期優良住宅建築等計画に基づく建築に係る住宅であって，建築基準法第2条第三十五号に規定する特定行政庁が交通上，安全上，防火上及び衛生上支障がなく，かつ，その建蔽率（建築面積の敷地面積に対する割合をいう．），容積率（延べ面積の敷地面積に対する割合をいう．以下この項において同じ．）及び各部分の高さについて総合的な配慮がなされていることにより市街地の環境の整備改善に資すると認めて許可したものの容積率は，その許可の範囲内において，同法第52条第1項から第9項まで又は第57条の2第6項の規定による限度を超えるものとすることができる．

2 建築基準法第44条第2項，第92条の2，第93条第1項及び第2項，第94条並びに第95条の規定は，前項の規定による許可について準用する．

第19条～第21条 （略）

長期優良住宅の普及の促進に関する
法律施行令

平成 21 年 2 月 16 日　政令第 24 号
最終改正　令和 3 年 10 月 4 日　政令第 282 号

[住宅の構造耐力上主要な部分]

第 1 条　長期優良住宅の普及の促進に関する法律（以下「法」という.）第 2 条第 3 項第一号の住宅の構造耐力上主要な部分として政令で定めるものは，住宅の基礎，基礎ぐい，壁，柱，小屋組，土台，斜材（筋かい，方づえ，火打材その他これらに類するものをいう.），床版，屋根版又は横架材（はり，けたその他これらに類するものをいう.）で，当該住宅の自重若しくは積載荷重，積雪荷重，風圧，土圧若しくは水圧又は地震その他の震動若しくは衝撃を支えるものとする.

[住宅の雨水の浸入を防止する部分]

第 2 条　法第 2 条第 3 項第二号の住宅の雨水の浸入を防止する部分として政令で定めるものは，住宅の屋根若しくは外壁又はこれらの開口部に設ける戸，枠その他の建具とする.

[住宅の給水又は排水の設備]

第 3 条　法第 2 条第 3 項第三号の住宅の給水又は排水の設備で政令で定めるものは，住宅に設ける給水又は排水のための配管設備とする.

[都道府県知事が所管行政庁となる住宅]

第 4 条　法第 2 条第 6 項ただし書の政令で定める住宅のうち建築基準法（昭和 25 年法律第 201 号）第 97 条の 2 第 1 項の規定により建築主事を置く市町村の区域内のものは，同法第 6 条第 1 項第四号に掲げる建築物（その新築，改築，増築，移転又は用途の変更に関して，法律並びにこれに基づく命令及び条例の規定により都道府県知事の許可を必要とするものを除く.）以外の建築物である住宅とする.

2　法第 2 条第 6 項ただし書の政令で定める住宅のうち建築基準法第 97 条の 3 第 1 項の規定により建築主事を置く特別区の区域内のものは，次に掲げる住宅とする.

一　延べ面積（建築基準法施行令（昭和 25 年政令第 338 号）第 2 条第 1 項第四号に規定する延べ面積をいう.）が 1 万 m^2 を超える住宅

二　その新築，改築，増築，移転又は用途の変更に関して，法律並びにこれに基づく命令及び条例の規定により都知事の許可を必要とする住宅（地方自治法（昭和 22 年法律第 67 号）第 252 条の 17 の 2 第 1 項の規定により当該許可に関する事務を特別区が処理することとされた場合における当該住宅を除く.）

[容積率の特例の対象となる住宅の敷地面積の規模]

第 5 条　法第 18 条第 1 項の政令で定める規模は，次の表の左欄に掲げる地域又は区域の区分に応じ，それぞれ同表の右欄に定める数値とする.

地域又は区域	敷地面積の規模 （単位　m²）
都市計画法（昭和43年法律第100号）第8条第1項第一号に掲げる第一種低層住居専用地域，第二種低層住居専用地域若しくは田園住居地域又は同号に規定する用途地域の指定のない区域	1,000
都市計画法第8条第1項第一号に掲げる第一種中高層住居専用地域，第二種中高層住居専用地域，第一種住居地域，第二種住居地域，準住居地域，準工業地域，工業地域又は工業専用地域	500
都市計画法第8条第1項第一号に掲げる近隣商業地域又は商業地域	300

長期優良住宅の普及の促進に関する
法律施行規則

平成 21 年 2 月 24 日　国土交通省令第 3 号
最終改正　令和 4 年 8 月 16 日　国土交通省令第 61 号

[長期使用構造等とするための措置]

第 1 条　長期優良住宅の普及の促進に関する法律（以下「法」という.）第 2 条第 4 項第一号イに掲げる事項に関し誘導すべき国土交通省令で定める基準は，住宅の構造に応じた腐食，腐朽又は摩損しにくい部材の使用その他の同条第 3 項第一号及び第二号に掲げる住宅の部分の構造の腐食，腐朽及び摩損の防止を適切に図るための措置として国土交通大臣が定めるものが講じられていることとする.

2　法第 2 条第 4 項第一号ロに掲げる事項に関し誘導すべき国土交通省令で定める基準は，同条第 3 項第一号に掲げる住宅の部分（以下「構造躯体」という.）の地震による損傷の軽減を適切に図るための措置として国土交通大臣が定めるものが講じられていることとする.

3　法第 2 条第 4 項第二号の国土交通省令で定める措置は，居住者の加齢による身体の機能の低下，居住者の世帯構成の異動その他の事由による住宅の利用の状況の変化に対応した間取りの変更に伴う構造の変更及び設備の変更を容易にするための措置として国土交通大臣が定めるものとする.

4　法第 2 条第 4 項第三号の国土交通省令で定める措置は，同条第 3 項第三号に掲げる住宅の設備について，同項第一号に掲げる住宅の部分に影響を及ぼすことなく点検又は調査を行い，及び必要に応じ修繕又は改良を行うことができるようにするための措置その他の維持保全を容易にするための措置として国土交通大臣が定めるものとする.

5　法第 2 条第 4 項第四号の国土交通省令で定める基準は，次に掲げるものとする.

一　住宅の通行の用に供する共用部分について，日常生活に身体の機能上の制限を受ける高齢者の利用上の利便性及び安全性の確保を適切に図るための措置その他の高齢者が日常生活を支障なく営むことができるようにするための措置として国土交通大臣が定めるものが講じられていること.

二　外壁，窓その他の部分を通しての熱の損失の防止その他の住宅に係るエネルギーの使用の合理化を適切に図るための措置として国土交通大臣が定めるものが講じられていること.

[長期優良住宅建築等計画の認定の申請]

第 2 条　法第 5 条第 1 項から第 7 項までの規定による認定の申請をしようとする者は，同条第 1 項から第 3 項までの規定による認定の申請にあっては第一号様式の，同条第 4 項又は第 5 項の規定による認定の申請にあっては第一号の二様式の，同条第 6 項又は第 7 項の規定による認定の申請にあっては第一号の三様式の申請書の正本及び副本に，同条第 1 項から第 5 項までの規定による認定の申請にあっては次の表一に，同条第 6 項又は第 7 項の規定による認定の申請にあっては次の表一及び表

二に掲げる図書（住宅の品質確保の促進等に関する法律（平成 11 年法律第 81 号）第 6 条の 2 第 5 項の確認書若しくは住宅性能評価書又はこれらの写しを添えて，法第 5 条第 1 項から第 5 項までの規定による認定の申請をする場合においては次の表三に，同条第 6 項又は第 7 項の規定による認定の申請をする場合においては次の表二及び表三に掲げる図書）その他所管行政庁が必要と認める図書（第 9 条，第 16 条第 1 項第九号並びに第 18 条第 2 項及び第 3 項を除き，以下「添付図書」と総称する．）を添えて，これらを所管行政庁に提出するものとする．ただし，これらの申請に係る長期優良住宅建築等計画又は長期優良住宅維持保全計画（第 5 条において「長期優良住宅建築等計画等」という．）に応じて，その必要がないときは，これらの表に掲げる図書又は当該図書に明示すべき事項の一部を省略することができる．

一

図書の種類	明示すべき事項
設計内容説明書	住宅の構造及び設備が長期使用構造等であることの説明
付近見取図	方位，道路及び目標となる地物
配置図	縮尺，方位，敷地境界線，敷地内における建築物の位置，申請に係る建築物と他の建築物との別，空気調和設備等（建築物のエネルギー消費性能の向上に関する法律（平成 27 年法律第 53 号）第 2 条第 1 項第二号に規定する空気調和設備等をいう．）及び当該空気調和設備等以外のエネルギー消費性能（同号に規定するエネルギー消費性能をいう．）の向上に資する建築設備（以下この表において「エネルギー消費性能向上設備」という．）の位置並びに配管に係る外部の排水ますの位置
仕様書（仕上げ表を含む．）	部材の種別，寸法及び取付方法並びにエネルギー消費性能向上設備の種別
各階平面図	縮尺，方位，間取り，各室の名称，用途及び寸法，居室の寸法，階段の寸法及び構造，廊下及び出入口の寸法，段差の寸法及び寸法，壁の種類及び位置，通し柱の位置，筋かいの種類及び位置，開口部の位置及び構造，換気孔の位置，設備の種類及び位置，点検口及び掃除口の位置並びに配管取出口及び縦管の位置
用途別床面積表	用途別の床面積
床面積求積図	床面積の求積に必要な建築物の各部分の寸法及び算式
2 面以上の立面図	縮尺，外壁，開口部及びエネルギー消費性能向上設備の位置並びに小屋裏換気孔の種別，寸法及び位置
断面図又は矩計図	縮尺，建築物の高さ，外壁及び屋根の構造，軒の高さ，軒及びひさしの出，小屋裏の構造，各階の天井の高さ，天井の構造，床の高さ及び構造並びに床下及び基礎の構造
基礎伏図	縮尺，構造躯体の材料の種別及び寸法並びに床下換気孔の寸法
各階床伏図	縮尺並びに構造躯体の材料の種別及び寸法
小屋伏図	縮尺並びに構造躯体の材料の種別及び寸法
各部詳細図	縮尺並びに断熱部その他の部分の材料の種別及び寸法
各種計算書	構造計算その他の計算を要する場合における当該計算の内容
機器表	エネルギー消費性能向上設備の種別，位置，仕様，数及び制御方法
状況調査書	建築物の劣化事象等の状況の調査の結果

二

図書の種類	明示すべき事項
工事履歴書	新築，増築又は改築の時期及び増築又は改築に係る工事の内容

三

図書の種類	明示すべき事項
付近見取図	方位，道路及び目標となる地物
配置図	縮尺，方位，敷地境界線，敷地内における建築物の位置及び申請に係る建築物と他の建築物との別
各階平面図	縮尺，方位，間取り，各室の名称，用途及び寸法，居室の寸法並びに階段の寸法
用途別床面積表	用途別の床面積
床面積求積図	床面積の求積に必要な建築物の各部分の寸法及び算式
2面以上の立面図	縮尺，外壁及び開口部の位置
断面図又は矩計図	縮尺，建築物の高さ，軒の高さ並びに軒及びひさしの出
状況調査書	建築物の劣化事象等の状況の調査の結果

2　前項の表一，表二又は表三の各項に掲げる図書に明示すべき事項を添付図書のうち他の図書に明示する場合には，同項の規定にかかわらず，当該事項を当該各項に掲げる図書に明示することを要しない．この場合において，当該各項に掲げる図書に明示すべき全ての事項を当該他の図書に明示したときは，当該各項に掲げる図書を同項の申請書に添えることを要しない．

3　第1項に規定する所管行政庁が必要と認める図書を添付する場合には，同項の規定にかかわらず，同項の表一，表二又は表三に掲げる図書のうち所管行政庁が不要と認めるものを同項の申請書に添えることを要しない．

4　法第5条第5項又は第7項の規定による認定の申請をしようとする者のうち，法第6条第8項の規定の適用を受けようとする者は，第1項の申請書の正本及び副本並びに添付図書にマンションの管理の適正化の推進に関する法律施行規則（平成13年国土交通省令第110号）第1条の6に規定する通知書及びマンションの管理の適正化の推進に関する法律（平成12年法律第149号．第5条の2において「マンション管理適正化法」という．）第5条の8に規定する認定管理計画又はこれらの写しを添えて，所管行政庁に提出するものとする．

[長期優良住宅建築等計画の記載事項]
第3条　法第5条第8項第七号の国土交通省令で定める事項は，次に掲げるものとする．

一　長期優良住宅建築等計画にあっては，住宅の建築に関する工事の着手予定時期及び完了予定時期

二　法第5条第3項の長期優良住宅建築等計画にあっては，譲受人の決定の予定時期

三　法第5条第4項の長期優良住宅建築等計画にあっては，区分所有住宅の管理者等の選任の予定時期

[規模の基準]

第4条 法第6条第1項第二号の国土交通省令で定める規模は，次の各号に掲げる住宅の区分に応じ，それぞれ当該各号に定める面積とする．ただし，住戸の少なくとも1の階の床面積（階段部分の面積を除く．）が40 m² であるものとする．

一 一戸建ての住宅（人の居住の用以外の用途に供する部分を有しないものに限る．次号において同じ．）　床面積の合計が75 m²（地域の実情を勘案して所管行政庁が55 m² を下回らない範囲内で別に面積を定める場合には，その面積）

二 共同住宅等（共同住宅，長屋その他の一戸建ての住宅以外の住宅をいう．）　1戸の床面積の合計（共用部分の床面積を除く．）が40 m²（地域の実情を勘案して所管行政庁が40 m² を下回らない範囲内で別に面積を定める場合には，その面積）

[維持保全の方法の基準]

第5条 法第6条第1項第五号イ及び第七号イの国土交通省令で定める基準は，法第2条第3項各号に掲げる住宅の部分及び設備について，国土交通大臣が定めるところにより点検の時期及び内容が長期優良住宅建築等計画等に定められていることとする．

[維持保全に関する基準]

第5条の2 法第6条第8項の国土交通省令で定める基準は，法第2条第3項各号に掲げる住宅の部分及び設備について，国土交通大臣が定めるところにより点検の時期及び内容がマンション管理適正化法第5条の8に規定する認定管理計画に定められていることとする．

[認定の通知]

第6条 法第7条の認定の通知は，第二号様式による通知書に第2条第1項の申請書の副本及びその添付図書を添えて行うものとする．

[法第8条第1項の国土交通省令で定める軽微な変更]

第7条 法第8条第1項の国土交通省令で定める軽微な変更は，次に掲げるものとする．

一 長期優良住宅建築等計画にあっては，住宅の建築に関する工事の着手予定時期又は完了予定時期の6月以内の変更

二 法第5条第3項の長期優良住宅建築等計画にあっては，譲受人の決定の予定時期の6月以内の変更

三 法第5条第4項の長期優良住宅建築等計画にあっては，区分所有住宅の管理者等の選任の予定時期の6月以内の変更

四 前3号に掲げるもののほか，住宅の品質又は性能を向上させる変更その他の変更後も認定に係る長期優良住宅建築等計画が法第6条第1項第一号から第六号まで及び第八号に掲げる基準に適合することが明らかな変更（法第6条第2項の規定により建築基準関係規定に適合するかどうかの審査を受けるよう申し出た場合には，建築基準法（昭和25年法律第201号）第6条第1項（同法第87条第1項において準用する場合を含む．）に規定する軽微な変更であるものに限る．）

五 住宅の品質又は性能を向上させる変更その他の変更後も認定に係る長期優良住宅維持保全計画が法第6条第1項第一号から第四号まで，第七号及び第八号に掲げる基準に適合することが明らかな変更

[法第8条第1項の規定による認定長期優良住宅建築等計画等の変更の認定の申請]

第8条 法第8条第1項の変更の認定を申請しようとする者は，第三号様式による申請書の正本及び副本に，それぞれ添付図書のうち変更に係るものを添えて，所管行政庁に提出するものとする．

[変更の認定の通知]

第9条 法第8条第2項において準用する法第7条の規定による変更の認定の通知は，第四号様式による通知書に，前条の申請書の副本及びその添付図書，第11条第1項の申請書の副本又は第13条第1項の申請書の副本を添えて行うものとする．

[法第9条第1項の規定による認定長期優良住宅建築等計画の変更の認定の申請]

第10条 法第9条第1項の国土交通省令で定める事項は，譲受人の氏名又は名称とする．

第11条 法第9条第1項の規定による法第8条第1項の変更の認定を申請しようとする者は，第五号様式による申請書の正本及び副本を所管行政庁に提出するものとする．

2 前項の申請は，譲受人を決定した日から3月以内に行うものとする．

[法第9条第3項の規定による認定長期優良住宅建築等計画の変更の認定の申請]

第12条 法第9条第3項の国土交通省令で定める事項は，区分所有住宅の管理者等の氏名又は名称とする．

第13条 法第9条第3項の規定による法第8条第1項の変更の認定を申請しようとする者は，第六号様式による申請書の正本及び副本を所管行政庁に提出するものとする．

2 前項の申請は，区分所有住宅の管理者等が選任された日から3月以内に行うものとする．

[地位の承継の承認の申請]

第14条 法第10条の承認を受けようとする者は，第七号様式による申請書の正本及び副本に，それぞれ地位の承継の事実を証する書類（次条において「添付書類」という．）を添えて，所管行政庁に提出するものとする．

[地位の承継の承認の通知]

第15条 所管行政庁は，法第10条の承認をしたときは，速やかに，第八号様式による通知書に前条の申請書の副本及びその添付書類を添えて，当該承認を受けた者に通知するものとする．

[記録の作成及び保存]

第16条 法第11条第1項の認定長期優良住宅の建築及び維持保全の状況に関する記録は，次に掲げる事項を記載した図書とする．

一 法第5条第8項各号に掲げる事項

二 法第6条第1項の認定を受けた旨，その年月日，認定計画実施者の氏名及び認定番号

三 法第8条第1項の変更の認定（法第9条第1項又は第3項の規定による法第8条第1項の変更の認定を含む．第九号において同じ．）を受けた場合は，その旨及びその年月日並びに当該変更の内容

四 法第10条の承認を受けた場合は，その旨並びに承認を受けた者の氏名並びに当

該地位の承継があった年月日及び当該承認を受けた年月日

五　法第12条の規定による報告をした場合は，その旨及びその年月日並びに当該報告の内容

六　法第13条の規定による命令を受けた場合は，その旨及びその年月日並びに当該命令の内容

七　法第15条の規定による助言又は指導を受けた場合は，その旨及びその年月日並びに当該助言又は指導の内容

八　添付図書に明示すべき事項

九　法第8条第1項の変更の認定を受けた場合は，第8条に規定する添付図書に明示すべき事項

十　長期優良住宅の維持保全を行った場合は，その旨及びその年月日並びに当該維持保全の内容（維持保全を委託により他の者に行わせる場合は，当該他の者の氏名又は名称を含む。）

2　前項各号に掲げる事項が，電子計算機に備えられたファイル又は磁気ディスク（これに準ずる方法により一定の事項を確実に記録しておくことができるものを含む。以下同じ。）に記録され，必要に応じ電子計算機その他の機器を用いて明確に紙面に表示されるときは，当該記録をもって法第11条第1項の記録の作成及び保存に代えることができる。

[区分所有住宅の管理者等が選任されるまでの期間]

第17条　法第14条第1項第三号の国土交通省令で定める期間は，当該工事が完了した日から起算して1年とする。

[許可申請書及び許可通知書の様式]

第18条　法第18条第1項の許可を申請しようとする者は，第九号様式の許可申請書の正本及び副本に，それぞれ，特定行政庁が規則で定める図書又は書面を添えて，特定行政庁に提出するものとする。

2　特定行政庁は，法第18条第1項の許可をしたときは，第十号様式の許可通知書に，前項の許可申請書の副本及びその添付図書を添えて，申請者に通知するものとする。

3　特定行政庁は，法第18条第1項の許可をしないときは，第十一号様式の許可しない旨の通知書に，第1項の許可申請書の副本及びその添付図書を添えて，申請者に通知するものとする。

建築物の耐震改修の促進に関する法律［抜粋］

平成7年10月27日　法律第123号
最終改正　平成30年6月27日　法律第67号

［目的］

第1条　この法律は，地震による建築物の倒壊等の被害から国民の生命，身体及び財産を保護するため，建築物の耐震改修の促進のための措置を講ずることにより建築物の地震に対する安全性の向上を図り，もって公共の福祉の確保に資することを目的とする．

［定義］

第2条　この法律において「耐震診断」とは，地震に対する安全性を評価することをいう．

2　この法律において「耐震改修」とは，地震に対する安全性の向上を目的として，増築，改築，修繕，模様替若しくは一部の除却又は敷地の整備をすることをいう．

3　この法律において「所管行政庁」とは，建築主事を置く市町村又は特別区の区域については当該市町村又は特別区の長をいい，その他の市町村又は特別区の区域については都道府県知事をいう．ただし，建築基準法（昭和25年法律第201号）第97条の2第1項又は第97条の3第1項の規定により建築主事を置く市町村又は特別区の区域内の政令で定める建築物については，都道府県知事とする．

［国，地方公共団体及び国民の努力義務］

第3条　国は，建築物の耐震診断及び耐震改修の促進に資する技術に関する研究開発を促進するため，当該技術に関する情報の収集及び提供その他必要な措置を講ずるよう努めるものとする．

2　国及び地方公共団体は，建築物の耐震診断及び耐震改修の促進を図るため，資金の融通又はあっせん，資料の提供その他の措置を講ずるよう努めるものとする．

3　国及び地方公共団体は，建築物の耐震診断及び耐震改修の促進に関する国民の理解と協力を得るため，建築物の地震に対する安全性の向上に関する啓発及び知識の普及に努めるものとする．

4　国民は，建築物の地震に対する安全性を確保するとともに，その向上を図るよう努めるものとする．

［基本方針］

第4条　国土交通大臣は，建築物の耐震診断及び耐震改修の促進を図るための基本的な方針（以下「基本方針」という．）を定めなければならない．

2　基本方針においては，次に掲げる事項を定めるものとする．

一　建築物の耐震診断及び耐震改修の促進に関する基本的な事項

二　建築物の耐震診断及び耐震改修の実施に関する目標の設定に関する事項

三　建築物の耐震診断及び耐震改修の実施について技術上の指針となるべき事項

四　建築物の地震に対する安全性の向上に関する啓発及び知識の普及に関する基本的な事項

五　次条第一項に規定する都道府県耐震改修促進計画の策定に関する基本的な事項その他建築物の耐震診断及び耐震改修の促進に関する重要事項

3　国土交通大臣は，基本方針を定め，又はこれを変更したときは，遅滞なく，これを公表しなければならない．

[都道府県耐震改修促進計画]

第5条　都道府県は，基本方針に基づき，当該都道府県の区域内の建築物の耐震診断及び耐震改修の促進を図るための計画（以下「都道府県耐震改修促進計画」という．）を定めるものとする．

2〜7　（略）

[市町村耐震改修促進計画]

第6条　市町村は，都道府県耐震改修促進計画に基づき，当該市町村の区域内の建築物の耐震診断及び耐震改修の促進を図るための計画（以下「市町村耐震改修促進計画」という．）を定めるよう努めるものとする．

2〜5　（略）

[要安全確認計画記載建築物の所有者の耐震診断の義務]

第7条　次に掲げる建築物（以下「要安全確認計画記載建築物」という．）の所有者は，当該要安全確認計画記載建築物について，国土交通省令で定めるところにより，耐震診断を行い，その結果を，次の各号に掲げる建築物の区分に応じ，それぞれ当該各号に定める期限までに所管行政庁に報告しなければならない．

一　第5条第3項第一号の規定により都道府県耐震改修促進計画に記載された建築物　同号の規定により都道府県耐震改修促進計画に記載された期限

二　その敷地が第5条第3項第二号の規定により都道府県耐震改修促進計画に記載された道路に接する通行障害既存耐震不適格建築物（耐震不明建築物であるものに限る．）　同号の規定により都道府県耐震改修促進計画に記載された期限

三　その敷地が前条第3項第一号の規定により市町村耐震改修促進計画に記載された道路に接する通行障害既存耐震不適格建築物（耐震不明建築物であるものに限り，前号に掲げる建築物であるものを除く．）　同項第一号の規定により市町村耐震改修促進計画に記載された期限

[要安全確認計画記載建築物に係る報告命令等]

第8条　所管行政庁は，要安全確認計画記載建築物の所有者が前条の規定による報告をせず，又は虚偽の報告をしたときは，当該所有者に対し，相当の期限を定めて，その報告を行い，又はその報告の内容を是正すべきことを命ずることができる．

2，3　（略）

[耐震診断の結果の公表]

第9条　所管行政庁は，第7条の規定による報告を受けたときは，国土交通省令で定めるところにより，当該報告の内容を公表しなければならない．前条第3項の規定により耐震診断を行い，又は行わせたときも，同様とする．

[通行障害既存耐震不適格建築物の耐震診断に要する費用の負担]

第10条　都道府県は，第7条第二号に掲げる建築物の所有者から申請があったときは，国土交通省令で定めるところにより，同条の規定により行われた耐震診断の実

施に要する費用を負担しなければならない.

2　市町村は，第7条第三号に掲げる建築物の所有者から申請があったときは，国土交通省令で定めるところにより，同条の規定により行われた耐震診断の実施に要する費用を負担しなければならない.

［要安全確認計画記載建築物の所有者の耐震改修の努力］

第11条　要安全確認計画記載建築物の所有者は，耐震診断の結果，地震に対する安全性の向上を図る必要があると認められるときは，当該要安全確認計画記載建築物について耐震改修を行うよう努めなければならない.

［要安全確認計画記載建築物の耐震改修に係る指導及び助言並びに指示等］

第12条　所管行政庁は，要安全確認計画記載建築物の耐震改修の適確な実施を確保するため必要があると認めるときは，要安全確認計画記載建築物の所有者に対し，基本方針のうち第4条第2項第三号の技術上の指針となるべき事項（以下「技術指針事項」という.）を勘案して，要安全確認計画記載建築物の耐震改修について必要な指導及び助言をすることができる.

2　所管行政庁は，要安全確認計画記載建築物について必要な耐震改修が行われていないと認めるときは，要安全確認計画記載建築物の所有者に対し，技術指針事項を勘案して，必要な指示をすることができる.

3　所管行政庁は，前項の規定による指示を受けた要安全確認計画記載建築物の所有者が，正当な理由がなく，その指示に従わなかったときは，その旨を公表することができる.

［要安全確認計画記載建築物に係る報告，検査等］

第13条　所管行政庁は，第8条第1項並びに前条第2項及び第3項の規定の施行に必要な限度において，政令で定めるところにより，要安全確認計画記載建築物の所有者に対し，要安全確認計画記載建築物の地震に対する安全性に係る事項（第7条の規定による報告の対象となる事項を除く.）に関し報告させ，又はその職員に，要安全確認計画記載建築物，要安全確認計画記載建築物の敷地若しくは要安全確認計画記載建築物の工事現場に立ち入り，要安全確認計画記載建築物，要安全確認計画記載建築物の敷地，建築設備，建築材料，書類その他の物件を検査させることができる.ただし，住居に立ち入る場合においては，あらかじめ，その居住者の承諾を得なければならない.

2.3　（略）

［特定既存耐震不適格建築物の所有者の努力］

第14条　次に掲げる建築物であって既存耐震不適格建築物であるもの（要安全確認計画記載建築物であるものを除く.以下「特定既存耐震不適格建築物」という.）の所有者は，当該特定既存耐震不適格建築物について耐震診断を行い，その結果，地震に対する安全性の向上を図る必要があると認められるときは，当該特定既存耐震不適格建築物について耐震改修を行うよう努めなければならない.

一　学校，体育館，病院，劇場，観覧場，集会場，展示場，百貨店，事務所，老人ホームその他多数の者が利用する建築物で政令で定めるものであって政令で定める規模以上のもの

二　火薬類，石油類その他政令で定める危険物であって政令で定める数量以上のもの

の貯蔵場又は処理場の用途に供する建築物

三　その敷地が第5条第3項第二号若しくは第三号の規定により都道府県耐震改修促進計画に記載された道路又は第6条第3項の規定により市町村耐震改修促進計画に記載された道路に接する通行障害建築物

[特定既存耐震不適格建築物に係る指導及び助言並びに指示等]

第15条　所管行政庁は、特定既存耐震不適格建築物の耐震診断及び耐震改修の適確な実施を確保するため必要があると認めるときは、特定既存耐震不適格建築物の所有者に対し、技術指針事項を勘案して、特定既存耐震不適格建築物の耐震診断及び耐震改修について必要な指導及び助言をすることができる。

2　所管行政庁は、次に掲げる特定既存耐震不適格建築物（第一号から第三号までに掲げる特定既存耐震不適格建築物にあっては、地震に対する安全性の向上を図ることが特に必要なものとして政令で定めるものであって政令で定める規模以上のものに限る。）について必要な耐震診断又は耐震改修が行われていないと認めるときは、特定既存耐震不適格建築物の所有者に対し、技術指針事項を勘案して、必要な指示をすることができる。

一　病院、劇場、観覧場、集会場、展示場、百貨店その他不特定かつ多数の者が利用する特定既存耐震不適格建築物

二　小学校、老人ホームその他地震の際の避難確保上特に配慮を要する者が主として利用する特定既存耐震不適格建築物

三　前条第二号に掲げる建築物である特定既存耐震不適格建築物

四　前条第三号に掲げる建築物である特定既存耐震不適格建築物

3　所管行政庁は、前項の規定による指示を受けた特定既存耐震不適格建築物の所有者が、正当な理由がなく、その指示に従わなかったときは、その旨を公表することができる。

4　所管行政庁は、前2項の規定の施行に必要な限度において、政令で定めるところにより、特定既存耐震不適格建築物の所有者に対し、特定既存耐震不適格建築物の地震に対する安全性に係る事項に関し報告させ、又はその職員に、特定既存耐震不適格建築物、特定既存耐震不適格建築物の敷地若しくは特定既存耐震不適格建築物の工事現場に立ち入り、特定既存耐震不適格建築物、特定既存耐震不適格建築物の敷地、建築設備、建築材料、書類その他の物件を検査させることができる。

5　第13条第1項ただし書、第2項及び第3項の規定は、前項の規定による立入検査について準用する。

[一定の既存耐震不適格建築物の所有者の努力等]

第16条　要安全確認計画記載建築物及び特定既存耐震不適格建築物以外の既存耐震不適格建築物の所有者は、当該既存耐震不適格建築物について耐震診断を行い、必要に応じ、当該既存耐震不適格建築物について耐震改修を行うよう努めなければならない。

2　所管行政庁は、前項の既存耐震不適格建築物の耐震診断及び耐震改修の適確な実施を確保するため必要があると認めるときは、当該既存耐震不適格建築物の所有者に対し、技術指針事項を勘案して、当該既存耐震不適格建築物の耐震診断及び耐震改修について必要な指導及び助言をすることができる。

［計画の認定］

第17条　建築物の耐震改修をしようとする者は，国土交通省令で定めるところにより，建築物の耐震改修の計画を作成し，所管行政庁の認定を申請することができる．

2　前項の計画には，次に掲げる事項を記載しなければならない．

一　建築物の位置

二　建築物の階数，延べ面積，構造方法及び用途

三　建築物の耐震改修の事業の内容

四　建築物の耐震改修の事業に関する資金計画

五　その他国土交通省令で定める事項

3　所管行政庁は，第1項の申請があった場合において，建築物の耐震改修の計画が次に掲げる基準に適合すると認めるときは，その旨の認定（以下この章において「計画の認定」という．）をすることができる．

一　建築物の耐震改修の事業の内容が耐震関係規定又は地震に対する安全上これに準ずるものとして国土交通大臣が定める基準に適合していること．

二　前項第四号の資金計画が建築物の耐震改修の事業を確実に遂行するため適切なものであること．

三　第1項の申請に係る建築物，建築物の敷地又は建築物若しくはその敷地の部分が耐震関係規定及び耐震関係規定以外の建築基準法又はこれに基づく命令若しくは条例の規定に適合せず，かつ，同法第3条第2項の規定の適用を受けているものである場合において，当該建築物又は建築物の部分の増築，改築，大規模の修繕（同法第2条第十四号に規定する大規模の修繕をいう．）又は大規模の模様替（同条第十五号に規定する大規模の模様替をいう．）をしようとするものであり，かつ，当該工事後も，引き続き，当該建築物，建築物の敷地又は建築物若しくはその敷地の部分が耐震関係規定以外の同法又はこれに基づく命令若しくは条例の規定に適合しないこととなるものであるときは，前二号に掲げる基準のほか，次に掲げる基準に適合していること．

　　イ　当該工事が地震に対する安全性の向上を図るため必要と認められるものであり，かつ，当該工事後も，引き続き，当該建築物，建築物の敷地又は建築物若しくはその敷地の部分が耐震関係規定以外の建築基準法又はこれに基づく命令若しくは条例の規定に適合しないこととなることがやむを得ないと認められるものであること．

　　ロ　工事の計画（2以上の工事に分けて耐震改修の工事を行う場合にあっては，それぞれの工事の計画．第五号ロ及び第六号ロにおいて同じ．）に係る建築物及び建築物の敷地について，交通上の支障の度，安全上，防火上及び避難上の危険の度並びに衛生上及び市街地の環境の保全上の有害の度が高くならないものであること．

四　第1項の申請に係る建築物が既存耐震不適格建築物である耐火建築物（建築基準法第2条第九号の二に規定する耐火建築物をいう．）である場合において，当該建築物について柱若しくは壁を設け，又は柱若しくははりの模様替をすることにより当該建築物が同法第27条第1項の規定に適合しないこととなるものであるときは，

第一号及び第二号に掲げる基準のほか，次に掲げる基準に適合していること．

イ　当該工事が地震に対する安全性の向上を図るため必要と認められるものであり，かつ，当該工事により，当該建築物が建築基準法第27条第1項，第61条又は第62条第1項の規定に適合しないこととなることがやむを得ないと認められるものであること．

ロ　次に掲げる基準に適合し，防火上及び避難上支障がないと認められるものであること．

　(1)　工事の計画に係る柱，壁又ははりの構造が国土交通省令で定める防火上の基準に適合していること．

　(2)　工事の計画に係る柱，壁又ははりに係る火災が発生した場合の通報の方法が国土交通省令で定める防火上の基準に適合していること．

五　第1項の申請に係る建築物が既存耐震不適格建築物である場合において，当該建築物について増築をすることにより当該建築物が建築物の容積率（延べ面積の敷地面積に対する割合をいう．）に係る建築基準法又はこれに基づく命令若しくは条例の規定（イ及び第8項において「容積率関係規定」という．）に適合しないこととなるものであるときは，第一号及び第二号に掲げる基準のほか，次に掲げる基準に適合していること．

イ　当該工事が地震に対する安全性の向上を図るため必要と認められるものであり，かつ，当該工事により，当該建築物が容積率関係規定に適合しないこととなることがやむを得ないと認められるものであること．

ロ　工事の計画に係る建築物について，交通上，安全上，防火上及び衛生上支障がないと認められるものであること．

六　第1項の申請に係る建築物が既存耐震不適格建築物である場合において，当該建築物について増築をすることにより当該建築物が建築物の建蔽率（建築面積の敷地面積に対する割合をいう．）に係る建築基準法又はこれに基づく命令若しくは条例の規定（イ及び第9項において「建蔽率関係規定」という．）に適合しないこととなるものであるときは，第一号及び第二号に掲げる基準のほか，次に掲げる基準に適合していること．

イ　当該工事が地震に対する安全性の向上を図るため必要と認められるものであり，かつ，当該工事により，当該建築物が建蔽率関係規定に適合しないこととなることがやむを得ないと認められるものであること．

ロ　工事の計画に係る建築物について，交通上，安全上，防火上及び衛生上支障がないと認められるものであること．

4　第1項の申請に係る建築物の耐震改修の計画が建築基準法第6条第1項の規定による確認又は同法第18条第2項の規定による通知を要するものである場合において，計画の認定をしようとするときは，所管行政庁は，あらかじめ，建築主事の同意を得なければならない．

5　建築基準法第93条の規定は所管行政庁が同法第6条第1項の規定による確認又は同法第18条第2項の規定による通知を要する建築物の耐震改修の計画について計画の認定をしようとする場合について，同法第93条の2の規定は所管行政庁が同法第6条第1項の規定による確認を要する建築物の耐震改修の計画について計画

の認定をしようとする場合について準用する.

6　所管行政庁が計画の認定をしたときは，次に掲げる建築物，建築物の敷地又は建築物若しくはその敷地の部分（以下この項において「建築物等」という.）については，建築基準法第3条第3項第三号及び第四号の規定にかかわらず，同条第2項の規定を適用する.

一　耐震関係規定に適合せず，かつ，建築基準法第3条第2項の規定の適用を受けている建築物等であって，第3項第一号の国土交通大臣が定める基準に適合しているものとして計画の認定を受けたもの

二　計画の認定に係る第3項第3号の建築物等

7　所管行政庁が計画の認定をしたときは，計画の認定に係る第3項第四号の建築物については，建築基準法第27条第1項の規定は，適用しない.

8　所管行政庁が計画の認定をしたときは，計画の認定に係る第3項第五号の建築物については，容積率関係規定は，適用しない.

9　所管行政庁が計画の認定をしたときは，計画の認定に係る第3項第六号の建築物については，建蔽率関係規定は，適用しない.

10　第1項の申請に係る建築物の耐震改修の計画が建築基準法第6条第1項の規定による確認又は同法第18条第2項の規定による通知を要するものである場合において，所管行政庁が計画の認定をしたときは，同法第6条第1項又は第18条第3項の規定による確認済証の交付があったものとみなす．この場合において，所管行政庁は，その旨を建築主事に通知するものとする.

[計画の変更]

第18条　計画の認定を受けた者（第28条第1項及び第3項を除き，以下「認定事業者」という.）は，当該計画の認定を受けた計画の変更（国土交通省令で定める軽微な変更を除く.）をしようとするときは，所管行政庁の認定を受けなければならない.

2　前条の規定は，前項の場合について準用する.

[計画認定建築物に係る報告の徴収]

第19条　所管行政庁は，認定事業者に対し，計画の認定を受けた計画（前条第1項の規定による変更の認定があったときは，その変更後のもの．次条において同じ.）に係る建築物（以下「計画認定建築物」という.）の耐震改修の状況について報告を求めることができる.

[改善命令]

第20条　所管行政庁は，認定事業者が計画の認定を受けた計画に従って計画認定建築物の耐震改修を行っていないと認めるときは，当該認定事業者に対し，相当の期限を定めて，その改善に必要な措置をとるべきことを命ずることができる.

[計画の認定の取消し]

第21条　所管行政庁は，認定事業者が前条の規定による処分に違反したときは，計画の認定を取り消すことができる.

[建築物の地震に対する安全性に係る認定]

第22条　建築物の所有者は，国土交通省令で定めるところにより，所管行政庁に対し，当該建築物について地震に対する安全性に係る基準に適合している旨の認定を

申請することができる.

2　所管行政庁は，前項の申請があった場合において，当該申請に係る建築物が耐震関係規定又は地震に対する安全上これに準ずるものとして国土交通大臣が定める基準に適合していると認めるときは，その旨の認定をすることができる.

3　前項の認定を受けた者は，同項の認定を受けた建築物（以下「基準適合認定建築物」という.），その敷地又はその利用に関する広告その他の国土交通省令で定めるもの（次項において「広告等」という.）に，国土交通省令で定めるところにより，当該基準適合認定建築物が前項の認定を受けている旨の表示を付することができる.

4　何人も，前項の規定による場合を除くほか，建築物，その敷地又はその利用に関する広告等に，同項の表示又はこれと紛らわしい表示を付してはならない.

[基準適合認定建築物に係る認定の取消し]

第23条　所管行政庁は，基準適合認定建築物が前条第2項の基準に適合しなくなったと認めるときは，同項の認定を取り消すことができる.

[基準適合認定建築物に係る報告，検査等]

第24条　所管行政庁は，前条の規定の施行に必要な限度において，政令で定めるところにより，第22条第2項の認定を受けた者に対し，基準適合認定建築物の地震に対する安全性に係る事項に関し報告させ，又はその職員に，基準適合認定建築物，基準適合認定建築物の敷地若しくは基準適合認定建築物の工事現場に立ち入り，基準適合認定建築物，基準適合認定建築物の敷地，建築設備，建築材料，書類その他の物件を検査させることができる.

2　第13条第1項ただし書，第2項及び第3項の規定は，前項の規定による立入検査について準用する.

[区分所有建築物の耐震改修の必要性に係る認定]

第25条　耐震診断が行われた区分所有建築物（2以上の区分所有者（建物の区分所有等に関する法律（昭和37年法律第69号）第2条第2項に規定する区分所有者をいう.以下同じ.）が存する建築物をいう.以下同じ.）の管理者等（同法第25条第1項の規定により選任された管理者（管理者がないときは，同法第34条の規定による集会において指定された区分所有者）又は同法第49条第1項の規定により置かれた理事をいう.）は，国土交通省令で定めるところにより，所管行政庁に対し，当該区分所有建築物について耐震改修を行う必要がある旨の認定を申請することができる.

2　所管行政庁は，前項の申請があった場合において，当該申請に係る区分所有建築物が地震に対する安全上耐震関係規定に準ずるものとして国土交通大臣が定める基準に適合していないと認めるときは，その旨の認定をすることができる.

3　前項の認定を受けた区分所有建築物（以下「要耐震改修認定建築物」という.）の耐震改修が建物の区分所有等に関する法律第17条第1項に規定する共用部分の変更に該当する場合における同項の規定の適用については，同項中「区分所有者及び議決権の各3/4以上の多数による集会の決議」とあるのは「集会の決議」とし，同項ただし書の規定は，適用しない.

[要耐震改修認定建築物の区分所有者の耐震改修の努力]

第26条　要耐震改修認定建築物の区分所有者は，当該要耐震改修認定建築物について耐震改修を行うよう努めなければならない．

[要耐震改修認定建築物の耐震改修に係る指導及び助言並びに指示等]

第27条　所管行政庁は，要耐震改修認定建築物の区分所有者に対し，技術指針事項を勘案して，要耐震改修認定建築物の耐震改修について必要な指導及び助言をすることができる．

2　所管行政庁は，要耐震改修認定建築物について必要な耐震改修が行われていないと認めるときは，要耐震改修認定建築物の区分所有者に対し，技術指針事項を勘案して，必要な指示をすることができる．

3　所管行政庁は，前項の規定による指示を受けた要耐震改修認定建築物の区分所有者が，正当な理由がなく，その指示に従わなかったときは，その旨を公表することができる．

4　所管行政庁は，前2項の規定の施行に必要な限度において，政令で定めるところにより，要耐震改修認定建築物の区分所有者に対し，要耐震改修認定建築物の地震に対する安全性に係る事項に関し報告させ，又はその職員に，要耐震改修認定建築物，要耐震改修認定建築物の敷地若しくは要耐震改修認定建築物の工事現場に立ち入り，要耐震改修認定建築物，要耐震改修認定建築物の敷地，建築設備，建築材料，書類その他の物件を検査させることができる．

5　第13条第1項ただし書，第2項及び第3項の規定は，前項の規定による立入検査について準用する．

第28条～第46条　（略）

建築物の耐震改修の促進に関する法律施行令

平成 7 年 12 月 22 日　政令第 429 号
最終改正　平成 30 年 11 月 30 日　政令第 323 号

[都道府県知が所管行政庁となる建築物]

第1条　建築物の耐震改修の促進に関する法律（以下「法」という.）第 2 条第 3 項ただし書の政令で定める建築物のうち建築基準法（昭和 25 年法律第 201 号）第 97 条の 2 第 1 項の規定により建築主事を置く市町村の区域内のものは，同法第 6 条第 1 項第四号に掲げる建築物（その新築，改築，増築，移転又は用途の変更に関して，法律並びにこれに基づく命令及び条例の規定により都道府県知事の許可を必要とするものを除く.）以外の建築物とする.

2　法第 2 条第 3 項ただし書の政令で定める建築物のうち建築基準法第 97 条の 3 第 1 項の規定により建築主事を置く特別区の区域内のものは，次に掲げる建築物（第二号に掲げる建築物にあっては，地方自治法（昭和 22 年法律第 67 号）第 252 条の 17 の 2 第 1 項の規定により同号に規定する処分に関する事務を特別区が処理することとされた場合における当該建築物を除く.）とする.

一　延べ面積（建築基準法施行令（昭和 25 年政令第 338 号）第 2 条第 1 項第四号に規定する延べ面積をいう.）が 1 万 m² を超える建築物

二　その新築，改築，増築，移転又は用途の変更に関して，建築基準法第 51 条（同法第 87 条第 2 項及び第 3 項において準用する場合を含む.）（市町村都市計画審議会が置かれている特別区にあっては，卸売市場，と畜場及び産業廃棄物処理施設に係る部分に限る.）並びに同法以外の法律並びにこれに基づく命令及び条例の規定により都知事の許可を必要とする建築物

[都道府県耐震改修促進計画に記載することができる公益上必要な建築物]

第2条　法第 5 条第 3 項第一号の政令で定める公益上必要な建築物は，次に掲げる施設である建築物とする.

一　診療所

二　電気通信事業法（昭和 59 年法律第 86 号）第 2 条第四号に規定する電気通信事業の用に供する施設

三　電気事業法（昭和 39 年法律第 170 号）第 2 条第 1 項第十六号に規定する電気事業の用に供する施設

四　ガス事業法（昭和 29 年法律第 51 号）第 2 条第 11 項に規定するガス事業の用に供する施設

五　液化石油ガスの保安の確保及び取引の適正化に関する法律（昭和 42 年法律第 149 号）第 2 条第 3 項に規定する液化石油ガス販売事業の用に供する施設

六　水道法（昭和 32 年法律第 177 号）第 3 条第 2 項に規定する水道事業又は同条第 4 項に規定する水道用水供給事業の用に供する施設

七　下水道法（昭和 33 年法律第 79 号）第 2 条第三号に規定する公共下水道又は同条第四号に規定する流域下水道の用に供する施設

八　熱供給事業法（昭和47年法律第88号）第2条第2項に規定する熱供給事業の用に供する施設

九　火葬場

十　汚物処理場

十一　廃棄物の処理及び清掃に関する法律施行令（昭和46年政令第300号. 次号において「廃棄物処理法施行令」という.）第5条第1項に規定するごみ処理施設

十二　廃棄物処理法施行令第7条第一号から第十三号の二までに掲げる産業廃棄物の処理施設（工場その他の建築物に附属するもので, 当該建築物において生じた廃棄物のみの処理を行うものを除く.）

十三　鉄道事業法（昭和61年法律第92号）第2条第1項に規定する鉄道事業の用に供する施設

十四　軌道法（大正10年法律第76号）第1条第1項に規定する軌道の用に供する施設

十五　道路運送法（昭和26年法律第183号）第3条第一号イに規定する一般乗合旅客自動車運送事業の用に供する施設

十六　貨物自動車運送事業法（平成元年法律第83号）第2条第2項に規定する一般貨物自動車運送事業の用に供する施設

十七　自動車ターミナル法（昭和34年法律第136号）第2条第8項に規定する自動車ターミナル事業の用に供する施設

十八　港湾法（昭和25年法律第218号）第2条第5項に規定する港湾施設

十九　空港法（昭和31年法律第80号）第2条に規定する空港の用に供する施設

二十　放送法（昭和25年法律第132号）第2条第二号に規定する基幹放送の用に供する施設

二一　工業用水道事業法（昭和33年法律第84号）第2条第4項に規定する工業用水道事業の用に供する施設

二二　災害対策基本法（昭和36年法律第223号）第2条第十号に規定する地域防災計画において災害応急対策に必要な施設として定められたものその他これに準ずるものとして国土交通省令で定めるもの

[耐震不明建築物の要件]

第3条　法第5条第3項第一号の政令で定めるその地震に対する安全性が明らかでない建築物は, 昭和56年5月31日以前に新築の工事に着手したものとする. ただし, 同年6月1日以後に増築, 改築, 大規模の修繕又は大規模の模様替の工事（次に掲げるものを除く.）に着手し, 建築基準法第7条第5項, 第7条の2第5項又は第18条第18項の規定による検査済証の交付（以下この条において単に「検査済証の交付」という.）を受けたもの（建築基準法施行令第137条の14第一号に定める建築物の部分（以下この条において「独立部分」という.）が2以上ある建築物にあっては, 当該2以上の独立部分の全部について同日以後にこれらの工事に着手し, 検査済証の交付を受けたものに限る.）を除く.

一　建築基準法第86条の8第1項の規定による認定を受けた全体計画に係る2以上の工事のうち最後の工事以外の増築, 改築, 大規模の修繕又は大規模の模様替の工事

二 建築基準法施行令第137条の2第三号に掲げる範囲内の増築又は改築の工事であって，増築又は改築後の建築物の構造方法が同号イに適合するもの

三 建築基準法施行令第137条の12第1項に規定する範囲内の大規模の修繕又は大規模の模様替の工事

[通行障害建築物の要件]

第4条 法第5条第3項第二号の政令で定める建築物は，次に掲げるものとする．

一 そのいずれかの部分の高さが，当該部分から前面道路の境界線までの水平距離に，次のイ又はロに掲げる場合の区分に応じ，それぞれ当該イ又はロに定める距離（これによることが不適当である場合として国土交通省令で定める場合においては，当該前面道路の幅員が12m以下のときは6mを超える範囲において，当該前面道路の幅員が12mを超えるときは6m以上の範囲において，国土交通省令で定める距離）を加えた数値を超える建築物（次号に掲げるものを除く．）

　イ 当該前面道路の幅員が12m以下の場合　　6m

　ロ 当該前面道路の幅員が12mを超える場合　　当該前面道路の幅員の1/2に相当する距離

二 その前面道路に面する部分の長さが25m（これによることが不適当である場合として国土交通省令で定める場合においては，8m以上25m未満の範囲において国土交通省令で定める長さ）を超え，かつ，その前面道路に面する部分のいずれかの高さが，当該部分から当該前面道路の境界線までの水平距離に当該前面道路の幅員の1/2に相当する距離（これによることが不適当である場合として国土交通省令で定める場合においては，2m以上の範囲において国土交通省令で定める距離）を加えた数値を2.5で除して得た数値を超える組積造の塀であって，建物（土地に定着する工作物のうち屋根及び柱又は壁を有するもの（これに類する構造のものを含む．）をいう．）に附属するもの

[要安全確認計画記載建築物に係る報告及び立入検査]

第5条 所管行政庁は，法第13条第1項の規定により，要安全確認計画記載建築物の所有者に対し，当該要安全確認計画記載建築物につき，当該要安全確認計画記載建築物の設計及び施工並びに構造の状況に係る事項のうち地震に対する安全性に係るもの並びに当該要安全確認計画記載建築物の耐震診断及び耐震改修の状況（法第7条の規定による報告の対象となる事項を除く．）に関し報告させることができる．

2 所管行政庁は，法第13条第1項の規定により，その職員に，要安全確認計画記載建築物，要安全確認計画記載建築物の敷地又は要安全確認計画記載建築物の工事現場に立ち入り，当該要安全確認計画記載建築物並びに当該要安全確認計画記載建築物の敷地，建築設備，建築材料及び設計図書その他の関係書類を検査させることができる．

[多数の者が利用する特定既存耐震不適格建築物の要件]

第6条 法第14条第一号の政令で定める建築物は，次に掲げるものとする．

一 ボーリング場，スケート場，水泳場その他これらに類する運動施設

二 診療所

三 映画館又は演芸場

四 公会堂

五　卸売市場又はマーケットその他の物品販売業を営む店舗

六　ホテル又は旅館

七　賃貸住宅（共同住宅に限る.），寄宿舎又は下宿

八　老人短期入所施設，保育所，福祉ホームその他これらに類するもの

九　老人福祉センター，児童厚生施設，身体障害者福祉センターその他これらに類するもの

十　博物館，美術館又は図書館

十一　遊技場

十二　公衆浴場

十三　飲食店，キャバレー，料理店，ナイトクラブ，ダンスホールその他これらに類するもの

十四　理髪店，質屋，貸衣装屋，銀行その他これらに類するサービス業を営む店舗

十五　工場

十六　車両の停車場又は船舶若しくは航空機の発着場を構成する建築物で旅客の乗降又は待合いの用に供するもの

十七　自動車車庫その他の自動車又は自転車の停留又は駐車のための施設

十八　保健所，税務署その他これらに類する公益上必要な建築物

2　法第14条第一号の政令で定める規模は，次の各号に掲げる建築物の区分に応じ，それぞれ当該各号に定める階数及び床面積の合計（当該各号に掲げる建築物の用途に供する部分の床面積の合計をいう．以下この項において同じ．）とする.

一　幼稚園,幼保連携型認定こども園又は保育所　　階数2及び床面積の合計500 m²

二　小学校，中学校，義務教育学校，中等教育学校の前期課程若しくは特別支援学校（以下「小学校等」という.），老人ホーム又は前項第八号若しくは第九号に掲げる建築物（保育所を除く.）　　階数2及び床面積の合計1 000 m²

三　学校（幼稚園，小学校等及び幼保連携認定こども園を除く.），病院，劇場，観覧場，集会場，展示場，百貨店，事務所又は前項第一号から第七号まで若しくは第十号から第十八号までに掲げる建築物　　階数3及び床面積の合計1 000 m²

四　体育館　　階数1及び床面積の合計1 000 m²

3　前項各号のうち2以上の号に掲げる建築物の用途を兼ねる場合における法第14条第一号の政令で定める規模は，同項の規定にかかわらず，同項各号に掲げる建築物の区分に応じ，それぞれ当該各号に定める階数及び床面積の合計に相当するものとして国土交通省令で定める階数及び床面積の合計とする.

［危険物の貯蔵場等の用途に供する特定既存耐震不適格建築物の要件］

第7条　法第14条第二号の政令で定める危険物は，次に掲げるものとする.

一　消防法（昭和23年法律第186号）第2条第7項に規定する危険物（石油類を除く.）

二　危険物の規制に関する政令（昭和34年政令第306号）別表第四備考第六号に規定する可燃性固体類又は同表備考第八号に規定する可燃性液体類

三　マッチ

四　可燃性のガス（次号及び第六号に掲げるものを除く.）

五　圧縮ガス

六　液化ガス

七　毒物及び劇物取締法（昭和25年法律第303号）第2条第1項に規定する毒物又は同条第2項に規定する劇物（液体又は気体のものに限る.）

2　法第14条第二号の政令で定める数量は，次の各号に掲げる危険物の区分に応じ，それぞれ当該各号に定める数量（第六号及び第七号に掲げる危険物にあっては，温度が0度で圧力が1気圧の状態における数量とする.）とする.

一　火薬類　次に掲げる火薬類の区分に応じ，それぞれに定める数量

　イ　火薬　　10 t

　ロ　爆薬　　5 t

　ハ　工業雷管若しくは電気雷管又は信号雷管　　50万個

　ニ　銃用雷管　　500万個

　ホ　実包若しくは空包，信管若しくは火管又は電気導火線　　5万個

　ヘ　導爆線又は導火線　　500 km

　ト　信号炎管若しくは信号火箭又は煙火　　2 t

　チ　その他の火薬又は爆薬を使用した火工品　　当該火工品の原料となる火薬又は爆薬の区分に応じ，それぞれイ又はロに定める数量

二　消防法第2条第7項に規定する危険物　　危険物の規制に関する政令別表第三の類別の欄に掲げる類，品名の欄に掲げる品名及び性質の欄に掲げる性状に応じ，それぞれ同表の指定数量の欄に定める数量の10倍の数量

三　危険物の規制に関する政令別表第四備考第六号に規定する可燃性固体類　　30 t

四　危険物の規制に関する政令別表第四備考第八号に規定する可燃性液体類　　20 m^2

五　マッチ　　300マッチ t

六　可燃性のガス（次号及び第八号に掲げるものを除く.）　　2万 m^3

七　圧縮ガス　　20万 m^3

八　液化ガス　　2 000 t

九　毒物及び劇物取締法第2条第1項に規定する毒物（液体又は気体のものに限る.）　　20 t

十　毒物及び劇物取締法第2条第2項に規定する劇物（液体又は気体のものに限る.）　　200 t

3　前項各号に掲げる危険物の2種類以上を貯蔵し，又は処理しようとする場合においては，同項各号に定める数量は，貯蔵し，又は処理しようとする同項各号に掲げる危険物の数量の数値をそれぞれ当該各号に定める数量の数値で除し，それらの商を加えた数値が1である場合の数量とする.

[所管行政庁による指示の対象となる特定既存耐震不適格建築物の要件]

第8条　法第15条第2項の政令で定める特定既存耐震不適格建築物は，次に掲げる建築物である特定既存耐震不適格建築物とする.

一　体育館（一般公共の用に供されるものに限る.），ボーリング場，スケート場，水泳場その他これらに類する運動施設

二　病院又は診療所

三　劇場，観覧場，映画館又は演芸場

四　集会場又は公会堂

五　展示場

六　百貨店，マーケットその他の物品販売業を営む店舗

七　ホテル又は旅館

八　老人福祉センター，児童厚生施設，身体障害者福祉センターその他これらに類するもの

九　博物館，美術館又は図書館

十　遊技場

十一　公衆浴場

十二　飲食店，キャバレー，料理店，ナイトクラブ，ダンスホールその他これらに類するもの

十三　理髪店，質屋，貸衣装屋，銀行その他これらに類するサービス業を営む店舗

十四　車両の停車場又は船舶若しくは航空機の発着場を構成する建築物で旅客の乗降又は待合いの用に供するもの

十五　自動車車庫その他の自動車又は自転車の停留又は駐車のための施設で，一般公共の用に供されるもの

十六　保健所，税務署その他これらに類する公益上必要な建築物

十七　幼稚園，小学校等又は幼保連携型認定こども園

十八　老人ホーム，老人短期入所施設，保育所，福祉ホームその他これらに類するもの

十九　法第14条第二号に掲げる建築物

2　法第15条第2項の政令で定める規模は，次の各号に掲げる建築物の区分に応じ，それぞれ当該各号に定める床面積の合計（当該各号に掲げる建築物の用途に供する部分の床面積の合計をいう。以下この項において同じ。）とする。

一　前項第一号から第十六号まで又は第十八号に掲げる建築物（保育所を除く。）　床面積の合計 2 000 m^2

二　幼稚園，幼保連携型認定こども園又は保育所　床面積の合計 750 m^2

三　小学校等　床面積の合計 1 500 m^2

四　前項第十九号に掲げる建築物　床面積の合計 500 m^2

3　前項第一号から第三号までのうち2以上の号に掲げる建築物の用途を兼ねる場合における法第15条第2項の政令で定める規模は，前項の規定にかかわらず，同項第一号から第三号までに掲げる建築物の区分に応じ，それぞれ同項第一号から第三号までに定める床面積の合計に相当するものとして国土交通省令で定める床面積の合計とする。

［特定既存耐震不適格建築物に係る報告及び立入検査］

第9条　所管行政庁は，法第15条第4項の規定により，前条第1項の特定既存耐震不適格建築物で同条第2項に規定する規模以上のもの及び法第15条第2項第四号に掲げる特定既存耐震不適格建築物の所有者に対し，これらの特定既存耐震不適格建築物につき，当該特定既存耐震不適格建築物の設計及び施工並びに構造の状況に係る事項のうち地震に対する安全性に係るもの並びに当該特定既存耐震不適格建築物の耐震診断及び耐震改修の状況に関し報告させることができる。

2　所管行政庁は，法第15条第4項の規定により，その職員に，前条第1項の特定

既存耐震不適格建築物で同条第2項に規定する規模以上のもの及び法第15条第2項第四号に掲げる特定既存耐震不適格建築物，これらの特定既存耐震不適格建築物の敷地又はこれらの特定既存耐震不適格建築物の工事現場に立ち入り，当該特定既存耐震不適格建築物並びに当該特定既存耐震不適格建築物の敷地，建築設備，建築材料及び設計図書その他の関係書類を検査させることができる．

［基準適合認定建築物に係る報告及び立入検査］

第10条　所管行政庁は，法第24条第1項の規定により，法第22条第2項の認定を受けた者に対し，当該認定に係る基準適合認定建築物につき，当該基準適合認定建築物の設計及び施工並びに構造の状況に係る事項のうち地震に対する安全性に係るもの並びに当該基準適合認定建築物の耐震診断の状況に関し報告させることができる．

2　所管行政庁は，法第24条第1項の規定により，その職員に，基準適合認定建築物，基準適合認定建築物の敷地又は基準適合認定建築物の工事現場に立ち入り，当該基準適合認定建築物並びに当該基準適合認定建築物の敷地，建築設備，建築材料及び設計図書その他の関係書類を検査させることができる．

［要耐震改修認定建築物に係る報告及び立入検査］

第11条　所管行政庁は，法第27条第4項の規定により，要耐震改修認定建築物の区分所有者に対し，当該要耐震改修認定建築物につき，当該要耐震改修認定建築物の設計及び施工並びに構造の状況に係る事項のうち地震に対する安全性に係るもの並びに当該要耐震改修認定建築物の耐震診断及び耐震改修の状況に関し報告させることができる．

2　所管行政庁は，法第27条第4項の規定により，その職員に，要耐震改修認定建築物，要耐震改修認定建築物の敷地又は要耐震改修認定建築物の工事現場に立ち入り，当該要耐震改修認定建築物並びに当該要耐震改修認定建築物の敷地，建築設備，建築材料及び設計図書その他の関係書類を検査させることができる．

［独立行政法人都市再生機構の業務の特例の対象となる建築物］

第12条　法第29条の政令で定める建築物は，独立行政法人都市再生機構法（平成15年法律第100号）第11条第3項第二号の住宅（共同住宅又は長屋に限る．）又は同項第四号の施設である建築物とする．

建築物の耐震改修の促進に関する法律施行規則［抜粋］

平成 7 年 12 月 25 日　建設省令第 28 号
最終改正　令和 3 年 8 月 31 日　国土交通省令第 53 号

［令第 2 条第二十二号の国土交通省令で定める建築物］

第 1 条　建築物の耐震改修の促進に関する法律施行令（以下「令」という.）第 2 条第二十二号の国土交通省令で定める建築物は，国又は地方公共団体が大規模な地震が発生した場合においてその利用を確保することが公益上必要な建築物として防災に関する計画等に定めたものとする.

［法第 5 条第 3 項第二号の国土交通省令で定める道路物］

第 2 条　建築物の耐震改修の促進に関する法律（以下「法」という.）第 5 条第 3 項第二号の国土交通省令で定める道路は，都道府県が同項の規定により同条第 2 項第二号に掲げる事項に同条第 3 項第二号に定める事項を記載しようとする場合にあっては当該都道府県知事が，市町村が法第 6 条第 3 項の規定により同条第 2 項第二号に掲げる事項に同条第 3 項第一号に掲げる事項を記載しようとする場合にあっては当該市町村長が避難場所と連絡する道路その他の地震が発生した場合においてその通行を確保することが必要な道路として認めるものとする.

［令第 4 条第一号及び第二号の国土交通省令で定める場合］

第 3 条　令第 4 条第一号及び第二号の国土交通省令で定める場合は，地形，道路の構造その他の状況により令第 4 条各号に定める距離又は長さによることが不適当である場合として，知事等（その敷地が都道府県耐震改修促進計画に係る道路に接する建築物（以下この条において「都道府県計画道路沿道建築物」という.）にあっては都道府県知事をいい，その敷地が市町村耐震改修促進計画に係る道路に接する建築物（都道府県計画道路沿道建築物を除く.）にあっては市町村長をいう. 次条及び第 4 条の 2 において同じ.）が規則で定める場合とする.

［令第 4 条第一号の国土交通省令で定める距離］

第 4 条　令第 4 条第一号の国土交通省令で定める距離は，前条の規則で定める場合において，前面道路の幅員が 12 m 以下のときは 6 m を超える範囲において，当該幅員が 12 m を超えるときは 6 m 以上の範囲において，知事等が規則で定める距離とする.

［令第 4 条第二号の国土交通省令で定める長さ及び距離］

第 4 条の 2　令第 4 条第二号の国土交通省令で定める長さは，第 3 条の規則で定める場合において，8 m 以上 25 m 未満の範囲において知事等が規則で定める長さとする.

2　令第 4 条第二号の国土交通省令で定める距離は，第 3 条の規則で定める場合において，2 m 以上の範囲において知事等が規則で定める距離とする.

［要安全確認計画記載建築物の耐震診断及びその結果の報告］

第 5 条　法第 7 条の規定により行う耐震診断は，次の各号のいずれかに掲げる者に行わせるものとする.

一　一級建築士（建築士法（昭和25年法律第202号）第2条第2項に規定する一級建築士をいう．第8条第1項第一号において同じ．），二級建築士（同法第2条第3項に規定する二級建築士をいう．第8条第1項第一号において同じ．）又は木造建築士（同法第2条第4項に規定する木造建築士をいう．第8条第1項第一号において同じ．）（国土交通大臣が定める要件を満たす者に限る．）であり，かつ，耐震診断を行う者として必要な知識及び技能を修得させるための講習であって，次条から第8条までの規定により国土交通大臣の登録を受けたもの（木造の構造部分を有する建築物の耐震診断にあっては木造耐震診断資格者講習，鉄骨造の構造部分を有する建築物の耐震診断にあっては鉄骨造耐震診断資格者講習，鉄筋コンクリート造の構造部分を有する建築物の耐震診断にあっては鉄筋コンクリート造耐震診断資格者講習，鉄骨鉄筋コンクリート造の構造部分を有する建築物の耐震診断にあっては鉄骨鉄筋コンクリート造耐震診断資格者講習，木造，鉄骨造，鉄筋コンクリート造及び鉄骨鉄筋コンクリート造以外の構造部分を有する建築物にあっては鉄筋コンクリート造耐震診断資格者講習又は鉄骨鉄筋コンクリート造耐震診断資格者講習に限る．以下「登録資格者講習」という．）を修了した者（建築士法第3条第1項，第3条の2第1項若しくは第3条の3第1項に規定する建築物又は同法第3条の2第3項（同法第3条の3第2項において準用する場合を含む．）の規定に基づく条例に規定する建築物について耐震診断を行わせる場合にあっては，それぞれ当該各条に規定する建築士に限る．以下「耐震診断資格者」という．）

二　前号に掲げる者のほか国土交通大臣が定める者

2　前項の耐震診断は，技術指針事項（法第12条第1項に規定する技術指針事項をいう．）に適合したものでなければならない．

3　法第7条の規定による報告は，別記第一号様式による報告書を提出して行うものとする．ただし，所管行政庁が規則により別記第一号様式に定める事項その他の事項を記載する報告書の様式を定めた場合にあっては，当該様式による報告書によるものとする．

4　法第7条の規定による報告は，前項の報告書に，耐震診断の結果を所管行政庁が適切であると認めた者が証する書類その他の耐震診断の結果を証明するものとして所管行政庁が規則で定める書類を添えて行わなければならない．

[耐震診断資格者講習の登録の申請]

第6条　前条第1項第一号の登録は，登録資格者講習の実施に関する事務（以下「講習事務」という．）を行おうとする者の申請により行う．

2　前条第1項第一号の登録を受けようとする者は，次に掲げる事項を記載した申請書を国土交通大臣に提出しなければならない．

一　前条第1項第一号の登録を受けようとする者の氏名又は名称及び住所並びに法人にあっては，その代表者の氏名

二　講習事務を行おうとする事務所の名称及び所在地

三　講習事務を開始しようとする年月日

3　前項の申請書には，次に掲げる書類を添付しなければならない．

一　個人である場合においては，次に掲げる書類

イ　住民票の抄本若しくは個人番号カード（行政手続における特定の個人を識別す

るための番号の利用等に関する法律（平成25年法律第27号）第2条第7項に規定する個人番号カードをいう．）の写し又はこれらに類するものであって氏名及び住所を証明する書類

ロ　登録申請者の略歴を記載した書類

二　法人である場合においては，次に掲げる書類

イ　定款及び登記事項証明書

ロ　株主名簿又は社員名簿の写し

ハ　申請に係る意思の決定を証する書類

ニ　役員（持分会社（会社法（平成17年法律第86号）第575条第1項に規定する持分会社をいう．）にあっては，業務を執行する社員をいう．以下同じ．）の氏名及び略歴を記載した書類

三　講師が第8条第1項第三号イからハまでのいずれかに該当する者であることを証する書類

四　登録資格者講習の受講資格を記載した書類，講習の種類ごとの科目の実施に関する計画その他の講習事務の実施の方法に関する計画（第8条第1項第四号において「実施計画」という．）を記載した書類

五　講習事務以外の業務を行おうとするときは，その業務の種類及び概要を記載した書類

六　前条第1項第一号の登録を受けようとする者が次条各号のいずれにも該当しない者であることを誓約する書面

七　その他参考となる事項を記載した書類

[欠格事項]

第7条　次の各号のいずれかに該当する者が行う講習は，第5条第1項第一号の登録を受けることができない．

一　法又は建築基準法（昭和25年法律第201号）第6条第1項に規定する建築基準法令の規定により罰金以上の刑に処せられ，その執行を終わり，又は執行を受けることがなくなった日から起算して2年を経過しない者

二　第17条の規定により第5条第1項第一号の登録を取り消され，その取消しの日から起算して2年を経過しない者

三　法人であって，講習事務を行う役員のうちに前二号のいずれかに該当する者があるもの

[登録の要件等]

第8条　国土交通大臣は，第6条第1項の規定による登録の申請が次に掲げる要件の全てに適合しているときは，その登録をしなければならない．

一　一級建築士，二級建築士又は木造建築士であることを受講資格とすること．

二　第10条第三号の表の上欄に掲げる講習の種類の全てについて，同欄に掲げる区分に応じて同表の中欄に掲げる科目について講習が行われること．

三　次のいずれかに該当する者が講師として講習事務に従事するものであること．

イ　学校教育法（昭和22年法律第26号）による大学若しくはこれに相当する外国の学校において建築物の構造に関する科目その他の講習事務に関する科目を担当する教授若しくは准教授の職にあり，若しくはこれらの職にあった者又は建築物

の構造に関する科目その他の講習事務に関する科目の研究により博士の学位を授与された者

　ロ　建築物の構造に関する分野その他の講習事務に関する分野の試験研究機関において試験研究の業務に従事し，又は従事した経験を有する者で，かつ，当該分野について高度の専門的知識を有する者

　ハ　イ又はロに掲げる者と同等以上の知識及び経験を有する者

四　実施計画が第10条の規定に違反しないこと．

五　耐震診断を業として行っている者（以下この号において「耐震診断業者」という．）に支配されているものとして次のいずれかに該当するものでないこと．

　イ　第6条第1項の規定により登録を申請した者（以下この号において「登録申請者」という．）が株式会社である場合にあっては，耐震診断業者がその親法人（会社法第879条第1項に規定する親法人をいう．）であること．

　ロ　登録申請者の役員に占める耐震診断業者の役員又は職員（過去2年間に当該耐震診断業者の役員又は職員であった者を含む．ハにおいて同じ．）の割合が1/2を超えていること．

　ハ　登録申請者（法人にあっては，その代表権を有する役員）が耐震診断業者の役員又は職員であること．

2　第5条第1項第一号の登録は，耐震診断資格者登録簿に次に掲げる事項を記載してするものとする．

一　登録年月日及び登録番号

二　講習事務を行う者（以下「講習実施機関」という．）の氏名又は名称及び住所並びに法人にあっては，その代表者の氏名

三　講習事務を行う事務所の名称及び所在地

四　講習事務を開始する年月日

3　国土交通大臣は，耐震診断資格者登録簿を一般の閲覧に供しなければならない．

［登録の更新］

第9条　第5条第1項第一号の登録は，5年ごとにその更新を受けなければ，その期間の経過によって，その効力を失う．

2　前3条の規定は，前項の登録の更新について準用する．

［講習事務の実施に係る義務］

第10条　講習実施機関は，公正に，かつ，第8条第1項第一号から第三号までに掲げる要件並びに次に掲げる基準に適合する方法により講習事務を行わなければならない．

一　登録資格者講習を毎年1回以上行うこと．

二　登録資格者講習は，講義により行うこと．

三　講義は，次の表の左欄に掲げる講習の種類の全てについて，同欄に掲げる区分に応じて同表の中欄に掲げる科目について行い，かつ，各科目ごとに同表の右欄に掲げる時間以上行うこと．

講習の種類	科目	時間
木造耐震診断資格者講習	建築物の耐震診断総論	1時間
	木造の建築物の耐震診断の方法	2時間30分

	例題演習	1時間
鉄骨造耐震診断資格者講習	建築物の耐震診断総論	1時間
	鉄骨造の建築物の耐震診断の方法	3時間
	例題演習	2時間
鉄筋コンクリート造耐震診断資格者講習	建築物の耐震診断総論	1時間
	鉄筋コンクリート造の建築物の耐震診断の方法	3時間
	例題演習	2時間
鉄骨鉄筋コンクリート造耐震診断資格者講習	建築物の耐震診断総論	1時間
	鉄骨鉄筋コンクリート造の建築物の耐震診断の方法	3時間
	例題演習	2時間

四　講義は，前号の表の中欄に掲げる科目に応じ，国土交通大臣が定める事項を含む適切な内容の教材を用いて行うこと．

五　講師は，講義の内容に関する受講者の質問に対し，講義中に適切に応答すること．

六　登録資格者講習を実施する日時，場所その他の登録資格者講習の実施に関し必要な事項を公示すること．

七　講義を受講した者と同等以上の知識を有する者として国土交通大臣が定める者については，申請により，第三号の表の中欄に掲げる科目のうち国土交通大臣が定めるものを免除すること．

八　不正な受講を防止するための措置を講じること．

九　登録資格者講習の課程を修了した者に対し，別記第二号様式による修了証明書（以下単に「修了証明書」という．）を交付すること．

第11条〜第17条　（略）

[帳簿の記載等]

第18条　講習実施機関は，次に掲げる事項を記載した帳簿を備えなければならない．

一　登録資格者講習の実施年月日

二　登録資格者講習の実施場所

三　講義を行った講師の氏名並びに当該講師が講義において担当した科目及びその時間

四　受講者の氏名，生年月日及び住所

五　修了証明書の交付の年月日及び証明書番号

2　前項各号に掲げる事項が，電子計算機に備えられたファイル又は磁気ディスク等に記録され，必要に応じ講習実施機関において電子計算機その他の機器を用いて明確に紙面に表示されるときは，当該記録をもって同項に規定する帳簿への記載に代えることができる．

3　講習実施機関は，第1項に規定する帳簿（前項の規定による記録が行われた同項のファイル又は磁気ディスク等を含む．）を，講習事務の全部を廃止するまで保存しなければならない．

4　講習実施機関は，次に掲げる書類を備え，登録資格者講習を実施した日から3年間保存しなければならない．

一　登録資格者講習の受講申込書及び添付書類

二　講義に用いた教材

第 19 条，第 20 条　（略）

［法第 8 条第 2 項の規定による公表の方法］

第 21 条　法第 8 条第 2 項の規定による公表は，次に掲げる事項を明示して，インターネットの利用その他の適切な方法により行わなければならない．

一　法第 8 条第 1 項の規定による命令に係る要安全確認計画記載建築物の所有者の氏名又は名称及び法人にあっては，その代表者の氏名

二　前号の要安全確認計画記載建築物の位置，用途その他当該要安全確認計画記載建築物の概要

三　第一号の命令をした年月日及びその内容

［法第 9 条の規定による公表の方法］

第 22 条　法第 9 条の規定による公表は，法第 7 条の規定による報告について，次に掲げる事項を，同条各号に掲げる建築物の区分に応じ，当該各号に定める期限が同一である要安全確認計画記載建築物ごとに一覧できるよう取りまとめ，インターネットの利用その他の適切な方法により行わなければならない．

一　要安全確認計画記載建築物の位置，用途その他当該要安全確認計画記載建築物の概要

二　前号の要安全確認計画記載建築物の耐震診断の結果に関する事項のうち国土交通大臣が定める事項

［通行障害既存耐震不適格建築物の耐震診断に要する費用の負担］

第 23 条　法第 10 条第 1 項の規定により都道府県が負担する費用の額は，法第 7 条第二号に掲げる建築物の耐震診断の実施に要する標準的な費用として国土交通大臣が定める額から国又は市町村の補助に相当する額を除いた額を限度とする．

2　法第 10 条第 2 項の規定により市町村が負担する費用の額は，法第 7 条第三号に掲げる建築物の耐震診断の実施に要する標準的な費用として国土交通大臣が定める額から国又は都道府県の補助に相当する額を除いた額を限度とする．

［身分証明書の様式］

第 24 条　法第 13 条第 2 項の規定により立入検査をする職員の携帯する身分証明書の様式は，別記第三号様式によるものとする．

［令第 6 条第 3 項の規定による階数及び床面積の合計］

第 25 条　令第 6 条第 3 項の規定による同条第 2 項各号に定める階数は，同項各号のうち当該建築物が該当する 2 以上の号に定める階数のうち最小のものとし，同条第 3 項の規定による同条第 2 項各号に定める床面積の合計は，当該 2 以上の号に掲げる建築物の用途に供する部分の床面積の合計の数値をそれぞれ当該 2 以上の号に定める床面積の合計の数値で除し，それらの商を加えた数値が 1 である場合の床面積の合計とする．

［令第 8 条第 3 項の規定による床面積の合計］

第 26 条　令第 8 条第 3 項の規定による同条第 2 項第一号から第三号までに定める床面積の合計は，これらの号のうち当該建築物が該当する 2 以上の号に掲げる建築物の用途に供する部分の床面積の合計の数値をそれぞれ当該 2 以上の号に定める床面

積の合計の数値で除し，それらの商を加えた数値が1である場合の床面積の合計とする.

第27条 （略）

［計画の認定の申請］

第28条 法第5条第3項第一号の耐震関係規定（第33条第1項において「耐震関係規定」という.）に適合するものとして法第17条第3項の計画の認定を受けようとする建築物の耐震改修の計画について同条第1項の規定により認定の申請をしようとする者は，別記第五号様式による申請書の正本及び副本に，それぞれ，次の表の（い）項及び（ろ）項に掲げる図書を添えて，これらを所管行政庁に提出するものとする.

	図書の種類	明示すべき事項
（い）	付近見取図	方位，道路及び目標となる地物
	配置図	縮尺及び方位
		敷地境界線，敷地内における建築物の位置及び申請に係る建築物と他の建築物との別
		擁壁の位置その他安全上適当な措置
		土地の高低，敷地と敷地の接する道の境界部分との高低差及び申請に係る建築物の各部分の高さ
		敷地の接する道路の位置，幅員及び種類
		下水管，下水溝又はためますその他これらに類する施設の位置及び排出経路又は処理経路
	各階平面図	縮尺及び方位
		間取，各室の用途及び床面積
		壁及び筋かいの位置及び種類
		通し柱及び開口部の位置
		延焼のおそれのある部分の外壁の位置及び構造
		申請に係る建築物が建築基準法第3条第2項の規定により同法第28条の2（建築基準法施行令（昭和25年政令第338号）第137条の4の2に規定する基準に係る部分に限る.）の規定の適用を受けない建築物である場合であって，当該建築物について，増築，改築，大規模の修繕又は大規模の模様替をしようとするときにあっては，当該増築等に係る部分以外の部分について行う同令第137条の4の3第三号に規定する措置
	基礎伏図	縮尺並びに構造耐力上主要な部分（建築基準法施行令第1条第三号に規定する構造耐力上主要な部分をいう. 以下同じ.）の材料の種別及び寸法
	各階床伏図	
	小屋伏図	
	構造詳細図	
（ろ）	構造計算書	一　建築基準法施行令第81条第2項第一号イに規定する保有水平耐力計算により安全性を確かめた建築物の場合 　　建築基準法施行規則（昭和25年建設省令第40号）第1条の3第1項の表三の（一）項に掲げる構造計算書に明示すべき事項 二　建築基準法施行令第81条第2項第一号ロに規定する限界耐力計算により安全性を確かめた建築物の場合 　　建築基準法施行規則第1条の3第1項の表三の（二）項に掲げる構造計算書に明示すべき事項

| | | 三　建築基準法施行令第81条第2項第二号イに規定する許容応力度等計算
により安全性を確かめた建築物の場合
　建築基準法施行規則第1条の3第1項の表三の(三)項に掲げる構造計算
書に明示すべき事項 |
| | | 四　建築基準法施行令第81条第3項に規定する同令第82条各号及び同令第
82条の4に定めるところによる構造計算により安全性を確かめた建築物
　建築基準法施行規則第1条の3第1項の表三の(四)項に掲げる構造計算
書に明示すべき事項 |

2　法第17条第3項第一号の国土交通大臣が定める基準に適合するものとして同項の計画の認定を受けようとする建築物の耐震改修の計画について同条第1項の規定により認定の申請をしようとする者は，木造の建築物又は木造と木造以外の構造とを併用する建築物については別記第五号様式による申請書の正本及び副本並びに別記第六号様式による正本及び副本に，木造の構造部分を有しない建築物については別記第五号様式による申請書の正本及び副本に，それぞれ，次の表の左欄に掲げる建築物等の区分に応じて同表の右欄に掲げる事項を明示した構造計算書及び当該計画が法第17条第3項第一号の国土交通大臣が定める基準に適合していることを所管行政庁が適切であると認めた者が証する書類その他の当該計画が当該基準に適合していることを証するものとして所管行政庁が規則で定める書類を添えて，これらを所管行政庁に提出するものとする．

建築物等	明示すべき事項
木造の建築物又は木造と木造以外の構造とを併用する建築物の木造の構造部分	各階の張り間方向及びけた行方向の壁を設け又は筋かいを入れた軸組の水平力に対する耐力及び靱性並びに配置並びに地震力，建築物の形状及び地盤の種類を考慮して行った各階の当該方向の耐震性能の水準に係る構造計算
木造の構造部分を有しない建築物又は木造と木造以外の構造とを併用する建築物の木造以外の構造部分	各階の保有水平耐力及び各階の靱性，各階の形状特性，地震の地域における特性並びに建築物の振動特性を考慮して行った各階の耐震性能の水準に係る構造計算並びに各階の保有水平耐力，各階の形状特性，当該階が支える固定荷重と積載荷重との和（建築基準法施行令第86条第2項ただし書の多雪区域においては，更に積雪荷重を加えたもの），地震の地域における特性，建築物の振動特性，地震層せん断力係数の建築物の高さ方向の分布及び建築物の構造方法を考慮して行った各階の保有水平耐力の水準に係る構造計算

3　法第17条第3項第三号に掲げる基準に適合するものとして同項の計画の認定を受けようとする建築物の耐震改修の計画について同条第1項の規定により認定の申請をしようとする者は，第1項又は前項の認定の申請書の正本及び副本並びに別記第七号様式の正本及び副本に，それぞれ，建築基準法施行規則第1条の3第1項第一号イ及びロに掲げる図書及び書類を，同条第7項の規定に基づき特定行政庁（建築基準法第2条第三十五号に規定する特定行政庁をいう．以下第5項及び第6項において同じ．）が規則で同法第6条第1項の申請書に添えるべき図書を定めた場合においては当該図書を添えて，これらを所管行政庁に提出するものとする．

4　法第17条第3項第四号に掲げる基準に適合するものとして同項の計画の認定を受けようとする建築物の耐震改修の計画について同条第1項の規定により認定の申請をしようとする者は，第1項又は第2項の認定の申請書の正本及び副本並びに別

記第八号様式による正本及び副本に，それぞれ，次の表に掲げる図書を添えて，これらを所管行政庁に提出するものとする．

図書の種類	明示すべき事項
各階平面図	工事の計画に係る柱，壁又ははり及び第31条第2項に掲げる装置の位置
構造詳細図	工事の計画に係る柱，壁又ははりの構造及び材料の種別
構造計算書	応力算定及び断面算定

5　法第17条第3項第五号に掲げる基準に適合するものとして同項の計画の認定を受けようとする建築物の耐震改修の計画について同条第1項の規定により認定の申請をしようとする者は，第1項又は第2項の認定の申請書の正本及び副本並びに別記第九号様式による正本及び副本に，それぞれ，建築基準法施行規則第1条の3第1項第一号イ及びロに掲げる図書及び書類を，同条第7項の規定に基づき特定行政庁が規則で同法第6条第1項の申請書に添えるべき図書を定めた場合においては当該図書を添えて，これらを所管行政庁に提出するものとする．

6　法第17条第3項第六号に掲げる基準に適合するものとして同項の計画の認定を受けようとする建築物の耐震改修の計画について同条第1項の規定により認定の申請をしようとする者は，第1項又は第2項の認定の申請書の正本及び副本並びに別記第十号様式による正本及び副本に，それぞれ，建築基準法施行規則第1条の3第1項第一号イ及びロに掲げる図書及び書類を，同条第7項の規定に基づき特定行政庁が規則で同法第6条第1項の申請書に添えるべき図書を定めた場合においては当該図書を添えて，これらを所管行政庁に提出するものとする．

7　法第17条第10項の規定により建築基準法第6条第1項又は第18条第3項の規定による確認済証の交付があったものとみなされるものとして法第17条第3項の計画の認定を受けようとする建築物の耐震改修の計画について同条第1項の規定により認定の申請をしようとする者は，第1項又は第2項の申請書の正本及び副本に，建築基準法第6条第1項の規定による確認の申請書又は同法第18条第2項の規定による通知に要する通知書を添えて，これらを所管行政庁に提出するものとする．

8　前7項に規定する図書は併せて作成することができる．

9　高さが60mを超える建築物に係る法第17条第3項の計画の認定の申請書にあっては，第1項の表の（ろ）項の規定にかかわらず，同項に掲げる図書のうち構造計算書は，添えることを要しない．この場合においては，建築基準法第20条第1項第一号の認定に係る認定書の写しを添えるものとする．

10　第3項の認定の申請書にあっては，建築基準法第20条第1項第一号の認定に係る認定書の写しを添えた場合には，建築基準法施行規則第1条の3第1項の表一の（は）項及び同項の表三の（ろ）欄に掲げる構造計算書を添えることを要しない．

11　所管行政庁は，前10項の規定にかかわらず，規則で，前10項に掲げる図書の一部を添えることを要しない旨を規定することができる．

[計画の記載事項]

第29条　法第17条第2項第五号の国土交通省令で定める事項は，建築物の建築面積及び耐震改修の事業の実施時期とする．

第30条 （略）

[法第17条第3項第四号の国土交通省令で定める防火上の基準]

第31条 法第17条第3項第四号ロ(1)の国土交通省令で定める防火上の基準は，次のとおりとする．

一 工事の計画に係る柱，壁又ははりが建築基準法施行令第1条第五号に規定する準不燃材料で造られ，又は覆われていること．

二 次のイからハまでに定めるところにより行う構造計算によって構造耐力上安全であることが確かめられた構造であること．

イ 建築基準法施行令第3章第8節第2款に規定する荷重及び外力によって構造耐力上主要な部分（工事により新たに設けられる柱及び耐力壁を除く．）に長期に生ずる力を計算すること．

ロ イの構造耐力上主要な部分の断面に生ずる長期の応力度を建築基準法施行令第82条第二号の表の長期に生ずる力の項に掲げる式によって計算すること．ただし，構造耐力上主要な部分のうち模様替を行う柱又ははりについては，当該模様替が行われる前のものとして，同項に掲げる式により，当該模様替が行われる前の当該柱又ははりの断面に生ずる長期の応力度を計算すること．

ハ ロによって計算した長期の応力度が，建築基準法施行令第3章第8節第3款の規定による長期に生ずる力に対する許容応力度を超えないことを確かめること．

2 法第17条第3項第四号ロ(2)の国土交通省令で定める防火上の基準は，工事の計画に係る柱，壁又ははりに係る火災の発生を有効に感知し，かつ，工事の計画に係る建築物を常時管理する者が居る場所に報知することができる装置が設けられていることとする．

第32条 （略）

[建築物の地震に対する安全性に係る認定の申請]

第33条 耐震関係規定に適合するものとして法第22条第2項の認定を受けようとする建築物について同条第1項の規定により認定の申請をしようとする者は，別記第十二号様式による申請書の正本及び副本に，それぞれ，次の各号のいずれかに掲げる図書及び当該建築物が耐震関係規定に適合していることを証する書類として所管行政庁が規則で定めるものを添えて，これらを所管行政庁に提出するものとする．

一 第28条第1項の表の（ろ）項に掲げる図書及び次の表に掲げる図書

二 国土交通大臣が定める書類

図書の種類	明示すべき事項
付近見取図	方位，道路及び目標となる地物
配置図	縮尺及び方位
	敷地境界線，敷地内における建築物の位置及び申請に係る建築物と他の建築物との別
	擁壁の位置その他安全上適当な措置
	土地の高低，敷地と敷地の接する道の境界部分との高低差及び申請に係る建築物の各部分の高さ
各階平面図	縮尺及び方位

	壁及び筋かいの位置及び種類	
	通し柱及び開口部の位置	
基礎伏図	縮尺並びに構造耐力上主要な部分（建築基準法施行令第1条第三号に規定する構造耐力上主要な部分をいう．以下同じ．）の材料の種別及び寸法	
各階床伏図		
小屋伏図		
構造詳細図		

2　法第22条第2項の国土交通大臣が定める基準に適合するものとして同項の認定を受けようとする建築物について同条第1項の規定により認定の申請をしようとする者は，次の各号のいずれかに掲げる方法により，これをしなければならない．

一　木造の建築物又は木造と木造以外の構造とを併用する建築物については別記第十三号様式による申請書の正本及び副本並びに別記第六号様式による正本及び副本に，木造の構造部分を有しない建築物については別記第十三号様式に，それぞれ，第28条第2項の表の上欄に掲げる建築物等の区分に応じて同表の下欄に掲げる事項を明示した構造計算書及び当該建築物が法第22条第2項の国土交通大臣が定める基準に適合していることを所管行政庁が適切であると認めた者が証する書類その他の当該建築物が当該基準に適合していることを証するものとして所管行政庁が規則で定める書類を添えて，これらを所管行政庁に提出すること．

二　別記第十二号様式による申請書の正本及び副本に，それぞれ，国土交通大臣が定める書類及び当該申請に係る建築物が法第22条第2項の国土交通大臣が定める基準に適合していることを証する書類として所管行政庁が規則で定めるものを添えて，これらを所管行政庁に提出すること．

3　所管行政庁は，前2項の規定にかかわらず，規則で，前2項に掲げる図書の一部を添えることを要しない旨を規定することができる．

第34条　（略）

［表示等］

第35条　法第22条第3項の国土交通省令で定めるものは，次のとおりとする．

一　広告

二　契約に係る書類

三　その他国土交通大臣が定めるもの

2　法第22条第3項に規定する表示は，別記第十五号様式により行うものとする．

第36条　（略）

［区分所有建築物の耐震改修の必要性に係る認定の申請］

第37条　法第25条第2項の認定を受けようとする区分所有建築物について同条第1項の規定により認定の申請をしようとする者は，木造の建築物又は木造と木造以外の構造とを併用する建築物については別記第十七号様式による申請書の正本及び副本並びに別記第六号様式による正本及び副本に，木造の構造部分を有しない建築物については別記第十七号様式による申請書の正本及び副本に，それぞれ，次に掲げる図書又は書類を添えて，これらを所管行政庁に提出するものとする．

一　建物の区分所有等に関する法律（昭和37年法律第69号）第18条第1項（同法第66条において準用する場合を含む．）の規定により当該認定の申請を決議した集

会の議事録の写し（同法第18条第2項の規定により規約で別段の定めをした場合にあっては、当該規約の写し及びその定めるところにより当該認定の申請をすることを証する書類）

二　第28条第2項の表の上欄に掲げる建築物等の区分に応じて同表の下欄に掲げる事項を明示した構造計算書

三　当該区分所有建築物が法第25条第2項の国土交通大臣が定める基準に適合していないことを所管行政庁が適切であると認める者が証する書類その他の当該区分所有建築物が当該基準に適合していないことを証するものとして所管行政庁が規則で定める書類

2　所管行政庁は、前項の規定にかかわらず、規則で、前項第二号に掲げる構造計算書を添えることを要しない旨を規定することができる.

第38条〜第50条　（略）

第6編 建築物省エネ法関係法令

建築物のエネルギー消費性能の向上に関する法律［抜粋］

平成 27 年 7 月 8 日　法律第 53 号
最終改正　令和 4 年 6 月 17 日　法律第 68 号

［目的］

第 1 条　この法律は，社会経済情勢の変化に伴い建築物におけるエネルギーの消費量が著しく増加していることに鑑み，建築物のエネルギー消費性能の向上に関する基本的な方針の策定について定めるとともに，一定規模以上の建築物の建築物エネルギー消費性能基準への適合性を確保するための措置，建築物エネルギー消費性能向上計画の認定その他の措置を講ずることにより，エネルギーの使用の合理化等に関する法律（昭和 54 年法律第 49 号）と相まって，建築物のエネルギー消費性能の向上を図り，もって国民経済の健全な発展と国民生活の安定向上に寄与することを目的とする．

［定義等］

第 2 条　この法律において，次の各号に掲げる用語の意義は，それぞれ当該各号に定めるところによる．

一　建築物　建築基準法（昭和 25 年法律第 201 号）第 2 条第一号に規定する建築物をいう．

二　エネルギー消費性能　建築物の一定の条件での使用に際し消費されるエネルギー（エネルギーの使用の合理化等に関する法律第 2 条第 1 項に規定するエネルギーをいい，建築物に設ける空気調和設備その他の政令で定める建築設備（第 6 条第 2 項及び第 34 条第 3 項において「空気調和設備等」という．）において消費されるものに限る．）の量を基礎として評価される性能をいう．

三　建築物エネルギー消費性能基準　建築物の備えるべきエネルギー消費性能の確保のために必要な建築物の構造及び設備に関する経済産業省令・国土交通省令で定める基準をいう．

四　建築主等　建築主（建築物に関する工事の請負契約の注文者又は請負契約によらないで自らその工事をする者をいう．以下同じ．）又は建築物の所有者，管理者若しくは占有者をいう．

五　所管行政庁　建築主事を置く市町村の区域については市町村長をいい，その他の市町村の区域については都道府県知事をいう．ただし，建築基準法第 97 条の 2 第 1 項又は第 97 条の 3 第 1 項の規定により建築主事を置く市町村の区域内の政令で定める建築物については，都道府県知事とする．

2　地方公共団体は，その地方の自然的社会的条件の特殊性により，建築物エネルギー消費性能基準のみによっては建築物のエネルギー消費性能の確保を図ることが困難であると認める場合においては，条例で，建築物エネルギー消費性能基準に必要な事項を付加することができる．

第 3 条〜第 5 条　（略）

[建築主等の努力]

第6条　建築主（次章第1節若しくは第2節又は附則第3条の規定が適用される者を除く.）は，その建築（建築物の新築，増築又は改築をいう. 以下同じ.）をしようとする建築物について，建築物エネルギー消費性能基準（第2条第2項の条例で付加した事項を含む. 第29条第2項，第32条第2項及び第35条第1項第一号を除き，以下同じ.）に適合させるために必要な措置を講ずるよう努めなければならない.

2　建築主は，その修繕等（建築物の修繕若しくは模様替，建築物への空気調和設備等の設置又は建築物に設けた空気調和設備等の改修をいう. 第34条第1項において同じ.）をしようとする建築物について，建築物の所有者，管理者又は占有者は，その所有し，管理し，又は占有する建築物について，エネルギー消費性能の向上を図るよう努めなければならない.

[建築物の販売又は賃貸を行う事業者の努力]

第7条　建築物の販売又は賃貸を行う事業者は，その販売又は賃貸を行う建築物について，エネルギー消費性能を表示するよう努めなければならない.

[建築物に係る指導及び助言]

第8条　所管行政庁は，建築物のエネルギー消費性能の確保のため必要があると認めるときは，建築主等に対し，建築物エネルギー消費性能基準を勘案して，建築物の設計，施工及び維持保全に係る事項について必要な指導及び助言をすることができる.

[建築物の設計等に係る指導及び助言]

第9条　国土交通大臣は，建築物エネルギー消費性能基準に適合する建築物の建築が行われることを確保するため特に必要があると認めるときは，建築物の設計又は施工を行う事業者に対し，建築物エネルギー消費性能基準を勘案して，建築物のエネルギー消費性能の向上及び建築物のエネルギー消費性能の表示について必要な指導及び助言をすることができる.

[建築材料に係る指導及び助言]

第10条　経済産業大臣は，建築物エネルギー消費性能基準に適合する建築物の建築が行われることを確保するため特に必要があると認めるときは，建築物の直接外気に接する屋根，壁又は床（これらに設ける窓その他の開口部を含む.）を通しての熱の損失の防止の用に供される建築材料の製造，加工又は輸入を行う事業者に対し，建築物エネルギー消費性能基準を勘案して，当該建築材料の断熱性に係る品質の向上及び当該品質の表示について必要な指導及び助言をすることができる.

[特定建築物の建築主の基準適合義務]

第11条　建築主は，特定建築行為（特定建築物（居住のために継続的に使用する室その他の政令で定める建築物の部分（以下「住宅部分」という.）以外の建築物の部分（以下「非住宅部分」という.）の規模がエネルギー消費性能の確保を特に図る必要があるものとして政令で定める規模以上である建築物をいう. 以下同じ.）の新築若しくは増築若しくは改築（非住宅部分の増築又は改築の規模が政令で定める規模以上であるものに限る.）又は特定建築物以外の建築物の増築（非住宅部分の増築の規模が政令で定める規模以上であるものであって，当該建築物が増築後に

おいて特定建築物となる場合に限る.）をいう．以下同じ.）をしようとするときは，当該特定建築物（非住宅部分に限る.）を建築物エネルギー消費性能基準に適合させなければならない.

2　前項の規定は，建築基準法第6条第1項に規定する建築基準関係規定とみなす.

[建築物エネルギー消費性能適合性判定]

第12条　建築主は，特定建築行為をしようとするときは，その工事に着手する前に，建築物エネルギー消費性能確保計画（特定建築行為に係る特定建築物のエネルギー消費性能の確保のための構造及び設備に関する計画をいう．以下同じ.）を提出して所管行政庁の建築物エネルギー消費性能適合性判定（建築物エネルギー消費性能確保計画（非住宅部分に係る部分に限る．第5項及び第6項において同じ.）が建築物エネルギー消費性能基準に適合するかどうかの判定をいう．以下同じ.）を受けなければならない.

2　建築主は，前項の建築物エネルギー消費性能適合性判定を受けた建築物エネルギー消費性能確保計画の変更（国土交通省令で定める軽微な変更を除く.）をして特定建築行為をしようとするときは，その工事に着手する前に，その変更後の建築物エネルギー消費性能確保計画を所管行政庁に提出しなければならない．この場合において，当該変更が非住宅部分に係る部分の変更を含むものであるときは，所管行政庁の建築物エネルギー消費性能適合性判定を受けなければならない.

3　所管行政庁は，前2項の規定による建築物エネルギー消費性能確保計画の提出を受けた場合においては，その提出を受けた日から14日以内に，当該提出に係る建築物エネルギー消費性能適合性判定の結果を記載した通知書を当該提出者に交付しなければならない.

4　所管行政庁は，前項の場合において，同項の期間内に当該提出者に同項の通知書を交付することができない合理的な理由があるときは，28日の範囲内において，同項の期間を延長することができる．この場合においては，その旨及びその延長する期間並びにその期間を延長する理由を記載した通知書を同項の期間内に当該提出者に交付しなければならない.

5　所管行政庁は，第3項の場合において，建築物エネルギー消費性能確保計画の記載によっては当該建築物エネルギー消費性能確保計画が建築物エネルギー消費性能基準に適合するかどうかを決定することができない正当な理由があるときは，その旨及びその理由を記載した通知書を同項の期間（前項の規定によりその期間を延長した場合にあっては，当該延長後の期間）内に当該提出者に交付しなければならない.

6　建築主は，第3項の規定により交付を受けた通知書が適合判定通知書（当該建築物エネルギー消費性能確保計画が建築物エネルギー消費性能基準に適合するものであると判定された旨が記載された通知書をいう．以下同じ.）である場合においては，当該特定建築行為に係る建築基準法第6条第1項又は第6条の2第1項の規定による確認をする建築主事又は指定確認検査機関（同法第77条の21第1項に規定する指定確認検査機関をいう．第8項において同じ.）に，当該適合判定通知書又はその写しを提出しなければならない．ただし，当該特定建築行為に係る建築物の計画（同法第6条第1項又は第6条の2第1項の規定による確認の申請に係る建

築物の計画をいう．次項及び第8項において同じ．）について同法第6条第7項又は第6条の2第4項の通知書の交付を受けた場合は，この限りでない．

7 建築主は，前項の場合において，特定建築行為に係る建築物の計画が建築基準法第6条第1項の規定による建築主事の確認に係るものであるときは，同条第4項の期間（同条第6項の規定によりその期間が延長された場合にあっては，当該延長後の期間）の末日の3日前までに，前項の適合判定通知書又はその写しを当該建築主事に提出しなければならない．

8 建築主事は，建築基準法第6条第1項の規定による確認の申請書を受理した場合において，指定確認検査機関は，同法第6条の2第1項の規定による確認の申請を受けた場合において，建築物の計画が特定建築行為に係るものであるときは，建築主から第6項の適合判定通知書又はその写しの提出を受けた場合に限り，同法第6条第1項又は第6条の2第1項の規定による確認をすることができる．

9 建築物エネルギー消費性能確保計画に関する書類及び第3項から第5項までの通知書の様式は，国土交通省令で定める．

［国等に対する建築物エネルギー消費性能適合性判定に関する手続の特例］

第13条 国，都道府県又は建築主事を置く市町村（以下「国等」という．）の機関の長が行う特定建築行為については，前条の規定は，適用しない．この場合においては，次項から第9項までの規定に定めるところによる．

2 国等の機関の長は，特定建築行為をしようとするときは，その工事に着手する前に，建築物エネルギー消費性能確保計画を所管行政庁に通知し，建築物エネルギー消費性能適合性判定を求めなければならない．

3 国等の機関の長は，前項の建築物エネルギー消費性能適合性判定を受けた建築物エネルギー消費性能確保計画の変更（国土交通省令で定める軽微な変更を除く．）をして特定建築行為をしようとするときは，その工事に着手する前に，その変更後の建築物エネルギー消費性能確保計画を所管行政庁に通知しなければならない．この場合において，当該変更が非住宅部分に係る部分の変更を含むものであるときは，所管行政庁の建築物エネルギー消費性能適合性判定を求めなければならない．

4 所管行政庁は，前2項の規定による通知を受けた場合においては，その通知を受けた日から14日以内に，当該通知に係る建築物エネルギー消費性能適合性判定の結果を記載した通知書を当該通知をした国等の機関の長に交付しなければならない．

5 所管行政庁は，前項の場合において，同項の期間内に当該通知をした国等の機関の長に同項の通知書を交付することができない合理的な理由があるときは，28日の範囲内において，同項の期間を延長することができる．この場合においては，その旨及びその延長する期間並びにその期間を延長する理由を記載した通知書を同項の期間内に当該通知をした国等の機関の長に交付しなければならない．

6 所管行政庁は，第4項の場合において，第2項又は第3項の規定による通知の記載によっては当該建築物エネルギー消費性能確保計画（非住宅部分に係る部分に限る．）が建築物エネルギー消費性能基準に適合するかどうかを決定することができない正当な理由があるときは，その旨及びその理由を記載した通知書を第4項の期間（前項の規定によりその期間を延長した場合にあっては，当該延長後の期間）内に当該通知をした国等の機関の長に交付しなければならない．

7　国等の機関の長は，第4項の規定により交付を受けた通知書が適合判定通知書である場合においては，当該特定建築行為に係る建築基準法第18条第3項の規定による審査をする建築主事に，当該適合判定通知書又はその写しを提出しなければならない．ただし，当該特定建築行為に係る建築物の計画（同条第2項の規定による通知に係る建築物の計画をいう．第9項において同じ．）について同条第14項の通知書の交付を受けた場合は，この限りでない．

8　国等の機関の長は，前項の場合において，建築基準法第18条第3項の期間（同条第13項の規定によりその期間が延長された場合にあっては，当該延長後の期間）の末日の3日前までに，前項の適合判定通知書又はその写しを当該建築主事に提出しなければならない．

9　建築主事は，建築基準法第18条第3項の場合において，建築物の計画が特定建築行為に係るものであるときは，当該通知をした国等の機関の長から第7項の適合判定通知書又はその写しの提出を受けた場合に限り，同条第3項の確認済証を交付することができる．

［特定建築物に係る基準適合命令等］

第14条　所管行政庁は，第11条第1項の規定に違反している事実があると認めるときは，建築主に対し，相当の期限を定めて，当該違反を是正するために必要な措置をとるべきことを命ずることができる．

2　国等の建築物については，前項の規定は，適用しない．この場合において，所管行政庁は，当該建築物が第11条第1項の規定に違反している事実があると認めるときは，直ちに，その旨を当該建築物に係る国等の機関の長に通知し，前項に規定する措置をとるべきことを要請しなければならない．

［登録建築物エネルギー消費性能判定機関による建築物エネルギー消費性能適合性判定の実施等］

第15条　所管行政庁は，第44条から第47条までの規定の定めるところにより国土交通大臣の登録を受けた者（以下「登録建築物エネルギー消費性能判定機関」という．）に，第12条第1項及び第2項並びに第13条第2項及び第3項の建築物エネルギー消費性能適合性判定の全部又は一部を行わせることができる．

2　登録建築物エネルギー消費性能判定機関が建築物エネルギー消費性能適合性判定を行う場合における第12条第1項から第5項まで及び第13条第2項から第6項までの規定の適用については，これらの規定中「所管行政庁」とあるのは，「第15条第1項の登録を受けた者」とする．

3　登録建築物エネルギー消費性能判定機関は，第12条第1項若しくは第2項の規定による建築物エネルギー消費性能確保計画（住宅部分の規模が政令で定める規模以上である建築物の新築又は住宅部分の規模が政令で定める規模以上である増築若しくは改築に係るものに限る．以下同じ．）の提出又は第13条第2項若しくは第3項の規定による建築物エネルギー消費性能確保計画の通知を受けた場合においては，遅滞なく，当該建築物エネルギー消費性能確保計画の写しを所管行政庁に送付しなければならない．

［住宅部分に係る指示等］

第16条　所管行政庁は，第12条第1項若しくは第2項の規定による建築物エネル

ギー消費性能確保計画の提出又は前条第3項の規定による建築物エネルギー消費性能確保計画の写しの送付を受けた場合において，当該建築物エネルギー消費性能確保計画（住宅部分に係る部分に限る．）が建築物エネルギー消費性能基準に適合せず，当該特定建築物のエネルギー消費性能の確保のため必要があると認めるときは，その工事の着手の日の前日までの間に限り，その提出者（同項の規定による建築物エネルギー消費性能確保計画の写しの送付を受けた場合にあっては，当該建築物エネルギー消費性能確保計画の提出者）に対し，当該建築物エネルギー消費性能確保計画の変更その他必要な措置をとるべきことを指示することができる．

2　所管行政庁は，前項の規定による指示を受けた者が，正当な理由がなくてその指示に係る措置をとらなかったときは，その者に対し，相当の期限を定めて，その指示に係る措置をとるべきことを命ずることができる．

3　所管行政庁は，第13条第2項若しくは第3項の規定による建築物エネルギー消費性能確保計画の通知又は前条第3項の規定による建築物エネルギー消費性能確保計画の写しの送付を受けた場合において，当該建築物エネルギー消費性能確保計画（住宅部分に係る部分に限る．）が建築物エネルギー消費性能基準に適合せず，当該特定建築物のエネルギー消費性能の確保のため必要があると認めるときは，その必要な限度において，当該国等の機関の長に対し，当該特定建築物のエネルギー消費性能の確保のためとるべき措置について協議を求めることができる．

［特定建築物に係る報告，検査等］

第17条　所管行政庁は，第14条又は前条の規定の施行に必要な限度において，政令で定めるところにより，建築主等に対し，特定建築物の建築物エネルギー消費性能基準への適合に関する事項に関し報告させ，又はその職員に，特定建築物若しくはその工事現場に立ち入り，特定建築物，建築設備，建築材料，書類その他の物件を検査させることができる．ただし，住居に立ち入る場合においては，あらかじめ，その居住者の承諾を得なければならない．

2，3　（略）

［適用除外］

第18条　この節の規定は，次の各号のいずれかに該当する建築物については，適用しない．

一　居室を有しないこと又は高い開放性を有することにより空気調和設備を設ける必要がないものとして政令で定める用途に供する建築物

二　法令又は条例の定める現状変更の規制及び保存のための措置その他の措置がとられていることにより建築物エネルギー消費性能基準に適合させることが困難なものとして政令で定める建築物

三　仮設の建築物であって政令で定めるもの

［建築物の建築に関する届出等］

第19条　建築主は，次に掲げる行為をしようとするときは，その工事に着手する日の21日前までに，国土交通省令で定めるところにより，当該行為に係る建築物のエネルギー消費性能の確保のための構造及び設備に関する計画を所管行政庁に届け出なければならない．その変更（国土交通省令で定める軽微な変更を除く．）をしようとするときも，同様とする．

一　特定建築物以外の建築物であってエネルギー消費性能の確保を図る必要があるものとして政令で定める規模以上のものの新築

二　建築物の増築又は改築であってエネルギー消費性能の確保を図る必要があるものとして政令で定める規模以上のもの（特定建築行為に該当するものを除く.）

2　所管行政庁は，前項の規定による届出があった場合において，その届出に係る計画が建築物エネルギー消費性能基準に適合せず，当該建築物のエネルギー消費性能の確保のため必要があると認めるときは，その届出を受理した日から21日以内に限り，その届出をした者に対し，その届出に係る計画の変更その他必要な措置をとるべきことを指示することができる.

3　所管行政庁は，前項の規定による指示を受けた者が，正当な理由がなくてその指示に係る措置をとらなかったときは，その者に対し，相当の期限を定めて，その指示に係る措置をとるべきことを命ずることができる.

4　建築主は，第1項の規定による届出に併せて，建築物エネルギー消費性能基準への適合性に関する審査であって第12条第1項の建築物エネルギー消費性能適合性判定に準ずるものとして国土交通省令で定めるものの結果を記載した書面を提出することができる. この場合において，第1項及び第2項の規定の適用については，第1項中「21日前」とあるのは「3日以上21日未満の範囲内で国土交通省令で定める日数前」と，第2項中「21日以内」とあるのは「前項の国土交通省令で定める日数以内」とする.

第20条　（略）

［建築物に係る報告，検査等］

第21条　所管行政庁は，第19条第2項及び第3項並びに前条第3項の規定の施行に必要な限度において，政令で定めるところにより，建築主等に対し，建築物の建築物エネルギー消費性能基準への適合に関する事項に関し報告させ，又はその職員に，建築物若しくはその工事現場に立ち入り，建築物，建築設備，建築材料，書類その他の物件を検査させることができる.

2　第17条第1項ただし書，第2項及び第3項の規定は，前項の規定による立入検査について準用する.

［適用除外］

第22条　この節の規定は，第18条各号のいずれかに該当する建築物については，適用しない.

［特殊の構造又は設備を用いる建築物の認定］

第23条　国土交通大臣は，建築主の申請により，特殊の構造又は設備を用いて建築が行われる建築物が建築物エネルギー消費性能基準に適合する建築物と同等以上のエネルギー消費性能を有するものである旨の認定をすることができる.

2　前項の申請をしようとする者は，国土交通省令で定めるところにより，国土交通省令で定める事項を記載した申請書を提出して，これを行わなければならない.

3　国土交通大臣は，第1項の認定をしたときは，遅滞なく，その旨を当該認定を受けた建築物の建築が行われる場所を管轄する所管行政庁に通知するものとする.

［審査のための評価］

第24条　国土交通大臣は，前条第1項の認定のための審査に当たっては，審査に係

る特殊の構造又は設備を用いる建築物のエネルギー消費性能に関する評価（第27条を除き，以下単に「評価」という．）であって，第61条から第63条までの規定の定めるところにより国土交通大臣の登録を受けた者（以下「登録建築物エネルギー消費性能評価機関」という．）が行うものに基づきこれを行うものとする．

2　前条第1項の申請をしようとする者は，登録建築物エネルギー消費性能評価機関が作成した当該申請に係る特殊の構造又は設備を用いる建築物のエネルギー消費性能に関する評価書を同条第2項の申請書に添えて，これをしなければならない．この場合において，国土交通大臣は，当該評価書に基づき同条第1項の認定のための審査を行うものとする．

[認定を受けた特殊の構造又は設備を用いる建築物に関する特例]

第25条　特殊の構造又は設備を用いて建築物の建築をしようとする者が当該建築物について第23条第1項の認定を受けたときは，当該建築物の建築のうち第12条第1項の建築物エネルギー消費性能適合性判定を受けなければならないものについては，同条第3項の規定により適合判定通知書の交付を受けたものとみなして，同条第6項から第8項までの規定を適用する．

2　特殊の構造又は設備を用いて建築物の建築をしようとする者が当該建築物について第23条第1項の認定を受けたときは，当該建築物の建築のうち第19条第1項の規定による届出をしなければならないものについては，同項の規定による届出をしたものとみなす．この場合においては，同条第2項及び第3項の規定は，適用しない．

[手数料]

第26条　第23条第1項の申請をしようとする者は，国土交通省令で定めるところにより，実費を勘案して国土交通省令で定める額の手数料を国に納めなければならない．

[小規模建築物のエネルギー消費性能に係る評価及び説明]

第27条　建築士は，小規模建築物（特定建築物及び第19条第1項第一号に規定する建築物以外の建築物（第18条各号のいずれかに該当するものを除く．）をいう．以下この条において同じ．）の建築（特定建築行為又は第19条第1項第二号に掲げる行為に該当するもの及びエネルギー消費性能に及ぼす影響が少ないものとして政令で定める規模以下のものを除く．次項において同じ．）に係る設計を行うときは，国土交通省令で定めるところにより当該小規模建築物の建築物エネルギー消費性能基準への適合性について評価を行うとともに，当該設計の委託をした建築主に対し，当該評価の結果（当該小規模建築物が建築物エネルギー消費性能基準に適合していない場合にあっては，当該小規模建築物のエネルギー消費性能の確保のためとるべき措置を含む．）について，国土交通省令で定める事項を記載した書面を交付して説明しなければならない．

2　前項の規定は，小規模建築物の建築に係る設計の委託をした建築主から同項の規定による評価及び説明を要しない旨の意思の表明があった場合については，適用しない．

[特定建築主の努力]

第28条　特定建築主（自らが定めた一戸建ての住宅の構造及び設備に関する規格に基づき一戸建ての住宅を新築し，これを分譲することを業として行う建築主であって，その新築する当該規格に基づく一戸建ての住宅（以下「分譲型一戸建て規格住

宅」という.）の戸数が政令で定める数以上であるものをいう. 以下同じ.）は, 第6条に定めるもののほか, その新築する分譲型一戸建て規格住宅を次条第1項に規定する基準に適合させるよう努めなければならない.

［分譲型一戸建て規格住宅のエネルギー消費性能の向上に関する基準］

第29条　経済産業大臣及び国土交通大臣は, 経済産業省令・国土交通省令で, 特定建築主の新築する分譲型一戸建て規格住宅のエネルギー消費性能の一層の向上のために必要な住宅の構造及び設備に関する基準を定めなければならない.

2　前項に規定する基準は, 特定建築主の新築する分譲型一戸建て規格住宅のうちエネルギー消費性能が最も優れているものの当該エネルギー消費性能, 分譲型一戸建て規格住宅に関する技術開発の将来の見通しその他の事情を勘案して, 建築物エネルギー消費性能基準に必要な事項を付加して定めるものとし, これらの事情の変動に応じて必要な改定をするものとする.

［特定建築主に対する勧告及び命令等］

第30条　国土交通大臣は, 特定建築主の新築する分譲型一戸建て規格住宅につき, 前条第1項に規定する基準に照らしてエネルギー消費性能の向上を相当程度行う必要があると認めるときは, 当該特定建築主に対し, その目標を示して, その新築する分譲型一戸建て規格住宅のエネルギー消費性能の向上を図るべき旨の勧告をすることができる.

2　国土交通大臣は, 前項の勧告を受けた特定建築主がその勧告に従わなかったときは, その旨を公表することができる.

3　国土交通大臣は, 第1項の勧告を受けた特定建築主が, 正当な理由がなくてその勧告に係る措置をとらなかった場合において, 前条第1項に規定する基準に照らして特定建築主が行うべきその新築する分譲型一戸建て規格住宅のエネルギー消費性能の向上を著しく害すると認めるときは, 政令で定める審議会の意見を聴いて, 当該特定建築主に対し, 相当の期限を定めて, その勧告に係る措置をとるべきことを命ずることができる.

4　国土交通大臣は, 前3項の規定の施行に必要な限度において, 政令で定めるところにより, 特定建築主に対し, その新築する分譲型一戸建て規格住宅に係る業務の状況に関し報告させ, 又はその職員に, 特定建築主の事務所その他の事業場若しくは特定建築主の新築する分譲型一戸建て規格住宅若しくはその工事現場に立ち入り, 特定建築主の新築する分譲型一戸建て規格住宅, 帳簿, 書類その他の物件を検査させることができる.

5　第17条第2項及び第3項の規定は, 前項の規定による立入検査について準用する.

［特定建設工事業者の努力］

第31条　特定建設工事業者（自らが定めた住宅の構造及び設備に関する規格に基づき住宅を新たに建設する工事を業として請け負う者であって, その新たに建設する当該規格に基づく住宅（以下「請負型規格住宅」という.）の戸数が政令で定める住宅の区分（第33条第1項において「住宅区分」という.）ごとに政令で定める数以上であるものをいう. 以下同じ.）は, その新たに建設する請負型規格住宅を次条第1項に規定する基準に適合させるよう努めなければならない.

[請負型規格住宅のエネルギー消費性能の向上に関する基準]

第32条 経済産業大臣及び国土交通大臣は，経済産業省令・国土交通省令で，特定建設工事業者の新たに建設する請負型規格住宅のエネルギー消費性能の一層の向上のために必要な住宅の構造及び設備に関する基準を定めなければならない．

2 前項に規定する基準は，特定建設工事業者の新たに建設する請負型規格住宅のうちエネルギー消費性能が最も優れているものの当該エネルギー消費性能，請負型規格住宅に関する技術開発の将来の見通しその他の事情を勘案して，建築物エネルギー消費性能基準に必要な事項を付加して定めるものとし，これらの事情の変動に応じて必要な改定をするものとする．

[特定建設工事業者に対する勧告及び命令等]

第33条 国土交通大臣は，特定建設工事業者の新たに建設する請負型規格住宅（その戸数が第31条の政令で定める数未満となる住宅区分に係るものを除く．以下この条において同じ．）につき，前条第1項に規定する基準に照らしてエネルギー消費性能の向上を相当程度行う必要があると認めるときは，当該特定建設工事業者に対し，その目標を示して，その新たに建設する請負型規格住宅のエネルギー消費性能の向上を図るべき旨の勧告をすることができる．

2 国土交通大臣は，前項の勧告を受けた特定建設工事業者がその勧告に従わなかったときは，その旨を公表することができる．

3 国土交通大臣は，第1項の勧告を受けた特定建設工事業者が，正当な理由がなくてその勧告に係る措置をとらなかった場合において，前条第1項に規定する基準に照らして特定建設工事業者が行うべきその新たに建設する請負型規格住宅のエネルギー消費性能の向上を著しく害すると認めるときは，社会資本整備審議会の意見を聴いて，当該特定建設工事業者に対し，相当の期限を定めて，その勧告に係る措置をとるべきことを命ずることができる．

4 国土交通大臣は，前3項の規定の施行に必要な限度において，政令で定めるところにより，特定建設工事業者に対し，その新たに建設する請負型規格住宅に係る業務の状況に関し報告させ，又はその職員に，特定建設工事業者の事務所その他の事業場若しくは特定建設工事業者の新たに建設する請負型規格住宅若しくはその工事現場に立ち入り，特定建設工事業者の新たに建設する請負型規格住宅，帳簿，書類その他の物件を検査させることができる．

5 第17条第2項及び第3項の規定は，前項の規定による立入検査について準用する．

[建築物エネルギー消費性能向上計画の認定]

第34条 建築主等は，エネルギー消費性能の向上に資する建築物の新築又はエネルギー消費性能の向上のための建築物の増築，改築若しくは修繕等（以下「エネルギー消費性能の向上のための建築物の新築等」という．）をしようとするときは，国土交通省令で定めるところにより，エネルギー消費性能の向上のための建築物の新築等に関する計画（以下「建築物エネルギー消費性能向上計画」という．）を作成し，所管行政庁の認定を申請することができる．

2 建築物エネルギー消費性能向上計画には，次に掲げる事項を記載しなければならない．

一 建築物の位置

二　建築物の延べ面積，構造，設備及び用途並びに敷地面積

三　エネルギー消費性能の向上のための建築物の新築等に係る資金計画

四　その他国土交通省令で定める事項

3　建築主等は，第1項の規定による認定の申請に係る建築物（以下「申請建築物」という．）以外の建築物（以下「他の建築物」という．）のエネルギー消費性能の向上にも資するよう，当該申請建築物に自他供給型熱源機器等（申請建築物及び他の建築物に熱又は電気を供給するための熱源機器等（熱源機器，発電機その他の熱又は電気を発生させ，これを建築物に供給するための国土交通省令で定める機器であって空気調和設備等を構成するものをいう．以下この項において同じ．）をいう．）を設置しようとするとき（当該他の建築物に熱源機器等（エネルギー消費性能に及ぼす影響が少ないものとして国土交通省令で定めるものを除く．）が設置されているとき又は設置されることとなるときを除く．）は，建築物エネルギー消費性能向上計画に，前項各号に掲げる事項のほか，次に掲げる事項を記載することができる．

一　他の建築物の位置

二　他の建築物の延べ面積，構造，設備及び用途並びに敷地面積

三　その他国土交通省令で定める事項

4　建築主等は，次に掲げる場合においては，第1項の規定による認定の申請をすることができない．

一　当該申請をしようとする建築物エネルギー消費性能向上計画に係る申請建築物が他の建築物エネルギー消費性能向上計画に他の建築物として記載されているとき．

二　当該申請をしようとする建築物エネルギー消費性能向上計画に係る他の建築物が他の建築物エネルギー消費性能向上計画に他の建築物として記載されているとき（当該申請をしようとする建築物エネルギー消費性能向上計画に係る申請建築物が当該他の建築物エネルギー消費性能向上計画に係る申請建築物と同一であるときを除く．）．

［建築物エネルギー消費性能向上計画の認定基準等］

第35条　所管行政庁は，前条第1項の規定による認定の申請があった場合において，当該申請に係る建築物エネルギー消費性能向上計画が次に掲げる基準に適合すると認めるときは，その認定をすることができる．

一　申請建築物のエネルギー消費性能が建築物エネルギー消費性能誘導基準（建築物エネルギー消費性能基準を超え，かつ，建築物のエネルギー消費性能の向上の一層の促進のために誘導すべき経済産業省令・国土交通省令で定める基準をいう．第四号及び第40条第1項において同じ．）に適合するものであること．

二　建築物エネルギー消費性能向上計画に記載された事項が基本方針に照らして適切なものであること．

三　前条第2項第三号の資金計画がエネルギー消費性能の向上のための建築物の新築等を確実に遂行するため適切なものであること．

四　建築物エネルギー消費性能向上計画に前条第3項各号に掲げる事項が記載されている場合にあっては，当該建築物エネルギー消費性能向上計画に係る他の建築物のエネルギー消費性能が建築物エネルギー消費性能誘導基準に適合するものであること．

2～9 （略）

[建築物エネルギー消費性能向上計画の変更]

第36条 前条第1項の認定を受けた者（以下「認定建築主」という.）は，当該認定を受けた建築物エネルギー消費性能向上計画の変更（国土交通省令で定める軽微な変更を除く.）をしようとするときは，国土交通省令で定めるところにより，所管行政庁の認定を受けなければならない.

2 前条の規定は，前項の認定について準用する.

[認定建築主に対する報告の徴収]

第37条 所管行政庁は，認定建築主に対し，第35条第1項の認定を受けた建築物エネルギー消費性能向上計画（変更があったときは，その変更後のもの．以下「認定建築物エネルギー消費性能向上計画」という.）に基づくエネルギー消費性能の向上のための建築物の新築等の状況に関し報告を求めることができる.

[認定建築主に対する改善命令]

第38条 所管行政庁は，認定建築主が認定建築物エネルギー消費性能向上計画に従ってエネルギー消費性能の向上のための建築物の新築等を行っていないと認めるときは，当該認定建築主に対し，相当の期限を定めて，その改善に必要な措置をとるべきことを命ずることができる.

[建築物エネルギー消費性能向上計画の認定の取消し]

第39条 所管行政庁は，認定建築主が前条の規定による命令に違反したときは，第35条第1項の認定を取り消すことができる.

[認定建築物エネルギー消費性能向上計画に係る建築物の容積率の特例]

第40条 建築基準法第52条第1項，第2項，第7項，第12項及び第14項，第57条の2第3項第二号，第57条の3第2項，第59条第1項及び第3項，第59条の2第1項，第60条第1項，第60条の2第1項及び第4項，第68条の3第1項，第68条の4，第68条の5（第二号イを除く.），第68条の5の2（第二号イを除く.），第68条の5の3第1項（第一号ロを除く.），第68条の5の4（第一号ロを除く.），第68条の5の5第1項第一号ロ，第68条の8，第68条の9第1項，第86条第3項及び第4項，第86条の2第2項及び第3項，第86条の5第3項並びに第86条の6第1項に規定する建築物の容積率（同法第59条第1項，第60条の2第1項及び第68条の9第1項に規定するものについては，これらの規定に規定する建築物の容積率の最高限度に係る場合に限る.）の算定の基礎となる延べ面積には，同法第52条第3項及び第6項に定めるもののほか，認定建築物エネルギー消費性能向上計画に係る建築物の床面積のうち，建築物エネルギー消費性能誘導基準に適合させるための措置をとることにより通常の建築物の床面積を超えることとなる場合における政令で定める床面積は，算入しないものとする.

2 認定建築物エネルギー消費性能向上計画に第34条第3項各号に掲げる事項が記載されている場合における前項の規定の適用については，同項中「建築物の床面積のうち，」とあるのは，「申請建築物の床面積のうち，当該認定建築物エネルギー消費性能向上計画に係る申請建築物及び他の建築物を」とする.

[建築物のエネルギー消費性能に係る認定]

第41条 建築物の所有者は，国土交通省令で定めるところにより，所管行政庁に対

し，当該建築物について建築物エネルギー消費性能基準に適合している旨の認定を申請することができる．

2　所管行政庁は，前項の規定による認定の申請があった場合において，当該申請に係る建築物が建築物エネルギー消費性能基準に適合していると認めるときは，その旨の認定をすることができる．

3　前項の認定を受けた者は，当該認定を受けた建築物（以下「基準適合認定建築物」という．），その敷地又はその利用に関する広告その他の国土交通省令で定めるもの（次項において「広告等」という．）に，国土交通省令で定めるところにより，当該基準適合認定建築物が当該認定を受けている旨の表示を付することができる．

4　何人も，前項の規定による場合を除くほか，建築物，その敷地又はその利用に関する広告等に，同項の表示又はこれと紛らわしい表示を付してはならない．

[基準適合認定建築物に係る認定の取消し]

第42条　所管行政庁は，基準適合認定建築物が建築物エネルギー消費性能基準に適合しなくなったと認めるときは，前条第2項の認定を取り消すことができる．

[基準適合認定建築物に係る報告，検査等]

第43条　所管行政庁は，前条の規定の施行に必要な限度において，政令で定めるところにより，第41条第2項の認定を受けた者に対し，基準適合認定建築物の建築物エネルギー消費性能基準への適合に関する事項に関し報告させ，又はその職員に，基準適合認定建築物若しくはその工事現場に立ち入り，基準適合認定建築物，建築設備，建築材料，書類その他の物件を検査させることができる．

2　第17条第1項ただし書，第2項及び第3項の規定は，前項の規定による立入検査について準用する．

第44条～第49条　（略）

[適合性判定員]

第50条　登録建築物エネルギー消費性能判定機関は，建築に関する専門的知識及び技術を有する者として国土交通省令で定める要件を備えるもののうちから適合性判定員を選任しなければならない．

[秘密保持義務]

第51条　登録建築物エネルギー消費性能判定機関（その者が法人である場合にあっては，その役員）及びその職員（適合性判定員を含む．）並びにこれらの者であった者は，判定の業務に関して知り得た秘密を漏らし，又は盗用してはならない．

[判定の業務の義務]

第52条　登録建築物エネルギー消費性能判定機関は，判定の業務を行うべきことを求められたときは，正当な理由がある場合を除き，遅滞なく，判定の業務を行わなければならない．

2　登録建築物エネルギー消費性能判定機関は，公正に，かつ，国土交通省令で定める基準に適合する方法により判定の業務を行わなければならない．

第53条～第79条　（略）

建築物のエネルギー消費性能の向上に関する
法律施行令［抜粋］

平成 28 年 1 月 15 日　政令第 8 号
最終改正　令和 4 年 5 月 27 日　政令第 203 号

［空気調和設備等］

第 1 条　建築物のエネルギー消費性能の向上に関する法律（以下「法」という．）第
　2 条第 1 項第二号の政令で定める建築設備は，次に掲げるものとする．

一　空気調和設備その他の機械換気設備

二　照明設備

三　給湯設備

四　昇降機

［都道府県知事が所管行政庁となる建築物］

第 2 条　法第 2 条第 1 項第五号ただし書の政令で定める建築物のうち建築基準法（昭
　和 25 年法律第 201 号）第 97 条の 2 第 1 項の規定により建築主事を置く市町村の区
　域内のものは，同法第 6 条第 1 項第四号に掲げる建築物（その新築，改築，増築，
　移転又は用途の変更に関して，法律並びにこれに基づく命令及び条例の規定により
　都道府県知事の許可を必要とするものを除く．）以外の建築物とする．

2　法第 2 条第 1 項第五号ただし書の政令で定める建築物のうち建築基準法第 97 条
　の 3 第 1 項の規定により建築主事を置く特別区の区域内のものは，次に掲げる建築
　物（第二号に掲げる建築物にあっては，地方自治法（昭和 22 年法律第 67 号）第
　252 条の 17 の 2 第 1 項の規定により同号に規定する処分に関する事務を特別区が
　処理することとされた場合における当該建築物を除く．）とする．

一　延べ面積（建築基準法施行令（昭和 25 年政令第 338 号）第 2 条第 1 項第四号の
　延べ面積をいう．第 15 条第 1 項において同じ．）が 1 万 m² を超える建築物

二　その新築，改築，増築，移転又は用途の変更に関して，建築基準法第 51 条（同
　法第 87 条第 2 項及び第 3 項において準用する場合を含み，市町村都市計画審議会
　が置かれている特別区にあっては，卸売市場，と畜場及び産業廃棄物処理施設に係
　る部分に限る．）の規定又は同法以外の法律若しくはこれに基づく命令若しくは条
　例の規定により都知事の許可を必要とする建築物

第 3 条〜第 17 条　（略）

建築物のエネルギー消費性能の向上に関する法律施行規則［抜粋］

平成 28 年 1 月 29 日　国土交通省令第 5 号
最終改正　令和 4 年 11 月 7 日　国土交通省令第 78 号

第 1 条～第 5 条　（略）

［適合判定通知書又はその写しの提出］

第 6 条　法第 12 条第 6 項の規定による適合判定通知書又はその写しの提出は，当該適合判定通知書又はその写しに第 1 条第 1 項若しくは第 2 条第 1 項の計画書の副本又はその写しを添えて行うものとする．ただし，次の各号に掲げる場合にあっては，それぞれ当該各号に定める書類の提出をもって法第 12 条第 6 項に規定する適合判定通知書又はその写しを提出したものとみなす．

一　法第 25 条第 1 項の規定により適合判定通知書の交付を受けたものとみなして，法第 12 条第 6 項の規定を適用する場合　　第 18 条の認定書の写し

二　法第 35 条第 8 項の規定により適合判定通知書の交付を受けたものとみなして，法第 12 条第 6 項の規定を適用する場合　　第 25 条第 2 項（第 28 条において読み替えて準用する場合を含む．）の通知書又はその写し及び第 23 条第 1 項若しくは第 27 条の申請書の副本又はその写し

三　都市の低炭素化の促進に関する法律（平成 24 年法律第 84 号）第 10 条第 9 項又は同法第 54 条第 8 項の規定により，適合判定通知書の交付を受けたものとみなして，法第 12 条第 6 項の規定を適用する場合　　都市の低炭素化の促進に関する法律施行規則（平成 24 年国土交通省令第 86 号）第 5 条第 2 項（同規則第 8 条において読み替えて準用する場合を含む．）の通知書若しくはその写し及び同規則第 3 条若しくは同規則第 7 条の申請書の副本若しくはその写し又は同規則第 43 条第 2 項（同規則第 46 条において読み替えて準用する場合を含む．）の通知書若しくはその写し及び同規則第 41 条第 1 項若しくは同規則第 45 条の申請書の副本若しくはその写し

第 7 条～第 82 条　（略）

都市の低炭素化の促進に関する法律 ［抜粋］

平成 24 年 9 月 5 日　法律第 84 号

最終改正　令和 4 年 6 月 17 日　法律第 68 号

［目的］

第 1 条　この法律は，社会経済活動その他の活動に伴って発生する二酸化炭素の相当部分が都市において発生しているものであることに鑑み，都市の低炭素化の促進に関する基本的な方針の策定について定めるとともに，市町村による低炭素まちづくり計画の作成及びこれに基づく特別の措置並びに低炭素建築物の普及の促進のための措置を講ずることにより，地球温暖化対策の推進に関する法律（平成 10 年法律第 117 号）と相まって，都市の低炭素化の促進を図り，もって都市の健全な発展に寄与することを目的とする．

［定義］

第 2 条　この法律において「都市の低炭素化」とは，都市における社会経済活動その他の活動に伴って発生する二酸化炭素の排出を抑制し，並びにその吸収作用を保全し，及び強化することをいう．

2　この法律において「低炭素まちづくり計画」とは，市町村が作成する都市の低炭素化を促進するためのまちづくりに関する計画であって，第 7 条の規定により作成されたものをいう．

3　この法律において「低炭素建築物」とは，二酸化炭素の排出の抑制に資する建築物であって，第 54 条第 1 項の認定を受けた第 53 条第 1 項に規定する低炭素建築物新築等計画（変更があったときは，その変更後のもの）に基づき新築又は増築，改築，修繕若しくは模様替若しくは空気調和設備その他の建築設備の設置若しくは改修が行われ，又は行われたものをいう．

第 3 条～第 52 条　（略）

［低炭素建築物新築等計画の認定］

第 53 条　市街化区域等内において，建築物の低炭素化に資する建築物の新築又は建築物の低炭素化のための建築物の増築，改築，修繕若しくは模様替若しくは建築物への空気調和設備その他の政令で定める建築設備（以下この項において「空気調和設備等」という．）の設置若しくは建築物に設けた空気調和設備等の改修（以下「低炭素化のための建築物の新築等」という．）をしようとする者は，国土交通省令で定めるところにより，低炭素化のための建築物の新築等に関する計画（以下「低炭素建築物新築等計画」という．）を作成し，所管行政庁（建築主事を置く市町村の区域については市町村長をいい，その他の市町村の区域については都道府県知事をいう．ただし，建築基準法第 97 条の 2 第 1 項又は第 97 条の 3 第 1 項の規定により建築主事を置く市町村の区域内の政令で定める建築物については，都道府県知事とする．以下同じ．）の認定を申請することができる．

2　低炭素建築物新築等計画には，次に掲げる事項を記載しなければならない．

一　建築物の位置

二　建築物の延べ面積，構造，設備及び用途並びに敷地面積

三　低炭素化のための建築物の新築等に係る資金計画

四　その他国土交通省令で定める事項

[低炭素建築物新築等計画の認定基準等]

第54条　所管行政庁は，前条第1項の規定による認定の申請があった場合において，当該申請に係る低炭素建築物新築等計画が次に掲げる基準に適合すると認めるときは，その認定をすることができる．

一　当該申請に係る建築物のエネルギーの使用の効率性その他の性能が，建築物のエネルギー消費性能の向上に関する法律第2条第1項第三号に規定する建築物エネルギー消費性能基準を超え，かつ，建築物のエネルギー消費性能の向上の一層の促進その他の建築物の低炭素化の促進のために誘導すべき経済産業大臣，国土交通大臣及び環境大臣が定める基準に適合するものであること．

二　低炭素建築物新築等計画に記載された事項が基本方針に照らして適切なものであること．

三　前条第2項第三号の資金計画が低炭素化のための建築物の新築等を確実に遂行するため適切なものであること．

2　前条第1項の規定による認定の申請をする者は，所管行政庁に対し，当該所管行政庁が当該申請に係る低炭素建築物新築等計画を建築主事に通知し，当該低炭素建築物新築等計画が建築基準法第6条第1項に規定する建築基準関係規定に適合するかどうかの審査を受けるよう申し出ることができる．この場合においては，当該申請に併せて，同項の規定による確認の申請書を提出しなければならない．

3　前項の規定による申出を受けた所管行政庁は，速やかに，当該申出に係る低炭素建築物新築等計画を建築主事に通知しなければならない．

4　建築基準法第18条第3項及び第14項の規定は，建築主事が前項の規定による通知を受けた場合について準用する．

5　所管行政庁が，前項において準用する建築基準法第18条第3項の規定による確認済証の交付を受けた場合において，第1項の認定をしたときは，当該認定を受けた低炭素建築物新築等計画は，同法第6条第1項の確認済証の交付があったものとみなす．

6　所管行政庁は，第4項において準用する建築基準法第18条第14項の規定による通知書の交付を受けた場合においては，第1項の認定をしてはならない．

7　建築基準法第12条第8項及び第9項並びに第93条から第93条の3までの規定は，第4項において準用する同法第18条第3項及び第14項の規定による確認済証及び通知書の交付について準用する．

8　低炭素化のための建築物の新築等をしようとする者がその低炭素建築物新築等計画について第1項の認定を受けたときは，当該低炭素化のための建築物の新築等のうち，建築物のエネルギー消費性能の向上に関する法律第12条第1項の建築物エネルギー消費性能適合性判定を受けなければならないものについては，第2項の規定による申出があった場合及び同法第2条第2項の条例が定めらめている場合を除き，同法第12条第3項の規定により適合判定通知書の交付を受けたものとみなして，同条第6項から第8項までの規定を適用する．

9 低炭素化のための建築物の新築等をしようとする者がその低炭素建築物新築等計画について第1項の認定を受けたときは，当該低炭素化のための建築物の新築等のうち，建築物のエネルギー消費性能の向上に関する法律第19条第1項の規定による届出をしなければならないものについては，同法第2条第2項の条例が定められている場合を除き，同法第19条第1項の規定による届出をしたものとみなす．この場合においては，同条第2項及び第3項の規定は，適用しない．

第55条～第66条　（略）

第7編 その他の関係法令

土地区画整理法 [抜粋]

昭和 29 年 5 月 20 日　法律第 119 号
最終改正　令和 4 年 6 月 17 日　法律第 68 号

[この法律の目的]

第 1 条　この法律は，土地区画整理事業に関し，その施行者，施行方法，費用の負担等必要な事項を規定することにより，健全な市街地の造成を図り，もって公共の福祉の増進に資することを目的とする.

[定義]

第 2 条　この法律において「土地区画整理事業」とは，都市計画区域内の土地について，公共施設の整備改善及び宅地の利用の増進を図るため，この法律で定めるところに従って行われる土地の区画形質の変更及び公共施設の新設又は変更に関する事業をいう.

2〜8　（略）

第 3 条〜第 75 条　（略）

[建築行為等の制限]

第 76 条　次に掲げる公告があった日後，第 103 条第 4 項の公告がある日までは，施行地区内において，土地区画整理事業の施行の障害となるおそれがある土地の形質の変更若しくは建築物その他の工作物の新築，改築若しくは増築を行い，又は政令で定める移動の容易でない物件の設置若しくは堆積を行おうとする者は，国土交通大臣が施行する土地区画整理事業にあっては国土交通大臣の，その他の者が施行する土地区画整理事業にあっては都道府県知事（市の区域内において個人施行者，組合若しくは区画整理会社が施行し，又は市が第 3 条第 4 項の規定により施行する土地区画整理事業にあっては，当該市の長. 以下この条において「都道府県知事等」という.）の許可を受けなければならない.

一　個人施行者が施行する土地区画整理事業にあっては，その施行についての認可の公告又は施行地区の変更を含む事業計画の変更（以下この項において「事業計画の変更」という.）についての認可の公告

二　組合が施行する土地区画整理事業にあっては，第 21 条第 3 項の公告又は事業計画の変更についての認可の公告

三　区画整理会社が施行する土地区画整理事業にあっては，その施行についての認可の公告又は事業計画の変更についての認可の公告

四　市町村，都道府県又は国土交通大臣が第 3 条第 4 項又は第 5 項の規定により施行する土地区画整理事業にあっては，事業計画の決定の公告又は事業計画の変更の公告

五　機構等が第 3 条の 2 又は第 3 条の 3 の規定により施行する土地区画整理事業にあっては，施行規程及び事業計画の認可の公告又は事業計画の変更の認可の公告

2〜5　（略）

第 77 条〜第 102 条　（略）

［換地処分］

第103条 換地処分は，関係権利者に換地計画において定められた関係事項を通知してするものとする．

2 換地処分は，換地計画に係る区域の全部について土地区画整理事業の工事が完了した後において，遅滞なく，しなければならない．ただし，規準，規約，定款又は施行規程に別段の定めがある場合においては，換地計画に係る区域の全部について工事が完了する以前においても換地処分をすることができる．

3 個人施行者，組合，区画整理会社，市町村又は機構等は，換地処分をした場合においては，遅滞なく，その旨を都道府県知事に届け出なければならない．

4 国土交通大臣は，換地処分をした場合においては，その旨を公告しなければならない．都道府県知事は，都道府県が換地処分をした場合又は前項の届出があった場合においては，換地処分があった旨を公告しなければならない．

5，6 （略）

第104条～第147条 （略）

都市再開発法 ［抜粋］

昭和44年6月3日　法律第38号
最終改正　令和4年6月17日　法律第68号

［目的］

第1条 この法律は，市街地の計画的な再開発に関し必要な事項を定めることにより，都市における土地の合理的かつ健全な高度利用と都市機能の更新とを図り，もって公共の福祉に寄与することを目的とする．

［定義］

第2条 この法律において，次の各号に掲げる用語の意義は，それぞれ当該各号に定めるところによる．

一　市街地再開発事業　市街地の土地の合理的かつ健全な高度利用と都市機能の更新とを図るため，都市計画法（昭和43年法律第100号）及びこの法律（第7章を除く．）で定めるところに従って行われる建築物及び建築敷地の整備並びに公共施設の整備に関する事業並びにこれに附帯する事業をいい，第3章の規定により行われる第一種市街地再開発事業と第4章の規定により行われる第二種市街地再開発事業とに区分する．

二～三 （略）

第2条の2～第149条 （略）

国土利用計画法 [抜粋]

昭和 49 年 6 月 25 日　法律第 92 号
最終改正　令和 4 年 6 月 17 日　法律第 68 号

[目的]

第 1 条　この法律は，国土利用計画の策定に関し必要な事項について定めるとともに，土地利用基本計画の作成，土地取引の規制に関する措置その他土地利用を調整するための措置を講ずることにより，国土形成計画法（昭和 25 年法律第 205 号）による措置と相まって，総合的かつ計画的な国土の利用を図ることを目的とする．

[基本理念]

第 2 条　国土の利用は，国土が現在及び将来における国民のための限られた資源であるとともに，生活及び生産を通ずる諸活動の共通の基盤であることにかんがみ，公共の福祉を優先させ，自然環境の保全を図りつつ，地域の自然的，社会的，経済的及び文化的条件に配意して，健康で文化的な生活環境の確保と国土の均衡ある発展を図ることを基本理念として行うものとする．

第 3 条　（削除）

[国土利用計画]

第 4 条　国土利用計画は，全国の区域について定める国土の利用に関する計画（以下「全国計画」という．），都道府県の区域について定める国土の利用に関する計画（以下「都道府県計画」という．）及び市町村の区域について定める国土の利用に関する計画（以下「市町村計画」という．）とする．

第 5 条〜第 8 条　（略）

[土地利用基本計画]

第 9 条　都道府県は，当該都道府県の区域について，土地利用基本計画を定めるものとする．

2　土地利用基本計画は，政令で定めるところにより，次の地域を定めるものとする．

一　都市地域

二　農業地域

三　森林地域

四　自然公園地域

五　自然保全地域

3 〜14　（略）

第 10 条〜第 13 条　（略）

[土地に関する権利の移転等の許可]

第 14 条　規制区域に所在する土地について，土地に関する所有権若しくは地上権その他の政令で定める使用及び収益を目的とする権利又はこれらの権利の取得を目的とする権利（以下「土地に関する権利」という．）の移転又は設定（対価を得て行われる移転又は設定に限る．以下同じ．）をする契約（予約を含む．以下「土地売

買等の契約」という.）を締結しようとする場合には，当事者は，都道府県知事の許可を受けなければならない．その許可に係る事項のうち，土地に関する権利の移転若しくは設定の予定対価の額（予定対価が金銭以外のものであるときは，これを時価を基準として金銭に見積った額．以下同じ.）の変更（その額を減額する場合を除く.）をして，又は土地に関する権利の移転若しくは設定後における土地の利用目的の変更をして，当該契約を締結しようとするときも，同様とする．

2，3　（略）

第15条～第22条　（略）

［土地に関する権利の移転又は設定後における利用目的等の届出］

第23条　土地売買等の契約を締結した場合には，当事者のうち当該土地売買等の契約により土地に関する権利の移転又は設定を受けることとなる者（次項において「権利取得者」という.）は，その契約を締結した日から起算して2週間以内に，次に掲げる事項を，国土交通省令で定めるところにより，当該土地が所在する市町村の長を経由して，都道府県知事に届け出なければならない．

一　土地売買等の契約の当事者の氏名又は名称及び住所並びに法人にあっては，その代表者の氏名

二　土地売買等の契約を締結した年月日

三　土地売買等の契約に係る土地の所在及び面積

四　土地売買等の契約に係る土地に関する権利の種別及び内容

五　土地売買等の契約による土地に関する権利の移転又は設定後における土地の利用目的

六　土地売買等の契約に係る土地の土地に関する権利の移転又は設定の対価の額（対価が金銭以外のものであるときは，これを時価を基準として金銭に見積った額）

七　前各号に掲げるもののほか，国土交通省令で定める事項

2，3　（略）

第24条～第27条の10　（略）

［遊休土地である旨の通知］

第28条　都道府県知事は，第14条第1項の許可又は第23条第1項若しくは第27条の4第1項（第27条の7第1項において準用する場合を含む.）の規定による届出に係る土地を所有している者のその所有に係る土地（都市計画法第58条の7第1項の規定による通知に係る土地を除く.）が次の各号の要件に該当すると認めるときは，国土交通省令で定めるところにより，当該土地の所有者（当該土地の全部又は一部について地上権その他の政令で定める使用及び収益を目的とする権利が設定されているときは，当該権利を有している者及び当該土地の所有者）に当該土地が遊休土地である旨を通知するものとする．

一　その土地が，その所在する次のイからハまでに規定する区域に応じそれぞれ次のイからハまでに規定する面積以上の一団の土地であること．

　イ　規制区域にあっては，次の(1)から(3)までに規定する区域に応じそれぞれ次の(1)から(3)までに規定する面積

　　(1)　都市計画法第7条第1項の規定による市街化区域にあっては，1 000 m²

　　(2)　都市計画法第4条第2項に規定する都市計画区域（(1)に規定する区域を除

く.) にあっては, 3 000 m²

　(3)　(1)及び(2)に規定する区域以外の区域にあっては, 5 000 m²

　ロ　監視区域にあっては, 第27条の7第2項の都道府県の規則で定める面積（当該面積がイの(1)から(3)までに規定する区域に応じそれぞれイの(1)から(3)までに規定する面積に満たないときは,それぞれイの(1)から(3)までに規定する面積）

　ハ　規制区域及び監視区域以外の区域にあっては, 第23条第2項第一号イからハまでに規定する区域に応じそれぞれ同号イからハまでに規定する面積

二　その土地の所有者が当該土地を取得した後2年を経過したものであること.

三　その土地が住宅の用, 事業の用に供する施設の用その他の用途に供されていないことその他の政令で定める要件に該当するものであること.

四　土地利用基本計画その他の土地利用に関する計画に照らしその土地を含む周辺の地域における計画的な土地利用の増進を図るため, 当該土地の有効かつ適切な利用を特に促進する必要があること.

2　市町村長は, 当該市町村の区域内に所在する土地のうち前項の要件に該当するものがあるときは, 都道府県知事に対し, 同項の規定による通知をすべき旨を申し出ることができる.

3　都道府県知事は, 都市計画法第7条第1項の規定による市街化区域に所在する土地について第1項の規定による通知をしたときは, 遅滞なく, その旨をその通知に係る土地が所在する市町村の長に通知しなければならない.

[遊休土地に係る計画の届出]

第29条　前条第1項の規定による通知を受けた者は, その通知があった日から起算して6週間以内に, 国土交通省令で定めるところにより, その通知に係る遊休土地の利用又は処分に関する計画を, 当該土地が所在する市町村の長を経由して, 都道府県知事に届け出なければならない.

2　第15条第2項の規定は, 前項の規定による届出のあった場合について準用する.

[助言]

第30条　都道府県知事は, 前条第1項の規定による届出をした者に対し, その届出に係る遊休土地の有効かつ適切な利用の促進に関し, 必要な助言をすることができる.

[勧告等]

第31条　都道府県知事は, 第29条第1項の規定による届出があった場合において, その届出に係る計画に従って当該遊休土地を利用し, 又は処分することが当該土地の有効かつ適切な利用の促進を図る上で支障があると認めるときは, 土地利用審査会の意見を聴いて, その届出をした者に対し, 相当の期限を定めて, その届出に係る計画を変更すべきことその他必要な措置を講ずべきことを勧告することができる.

2　（略）

第32条～第50条　（略）

港湾法 [抜粋]

昭和 25 年 5 月 31 日　法律第 218 号
最終改正　令和 4 年 11 月 18 日　法律第 87 号

[目的]

第 1 条　この法律は，交通の発達及び国土の適正な利用と均衡ある発展に資するため，環境の保全に配慮しつつ，港湾の秩序ある整備と適正な運営を図るとともに，航路を開発し，及び保全することを目的とする．

第 2 条～第 66 条　（略）

流通業務市街地の整備に関する法律 [抜粋]

昭和 41 年 7 月 1 日　法律第 110 号
最終改正　令和 4 年 6 月 17 日　法律第 68 号

[目的]

第 1 条　この法律は，都市における流通業務市街地の整備に関し必要な事項を定めることにより，流通機能の向上及び道路交通の円滑化を図り，もって都市の機能の維持及び増進に寄与することを目的とする．

第 2 条～第 53 条　（略）

景観法 [抜粋]

平成 16 年 6 月 18 日　法律第 110 号
最終改正　令和 4 年 6 月 17 日　法律第 68 号

[目的]

第 1 条　この法律は，我が国の都市，農山漁村等における良好な景観の形成を促進するため，景観計画の策定その他の施策を総合的に講ずることにより，美しく風格のある国土の形成，潤いのある豊かな生活環境の創造及び個性的で活力ある地域社会の実現を図り，もって国民生活の向上並びに国民経済及び地域社会の健全な発展に寄与することを目的とする．

第 2 条～第 6 条　（略）

[定義]

第 7 条　この法律において「景観行政団体」とは，地方自治法（昭和 22 年法律第 67

号）第252条の19第1項の指定都市（以下この項及び第98条第1項において「指定都市」という.）の区域にあっては指定都市，同法第252条の22第1項の中核市（以下この項及び第98条第1項において「中核市」という.）の区域にあっては中核市，その他の区域にあっては都道府県をいう．ただし，指定都市及び中核市以外の市町村であって，第98条第1項の規定により第2章第1節から第4節まで，第4章及び第5章の規定に基づく事務（同条において「景観行政事務」という.）を処理する市町村の区域にあっては，当該市町村をいう．

2～6　（略）

[景観計画]

第8条　景観行政団体は，都市，農山漁村その他市街地又は集落を形成している地域及びこれと一体となって景観を形成している地域における次の各号のいずれかに該当する土地（水面を含む．以下この項，第11条及び第14条第2項において同じ．）の区域について，良好な景観の形成に関する計画（以下「景観計画」という.）を定めることができる．

一　現にある良好な景観を保全する必要があると認められる土地の区域

二　地域の自然，歴史，文化等からみて，地域の特性にふさわしい良好な景観を形成する必要があると認められる土地の区域

三　地域間の交流の拠点となる土地の区域であって，当該交流の促進に資する良好な景観を形成する必要があると認められるもの

四　住宅市街地の開発その他建築物若しくはその敷地の整備に関する事業が行われ，又は行われた土地の区域であって，新たに良好な景観を創出する必要があると認められるもの

五　地域の土地利用の動向等からみて，不良な景観が形成されるおそれがあると認められる土地の区域

2　景観計画においては，次に掲げる事項を定めるものとする．

一　景観計画の区域（以下「景観計画区域」という.）

二　良好な景観の形成のための行為の制限に関する事項

三　第19条第1項の景観重要建造物又は第28条第1項の景観重要樹木の指定の方針（当該景観計画区域内にこれらの指定の対象となる建造物又は樹木がある場合に限る.）

四　次に掲げる事項のうち，良好な景観の形成のために必要なもの

　イ　屋外広告物の表示及び屋外広告物を掲出する物件の設置に関する行為の制限に関する事項

　ロ　当該景観計画区域内の道路法（昭和27年法律第180号）による道路，河川法（昭和39年法律第167号）による河川，都市公園法（昭和31年法律第79号）による都市公園，津波防災地域づくりに関する法律（平成23年法律第123号）による津波防災施設，海岸保全区域等（海岸法（昭和31年法律第101号）第2条第3項に規定する海岸保全区域等をいう．以下同じ.）に係る海岸，港湾法（昭和25年法律第218号）による港湾，漁港漁場整備法（昭和25年法律第137号）による漁港，自然公園法による公園事業（国又は同法第10条第2項に規定する公共団体が執行するものに限る.）に係る施設その他政令で定める公共施設（以下「特定公共施設」と総称する.）であって，良好な景観の形成に重要なもの

（以下「景観重要公共施設」という.）の整備に関する事項

ハ　景観重要公共施設に関する次に掲げる基準であって，良好な景観の形成に必要なもの

 ⑴　道路法第32条第1項又は第3項の許可の基準

 ⑵　河川法第24条，第25条，第26条第1項又は第27条第1項（これらの規定を同法第100条第1項において準用する場合を含む.）の許可の基準

 ⑶　都市公園法第5条第1項又は第6条第1項若しくは第3項の許可の基準

 ⑷　津波防災地域づくりに関する法律第22条第1項又は第23条第1項の許可の基準

 ⑸　海岸法第7条第1項，第8条第1項，第37条の4又は第37条の5の許可の基準

 ⑹　港湾法第37条第1項の許可の基準

 ⑺　漁港漁場整備法第39条第1項の許可の基準

ニ　第55条第1項の景観農業振興地域整備計画の策定に関する基本的な事項

ホ　自然公園法第20条第3項，第21条第3項又は第22条第3項の許可（政令で定める行為に係るものに限る.）の基準であって，良好な景観の形成に必要なもの（当該景観計画区域に国立公園又は国定公園の区域が含まれる場合に限る.）

3　前項各号に掲げるもののほか，景観計画においては，景観計画区域における良好な景観の形成に関する方針を定めるよう努めるものとする.

4〜11　（略）

第9条〜第15条　（略）

［届出及び勧告等］

第16条　景観計画区域内において，次に掲げる行為をしようとする者は，あらかじめ，国土交通省令（第四号に掲げる行為にあっては，景観行政団体の条例.以下この条において同じ.）で定めるところにより，行為の種類，場所，設計又は施行方法，着手予定日その他国土交通省令で定める事項を景観行政団体の長に届け出なければならない.

一　建築物の新築，増築，改築若しくは移転，外観を変更することとなる修繕若しくは模様替又は色彩の変更（以下「建築等」という.）

二　工作物の新設，増築，改築若しくは移転，外観を変更することとなる修繕若しくは模様替又は色彩の変更（以下「建設等」という.）

三　都市計画法第4条第12項に規定する開発行為その他政令で定める行為

四　前3号に掲げるもののほか，良好な景観の形成に支障を及ぼすおそれのある行為として景観計画に従い景観行政団体の条例で定める行為

2〜7　（略）

［変更命令等］

第17条　景観行政団体の長は，良好な景観の形成のために必要があると認めるときは，特定届出対象行為（前条第1項第一号又は第二号の届出を要する行為のうち，当該景観行政団体の条例で定めるものをいう.第7項及び次条第1項において同じ.）について，景観計画に定められた建築物又は工作物の形態意匠の制限に適合しないものをしようとする者又はした者に対し，当該制限に適合させるため必要な限度において，当該行為に関し設計の変更その他の必要な措置をとることを命ずることができる.この場合においては，前条第3項の規定は，適用しない.

2〜9　（略）

[行為の着手の制限]

第18条　第16条第1項又は第2項の規定による届出をした者は，景観行政団体が
その届出を受理した日から30日（特定届出対象行為について前条第4項の規定に
より同条第2項の期間が延長された場合にあっては，その延長された期間）を経過
した後でなければ，当該届出に係る行為（根切り工事その他の政令で定める工事に
係るものを除く．第103条第四号において同じ．）に着手してはならない．ただし，
特定届出対象行為について前条第1項の命令を受け，かつ，これに基づき行う行為
については，この限りでない．

2　景観行政団体の長は，第16条第1項又は第2項の規定による届出に係る行為に
ついて，良好な景観の形成に支障を及ぼすおそれがないと認めるとき，前項本文の
期間を短縮することができる．

[景観重要建造物の指定]

第19条　景観行政団体の長は，景観計画に定められた景観重要建造物の指定の方針
（次条第3項において「指定方針」という．）に即し，景観計画区域内の良好な景観
の形成に重要な建造物（これと一体となって良好な景観を形成している土地その他
の物件を含む．以下この節において同じ．）で国土交通省令で定める基準に該当す
るものを，景観重要建造物として指定することができる．

2　景観行政団体の長は，前項の規定による指定をしようとするときは，あらかじ
め，当該建造物の所有者（所有者が二人以上いるときは，その全員．次条第2項及
び第21条第1項において同じ．）の意見を聴かなければならない．

3　第1項の規定は，文化財保護法（昭和25年法律第214号）の規定により国宝，
重要文化財，特別史跡名勝天然記念物又は史跡名勝天然記念物として指定され，又
は仮指定された建造物については，適用しない．

第20条〜第60条　（略）

[景観地区に関する都市計画]

第61条　市町村は，都市計画区域又は準都市計画区域内の土地の区域については，
市街地の良好な景観の形成を図るため，都市計画に，景観地区を定めることができる．

2　景観地区に関する都市計画には，都市計画法第8条第3項第一号及び第三号に
掲げる事項のほか，第一号に掲げる事項を定めるとともに，第二号から第四号まで
に掲げる事項のうち必要なものを定めるものとする．この場合において，これらに
相当する事項が定められた景観計画に係る景観計画区域内においては，当該都市計
画は，当該景観計画による良好な景観の形成に支障がないように定めるものとする．

一　建築物の形態意匠の制限

二　建築物の高さの最高限度又は最低限度

三　壁面の位置の制限

四　建築物の敷地面積の最低限度

[建築物の形態意匠の制限]

第62条　景観地区内の建築物の形態意匠は，都市計画に定められた建築物の形態意
匠の制限に適合するものでなければならない．ただし，政令で定める他の法令の規
定により義務付けられた建築物又はその部分の形態意匠にあっては，この限りでない．

[計画の認定]

第63条 景観地区内において建築物の建築等をしようとする者は，あらかじめ，その計画が，前条の規定に適合するものであることについて，申請書を提出して市町村長の認定を受けなければならない．当該認定を受けた建築物の計画を変更して建築等をしようとする場合も，同様とする．

2 市町村長は，前項の申請書を受理した場合においては，その受理した日から30日以内に，申請に係る建築物の計画が前条の規定に適合するかどうかを審査し，審査の結果に基づいて当該規定に適合するものと認めたときは，当該申請者に認定証を交付しなければならない．

3 市町村長は，前項の規定により審査をした場合において，申請に係る建築物の計画が前条の規定に適合しないものと認めたとき，又は当該申請書の記載によっては当該規定に適合するかどうかを決定することができない正当な理由があるときは，その旨及びその理由を記載した通知書を同項の期間内に当該申請者に交付しなければならない．

4 第2項の認定証の交付を受けた後でなければ，同項の建築物の建築等の工事（根切り工事その他の政令で定める工事を除く．第102条第三号において同じ．）は，することができない．

5 第1項の申請書，第2項の認定証及び第3項の通知書の様式は，国土交通省令で定める．

第64条～第68条 （略）

[適用の除外]

第69条 第62条から前条までの規定は，次に掲げる建築物については，適用しない．

一 第19条第1項の規定により景観重要建造物として指定された建築物

二 文化財保護法の規定により国宝，重要文化財，特別史跡名勝天然記念物又は史跡名勝天然記念物として指定され，又は仮指定された建築物

三 文化財保護法第143条第1項の伝統的建造物群保存地区内にある建築物

四 第二号に掲げる建築物であったものの原形を再現する建築物で，市町村長がその原形の再現がやむを得ないと認めたもの

五 前各号に掲げるもののほか，良好な景観の形成に支障を及ぼすおそれが少ない建築物として市町村の条例で定めるもの

2～3 （略）

[形態意匠の制限に適合しない建築物に対する措置]

第70条 市町村長は，前条第2項の規定により第62条から第68条までの規定の適用を受けない建築物について，その形態意匠が景観地区における良好な景観の形成に著しく支障があると認める場合においては，当該市町村の議会の同意を得た場合に限り，当該建築物の所有者，管理者又は占有者に対して，相当の期限を定めて，当該建築物の改築，模様替，色彩の変更その他都市計画において定められた建築物の形態意匠の制限に適合するために必要な措置をとることを命ずることができる．この場合においては，市町村は，当該命令に基づく措置によって通常生ずべき損害を時価によって補償しなければならない．

2 （略）

第71条　（略）

[工作物の形態意匠等の制限]

第72条　市町村は，景観地区内の工作物について，政令で定める基準に従い，条例で，その形態意匠の制限，その高さの最高限度若しくは最低限度又は壁面後退区域（当該景観地区に関する都市計画において壁面の位置の制限が定められた場合における当該制限として定められた限度の線と敷地境界線との間の土地の区域をいう．第4項において同じ．）における工作物（土地に定着する工作物以外のものを含む．同項において同じ．）の設置の制限を定めることができる．この場合において，これらの制限に相当する事項が定められた景観計画に係る景観計画区域内においては，当該条例は，当該景観計画による良好な景観の形成に支障がないように定めるものとする．

2　前項前段の規定に基づく条例（以下「景観地区工作物制限条例」という．）で工作物の形態意匠の制限を定めたものには，第63条，第64条，第66条，第68条及び前条の規定の例により，当該条例の施行に必要な市町村長による計画の認定，違反工作物に対する違反是正のための措置その他の措置に関する規定を定めることができる．

3〜6　（略）

第73条　（略）

[準景観地区の指定]

第74条　市町村は，都市計画区域及び準都市計画区域外の景観計画区域のうち，相当数の建築物の建築が行われ，現に良好な景観が形成されている一定の区域について，その景観の保全を図るため，準景観地区を指定することができる．

2〜6　（略）

[準景観地区内における行為の規制]

第75条　市町村は，準景観地区内における建築物又は工作物について，景観地区内におけるこれらに対する規制に準じて政令で定める基準に従い，条例で，良好な景観を保全するため必要な規制（建築物については，建築基準法第68条の9第2項の規定に基づく条例により行われるものを除く．）をすることができる．

2　市町村は，準景観地区内において，開発行為その他政令で定める行為について，政令で定める基準に従い，条例で，良好な景観を保全するため必要な規制をすることができる．

3　（略）

[意匠の制限]

第76条　市町村は，地区計画等の区域（地区整備計画，特定建築物地区整備計画，防災街区整備地区整備計画，歴史的風致維持向上地区整備計画，沿道地区整備計画又は集落地区整備計画において，建築物又は工作物（以下この条において「建築物等」という．）の形態意匠の制限が定められている区域に限る．）内における建築物等の形態意匠について，政令で定める基準に従い，条例で，当該地区計画等において定められた建築物等の形態意匠の制限に適合するものとしなければならないこととすることができる．

2〜6　（略）

第77条〜第108条　（略）

地域における歴史的風致の維持及び向上に関する法律［抜粋］

平成 20 年 5 月 23 日　法律第 40 号
最終改正　令和 3 年 4 月 23 日　法律第 22 号

［目的］

第 1 条　この法律は，地域におけるその固有の歴史及び伝統を反映した人々の活動とその活動が行われる歴史上価値の高い建造物及びその周辺の市街地とが一体となって形成してきた良好な市街地の環境（以下「歴史的風致」という．）の維持及び向上を図るため，文部科学大臣，農林水産大臣及び国土交通大臣による歴史的風致維持向上基本方針の策定及び市町村が作成する歴史的風致維持向上計画の認定，その認定を受けた歴史的風致維持向上計画に基づく特別の措置，歴史的風致維持向上地区計画に関する都市計画の決定その他の措置を講ずることにより，個性豊かな地域社会の実現を図り，もって都市の健全な発展及び文化の向上に寄与することを目的とする．

［定義］

第 2 条　この法律において「公共施設」とは，道路，駐車場，公園，水路その他政令で定める公共の用に供する施設をいう．

2　この法律において「重点区域」とは，次に掲げる要件に該当する土地の区域をいう．

一　次のイ又はロのいずれかに該当する土地の区域及びその周辺の土地の区域であること．

イ　文化財保護法（昭和 25 年法律第 214 号）第 27 条第 1 項，第 78 条第 1 項又は第 109 条第 1 項の規定により重要文化財，重要有形民俗文化財又は史跡名勝天然記念物として指定された建造物（以下「重要文化財建造物等」という．）の用に供される土地

ロ　文化財保護法第 144 条第 1 項の規定により選定された重要伝統的建造物群保存地区（以下単に「重要伝統的建造物群保存地区」という．）内の土地

二　当該区域において歴史的風致の維持及び向上を図るための施策を重点的かつ一体的に推進することが特に必要であると認められる土地の区域であること．

第 3 条～第 30 条　（略）

［歴史的風致維持向上地区計画］

第 31 条　次に掲げる条件に該当する土地の区域で，当該区域における歴史的風致の維持及び向上と土地の合理的かつ健全な利用を図るため，その歴史的風致にふさわしい用途の建築物その他の工作物（以下「建築物等」という．）の整備（既存の建築物等の用途を変更して当該歴史的風致にふさわしい用途の建築物等とすることを含む．）及び当該区域内の市街地の保全を総合的に行うことが必要であると認められるものについては，都市計画に歴史的風致維持向上地区計画を定めることができる．

一　現に相当数の建築物等の建築又は用途の変更が行われつつあり，又は行われることが確実であると認められる土地の区域であること．

二　当該区域における歴史的風致の維持及び向上に支障を来し，又は来すおそれがあると認められる土地の区域であること．

三　当該区域における歴史的風致の維持及び向上と土地の合理的かつ健全な利用を図ることが，当該都市の健全な発展及び文化の向上に貢献することとなる土地の区域であること．

四　都市計画法第8条第1項第一号に規定する用途地域が定められている土地の区域であること．

2　歴史的風致維持向上地区計画については，都市計画法第12条の4第2項に定める事項のほか，都市計画に，第一号に掲げる事項を定めるものとするとともに，第二号から第四号までに掲げる事項を定めるよう努めるものとする．

一　主として街区内の居住者，滞在者その他の者の利用に供される道路，公園その他の政令で定める施設（都市計画法第4条第6項に規定する都市計画施設（次条において単に「都市計画施設」という．）を除く．以下「地区施設」という．）及び建築物等の整備並びに土地の利用に関する計画（以下この章において「歴史的風致向上地区整備計画」という．）

二　当該歴史的風致維持向上地区計画の目標

三　当該区域の土地利用に関する基本方針

四　当該区域の整備及び保全に関する方針

3　前項第三号の基本方針には，次に掲げる事項を定めることができる．

一　次に掲げる建築物等のうち，当該区域における歴史的風致の維持及び向上のため，当該区域において整備をすべき建築物等の用途及び規模に関する事項

イ　地域の伝統的な技術又は技能により製造された工芸品，食品その他の物品の販売を主たる目的とする店舗

ロ　地域の伝統的な特産物を主たる材料とする料理の提供を主たる目的とする飲食店

ハ　地域の伝統的な技術又は技能による工芸品，食品その他の物品の製造を主たる目的とする工場

ニ　地域の歴史上価値の高い美術品，地域の伝統的な技術又は技能により製造された工芸品その他これらに類する物品の展示を主たる目的とする展示場，博物館又は美術館

ホ　その他地域における歴史的風致の維持及び向上に寄与するものとして政令で定める建築物等

二　前号に規定する建築物等の形態又は色彩その他の意匠の制限に関する基本的事項

三　第一号に規定する建築物等の整備（既存の建築物等の用途を変更して同号に規定する建築物等とすることを含む．）をすべき土地の区域

4　歴史的風致維持向上地区整備計画においては，次に掲げる事項を定めることができる．

一　地区施設の配置及び規模

二　建築物等の用途の制限，建築物の容積率（延べ面積の敷地面積に対する割合をい

う．）の最高限度又は最低限度，建築物の建蔽率（建築面積の敷地面積に対する割合をいう．）の最高限度，建築物の敷地面積又は建築面積の最低限度，壁面の位置の制限，壁面後退区域（壁面の位置の制限として定められた限度の線と敷地境界線との間の土地の区域をいう．次条において同じ．）における工作物（建築物を除く．次条において同じ．）の設置の制限，建築物等の高さの最高限度又は最低限度，建築物等の形態又は色彩その他の意匠の制限，建築物の緑化率（都市緑地法第34条第2項に規定する緑化率をいう．）の最低限度その他建築物等に関する事項で政令で定めるもの

三　現に存する樹林地，草地その他の緑地で歴史的風致の維持及び向上を図るとともに，良好な居住環境を確保するため必要なものの保全に関する事項

四　前三号に掲げるもののほか，土地の利用に関する事項で政令で定めるもの

5　歴史的風致維持向上地区計画を都市計画に定めるに当たっては，次に掲げるところに従わなければならない．

一　土地利用に関する基本方針は，当該区域における歴史的風致の維持及び向上が図られるように定めること．この場合において，都市計画法第8条第1項第一号に規定する第一種低層住居専用地域，第二種低層住居専用地域，第一種中高層住居専用地域，第二種中高層住居専用地域及び田園住居地域については，当該区域の周辺の住宅に係る良好な住居の環境の保護に支障を来さないように定めること．

二　地区施設は，当該地区施設が，当該歴史的風致維持向上地区計画の区域及びその周辺において定められている都市計画と相まって，当該区域における歴史的風致の維持及び向上並びに良好な都市環境の形成に資するよう，必要な位置に適切な規模で配置すること．

三　歴史的風致維持向上地区整備計画における建築物等に関する事項は，当該歴史的風致維持向上地区計画の区域における歴史的風致にふさわしい用途，容積，高さ，配列及び形態を備えた建築物等の整備により当該区域内において土地の合理的かつ健全な利用が行われることとなるよう定めること．

6　歴史的風致維持向上地区計画を都市計画に定める際，当該歴史的風致維持向上地区計画の区域の全部又は一部について歴史的風致維持向上地区整備計画を定めることができない特別の事情があるときは，当該区域の全部又は一部について歴史的風致維持向上地区整備計画を定めることを要しない．この場合において，歴史的風致維持向上地区計画の区域の一部について歴史的風致維持向上地区整備計画を定めるときは，当該歴史的風致維持向上地区計画については，歴史的風致維持向上地区整備計画の区域をも都市計画に定めなければならない．

第32条〜第41条　（略）

屋外広告物法［抜粋］

昭和 24 年 6 月 3 日　法律第 189 号
最終改正　令和 4 年 6 月 17 日　法律第 68 号

[目的]

第1条　この法律は良好な景観を形成し，若しくは風致を維持し，又は公衆に対する危害を防止するために，屋外広告物の表示及び屋外広告物を掲出する物件の設置並びにこれらの維持並びに屋外広告業について，必要な規制の基準を定めることを目的とする．

第2条，第3条　（略）

[広告物の表示等の制限]

第4条　都道府県は，条例で定めるところにより，良好な景観を形成し，若しくは風致を維持し，又は公衆に対する危害を防止するために必要があると認めるときは，広告物の表示又は提出物件の設置（前条の規定に基づく条例によりその表示又は設置が禁止されているものを除く．）について，都道府県知事の許可を受けなければならないとすることその他必要な制限をすることができる．

[広告物の表示の方法等の基準]

第5条　前条に規定するもののほか，都道府県は，良好な景観を形成し，若しくは風致を維持し，又は公衆に対する危害を防止するために必要があると認めるときは，条例で，広告物（第3条の規定に基づく条例によりその表示が禁止されているものを除く．）の形状，面積，色彩，意匠その他表示の方法の基準若しくは掲出物件（同条の規定に基づく条例によりその設置が禁止されているものを除く．）の形状その他設置の方法の基準又はこれらの維持の方法の基準を定めることができる．

第6条〜第34条　（略）

密集市街地における防災街区の整備の促進に関する法律［抜粋］

平成 9 年 5 月 9 日　法律第 49 号
最終改正　令和 4 年 6 月 17 日　法律第 68 号

[目的]

第1条　この法律は，密集市街地について計画的な再開発又は開発整備による防災街区の整備を促進するために必要な措置を講ずることにより，密集市街地の防災に関する機能の確保と土地の合理的かつ健全な利用を図り，もって公共の福祉に寄与することを目的とする．

[定義]

第2条　この法律（第十号に掲げる用語にあっては，第48条を除く.）において，次の各号に掲げる用語の意義は，それぞれ当該各号に定めるところによる.

一　密集市街地　　当該区域内に老朽化した木造の建築物が密集しており，かつ，十分な公共施設が整備されていないことその他当該区域内の土地利用の状況から，その特定防災機能が確保されていない市街地をいう.

二　防災街区　　その特定防災機能が確保され，及び土地の合理的かつ健全な利用が図られた街区をいう.

三　特定防災機能　　火事又は地震が発生した場合において延焼防止上及び避難上確保されるべき機能をいう.

四　防災公共施設　　密集市街地において特定防災機能を確保するために整備されるべき主要な道路，公園その他政令で定める公共施設をいう.

五　防災街区整備事業　　密集市街地において特定防災機能の確保と土地の合理的かつ健全な利用を図るため，この法律で定めるところに従って行われる建築物及び建築物の敷地の整備並びに防災公共施設その他の公共施設の整備に関する事業並びにこれに附帯する事業をいう.

六　建築物　　建築基準法（昭和25年法律第201号）第2条第一号に規定する建築物をいう.

七　建築物の建替え　　現に存する1以上の建築物（建築物が2以上の場合にあっては，これらの敷地が隣接するものに限る.）を除却するとともに，当該建築物の敷地であった一団の土地の全部又は一部の区域に1以上の建築物を新築することをいう.

八　耐火建築物等　　建築基準法第53条第3項第一号イに規定する耐火建築物等をいう.

九　準耐火建築物等　　建築基準法第53条第3項第一号ロに規定する準耐火建築物等をいう.

十～吾　（略）

[防災街区整備方針]

第3条　都市計画法第7条第1項の市街化区域内においては，都市計画に，密集市街地内の各街区について防災街区としての整備を図るため，次に掲げる事項を明らかにした防災街区の整備の方針（以下「防災街区整備方針」という.）を定めることができる.

一　特に一体的かつ総合的に市街地の再開発を促進すべき相当規模の地区（以下「防災再開発促進地区」という.）及び当該地区の整備又は開発に関する計画の概要

二　防災公共施設の整備及びこれと一体となって特定防災機能を確保するための建築物その他の工作物（以下「建築物等」という.）の整備に関する計画の概要

2　国及び地方公共団体は，防災街区整備方針に従い，計画的な再開発又は開発整備による防災街区の整備を促進するため，第31条第1項の特定防災街区整備地区，第32条第1項の防災街区整備地区計画，第281条第1項の施行予定者を定める防災都市施設等の都市計画の決定，防災街区整備事業又は防災公共施設の整備に関する事業の実施その他の必要な措置を講ずるよう努めなければならない.

[建替計画の認定]

第4条　防災再開発促進地区の区域内において，建築物の建替えをしようとする者

は，国土交通省令で定めるところにより，建築物の建替えに関する計画（以下この節において「建替計画」という．）を作成し，所管行政庁（建築主事を置く市町村の区域については市町村長をいい，その他の市町村の区域については都道府県知事をいう．ただし，建築基準法第97条の2第1項又は第97条の3第1項の規定により建築主事を置く市町村の区域内の政令で定める建築物については，都道府県知事とする．以下同じ．）の認定を申請することができる．

2〜4　（略）

[建替計画の認定基準]

第5条　所管行政庁は，建替計画の認定の申請があった場合において，当該申請に係る建替計画が次に掲げる基準に適合すると認めるときは，その旨の認定をすることができる．

一　除却する建築物の建築面積の合計に対する除却する建築物のうち延焼防止上支障がある木造の建築物で国土交通省令で定める基準に該当するものの建築面積の合計の割合が国土交通省令で定める数値以上であること．

二　新築する建築物が耐火建築物等又は準耐火建築物等であること．

三　新築する建築物の敷地面積がそれぞれ国土交通省令で定める規模以上であり，かつ，当該敷地面積の合計が国土交通省令で定める規模以上であること．

四　建替事業区域内に延焼防止上又は避難上有効な空地で国土交通省令で定める基準に該当するものが確保されていること．

五　建築物の建替えの事業の実施期間が当該建築物の建替えを迅速かつ確実に遂行するために適切なものであること．

六　建築物の建替えの事業に関する資金計画が当該建築物の建替えを確実に遂行するため適切なものであること．

2　建替計画が建築基準法第6条第1項の規定による確認又は同法第18条第2項の規定による通知を要するものである場合において，建替計画の認定をしようとするときは，所管行政庁は，あらかじめ，建築主事の同意を得なければならない．

3　建築主事は，前項の同意を求められた場合において，当該建替計画のうち新築する建築物に係る部分が建築基準法第6条第1項の建築基準関係規定（同法第6条の4第1項に規定する建築物の新築について同意を求められた場合にあっては，同項の規定により読み替えて適用される同法第6条第1項に規定する建築基準関係規定）に適合するものであるときは，同意を与えてその旨を当該所管行政庁に通知しなければならない．この場合において，建築主事は，同意することができない事由があると認めるときは，その事由を当該所管行政庁に通知しなければならない．

4　建築基準法第93条の規定は所管行政庁が同法第6条第1項の規定による確認又は同法第18条第2項の規定による通知を要する建替計画について建替計画の認定をしようとする場合について，同法第93条の2の規定は所管行政庁が同法第6条第1項の規定による確認を要する建替計画について建替計画の認定をしようとする場合について準用する．

5　建替計画が建築基準法第6条第1項の規定による確認又は同法第18条第2項の規定による通知を要するものである場合において，所管行政庁が建替計画の認定をしたときは，同法第6条第1項又は第18条第3項の規定による確認済証の交付が

あったものとみなす。この場合において、所管行政庁は、その旨を建築主事に通知するものとする。

第6条～第30条の4　（略）

[特定防災街区整備地区に関する都市計画]

第31条　密集市街地内の土地の区域については、当該区域及びその周辺の密集市街地における特定防災機能の確保並びに当該区域における土地の合理的かつ健全な利用を図るため、都市計画に、特定防災街区整備地区を定めることができる。

2　特定防災街区整備地区は、防火地域又は準防火地域が定められている土地の区域のうち、防災都市計画施設（防災都市施設に係る都市計画施設をいう。以下同じ。）と一体となって特定防災機能を確保するための防災街区として整備すべき区域その他当該密集市街地における特定防災機能の効果的な確保に貢献する防災街区として整備すべき区域に定めるものとする。

3　特定防災街区整備地区に関する都市計画には、都市計画法第8条第3項第一号及び第三号に掲げる事項のほか、次に掲げる事項を定めるものとする。

一　建築物の敷地面積の最低限度

二　特定防災機能の確保又は土地の合理的かつ健全な利用を図るため必要な場合にあっては、壁面の位置の制限

三　防災街区整備方針に即して防災都市計画施設と一体となって特定防災機能を確保する建築物を整備するため必要な場合にあっては、建築物の防災都市計画施設に係る間口率(建築物の防災都市計画施設に面する部分の長さの敷地の防災都市計画施設に接する部分の長さに対する割合をいう。)の最低限度及び建築物の高さの最低限度

[防災街区整備地区計画]

第32条　次に掲げる条件に該当する密集市街地内の土地の区域で、当該区域における特定防災機能の確保と土地の合理的かつ健全な利用を図るため、当該区域の各街区を防災街区として一体的かつ総合的に整備することが適切であると認められるものについては、都市計画に防災街区整備地区計画を定めることができる。

一　当該区域における特定防災機能の確保を図るため、適正な配置及び規模の公共施設を整備する必要がある土地の区域であること。

二　当該区域における特定防災機能に支障を来している土地の区域であること。

三　都市計画法第8条第1項第一号に規定する用途地域（第32条の3において単に「用途地域」という。）が定められている土地の区域であること。

2　防災街区整備地区計画については、都市計画法第12条の4第2項に定める事項のほか、都市計画に、第一号及び第二号に掲げる事項を定めるものとするとともに、第三号に掲げる事項を定めるよう努めるものとする。

一　当該区域における特定防災機能を確保するための防災公共施設（都市計画施設を除く。以下「地区防災施設」という。）の区域（地区防災施設のうち建築物等と一体となって当該特定防災機能を確保するために整備されるべきもの（以下「特定地区防災施設」という。）にあっては、当該特定地区防災施設の区域及び当該建築物等の整備に関する計画（以下「特定建築物地区整備計画」という。））

二　主として街区内の居住者等の利用に供される道路、公園その他の政令で定める施設（都市計画施設及び地区防災施設を除く。以下「地区施設」という。）及び建築

物等（特定建築物地区整備計画の区域内の建築物等を除く．）の整備並びに土地の
利用に関して，地区防災施設の区域以外の防災街区整備地区計画の区域について定
める計画（以下「防災街区整備地区整備計画」という．）

三　当該防災街区整備地区計画の目標その他当該区域の整備に関する方針

3　特定建築物地区整備計画においては，その区域及び建築物の構造に関する防火
上必要な制限，建築物の特定地区防災施設に係る間口率（建築物の特定地区防災施
設に面する部分の長さの敷地の特定地区防災施設に接する部分の長さに対する割合
をいう．第116条第1項第一号ロにおいて同じ．）の最低限度，建築物等の高さの
最高限度又は最低限度，建築物等の用途の制限，建築物の容積率（延べ面積の敷地
面積に対する割合をいう．以下同じ．）の最高限度又は最低限度，建築物の建ぺい
率（建築面積の敷地面積に対する割合をいう．以下同じ．）の最高限度，建築物の
敷地面積又は建築面積の最低限度，壁面の位置の制限，壁面後退区域（壁面の位置
の制限として定められた限度の線と敷地境界線との間の土地の区域をいう．以下同
じ．）における工作物の設置の制限，建築物等の形態又は色彩その他の意匠の制限，
建築物の緑化率（都市緑地法（昭和48年法律第72号）第34条第2項に規定する
緑化率をいう．次項第二号において同じ．）の最低限度その他建築物等に関する事
項で政令で定めるものを定めることができる．

4　防災街区整備地区整備計画においては，次に掲げる事項を定めることができる．

一　地区施設の配置及び規模

二　建築物の構造に関する防火上必要な制限，建築物等の高さの最高限度又は最低限
度，建築物等の用途の制限，建築物の容積率の最高限度又は最低限度，建築物の建ぺ
い率の最高限度，建築物の敷地面積又は建築面積の最低限度，壁面の位置の制限，壁
面後退区域における工作物の設置の制限，建築物等の形態又は色彩その他の意匠の
制限，建築物の緑化率の最低限度その他建築物等に関する事項で政令で定めるもの

三　現に存する樹林地，草地等で良好な居住環境を確保するため必要なものの保全に
関する事項

四　前3号に掲げるもののほか，土地の利用に関する事項で政令で定めるもの

5　防災街区整備地区計画を都市計画に定めるに当たっては，次に掲げるところに
従わなければならない．

一　地区防災施設（特定地区防災施設を除く．）は，当該地区防災施設が，当該防災
街区整備地区計画の区域及びその周辺において定められている都市計画と相まっ
て，当該区域における特定防災機能を確保するとともに，良好な都市環境の形成に
資するよう，必要な位置に適切な規模で配置すること．

二　特定地区防災施設は，当該特定地区防災施設が，当該防災街区整備地区計画の区
域及びその周辺において定められている都市計画と相まって，特定建築物地区整備
計画の区域内の建築物等と一体となって当該防災街区整備地区計画の区域における
特定防災機能を確保するとともに，良好な都市環境の形成に資するよう，必要な位
置に適切な規模で配置すること．

三　特定建築物地区整備計画は，当該特定建築物地区整備計画の区域内の建築物等が
特定地区防災施設と一体となって当該防災街区整備地区計画の区域における特定防
災機能を確保するとともに，適切な構造，高さ，配列等を備えた建築物等が整備される

ことにより当該区域内の土地が合理的かつ健全な利用形態となるように定めること.

四　地区施設は, 当該地区施設が, 当該防災街区整備地区計画の区域及びその周辺に
　おいて定められている都市計画と相まって, 火事又は地震が発生した場合の当該区
　域における延焼により生ずる被害の軽減及び避難上必要な機能の確保と良好な都市
　環境の形成に資するよう, 必要な位置に適切な規模で配置すること.

五　防災街区整備地区整備計画における建築物等に関する事項は, 当該防災街区整備
　地区計画の区域の特性にふさわしい用途, 容積, 高さ, 配列等を備えた建築物等が
　整備されることにより当該区域内の土地が合理的かつ健全な利用形態となるととも
　に, 当該防災街区整備地区整備計画の区域内の建築物等 (特定建築物地区整備計画
　の区域内の建築物等を除く.) が火事又は地震が発生した場合の当該区域における
　延焼により生ずる被害の軽減に資するように定めること.

6　防災街区整備地区計画を都市計画に定める際, 当該防災街区整備地区計画の区域
　の全部又は一部について地区防災施設の区域(防災街区整備地区計画に特定地区防災
　施設を定めるべき場合にあっては, 特定地区防災施設の区域及び特定建築物地区整備
　計画. 以下この項において同じ.) 又は防災街区整備地区整備計画を定めることができ
　ない特別の事情があるときは, 当該防災街区整備地区計画の区域の全部又は一部につ
　いて地区防災施設の区域又は防災街区整備地区整備計画を定めることを要しない.
　この場合において, 地区防災施設の区域以外の防災街区整備地区計画の区域の一部に
　ついて防災街区整備地区整備計画を定めるときは, 当該防災街区整備地区計画につい
　ては, 当該防災街区整備地区整備計画の区域をも都市計画に定めなければならない.

[建築物の容積率の最高限度を区域の特性に応じたものと公共施設の整備状況に応じ
たものとに区分して定める特定建築物地区整備計画等]

第32条の2　特定建築物地区整備計画又は防災街区整備地区整備計画においては,
　適正かつ合理的な土地利用の促進を図るため特に必要であると認められるときは,
　前条第3項又は第4項第二号の建築物の容積率の最高限度について次の各号に掲げ
　るものごとに数値を区分し, 第一号に掲げるものの数値を第二号に掲げるものの数
　値を超えるものとして定めるものとする.

一　当該特定建築物地区整備計画又は防災街区整備地区整備計画の区域の特性に応じ
　たもの

二　当該特定建築物地区整備計画又は防災街区整備地区整備計画の区域内の公共施設
　の整備の状況に応じたもの

[区域を区分して建築物の容積を適正に配分する特定建築物地区整備計画等]

第32条の3　防災街区整備地区計画 (適正な配置及び規模の公共施設が地区防災施
　設又は地区施設として定められているものに限る.) の区域内の土地の区域 (当該
　防災街区整備地区計画の区域の整備に関する方針に従って現に特定地区防災施設の
　整備が行われつつあり, 又は行われることが確実であると見込まれるものに限る.)
　において, 建築物の容積を適正に配分することが当該防災街区整備地区計画の区域
　における特定防災機能の確保及び当該特定地区防災施設の整備が行われた後の当該
　区域の特性に応じた合理的な土地利用の促進を図るため特に必要であると認められ
　るときは, 当該防災街区整備地区計画について定められた特定建築物地区整備計画
　及び防災街区整備地区整備計画においては, 当該特定建築物地区整備計画及び防災

街区整備地区整備計画の区域をそれぞれ区分し，又は区分しないで，当該特定建築物地区整備計画の区域内の第32条第3項の建築物の容積率の最高限度については当該区域内の用途地域において定められた建築物の容積率の数値以上のものとして定め，当該防災街区整備地区整備計画の区域内の同条第4項第二号の建築物の容積率の最高限度については当該区域内の用途地域において定められた建築物の容積率の数値以下のものとして定めるものとする．

2 前項の場合において，当該特定建築物地区整備計画及び防災街区整備地区整備計画の区域内のそれぞれの区域について定められた建築物の容積率の最高限度の数値に当該数値の定められた区域の面積を乗じたものの合計は，当該特定建築物地区整備計画及び防災街区整備地区整備計画の区域内の用途地域において定められた建築物の容積率の数値に当該数値の定められた区域の面積を乗じたものの合計を超えてはならない．

[住居と住居以外の用途とを適正に配分する特定建築物地区整備計画等]

第32条の4 特定建築物地区整備計画又は防災街区整備地区整備計画においては，住居と住居以外の用途とを適正に配分することが当該特定建築物地区整備計画又は防災街区整備地区整備計画の区域の特性に応じた合理的な土地利用の促進を図るため特に必要であると認められるときは，第32条第3項又は第4項第二号の建築物の容積率の最高限度について次の各号に掲げるものごとに数値を区分し，第一号に掲げるものの数値を第二号に掲げるものの数値以上のものとして定めるものとする．

一 その全部又は一部を住宅の用途に供する建築物に係るもの

二 その他の建築物に係るもの

[区域の特性に応じた高さ，配列及び形態を備えた建築物の整備を誘導する特定建築物地区整備計画等]

第32条の5 特定建築物地区整備計画又は防災街区整備地区整備計画においては，当該特定建築物地区整備計画又は防災街区整備地区整備計画の区域の特性に応じた高さ，配列及び形態を備えた建築物を整備することが合理的な土地利用の促進を図るため特に必要であると認められるときは，壁面の位置の制限（道路（都市計画に定められた計画道路及び地区防災施設又は地区施設である道路を含む．）に面する壁面の位置を制限するものを含むものに限る．），壁面後退区域における工作物の設置の制限（当該壁面後退区域において連続的に有効な空地を確保するため必要なものを含むものに限る．）及び建築物の高さの最高限度を定めるものとする．

第33条～第115条 （略）

[建築物の敷地と道路との関係の特例]

第116条 促進地区内防災街区整備地区計画に定められた特定地区防災施設である道が，建築基準法第68条の7第1項に規定する予定道路として指定された場合において，次に掲げる条件に該当する促進地区内防災街区整備地区計画の区域内にある建築物（その敷地が当該予定道路に接するもの又は当該敷地内に当該予定道路があるものに限る．）で，当該促進地区内防災街区整備地区計画の内容に適合し，かつ，特定行政庁（同法第2条第三十五号に規定する特定行政庁をいう．）が交通上，安全上，防火上及び衛生上支障がないと認めて許可したものについては，当該予定道路を同法第42条第1項に規定する道路とみなして，同法第43条第1項の規定を

適用する.

一　特定建築物地区整備計画が定められている区域のうち，次に掲げる事項が定められている区域であること.
　　イ　建築物の構造に関する防火上必要な制限
　　ロ　建築物の特定地区防災施設に係る間口率
　　ハ　壁面の位置の制限（特定地区防災施設に面する壁面の位置を制限するものを含むものに限る.）
　　ニ　壁面後退区域における工作物の設置の制限
二　建築基準法第68条の2第1項の規定に基づく条例で，前号イからハでに掲げる事項に関する制限が定められている区域であること.
2　建築基準法第44条第2項，第92条の2，第93条第1項及び第2項，第94条並びに第95条の規定は，前項の規定による許可をする場合に準用する.

第117条〜第334条　（略）

津波防災地域づくりに関する法律 [抜粋]

平成23年12月14日　法律第123号
最終改正　令和4年6月17日　法律第68号

[目的]

第1条　この法律は，津波による災害を防止し，又は軽減する効果が高く，将来にわたって安心して暮らすことのできる安全な地域の整備，利用及び保全（以下「津波防災地域づくり」という.）を総合的に推進することにより，津波による災害から国民の生命，身体及び財産の保護を図るため，国土交通大臣による基本指針の策定，市町村による推進計画の作成，推進計画区域における特別の措置及び一団地の津波防災拠点市街地形成施設に関する都市計画に関する事項について定めるとともに，津波防護施設の管理，津波災害警戒区域における警戒避難体制の整備並びに津波災害特別警戒区域における一定の開発行為及び建築物の建築等の制限に関する措置等について定め，もって公共の福祉の確保及び地域社会の健全な発展に寄与することを目的とする.

第2条〜第14条　（略）

[津波からの避難に資する建築物の容積率の特例]

第15条　推進計画区域（第53条第1項の津波災害警戒区域である区域に限る.）内の第56条第1項第一号及び第二号に掲げる基準に適合する建築物については，防災上有効な備蓄倉庫その他これに類する部分で，建築基準法（昭和25年法律第201号）第2条第三十五号に規定する特定行政庁が交通上，安全上，防火上及び衛生上支障がないと認めるものの床面積は，同法第52条第1項，第2項，第7項，第12項及び第14項，第57条の2第3項第二号，第57条の3第2項，第59条第1項及び第3項，第59条の2第1項，第60条第1項，第60条の2第1項及び第4

項，第68条の3第1項，第68条の4，第68条の5（第二号イを除く.），第68条の5の2（第二号イを除く.），第68条の5の3第1項（第一号ロを除く.），第68条の5の4（第一号ロを除く.），第68条の5の5第1項第一号ロ，第68条の8，第68条の9第1項，第86条第3項及び第4項，第86条の2第2項及び第3項，第86条の5第3項並びに第86条の6第1項に規定する建築物の容積率（同法第59条第1項，第60条の2第1項及び第68条の9第1項に規定するものについては，これらの規定に規定する建築物の容積率の最高限度に係る場合に限る.）の算定の基礎となる延べ面積に算入しない.

第16条〜第72条 （略）

[特定開発行為の制限]

第73条 特定警戒区域内において，政令で定める土地の形質の変更を伴う開発行為で当該開発行為をする土地の区域内において建築が予定されている建築物（以下「予定建築物」という.）の用途が制限用途であるもの（以下「特定開発行為」という.）をしようとする者は，あらかじめ，都道府県知事（地方自治法（昭和22年法律第67号）第252条の19第1項に規定する指定都市（第3項及び第94条において「指定都市」という.）又は同法第252条の22第1項に規定する中核市（第3項において「中核市」という.）の区域内にあっては，それぞれの長. 以下「都道府県知事等」という.）の許可を受けなければならない.

2 前項の制限用途とは，予定建築物の用途で，次に掲げる用途以外の用途でないものをいう.

一 高齢者，障害者，乳幼児その他の特に防災上の配慮を要する者が利用する社会福祉施設，学校及び医療施設（政令で定めるものに限る.）

二 前号に掲げるもののほか，津波の発生時における利用者の円滑かつ迅速な避難を確保することができないおそれが大きいものとして特別警戒区域内の区域であって市町村の条例で定めるものごとに市町村の条例で定める用途

3 市町村（指定都市及び中核市を除く.）は，前項第二号の条例を定めようとするときは，あらかじめ，都道府県知事と協議し，その同意を得なければならない.

4 第1項の規定は，次に掲げる行為については，適用しない.

一 特定開発行為をする土地の区域（以下「開発区域」という.）が特別警戒区域の内外にわたる場合における，特別警戒区域外においてのみ第1項の制限用途の建築物の建築がされる予定の特定開発行為

二 開発区域が第2項第二号の条例で定める区域の内外にわたる場合における，当該区域外においてのみ第一項の制限用途（同号の条例で定める用途に限る.）の建築物の建築がされる予定の特定開発行為

三 非常災害のために必要な応急措置として行う行為その他の政令で定める行為

第74条〜第77条 （略）

[変更の許可等]

第78条 第73条第1項の許可（この項の規定による許可を含む.）を受けた者は，第74条第1項各号に掲げる事項の変更をしようとする場合においては，都道府県知事等の許可を受けなければならない. ただし，変更後の予定建築物の用途が第73条第1項の制限用途以外のものであるとき，又は国土交通省令で定める軽微な

変更をしようとするときは，この限りでない．

2　前項の許可を受けようとする者は，国土交通省令で定める事項を記載した申請書を都道府県知事等に提出しなければならない．

3　第73条第1項の許可を受けた者は，第1項ただし書に該当する変更をしたときは，遅滞なく，その旨を都道府県知事等に届け出なければならない．

4　前3条の規定は，第1項の許可について準用する．

5　第1項の許可又は第3項の規定による届出の場合における次条から第81条までの規定の適用については，第1項の許可又は第3項の規定による届出に係る変更後の内容を第73条第1項の許可の内容とみなす．

6　第76条第2項の規定により第73条第1項の許可を受けたものとみなされた特定開発行為に係る都市計画法第35条の2第1項の許可又は同条第3項の規定による届出は，当該特定開発行為に係る第1項の許可又は第3項の規定による届出とみなす．

第79条～第103条　（略）

被災市街地復興特別措置法［抜粋］

平成7年2月26日　法律第14号
最終改正　令和4年6月17日　法律第68号

[目的]

第1条　この法律は，大規模な火災，震災その他の災害を受けた市街地についてその緊急かつ健全な復興を図るため，被災市街地復興推進地域及び被災市街地復興推進地域内における市街地の計画的な整備改善並びに市街地の復興に必要な住宅の供給について必要な事項を定める等特別の措置を講ずることにより，迅速に良好な市街地の形成と都市機能の更新を図り，もって公共の福祉の増進に寄与することを目的とする．

[定義]

第2条　この法律において次の各号に掲げる用語の意義は，それぞれ当該各号に定めるところによる．

一　市街地開発事業　都市計画法（昭和43年法律第100号）第4条第7項に規定する市街地開発事業をいう．

二　土地区画整理事業　土地区画整理法（昭和29年法律第119号）による土地区画整理事業をいう．

三　市街地再開発事業　都市再開発法（昭和44年法律第38号）による市街地再開発事業をいう．

四　借地権　借地借家法（平成3年法律第90号）第2条第一号に規定する借地権をいう．

五　公営住宅等　地方公共団体，地方住宅供給公社その他公法上の法人で政令で定めるものが自ら居住するため住宅を必要とする者に対し賃貸し，又は譲渡する目的

で建設する住宅をいう.

第3条, 第4条 （略）

［被災市街地復興推進地域に関する都市計画］

第5条 都市計画法第5条の規定により指定された都市計画区域内における市街地の土地の区域で次に掲げる要件に該当するものについては, 都市計画に被災市街地復興推進地域を定めることができる.

一 大規模な火災, 震災その他の災害により当該区域内において相当数の建築物が滅失したこと.

二 公共の用に供する施設の整備の状況, 土地利用の動向等からみて不良な街区の環境が形成されるおそれがあること.

三 当該区域の緊急かつ健全な復興を図るため, 土地区画整理事業, 市街地再開発事業その他建築物若しくは建築敷地の整備又はこれらと併せて整備されるべき公共の用に供する施設の整備に関する事業を実施する必要があること.

2 被災市街地復興推進地域に関する都市計画においては, 都市計画法第10条の4第2項に定める事項のほか, 第7条の規定による制限が行われる期間の満了の日を定めるものとするとともに, 緊急かつ健全な復興を図るための市街地の整備改善の方針（以下「緊急復興方針」という.）を定めるよう努めるものとする.

3 前項の日は, 第1項第一号の災害の発生した日から起算して2年以内の日としなければならない.

第6条 （略）

［建築行為等の制限等］

第7条 被災市街地復興推進地域内において, 第5条第2項の規定により当該被災市街地復興推進地域に関する都市計画に定められた日までに, 土地の形質の変更又は建築物の新築, 改築若しくは増築をしようとする者は, 国土交通省令で定めるところにより, 都道府県知事（市の区域内にあっては, 当該市の長. 以下「都道府県知事等」という.）の許可を受けなければならない. ただし, 次に掲げる行為については, この限りでない.

一 通常の管理行為, 軽易な行為その他の行為で政令で定めるもの

二 非常災害（第5条第1項第一号の災害を含む.）のため必要な応急措置として行う行為

三 都市計画事業の施行として行う行為又はこれに準ずる行為として政令で定める行為

2 都道府県知事等は, 次に掲げる行為について前項の規定による許可の申請があった場合においては, その許可をしなければならない.

一 土地の形質の変更で次のいずれかに該当するもの

　イ 被災市街地復興推進地域に関する都市計画に適合する0.5 ha以上の規模の土地の形質の変更で, 当該被災市街地復興推進地域の他の部分についての市街地開発事業の施行その他市街地の整備改善のため必要な措置の実施を困難にしないもの

　ロ 次号ロに規定する建築物又は自己の業務の用に供する工作物（建築物を除く.）の新築, 改築又は増築の用に供する目的で行う土地の形質の変更で, その規模が政令で定める規模未満のもの

　ハ 次条第4項の規定により買い取らない旨の通知があった土地における同条第3

項第二号に該当する土地の形質の変更

二　建築物の新築，改築又は増築で次のいずれかに該当するもの

　イ　前項の許可（前号ハに掲げる行為についての許可を除く．）を受けて土地の形質の変更が行われた土地の区域内において行う建築物の新築，改築又は増築

　ロ　自己の居住の用に供する住宅又は自己の業務の用に供する建築物（住宅を除く．）で次に掲げる要件に該当するものの新築，改築又は増築

　　(1)　階数が2以下で，かつ，地階を有しないこと．

　　(2)　主要構造部（建築基準法（昭和25年法律第201号）第2条第五号に規定する主要構造部をいう．）が木造，鉄骨造，コンクリートブロック造その他これらに類する構造であること．

　　(3)　容易に移転し，又は除却することができること．

　　(4)　敷地の規模が政令で定める規模未満であること．

　ハ　次条第4項の規定により買い取らない旨の通知があった土地における同条第3項第一号に該当する建築物の新築，改築又は増築

3　第1項の規定は，次の各号に掲げる告示，公告等があった日後は，それぞれ当該各号に定める区域又は地区内においては，適用しない．

一　都市計画法第4条第5項に規定する都市施設又は市街地開発事業に関する都市計画についての同法第20条第1項（同法第21条第2項において準用する場合を含む．）の規定による告示（以下この号から第五号までにおいて単に「告示」という．）　当該告示に係る都市施設の区域又は市街地開発事業の施行区域

二　都市計画法第12条の4第1項第一号に掲げる地区計画に関する都市計画についての告示　当該告示に係る地区計画の区域のうち，同法第12条の5第2項第一号に掲げる地区整備計画が定められた区域

三　都市計画法第12条の4第1項第四号に掲げる沿道地区計画に関する都市計画についての告示　当該告示に係る沿道地区計画の区域のうち，幹線道路の沿道の整備に関する法律（昭和55年法律第34号）第9条第2項第一号に掲げる沿道地区整備計画が定められた区域

四　土地区画整理法第76条第1項第一号から第三号までに掲げる公告　当該公告に係る同法第2条第4項に規定する施行地区

五　都市再開発法第60条第2項第一号に掲げる公告　当該公告に係る同法第2条第三号に規定する施行地区

六　市街地開発事業に準ずる事業として国土交通省令で定めるものの実施に必要とされる認可その他の処分についての公告，告示等で国土交通省令で定めるもの　当該公告，告示等に係る区域

4　第1項の許可には，緊急かつ健全な復興を図るための市街地の整備改善を推進するために必要な条件を付けることができる．この場合において，その条件は，当該許可を受けた者に不当な義務を課すものであってはならない．

5　都道府県知事等は，第1項の規定に違反した者又は前項の規定により付けた条件に違反した者があるときは，これらの者又はこれらの者から当該土地若しくは建築物その他の工作物についての権利を承継した者に対して，相当の期限を定めて，緊急かつ健全な復興を図るための市街地の整備改善を推進するために必要な限度に

おいて，当該土地の原状回復又は当該建築物その他の工作物の移転若しくは除却を命ずることができる．

6 前項の規定により土地の原状回復又は建築物その他の工作物の移転若しくは除却を命じようとする場合において，過失がなくてその原状回復又は移転若しくは除却を命ずべき者を確知することができないときは，都道府県知事等は，それらの者の負担において，その措置を自ら行い，又はその命じた者若しくは委任した者にこれを行わせることができる．この場合においては，相当の期限を定めて，これを原状回復し，又は移転し，若しくは除却すべき旨及びその期限までに原状回復し，又は移転し，若しくは除却しないときは，都道府県知事等又はその命じた者若しくは委任した者が，原状回復し，又は移転し，若しくは除却する旨を公告しなければならない．

7 前項の規定により土地を原状回復し，又は建築物その他の工作物を移転し，若しくは除却しようとする者は，その身分を示す証明書を携帯し，関係人の請求があったときは，これを提示しなければならない．

第8条～第28条 （略）

宅地建物取引業法［抜粋］

昭和27年6月10日　法律第176号
最終改正　令和4年6月17日　法律第68号

［目的］

第1条 この法律は，宅地建物取引業を営む者について免許制度を実施し，その事業に対し必要な規制を行うことにより，その業務の適正な運営と宅地及び建物の取引の公正とを確保するとともに，宅地建物取引業の健全な発達を促進し，もって購入者等の利益の保護と宅地及び建物の流通の円滑化とを図ることを目的とする．

［用語の定義］

第2条 この法律において次の各号に掲げる用語の意義は，それぞれ当該各号の定めるところによる．

一　宅地　建物の敷地に供せられる土地をいい，都市計画法（昭和43年法律第100号）第8条第1項第一号の用途地域内のその他の土地で，道路，公園，河川その他政令で定める公共の用に供する施設の用に供せられているもの以外のものを含むものとする．

二　宅地建物取引業　宅地若しくは建物（建物の一部を含む．以下同じ．）の売買若しくは交換又は宅地若しくは建物の売買，交換若しくは貸借の代理若しくは媒介をする行為で業として行うものをいう．

三　宅地建物取引業者　第3条第1項の免許を受けて宅地建物取引業を営む者をいう．

四　宅地建物取引士　第22条の2第1項の宅地建物取引士証の交付を受けた者をいう．

第3条～第86条 （略）

労働基準法［抜粋］

昭和22年4月7日　法律第49号
最終改正　令和4年6月17日　法律第68号

［労働条件の原則］

第1条　労働条件は，労働者が人たるに値する生活を営むための必要を充たすべきものでなければならない．

2　この法律で定める労働条件の基準は最低のものであるから，労働関係の当事者は，この基準を理由として労働条件を低下させてはならないことはもとより，その向上を図るように努めなければならない．

第2条～第121条　（略）

事業附属寄宿舎規程［抜粋］

昭和22年10月31日　労働省令第7号
最終改正　令和2年12月22日　厚生労働省令第203号

［適用の範囲］

第1条　この省令は，事業の附属寄宿舎（労働基準法（昭和22年法律第49号．以下「法」という．）別表第一第三号にあげる事業であって事業の完了の時期が予定されるものの附属寄宿舎を除く．以下「寄宿舎」という．）について適用する．

第1条の2～第39条　（略）

石綿障害予防規則 ［抜粋］

平成 17 年 2 月 24 日　厚生労働省令第 21 号
最終改正　令和 4 年 1 月 13 日　厚生労働省令第 3 号

［事業者の責務］

第 1 条　事業者は，石綿による労働者の肺がん，中皮腫その他の健康障害を予防するため，作業方法の確立，関係施設の改善，作業環境の整備，健康管理の徹底その他必要な措置を講じ，もって，労働者の危険の防止の趣旨に反しない限りで，石綿にばく露される労働者の人数並びに労働者がばく露される期間及び程度を最小限度にするよう努めなければならない．

2　事業者は，石綿を含有する製品の使用状況等を把握し，当該製品を計画的に石綿を含有しない製品に代替するよう努めなければならない．

［定義］

第 2 条　この省令において「石綿等」とは，労働安全衛生法施行令（以下「令」という．）第 6 条第二十三号に規定する石綿等をいう．

2　この省令において「所轄労働基準監督署長」とは，事業場の所在地を管轄する労働基準監督署長をいう．

3　この省令において「切断等」とは，切断，破砕，穿孔，研磨等をいう．

4　この省令において「石綿分析用試料等」とは，令第 6 条第二十三号に規定する石綿分析用試料等をいう．

［事前調査及び分析調査］

第 3 条　事業者は，建築物，工作物又は船舶（鋼製の船舶に限る．以下同じ．）の解体又は改修（封じ込め又は囲い込みを含む．）の作業（以下「解体等の作業」という．）を行うときは，石綿による労働者の健康障害を防止するため，あらかじめ，当該建築物，工作物又は船舶（それぞれ解体等の作業に係る部分に限る．以下「解体等対象建築物等」という．）について，石綿等の使用の有無を調査しなければならない．

2　前項の規定による調査（以下「事前調査」という．）は，解体等対象建築物等の全ての材料について次に掲げる方法により行わなければならない．

一　設計図書等の文書（電磁的記録を含む．以下同じ．）を確認する方法．ただし，設計図書等の文書が存在しないときは，この限りでない．

二　目視により確認する方法．ただし，解体等対象建築物等の構造上目視により確認することが困難な材料については，この限りでない．

3　前項の規定にかかわらず，解体等対象建築物等が次の各号のいずれかに該当する場合は，事前調査は，それぞれ当該各号に定める方法によることができる．

一　既に前項各号に掲げる方法による調査に相当する調査が行われている解体等対象建築物等　当該解体等対象建築物等に係る当該相当する調査の結果の記録を確認する方法

二　船舶の再資源化解体の適正な実施に関する法律（平成 30 年法律第 61 号）第 4 条

第1項の有害物質一覧表確認証書（同条第2項の有効期間が満了する日前のものに限る.）又は同法第8条の有害物質一覧表確認証書に相当する証書（同法附則第5条第2項に規定する相当証書を含む.）の交付を受けている船舶　当該船舶に係る同法第2条第6項の有害物質一覧表を確認する方法

三　建築物若しくは工作物の新築工事若しくは船舶（日本国内で製造されたものに限る.）の製造工事の着工日又は船舶が輸入された日（第5項第四号において「着工日等」という.）が平成18年9月1日以降である解体等対象建築物等（次号から第八号までに該当するものを除く.）　当該着工日等を設計図書等の文書で確認する方法

四　平成18年9月1日以降に新築工事が開始された非鉄金属製造業の用に供する施設の設備（配管を含む. 以下この項において同じ.）であって, 平成19年10月1日以降にその接合部分にガスケットが設置されたもの　当該新築工事の着工日及び当該ガスケットの設置日を設計図書等の文書で確認する方法

五　平成18年9月1日以降に新築工事が開始された鉄鋼業の用に供する施設の設備であって, 平成21年4月1日以降にその接合部分にガスケット又はグランドパッキンが設置されたもの　当該新築工事の着工日及び当該ガスケット又はグランドパッキンの設置日を設計図書等の文書で確認する方法

六　平成18年9月1日以降に製造工事が開始された潜水艦であって, 平成21年4月1日以降にガスケット又はグランドパッキンが設置されたもの　当該製造工事の着工日及び当該ガスケット又はグランドパッキンの設置日を設計図書等の文書で確認する方法

七　平成18年9月1日以降に新築工事が開始された化学工業の用に供する施設（次号において「化学工業施設」という.）の設備であって, 平成23年3月1日以降にその接合部分にグランドパッキンが設置されたもの　当該新築工事の着工日及び当該グランドパッキンの設置日を設計図書等の文書で確認する方法

八　平成18年9月1日以降に新築工事が開始された化学工業施設の設備であって, 平成24年3月1日以降にその接合部分にガスケットが設置されたもの　当該新築工事の着工日及び当該ガスケットの設置日を設計図書等の文書で確認する方法

4　事業者は, 事前調査を行ったにもかかわらず, 当該解体等対象建築物等について石綿等の使用の有無が明らかとならなかったときは, 石綿等の使用の有無について, 分析による調査（以下「分析調査」という.）を行わなければならない. ただし, 事業者が, 当該解体等対象建築物等について石綿等が使用されているものとみなして労働安全衛生法（以下「法」という.）及びこれに基づく命令に規定する措置を講ずるときは, この限りでない.

5　事業者は, 事前調査又は分析調査（以下「事前調査等」という.）を行ったときは, 当該事前調査等の結果に基づき, 次に掲げる事項（第3項第三号から第八号までの場合においては, 第一号から第四号までに掲げる事項に限る.）の記録を作成し, これを事前調査を終了した日（分析調査を行った場合にあっては, 解体等の作業に係る全ての事前調査を終了した日又は分析調査を終了した日のうちいずれか遅い日）（第三号及び次項第一号において「調査終了日」という.）から3年間保存するものとする.

一　事業者の名称，住所及び電話番号

二　解体等の作業を行う作業場所の住所並びに工事の名称及び概要

三　調査終了日

四　着工日等（第3項第四号から第八号までに規定する方法により事前調査を行った場合にあっては，設計図書等の文書で確認した着工日及び設置日）

五　事前調査を行った建築物，工作物又は船舶の構造

六　事前調査を行った部分（分析調査を行った場合にあっては，分析のための試料を採取した場所を含む．）

七　事前調査の方法（分析調査を行った場合にあっては，分析調査の方法を含む．）

八　第六号の部分における材料ごとの石綿等の使用の有無（前項ただし書の規定により石綿等が使用されているものとみなした場合は，その旨を含む．）及び石綿等が使用されていないと判断した材料にあっては，その判断の根拠

九　第2項第二号ただし書に規定する材料の有無及び場所

6　事業者は，解体等の作業を行う作業場には，次の事項を，作業に従事する労働者が見やすい箇所に掲示するとともに，次条第1項の作業を行う作業場には，前項の規定による記録の写しを備え付けなければならない．

一　調査終了日

二　前項第六号及び第八号に規定する事項の概要

7　第2項第二号ただし書に規定する材料については，目視により確認することが可能となったときに，事前調査を行わなければならない．

[作業計画]

第4条　事業者は，石綿等が使用されている解体等対象建築物等（前条第4項ただし書の規定により石綿等が使用されているものとみなされるものを含む．）の解体等の作業（以下「石綿使用建築物等解体等作業」という．）を行うときは，石綿による労働者の健康障害を防止するため，あらかじめ，作業計画を定め，かつ，当該作業計画により石綿使用建築物等解体等作業を行わなければならない．

2　前項の作業計画は，次の事項が示されているものでなければならない．

一　石綿使用建築物等解体等作業の方法及び順序

二　石綿等の粉じんの発散を防止し，又は抑制する方法

三　石綿使用建築物等解体等作業を行う労働者への石綿等の粉じんのばく露を防止する方法

3　事業者は，第1項の作業計画を定めたときは，前項各号の事項について関係労働者に周知させなければならない．

[事前調査の結果等の報告]

第4条の2　事業者は，次のいずれかの工事を行おうとするときは，あらかじめ，電子情報処理組織（厚生労働省の使用に係る電子計算機と，この項の規定による報告を行う者の使用に係る電子計算機とを電気通信回線で接続した電子情報処理組織をいう．）を使用して，次項に掲げる事項を所轄労働基準監督署長に報告しなければならない．

一　建築物の解体工事（当該工事に係る部分の床面積の合計が $80\,\mathrm{m}^2$ 以上であるものに限る．）

二　建築物の改修工事（当該工事の請負代金の額が100万円以上であるものに限る.）

三　工作物（石綿等が使用されているおそれが高いものとして厚生労働大臣が定めるものに限る.）の解体工事又は改修工事（当該工事の請負代金の額が100万円以上であるものに限る.）

四　船舶（総トン数20 t以上の船舶に限る.）の解体工事又は改修工事

2　前項の規定により報告しなければならない事項は，次に掲げるもの（第3条第3項第三号から第八号までの場合においては，第一号から第四号までに掲げるものに限る.）とする.

一　第3条第5項第一号から第四号までに掲げる事項及び労働保険番号

二　解体工事又は改修工事の実施期間

三　前項第一号に掲げる工事にあっては，当該工事の対象となる建築物（当該工事に係る部分に限る.）の床面積の合計

四　前項第二号又は第三号に掲げる工事にあっては，当該工事に係る請負代金の額

五　第3条第5項第五号及び第八号に掲げる事項の概要

六　前条第1項に規定する作業を行う場合にあっては，当該作業に係る石綿作業主任者の氏名

七　材料ごとの切断等の作業（石綿を含有する材料に係る作業に限る.）の有無並びに当該作業における石綿等の粉じんの発散を防止し，又は抑制する方法及び当該作業を行う労働者への石綿等の粉じんのばく露を防止する方法

3　第1項の規定による報告は，様式第一号による報告書を所轄労働基準監督署長に提出することをもって代えることができる.

4　第1項各号に掲げる工事を同一の事業者が2以上の契約に分割して請け負う場合においては，これを1の契約で請け負ったものとみなして，同項の規定を適用する.

5　第1項各号に掲げる工事の一部を請負人に請け負わせている事業者（当該仕事の一部を請け負わせる契約が2以上あるため，その者が2以上あることとなるときは，当該請負契約のうちの最も先次の請負契約における注文者とする.）があるときは，当該仕事の作業の全部について，当該事業者が同項の規定による報告を行わなければならない.

［作業の届出］

第5条　事業者は，次に掲げる作業を行うときは，あらかじめ，様式第一号による届書に当該作業に係る解体等対象建築物等の概要を示す図面を添えて，所轄労働基準監督署長に提出しなければならない.

一　解体等対象建築物等に吹き付けられている石綿等（石綿等が使用されている仕上げ用塗り材（第6条の3において「石綿含有仕上げ塗材」という.）を除く.）の除去，封じ込め又は囲い込みの作業

二　解体等対象建築物等に張り付けられている石綿等が使用されている保温材，耐火被覆材（耐火性能を有する被覆材をいう.）等（以下「石綿含有保温材等」という.）の除去，封じ込め又は囲い込みの作業（石綿等の粉じんを著しく発散するおそれがあるものに限る.）

2　前項の規定は，法第88条第3項の規定による届出をする場合にあっては，適用しない.

［吹き付けられた石綿等及び石綿含有保温材等の除去等に係る措置］

第6条 事業者は，次の作業に労働者を従事させるときは，適切な石綿等の除去等に係る措置を講じなければならない．ただし，当該措置と同等以上の効果を有する措置を講じたときは，この限りでない．

一　前条第1項第一号に掲げる作業（囲い込みの作業にあっては，石綿等の切断等の作業を伴うものに限る.）

二　前条第1項第二号に掲げる作業（石綿含有保温材等の切断等の作業を伴うものに限る.）

2　前項本文の適切な石綿等の除去等に係る措置は，次の各号に掲げるものとする．

一　前項各号に掲げる作業を行う作業場所（以下この項において「石綿等の除去等を行う作業場所」という.）を，それ以外の作業を行う作業場所から隔離すること．

二　石綿等の除去等を行う作業場所にろ過集じん方式の集じん・排気装置を設け，排気を行うこと．

三　石綿等の除去等を行う作業場所の出入口に前室，洗身室及び更衣室を設置すること．これらの室の設置に当たっては，石綿等の除去等を行う作業場所から労働者が退出するときに，前室，洗身室及び更衣室をこれらの順に通過するように互いに連接させること．

四　石綿等の除去等を行う作業場所及び前号の前室を負圧に保つこと．

五　第一号の規定により隔離を行った作業場所において初めて前項各号に掲げる作業を行う場合には，当該作業を開始した後速やかに，第二号のろ過集じん方式の集じん・排気装置の排気口からの石綿等の粉じんの漏えいの有無を点検すること．

六　第二号のろ過集じん方式の集じん・排気装置の設置場所を変更したときその他当該集じん・排気装置に変更を加えたときは，当該集じん・排気装置の排気口からの石綿等の粉じんの漏えいの有無を点検すること．

七　その日の作業を開始する前及び作業を中断したときは，第三号の前室が負圧に保たれていることを点検すること．

八　前3号の点検を行った場合において，異常を認めたときは，直ちに前項各号に掲げる作業を中止し，ろ過集じん方式の集じん・排気装置の補修又は増設その他の必要な措置を講ずること．

3　事業者は，前項第一号の規定により隔離を行ったときは，隔離を行った作業場所内の石綿等の粉じんを処理するとともに，第1項第一号に掲げる作業（石綿等の除去の作業に限る.）又は同項第二号に掲げる作業（石綿含有保温材等の除去の作業に限る.）を行った場合にあっては，吹き付けられた石綿等又は張り付けられた石綿含有保温材等を除去した部分を湿潤化するとともに，石綿等に関する知識を有する者が当該石綿等又は石綿含有保温材等の除去が完了したことを確認した後でなければ，隔離を解いてはならない．

［石綿含有成形品の除去に係る措置］

第6条の2 事業者は，成形された材料であって石綿等が使用されているもの（石綿含有保温材等を除く．次項において「石綿含有成形品」という.）を建築物，工作物又は船舶から除去する作業においては，切断等以外の方法により当該作業を実施しなければならない．ただし，切断等以外の方法により当該作業を実施することが

技術上困難なときは，この限りでない．

2　事業者は，前項ただし書の場合において，石綿含有成形品のうち特に石綿等の粉じんが発散しやすいものとして厚生労働大臣が定めるものを切断等の方法により除去する作業を行うときは，次に掲げる措置を講じなければならない．ただし，当該措置と同等以上の効果を有する措置を講じたときは，この限りでない．

一　当該作業を行う作業場所を，当該作業以外の作業を行う作業場所からビニルシート等で隔離すること．

二　当該作業中は，当該石綿含有成形品を常時湿潤な状態に保つこと．

［石綿含有仕上げ塗材の電動工具による除去に係る措置］

第6条の3　前条第2項の規定は，事業者が建築物，工作物又は船舶の壁，柱，天井等に用いられた石綿含有仕上げ塗材を電動工具を使用して除去する作業に労働者を従事させる場合について準用する．

［石綿等の切断等の作業を伴わない作業に係る措置］

第7条　事業者は，次に掲げる作業に労働者を従事させるときは，当該作業場所に当該作業に従事する労働者以外の者（第14条に規定する措置が講じられた者を除く．）が立ち入ることを禁止し，かつ，その旨を見やすい箇所に表示しなければならない．

一　第5条第1項第一号に掲げる作業（石綿等の切断等の作業を伴うものを除き，囲い込みの作業に限る．）

二　第5条第1項第二号に掲げる作業（石綿含有保温材等の切断等の作業を伴うものを除き，除去又は囲い込みの作業に限る．）

2　特定元方事業者（法第15条第1項の特定元方事業者をいう．）は，その労働者及び関係請負人（法第15条第1項の関係請負人をいう．以下この項において同じ．）の労働者の作業が，前項各号に掲げる作業と同一の場所で行われるときは，当該作業の開始前までに，関係請負人に当該作業の実施について通知するとともに，作業の時間帯の調整等必要な措置を講じなければならない．

［発注者の責務等］

第8条　解体等の作業を行う仕事の発注者（注文者のうち，その仕事を他の者から請け負わないで注文している者をいう．次項及び第35条の2第2項において同じ．）は，当該仕事の請負人に対し，当該仕事に係る解体等対象建築物等における石綿等の使用状況等を通知するよう努めなければならない．

2　解体等の作業を行う仕事の発注者は，当該仕事の請負人による事前調査等及び第35条の2第1項の規定による記録の作成が適切に行われるように配慮しなければならない．

［建築物の解体等の作業等の条件］

第9条　解体等の作業を行う仕事の注文者は，事前調査等，当該事前調査等の結果を踏まえた当該作業等の方法，費用又は工期等について，法及びこれに基づく命令の規定の遵守を妨げるおそれのある条件を付さないように配慮しなければならない．

第10条〜第50条　（略）

高圧ガス保安法 [抜粋]

昭和 26 年 6 月 7 日　法律第 204 号
最終改正　令和 4 年 6 月 22 日　法律第 74 号

[目的]

第1条　この法律は，高圧ガスによる災害を防止するため，高圧ガスの製造，貯蔵，販売，移動その他の取扱及び消費並びに容器の製造及び取扱を規制するとともに，民間事業者及び高圧ガス保安協会による高圧ガスの保安に関する自主的な活動を促進し，もって公共の安全を確保することを目的とする．

第2条〜第23条　（略）

[家庭用設備の設置等]

第24条　圧縮天然ガス（内容積が 20 L 以上 120 L 未満の容器に充てんされたものに限る．）を一般消費者の生活の用に供するための設備の設置又は変更の工事は，経済産業省令で定める技術上の基準に従ってしなければならない．

第24条の2〜第86条　（略）

ガス事業法 [抜粋]

昭和 29 年 3 月 31 日　法律第 51 号
最終改正　令和 4 年 11 月 18 日　法律第 80 号

[目的]

第1条　この法律は，ガス事業の運営を調整することによって，ガスの使用者の利益を保護し，及びガス事業の健全な発達を図るとともに，ガス工作物の工事，維持及び運用並びにガス用品の製造及び販売を規制することによって，公共の安全を確保し，あわせて公害の防止を図ることを目的とする．

第2条〜第161条　（略）

[基準適合義務]

第162条　消費機器の設置又は変更の工事は，その消費機器が第 159 条第 2 項の経済産業省令で定める技術上の基準に適合するようにしなければならない．

第163条〜第207条　（略）

液化石油ガスの保安の確保及び取引の適正化に関する法律 ［抜粋］

昭和 42 年 12 月 28 日　法律第 149 号
最終改正　令和 4 年 6 月 17 日　法律第 68 号

[目的]

第 1 条　この法律は，一般消費者等に対する液化石油ガスの販売，液化石油ガス器具等の製造及び販売等を規制することにより，液化石油ガスによる災害を防止するとともに液化石油ガスの取引を適正にし，もって公共の福祉を増進することを目的とする．

第 2 条〜第 38 条　（略）

[基準適合義務]

第 38 条の 2　供給設備又は消費設備の設置又は変更の工事（以下「液化石油ガス設備工事」という．）は，供給設備についてのものにあってはその供給設備が第 16 条の 2 第 1 項の経済産業省令で定める技術上の基準に，消費設備についてのものにあってはその消費設備が第 35 条の 5 の経済産業省令で定める技術上の基準に，それぞれ，適合するようにしなければならない．

第 38 条の 3〜第 104 条　（略）

特定空港周辺航空機騒音対策特別措置法 ［抜粋］

昭和 53 年 4 月 29 日　法律第 26 号
最終改正　平成 23 年 8 月 30 日　法律第 105 号

[目的]

第 1 条　この法律は，特定空港の周辺について，航空機騒音対策基本方針の策定，土地利用に関する規制その他の特別の措置を講ずることにより，航空機の騒音により生ずる障害を防止し，あわせて適正かつ合理的な土地利用を図ることを目的とする．

第 2 条〜第 4 条　（略）

[航空機騒音障害防止地区及び航空機騒音障害防止特別地区内における建築の制限等]

第 5 条　航空機騒音障害防止地区（航空機騒音障害防止特別地区を除く．）内において次に掲げる建築物（建築基準法（昭和 25 年法律第 201 号）第 2 条第一号に規定する建築物をいう．以下同じ．）の建築（同条第十三号に規定する建築をいう．以下同じ．）をしようとする場合においては，当該建築物は，政令で定めるところにより，防音上有効な構造としなければならない．

一　学校教育法（昭和 22 年法律第 26 号）第 1 条に規定する学校

二　医療法（昭和 23 年法律第 205 号）第 1 条の 5 第 1 項に規定する病院

三　住宅

四　前3号に掲げる建築物に類する建築物で政令で定めるもの

2　航空機騒音障害防止特別地区内においては，前項各号に掲げる建築物の建築をしてはならない．ただし，都道府県知事が，公益上やむを得ないと認め，又は航空機騒音障害防止特別地区以外の地域に建築をすることが困難若しくは著しく不適当であると認めて許可した場合は，この限りでない．

3　前項ただし書の許可には，航空機の騒音により生ずる障害の防止のために必要な限度において，建築物の構造又は設備に関し条件を付けることができる．

4～5　（略）

第6条～第14条　（略）

水道法 ［抜粋］

昭和32年6月15日　法律第177号
最終改正　令和4年6月17日　法律第68号

［目的］

第1条　この法律は，水道の布設及び管理を適正かつ合理的ならしめるとともに，水道の基盤を強化することによって，清浄にして豊富低廉な水の供給を図り，もって公衆衛生の向上と生活環境の改善とに寄与することを目的とする．

第2条～第15条　（略）

［給水装置の構造及び材質］

第16条　水道事業者は，当該水道によって水の供給を受ける者の給水装置の構造及び材質が，政令で定める基準に適合していないときは，供給規程の定めるところにより，その者の給水契約の申込を拒み，又はその者が給水装置をその基準に適合させるまでの間その者に対する給水を停止することができる．

第16条の2～第57条　（略）

下水道法 [抜粋]

昭和 33 年 4 月 24 日　法律第 79 号
最終改正　令和 4 年 6 月 17 日　法律第 68 号

[この法律の目的]

第 1 条　この法律は，流域別下水道整備総合計画の策定に関する事項並びに公共下水道，流域下水道及び都市下水路の設置その他の管理の基準等を定めて，下水道の整備を図り，もって都市の健全な発達及び公衆衛生の向上に寄与し，あわせて公共用水域の水質の保全に資することを目的とする．

第 2 条〜第 9 条　（略）

[排水設備の設置等]

第 10 条　公共下水道の供用が開始された場合においては，当該公共下水道の排水区域内の土地の所有者，使用者又は占有者は，遅滞なく，次の区分に従って，その土地の下水を公共下水道に流入させるために必要な排水管，排水渠その他の排水施設（以下「排水設備」という．）を設置しなければならない．ただし，特別の事情により公共下水道管理者の許可を受けた場合その他政令で定める場合においては，この限りでない．

一　建築物の敷地である土地にあっては，当該建築物の所有者

二　建築物の敷地でない土地（次号に規定する土地を除く．）にあっては，当該土地の所有者

三　道路（道路法（昭和 27 年法律第 180 号）による道路をいう．）その他の公共施設（建築物を除く．）の敷地である土地にあっては，当該公共施設を管理すべき者

2　（略）

3　第 1 項の排水設備の設置又は構造については，建築基準法（昭和 25 年法律第 201 号）その他の法令の規定の適用がある場合においてはそれらの法令の規定によるほか，政令で定める技術上の基準によらなければならない．

第 11 条〜第 29 条　（略）

[都市下水路に接続する特定排水施設の構造]

第 30 条　次に掲げる事業所の当該都市下水路に接続する排水施設の構造は，建築基準法その他の法令の規定の適用がある場合においてはそれらの法令の規定によるほか，政令で定める技術上の基準によらなければならない．

一　工場その他の事業所（一団地の住宅経営，社宅その他これらに類する施設を含む．以下この条において同じ．）で政令で定める量以上の下水を同一都市下水路に排除するもの

二　工場その他の事業所で政令で定める水質の下水を政令で定める量以上に同一都市下水路に排除するもの

2　（略）

第 31 条〜第 51 条　（略）

浄化槽法［抜粋］

昭和 58 年 5 月 18 日　法律第 43 号
最終改正　令和 4 年 6 月 17 日　法律第 68 号

［目的］

第 1 条　この法律は，浄化槽の設置，保守点検，清掃及び製造について規制するとともに，浄化槽工事業者の登録制度及び浄化槽清掃業の許可制度を整備し，浄化槽設備士及び浄化槽管理士の資格を定めること等により，公共用水域等の水質の保全等の観点から浄化槽によるし尿及び雑排水の適正な処理を図り，もって生活環境の保全及び公衆衛生の向上に寄与することを目的とする．

［定義］

第 2 条　この法律において，次の各号に掲げる用語の意義は，それぞれ当該各号に定めるところによる．

一　浄化槽　便所と連結してし尿及びこれと併せて雑排水（工場廃水，雨水その他の特殊な排水を除く．以下同じ．）を処理し，下水道法（昭和 33 年法律第 79 号）第 2 条第六号に規定する終末処理場を有する公共下水道（以下「終末処理下水道」という．）以外に放流するための設備又は施設であって，同法に規定する公共下水道及び流域下水道並びに廃棄物の処理及び清掃に関する法律（昭和 45 年法律第 137 号）第 6 条第 1 項の規定により定められた計画に従って市町村が設置したし尿処理施設以外のものをいう．

一の二　公共浄化槽　第 12 条の 4 第 1 項の規定により指定された浄化槽処理促進区域内に存する浄化槽のうち，第 12 条の 5 第 1 項の設置計画に基づき設置された浄化槽であって市町村が管理するもの及び第 12 条の 6 の規定により市町村が管理する浄化槽をいう．

二～壱　（略）

［浄化槽によるし尿処理等］

第 3 条　何人も，終末処理下水道又は廃棄物の処理及び清掃に関する法律第 8 条に基づくし尿処理施設で処理する場合を除き，浄化槽で処理した後でなければ，し尿を公共用水域等に放流してはならない．

2　何人も，浄化槽で処理した後でなければ，浄化槽をし尿の処理のために使用する者が排出する雑排水を公共用水域等に放流してはならない．

3　浄化槽を使用する者は，浄化槽の機能を正常に維持するための浄化槽の使用に関する環境省令で定める準則を遵守しなければならない．

第 3 条の 2　何人も，便所と連結してし尿を処理し，終末処理下水道以外に放流するための設備又は施設として，浄化槽以外のもの（下水道法に規定する公共下水道及び流域下水道並びに廃棄物の処理及び清掃に関する法律第 6 条第 1 項の規定により定められた計画に従って市町村が設置したし尿処理施設を除く．）を設置してはならない．ただし，下水道法第 4 条第 1 項の事業計画において定められた同法第 5 条第 1 項第五号に規定する予定処理区域内の者が排出するし尿のみを処理する設備又

は施設については，この限りでない．

2　前項ただし書に規定する設備又は施設は，この法律の規定（前条第2項，前項及び第51条の規定を除く．）の適用については，浄化槽とみなす．

[浄化槽に関する基準等]

第4条　環境大臣は，浄化槽から公共用水域等に放流される水の水質について，環境省令で，技術上の基準を定めなければならない．

2　浄化槽の構造基準に関しては，建築基準法並びにこれに基づく命令及び条例で定めるところによる．

3　前項の構造基準は，これにより第1項の技術上の基準が確保されるものとして定められなければならない．

4　国土交通大臣は，浄化槽の構造基準を定め，又は変更しようとする場合には，あらかじめ，環境大臣に協議しなければならない．

5　浄化槽工事の技術上の基準は，国土交通省令・環境省令で定める．

6　都道府県は，地域の特性，水域の状態等により，前項の技術上の基準のみによっては生活環境の保全及び公衆衛生上の支障を防止し難いと認めるときは，条例で，同項の技術上の基準について特別の定めをすることができる．

7，8　（略）

[設置等の届出，勧告及び変更命令]

第5条　浄化槽を設置し，又はその構造若しくは規模の変更（国土交通省令・環境省令で定める軽微な変更を除く．第7条第1項，第12条の4第2項において同じ．）をしようとする者は，国土交通省令・環境省令で定めるところにより，その旨を都道府県知事（保健所を設置する市又は特別区にあっては，市長又は区長とする．第5項，第7条第1項，第12条の4第2項，第5章，第48条第4項，第49条第1項及び第57条を除き，以下同じ．）及び当該都道府県知事を経由して特定行政庁に届け出なければならない．ただし，当該浄化槽に関し，建築基準法第6条第1項（同法第87条第1項において準用する場合を含む．）の規定による建築主事の確認を申請すべきとき，又は同法第18条第2項（同法第87条第1項において準用する場合を含む．）の規定により建築主事に通知すべきときは，この限りでない．

2　都道府県知事は，前項の届出を受理した場合において，当該届出に係る浄化槽の設置又は変更の計画について，その保守点検及び清掃その他生活環境の保全及び公衆衛生上の観点から改善の必要があると認めるときは，同項の届出が受理された日から21日（第13条第1項又は第2項の規定により認定を受けた型式に係る浄化槽にあっては，10日）以内に限り，その届出をした者に対し，必要な勧告をすることができる．ただし，次項の特定行政庁の権限に係るものについては，この限りでない．

3　特定行政庁は，第1項の届出を受理した場合において，当該届出に係る浄化槽の設置又は変更の計画が浄化槽の構造に関する建築基準法並びにこれに基づく命令及び条例の規定に適合しないと認めるときは，前項の期間内に限り，その届出をした者に対し，当該届出に係る浄化槽の設置又は変更の計画の変更又は廃止を命ずることができる．

4　第1項の届出をした者は，第2項の期間を経過した後でなければ，当該届出に係る浄化槽工事に着手してはならない．ただし，当該届出の内容が相当であると認め

る旨の都道府県知事及び特定行政庁の通知を受けた後においては，この限りでない．

5　第1項の規定により保健所を設置する市又は特別区が処理することとされている事務（都道府県知事に対する届出の経由に係るものに限る．）は，地方自治法（昭和22年法律第67号）第2条第9項第二号に規定する第二号法定受託事務とする．

［浄化槽工事の施工］

第6条　浄化槽工事は，浄化槽工事の技術上の基準に従って行わなければならない．

［設置後等の水質検査］

第7条　新たに設置され，又はその構造若しくは規模の変更をされた浄化槽については，環境省令で定める期間内に，環境省令で定めるところにより，当該浄化槽の所有者，占有者その他の者で当該浄化槽の管理について権原を有するもの（以下「浄化槽管理者」という．）は，都道府県知事が第57条第1項の規定により指定する者（以下「指定検査機関」という．）の行う水質に関する検査を受けなければならない．

2　指定検査機関は，前項の水質に関する検査を実施したときは，環境省令で定めるところにより，遅滞なく，環境省令で定める事項を都道府県知事に報告しなければならない．

第7条の2～第68条　（略）

宅地造成等規制法 ［抜粋］

昭和36年11月7日　法律第191号
最終改正　令和4年6月17日　法律第68号

［目的］

第1条　この法律は，宅地造成に伴う崖崩れ又は土砂の流出による災害の防止のため必要な規制を行うことにより，国民の生命及び財産の保護を図り，もって公共の福祉に寄与することを目的とする．

［定義］

第2条　この法律において，次の各号に掲げる用語の意義は，それぞれ当該各号に定めるところによる．

一　宅地　　農地，採草放牧地及び森林並びに道路，公園，河川その他政令で定める公共の用に供する施設の用に供されている土地以外の土地をいう．

二　宅地造成　　宅地以外の土地を宅地にするため又は宅地において行う土地の形質の変更で政令で定めるもの（宅地を宅地以外の土地にするために行うものを除く．）をいう．

三　災害　　崖崩れ又は土砂の流出による災害をいう．

四　設計　　その者の責任において，設計図書（宅地造成に関する工事を実施するために必要な図面（現寸図その他これに類するものを除く．）及び仕様書をいう．）を作成することをいう．

五　造成主　　宅地造成に関する工事の請負契約の注文者又は請負契約によらないで

自らその工事をする者をいう.

六　工事施行者　　宅地造成に関する工事の請負人又は請負契約によらないで自らその工事をする者をいう.

七　造成宅地　　宅地造成に関する工事が施行された宅地をいう.

第3条～第7条　（略）

[宅地造成に関する工事の許可]

第8条　宅地造成工事規制区域内において行われる宅地造成に関する工事については，造成主は，当該工事に着手する前に，国土交通省令で定めるところにより，都道府県知事の許可を受けなければならない.　ただし，都市計画法（昭和43年法律第100号）第29条第1項又は第2項の許可を受けて行われる当該許可の内容（同法第35条の2第5項の規定によりその内容とみなされるものを含む.）に適合した宅地造成に関する工事については，この限りでない.

2，3　（略）

第9条～第30条　（略）

宅地造成等規制法施行令 ［抜粋］

昭和37年1月30日　政令第16号
最終改正　平成29年9月1日　政令第232号

[定義等]

第1条　この政令（第3条を除く.）において，「切土」又は「盛土」とは，それぞれ宅地造成である切土又は盛土をいう.

2　この政令において，「崖」とは地表面が水平面に対し30度を超える角度をなす土地で硬岩盤（風化の著しいものを除く.）以外のものをいい，「崖面」とはその地表面をいう.

3　崖面の水平面に対する角度を崖の勾配とする.

4　小段等によって上下に分離された崖がある場合において，下層の崖面の下端を含み，かつ，水平面に対し30度の角度をなす面の上方に上層の崖面の下端があるときは，その上下の崖は一体のものとみなす.

5　擁壁の前面の上端と下端（擁壁の前面の下部が地盤面と接する部分をいう.　以下この項において同じ.）とを含む面の水平面に対する角度を擁壁の勾配とし，その上端と下端との垂直距離を擁壁の高さとする.

[公共の用に供する施設]

第2条　宅地造成等規制法（以下「法」という.）第2条第一号の政令で定める公共の用に供する施設は，砂防設備，地すべり防止施設，海岸保全施設，津波防護施設，港湾施設，飛行場，航空保安施設及び鉄道，軌道，索道又は無軌条電車の用に供する施設並びに国又は地方公共団体が管理する学校，運動場，墓地その他の施設で国土交通省令で定めるものとする.

[宅地造成]

第3条 法第2条第二号の政令で定める土地の形質の変更は，次に掲げるものとする．

一 切土であって，当該切土をした土地の部分に高さが2mを超える崖を生ずることとなるもの

二 盛土であって，当該盛土をした土地の部分に高さが1mを超える崖を生ずることとなるもの

三 切土と盛土とを同時にする場合における盛土であって，当該盛土をした土地の部分に高さが1m以下の崖を生じ，かつ，当該切土及び盛土をした土地の部分に高さが2mを超える崖を生ずることとなるもの

四 前3号のいずれにも該当しない切土又は盛土であって，当該切土又は盛土をする土地の面積が500 m²を超えるもの

第4条〜第24条 （略）

道路法 ［抜粋］

昭和27年6月10日　法律第180号
最終改正　令和4年6月17日　法律第68号

[この法律の目的]

第1条 この法律は，道路網の整備を図るため，道路に関して，路線の指定及び認定，管理，構造，保全，費用の負担区分等に関する事項を定め，もって交通の発達に寄与し，公共の福祉を増進することを目的とする．

[用語の定義]

第2条 この法律において「道路」とは，一般交通の用に供する道で次条各号に掲げるものをいい，トンネル，橋，渡船施設，道路用エレベーター等道路と一体となってその効用を全うする施設又は工作物及び道路の附属物で当該道路に附属して設けられているものを含むものとする．

2 この法律において「道路の附属物」とは，道路の構造の保全，安全かつ円滑な道路の交通の確保その他道路の管理上必要な施設又は工作物で，次に掲げるものをいう．

一 道路上の柵又は駒止め

二 道路上の並木又は街灯で第18条第1項に規定する道路管理者の設けるもの

三 道路標識，道路元標又は里程標

四 道路情報管理施設（道路上の道路情報提供装置，車両監視装置，気象観測装置，緊急連絡施設その他これらに類するものをいう．）

五 自動運行補助施設（電子的方法，磁気的方法その他人の知覚によって認識することができない方法により道路運送車両法（昭和26年法律第185号）第41条第1項第二十号に掲げる自動運行装置を備えている自動車の自動的な運行を補助するための施設その他これに類するものをいう．以下同じ．）で道路上に又は道路の路面下に第18条第1項に規定する道路管理者が設けるもの

六 道路に接する道路の維持又は修繕に用いる機械，器具又は材料の常置場

七 自動車駐車場又は自転車駐車場で道路上に，又は道路に接して第18条第1項に規定する道路管理者が設けるもの

八 特定車両停留施設（旅客の乗降又は貨物の積卸しによる道路における交通の混雑を緩和することを目的として，専ら道路運送法（昭和26年法律第183号）による一般乗合旅客自動車運送事業若しくは一般乗用旅客自動車運送事業又は貨物自動車運送事業法（平成元年法律第83号）による一般貨物自動車運送事業の用に供する自動車その他の国土交通省令で定める車両（以下「特定車両」という．）を同時に2両以上停留させる施設で道路に接して第18条第1項に規定する道路管理者が設けるものをいう．以下同じ．）

九 共同溝の整備等に関する特別措置法（昭和38年法律第81号）第3条第1項の規定による共同溝整備道路又は電線共同溝の整備等に関する特別措置法（平成7年法律第39号）第4条第2項に規定する電線共同溝整備道路に第18条第1項に規定する道路管理者の設ける共同溝又は電線共同溝

十 前各号に掲げるものを除くほか，政令で定めるもの

3〜5 （略）

第3条〜第31条の2 （略）

[道路の占用の許可]

第32条 道路に次の各号のいずれかに掲げる工作物，物件又は施設を設け，継続して道路を使用しようとする場合においては，道路管理者の許可を受けなければならない．

一 電柱，電源，変圧塔，郵便差出箱，公衆電話所，広告塔その他これらに類する工作物

二 水管，下水道管，ガス管その他これらに類する物件

三 鉄道，軌道，自動車運行補助施設その他これらに類する施設

四 歩廊，雪よけその他これらに類する施設

五 地下街，地下室，通路，浄化槽その他これらに類する施設

六 露店，商品置場その他これらに類する施設

七 前各号に掲げるもののほか，道路の構造又は交通に支障を及ぼすおそれのある工作物，物件又は施設で政令で定めるもの

2 前項の許可を受けようとする者は，次の各号に掲げる事項を記載した申請書を道路管理者に提出しなければならない．

一 道路の占用（道路に前項各号の一に掲げる工作物，物件又は施設を設け，継続して道路を使用することをいう．以下同じ．）の目的

二 道路の占用の期間

三 道路の占用の場所

四 工作物，物件又は施設の構造

五 工事実施の方法

六 工事の時期

七 道路の復旧方法

3〜5 （略）

第33条〜第109条 （略）

駐車場法 ［抜粋］

昭和 32 年 5 月 16 日　法律第 106 号
最終改正　平成 29 年 5 月 12 日　法律第 26 号

［目的］

第 1 条　この法律は，都市における自動車の駐車のための施設の整備に関し必要な事項を定めることにより，道路交通の円滑化を図り，もって公衆の利便に資するとともに，都市の機能の維持及び増進に寄与することを目的とする．

［用語の定義］

第 2 条　この法律において次の各号に掲げる用語の意義は，それぞれ当該各号に定めるところによる．

一　路上駐車場　　駐車場整備地区内の道路の路面に一定の区画を限って設置される自動車の駐車のための施設であって一般公共の用に供されるものをいう．

二　路外駐車場　　道路の路面外に設置される自動車の駐車のための施設であって一般公共の用に供されるものをいう．

三　道路　　道路法（昭和 27 年法律第 180 号）による道路をいう．

四　自動車　　道路交通法（昭和 35 年法律第 105 号）第 2 条第 1 項第九号に規定する自動車をいう．

五　駐車　　道路交通法第 2 条第 1 項第十八号に規定する駐車をいう．

第 2 条の 2　（略）

［駐車場整備地区］

第 3 条　都市計画法（昭和 43 年法律第 100 号）第 8 条第 1 項第一号の商業地域（以下「商業地域」という.），同号の近隣商業地域（以下「近隣商業地域」という.），同号の第一種住居地域，同号の第二種住居地域，同号の準住居地域若しくは同号の準工業地域（同号の第一種住居地域，同号の第二種住居地域，同号の準住居地域又は同号の準工業地域にあっては，同項第二号の特別用途地区で政令で定めるものの区域内に限る.）内において自動車交通が著しくふくそうする地区又は当該地区の周辺の地域内において自動車交通が著しくふくそうする地区で，道路の効用を保持し，円滑な道路交通を確保する必要があると認められる区域については，都市計画に駐車場整備地区を定めることができる．

2　駐車場整備地区に関する都市計画を定め，又はこれに同意しようとする場合においては，あらかじめ，都道府県知事にあっては都道府県公安委員会の，国土交通大臣にあっては国家公安委員会の意見を聴かなければならない．

第 4 条〜第 10 条　（略）

［構造及び設備の基準］

第 11 条　路外駐車場で自動車の駐車の用に供する部分の面積が 500 m² 以上であるものの構造及び設備は，建築基準法（昭和 25 年法律第 201 号）その他の法令の規定の適用がある場合においてはそれらの法令の規定によるほか，政令で定める技術的基準によらなければならない．

[設置の届出]

第12条　都市計画法第4条第2項の都市計画区域（以下「都市計画区域」という.）内において, 前条の路外駐車場でその利用について駐車料金を徴収するものを設置する者（以下「路外駐車場管理者」という.）は, あらかじめ, 国土交通省令で定めるところにより, 路外駐車場の位置, 規模, 構造, 設備その他必要な事項を都道府県知事（市の区域内にあっては, 当該市の長. 以下「都道府県知事等」という.）に届け出なければならない. 届け出てある事項を変更しようとするときも, また同様とする.

第13条～第19条　（略）

[建築物の新築又は増築の場合の駐車施設の附置]

第20条　地方公共団体は, 駐車場整備地区内又は商業地域内若しくは近隣商業地域内において, 延べ面積が2 000 m² 以上で条例で定める規模以上の建築物を新築し, 延べ面積が当該規模以上の建築物について増築をし, 又は建築物の延べ面積が当該規模以上となる増築をしようとする者に対し, 条例で, その建築物又はその建築物の敷地内に自動車の駐車のための施設（以下「駐車施設」という.）を設けなりればならない旨を定めることができる. 劇場, 百貨店, 事務所その他の自動車の駐車需要を生じさせる程度の大きい用途で政令で定めるもの（以下「特定用途」という.）に供する部分のある建築物で特定用途に供する部分（以下「特定部分」という.）の延べ面積が当該駐車場整備地区内又は商業地域内若しくは近隣商業地域内の道路及び自動車交通の状況を勘案して条例で定める規模以上のものを新築し, 特定部分の延べ面積が当該規模以上の建築物について特定用途に係る増築をし, 又は建築物の特定部分の延べ面積が当該規模以上となる増築をしようとする者に対しては, 当該新築又は増築後の当該建築物の延べ面積が2 000 m² 未満である場合においても, 同様とする.

2　地方公共団体は, 駐車場整備地区若しくは商業地域若しくは近隣商業地域の周辺の都市計画区域内の地域（以下「周辺地域」という.）内で条例で定める地区内, 又は周辺地域, 駐車場整備地区並びに商業地域及び近隣商業地域以外の都市計画区域内の地域であって自動車交通の状況が周辺地域に準ずる地域内若しくは自動車交通がふくそうすることが予想される地域内で条例で定める地区内において, 特定部分の延べ面積が2 000 m² 以上で条例で定める規模以上の建築物を新築し, 特定部分の延べ面積が当該規模以上の建築物について特定用途に係る増築をし, 又は建築物の特定部分の延べ面積が当該規模以上となる増築をしようとする者に対し, 条例で, その建築物又はその建築物の敷地内に駐車施設を設けなければならない旨を定めることができる.

3　前2項の延べ面積の算定については, 同一敷地内の2以上の建築物で用途上不可分であるものは, これを1の建築物とみなす.

[建築物の用途変更の場合の駐車施設の附置]

第20条の2　地方公共団体は, 前条第1項の地区若しくは地域内又は同条第2項の地区内において, 建築物の部分の用途の変更（以下「用途変更」という.）で, 当該用途変更により特定部分の延べ面積が一定規模（同条第1項の地区又は地域内のものにあっては特定用途について同項に規定する条例で定める規模, 同条第2項の

地区内のものにあっては同項に規定する条例で定める規模をいう．以下同じ．）以上となるもののために大規模の修繕又は大規模の模様替（建築基準法第2条第十四号又は第十五号に規定するものをいう．以下同じ．）をしようとする者又は特定部分の延べ面積が一定規模以上の建築物の用途変更で，当該用途変更により特定部分の延べ面積が増加することとなるもののために大規模の修繕又は大規模の模様替をしようとする者に対し，条例で，その建築物又はその建築物の敷地内に駐車施設を設けなければならない旨を定めることができる．

2　前条第3項の規定は，前項の延べ面積の算定について準用する．

第20条の3～第24条　（略）

自転車の安全利用の促進及び自転車等の駐車対策の総合的推進に関する法律 ［抜粋］

昭和55年11月25日　法律第87号
最終改正　平成5年12月22日　法律第97号

［目的］

第1条　この法律は，自転車に係る道路交通環境の整備及び交通安全活動の推進，自転車の安全性の確保，自転車等の駐車対策の総合的推進等に関し必要な措置を定め，もって自転車の交通に係る事故の防止と交通の円滑化並びに駅前広場等の良好な環境の確保及びその機能の低下の防止を図り，あわせて自転車等の利用者の利便の増進に資することを目的とする．

第2条～第4条　（略）

［自転車等の駐車対策の総合的推進］

第5条　地方公共団体又は道路管理者は，通勤，通学，買物等のための自転車等の利用の増大に伴い，自転車等の駐車需要の著しい地域又は自転車等の駐車需要の著しくなることが予想される地域においては，一般公共の用に供される自転車等駐車場の設置に努めるものとする．

2　鉄道事業者は，鉄道の駅の周辺における前項の自転車等駐車場の設置が円滑に行われるように，地方公共団体又は道路管理者との協力体制の整備に努めるとともに，地方公共団体又は道路管理者から同項の自転車等駐車場の設置に協力を求められたときは，その事業との調整に努め，鉄道用地の譲渡，貸付けその他の措置を講ずることにより，当該自転車等駐車場の設置に積極的に協力しなければならない．ただし，鉄道事業者が自ら旅客の利便に供するため，自転車等駐車場を設置する場合は，この限りでない．

3　官公署，学校，図書館，公会堂等公益的施設の設置者及び百貨店，スーパーマーケット，銀行，遊技場等自転車等の大量の駐車需要を生じさせる施設の設置者は，周辺の土地利用状況を勘案し，その施設の利用者のために必要な自転車等駐車場を，当該施設若しくはその敷地内又はその周辺に設置するように努めなければならない．

4 　地方公共団体は，商業地域，近隣商業地域その他自転車等の駐車需要の著しい地域内で条例で定める区域内において百貨店，スーパーマーケット，銀行，遊技場等自転車等の大量の駐車需要を生じさせる施設で条例で定めるものを新築し，又は増築しようとする者に対し，条例で，当該施設若しくはその敷地内又はその周辺に自転車等駐車場を設置しなければならない旨を定めることができる．

5 　都道府県公安委員会は，自転車等駐車場の整備と相まって，歩行者及び自転車利用者の通行の安全を確保するための計画的な交通規制の実施を図るものとする．

6 　地方公共団体，道路管理者，都道府県警察，鉄道事業者等は，駅前広場等の良好な環境を確保し，その機能の低下を防止するため，必要があると認めるときは，法令の規定に基づき，相互に協力して，道路に駐車中の自転車等の整理，放置自転車等（自転車等駐車場以外の場所に置かれている自転車等であって，当該自転車等の利用者が当該自転車等を離れて直ちに移動することができない状態にあるものをいう．以下同じ．）の撤去等に努めるものとする．

第6条〜第15条 （略）

学校教育法［抜粋］

昭和 22 年 3 月 31 日　法律第 26 号
最終改正　令和 4 年 6 月 22 日　法律第 77 号

［学校の範囲］

第 1 条　この法律で，学校とは，幼稚園，小学校，中学校，義務教育学校，高等学校，中等教育学校，特別支援学校，大学及び高等専門学校とする．

第 2 条　（略）

［設置基準］

第 3 条　学校を設置しようとする者は，学校の種類に応じ，文部科学大臣の定める設備，編制その他に関する設置基準に従い，これを設置しなければならない．

第 4 条〜第 146 条　（略）

児童福祉法［抜粋］

昭和 22 年 12 月 12 日　法律第 164 号
最終改正　令和 4 年 6 月 22 日　法律第 77 号

［児童の権利］

第 1 条　全て児童は，児童の権利に関する条約の精神にのっとり，適切に養育されること，その生活を保障されること，愛され，保護されること，その心身の健やかな成長及び発達並びにその自立が図られることその他の福祉を等しく保障される権利を有する．

第 2 条〜第 6 条の 4　（略）

［児童福祉施設］

第 7 条　この法律で，児童福祉施設とは，助産施設，乳児院，母子生活支援施設，保育所，幼保連携型認定こども園，児童厚生施設，児童養護施設，障害児入所施設，児童発達支援センター，児童心理治療施設，児童自立支援施設及び児童家庭支援センターとする．

2　この法律で，障害児入所支援とは，障害児入所施設に入所し，又は指定発達支援医療機関に入院する障害児に対して行われる保護，日常生活の指導及び知識技能の付与並びに障害児入所施設に入所し，又は指定発達支援医療機関に入院する障害児のうち知的障害のある児童，肢体不自由のある児童又は重度の知的障害及び重度の肢体不自由が重複している児童（以下「重症心身障害児」という．）に対し行われる治療をいう．

第 8 条〜第 62 条の 7　（略）

医療法［抜粋］

昭和 23 年 7 月 30 日　法律第 205 号
最終改正　令和 4 年 6 月 22 日　法律第 77 号

［目的］

第 1 条　この法律は，医療を受ける者による医療に関する適切な選択を支援するために必要な事項，医療の安全を確保するために必要な事項，病院，診療所及び助産所の開設及び管理に関し必要な事項並びにこれらの施設の整備並びに医療提供施設相互間の機能の分担及び業務の連携を推進するために必要な事項を定めること等により，医療を受ける者の利益の保護及び良質かつ適切な医療を効率的に提供する体制の確保を図り，もって国民の健康の保持に寄与することを目的とする．

第 1 条の 2〜第 1 条の 4　（略）

［定義］

第 1 条の 5　この法律において，「病院」とは，医師又は歯科医師が，公衆又は特定多数人のため医業又は歯科医業を行う場所であって，20 人以上の患者を入院させるための施設を有するものをいう．病院は，傷病者が，科学的でかつ適正な診療を受けることができる便宜を与えることを主たる目的として組織され，かつ，運営されるものでなければならない．

2　この法律において，「診療所」とは，医師又は歯科医師が，公衆又は特定多数人のため医業又は歯科医業を行う場所であって，患者を入院させるための施設を有しないもの又は 19 人以下の患者を入院させるための施設を有するものをいう．

第 1 条の 6〜第 94 条　（略）

旅館業法［抜粋］

昭和 23 年 7 月 12 日　法律第 138 号
最終改正　令和 4 年 6 月 17 日　法律第 68 号

［法律の目的］

第 1 条　この法律は，旅館業の業務の適正な運営を確保すること等により，旅館業の健全な発達を図るとともに，旅館業の分野における利用者の需要の高度化及び多様化に対応したサービスの提供を促進し，もって公衆衛生及び国民生活の向上に寄与することを目的とする．

［定義］

第 2 条　この法律で「旅館業」とは，旅館・ホテル営業，簡易宿所営業及び下宿営業をいう．

2　この法律で「旅館・ホテル営業」とは，施設を設け，宿泊料を受けて，人を宿泊

させる営業で，簡易宿所営業及び下宿営業以外のものをいう．

3　この法律で「簡易宿所営業」とは，宿泊する場所を多数人で共用する構造及び設備を主とする施設を設け，宿泊料を受けて，人を宿泊させる営業で，下宿営業以外のものをいう．

4　この法律で「下宿営業」とは，施設を設け，1月以上の期間を単位とする宿泊料を受けて，人を宿泊させる営業をいう．

5　この法律で「宿泊」とは，寝具を使用して前各項の施設を利用することをいう．

第3条〜第13条　（略）

風俗営業等の規制及び業務の適正化等に 関する法律 [抜粋]

昭和 23 年 7 月 10 日　法律第 122 号
最終改正　令和 4 年 6 月 17 日　法律第 68 号

[目的]

第1条　この法律は，善良の風俗と清浄な風俗環境を保持し，及び少年の健全な育成に障害を及ぼす行為を防止するため，風俗営業及び性風俗関連特殊営業等について，営業時間，営業区域等を制限し，及び年少者をこれらの営業所に立ち入らせること等を規制するとともに，風俗営業の健全化に資するため，その業務の適正化を促進する等の措置を講ずることを目的とする．

第2条〜第57条　（略）

民法 [抜粋]

明治 29 年 4 月 27 日　法律第 89 号
最終改正　令和 4 年 6 月 17 日　法律第 68 号

[基本原則]

第1条　私権は，公共の福祉に適合しなければならない．

2　権利の行使及び義務の履行は，信義に従い誠実に行わなければならない．

3　権利の濫用は，これを許さない．

第2条〜第205条　（略）

[所有権の内容]

第206条　所有者は，法令の制限内において，自由にその所有物の使用，収益及び処分をする権利を有する．

[土地所有権の範囲]

第 207 条　土地の所有権は，法令の制限内において，その土地の上下に及ぶ．

第 208 条　（削除）

[隣地の使用請求]

第 209 条　土地の所有者は，境界又はその付近において障壁又は建物を築造し又は修繕するため必要な範囲内で，隣地の使用を請求することができる．ただし，隣人の承諾がなければ，その住家に立ち入ることはできない．

2　前項の場合において，隣人が損害を受けたときは，その償金を請求することができる．

第 210 条〜第 559 条　（略）

[権利移転の対抗要件に係る売主の義務]

第 560 条　売主は，買主に対し，登記，登録その他の売買の目的である権利の移転についての対抗要件を備えさせる義務を負う．

[他人の権利の売買における売主の義務]

第 561 条　他人の権利（権利の一部が他人に属する場合におけるその権利の一部を含む．）を売買の目的としたときは，売主は，その権利を取得して買主に移転する義務を負う．

[買主の追完請求権]

第 562 条　引き渡された目的物が種類，品質又は数量に関して契約の内容に適合しないものであるときは，買主は，売主に対し，目的物の修補，代替物の引渡し又は不足分の引渡しによる履行の追完を請求することができる．ただし，売主は，買主に不相当な負担を課するものでないときは，買主が請求した方法と異なる方法による履行の追完をすることができる．

2　前項の不適合が買主の責めに帰すべき事由によるものであるときは，買主は，同項の規定による履行の追完の請求をすることができない．

[買主の代金減額請求権]

第 563 条　前条第 1 項本文に規定する場合において，買主が相当の期間を定めて履行の追完の催告をし，その期間内に履行の追完がないときは，買主は，その不適合の程度に応じて代金の減額を請求することができる．

2　前項の規定にかかわらず，次に掲げる場合には，買主は，同項の催告をすることなく，直ちに代金の減額を請求することができる．

一　履行の追完が不能であるとき．

二　売主が履行の追完を拒絶する意思を明確に表示したとき．

三　契約の性質又は当事者の意思表示により，特定の日時又は一定の期間内に履行をしなければ契約をした目的を達することができない場合において，売主が履行の追完をしないでその時期を経過したとき．

四　前 3 号に掲げる場合のほか，買主が前項の催告をしても履行の追完を受ける見込みがないことが明らかであるとき．

3　第 1 項の不適合が買主の責めに帰すべき事由によるものであるときは，買主は，前 2 項の規定による代金の減額の請求をすることができない．

[買主の損害賠償請求及び解除権の行使]

第564条　前2条の規定は，第415条の規定による損害賠償の請求並びに第541条及び第542条の規定による解除権の行使を妨げない．

[移転した権利が契約の内容に適合しない場合における売主の担保責任]

第565条　前3条の規定は，売主が買主に移転した権利が契約の内容に適合しないものである場合（権利の一部が他人に属する場合においてその権利の一部を移転しないときを含む．）について準用する．

[目的物の種類又は品質に関する担保責任の期間の制限]

第566条　売主が種類又は品質に関して契約の内容に適合しない目的物を買主に引き渡した場合において，買主がその不適合を知った時から1年以内にその旨を売主に通知しないときは，買主は，その不適合を理由として，履行の追完の請求，代金の減額の請求，損害賠償の請求及び契約の解除をすることができない．ただし，売主が引渡しの時にその不適合を知り，又は重大な過失によって知らなかったときは，この限りでない．

[目的物の滅失等についての危険の移転]

第567条　売主が買主に目的物（売買の目的として特定したものに限る．以下この条において同じ．）を引き渡した場合において，その引渡しがあった時以後にその目的物が当事者双方の責めに帰することができない事由によって滅失し，又は損傷したときは，買主は，その滅失又は損傷を理由として，履行の追完の請求，代金の減額の請求，損害賠償の請求及び契約の解除をすることができない．この場合において，買主は，代金の支払を拒むことができない．

2　売主が契約の内容に適合する目的物をもって，その引渡しの債務の履行を提供したにもかかわらず，買主がその履行を受けることを拒み，又は受けることができない場合において，その履行の提供があった時以後に当事者双方の責めに帰することができない事由によってその目的物が滅失し，又は損傷したときも，前項と同様とする．

[競売における担保責任等]

第568条　民事執行法その他の法律の規定に基づく競売（以下この条において単に「競売」という．）における買受人は，第541条及び第542条の規定並びに第563条（第565条において準用する場合を含む．）の規定により，債務者に対し，契約の解除をし，又は代金の減額を請求することができる．

2　前項の場合において，債務者が無資力であるときは，買受人は，代金の配当を受けた債権者に対し，その代金の全部又は一部の返還を請求することができる．

3　前2項の場合において，債務者が物若しくは権利の不存在を知りながら申し出なかったとき，又は債権者がこれを知りながら競売を請求したときは，買受人は，これらの者に対し，損害賠償の請求をすることができる．

4　前3項の規定は，競売の目的物の種類又は品質に関する不適合については，適用しない．

第569条　（略）

[抵当権等がある場合の買主による費用の償還請求]

第570条　買い受けた不動産について契約の内容に適合しない先取特権，質権又は

抵当権が存していた場合において，買主が費用を支出してその不動産の所有権を保存したときは，買主は，売主に対し，その費用の償還を請求することができる．

第571条 （削除）

第572条〜第633条 （略）

[注文者が受ける利益の割合に応じた報酬]

第634条 次に掲げる場合において，請負人が既にした仕事の結果のうち可分な部分の給付によって注文者が利益を受けるときは，その部分を仕事の完成とみなす．この場合において，請負人は，注文者が受ける利益の割合に応じて報酬を請求することができる．

一 注文者の責めに帰することができない事由によって仕事を完成することができなくなったとき．

二 請負が仕事の完成前に解除されたとき．

第635条 （削除）

[請負人の担保責任の制限]

第636条 請負人が種類又は品質に関して契約の内容に適合しない仕事の目的物を注文者に引き渡したとき（その引渡しを要しない場合にあっては，仕事が終了した時に仕事の目的物が種類又は品質に関して契約の内容に適合しないとき）は，注文者は，注文者の供した材料の性質又は注文者の与えた指図によって生じた不適合を理由として，履行の追完の請求，報酬の減額の請求，損害賠償の請求及び契約の解除をすることができない．ただし，請負人がその材料又は指図が不適当であることを知りながら告げなかったときは，この限りでない．

[目的物の種類又は品質に関する担保責任の期間の制限]

第637条 前条本文に規定する場合において，注文者がその不適合を知った時から1年以内にその旨を請負人に通知しないときは，注文者は，その不適合を理由として，履行の追完の請求，報酬の減額の請求，損害賠償の請求及び契約の解除をすることができない．

2 前項の規定は，仕事の目的物を注文者に引き渡した時（その引渡しを要しない場合にあっては，仕事が終了した時）において，請負人が同項の不適合を知り，又は重大な過失によって知らなかったときは，適用しない．

第638条〜第640条 （削除）

第641条〜第1050条 （略）

法令索引 (五十音順)

本書収録条文に関するお問合せは，
〒101-8460
千代田区神田錦町3-1　（株）オーム社編集局
建築基準法令集　係まで，書状にてお送りください．

デザイン：相馬敬徳（Rafters）

2023年版　建築基準法令集

2022年12月20日　　　第1版第1刷発行

編　　集　オ　ー　ム　社
発 行 者　村　上　和　夫
発 行 所　株式会社オ　ー　ム　社
　　　　　郵便番号　101-8460
　　　　　東京都千代田区神田錦町3-1
　　　　　電　話　03(3233)0641(代表)
　　　　　URL　https://www.ohmsha.co.jp/

印刷　中央印刷　　製本　牧製本印刷
ISBN978-4-274-22973-2　Printed in Japan

本書の感想募集　https://www.ohmsha.co.jp/kansou/

本書をお読みになった感想を上記サイトまでお寄せください。
お寄せいただいた方には、抽選でプレゼントを差し上げます。

検索用シール ❶

建築基準法	屋根・外壁・22条区画	高さ斜線制限	一の敷地の制限緩和		
用語の定義	防火壁	日影規制	用途変更		
確認申請・適合性判定	採光・換気・衛生	高層・高度地区	建基法別表		
完了・中間検査	道路	防火・準防火地域	建基法施行令		
違反建築物	用途地域	地区計画等	用語の定義		
定期報告等	容積率	型式適合認定等	面積・高さ等の算定		
敷地・構造・大規模	建蔽率	建築協定	採光		

（縦書き・タイル状シール一覧）

建築基準法
建築基準法
用語の定義
用語の定義
確認申請・適合性判定
完了・中間検査
違反建築物
定期報告等
敷地・構造・大規模

屋根・外壁・22条区画
22条区画
防火壁
防火壁
採光・換気・衛生
採光・換気・衛生
道路
道路
用途地域
用途地域
容積率
容積率
建蔽率
建蔽率

高さ斜線制限
高さ斜線制限
日影規制
日影規制
高層・高度地区
高層・高度地区
防火・準防火地域
防火・準防火地域
地区計画等
地区計画等
型式適合認定等
型式適合認定等
建築協定
建築協定

一の敷地の制限緩和
一の敷地の制限緩和
用途変更
用途変更
建基法別表
建基法別表
建基法施行令
建基法施行令
用語の定義
面積・高さ等の算定
採光

面積・高さ等の算定
採光

検索用シール ❷

排煙・非常用照明・進入口	材料強度	RC造	換気
内装制限	耐火・準耐火・防火構造	構造計算	衛生上の措置
避難上の安全検証	防火区画	保有水平耐力計算	天井・床・地階・階段・便所
配管・換気設備	防火壁	限界耐力計算	遮音
昇降機	界壁・隔壁・煙突	許容応力度等計算	構造強度
非常用昇降機	耐火建築物等・特殊建築物等	荷重・外力	木造
建築物の用途	廊下・避難階段	許容応力度	鉄骨造

（各ラベルは2枚ずつ配置）

検索用シール ❸

		消防法	消防法
		消防法施行令	消防法施行令
業務	業務	危険物政令	危険物政令
	建築士事務所	建築士事務所	

高さ・容積制限	高さ・容積制限	士法施行規則	士法施行規則	バリアフリー法	バリアフリー法
緩和	緩和	建設業法	建設業法		
防火地域・準防火地域	防火地域・準防火地域	建設業法施行令	建設業法施行令	品確法	品確法
既存建築物の制限緩和	既存建築物の制限緩和	都市計画法	都市計画法	耐震改修法	耐震改修法
工作物	工作物	建基法施行規則	建基法施行規則	建築物省エネ法	建築物省エネ法
		建築士法	建築士法		
	免許等	免許等	都計法施行令	都計法施行令	